문제해결 학습 중심 제6판

공학도를 위한 매트랩

MATLAB® for Engineers

문제해결 학습 중심 제6판

공학도를 위한 매트랩

Holly Moore 지음

유태훈 • 박홍래 • 이길용 • 이영훈 • 임종경 • 장일훈 옮김

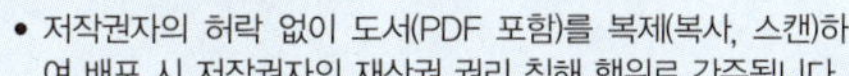
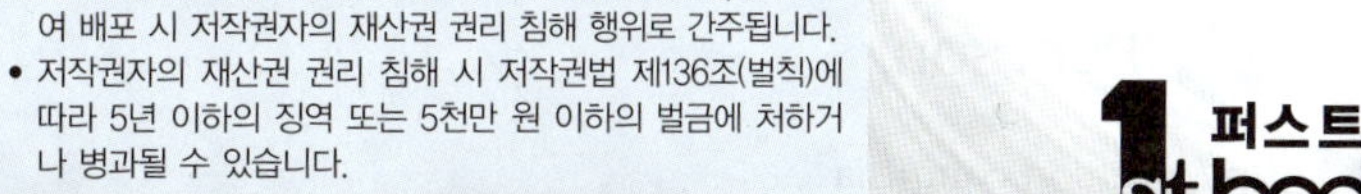

Pearson

퍼스트북 1st book

Pearson Education South Asia Pte Ltd
3 Temasek Avenue #21-23, Centennial Tower
Singapore 039190

Pearson Education offices in Asia: *Bangkok, Beijing, Ho Chi Minh City, Hong Kong, Jakarta, Kuala Lumpur, Manila, Seoul, Singapore, Taipei, Tokyo*

3 2 1
27 26 25

발행일: 2025년 2월 20일
공급처: 퍼스트북(02-3141-2953/first_book@naver.com)
ISBN: 978-981-3351-65-3(93560)
가격: 39,000원

http://pearson.com/asia

역자 서문

이 책은 홀리 무어(Holly Moore)가 집필한 《MATLAB® for Engineers》 6판을 우리말로 옮긴 것이다. '6판'이라는 숫자는 저자의 열정과 성실함을 나타낼 뿐만 아니라, 이 책의 내용과 수준에 대한 독자의 만족도를 드러내기도 한다.

이 책은 매트랩(MATLAB®) 입문서로서 특히 과학 또는 공학 전공자를 대상으로 저술되었다. 쉬우면서도 강력한 프로그래밍 언어인 매트랩은 워낙 유명해 관련 도서가 시중에 많이 나와 있다. 그러나 상당수는 특정한 세부 분야만을 다루거나 매우 높은 수준의 어려운 내용을 담고 있다. 반면에 이 책은 전반적으로 대학 신입생의 눈높이에 맞추고 있어 프로그래밍을 처음 배우는 초보자에게 제격이다. 또한 과학 또는 공학을 전공하는 학생이 배우는 물리, 화학, 수학을 비롯해 전기·전자공학, 화학공학, 기계공학, 건축공학 등 과학과 공학의 다양한 분야를 아우르면서도 실제 현상과 관련이 있는 주제를 다룬다.

이 책은 '문제 해결 능력'을 키울 수 있는 방식으로 내용이 전개된다. 실제 현상과 관련된 다양한 예제를 5단계로 이루어진 체계적 문제풀이법(문제 명확히 하기→입력/출력 정의하기→손으로 풀기→매트랩으로 풀기→결과 검사하기)으로 해결하면서, 단순히 계산 방법을 익히기보다는 전공 분야의 이론을 현실에 적용하는 '실용 능력'을 키우는 데 중점을 두고 있다. 그리고 미분방정식 풀이 기법, 수치계산 기법, 고급 그래픽 기법, 소리와 영상 처리 등의 수준 높은 내용도 포함하고 있다. 따라서 이 책을 잘 활용하면 전공에 상관없이 학생, 엔지니어, 전문기술인 모두 여러모로 도움이 될 것이다.

C, C++, 포트란(FORTRAN), 파스칼(PASCAL), 자바(JAVA), 파이썬(Python) 등 수많은 컴퓨터 프로그래밍 언어가 있지만, 이들과 구별되는 매트랩의 몇 가지 특징은 다음과 같다.

첫째, 다른 프로그램에 견주어 사용하기가 무척 쉽다. 대학교에서 전공과목을 배울 때는 빛의 속도(300,000,000 m/s)처럼 아주 큰 수나 수소원자의 지름(0.0000000001 m)처럼 아주 작은 수를 수식에 대입해 계산하는 경우가 흔하다. 그래서 입학하자마자 과학용(공학용) 계산기를 구입해 사용하는데, 이러한 계산기 대신 쓸 수 있는 것이 매트랩이다. 다시 말해 과학용 계산기를 다룰 줄 아는 사람이라면 누구나 사용할 수 있을 만큼 매트랩은 쉬운 프로그래밍 언어이다. 또한 매트랩은 인터프리터형 언어라 프로그램을 작성하기도 쉽고 고치기도 쉽다.

둘째, 유용한 함수가 미리 만들어져 있어 이를 이용해 원하는 프로그램을 쉽게 작성할 수 있다. 다른 프로그래밍 언어의 경우 미분, 적분, 인수분해, 근, 평균값, 표준편차, 중앙값, 라플라스 변환, 푸리에 변환 등의 계산 과정을 직접 작성해야 하지만, 매트랩에는 이러한 계산용 함수가 내장되어 있어 훨씬 쉽게 프로그램을 작성할 수 있다.

셋째, 특정한 응용 분야에서 활용되는 다양한 특수 함수와 알고리즘을 한데 모아놓은 도구상자(툴박스)가 있어 복잡하고 어려운 작업을 손쉽게 수행할 수 있다. 4차 산업혁명 시대인 오늘날 자율주행, 무인항공, 우주항공, 5G/6G, 인공지능(AI), 바이오 등 첨단 분야의 현업에서 Automated Driving Toolbox, UAV Toolbox, Aerospace Toolbox/Aircraft Control Toolbox, 5G Toolbox/RF Toolbox/Communication Toolbox, Deep Learning Toolbox/Neural Network Toolbox, Bioinformatics Toolbox 등은 매우 유용한 도구이다.

넷째, 다른 어떤 프로그램보다 쉽고 편리하게 다양한 그래프를 그릴 수 있다. 매트랩에는 그래프 그리기 기능을 가진 많은 함수와 명령어가 포함되어 있어 2차원 그래프, 3차원 그래프, 극좌표 그래프, 벡터 그래프 등의 그래프로 계산 결과나 해석 결과를 한눈에 보여줄 수 있다. 과학과 공학 분야에서는 다양한 실험과 계산의 결과로 수많은 데이터와 숫자를 얻으며, 여기서 한 걸음 더 나아가 이러한 데이터와 숫자에 담긴 의미나 정보를 파악한다. 이때 매트랩의 강력한 계산, 프로그래밍, 그래픽, 애니메이션 기능을 활용하면 데이터와 숫자의 규칙성과 관계, 법칙 등을 알아낼 수 있다.

한편 매트랩은 실행속도가 느리고 값이 비싸다는 것이 단점이다. 하지만 지금은 컴퓨터의 속도가 매우 빨라져서 방대한 자료의 복잡한 수치계산 작업이 아니라면 매트랩의 실행속도는 큰 문제가 되지 않는다. 또한 프로그래밍 과정에서 명령어를 '벡터화'하고 효율적인 알고리즘을 적용하면 어느 정도 완화할 수 있다. 대규모 연산이나 시뮬레이션을 수행하는 경우에도 병렬 컴퓨팅 기법을 이용하면 계산 시간을 대폭 단축할 수 있다. 그리고 매트랩의 비싼 가격 문제는 학교나 기업에 설치된 것을 사용하거나, 개인의 경우 상대적으로 값이 저렴한 학생판 또는 시험판을 구매해 극복할 수 있다.

이 책이 매트랩과 공학, 과학을 공부하는 이들에게 도움이 되길 기대한다. 그리고 책을 읽다 오류를 발견하거나 독자로서 전하고 싶은 의견이 있다면 역자의 이메일 또는 출판사로 연락 주기 바란다. 추후에 증쇄할 때 반영해 앞으로도 계속 완성도를 높여나갈 것을 약속드린다.

끝으로 대학에서 학문의 길을 밟고 있는 독자와 나누고 싶은 말이 있다. 한자로 '학문'은 단순히 '글(文)을 배운다(學)'는 학문(學文)이 아니라 '배우고(學) 묻는다(問)'는 학문(學問)이다. 즉 학문을 한다는 것은 배운 지식을 외워서 기억만 하는 것이 아니라 지식을 배운 다음 배운 것에 대해 물음을 던져보는 것이다. 이렇게 따져가며 공부하는 방법을 '비판적 학습법'이라고 한다. 여기서 '비판'은 '어떤 것의 옳고 그름을 가려 판단하거나 밝히는 것'을 뜻하는데, 어떤 문제를 해결하는 능력과 새로운 것을 만들어내는 능력은 이처럼 비판적으로 생각하는 습관을 통해 기를 수 있다. 관점을 더욱 넓혀 '삶'이라는 한평생의 문제에 대해서도 이처럼 비판적으로 생각하고 고민해야 어설픈 답이라도 얻지 않을까 생각한다.

2025년 1월

역자 대표 유태훈

저자 서문

이 책은 지금까지 솔트레이크커뮤니티칼리지(Salt Lake Community College)에서 공학 분야의 신입생을 가르친 경험을 바탕으로 저술했다. 나는 신입생에게 알맞은, '첫걸음부터 차근차근 시작하는' 교재를 찾으려 했지만 찾을 수가 없었다. 광범위한 내용을 담고 있는 책은 많았지만, 내가 가르칠 학생들은 그러한 책을 이해하는 데 필요한 수준의 수학 실력과 컴퓨터 사용 능력을 갖추지 못한 상황이었다. 게다가 원래 매트랩은 신호처리와 전기공학 분야의 사람들이 주로 사용했기 때문에 해당 분야와 관련된 내용을 주로 다루어 그 외 공학 분야에는 적합하지 않았다. 이 책은 기초적인 수학부터 시작해 아주 다양한 분야의 공학 관련 문제를 매트랩으로 푸는 방법을 자세히 설명하고 있다. 이 책에서 다루는 문제는 기초적인 화학과 물리학 그리고 기본이 되는 여러 공학 과목에서 골라낸 것이며, 체계적 문제풀이법을 사용해 문제를 풀어나간다.

이 책은 기초적인 대학 수학과 삼각함수의 기본 개념을 알고 있는 학생이라면 충분히 이해할 수 있으며, 수학 실력이 좋으면 더욱 빠르게 공부할 수 있다. 통계나 행렬수학을 직접적으로 다루지는 않지만, 본문에서 다루는 매트랩 기법이 이러한 주제와 관련이 있는 경우에는 간단히 설명했다. 그리고 12장과 13장의 몇 개 절에서는 미분·적분과 미분방정식을 사용해 매트랩으로 문제를 푸는 방법을 다루었다. 이 부분은 전공 공부에 참고자료로 활용 가능하며, 수학 실력이 좋은 학생은 특별히 이 부분을 학습할 수 있다.

이 책은 직접 실습하면서 공부할 수 있도록 구성되었다. 내가 가르친 학생 중에서 좋은 성과를 거둔 학생들은 모두 컴퓨터 앞에 앉아 이 책을 앞에 놓고 직접 예제를 타이핑하면서 공부했다. 이 책의 다양한 예제를 풀어보면 책에서 다루는 개념을 더욱 확실히 이해할 수 있게 된다. 이 책에서는 장마다 실습문제를 수록해 새롭게 배운 매트랩 기법을 곧바로 사용해볼 수 있게 했다.

이 책은 크게 세 부분으로 나눌 수 있다. 첫 번째 부분은 '매트랩 사용의 기초'로, 매트랩을 처음 사용하는 데 필요한 내용을 담고 있다.

- 1장에서는 매트랩이 공학 분야에서 어떻게 사용되는지 설명하고, '체계적 문제풀이법'이라는 표준 문제풀이 방법을 소개한다.
- 2장에서는 매트랩 환경과 기본 연산을 수행하는 데 필요한 매트랩 사용 기법을 설명한다. 또한 매트랩 프로그램 파일과 코드를 여러 개의 섹션으로 나누어 구성하는 개념을 소개한다. 이것을 먼저 배우면 매트랩으로 작업한 결과를 더욱 쉽게 저장할 수 있고, 일관된 프로그램 작성 방법을 익힐 수 있다.
- 3장에서는 매트랩에 내장된 함수를 사용해 매우 다양한 분야의 문제를 풀어보는데, 이

러한 함수의 사용법을 이해하는 데 도움이 되도록 관련 내용을 함께 설명한다. 예를 들어 정규분포형(가우스) 난수와 균일분포형 난수의 차이점을 설명하고, 각 형태의 난수와 관련된 예제를 풀어가며 진행하는 방식이다.

- 4장에서는 매트랩에서 배열을 만들고 조작해 문제를 해결하는 방법을 자세히 설명한다. `meshgrid` 함수를 이용하면 변수가 2개인 문제를 풀 수 있는데, `meshgrid` 함수의 사용법과 그 개념은 5장에서 면 그래프를 배울 때 다시 다룬다. 또한 배열이 문자를 저장하고 조작하는 데 어떻게 사용되는지 소개하고, 숫자 배열을 조작하는 데 사용한 것과 동일한 기법이 텍스트 배열에 어떻게 적용되는지 다룬다.
- 5장에서는 매트랩으로 그릴 수 있는 다양한 2차원 그래프와 3차원 그래프를 설명한다. 특히 매트랩의 명령창이나 매트랩 프로그램에서 매트랩 명령으로 그래프를 그리는 방법을 다룬다. 그리고 이미 그려진 그래프를 대화 방식으로 편집하는 방법과 작업공간창에서 곧바로 그래프를 그리는 방법도 소개한다.

매트랩은 뛰어난 성능의 프로그래밍 언어로, 대부분의 프로그래밍 언어에서 사용되는 구조를 포함하고 있다. 매트랩으로 프로그램을 만들고 디버깅하는 작업은 다른 프로그래밍 언어(예: C++)보다 쉽다. 바로 이러한 점 때문에 매트랩은 맨 처음 배우는 프로그래밍 과목의 프로그래밍 언어로 유용하다. 이 책의 두 번째 부분은 '매트랩을 이용한 프로그래밍'으로, 프로그램을 작성하는 방법을 소개한다.

- 6장에서는 사용자 정의 함수를 만드는 방법을 설명한다. 또한 사용자가 프로그래밍 프로젝트를 수행하면서 자신이 만든 사용자 정의 함수를 모아놓는 도구상자를 만드는 방법을 설명한다.
- 7장에서는 프로그램과 사용자가 서로 대화(즉 상호작용)하는 데 사용되는 함수를 다루는데, 여기에는 사용자 제어 입력함수, 형식화된 출력함수, 그래프 입력함수 등이 포함된다. 또한 매트랩에서 프로그램 디버깅에 사용되는 도구에 대해 설명한다.
- 8장에서는 논리함수인 `find` 함수의 사용법을 설명하고 제어구조(`if`, `if/else`, `switch/case`)를 사용해 프로그램을 작성하는 방법을 다룬다. 프로그래밍 경험이 있다면 매트랩 특유의 행렬처리 기법을 바탕으로 하는 함수를 사용할 때의 장점에 관심을 두지 않는 경우가 종종 있으므로, 8장에서는 특히 제어구조에 비해 이러한 부류에 속하는 함수인 논리함수의 사용에 더 큰 비중을 두어 설명한다.
- 9장에서는 반복구조(`for` 루프, `while` 루프)와 `break` 명령을 사용하는 중간점 중단 루프를 사용해 프로그램을 작성하는 방법을 알아본다. 학생들은 특히 반복구조의 개념을 까다롭게 여기기 때문에 예제를 많이 다룬다.

1~9장은 순서대로 공부하는 것이 좋다. 그러나 세 번째 부분인 '고급 매트랩 개념'에 속한 장들은 각각 독립적인 내용으로 이루어져 있다. 따라서 세 번째 부분에 속한 장 전체나 일부를 정규 수업시간에 다루어도 되고, 학생들 스스로 공부하면서 참고자료로 활용해도 좋다. 거의 모든 내용이 신입생에게 적합하다. 2학점 교과목으로 운영하는 경우에는 1~9장에

10장을 더해 다루고, 3학점으로 운영하는 경우에는 1~14장을 모두 다루되 미분 기법, 적분 기법, 미분방정식 풀이 기법을 다루는 12.5절, 12.6절, 13.4절, 13.5절, 13.6절은 제외해도 된다. 세 번째 부분에 속한 장에서 배우는 기법은 공학 분야의 문제를 푸는 과정에서 특히 유용하게 쓰일 것이다.

- 10장에서는 행렬 연산을 이용해 점곱, 가위곱, 연립방정식 문제를 푸는 방법을 설명한다. 예전에는 공학 전공자가 거의 모두 수강하는 물리학(정역학, 동역학) 과목에서 주로 행렬 연산이 활용되었지만 지금은 모든 공학 분야에서 널리 사용되고 있다.
- 11장에서는 매트랩이 지원하는 다양한 데이터 유형을 소개한다.
- 12장에서는 매트랩의 기호수학 패키지를 다룬다. 내가 가르친 학생들은 특히 이 장에서 배운 기법이 가장 유익했다고 했으며, 학생들은 여기서 배운 내용을 곧바로 사용하기 시작한다.
- 13장에서는 곡선맞춤과 통계학 등의 다양한 분야에서 사용되는 수치계산 기법을 설명한다. 화학, 물리학과 같이 실험실습이 포함된 과목을 수강하는 경우나 열전달, 유체역학, 물질강도와 같은 내용을 다루면서 실험실습을 병행하는 공학 과목을 수강하는 경우에 유용하게 사용할 수 있다.
- 14장에서는 데이터를 다양한 형태의 그래프로 나타내어 시각화하는 기법을 살펴본다. 이러한 기법은 구조해석, 유체역학, 열전달과 같은 분야에서 수치해석을 하면서 얻는 계산 결과를 분석하는 데 특히 유용하다.
- 15장에서는 매트랩 플랫폼 위에 구축된 시뮬레이션 프로그램 패키지인 시뮬링크를 소개한다. 시뮬링크는 다양한 블록을 서로 결합하는 그래픽 사용자 인터페이스 방식으로 동적 시스템에 대한 해석 모델을 만든다. 현재 시뮬링크는 전기, 전자 공학을 포함한 공학 분야 전체에서 널리 응용되고 있다.

부록 A에는 이 책에서 다루는 모든 함수와 특수기호, 특수문자를 수록했고, 부록 B에서는 그래프가 직선 형태로 표시되도록 데이터를 처리하는 방법을 설명한다. 부록 C에는 노스캐롤라이나주 애슈빌의 기후 데이터를 수록했는데, 이 책의 많은 예제에서 이 데이터를 사용한다. 마지막으로 본문의 실습문제 해답은 www.pearsonhighered.com/moore에서 다운로드할 수 있다.

6판의 새로운 내용

매트랩 프로그램은 6개월마다 새로운 버전이 나오기 때문에 최신 내용을 담은 교재를 만들기가 쉽지 않다. 6판에는 R2021b 버전까지의 소프트웨어 업데이트가 반영되었으며, 개정된 내용은 다음과 같다.

- 모든 매트랩 프로그램 화면을 2021b 릴리스로 만든 것으로 교체했다.
- 매트랩 R2016b 버전부터는 하위함수(지역함수라고도 함)를 별도의 파일로 만들어 저장할 필요 없이 스크립트 M-파일에 추가할 수 있으므로 매트랩 프로그램에서 하위함수

를 변경한다.

- 라이브 스크립트 사용을 강조하고, 스크립트(M-파일)와 라이브 스크립트(MLX-파일)를 모두 사용해 작업 수행 방법을 설명했다. 모든 실습문제, 예제, 연습문제의 스크립트와 라이브 스크립트를 www.pearsonhighered.com/moore에서 구할 수 있다.
- 문자 배열 대신 문자열 데이터형을 사용할 것을 강조하고, 이 방식으로 프로그래밍 방법을 변경할 때의 장점에 대해 설명했다. 문자 배열의 셀 배열도 여전히 다루므로 학생들은 '레거시' 코드에서 프로그램 구조를 볼 때 이를 알아보고 이해할 수 있다.
- 여러 데이터 유형을 함께 저장하는 배열의 종류 중에서 셀 배열과 구조체 배열보다는 표 배열을 강조한다.
- 책 전체에 걸쳐 여러 가지 새로운 함수를 소개했다.
- 지금까지 이 책을 사용한 강사와 학생들의 의견을 반영해 일부 문제를 수정하고 새로운 문제를 추가했다. 오래된 데이터는 현시점의 값으로 수정했다(예: ACE 허리케인 정보를 2021년까지의 데이터로 교체).

차례

1 • 매트랩 개요

2 • 매트랩 환경

3 • 매트랩의 내장함수

4 • 매트랩에서 배열 다루기

5 • 그래프 그리기

6 • 사용자 정의 함수

7 • 사용자 제어 입·출력

8 • 논리함수와 선택구조

9 • 반복구조

10 • 행렬 연산

11 • 배열의 종류

12 • 기호수학

13 • 수치해석 기법

14 • 고급 그래픽 기능

15 • 시뮬링크®: 간략한 소개

1 매트랩 개요

학습목표

- 매트랩에 대한 기본적인 내용과 공학·과학 분야에서 매트랩이 널리 사용되는 까닭을 설명한다.
- 매트랩 학생용 버전의 장점과 한계를 이해한다.
- 산업계의 여러 분야에서 매트랩이 문제 해결을 위해 사용되는 예를 확인한다.
- 체계적 문제 해결 방법을 사용해 문제를 명확히 표현한다.

1.1 매트랩 소개

매트랩(MATLAB)은 '**멀티패러다임**(multiparadime)' 프로그래밍 언어이므로 여러 가지 방법으로 매트랩을 사용해 프로그래밍 작업을 수행할 수 있다. 이러한 작업은 수입·지출을 계산하는 간단한 작업부터 복잡한 엔지니어링 모델링 응용 분야까지 다양하다. 이러한 작업을 완수하기 위해 필요한 계산을 처리하는 방법은 사용자 개인의 경험과 선호도, 필요한 계산 횟수, 관련된 데이터의 양, 수학적 한계, 작업 결과의 대상(용도), 기타 여러 가지 고려 사항에 따라 달라질 수 있다.

핵심 개념
매트랩은 멀티패러다임 프로그래밍 언어이다.

매트랩은 다재다능한 언어이지만 모든 것을 할 수는 없다. 매트랩은 수학적 계산을 최적화하도록 설계된 대규모 **응용 프로그램**(application program)으로 많은 양의 데이터를 대량으로 빠르게 처리하는 수치 계산에서 진가를 발휘한다. 예를 들어 **문서편집용 프로그램**(word-processing program)을 작성하는 데에는 적합하지 않다. **운영체제**(operating system)나 설계용 소프트웨어를 작성하는 경우에는 C++와 자바(Java)를 비롯한 고급언어 프로그램을 사용하는 것이 더 좋은 선택이다. 실제로 매트랩은 처음에 포트란(Fortran)으로 작성했다가 나중에 C언어로 다시 작성한 것이다. 그렇다면 프로그래밍 작업에 기본이 되는 **고급언어**(high-level language) 대신 매트랩을 사용하는 이유는 무엇인가? 매트랩을 사용하면 문제를 수식으로 표현하기 쉽고, 배열(array) 계산을 사용해 고급언어보다 더 빠르게 반복 계산을 실행할 수 있으며, 우수한 그래프 기능을 사용해 결과를 쉽게 화면에 표시할 수 있기 때문이다.

핵심 개념
매트랩은 배열을 처리하는 데 최적화되어 있는 프로그램이다.

핵심 개념
매트랩은 우수한 그래프 기능을 제공한다.

매스웍스(MathWorks)사에서 제작한 매트랩에 액세스하는 방법에는 여러 가지가 있다.

매트랩에는 전문가용 버전(professional version), 학생용 버전(student version), 가정용 버전(home version)이 따로 있다. 대학의 컴퓨터 실습실에 설치되어 있는 것은 대개 전문가용 버전이며 대학이 **사이트 라이선스**(site license)를 보유하고 있는 경우 사본(copy)을 다운로드할 수 있다. 대학이 라이선스를 가지고 있거나 학생용 또는 가정용 라이선스를 구매한 경우에는 온라인 버전도 사용할 수 있다. 온라인 버전을 사용하면 개인용 컴퓨터에 소프트웨어를 설치하지 않고도 **웹브라우저**(web browser)에서 매트랩을 사용할 수 있다. 매트랩의 업데이트(update)는 정기적으로 이루어지고 있는데, 이 책은 MATLAB 9.10 버전을 기준으로 하고 있다. 다른 버전의 매트랩을 사용하고 있는 경우에는 **그래픽 사용자 인터페이스**(graphical user interface)의 구성 및 배치에 상당한 차이가 있을 수 있지만 프로그래밍을 하는 방식의 차이는 별로 크지 않다.

매트랩 버전의 표준판으로 다양한 공학 및 과학 기술 문제를 풀 수 있으며 여러 분야에 충분히 응용할 수 있다. 그러나 표준판에 들어 있지 않은 기능을 이용하려면 추가로 **함수**(function) 도구상자(툴박스)가 있어야 한다. 이 **도구상자**(toolbox)는 별도로 구매해야 한다. 전체 도구상자 제품군에 액세스하려면 전부를 다운로드해야 하는데, R2021b 버전 소프트웨어를 모두 다운로드받으려면 거의 28기가바이트의 메모리가 필요하다. 향후 버전은 더 커질 것이다. 다운로드할 도구상자를 결정하기 전에 컴퓨터의 메모리 용량 제한과 인터넷 다운로드 속도를 신중하게 고려하는 것이 좋다. 매트랩 제품군에 들어 있는 도구상자의 전체 목록은 매스웍스사의 웹사이트인 www.mathworks.com(한국은 kr.mathworks.com)에서 확인할 수 있다.

핵심 개념
매트랩은 도구상자로 추가 기능을 제공하며 별도로 구매해야 한다.

1.2 매트랩 학생용 버전

매트랩 전문가용 버전과 학생용 버전은 거의 비슷하다. 매트랩을 처음 배우는 학생은 그 차이점을 알기 어려울 것이다. 매트랩 학생용 버전은 마이크로소프트 윈도우즈(MS Windows), 맥(Mac), 리눅스(Linux) 운영체제용으로 각각 나와 있으며, 대학 서점에서 직접 구입하거나 매스웍스사의 홈페이지 www.mathworks.com(한국은 kr.mathworks.com)에서 온라인으로 구매할 수 있다.

매스웍스사에서는 소프트웨어 몇 개를 패키지로 묶어 릴리스(release)라는 이름으로 내놓고 있는데, MATLAB 9.10은 시뮬링크(Simulink)를 비롯한 몇 가지 다른 소프트웨어 구성품과 함께 릴리스 2021b에 속한다. 새로운 버전은 6개월마다 출시하고 있다. 학생용 버전을 구입할 때에는 MATLAB만 따로 구매하거나 MATLAB에 다음과 같은 소프트웨어 구성품을 묶은 번들(bundle)을 구매할 수 있다.

핵심 개념
매트랩은 정기적으로 업데이트되고 있다.

- 학생이 수업 중에 사용하는 경우로만 한정된 개별 라이선스(single-user license)(전문가용 버전에서는 개별 라이선스와 그룹 라이선스 두 가지 모두 가능)
- Control System Toolbox
- Curve Fitting Toolbox

- DSP System Toolbox
- Full MATLAB
- Image Processing Toolbox
- Instrument Control Toolbox
- Optimization Toolbox
- Parallel Computing Toolbox
- Signal Processing Toolbox
- Simulink
- Statistics and Machine Learning Toolbox
- Symbolic Math Toolbox

학생용 버전에 포함된 도구상자를 제외한 나머지 도구상자는 따로 구입해야 한다. 전문가용 버전에는 학생용 버전에 포함되어 있는 도구상자가 없을 수도 있음을 알아두어야 한다.

전문가용 버전과 학생용 버전은 명령 프롬프트(prompt)가 서로 다르다. 전문가용 버전의 프롬프트는

```
>>
```

이지만 학생용 버전에서는

```
EDU>>
```

이다.

1.3 매트랩 이용 분야

공학·연구·기술직 분야에서는 매트랩과 같은 프로그램을 잘 활용하는 능력이 취업에 필수 자격 조건이 되고 있다. 다음은 최근에 Monster.com이라는 구인·구직 사이트에서 직업검색(job search)을 해 나온 구인광고이다.

> ……는 **항공전자공학**(avionics) 분야에서 일한 경력을 가진 시스템 테스트 엔지니어를 모집합니다. 담당할 업무는 매트랩 **스크립트**(script) 프로그램의 작성과 수정, 시뮬링크 시뮬레이션 수행, 결과 데이터의 분석 등입니다. 지원 자격으로는 매트랩, 시뮬링크, C++에 반드시 능통해야 하며……

이 광고는 흔히 볼 수 있는 형태이다. 직업검색에서 나온 광고를 더 살펴보니 이 회사 말고도 신입 엔지니어의 자격 조건으로 매트랩의 능숙한 사용을 요구한 회사가 771개나 되었다. 매트랩은 공학과 과학의 모든 분야에서 널리 사용되고 있지만 특히 전기·전자공학 응용 분야에서 인기가 있는 프로그램이다. 다음 절부터는 현재 매트랩이 사용되고 있는 응용 분야 중에서 몇 개를 골라 살펴볼 것이다.

핵심 개념
매트랩은 공학 분야에서 널리 사용되고 있다.

1.3.1 전기·전자공학

전기·전자공학에서는 매트랩이 다양한 분야에서 광범위하게 응용되고 있다. 예를 들어 보자. 그림 1.1의 그래프는 어떤 순간과 공간에 분포하고 있는 **전자기장**(electromagnetic field)의 모습을 보여주고 있다. 전기·전자 장치에는 실제로 이러한 전자기장이 분포한다. 전자기장이라는 이 아름다운 현상에 대한 이해 덕분에 셀룰러 통신(이동통신), 의료 진단(medical diagnostics), 가정용 컴퓨터와 같은 기술을 사용할 수 있는 것이다.

1.3.2 의용생체공학

의료용 영상(medical image) 파일은 DICOM이라는 표준 형식으로 저장되는 것이 보통이다(DICOM은 Digital Imaging and Communications in Medicine의 머리글자를 따서 만든 용어이다). dicom 파일의 확장자는 .dcm이다. 매스웍스사에서 제공하는 도구상자 중에서 Image Processing Toolbox를 사용하면 매트랩으로 dicom 파일을 읽어 들여 데이터 처리를 할 수 있다(Image Processing Toolbox는 학생용 버전에는 기본으로 포함되어 있지만 전문가용 버전에서는 선택사항이다). Image Processing Toolbox에는 다양한 함수가 들어 있는데 이 중 많은 함수가 특히 의료용 영상의 처리에 적합하다. 표준판 매트랩 프로그램에

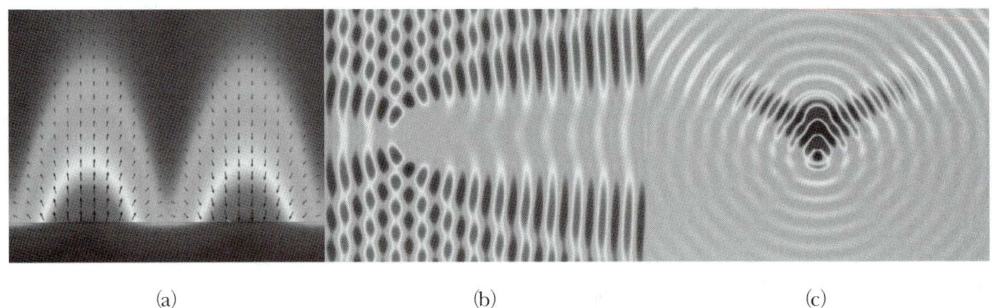

(a) (b) (c)

그림 1.1
전자기장 분포. (a) **표면 플라스몬**(surface plasmon) 폴라리톤, (b) 금속 원기둥에 의해 산란되는 빛, (c) 6-소자 다이폴 배열(six-element dipole array) 안테나에서 방사되는 전자기장[유타대학교 전기컴퓨터공학과 나겔 박사(Dr. James R. Nagel) 제공]

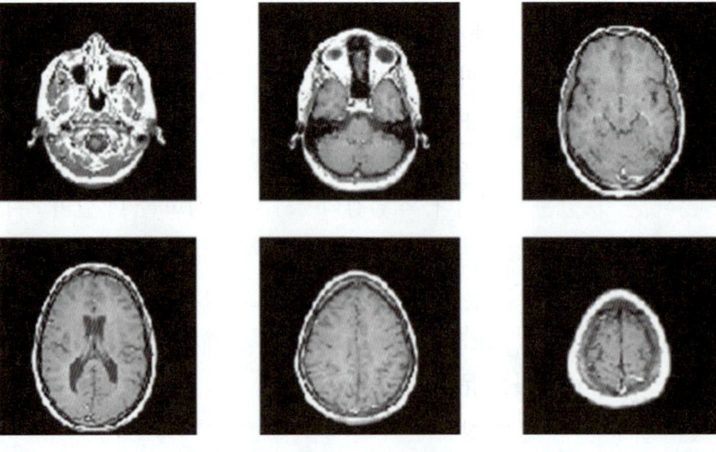

그림 1.2
매트랩에 들어 있는 샘플 데이터 파일에 저장된 뇌 수평단면 MRI 영상

그림 1.3
매트랩에 들어 있는 샘플 데이터 파일에 저장된 MRI 데이터로 만든 3차원 뇌 영상

는 MRI 데이터 파일이 몇 개 들어 있는데 이 파일은 매트랩에서 사용할 수 있도록 매트랩과 호환되는 형식으로 미리 변환된 것이다. 이 파일을 사용해 표준판 매트랩 프로그램을 설치하면 생기는 몇 가지 영상처리 함수의 기능을 시험해볼 수 있다. 혹시 여러분의 컴퓨터에 확장형 영상처리 도구상자(expanded imaging toolbox)가 설치되어 있으면 이 도구상자에서 추가로 제공하는 영상처리 함수의 기능도 확인해볼 수 있다. 그림 1.2에는 뇌의 수평단면 영상이 6개 실려 있는데, 이 영상은 매트랩에 MRI 데이터 파일로 저장된 것이다.

이 데이터 파일을 사용해 그림 1.3과 같은 3차원 뇌 영상을 만들 수 있다. 3차원 영상을 만드는 자세한 방법은 도움말 설명서(MATLAB tutorial)에 들어 있다. 이 설명서는 매트랩 프로그램 화면에서 메뉴표시줄(toolbar)에 있는 도움말 버튼(help button)을 눌러 불러낼 수 있다.

1.3.3 유체역학

유체의 속도 벡터(속력과 방향)를 계산하는 작업이 중요한 분야가 많이 있다. 특히 항공우주공학자는 비행기나 우주선의 외부와 연소실 내부에서 일어나는 기체의 움직임에 관심을 둔다. 이러한 3차원 공간에서 일어나는 유체의 움직임을 그래프 등으로 시각화하는 것은 매우 까다로운 일이지만 매트랩은 이를 쉽게 처리할 수 있는 여러 가지 도구(tool)를 가지고 있다. 그림 1.4의 그래프는 어떤 로켓추력방향 제어장치의 유체의 속도 벡터를 계산해 이를 화살표로 그려주는 quiver plot 방식으로 나타낸 것이다. **추력방향 제어**(thrust-vector control)란 액추에이터(actuator, 피스톤-실린더 장치)로 노즐의 방향을 조종해 그 방향으로 로켓이 진행하도록 제어하는 방식이다. 그림 1.4의 모델링 결과는 고압가스 저장장치(plenum)의 기체가 피스톤을 밀어 액추에이터의 길이를 제어하는 과정을 보여주고 있다.

1.4 공학과 과학 분야의 문제 해결 방법

핵심 개념
항상 체계적 문제 해결 방법을 사용한다.

공학, 과학, 컴퓨터 프로그래밍 분야의 문제를 푸는 데에는 어떤 일관된 방법을 사용하는 것이 중요하다. 이 절에서 설명하는 문제 해결 방법은 화학, 물리학, 열역학, 공학설계와 같은 다양한 분야에서 유용하다. 또한 경제학, 사회학 같은 사회과학에도 적용할 수 있다. 다른

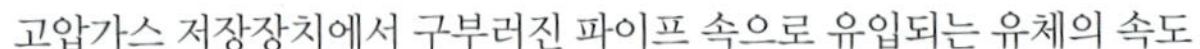

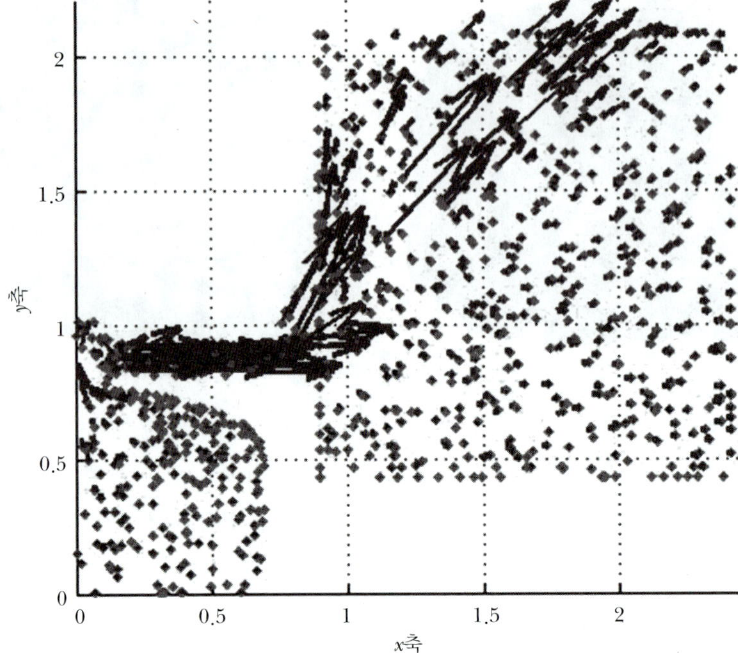

그림 1.4
로켓추력방향 제어장치에서 기체의 속도 벡터

책에서 제시하는 문제 해결 방법이 이 방법과는 조금 다를 수 있어도 기본적인 구성은 같다고 볼 수 있다.

- 문제를 명확히 나타낸다.
  - 이 단계에서는 그림을 그려보는 것이 도움이 될 때가 많다.
  - 문제를 확실히 이해하지 못하면 문제를 풀기가 어려워진다.
- 입력(아는 값)과 출력(모르는 값)을 표시한다.
  - 입력 값과 출력 값을 표시할 때에는 단위를 꼭 포함시켜야 한다. 단위를 제대로 다루지 않으면 틀린 답이 나온다.
  - 계산에 사용되는 상수에는 어떤 것이 있는지 확인한다. 예를 들어 이상기체 상수, 중력가속도가 있다.
  - 입력 값에 이름(label)을 붙인다. 또는 여러 입력을 하나의 표(table)로 만든다.
- 문제를 풀기 위한 **알고리즘**(algorithm)을 개발한다. 이를 위해 먼저 손으로 샘플 문제를 만들어 풀고, 이를 참고로 컴퓨터 프로그램으로 알고리즘을 만드는 방법을 사용하는 것이 일반적이다.
  - 아는 값(입력)과 모르는 값(출력) 사이에 존재하는 관계식을 찾아낸다.
  - 간단한 형태의 샘플 문제를 만든 다음에 이를 손이나 계산기로 풀어본다.
- 문제를 푼다. 이 책에서는 이 단계에서 매트랩으로 프로그램을 작성하고 이를 실행해 답을 구한다.
- 풀이를 검사한다.

- 풀이 결과가 이치에 맞는가?
- 앞에서 손이나 계산기로 푼 샘플 계산 결과와 일치하는가?
- 풀이 결과가 문제에서 요구한 답이 확실한가?
- 계산 결과를 그래프로 그려보면 이것이 맞는지 검사하는 데 도움이 된다.

여기에서 제시한 체계적 문제 해결 방법을 확실하게 따르면 '긴 문장'으로 된 응용문제를 훨씬 쉽게 풀 수 있다. 이 방법을 적용해 예제 1.1을 풀어보자.

예제 1.1

질량과 에너지의 상호 변환

아인슈타인(Albert Einstein)(그림 1.5)은 20세기의 가장 유명한 과학자이다. 1879년에 독일에서 출생한 아인슈타인은 독일과 스위스에서 학교를 다녔다. 그가 베른(Bern)에 있는 특허사무소에서 근무하는 동안에 그 유명한 상대성이론을 창안했다. 그가 만든 다음 식은 오늘날 가장 유명한 방정식이다.

$$E = mc^2$$

그림 1.5
알베르트 아인슈타인(GL Archive/Alamy Stock Photo)

아주 간단한 이 방정식으로 그전까지 아무런 연관성이 없다고 여겨 별도의 양으로 다루어졌던 질량과 에너지가 서로 교환될 수 있음이 밝혀졌다. 이 식을 이용하면 자연적인 핵반응이나 인위적인 핵반응에서 질량이 줄어들면서 방출되는 에너지의 양을 구할 수 있다.

태양이 1초당 방출하는 에너지의 양은 385×10^{24} J/s이다. 이 막대한 에너지는 핵반응에 의해 질량이 에너지로 변환되며 발생하는 것이다. 태양이 이와 같은 비율로 에너지를 방출하는 과정에서 하루에 얼마나 많은 질량이 핵반응에 의해 줄어드는지 아인슈타인 방정식과 매트랩을 사용해 계산하라.

1. 문제를 명확히 나타낸다.
   태양이 1일 동안 방출하는 에너지를 발생시키는 데 필요한 질량의 크기를 구한다.

2. 입력과 출력을 표시한다.
   입력
   초당 방출 에너지: $E = 385 \times 10^{24}$ J/s을 사용해 1일 동안 방출되는 총에너지를 구한다.
   빛의 속도: $c = 3.0 \times 10^8$ m/s
   출력
   질량: m kg

3. 손이나 계산기로 문제를 미리 풀어본다.
   태양이 하루에 방출하는 총에너지를 계산하면 다음과 같다.

$$385 \times 10^{24} \frac{\text{J}}{\text{s}} \times \frac{3600 \text{ s}}{1\text{시간}} \times \frac{24\text{시간}}{1\text{일}} \times 1\text{일} = 3.33 \times 10^{31} \text{ J}$$

   질량 m을 구하기 위해 다음과 같이 방정식 $E = mc^2$을 m에 대해 정리한 다음 E, c에 값을 대입한다.

$$m = \frac{E}{c^2}$$
$$m = \frac{3.33 \times 10^{31}\ \mathrm{J}}{(3.0 \times 10^{8}\ \mathrm{m/s})^2}$$
$$= 3.7 \times 10^{14}\ \mathrm{J/(m^2/s^2)}$$

계산 결과는 질량이므로 kg 단위로 나와야 하는데 그렇지 않으므로 위의 계산은 잘못된 것인가? 이를 확인하기 위해 단위를 바꾸어보자. 그러면 다음과 같이 질량의 단위인 kg이 되는 것을 알 수 있다.

$$1\mathrm{J} = 1\ \mathrm{kg\ m^2/s^2}$$
$$m = 3.7 \times 10^{14} \frac{\mathrm{J}}{\mathrm{m^2/s^2}} \times \frac{\mathrm{kg\ m^2/s^2}}{\mathrm{J}} = 3.7 \times 10^{14}\ \mathrm{kg}$$

4. 매트랩으로 문제를 푼다.

아직 여러분은 매트랩 프로그램으로 명령을 작성할 수 있을 만큼 공부를 하지 않은 상태이다. 그러나 다음에 나타낸 매트랩 코드(code)를 보면 매트랩 문법이 공학용 계산기에서 사용하는 방법과 비슷함을 알 수 있다. 매트랩의 명령창(command window)에서 프롬프트인 >> 옆에 코드를 입력하면 바로 다음 줄에 그 코드를 실행한 결과가 표시된다. 이 문제를 풀기 위한 매트랩 코드는 다음과 같다.

```
>> E=385e24            사용자가 키보드로 입력하는 정보
E =
  3.8500e+026            컴퓨터 응답(매트랩 실행 결과)
>> E=E*3600*24
E =
  3.3264e+031
>> c=3e8
c =
  300000000
>> m=E/c^2
m =
  3.6960e+014
```

앞으로는 명령창에 입력한 명령과 실행 결과를 나타낼 때 프롬프트는 생략할 것이다.

5. 풀이를 검사한다.

매트랩으로 푼 결과가 손으로 계산한 결과와 일치한다. 이제 계산으로 얻은 값이 이치에 맞는 답인지 확인해보자. 3.7에 10^{14}을 곱한 값은 매우 큰 수이긴 하지만 태양의 질량은 2×10^{30} kg이나 된다. 태양의 질량이 하루에 3.7×10^{14} kg씩 감소한다고 할 때, 태양의 질량이 완전히 다 소멸되는 데 걸리는 시간을 계산해보자.

$$\text{시간} = \frac{\text{태양의 질량}}{\text{질량 감소율}}$$
$$\text{시간} = \frac{2 \times 10^{30}\ \mathrm{kg}}{3.7 \times 10^{14}\ \mathrm{kg/일}} \times \frac{1\text{년}}{365\text{일}} = 1.5 \times 10^{13}\text{년}$$

태양이 사라지는 데 걸리는 시간은 무려 15조 년이다! 따라서 우리가 살아 있는 동안에 태양의 질량이 전부 없어질 것을 걱정할 필요는 없다.

핵심 용어

고급 컴퓨터 언어(high-level computer language)
그래픽 사용자 인터페이스(graphical user interface)
도구상자(toolbox)
멀티패러다임(multiparadigm)
문서편집용 프로그램(word-processing program)
사이트 라이선스(site license)
스크립트(script)
알고리즘(algorithm)
운영체제(operating system)
웹브라우저(web browser)
응용 프로그램(application program)
전자기장(electromagnetic field)
추력방향 제어(thrust-vector control)
표면 플라스몬(surface plasmon)
함수(function)
항공전자공학(avionics)
MRI

2 매트랩 환경

학습목표

- 매트랩 프로그램을 시작해 명령창에서 간단한 문제를 푼다.
- 다양한 매트랩 창(window)의 이름을 알고 사용한다.
- 매트랩에서 사용되는 기본 데이터형(data type)을 알고 사용한다.
- 간단한 배열(array)을 만들고 사용한다.
- 변수에 이름을 할당하고 사용한다.
- 정확한 연산 순서 규칙을 사용해 매트랩으로 문제를 푼다.
- 매트랩에서 스칼라 계산, 배열 계산, 행렬 계산 사이의 차이점을 이해한다.
- 수치를 부동소수점 수 형식이나 과학 표기법으로 표시한다.
- 명령창에서 수치를 표시하는 데 사용하는 형식을 조정한다.
- 매트랩으로 계산 작업을 수행하는 과정에서 사용한 변수의 값을 저장한다.
- 여러 개의 명령으로 이루어진 매트랩 프로그램을 작성하고 이를 M-파일과 MLX-파일 형식으로 저장한다.
- 섹션 모드(section mode)를 사용한다.

2.1 시작하기

초보자도 쉽게 사용할 수 있는 프로그램이 매트랩이다. 그러나 매트랩을 숙련된 수준으로 사용하려면 몇 년이 걸릴 수도 있다. 이 장에서는 매트랩 환경을 소개하고 기본적인 수학 계산을 하는 과정을 설명한다. 이 장을 공부하고 나면 과제물이나 업무를 처리하는 데 매트랩을 사용할 수 있게 될 것이다. 물론 다른 장까지 공부하면 더 많은 것을 할 수 있을 것이다.

매트랩을 설치하는 과정은 여러분의 컴퓨터 운영체제와 컴퓨팅 환경에 따라 차이가 있으므로 여기에서는 여러분이 자신의 컴퓨터에 매트랩을 설치했거나, 이미 컴퓨터 실습실에 설치된 것을 사용할 수 있는 상태이거나, 온라인에서 매트랩을 이용하는 중이라고 가정하고 설명을 진행할 것이다. 윈도우즈(Windows)나 맥(Mac) 환경에서 매트랩을 시작하려면 데스크톱(desktop)의 바탕화면에 있는 매트랩 아이콘을 더블클릭하거나 시작메뉴에서 매트랩 프로그램을 찾아서 시작하면 된다. 유닉스(UNIX) 환경에서는 쉘 **프롬프트**(prompt)에서 'Matlab'이라고 타이핑하면 된다. 어떻게 시작했건 일단 매트랩이 열리면 화면에 매트랩 프

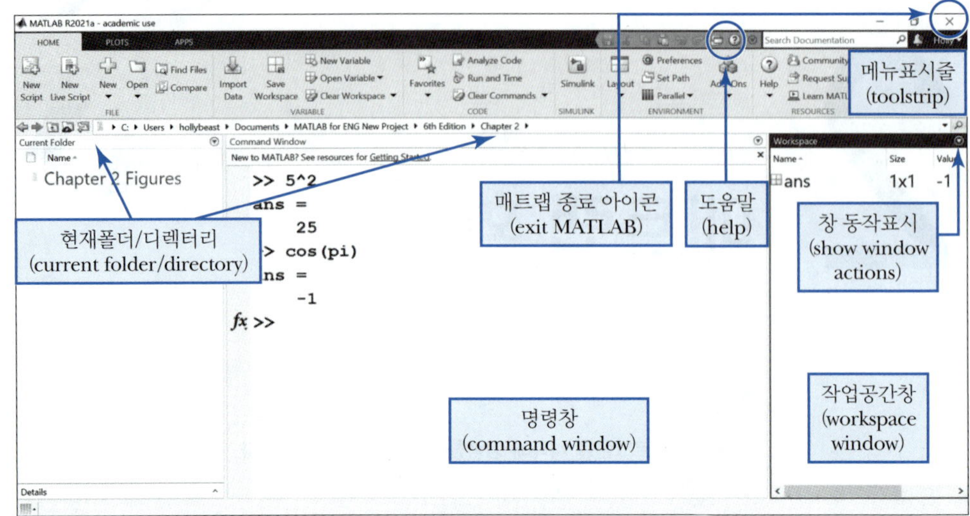

그림 2.1
MATLAB 2021a 버전의 창을 연 모습. 매트랩 환경은 여러 개의 창으로 구성된다. 이 창 중 3개의 창이 기본적으로 열리고, 다른 창은 매트랩을 사용하는 동안 필요할 경우에 열리게 된다.

> **참고** 매트랩 사용자 인터페이스 언어를 '영어↔한국어'로 상호 변환하는 방법(MATLAB® 2015a 버전부터 가능)
>
> 매트랩 기본 화면창에서 다음 과정을 차례로 수행한다.
>
> Preference(기본설정) → General(일반) → 오른쪽 창에 있는 Desktop Language(데스크톱 언어) 메뉴에서 Korean(한국어) 또는 English(영어) 선택

롬프트(>> 또는 EDU>>)가 보여야 한다. 이 프롬프트는 매트랩이 여러분의 명령 입력을 대기하고 있는 상태임을 뜻한다. 실행 중인 매트랩 세션을 종료할 때에는 매트랩 프롬프트에서 `quit` 또는 `exit`라고 타이핑해 매트랩을 끝마칠 수 있다. 매트랩은 표준 형태의 윈도우즈 메뉴표시줄(menu bar)을 사용하고 있으므로 매트랩 창의 오른쪽 위 모서리에 있는 닫기 아이콘(X)을 클릭해도 된다. 프로그램을 시작할 때 열리는 기본 매트랩 화면이 그림 2.1에 나와 있다[매트랩 버전(릴리스)에 따라 화면 구성과 배치에 약간의 차이가 있다].

먼저 매트랩 화면의 중앙을 차지하고 있는 명령창(command window)에 대해 살펴보면서 매트랩 사용을 시작해보자. 여러분은 공학용 계산기로 계산을 할 때와 똑같은 방법으로 명령창에서 계산을 수행할 수 있다. 심지어 문법도 대부분 일치한다. 예를 들어 5의 제곱을 계산하려면 명령창에

```
5^2
```

를 타이핑한다. 그러면 다음과 같은 출력이 표시된다.

```
ans =
     25
```

또는 값을 알아내려면

```
cos(pi)
```

라고 타이핑한다. 이렇게 하면 출력이 다음과 같이 나오게 된다.

```
ans =
     -1
```

매트랩의 연산 순서는 표준 연산규칙을 따른다. 여러 개의 연산을 함께 하는 경우에는 연산 순서가 매우 중요하다. 이에 대한 규칙을 2.3.3절에서 설명한다. 참고로 한 가지 알아둘 것은 pi 값은 매트랩 속에 이미 규정되어 있으므로 '3.14…'라고 직접 타이핑해서 넣을 필요가 없다는 점이다.

핵심 개념
매트랩의 연산 순서는 표준 연산규칙을 따른다.

HINT 이 책에서 드는 몇몇 예가 타이핑하기엔 너무 간단한 것들이라 읽기만 해도 충분하다고 생각하는 사람도 있을 것이다. 그러나 읽기만 할 것이 아니라 직접 타이핑해봐야 내용을 확실히 기억하는 데 도움이 된다!

다음 내용으로 넘어가기 전에 실습문제 2.1을 풀어보자.

실습문제 2.1

다음 수식을 매트랩의 명령 프롬프트에서 입력한 후 그 결과를 관찰하라. 정답은 피어슨 출판사의 웹사이트 https://www.pearsonhighered.com/moore에서 확인할 수 있다.

1. 5+2
2. 5*2
3. 5/2
4. 3+2*(4+3)
5. 2.54*8/2.6
6. 6.3−2.1045
7. 3.6^2
8. 1 + 2^2
9. sqrt(5)
10. cos(pi)

HINT 매트랩의 명령창에서 실수로 잘못 입력한 명령을 실행시킨 뒤에 이를 덮어쓸 수 없다는 사실을 알게 되면 실망스러울 수 있다. 매트랩은 명령창에 그동안 입력한 모든 명령어의 리스트를 전부 간직하고 있기 때문에 명령을 '실행 취소'하거나 '삭제'할 수 없다. 잘못 입력해 실행된 명령을 바로잡는 방법은 명령을 다시 정확히 입력해 새로 실행시키는 것뿐이다. 매트랩에는 이러한 일을 더욱 쉽게 할 수 있게 도와주는 몇 가지 방법이 있다. 그중 한 가지가 화살표를 사용하는 방법인데 이 화살표는 보통 여러분이 사용하는 키보드에서 오른쪽 부분에 위치해 있다. 위쪽 방향 화살표(↑)를 사용하면 그동안 실행한 명령어의 리스트를 하나씩 넘겨가며 모두 볼 수 있다. 이것을 이용해 일단 잘못 입력한 명령어를 찾아낸 다음에 이를 수정해 새로 실행할 수 있다.

2.2 매트랩의 창

매트랩에는 몇 개의 디스플레이 창(window)이 있다. 그림 2.1은 기본설정 상태(디폴트, default)의 초기화면으로 중앙에는 **명령창**(command window)이라는 이름의 큰 창이 있고, 명령창의 오른쪽에는 **작업공간창**(workspace window), 왼쪽에는 **현재폴더창**(current folder window)이 있다. 이 밖에 **명령내역창**(command history window), **문서창**(document window), **그래픽창**(graphics window), **편집창**(edit window)은 필요할 때 알아서 자동으로 열린다. 매트랩에는 도움말 기능이 내장되어 있는데 그림 2.1에서 보는 바와 같이 **메뉴표시줄**(toolstrip)에 있는 물음표(?) 아이콘을 클릭하면 이를 불러내 사용할 수 있다. 자신에게 맞는 개성 있는 화면을 꾸밀 수도 있는데, 창의 크기를 마우스로 조정하고, 한 창의 위쪽에 다른 창을 쌓아 올려 배치하고, 사용하지 않는 창은 닫기 아이콘(각 창의 오른쪽 위에 있는 X)을 사용해 닫으면 된다. 또는 작업공간창의 맨 오른쪽 위에 있는 '작업공간 동작 표시(Show Workspace Action)' 아이콘 ⊙을 사용하면 다른 창과 '분리[도킹해제(undock)]'시켜 따로 떼어낼 수 있다. 이처럼 모든 창의 맨 오른쪽 위에는 해당 창의 동작 표시 아이콘인 ⊙이 있어서 편리하게 동작을 선택할 수 있다. 매트랩 화면구성을 기본설정 상태로 되돌리려면 메뉴표시줄에서 '레이아웃(Layout)'을 선택하고 이어서 '디폴트 값(Default)'을 선택하면 된다. 다른 창을 추가하고 싶을 때에는 Layout을 선택한 다음 자신이 원하는 창을 선택하면 된다.

2.2.1 명령창

명령창은 그림 2.1에서 보듯이 기본설정 상태에서는 매트랩 화면의 중앙에 위치해 있다. 명령창은 스크래치 패드(scratch pad)와 비슷한 환경을 제공한다. 명령창을 사용하면 계산 값은 저장할 수 있지만 그 값을 산출할 때 사용한 명령은 저장할 수 없다. 이 명령을 저장하고 싶은 경우에는 편집창을 사용해 **스크립트**(script)를 만들어야 한다. 스크립트는 매트랩 명령어를 써서 작성한 프로그램 파일을 가리키는 것으로, 매트랩에서는 스크립트를 **M-파일**(M-file)이라는 유형의 파일로 저장하거나 **라이브 스크립트**(live script)는 **MLX-파일**(MLX-file)이라는 유형으로 저장할 수 있다. M-파일과 MLX-파일에 대해서는 2.4.2절에서 자세히 설명한다. 명령창을 이용하는 방법이나 M-파일 및 MLX-파일을 이용하는 방법이나 모두 유용하지만 여기에서는 M-파일과 MLX-파일 이용 방법을 소개하기에 앞서 명령창 이용 방법에 대해 집중적으로 공부할 것이다.

핵심 개념
명령창은 스크래치 패드와 비슷하다.

2.2.2 명령내역창

명령내역창은 명령창에서 내린 모든 명령을 기록한다. 디폴트 상태에서는 화면에 이 창이 열리지 않는다. 화면에 명령창을 추가하려면 메뉴표시줄에서 Layout(레이아웃) → Command History(명령내역)를 차례로 선택하고 이어서 'docked(도킹됨)'를 체크한다. 앞으로 이 책에서 보게 될 매트랩 화면은 명령내역창이 결합되어 나타나 있는 형태이다. 매트랩을 종료하거나 `clc` 명령을 내리면 명령창은 클리어(clear)되어 창 화면이 깨끗해진다. 그러나 명령내역창에는 명령어 리스트(목록)가 그대로 남아 있다. 명령내역창에 기록된 명령 리스트까지 지우려면 명령내역창의 맨 오른쪽 위에 있는 'Show Command History Action(명령내역창 동작 표시)'(▼ 아이콘)의 하위 메뉴에서 'Clear Command Window(명령내역 지우기)'를 선택하면 된다. 공용으로 사용하는 컴퓨터에서 작업을 할 경우에는 보안을 위해 매트랩을 종료할 때 명령내역을 클리어하도록(지우도록) 매트랩의 기본설정을 바꿀 수 있다. 2.1절에서 예로 들은 명령어들을 여러분이 실제로 명령창에 입력했다면 이 명령어들이 명령내역창에 모두 기록되어 있을 테니 명령내역창을 잘 살펴보기 바란다. 이 창의 여러 용도 중에서 두 가지만 살펴보면 앞서 내린 매트랩 명령어를 다시 검토하는 것과 기록된 명령어를 선택해 명령창으로 전달하는 데 사용하는 것이다. 예를 들어 우선 다음과 같이 타이핑해 명령창의 내용을 클리어시키자.

핵심 개념
명령내역창에서는 명령창에서 내린 모든 명령을 기록하고 있다.

```
clc
```

이 명령은 명령창을 클리어하지만 명령내역창에 있는 데이터는 변하지 않고 그대로 있다. 명령내역창에 있는 코드를 더블클릭하거나(이렇게 하면 명령이 바로 실행된다), 클릭한 후 드래그(drag)해 명령창으로 가져가면 그 명령이 명령창으로 옮겨간다. 다음을 명령내역창에서 더블클릭해보자.

```
cos(pi)
```

그러면 명령이 명령창으로 복사되어 실행되고, 다음과 같은 결과를 얻는다.

```
ans =
     -1
```

이제 명령내역창에서 다음 명령을 마우스로 드래그해 명령창으로 옮겨보자.

```
5^2
```

이 명령은 엔터를 칠 때까지 실행되지 않는다. 이제 엔터를 치게 되면 다음과 같은 결과를 얻는다.

```
ans =
     25
```

명령창에서 수행하는 계산이 복잡할수록 이 명령내역창이 유용하다는 사실을 더욱 잘 알게 될 것이다.

2.2.3 작업공간창

작업공간창은 명령창에서 명령을 실행할 때 정의했던(만들었던) **변수**(variable)를 추적할 수 있게 해준다. 변수는 컴퓨터 메모리에 저장된 값을 나타내는 것으로 이 값을 사용해 계산이나 작업을 할 수 있다. 바로 앞 절의 예를 실행하고 나서 작업공간창을 살펴보면 현재까

핵심 개념
작업공간창에서는 프로그램에서 만든 변수의 정보를 목록으로 만들어 기록하고 있다.

지 사용한 변수는 오직 ans 하나뿐이고 이 변수는 25라는 값을 가지고 있는 배정밀도 배열(double array)이라는 것을 알 수 있다.

Name	Size	Class	Value
ans	1×1	double	25

(여러분 컴퓨터의 작업공간창 화면에 표시된 항목은 매트랩 프로그램을 설치할 때의 설정 내용에 따라 이 그림과는 조금 다를 수 있다.)

작업공간창에서 항목 이름이 표시되어 있는 줄 위에 마우스를 올려놓고 오른쪽 버튼을 클릭해 이 변수에 관해 더욱 많은 항목이 나타나도록 해보자. name, value, class, size에 덧붙여 bytes를 체크하라. 이제 작업공간창을 보면 다음과 같은 정보가 나타날 것이다. 모든 정보가 나타나지 않은 경우에는 창의 크기를 잘 조절하라.

Name	Size	Class	Bytes	Value
ans	1×1	double	8	25

핵심 개념
기본으로 설정되는 데이터형은 배정밀도 부동소수점 수이며 배열로 저장된다.

노란색 바둑판 모양으로 된 기호는 변수 ans가 **배열**(array)임을 말해준다. 배열의 크기(size)는 1×1로 표시되어 있는데, 이는 열이 1개이고 행이 1개인 값이라는 뜻이므로 ans는 **스칼라**(scalar)이다. 배열은 8바이트의 메모리를 사용한다. 매트랩은 C언어로 작성된 프로그램이므로 **클래스**(class) 항목에 표시된 'double'을 보면 C언어에서 ans는 배정밀도 부동소수점 배열(double-precision floating point array)임을 알 수 있다. 배열에 대한 자세한 설명은 나중에 하기로 하고 지금은 일단 변수 ans가 부동소수점 수(쉽게 말해 소수점이 있는 수)를 저장할 수 있다는 것만 알아두기 바란다. 실제로 매트랩은 입력하는 수가 소수점이 있든 없든 구별하지 않고 모든 수를 부동소수점 수로 취급한다.

배열의 크기와 해당 배열에 저장된 데이터의 형(type)에 대한 정보 이외에도 그 데이터에 대한 통계정보가 함께 표시되도록 선택할 수 있다. 다시 한번 작업공간창에서 항목의 이름이 표시된 줄(bar) 위에 마우스를 올려놓고 마우스 오른쪽 버튼을 누른다. 그런 다음 최댓값(max), 최솟값(min), 표준편차(standard deviation) 등 통계에서 척도로 사용되는 여러 가지 항목을 선택할 수 있다.

명령창에서는 추가로 변수를 정의할(만들) 수 있으며 이렇게 만들어진 변수의 목록은 작업공간창에서 확인할 수 있다. 예를 들어

```
A = 5
```

와 같이 타이핑하면 화면에 다음과 같이 나타난다.

```
A =
     5
```

변수 A가 작업공간창에 추가된 것을 주목하라. 이 창에서는 변수의 목록이 알파벳 순서로 나열되는데, 대문자로 시작하는 변수가 먼저 알파벳 순서로 정렬되고 이어서 소문자로 시작

하는 변수가 알파벳 순서로 정렬된다.

Name	Size	Class	Bytes	Value
A	1×1	double	8	5
ans	1×1	double	8	25

배열을 입력하는 방법에 대해서는 2.3.2절에서 자세히 다룰 것이다. 이제 다음 명령을 타이핑해서 간단한 1차원 배열을 만들어보자.

```
B = [1, 2, 3, 4]
```

그러면 화면에 다음과 같이 나타난다.

```
B =
     1 2 3 4
```

이때 쉼표(comma)를 빼고 다음과 같이 입력하더라도 결과는 마찬가지이다.

```
B = [1 2 3 4]
B =
     1 2 3 4
```

이제 작업공간창을 살펴보면 1 × 4 크기의 배열인 변수 B가 추가되어 있다.

Name	Size	Class	Bytes	Value
A	1×1	double	8	5
ans	1×1	double	8	25
B	1×4	double	32	[1, 2, 3, 4]

2차원 배열도 같은 방식으로 만들 수 있다. 배열의 행(row)을 구분할 때에는 세미콜론을 사용한다. 예를 들어

```
C = [1 2 3 4; 10 20 30 40; 5 10 15 20]
```

으로 입력하면 다음과 같이 출력된다.

```
C =
     1    2    3    4
     10   20   30   40
     5    10   15   20
```

Name	Size	Class	Bytes	Value
A	1×1	double	8	5
ans	1×1	double	8	25
B	1×4	double	32	[1, 2, 3, 4]
C	1×4	double	96	<3 × 4 double>

C는 작업공간창에서 3×4 배열로 표시된다. 표시공간을 절약하기 위해 배열에 저장되어

있는 값은 나타내지 않는다.

변수의 값을 불러내고 싶으면 해당 변수 이름을 타이핑하기만 하면 된다. 예를 들어

```
A
```

라고 입력하면 다음과 같이 나온다.

```
A =
     5
```

이제까지 소개한 변수는 단순히 숫자를 포함하고 있는 형(type)이었지만 다른 형의 변수도 가능하다.

앞에서 명령창을 설명하면서 clc 명령을 소개했다. 이 명령은 명령창을 클리어하는데 이렇게 하면 앞서 내린 명령들로 채워져 있던 명령창을 깨끗이 비워 빈 페이지로 만들 수 있다. 그러나 이 clc 명령을 실행한다고 해서 프로그래밍을 할 때 생성된 변수가 실제로 메모리에서 삭제되는 것은 아니다. 저장된 모든 변수 값을 전부 삭제하는 명령은 clear 명령이다. clear 명령의 실행 결과는 작업공간창에도 그대로 반영된다. 다음과 같이 명령창에서 타이핑을 해보자.

```
clear
```

이 명령으로 이제 작업공간창은 다음과 같이 비어 있게 된다.

Name	Size	Class	Bytes	Value

작업공간창이 닫힌 경우에는[작업공간창은 메뉴표시줄의 Layout 메뉴 또는 작업공간창 맨 오른쪽 위에 있는 Show Window Action 메뉴(▼ 아이콘)를 사용해 닫을 수 있다] whos 명령을 사용해 이전에 정의했던 변수에 대한 정보를 알 수 있다.

```
whos
```

clear 명령을 입력하기 전에 whos 명령을 실행했을 경우에는 다음과 같이 출력된다.

Name	Size	Bytes	Class
A	1×1	8	double
B	1×4	32	double
C	1×4	96	double
ans	1×1	8	double

2.2.4 현재폴더창

현재폴더창은 지금 사용하고 있는 디렉터리에 있는 모든 파일의 목록을 가지고 있다. 매트랩이 파일을 사용하거나 정보를 저장할 때에는 특별히 따로 지정하지 않는 한 현재폴더(current folder)를 사용한다. 현재폴더는 다른 말로 현재디렉터리(current directory)라

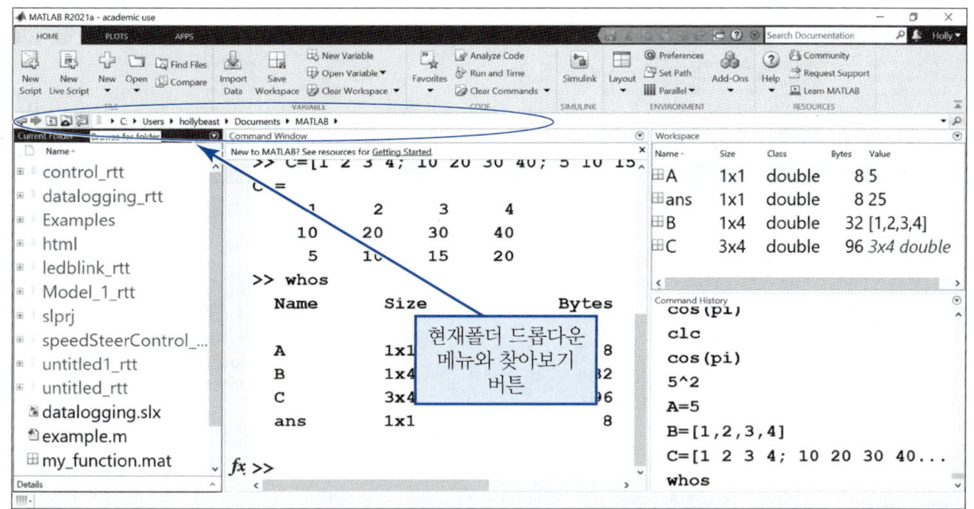

그림 2.2
현재폴더창은 지금 사용하고 있는 디렉터리에 있는 모든 파일의 목록을 보여준다. 현재폴더는 드롭다운 메뉴나 찾아보기 버튼을 사용해 변경할 수 있다.

고도 한다. 기본설정(default) 상태에서 지정되는 현재폴더의 위치는 소프트웨어 버전에 따라 다르며 설치할 때 어떻게 설정했느냐에 따라서도 다르다. 현재폴더는 메인창(main window)의 맨 윗줄에 가로로 표시된다. 현재폴더는 디렉터리 목록 옆에 있는 드롭다운 리스트(drop-down list, ▼, ▶ 표시)에서 다른 디렉터리를 선택하거나 찾아보기(browse) 기능을 이용해 다른 디렉터리로 변경할 수 있다. 찾아보기는 폴더 찾아보기 아이콘(browse for folder,)을 누르면 되는데 이 아이콘은 드롭다운 리스트 옆에 있다(그림 2.2 참조).

2.2.5 문서창

작업공간창에 들어 있는 변수 중에서 어느 한 변수를 더블클릭하면 자동으로 문서창이 뜨게 되는데, 이 문서창에는 변수편집기(variable editor)가 포함되어 있다. 변수에 저장된 값은 스프레드시트(spreadsheet) 형식으로 나타난다. 변수편집기에서 이 값을 변경하거나 새로운 값을 추가할 수 있다. 예를 들어보자. 아직 다음의 2차원 배열 C를 만들지 않은 상태라면 명령창에서 다음과 같이 명령을 입력한다.

```
C = [1 2 3 4; 10 20 30 40; 5 10 15 20];
```

명령의 끝에 세미콜론을 넣으면 출력이 되지 않으므로 명령창에는 아무 내용도 나타나지 않는다. 그러나 작업공간창의 변수 목록에는 C가 나타나는데 이것을 더블클릭한다. 그러면 그림 2.3과 같이 명령창 위에 문서창이 열릴 것이다. 이제 C 배열에 값을 추가할 수도 있고 현재 값을 변경할 수도 있다. 메뉴표시줄에 '변수(VARIABLE)' 탭이 자동적으로 열린 것을 확인할 수 있다. 이 변수 탭에는 데이터를 조작할 수 있는 선택사항(option)이 들어 있다.

핵심 개념
세미콜론은 명령창에서 내린 명령을 수행한 결과가 화면에 출력되지 않도록 한다.

문서창/**배열편집기**(array editor)와 작업공간창을 함께 사용해 새로운 배열을 만들 수 있다. 작업공간 제목표시줄 위에 마우스를 올려놓고 오른쪽 버튼을 클릭한 다음 'New(새로만들기)' 메뉴를 선택하면, 작업공간창의 변수 목록에 unnamed라는 이름의 변수가 새로 생긴다. 마우스 오른쪽 버튼을 클릭하거나 팝업메뉴에서 'Rename(이름바꾸기)'을 선택해 이 변

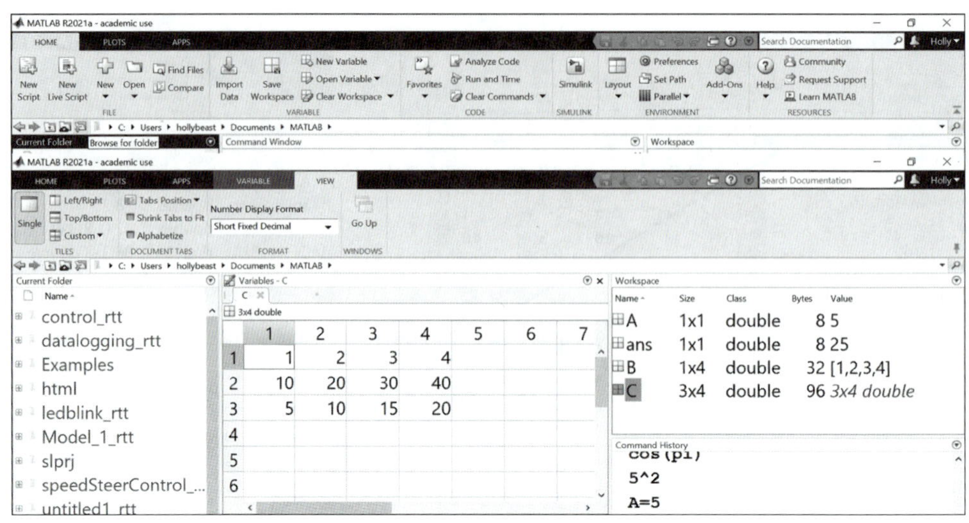

그림 2.3
문서창에 표시되는 변수편집기

수의 이름을 바꿀 수도 있다. 이 새로운 변수에 값을 추가하려면 이 변수를 더블클릭하고 변수편집창(variable editor window)에서 데이터를 써넣는다. 새로운 변수의 생성을 마쳤으면 창의 오른쪽 위 모서리에 있는 닫기 아이콘을 선택해 배열편집기를 닫는다.

2.2.6 그래픽창

그래프를 그리는 명령을 내리면 그래픽창이 자동으로 나타난다. 이 기능을 알아보기 위해 먼저 x라는 배열을 다음과 같이 만든다.

```
x = [1 2 3 4 5];
```

(이 명령에 사용된 세미콜론은 명령창에 내용이 출력되지 않게 하는 역할을 한다. 그러나 작업공간창에는 이 새로운 변수 x가 나타난다.)

이제 y를 다음과 같이 만든다.

```
y = [10 20 30 40 50];
```

그래프를 그리기 위해 다음의 그리기 명령을 사용한다.

```
plot(x,y)
```

그러면 그래픽창이 자동으로 열린다(그림 2.4 참조). 그래픽창은 메인창에 도킹되어 나타나지는 않는다. 그래픽창 화면의 맨 위에 있는 제목표시줄을 보면 창의 이름이 Figure 1로 표시되어 있다. '새로운 그래픽창을 열라'는 명령을 특별히 내리지 않으면 여러분이 추가로 그리는 그래프는 앞서 그린 Figure 1 그래프에 덮어쓰기가 된다. 그래픽창의 오른쪽 위에 있는 화살표를 선택해 그래픽창을 도킹할 수 있다.

핵심 개념
그래프에 제목과 축 이름을 덧붙일 수 있다.

매트랩에서는 그래프에 그래프 제목(title)과 *x*, *y* 축 이름(label)을 붙이고 여러 개의 선을 추가하는 것이 쉽다. 그래프에 정보를 추가하고 설명을 넣는 방법에 대해서는 별도의 장에

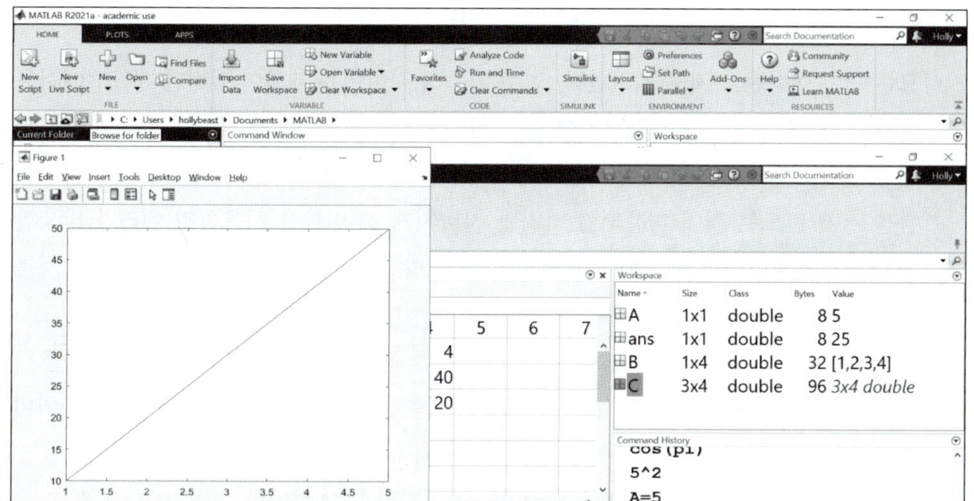

그림 2.4
매트랩을 사용하면 쉽게 그래프를 그릴 수 있다. 그래픽창은 매트랩 데스크톱 위에 열리는데 매트랩 메인창에 자동으로 도킹되지 않는다.

서 자세히 다룰 것이다. 공학과 과학 분야에서는 그래프를 그릴 때 축 이름과 제목을 반드시 붙여주어야 한다!

2.2.7 편집창

매트랩 편집기를 사용하면 여러 명령을 차례로 타이핑하고 이를 파일로 저장할 수 있는데, 이 과정에서 명령은 실행되지 않는다. 매트랩에서 하는 대부분의 작업은 편집창에서 이루어진다. 매트랩 편집기에는 스크립트 편집기와 라이브 스크립트 편집기, 이렇게 두 가지 종류가 있다. 두 편집기를 여는 방법을 알아보자. 메뉴표시줄에서 New Script(새 스크립트)를 선택하거나 New(새로 만들기)와 Script(스크립트)를 차례로 선택하면 스크립트 편집창이 열린다. 라이브 스크립트 편집창을 열 때에는 마찬가지로 메뉴표시줄에서 New Live Script(새 라이브 스크립트)를 선택하거나 New(새로 만들기)와 Live Script(라이브 스크립트)를 차례로 선택한다. 명령창의 프롬프트에서 `edit`라고 타이핑해도 스크립트 편집창을 열 수 있다. 이때 메뉴표시줄에 editor(편집기) 탭이 자동으로 열리는 것을 확인할 수 있다. 라이브 스크립트는 일반 스크립트와 비슷하지만 서식이 지정된 텍스트를 포함할 수 있다. 두 편집기에서 프로그램을 작성하는 데 사용하는 컴퓨터 코드는 완전히 동일하다.

2.3 매트랩으로 문제 해결하기

명령창과 편집창 환경은 공학 문제를 해결하는 데 사용할 수 있는 매우 강력한 도구이다. 이 창을 효과적으로 사용하기 위해서는 매트랩의 기능과 동작을 더욱 잘 알아야 한다.

2.3.1 변수의 사용법

매트랩을 계산기를 쓰듯이 값을 숫자로 직접 입력하는 방식으로 사용해도 많은 문제를 해결할 수 있다. 그렇지만 문제에서 쓰이는 값에 이름을 붙여주는 방식(즉 변수를 만듦)을 사용하면 더욱 편리하게 문제를 풀 수 있다. 매트랩에서 변수의 이름을 만드는 규칙은 다음과 같이 대부분의 컴퓨터 프로그램에서 사용하는 방식과 동일하다.

핵심 개념
변수의 이름은 짧으면서 의미가 잘 드러나야 한다.

- 모든 변수 이름은 문자로 시작한다. 변수 이름의 길이에는 제한이 없지만 매트랩에서는 글자 수가 63자를 넘어서면 64번째 문자부터는 무시된다(설치된 매트랩이 허용하는 최대 문자 길이를 확인하려면 `namelengthmax` 명령을 사용한다). 매트랩에서는 변수 이름을 길게 만드는 것이 허용되긴 하지만 지나치게 긴 이름을 사용하면 에러가 발생할 가능성이 커진다. 이름을 지을 때 널리 쓰이는 방식은 변수 이름에는 소문자와 숫자를 사용하고, 상수 이름에는 대문자를 사용하는 것이다. 그렇지만 예전부터 소문자로 표시해온 상수라면 이 지침을 따를 필요는 없다. 예를 들어 물리 교과서에서 빛의 속도를 나타내는 상수는 언제나 소문자 c이다. 변수의 이름은 기억하기 쉽도록 짧으면서도 의미가 잘 드러나야 한다.
- 사용할 수 있는 문자는 오직 영문자와 숫자, 밑줄기호(_) 뿐이다. 변수 이름으로 쓸 수 있는 이름인지 알아보려면 `isvarname` 명령을 사용하면 된다. 컴퓨터 언어에서 표준으로 사용되고 있는 방식과 같이 매트랩에서도 숫자 1은 참(true), 숫자 0은 거짓(false)을 의미한다. 예를 들어 다음과 같이 입력하면

```
isvarname time
ans =
       1
```

과 같이 출력되는데 이는 변수 이름 `time`이 규칙에 맞게 지은 이름임을 말해준다. 또

```
isvarname cool-beans
ans =
       0
```

과 같이 출력되는데 이는 `cool-beans`가 제대로 지은 변수 이름이 아님을 말해준다[대시(–) 기호는 변수 이름으로 사용할 수 없기 때문이다].

핵심 개념
변수의 이름은 문자로 시작해야 한다.

- 이름을 만들 때 대문자와 소문자는 서로 구별된다. 즉 변수 x와 변수 X는 서로 다른 변수이다.
- 매트랩은 예약어(keyword) 리스트를 가지고 있는데 이 예약어는 변수 이름으로 사용할 수 없다. `iskeyword` 명령을 사용하면 매트랩은 다음과 같이 예약어의 목록을 보여준다.

```
iskeyword
ans =
20×1 cell array
{'break'       }
{'case'        }
{'catch'       }
{'classdef'    }
{'continue'    }
{'else'        }
{'elseif'      }
```

```
{'end'          }
{'for'          }
{'function'     }
{'global'       }
{'if'           }
{'otherwise'    }
{'parfor'       }
{'persistent'   }
{'return'       }
{'spmd'         }
{'switch'       }
{'try'          }
{'while'        }
```

- 매트랩이 내장하고 있는 **함수**(function) 이름을 변수 이름으로 다시 지정할 수 있다. 예를 들어 sin이라는 새로운 변수를 만들고 싶을 경우에는

```
sin = 4
```

라고 입력하면

```
sin =
     4
```

와 같이 출력된다. 그런데 이렇게 하는 것은 매우 위험하다. 이제부터는 sin(사인) 함수를 더 이상 사용할 수 없기 때문이다. 이런 식으로 사라진 함수를 다음과 같이 사용하려고 하면 에러 메시지가 출력된다.

```
sin(3)
Index exceeds the number of array elements (1).
```

어떤 이름이 변수 이름인지 함수 이름인지 알아보려면 다음과 같이 which 명령을 사용하면 된다.

```
which sin
sin is variable
```

현재 sin은 변수임을 알 수 있다. 다음과 같은 명령을 입력하면 sin을 변수에서 함수로 다시 바꾸어놓을 수 있다.

```
clear sin
```

이제는

```
which sin
```

과 같이 물어보면

```
built-in (C:\ProgramFiles\MATLAB\R2011a\toolbox\matlab\elfun\
@double\sin)
% double method
```

와 같이 출력되는데 이 메시지로부터 매트랩 내장함수(built-in function)인 sin이 저장되어 있는 위치를 알 수 있다.

실습문제 2.2

다음 변수 이름 중 매트랩에서 허용되는 것은 어떤 것인가? 먼저 여러분이 생각하는 답을 적어본 다음에 isvarname, iskeyword, which 명령을 사용해 맞는지 확인하라. 정답은 피어슨 출판사의 웹사이트 https://www.pearsonhighered.com/moore에서 확인할 수 있다.

1. test
2. Test
3. if
4. my-book
5. my_book
6. Thisisoneverylongnamebutisitstillallowed?
7. 1stgroup
8. group_one
9. zzaAbc
10. z34wAwy?12#
11. sin
12. log

핵심 개념
매트랩에서 모든 데이터는 배열에 저장된다.

2.3.2 데이터형

매트랩에서 사용되는 기본적인 **데이터형**(data type)은 배열(array)이다. 오직 1개의 값만 가지는 것을 스칼라(scalar)라고 하는데 이를 배열로 나타내면 크기가 1×1인 배열이다. 하나의 행이나 하나의 열로 정렬되어 있는 값은 1차원 배열이 되는데 이를 **벡터**(vector)라고 한다. 표의 형태로 표시된 값(즉 여러 개의 행과 열로 정렬된 값)은 2차원 배열이 된다. 이 장에서는 스칼라, 벡터, 2차원 배열까지만 다루지만 매트랩에서는 더 높은 차수(3차원 이상)를 가진 배열도 다룰 수 있다. 배열을 **행렬**(matrix)이라고도 한다. 엄밀히 말해 배열과 행렬은 수학적으로는 다르지만 매트랩에서는 같은 의미로 사용된다. 배열은 행렬 대수 연산에 사용되는 경우에만 수학적 의미의 행렬에 해당하는데, 이에 대해서는 후속 장에서 다룬다.

핵심 개념
매트랩에서는 스칼라(단일값), 벡터(행 또는 열), 2차원 배열 또는 다차원 배열 모두가 배열이 될 수 있다.

배열 데이터형은 다시 몇 가지 범주로 나뉘는데, 혼란스럽게도 매트랩에서는 이를 데이터형 또는 클래스(class)라고 한다. 지금까지는 매트랩에서 수치 정보를 사용했다. 매트랩에서 수치는 기본적으로 배정밀도 부동소수점 수(double)로 표시하는데, 이는 매트랩에서 사용할 수 있는 여러 숫자 데이터형(numeric data type) 중 하나이다. 이보다는 적게 사용되는 다른 숫자 데이터형은 후속 장에서 설명한다. 공학 및 과학 응용 분야에서 널리 사용되는 또 다른 데이터형은 문자(text) 정보이다. 매트랩에서는 문자 정보를 문자 배열(char)과 문자열 배열(string)이라는 두 가지 데이터형으로 저장한다. 논리 배열은 어떤 대상이 참(true) 또는 거짓(false)인지에 대한 정보를 정하며 프로그래밍 상황에서 의사결정을 내리는 데 유용하다. 이 밖에도 매트랩에는 특정한 한 가지 종류의 정보만을 저장하는 다양한 유형의 배열이 많이 있지만 이 네 가지 기본 데이터형(배정밀도 부동소수점 수 배열, 문자 배열, 문자열 배열, 논리 배열)이면 초보자가 프로그래밍을 하는 데에는 충분하다.

하나의 배열에 여러 데이터형을 저장할 수 있는 데이터형도 있다. 특히 초보자에게 가장 유용한 것은 표(테이블, table)라는 데이터형인데, 파일에서 데이터를 가져올 때 기본 데이터형이 표 데이터형이다. 표 데이터형은 스프레드시트와 매우 유사하다. 표 데이터형은 정보를 저장하고 결과를 표시하는 데 모두 사용된다.

배열에 저장된 정보를 조작하는 데 사용되는 기본 규칙은 데이터형에 관계없이 동일하다. 이 장에서는 숫자 배열을 사용하는 계산을 살펴볼 것이다. 이후 나오는 몇 개의 장에서는 문자 정보, 논리 정보, 표 정보를 소개한다. 이어서 기본 프로그래밍 개념을 익힌 후 사용할 수 있는 다양한 데이터형을 살펴본다.

핵심 개념
매트랩 배열은 숫자 정보는 물론 다른 형식의 정보도 저장할 수 있다.

2.3.3 숫자 배열 계산

수학에서는 배열을 다음과 같이 대괄호 안에 행과 열을 배열한 형태로 표시한다.

$$A = [5] \quad B = [2 \quad 5] \quad C = \begin{bmatrix} 1 & 2 \\ 5 & 7 \end{bmatrix}$$

이 예에서 A는 1×1 배열이고 B는 1×2 배열, C는 2×2 배열이다. 배열로 표시할 때의 장점은 전체 정보 그룹을 하나의 이름으로 다룰 수 있다는 점이다. 일반적으로 값 하나에 변수 하나를 할당하는 것이 이해하기 쉬우므로 먼저 매트랩에서 스칼라를 어떻게 다루는지 설명한 다음에 이보다 복잡한 배열을 어떻게 다루는지 알아보자.

스칼라 연산

매트랩은 다른 컴퓨터 프로그램이나 계산기처럼 2개의 스칼라양 사이의 산술 연산을 수행할 수 있다. 덧셈, 뺄셈, 곱셈, 나눗셈, 거듭제곱을 하는 방법을 표 2.1에 수록했다. 다음과 같이

```
a = 1 + 2
```

라고 명령을 내리면, '1과 2를 더한 값이 a에 할당'된다. 즉 스칼라양 2개의 덧셈이다. 스칼라 변수 2개 사이의 산술 연산도 같은 방법을 사용한다. 예를 들어 a를 앞에서처럼 정의하고 b에 5라는 값을 할당해보자.

```
b = 5
```

그러고 나서

```
x = a + b
```

표 2.1 2개의 스칼라양 사이의 산술 연산(2항 연산)

연산 종류	수학 문법	매트랩 문법
덧셈	$a+b$	**a + b**
뺄셈	$a-b$	**a – b**
곱셈	$a \times b$	**a * b**
나눗셈	$\frac{a}{b}$ 또는 $a \div b$	**a / b**
거듭제곱	a^b	**a ^ b**

라고 명령을 내리면 다음과 같이 출력된다.

```
x =
      8
```

등호기호(=)는 매트랩에서 **할당 연산자**(assignment operator)라고 한다. 할당 연산자는 계산한 결과를 컴퓨터 메모리 내의 특정 위치에 저장한다. 앞의 예에서 x에는 8이라는 값이 할당된다. 변수 x를

```
x
```

와 같이 매트랩에서 치면 다음과 같은 결과를 얻는다.

```
x =
      8
```

핵심 개념
할당 연산자는 등호가 아니다.

할당 연산자는 양쪽이 서로 같음을 나타내는 등호와는 전혀 다르다. 다음 문장을 생각해 보자.

```
x = x + 1
```

x는 x + 1과 같지 않기 때문에 이 문장은 수학에서는 틀린 식이다. 그러나 할당문으로 해석하면 현재 메모리에 저장된 x 값을 이전 x 값에 1을 더한 값으로 바꾸라는 의미이다.

처음에 x에는 8이 저장되어 있었으므로 이 할당문을 실행하면

```
x =
      9
```

가 출력되어 x라는 이름의 메모리 위치에 저장된 값이 9로 바뀌었음을 알 수 있다. 할당문은 파일을 저장하는 과정과 똑같다. 워드프로세서로 문서를 저장할 때에는 저장할 이름을 먼저 지정한다. 그다음에 문서의 내용을 바꾸고 나서 파일을 다시 저장할 때 보통은 계속해서 같은 이름을 사용한다. 처음 파일과 다음 버전의 파일은 이름은 같아도 내용은 같지 않다. 다시 말해 새로운 버전의 문서를 현재 사용하고 있는 메모리 주소에 할당한 것이다.

연산 순서

모든 수학 계산에서 어떤 연산이 먼저 수행되는지를 이해하는 것은 매우 중요하다. 매트랩

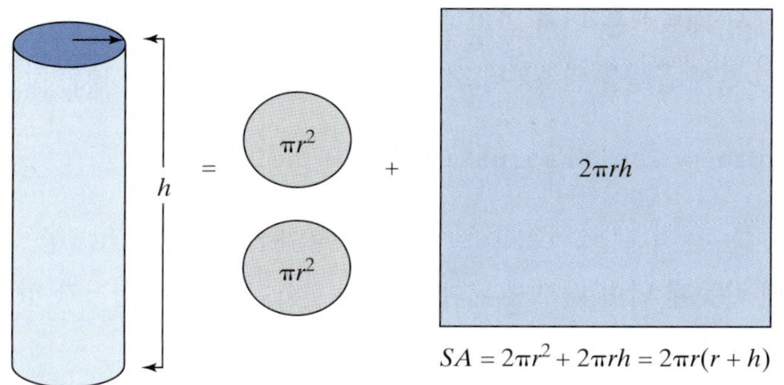

그림 2.5
원기둥의 표면적을 구하려면 덧셈과 곱셈 그리고 거듭제곱 계산을 해야 한다.

은 연산 순서에 대해 다음과 같은 표준 규칙을 따르고 있다.

- 맨 먼저 괄호 안에 있는 계산을 수행한다. 괄호는 가장 안쪽에 있는 것부터 수행하고 제일 바깥쪽을 맨 나중에 수행한다.
- 다음으로 거듭제곱 계산을 수행한다.
- 그리고 곱셈과 나눗셈을 수행하는데 순서는 왼쪽에서 오른쪽이다.
- 마지막으로 덧셈과 뺄셈을 수행하는데 순서는 왼쪽에서 오른쪽이다.

연산 순서가 중요하다는 사실을 잘 이해할 수 있도록 원기둥의 표면적을 구하는 식의 계산을 수행해보자.

그림 2.5에서 보듯이 표면적은 원으로 된 윗면과 아랫면의 면적에, 이 두 면 사이에 있는 곡면의 표면적을 합한 것이다. 원통의 높이를 10 cm, 반지름을 5 cm라 하자. 이제 매트랩에서 표면적을 계산하기 위해 다음과 같이 코드를 입력한다.

```
radius = 5;
height = 10;
surface_area = 2*pi*radius^2 + 2*pi*radius*height
```

엔터키를 입력하면 다음 결과가 출력된다.

```
surface_area =
          471.2389
```

이 경우에 매트랩은 거듭제곱, 즉 반지름(radius)의 제곱 계산을 먼저 수행한다. 그다음 계산을 수행하는 순서는 왼쪽에서 오른쪽이므로 왼쪽의 곱셈을 먼저 계산하고 이어서 오른쪽에 있는 두 번째 곱셈을 계산한다. 마지막으로 두 곱셈 결과를 서로 더한다. 이 식을 다음과 같이 써도 된다.

```
surface_area = 2*pi*radius*(radius + height)
```

계산 결과는 다음과 같다.

```
surface_area =
     471.2389
```

앞의 계산식에서 매트랩은 먼저 반지름(수식에서 radius)과 높이(수식에서 height)의 합을 계산하고 그 후에 곱셈을 왼쪽부터 오른쪽으로 수행한다. 괄호를 넣는 것을 깜박 잊어서

```
surface_area = 2*pi*radius*radius + height
```

로 입력한 경우에는 먼저 2*pi*radius*radius를 계산하고 나서 height를 더하게 되는데, 이렇게 하면 잘못된 답이 나오게 된다. 괄호의 앞에는 곱셈 연산자가 있어야 한다는 것에 주의해야 한다. 괄호 앞에 아무 연산자도 없으면 매트랩은

```
radius(radius + height)
```

라는 수식을 다음과 같이 잘못 판단한다. 즉 radius = 10, height = 5이므로 radius + height = 15가 되어 매트랩은 radius라는 배열 변수에 들어 있는 15번째 원소의 값을 찾는다. 그런데 radius는 원소가 1개뿐인 스칼라이므로 다음과 같은 에러 메시지가 출력된다.

```
??? Index exceeds the number of array elements (1).
```

수식을 매트랩 문장으로 변환할 때 특별한 주의를 기울여야 한다. 괄호를 추가로 사용한다고 해서 손해 볼 것이 없을 뿐 아니라 이렇게 괄호를 잘 사용하면 나중에 자신이나 다른 사람이 코드를 해독하기가 훨씬 쉬워진다. 괄호를 제대로 넣지 않아서 잘못을 범하는 예를 하나 더 들어보자. 다음과 같은 수식을 생각해보자.

$$e^{\frac{-Q}{RT}}$$

수학에서 e를 밑으로 하는 지수함수가 매트랩에서는 exp라는 함수이다. 따라서 위의 수식을 매트랩으로 올바르게 입력하면 다음과 같다.

```
exp(-Q/(R*T))
```

그런데 괄호를 빼먹고

```
exp(-Q/R*T)
```

와 같이 입력하면 전혀 다른 수식이 된다. 즉 계산 순서는 왼쪽에서 오른쪽이므로 이 식은 먼저 $-Q$를 R로 나누고, 그 결과에 T를 곱한 것이 되어 의도한 것과는 다른 결과가 된다.

컴퓨터 코드를 좀 더 쉽게 해독할 수 있게 해주는 방법으로 긴 수식 문장을 여러 개의 짧은 문장으로 나누는 것이 있다. 예를 들어 다음과 같은 수식이 있다고 하자.

$$f = \frac{\log(ax^2 + bx + c) - \sin(ax^2 + bx + c)}{4\pi x^2 + \cos(x - 2)*(ax^2 + bx + c)}$$

이 수식을 입력할 때 실수하기가 쉽다. 이와 같은 일이 생기는 것을 막기 위해 이 수식을 몇 개의 간단한 식으로 나눈다. 예를 들어 먼저 다음과 같이 x, a, b, c에 값을 할당한다(한

줄에 모든 것을 입력할 수 있다).

```
x = 9; a = 1; b = 3; c = 5;
```

그다음에 다항식과 분모를 각각 수식으로 만든다.

```
poly = a*x^2 + b*x + c;
denom = 4*pi*x^2 + cos(x - 2)*poly;
```

이제 각 구성요소를 결합해 최종적으로 다음 식을 쓴다.

```
f = (log(poly) - sin(poly))/denom
```

그러면 다음과 같은 결과를 얻을 수 있다.

```
f =
        0.0044
```

이렇게 하면 잘못 입력할 가능성을 줄일 수 있다. 똑같은 다항식 `a*x^2 + b*x + c`를 세 번 입력하는 대신 단 한 번만 써넣으면 되므로 잘못될 위험성이 줄어든다. 그러면 매트랩 코드를 더욱 정확하게 작성할 수 있을 뿐만 아니라 다른 사람이 명령을 이해하기도 더욱 쉬워진다.

핵심 개념
실수할 가능성을 줄이도록 하라.

HINT 매트랩은 '빈칸'을 읽지 않는다. 따라서 명령에 빈칸을 추가해도 괜찮다. + 기호와 − 기호의 앞과 뒤에 빈칸을 추가하면 긴 수식을 읽기가 쉬워진다. 그러나 곱셈 기호(*)나 나눗셈 기호(/)의 앞과 뒤에 빈칸을 추가하는 것은 읽는 데 그다지 도움이 되지 않는다.

실습문제 2.3

다음 매트랩 수식의 결과를 예측해보고 명령창에서 수식을 입력해 계산 결과와 예측 값이 일치하는지 확인하라. 정답은 피어슨 출판사의 웹사이트 https://www.pearsonhighered.com/moore에서 확인할 수 있다.

1. 6/6 + 5
2. 2*6^2
3. (3 + 5)*2
4. 3 + 5*2
5. 4*3/2*8
6. 3 − 2/4 + 6^2
7. 2^3^4
8. 2^(3^4)
9. 3^5 + 4
10. 3^(5 + 4)

매트랩으로 다음 수식을 계산하라. 그리고 나서 휴대용 계산기로 구한 결과와 비교하라.

11. $\dfrac{5+3}{9-1}$

12. $2^3 - \dfrac{4}{5+3}$

13. $\dfrac{5^{2+1}}{4-1}$

14. $4\dfrac{1}{2} * 5\dfrac{2}{3}$

15. $\dfrac{5 + 6 * \dfrac{7}{3} - 2^2}{\dfrac{2}{3} * \dfrac{3}{3*6}}$

예제 2.1

스칼라 연산

풍동(wind tunnel) 장치(그림 2.6 참조)는 고성능 비행기의 동작을 이해하는 데 아주 중요한 역할을 하고 있다. 풍동 데이터를 해석하기 위해서는 기체의 동작과 작용을 이해해야 한다. 기체의 성질을 나타내는 기본적인 식은 이상기체 법칙(ideal gas law)으로 대학의 기초 화학수업에서 이를 상세히 공부한다. 이 법칙을 수식으로 나타내면 다음과 같다.

$$PV = nRT$$

여기에서

P = 압력(단위: kPa)

V = 부피(단위: m^3)

n = 표본(sample) 속에 있는 기체의 몰 수(단위: kmol)

R = 이상기체 상수(= 8.314 kPa m^3/kmol K)

T = 온도(단위: K)

또한 기체의 몰 수는 다음 식과 같이 기체의 질량을 몰 질량(분자량)으로 나눈 것과 같다.

$$n = m/MW$$

그림 2.6
풍동 장치는 비행기 설계를 검사하는 데 사용된다. 키티 오브라이언 조이너(Kitty O'Brien Joyner)는 미국 국가항공자문위원회(National Advisory Committee for Aeronautics, NACA)의 전기 엔지니어로 일했고 이후 NASA에서 근무했다. 그는 NASA 최초의 여성 엔지니어로서 여러 개의 풍동을 관리했다. 사진은 그가 1952년 NACA 랭글리(Langley)에서 풍동 터빈의 동작을 분석하는 모습이다(NASA 제공).

여기에서

m = 질량(단위: kg)

MW = 분자량(단위: kg/kmol)

이 식에서 R은 단위에 따라 값이 달라지므로 주의해야 한다.

이제 풍동에서 공기의 양이 1000 m^3라고 가정하자. 풍동의 전원이 켜지기 직전에 공기의 온도는 300 K, 압력은 100 kPa이라고 하자. 공기의 평균 분자량(molecular weight)은 대략 29 kg/kmol이다. 풍동에서 공기의 질량을 구하라.

이 예제를 해결하기 위해 다음과 같이 체계적 문제 해결 방법을 사용해보자.

1. 문제를 명확히 나타낸다.

   문제를 풀 때에는 다음과 같이 문제를 자신의 말로 바꾸어 정리해서 써보는 것이 좋은 방법이다. "풍동에서의 공기의 질량을 구한다."

2. 입력과 출력을 표시한다.

   입력

   부피 $V = 1000\ m^3$

   온도 $T = 300\ K$

   압력 $P = 100\ kPa$

   분자량 $MW = 29\ kg/kmol$

   기체 상수 $R = 8.314\ kPa\ m^3\ /kmol\ K$

   출력

   질량 $m = ?\ kg$

3. 손이나 계산기로 문제를 미리 풀어본다.

   문제를 손이나 휴대용 계산기를 사용해서 풀어보면 알고리즘(문제를 푸는 순서와 방법)을 대략적으로 파악할 수 있는데, 나중에 이 알고리즘을 매트랩 코드로 옮겨 쓰면 된다. 여기에서는 나중에 매트랩으로 푼 결과를 검사하기 쉽도록 아주 간단한 데이터를 골라 계산해보자. 이 예제에서는 다음 2개의 식을 사용하고 있다.

   $$PV = nRT \quad \text{이상기체 법칙}$$
   $$n = m/MW \quad \text{몰-질량 변환식}$$

   n에 대해 이상기체 법칙을 정리한 다음 주어진 값을 대입한다.

   $$\begin{aligned} n &= PV/RT \\ &= \frac{100\ kPa \times 1000\ m^3}{8.314\ kPa\ m^3/kmol\ K \times 300K} \\ &= 40.0930\ kmol \end{aligned}$$

   몰-질량 변환식을 질량 m에 대해 정리한 다음 위에서 구한 값을 대입한다.

   $$m = n \times MW = 40.0930\ kmol \times 29\ kg/kmol$$
   $$m = 1162.70\ kg$$

4. 매트랩으로 문제를 푼다.

   먼저 화면과 메모리를 초기화한다.

```
clear, clc
```

이제 명령창에서 다음 계산을 수행한다.

```
P = 100
P =
    100
T = 300
T =
    300
V = 1000
V =
       1000
MW = 29
MW =
       29
R = 8.314
R =
     8.3140
n = (P*V)/(R*T)
n =
     40.0930
m = n*MW
m =
         1.1627e+003
```

이 매트랩 풀이과정에서 잘 알아두어야 할 것이 몇 가지 있다. 첫째, 출력이 화면에 표시되는 것을 막을 때 사용하는 세미콜론(;)을 명령문 끝에 달지 않았기 때문에 변수에 값을 할당하는 명령문이 실행되면 그 변수의 값이 곧바로 화면에 나타난다. 둘째, n을 계산할 때 괄

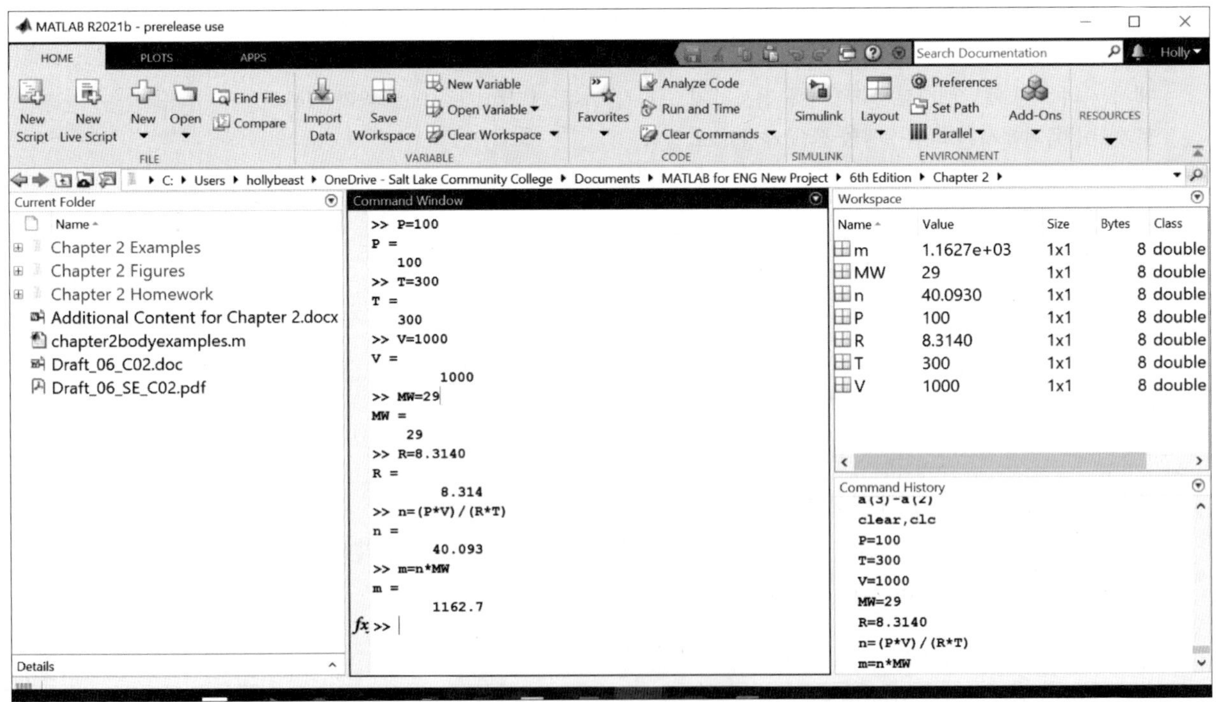

그림 2.7

이상기체 문제를 푸는 데 사용한 매트랩 화면

호를 사용한 것에 주목하기 바란다. 사실 분모에는 괄호가 필요하지만 분자에는 괄호가 없어도 된다. 그러나 분모와 분자 모두에 괄호를 사용하면 코드를 읽기가 더욱 쉬워진다.

5. 풀이를 검사한다.

이 예제의 경우에는 매트랩 계산 결과를 앞에서 손으로 계산한 결과와 비교만 하면 제대로 풀었는지 확인할 수 있다. 이 예제보다 더 복잡한 문제를 매트랩으로 풀 때에는 여러 가지 경우에 대해 답이 잘 맞는지 확인하기 위해 다양한 입력 데이터를 넣어보면서 계산 결과를 검사해야 한다. 그림 2.7은 이 예제를 푸는 과정이 담긴 매트랩 화면이다.

계산을 해주는 매트랩이 있는데 굳이 손으로 계산할 필요가 있는지 의문이 들 수 있다. 프로그램에 능숙해지면 계산 결과를 신속하게 얻는 것이 중요하다. 그러나 초보 프로그래머는 다음과 같이 분모에 괄호를 사용하는 것을 잊어버리는 등 간단한 실수를 자주 저지른다.

$$n = (P*V)/R*T$$

이렇게 되면 잘못된 계산 결과를 얻는다. 따라서 매트랩을 공부하는 동안에는 휴대용 계산기와 같이 자신에게 익숙한 도구를 사용해 자신의 프로그래밍 작업을 확인해야 한다.

여기에서 눈여겨볼 것은 명령창(command window)에서 만든 변수가 작업공간창(workspace window) 속에 들어 있다는 사실이다. 또한 명령내역창(command history window)에는 명령창에서 실행한 명령이 기록되어 있음을 확인할 수 있다. 명령내역창에서 오른쪽에 있는 스크롤바(scroll bar)를 위로 움직이면 이전에 매트랩 명령창에서 작업할 때 사용했던 명령을 다시 살펴볼 수 있다. 명령내역창에 기록된 모든 명령은 마우스로 드래그하거나 더블클릭해 명령창으로 옮길 수 있다.

배열 연산

매트랩을 훌륭한 계산기로 사용해도 좋지만 매트랩의 진가는 배열 계산을 할 때 발휘된다. 앞에서 이미 살펴보았듯이 가장 쉽게 배열을 만드는 방법은 여러 개의 숫자로 된 목록을 직접 하나하나 입력하는 것이다. 다음 명령을 입력하면

핵심 개념
매트랩의 진가는 배열 계산을 할 때 발휘된다.

```
x = [1 2 3 4]
```

다음과 같이 행벡터(row vector)가 만들어진다.

```
x =
      1 2 3 4
```

이 벡터를 만들 때 숫자 사이에 쉼표를 넣어도 마찬가지 결과를 얻을 수 있음을 알아두기 바란다. 세미콜론(;)은 새로운 줄(행)을 표시하므로 다음 명령을 입력하면 열벡터(column vector)가 만들어진다.

```
y = [1; 2; 3; 4]
```

다음 문장을 입력하면

```
a = [1 2 3 4; 2 3 4 5; 3 4 5 6]
```

다음과 같이 행과 열이 모두 포함된 배열이 만들어진다.

```
a =
        1 2 3 4
        2 3 4 5
        3 4 5 6
```

HINT 배열을 입력할 때 한 행마다 별도의 줄에 입력하면 몇 개의 값을 입력했는지 알아보기 쉬워진다. 이때 세미콜론은 넣어주지 않아도 된다.

```
a = [1 2 3 4;
2 3 4 5;
3 4 5 6]
```

복잡한 배열은 손으로 일일이 입력해야 하지만, 일정한 간격으로 나열된 수로 이루어진 배열은 훨씬 쉽게 만들 수 있는 방법이 따로 있다. 다음과 같이

```
b = 1:5
```

또는

```
b = [1:5]
```

와 같은 방식으로 명령을 입력하면 하나의 행으로 이루어진 행 배열이 만들어진다.

```
b =
        1 2 3 4 5
```

(위에서 보듯이 대괄호는 생략해도 된다.) 디폴트 증가 값(간격)은 1이다. 그러나 증가 값을 1이 아닌 다른 값으로 하고 싶으면 이 증가 값을 명령의 첫 번째와 수와 마지막 수 사이에 놓는다. 예를 들어

```
c = 1:2:5
```

로 명령을 내리면 증가 값이 2가 되므로 다음과 같이 된다.

```
c =
         1    3    5
```

간격(증가 값)을 지정하는 대신 배열을 구성하는 원소의 개수를 지정하고 싶을 때에는 `linspace` 명령을 사용하면 된다. 초깃값과 최종값 그리고 원하는 전체 원소의 개수가 얼마인지 차례로 지정해주면 된다. 예를 들어

```
d = linspace(1, 10, 3)
```

이라는 명령을 내리면 다음과 같이 1과 10 사이에서 간격이 일정한 3개의 원소로 구성된 벡

터가 만들어진다.

```
d =
      1   5.5   10
```

linspace 명령의 세 번째 필드에 아무런 값을 써주지 않으면 원소의 개수는 100개로 자동적으로 지정된다. 따라서 다음 명령

```
d = linspace(1, 10);
```

을 수행하면 100개의 값으로 이루어진 배열이 만들어진다. 위 명령의 끝에는 세미콜론(;)이 붙어 있어서 출력이 화면에 표시되지 않는다. 그렇지만 작업공간창을 보면 d는 크기가 1 × 100인 벡터임을 알 수 있다.

logspace 명령을 사용하면 로그값으로 표시할 때 일정한 간격을 가진 벡터를 만들어낼 수 있는데 여기에도 역시 3개의 입력을 사용한다. 처음 2개의 값은 10의 거듭제곱 지수로 배열의 초깃값과 최종값을 표시한다. 마지막에 입력하는 값은 배열의 원소 개수이다. 즉

```
e = logspace(1, 3, 3)
```

이라고 치면

```
e =
   10 100 1000
```

과 같이 된다. 이 벡터의 첫 번째 원소는 10^1이며 제일 마지막 원소는 10^3임을 확인할 수 있다.

HINT 매트랩에서 logspace 명령을 사용할 때 흔히 저지르기 쉬운 잘못으로 실제 수의 10의 거듭제곱 지수를 입력하지 않고 실제 수의 값을 직접 입력하는 경우를 들 수 있다. 예를 들어

```
logspace (10,100,3)
```

과 같이 명령을 내리면 매트랩은 이를 '10^{10}에서 10^{100}까지 로그값에 대해 간격이 일정한 3개의 원소로 이루어진 벡터를 만들라'로 해석한다. 그래서 실행 결과는

```
ans =
      1.0e+100 *
      0.0000 0.0000 1.0000
```

이 된다. 이 결과를 보면 세 값 앞에 공통배수 1×10^{100}이 곱해져 있다. 그런데 세 값 중에서 앞에 있는 두 값은 세 번째 값에 비해 크기가 너무 작아서 실제는 0이 아닌데도 불구하고 0이 되어버린 것이다.

HINT 배열을 정의하는 문장 내부에 수식을 포함시킬 수 있다. 예를 들어

```
a=[0:pi/ 10:pi]
```

로 쓸 수 있다.

배열과 스칼라를 서로 계산하는 경우도 많이 있다.

```
a = [ 1 2 3 ]
```

인 배열의 각 원소에 5를 더하기 위해 다음 명령

```
b = a + 5
```

를 입력하면 다음과 같다.

```
b =
      6   7   8
```

핵심 개념
행렬 곱셈은 원소와 원소(배열)의 곱셈과는 다르다.

덧셈이나 뺄셈은 이런 방법으로 할 수 있지만 곱셈과 나눗셈은 다르다. 행렬 연산에서 곱셈 연산자(*)는 행렬과 행렬을 곱하는 행렬 곱셈(matrix multiplication)을 나타낸다. 모든 매트랩의 연산은 행렬과 행렬 사이에서 이루어지는 것을 기본으로 하고 있다. 따라서 행렬과 행렬 사이의 곱셈이 아닌 배열의 원소와 원소 사이의 곱셈을 나타내려면 다른 연산자가 필요한데, 이때 사용하는 곱셈 연산자가 바로 .*이다[이 연산자를 **점곱셈**(도트곱셈, dot multiplication) 연산자 또는 **배열곱셈**(array multiplication) 연산자라고 부른다]. 예를 들어

```
a.*b
```

라고 쓰면 계산 결과는

배열 a의 1번 원소에 배열 b의 1번 원소를 곱한 것
배열 a의 2번 원소에 배열 b의 2번 원소를 곱한 것
⋮
배열 a의 n번 원소에 배열 b의 n번 원소를 곱한 것

이 된다.

a가 [1 2 3]이고 b가 [6 7 8]인 경우에

```
a.*b
```

의 계산 결과는 다음과 같다.

```
ans =
       6    14    24
```

(이 값이 맞는지 실제로 손이나 암산으로 계산해서 확인해보기 바란다.)

배열에 스칼라를 곱할 때에는 두 종류의 곱셈 연산자(* 또는 .*) 중에서 어느 것을 사용해도 괜찮다. 그렇지만 배열끼리 곱셈을 할 때에는 두 곱셈 연산자의 의미가 다르므로 주의해야 한다. * 연산자를 사용하는 것은 행렬 계산을 뜻하므로 a*b가 제대로 실행되려면 a와 b가 행렬 연산에서 정의하는 행렬 곱셈 규칙과 맞아야 한다. 그러나 앞에서 만든 배열 a와 b는 이 규칙에 어긋나기 때문에 에러 메시지가 출력된다. 따라서 배열에서 원소끼리의 곱셈

(배열곱셈)을 할 때에는 올바른 연산자인 점곱셈 연산자(.*)를 반드시 사용해야 한다.

배열을 구성하는 각 원소와 원소 사이의 나눗셈(./)과 지수 계산(.^)에도 다음과 같이 똑같은 문법이 적용된다.

```
a.^2
a./b
```

주의할 점은 스칼라를 배열로 나누는 경우에는 곱하는 경우와는 달리 ./ 연산자를 사용해야 한다는 사실이다. 매트랩에서는 / 연산자가 역행렬을 계산하는 데 사용되기 때문이다. 특별히 행렬 계산을 사용하는 선형대수 문제를 푸는 경우가 아니라면 점(.)을 앞에 붙인 **점 연산자**(dot operator, .*, ./, .^)를 사용하는 것이 일반적이다.

연습 삼아 위에 있는 두 계산식을 손이나 암산으로 푼 다음에 매트랩으로 구한 결과와 비교해보기 바란다.

실습문제 2.4

연산자 *와 .*, /와 ./, ^와 .^의 차이점을 잘 생각하면서 다음 계산을 수행하라. 정답은 피어슨 출판사의 웹사이트 https://www.pearsonhighered.com/moore에서 확인할 수 있다.

1. 배열 $a = [2.3 \quad 5.8 \quad 9]$를 매트랩 변수로 정의하라(만들라).
2. a의 사인 값을 구하라.
3. a의 각 원소에 3을 더하라.
4. 배열 $b = [5.2 \quad 3.14 \quad 2]$를 매트랩 변수로 정의하라.
5. 배열 a와 배열 b의 원소를 서로 더하라.
6. 배열 a의 원소와 이에 대응하는(같은 위치에 있는) 배열 b의 원소를 각각 곱하라.
7. 배열 a의 각 원소를 제곱하라.
8. 0부터 10까지 일정하게 1씩 증가된 값을 가지는 배열 c를 만들라.
9. 0부터 10까지 일정하게 2씩 증가된 값을 가지는 배열 d를 만들라.
10. `linspace` 함수를 사용해 10부터 20까지 일정한 간격으로 된 6개의 값을 가지는 배열을 만들라.
11. 10부터 100 사이에서 로그값에 대해 간격이 일정한 5개의 값을 가지는 배열을 `logspace` 함수를 사용해 만들라.

매트랩은 배열을 처리하는 능력이 우수해 특히 반복적인 계산을 쉽게 수행할 수 있다. 예를 들어 도(degree) 단위로 표시된 여러 개의 각도 값을 라디안(radian) 단위로 변환하는 경우를 보자. 우선 이 값을 배열로 만든다. 도 단위의 각도 값이 10, 15, 70, 90이라고 할 때 다음을 입력한다.

핵심 개념
매트랩은 배열을 처리하는 능력이 우수해 반복적인 계산을 쉽게 수행할 수 있다.

```
degrees = [10 15 70 90];
```

이 값을 라디안 단위로 바꾸려면 $\pi/180$를 곱해야 한다.

```
radians = degrees*pi/180
```

이 명령에 의해 출력되는 radians 배열의 원소는 라디안 단위의 각도 값이다(직접 실습해보기 바란다). 이 경우에는 *나 .* 연산자 중 어느 것을 사용해도 되는데, 이는 배열(degrees)과 스칼라(pi, 180) 사이의 곱셈이기 때문이다. 따라서 명령문을 다음과 같이 작성해도 된다.

```
radians = degrees.*pi/180
```

HINT 매트랩에서는 값을 부동소수점 수인 pi로 나타내고 있다.

π는 무리수이므로 부동소수점 형식으로는 정확하게 나타낼 수 없다. 따라서 매트랩에서 사용하는 상수 pi는 근삿값이다. sin(pi)를 계산해보면 이를 확인할 수 있다. 삼각함수 계산에서 이 값은 분명히 0이어야 한다. 그러나 매트랩으로 계산하면 1.2246e–016이라는 아주 작은 값이 나온다. 대부분의 계산에서는 이 값을 사용해도 최종 결과에 큰 차이를 가져오지 않는다.

또 하나의 유용한 **배열 연산자**(array operator)가 바로 **전치**(transpose) 연산자이다. 전치 연산자는 행을 열로 바꾸거나 열을 행으로 바꾸어준다. 예를 들어

```
degrees'
```

이라고 명령을 입력하면 다음이 명령창에 출력된다.

```
ans =
        10
        15
        70
        90
```

이 연산자를 사용하면 표를 만들기가 쉬워진다. 예를 들어 도 단위를 라디안 단위로 변환할 때

```
Deg_to_R = [degrees', radians']
```

이라고 입력하면 매트랩은 Deg_to_R이라는 이름의 배열을 만드는데, 다음 결과에서 보듯이 이 배열의 1열은 degrees, 2열은 radians가 된다.

```
Deg_to_R =
           10.0000 0.1745
           15.0000 0.2618
           70.0000 1.2217
           90.0000 1.5708
```

2차원 배열을 전치하면 모든 행은 열로, 모든 열은 행으로 바뀐다. 예를 들어

```
Deg_to_R'
```

이란 명령을 입력하면 다음과 같이 출력된다.

```
10.0000    15.0000    70.0000    90.0000
 0.1745     0.2618     1.2217     1.5708
```

예제 2.2

배열과 스칼라 사이의 계산

과학 분야의 데이터, 예를 들어 풍동에서 수집된 측정값은 보통 SI 단위(Système International)로 표시한다. 그러나 미국에 있는 대부분의 생산시설은 영국식 단위를 기반으로 가동되고 있다(영국식 단위를 미국 공학 단위 또는 미국 표준 단위라고도 한다). 미국의 엔지니어는 두 종류의 단위 체계에 모두 익숙해야 하며, 다른 엔지니어와 데이터를 공유할 경우에는 특별한 주의를 기울여야 한다. 단위를 혼동해서 일어난 문제 중에서 가장 악명 높은 사례로 화성탐사 프로그램에서 두 번째로 발사한 화성기상관측용 인공위성(그림 2.8 참조) 사고를 들 수 있다. 이 우주 비행체는 1999년 9월에 화성 궤도에서 불타버렸는데 그 이유는 바로 우주선의 소프트웨어에 포함되었던 참조데이터 표(lookup table) 때문이었다. 이 표의 데이터는 풍동 실험에서 lbf(pound force, 파운드 힘) 단위로 산출된 것이었지만 프로그램에서는 이것을 N(Newton, 뉴턴) 단위로 다루었던 것이다.

이 예제에서 매트랩을 사용해 lbf 단위를 N 단위로 바꾸는 변환표를 만들라. 이 변환표는 0에서 시작해서 1000 lbf까지 100 lbf 간격으로 해 배열로 저장한다. 변환계수는 다음과 같다.

$$1 \text{ lbf} = 4.4482216 \text{ N}$$

1. 문제를 명확히 나타낸다.
   배열을 사용해 lbf을 N으로 변환하는 표를 작성한다.

2. 입력과 출력을 표시한다.
   입력

표의 시작 값은	0 lbf
표의 최종값은	1000 lbf
값 사이의 간격은	100 lbf
lbf을 N으로 바꾸는 변환계수는	1 lbf = 4.4482216 N

   출력
   lbf과 N 사이의 변환표

그림 2.8
화성기상관측용 인공위성(NASA/Jet Propulsion Laboratory 제공)

3. 손이나 계산기로 문제를 미리 풀어본다.
   표를 만들어야 하므로 다양한 값을 사용해 계산을 해보는 것이 현명하다. 손이나 계산기로 계산하기 쉬운 숫자를 고르는 것이 간편한데, 이렇게만 해도 충분히 검사가 가능하다.

0	*	4.4482216 = 0
100	*	4.4482216 = 444.82216
1000	*	4.4482216 = 4448.2216

4. 매트랩으로 문제를 푼다.

```
clear, clc
lbf = [0:100:1000];
N = lbf * 4.44822;
[lbf',N']
ans =
  1.0e+003 *
     0          0
0.1000       0.4448
0.2000       0.8896
0.3000       1.3345
0.4000       1.7793
0.5000       2.2241
0.6000       2.6689
0.7000       3.1138
0.8000       3.5586
0.9000       4.0034
1.0000       4.4482
```

새로운 문제를 다룰 때에는 먼저 작업공간창과 명령창을 모두 지우고 나서 풀기 시작하는 것이 좋은 방법이다. 그림 2.9의 작업공간창을 살펴보면 lbf과 N이 1×11 배열이고 ans(이

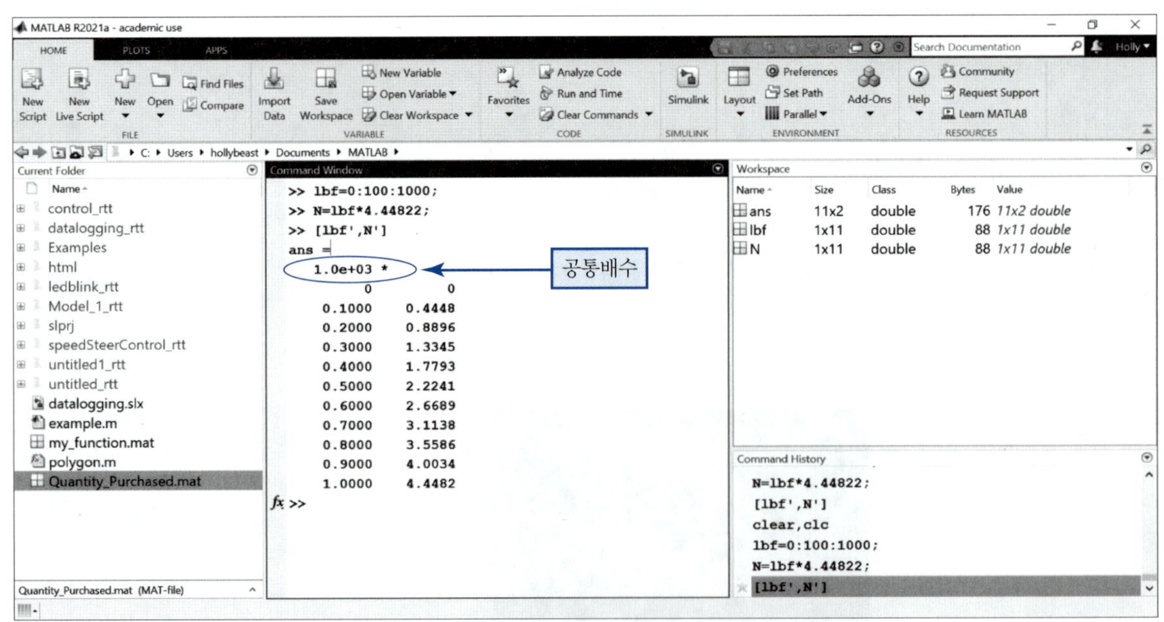

그림 2.9
매트랩의 작업공간창은 사용된 변수의 정보를 알려준다.

배열에 산출된 변환표의 값이 저장됨)는 11×2 배열임을 알 수 있다. 처음 2개의 명령에는 세미콜론을 붙여서 출력되는 것을 막았다. 증가 값(간격)을 10이나 1로 바꾸면 더 많은 데이터를 가진 표를 쉽게 만들 수 있다. 여기에서 주의할 점은 이 표에 나타난 결과 값에 1000을 곱해줘야 정확한 값이 된다는 것이다. 매트랩은 데이터 표의 맨 앞에 공통배수 값(그림 2.9에서 동그라미로 묶은 부분)을 표시하는 방식으로 이러한 내용을 나타낸다.

5. 풀이를 검사한다.
   매트랩의 결과와 손으로 계산한 결과를 비교해보면 서로 일치함을 알 수 있다. 일단 여기에서 매트랩으로 계산한 것이 맞는다는 것이 증명되었으면 다른 변환표를 만드는 데에도 같은 알고리즘을 사용할 수 있을 것이다. 이 예제를 참고해서 N을 lbf으로 변환하는 표를 0 N에서 1000 N까지 10 N씩 증가시켜 가면서 만들어보라.

예제 2.3

항력 계산

풍동에서 계산할 수 있는 성능 특성으로 항력(drag)이 있다. 화성기상관측용 위성에는 항력이 작용하는데, 이 항력에 의한 마찰열(화성 대기에 의해 발생함) 때문에 항로를 수정하는 도중에 위성이 불타버렸다. 항력은 지구 대기 속을 항해하는 비행기 설계에서도 대단히 중요하다(그림 2.10 참조).

항력은 비행기와 같은 물체가 유체(fluid) 속을 움직일 때 발생하는 힘이다. 물론 풍동 장치에서는 모형(물체)이 정지하고 있는 상태에서 공기가 움직이지만 결과는 마찬가지이다. 항력은 여러 가지 요인에 의해 결정되는 대단히 복잡한 힘이다. 그중 한 요인이 표면 마찰력(skin friction)이다. 이 표면 마찰력의 크기는 비행기 표면의 특성, 움직이는 유체(여기에서는 공기)의 성질, 비행기의 형상(화성기상관측용 위성의 경우에는 비행체의 형상)에 의해 결정되는 유동 형태(flow pattern), 이렇게 세 가지의 함수가 된다. 항력은 다음과 같은 항력방정식으로 계산할 수 있다.

$$\text{항력} = C_d \frac{\rho V^2 A}{2}$$

여기에서 C_d = 항력계수(보통은 풍동에서 실험적으로 산출)
ρ = 공기밀도
V = 비행기의 속도
A = 기준 면적(공기 흐름과 맞부딪히는 표면적)

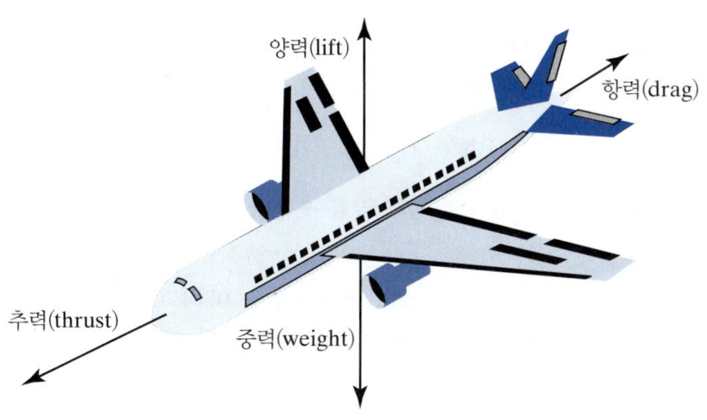

그림 2.10
항력은 고체가 유체 속을 움직일 때 발생하는 물리적인 힘이다.

항력계수는 상수 값은 아니지만 저속일 때(200 mph보다 작을 때)는 상수로 간주할 수 있다. 풍동에서 다음과 같은 측정값을 얻었다고 가정하자.

항력	200 N
ρ	1.225 kg/m^3
V	100 mph(나중에 이 값을 m/sec 단위로 변환해야 함)
A	1 m^2

이제 항력계수를 계산하라. 그리고 나서 실험에서 얻은 항력계수를 사용해 비행기의 속도가 0~200 mph 사이일 때 비행기에 가해지는 항력이 얼마나 되는지 계산하라.

1. 문제를 명확히 나타낸다.
   풍동에서 수집한 데이터를 사용해 항력계수를 계산한다. 이 항력계수를 사용해 다양한 속도에서 항력의 크기를 구한다.

2. 입력과 출력을 표시한다.

   입력

항력	200 N
공기밀도 ρ	1.225 kg/m^3
속도 V	100 mph
표면적 A	1 m^2

   출력

   항력계수
   0~200 mph의 속도에 대한 항력의 크기

3. 손이나 계산기로 문제를 미리 풀어본다.
   먼저 실험 데이터로부터 항력계수를 구한다. 속도가 mile/h 단위로 표시되어 있으므로 다른 데이터의 단위와 일치시키려면 m/s 단위로 변환해야 한다. 공학 분야에서 계산을 수행할 때 단위 처리가 얼마나 중요한지는 두말할 필요도 없다.

$$\begin{aligned} C_d &= \frac{\text{항력} \times 2}{\rho \times V^2 \times A} \\ &= \frac{(200 \text{ N} \times 2)}{1.225 \text{ kg/m}^3 \times \left(100 \text{ miles/h} \times 0.4470 \dfrac{\text{m/s}}{\text{miles/h}}\right)^2 \times 1 \text{ m}^2} \\ &= 0.163 \end{aligned}$$

   뉴턴(N)은 kg m/s^{2}와 같으므로 항력계수는 단위가 없는 무차원(dimensionless)이다. 이제 이 항력계수를 사용해 속도가 변할 때 항력이 얼마인지 계산해보자.

$$\text{항력} = C_d \times \rho \times V^2 \times A/2$$

   계산기를 써서 $V = 200$ mph일 때 항력 값을 구한다.

$$\text{항력} = \frac{0.163 \times 1.225 \text{ kg/m}^3 \times \left(200 \text{ miles/h} \times 0.4470 \dfrac{\text{m/s}}{\text{miles/h}}\right)^2 \times 1 \text{ m}^2}{2}$$

항력 = 800 N

4. 매트랩으로 문제를 푼다.

```
drag = 200;
density = 1.225;
velocity = 100*0.4470;
area = 1;
cd = drag*2/(density*velocity^2*area)
cd =
0.163
velocity = 0:20:200;
velocity = velocity*0.4470;

drag = cd*density*velocity.^2*area/2;
results = [velocity', drag']
results =
1.0e+004 *
          0           0
       8.94           8
      17.88          32
      26.82          72
      35.76         128
       44.7         200
      53.64         288
      62.58         392
      71.52         512
      80.46         648
       89.4         800
```

(변수를 정의하고, V를 SI 단위로 변환한다.)
(항력계수를 계산한다.)
(V를 행렬로 재정의한다. SI 단위로 변환한 후 항력을 계산한다.)

주의할 것은 다음 항력방정식

```
drag = cd * density * velocity.^2 * area/2;
```

에서 .^ 연산자를 사용한 부분인데, 이렇게 한 것은 배열 velocity 자체를 제곱하는 것이 아니라 배열 velocity 속의 각 원소를 제곱하기 위해서이다. 거듭제곱 연산자(^)만을 사용하면 에러가 발생한다. 위의 명령에서 곱셈 연산자로 .* 대신 *을 사용해도 문제가 없었던 이유는 velocity를 제외한 모든 변수가 스칼라이기 때문이다. 매트랩으로 문제를 풀다 보면 연산자를 잘못 사용했는데도 공교롭게 에러 메시지가 나오지 않는 경우가 있다. 그래도 이때 출력되는 답은 틀린 답이다. 따라서 이 책에서 사용하는 체계적 문제 풀이 방법의 5단계인 '풀이 검사' 단계가 특히 중요함을 알 수 있다.

5. 풀이를 검사한다.

그림 2.11의 매트랩 계산 결과와 손으로 계산한 결과를 비교해보면 서로 같음을 확인할 수 있다. 샘플 데이터를 사용해 우리가 사용한 알고리즘이 잘 동작한다는 사실을 확인했으면 새로운 데이터를 대입해서 계산해도 정확한 값이 나올 것임을 확신할 수 있다. 우리가 사용하는 방정식이 실제 물리 현상을 정확하게 모델링하고 있는지 확인하는 방법으로 가장 좋은 것은 방정식으로 계산한 데이터를 실험 데이터와 비교해보는 것이다.

6. 참고 사항

이 예제에서 계산한 항력계수는 오늘날의 고성능 항공기의 항력계수보다 상당히 높다. 실

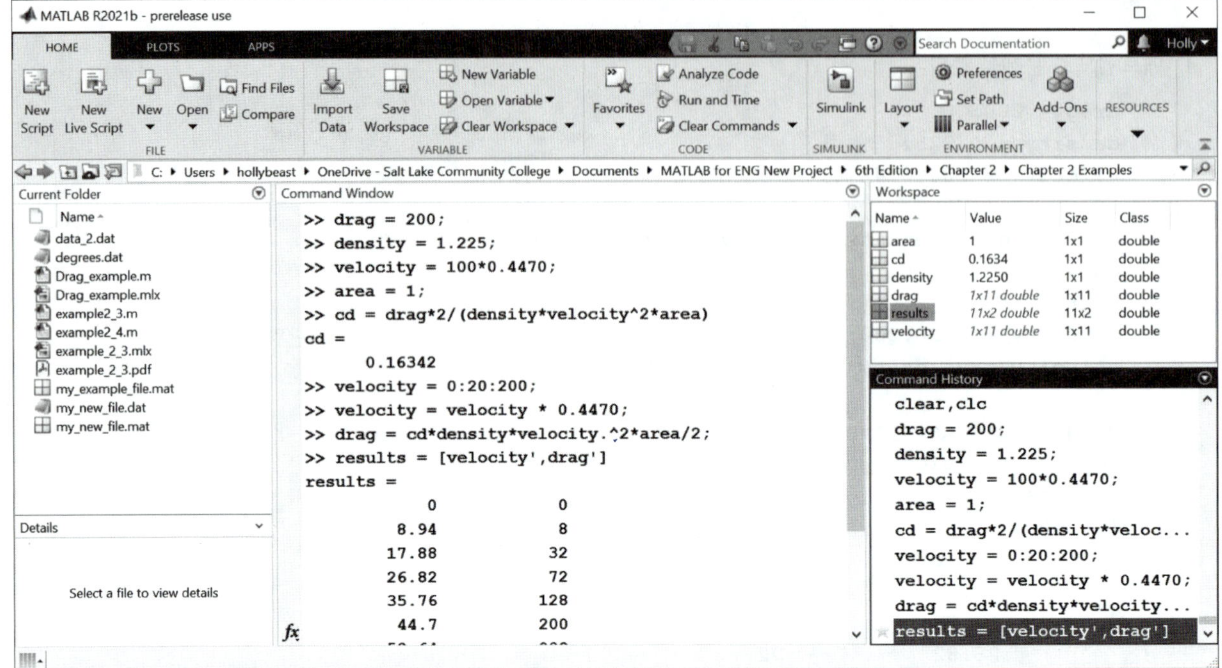

그림 2.11
명령내역창에는 이전에 입력한 명령이 나타난다.

제 항력계수 측정값을 살펴보면 F-4 팬텀 II는 0.021, 보잉 747은 0.031, F-104 스타파이터(Starfighter)는 0.048로 다양하다. 자동차의 항력계수는 항공기보다 높은데 1920년대 자동차는 0.6~0.95였고 오늘날 자동차는 0.2~0.4이다.

2.3.4 수의 표현

과학 표기법

핵심 개념
과학 표기법은 아주 큰 수나 작은 수를 효율적으로 나타낼 수 있다.

보통은 숫자를 입력할 때 10진법으로 표현하지만 아주 큰 수나 작은 수를 나타낼 때에는 이 방식이 최선이라고는 할 수 없다. 예를 들어 화학에서 자주 사용되는 수인 아보가드로(Avogadro) 상수를 네 자리의 유효 숫자로 표시하면 602,200,000,000,000,000,000,000이다. 다른 예로 철 원자(atom)의 지름은 대략 140피코미터(picometer)인데 이를 다시 쓰면 0.000000000140미터(meter)이다. **과학 표기법**(scientific notation)은 숫자를 표시할 때 1과 10 사이의 값에 10의 거듭제곱을 곱한 형태를 사용한다. 따라서 아보가드로 상수는 6.022×10^{23}이 되고 철 원자의 지름은 1.40×10^{-10} m가 된다. 매트랩에서 수치를 과학 표기법으로 표시할 때에는 10진수와 거듭제곱 지수 사이에 *e*라는 문자를 사용한다(휴대용 계산기도 이러한 표기법을 사용하고 있다). 예를 들면 다음과 같다.

```
Avogadro_constant = 6.022e23;
Iron_diameter = 140e-12; or
Iron_diameter = 1.4e-10
```

이때 10진수와 거듭제곱 지수 사이에는 빈칸이 없어야 한다는 것이 중요하다. 예를 들어

```
6.022 e23
```

과 같이 한 칸을 띄어 입력하면 매트랩은 2개의 값(6.022, 10^{23})으로 인식한다(단 e23이 아닌 1e23으로 입력해야 10^{23}으로 인식하므로 실제로는 이 자체로 에러가 발생한다). 할당문 하나에 2개의 값을 집어넣은 꼴이 되므로 에러 메시지가 출력된다.

HINT 10의 거듭제곱을 나타내는 데 e를 사용하는 것이 널리 쓰이는 방식이긴 하지만, 학생이(때로는 교수도) e를 수학에서 사용하는 상수 $e = 2.7183$과 혼동하는 일이 있다. 매트랩에서 상수 e의 거듭제곱을 계산할 때에는 exp 함수를 사용해야 한다. 예를 들어 수학에서 e^3은 매트랩에서 exp(3)과 같다.

표현 형식

매트랩에서는 다양한 표현 형식이 가능하다. 어떤 형식으로 수를 표시하든 상관없이 매트랩은 배정밀도 부동소수점 형식의 수를 사용해 계산을 한다. 이 형식은 대체로 16자리의 숫자로 수를 표현한다. 그러나 표현 형식을 바꾼다고 해서 결과의 정확도가 바뀌는 것은 아니다. 다른 컴퓨터 프로그램과는 달리 매트랩은 정수와 소수를 모두 부동소수점 수로 취급한다.

핵심 개념
매트랩에서는 특별한 함수를 호출하지 않는 한 정수와 부동소수점 수를 구별하지 않는다.

매트랩에서 배열의 원소를 나타낼 때 정수 값은 보통 소수점 없이 화면에 출력된다. 그러나 소수점을 가진 값은 소수 넷째 자리까지 화면에 표시하도록 기본설정이 되어 있으며, 이 형식을 short 형식(short format)이라고 한다. 따라서

핵심 개념
어떠한 표현 형식을 선택해도 계산을 할 때에는 배정밀도의 부동소수점 수로 계산을 수행하게 된다.

```
A = 5
```

는

```
A =
     5
```

로 표시된다. 또

```
A = 5.1
```

로 입력하면

```
A =
     5.1000
```

으로 나타난다. 또

```
A = 51.1
```

은 다음과 같이 화면에 출력된다.

```
A =
     51.1000
```

매트랩에서는 더 많은 유효 자릿수를 사용하는 표현 형식을 지정할 수 있다. 예를 들어 수의 표현 방식을 소수점 아래 15개의 자릿수를 사용하는 방식으로 지정하고 싶은 경우에는 다음과 같은 명령을 사용한다.

```
format long
```

그러면 그다음부터 표현 방식이 바뀌게 된다. 이제 다음을 입력하면

```
A
```

다음이 출력된다.

```
A =
     51.100000000000001
```

여기에서 주목할 점은 마지막 자리의 숫자가 1이라는 것인데, 이는 반올림 오차를 나타낸다. format bank 명령으로 표현 형식을 지정하면 소수점 아래 2개의 자릿수를 사용해 표시한다.

```
A =
     51.10
```

bank 형식은 실수만을 화면에 표시한다. 따라서 복소수를 표시하는 데에는 적합하지 않은 형식이다. bank 형식으로 설정되어 있을 때 다음과 같이 복소수를 입력해보자.

```
A = 5+3i
```

그러면 화면에는 다음과 같이 표시된다.

```
A =
     5.00
```

이제 format long 명령을 사용해 표시 형식을 바꾼 다음, 앞에서 내린 명령을 다시 내리면 화면에는 다음과 같이 표시된다.

```
A =
     5.000000000000000 + 3.000000000000000i
```

format short 명령을 내리면 다시 소수점 아래 4개의 자릿수를 사용해 표시하는 형식으로 돌아온다. 즉

```
format short
A
```

를 차례로 입력하면 다음 화면이 나타난다.

```
A =
      5.0000 + 3.0000i
```

숫자가 기본설정 형식으로 표시하기에 너무 크거나 작아질 때에는 매트랩은 자동으로 과학 표기법을 사용해 숫자를 나타낸다. 예를 들어 아보가드로 상수를 매트랩에서 10진수로 다음과 같이 입력하면

```
a = 602000000000000000000000
```

다음과 같이 출력한다.

```
a =
    6.0200e+023
```

매트랩에서는 format short e(소수 자릿수 4개 사용)나 format long e(소수 자릿수 15개 사용) 명령으로 모든 수치를 과학 표기법으로 나타낼 수 있다. 예를 들어

```
format short e
x = 10.356789
```

를 입력하면 다음으로 출력된다.

```
x =
     1.0357e+001
```

공학과 과학에서 유용한 표시 형식인 공학 표기법으로 설정하는 명령으로는 format short eng와 format long eng가 있다. 이 형식은 과학 표기법과 비슷하지만 10의 거듭제곱 지수가 항상 3의 배수라는 점이 다르다. 지수가 3의 배수인 10의 거듭제곱에는 다음과 같이 저마다 해당되는 접두어가 있다.

$$1 \text{ millimeter} = 1\times10^{-3} \text{ meter}$$
$$1 \text{ micrometer} = 1\times10^{-6} \text{ meter}$$
$$1 \text{ nanometer} = 1\times10^{-9} \text{ meter}$$
$$1 \text{ picometer} = 1\times10^{-12} \text{ meter}$$

다음 예를 살펴보자. 먼저 표시 형식을 공학 표기법으로 설정하고 y 값을 입력해보자.

```
format short eng
y = 12000
```

그러면 화면에는 다음과 같이 표시된다.

```
y =
    12.0000e+003
```

short 형식이든 long 형식이든 배열의 원소가 아주 크거나 작은 값인 경우에는 배열 전체에 공통배수를 곱하는 방식을 사용한다. 즉 공통배수와 이 값을 제외한 나머지 값이 함께 출력된다. 예를 들어 명령창에서

```
format short
```

으로 설정하고 예제 2.2를 실행한 결과는 다음과 같이 된다.

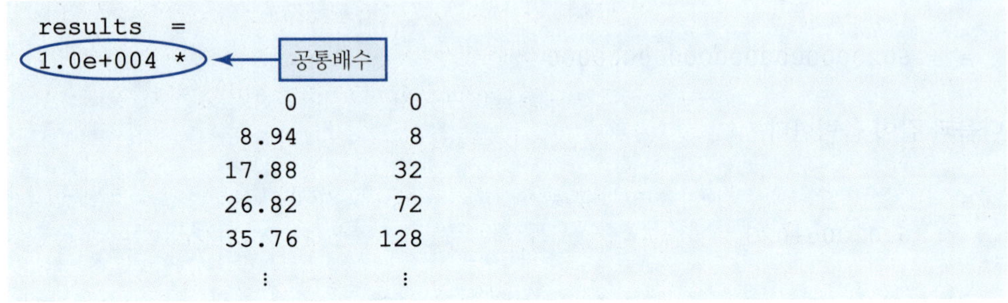

또 다른 유용한 형식 2개를 들자면 format +와 format rat이 있다. format +로 설정한 경우에는 배열이 +, − 기호로만 출력된다. 원소의 값이 +인 경우에는 + 기호가 출력되며 −이면 − 기호가 출력된다. 값이 0인 경우에는 아무것도 출력되지 않는다. 이 형식은 큰 배열에서 배열 원소 값의 부호를 확인하는 데 이용할 수 있다.

```
format +
B = [1, -5, 0, 12; 10005, 24, -10,4]
B =
      +- +
      ++-+
```

format rat 명령은 숫자를 **유리수**(rational number, 즉 분수)로 표현한다. 따라서

```
format rat
x = 0:0.1:0.5
```

를 입력하면 다음으로 출력된다.

```
x =
   0   1/10   1/5   3/10   2/5   1/2.
```

핵심 개념
공학분야에서 가장 널리 사용되는 표시 형식은 format shortg와 format longg이다.

여러 가지 표시 형식 중에서 어떤 것을 사용하는 것이 가장 좋은지 잘 모를 경우에는 format short g나 format long g를 선택하면 된다(format shortg나 format longg로 써도 된다). 이 형식은 가장 적합한 고정소수점 방식이나 부동소수점 방식으로 숫자를 표시한다. 이 방식에서는 공통배수가 사용되지 않으므로 많은 사용자가 가장 유용한 표현 형식으로 이 방식을 손꼽는다.

format 명령을 사용하면 명령창에서 정보를 표시할 때 공간을 얼마나 차지하게 할지 조정할 수 있다. 기본설정 형식은 format loose인데 이 상태에서는 사용자가 입력한 수식과

표 2.2 숫자 표현 형식

매트랩 명령	표현 형식	예
format short	소수점 아래 4자리	3.1416 123.4568
format long	소수점 아래 15자리	3.141592653589793 1.234567890000000e+02
format short e	소수점 아래 4자리 과학 표기법	3.1416e+00 1.2346e+02
format long e	소수점 아래 15자리 과학 표기법	3.141592653589793e+00 1.234567890000000e+02
format bank	소수점 아래 2자리 실수 값만 표시	3.14 123.46
format short eng	소수점 아래 4자리 공학 표기법	3.1416e+000 123.4568e+000
format long eng	소수점 아래 15자리 공학 표기법	3.14159265358979e+000 123.456789000000e+000
format +	+, −, 빈칸	+
format rat	분수 형태	355/113 10000/81
format short g	매트랩이 최적의 표시 형식을 자동으로 선택	3.1416 123.46
format long g	매트랩이 최적의 표시 형식을 자동으로 선택	3.14159265358979 123.456789

컴퓨터가 출력한 결과 값 사이에 한 줄을 띄우게 된다. format compact 명령을 내리면 한 줄을 띄우지 않는다. 이 책에 있는 예제에서는 공간을 줄이기 위해 compact format을 사용하고 있다. 표 2.2를 보면 π 값과 123.456789의 값이 각 형식에 따라 다르게 표시됨을 알 수 있다.

이렇게 미리 정의된 숫자 표현 형식 중에서 적합한 것이 없을 경우에는 fprintf 함수를 사용해 출력의 표시 형식을 조정할 수 있다. fprintf 함수에 대해서는 후속 장에서 다룬다.

2.4 작업 결과 저장하기

명령창에서 작업하는 것은 공학용 계산기로 계산을 수행하는 것과 같다고 보면 된다. 계산기를 끄거나 프로그램을 빠져나오게 되면 그동안 작업한 것이 사라진다. 작업을 저장하는 방법에는 두 가지가 있다. 명령창에서 작업하는 동안에 만든 변수와 계산 결과는 작업공간창에 수록되는데, 이 변수들과 계산 결과의 값을 저장할 수 있다. 또한 계산 결과를 얻기 위해 매트랩에 실제 입력한 실제 코드를 저장할 수 있다. 즉 문제를 풀기 위해 컴퓨터 프로그램을 작성하는 것이다. 이 방법을 사용하면 필요할 때 계산을 반복해서 수행할 수 있다.

2.4.1 변수의 저장

명령창에서 작업을 수행하면서 만든 변수(매트랩 화면 오른쪽에 있는 작업공간창에서 변수 목록을 확인할 수 있음)의 값을 보존하려면 작업공간창의 내용을 파일로 저장해야 한다. 기본적으로 설정되는 파일 형식은 2진 파일로서 **MAT-파일**(MAT-file)이라 부른다. 작업공간(작업공간은 변수이지 명령창의 명령어 목록이 아님에 주의)을 파일에 저장하기 위해서는 프롬프트에서 다음과 같이 타이핑한다.

```
save <file_name>
```

핵심 개념
매트랩 작업공간창에 저장된 변수를 저장하면 무조건 매트랩 전용 형식의 MAT-파일로 저장된다.

save는 매트랩 명령어이고 <file_name>은 사용자가 정해 만드는 파일의 이름이다. 파일 이름은 사용자가 알아서 정하면 되는데 매트랩의 변수 이름 작성규칙을 반드시 따라야 한다. 혹은 파일 이름을 지정하지 않아도 되는데, 이 경우에는 매트랩은 무조건 파일 이름을 *matlab.mat*로 해서 저장한다. 또는 메뉴표시줄에서

```
Save Workspace
```

를 선택하면 창이 열리는데 이때 변수가 저장될 파일 이름을 입력하는 곳에 이름을 쳐주면 된다. 저장된 작업공간의 변수를 다시 불러오려면 다음과 같이 타이핑한다.

```
load <file_name>
```

여기에서도 load는 매트랩 명령어이고 <file_name>은 사용자가 저장할 때 만든 파일의 이름이다. 파일 이름 없이 load만 입력하면 매트랩은 *matlab.mat* 파일을 찾도록 설정되어 있다.

저장하는 파일은 현재폴더에 저장된다.

예를 들어 다음 명령을 입력해보자.

```
clear, clc
```

이 명령은 작업공간창과 명령창 모두를 지우는 명령이다. 작업공간이 비어 있는지 확인해보려면 작업공간창을 살펴보거나 다음 명령을 타이핑한다.

```
whos
```

이제 다음과 같이 몇 개의 변수를 정의해보자.

```
a = 5;
b = [1, 2, 3];
c = [1, 2; 3, 4];
```

작업공간창을 다시 한번 점검해 이 변수가 저장되어 있는지 확인한다. 이제 작업공간을 이름이 *my_example_file*인 파일에 저장한다.

```
save my_example_file
```

이 파일이 현재폴더에 저장되어 있는지 확인해보라. 이 파일을 다른 디렉터리(예를 들면

USB 플래시 메모리)에 저장하고 싶으면 원하는 디렉터리를 선택한다(그림 2.2 참조). 컴퓨터 실습실에 있는 공용 컴퓨터에서 매트랩을 사용할 때에는 사용자가 시스템에서 로그오프하고 나면 현재폴더로 새로 설정한 디렉터리 경로가 보존되지 않을 수도 있으므로 주의하도록 한다.

이제 작업공간창과 명령창을 다음과 같이 타이핑해 모두 지운다.

```
clear, clc
```

그러면 작업공간창이 비게 된다. 다음 명령을 입력하면 사라진 변수와 변수의 값을 *my_example_file.mat* 파일에서 다시 불러올 수 있다.

```
load my_example_file
```

불러들일 파일은 반드시 현재폴더 안에 있어야 한다. 그렇지 않으면 매트랩이 파일을 찾을 수가 없다. 명령창에서 다음과 같이 타이핑하면

```
a
```

다음 결과가 출력된다.

```
a =
     5
```

b, c와 같이 작업공간창에 있는 다른 변수도 같은 방법으로 확인해보면서 변수를 제대로 불러왔는지 살펴보기 바란다.

다음 명령을 사용하면 하나 또는 여러 개의 변수를 파일로 저장할 수 있는데, 이때 파일은 현재폴더에 만들어진다.

```
save <file_name> <variable_list>
```

여기에서 <file_name>은 사용자가 정해 만드는 이름이다. 앞에서도 말했듯이 정보는 파일 이름이 가리키는 컴퓨터 메모리 내의 특정 위치에 저장된다. <variable_list>는 파일로 저장할 변수의 목록을 말한다. 예를 들어

```
save my_new_file a b
```

라는 명령은 변수 a와 b를 *my_new_file.mat*에 저장하는 명령이다.

이렇게 저장한 데이터를 매트랩이 아닌 다른 프로그램(예를 들면 C 또는 C++)에서 사용하는 경우 .mat 파일 형식은 적절한 형식이 되지 못한다. 이 형식은 매트랩에서만 지원하기 때문이다. 컴퓨터 플랫폼 사이에서는 **아스키**(ASCII) 형식이 표준이므로 이 형식이 파일을 공유할 때 더 적절할 것이다. 앞의 save 명령어를 다음과 같이 수정하면 파일을 아스키 파일로 저장할 수 있다.

핵심 개념
아스키(ASCII) 파일 형식은 산업계 표준으로, 서로 다른 프로그램 사이에 정보를 공유하는 데 사용할 수 있다.

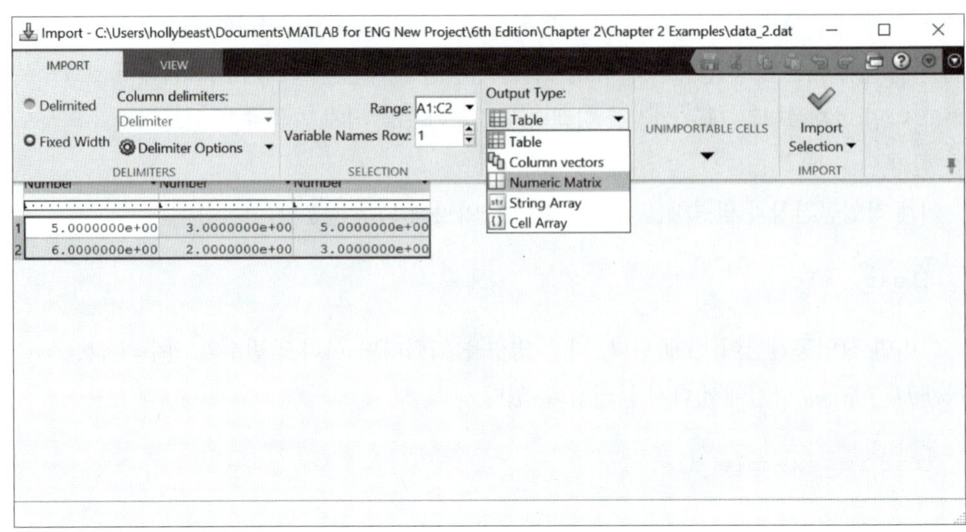

그림 2.12
현재폴더창에서 파일 이름을 더블클릭하면 가져오기 마법사가 시작된다.

핵심 개념
작업공간창을 저장하면 변수와 해당 값만 저장되고 실행한 명령은 저장되지 않는다.

```
save <file_name> <variable_list> -ascii
```

`-ascii` 명령은 매트랩이 데이터를 저장할 때 표준 8자리 텍스트 형식을 사용하도록 한다. 아스키 파일은 .mat 파일이나 .txt 파일 대신 .dat 파일로 저장해야 한다. 따라서 다음과 같이 파일 이름에 .dat를 추가해야 한다.

```
save my_new_file.dat a b -ascii
```

.dat를 추가하지 않으면 기본설정인 .mat로 된다.

더욱 높은 정밀도로 값을 저장하고 싶을 때에는 다음 명령을 사용해 16자리 텍스트 형식으로 데이터를 저장할 수 있다.

```
save file_name variable_list -ascii -double
```

다음과 같이 `load` 명령을 사용하면 현재폴더로부터 데이터를 복원해 올 수 있다.

```
load <file_name>
```

예를 들어 배열 `z`를 생성한 후에 8자리 텍스트 형식인 *data_2.dat* 파일로 저장하려면 다음 명령을 내려야 한다.

```
z = [5 3 5; 6 2 3];
save data_2.dat z -ascii
```

이 명령으로 배열 `z`의 각 행은 데이터 파일에서 각각 다른 줄에 써진다. 현재폴더창에 새로 만들어진 파일 이름 *data_2.dat*를 더블클릭하면 그 파일의 내용을 볼 수 있다(그림 2.12 참조). 아스키 형식의 .dat 파일에서 데이터를 불러들이는 가장 쉬운 방법은 `load` 명령과 파일 이름을 차례로 입력하는 것이다. 이렇게 하면 데이터 파일과 이름이 같은 배열(변수)

안으로 정보가 읽혀 들어간다. 파일에 저장된 변수가 여러 개인 경우에는 이 방법을 사용할 수 없다. 그런데 대화형 도구인 가져오기 마법사(Import Wizard)를 이용하면 데이터를 아주 쉽게 불러올 수 있다. 파일의 내용을 보기 위해 현재폴더에서 데이터 파일의 이름을 더블 클릭하면 가져오기 마법사가 자동으로 뜨게 된다. 지시내용을 그대로 따라 하기만 하면 데이터를 작업공간에 불러들일 수 있다. 이때 드롭다운 메뉴에서 데이터 출력 유형을 지정해야 한다. [디폴트 데이터형은 표(table)이다. 표 데이터형은 11장에서 설명한다.] 엑셀 스프레드시트와 같은 다른 프로그램으로부터 데이터를 가져올 때에도 이와 동일한 방법을 사용하거나 메뉴표시줄에서 Import Data(데이터 가져오기)를 선택하면 된다.

이 절에서 설명한 기법을 방법을 사용해 만든 데이터 파일에는 작업공간창에 수록된 변수 배열만 저장된다는 사실을 알아두는 것이 중요하다. 배열을 만드는 데 사용된 명령은 저장되지 않는다.

2.4.2 프로그램

매트랩에서는 명령창을 쉽고 강력한 계산 도구로 활용할 수 있다. 그런데 계산 작업을 수행하다가 매트랩 프로그램을 닫으면 모든 계산 내용이 사라져버린다. 다행히 매트랩은 명령창을 이용한 대화형 계산 작업 환경을 제공할 뿐만 아니라 강력한 프로그래밍 환경도 아울러 보유하고 있다. 사용자는 코드를 작성하고 이를 프로그램 파일에 저장할 수 있다. 이 프로그램 파일은 계산을 반복하고 싶을 때 언제든지 재사용할 수 있다. 매트랩에서 만든 프로그램은 C나 FORTRAN에서 만든 소스-코드(source-code) 파일과 마찬가지로 아스키(ASCII) 텍스트 파일로 저장된다. 매트랩의 편집기/디버거(editor/debugger)를 이용하면 프로그램 파일을 만들고 편집할 수 있다(편집창은 앞서 2.2.7절에서 다루었다). 이를 위해 매트랩 데스크톱에서는 두 가지 내장 편집기인 스크립트 편집기(script editor)와 라이브 스크립트 편집기(live script editor)를 제공하고 있다.

핵심 개념
매트랩 프로그램은 스크립트 파일 또는 라이브 스크립트 파일로 저장할 수 있다.

스크립트

원래 매트랩 프로그램은 모두 스크립트로 작성되고 확장자가 .m인 파일로 저장되었다. 이 때문에 매트랩 프로그램을 흔히 M-파일이라고 불렀다. 따라서 기존에 작성된 매트랩 코드는 스크립트로 작성되어 있을 가능성이 높다. 스크립트 프로그램에 사용되는 명령어와 라이브 스크립트 프로그램에 사용되는 코드는 완전히 동일하다. 오직 편집기만 서로 다를 뿐이다.

편집창을 열기 위해서는 메뉴표시줄에서

```
New Script
```

를 선택한다. 그러면 그림 2.13과 같은 매트랩 편집창이 나타난다. 그림 2.13의 편집창을 보면 예제 2.3을 푸는 데 사용한 코드를 볼 수 있다. 프로그래머는 대체로 편집창을 별도의 창이 아니라 매트랩 데스크톱에 결합된(도킹된) 형태로 배치해놓고 프로그래밍 작업을 하는

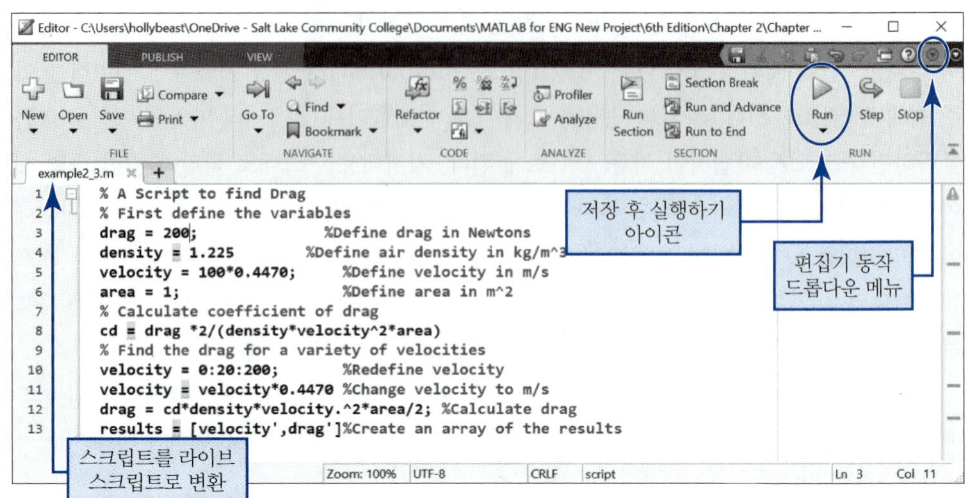

그림 2.13
매트랩 편집창, 이 창을 편집기/디버거라고도 한다.

것을 좋아하는 편이다. 이런 형태로 배치하려면 편집창의 오른쪽 위 모서리에 있는 'Show Window Action(창 동작 표시)' 아이콘을 눌러 'Dock Editor(편집기 도킹)'를 선택한다. 그러면 스크립트의 내용(프로그램)과 이 프로그램의 실행 결과를 함께 볼 수 있다. 이때 프로그램의 실행 결과는 명령창에 표시된다.

스크립트를 M-파일로 저장하면 이 파일은 현재폴더에 저장된다. 파일의 이름은 매트랩의 변수 이름 작성규칙에 맞는 이름으로 지어야 한다. 즉 파일 이름은 영문자로 시작해야 하고 파일 이름에 포함될 수 있는 것은 영문자와 숫자와 밑줄(_)뿐이다. 빈칸은 허용되지 않는다(2.3.1절 참조).

핵심 개념
M-파일에는 스크립트, 함수, 클래스 세 가지 유형이 있다.

M-파일에는 세 가지 유형이 있는데 바로 스크립트, 함수, 클래스이다. 먼저 간단한 스크립트(script)에 대해 배우고 이어서 함수(function)와 클래스(class)의 순서로 배워보자. 매트랩 코드로 이루어진 일련의 명령을 파일로 저장한 것이 스크립트 M-파일로 파일의 확장자는 .m으로 되어 있다. 스크립트는 작업공간에 정의되어 있는 변수라면 어떤 변수라도 사용할 수 있으며 스크립트에서 만든 모든 변수는 스크립트가 실행되면서 작업공간에 추가된다. 그림 2.13에서 보듯이 메뉴표시줄에서 '저장 후 실행하기(Save and Run)' 아이콘을 선택하면 매트랩 편집창에서 만든 스크립트를 실행할 수 있다. 또 다른 방법으로 명령창에서 M-파일의 이름을 타이핑하거나 표 2.3에 나와 있는 run 명령을 사용하면 스크립트를 실행할 수 있다. 이미 *myscrip.m* 파일을 만들었다고 가정하면, 편집창에서 아이콘을 눌러 스크립트를 실행하거나 명령창에서 스크립트를 실행하는 세 가지 방법 중의 하나를 사용하면 된다(표 2.3 참조).

표 2.3 명령창에서 스크립트 M-파일을 실행하는 방법

매트랩 명령어	내용	예(파일 이름: myscript.m)
M-파일 이름	확장자가 .m인 파일의 이름을 타이핑한다.	**myscript**
run M-파일 이름	run 명령 다음에 파일 이름을 쓴다.	**run myscript**
run('M-파일 이름')	run 명령을 함수 방식으로 사용한다.	**run('myscript')**

현재폴더 안에 어떤 M-파일, 함수, MAT 파일이 있는지 알고 싶으면 다음 명령을 타이핑하면 된다.

```
what
```

물론 현재폴더창에서 현재 폴더에 들어 있는 파일을 직접 찾아봐도 된다.

스크립트를 M-파일로 만들어 사용하면 프로그래밍 작업에 사용한 명령어가 파일로 저장되어 있으므로 나중에 다른 프로그래밍 작업을 할 때 활용할 수 있다는 이점이 있다. M-파일 프로그램을 나중에 사용할 수도 있으므로 파일의 각 명령문에는 설명문(주석)을 충분히 달아놓는 것이 좋다. 설명문임을 나타내기 위해 매트랩에서는 퍼센트(%) 기호를 사용한다. 즉

```
% 이것은 설명문입니다.
```

매트랩은 설명문은 실행하지 않는다.

다음과 같이 명령어 뒤의 같은 줄에 설명문을 덧붙일 수도 있다.

```
a = 5     % 변수 a를 5로 정의
```

다음 매트랩 명령어는 앞의 예제 2.3을 푸는 데 사용한 것으로 이 전체를 스크립트 M-파일로 저장할 수 있다.

```
clear, clc
% 항력을 구하는 문제를 풀기 위한 스크립트 M-파일
% 먼저 변수를 정의한다.
drag = 200;                              % 항력 값(단위는 Newtons)
density = 1.225;                         % 공기밀도 값(단위는 kg/m^3)
velocity = 100*0.4470;                   % 속도 값(단위는 m/s)
area = 1;                                % 면적(단위는 m^2)
% 항력계수를 계산한다.
cd = drag *2/(density*velocity^2*area)
% 속도가 변할 때 항력을 계산한다.
velocity = 0:20:200;                     % 속도 값을 다시 정의한다.
velocity = velocity*0.4470               % 속도의 단위를 m/s로 변경한다.
drag = cd*density*velocity.^2*area/2;              % 항력을 계산한다.
results = [velocity',drag']              % 결과표를 만든다.
```

이 명령어는 스크립트 M-파일 안에서 실행할 수도 있고('Save and Run' 아이콘 클릭), 명령창에서 실행할 수도 있다(파일 이름을 타이핑). 어느 경우이든 실행 결과는 명령창에 출력되며 이 과정에서 만들어진 변수는 작업공간창에 저장된다.

HINT 스크립트 M-파일의 어느 한 부분만을 실행하려면 마우스로 해당 부분을 하이라이트(highlight)가 되도록 만들고 오른쪽 버튼을 클릭한 후 'Evaluate Selection in Command Window(명령창에서 선택항목 실행)'를 선택하면 된다. 또한 이 메뉴에서 특정 부분을 설명문으로 만들거나['Comment(주석)'를 선택] 그 반대로 할 수도 있다['Uncomment(주석해제)'를 선택]. 프로그램을 디버깅할 때 이 방법을 사용하면 편리하다.

예제 2.4에서 스크립트 M-파일을 사용해 우주선이 태양계를 떠날 때 속도와 가속도를 계산해보자.

예제 2.4

우주선의 가속도를 계산하는 스크립트 M-파일 만들기

항력이 없을 경우에는 우주선에 필요한 추진력을 아주 간단히 구할 수 있다. 기본 물리법칙을 나타내는 수식은 다음과 같다.

$$F = ma$$

이를 말로 풀어보면 힘(F)은 질량(m)과 가속도(a)의 곱과 같다. 일(W)은 힘(F)에 거리(d)를 곱한 것이다. 또한 동력(P, 일률 또는 전력이라고도 함)은 단위 시간당 일이므로 힘과 속도(v)의 곱이 된다. 이를 식으로 나타내면 다음과 같다.

$$W = Fd$$
$$P = \frac{W}{t} = F \times \frac{d}{t} = F \times v = m \times a \times v$$

이 식을 보면 우주선에 필요한 동력은 우주선의 질량과 속도와 가속도에 의해 결정됨을 알 수 있다. 우주선에 동력이 가해지지 않을 경우 우주선은 속도의 변화 없이 같은 속도로 계속 운항하게 된다. 운항 경로를 신속하게 수정해야 하는 경우를 제외하면 운항에 사용되는 동력은 매우 작다. 대부분의 동력은 운항과 관계없는 곳에 사용된다. 즉 통신, 기내시설 유지, 과학실험과 관측에 많은 동력이 필요하다.

보이저 1호와 2호 우주선은 20세기의 마지막 25년 동안 태양계의 외곽을 탐사했다(그림 2.14 참조). 보이저 1호는 목성을 지나 토성에 도달했고, 보이저 2호는 목성과 토성을 지나 천왕성과 해왕성을 향해 운항을 계속했다. 보이저 프로그램은 엄청난 성공을 거두었고 보이저 우주선은 태양계를 벗어난 이후에도 계속해서 정보를 수집하고 있다. 두 우주선에 탑재된 동력 발전기(저준위 핵원자로)는 적어도 2025년까지 작동할 것으로 기대된다. 동력원은 소량의 플루토늄-238인데, 플루토늄이 붕괴하면서 발생하는 열을 이용해 전기를 발생시킨다. 두 우주선의 발사 시점에서 각 우주선의 발전기는 약 470와트의 전력을 생산했다. 플루토늄은 계속해서 붕괴하므로 발사 후 거의 35년이 지난 2011년에는 전력생산량이 약 270와트로 감소했다. 이 생산전력은 과학실

그림 2.14
보이저 1호와 2호 우주선은 1977년에 발사되어 태양계를 벗어난 지금도 항해를 계속하고 있다(NASA Headquarters).

험용이지만 이를 로켓추진에 모두 사용한다고 가정할 때 우주선의 가속도를 구하라. 보이저 1호는 현재 3.50 AU/년[AU는 천문 단위(astronomical unit)로 지구와 태양 사이의 평균 거리를 나타냄]의 속도로 항해하고 있으며, 보이저 2호는 3.15 AU/년의 속도로 항해하고 있다. 두 우주선의 무게는 각각 721.9 kg이다.

1. 문제를 명확히 나타낸다.
   우주선에 탑재된 전력발전기에서 출력되는 전력으로 얻을 수 있는 우주선의 가속도를 구한다.

2. 입력과 출력을 표시한다.
   입력
   질량 = 721.9 kg
   전력 = 335 watts = 335 J/s
   속도 = 3.50 AU/년(보이저 1호)
   속도 = 3.15 AU/년(보이저 2호)
   출력
   두 우주선의 가속도(단위: m/s/s)

3. 손이나 계산기로 문제를 미리 풀어본다.

$$P = m \times a \times v$$

   이므로 이 식을 가속도 a에 대해 다시 정리하면

$$a = \frac{p}{m \times v}$$

   로 쓸 수 있다. 이 계산에서 가장 어려운 부분은 단위를 서로 일치시키는 것이다. 먼저 속도의 단위를 m/s로 변환한다. 보이저 1호에 대해 구해보면 다음과 같다.

$$v = 3.50 \frac{\text{AU}}{\text{년}} \times \frac{150 \times 10^9 \text{m}}{\text{AU}} \times \frac{1\text{년}}{365\text{일}} \times \frac{1\text{일}}{24\text{시간}} \times \frac{1\text{시간}}{3600 \text{ s}} = 16,650 \text{ m/s}$$

   이제 가속도를 계산한다.

$$a = \frac{270 \text{ J/s} \times 1 \text{ kg} \times \text{m}^2/\text{s}^2 \text{ J}}{721.9 \text{ kg} \times 16,650 \text{ m/s}} = 2.7 \times 10^{-5} \text{ m/s}^2$$

4. 매트랩으로 문제를 푼다.

```
clear, clc
% 예제 2.4
% 우주선에 탑재된 전력 발전기를 사용해 얻을 수 있는 보이저 1호와
% 보이저 2호의 가속도를 구한다.
format shortg
mass = 721.9;                % 질량(단위는 kg)
power = 270;                 % 전력(단위는 watt)
velocity = [3.5 3.15];       % 속도(단위는 AU/년)
% 속도의 단위를 m/sec로 변환한다.
velocity = velocity*150e9/365/24/3600
% 가속도를 계산한다.
acceleration = power./(mass.*velocity)
```

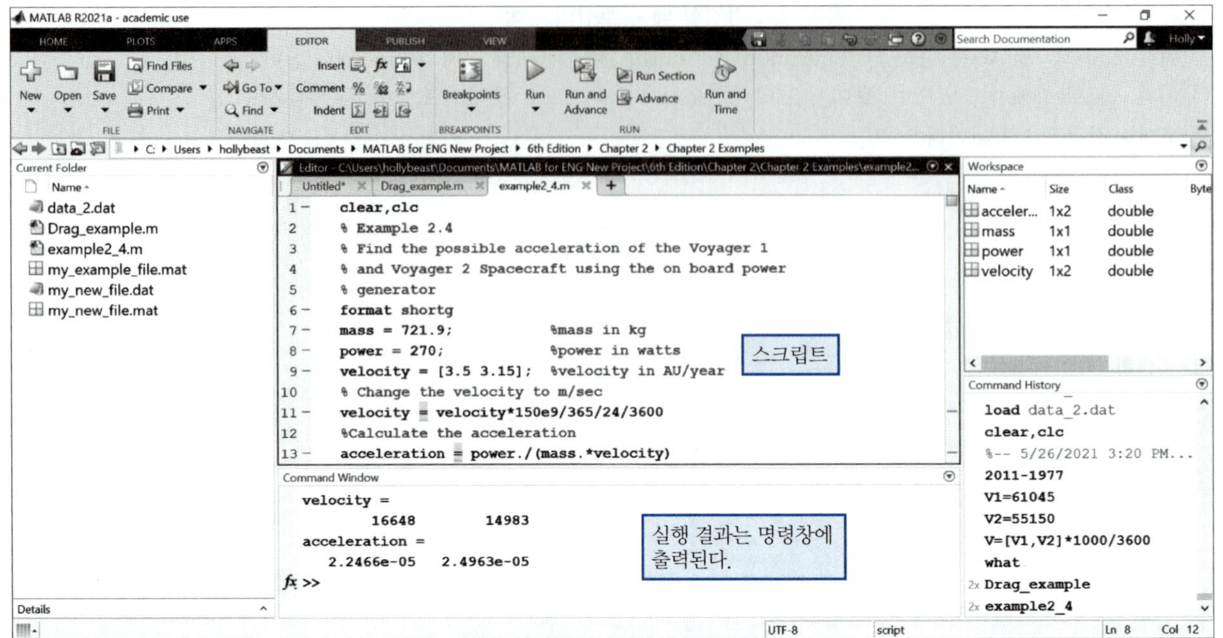

그림 2.15

스크립트 M-파일을 실행한 결과가 명령창에 출력된다. 실행과정에서 만들어진 변수들은 작업공간에 수록되며, 현재폴더창에서 M-파일의 목록을 볼 수 있다. 스크립트 M-파일 안에서 내린 명령은 명령내역창에는 기록되지 않는다.

'Save and Run' 아이콘을 클릭해 프로그램을 실행하면 그림 2.15와 같은 결과가 명령창에 출력된다.

5. 풀이를 검사한다.

   매트랩에서의 결과와 손으로 계산한 결과를 비교해보자. 손으로 계산한 속도와 가속도 값이 매트랩으로 풀이한 결과와 일치함을 알 수 있다. 가속도 값은 아주 작은 것처럼 보이지만 몇 주나 몇 개월에 걸쳐 이와 같은 가속도가 가해지면 상당히 큰 속도 변화가 생기게 된다. 예를 들어 2.25×10^{-5} m/s²의 가속도가 1개월간 지속되면 속도 변화는 대략 58 m/s가 된다.

$$2.25 \times 10^{-5}\ \text{m/s}^2 \times 3600\ \text{s/시간} \times 24\text{시간/일} \times 30\text{일/월} = 58.3\ \text{m/s}$$

   이제 이 매트랩 프로그램이 제대로 동작함을 확인했으므로 앞으로 더욱 복잡한 문제를 푸는 데 이 프로그램을 활용할 수 있다.

라이브 스크립트

라이브 스크립트는 코드뿐만 아니라 프로그램으로 만들어낸 그래픽, 텍스트, 이미지, 수식을 모두 수용할 수 있는 대화형 프로그램 파일이다. 매트랩 코드는 스크립트 M-파일에 입력된 코드와 동일하다. 라이브 스크립트는 확장자가 .mlx인 파일에 저장된다. MLX-파일은 라이브 스크립트 외에 함수도 저장할 수 있지만, M-파일과 달리 메서드(클래스)는 저장할 수 없다. 이러한 다른 유형의 MLX-파일은 후속 장에서 소개한다.

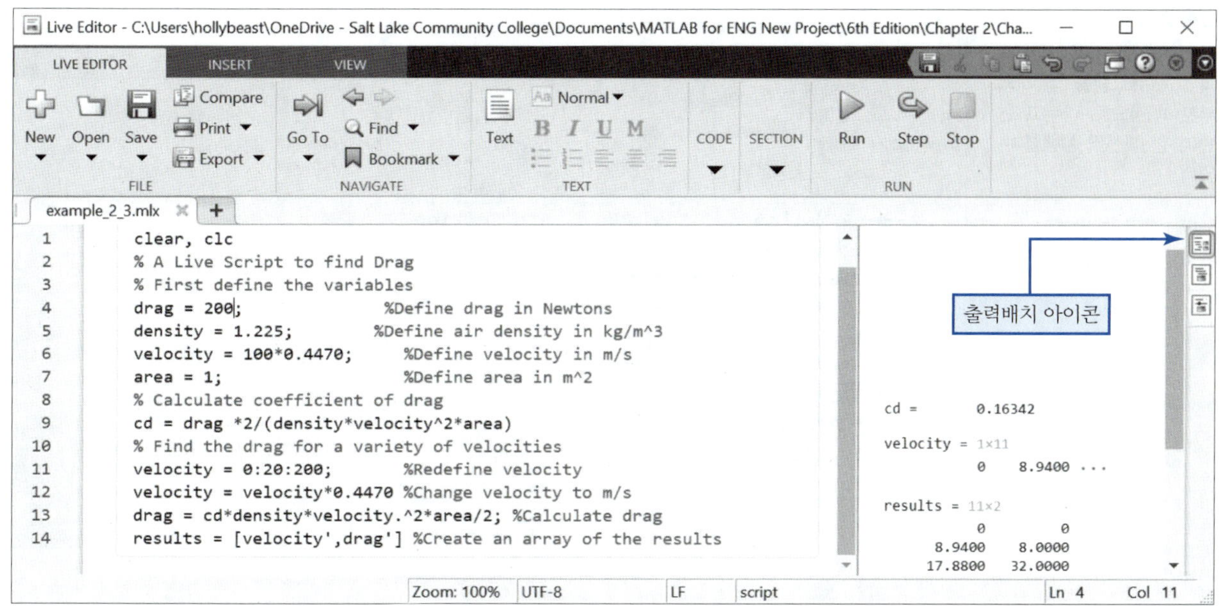

그림 2.16
라이브 스크립트는 프로그램 코드가 표시된 편집창에 프로그램 출력을 함께 표시한다.

이미 작성된 스크립트 M-파일이 있는 경우 그림 2.13에 표시된 것처럼 편집기 창의 탭에서 기존 M-파일 이름을 마우스 오른쪽 버튼으로 클릭하고 'Open as Live Script(라이브 스크립트로 열기)'를 선택해 스크립트를 라이브 스크립트로 변환할 수 있다. 그림 2.16은 예제 2.4의 스크립트 파일인 *example_2_4.m*을 라이브 스크립트 파일인 *example_2_4.mlx*로 변환한 것이다. 그림에서 보듯이 코드는 그대로지만 코드가 실행되면 기본적으로 코드 부분의 오른쪽에 있는 부분에 실행 결과가 표시된다. 창의 맨 오른쪽에 있는 세 가지 출력 배치 아이콘 중 하나를 선택하면 다른 표시 방식으로 실행 결과가 출력된다. 즉 그림과 같이 코드 오른쪽에 출력을 표시하거나, 코드가 출력을 만들어낼 때마다 해당 코드 줄 바로 아래에 출력을 표시하거나, 코드를 숨기고 출력만 표시하도록 선택할 수 있다.

핵심 개념
MLX-파일에는 라이브 스크립트와 함수라는 두 가지 유형이 있다.

라이브 스크립트는 MLX-파일로 저장할 수 있을 뿐만 아니라 보고서나 기타 문서에 통합하기에 적합한 PDF, 워드 파일 등의 형식이나 웹 게시용으로 적합한 HTML 파일 형식 등 다양한 형식으로 저장할 수 있다. 또한 라이브 스크립트 MLX-파일은 'Save As(다른 이름으로 저장)' 메뉴에서 'MATLAB Code files(매트랩 코드 파일)'를 선택해 스크립트 M-파일로 다시 변환할 수도 있다.

2.4.3 섹션 모드

섹션 모드(section mode)를 이용하면 스크립트 M-파일 프로그램과 라이브 스크립트 MLX-파일 프로그램을 몇 개의 부분, 즉 **섹션**(section)으로 나누고 한 번에 한 섹션(부분)씩 실행할 수 있다. 이 기능은 매트랩으로 프로그램을 개발할 때 특히 유용하다.

핵심 개념
섹션 모드를 사용하면 코드의 각 부분을 점진적으로 실행할 수 있다.

M-파일 프로그램을 몇 개의 섹션으로 나눌 때에는 퍼센트 기호(%)를 2개 연달아 붙여 쓰

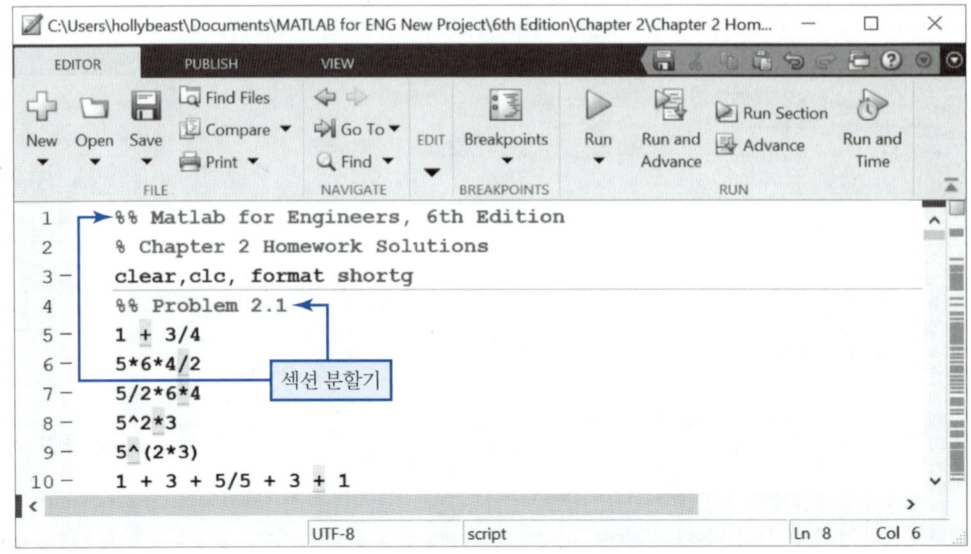

그림 2.17
섹션 모드를 사용하면 M-파일 프로그램을 몇 개의 부분(섹션)으로 나누고 한 번에 한 섹션씩 실행할 수 있다.

면 된다. 이 이중 퍼센트 기호 %%를 섹션 나누기(section break)라고 한다. 섹션에 이름을 붙이고 싶으면 다음과 같이 섹션 나누기 기호와 같은 줄에 이름을 이어서 써주면 된다.

```
%% 섹션 이름
```

여기에서 %%와 섹션 이름 사이에는 빈칸(space)을 꼭 넣어주어야 한다. 한 칸을 띄우지 않으면 매트랩은 섹션 분할기가 아니라 설명문(comment)으로 인식한다. 섹션 나누기 기호를 직접 써주는 대신에 마우스로 '섹션 나누기(Section Break)' 아이콘을 선택해도 된다.

섹션 분할기를 적당한 곳에 배치한 다음에 섹션 안에서 커서를 움직이면 섹션 전체가 연한 노란색으로 바뀐다. 예를 들면 그림 2.17의 스크립트 M-파일 프로그램에서는 처음 네 줄이 하나의 섹션을 이루고 있다. 편집창 메뉴표시줄의 '편집기(EDITOR)' 탭에 있는 '실행

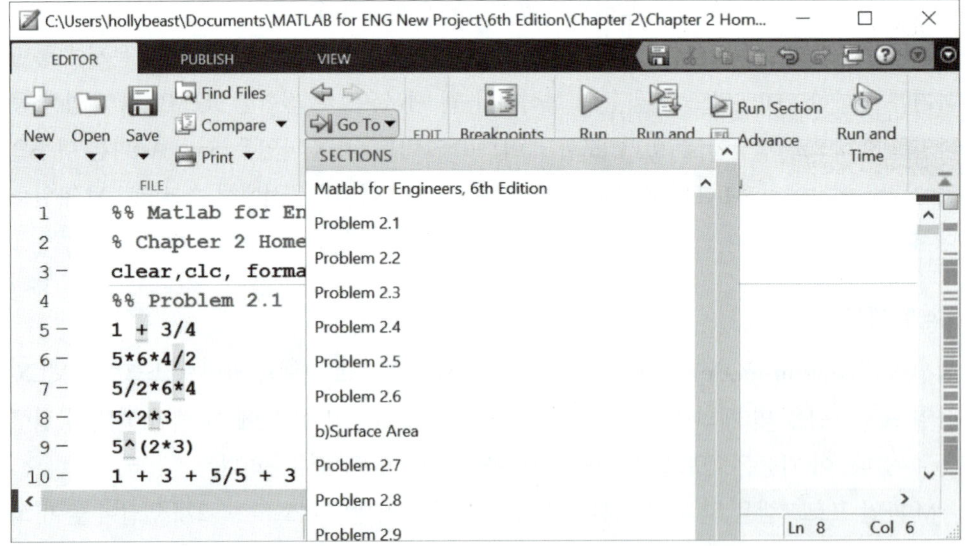

그림 2.18
찾아가기 메뉴의 '이동(Go To)' 아이콘을 이용하면 M-파일에 들어 있는 모든 섹션의 목록을 표시하게 하고 이 가운데 특정 섹션으로 이동할 수 있다.

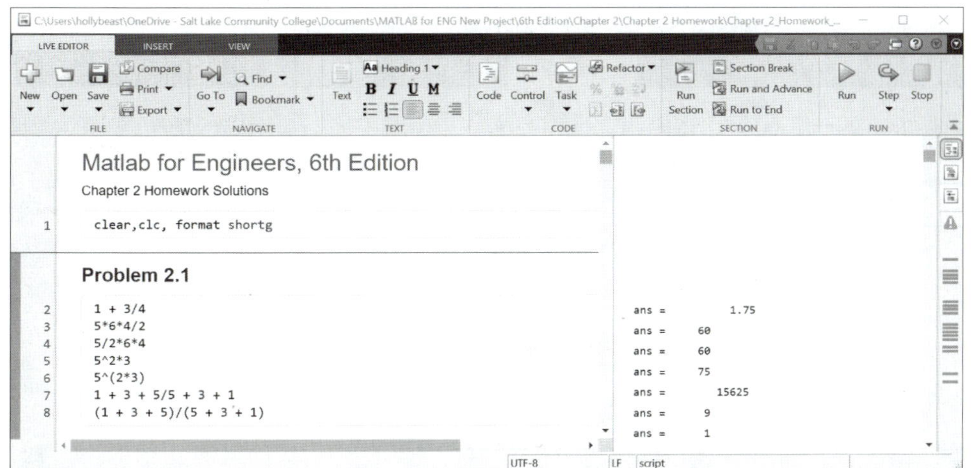

그림 2.19
섹션 모드를 사용한 매트랩 스크립트를 라이브 스크립트로 변환하면 자동으로 서식이 지정된다.

(RUN)' 아이콘을 사용해 '현재 섹션 하나만을 실행하기(Run Section)', '현재 섹션을 실행하고 다음 섹션으로 이동하기(Run and Advance)', '파일 전체를 실행하기(Run)' 가운데 하나의 실행 방식을 선택할 수 있다. 또한 그림 2.18에서 보듯이 메뉴표시줄에 있는 찾아가기 메뉴의 '이동(Go To)' 아이콘을 이용하면 M-파일에 들어 있는 모든 섹션 또는 함수의 제목 목록을 표시하고 이 가운데 특정 섹션 또는 함수로 이동할 수 있다(함수에 대해서는 다른 장에서 다룬다).

그림 2.17, 2.18에 표시된 프로그램을 라이브 스크립트로 변환하면 각 섹션이 섹션 분할기로 구분되고 해당 섹션의 제목이 자동으로 추가된다. 일반적인 워드 프로세서에서 작업할 때와 마찬가지로 메뉴표시줄에서 메뉴 아이콘을 적절히 선택해 텍스트나 코드를 추가할 수 있다(그림 2.19). '삽입(INSERT)' 탭을 선택하면 그림 2.20에 표시된 것처럼 섹션 제목을 기반으로 이미지, 하이퍼링크, 방정식, 목차를 삽입할 수 있다. 마지막으로 그림 2.21에 표시된 것처럼 '보기(VIEW)' 탭을 선택하면 줄 번호 표시 여부를 포함해 다양한 방식으로 화면에 나타나는 코드와 출력의 표시 방식을 조정할 수 있다. 특히 유용한 메뉴는 프로그램 실행 후 표시된 출력을 지우는 옵션이다.

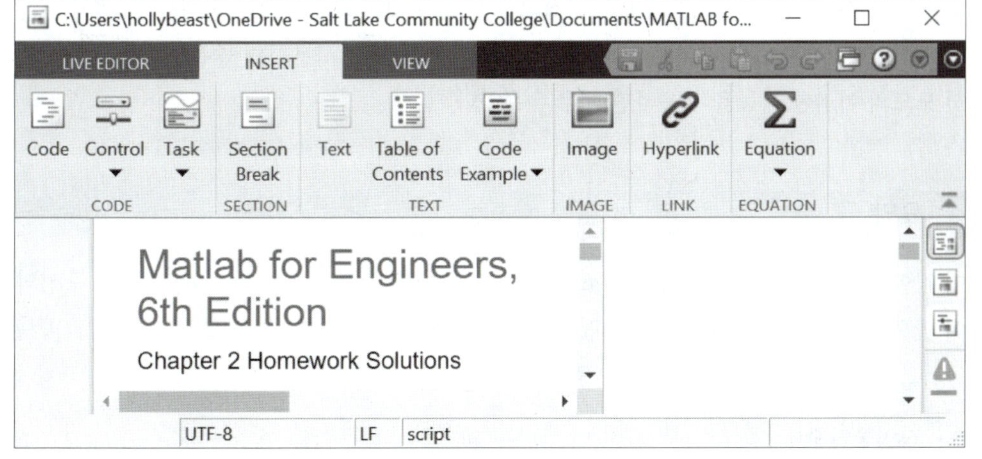

그림 2.20
메뉴표시줄에서 '삽입(INSERT)' 탭을 선택하면 프로그램의 기본 요소인 텍스트와 코드 이외에 이미지, 하이퍼링크, 방정식, 목차를 라이브 스크립트 파일에 추가할 수 있다.

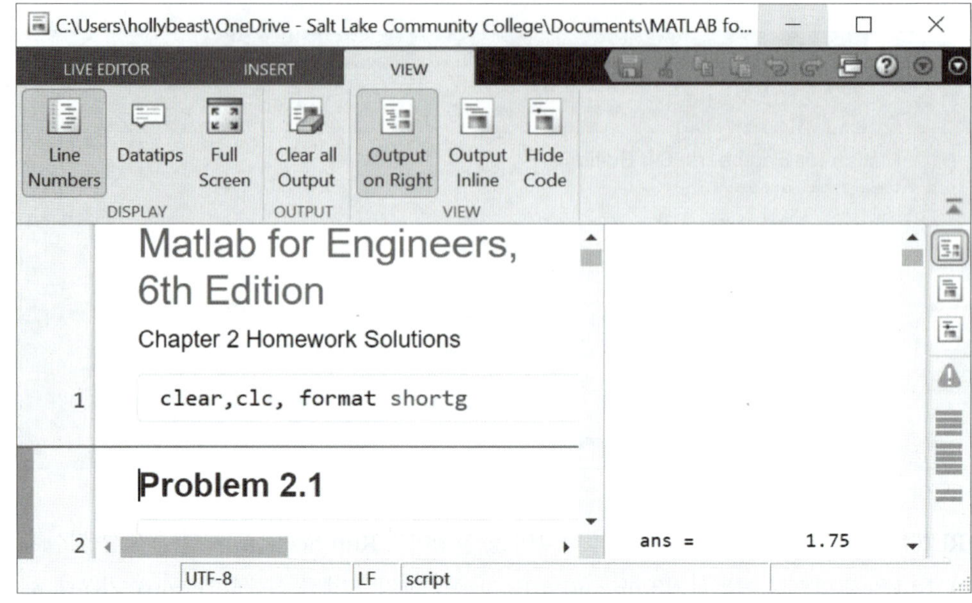

그림 2.21
메뉴표시줄에서 '보기(VIEW)' 탭을 선택하면 프로그램 실행 후 출력 재설정을 비롯해 사용자가 프로그램과 그 출력을 보는 방식을 조정할 수 있다.

라이브 스크립트 프로그램을 작성할 때 스크립트 파일에서 시작하지 않고 곧바로 만들고 싶으면 매트랩 데스크톱의 메뉴표시줄에서 '홈(HOME)' 탭에 있는 '새 라이브 스크립트(New Live Script)' 아이콘을 선택한다. 라이브 편집기(Live Editor) 창의 메뉴표시줄에서 메뉴 아이콘을 적절히 선택해 텍스트 또는 코드를 추가할 수 있다. 매트랩 스크립트에서 코드를 작성하는 데 적용되는 모든 지침은 매트랩 라이브 스크립트에서 코드를 작성하는 데에도 그대로 적용된다.

그림 2.19는 이 장의 뒤쪽에 있는 연습문제를 풀기 위해 만든 M-파일 프로그램의 첫 몇 줄을 보여주고 있다. 프로그램에서 연습문제별로 섹션을 나누면 각 문제를 따로따로 푸는 것이 가능하다.

이처럼 여러 개의 문제를 푸는 M-파일 프로그램을 문제별로 섹션으로 나누면 이 프로그램을 평가(검사)하는 데에도 큰 도움이 된다. '현재 섹션을 실행하고 다음 섹션으로 이동하기(Run and Advance)' 메뉴를 사용하면 평가자는 한 번에 한 문제씩 검토하면서 프로그램을 평가할 수 있다(그림 2.17, 2.19). 복잡하고 큰 프로젝트 프로그램은 전체를 몇 개의 부분으로 적절하게 나누고, 각 부분을 따로따로 평가하는 방법을 사용하면 좋은데, 이 경우에 섹션 모드의 이러한 기능을 사용하면 매우 유용하다.

요약

이 장에서는 기본적인 매트랩의 구조를 소개했다. 매트랩 환경은 여러 개의 창으로 구성되어 있으며, 기본설정 상태에서 매트랩의 초기화면에는 다음 3개의 창이 열려 있다.

- 명령창
- 작업공간창

- 현재폴더창

위의 3개의 창 이외에도 매트랩을 사용하는 도중에 필요에 따라 다음 창이 열린다.

- 명령내역창
- 문서창
- 그래픽창
- 편집창

변수의 이름을 만들 때에는 다음과 같이 대부분의 컴퓨터 프로그램에서 사용되는 규칙을 따른다.

- 변수 이름은 문자로 시작한다.
- 변수 이름에 쓸 수 있는 것은 오직 영문자, 숫자, 밑줄뿐이다.
- 대문자와 소문자는 서로 구별된다.
- 변수 이름의 길이는 제한이 없다. 다만 매트랩에서는 63글자를 넘어가는 글자는 무시된다.
- 매트랩에서 사용하는 키워드(keyword)를 변수의 이름으로 사용해서는 안 된다.
- 매트랩에서는 함수의 이름을 변수의 이름으로 재할당해 사용할 수는 있지만 이렇게 하는 것은 좋은 방법이 아니다.

매트랩에서 기본 계산 단위는 배열이다. 다음은 모두 배열에 속한다.

- 스칼라(1×1 배열)
- 벡터($1 \times n$ 또는 $n \times 1$ 배열, 즉 1열 벡터나 1행 벡터)
- 2차원 배열($m \times n$ 또는 $n \times m$)
- 다차원 배열

배열에는 주로 숫자 정보를 저장하지만 다른 유형의 정보(문자)도 저장할 수 있다.

저장되는 정보의 종류를 데이터형(data type) 또는 클래스(class)라고 한다. 이 장에서는 숫자, 문자, 문자열, 논리, 표 데이터형을 소개했는데 매트랩에는 이 밖에도 많은 데이터형이 존재한다. 데이터를 배열 안에 손으로 직접 입력할 수 있으며 저장된 데이터 파일로부터 가져오는 것도 가능하다. 손으로 입력할 경우에는 배열을 대괄호로 묶어주어야 한다. 다음에서 보듯이 한 행에 있는 원소들은 쉼표나 빈칸을 사용해 분리하고 세미콜론으로 새로운 행을 나타낸다.

```
a = [1 2 3 4; 5 6 7 8]
```

콜론(:) 기호를 사용하면 간격이 일정한 원소로 구성된 배열을 만들 수 있다. 따라서 다음 명령에 의해

```
b = 0:2:10
```

0에서 10까지 2씩 증가하는 원소로 이루어진 배열이 만들어진다. linspace 함수와 logspace 함수는 주어진 시작값과 최종값 사이에서 지정한 개수의 원소가 선형적으로(linspace 함수) 또는 로그값으로(logspace 함수) 일정한 간격씩 떨어져 있는 배열을 만드는 데 사용된다. 매트랩의 help 함수나 Help 메뉴를 이용하면 이 함수를 비롯해 여러 함수의 사용 방법을 알 수 있다.

매트랩의 연산 순서는 표준 연산 순서 규칙을 따른다.

매트랩은 표준 표기법(10진 표기법)과 과학 표기법을 모두 지원한다. 매트랩이 숫자를 화면에 표현하는 형식에는 여러 종류가 있다. 숫자가 화면에 어떤 형식으로 표시되든 저장되는 형식은 배정밀도 부동소수점 수 한 가지이다.

매트랩은 변수를 .mat 파일이나 .dat 파일에 저장하고, 이들 파일에 저장된 변수를 다시 불러들일 수 있다. .mat 형식은 매트랩에서만 사용되는 것으로 다른 데이터 형식보다 데이터를 효과적으로 저장한다. .dat 형식은 표준 아스키(ASCII) 형식을 사용해 매트랩에서 만든 데이터를 다른 프로그램과 공유할 때 이용한다.

여러 매트랩 명령을 스크립트 M-파일 또는 라이브 스크립트 MLX-파일로 저장할 수 있다. 어떤 문제를 푸는 데 사용한 여러 명령을 M-파일로 만들어 저장해놓으면 나중에 다시 사용할 수 있으므로 매우 유용하다. 섹션 모드를 이용하면 M-파일 프로그램을 몇 개의 부분(섹션)으로 나눈 다음 각 부분을 따로따로 실행시킬 수 있다. 특히 1개의 M-파일에 여러 개의 문제가 들어 있는 경우에 섹션 모드를 이용하면 편리하다.

매트랩 요약

다음 표는 이 장에서 살펴본 특수문자, 명령어와 함수를 정리한 것이다.

특수문자	
[ ]	배열을 만들 때 사용한다.
( )	수식에서 연산식을 묶을 때 사용한다. 배열 안에 들어 있는 특정 원소를 지정할 때 사용한다.
,	배열의 원소를 분리하는 데 사용한다.
;	배열을 만들 때 행을 구분하는 데 사용한다. 명령을 실행한 후 나오는 출력을 화면에 표시되지 않도록 한다.
:	배열을 만드는 데 사용한다. 모든 행과 모든 열을 표시하는 데 사용한다.
=	지정된 메모리 위치에 특정 값을 할당하는 할당 연산자로 등호가 아니다.
%	M-파일에서 설명문임을 나타내는 기호
%%	섹션 분할기
+	스칼라와 배열의 덧셈 연산자
-	스칼라와 배열의 뺄셈 연산자
*	스칼라 곱셈과 행렬 곱셈 연산자
.*	배열 곱셈 연산자(점 곱셈)
/	스칼라 나눗셈과 행렬 나눗셈 연산자
./	배열 나눗셈 연산자(점 나눗셈)
^	스칼라의 거듭제곱과 행렬 거듭제곱 연산자
.^	배열 거듭제곱 연산자(점 거듭제곱)

명령어와 함수

ans	매트랩에서 계산된 결과가 저장되는 변수의 이름(기본으로 이 이름이 지정되어 있음)
ascii	데이터를 표준 아스키(ASCII) 형식으로 저장하라는 것을 표시한다.
clc	명령창을 지운다.
clear	작업공간창을 지운다.
exit	매트랩을 빠져나간다.
format +	표시 형식을 +와 −만으로 표시하는 방식으로 설정한다.
format compact	표시 형식을 compact 형식으로 설정한다.
format long	표시 형식을 소수 15자리를 사용하는 방식으로 설정한다.
format long e	표시 형식을 소수 15자리를 사용하는 과학 표기법으로 설정한다.
format long eng	표시 형식을 소수 15자리를 사용하는 공학 표기법으로 설정한다.
format long g	매트랩이 최적의 표시 형식을 자동으로 선택한다(소수 15자리 사용, 고정소수점 또는 부동소수점으로)
format loose	표시 형식을 기본설정인 noncompact로 한다.
format short	표시 형식을 기본설정인 소수 4자리를 사용하는 방식으로 한다.
format short e	표시 형식을 소수 4자리를 사용하는 과학 표기법으로 설정한다.
format short eng	표시 형식을 소수 4자리를 사용하는 공학 표기법으로 설정한다.
format short g	매트랩이 최적의 표시 형식을 자동으로 선택한다(소수 4자리 사용, 고정소수점 또는 부동소수점으로)
format rat	표시 형식을 유리수(분수)로 설정한다.
help	도움말 기능을 불러낸다.
linspace	간격이 일정한 원소로 이루어진 벡터를 만들어주는 함수
load	파일에서 배열을 불러온다.
logspace	로그값으로 할 때 간격이 일정한 원소로 이루어진 벡터를 만들어주는 함수
namelengthmax	변수 이름으로 허용되는 최대 문자 길이를 알려준다.
pi	원주율을 나타내는 π의 근삿값
quit	매트랩을 종료한다.
save	변수 값을 파일에 저장한다.
who	메모리 내에 있는 변수를 알려준다.
whos	변수들과 그 변수의 크기를 함께 알려준다.

핵심 용어

과학 표기법(scientific notation)
그래픽창(graphics window)
데이터형(data type)
라이브 스크립트(live script)
메뉴표시줄(toolstrip)
명령내역(command history)
명령창(command window)
문서창(document window)
배열(array)
배열편집기(array editor)
배열 연산자(array operator)
벡터(vector)
변수(variable)
섹션(section)
스칼라(scalar)
스크립트(script)
아스키(ASCII)
연산자(operator)
유리수(rational number)
작업공간(workspace)
전치(transpose)
점 연산자(dot operator)

클래스(class)	행렬(matrix)
편집창(edit window)	현재폴더(current folder)
프롬프트(prompt)	M-파일(M-file)
할당(assignment)	MAT-파일(MAT-file)
함수(function)	MLX-파일(MLX-file)

연습문제

다음 연습문제를 전자계산기를 사용할 때처럼 매트랩의 명령창에서 직접 명령어를 입력하면서 풀거나 아니면 명령어를 스크립트 M-파일 또는 라이브 스크립트 MLX-파일로 만들어 풀라. 문제 풀이를 과제로 제출하거나 보관하고 싶은 경우에는 M-파일 또는 MLX-파일로 만들고 섹션 분할기(%%)를 사용해 문제별로 구분하는 방법을 사용하면 좋다.

시작하기

2.1 다음 계산식을 손이나 계산기로 풀라.

1 + 3/4
5*6*4/2
5/2*6*4
5^2*3
5^(2*3)
1 + 3 + 5/5 + 3 + 1
(1 + 3 + 5)/(5 + 3 + 1)

계산식을 명령창에 입력해 풀이 결과를 검사하라.

변수의 사용

2.2 짝을 이루고 있는 두 변수 중에서 매트랩의 규칙에 맞는 것을 찾으라.

fred	fred!
book_1	book-1
2ndplace	Second_Place
#1	No_1
vel_5	vel.5
tan	while

isvarname 명령을 사용해 맞게 찾아냈는지 확인하라. 이 명령은

```
isvarname fred
```

와 같이 사용한다. isvarname 함수는 변수의 이름으로 쓸 수 있으면 1을 되돌려주고, 그렇지 않은 경우에는 0을 되돌려준다. 함수의 이름을 변수의 이름으로 재할당해 사용할 수는 있지만 이렇게 하는 것은 좋은 생각이 아니다. 문제에서 제시한 이름이 함수의 이름인지 아닌지 which 명령을 사용해 검사해보라. 이 명령은

```
which sin
```

과 같이 사용하면 된다. 이 명령을 실행했을 때 매트랩이 sin은 함수 이름이 아니라 변수 이름이라고 응답했다면 어떤 경우에 이렇게 되는지 말하라.

스칼라 연산과 연산 순서

2.3 다음 계산을 수행하는 매트랩 명령을 작성하라.

5^2

$\frac{5+3}{5\cdot 6}$

$\sqrt{4+6^3}$ (힌트: 제곱근은 1/2제곱과 같다.)

$9\frac{6}{12}+7\cdot 5^{3+2}$

$1+5\cdot 3/6^2+2^{2-4}\cdot 1/5.5$

작성한 명령을 매트랩에 입력해 계산하고 공학용 계산기로 검사해보라.

2.4 (a) 그림 P2.4(a)에서 보듯이 원의 면적이 πr^2이다. r을 5로 정의한 다음 원의 면적을 매트랩으로 구하라.

(b) 그림 P2.4(b)에서 보듯이 구의 표면적이 $4\pi r^2$이다. 반지름이 10 ft인 구의 표면적을 구하라.

(c) 그림 P2.4(c)에서 보듯이 구의 부피가 $4/3\pi r^3$이다. 반지름이 2 ft인 구의 부피를 구하라.

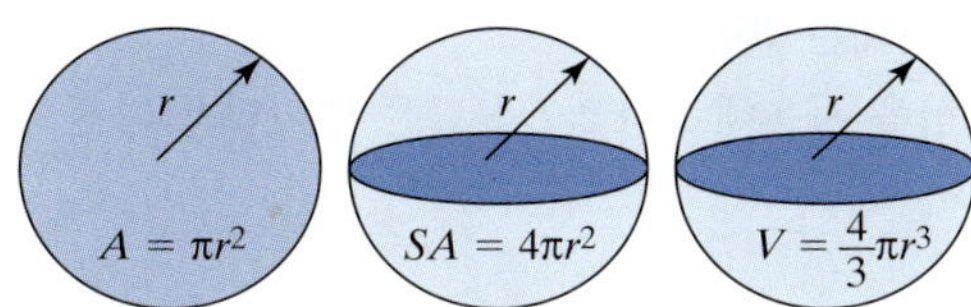

그림 P2.4

(a) 원의 면적, (b) 구의 표면적, (c) 구의 부피

2.5 (a) 그림 P2.5(a)에서 보듯이 정사각형의 면적이 한 변의 길이를 제곱한 값이다(A = 변의 길이^2). 변의 길이를 5로 정의하고, 정사각형의 면적을 매트랩을 사용해 구하라.

(b) 그림 P2.5(b)에서 보듯이 정육면체의 표면적이 변의 길이를 제곱한 값에 6을 곱한 값이다($SA = 6\times$ 변의 길이^2). 변의 길이가 10인 정육면체의 표면적을 구하라.

(c) 그림 P2.5(c)에서 보듯이 정육면체의 부피가 변의 길이를 세제곱한 값이다(V= 변의 길이^3). 변의 길이가 12인 정육면체의 부피를 구하라.

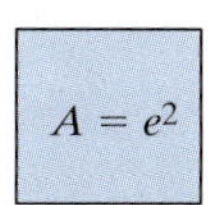

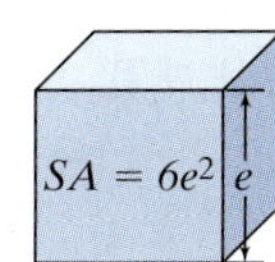

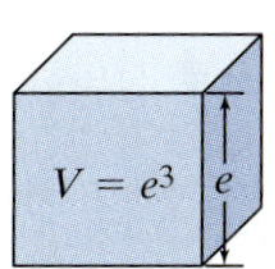

그림 P2.5

(a) 정사각형의 면적, (b) 정육면체의 표면적, (c) 정육면체의 부피

2.6 그림 P2.6의 바벨에 대해 다음 물음에 답하라.

그림 P2.6
바벨은 2개의 구가 원기둥 모양의 막대로 서로 연결된 것으로 볼 수 있다.

(a) 구의 반지름이 10 cm, 두 구를 연결하는 원기둥 구조의 막대 지름이 1 cm, 길이가 15 cm일 때 바벨의 부피를 구하라.

(b) (a)의 치수에 대해 바벨의 표면적을 구하라.

2.7 예제 2.1에서는 이상기체 법칙을 살펴보았다. 기체의 압력(P), 온도(T), 부피(V), 기체의 몰 수(n) 사이의 관계를 나타내는 이상기체 법칙을 수식으로 쓰면 다음과 같다.

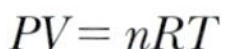

$$PV = nRT$$

여기에서 R은 이상기체 상수이다. 기체의 압력이 낮고 온도가 높은 경우에는 이상기체 법칙이 실제 기체의 특성과 움직임에 잘 들어맞는다. (낮은 압력과 높은 온도의 기준은 기체의 종류에 따라 달라진다.) 1873년 판데르발스(Johannes Diderik van der Waals, 그림 P2.7 참조)는 이상기체 법칙을 수정, 발전시켜 더욱 넓은 범위의 압력과 온도에 대해서도 실제 기체의 동작을 예측하는 모델을 제안했다.

그림 P2.7
판데르발스(Bygone Collection/Alamy Stock Photo)

$$\left(P + \frac{n^2 a}{V^2}\right)(V - nb) = nRT$$

이 방정식에서 a, b는 기체의 특성을 나타내는 값이다.

이상기체 방정식과 판데르발스 방정식을 사용해 표 P2.7과 같은 데이터를 가진 수증기(steam)의 온도를 계산하라.

표 P2.7 수증기 데이터

압력(P)	220 bar	
몰 수(n)	2 mol	
부피(V)	1 L	
a	5.536 L^2bar/mol^2	*
b	0.03049 L/mol	*
이상기체 상수(R)	0.08314472 L bar/K mol	

*출처: Weast, R. C. (Ed.), *Handbook of Chemistry and Physics (53rd Edn.)*, Cleveland: Chemical Rubber Co., 1972.

배열 연산

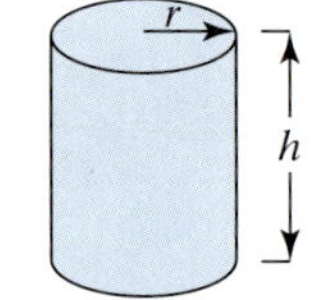

그림 P2.8(a)

2.8 (a) 원통의 부피가 $\pi r^2 h$이다. r을 3으로 정의하고 h를 다음 배열

```
h = [1, 5, 12]
```

로 정의하라. 그다음 원통의 부피를 구하라[그림 P2.8(a) 참조].

(b) 삼각형의 면적은 삼각형 밑변 길이의 1/2과 삼각형의 높이를 곱한 값이다. 밑변을 다음 배열로 정의한다.

```
b = [2, 4, 6]
```

그림 P2.8(b)

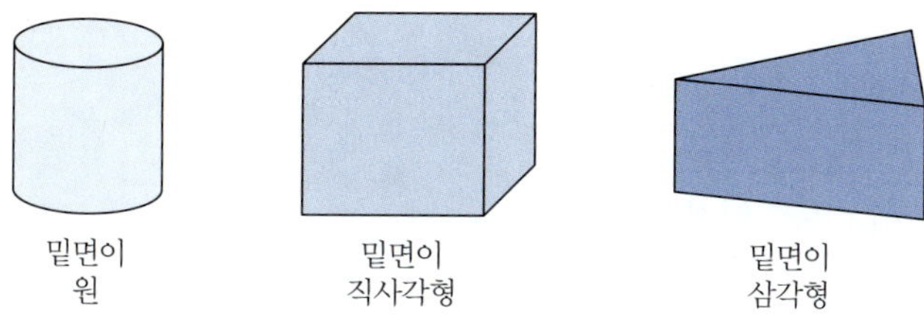

그림 P2.8(c)

높이 h가 12일 때 삼각형의 면적을 구하라[그림 P2.8(b) 참조].

(c) 직각기둥의 부피가 기둥의 밑면의 면적과 기둥의 높이를 곱한 값이다. 기둥 밑면의 모양은 다음과 같이 원, 직사각형, 삼각형 등 어떤 것이라도 된다.
(b)에서 설명한 삼각형을 밑면으로 하는 기둥의 부피를 구하라. 기둥의 높이는 6으로 가정한다[그림 P2.8(c) 참조].

2.9 저항(R), 인덕터(L), 커패시터(C)로 이루어진 회로의 응답특성은 각각의 값과 이들이 연결된 형태에 따라 달라진다. 이러한 회로의 응답특성을 해석할 때 사용하는 파라미터로 s가 있다. s 값은 R, L, C 값에 따라 2개의 실수(실근), 2개의 복소수(복소수근), 1개의 실수(중근)가 된다.

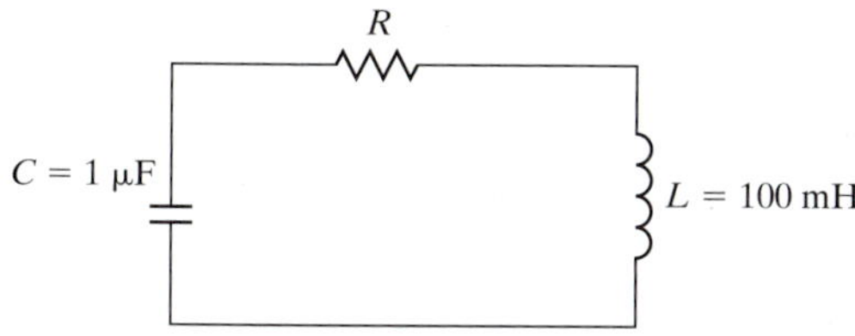

그림 P2.9
직렬회로

그림 P2.9에 나타낸 직렬회로의 응답특성을 나타내는 방정식이 다음과 같다.

$$s = -\frac{R}{2L} \pm \sqrt{\left(\frac{R}{2L}\right)^2 - \frac{1}{LC}}$$

(a) 저항 R 값이 800 Ω일 때 s 값을 구하라.

(b) 저항 R 값이 100~1000 Ω까지 변할 때 s 값을 구하라. 이를 위해 R을 벡터로 만들라. R 값을 조정해가면서 s 값이 실수가 되게 하는 R 값을 근사적으로 구하라. R 값이 증가할 때 s의 변화를 구하라.
힌트:
1 μF = 1e − 6F
1 mH = 1e − 3H

2.10 그림 P2.10에 표시한 병렬회로의 응답특성을 나타내는 파라미터 s의 방정식이 다음과 같다.

$$s = -\frac{1}{2RC} \pm \sqrt{\left(\frac{1}{2RC}\right)^2 - \frac{1}{LC}}$$

(a) 저항 R 값이 200 Ω일 때 s 값을 구하라.

(b) 저항 R 값이 100~1000 Ω까지 변할 때 s 값을 구하라. 이를 위해 R을 벡터로 만들라. R 값을 조정해가면서 s 값이 실수가 되게 하는 R 값을 근사적으로 구하라. R 값이 감소할

때 s의 변화를 구하라.

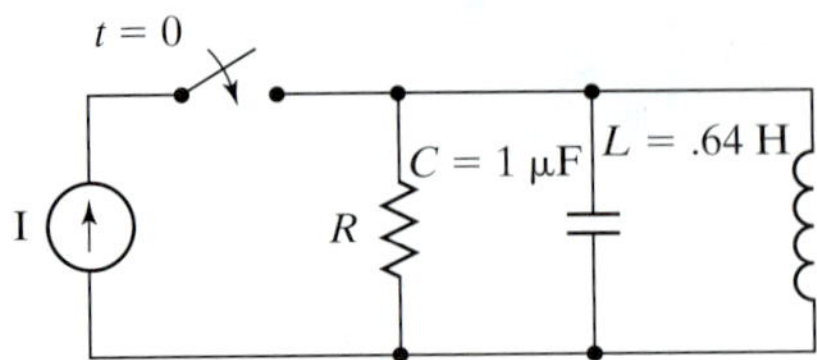

그림 P2.10
병렬회로

2.11 자동차가 1갤런(gallon)의 휘발유를 소비할 때마다 19.4파운드(pound)의 CO_2가 발생한다. 다음 표에 수록한 자동차의 1년간 CO_2 방출량을 계산하라. 자동차의 1년간 주행거리는 12,000마일(mile)로 가정한다. 표 P2.11에 수록한 자동차의 연비(mpg, 갤런당 마일) 자료는 미국 에너지부의 웹사이트인 www.fueleconomy.gov에서 발췌한 것으로 시내 주행과 고속도로 주행을 함께 고려해 추정한 값이다.

표 P2.11 자동차 연비

2021	Tesla Model 3 EV	142 mpg
2021	Honda Civic	36 mpg
2021	Toyota Corolla Hybrid	52 mpg
2021	Toyota Highlander Hybrid	35 mpg
2021	Ford Escape FWD Hybrid	41 mpg
2021	BMW i3 EV	113 mpg

2.12 (a) 1부터 20까지 1씩 증가하는 일정 간격의 벡터를 만들라.
(b) 0부터 2π까지 $\pi/10$씩 증가하는 벡터를 만들라.
(c) 4부터 20까지 같은 간격으로 15개의 값을 가진 벡터를 만들라. (*힌트:* `linspace` 명령을 사용하라. 사용 방법이 기억나지 않으면 `help linspace`라고 입력해 정보를 얻을 수 있다.)
(d) 10과 1000 사이에 로그값으로 일정한 간격을 가지는 10개의 값으로 구성된 벡터를 만들라. (*힌트:* `logspace` 명령을 사용하라.)

2.13 (a) 피트(feet) 단위를 미터(meter) 단위로 바꾸는 변환표를 만들라. 항목이 피트인 열은 0부터 시작해서 1씩 증가해 10피트에서 끝나도록 하라(교과서나 인터넷에서 변환식을 찾아보라).
(b) 라디안(radian) 단위를 도(degree) 단위로 바꾸는 변환표를 만들라. 항목이 라디안인 열은 0부터 π rad까지 0.1π씩 증가시킨다(교과서나 인터넷에서 변환식을 찾아보라).
(c) mi/h 단위에서 ft/s 단위로 바꾸는 변환표를 만들라. 항목이 mi/h인 열에는 0부터 100 mi/h까지 모두 15개의 값을 출력하라(교과서나 인터넷에서 변환식을 찾아보라).
(d) 용액의 산성도는 일반적으로 pH 단위로 측정된다. 용액의 pH는 하이드로늄(hydronium) 이온의 농도에 상용로그($-\log_{10}$)를 취한 값으로 정의된다. 하이드로늄 이온의 농도를 pH로 바꾸는 변환표를 작성하라. 항목이 pH인 열은 0.001~0.1 mol/liter까지 로그값으로 일정한 간격을 가지는 10개의 값으로 하라. 하이드로늄 이온의 농도를 `H_conc`라 할 때, 이 농도의 로그값을 계산하는 명령은 다음과 같다.

```
pH = -log10(H_conc)
```

2.14 자유낙하물체가 떨어진 거리(공기저항은 무시한다)를 다음 식으로 표시한다.

$$d = \frac{1}{2} g t^2$$

$g = 9.8\ \mathrm{m/s^2}$로 가정하자. 시간이 0~100초까지 변할 때 낙하시간에 대한 낙하거리의 표를 만들라. 시간 벡터의 간격은 적당한 값으로 선택하라. (*힌트:* 연산자를 맞게 사용하도록 주의해야 한다. t^2은 배열 연산으로 계산해야 한다.)

2.15 직류회로의 전력(electric power)은 줄의 법칙(Joule's law)을 사용해 다음 식으로 구할 수 있다.

$$P = VI$$

여기에서

P는 전력으로 단위는 와트(W),

V는 전위차(전압)로 단위는 볼트(V),

I는 전류로 단위는 암페어(A)이다.

이 식(줄의 법칙)에 옴의 법칙(Ohm's law)

$$V = IR$$

을 대입하면 다음 식을 얻는다.

$$P = I^2 R$$

여기에서 R은 저항으로 단위는 옴(Ω)이다.

도선(wire)이나 막대처럼 단면이 일정한 도체(conductor)의 저항은 다음 식으로 쓸 수 있다.

$$R = \rho \frac{l}{A}$$

여기에서

ρ는 저항률(resistivity)로 단위는 옴-미터(Ω·m),

V은 도체의 길이,

A는 도체의 단면적이다.

이 결과를 앞 식에 대입하면 최종적으로 전력의 식을 다음과 같이 나타낼 수 있다.

$$P = I^2 \rho \frac{l}{A}$$

저항률은 물질 고유의 특성이다. 다음 표에 몇 가지 물질의 저항률을 수록했다.

물질의 종류	저항률(Ω·m)(20℃에서 측정)
은	1.59×10^{-8}
구리	1.68×10^{-8}
금	2.44×10^{-8}
알루미늄	2.82×10^{-8}
강철	1.0×10^{-7}

어떤 도선의 치수가 다음과 같을 때, 이 도선에서 소모되는 전력을 계산하라.

지름 0.001 m

길이 2.00 m

도선에는 120 A의 전류가 흐르는 것으로 가정한다.

2.16 도선의 길이가 1 m에서 1 km까지 로그값으로 간격이 일정한 총 10개의 값일 때, 연습문제 2.15를 다시 풀라.

2.17 다음 식으로 표시되는 뉴턴의 만유인력법칙을 사용하면 어떤 입자가 다른 입자에 미치는 힘을 알 수 있다.

$$F = G\frac{m_1 m_2}{r^2}$$

여기에서 만유인력상수 G는 실험적으로 구한 값으로 다음 값을 가진다.

$$G = 6.673 \times 10^{-11} \text{ N m}^2/\text{kg}^2$$

m_1, m_2는 각각 두 입자의 질량, r은 두 입자 사이의 거리이다. 다음과 같이 가정했을 때, 뉴턴의 만유인력법칙을 적용해 지구가 달에 미치는 힘을 구하라.

지구의 질량은 약 6×10^{24} kg이다.

달의 질량은 약 7.4×10^{22} kg이다.

지구와 달 사이의 거리는 평균적으로 3.9×10^{8} m이다.

2.18 알려진 사실에 따르면 지구와 달 사이의 거리는 항상 일정하지 않다. 연습문제 2.17의 수식에 기초해서 지구와 달의 거리가 3.8×10^{8} m로부터 4.0×10^{8} m 사이의 10개의 값일 때, 달이 지구에 미치는 힘을 구하라. 나눗셈을 할 때 올바른 연산자를 사용하도록 주의하라.

2.19 연습문제 2.7에서 이상기체 법칙을 나타내는 방정식이 다음과 같다.

$$PV = nRT$$

그리고 이 식을 수정한 판데르발스 법칙은 다음 방정식과 같다.

$$\left(P + \frac{n^2 a}{V^2}\right)(V - nb) = nRT$$

연습문제 2.7의 데이터를 사용해 다음 값에 대해 온도 T를 계산하라.

(a) 부피가 1 L일 때, 0~400 bar 사이의 10개의 압력 값

(b) 압력이 220 bar일 때, 0.1~10 L 사이의 10개의 부피 값

수치 표현

2.20 [−1/3, 0, 1/3, 2/3]의 값을 가지는 배열 a를 만들고, 다음과 같은 여러 가지 매트랩의 수치 표현 형식과 관련된 명령을 수행할 때 화면에 표시되는 결과를 구하라.

```
format short (which is the default)
format long
format bank
format short e
format long e
format short eng
format long eng
format short g
```

```
format long g
format +
format rat
```

작업 결과 파일에 저장하기

2.21 • 2개의 열로 구성된 배열 D_to_R을 만들라. 이 배열에서 첫 번째 열은 도(degree) 단위의 각도 값, 두 번째 열은 첫 번째 열에 대응하는 라디안(radian) 단위의 각도 값을 나타낸다. 열을 구성하는 값은 적절하게 선택하라.

• 배열을 *degrees.dat*란 이름의 파일로 저장하라.

• 파일로 저장했으면 작업공간을 비운 다음에 파일로부터 매트랩으로 데이터를 다시 불러들인다.

2.22 이 장의 연습문제를 푸는 스크립트 M-파일을 만들라. 이때 M-파일 내의 필요한 곳마다 설명문을 달아 각 문제를 구별하고 계산 과정을 설명하도록 하라. 또 이름과 날짜, 그 밖에 강사가 요구하는 다른 정보도 잊지 말고 설명문으로 포함시켜라. 섹션 분할기를 사용해 M-파일 프로그램을 적절한 부분으로 나누라.

2.23 연습문제 2.22의 스크립트 M-파일을 라이브 스크립트로 변환하고 프로그램을 실행하라. 결과를 코드의 오른쪽 부분과 결과를 출력하는 코드 사이사이에 표시하는 두 가지 방식으로 표시하라. 결과를 PDF로 저장하라.

3 매트랩의 내장함수

학습목표

- 매트랩의 도움말 기능에 접근해 사용한다.
- 매트랩에 내장된 다양한 수학함수를 사용한다.
- 매트랩에서 삼각함수를 사용해 문제를 해결한다.
- 통계함수와 데이터분석함수를 계산하고 사용한다.
- 균일분포 난수배열과 가우시안 난수배열을 만든다.
- 복소수를 만들고 사용한다.
- 매트랩 계산의 한계를 설명한다.
- 매트랩에 내장되어 있는 특수한 값과 함수를 알아보고 사용한다.

서론

대부분의 공학 계산에서는 로그함수, 삼각함수, 통계분석함수와 같이 매우 복잡한 수학 **함수**(function)를 사용하고 있다. 매트랩에는 아주 많은 함수가 내장되어 있으므로 다양한 수학 계산을 쉽게 수행할 수 있다.

3.1 내장함수 사용하기

매트랩에 내장된 대부분의 함수의 이름은 C 프로그래밍 언어나 포트란(Fortran), 파이썬(Python), 자바(Java)에서 사용하는 함수의 이름과 동일하다. 예를 들어 변수 x의 제곱근을 구하고 싶으면

```
b = sqrt(x)
```

로 타이핑하면 된다. 매트랩의 가장 큰 장점은 함수의 인수(입력)로 스칼라뿐만 아니라 배열도 사용할 수 있다는 점이다. 예를 들어 x가 스칼라인 경우에는 스칼라 값이 반환된다. 즉

```
x = 9;
b = sqrt(x)
```

로 입력하면 다음과 같이 스칼라가 반환된다.

핵심 개념
매트랩 함수의 이름은 대부분 다른 컴퓨터 프로그램에서 사용하고 있는 함수의 이름과 같다.

```
b =
     3
```

그런데 제곱근 함수 sqrt의 인수로 배열을 입력할 수도 있다. 이 경우에는 배열의 각 원소에 대해 제곱근을 계산한다. 따라서

```
x = [4, 9, 16];
b = sqrt(x)
```

를 타이핑하면 다음과 같이 출력된다.

```
b =
    2  3  4
```

모든 함수는 이름(name), 입력(input), 출력(output)이라는 세 가지 구성요소를 가지고 있다. 앞에서 살펴본 예에서 함수의 이름은 sqrt이고, 이 함수에 필요한 입력, 즉 **함수입력**[function input 또는 **인수**(argument)라고도 함]은 괄호 안에 들어가는데, 스칼라와 배열 모두 입력이 될 수 있다. 출력은 계산 결과 값이 된다. 이 예에서 출력은 변수 b에 할당되었다.

핵심 개념
함수에 넣어주는 입력을 인수 또는 입력 인수(input argument)라고 한다.

함수 중에는 인수가 여러 개인 것도 있다. 예를 들어 나머지 함수인 rem에는 2개의 입력을 넣어주어야 하는데, 하나는 피제수(나누어지는 수)이고 또 하나는 제수(나누는 수)이다. 즉 rem(x,y)와 같이 사용한다. 따라서

```
rem(10,3)
```

과 같이 입력하면 10을 3으로 나눈 나머지를 다음과 같이 계산해 출력한다.

```
ans =
     1
```

2개의 출력을 내보내는 함수 중에 size 함수가 있다. 이 함수는 배열의 행의 개수와 열의 개수를 반환한다. 따라서

```
d = [1, 2, 3; 4, 5, 6];
f = size(d)
```

와 같이 입력하면 다음을 출력한다.

```
f =
    2     3
```

또한 2개의 변수에 출력을 하나씩 할당할 수도 있다. 예를 들어

```
[rows,cols] = size(d)
```

로 하면 다음과 같은 출력을 얻는다.

```
rows =
    2
cols =
    3
```

최신 버전 매트랩의 유용한 특징으로 맞춤형 도움말 기능을 들 수 있다. 함수 이름을 타이핑하면 화면에 그 함수의 사용법을 알려주는 팁이 나타난다. 이 팁에는 함수의 도움말 페이지로 가는 링크도 들어 있다.

여러 함수를 **중첩**(nesting)해 사용하면 복잡한 수식을 만들 수 있다. 예를 들어

```
g = sqrt(sin(x))
```

와 같은 수식은 변수 x의 사인 값에 대한 제곱근을 구해준다. 다음 명령을 실행해 x에 2를 할당한 다음

핵심 개념
중첩된 코드를 2개의 명령문으로 나누면 컴퓨터 코드를 더 쉽게 읽을 수 있다.

```
x = 2;
```

이 수식을 실행하면

```
g =
     0.9536
```

이 된다. 함수의 중첩을 사용하면 매트랩 명령을 이해하기가 약간 어려워진다. 이 경우에는 각 함수의 괄호 안에 인수를 각각 넣어주어야 한다는 것을 잊어서는 안 된다. 중첩된 수식을 2개의 명령문으로 나누면 명령을 이해하기가 쉬워진다. 즉

```
a = sin(x);
g = sqrt(a)
```

의 결과는 g = sqrt(sin(x))와 같지만 이해하기는 더 쉽다.

HINT 여러 매트랩 함수의 이름과 사용법이 이러이러할 것이라고 추측하는 경우가 분명히 많이 있을 것이다. 그렇지만 여러분이 사용하려고 하는 함수로 중요한 계산을 하기 전에 그 함수가 예측한 방식대로 동작하는지 반드시 확인해야 한다.

3.2 도움말 기능 사용하기

매트랩은 광범위한 도움말 도구를 내장하고 있는데 이것을 이용하면 함수를 사용하는 방법을 이해하는 데 많은 도움이 된다. 매트랩 안에서 도움을 얻는 방법에는 두 가지가 있다. 하나는 명령창에서 도움말 함수인 help 함수를 사용하는 방법이고 또 하나는 doc 함수를 사용하는 방법이다. help 함수로는 명령창을 통해 아주 제한된 정보만 얻을 수 있는 반면

핵심 개념
help 함수를 사용해 매트랩 내장함수의 사용법을 알아낼 수 있다.

doc 함수로는 HTML 기반의 도움말 문서를 통해 광범위한 정보를 얻을 수 있다. 메뉴표시줄에서 'Help' 아이콘을 선택하거나 키보드의 윗부분에 있는 F1 키를 누르는 방법으로도 HTML 기반의 도움말 문서를 불러낼 수 있다. 이러한 두 가지 도움말 기능은 어떤 특정한 함수의 사용법에 대해 각각 다른 정보를 제공하므로 함께 사용해야 한다.

어떤 특별한 주제에 대한 도움말을 얻으려면 help <주제>와 같이 치면 된다(< > 안에 도움말을 얻고 싶은 주제를 직접 타이핑해서 넣으면 된다. 괄호 < >는 넣지 않는다).

예를 들어

```
help tan
```

을 입력하면 다음과 같이 tangent 함수에 대한 도움말 정보가 나타난다.

```
tan          Tangent of argument in radians.
  tan(X) is the tangent of the elements of X.
See also atan, atan2, tand, atan2d.
```

도움말을 창(window) 형태의 화면으로 보려면 메뉴표시줄에서 '도움말 → 문서(Help → Documentation)'를 차례로 선택한다. 이렇게 하면 여러분의 컴퓨터에 설치된 매트랩 제품의 모든 구성목록이 도움말창에 나타난다. 이 창에서 필요한 주제를 찾아가면서 내용을 알아볼 수 있다. 명령창에서 doc 〈주제〉를 타이핑하면 해당 주제에 대한 도움말창을 곧바로 불러낼 수 있다. 예를 들어 탄젠트 함수를 설명하는 도움말창을 불러내고 싶으면 명령창에서 다음과 같이 입력한다.

핵심 개념
help 함수와 doc 함수를 사용해 매트랩 내장함수의 사용법을 알아낼 수 있다.

```
doc tan
```

어떤 함수에 대해 help 〈주제〉를 사용해 얻을 수 있는 내용과 도움말창을 이용해 얻을 수 있는 내용은 서로 다르다. 따라서 둘 중에 어느 한 방법으로 만족할 만한 대답을 얻지 못한 경우에는 나머지 방법을 시도해보는 것이 좋다.

도움말창으로 원하는 주제를 찾아 정보를 얻는 방법은 매우 유용하다. 먼저 도움말창에서 마우스로 'MATLAB'을 클릭하면 대화형 매트랩 문서창이 열린다. 창의 왼쪽에는 도움말 목록의 차례가 나타나는데, 필요할 경우에는 차례를 보이지 않게 닫거나 다시 나타나게 할 수도 있다. 메인 화면에는 부문별로 항목의 링크가 정리되어 있다. 이 링크를 사용해 여러 가지 문제를 푸는 데 사용할 수 있는 매트랩 함수를 찾을 수 있다.

실습문제 3.1

1. 명령창에서 help 명령을 사용해 다음 함수의 사용법을 알아보라.
   a. cos
   b. sqrt
   c. exp

2. 메뉴표시줄에서 도움말창을 불러내어 실습문제 1의 함수 사용법을 알아보라.
3. 명령창에서 doc 함수를 사용해 실습문제 1의 함수에 대한 정보를 담은 도움말창을 불러내라.

3.3 기본 수학함수

핵심 개념
대부분의 함수는 스칼라나 벡터 또는 2차원 배열을 입력으로 받아들일 수 있다.

기본 수학함수에 속하는 것으로 로그함수, 지수함수, 절댓값함수, 근사함수(어림함수)가 있으며 이 밖에도 **이산수학**(discrete mathematics)에서 사용되는 여러 함수가 있다.

3.3.1 범용 수학함수

표 3.1에 수록한 함수의 입력 x 값으로는 스칼라와 배열을 모두 사용할 수 있다.

HINT 통상적으로 모든 컴퓨터 언어에서 log 함수는 자연로그를 말한다. 수학책에서는 이렇게 표시하는 것이 표준이 아니지만 컴퓨터 프로그램에서는 이것이 표준이다. 이 차이를 알지 못해 잘못을 저지르는 일이 흔한데 초보 사용자의 경우에는 특히 그렇다. 로그함수의 밑수가 10인 경우에는 log10 함수를 사용해야 한다. 매트랩에서는 log2 함수도 제공하고 있다. 그렇지만 매트랩에는 밑수를 입력으로 넣어주는 형태로 된 범용 로그함수가 없으므로 다른 밑수를 가진 로그 계산은 직접 해주어야 한다.

표 3.1 2개의 스칼라양 사이의 산술 연산(2항 연산)

`abs(x)`	x의 절댓값을 구한다.	`abs(-3)` `ans=3`
`sqrt(x)`	x의 제곱근을 구한다.	`sqrt(85)` `ans = 9.2195`

`nthroot(x,n)`	x의 n제곱근을 구한다. 이 함수는 복소수로 나오는 계산 결과는 출력하지 않는다. 따라서 (−2)^(1/3)의 계산 결과가 다르게 나온다. 그렇지만 두 결과 모두 −2의 세제곱근인 것은 맞다.	`nthroot(-2,3)`
		`ans =-1.2599`
		`(-2)^(1/3)`
		`ans = 0.6300 + 1.0911i`

`sign(x)`	x가 0보다 작으면 −1을 출력하고, x가 0이면 0을 출력하고, x가 0보다 크면 +1을 출력한다.	`sign(-8)` `ans = -1`
`rem(x,y)`	x/y의 나머지를 출력한다.	`rem(25,4)` `ans = 1`
`exp(x)`	e^x을 계산한다. 여기에서 e는 자연로그의 밑수로 이 값은 약 2.7183이다.	`exp(10)` `ans = 2.2026e + 004`
`log(x)`	$\ln(x)$, 즉 x의 자연로그 값을 계산한다(밑수는 e).	`log(10)` `ans = 2.3026`
`log10(x)`	$\log_{10}(x)$, 즉 x의 상용로그(밑수는 10)를 계산한다.	`log10(10)` `ans = 1`

실습문제 3.2

표 3.1에 수록된 함수를 이용해 다음 문제를 풀라. 정답은 피어슨 출판사의 웹사이트 https://www.pearsonhighered.com/moore에서 확인할 수 있다.

1. −2에서 +2까지 1씩 증가하는 벡터 x를 만들라. 이 벡터는 다음과 같이 되어야 한다.

```
x = [-2, -1, 0, 1, 2]
```

   a. 벡터의 각 원소의 절댓값을 구하라.
   b. 벡터의 각 원소의 제곱근을 구하라.
2. −3과 +3의 제곱근을 다음 방법으로 구하라.
   a. `sqrt` 함수를 사용하라.
   b. `nthroot` 함수를 사용하라(−3에 대해서는 에러 메시지가 나올 것이다).
   c. −3과 +3을 1/2제곱하라(−3의 경우 꼭 괄호를 쳐줄 것!). 세 가지 결과를 비교하라.
3. −9에서 12까지 3씩 증가하는 벡터 x를 만들라.
   a. x를 2로 나누라.
   b. x를 2로 나눈 나머지를 구하라.
4. 실습문제 3의 벡터를 사용해 e^x을 계산하라.
5. 실습문제 3의 벡터를 사용해 다음을 구하라.
   a. $\ln(x)$ (x의 자연로그)
   b. $\log_{10}(x)$ (x의 상용로그)
6. `sign` 함수를 사용해 벡터 x를 구성하는 원소의 부호를 구하라.
7. 수치표현 형식(`format`)을 `rat`로 바꾼 다음 x 벡터를 2로 나누라. (이 실습문제를 모두 다 푼 다음에는 수치표현 형식을 다시 `short`나 `shortg`로 잊지 말고 되돌려놓도록 한다.)

HINT e의 거듭제곱을 표시하는 수학 표기법과 매트랩의 문법은 같지 않다. e의 3제곱은 수학 표기법으로는 e^3이다. 그러나 매트랩 문법으로는 exp(3) 이라고 쓴다. 이것을 숫자의 과학 표기법과 혼동하지 않도록 주의해야 한다. 매트랩에서 5e3이라고 쓴 것은 5×10^3을 나타낸다.

예제 3.1

클라우지우스-클라페롱 방정식

기상학자는 날씨를 이해하고 궁극적으로는 날씨를 예측하기 위해 지구의 대기를 연구하고 있다(그림 3.1 참조). 기상을 예측하는 것은 복잡한 과정으로 최상의 자료가 구비되어 있어도 복잡하기는 마찬가지이다. 기상학자는 전문분야인 대기에 관한 내용뿐만 아니라 화학, 물리, 열역학과 지리학까지도 연구한다.

기상학자가 사용하는 방정식 중에 클라우지우스-클라페롱(Clausius-Clapeyron) 방정식이 있는데 보통은 화학 수업 시간에 이에 관한 기본적인 내용을 배우고 열역학 수업 시간에는 좀 더 상세한 내용을 공부하게 된다. 클라우지우스(Rudolf Clausius)와 클라페롱(Emile Clapeyron)은 1800년대 중반에 열역학 원리의 발전에 기여한 물리학자이다[그림 3.2(a), (b) 참조].

기상학에서 클라우지우스-클라페롱 방정식은 포화수증기 압력과 대기온도 사이의 관계를 구

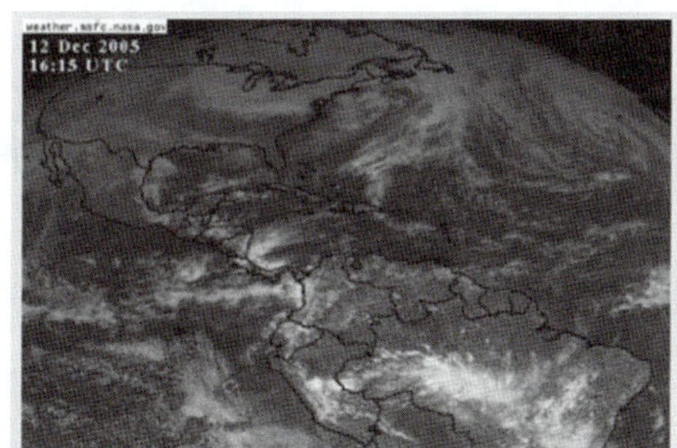

그림 3.1
우주에서 관측한 지구의 기상(NASA Headquarters)

(a)

(b)

그림 3.2(a)
클라우지우스(Bilwissedition Ltd. & Co. KG/Alamy Stock Photo)

그림 3.2(b)
클라페롱(SPL/Science Source)

하는 데 사용된다. 공기 중의 수증기의 실제 부분압(partial pressure)을 알고 있다면 포화수증기 압력을 사용해 상대습도를 계산할 수 있다. 이 상대습도는 기상 예측의 중요한 요소이다.

클라우지우스-클라페롱 방정식은 다음과 같다.

$$\ln\left(\frac{P^0}{6.11}\right) = \left(\frac{\Delta H_v}{R_{\text{air}}}\right) \times \left(\frac{1}{273} - \frac{1}{T}\right)$$

여기에서

P^0 = 온도 T에서 포화수증기의 기체 압력(mbar)

ΔH_v = 물의 기화열, 2.453×10^6 J/kg

R_{air} = 습공기(moist air)의 기체상수, 461 J/kg

T = 절대온도(K)

지구 표면의 온도가 −60°F보다 낮거나 120°F보다 높은 경우는 매우 드물다. 클라우지우스-클라페롱 방정식을 이용해 −60~120°F 범위의 온도에서 포화수증기 압력을 계산하라. 그리고 계산 결과를 화씨온도와 포화수증기 압력 값으로 이루어진 배열로 만들어 저장하라.

1. 문제를 명확히 나타낸다.
   클라우지우스-클라페롱 방정식을 이용해 −60~120°F 범위의 온도에서 포화수증기 압력을 구한다.

2. 입력과 출력을 표시한다.
   입력

$$\Delta H_v = 2.453 \times 10^6 \text{ J/kg}$$

$$R_{air} = 461 \text{ J/kg}$$
$$T = -60°\text{F} \sim 120°\text{F}$$

문제에서 온도 범위 사이에 있는 온도의 개수를 특별히 지정하지 않았으므로 여기에서는 10°F마다 계산하기로 한다.

출력

포화수증기 압력

3. 손이나 계산기로 문제를 미리 풀어본다.

   클라우지우스-클라페롱 방정식을 사용할 때에는 모든 변수의 단위를 잘 맞춰줘야 한다. 온도(T)의 단위는 절대온도 K로 해야 한다. 화씨온도를 절대온도로 바꿀 때에는 다음과 같은 변환식을 사용하면 된다.

$$T_k = \frac{(T_f + 459.6)}{1.8}$$

   (과학 서적, 공학 서적이나 인터넷을 보면 단위 변환 방법을 알 수 있으니 직접 찾아보기 바란다.)

   이제 클라우지우스-클라페롱 방정식을 포화수증기 압력 P^0에 대해 정리하면 다음과 같다.

$$\ln\left(\frac{P^0}{6.11}\right) = \left(\frac{\Delta H_v}{R_{air}}\right) \times \left(\frac{1}{273} - \frac{1}{T}\right)$$
$$P^0 = 6.11 \times e\left(\left(\frac{\Delta H_v}{R_{air}}\right) \times \left(\frac{1}{273} - \frac{1}{T}\right)\right)$$

   이 식에 온도 값을 직접 대입해 풀어보자. 예를 들어 $T = 0°\text{F}$를 절대온도로 변환하면

$$T = \frac{(0 + 459.6)}{1.8} = 255.3333 \text{ K}$$

   이므로, 이 값을 대입하면 포화수증기 압력을 다음과 같이 계산할 수 있다.

$$P^0 = 6.11 \times e\left(\left(\frac{2.453 \times 10^6}{461}\right) \times \left(\frac{1}{273} - \frac{1}{255.3333}\right)\right) = 1.5836 \text{ mbar}$$

4. 매트랩으로 문제를 푼다.

   문제를 풀기 위해 다음 프로그램을 스크립트 M-파일 또는 라이브 스크립트 MLX-파일로 만든다. 그러고 나서 명령창에서 이를 실행한다.

```
%% 예제 3.1
% 클라우지우스-클라페롱 방정식을 이용해 주어진 온도에서
% 물의 포화수증기 압력을 구한다.
clear, clc
TempF = [-60:10:120];          % 온도 배열을 정의한다(단위는 F).
TempK = (TempF + 459.6)/1.8;   % 온도의 단위를 절대온도(K)로 변환한다.
Delta_H = 2.45e6;              % 기화열을 정의한다.
R_air = 461;                   % 공기의 이상기체 상수를 정의한다.
%% 수증기압을 계산한다.
Vapor_Pressure = 6.11*exp((Delta_H/R_air)*(1/273 - 1./TempK));
%% 계산 결과를 표로 출력한다.
my_results = [TempF',Vapor_Pressure']
```

매트랩 프로그램을 작성할 때에는 설명문(%로 시작하는 문장)을 되도록 많이 만들어 넣는 것이 좋다. 이렇게 하면 다른 사람이 프로그램을 이해하기가 더 쉬워지고 자신이 '디버깅'을 할 때에도 편하다. 이 스크립트 M-파일 프로그램을 살펴보면 마지막 명령문을 제외한 모든 명령문에 세미콜론을 붙여서 실행 결과가 화면에 출력되지 않도록 하고 있다. 그러므로 명령창에서 볼 수 있는 유일한 정보는 다음과 같이 my_results라는 배열이다.

```
my_results =
-60.0000     0.0698
-50.0000     0.1252
-40.0000     0.2184
...
120.0000     118.1931
```

5. 풀이를 검사한다.

$T = 0°F$일 때 매트랩으로 구한 결과와 손으로 계산한 결과가 일치하는지 검사해보자.

손으로 푼 계산 결과: $P^0 = 1.5888$ mbar
매트랩 계산 결과: $P^0 = 1.5888$ mbar

클라우지우스-클라페롱 방정식을 이용해 습도 문제뿐만 아니라 다른 문제도 풀 수 있다. 다른 응축증기 문제를 풀 경우에는 ΔH와 R 값을 바꾸어주면 된다.

스크립트 M-파일로 프로그램을 작성하는 대신 라이브 스크립트 MLX-파일을 사용할 수도 있다. 스크립트 파일이 이미 존재하므로 편집창에서 스크립트의 파일 이름을 마우스 오른쪽 버튼으로 클릭한 뒤 '라이브 스크립트로 열기(Open as a Live Script)'를 선택하면 쉽게 라이브 스크립트로 변환할 수 있다. 변환 결과가 그림 3.3에 나와 있다.

매트랩 컴퓨터 프로그램을 라이브 스크립트로 실행하려면 '실행(Run)' 아이콘을 선택한다. 실행 결과는 출력 배치 아이콘 중에서 어느 것을 선택하는지에 따라 라이브 스크립트에서 코드의 오른쪽 부분 또는 출력 실행 코드의 아래 줄에 표시된다.

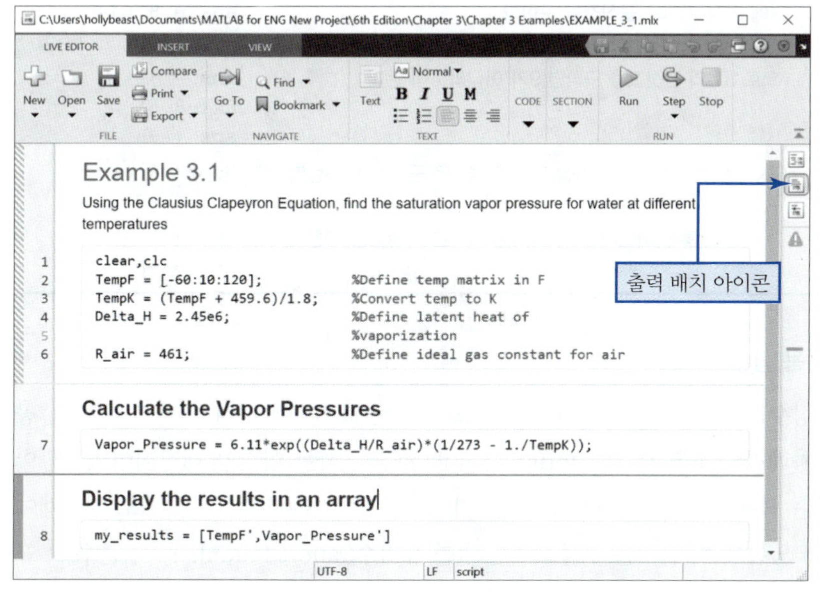

그림 3.3
라이브 스크립트는 스크립트 M-파일로부터 만들 수 있으며 컴퓨터 코드와 형식 지정 텍스트(formatted text)를 모두 포함할 수 있다.

3.3.2 근사함수

매트랩은 근삿값(어림셈)을 계산하는 함수를 여러 개 내장하고 있다(표 3.2 참조). 가장 친숙한 것은 어떤 수를 가장 가까운 정수 값으로 '반올림'하는 것이지만, 경우에 따라서는 '올림'이나 '버림'을 하기도 한다.

예를 들어 식품점에서 사과를 사고 싶다고 가정하자. 사과 가격이 개당 520원이고 여러분이 가진 돈은 5,000원이라고 하자. 이 돈으로 몇 개의 사과를 살 수 있는가? 수학적으로 계산하면 다음과 같다.

$$\frac{5000\text{원}}{520\text{원/개}} = 9.6154\text{개}$$

그런데 사과를 조각내서 팔지는 않는다. 식품점에서도 반올림한 수만큼 사과를 주지는 않을 것이다. 따라서 이 경우에는 반올림 대신 버림을 해야 한다. 매트랩에서 '버림'을 수행하는 함수는 fix이다. 즉

```
fix(5/0.52)
```

를 실행하면 여러분이 가진 돈으로 살 수 있는 사과의 최대 개수를 구할 수 있다.

```
ans =
     9
```

표 3.2 근사함수

`round(x)`	x에 가장 가까운 정수로 근삿값을 구한다(즉 반올림 방식으로 근삿값을 구한다).	`round(8.6)` `ans = 9`
`round(x,N)`	소수점 아래(N>0일 때) 또는 위(N<0일 때)의 N자릿수로 x에 가장 가까운 근삿값을 구한다.	`round(8.6436, 3)` `ans = 8.644`

`fix(x)`	0을 향해 x에 가장 가까운 정수로 근삿값을 구한다. 이 방식으로 8.6의 근삿값을 구하면 9가 아니라 8이 된다.	`fix(8.6)`
		`ans = 8`
		`fix(-8.6)`
		`ans = -8`

`floor(x)`	− 무한대를 향해 x에 가장 가까운 정수로 근삿값을 구한다.	`floor(-8.6)` `ans = -9`
`ceil(x)`	+ 무한대를 향해 x에 가장 가까운 정수로 근삿값을 구한다.	`ceil(-8.6)` `ans = -8`

3.3.3 이산수학용 함수

이산수학이란 정수를 다루는 수학을 말한다. 매트랩에는 표 3.3에 정리된 것처럼 약수, 공약수, 공배수, 차례곱(factorial), 소수(prime number)를 구하는 함수가 내장되어 있다. 이 함수의 입력에는 모두 정수를 스칼라(즉 숫자 1개)로 넣어주어야 한다. 이 밖에도 매트랩에는 rats 함수가 있는데 이 함수는 부동소수점 수를 **유리수**(rational number, 즉 분수)로 표현한다.

표 3.3 이산수학용 함수

`factor(x)`	x의 소인수를 구한다.	`factor(12)` `ans = 2 2 3`
`gcd(x,y)`	x와 y의 최대 공약수를 구한다.	`gcd(10, 15)` `ans = 5`

`lcm(x,y)`	x와 y의 최소 공배수를 구한다.	`lcm(2, 5)`
		`ans = 10`
		`lcm(2, 10)`
		`ans = 10`

`rats(x)`	x를 분수로 표시한다.	`rats(1.5)` `ans = 3/2`
`factorial(x)`	x의 차례곱(x!)을 구한다. x의 차례곱은 1부터 x까지의 모든 정수의 곱이다. 예를 들어 $6! = 6 \times 5 \times 4 \times 3 \times 2 \times 1 = 720$이다.	`factorial(6)` `ans = 720`
`nchoosek(n,k)`	크기가 *n*개인 그룹에서 크기가 *k*인 하위 그룹을 만드는 조합의 가짓수를 구한다. 예를 들어 10명 중에서 3명을 선택하는 방법의 가짓수를 구하는 데 사용할 수 있다.	`nchoosek(10, 3)` `ans = 120`
`primes(x)`	x보다 작은 수중에서 소수를 구한다.	`primes(10)` `ans = 2 3 5 7`

`isprime(x)`	x가 소수인지 아닌지 검사한다. 소수이면 1을 내보내고 소수가 아니면 0을 내보낸다.	`isprime(7)`
		`ans = 1`
		`isprime(10)`
		`ans = 0`

어떤 수의 차례곱은 1부터 그 수까지의 모든 정수를 곱하는 것이다. 따라서 3의 차례곱(3!로 표시함)은 $3 \times 2 \times 1 = 6$이다. 확률과 관련된 문제를 풀 때 차례곱을 사용하는 경우가 많이 있다. 예를 들어 5장의 카드를 배열하는 방법은 모두 $5 \times 4 \times 3 \times 2 \times 1 = 5! = 120$가지이다. 이렇게 되는 것은 5장의 카드에서 첫 번째 카드를 고를 때 경우의 수는 다섯 가지, 두 번째 카드는 나머지 4장에서 고르므로 경우의 수는 네 가지, 세 번째 카드의 경우의 수는 세 가지, 네 번째 카드의 경우의 수는 두 가지, 다섯 번째 카드는 한 가지이기 때문이다. 이렇게 구하는 방법을 수학에서 조합(combination)이라고 한다. 매트랩에서는 다음과 같이 차례곱 함수를 사용해 차례곱을 계산한다.

```
factorial(5)
ans =
      120
```

물론 다음과 같이 계산해도 결과는 같다.

```
5*4*3*2*1
ans =
      120
```

차례곱 계산을 하면 값이 매우 빠르게 커진다. 예를 들어 10의 차례곱은 3,628,800이다. 매트랩이 처리할 수 있는 최대 차례곱은 170!까지이다. 171!부터는 처리할 수 있는 최대 **실수**(real number) 값을 넘어서므로 매트랩은 `Inf`를 화면에 출력한다. 이를 직접 확인해보자.

```
factorial(170)
ans =
7.2574e+306
factorial(171)
ans =
        Inf
```

순열(permutation)과 조합을 사용해 어떤 사건이 일어나는 경우의 수를 계산하는 데 차례곱이 사용된다. 전체 그룹에서 선택해 만들 수 있는 하위 그룹의 가짓수를 구할 때, **순서가 중요하면 순열**이다. 예를 들어보자. 4명으로 구성되어 있는 전체 그룹에서 2명을 뽑아 한 팀을 만들려고 한다. 이때 2명 중에서 먼저 뽑히는 사람을 그 팀의 대표로 정한다. 팀을 만드는 방법은 모두 몇 가지인가? 이 경우에는 순서가 중요하므로 순열을 계산해야 한다. 네 사람을 A, B, C, D로 나타내면 가능한 방법은 다음과 같다.

AB BA CA DA
AC BC CB DB
AD BD CD DC

팀의 첫 번째 구성원을 구하는 방법은 모두 네 가지이고 두 번째 구성원을 구하는 방법은 세 가지이다. 따라서 만들 수 있는 팀의 종류는 $4 \times 3 = 12$가지이다. 이 식은 4!/2!로 쓸 수도 있다. 이 경우를 일반적인 경우로 확대해보자. 크기가 n인 전체 그룹으로부터 크기가 m인 하위 그룹을 선택할 때 하위 그룹을 만드는 방법의 가짓수는 다음 식으로 순열을 계산하면 된다.

$$\frac{n!}{(n-m)!}$$

예를 들어 100명이 들어 있는 전체 그룹에서 2명을 뽑아 한 팀을 만들 때, 팀을 만드는 방법은 다음과 같다(순서가 중요하다고 가정).

$$\frac{100!}{(100-2)!} = 9900$$

이번에는 순서가 중요하지 않은 경우를 생각해보자. 순서를 따지지 않으면 AB팀과 BA팀은 같다. 이 경우에는 순열 대신 조합을 계산해야 한다. 가능한 조합의 수는 다음과 같다.

$$\frac{n!}{(n-m)! \times m!}$$

매트랩에서 차례곱 함수(factorial function)를 사용해 조합의 수를 계산할 수도 있지만 nchoosek 함수를 사용해도 된다. 특히 큰 수를 사용하는 경우에는 이 함수를 사용하는 것이 좋다. 100명 중에서 2명을 선택하는 가짓수를 구하는 방법은 다음과 같다.

```
nchoosek(100,2)
ans =
        4950
```

nchoosek 함수를 사용하면 전체 집합의 크기가 170이 넘는 경우에도 조합을 계산할 수 있다. 이 경우 factorial 함수로는 조합을 계산할 수 없다. 이 사실을 직접 확인해보자.

```
nchoosek(200,2)
ans =
    19900
factorial(200)/(factorial(198)*factorial(2))
ans =
    NaN
```

HINT 느낌표 기호(!)가 수학에서는 차례곱을 나타내는 데 사용되지만 매트랩에서는 차례곱 연산자로 사용되지 않는다. 매트랩에서는 factorial 함수를 사용해야 한다.

실습문제 3.3

정답은 피어슨 출판사의 웹사이트 https://www.pearsonhighered.com/moore에서 확인할 수 있다.

1. 322의 약수를 구하라.
2. 322와 6의 최대공약수를 구하라.
3. 322는 소수인가?
4. 0과 322 사이에 존재하는 소수는 모두 몇 개인가?
5. 무리수 π를 유리수 근삿값으로 나타내라.
6. 10!(10의 차례곱)을 구하라.
7. 20명으로 구성된 전체 그룹에서 3명을 골라 하위 그룹을 만들려고 한다. 순서가 중요하지 않을 때, 하위 그룹을 만드는 방법은 모두 몇 가지인가?

3.4 삼각함수

매트랩에는 모든 표준 삼각함수가 내장되어 있으며 쌍곡선 삼각함수(hyperbolic trigonometric function)도 내장하고 있다. 대부분의 컴퓨터 프로그램에서는 삼각함수에 입력되는 각의 단위를 라디안(호도, radian)으로 간주한다. 라디안 단위를 도(degree) 단위로 또는 도 단위를 라디안 단위로 변환할 때에는 π radian이 180 degree와 같다는 사실을 이용하면 된다.

핵심 개념
대부분의 삼각함수에는 각도를 라디안 단위로 입력해야 한다.

$$\text{degree 값} = \text{radian 값} \times \frac{180}{\pi}$$

$$\text{radian 값} = \text{degree 값} \times \left(\frac{\pi}{180}\right)$$

이 변환식을 매트랩 명령문으로 표시하면 다음과 같다.

```
degrees = radians * 180/pi;
radians = degrees * pi/180;
```

매트랩에는 도 단위를 라디안 단위로 변환하는 함수(deg2rad)와 라디안 단위를 도 단위로 변환하는 함수(rad2deg)가 들어 있다. 예를 들어 pi radian을 degree 단위로 변환하고 싶으면

```
rad2deg(pi)
ans =
    180
```

이번에는 90 degree를 radian 단위로 변환하고 싶으면

```
deg2rad(90)
ans =
     1.5708
```

과 같이 변환함수를 사용하면 된다. 이 계산을 하는 데 필요한 π 값이 매트랩에서는 상수 `pi`에 저장되어 있다. 그런데 π는 무한소수여서 부동소수점 수로 정확하게 표현할 수 없으므로 매트랩에서 상수 `pi`는 π의 근삿값이다. 보통은 이렇게 어림잡아도 상관없지만 의외의 결과가 나오는 경우도 있다. 예를 들어 다음을 살펴보자.

```
sin(pi)
ans =
     1.2246e-016
```

$\sin(\pi)$는 0이 나와야 하지만 이 결과를 보면 예상한 답 0 대신 아주 작은 값이 출력된다.

매트랩에는 도 단위로 입력을 받아들이는 삼각함수도 들어 있는데, 이 함수를 사용할 때에는 도 단위를 라디안 단위로 변환할 필요가 없다. `sind`, `cosd`, `tand`와 같이 d가 붙은 삼각함수가 바로 이러한 함수이다.

매트랩에서 지원하는 삼각함수의 종류를 알고 싶으면 메뉴표시줄에서 도움말 기능을 불러내면 된다. 표 3.4에 널리 사용되는 삼각함수가 수록되어 있다.

HINT 수학 교과서에서는 역삼각함수를 표시하는 데 $\sin^{-1}(x)$라는 표기법을 사용하고 이것을 아크사인이라고 읽는다. 그래서 이것과 혼동해 매트랩에서 역삼각함수 명령을 수학 표기법대로 사용하는 일이 자주 일어난다. 그러나 매트랩에서 아크사인을

```
a = sin^-1(x)
```

라고 쓰면 안 된다. 매트랩에서는 다음과 같이 써주어야 한다.

```
a = asin(x)
```

실습문제 3.4

다음을 계산하라(함수의 수학 표기법이 매트랩 표기법과 다를 수 있다는 것을 기억하라). 정답은 피어슨 출판사의 웹사이트 https://www.pearsonhighered.com/moore에서 확인할 수 있다.

1. $\theta = 3\pi$일 때, $\sin(2\theta)$

표 3.4 삼각함수

deg2rad	도 단위를 라디안 단위로 변환한다.	deg2rad(90) ans = 1.5708
rad2deg	라디안 단위를 도 단위로 변환한다.	rad2deg(pi) ans = 180
sin(x)	라디안 단위의 x에 대해 사인 값을 계산한다.	sin(0) ans = 0
cos(x)	라디안 단위의 x에 대해 코사인 값을 계산한다.	cos(pi) ans = -1
tan(x)	라디안 단위의 x에 대해 탄젠트 값을 계산한다.	tan(pi) ans = -1.2246e-16
asin(x)	x의 역사인(아크사인) 값을 계산한다. 이때 x는 −1~1 사이의 값이어야 하며 계산 결과는 −π/2~π/2 사이의 각도(단위: 라디안)로 표시된다.	asin(-1) ans = -1.5708
sinh(x)	라디안 단위의 x에 대해 쌍곡선 사인 값을 계산한다.	sinh(pi) ans = 11.5487
asinh(x)	x의 역쌍곡선 사인 값을 계산한다.	asinh(1) ans = 0.8814
sind(x)	도 단위의 x에 대해 사인 값을 계산한다.	sind(90) ans = 1
asind(x)	x의 역사인(아크사인) 값을 계산하고 그 결과를 도 단위로 표시한다.	asind(1) ans = 90

2. $0 \le \theta \le 2\pi$일 때, 0.2π 간격으로 $\cos(\theta)$를 구하라.
3. $\sin^{-1}(1)$
4. $-1 \le x \le 1$일 때, 0.2 간격으로 $\cos^{-1}(x)$를 구하라.
5. 다음 두 가지 방법으로 코사인 45°를 구하라.
   a. 도 단위의 각도를 라디안 단위로 변환하고, cos 함수를 사용하라.
   b. cosd 함수를 사용하라.
6. 사인 값이 0.5가 되는 각도를 구하라. 이때 나온 결과의 단위는 도인가, 라디안인가?
7. 60 (degree)의 코시컨트(coseant) 값을 구하라. 필요하면 도움말 기능을 사용해 이를 계산하는 함수의 사용법을 알아보라.

예제 3.2

삼각함수 사용하기

공학 분야에서 다루는 기본 문제 가운데 어떤 물체에 여러 방향에서 밀거나 당기는 힘이 작용하고 있을 때 합성힘(알짜힘)을 구하는 것이 있다. 합성힘을 구하는 것은 정역학이나 동역학 과목에서 가장 기본적으로 수행해야 하는 계산이다. 그림 3.4와 같이 힘을 받고 있는 기구를 생각해 보자.

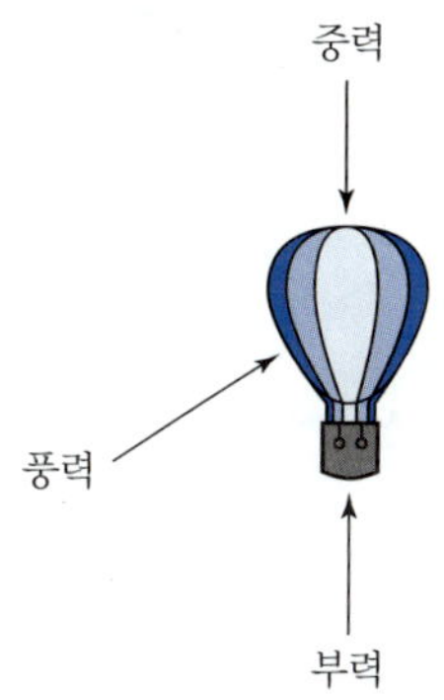

그림 3.4
기구에 작용하는 힘

기구에 가해지는 알짜힘(net force)을 구하려면 중력과 부력, 풍력을 합성해주어야 한다. 이 예제를 풀기 위해 세 힘을 x, y 방향 성분으로 각각 분해한 다음 x 방향의 힘끼리 모두 더하고 y 방향의 힘끼리 모두 더한다. 그러고 나서 이 두 방향의 힘을 합성해 최종 결과를 구하는 방법을 사용한다.

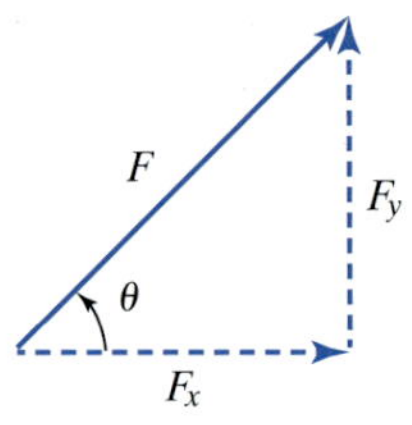

x, y 방향의 힘은 삼각법으로 구할 수 있다.

F = 전체 힘
F_x = x 방향의 힘
F_y = y 방향의 힘

삼각함수에서 사인(sine)은 직각삼각형의 높이를 빗변으로 나눈 것과 같으므로

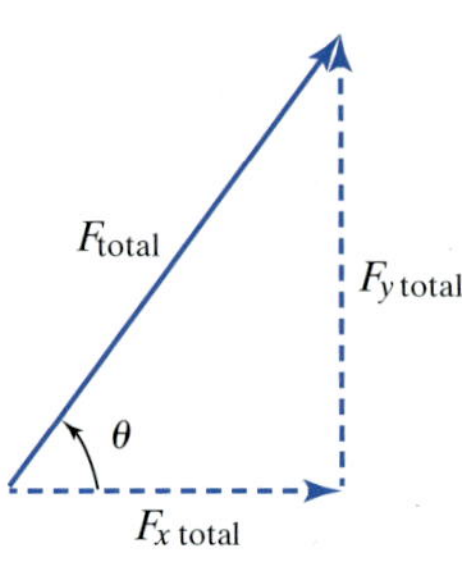

$$\sin(\theta) = \frac{F_y}{F}$$

가 된다. 따라서

$$F_y = F\sin(\theta)$$

이다. 마찬가지로 코사인(cosine)은 밑변을 빗변으로 나눈 것과 같으므로

$$F_x = F\cos(\theta)$$

가 된다. x 방향으로 작용하는 힘을 모두 더하고 y 방향으로 작용하는 힘을 모두 더한 다음에 이 두 방향의 힘을 합성하면 알짜힘 F_{total}을 구할 수 있다.

100N
−90°
중력

$$F_{x\ \text{total}} = \sum F_{xi} \qquad F_{y\ \text{total}} = \sum F_{yi}$$

알짜힘 F_{total}의 크기와 각도를 구하기 위해 삼각함수를 다시 이용한다. 탄젠트(tangent)는 높이를 밑변으로 나눈 것이다. 따라서

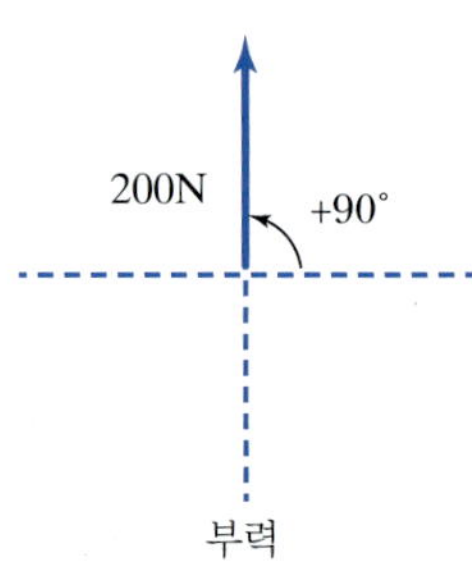

$$\tan(\theta) = \frac{F_{y\ \text{total}}}{F_{x\ \text{total}}}$$

이 된다. 탄젠트의 역함수(역탄젠트, inverse tangent)를 이용하면

$$\theta = \tan^{-1}\left(\frac{F_{y\ \text{total}}}{F_{x\ \text{total}}}\right)$$

로 쓸 수 있다. [역탄젠트를 아크탄젠트(arctangent)로 부르기도 하며, 공학용 계산기에는 atan으로 표시되어 있다.]

θ를 구했으므로 이제 사인이나 코사인을 이용해 F_{total}을 구할 수 있다.

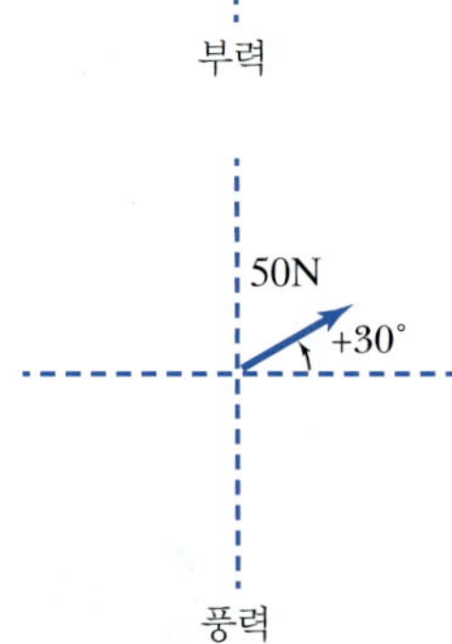

$$F_{x\ \text{total}} = F_{\text{total}}\cos(\theta)$$

위의 식을 다시 정리하면 다음과 같다.

$$F_{\text{total}} = \frac{F_{x\ \text{total}}}{\cos(\theta)}$$

이제 그림 3.4의 기구를 다시 살펴보자. 이 기구에 작용하는 중력이 100 N이고 방향은 아래쪽으로 가정하고, 부력이 200 N이고 방향은 위쪽으로 가정한다. 마지막으로 기구에 작용하는 풍력이 50 N이고 수평축으로부터 30° 위쪽으로 기울어진 방향으로 작용한다고 가정한다.

이 상황에서 기구에 작용하는 합성힘(알짜힘)을 구하라.

1. 문제를 명확히 나타낸다.
   기구에 중력, 부력, 풍력이 작용할 때 알짜힘을 구한다.

2. 입력과 출력을 표시한다.
   입력

힘	크기	방향
중력	100 N	−90°
부력	200 N	+90°
풍력	50 N	+30°

   출력
   알짜힘의 크기와 방향을 구한다.

3. 손이나 계산기로 문제를 미리 풀어본다.
   먼저 세 힘을 각각 x 방향 성분과 y 방향 성분으로 분해한 다음 같은 방향의 성분끼리 서로 더한다.

힘	수평 성분	수직 성분
중력	$F_x = F\cos(\theta)$	$F_y = F\sin(\theta)$
	$F_x = 100\cos(-90°) = 0$ N	$F_y = 100\sin(-90°) = -100$ N
부력	$F_x = F\cos(\theta)$	$F_y = F\sin(\theta)$
	$F_x = 200\cos(+90°) = 0$ N	$F_y = 200\sin(+90°) = +200$ N
풍력	$F_x = F\cos(\theta)$	$F_y = F\sin(\theta)$
	$F_x = 50\cos(+30°) = 43.301$ N	$F_y = 50\sin(+30°) = +25$ N
알짜힘	$F_{x\ total} = 0 + 0 + 43.301$	$F_{y\ total} = -100 + 200 + 25$
	$= 43.301$ N	$= 125$ N

   알짜힘의 방향은 다음과 같다.

$$\theta = \tan^{-1}\left(\frac{F_{y\ \mathrm{total}}}{F_{x\ \mathrm{total}}}\right)$$

$$\theta = \tan^{-1}\frac{125}{43.301} = 70.89^\circ$$

   알짜힘의 크기는 다음과 같다.

$$F_{\mathrm{total}} = \frac{F_{x\ \mathrm{total}}}{\cos(\theta)}$$

$$F_{\mathrm{total}} = \frac{43.301}{\cos(70.89^\circ)} = 132.29\ \mathrm{N}$$

4. 매트랩으로 문제를 푼다.
   다음 매트랩 명령문을 스크립트 M-파일로 만들어 풀어보자.

```
%% 예제 3_2
clear, clc
% 입력을 정의한다.
Force = [100, 200, 50];
theta = [-90, +90, +30];
% 도 단위를 라디안 단위로 변환한다.
```

```
theta = theta*pi/180;
% x 성분의 힘을 구한다.
ForceX = Force.*cos(theta);
% x 성분의 힘을 모두 더한다.
ForceX_total = sum(ForceX);
% y 성분의 합성힘을 같은 방법으로 계산한다.
ForceY_total = sum(Force.*sin(theta));
% 알짜힘의 각도를 radian 단위로 구한다.
result_angle = atan(ForceY_total/ForceX_total);
% radian 단위를 degree 단위로 변환한다.
result_degrees = result_angle*180/pi
% 알짜힘의 크기를 구한다.
Force_total = ForceX_total/cos(result_angle)
```

이 프로그램이 저장된 스크립트 M-파일을 실행하면 다음과 같은 결과를 얻는다.

```
result_degrees = 70.8934
Force_total = 132.2876
```

프로그램을 잘 살펴보면 힘과 각도의 값을 입력할 때 배열(Force, theta)을 사용했다. 이렇게 하면 다른 문제를 풀 때 이 프로그램을 이용하기가 쉬워진다. 각도를 도 단위에서 라디안 단위로 변환한 것도 주의 깊게 살펴보기 바란다. 프로그램을 보면 최종 계산 결과만 출력하도록 되어 있고 나머지 모든 계산 결과는 모두 출력되지 않도록 명령문 끝에 세미콜론이 붙어 있다. 그러나 프로그램을 작성하는 도중에 어떤 부분의 결과를 알고 싶을 때에는 세미콜론을 붙이지 않고 결과를 화면에 출력하면 된다.

5. 풀이를 검사한다.
   매트랩으로 구한 결과와 손으로 계산한 결과를 비교해보면 프로그램이 잘 동작하고 있음을 알 수 있다. 따라서 이제 이 프로그램을 여러 힘의 합성힘을 구하는 프로그램으로 사용할 수 있다. 힘벡터 Force와 각도 벡터 theta에 다른 값을 입력해보라. 이 예제에서는 힘을 2차원으로 가정해 문제를 풀었지만 이 결과를 바탕으로 3차원의 힘을 푸는 데까지 쉽게 확장할 수 있을 것이다.

3.5 데이터분석함수

매트랩을 사용하면 데이터의 통계 분석 작업이 특히 쉬워지는데 그 이유는 전체 데이터 집합을 하나의 배열로 표시할 수 있을 뿐만 아니라 다양한 자료분석함수를 내장하고 있기 때문이다.

3.5.1 최댓값과 최솟값

표 3.5에 수록된 함수를 이용하면 어떤 데이터 집합을 구성하는 원소 중에서 최솟값과 최댓값을 구하고 그 값이 몇 번째 원소인지 알아낼 수 있다.

이 절에서 살펴본 모든 함수는 2차원 배열 안에서 열(column)에 대해 그 기능을 수행한다. 매트랩에서는 기본적으로 열을 우선적으로 선택한다. 다시 말해 매트랩은 행과 열 가운데 열을 먼저 선택해서 계산한다. 행에 대해 자료 분석을 해야 하는 경우에는 그 배열을 전

표 3.5 최댓값 함수와 최솟값 함수

`max(x)`	벡터 x에서 최댓값을 구한다. 예를 들어 x = [1 5 3]이면 최댓값은 5가 된다. 또한 x가 2차원 행렬이면 각 열마다 최댓값을 구해 그 결과를 행벡터로 출력한다.
	예를 들어 $x=\begin{bmatrix}1&5&3\\2&4&6\end{bmatrix}$이면 1열의 최댓값은 2, 2열의 최댓값은 5, 3열의 최댓값은 6이 된다.
		`x = [1, 5, 3];`
		`max(x)`
		`ans = 5`
		`x = [1, 5, 3; 2, 4, 6];`
		`max(x)`
		`ans = 2  5  6`

`[a,b] = max(x)`	벡터 x에서 최댓값과 그 값의 위치를 구한다. x = [1 5 3]일 경우 최댓값은 5이고 이 값은 변수 a에 할당된다. 또 최댓값의 위치는 두 번째이므로 b는 2가 된다. 또한 x가 2차원 행렬이면 각 열의 최댓값을 담고 있는 행벡터와 그 최댓값의 위치를 담고 있는 행벡터를 각각 출력한다.
	예를 들어 $x=\begin{bmatrix}1&5&3\\2&4&6\end{bmatrix}$인 경우 1열의 최댓값은 2, 2열의 최댓값은 5, 3열의 최댓값은 6이다. 또 이 최댓값의 위치는 각 열의 2행, 1행, 2행이다.
		`x = [1, 5, 3];`
		`[a,b] = max(x)`
		`a = 5`
		`b = 2`
		`x = [1, 5, 3; 2, 4, 6];`
		`[a,b] = max(x)`
		`a = 2  5  6`
		`b = 2  1  2`

`max(x,y)`	두 행렬 x, y의 같은 위치에 있는 원소 중에서 큰 원소로 이루어진 새 행렬을 만든다(따라서 행렬 x, y는 행 수와 열 수가 반드시 같아야 한다). 예를 들어
	$x=\begin{bmatrix}1&5&3\\2&4&6\end{bmatrix}$이고 $y=\begin{bmatrix}10&2&4\\1&8&7\end{bmatrix}$이면 ans $=\begin{bmatrix}10&5&4\\2&8&7\end{bmatrix}$이 된다.
		`x = [1, 5, 3; 2, 4, 6];`
		`y = [10,2,4; 1, 8, 7];`
		`max(x,y)`
		`ans = 10 5 4`
		`      2 8 7`

`min(x)`	벡터 x에서 최솟값을 구한다. 예를 들어 x = [1 5 3]이면 최솟값은 1이 된다. 또한 행렬 x가 2차원 행렬이면 각 열마다 최솟값을 구해 그 결과를 행벡터로 출력한다.
	예를 들어 $x=\begin{bmatrix}1&5&3\\2&4&6\end{bmatrix}$이면 1열의 최솟값은 1, 2열이 최솟값은 4, 3열의 최솟값은 3이 된다.
		`x = [1, 5, 3; 2, 4, 6];`
		`min(x)`
		`ans =`
		`    1 4 3`

`[a,b] = min(x)`	벡터 x에서 최솟값과 그 값의 위치를 구한다. x = [1 5 3]일 경우 최솟값은 1이고 이 값이 변수 a에 할당된다. 또 최솟값의 위치는 첫 번째이므로 b는 1이 된다. 또한 x가 2차원 행렬이면 각 열의 최솟값을 담고 있는 행벡터와 그 최솟값의 위치를 담고 있는 행벡터를 각각 출력한다.
	예를 들어 $x=\begin{bmatrix}1&5&3\\2&4&6\end{bmatrix}$인 경우 1열의 최솟값은 1, 2열의 최솟값은 4, 3열의 최솟값은 3이다. 또 이 최솟값의 1행, 2행, 1행에서 각각 발생한다.
		`x = [1, 5, 3];`
		`[a,b] = min(x)`
		`a = 1`
		`b = 1`
		`x = [1, 5, 3; 2, 4, 6];`
		`[a,b] = min(x)`
		`a = 1 4 3`
		`b = 1 2 1`

`min(x,y)`	두 행렬 x, y의 같은 위치에 있는 원소 중에서 작은 원소로 이루어진 새 행렬을 만든다(따라서 행렬 x, y는 행 수와 열 수가 반드시 같아야 한다).
	예를 들어 $x=\begin{bmatrix}1&5&3\\2&4&6\end{bmatrix}$이고 $y=\begin{bmatrix}10&2&4\\1&8&7\end{bmatrix}$이면 ans $=\begin{bmatrix}1&2&3\\1&4&6\end{bmatrix}$이 된다.
		`x = [1, 5, 3; 2, 4, 6];`
		`y = [10, 2,4; 1, 8, 7];`
		`min(x,y)`
		`ans = 1 2 3`
		`      1 4 6`

치(transpose)시켜야 한다(즉 행은 열로, 열은 행으로 바꿔야 한다). 전치 연산자는 인용부호(')이다. 예를 들어 다음 배열에서 각 행의 최댓값을 구하려면

$$x = \begin{bmatrix}1&5&3\\2&4&6\end{bmatrix}$$

다음과 같이 명령을 내린다.

```
max(x')
```

그러면 다음 결과가 출력된다.

```
ans=
   5 6
```

똑같은 문제를 다른 방법으로 풀어보자. 이 방법에서는 분석하려는 배열의 차원(dimension)을 지정해준다. 매트랩은 열 우선이므로 열의 차원을 1로, 행의 치원을 2로 지정한다. 차원 값은 max 함수의 세 번째 필드(field, 영역)에 입력해주어야 한다. max 함수의 두 번째 필드는 사용하지 않는 것이 보통이므로 자리표(place-holder)인 [ ]만 넣어준다. 따라서 위의 x 배열의 각 행(row)에 대해 최댓값을 구하려면 다음과 같이 명령을 내린다.

```
max(x,[],2)
```

그러면 다음과 같이 결과가 열벡터로 출력된다.

```
ans =
          5
          6
```

HINT 어떤 데이터 집합을 구성하는 원소의 최댓값이나 최솟값을 구하는 과정에서 흔히 저지르는 잘못으로, 구한 결과를 저장하는 변수의 이름으로 max 또는 min을 사용하는 경우가 있다. 이렇게 하고 난 다음에는 더 이상 max나 min 함수를 사용해 계산할 수 없다. 예를 들어

```
max = max(x)
```

라고 하면 배열 x의 최댓값이 max라는 변수에 저장된다. 이렇게 명령을 내리면 에러는 발생하지 않지만 바람직하지 않다. 이후 프로그램에서 다음과 같이 max 함수를 사용하려고 하면

```
another_max = max(y)
```

다음과 같이 에러가 발생한다.

```
??? Index exceeds the number of array elementsPractice
```

실습문제 3.5

다음 배열에 대해 물음에 답하라. 정답은 피어슨 출판사의 웹사이트 https://www.pearsonhighered.com/moore에서 확인할 수 있다.

$$x = \begin{bmatrix} 4 & 90 & 85 & 75 \\ 2 & 55 & 65 & 75 \\ 3 & 78 & 82 & 79 \\ 1 & 84 & 92 & 93 \end{bmatrix}$$

1. 각 열의 최댓값은 얼마인가?
2. 각 열의 몇 번째 행에 최댓값이 있는가?
3. 각 행의 최댓값은 얼마인가?(이 문제를 풀기 위해서는 배열을 전치시키거나 차원을 지정해주

어야 한다.)

4. 각 행의 몇 번째 열에 최댓값이 있는가?
5. 배열의 전체 원소 중에서 최댓값은 얼마인가?

3.5.2 평균

데이터 집합에서 '**평균**(average)'이 되는 값을 구하는 방법에는 여러 가지가 있다. 통계학에서 어떤 데이터 집합의 **평균값**(mean)은 우리가 평상시에 흔히 평균이라고 말하는 값이다. 이 평균값은 데이터 집합을 구성하는 모든 데이터 값의 합을 데이터의 총개수로 나눈 값이다. **중앙값**(median)은 데이터 집합에서 값의 크기로 볼 때 중앙에 위치한 값을 말한다. 따라서 중앙값보다 큰 데이터의 개수와 작은 데이터의 개수는 같다. 최빈값(mode)은 데이터 집합에서 가장 자주 나타나는 값이다. 매트랩에서는 표 3.6과 같이 평균값, 중앙값, 최빈값을 구하는 함수를 제공하고 있다. 이 모든 함수가 열 우선이므로 2차원 배열의 경우 각 열에 대해 값을 구해야 한다. max, min 함수처럼 평균값, 중앙값 함수의 경우에도 열이 아닌 행에 대해 결과 값을 구하도록 배열의 차원(dimension)을 지정할 수 있다. 단 max, min 함수에서는 차원의 값을 세 번째 필드에 써주었지만 평균값, 중앙값 함수에서는 두 번째 필드에 써주어야 한다.

핵심 개념
데이터 집합의 평균을 정의하는 방법에는 평균값, 중앙값, 최빈값 등 여러 가지가 있다.

표 3.6 평균값, 중앙값, 최빈값 함수

max(x)	벡터 x의 평균값을 구해준다. 예를 들어 $x = [1\ 5\ 3]$이면 평균값은 3이 된다.
	x가 2차원 행렬이면 각 열의 평균값을 구해 그 결과를 행벡터로 출력한다.
	예를 들어 $x = \begin{bmatrix} 1 & 5 & 3 \\ 2 & 4 & 6 \end{bmatrix}$이면 1열의 평균값은 1.5, 2열의 평균값은 4.5, 3열의 평균값은 4.5가 된다.
		`x = [1, 5, 3];`
		`mean(x)`
		`ans = 3.0000`
		`x = [1, 5, 3; 2, 4, 6];`
		`mean(x)`
		`ans = 1.5  4.5  4.5`

median(x)	벡터 x의 원소 중에서 중앙값을 구해준다. $x = [1\ 5\ 3]$일 경우 중앙값이 3이 된다.
	x가 2차원 행렬이면 각 열의 중앙값을 구해 그 결과를 행벡터로 출력한다.
	예를 들어 $x = \begin{bmatrix} 1 & 5 & 3 \\ 2 & 4 & 6 \\ 3 & 8 & 4 \end{bmatrix}$인 경우 1열의 중앙값은 2, 2열의 중앙값은 5, 3열의 중앙값은 4이다.
		`x = [1, 5, 3];`
		`median(x)`
		`ans = 3`
		`x = [1, 5, 3;`
		`2, 4, 6;`
		`3, 8, 4];`
		`median(x)`
		`ans = 2  5  4`

mode(x)	배열을 구성하는 데이터 중에서 가장 많이 나타나는 값, 따라서 $x = [1, 2, 3, 3]$인 배열에서 최빈값은 3이다.	`x = [1, 2, 3, 3]`
		`mode(x)`
		`ans = 3`

실습문제 3.6

다음 배열에 대해 물음에 답하라. 정답은 피어슨 출판사의 웹사이트 https://www.pearsonhighered.com/moore에서 확인할 수 있다.

$$x = \begin{bmatrix} 4 & 90 & 85 & 75 \\ 2 & 55 & 65 & 75 \\ 3 & 78 & 82 & 79 \\ 1 & 84 & 92 & 93 \end{bmatrix}$$

1. 각 열의 평균값은 얼마인가?
2. 각 열의 중앙값은 얼마인가?
3. 각 행의 평균값은 얼마인가?
4. 각 행의 중앙값은 얼마인가?
5. 최빈값을 구하라는 명령을 내리면 어떤 값이 출력되는가?
6. 배열 전체의 평균값은 얼마인가?

3.5.3 덧셈 함수와 곱셈 함수

배열의 모든 원소를 모두 더하거나 모두 곱해야 할 경우가 있다. 매트랩에서는 표 3.7과 같은 덧셈 함수와 곱셈 함수를 제공하고 있다.

sum 명령은 배열의 각 열마다 그 열에 있는 모든 원소를 더한 값을 계산한다. cumsum은 누적합(cumulative sum)을 구하는 명령으로 배열의 첫 번째 원소부터 해당 위치의 원소까지를 모두 더한다. 따라서 중간합으로 이루어진 새로운 배열이 만들어진다. cumsum 명령은 숫자 배열의 합으로 이루어진 급수(series)를 다룰 때 유용하다. 다음과 같은 조화급수(harmonic series)를 살펴보자.

$$\sum_{k=1}^{n} \frac{1}{k}$$

이 급수는 다음과 같이 숫자 배열의 합으로 풀어 쓸 수 있다.

$$\frac{1}{1} + \frac{1}{2} + \frac{1}{3} + \frac{1}{4} + \dots + \frac{1}{n}$$

매트랩에서 다음과 같이 명령을 내리면 이 조화급수에서 처음 나오는 5개의 항을 만들 수 있다.

```
k = 1:5;
sequence = 1./k
```

그러면 다음 결과가 출력된다.

```
sequence =
   1.0000     0.5000     0.3333     0.2500     0.2000
```

표 3.7 덧셈 함수와 곱셈 함수

함수	설명	예

`sum(x)`	벡터 x의 모든 원소의 합을 구한다. 예를 들어 $x = [1\ 5\ 3]$이면 합은 9가 된다.
	x가 2차원 행렬이면 각 열의 합을 구해 그 결과를 행 벡터로 출력한다.
	예를 들어 $x = \begin{bmatrix} 1 & 5 & 3 \\ 2 & 4 & 6 \end{bmatrix}$이면 1열의 합은 3, 2열의 합은 9, 3열의 합은 9가 된다.
		`x = [1, 5, 3];`
		`sum(x)`
		`ans = 9`
		`x = [1, 5, 3; 2, 4, 6];`
		`sum(x)`
		`ans = 3 9 9`

`prod(x)`	벡터 x의 모든 원소의 곱을 구한다. 예를 들어 $x = [1\ 5\ 3]$이면 곱은 15가 된다.
	x가 2차원 행렬이면 각 열의 곱을 구해 그 결과를 행 벡터로 출력한다.
	예를 들어 $x = \begin{bmatrix} 1 & 5 & 3 \\ 2 & 4 & 6 \end{bmatrix}$이면 1열의 곱은 2, 2열의 곱은 20, 3열의 곱은 18이 된다.
		`x = [1, 5, 3];`
		`prod(x)`
		`ans = 15`
		`x = [1, 5, 3; 2, 4, 6];`
		`prod(x)`
		`ans = 2 20 18`

`cumsum(x)`	벡터 x를 이루는 원소들의 누적합을 구해 그 결과를 x와 같은 크기의 벡터로 출력한다. 예를 들어 $x = [1\ 5\ 3]$이면 이 함수의 결과 값은 $x = [1\ 6\ 9]$가 된다.
	x가 2차원 행렬이면 각 열의 원소의 누적합을 구해 그 결과를 x와 같은 크기의 행렬로 출력한다.
	예를 들어 $x = \begin{bmatrix} 1 & 5 & 3 \\ 2 & 4 & 6 \end{bmatrix}$이면 이 함수의 실행 결과는 $x = \begin{bmatrix} 1 & 5 & 3 \\ 3 & 9 & 9 \end{bmatrix}$가 된다.
		`x = [1, 5, 3];`
		`cumsum(x)`
		`ans = 1 6 9`
		
		`x = [1, 5, 3; 2, 4, 6];`
		`cumsum(x)`
		`ans = 1 5 3`
		`      3 9 9`

`cumprod(x)`	벡터 x를 이루는 원소들의 누적곱을 구해 그 결과를 x와 같은 크기의 벡터로 출력한다. 예를 들어 $x = [1\ 5\ 3]$이면 이 함수의 결과 값은 $x = [1\ 5\ 15]$가 된다.
	x가 2차원 행렬이면 각 열의 원소의 누적곱을 구해 그 결과를 x와 같은 크기의 행렬로 출력한다.
	예를 들어 $x = \begin{bmatrix} 1 & 5 & 3 \\ 2 & 4 & 6 \end{bmatrix}$이면 이 함수의 실행 결과는 $x = \begin{bmatrix} 1 & 5 & 3 \\ 2 & 20 & 18 \end{bmatrix}$이 된다.
		`x = [1, 5, 3];`
		`cumprod(x)`
		`ans = 1 5 15`
		
		`x = [1, 5, 3; 2, 4, 6];`
		`cumprod(x)`
		`ans = 1 5 3`
		`      2 20 18`

숫자 표시 형식을 유리수 형식(rational format)으로 바꾸면 분수 배열의 덧셈으로 바꿀 수 있다.

```
format rat
sequence =
     1       1/2       1/3       1/4       1/5
```

이제 cumsum 함수를 사용해서 n이 5일 때 1에서 n항까지의 급수의 합을 구해보자.

```
format short
series = cumsum(sequence)
series =
    1.0000      1.5000      1.8333      2.0833      2.2833
```

cumsum과 비슷한 명령으로 cumprod가 있는데, 이 명령은 배열에 저장된 원소들의 누적곱

(cumulative product)을 계산한다.

3.5.4 정렬 함수

표 3.8에는 배열 안의 데이터를 오름차순 또는 내림차순으로 정렬하는 함수가 수록되어 있다. 예를 들어보자. 먼저 다음과 같이 배열 *x*를 만든다.

```
x = [1  6  3  9  4]
```

sort 명령을 내리면 다음과 같이 값이 정렬된다.

```
sort(x)
ans =
     1     3     4     6     9
```

기본설정은 오름차순으로 되어 있다. 내림차순으로 정렬하려면 두 번째 필드에 'descend'라는 문자열을 붙여주면 된다. 이렇게 하면 다음과 같이 배열 *x*의 값이 내림차순으로 정렬된다.

```
sort(x,"descend")
ans =
     9     6     4     3     1
```

sort 명령을 사용해 2차원 배열 전체를 다시 정렬할 수도 있다. 이 함수는 다른 매트랩 함

표 3.8 정렬 함수

`sort(x)`	벡터 x의 원소들을 오름차순으로 정렬해준다. 예를 들어 $x = [1\ 5\ 3]$일 때 이 함수의 실행 결과는 $x = [1\ 3\ 5]$가 된다.
	x가 2차원 행렬이면 각 열의 원소를 오름차순으로 정렬해 그 결과를 행렬로 출력한다.
	예를 들어 $x = \begin{bmatrix} 1 & 5 & 3 \\ 2 & 4 & 6 \end{bmatrix}$일 때 이 함수의 실행 결과는 $x = \begin{bmatrix} 1 & 4 & 3 \\ 2 & 5 & 6 \end{bmatrix}$이 된다.
		`x = [1,5,3];`
		`sort(x)`
		`ans = 1 3 5`
		`x = [1,5,3; 2,4,6];`
		`sort(x)`
		`ans = 1 4 3`
		`      2 5 6`

`sort(x,"descend")`	각 열의 원소를 내림차순으로 정렬한다.	`x = [1,5,3; 2,4,6];`
		`sort(x,"descend")`
		`ans = 2 5 6`
		`      1 4 3`

`sortrows(x)`	행렬 x의 첫 번째 열의 원소를 기준으로 해 행 전체를 오름차순으로 정렬한다.
	예를 들어 $x = \begin{bmatrix} 1 & 5 & 3 \\ 2 & 4 & 6 \\ 3 & 8 & 4 \end{bmatrix}$이면 이 함수의 실행 결과는 첫 번째 열에서 가장 작은 값인 1로 시작하는 행이 맨 위로 이동한 행렬이 된다.
		`x = [3,1,2; 1,9,3;`
		`4, 3, 6]`
		`sortrows(x)`
		`ans = 1 9 3`
		`      3 1 2`
		`      4 3 6`

`sortrows(x,n)`	행렬 x의 *n*번째 열의 원소를 기준으로 해 행 전체를 오름차순으로 정렬한다. *n*이 음수이면 내림차순으로 정렬한다.	`sortrows(x,2)`
		`ans = 3 1 2`
		`      4 3 6`
		`      1 9 3`

수와 마찬가지로 열 우선이다. 따라서 각 열마다 따로따로 값을 정렬한다. 명령창에서 배열 x를 다음과 같이 만들면

```
x = [1 3; 10 2; 3 1; 82 4; 5 5]
```

화면에 다음과 같이 배열 x가 출력된다.

```
x =
    1    3
    10   2
    3    1
    82   4
    5    5
```

배열 x에 대해 sort 명령을 내리면 다음과 같이 각 열이 오름차순으로 정렬된다.

```
sort(x)
ans =
        1   1
        3   2
        5   3
        10  4
        82  5
```

sortrows 명령은 두 번째 필드에서 지정하는 열 번호에 위치한 모든 행의 값을 정렬한다. 따라서

```
sortrows(x,1)
```

과 같이 명령을 내리면 1번 열을 구성하는 값을 정렬한다. 단 1번 열과 2번 열 사이의 관계는 변함없이 유지된다.

```
ans =
      1    3
      3    1
      5    5
      10   2
      82   4
```

2번 열의 값을 정렬하고 싶으면 다음과 같이 하면 된다.

```
sortrows(x,2)
ans =
      3    1
      10   2
      1    3
      82   4
      5    5
```

표 3.9 2021년 올림픽 여자 200 m 자유형 수영 최종 기록

선수	이름	국가 기록	레인
Federica Pellegrini	Italy	1:55.91	1
Barbora Seemanova	Czech Republic	1:55.45	2
Katie Ledecky	United States	1:55.21	3
Ariarne Titmus	Australia	1:53.50	4
Siobhan Haughey	Hong Kong	1:53.92	5
Yang Junxuan	China	1:55.01	6
Penny Oleksiak	Canada	1:54.72	7
Madison Wilson	Australia	1:56.39	8

정렬 기능을 수행하는 함수는 데이터를 분석할 때 특히 유용하다. 표 3.9는 2021년 올림픽 여자 200 m 자유형 수영 경기에서 나온 기록이다. 표를 보면 네 번째 열에 있는 레인 번호를 기준으로 1~8번 레인까지 수영 선수와 기록이 정렬되어 있다. 경기가 끝난 후에는 세 번째 열에 있는 기록을 기준으로 표를 정렬하는 것이 더 합리적이다. 이 데이터는 `Swimming_Results_2021`이라는 표 배열(table array)에 저장되어 있다. 표(table) 데이터형의 배열에는 1번 열과 2번 열의 문자(text) 데이터형, 3번 열의 기간(duration) 데이터형, 4번 열의 숫자(number) 데이터형 등 여러 유형의 정보를 저장할 수 있다. `sort` 함수와 `sortrows` 함수는 표 배열에 대해 연산을 수행해 표 배열에 저장된 데이터를 숫자 순서나 알파벳 순서로 정렬할 수 있다. 기본설정은 1번 열을 기준으로 오름차순으로 정렬하는 것이다. 이 예에서 라이브 편집기에 표시되는 결과는 다음과 같다.

```
sortrows(Swimming_Results_2021)
ans = 8×4 table
```

	선수	이름	국가 기록	레인
1	"Ariarne Titmus"	"Australia"	01:53.50	4
2	"Barbora Seemanova"	"Czech Republic"	01:55.45	2
3	"Federica Pellegrini"	"Italy"	01:55.91	1
4	"Katie Ledecky"	"United States"	01:55.21	3
5	"Madison Wilson"	"Australia"	01:56.39	8
6	"Penny Oleksiak"	"Canada"	01:54.72	7
7	"Siobhan Haughey"	"Hong Kong"	01:53.92	5
8	"Yang Junxuan"	"China"	01:55.01	6

열을 기준으로 정렬하기 위해 `sortrows` 함수의 두 번째 필드에 다음과 같이 열 번호를 추가하면 다음 결과를 얻는다.

```
sortrows(Swimming_Results_2021,3)
ans = 8×4 table
```

선수	이름	국가 기록	레인
1 "Ariarne Titmus"	"Australia"	01:53.50	4
2 "Siobhan Haughey"	"Hong Kong"	01:53.92	5
3 "Penny Oleksiak"	"Canada"	01:54.72	7
4 "Yang Junxuan"	"China"	01:55.01	6
5 "Katie Ledecky"	"United States"	01:55.21	3
6 "Barbora Seemanova"	"Czech Republic"	01:55.45	2
7 "Federica Pellegrini"	"Italy"	01:55.91	1
8 "Madison Wilson"	"Australia"	01:56.39	8

정렬 결과로부터 우승 기록을 낸 선수는 4번 레인에서 수영을 한 호주(Australia)의 티트머스(Ariarne Titmus) 선수라는 것을 알 수 있다.

sortrows 함수를 써서 내림차순으로도 정렬할 수 있다. 내림차순으로 정렬할 때에는 함수의 세 번째 필드에 'descend'로 순서를 지정해주거나 두 번째 필드에 넣어주는 정렬 기준으로 사용되는 열 앞에 − 부호를 붙인다.

3.5.5 배열의 크기를 구하는 함수

매트랩에서는 배열의 크기를 알아보는 데 사용할 수 있도록 표 3.10과 같이 size 함수, length 함수, numel 함수를 제공하고 있다. size 함수는 배열을 이루고 있는 행의 수와 열의 수[이를 배열의 크기(size)라고 함]를 알려준다. length 함수는 배열의 크기, 즉 행의 개수와 열의 개수 중에서 큰 수를 출력한다. numel 함수는 배열을 구성하는 원소의 총개수를 출력한다. 예를 들어 설명해보자. 먼저 배열 x를 다음과 같이 만든다.

```
x =[1,5,3; 2,4,6];
```

다음과 같이 명령을 내리고 결과를 살펴보자.

```
size(x)
ans =
     2     3
```

이 결과는 배열 x가 행이 2개, 열이 3개임을 알려준다. 그런데 length 함수를 사용하면

```
length(x)
ans =
     3
```

과 같은 결과가 출력되는데, 이는 열의 수 3이 행의 수 2보다 크기 때문에 열의 크기만 내보낸 것이다.

마지막으로 numel 함수를 사용하면 다음과 같이 배열 x를 구성하는 원소의 총개수를 얻을 수 있다.

표 3.10 배열의 크기를 구하는 함수

`size(x)`	배열 x의 행의 수와 열의 수를 알려준다. (x가 다차원 배열인 경우 size 함수는 몇 차원인지 또 크기는 얼마인지 알려준다.)	`x =[1,5,3; 2,4,6];`
		`size (x)`
		`ans = 2   3`

`[a,b] = size(x)`	배열 x의 행의 수와 열의 수를 알려준다. 행의 수는 a, 열의 수는 b에 할당한다.	`[a,b] = size (x)`
		`a = 2`
		`b = 3`

`height(x)`	배열 x의 행의 수를 알려준다. [a,b]=size(x)에서 a에 반환되는 값 또는 size(x,1)의 결과와 동일하다.	`height(x)` `ans = 2`
`width(x)`	배열 x의 열의 수를 알려준다. [a,b]=size(x)에서 b에 반환되는 값 또는 size(x,2)의 결과와 동일하다.	`width(x)` `ans = 3`

`length(x)`	배열 x의 행의 수와 열의 수 중 큰 값을 알려준다.	`x =[1,5,3; 2,4,6];`
		`numel(x)`
		`ans = 3`

`numel(x)`	배열 x에 들어 있는 원소의 총개수를 알려준다.	`x =[1,5,3; 2,4,6];`
		`numel(x)`
		`ans = 6`

```
numel(x)
ans =
     6
```

length 함수는 루프(loop) 구조에서 특히 유용하다. 이 함수를 사용하면 배열의 크기에 대한 정보를 이용해 루프를 되풀이하는 횟수를 쉽게 구할 수 있기 때문이다.

실습문제 3.7

다음 배열에 대해 물음에 답하라. 정답은 피어슨 출판사의 웹사이트 https://www.pearsonhighered.com/moore에서 확인할 수 있다.

$$x = \begin{bmatrix} 4 & 90 & 85 & 75 \\ 2 & 55 & 65 & 75 \\ 3 & 78 & 82 & 79 \\ 1 & 84 & 92 & 93 \end{bmatrix}$$

1. size 함수를 사용해 이 배열의 행과 열의 수를 구하라.
2. 이 배열의 각 열을 sort 함수를 사용해 오름차순으로 정렬하라.
3. 이 배열의 각 열을 sort 함수를 사용해 내림차순으로 정렬하라.
4. sortrows 함수를 사용해 첫 번째 열에 있는 원소의 값을 기준으로 각 행 전체를 오름차순으로 정렬하라. 즉 다음 결과가 나오게 하라.

$$x = \begin{bmatrix} 1 & 84 & 92 & 93 \\ 2 & 55 & 65 & 75 \\ 3 & 78 & 82 & 79 \\ 4 & 90 & 85 & 75 \end{bmatrix}$$

5. sortrows 함수를 사용해 실습문제 4에서 얻은 배열에 대해 세 번째 열에 있는 원소의 값을 기준으로 내림차순으로 정렬하라.

예제 3.3

기상 데이터

미국 기상청(National Weather Service)에서는 날마다 방대한 양의 기상 데이터를 수집하고 있다(그림 3.5 참조). 이 데이터는 https://www.ncdc.noaa.gov/에서 온라인 서비스로 제공하고 있다. 대량의 데이터를 분석하는 일은 매우 복잡하므로 적은 양의 데이터로 분석 방법을 개발한 다음 이를 관심을 두고 있는 원래의 대량 데이터에 적용하는 것이 좋다.

그림 3.5
허리케인을 찍은 위성사진
(NASA Headquarters)

이 책에서는 미국 한 지역의 1999년 한 해 동안의 강수량 데이터를 미국 기상청에서 입수해 *Weather_Data.xlsx*라는 파일로 저장해놓았다(.xlsx는 엑셀 스프레드시트 파일의 확장자이다). 강수량 데이터의 각 행은 달을 나타내므로 모두 12개의 행이 있으며 열은 한 달 중의 날을 표시하므로(1부터 31까지) 31개가 된다. 모든 달의 날수가 같지는 않으므로 마지막 몇 열에는 데이터가 없는 경우가 생긴다. 강수량 데이터의 단위는 1/100인치이다. 따라서 2월 1일의 강수량은 0.61인치이고 4월 1일은 2.60인치이다. 표 3.11에 있는 샘플 데이터에는 알아보기 좋게 행 제목과 열 제목이 달려 있지만 파일에 있는 실제 자료에는 숫자밖에 없다.

파일에 있는 데이터를 사용해 다음을 구하라.

a. 월별 총강수량
b. 1999년 총강수량
c. 1999년 최대 강수량을 기록한 날짜(달과 날)

1. 문제를 명확히 나타낸다.
   Weather_Data.xlsx 파일에 있는 데이터를 사용해 월별 총강수량과 1999년 총강수량, 비가 가장 많이 내린 날을 찾는다.

2. 입력과 출력을 표시한다.

표 3.11 노스캐롤라이나주 애슈빌 지역의 강수량

1999	1일	2일	3일	4일	…	28일	29일	30일	31일
1월	0	0	272	0		0	0	33	33
2월	61	103	0	2		62			
3월	2	0	17	27		0	5	8	0
4월	260	1	0	0		13	86	0	
5월	47	0	0	0		0	0	0	0
6월	0	0	30	42		14	14	8	
7월	0	0	0	0		5	0	0	0
8월	0	45	0	0		0	0	0	0
9월	0	0	0	0		138	58	10	
10월	0	0	0	14		0	0	0	1
11월	1	163	5	0		0	0	0	
12월	0	0	0	0		0	0	0	0

입력 이 예제에서 입력은 *Weather_Data.xlsx*란 이름의 파일에 들어 있으며, 이 파일은 2차원의 배열로 이루어져 있다. 각 행은 달을 나타내고 각 열은 날을 나타낸다.
출력 각 달의 총강수량, 1999년 한 해 동안의 총강수량, 강수량이 최대인 날짜가 출력된다. 문제에서 단위를 별도로 지정하지 않았으므로 강수량은 인치로 표시하기로 한다.

3. 손이나 계산기로 문제를 미리 풀어본다.
손으로 풀 수 있도록 데이터 중 일부분만 뽑아낸다. 표 3.11에 포함된 정보로도 충분하다. 1월의 총강수량(여기에서는 1~4일까지만)은 다음과 같이 계산된다.

$$\text{total\_1} = (0 + 0 + 272 + 0)/100 = 2.72\text{인치}$$

2월의 총강수량(1~4일까지)은 다음과 같다.

$$\text{total\_2} = (61 + 103 + 0 + 2)/100 = 1.66\text{인치}$$

이 두 결과를 더해 두 달간의 합계를 구해보자. 1월과 2월의 강수량 합계는

$$\text{total} = \text{total\_1} + \text{total\_2} = 2.72 + 1.66 = 4.38\text{인치}$$

가 된다. 최대 강수량을 기록한 날을 구하기 위해 먼저 표에서 최댓값을 찾은 후 이 값이 위치하고 있는 행과 열을 구한다.
손으로 문제를 풀고 나면 매트랩으로 문제를 풀 때 어떤 단계를 거쳐야 하는지 알 수 있다.

4. 매트랩으로 문제를 푼다.
먼저 데이터 파일을 매트랩으로 불러들여 배열로 저장해야 한다. 데이터 파일은 엑셀 파일이므로 가장 쉬운 방법은 상호작용 방식(대화 방식)을 이용해 데이터 가져오기(import)를 하는 것이다. 현재폴더창에 있는 *Weather_Data.xlsx*를 더블클릭하면 그림 3.6과 같은 창이 열린다. 그림과 같이 가져오기 데이터 유형(Import Data Type)으로 'Numeric Matrix'를 선택하라. 이어서 빈칸을 NaN으로 바꾼 다음 'Import(가져오기)'를 선택한다.
그러면 그림 3.7과 같이 작업공간창에 `weatherdata`라는 변수 이름이 나타날 것이다. 매달 31일이 있는 것은 아니므로 데이터가 없는 날도 생기게 되는데, 이날에 해당하는 칸에는 파일 가져오기를 할 때 우리가 선택한 대로 NaN이 들어가 있다. 작업공간창에서 변수 이름(즉 배열) `weatherdata`를 더블클릭하면 이 배열의 내용을 볼 수 있다(그림 3.7 참조).
이제 문제를 풀기 위해 다음 스크립트 M-파일을 작성하자.

```
%% 예제 3.3 - 기상 데이터
% 이 예제에서는 월별 총강수량과 연간 총강수량을 구한다.
% 한 강수량이 최대인 날짜도 찾아본다.
clc
% 매월 강수량 합계를 구하기 위해 각 행의 합을 구한다.
monthly_total=sum(weatherdata,2,'omitnan')/100;
monthly_total'
% 연간 총강수량을 구한다.
yearly_total = sum(monthly_total)
% 연중 최대 강수량과 그 강수량이 발생한 달을 구한다.
[max_precip,month]= max(max(weatherdata,[],2,'omitnan'))
% 연중 최대 강수량과 그 강수량이 발생한 날을 구한다.
[max_precip,day]= max(max(weatherdata,[],1,'omitnan'))
```

이 프로그램을 보면 다른 프로그램과는 달리 맨 첫 줄에 `clear, clc` 명령을 입력하지 않았다. 이 명령을 입력하면 작업공간을 초기화하므로 `weatherdata` 변수를 지우게 된다.

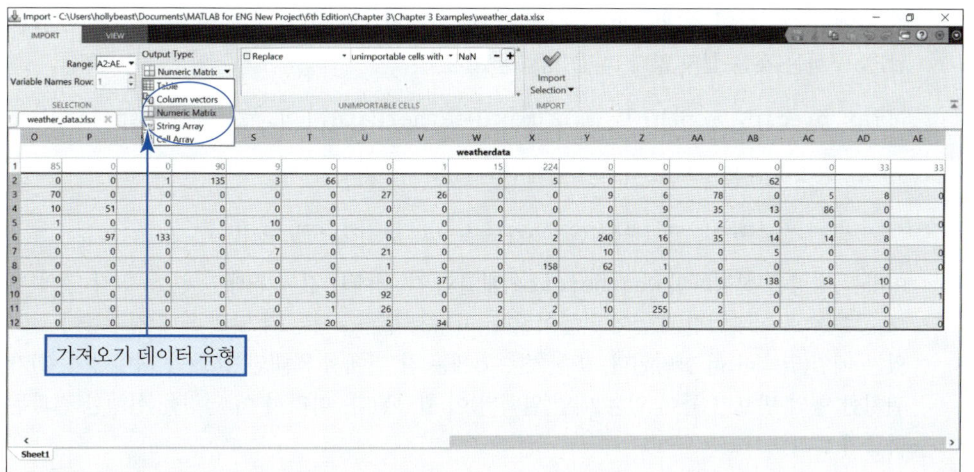

그림 3.6
매트랩에서는 대화 방식으로 데이터를 가져올 수 있다.

각 달의 강수량 합계를 구하려면 weatherdata 배열의 각 행의 값을 더해야 한다. 이를 위해 다음과 같이 weatherdata 배열을 전치해 각각의 달이 행 대신 열이 되게 한 다음에 sum 함수를 이용해 각 열의 합을 구하는 방법도 있다.

```
monthly_total = sum(weatherdata','omitnan')/100
```

그렇지만 M-파일에서는 sum 함수의 두 번째 필드에 숫자 2를 써주어 배열의 '행(row)'을 지정하는 방법을 선택했다. 각 달의 강수량 합계를 구하는 과정에서 NaN(not a number, 수가 아님)으로 입력된 데이터는 무시하도록 sum 함수의 필드에 'omitnan'을 입력했다.

연간 총강수량을 구하려면 모든 달의 강수량 합계를 구하면 된다. 이를 수행하는 명령은 다음과 같다.

```
yearly_total = sum(sum(weatherdata,'omitnan'))/100
```

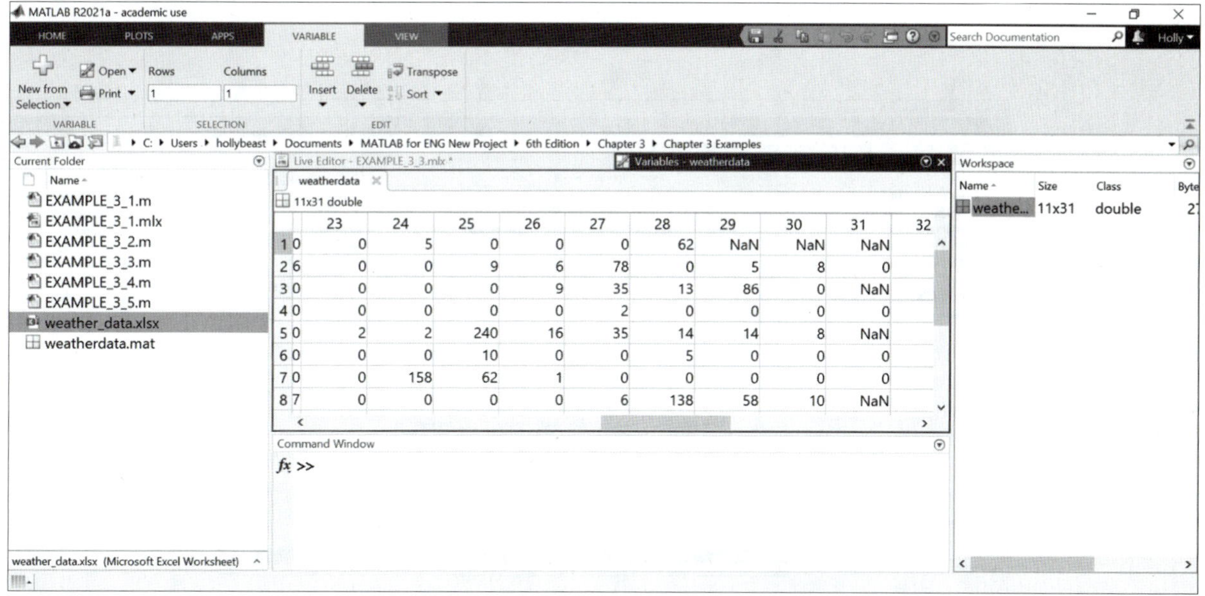

그림 3.7
매트랩 배열편집기. 이 창을 이용하면 배열을 편집할 수 있으므로 필요에 따라 값을 바꿀 수 있다.

각 달에서 강수량이 최대인 날을 구하는 것은 쉽지만 1년 중에 강수량이 최대인 날짜(날과 날)를 구하는 것은 쉽지 않다. 다음 명령을 보자.

```
[max_precip, month] = max(max(weatherdata,[ ], 2,'omitnan'))
```

이 명령은 2개의 명령으로 나누면 쉽게 이해를 할 수 있다. 먼저

```
[a,b] = max(weatherdata,[ ], 2,'omitnan')
```

이라는 명령을 실행하면 weatherdata 배열의 각 행에서 값이 최대인 원소(즉 각 달의 최대 강수량)로 이루어진 배열이 만들어진다. 따라서 변수 a에는 각 달의 최대 강수량이 들어 있는 배열(열벡터)이 할당된다. 또한 변수 b에는 각 열에서 최대인 원소(즉 최대 강수량)가 위치한 행의 번호가 들어 있는 배열(열벡터)이 할당된다. 따라서 이 명령을 실행한 결과는 다음과 같다.

```
a =
    Columns 1 through 9
     272   135   78   260   115   240   157   158   138
    Columns 10 through 12
     156   255   97
b =
    Columns 1 through 9
       3    18   27     1     6    25    12    24    28
    Columns 10 through 12
       5    26   14
```

다음과 같이 max 명령을 배열 a에 대해 한 번 더 사용하면 배열 a에서 최댓값(즉 최대 강수량)과 최댓값의 위치(즉 최대인 달)를 알아낼 수 있다.

```
[c,d] = max(a)
c =
       272
d =
       1
```

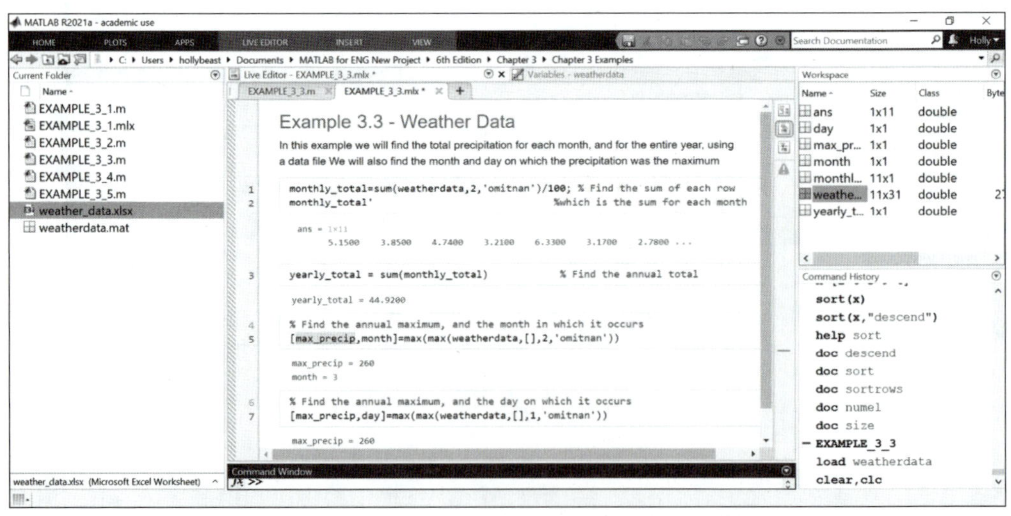

그림 3.8
강수량 계산 결과를 보여주는 화면

이 결과는 최대 강수량이 배열 a의 첫 번째 행에 있다는 것을 알려주는데 이것은 첫 번째 달에 최대 강수량이 발생했다는 것을 뜻한다.

다음과 같이 max 함수의 세 번째 필드에 '열(column)'을 지정하는 숫자 1을 써주고

```
[max_precip,day] = max(weatherdata,[ ], 1,'omitnan')
```

이어서 앞에서 한 방법과 마찬가지로 max 명령을 두 번 실행하면 최대 강수량이 발생한 날이 그 달의 몇 번째 날인지 알 수 있게 된다.

그림 3.8의 매트랩 화면을 보면서 몇 가지 중요한 사항을 알아보자. 작업공간창을 보면 스크립트 M-파일이 실행되는 과정에서 만들어진 모든 변수가 수록되어 있으므로 명령창에서 이 변수들을 사용할 수 있다. 따라서 M-파일로 작성한 프로그램의 실행이 완료된 이후에도 명령창에서 추가로 계산하는 것이 가능함을 알 수 있다. 예를 들어 변수 max_precip 값의 단위를 1/100인치에서 인치로 바꾸는 것을 잊었다고 하자. 이 경우에는 명령창에 다음 명령을 추가로 입력하면 된다.

```
max_precip = max_precip/100
```

또한 *Weather_Data.xlsx* 파일은 여전히 현재폴더에 들어 있다는 것도 알아두기 바란다. 마지막으로 명령내역창에는 명령창에서 내린 명령만이 기록되며, 스크립트 M-파일로부터 실행된 명령은 나타나지 않음을 기억하기 바란다.

5. 풀이를 검사한다.

Weather_Data.xlsx 파일을 열고, 최대 강수량이 발생한 날이 1월 3일인지 확인해보라. 이 M-파일 프로그램이 잘 동작하는 것이 확인되면 이를 다른 데이터를 분석하는 데 사용할 수 있다. 미국 기상청에서는 모든 자체 기록 관측소에 대해서 비슷한 데이터를 보존하고 있다. 세계기상기구(World Meteorological Organization)는 전 세계 일부 도시에 대한 기상 정보를 제공한다.

HINT uiimport 함수를 사용해 사용자에게 매트랩 프로그램으로부터 데이터를 대화형으로 가져오라는 메시지를 표시할 수 있다. 예를 들어 예제 3.3에서 스크립트 M-파일의 맨 앞에

```
uiimport("weather_data.xlsx")
```

라는 코드를 입력하면 그림 3.6에 표시된 데이터 가져오기 창이 열린다. 단 이렇게 하는 경우에는 사용자에게 앞으로 어떤 작업을 수행해야 하는지 알려주면서 코드의 수행을 일시 중지하는 메시지를 출력하는 코드를 다음과 같이 프로그램에 넣어주어야 한다.

```
disp("데이터를 열벡터로 가져오기")
disp("계속하려면 아무 키나 선택하세요")
pause
```

3.5.6 분산과 표준편차

표준편차(standard deviation)와 **분산**(variance)은 데이터 집합에 들어 있는 원소의 값이 서로 얼마나 큰 차이를 보이는지를 나타내는 데 사용되는 척도이다. 시험을 얼마나 잘 보았는지 알아보는 데 평균 성적이 중요하기는 하지만, 최고 점수와 최저 점수를 아는 것도 필요

핵심 개념
표준편차와 분산은 데이터 집합에 들어 있는 값이 서로 얼마나 큰 차이를 보이는지 나타내는 척도이다.

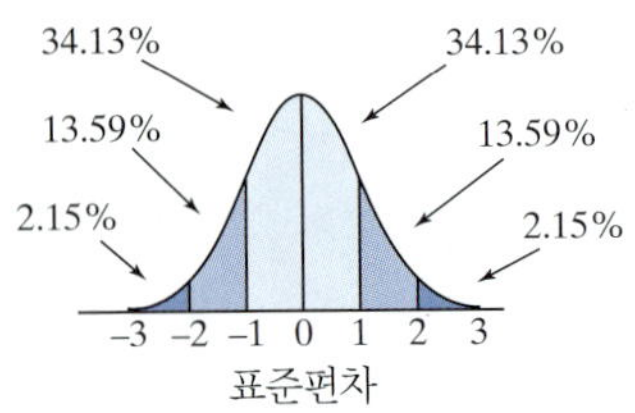

그림 3.9
정규분포

하다. 공학에서 다루는 중요한 여러 종류의 데이터와 마찬가지로 시험 성적은 흔히 종(bell) 모양의 분포를 가지는 곡선으로 나타난다. 대량의 데이터가 정규분포(normal distribution, 가우스 분포)를 하고 있는 경우에는 평균(mean)을 중심으로 양쪽으로 1 표준편차만큼의 폭(즉 ±1)을 가진 범위 안에 전체 데이터의 약 68%가 들어 있다. 이 폭을 양쪽으로 2 표준편차(±2)가 되도록 확대하면 전체 자료의 약 95%가 이 범위 안에 들어오게 된다. 또 3 표준편차(±3)의 경우에는 99% 이상이 이 범위 안에 들어오게 된다(그림 3.9 참조). 일반적으로 표준편차와 분산은 대량의 데이터에서 구한 것이어야 의미가 있다.

그림 3.10에 그래프로 표시된 자료를 검토해보자. 두 데이터 집합의 평균값은 50으로 서로 같다. 그렇지만 첫 번째 데이터 집합은 두 번째보다 분산값이 크다.

분산을 수학적으로 정의하면 다음과 같다.

$$\text{분산} = \sigma^2 = \frac{\sum_{k=1}^{N}(x_k - \mu)^2}{N - 1}$$

이 식에서 x_k는 데이터 집합을 구성하는 데이터, μ는 데이터 집합의 평균값을 나타낸다. 따라서 $x_k - \mu$는 실제 데이터에서 평균값을 뺀 것이다. 따라서 다음 식은 실제 데이터와 평균값의 차이를 제곱한 것을 모두 더한 것이다.

$$\sum_{k=1}^{N}(x_k - \mu)^2$$

이렇게 더한 결과를 [데이터 개수(N)−1]로 나눈 것이 분산이다.

표준편차(σ)는 분산에 제곱근을 취한 것으로 분산보다 많이 사용된다.

매트랩에서 표준편차를 구할 때 사용하는 함수는 std이다. 그림 3.10에 그래프로 표시된 데이터 집합에 이 함수를 사용하면 다음과 같은 계산 결과가 출력된다.

```
std(scores1)
ans =
    20.3653
std(scores2)
ans =
    9.8753
```

이 결과로부터 첫 번째 데이터 집합에 있는 전체 데이터의 약 68%가 평균 50±20.3653의 범위 안에 들어 있음을 알 수 있다. 또한 두 번째 데이터 집합에서도 평균 50±9.8753의 범위 안에 전체 데이터의 68%가 들어 있다는 것을 알 수 있다.

분산은 var 함수를 사용해 비슷한 방법으로 구할 수 있다.

```
var(scores1)
ans =
  414.7454
```

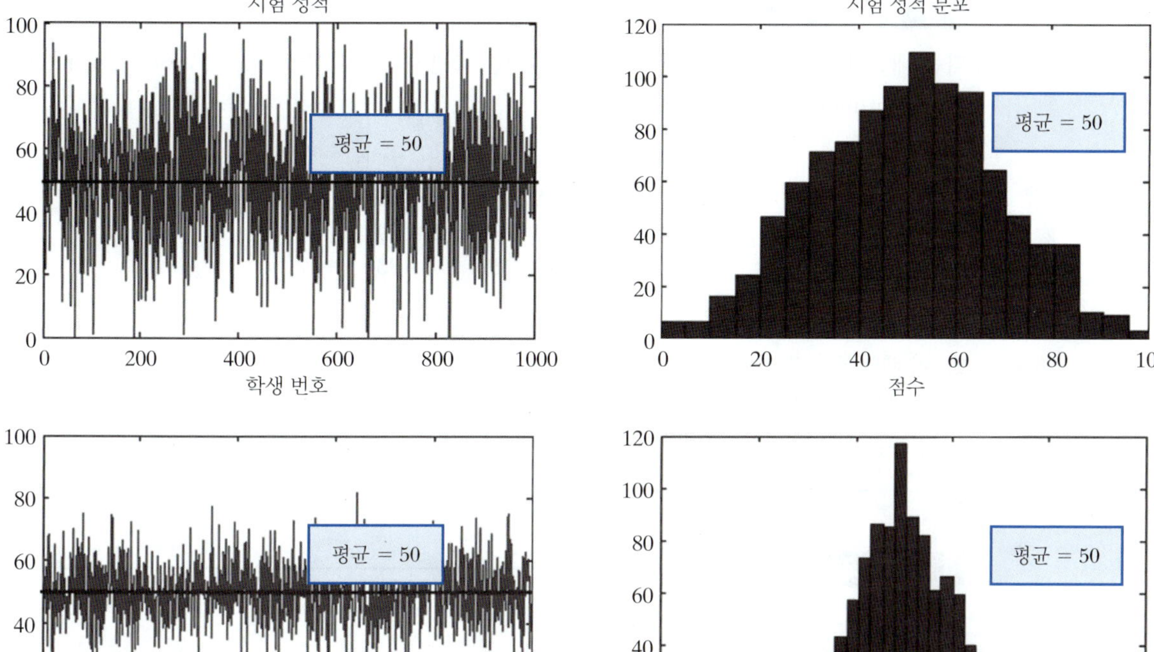

그림 3.10
두 가지 서로 다른 시험에서 나온 성적 그래프

```
var(scores2)
ans =
  97.5209
```

표준편차와 분산을 구하는 방법이 표 3.12에 수록되어 있다.

표 3.12 통계 처리 함수

`std(x)`	벡터 x의 원소들의 표준편차를 구해준다. 예를 들어 $x = [1, 5, 3]$이면 표준편차는 2가 된다. 그러나 데이터 개수가 적을 경우에는 보통 표준편차를 계산하지 않는다. x가 2차원 행렬이면 각 열의 표준편차를 구해 그 결과를 행벡터로 출력한다.	`x = [1, 5, 3];`
		`std(x)`
		`ans = 2`

	예를 들어 $x = \begin{bmatrix} 1 & 5 & 3 \\ 2 & 4 & 6 \end{bmatrix}$이면 1열의 표준편차는 0.7071, 2열의 표준편차는 0.7071, 3열의 표준편차는 2.1213이다. 그러나 역시 표본의 수가 적을 경우에는 보통 표준편차를 계산하지 않는다.	`x = [1, 5, 3;2, 4, 6];`
		`std (x)`
		`ans =`
		`0.7071 0.7071 2.1213`

`var (x)`	x에 있는 데이터의 분산을 계산한다. 예를 들어 $x = [1, 5, 3]$이면 분산 값은 4이다. 그러나 표본의 수가 적을 경우에는 보통 분산 값을 계산하지 않는다. 이 표에서 든 예에서 알 수 있듯이 표준편차는 분산의 제곱근이다.	`var(x)` `ans = 4`

실습문제 3.8

다음 배열에 대해 물음에 답하라. 정답은 피어슨 출판사의 웹사이트 https://www.pearsonhighered.com/moore에서 확인할 수 있다.

$$x = \begin{bmatrix} 4 & 90 & 85 & 75 \\ 2 & 55 & 65 & 75 \\ 3 & 78 & 82 & 79 \\ 1 & 84 & 92 & 93 \end{bmatrix}$$

1. 이 배열에서 각 열의 표준편차를 구하라.
2. 이 배열에서 각 열의 분산을 구하라.
3. 위에서 구한 각 열의 분산의 제곱근을 구하라.
4. 실습문제 3에서 구한 결과와 실습문제 1에서 구한 표준편차를 비교하라.

예제 3.4

기후 데이터

기후학자는 오랜 기간에 걸쳐 수집한 날씨 자료를 조사해 기후 변화 패턴을 찾아내려고 노력한다. 미국에서는 1850년대부터 신뢰성 있는 기상 데이터가 수집되기 시작했지만 대부분의 기상 관측소가 설치된 것은 1930~1940년대부터이다(그림 3.11 참조). 기후학자는 수집한 자료로 통계 계산을 수행한다. *Weather_Data.xlsx* 파일에 있는 데이터는 한 지역에서 1년간 수집된 것이긴 하지만 이 데이터를 이용해 통계 계산을 연습해볼 수 있다. 매월 한 달 동안의 1일 평균 강수량과 한 해 동안의 1일 평균 강수량을 구하고, 이어서 표준편차도 각각 구하라.

1. 문제를 명확히 나타낸다.

   Weather_Data.xlsx 파일의 데이터를 사용해 매월 한 달 동안의 1일 평균 강수량과 한 해 동안의 1일 평균 강수량을 구한다. 또한 표준편차도 차례로 구한다.

2. 입력과 출력을 정의한다.

   입력

   Weather_Data.xlsx 파일의 데이터

   출력

그림 3.11
미국 연방정부 기관인 미국 기상청은 미국해양대기관리처(NOAA) 산하 부속기관이다(lafoto/Shutterstock).

매월 한 달 동안의 1일 평균 강수량
한 해 동안의 1일 평균 강수량
매월 강수량 데이터의 표준편차
한 해의 강수량 데이터의 표준편차

3. 손이나 계산기로 문제를 미리 풀어본다.
1월의 처음 4일 동안의 데이터만 사용해 계산해보자.
1월 평균 = (0 + 0 + 272 + 0)/4 = 68(1/100 인치) = 0.68인치
표준편차는 다음 식으로 계산할 수 있다.

$$\sigma = \sqrt{\frac{\sum_{k=1}^{N}(x_k - \mu)^2}{N-1}}$$

1월의 처음 4일의 데이터를 사용해 먼저 평균값과 실제 값의 차이를 제곱한 다음 이들을 모두 더한다.

$$(0 - 68)^2 + (0-68)^2 + (272 - 68)^2 + (0 - 68)^2 = 55,488$$

데이터 개수에서 1을 뺀 값으로 이 계산 결과를 나눈다.

$$55,488/(4 - 1) = 18,496$$

마지막으로 이 값의 제곱근을 구하면 136(1/100 인치) = 1.36인치가 된다.

4. 매트랩으로 문제를 푼다.
먼저 *Weather_Data.xlsx* 파일을 불러들인 다음 빈칸을 NaN(not a number)으로 바꾼다. 예제 3.3과 비슷한 방식으로 해도 되지만 좀 더 쉬운 방법이 있다. 즉 예제 3.3에서 만든 데이터를 파일로 저장해놓고 여기에서 이용하면 된다. 매트랩에서 작업공간 전체를 저장하려면 다음과 같이 타이핑하면 된다.

```
save <파일 이름>
```

여기에서 <파일 이름>은 사용자가 정한 파일의 이름이다. 어떤 변수를 그 파일에 저장하고 싶다면

```
save <파일 이름> <변수 이름>
```

과 같이 명령을 내리면 된다. 이때 필요에 따라 <변수 이름>을 1개 또는 여러 개 저장할 수 있다. 여기에서는 저장해야 할 변수가 weatherdata이므로 다음과 같이 명령을 내린다.

```
save weatherdata weatherdata
```

이 명령은 배열 weatherdata를 *weatherdata.mat* 파일로 저장하라는 명령이다.
현재폴더창에 *weatherdata.mat* 파일이 저장되어 있는지 확인하라(그림 3.12 참조).
이제 다음 M-파일을 작성해 예제를 풀어보자. 이 M-파일을 실행시키면 기상 데이터를 자동적으로 불러들이게 된다. 이 프로그램은 스크립트 M-파일 또는 라이브 스크립트 MLX-파일로 실행할 수 있으므로 프로그램 코드는 동일하다.

```
%% 예제 3.4 기후 데이터
% 이 예제에서는 매월 한 달 동안의 1일 평균 강수량과
% 한 해 동안의 1일 평균 강수량을 구한다.
% 또한 데이터의 표준편차를 구한다.
```

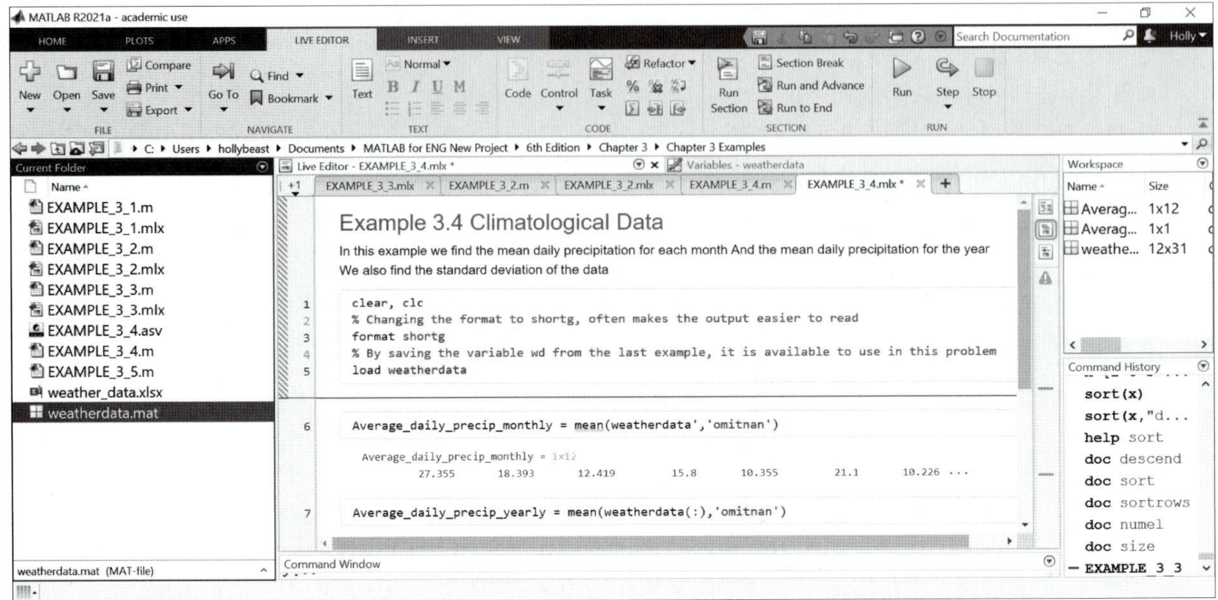

그림 3.12
현재폴더창에는 저장된 파일의 이름이 수록되어 있다. 문제를 해결하는 데 사용되는 프로그램 코드는 스크립트 M-파일을 사용하든 라이브 스크립트 MLX-파일을 사용하든 동일하다.

```
clear, clc
% 자료 표시 형식을 shortg로 설정해 출력을 알아보기 쉽게 한다.
format shortg
% 이 예제에서는 앞의 예제 3.3에서 저장해둔 변수 weatherdata를 불러와서
% 사용한다.
load weatherdata
%%
Average_daily_precip_monthly = mean(weatherdata','omitnan')
Average_daily_precip_yearly = mean(weatherdata(:),'omitnan')
%% 표준편차를 계산한다.
Monthly_Stdeviation = std(weatherdata','omitnan')
Yearly_Stdeviation = std(weatherdata(:),'omitnan')
```

프로그램을 보면 함수의 필드에 omitnan 명령을 써주어 배열의 값 중에서 NaN으로 된 것은 계산을 하는 데 포함시키지 않도록 했다. 또한 weatherdata 배열의 열이 아닌 행에 대해 표준편차를 구하기 위해 weatherdata 배열을 weatherdata'으로 전치했다.

이 프로그램에는 다음과 같은 처음 보는 명령이 들어 있다.

```
weatherdata(:)
```

이 명령은 2차원 배열 weatherdata를 1차원 배열로 변환시키므로 평균과 표준편차를 한 번에 계산할 수 있게 된다.

5. 풀이를 검사한다.
먼저 계산 결과 값이 납득할 수 있는 값인지 살펴본다. 특정한 한 달을 골라 1일 평균 강수량을 계산해서 확인해보는 것도 좋은 방법이긴 하지만, 손으로 그렇게 하는 것은 지루한 일이다. 여기에서는 평균을 계산하는 함수인 mean을 사용하지 않고 명령창에서 다음 명령을 차례로 실행해 평균을 계산하는 방식으로 풀이를 검사해본다.

```
load weatherdata
sum(weatherdata(1,:)          % 배열 weatherdata의 1행에 있는
                              % 모든 열의 합을 구한다.

ans =
    848.00
ans/31
ans =
    27.35
```

이 결과를 1월(첫 번째 달, column 1)의 결과와 비교해보라.

HINT 콜론(:) 연산자는 2차원 배열을 1차원 열벡터로 변환시킨다.

```
A = X(:)
```

3.6 난수

난수(random number)는 공학 분야의 계산에서 실제 측정 데이터의 대용으로 자주 사용된다. 수학적인 모델로 측정 데이터를 정확하게 예측하기는 어렵기 때문에 이 예측 모델에 작은 난수 값을 더해 실제 시스템과 더욱 비슷해지도록 할 수 있다. 또한 난수는 확률게임을 모델링하는 데에도 사용된다. 매트랩에서는 두 종류의 난수를 발생시킬 수 있다. **균일분포형 난수**(uniform random number)와 **가우스 난수**(Gaussian random number)가 바로 그것이다. 가우스 난수는 정규분포(normal distribution) 또는 **정규분포형 난수**(normal random number)라고도 한다.

3.6.1 균일분포형 난수

균일분포형 난수(또는 정규분포형 난수라고도 한다)는 rand 함수로 발생시킬 수 있다. 이 난수는 0과 1 사이에 균일하게 분포되어 있다(더 자세한 내용을 알고 싶으면 help 함수를 이용하기 바란다). 표 3.13에는 난수를 만들어내는 몇 개의 매트랩 명령이 수록되어 있다.

0과 1 사이가 아닌 다른 범위에 분포하는 난수도 rand 함수를 이용해 발생시킬 수 있다. 예를 들어 0과 5 사이에 균일하게 분포해 있는 100개의 숫자로 이루어진 집합을 발생시키려면, 먼저 다음 명령으로 0과 1 사이의 균일분포형 난수 100개를 만든다.

```
r = rand(100,1);
```

다음과 같이 이 값에 5를 곱하기만 하면 난수의 범위가 0~5로 확장된다.

```
r = r * 5;
```

5~10 사이로 범위를 변경하고 싶으면 다음과 같이 배열 r의 모든 값에 5를 더하면 된다.

```
r = r + 5;
```

표 3.13 난수 발생 함수

`rand(n)`	$n \times n$ 배열을 돌려준다. 배열의 각 값은 0과 1 사이의 난수이다.	`rand(2)`
		`ans =`
		`0.9501 0.6068`
		`0.2311 0.4860`

`rand(m,n)`	$m \times n$ 배열을 돌려준다. 배열의 각 값은 0과 1 사이의 난수이다.	`rand(3,2)`
		`ans =`
		`0.8913 0.0185`
		`0.7621 0.8214`
		`0.4565 0.4447`

`randn(n)`	$n \times n$ 배열을 돌려준다. 배열의 각 값은 0과 1 사이의 가우스 분포(정규분포)를 가지는 난수이다.	`randn(2)`
		`ans =`
		`-0.4326 -0.1253`
		`-1.6656 -0.2877`

`randn(m,n)`	$m \times n$ 배열을 돌려준다. 배열의 각 값은 0과 1 사이의 가우스 분포(정규분포)를 가지는 난수이다.	`randn(3,2)`
		`ans =`
		`-1.1465 -0.0376`
		`1.1909 0.3273`
		`1.1892 0.1746`

`randi(imax,sz)`	크기가 sz 배열로 정의되는 정수로 이루어진 난수 배열을 돌려준다. 배열의 각 값은 1과 imax 사이의 난수이다. 이 함수에는 여러 개의 입력 옵션이 있다. 자세한 내용은 도움말 기능을 이용한다.	`sz = [2,3]`
		`randi(10,sz)`
		`ans =`
		`3 4 9`
		`6 3 7`

이렇게 하면 5~10 사이에서 변하는 난수가 발생하게 된다. 어떤 최솟값과 최댓값 사이에서 변하는 난수를 만드는 방법을 수식으로 나타내면 다음과 같다.

$$x = (\text{최댓값} - \text{최솟값}) \cdot \text{표준난수 집합} + \text{최솟값}$$

3.6.2 가우스 난수

가우스 난수는 그림 3.9와 같은 정규분포를 가지고 있다. 이러한 분포를 가진 데이터 집합에서는 데이터 값이 가질 수 있는 상한값과 하한값이 따로 정해져 있지 않다. 다만 어떤 데이터 값이 집합 전체의 평균값에서 멀리 떨어져 있을수록 그 데이터를 가질 확률이 그만큼 낮아질 뿐이다. 가우스 난수 집합은 그 데이터 집합의 평균값과 표준편차를 지정해 나타낼 수 있다.

매트랩에서는 randn 함수를 사용해 평균이 0이고 분산이 1.0인 가우스 난수를 발생시킬 수 있다. 예를 들어

```
randn(3)
```

을 실행시키면 다음과 같이 크기가 3×3인 가우스 난수 배열이 만들어진다.

```
ans =
 -0.4326    0.2877    1.1892
```

```
-1.6656   -1.1465   -0.0376
0.1253     1.1909    0.3273
```

평균과 표준편차 값이 다른 데이터 집합이 필요하면 평균 0, 표준편차 1인 표준난수를 만들고 나서 이를 다음과 같이 적절하게 수정하면 된다. 먼저 표준난수의 표준편차는 1이므로 여기에 원하는 표준편차 값을 곱한다. 또 표준난수의 평균은 0이므로 여기에 원하는 평균값을 더한다. 이것을 수식으로 표현하면 다음과 같다.

$$x = \text{표준편차} \cdot \text{표준난수 집합} + \text{평균값}$$

예를 들어 표준편차가 2.5이고 평균이 3인 500개의 가우스 난수를 얻고 싶을 경우에는

```
x = randn(1,500)*2.5 + 3;
```

과 같이 입력하면 된다. 여기에서 알아둘 것은 rand와 randn 함수의 입력으로 값을 1개 또는 2개를 사용할 수 있다는 사실이다. 입력으로 1개의 값만 사용하면 실행 결과는 정사각 배열(square array)이 된다. 입력으로 2개의 값을 사용하면 그 두 값을 행과 열의 개수로 하는 배열이 만들어진다.

실습문제 3.9

정답은 피어슨 출판사의 웹사이트 https://www.pearsonhighered.com/moore에서 확인할 수 있다.

1. 균일분포형 난수로 구성된 3×3 배열을 만들라.
2. 정규분포형 난수로 구성된 3×3 배열을 만들라.
3. 균일분포형 난수로 구성된 100×5 배열을 만들라. 이때 이 배열의 원소가 명령창에 출력되지 않게 하라.
4. 실습문제 3에서 만든 배열의 각 열에 대해 최댓값, 표준편차, 분산, 평균값을 구하라.
5. 정규분포형 난수로 구성된 100×5 배열을 만들라. 이때 이 배열의 원소가 명령창에 출력되지 않게 하라.
6. 실습문제 5에서 구한 배열의 각 열에 대해 최댓값, 표준편차, 분산, 평균값을 구하라.
7. 실습문제 4, 6의 결과가 서로 다른 이유를 설명하라.

예제 3.5

잡음

라디오에서 들리는 잡음(noise)을 난수로 모델링해 시뮬레이션을 할 수 있다. 음악이 저장되어 있는 파일에 이 난수로 모델링한 잡음을 더해주면 잡음이 녹음에 미치는 영향을 연구할 수 있다.

매트랩에서는 sound 함수로 음악파일을 재생할 수 있다. 매트랩에는 헨델의 메시아의 일부가 저장된 음악파일이 내장되어 있어서 sound 함수로 이 파일을 시범적으로 재생해볼 수 있다(그림 3.13 참조). 이 예제에서는 randn 함수를 사용해 잡음을 만든 다음 이를 음악파일에 더해볼 것이다.

그림 3.13
유타 심포니 오케스트라
(Chris Fredriksson/Alamy Stock Photo)

음악은 매트랩에서 배열로 저장되는데, 그 배열을 구성하는 데이터는 −1~1 사이의 값을 가진다. 배열을 음악으로 변환할 때에는 sound 함수의 입력으로 샘플 주파수(sample frequency)를 넣어주어야 한다. *handel.mat* 파일에는 음악 소리에 해당하는 데이터 값과 샘플 주파수 값이 모두 저장되어 있다. 메시아를 듣기 위해서는 먼저 다음 명령을 사용해 파일을 불러와야 한다.

```
load handel
```

handel이란 이름의 파일을 불러들이면 작업공간창에 2개의 새로운 변수 y와 Fs가 추가된다. 이 음악 클립을 재생하려면 다음과 같이

```
sound(y, Fs)
```

를 입력한다. 샘플 주파수를 다르게 할 때 음악파일에 미치는 효과를 알아보기 위해 Fs 값을 다른 값으로 바꾸어가며 실험해보자. 예를 들어 Fs에 1.5를 곱한 다음 소리 변화를 살펴보라. (물론 이렇게 하려면 여러분의 컴퓨터에 사운드 장치가 설치되어 있어야 한다. 그렇지 않으면 재생되는 음악 소리를 들을 수 없다.)

1. 문제를 명확히 나타낸다.
   매트랩에서 제공하고 있는 헨델의 메시아 음악에 잡음 성분을 추가한다.

2. 입력과 출력을 표시한다.
   입력 헨델의 메시아가 저장된 매트랩 데이터 파일 *handel.mat*
   출력 메시아 음악 데이터와 잡음 데이터가 함께 들어 있는 배열
   이 데이터 파일을 구성하는 원소 중에서 앞에 위치하는 200개의 그래프

3. 손이나 계산기로 문제를 미리 풀어본다.
   음악파일에 있는 데이터는 −1과 +1 사이에 있는 값이므로 잡음을 더할 때에는 값을 작게 해서 더해야 한다. 먼저 0을 중심(평균값)으로 표준편차가 0.1인 값을 만들어보자.

4. 매트랩으로 문제를 푼다.

```
%% 예제 3.5
% 잡음
load handel              % 음악 데이터 파일을 불러온다.
sound(y,Fs)              % 음악 데이터 파일을 재생한다.
```

```
pause                    % 음악 듣기를 멈춘다.
% 음악을 다시 들으려면 엔터키를 누른다.
% 불규칙 잡음(random noise)을 추가한다.
noise = randn(length(y),1)*0.1;
sound(y+noise,Fs)
```

이 프로그램을 이용하면 잡음이 없는 원래의 메시아 음악과 잡음이 섞인 메시아 음악을 각각 재생해볼 수 있다. 잡음의 크기가 미치는 영향을 살펴보려면 다음과 같이 잡음을 발생시키는 명령에서 곱하는 값의 크기를 조정하면 된다.

```
noise=randn(length(y),1)*0.20
```

5. 풀이를 검사한다.

잡음이 없는 경우와 잡음을 추가한 경우에 대해 음악을 재생해보는 것 이외에도 이 두 경우의 그래프를 그려볼 수 있다. 파일의 크기가 너무 크기 때문에(73,113개의 원소) 앞에서부터 200개의 데이터만 그려본다.

```
% 두 음악파일에서 앞에서부터 200개의 데이터를 그린다.
t=1:length(y);
noisy = y+noise;
plot(t(1,1:200),y(1:200,1),t(1,1:200),y(1:200,1)...
    +noisy(1:200,1),':')
title("헨델의 메시아")
xlabel("음악 배열의 원소 번호")
ylabel("주파수")
```

이 명령은 x축에는 데이터(음악 배열)의 인덱스 번호(원소 번호)를 표시하고, y축에는 음악

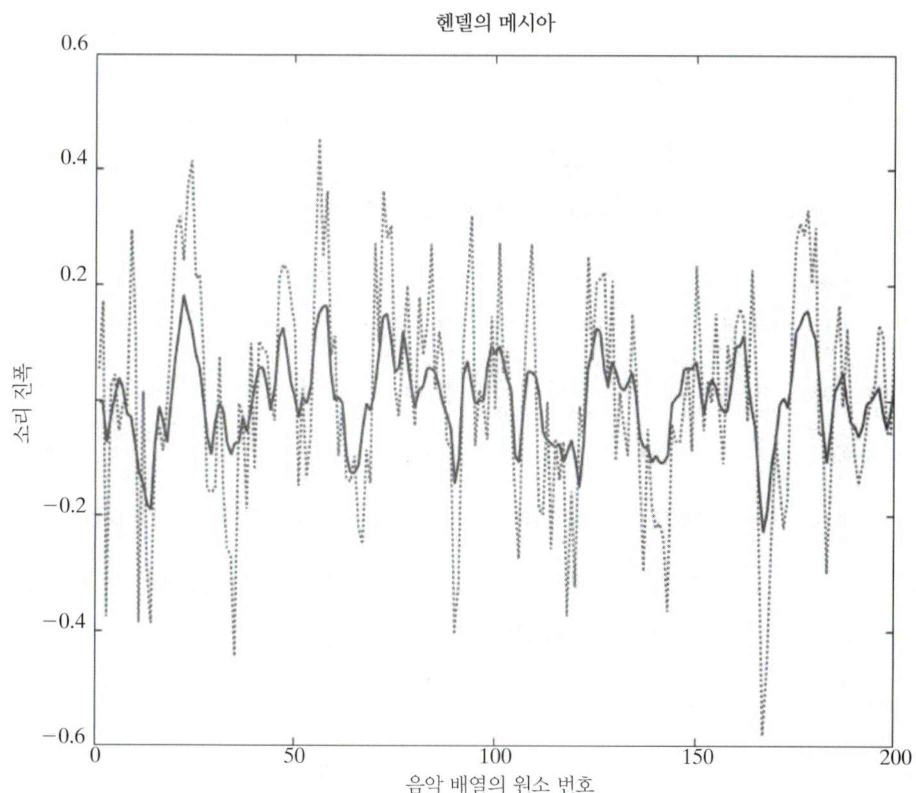

그림 3.14
헨델의 메시아. 실선은 원래 데이터 값이고 점선은 잡음이 더해진 데이터이다.

배열에 저장된 값을 나타내는 그래프를 그리게 한다. 그래프 그리기에 대해서는 5장에서 소개한다.

그림 3.14에서 실선은 원래 데이터의 값이고 점선은 잡음이 더해진 데이터의 값이다. 역시 잡음이 섞인 데이터는 진폭이 크고 원래 데이터와는 다른 패턴을 보이기도 한다.

3.7 복소수

매트랩은 **복소수**(complex number)에 대해 주로 사용되는 몇 가지의 함수를 내장하고 있다. 복소수는 2개의 성분으로 이루어져 있는데, 그중 하나는 실수 성분이고 나머지 하나는 허수 성분이다. 예를 들어

$$5 + 3i$$

는 복소수이다. 여기에서 실수 성분은 5이고 허수 성분은 3이다. 매트랩에서는 다음 두 가지 방법으로 복소수를 입력할 수 있다. 즉 덧셈 형식을 써서

```
A = 5 + 3i or A = 5 + 3*i or A = 5 + 3*j
```

와 같이 입력하거나, complex 함수를 사용해 다음과 같이 입력하면

```
A = complex(5,3)
```

다음과 같은 결과를 얻는다.

```
A =
  5.0000 + 3.0000i
```

핵심 개념
매트랩은 허수를 나타내는 데 i와 j를 모두 사용한다.

매트랩에서 사용되는 대부분의 함수와 마찬가지로 complex 함수의 두 입력에는 스칼라는 물론 배열도 입력할 수 있다. 따라서 *x*와 *y*를 다음과 같이 정의하고

```
x = 1:3;
y = [-1,5,12];
```

이 두 배열을 complex 함수에 입력하면 다음과 같은 복소수를 만들 수 있다.

```
complex(x, y)
ans =
  1.0000 - 1.0000i    2.0000 + 5.0000i    3.0000 + 12.0000i
```

real 함수와 imag 함수를 사용하면 복소수의 실수 성분과 허수 성분을 분리할 수 있다. 예를 들어 A = 5 + 3*i에 대해 다음과 같이 된다.

```
real(A)
ans =
       5
```

```
imag(A)
ans =
     3
```

isreal 함수는 어떤 변수가 복소수를 포함하고 있는지 아닌지를 알아보는 데 사용한다. 변수가 실수이면 1을 되돌려주고, 복소수이면 0을 되돌려준다. 앞에서 A는 복소수이므로

```
isreal(A)
ans =
     0
```

이 된다. isreal 함수의 판단 결과 A는 거짓이므로 0을 되돌려준 것이다.

켤레복소수(complex conjugate, 공액복소수)는 실수 성분과 허수 성분의 값이 서로 같고 허수 성분의 부호만 반대인 복소수이다. conj 함수는 어떤 복소수의 켤레복소수를 되돌려준다.

```
conj(A)
ans =
     5.0000 - 3.0000i
```

전치 연산자는 배열에서 열을 행으로, 행을 열로 바꾸어주는데, 다음 결과에서 보듯이 켤레복소수를 구해주기도 한다.

```
A'
ans =
     5.0000 - 3.0000i
```

물론 이 예에서 A는 스칼라이다. 다음과 같이 A에 덧셈과 곱셈을 해서 새로운 복소수 배열 B를 만들어보자.

```
B = [A, A+1, A*3]
B =
   5.0000 + 3.0000i   6.0000 + 3.0000i   15.0000 + 9.0000i
```

B에 전치 연산자를 사용하면 다음과 같다.

```
B'
ans =
    5.0000 - 3.0000i
    6.0000 - 3.0000i
   15.0000 - 9.0000i
```

복소수를 $x-y$ 평면 위에 있는 점으로 나타내는 경우도 종종 있다. 그림 3.15(a)에서 보듯이 복소수의 실수 성분은 x 값, 허수 성분은 y 값에 해당한다. 이 점을 그림 3.15(b)와 같이 **극좌표**(polar coordinate)로 나타내는 방법도 있는데 이 경우에는 그 점을 크기(반지름 길이)와 각도로 표시한다.

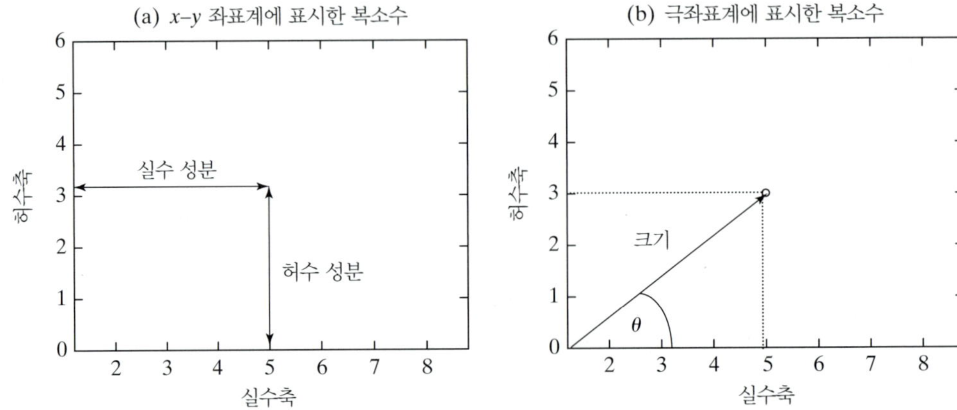

그림 3.15
(a) 직각좌표계에 표시한 복소수, (b) 극좌표계에 표시한 복소수

핵심 개념
복소수를 $x-y$ 평면 위에 있는 하나의 점으로 생각할 수 있다. 이 한 점을 극좌표를 사용해 나타낼 수 있다.

매트랩에서는 복소수를 직각좌표(Cartesian) 형식에서 극좌표 형식으로 변환하는 함수를 제공한다.

절댓값 함수에 복소수를 입력하면 이 함수는 다음과 같이 피타고라스의 정리를 사용해 크기(길이)를 계산한다.

```
abs(A)
ans =
    5.8310
```

$$\text{크기} = \sqrt{(\text{실수 성분})^2 + (\text{허수 성분})^2}$$

이 예에서 실수 성분은 5이고 허수 성분은 3이므로 크기는 다음과 같다.

$$\text{크기} = \sqrt{5^2 + 3^2} = 5.8310$$

또한 매트랩에서는 앞에서 소개한 real 함수와 imag 함수를 사용해 크기를 계산할 수도 있다.

```
sqrt(real(A).^2 + imag(A).^2)
ans =
    5.8310
```

복소수의 각도는 angle 함수를 이용해 계산할 수 있다.

```
angle(A)
ans =
    0.5404
```

매트랩에서 결과 값의 단위는 라디안(radian)이다. abs 함수와 angle 함수는 모두 스칼라 값이나 배열 값을 입력으로 받아들일 수 있다. B는 앞에서 다음과 같은 1×3 복소수 배열이었다.

```
B =
  5.0000 + 3.0000i   6.0000 + 3.0000i   15.0000 + 9.0000i
```

abs 함수는 극좌표 형식에서 복소수의 크기를 계산해준다.

```
abs(B)
ans =
    5.8310   6.7082   17.4929
```

angle 함수는 수평축을 기준으로 하는 각도를 계산해준다.

```
angle(B)
ans =
    0.5404   0.4636   0.5404
```

복소수를 다루는 데 사용되는 매트랩 함수를 표 3.14에 정리했다.

표 3.14 복소수를 다루는 함수

`abs(x)`	피타고라스의 정리에 따라 복소수의 절댓값을 계산한다. 이 값은 복소수를 극좌표로 표시할 때 크기(길이)가 된다.
	예를 들어 $x = 3+4i$일 경우에 절댓값은 $\sqrt{3^2+4^2} = 5$가 된다.
		`x = 3 + 4i;`
		`abs(x)`
		`ans =`
		`    5`

`angle(x)`	복소수를 극좌표로 표시할 때 수평축을 기준으로 하는 각도를 계산해준다. 단위는 라디안이다.	`x = 3 + 4i;`
		`angle(x)`
		`ans =`
		`    0.9273`

`complex(x,y)`	실수 성분 x와 허수 성분 y로 이루어진 복소수를 만든다.	`x = 3;`
		`y = 4;`
		`complex(x,y)`
		`ans =`
		`    3.0000+`
		`    4.0000i`

`real(x)`	복소수에서 실수 성분을 얻는다.	`x = 3 + 4i;`
		`real(x)`
		`ans =`
		`    3`

`imag(x)`	복소수에서 허수 성분을 얻는다.	`x = 3 + 4i;`
		`imag(x)`
		`ans =`
		`    4`

`isreal(x)`	배열에 있는 값이 실수인지 아닌지 알려준다. 실수일 경우에 이 함수는 1을 되돌려주고, 복소수일 경우에 0을 되돌려준다.	`x = 3 + 4i;`
		`isreal(x)`
		`ans =`
		`    0`

`conj(x)`	복소수의 켤레복소수를 만든다.	`x = 3 + 4i;`
		`conj(x)`
		`ans =`
		`    3.0000-`
		`    4.0000i`

실습문제 3.10

정답은 피어슨 출판사의 웹사이트 https://www.pearsonhighered.com/moore에서 확인할 수 있다.

1. 다음 복소수를 만들라.
   a. $A = 1 + i$
   b. $B = 2 - 3i$
   c. $C = 8 + 2i$
2. 실수 성분이 2, 4, 6이고 허수 성분이 −3, 8, −16인 복소수 벡터 D를 만들라.
3. 실습문제 1, 2에서 만든 각 벡터의 크기(절댓값)를 구하라.
4. 실습문제 1, 2에서 만든 각 벡터의 수평축을 기준으로 하는 각도를 구하라.
5. 벡터 D의 켤레복소수를 구하라.
6. 벡터 D의 켤레복소수를 전치 연산자를 사용해 구하라.
7. A와 A의 켤레복소수를 곱하고 나서 제곱근을 계산하라. A의 크기(절댓값)와 이 계산값을 비교해보라.

핵심 개념
컴퓨터 프로그램에서 처리할 수 있는 가장 큰 수와 가장 작은 수에는 한계가 있다.

3.8 계산상의 한계

컴퓨터에 저장된 변수는 넓은 범위의 값을 가질 수 있다. 컴퓨터가 수용하는 수의 범위는 대부분의 계산을 처리할 수 있을 정도로 넓어야 하는데, 대체로 10^{-308}~10^{308} 사이이다. 표 3.15에 수록된 함수를 사용하면 매트랩 프로그램에서 처리할 수 있는 가장 큰 실수와 정수 값, 가장 작은 실수와 정수 값을 확인할 수 있다.

realmax 값은 매트랩에서 사용되는 가장 큰 부동소수점 수로 약 2^{1024}인데, 이 수가 2의 거듭제곱 형태인 것은 컴퓨터가 2진수로 연산을 하기 때문이다. 물론 수식의 계산 결과가 너무 크거나 작아서 처리할 수 있는 값의 범위를 벗어난 경우에도 이를 알 수는 있다. 예를 들어 다음 명령을 수행해보자.

```
x = 2.5e200;
y = 1.0e200;
z = x*y
```

표 3.15 계산의 한계 값

realmax	매트랩에서 사용 가능한 가장 큰 부동소수점 수를 알려준다.	realmax ans = 1.7977e + 308
realmin	매트랩에서 사용 가능한 가장 작은 부동소수점 수를 알려준다.	realmin ans = 2.2251e - 308
intmax	매트랩에서 사용 가능한 가장 큰 정수를 알려준다.	intmax ans = 2147483647
intmin	매트랩에서 사용 가능한 가장 작은 정수를 알려준다.	intmin ans = -2147483648

그러면 매트랩은 다음 결과를 출력한다.

```
z =
   Inf
```

이렇게 되는 것은 정답인 (2.5e400)이 숫자의 허용범위를 벗어나기 때문이다. 이와 같은 오류를 **지수**(exponent) 값의 **오버플로**(overflow)라고 하는데, 이것은 계산 결과가 너무 커서 컴퓨터의 메모리에 저장할 수 없을 때 발생한다.

지수 값의 **언더플로**(underflow)도 비슷한 오류인데, 이것은 계산 결과가 너무 작은 값이라 컴퓨터의 메모리에 저장할 수 없을 때 발생한다. realmin 함수는 매트랩에서 사용할 수 있는 가장 작은 숫자를 반환한다. 다음에서 보듯이 허용범위 안에 있는 수를 사용하는 연산에서도 지수 언더플로가 발생할 수 있다. 다음 명령을 실행하면

```
x = 2.5e-200;
y = 1.0e200
z = x/y
```

다음 결과가 나온다.

```
z = 0
```

즉 지수 언더플로의 결과로 0이 된 것이다.

나눗셈에서 0으로 나누는 것은 허용되지 않는다는 사실을 알고 있을 것이다. 어떤 수나 수식을 0으로 나누면 다음과 같이 무한대가 된다.

```
z = y/0
z =
      Inf
```

아주 큰 수나 아주 작은 수를 사용해 계산을 수행할 때 계산 순서를 잘 배치하면 언더플로나 오버플로가 발생하는 것을 막을 수 있다. 예를 들어 다음과 같이 곱셈을 연이어서 하는 경우를 살펴보자.

$$(2.5\times10^{200})\times(2\times10^{200})\times(1\times10^{-100})$$

이 계산식의 정답 5×10^{300}은 매트랩의 허용범위 안에 들어간다. 그런데 이 계산 문제를 매트랩에 입력해 실행하면 다음과 같은 결과가 나온다.

핵심 개념
주의 깊게 계획을 세워 연산을 하면 오버플로나 언더플로를 피할 수 있다.

```
2.5e200*2e200*1e-100
ans =
        Inf
```

매트랩은 왼쪽에서 오른쪽으로 계산을 수행하므로 첫 번째 곱셈의 결과인 5×10^{400}은 매트랩의 허용범위(1.7977×10^{308})를 벗어난다. 따라서 Inf라는 결과를 출력했다. 그러나 이 문제의 순서를 다음과 같이 바꾸면

```
2.5e200*1e-100*2e200
ans =
       5.0000e+300
```

이 되어 오버플로가 생기는 것을 피하면서 정확한 답을 계산할 수 있다.

3.9 특수한 값과 기타 함수

대부분의 함수는 입력 인수를 필요로 하지만 그렇지 않은 함수도 있다. 표 3.16에 수록된 함수는 입력을 필요로 하지 않는데 이 함수들은 마치 스칼라 상수처럼 사용된다.

매트랩에서는 특수한 값을 나타내는 이러한 함수의 이름을 다른 변수의 이름으로 다시 정의해 사용할 수 있다. 그러나 이렇게 하면 뜻하지 않은 결과가 발생할 수 있다. 예를 들어 pi를 다음과 같이 다른 수를 저장하는 변수로 다시 정의할 수 있지만, 이렇게 하는 것은 바람직하지 않다.

```
pi = 12.8;
```

지금부터는 변수 pi를 호출하게 되면 새로 설정된 값이 사용된다. 이와 마찬가지로 어떤 함

표 3.16 특수함수

pi	상수 π	pi ans = 3.1416
i	허수	i ans = 0 + 1.0000i
j	허수	j ans = 0 + 1.0000i
Inf	무한대, 계산 과정에서 오버플로가 발생하거나 어떤 수를 0으로 나눌 때 표시된다.	5/0 Warning: Divide by zero. ans = Inf
NaN	Not a number(숫자가 아님). 계산을 할 수 없을 때 표시된다.	0/0 Warning: Divide by zero. ans = NaN inf/inf ans = NaN
clock	현재 시각 6개의 원소(년, 월, 일, 시, 분, 초)로 구성된 배열을 출력한다. 옆의 예에서 clock 함수가 호출된 시각은 2021년 11월 26일 오전 9시 46분 4.6초이다.	clock ans = 2021 11 26 9 46 4.655
date	현재 날짜 clock 함수와 기능은 비슷하지만, '문자열 형식'으로 날짜를 출력한다.	date ans = '26-Nov-2021'
eps	1과 1 다음으로 큰 배정밀도 부동소수점 수의 차이(즉 인접한 두 배정밀도 부동소수점 수 사이의 간격임)	eps ans = 2.2204e-016

수 이름이라도 다음 예에서 보듯이 변수 이름으로 다시 정의할 수 있다.

```
sin = 10;
```

sin을 변수에서 다시 삼각함수로 되돌리고 pi도 원래의 값으로 되돌리고 싶은 경우에는 다음 명령으로 작업공간 전체를 클리어하거나

```
clear
```

다음과 같이 두 변수만을 각각 클리어하면 된다.

```
clear sin
clear pi
```

이제 다시 pi를 입력하면

```
pi
```

다음과 같이 출력된다.

```
pi =
3.1416
```

NaN 함수는 '수가 아님'을 나타낸다. 예를 들어 사용자가 0/0과 같이 계산 값이 정의되지 않은 계산을 하게 되면 매트랩은 NaN을 출력한다. NaN은 배열에서 빈칸을 채워주는 '자리표(placeholder)'로 유용하게 쓰일 수 있다.

HINT 매트랩을 사용하는 과정에서 특수함수인 i를 무심코 변수로 다시 정의해 사용하는 일이 흔히 일어나므로 주의해야 한다.

실습문제 3.11

정답은 피어슨 출판사의 웹사이트 https://www.pearsonhighered.com/moore에서 확인할 수 있다.

1. clock 함수를 사용해 날짜와 시간을 표시하라.
2. date 함수를 사용해 날짜를 표시하라.
3. 매트랩으로 다음 계산을 수행하고, 그 결과를 설명하라.
   a. 322! (!은 수학에서 차례곱이다.)
   b. $5 * 10^{500}$
   c. $1/5 * 10^{500}$
   d. 0/0

요약

이 장에서는 매트랩에 내장되어 있는 다음과 같은 함수를 살펴보았다.

- 기본 수학함수
  - 지수함수
  - 로그함수
  - 제곱근 함수
- 근사(어림)함수
- 이산수학용 함수
  - 차례곱 함수
  - 소수 함수
- 삼각함수
  - 표준 삼각함수
  - 역삼각함수
  - 쌍곡선 삼각함수
  - 라디안(radian) 단위 대신 도(degree) 단위를 사용하는 삼각함수
- 데이터 분석 함수
  - 최댓값과 최솟값 함수
  - 평균(평균값과 중앙값) 함수
  - 덧셈과 곱셈 함수
  - 정렬 함수
  - 표준편차와 분산 함수
- 난수 생성 함수
  - 균일분포형 난수 함수
  - 정규(가우스)분포형 난수 함수
- 복소수 처리 함수

또한 이 장에서는 매트랩이 가진 계산상의 한계에 대해 알아보았다. 그리고 `pi`와 같이 매트랩에 저장된 특수한 값에 대해서도 살펴보았다.

매트랩 요약

다음 표는 이 장에서 살펴본 특수문자, 명령어와 함수를 정리한 것이다.

특수문자와 함수

eps	매트랩이 구별할 수 있는 가장 작은 차이
i	허수
clock	시간을 출력한다.
date	날짜를 출력한다.
Inf	무한대
intmax	매트랩에서 사용 가능한 가장 큰 정수 값을 알려준다.
intmin	매트랩에서 사용 가능한 가장 작은 정수 값을 알려준다.
j	허수
NaN	수가 아님(not a number)
pi	무리수 π
realmax	매트랩에서 사용 가능한 가장 큰 부동소수점 수를 알려준다.
realmin	매트랩에서 사용 가능한 가장 작은 부동소수점 수를 알려준다.

명령어와 함수

abs	실수에 대해서는 절댓값을 계산하고 복소수에 대해서는 크기를 계산한다.
angle	복소수를 극좌표로 표시하는 경우 각도를 계산한다.
asin	아크사인(역사인) 값을 계산한다.
asind	아크사인 값을 계산하고 그 결과를 도 단위로 표시한다.
ceil	+ 무한대 방향으로 가장 가까운 정수로 근삿값을 구한다(즉 올림 방식으로 근삿값을 구한다).
complex	복소수를 만든다.
conj	복소수의 켤레복소수를 만들어낸다.
cos	라디안 단위의 각도에 대해 코사인 값을 계산한다.
cosd	도 단위의 각도에 대해 코사인 값을 계산한다.
cumprod	배열에 있는 원소들의 누적곱을 계산한다.
cumsum	배열에 있는 원소들의 누적합을 계산한다.
deg2rad	degree 단위(도)를 radian 단위(라디안)로 변환한다.
erf	에러 함수(error function) 값을 계산한다.
exp	e^x 값을 계산한다.
factor	소인수를 구한다.
factorial	차례곱을 계산한다.
fix	0을 향해 가장 가까운 정수로 근삿값을 구한다(즉 버림 방식으로 근삿값을 구한다).
floor	− 무한대 방향으로 가장 가까운 정수로 근삿값을 구한다(즉 내림 방식으로 근삿값을 구한다).
gcd	최대 공약수를 구한다.
help	도움말 기능을 사용한다.
helpwin	창 형태의 화면으로 도움말 기능을 사용한다.
imag	복소수의 허수 성분을 구한다.
isprime	어떤 수가 소수인지 아닌지 알려준다.
isreal	어떤 수가 실수인지 아닌지 알려준다.
lcm	최소 공배수를 구한다.
length	배열에서 행의 수와 열의 수 중 큰 값을 알려준다.
log	자연로그 또는 밑수가 e인 로그($\log_e$) 값을 계산한다.
log10	상용로그 또는 밑수가 10인 로그($\log_{10}$) 값을 계산한다.
log2	밑수가 2인 로그($\log_2$) 값을 계산한다.
max	배열의 원소 중에서 최댓값과 그 값의 위치를 구한다.
mean	배열에서 모든 원소의 평균값을 구한다.
median	배열의 원소 중에서 중앙값을 구한다.
min	배열의 원소 중에서 최솟값과 그 값의 위치를 구한다.

명령어와 함수 (계속)

mode	배열의 원소 중에서 가장 많이 나타나는 값(최빈값)을 구한다.
nchoosek	크기가 n개인 그룹에서 크기가 k인 하위 그룹의 가짓수를 구한다.
nthroot	입력 배열의 *n* 제곱근을 구한다.
numel	배열의 총 원소 수를 구한다.
primes	입력값보다 작은 수 중에서 소수를 구한다.
prod	배열 내의 모든 원소의 곱을 구한다.
rad2deg	radian 단위(호도)를 degree 단위(도)로 변환한다.
rand	균일분포형 난수를 만든다(실수 사용).
randn	정규분포형(가우스 분포) 난수를 만든다.
randi	균일분포형 난수를 만든다(정수 사용).
rats	입력값을 유리수(즉 분수) 형식으로 표시한다.
real	복소수의 실수 성분 값을 되돌려준다.
rem	나눗셈에서 나머지를 구한다.
round	입력값에 가장 가까운 정수로 근삿값을 구한다(즉 반올림 방식으로 근삿값을 구한다).
sign	값의 부호가 (+)인지 (−)인지 알려준다.
sin	라디안 단위의 각도에 대해 사인 값을 계산한다.
sind	도 단위의 각도에 대해 사인 값을 계산한다.
sinh	쌍곡선 사인 함수 값을 계산한다.
size	배열의 행과 열의 수를 알려준다.
sort	벡터의 원소들을 정렬한다.
sortrows	벡터의 행 전체를 첫 번째 열을 기준으로 해 오름차순으로 정렬한다.
sound	음악파일을 재생한다.
sqrt	제곱근을 계산한다.
std	표준편차를 계산한다.
sum	배열의 모든 원소의 합을 구한다.
tan	라디안 단위의 각도에 대해 탄젠트 값을 계산한다.
var	분산을 계산한다.

핵심 용어

가우스 난수(Gaussian random number)
균일분포형 난수(uniform random number)
극좌표(polar coordinate)
복소수(complex number)
분산(variance)
실수(real number)
언더플로(underflow)
오버플로(overflow)
유리수(rational number)
이산수학(discrete mathematics)
인수(argument)
정규분포형 난수(normal random number)
중앙값(median)
중첩(nesting)
평균(average)
평균값(mean)
표준편차(standard deviation)
함수(function)
함수입력(function input)

연습문제

기본 수학함수

3.1 nthroot 함수를 사용해 −5의 세제곱근을 구하라. 또 −5의 1/3 제곱을 계산하라. 두 답에 차이가 있는지 설명하라. 또 두 답이 모두 정답인 것을 증명할 수 있도록 각각의 답을 세제곱해 −5가 나오는지 확인하라.

3.2 매트랩은 자연로그를 계산하는 함수(log), 밑수가 10인 로그를 계산하는 함수(log10), 밑수가 2인 로그를 계산하는 함수(log2)를 내장하고 있다. 그러나 밑수가 이와 다른 경우, 예를 들어 밑수가 b이면 다음 공식을 이용해 계산할 수 있다.

$$\log_b(x) = \frac{\log_e(x)}{\log_e(b)}$$

b가 1~10까지 1씩 증가할 경우에 $\log_b 10$ 값을 구하라.

3.3 생물의 개체 수는 지수함수 형태로 증가하는 경향을 보인다. 즉 다음과 같다.

$$P = P_0 e^{rt}$$

여기에서

P = 현재 개체 수
P_0 = 최초 개체 수
r = 연속 개체 증가율(1보다 작은 수)
t = 시간

여러분이 100마리의 토끼를 기른다고 하자. 이 토끼들의 연속 개체 증가율은 해마다 90%($r = 0.9$)이다. 10년이 지난 후 토끼는 모두 몇 마리가 되겠는가?

3.4 화학반응속도는 반응속도상수 k에 비례하는데, 다음의 아레니우스 방정식(Arrhenius equation)에서 보듯이 k는 온도에 따라 변한다.

$$k = k_0 e^{-Q/RT}$$

어떤 화학반응에서

Q = 8000 cal/mol
R = 1.987 cal/mol K
k_0 = 1200 min^{-1}

라고 하자. 온도가 100~500 K까지 50 K씩 증가할 때 각 온도에서 k 값을 구하라. 계산 결과를 표로 출력하라.

3.5 그림 P3.5에 나타낸 대형 주택의 온도 조절 문제를 생각해보자.

이 집은 실내에서 사용하는 조명설비와 전기용품에서 발생하는 열, 바깥에서 새어 들어오는 열, 집 안에 있는 사람이 발산하는 열에 의해 실내온도가 올라간다. 에어컨 장치가 이 모든 열에너지를 제거할 수 있어야 실내온도가 상승하는 것을 막을 수 있다. 집 안에 있는 20개의 전구는 1개마다 초당 100 J/s의 비율로 에너지를 방출하고, 4개의 전기용품은 1개마다 500 J/s의 비율로 에너지를 방출하고 있다. 또한 밖에서 집 안으로 들어오는 열에너지의 비율이 3000 J/s일 때 다음을 구하라.

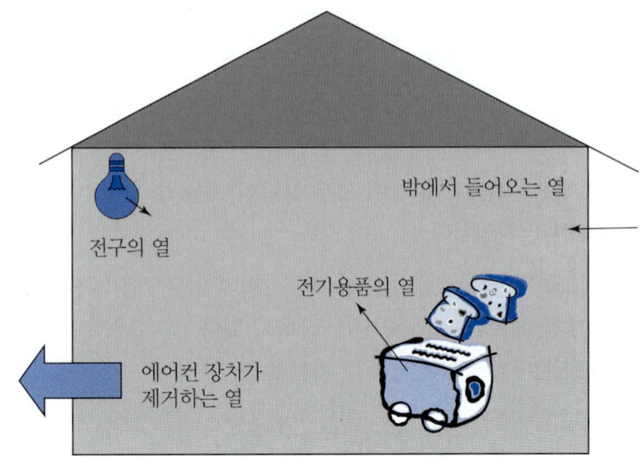

그림 P3.5
에어컨 장치는 여러 가지 열원으로부터 발생하는 열을 제거해야 한다.

(a) 에어컨 장치는 초당 얼마만큼의 에너지를 집 안에서 제거해야 하는가?

(b) 에어컨 장치 한 대가 2000 J/s의 비율로 에너지를 처리할 수 있다면, 실내온도를 일정하게 유지하기 위해서는 몇 대의 에어컨 장치가 필요한가?

3.6 (a) 사람 4명을 한 줄로 세우는 방법은 모두 몇 가지인가?

(b) 10개의 서로 다른 타일을 배열하는 방법에는 몇 가지가 있는가?

3.7 (a) 사람 12명 중 2명을 골라 위원회를 구성하는 방법에는 모두 몇 가지가 있는가? 여기에서 마리아와 앨리스로 구성된 위원회와 앨리스와 마리아로 구성된 위원회는 같은 위원회라는 것에 주의하라.

(b) 학생 30명 중 11명을 골라 축구팀을 구성하는 방법에는 모두 몇 가지가 있는가? (여기에서 순서는 중요하지 않다는 점에 주의하라.)

(c) (b)에서 선수마다 특별한 역할이 주어지는 경우, 축구팀을 구성하는 방법에는 모두 몇 가지가 있는가? 여기에서는 순서를 고려해야 한다는 점에 주의하라.

3.8 카드 한 벌에는 모두 52장의 서로 다른 카드가 있다. 이 중 5장의 카드를 골라 한 패를 만든다면 모두 몇 가지의 서로 다른 패가 나오는가? 여기에서 5장의 카드를 배열하는 방법은 모두 120(=5!)가지라는 사실에 주의하라.

3.9 암호학에서는 매우 큰 소수를 사용한다. 10,000~20,000 사이에 있는 소수는 몇 개인가? (이 범위의 소수들은 암호에 유용하게 쓰일 만큼 충분히 크지는 않다.) (*힌트*: `prime` 함수와 `length` 함수를 이용하라.)

삼각함수

3.10 계산기를 사용하는 대신에 사인, 코사인, 탄젠트 값이 나와 있는 표를 사용하는 것이 편리한 경우가 가끔 생긴다. 각도가 0에서 2π까지 0.1 radian씩 증가할 때 이 세 종류의 삼각함수 값을 구해 표로 만들라. 이 표의 각 열은 각도, 사인 값, 코사인 값, 탄젠트 값으로 구성되어야 한다.

3.11 그림 P3.11과 같이 진동하는 용수철의 변위는 다음과 같이 나타낼 수 있다.

$$x = A\cos(\omega t)$$

여기에서

x = 시간 t에서의 변위

A = 최대 변위

ω = 각주파수(용수철의 탄성계수와 용수철에 달린 질량에 의해 결정되는 값)

t = 시간

최대 변위 A가 4 cm이고 각주파수 ω가 0.6 radian/sec일 때 0~10초까지의 시간 구간에서 변위 x를 구하라. 이 결과를 시간 값과 변위 값으로 이루어진 표로 만들어 출력하라.

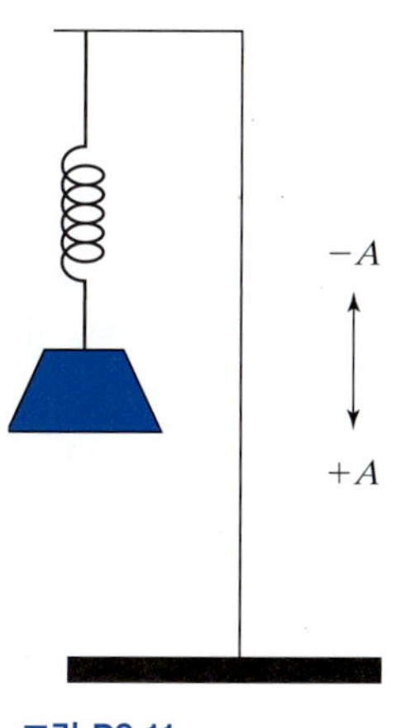

그림 P3.11
진동하는 용수철

3.12 앞의 문제에서 용수철의 가속도는 다음 식으로 표시된다.

$$a = -A\omega^2 \cos(\omega t)$$

앞에서 사용한 상수 값을 이용해 0~10초까지의 시간 구간에서 가속도 값을 구하고 표로 출력하라. 이 표는 시간 값, 앞의 문제에서 구한 변위 값, 여기에서 구한 가속도 값으로 구성한다.

3.13 그림 P3.13에 있는 빌딩의 높이를 삼각법을 사용해 구할 수 있다. 측정 위치와 빌딩을 연결하는 수평선과 측정 위치에서 빌딩 꼭대기를 연결하는 시선의 각도를 측정하면 다음 공식을 사용해 빌딩의 높이를 계산할 수 있다.

$$\tan(\theta) = h/d$$
$$h = d\tan(\theta)$$

측정 위치에서 빌딩까지의 거리가 120 m이고 지면과 시선 사이의 각도가 30°±3°라고 하자. 빌딩 높이의 최댓값과 최솟값을 구하라.

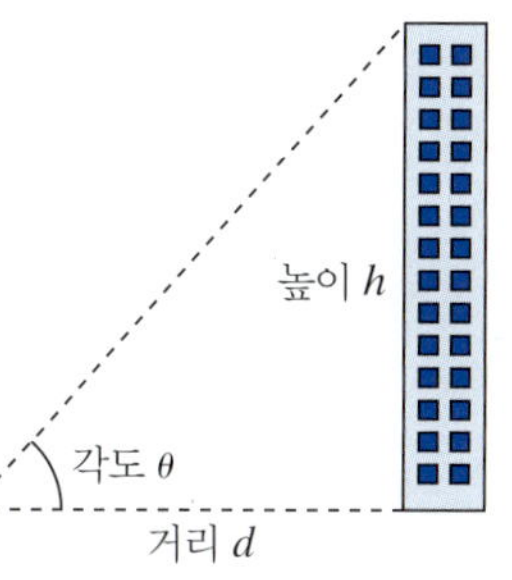

그림 P3.13
빌딩의 높이를 삼각법으로 구할 수 있다.

3.14 앞 문제의 빌딩에 대해 다음 물음에 답하라.

(a) 빌딩의 높이가 200피트이고 관측자가 빌딩으로부터 20피트 떨어져 있다고 할 때, 관측자가 빌딩의 꼭대기를 보기 위해 머리를 들어 올려야 하는 각도는 얼마인가? (관측자의 머리 위치는 지면과 같다고 가정한다.)

(b) 관측자의 머리와 빌딩 꼭대기 사이의 거리를 구하라.

(c) 심화문제: 머리 위치가 지면과 수평이 아니라 지면에서 6피트 높이에 있다고 가정할 때 (a), (b)를 다시 풀라.

자료분석함수

3.15 표 P3.15는 열전쌍(thermocouple)으로 측정한 화학반응기 안의 온도 데이터이다.

이 표의 데이터가 저장된 *thermocouple.dat* 파일이 있으면 이를 이용하고, 이를 구할 수 없는 경우에는 이 표의 데이터를 직접 쳐서 넣으라. 매트랩을 사용해 다음을 구하라.

(a) 열전쌍마다 측정한 최고 온도를 구하라.

(b) 열전쌍마다 측정한 최저 온도를 구하라.

표 P3.15 화학반응기 온도 데이터

열전쌍 1	열전쌍 2	열전쌍 3
84.3	90.0	86.7
86.4	89.5	87.6
85.2	88.6	88.3
87.1	88.9	85.3
83.5	88.9	80.3
84.8	90.4	82.4
85.0	89.3	83.4
85.3	89.5	85.4
85.3	88.9	86.3
85.2	89.1	85.3
82.3	89.5	89.0
84.7	89.4	87.3
83.6	89.8	87.2

3.16 어떤 물체를 x축에 대해 각도 θ로 발사할 때 초기속도가 v_0이라고 하면(그림 P3.16 참조), 물체가 날아간 거리는 다음과 같이 구할 수 있다.

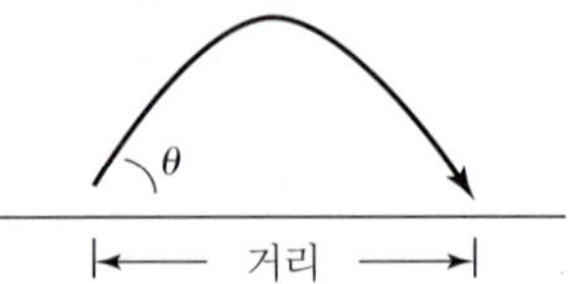

그림 P3.16
물체가 날아가는 거리는 발사각도와 발사속도에 따라 달라진다.

$$\text{날아간 거리} = \frac{v_0^2}{g}\sin(2\theta)$$

여기에서 $0 \le \theta \le \pi/2$이고 공기저항은 무시하자. $g = 9.81$ m/s^2, 초기속도 $v_0 = 100$ m/s이다. θ를 0과 $\pi/2$ 사이에서 $\pi/100$씩 증가시켜 계산하면서 날아간 거리가 최대가 되는 각도 $\theta = \pi/4$ 근처인지 확인하라. 계산하는 각도의 간격이 $\pi/100$ radian이므로 최대가 되는 각도 가 정답인 $\pi/4$와 정확하게 같지는 않을 것이다.

3.17 다음 벡터는 동역학 강좌 수강생의 학기말 시험 점수 분포를 나타낸 것이다.

$G = [68, 83, 61, 70, 75, 82, 57, 5, 76, 85, 62, 71, 96, 78, 76, 68, 72, 75, 83, 93]$

벡터 G의 평균값, 중앙값, 최빈값, 표준편차를 구하라. 평균값, 중앙값, 최빈값 중 어느 것이 '전체 학생'의 점수를 잘 대표해서 나타내고 있는가? 그 이유는 무엇인가? 이 배열에 들어 있는 점수의 개수를 매트랩으로 구하고(손으로 세지 말라), 점수를 오름차순으로 정렬하라.

3.18 평균값 80, 표준편차 23.5인 10,000개의 가우스 난수를 만들라(명령창이 표시된 데이터로 가득 차는 것이 싫으면 화면에 출력되지 않게 하면 된다). `mean` 함수를 사용해 생성된 배열이 실제로 평균값 80을 가지는지 확인하고, 표준편차가 실제로 23.5인지 `std` 함수로 확인하라.

3.19 `date` 함수를 사용해 과제물에 작성 당일의 날짜를 추가하라.

난수

3.20 2개의 주사위를 굴려서 하는 게임이 많이 있다. 각 주사위에는 1~6까지의 값이 표시되어 있다.

(a) `randi` 함수와 근사함수를 사용해 주사위 1개를 한 번 굴릴 때 나오는 숫자를 모의실험(simulation)으로 구하라.

(b) (a)의 결과를 이용해 두 번째로 다른 주사위를 굴렸을 때 나오는 숫자를 모의실험으로 구하라.

(c) (a), (b)의 결과를 더해 두 주사위를 차례대로 굴렸을 때 나오는 숫자의 합을 구하라.

(d) 숫자를 만들어내는 프로그램을 만들어 여러분이 좋아하는 보드게임에 활용하라.

3.21 세심한 주의가 필요한 의약물질을 병원 간에 수송하는 데 사용할 컨테이너를 설계하고 있다고 하자. 이 컨테이너는 내용물을 정해진 온도 범위 안으로 유지시켜야 한다. 그래서 컨테이너가 외부 온도에 어떻게 반응하는지 예측하는 모델을 만들었다. 이제 이 모델로 모의실험을 해보자.

(a) 2시간 범위에서 평균 70°F, 표준편차 2°F의 정규분포(가우스 분포)를 가진 온도 분포를

만들라. 즉 0~120분까지 0.5분 간격으로 총 241개의 온도 데이터가 들어 있는 배열을 만들어야 한다.

(b) 이 데이터를 $x-y$ 평면에 그려라. 축 이름은 붙이지 않아도 된다. 매트랩에서 그래프를 그리는 함수는 `plot(x,y)` 이다.

(c) 최고 온도, 최저 온도를 구하고 이 온도가 발생한 시각도 함께 구하라.

복소수

3.22 그림 P3.22의 회로가 다음 부품으로 이루어져 있다.

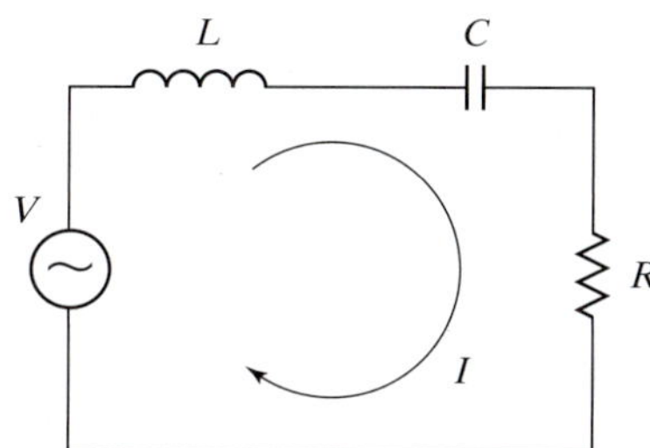

그림 P3.22
시간에 따라 크기가 사인 형태로 변하는 전압원 V

- 사인파 전압원 V
- 인덕턴스 값이 L인 인덕터
- 커패시턴스 값이 C인 커패시터
- 저항값이 R인 저항

이 회로에 흐르는 전류 I는 다음 식으로 표시되는 옴의 법칙을 이용해 구할 수 있다. 이 식은 직류는 물론 교류 회로에도 적용되는 일반적인 수식이다.

$$V = IZ_T$$

여기에서 Z_T는 회로의 총임피던스이다(임피던스는 교류 회로의 저항을 나타내는 양이다).

각 부품의 임피던스 값이 다음과 같고

L의 임피던스: $Z_L = 0 + 5j\ \Omega$
C의 임피던스: $Z_C = 0 - 15j\ \Omega$
R의 임피던스: $Z_R = 5 + 0j\ \Omega$
총임피던스: $Z_T = Z_C + Z_L + Z_R$

전압원의 인가전압이

$$V = 10 + 0j \text{ volts}$$

일 때, 회로에 흐르는 전류 I를 구하라(전기·전자공학에서는 복소수의 허수를 나타낼 때 주로 i 대신 j를 사용한다).

계산 결과는 복소수로 나올 것이다. 계산을 하기 위해 임피던스의 복소수 값을 입력할 때 `complex` 함수를 사용하라.

3.23 인덕턴스 L의 임피던스와 커패시턴스 C의 임피던스를 구하는 식이 다음과 같다.

$$Z_C = \frac{1}{\omega C j}$$
$$Z_L = \omega L j$$

그림 P3.22의 회로에서 부품의 값이 다음과 같다.

$$C = 1\ \mu\text{F}$$
$$L = 200\ \text{mH}$$
$$R = 5\ \Omega$$
$$f = 15\ \text{kHz}$$
$$\omega = 2\pi f$$
$$V = 10\ \text{V}$$

(a) 커패시터 C의 임피던스 Z_C와 인덕터 L의 임피던스 Z_L을 구하라.

(b) 총임피던스를 다음 식으로 구하라.

$$Z_T = Z_C + Z_L + R$$

(c) 다음 옴의 법칙을 사용해 전류 I를 구하라.

$$V = IZ_T$$

(d) 전기·전자공학에서는 복소수를 실수와 허수 대신 크기와 각도로 나타내는 극좌표 형식을 많이 사용한다(복소수는 복소평면 위의 한 점으로 표시할 수 있는데, 복소평면의 x축은 복소수의 실수 부분, y축은 복소수의 허수 부분을 나타낸다). `abs` 함수를 사용해 (c)에서 구한 전류의 크기를 계산하고, `angle` 함수를 사용해 전류의 각도를 계산하라.

3.24 표 P3.24를 살펴보자. 이 표의 데이터는 미국 국립해양기상청(NOAA) 산하의 미국 국립환경정보센터 웹사이트에서 다운로드한 것으로 2015년 한 해 동안 덴버 공항에서 수집한 기온 데이터이다. 이 데이터는 이름이 *Denver_Climate_Data_2015.xlsx*인 엑셀 스프레드시트 파일에 저장되어 있다. 이 파일을 가져와서(import) 각 열을 벡터로 만들라.

EMXP: 일일 최대 강수량[단위: 인치(inch)]
MMNT: 월평균 최저기온(단위: °F)
EMXT: 일일 최고기온(단위: °F)
MXSD: 최대 적설량[단위: 인치(inch)]
MMXT: 월평균 최고기온(단위: °F)

표 P3.24 2015년 콜로라도주 덴버시의 월간 기온 데이터

날짜	EMXP	MXSD	TPCP	TSNW	EMXT	EMNT	MMXT	MMNT	MNTM
20150101	0.12	0	0.37	7.2	75	–9.8	46.8	21.2	34
20150201	0.37	1	1.25	22.4	73.9	–5.8	46.6	21.2	34
20150301	0.34	0	0.79	2.9	81	2.1	58.8	31.3	45.1
20150401	1.22	0	2.65	5.3	79	27.1	62.1	35.4	48.7
20150501	1.08	0	3.76	4	84.9	27.1	63.3	42.8	53.1
20150601	0.99	0	2.54	0	93.9	51.1	82.9	56.1	69.4
20150701	0.33	0	1.07	0	97	52	87.6	57.9	72.7
20150801	0.68	0	1.18	0	98.1	43	89.8	58.3	74.1
20150901	0.07	0	0.11	0	91.9	44.1	85.3	53.6	69.4
20151001	0.79	0	1.76	0	87.1	28.2	70.2	42.8	56.5
20151101	0.5	0	2.13	11.2	75	3.2	51.3	25.7	38.5
20151201	0.32	1	0.71	11.3	69.1	0.1	41	18.1	29.5

TPCP: 총강수량[단위: 인치(inch)]
EMNT: 일일 최저기온(단위: °F)
MNTM: 월평균 기온(단위: °F)
TSNW: 총강설량[단위: 인치(inch)]

(a) TPCP 열을 사용해 2015년 총강수량을 구하라.
(b) MMXT 열을 사용해 2015년 월평균 최고기온의 평균을 구하라.
(c) MXSD 열을 사용해 2015년 최대 적설량을 구하라.
(d) TSNW 열을 사용해 최대 총강설량을 구하라.

3.25 NOAA의 미국 국립환경정보센터 웹사이트를 방문해 여러분이 관심을 두고 있는 지역의 기상 데이터를 다운로드하라(지역을 찾을 때 공항 이름을 사용하면 좋다. 예를 들어 콜로라도주에 있는 덴버시라면 DEN을 사용한다). 데이터 파일을 사용해 지난해 1년 동안의 최고기온과 최저기온을 구하라.

3.26 에어나우(AirNow) 웹페이지에서는 전 세계 여러 지역의 공기질 지수(air quality index, AQI)를 온라인으로 제공한다. 에어나우는 미국의 여러 연방, 부족, 주, 지역 기관과 동반관계를 구축해 AQI를 비롯한 다양한 대기질 데이터를 수집한다. 미국 국무부는 미국 내 지역 외에도 미국 대사관과 영사관으로부터 데이터를 제공한다. 캐나다와 멕시코의 여러 지역도 이 데이터 공유 동반관계에 참여하고 있다. 에어나우 웹페이지에서 .csv 파일로 정보를 다운로드할 수 있다.

- 검색 엔진을 사용해 에어나우 웹페이지를 찾아 관심 위치를 선택한다.
- 과거 데이터(historical data)를 선택한다.
- 가장 최근 연도의 AQI 데이터를 다운로드한다. 파일은 Mumbai_PM2.5_2020_YTD.csv와 같은 형태여야 한다.

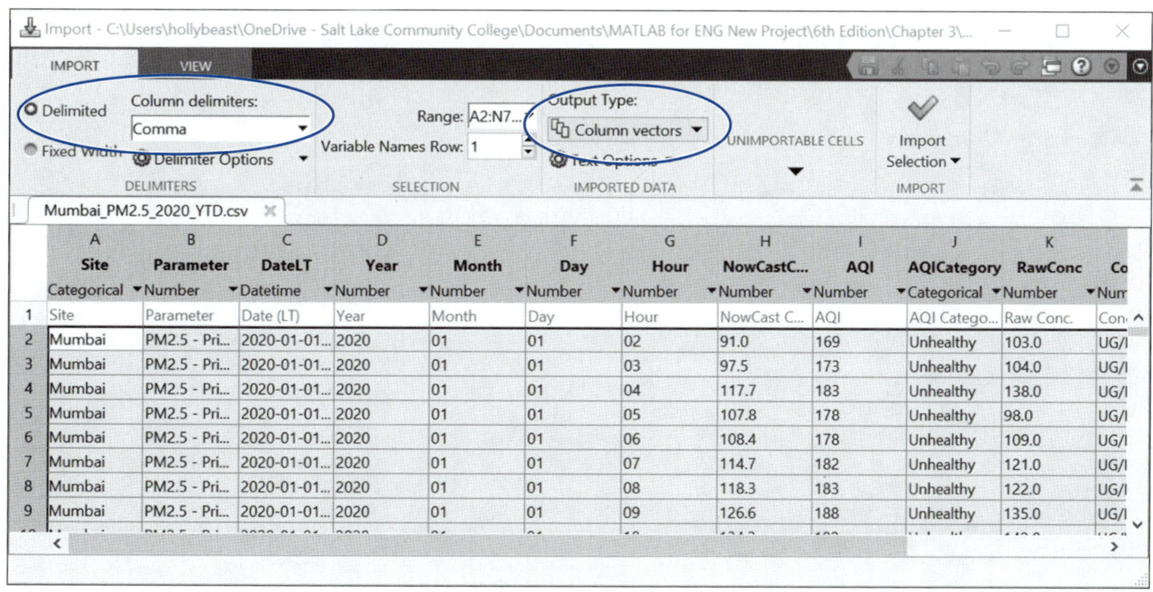

P3.26
2020년 인도 뭄바이의 대기질 데이터. 2021년 7월 30일 에어나우에서 검색(www.airnow.gov)

- `uiimport` 함수를 사용해 파일을 매트랩으로 가져온다. 그림 P3.26과 같이 출력 유형을 '열벡터(Column vectors)'로 선택하고 '구분(Delimited)' 옵션이 선택되어 있는지 확인한다.
- `max` 함수를 사용해 한 해 동안 관측된 AQI의 최댓값을 구한다.

4 매트랩에서 배열 다루기

학습목표

- 배열을 다룬다.
- 배열로부터 데이터를 추출한다.
- 크기가 다른 2개의 행렬변수로 문제를 푼다.
- 특수 행렬을 만들고 사용한다.
- 문자와 문자열을 구분한다.
- 수열을 조작해 텍스트 데이터를 분석하고 조작한다.

서론

기본적인 매트랩 데이터 유형은 **배열**(array)이며, 매트랩의 모든 정보는 배열에 저장된다. 이 장에서는 숫자를 위한 배열과 텍스트를 위한 배열을 다루는 방법에 대해 살펴본다.

핵심 개념
매트랩에서 배열(array)과 행렬(matrix)이라는 용어는 종종 같은 의미로 사용된다. 그러나 기술적으로 배열은 선형대수학에서 행렬 계산에 사용되는 경우에만 행렬이다.

4.1 숫자 배열 다루기

앞으로 여러분이 매트랩으로 여러 가지 복잡한 문제를 풀면 풀수록 작은 배열 여러 개를 결합해 큰 배열로 만들고, 큰 배열에서 정보를 추출해 아주 큰 배열을 만들고, 특수한 성질을 가진 행렬을 사용할 필요성을 더욱더 느끼게 될 것이다.

4.1.1 숫자 배열 만들기

매트랩에서는 대괄호 안에 숫자 목록을 타이핑해 숫자 배열을 만들 수 있다. 숫자들을 분리하기 위해서 빈칸이나 쉼표를 숫자 사이에 넣어준다(빈칸과 쉼표를 함께 사용해도 된다). 새로운 행(row)을 표시할 때에는 세미콜론(;)을 넣어준다. 예를 들면 다음과 같다.

핵심 개념
배열을 정의하는 데에는 다양한 방법이 있다.

```
A = [3.5];
B = [1.5, 3.1]; or B = [1.5 3.1];
C = [-1, 0, 0; 1, 1, 0; 0, 0, 2];
```

다음 예에서 보듯이 각각의 행을 한 줄씩 따로 작성해 행렬을 만들 수도 있다.

```
C =    [-1,  0, 0;
         1,  1, 0;
         1, -1, 0;
         0,  0, 2]
```

이 방법을 사용하면 새로운 행임을 나타내는 세미콜론을 넣어주지 않아도 된다. 즉 매트랩에서는 다음과 같이 입력한 행렬

```
C =    [-1,  0, 0
         1,  1, 0
         1, -1, 0
         0,  0, 2]
```

를 4 × 3 행렬로 인식한다. 1개의 열로 이루어진 열벡터도 다음과 같은 방식으로 만들 수 있다.

```
A = [ 1
      2
      3 ]
```

숫자가 너무 많아서 한 줄에 다 들어가지 않으면 그 줄의 끝에 **생략부호**(ellipsis, ...)를 붙이고 다음 줄에 나머지 숫자를 써넣으면 된다. 생략부호는 다음 줄로 명령이 계속 이어진다는 것을 나타낸다. 매트랩에서 긴 할당명령문을 표시할 때에도 이 생략부호를 사용할 수 있다.

다음 두 가지 방법으로 10개의 값으로 이루어진 행렬 F를 만들 수 있다.

```
F = [1, 52, 64, 197, 42, -42, 55, 82, 22, 109]; or
F = [1, 52, 64, 197, 42, -42, ...
      55, 82, 22, 109];
```

매트랩에서는 행렬을 만들 때 이미 만들어진 다른 행렬을 이용할 수도 있다. 예를 들어 다음 명령문을 실행하면

```
B = [1.5, 3.1];
S = [3.0, B]
```

다음과 같은 행렬이 만들어진다.

핵심 개념
더 작은 배열을 결합해 더 큰 배열을 만들 수 있다.

```
S =
    3.0   1.5   3.1
```

마찬가지로

```
T = [ 1, 2, 3; S]
```

를 실행하면 다음과 같은 행렬이 만들어진다.

```
T =
      1    2      3
      3    1.5    3.1
```

이러한 방식으로 배열을 결합하는 것을 **결합**(concatenation)이라고 한다. 어떤 특정한 **원소**(또는 **요소**)(element)를 가리키는 **인덱스**(index) 번호를 사용하면 행렬 안의 값을 바꿀 수 있고 행렬 안에 값을 추가할 수도 있다. 이러한 과정을 **배열 인덱싱**(indexing into an array)이라고 한다. 다음 명령을 살펴보자.

```
S(2) = -1.0;
```

이 명령은 앞에서 만든 행렬 S의 두 번째 값인 1.5를 −1로 바꾼다. 따라서 명령창에서 행렬 이름 S를 타이핑하고 엔터키를 치면

```
S
```

다음과 같이 출력된다.

```
S =
      3.0    -1.0    3.1
```

새로운 원소를 추가로 만들어 행렬을 확대할 수도 있다. 다음 명령을 실행하면

```
S(4) = 5.5;
```

S의 원소가 3개에서 4개로 확장된다. 원소를 다음과 같이 정의하면

```
S(8) = 9.5;
```

핵심 개념
인덱스 번호는 배열에서 원소의 위치를 식별하거나, 배열에서 원소의 값을 추출하거나, 배열의 새로운 원소를 정의하는 데 사용한다.

행렬 S는 모두 8개의 값을 가지게 되는데, 이때 값을 지정하지 않은 원소 S(5), S(6), S(7)은 0이 된다. 따라서 다음과 같이 명령창에서 S를 치면

```
S
```

다음과 같이 된다.

```
S =
       3.0    -1.0    3.1    5.5    0    0    0    9.5
```

4.1.2 콜론 연산자의 사용

콜론 연산자(:)는 새로운 행렬을 만들고 기존의 행렬을 수정하는 데 매우 강력한 기능을 발휘하는 연산자이다. 콜론 연산자를 사용해 간격이 일정한 원소로 이루어진 행렬을 만들어보자. 예를 들어

```
H = 1:8
```

을 실행하면 다음과 같이 된다.

```
H =
        1    2    3    4    5    6    7    8
```

기본으로 설정되어 있는 간격은 1이다. 그런데 3개의 숫자를 콜론과 함께 사용하는 경우에는 가운데 숫자가 간격이 된다. 따라서

```
time = 0.0:0.5:2.0
```

을 실행하면 다음 배열이 만들어진다.

```
time =
        0    0.5000    1.0000    1.5000    2.0000
```

콜론 연산자는 행렬에서 데이터를 뽑아낼 때에도 사용한다. 이 기능은 데이터 분석에 매우 유용하게 쓰인다. 행렬의 원소를 지정할 때 특정한 인덱스 번호를 쓰는 대신 그 자리에 콜론 연산자를 넣어주면 그 콜론은 행 전체 또는 열 전체를 나타낸다.

예를 들어 행렬 M을 다음과 같이 만들어보자.

```
M = [1 2 3 4 5;
     2 3 4 5 6;
     3 4 5 6 7];
```

이 행렬의 첫 번째 열의 데이터 전체를 뽑아내는 명령은 다음과 같다.

```
x = M(:, 1)
```

이 명령을 수행하면

```
x =
        1
        2
        3
```

이 된다. 이 명령에서 지정하는 것은 '모든 행의 1열에 있는 원소'이다. 다른 열의 원소도 이와 같은 방법으로 뽑아낼 수 있다. 예를 들어

```
y = M(:, 4)
```

라고 입력하면

핵심 개념
콜론 연산자는 배열에서 특정 그룹의 요소를 쉽게 추출할 수 있도록 해준다.

```
y =
      4
      5
      6
```

이 출력된다. 즉 이 명령은 '모든 행의 4열에 있는 원소'를 가리킨다. 이번에는 마찬가지 방법으로 행을 뽑아내 보자.

```
z = M(1,:)
```

을 입력하면

```
z =
      1    2    3    4    5
```

가 되는데 이것은 '모든 열의 1행에 있는 원소'를 지정한다.

행 전체나 열 전체를 뽑아낼 필요가 없는 경우도 있다. 이때 콜론 연산자를 써서 '~행에서 ~행까지'나 '~열에서 ~열까지'를 가리킬 수 있다. 예를 들어 행렬 M에서 아래쪽 두 행(2~3행) 전체를 뽑아내려면

```
w = M(2:3,:)
```

을 타이핑하면 된다. 그러면

```
w =
     2    3    4    5    6
     3    4    5    6    7
```

이 된다. 이것은 '2~3행까지의 모든 열의 원소'를 지정한다. 마찬가지로 행렬 M에서 오른쪽 아래 구석에 있는 4개의 수만 뽑아내는 명령은

```
w = M(2:3, 4:5)
```

이다. 이를 실행하면

```
w =
     5    6
     6    7
```

이 된다. 이것은 '2~3행에 있는 원소 중에서 4~5열에 있는 것'을 가리킨다.

매트랩에서는 원소가 하나도 없는 빈 행렬도 유효한 행렬이다. 예를 들어 다음 두 명령문은 모두 빈 행렬을 만들게 된다.

```
a = [ ];
b = 4:-1:5;
```

마지막으로 다음과 같이 행렬에 콜론 1개만을 사용하는 명령은

```
M(:)
```

행렬 M을 다음과 같이 열이 1개뿐인 열벡터로 변환한다.

```
M(:)
     1
     2
     3
     2
     3
     4
     3
     4
     5
     4
     5
     6
     5
     6
     7
```

이 결과를 보면 행렬 M의 1열의 원소 뒤에 2열의 원소, 그 뒤에 3열의 원소, …, 이런 식으로 차례대로 한 줄로 쭉 이어진 형태이다. 실제로 컴퓨터가 2차원 행렬을 저장할 때에는 2차원 형태로 저장하는 것이 아니라 방금 살펴본 M(:)의 결과처럼 한 줄로 된 긴 목록으로 '취급해' 저장한다. 배열에 들어 있는 어떤 값 하나만을 추출하는 방법에는 두 가지가 있다. 즉 하나의 인덱스 번호를 사용하거나, 행과 열 표기법[때로는 **아래첨자**(subscript)라고도 함]을 사용하는 것이다. 예를 들어 행렬 M에서 2행 3열에 위치한 원소의 값을 알아내려면 다음과 같이 2개의 인덱스 번호를 써준다.

```
M
M =
        1         2         3         4         5
        2         3        (4)        5         6
        3         4         5         6         7
M(2, 3)
ans =
                  4
```

핵심 개념
인덱스 번호 1개 또는 2개(행과 열)를 사용해 행렬 안의 원소를 지정할 수 있다.

이 방법 대신 1개의 인덱스 번호만 사용할 수 있다. 행렬 M의 2행 3열의 원소는 여덟 번째 원소이다(1열부터 아래쪽으로 헤아리고 그다음은 2열 아래쪽, 계속해서 3열 아래쪽, …, 이런 방식으로 한다). 따라서 다음과 같이 명령을 입력하면 된다.

```
M(8)
ans = 4
```

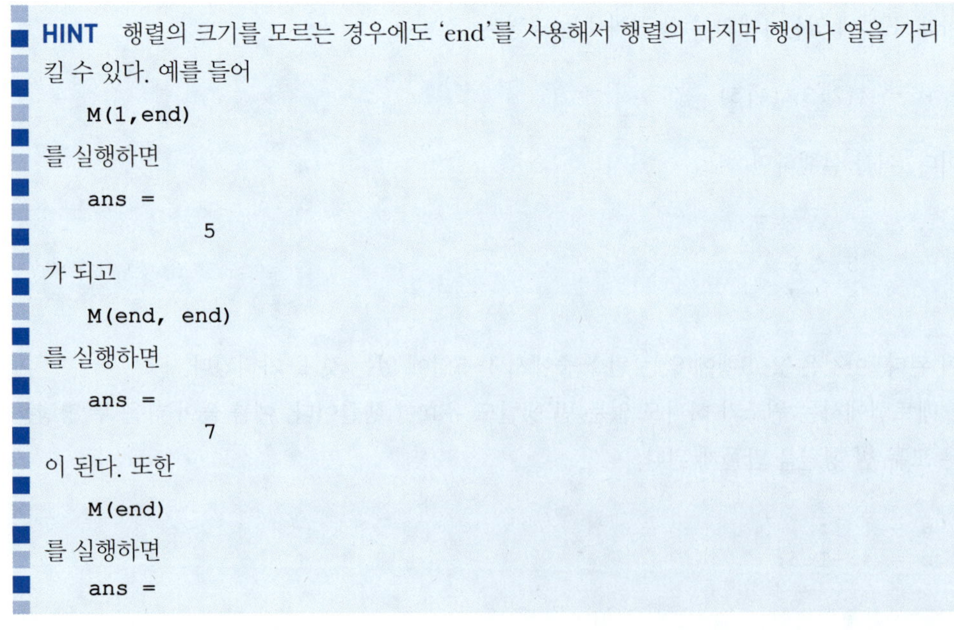

HINT 행렬의 크기를 모르는 경우에도 'end'를 사용해서 행렬의 마지막 행이나 열을 가리킬 수 있다. 예를 들어

```
M(1,end)
```

를 실행하면

```
ans =
        5
```

가 되고

```
M(end, end)
```

를 실행하면

```
ans =
        7
```

이 된다. 또한

```
M(end)
```

를 실행하면

```
ans =
```

7

이 된다.

실습문제 4.1

다음 행렬을 매트랩 변수로 만든 다음 물음에 답하라. 정답은 피어슨 출판사의 웹사이트 https://www.pearsonhighered.com/moore에서 확인할 수 있다.

$$a = \begin{bmatrix} 12 & 17 & 3 & 6 \end{bmatrix} \quad b = \begin{bmatrix} 5 & 8 & 3 \\ 1 & 2 & 3 \\ 2 & 4 & 6 \end{bmatrix} \quad c = \begin{bmatrix} 22 \\ 17 \\ 4 \end{bmatrix}$$

1. 변수 x1에 행렬 a의 두 번째 열에 있는 원소의 값을 할당하라. 이 원소를 가리킬 때 수학에서는 $a_{1,2}$로 쓰므로 이 문제를 수식으로는 x1 = $a_{1,2}$로 나타낼 수 있다.
2. 변수 x2에는 행렬 b의 세 번째 열을 할당하라.
3. 변수 x3에는 행렬 b의 세 번째 행을 할당하라.
4. 변수 x4에는 행렬 b의 대각선 방향을 따라 있는 원소의 값(즉 원소 $b_{1,1}$, $b_{2,2}$, $b_{3,3}$)을 할당하라.
5. 변수 x5에는 행렬 a의 처음 3개 값이 첫 번째 행이 되고, 행렬 b의 모든 값이 2~4행이 되도록 할당하라.
6. 변수 x6에는 행렬 c에 있는 값이 1열이 되고, 행렬 b에 있는 열들이 2, 3, 4열이 되며, 행렬 a에 있는 값이 마지막 행이 되도록 할당하라.
7. 1개의 인덱스 번호를 사용해 변수 x7에 행렬 b의 여덟 번째 원소의 값을 할당하라.
8. 행렬 b를 x8이란 이름의 열벡터로 변환하라.

예제 4.1

온도 데이터 이용하기

미국 기상청에서 수집하는 데이터는 광범위하지만, 이 데이터가 언제나 우리가 원하는 방식으로 정리되어 있는 것은 아니다(그림 4.1 참조). 이 예제에서는 1999년 노스캐롤라이나주 애슈빌(Asheveille)의 기후 데이터를 살펴본다. 이 데이터를 사용해 행렬에 들어 있는 원소를 뽑아내고, 이를 다시 결합해 새로운 행렬로 만드는 등의 행렬 다루는 법을 연습할 것이다.

표에서 뽑아낸 수치정보는 *Asheville_1999.xls*(https://www.pearsonhighered.com/moore 참조)라는 엑셀 파일에 저장되어 있다. 매트랩을 사용해 '연간' 행에 보고된 평균 최고온도, 평균 최저온도, 연간 최고온도, 연간 최저온도가 정확한지 확인하라. 이 4개의 열 데이터를 새로운 배열 *temp_data*로 결합하라.

1. 문제를 명확히 나타낸다.
   1999년 한 해 동안 노스캐롤라이나주 애슈빌의 연간 평균 최고온도, 연간 평균 최저온도, 연간 최고온도, 연간 최저온도를 구한다.

2. 입력과 출력을 표시한다.
   입력 *Asheville_1999.xls*란 엑셀 파일에 저장된 데이터를 매트랩으로 가져와 행렬로 만든다.
   출력 다음 네 가지 값을 구한다.

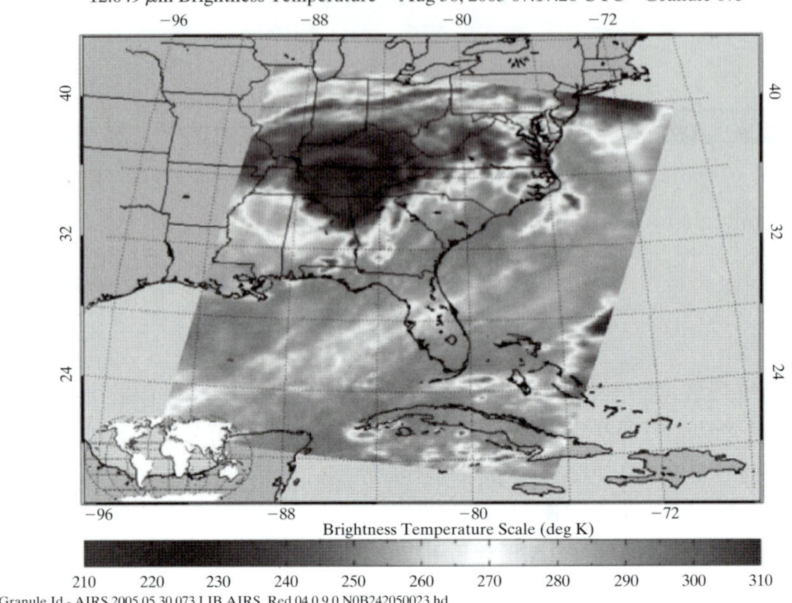

그림 4.1
이 합성 컬러 영상은 기상 위성에서 수집한 온도 데이터를 이용해 만든 것이다(NASA).

연간 평균 최고온도
연간 평균 최저온도
연간 최고온도
연간 최저온도

또한 평균 최고온도와 평균 최저온도, 월간 최고온도와 월간 최저온도로 구성된 행렬을 만든다. 연간 자료는 행렬에 포함되지 않도록 한다.

3. 손이나 계산기로 문제를 미리 풀어본다.
   계산기를 사용해 *Asheville_1999.xls* 파일의 2열에 있는 값을 모두 더한 다음 12로 나눈다.

4. 매트랩으로 문제를 푼다.
   먼저 예제 3.3에서 배운 방법대로 가져오기(import) 기능을 사용해 엑셀 파일의 데이터를 매트랩에 *Asheville_1999*라는 이름의 변수로 불러들인다. 그다음 변수 *Asheville_1999*를 *Asheville_1999.mat* 파일로 저장한다. 이렇게 하면 M-파일 프로그램에서 작업공간으로 데이터를 불러올 수 있다.

```
%% 예제 4.1
% 이 예제에서는 행렬에서 데이터를 뽑아낸 다음 1999년의
% 연간 평균 최고온도, 연간 평균 최저온도, 그해의 최고온도와
% 최저온도를 구한다.
%
clear, clc
%% 파일에서 데이터 행렬을 불러온다.
load asheville_1999
%% 데이터 행렬에서 월별 평균 최고온도 값을 뽑아낸다.
mean_max = asheville_1999(1:12,2);
% 데이터 행렬에서 월별 평균 최저온도 값을 뽑아낸다.
mean_min = asheville_1999(1:12,3);
```

```
% 월별 데이터를 평균해 연간 평균값을 구한다.
annual_mean_max = mean(mean_max)
annual_mean_min = mean(mean_min)
% 데이터 행렬에서 월별 최고온도와 최저온도 값을 뽑아낸다.
high_temp = asheville_1999(1:12,8);
low_temp = asheville_1999(1:12,10);
% 월별 데이터로부터 연간 최고온도와 최저온도를 구한다.
max_high = max(high_temp)
min_low = min(low_temp)
% 뽑아낸 온도 정보만으로 구성된 새로운 행렬을 만든다.
new_table=[mean_max, mean_min, high_temp, low_temp]
```

이 M-파일을 실행하면 다음 결과가 출력된다.

```
annual_mean_max =
    68.0500
annual_mean_min =
    46.3250
max_high =
    96
min_low =
    9
new_table =
    51.4000 31.5000 78.0000 9.0000
    52.6000 32.1000 66.0000 16.0000
    52.7000 32.5000 76.0000 22.0000
    ...
    67.6000 45.5000 78.0000 28.0000
    62.2000 40.7000 76.0000 26.0000
    53.6000 30.5000 69.0000 15.0000
```

5. 풀이를 검사한다.
매트랩으로 출력한 결과를 엑셀 파일로 저장된 노스캐롤라이나주 애슈빌의 기후 조사표(부록 C 참조)의 데이터와 비교해본다. 이처럼 어떤 프로그램을 사용해 데이터를 처리하기 전에 결과가 정확한지 미리 확인해보는 것이 중요하다.

4.2 두 변수 사이의 연산

지금까지는 단 1개의 변수만을 사용해 계산을 수행했다. 그런데 대부분의 물리적인 현상은 다양한 요인(변수)에 의해 달라진다. 이 절에서는 변수가 벡터일 때 계산을 수행하는 방법에 대해 살펴보자.

다음 매트랩 문장을 생각해보자.

```
x = 3;
y = 5;
A = x * y
```

x, y는 스칼라이므로 $x*y = 15$가 되어 다음 결과가 출력된다.

```
A =
        15
```

이제 x가 행렬이고 y는 전과 같이 스칼라이면 어떻게 되는지 알아보자.

```
x = 1:5;
```

를 실행하면 행렬 x는 5개의 값으로 구성된 벡터가 된다. y는 1개의 값(5)을 가진 스칼라이므로

```
A = x * y
```

를 실행한 결과는

```
A =
       5    10    15    20    25
```

가 된다. 이것은 모두 앞에서 배운 것을 복습한 것이다. 그런데 y가 벡터이면 어떻게 되는가? 이를 알아보기 위해 다음 명령을 입력하면

```
y = 1:3;
A = x * y
```

다음과 같은 에러 메시지가 화면에 출력된다.

```
??? Error using *
Incorrect dimensions for matrix multiplication.
```

핵심 개념
두 변수를 사용하는 문제를 설정할 때에는 배열의 차원이 일치해야 한다.

이 에러 메시지를 보고 알 수 있는 것은 * 연산자는 **행렬**(matrix)의 곱셈을 할 때 사용하는 연산자이므로 우리가 원하는 것이 아니라는 사실이다. 우리에게 필요한 것은 원소와 원소끼리 곱셈을 수행하는 .*(점-별표) 연산자이다. 그런데 이 연산자를 사용할 때 곱셈이 수행되려면 벡터 x, y의 길이(크기)가 서로 같아야 한다.

```
y = linspace(1,3,5)
```

라는 명령을 입력하면 간격이 일정한 5개의 원소로 이루어진 벡터 y가 만들어지므로 두 벡터의 원소끼리 곱셈을 수행하면 다음과 같다.

```
y =
      1.0000     1.5000     2.0000     2.5000     3.0000
A = x .* y
A =
      1     3     6     10     15
```

그런데 이 코드가 작동하더라도 결과는 아마도 원하는 결과가 아닐 것이다. 표 4.1과 같이 이 곱셈의 결과를 행렬의 대각선 항(원소)으로 생각할 수도 있다.

벡터 x의 3번 원소와 벡터 y의 5번 원소를 곱한 결과를 알고 싶다면 어떻게 해야 하는가? 분명한 것은 앞의 방식으로는 결과를 얻지 못한다는 점이다. 이를 얻으려면 x, y의 원소들 사이의 모든 조합에 대해 곱셈을 수행해야 한다. 즉 원하는 답을 얻으려면 행렬 A는 2차원 행렬이 되어야 하며, A가 2차원이 되려면 두 입력 벡터도 2차원 행렬이어야 한다. 매트랩에는 meshgrid라는 이름의 내장함수가 있는데 이 함수를 이용하면 원하는 결과를 얻을 수 있다. 이때 x, y의 크기는 서로 달라도 된다.

표 4.1 원소와 원소끼리 곱셈한 결과

		x				
		1	**2**	**3**	**4**	**5**
y	**1.0**	1				
	1.5		3			
	2.0			6		
	2.5				10	
	3.0			?		15

먼저 y를 원래대로 3개의 원소를 가진 벡터로 되돌리자.

```
y = 1:3;
```

이제 meshgrid 함수를 이용해 x, y 벡터로부터 new_x, new_y란 이름으로 2차원 행렬을 새로 만들자.

```
[new_x, new_y] = meshgrid(x,y)
```

meshgrid 명령은 2개의 벡터를 입력으로 받아들여 2개의 2차원 행렬로 만든다. 다음 실행 결과에서 보듯이 이때 만들어진 두 행렬은 행의 수와 열의 수가 서로 같다. 열의 수는 벡터 x의 원소 수와 같아지고 행의 수는 벡터 y의 원소의 수와 같아진다. 이 연산을 2차원 배열 매핑(mapping)이라고 한다.

핵심 개념
meshgrid 함수를 사용하면 2개의 1차원 변수를 크기가 서로 같은 2개의 2차원 변수로 만들 수 있다.

```
new_x =
     1     2     3     4     5
     1     2     3     4     5
     1     2     3     4     5
new_y =
     1     1     1     1     1
     2     2     2     2     2
     3     3     3     3     3
```

이 결과를 살펴보면 행렬 new_x의 행은 모두 같은 값을 가지며, new_y의 모든 열의 값도 같다. 이제 new_x와 new_y를 곱하면 우리가 바란 곱셈 결과가 들어 있는 2차원 격자(grid)의 행렬을 얻을 수 있다.

```
A = new_x.*new_y
A =
      1     2     3     4     5
      2     4     6     8    10
      3     6     9    12    15
```

실습문제 4.2

meshgrid 명령 사용하기

정답은 피어슨 출판사의 웹사이트 https://www.pearsonhighered.com/moore에서 확인할 수 있다.

1. 그림 4.2의 직사각형의 면적은 길이와 폭을 곱한 값이다(면적 = 길이 × 폭). 길이 1, 3, 5 cm와 폭 2, 4, 6, 8 cm로 만들 수 있는 모든 직사각형의 면적을 구하라(모두 12개의 답이 나와야 한다).
2. 그림 4.2의 원통의 부피 = $\pi r^2 h$이다. 반지름이 0~12 m까지 3 m씩 증가하고 높이가 10~20 m까지 2 m씩 증가할 때, 이 반지름과 높이로 만들 수 있는 모든 원통의 부피를 구하라.

그림 4.2
직사각형과 원통의 치수

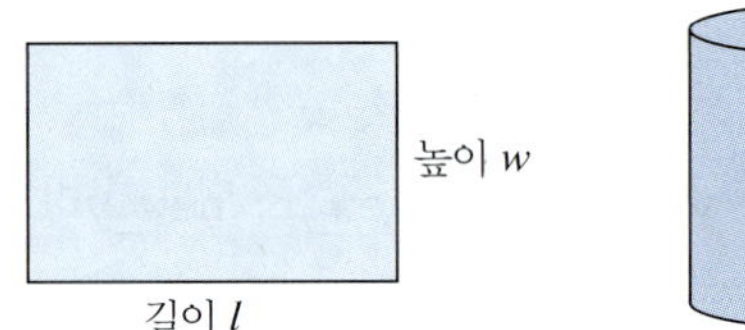

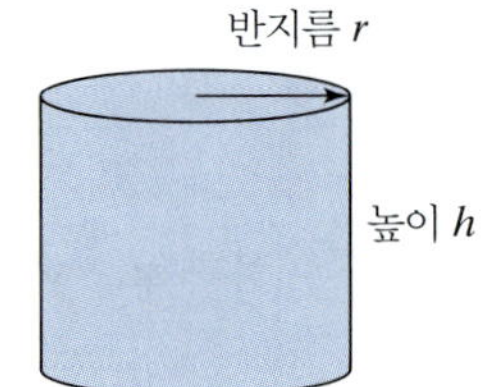

예제 4.2

수평선까지의 거리

1975년 다베이 준코(그림 4.3)는 에베레스트산 정상에 오른 최초의 여성이 되었고, '세븐 서미츠'(세계 7대륙 최고봉)를 오른 최초의 여성으로 기록되었다. 명왕성의 산맥 중 하나가 그녀를 기려 다베이 몬테스(Tabei Montes)라고 명명되었다. 명왕성의 산은 지구의 산과 거의 비슷한 높이를 가지며 가장 높은 산은 6200 m에 이르는데, 이 산은 에드먼드 힐러리와 함께 에베레스트에 최초로 오른 네팔 출신의 유명 등산가 텐징 노르가이(Tenzing Norgay)의 이름을 따 텐징 몬테스(Tenzing Montes)라고 불린다. 에베레스트는 높이가 8850 m로 명왕성의 텐징 몬테스보다 약간 더 높다.

언덕이나 산꼭대기에 서서 무한히 먼 곳까지 볼 수 있을 듯한 느낌을 가져본 적이 있을 것이다. 실제로는 얼마나 멀리 볼 수 있는가? 이 거리는 그림 4.4에 나타낸 것과 같이 산의 높이와 지구의 반지름에 의해 결정된다. 지구에서 수평선까지의 거리는 명왕성에서와는 매우 큰 차이를 보이는데, 지구와 명왕성의 반지름이 서로 다르기 때문이다. 피타고라스의 정리를 사용해 다음 식을 세울 수 있다.

$$R^2 + d^2 = (R + h)^2$$

이 식을 d에 대해 풀면 $d = \sqrt{h^2 + 2Rh}$가 된다.

그림 4.3
에베레스트 정상에 오른 최초의 여성인 다베이 준코(Keystone Press/Alamy Stock Photo)

이 식을 사용해 0~8000 m 범위의 산의 높이에 대해 지구 위에서 수평선까지의 거리와, 명왕성 위에서 수평선까지의 거리를 각각 구하라. 지구의 반지름은 6378 km, 명왕성은 1185 km 이다.

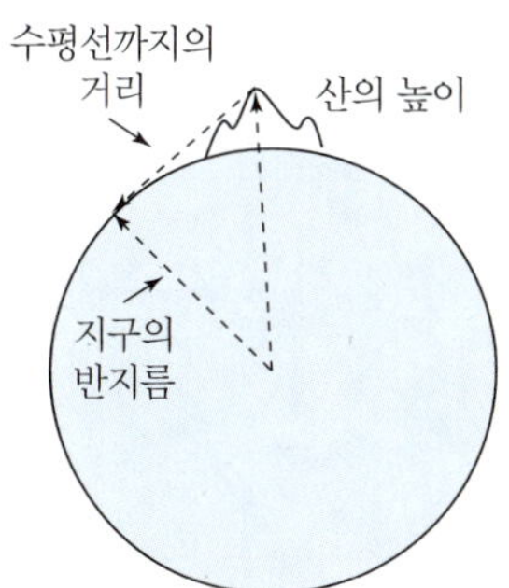

1. 문제를 명확히 나타낸다.
   명왕성과 지구의 산꼭대기에서 수평선까지의 거리를 구한다.

2. 입력과 출력을 표시한다.
   입력

명왕성의 반지름	1185 km
지구의 반지름	6378 km
산의 높이	0~8000 km 사이의 값

   출력
   수평선까지의 거리(단위: km)

3. 손이나 계산기로 문제를 미리 풀어본다.

$$d = \sqrt{h^2 + 2Rh}$$

   지구의 반지름과 산의 높이로 8000 m를 대입하면 다음과 같다.

$$d = \sqrt{(8\text{ km})^2 + 2 \times 6378\text{ km} \times 8\text{ km}} = 319\text{ km}$$

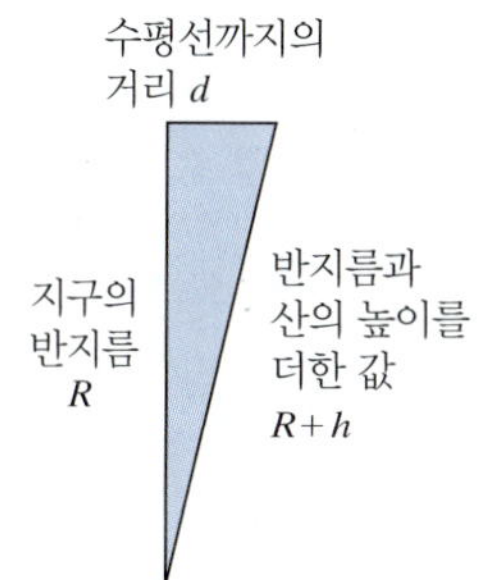

그림 4.4
수평선까지의 거리

4. 매트랩으로 문제를 푼다.

```
%% 예제 4.2
% 수평선까지의 거리를 구하라.
% 산의 높이는 m 단위이다.
clear, clc
format bank
% 높이 벡터를 정의한다.
height = 0:1000:8000;
% m를 km로 변환한다.
height = height/1000;
% 명왕성과 지구의 반지름을 정의한다.
radius = [1185 6378];
% 반지름과 높이를 2차원 격자(grid) 형태의 행렬로 만든다.
[Radius,Height] = meshgrid(radius,height);
% 수평선까지의 거리를 계산한다.
distance = sqrt(Height.^2 + 2*Height.*Radius)
```

   위의 스크립트 M-파일을 실행시켜 다음과 같이 명왕성과 지구 위에서 수평선까지의 거리를 보여주는 표를 출력한다.

```
distance =
                0         0
            48.69    112.95
            68.88    159.74
            84.37    195.65
            97.45    225.92
           108.97    252.60
           119.40    276.72
```

```
128.99    298.90
137.93    319.55
```

5. 풀이를 검사한다.
   매트랩으로 풀이한 것을 손으로 계산한 것과 비교해보자. 에베레스트산(8000 m)과 비슷한 높이에서 수평선까지의 거리는 손으로 계산한 것이 319 km이었는데 이 값은 매트랩의 계산 결과와 거의 일치한다.

예제 4.3

자유낙하

자유낙하를 하는 물체가 떨어진 거리(공기저항을 무시할 때)를 계산하는 일반적인 공식은 다음과 같다.

$$d = \frac{1}{2}gt^2$$

여기에서

d = 거리
g = 중력가속도
t = 시간

인공위성이 어떤 행성의 궤도를 돌고 있을 때 이 인공위성은 자유낙하 상태에 있다. 우주선이 궤도에 진입하게 되면 중력을 벗어난다고 생각하는 사람이 많다. 그러나 우주선의 궤도를 유지할 수 있게 해주는 것이 바로 중력이다. 우주선(또는 인공위성)은 그림 4.5에서 보듯이 실제로 지구를 향해 계속 떨어지고 있다. 이때 우주선이 수평 방향으로 빠른 속도로 진행하면 궤도를 유지하게 된다. 우주선의 속도가 너무 느리면 이 우주선은 지구로 추락한다.

g는 중력가속도로 이 상수 값의 크기는 행성의 질량에 따라 결정된다. 행성이 다르면 g 값도 달라진다(표 4.2 참조).

0~100초 범위의 시간에 대해 태양계의 각 행성과 달에서 자유낙하를 하는 물체의 낙하거리를 구하라.

1. 문제를 명확히 나타낸다.
   중력이 서로 다른 행성에서 자유낙하 물체의 낙하거리를 구한다.

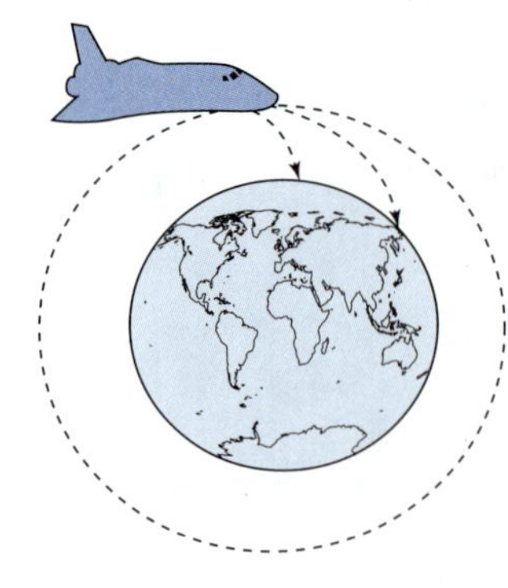

그림 4.5
NASA 우주비행사 리랜드 맬빈(Leland Melvin)과 대니얼 타니(Daniel Tani) 그리고 ESA 우주비행사 레오폴드 에이하르츠(Leopold Eyharts)가 국제우주정거장(ISS)의 데스티니 연구소 내부에 탑승해 있다. ISS는 지구를 향해 끊임없이 떨어지고 있다(NASA 제공).

2. 입력과 출력을 표시한다.

입력 각 행성과 달에서의 중력가속도 g 값

시간 = 0~100초

출력 각 행성과 달에서 계산한 낙하거리

3. 손이나 계산기로 문제를 미리 풀어본다.

행성은 수성으로 하고 시간은 100초로 해 식을 계산한다.

$$d = 1/2\,gt^2$$
$$d = 1/2 \times 3.7\ \text{m/s}^2 \times 100^2\text{s}^2$$
$$d = 18{,}500\ \text{m}$$

표 4.2 태양계 행성의 중력가속도 값

수성	$g = 3.7\ \text{m/s}^2$
금성	$g = 8.87\ \text{m/s}^2$
지구	$g = 9.8\ \text{m/s}^2$
달	$g = 1.6\ \text{m/s}^2$
화성	$g = 3.7\ \text{m/s}^2$
목성	$g = 23.12\ \text{m/s}^2$
토성	$g = 8.96\ \text{m/s}^2$
천왕성	$g = 8.69\ \text{m/s}^2$
해왕성	$g = 11.0\ \text{m/s}^2$
명왕성	$g = 0.58\ \text{m/s}^2$

4. 매트랩으로 문제를 푼다.

```
%% 예제 4.3
% 자유낙하
clear, clc
format shortg
% 먼저 2개의 행성에 대해서만 풀어본다.
% 수성과 금성의 중력가속도 값을 정의한다.
acceleration_due_to_gravity = [3.7 8.87];
time = 0:10:100;
% 시간 벡터를 정의한다.
% acceleration_due_to_gravity와 time을 2차원 행렬로 만든다.
[g,t] = meshgrid(acceleration_due_to_gravity, time);
% 낙하거리를 계산한다.
distance = 1/2*g.*t.^2
```

이 스크립트 M-파일을 실행시키면 다음과 같이 수성과 금성에서의 낙하거리 표를 얻을 수 있다.

```
distance =
           0          0
         185      443.5
         740       1774
        1665     3991.5
```

```
 2960     7096
 4625    11087
 6660    15966
 9065    21731
11840    28384
14985    35923
18500    44350
```

5. 풀이를 검사한다.

매트랩으로 계산한 값과 손으로 계산한 값을 서로 비교해보자. 100초에서 수성에서의 낙하거리는 18,500 m로 손으로 계산한 값과 일치한다.

이 프로그램에는 처음 두 행성에 대한 계산만 포함되었으며, 이는 프로그래밍상의 문제를 해결하기 위해 먼저 수행한 것이다. 프로그램이 제대로 작동하는 것을 확인한 후에는 모든 행성의 데이터를 사용해 다시 수행하기가 쉽다.

```
% 모든 행성에 대해서 문제를 다시 푼다.
clear, clc
format shortg
% 중력가속도와 시간 벡터를 정의한다.
acceleration_due_to_gravity = [3.7, 8.87, 9.8, 1.6, ...
3.7, 23.12, 8.96, 8.69, 11.0, 0.58];
time = 0:10:100;
% acceleration_due_to_gravity와 time을 2차원 행렬로 만든다.
[g,t] = meshgrid(acceleration_due_to_gravity, time);
% 낙하거리를 계산한다.
distnace = 1/2*g.*t.^2
```

그림 4.6에 나타난 결과에 대해 몇 가지 주목할 만한 사실이 있다. 먼저 작업공간창을 살펴

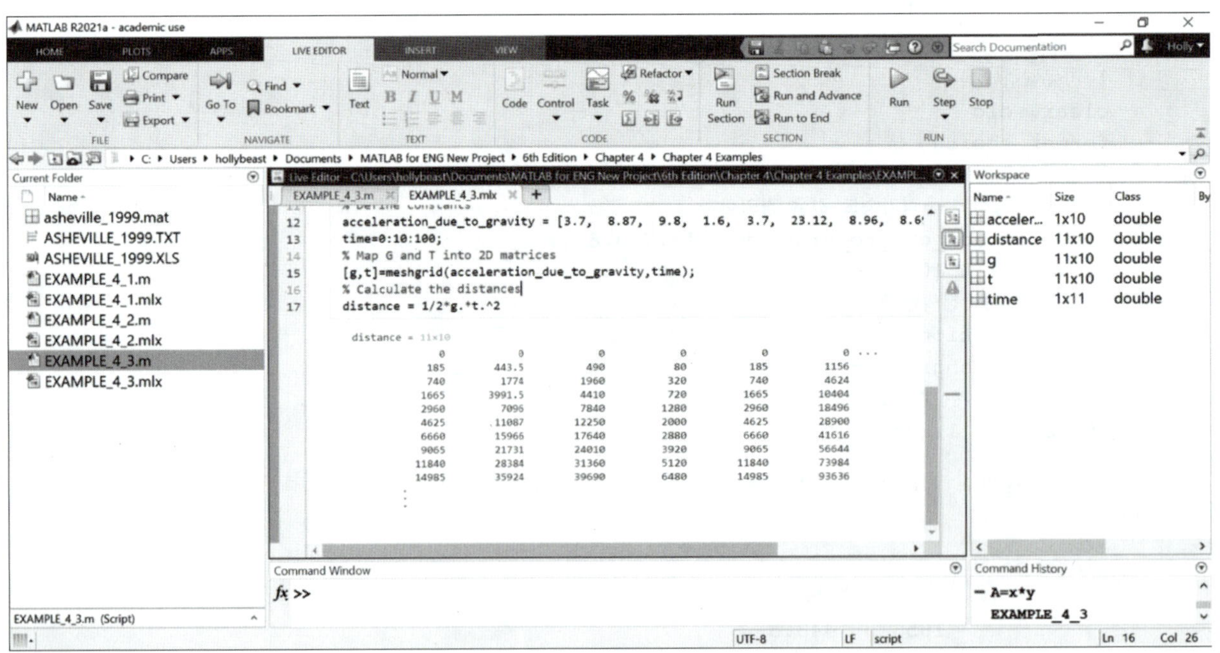

그림 4.6

태양계 행성에서 자유낙하를 하는 물체의 낙하거리 계산 결과

보자. acceleration_due_to_gravity는 1 × 10 행렬(행성이나 달에 대한 각각 하나의 값)이다. 또 time은 1 × 11 행렬(11개의 시간 값)이다. 그런데 g와 t는 11 × 10 행렬로, meshgrid 연산의 결과이다. 명령창에 표시된 값은 format shortg 명령에 의해 알아보기 쉬운 형식으로 되어 있는데, 이 명령을 사용하지 않으면 표시 값이 공통배수와 함께 명령창에 출력되어 값을 읽기가 불편해진다.

HINT 매트랩 편집창에서 스크립트 또는 라이브 스크립트를 작성할 때, 작동하는 코드 부분을 주석 처리하고 나중에 주석을 해제하고 싶을 수 있다. 각 줄마다 %를 하나씩 추가해 주석 처리할 수 있지만, 주석으로 처리하려는 코드를 선택한 다음 편집 도구 모음에서 'Comment'를 선택하는 것이 더 쉽다. 또한 편집창에서 마우스 오른쪽 버튼을 클릭해 이 메뉴를 사용할 수 있다.

4.3 특수 행렬

매트랩에는 특수 행렬을 만드는 데 사용되는 함수가 여러 개 있다. 표 4.3에 이러한 함수들을 수록했다.

4.3.1 영행렬

원소의 값이 모두 영(0)인 행렬이 필요한 경우가 가끔 생긴다. 다음과 같이 zeros 함수에 1개의 스칼라 입력 인수 n을 넣어주면 $n \times n$인 정사각형의 영행렬을 만들 수 있다.

```
A = zeros(3)
A =
        0    0    0
        0    0    0
        0    0    0
```

2개의 스칼라 인수를 사용하는 경우에는 첫 번째 인수는 행의 개수, 두 번째 인수는 열의 개수를 지정한다.

```
B = zeros(3,2)
B =
        0    0
        0    0
        0    0
```

4.3.2 일행렬

ones 함수는 zeros 함수와 비슷한 방법으로 모든 원소가 일(1)인 일행렬을 만든다.

핵심 개념
나중에 쓰기 위해 필요한 크기로 행렬을 미리 만들어놓을 필요가 있을 때 영행렬이나 일행렬을 사용한다.

표 4.3 행렬을 만들고 조작하는 함수

`zeros(m)`	$m \times m$인 영행렬을 만든다.	`zeros(3)`
		`ans =`
		`0 0 0`
		`0 0 0`
		`0 0 0`

`zeros(m,n)`	$m \times n$인 영행렬을 만든다.	`zeros(2,3)`
		`ans =`
		`0 0 0`
		`0 0 0`

`ones(m)`	$m \times m$인 일행렬을 만든다.	`ones(3)`
		`ans =`
		`1 1 1`
		`1 1 1`
		`1 1 1`

`ones(m,n)`	$m \times n$인 일행렬을 만든다.	`ones(2,3)`
		`ans =`
		`1 1 1`
		`1 1 1`

`diag(A)`	행렬 A의 대각선에 위치한 원소를 뽑아낸다.	`A = [123;345;123];`
		`diag(A)`
		`ans =`
		`1`
		`4`
		`3`

	A가 벡터이면 A의 원소가 대각선에 위치하는 정사각형 행렬을 만든다. diag 함수의 또 다른 사용 방법을 알고 싶으면 help 함수를 활용하라.	`A = [123];`
		`diag(A)`
		`ans =`
		`1 0 0`
		`0 2 0`
		`0 0 3`

`fliplr`	행렬을 오른쪽에서 왼쪽으로 뒤집는다(수평으로 뒤집는다).	`A = [100;020;003];`
		`fliplr(A)`
		`ans =`
		`0 0 1`
		`0 2 0`
		`3 0 0`

`flipud`	행렬을 수직으로 뒤집는다.	`flipud(A)`
		`ans =`
		`0 0 3`
		`0 2 0`
		`1 0 0`

`magic(m)`	$m \times n$의 '마방진 행렬(magic matrix)'을 만든다.	`magic(3)`
		`ans =`
		`8 1 6`
		`3 5 7`
		`4 9 2`

```
A = ones(3)
A =
        1    1    1
        1    1    1
        1    1    1
```

zeros 함수와 마찬가지로 2개의 입력을 사용해 행의 수와 열의 수를 조정할 수 있다.

```
B = ones(3,2)
B =
        1    1
        1    1
        1    1
```

zeros 함수와 ones 함수는 나중에 쓰기 위해 필요한 크기를 가진 행렬을 '미리 만들어놓는' 데 유용하게 쓰인다. 예를 들어 5개의 원소가 모두 π인 벡터를 만들고 싶으면 먼저 5개의 원소가 모두 1인 벡터를 만든다.

```
a = ones(1,5)
a =
      1    1    1    1    1
```

그다음 이 벡터에 π를 곱한다.

```
b = a*pi
b =
      3.1416    3.1416    3.1416    3.1416    3.1416
```

다음과 같이 영행렬을 만들고 여기에 π를 더해도 같은 결과를 얻을 수 있다.

```
a = zeros(1,5);
b = a+pi
b =
      3.1416    3.1416    3.1416    3.1416    3.1416
```

매트랩에서 플레이스홀더 배열(placeholder array)을 특히 루프구조를 사용할 때 유용하다. 이는 루프 실행에 소요되는 시간을 줄이는 데 도움을 줄 수 있다.

4.3.3 대각 행렬

diag 함수를 사용하면 행렬의 대각선에 있는 원소를 뽑아낼 수 있다. 예를 들어 다음 정사각형 행렬에 이 함수를 사용하면

```
A = [1 2 3; 3 4 5; 1 2 3];
diag(A)
```

다음과 같이 주대각선에 있는 값을 뽑아낸다.

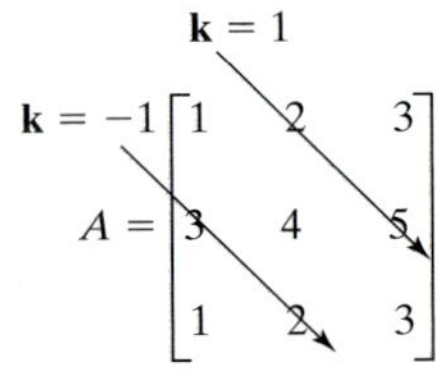

그림 4.7
k 값으로 행렬의 각 대각선을 지정할 수 있다.

```
ans =
     1.00
     4.00
     3.00
```

주대각선이 아닌 다른 대각선 원소의 값은 diag 함수에 두 번째 입력 k를 넣어 뽑아낼 수 있다. k 값이 +(양수)이면 주대각선의 오른쪽에 있는 대각선, k 값이 −(음수)이면 왼쪽에 있는 대각선이 각각 지정된다(그림 4.7 참조).

따라서 다음 명령

```
diag(A,1)
```

을 실행하면

```
ans =
      2
      5
```

가 된다. diag 함수의 입력으로 2차원 행렬 대신에 벡터를 사용하면

```
B = [1 2 3];
```

다음과 같이 벡터 B의 원소가 대각선에 배치되고, 나머지 원소는 모두 0으로 채워진 새로운 행렬이 만들어진다.

```
diag(B)
ans =
      1    0    0
      0    2    0
      0    0    3
```

두 번째 입력을 사용하면 벡터의 원소가 배치되는 대각선의 위치를 이동할 수 있다.

```
diag(B,1)
ans =
      0    1    0    0
      0    0    2    0
      0    0    0    3
      0    0    0    0
```

4.3.4 마방진 행렬

매트랩에 있는 magic 함수를 사용하면 특이한 성질을 가진 행렬을 만들 수 있다. 이렇게 만들어진 **마방진**(magic squares) 행렬은 재미로 사용되는 것 말고는 별다른 용도는 없는 듯하다. 마방진 행렬에서는 각 행의 합, 각 열의 합이 같다. 예를 들어 마방진 행렬의 각 열의 합이 다음과 같을 때

```
A = magic(4)
A =
     16     2     3    13
      5    11    10     8
      9     7     6    12
      4    14    15     1
sum(A)
ans =
     34    34    34    34
```

이 행렬의 각 행의 합을 구하고 싶으면 행렬을 전치시키면 된다.

```
sum(A')
ans =
  34    34    34    34
```

이렇게 하는 대신 sum 함수의 두 번째 필드에 차원을 지정하는 숫자를 입력해 행에 대해 합을 계산하도록 해도 된다.

```
sum(A,2)
```

마방진 행렬은 모든 열과 모든 행의 합뿐만 아니라 대각선의 합도 같다. 이를 확인해보자. 왼쪽에서 오른쪽으로 대각선 원소들은

```
diag(A)
ans =
  16
  11
   6
   1
```

이다. 대각선 원소의 합을 구하면 행의 합이나 열의 합과 같다.

```
sum(diag(A))
ans =
  34
```

마지막으로 왼쪽 아래에서 오른쪽 위로 가는 대각선의 원소를 구하려면 행렬을 수평 방향으로 '뒤집어야' 한다. 그다음 대각선 원소들을 뽑아내고 이들의 합을 구한다.

```
ans =
  13     3     2    16
   8    10    11     5
  12     6     7     9
   1    15    14     4
diag(ans)
ans =
  13
```

그림 4.8
1514년 알브레히트 뒤러의 '멜랑콜리아'(INTERFOTO/Fine Arts/Alamy Stock Photo)

```
  10
   7
   4
sum(ans)
ans =
  34
```

그림 4.9
알브레히트 뒤러는 목판화에 그린 마방진에 제작 연도인 1514를 써넣었다(INTERFOTO/Fine Arts/Alamy Stock Photo).

문헌에서 볼 수 있는 마방진 중에서 가장 오래된 것은 그림 4.8에 있는 알브레히트 뒤러(Albrecht Dürer)가 1514년에 제작한 목판화 '멜랑콜리아(Melancholia)'에 그려진 것이다. 오늘날 학자들은 마방진이 그 당시 유행한 연금술과 관련이 있었던 것으로 믿고 있다. 그림 4.9를 보면 맨 마지막 줄의 가운데 두 칸에 1514라는 제작 연도가 써져 있다.

수 세기 동안 수학자라면 전문가나 아마추어를 불문하고 마방진의 매력에 사로잡혀 왔다. 프랭클린(Benjamin Franklin)도 마방진으로 여러 가지 실험을 했다. 매트랩을 이용하면 크기가 2 × 2보다 큰 마방진 행렬을 만들 수 있다. 단 매트랩에서 만든 마방진 행렬만이 유일한 답이 아니라는 것을 알아두기 바란다.

실습문제 4.3

정답은 피어슨 출판사의 웹사이트 https://www.pearsonhighered.com/moore에서 확인할 수 있다.

1. 3 × 3인 영행렬을 만들라.
2. 3 × 4인 영행렬을 만들라.
3. 3 × 3인 일행렬을 만들라.
4. 5 × 3인 일행렬을 만들라.
5. 모든 원소의 값이 pi인 4 × 6 행렬을 만들라.
6. 대각선 값이 1, 2, 3인 행렬을 `diag` 함수를 사용해 만들라.
7. 10 × 10인 마방진 행렬을 만들고 다음을 수행하라.
   a. 이 행렬의 대각선 값을 뽑아내라.
   b. 이 행렬의 왼쪽 아래에서 오른쪽 위로 가는 대각선 원소를 뽑아내라.
   c. 행의 합, 열의 합, 대각선의 합이 모두 같다는 것을 밝혀라.

4.4 문자 및 문자열 배열 소개

핵심 개념
텍스트는 매트랩에서 문자 배열 또는 문자열 배열로 저장할 수 있다.

비록 엔지니어 또는 과학자가 매트랩에서 수행하는 많은 작업이 숫자를 중심으로 이루어지지만, 텍스트 정보도 여전히 프로그래밍 작업에서 중요한 역할을 한다. 예를 들어 그래프에 라벨을 추가하거나 파일 이름을 생성하고 데이터에 주석을 추가하는 데 텍스트가 필요하다. 텍스트는 숫자와 마찬가지로 배열에 저장되며, 숫자 배열을 조작하는 데 필요한 기술은 **문자**(character) 배열을 조작하는 데에도 적용된다.

매트랩에는 텍스트 정보를 저장하기 위해 문자 데이터형과 **문자열**(string) 데이터형이 모두 포함되어 있다. 문자 데이터형은 각 문자가 특정한 의미를 가질 때 가장 적합하다. 매스웍스(MathWorks)사가 제시한 예로는 DNA 인코딩이 있다. DNA 서열의 각 문자는 특정한 의미를 가지며 순서가 중요하다. DNA의 가닥(또는 일부 가닥)을 나타내기 위해 **문자** 배열을 사용하는 것이 타당하다. **문자열** 데이터형은 텍스트 블록을 저장하는 데 사용되며 대부분의 응용 프로그램에서 올바른 선택이다. 예를 들어 환자 이름이나 책 제목은 문자열로 저장하는 것이 적절한데, 이는 전체 텍스트 블록이 의미를 가지기 때문이다. 매트랩이 처음 만들어졌을 때에는 문자 데이터형만 포함되어 있었으므로 문자 배열이 문자 및 문자열 데이터형의 기능을 모두 수행하도록 프로그램이 조작되었다. 문자열은 매트랩에 비교적 최근에 추가되었으며(2016b 릴리스에 추가됨), 문자열 배열이 문자 배열보다 선호되는 방식으로 많은 응용 프로그램에서 널리 사용되고 있다. 그러나 매트랩 함수는 텍스트 정보가 필요할 때 문자 배열 또는 문자열 배열을 모두 입력으로 받을 수 있도록 설계되어 있다. 이는 '하위 호환성'을 의미하며, 오래된 코드도 여전히 작동하지만 새로운 프로그램을 업데이트해 문자열 배열 구현이 제공하는 개선점을 코드에 반영할 수 있음을 의미한다.

새로운 코딩 프로젝트에서 문자열이 더 일반적으로 사용되고 문자 배열보다 많은 이점을 제공한다면 문자 배열을 굳이 언급할 필요가 있는지 궁금할 수 있다. 그러나 문자 배열 접근 방식을 사용해 텍스트 데이터를 처리하는 풍부한 **레거시 코드**(legacy code) 라이브러리가 존재하며, 이 코드가 어떻게 작동하는지 이해하는 것이 중요하다. 또한 방대한 문서 라이브러리의 대부분, 특히 많은 유용한 예제가 문자열 배열이 매트랩에 구현되기 전에 작성되었기 때문에 텍스트 데이터를 처리하기 위해 문자 배열을 사용하고 있다.

문자 및 문자열 데이터를 저장하는 데 사용되는 배열은 구조적으로 숫자 배열과 매우 유사하며, 숫자 배열을 설명하는 데 사용되는 대부분의 문법이 이러한 데이터형에도 적용된다.

4.4.1 문자 배열

문자 배열을 정의하고 변수 이름과 구분하기 위해 작은따옴표를 사용한다. 다음과 같이 입력할 때

```
H = 'Holly';
```

1×5 문자 배열이 생성된다. 각 문자는 배열의 개별 요소이다. 숫자 배열에 인덱싱하는 것과 마찬가지로 문자 배열에도 인덱싱할 수 있다. 예를 들어 다음과 같이 입력하면

```
    H(5)
ans =
    'y'
```

이 줄의 텍스트인

```
J = 'MATLAB is fun';
```

1×13 문자 배열이 된다. 단어 사이의 공백도 문자로 간주된다는 점에 유의해야 한다. 변수 H와 J는 작업공간창에 표시되며(그림 4.10), 이름 열에는 'c|h'라는 문자를 포함하는 기호가

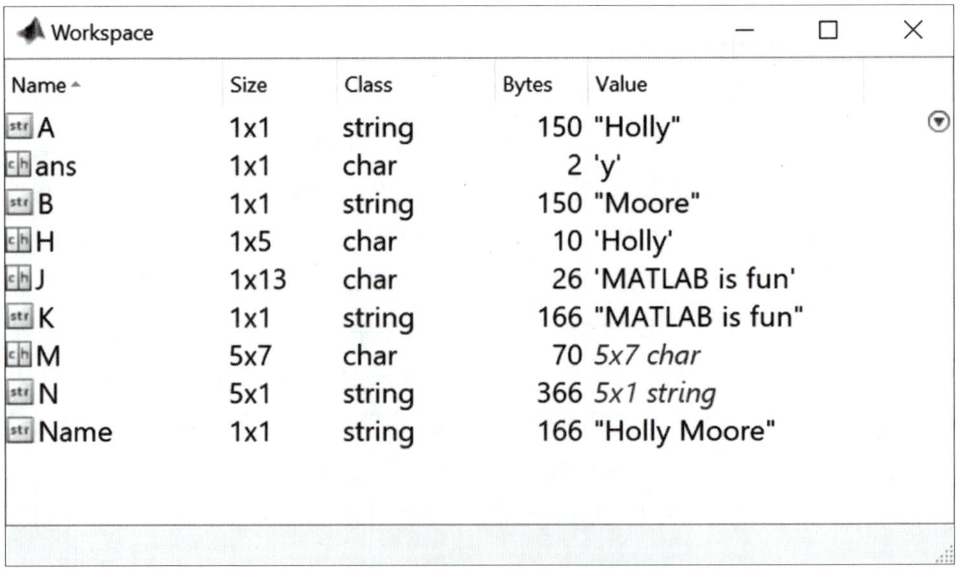

Workspace

Name	Size	Class	Bytes	Value
A	1x1	string	150	"Holly"
ans	1x1	char	2	'y'
B	1x1	string	150	"Moore"
H	1x5	char	10	'Holly'
J	1x13	char	26	'MATLAB is fun'
K	1x1	string	166	"MATLAB is fun"
M	5x7	char	70	*5x7 char*
N	5x1	string	366	*5x1 string*
Name	1x1	string	166	"Holly Moore"

그림 4.10
매트랩에는 문자 배열과 문자열 배열이 모두 포함되어 있다.

표시되어 H와 J가 문자 배열임을 나타낸다. 각 문자 배열은 2바이트의 저장공간을 필요로 한다.

여러 행으로 구성된 문자 배열을 생성하는 것은 조금 더 어렵다. 숫자 배열과 마찬가지로 각 행의 원소 수가 동일해야 2차원 문자 배열을 생성할 수 있다. 따라서 다음과 같은 이름 목록은 각 이름의 문자 수가 다르기 때문에 사용할 수 없다.

```
M=['Steven';'Jasmin';'David';'Terrell';'Maria']
Error using vertcat
Dimensions of arrays being concatenated are not consistent.
```

char 함수는 각 행이 동일한 원소 수를 가지도록 문자 배열을 공백으로 '채워준다'.

```
M=char('Steven','Jasmin','David','Terrell','Maria')
M =
5×7 char array
    'Steven '
    'Jasmin '
    'David  '
    'Terrell'
    'Maria  '
```

M은 그림 4.10에 나와 있듯이 5×7 문자 배열이다. char 함수에서 각 문자 벡터 사이에 쉼표가 사용된다는 점에 유의해야 한다.

문자 배열에서의 인덱싱은 숫자 배열과 동일한 방식으로 작동한다. 예를 들어 M 배열에서 세 번째 행을 추출하려면 다음과 같이 입력한다.

```
    M(3,:)
ans =
    'David  '
```

문자 배열의 차원을 확인하려면 숫자 배열에서와 마찬가지로 size 함수를 사용한다.

```
size(M)
ans =
  5     7
```

마찬가지로 numel 및 length 함수도 숫자 배열에서와 동일한 방식으로 문자 배열에서 작동한다.

실습문제 4.4

정답은 피어슨 출판사의 웹사이트 https://www.pearsonhighered.com/moore에서 확인할 수 있다.

1. 본인의 이름에 해당하는 문자 배열을 생성하고, 이를 my_name으로 명명하라.
2. char 함수를 사용해 최소 5개의 이름이 포함된 열(문자 배열)을 생성하고, 이를 some_

students로 명명하라. 결과는 2차원 문자 배열이 될 것이다.

3. size 함수를 사용해 생성된 some_students 배열의 차원을 확인하라.
4. numel 함수를 사용해 some_students 배열의 원소 수를 확인하라.
5. some_students 배열에 인덱싱해 배열의 세 번째 이름을 추출하라.

4.4.2 문자열 배열

문자열 배열은 전체 문자 그룹을 배열의 단일 원소로 저장한다. 기존의 문자 배열을 문자열 배열로 변환하거나 처음부터 새로 만들 수 있다. M 문자 배열을 재구성하려면 string 함수를 사용한다.

```
N=string(M)
N =
 5×1 string array
  "Steven "
  "Jasmin "
  "David  "
  "Terrell"
  "Maria  "
```

핵심 개념
문자열 배열은 + 연산자를 사용해 결합(병합)할 수 있다.

그림 4.10에서 N은 문자 배열 M을 저장하기 위해 사용된 5×7 배열과 달리 5×1 배열임을 알 수 있다. 문자열 배열은 이름 열에 str 기호로 표시된다.

문자 배열을 재구성해 문자열 배열을 만들 때 발생하는 한 가지 문제는 공백으로 채워진 추가 공백이 그대로 유지된다는 것이다. 문자열은 다음과 같이 큰따옴표를 사용해 직접 생성할 수 있다.

```
N=["Steven";"Jasmin";"David";"Terrell";"Maria"]
N =
 5×1 string array
  "Steven"
  "Jasmin"
  "David"
  "Terrell"
  "Maria"
```

어느 경우이든 결과 변수는 5×1 배열이 된다. 각 이름은 배열의 단일 원소이므로 다음과 같이 N에 인덱싱하면

```
N(2)
```

결과는 전체 이름이 된다.

```
ans =
  "Jasmin"
```

숫자 배열과 문자 배열을 결합하고 접근하는 규칙은 문자열 배열에도 동일하게 적용된다. 그러나 문자열은(문자 배열은 제외) + 기호를 사용해 결합(병합)할 수 있다. 다음은 간단한 예시이다.

```
A= "Holly";
B= "Moore";
Name = A + " " + B
```

이는 다음과 같은 결과를 반환한다.

```
Name =
    "Holly Moore"
```

여기에서 변수 Name은 1×1 문자열 배열이다.

편리하게도 + 연산자는 다른 데이터형을 문자열 데이터형으로 변환해 결합할 수 있다. 이는 숫자를 포함하는 텍스트를 생성할 때 유용하다. 예를 들어 그래프의 제목에 사용할 수 있으며, 여기에서 변수 Test는 시험 번호를 나타내는 실수형(double) 타입이다.

```
Test = 11;
GraphName = "Trial Run " + Test
GraphName =
    "Trial Run 11"
```

GraphName 변수는 이제 그래프에 제목을 추가하는 데 사용되는 title 함수의 입력으로 사용할 수 있다. 그래프 생성에 대해서는 후속 장에서 다룰 것이다.

문자 배열과 마찬가지로 문자열 배열의 차원은 숫자 배열에 사용되는 동일한 함수를 통해 확인할 수 있다.

```
length(N)
ans =
   5
```

N 배열에는 각각 문자열로 구성된 5개의 원소가 있다. 배열의 각 문자열에 포함된 문자의 수를 알고 싶다면 strlength 함수를 사용하면 된다.

```
strlength.
strlength(N)
ans =
   6
   6
   5
   7
   5
```

이후 나올 장에서는 문자열이 광범위하게 사용될 것이다. 일반적으로 문자열은 문자 배열보다 다루기 쉽다. 매트랩 문서에서 함수 입력으로 문자 배열을 사용해야 한다고 명시하지 않는 한 문자열을 사용하는 것이 더 나은 선택일 가능성이 높다. 매트랩 함수는 하위 호환성과 최대한의 프로그래밍 유연성을 제공하기 위해 문자와 문자열 입력을 모두 허용하도록 광범위하게 업데이트되었다.

실습문제 4.5

정답은 피어슨 출판사의 웹사이트 https://www.pearsonhighered.com/moore에서 확인할 수 있다.

1. 본인의 이름에 해당하는 문자열 배열을 생성하고, 이를 my_name으로 명명하라.
2. my_name 배열에 length 함수와 strlength 함수를 각각 사용했을 때의 결과를 비교하라.
3. 최소 5개의 이름이 포함된 열 문자열 배열을 생성하고, 이를 some_students로 명명하라. 결과는 이름으로 구성된 열벡터가 될 것이다.
4. size 함수를 사용해 생성된 some_students 배열의 차원을 확인하라.
5. last_names라는 문자열 배열을 생성해 some_students 배열의 이름과 일치하는 성이 포함된 열을 만들라.
6. some_students 배열의 이름과 last_names 배열의 성을 + 연산자를 사용해 결합하고, 결과를 names라고 명명하라. 가독성을 위해 배열 사이에 공백을 추가하라.
7. 대괄호를 사용해 some_students 배열의 이름과 last_names 배열의 성을 결합하고, 결과를 names2로 명명하라.
8. size 함수를 사용해 names 및 names2 배열의 크기를 확인하라. 이들이 어떻게 다른지 설명하라.
9. names 배열에서 세 번째 행을 추출하라.
10. names2 배열에서 네 번째 행, 두 번째 열의 요소를 추출하라.
11. names2 배열에 length 함수와 strlength 함수를 사용했을 때의 결과를 비교하고 설명하라.

요약

이 장에서는 행렬을 다루는 방법에 대해 중점을 두고 알아보았다. 즉 작은 행렬을 결합해 복잡한 행렬을 만드는 방법과 이미 존재하는 행렬에서 필요한 부분을 뽑아내는 방법을 공부했다. 콜론 연산자는 이런 목적으로 사용하는 데 편리한 연산자이다. 콜론 연산자가 행이나 열을 가리키는 숫자 대신 들어가 있으면 '모든 행'이나 '모든 열'을 지정하는 것이라고 생각하면 된다. 콜론 연산자가 행과 열의 숫자 사이에 사용될 때에는 '~부터 ~까지'로 생각하면 된다. 예를 들어

```
A(:,2:3)
```

이라는 명령은 '행은 A 행렬에 있는 모든 행, 열은 2열에서 3열까지'라는 의미를 가진다. A(:)와 같이 행렬의 인덱스로 콜론 연산자 1개만을 사용하면 2차원 행렬 A는 열이 오직 1

개뿐인 열벡터로 바뀐다. 컴퓨터가 배열을 구성하는 데이터를 저장할 때에는 이를 한 줄로 된 목록으로 취급하므로, 행렬 내의 특정한 한 원소 값을 지정할 때에는 인덱스 1개를 사용하든 인덱스 2개(행과 열 번호)를 사용하든 상관이 없다.

meshgrid 함수는 매우 유용한 함수로 1차원 벡터를 2차원 행렬로 만들어준다. 이렇게 하면 크기가 다른 벡터끼리 배열 계산을 수행할 수 있다.

매트랩에는 특수한 행렬을 만드는 데 사용되는 함수가 여러 개 있다.

- zeros 함수는 모든 원소가 0인 행렬을 만든다.
- ones 함수는 모든 원소가 1인 행렬을 만든다.
- diag 함수는 행렬에서 대각선 값을 뽑아낸다. 입력이 벡터인 경우에는 정사각 행렬을 만든다.
- magic 함수는 각 열의 합, 각 행의 합, 대각선에 위치한 값의 합이 모두 같은 행렬을 만든다.

추가로 배열을 왼쪽에서 오른쪽으로 또는 위에서 아래로 '뒤집을' 수 있는 여러 함수가 포함되어 있다.

매트랩은 숫자 배열 외에도 문자 배열과 문자열 배열이라는 두 가지 데이터형을 제공해 텍스트 정보를 저장할 수 있다. 문자 배열은 개별 문자를 저장하며, 각 문자가 특정한 의미를 가질 때 사용하기에 적합하다. 문자 배열은 작은따옴표로 생성된다. 문자열 배열은 텍스트 블록을 배열의 단일 원소로 저장하며, 큰따옴표로 생성된다. 문자 배열과 문자열 배열 모두에 대한 인덱싱은 숫자 배열에 사용하는 동일한 전략을 사용해 수행된다. + 연산자는 서로 다른 데이터형의 배열을 포함해 배열을 문자열로 결합하는 데 사용할 수 있다. strlength 함수는 문자열 배열의 개별 문자열 원소의 길이를 찾는 데 사용할 수 있다. 문자열은 문자 배열에 비해 상당한 이점을 제공하며, 문자 배열을 사용해야 하는 특정한 경우가 아니라면 대부분의 응용 프로그램에서 문자열을 사용하는 것이 좋다. 텍스트 입력이 필요한 매트랩 함수는 문자 배열과 문자열 배열을 모두 입력으로 받을 수 있다.

매트랩 요약

다음 표는 이 장에서 살펴본 특수문자, 명령어와 함수를 정리한 것이다.

특수문자	
:	콜론 연산자
...	생략부호, 다음 줄에 명령문이 계속 이어지는 것을 나타낸다.
[ ]	빈 행렬
+	문자열 결합 연산자
' '	문자 정보(문자 배열 생성)
" "	문자열 정보(문자열 배열 생성)
[ ]	배열 생성자

명령어와 함수

`char`	문자열 길이를 맞추기 위해 빈칸을 추가한 배열을 생성한다.
`diag`	행렬의 대각선 값을 뽑아낸다.
`fliplr`	행렬을 왼쪽에서 오른쪽으로(수평 방향으로) 뒤집는다.
`flipud`	행렬을 위에서 아래로(수직 방향으로) 뒤집는다.
`length`	배열의 가장 큰 차원을 결정한다.
`magic`	'마방진' 행렬을 만든다.
`meshgrid`	벡터를 2차원 배열로 만든다.
`numel`	배열의 원소 수를 결정한다.
`ones`	일(1)행렬을 만든다.
`string`	문자열 배열을 생성한다.
`strlength`	문자열 배열의 각 원소에 있는 문자의 수를 결정한다.
`size`	배열의 차원을 결정한다.
`zeros`	영(0)행렬을 만든다.

핵심 용어

결합(concatenation)
레거시 코드(legacy code)
마방진(magic squares)
매핑(mapping)
문자(character)
문자열(string)
배열(array)
생략부호(ellipsis)
아래첨자(subscript)
요소 또는 원소(element)
인덱스(index)
인덱싱(indexing)
행렬(matrix)

연습문제

행렬 다루기

4.1 다음 행렬을 만들고 물음에 답하라.

$$\mathbf{a} = \begin{bmatrix} 15 & 3 & 22 \\ 3 & 8 & 5 \\ 14 & 3 & 82 \end{bmatrix} \quad \mathbf{b} = \begin{bmatrix} 1 \\ 5 \\ 6 \end{bmatrix} \quad \mathbf{c} = \begin{bmatrix} 12 & 18 & 5 & 2 \end{bmatrix}$$

(a) 행렬 a의 세 번째 열을 뽑아내어 행렬 d를 만들라.

(b) 행렬 b와 d를 결합해 행 3개, 열 2개인 2차원 행렬 e를 만들라.

(c) 행렬 b와 d를 결합해 행 6개, 열 1개인 1차원 행렬 f를 만들라.

(d) 행렬 a와 c에서 앞에서부터 3개의 원소로 행 4개, 열 3개인 행렬 g를 만들라.

(e) 첫 번째 원소가 $a_{1,3}$, 두 번째 원소가 $c_{1,2}$, 세 번째 원소가 $b_{2,1}$인 행렬 h를 만들라.

4.2 다음 표의 데이터가 저장된 *thermo_scores.dat* 파일이 있으면 이를 불러오고, 없으면 표의 숫자를 직접 입력해 `thermo_scores`라는 행렬로 만든다(항목 이름은 빼고 숫자만 타이핑해 넣으면 된다).

표 P4.2 열역학 과목 시험 성적

학생 번호	시험 1	시험 2	시험 3
1	68	45	92
2	83	54	93
3	61	67	91
4	70	66	92
5	75	68	96
6	82	67	90
7	57	65	89
8	5	69	89
9	76	62	97
10	85	52	94
11	62	34	87
12	71	45	85
13	96	56	45
14	78	65	87
15	76	43	97
16	68	76	95
17	72	65	89
18	75	67	88
19	83	68	91
20	93	90	92

(a) 5번 학생의 점수와 학생 번호를 뽑아내어 `student_5`라는 이름의 행벡터를 만들라.

(b) 시험 1의 점수를 뽑아내어 `test_1`이란 이름의 열벡터를 만들라.

(c) 각 시험의 표준편차와 분산을 구하라.

(d) 100점 만점을 기준으로 각 학생의 시험점수 합계와 평균을 구하라(학생 번호를 더하지 않도록 조심하라).

(e) 원래 표에 평균 점수가 추가된 표를 만들라.

(f) 평균 점수를 기준으로 각 학생의 모든 데이터를 내림차순(높은 점수에서 낮은 점수)으로 정렬하라. 이때 학생들의 점수가 서로 바뀌지 않도록 각 행의 데이터는 함께 움직여야 한다(`help` 함수를 이용해 명령어의 사용법을 잘 확인해보라).

4.3 다음 표를 보고 물음에 답하라.

표 P4.3 열전쌍 온도 데이터

시간(hr)	열전쌍 1(°F)	열전쌍 2(°F)	열전쌍 3(°F)
0	84.3	90.0	86.7
2	86.4	89.5	87.6
4	85.2	88.6	88.3
6	87.1	88.9	85.3
8	83.5	88.9	80.3
10	84.8	90.4	82.4
12	85.0	89.3	83.4
14	85.3	89.5	85.4
16	85.3	88.9	86.3
18	85.2	89.1	85.3
20	82.3	89.5	89.0
22	84.7	89.4	87.3
24	83.6	89.8	87.2

(a) 0~24시까지 2시간씩 증가하는 `times`란 이름의 열벡터를 만들라.

(b) 표에 있는 열전쌍의 온도 데이터가 저장된 *thermocouple.dat* 파일이 있으면 이를 불러오고, 없으면 위의 표를 입력해 `thermocouple`이란 이름의 행렬로 만든다.

(c) (a)에서 만든 `times` 벡터와 (b)의 `thermocuple` 데이터를 결합해 이 문제의 표와 일치하는 행렬을 만들라.

(d) `max`와 `min` 함수를 사용하면 한 열의 최댓값(또는 최솟값)뿐만 아니라 그 열에서 최댓값(또는 최솟값)이 위치하고 있는 원소의 번호도 함께 알 수 있다. 이 함수를 사용해 온도 데이터의 각 열에 대해서 최댓값과 최솟값이 발생하는 `times`의 값을 구하라.

4.4 *sensor.dat* 파일에는 여러 센서에서 수집한 정보가 담겨 있다. 이 파일이 있으면 이를 이용하고, 없으면 다음 표 P4.4의 데이터를 손으로 직접 입력한다.

첫 번째 행의 데이터는 0초인 순간에 각 센서에서 측정된 값이고, 두 번째 행의 데이터는 0.5초인 순간에 각 센서에서 측정된 값이며, 나머지 행도 이런 식으로 수집된 값이다.

(a) 데이터 파일을 읽고 파일에 들어 있는 센서의 개수와 측정한 시간(초)의 개수를 각각 화면에 출력하라. `size` 함수를 사용하되, 손으로 헤아려서는 안 된다.

(b) 각 센서마다 최댓값과 최솟값을 구하라. 또 이 값이 어느 순간에 발생했는지 매트랩을 이용해 구하라.

(c) 각 센서마다 평균값과 표준편차를 구하고, 수집된 모든 데이터의 평균값과 표준편차를 구하라. 첫 번째 열의 데이터는 센서 데이터가 아니라 시간 데이터라는 것에 주의하라.

4.5 미국 국립해양기상청(NOAA)에서는 ACE 지수(누적 사이클론 에너지 지수)로 허리케인의 강도를 측정한다. 특정 시즌(연도) 동안의 ACE는 그 시즌 내에 발생한 열대성 폭풍 중에서 풍속이 35 knot, 즉 65 km/h 이상인 ACE 지수를 모두 더한 것이다. 폭풍의 최대 지속 풍속(단위: knot)은 약 6시간마다 측정한다. 이렇게 측정한 풍속을 제곱한 값을 폭풍이 지속

표 P4.4 센서 데이터

시간(s)	센서 1	센서 2	센서 3	센서 4	센서 5
0.0000	70.6432	68.3470	72.3469	67.6751	73.1764
0.5000	73.2823	65.7819	65.4822	71.8548	66.9929
1.0000	64.1609	72.4888	70.1794	73.6414	72.7559
1.5000	67.6970	77.4425	66.8623	80.5608	64.5008
2.0000	68.6878	67.2676	72.6770	63.2135	70.4300
2.5000	63.9342	65.7662	2.7644	64.8869	59.9772
3.0000	63.4028	68.7683	68.9815	75.1892	67.5346
3.5000	74.6561	73.3151	59.7284	68.0510	72.3102
4.0000	70.0562	65.7290	70.6628	63.0937	68.3950
4.5000	66.7743	63.9934	77.9647	71.5777	76.1828
5.0000	74.0286	69.4007	75.0921	77.7662	66.8436
5.5000	71.1581	69.6735	62.0980	73.5395	58.3739
6.0000	65.0512	72.4265	69.6067	79.7869	63.8418
6.5000	76.6979	67.0225	66.5917	72.5227	75.2782
7.0000	71.4475	69.2517	64.8772	79.3226	69.4339
7.5000	77.3946	67.8262	63.8282	68.3009	71.8961
8.0000	75.6901	69.6033	71.4440	64.3011	74.7210
8.5000	66.5793	77.6758	67.8535	68.9444	59.3979
9.0000	63.5403	66.9676	70.2790	75.9512	66.7766
9.5000	69.6354	63.2632	68.1606	64.4190	66.4785

되는 기간에 걸쳐 모두 더한 다음 10,000으로 나눈다. 이렇게 나누는 것은 계산 결과를 다루기 쉽게 하기 위해서이다. 이를 식으로 쓰면 다음과 같다.

$$\text{ACE} = \frac{\sum v_{\text{max}}^2}{10^4}$$

운동에너지는 속도의 제곱에 비례하므로 ACE는 결국 폭풍의 에너지와 관련이 있다. 폭풍이 가진 총에너지를 계산하려면 폭풍의 규모(크기)를 알아야 하는데, ACE는 이를 고려하지 않는다. 다음 표 P4.5는 1950~2016년까지 수집한 대서양에서 발생한 허리케인의 데이터이다. 이 데이터는 온라인 백과사전인 위키피디아(Wikipedia)의 'Accumulated Cyclone Energy'라는 글에서 발췌한 것이다(http://en.wikipedia.org/wiki/Accumulated_cyclone_energy). 이 데이터는 미국 국립해양기상청에서 수집한 데이터로 다음 웹사이트에서 원본을 확인할 수 있다(http://www.aoml.noaa.gov/hrd/tcfaq/E11.html). 이 데이터가 저장된 *ace.xlsx*라는 이름의 엑셀 파일을 입수하라. 이 파일을 구할 수 없으면 직접 엑셀 파일로 만들라.

(a) *ace.xlsx* 파일을 매트랩으로 가져와 `readTable` 함수를 사용해 `ace_data`라는 이름의 행렬로 만들라.

(b) 행렬의 각 열을 별도의 배열로 만들라. 이때 각 배열의 이름은 다음으로 한다.
- `years`
- `ace`
- `tropical_storms`
- `hurricanes`
- `major_hurricanes`

(c) `max` 함수를 사용해 다음 항목이 최대인 연도를 구하라.
- ACE 값
- 열대성 폭풍 개수
- 허리케인 개수
- 메이저 허리케인 개수

(d) 배열에서 연도(year)를 제외한 행렬의 각 열에 대해 평균값과 중앙값을 구하라.

표 P4.5 1950~2016년까지 대서양에서 발생한 허리케인 데이터

연도	ACE 지수	열대성 폭풍 개수	허리케인 개수 (1~5등급)	메이저 허리케인 개수(3~5등급)
1950	211.2825	16	11	6
1951	126.325	12	8	3
1952	69.08	11	5	2
1953	98.5075	14	7	3
1954	110.88	16	7	3
1955	158.17	13	9	4
1956	56.6725	12	4	1
1957	78.6625	8	3	2
1958	109.6925	12	7	3
1959	77.1075	14	7	2
1960	72.9	8	4	2
1961	205.395	12	8	5
1962	35.5675	7	4	0
1963	117.9325	10	7	3
1964	169.7675	13	7	5

표 P4.5 1950~2016년까지 대서양에서 발생한 허리케인 데이터 (계속)

연도	ACE 지수	열대성 폭풍 개수	허리케인 개수 (1~5등급)	메이저 허리케인 개수(3~5등급)
1965	84.33	10	4	1
1966	145.2175	11	7	3
1967	121.705	8	6	1
1968	45.0725	8	5	0
1969	165.7375	18	12	5
1970	40.18	11	5	2
1971	96.5275	13	6	1
1972	35.605	7	3	0
1973	47.85	8	4	1
1974	68.125	11	4	2
1975	76.0625	9	6	3
1976	84.1725	10	6	2
1977	25.3175	6	5	1
1978	63.2175	12	5	2
1979	92.9175	9	6	2
1980	148.9375	11	9	2
1981	100.3275	12	7	3
1982	31.5025	6	2	1
1983	17.4025	4	3	1
1984	84.295	13	5	1
1985	87.9825	11	7	3
1986	35.7925	6	4	0
1987	34.36	7	3	1
1988	102.9925	12	5	3
1989	135.125	11	7	2
1990	96.8025	14	8	1
1991	35.5375	8	4	2
1992	76.2225	7	4	1
1993	38.665	8	4	1
1994	32.02	7	3	0
1995	227.1025	19	11	5
1996	166.1825	13	9	6
1997	40.9275	8	3	1
1998	181.7675	14	10	3
1999	176.5275	12	8	5
2000	119.1425	15	8	3
2001	110.32	15	9	4
2002	67.9925	12	4	2
2003	176.84	16	7	3
2004	226.88	15	9	6
2005	250.1275	28	15	7
2006	78.535	10	5	2
2007	73.885	15	6	2
2008	145.7175	16	8	5
2009	52.58	9	3	2
2010	165.4825	19	12	5
2011	126.3025	19	7	4
2012	132.6325	19	10	2
2013	36.12	14	2	0
2014	66.725	8	6	2
2015	62.685	11	4	2
2016	141.2525	15	7	4
2017	224.8775	17	10	6
2018	132.5825	15	8	2
2019	132.2025	18	6	3
2020	180.3725	30	14	7
2021*	142.365	21	7	4

* 2021년 11월 27일 기준

(e) `sortrows` 함수를 사용해 `ace_data` 행렬의 원소를 ACE 값을 기준으로 내림차순으로 정렬하라.

이 연습문제의 데이터는 최신 정보로, 정기적으로 바뀌고 있다.

4.6 NOAA는 태평양 동부 및 중부와 인도양 북부에서 발생한 허리케인에 대해서도 표 P4.5와 비슷한 ACE 데이터를 수집하고 있다. 이 데이터는 위키피디아를 비롯해 여러 곳에서 온라인으로 입수할 수 있다. 이 태평양의 허리케인 데이터를 사용해 연습문제 4.5를 다시 풀라.

4.7 ACE 값 계산에 사용된 데이터는 주로 위성영상에서 얻으며, 이는 지상에서 측정한 실제 데이터와 허리케인 정찰 비행기에 장착된 장비를 통해 확인된다. ACE 값은 향상된 분석 기법에 따라 정기적으로 업데이트된다. 역사적인 정보 덕분에 연구자들은 1851년까지 거슬러 올라가는 대서양 유역의 ACE 값을 추정할 수 있었다. 이 데이터는 북대서양 허리케인 데이터베이스(HURDAT)에서 제공한다. 위키피디아나 NOAA 웹사이트에서 직접 찾을 수 있으며, 교수가 이러한 정보가 담긴 *ACE_Data_expanded.xlsx*라는 이름의 스프레드시트 사본을 가지고 있을 수도 있다. 1851~2021년까지의 확장된 데이터베이스를 사용해 연습문제 4.5를 다시 풀라.

두 변수 사이의 연산

4.8 그림 P4.8의 삼각형에서 면적 = ½× 밑변 × 높이이다. 밑변이 0~10 m까지 변하고 높이가 2~6 m까지 변할 때, 이 밑변과 높이로 만들 수 있는 모든 삼각형의 면적을 구하라. 이때 밑변과 높이가 변하는 간격은 여러분이 알맞게 정하라. 답은 2차원 행렬로 나와야 한다.

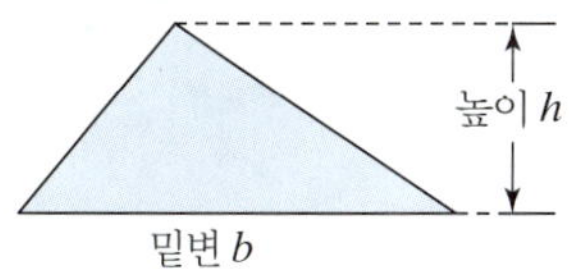

그림 P4.8
삼각형의 면적

4.9 기압계(그림 P4.9 참조)는 공기의 압력을 측정하는 데 사용하는 것으로 밀도가 높은 액체로 채워져 있다. 예전에는 수은을 사용했으나 이후에는 수은의 중독성 때문에 점차 여러 가지 다른 액체로 바뀌어왔다. 기압계로 측정한 압력 P는 다음 식과 같이 액체기둥의 높이 h와 액체의 밀도 ρ, 중력가속도 g의 곱이다.

$$P = h\rho g$$

이 방정식을 높이 h에 대해 정리하면 다음과 같다.

$$h = \frac{P}{\rho g}$$

기압이 0~100 kPa까지 변할 때 2개의 서로 다른 기압계에서 액체기둥이 올라가는 높이를 구하라. 첫 번째 기압계는 수은을 사용하는데, 수은은 밀도가 13.56 g/cm^3(13,560 kg/m^3)이다. 두 번째 기압계는 물을 사용하는데, 물의 밀도는 1.0 g/cm^3(1000 kg/m^3)이다. 중력가속도는 9.81 m/s^{2}이다. 계산을 시작하기 전에 이 계산식의 단위를 반드시 검사하라. 압력의 단위는 파스칼(Pa)인데 1 Pa은 1 kg/ms^{2}과 같다. 1 kPa은 1 Pa의 1000배이다. 계산 결과는 2차원 행렬로 표시되어야 한다.

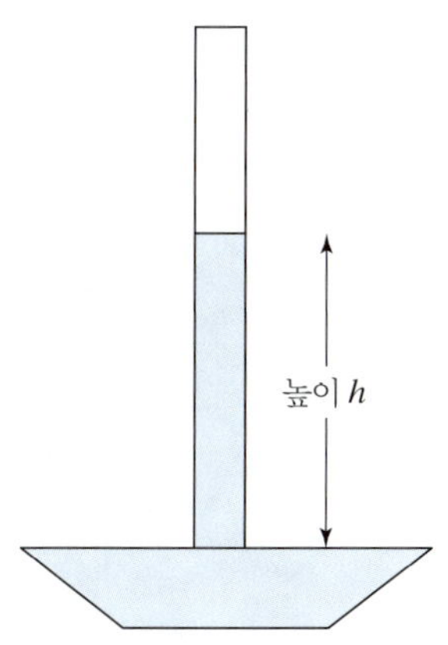

그림 P4.9
기압은 액체기둥의 높이에 정비례한다.

4.10 이상기체 법칙 $Pv = RT$는 기체의 동작과 특성을 설명하는 방정식이다. 이 방정식을 비부피(specific volume) v (단위: m^3/kg)에 대해 정리하면 다음과 같다.

$$v = \frac{RT}{P}$$

100~1000 K의 온도 범위와 100~1000 kPa의 압력 범위에서 공기가 가질 수 있는 모든 비

부피를 구하라. 공기의 R 값은 0.2870 kJ/(kg K)이다. 이 식에서 R은 기체에 따라 값이 달라진다. R이 상수인 방정식도 있는데, 이 경우에는 방정식에 기체의 분자량이 들어가야 한다. 화학과 열역학에서 이 방정식을 자세히 다룬다. 답은 2차원 행렬로 나와야 한다.

특수 행렬

4.11 연습문제 4.1의 행렬 a, b, c와 크기가 같은 영행렬을 만들라(size 함수를 사용하면 쉽다).

4.12 크기가 6 × 6인 마방진 행렬을 만들라.

(a) 각 행의 합은 얼마인가?

(b) 각 열의 합은 얼마인가?

(c) 대각선 원소의 합은 얼마인가?

4.13 연습문제 4.11에서 만든 마방진 행렬의 왼쪽 위 모서리에서 3 × 3 행렬을 뽑아내라. 이 행렬도 마방진 행렬인가?

4.14 크기가 5 × 5인 마방진 행렬 a를 만들라.

(a) a에 상수(예를 들어 2)를 곱한 행렬도 마방진 행렬이 되는가?

(b) a의 각 원소를 제곱해 새로운 행렬을 만들면 이 행렬은 마방진 행렬이 되는가?

(c) a의 각 원소에 일정한 값을 더해 새로운 행렬을 만들면 이 행렬은 마방진 행렬이 되는가?

(d) 그림 P4.14에 표시된 것처럼 다음 성분으로 구성된 10 × 10 행렬을 만들라.

a	2*a
a^2	a+2

그림 P4.14
서로 다른 행렬로 구성된 행렬을 만든다.

- 행렬 a
- 행렬 a에 2를 곱한 행렬
- 행렬 a의 각 원소를 제곱해 만든 행렬
- 행렬 a에 2를 더한 행렬

이 행렬은 마방진 행렬이 되는가? 이 네 가지 구성 성분의 순서를 바꾸면 답에는 어떤 영향을 미치는가?

4.15 알브레히트 뒤러가 1514년에 만든 그림 4.9의 마방진은 다음 명령으로 만든 마방진 행렬과 똑같지는 않다.

```
magic(4)
```

(a) 이 행렬에서 열의 순서를 바꾸어 뒤러의 마방진과 똑같게 만들라.

(b) 모든 행, 열, 대각선의 합이 같음을 증명하라.

4.16 문자열을 사용하는 일반적인 용도 중 하나는 의미 있는 파일 이름이나 변수 이름을 만드는 것이다. 다음과 같이 Dates라는 이름의 3 × 1 문자열 배열을 생성하라.

June_10

July_12

Aug_15
이제 +연산자를 사용해 해당 날짜에 수집된 데이터를 위한 새로운 파일 이름 문자열 배열을 생성하라.

```
"Data_Collected_" + Dates
```

4.17 그래프의 제목으로 사용할 문자열 배열을 생성하라. 제목은 두 줄의 텍스트로 구성되어야 하므로 2 × 1 배열이어야 한다.

4.18 `strlength` 함수를 사용해 이전 문제에서 생성한 제목의 각 줄에 포함된 문자 수를 확인하라.

4.19 매트랩에는 *patients.mat*라는 파일에 예제 데이터가 포함되어 있어 실험에 사용할 수 있다. 이를 사용하거나 유사한 파일을 사용해 다음 작업을 수행하라.

(a) 다음 명령어를 사용해 파일에 저장된 `LastName` 변수를 작업공간에 불러오라.

```
load patients LastName
```

(b) `LastName` 변수는 100개의 문자 배열을 저장하는 셀 배열이다. 이를 `char` 함수를 사용해 `Name_char`라는 이름의 문자 배열로 변환하라.

(c) `LastName` 변수를 `string` 함수를 사용해 `Name_string`이라는 이름의 문자열 배열로 변환하라.

(d) `size` 함수를 사용해 (b), (c)에서 생성한 변수의 차원을 확인하고 결과를 비교하라.

(e) `sort` 함수를 사용해 각 배열을 정렬하라. 결과가 화면에 출력되지 않도록 억제하고, 배열 편집기에서 결과를 확인하라(변수 이름을 더블클릭해 확인).

(f) `sortrows` 함수를 사용해 각 배열을 정렬하라. (e)의 결과와 어떻게 다른지 비교하라.

5 그래프 그리기

학습목표

- 2차원 그래프를 그리고 이름을 붙인다.
- 그래프의 모양을 조정한다.
- 그림창을 여러 개의 부분으로 나누어 그래프를 그린다.
- 3차원 그래프를 그린다.
- 대화형 도구를 사용해 그래프를 그린다.

서론

매우 많은 데이터가 들어 있는 표를 이해하기란 쉽지 않다. 공학에서는 정보를 더욱 쉽게 이해할 수 있도록 데이터를 그래프로 작성하는 방법을 사용한다. 그래프로 작성하면 데이터의 경향을 더욱 쉽게 파악할 수 있고 최댓값과 최솟값을 골라낼 수 있으며 측정이나 계산을 잘못했을 가능성이 큰 데이터를 찾아낼 수 있다. 또한 그래프를 사용하면 컴퓨터로 푼 결과가 예상 결과와 얼마나 잘 일치하는지 한눈에 알아볼 수 있고 컴퓨터 계산 결과를 해석하는 데 도움이 된다.

5.1 2차원 그래프

공학에서 가장 많이 사용하는 그래프는 $x-y$ **그래프**($x-y$ plot)이다. 2차원 그래프를 그리려면 2차원 평면 위의 점을 나타내는 **순서쌍**(ordered pairs)이 필요하다. 순서쌍으로 지정되는 각 점은 직선으로 연결된다. 측정값이나 계산값이 순서쌍을 이루는 x, y 값이 된다. 일반적으로 **독립변수**(independent variable)를 x로 표시하고 x축(수평축)에 그린다. **종속변수**(dependent variable)는 y로 표시하고 y축(수직축)에 그리게 된다.

5.1.1 기본 그래프 그리기

$x-y$ 그래프

x, y 값을 각각 벡터로 만들어놓으면 매트랩에서 그래프를 그리기가 쉽다. 예를 들어 다음 표와 같이 시간에 따른 거리 변화를 측정한 데이터를 가지고 있다고 하자.

다음과 같이 시간 값을 x라는 이름의 벡터로 저장하고, 거리 값을 y라는 이름의 벡터로 저장했다(다른 벡터 이름을 사용할 수도 있다. 이름을 정하는 것은 사용자 마음대로이다).

```
x = [0:2:18];
y = [0 0.33 4.13 6.29 6.85 11.19 13.19 13.96 16.33 18.17];
```

이 점들을 그리려면 다음과 같이 x, y를 인수로 가진 plot 명령을 사용한다.

```
plot(x,y)
```

시간(s)	거리(ft)
0	0
2	0.33
4	4.13
6	6.29
8	6.85
10	11.19
12	13.19
14	13.96
16	16.33
18	18.17

이렇게 하면 매트랩에서 이름이 Figure 1인 그래픽창이 자동으로 열리면서 그림 5.1(a)와 같은 곡선을 그리는 그래프가 만들어진다. 그래픽창의 크기에 따라 그래프의 크기는 약간 달라질 수 있다. 면적 그래프(area plot)는 그래프를 그릴 때 나타나는 곡선의 아래와 수평축 사이의 영역을 색으로 채워준다. 따라서 다음 명령

```
area(x,y)
```

를 실행하면 그림 5.1(b)와 같은 면적 그래프가 나타난다.

이 장에서 보여주는 그래프는 매트랩 세션 동안 생성된 전체 그림창을 포함하고 있다. 이

(a)

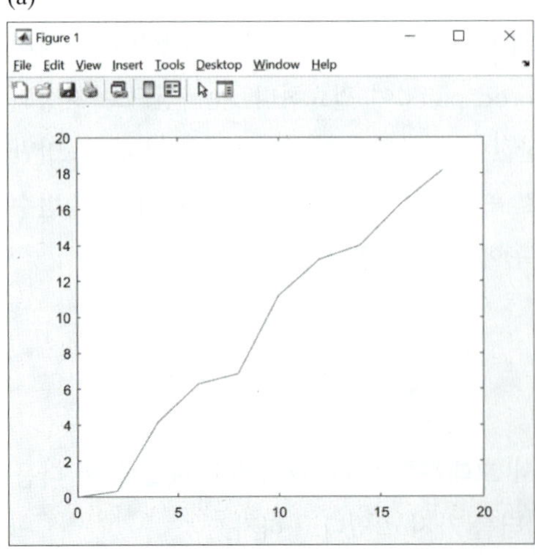

(b)

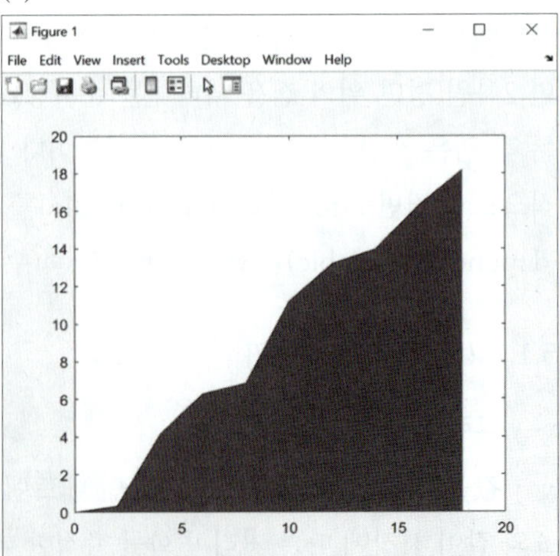

그림 5.1
매트랩에서 생성된 시간 대 거리의 간단한 그래프. (a) 데이터가 *x*–*y* 그래프로 표현됨, (b) 데이터가 면적 그래프로 표현됨

는 그래프가 어떻게 생성되는지를 볼 수 있게 하기 위함이다. 후속 장에서는 보고서나 다른 문서에 포함하기에 적합한 형식으로 그래프를 저장하는 방법을 배우게 될 것이다.

면적 그래프는 곡선 아래의 면적에 물리적인 의미가 있을 때 사용된다. 예를 들어 피스톤-실린더 장치에서 움직이는 피스톤이 수행한 작업은 다음과 같이 설명된다.

$$W = \int_1^2 P\,dV$$

만약 V(부피)를 x축, P(압력)를 y축에 두고 그래프를 그리면 상태 1에서 상태 2까지의 곡선 아래 면적이 일, 즉 W가 된다.

제목, 축 이름, 눈금

올바른 엔지니어링 관행에 따르면 그래프에는 항상 축 이름(레이블)과 제목이 포함되어야 하며, 이는 다음 코드를 사용해 추가할 수 있다.

```
plot(x,y)
title("실험 결과 1")
xlabel("시간, sec")
ylabel("거리, ft")
grid on
```

이 명령어는 그림 5.2에 있는 그래프를 생성한다. 선택적으로 눈금(그리드)도 포함되었다. 다른 매트랩 명령어와 마찬가지로 공간 절약을 위해 한두 줄로 결합해 사용할 수도 있다.

```
plot(x,y),title("실험 결과 1")
xlabel("시간, sec"),ylabel("거리, ft"),grid on
```

위 명령어를 매트랩에 입력할 때 따옴표(")를 입력하면 텍스트 색상이 빨간색으로 변하는 것을 볼 수 있다. 이는 문자열을 시작하고 있음을 나타낸다. 마지막 따옴표(")를 입력하면 색상이 보라색으로 변하며, 문자열이 완료되었음을 의미한다. 이러한 시각적 단서를 잘 활용하면 코딩 실수를 방지할 수 있다.

HINT 작은따옴표와 큰따옴표의 차이

매트랩을 이전에 사용해본 적이 있다면 `title`이나 `xlabel`과 같은 함수에 입력값으로 작은따옴표 대신 큰따옴표를 사용하는 것에 익숙할 것이다. 실제로 매트랩 문서를 확인해보면 두 가지 접근 방식의 예시를 모두 찾을 수 있다. 2016b 버전 이전에는 작은따옴표만 사용할 수 있었으며, 이는 문자 배열(character array)을 나타낸다. 반면 큰따옴표는 문자열(string)을 의미하며, 이러한 함수에 대한 텍스트 입력을 더 정확하게 표현한다. 문자 배열은 각 문자가 특정 의미를 가질 때 사용해야 한다. 매트랩 문서에서 볼 수 있는 예시로는 DNA 가닥을 설명하는 문자 배열이 있다. 그룹으로서 의미를 가지는 문자들의 집합은 문자열로 저장하는 것이 적절하다. 문자 배열과 문자열의 차이에 대한 자세한 내용은 다른 장에서 설명한다. 대부분의 매트랩 함수는 텍스트를 입력받을 때 문자열 배열(큰따옴표)이나 문자 배열(작은따옴표) 모두를 수용할 수 있다. 현재는 어느 방식이든 작동하지만, 새로운 코드를 작성할 때에는 문자열(큰따옴표)을 사용하는 것이 여러 이점이 있다.

핵심 개념
항상 그래프에 의미 있는 제목을 포함시킨다.

핵심 개념
항상 축 이름에 단위를 포함시킨다.

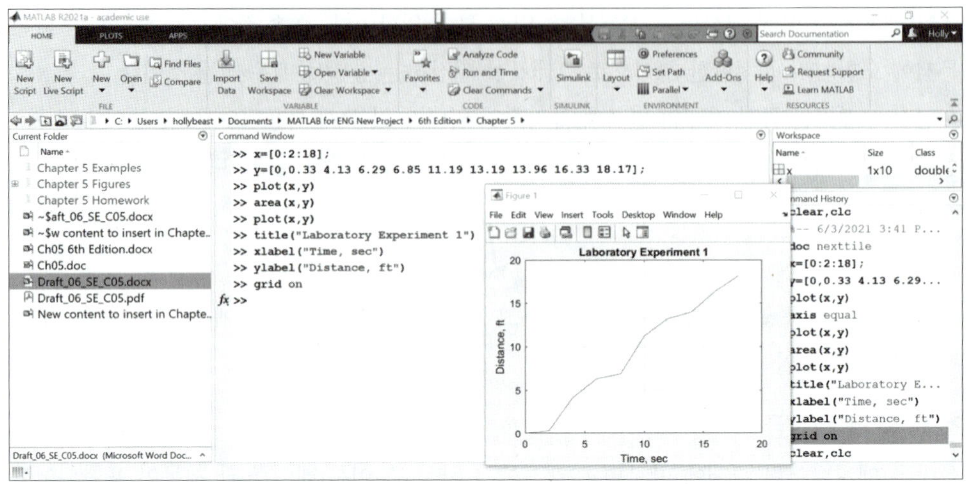

그림 5.2
그래픽창은 명령창 위에 열리며, 편리한 크기로 조절하거나 매트랩 데스크톱에 도킹할 수 있다. 눈금, 제목, 축 이름을 추가하면 그래프를 더 쉽게 해석할 수 있다.

명령창에서 작업 중이라면 그래픽창이 다른 창 위에 열릴 것이다(그림 5.2 참조). 계속 작업하려면 명령창을 클릭하거나 그래픽창을 최소화하면 된다. 또한 그래픽창의 크기를 편리한 크기로 조절할 수 있으며, 창 오른쪽 위의 종료 아이콘 아래에 있는 도킹 화살표를 선택해 매트랩 데스크톱에 추가할 수도 있다.

HINT 명령창을 클릭하면 그림창은 현재창 뒤로 숨게 된다. 그림창을 다시 보고 싶을 때에는 화면 아래쪽에 있는 윈도우 작업표시줄에서 그림창(figure)을 선택하면 된다.

HINT 제목과 축 이름을 추가하기에 앞서서 그래프를 먼저 그려야 한다. 제목과 축 이름을 먼저 지정한 다음에 `plot` 명령을 실행하면 지정한 제목과 축 이름이 지워지게 된다.

HINT `xlabel`, `ylabel`, `title` 명령어에 입력값을 지정할 때 작은따옴표를 사용하면, 'it's'와 같은 단어에 있는 작은따옴표(아포스트로피)를 문자 배열의 끝으로 인식하게 된다. 텍스트에 작은따옴표를 사용하려면 `xlabel('Holly''s Data')`와 같이 작은따옴표를 두 번 입력하면 된다(다른 문자로 인식되는 큰따옴표는 사용하지 말 것). 이 문제를 피하려면 입력 문자열에 큰따옴표를 사용하는 것이 더 나은 해결책이며, 예를 들어 `xlabel("Holly's Data")`와 같이 입력하면 된다.

여러 개의 그래프 그리기

스크립트 M-파일에서 작업할 때의 단점 중 하나는 그래프를 요청하고 추가적인 계산을 계속할 경우, 매트랩이 그래픽창을 생성하고 표시한 뒤 즉시 프로그램의 나머지 명령을 실행한다는 점이다. 만약 두 번째 그래프를 요청하면 이전에 생성한 그래프에 덮어씌우게 된다. 이는 명령창에서 작업할 때와 동일한 상황이다. 이 문제를 해결하기 위한 세 가지 방법이 있다.

- 프로그램을 섹션 단위로 실행해 한 번에 하나의 섹션만 실행하도록 한다. 각 섹션이 최

대 하나의 그림만 생성하게 해서 그래프를 덮어씌우기 전에 확인할 수 있도록 한다.

- pause 명령어를 사용해 프로그램 실행을 일시적으로 멈춘 후 그림을 확인한다. pause 명령어는 아무 키나 누를 때까지 프로그램 실행을 멈춘다. 특정 시간 동안 일시 정지하고 싶다면 pause(n) 명령어를 사용해 n초 동안 실행을 멈춘 후 계속 진행할 수 있다.
- figure 함수를 사용해 여러 개의 그림창을 생성한다.

figure 명령은 새로운 그림창을 열 수 있게 해준다. 그림창을 새로 연 다음에 plot 명령을 내리면 그래프가 새로 열린 그림창에 그려진다. 예를 들어

```
figure(2)
```

'Figure 2'라는 이름의 창이 열리면, 이후의 그래프 생성은 해당 창에서 이루어지게 된다. figure 명령어를 입력 파라미터 없이 실행하면 현재창의 번호보다 하나 더 높은 번호로 새 창이 열리게 된다. 예를 들어 현재창이 'Figure 2'일 때, figure 명령어를 실행하면 'Figure 3'이 열리게 된다. 간단한 그래프를 생성하는 데 사용되는 명령어가 표 5.1에 정리되어 있다.

라이브 스크립트(MLX-파일)를 사용하면 이러한 문제 대부분을 피할 수 있다. 라이브 스크립트에서 plot 함수가 실행될 때마다 figure 명령어를 사용할 필요 없이 새로운 창이 생성된다. 간단한 예가 그림 5.3에 설명되어 있다. 독립적인 그래픽창을 열기 위해서는 사용자가 해당 그림을 선택하고 대화형 프롬프트를 따르면 된다.

한 그래프에 선 여러 개 그리기

한 그래프에 선을 여러 개 그리는 방법에는 몇 가지가 있다. 디폴트(기본설정) 상태에서는 먼저 그린 그래프가 나중에 그린 그래프에 의해 지워지도록 설정되어 있다. 그러나 hold on 명령을 사용하면 먼저 그린 그래프에 나중에 그린 그래프를 겹쳐 그릴 수 있다. 다음 명령을 차례로 실행하면 그림 5.4와 같이 2개의 함수가 같은 그래프에 그려진다.

표 5.1 기본적인 그래프 그리기 관련 함수

plot	$x-y$ 그래프를 그린다.	plot(x,y)
title	그래프에 제목을 추가한다.	title('내 그래프')
xlabel	x축에 축 이름을 추가한다.	xlabel('독립변수')
ylabel	y축에 축 이름을 추가한다.	ylabel('종속변수')
grid	그래프에 눈금을 추가한다.	grid
	단독으로 사용될 때, grid 명령어는 눈금을 켜고 끄는 것을 반복한다.	grid on grid off
grid minor	작은 눈금 선을 추가한다.	grid minor
pause	프로그램 실행을 잠시 멈추어 사용자가 그래프를 볼 수 있도록 해준다.	pause
figure	현재 그래프에 사용할 그림창을 결정한다. 입력 인수 없이 실행되면 다음 순서의 그림창을 추가한다.	figure figure(2)
hold	현재 그래프를 유지시켜 추가로 그리는 그래프에 겹쳐 그려지게 한다.	hold on hold off

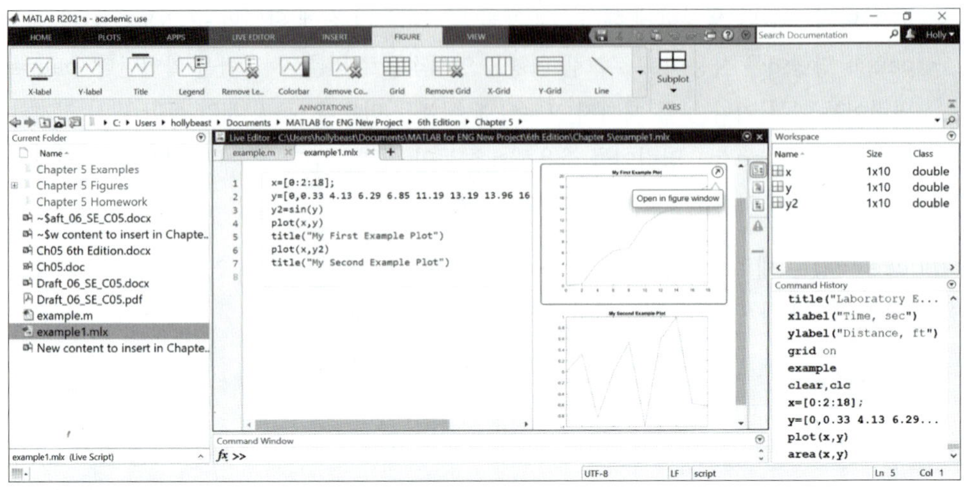

그림 5.3
라이브 스크립트에서 그래프 생성 작업이 더 쉽다. hold on 명령어를 사용하지 않는 한 plot 함수가 실행될 때마다 새로운 그림창이 생성된다.

```
x = 0:pi/100:2*pi;
y1 = cos(x*4);
plot(x,y1)
y2 = sin(x);
hold on;
plot(x,y2)
```

plot 명령문과 hold on 명령문에 세미콜론을 붙이든 붙이지 않든 결과는 마찬가지이다. 매트랩은 hold off 명령이 실행되기 전까지는 그래프를 계속해서 겹쳐 그린다.

```
hold off
```

핵심 개념
공학에서 가장 일반적으로 사용되는 플롯은 $x-y$ 산점도(scatter plot)이다.

하나의 plot 명령만으로도 한 그래프에 여러 개의 선을 그릴 수 있다. plot 명령에 여러 개의 변수를 입력하면 매트랩은 x, y 벡터가 번갈아 입력된 것으로 해석한다. 따라서

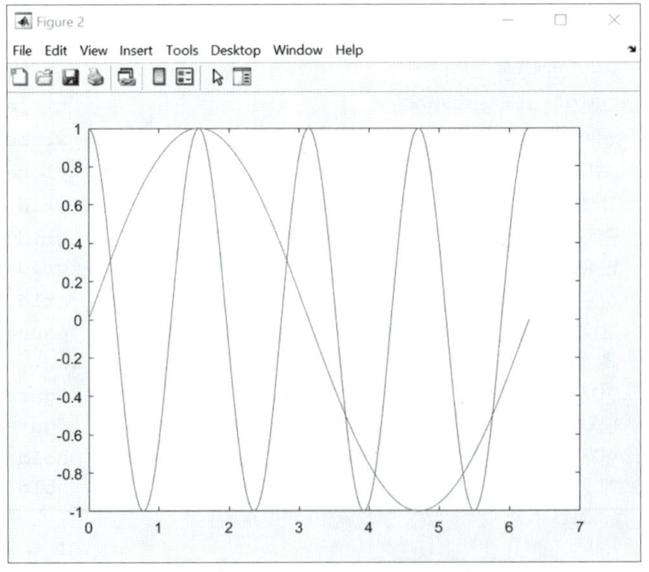

그림 5.4
hold on 명령을 사용하면 한 그림창에 여러 그래프를 겹쳐 그릴 수 있다.

```
plot(X1, Y1, X2, Y2)
```

에서 변수 X1, Y1은 첫 번째 선을 그리기 위한 순서쌍이고 X2, Y2는 두 번째 선을 그리기 위한 순서쌍이 된다. 앞에서 만든 데이터를 사용해 다음 명령

```
plot(x, y1, x, y2)
```

로 그림 5.4와 같은 그래프를 얻을 수 있다.

plot 함수의 입력 인수로 행렬을 넣어주면 매트랩은 행렬의 각 열마다 선을 하나씩 그린다. 이때 x축은 자동적으로 $1:k$인 행벡터가 된다. 여기에서 k는 입력한 행렬의 행의 개수이다. 이렇게 하면 x축 간격이 일정한 **선 그래프**(line plot)가 그려진다. plot에 2개의 입력 인수(벡터 1개, 행렬 1개)를 넣어주면 매트랩은 벡터에 대해 행렬의 각 행마다 선 하나씩을 연속해서 그려준다. 예를 들어 다음과 같이 y1, y2를 하나의 행렬로 결합한 후 x에 대해 그래프를 그릴 수 있다.

```
Y = [y1; y2];
plot(x,Y)
```

이렇게 하면 그림 5.4와 같은 그래프가 나온다.

좀 더 복잡한 예를 들어보자.

```
X = 0:pi/100:2*pi;
Y1 = cos(X)*2;
Y2 = cos(X)*3;
Y3 = cos(X)*4;
Y4 = cos(X)*5;
Z = [Y1; Y2; Y3; Y4];
plot(X, Y1, X, Y2, X, Y3, X, Y4)
```

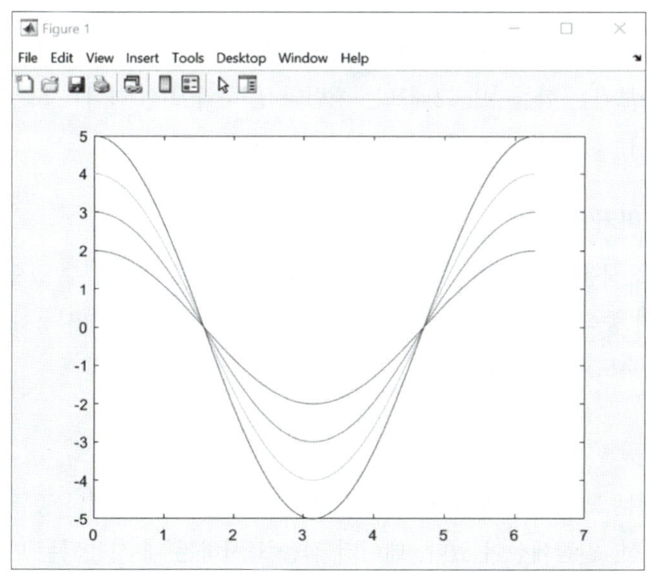

그림 5.5 매트랩에서는 사용자가 동일한 그래프에 여러 개의 선을 그릴 수 있다.

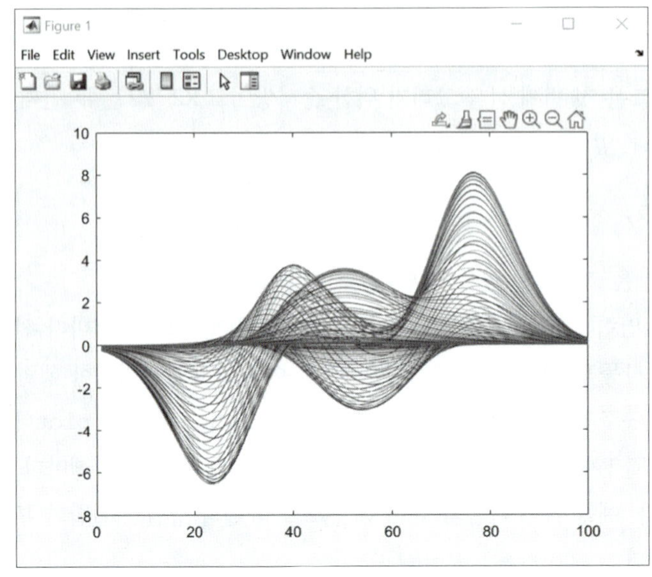

그림 5.6
plot 명령의 입력 인수로 peaks 함수를 넣을 때 그려지는 그래프

이 명령어는 다음과 동일한 결과를 생성한다(그림 5.5 참조).

```
plot(X, Z)
```

peaks 함수는 특정 그래프 함수의 기능을 보여주는 용도로 사용되는 샘플 데이터를 만들어내는 2변수 함수이다[이 데이터는 가우스 분포 함수를 x, y 축(즉 변수 x, y)에 대해 크기를 조정하고 좌표를 평행 이동해 만든 것이다]. peaks 함수의 입력에 1개의 인수 n을 넣어주면 $n \times n$ 행렬이 만들어진다. plot 함수의 입력 인수로 행렬을 사용하는 것이 얼마나 강력한지 보여주는 데 peaks 함수를 이용할 수 있다. 다음 명령

```
plot(peaks(100))
```

은 그림 5.6과 같은 인상적인 그래프를 그려준다. peaks로 만든 100 × 100 크기의 행렬이 plot 함수의 입력이 된다. x축은 1~100까지 변하는데 이것은 각 데이터의 인덱스 번호이다. 눈으로 알아보기는 힘들지만 그래프는 행렬의 열 하나에 선 하나씩 모두 100개의 선으로 구성되어 있다.

5.1.2 선, 색상, 마커 스타일

그래프의 외형을 사용자 정의 선 스타일과 선 색상을 선택해 변경할 수 있으며, plot 함수에서 독립변수와 종속변수 바로 뒤에 문자열로 지정된 마커 스타일을 사용해 그래프에 데이터 점을 표시할 수도 있다. 다음 명령

```
help plot
```

은 선택할 수 있는 모든 종류의 목록을 보여준다. 선택할 수 있는 선의 종류로는 실선(기본 설정), 쇄선, 점선, 일점쇄선이 있다. 데이터 점을 표시하는 데 사용되는 마커의 종류로는

표 5.2 선, 마커, 색상 종류

선 종류	지시기호	마커 종류	지시기호	색상	지시기호
실선	-	점	.	파란색	b
점선	:	원	o	초록색	g
일점쇄선	-.	x 기호	x	빨간색	r
쇄선	--	+ 기호	+	청록색	c
(빈칸)	no line	별표	*	자주색	m
		사각형	s	노란색	y
		다이아몬드	d	검은색	k
		아래 삼각형	v	흰색	w
		위 삼각형	^		
		왼쪽 삼각형	<		
		오른쪽 삼각형	>		
		오각형	p		
		육각형	h		

+ 기호, 별표, 원, x 기호를 비롯해 여러 가지가 있다. 선택할 수 있는 색상 종류도 여덟 가지가 있다(전체 목록은 표 5.2 참조).

다음 명령을 입력해 선, 색상, 마커 스타일을 선택하는 방법을 알아보자.

```
x = [1:10];
y = [58.5 63.8 64.2 67.3 71.5 88.3 90.1 90.6 89.5 90.4];
plot(x,y,":ok")
```

문자열에서 색상을 지정할 때 축약된 색상 이름이나 전체 색상 이름을 사용할 수 있다. 예를 들어 다음 plot 명령어는 동일한 결과를 생성한다.

```
plot(x,y,":oblack")
```

결과 그래프[그림 5.7(a) 참조]는 데이터 점이 원으로 표시된 쇄선으로 구성되어 있으며, 선, 데이터 점, 원 모두가 검은색으로 그려진다. 지시기호는 큰따옴표로 표시된 문자열 안에 나열되며, 입력 순서는 임의로 지정해도 출력에는 영향을 미치지 않는다.

여러 선에 대해 선, 마커, 색상 스타일을 지정하려면 각 데이터 배열 쌍 뒤에 선택 사항이 포함된 문자열을 추가하면 된다. 문자열이 포함되지 않으면 기본값을 사용한다. 예를 들어

```
plot(x,y,":ok",x,y*2,"--xr",x,y/2,"-b")
```

와 같이 입력하면 그림 5.7(b)와 같은 그래프를 얻을 수 있다. 현재 매트랩 문서에서는 작은따옴표와 큰따옴표 표기법 모두를 참조하고 있으므로 어느 방식이든 사용할 수 있다.

핵심 개념
plot 함수의 입력값을 지정할 때 작은따옴표나 큰따옴표를 사용할 수 있다.

plot 명령어는 그래프의 외형을 제어하기 위한 추가 옵션을 제공한다. 이러한 속성을 제어하려면 속성 이름과 값을 지정해야 한다. 예를 들어 오버헤드 발표에 적합한 그래프를 만들기 위해서는 더 두꺼운 선이 필요할 수 있다. 먼저 그래프로 그릴 데이터를 정의한 다음 2개의 추가 필드를 지정한다. 첫 번째 필드에는 속성을 문자열로 지정하고, 두 번째 필드에는 속성 값을 지정한다.

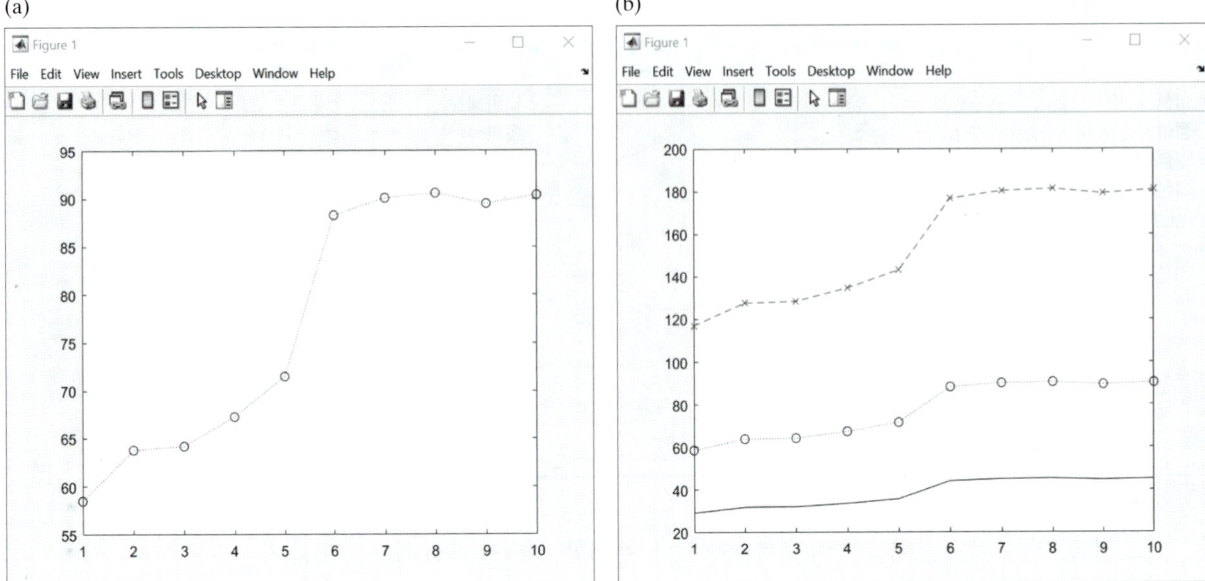

그림 5.7
(a) 선, 마커, 색상을 조정한 그래프, (b) 선 스타일과 점 스타일을 다르게 한 그래프

```
plot(x,y,"LineWidth",2)
```

이 명령어는 그림 5.8(a)와 같이 선의 너비가 2(기본값은 0.5)인 그래프를 생성한다.

```
plot(x,y,"LineWidth",2,"Marker","o","MarkerSize",10)
```

이 명령어는 그림 5.8(b)와 같이 선의 너비가 2이고, 마커로 원을 사용하며, 기본값(6)보다 큰 크기(10)의 마커가 포함된 그래프를 생성한다. 필요한 만큼 속성 쌍을 추가할 수 있다. 도움말 문서를 검색해 가능한 조합을 탐색하라.

```
doc Chart Line Properties
```

2021a 릴리스부터는 이름 = 값(Name = Value) 구문을 사용해 이러한 속성을 정의할 수 있다. 예를 들어 앞의 예는 다음과 같은 코드로 작성할 수 있다.

```
plot(x,y,LineWidth = 2,Marker = "o",MarkerSize = 10)
```

핵심 개념
hold on 명령어는 항상 hold off 명령어와 함께 사용해야 한다.

이 방법은 더 직관적이고 사용하기 쉬우나, 기존의 오래된 프로그램은 아마도 쉼표로 구분된 쌍 전략을 계속 사용할 것이다.

이 방법을 사용해 선 속성을 세밀하게 조정하려면 각 선을 개별 plot 명령어로 정의해야 한다는 단점이 있다. 여러 개의 선을 포함하는 그래프를 만들려면 hold on 명령어를 사용한 다음 각 선에 대해 새로운 plot 명령어를 실행해야 한다. 따라서 그림 5.8(b)의 그래프에 더 많은 선을 추가하려면 다음과 같이 입력해야 한다.

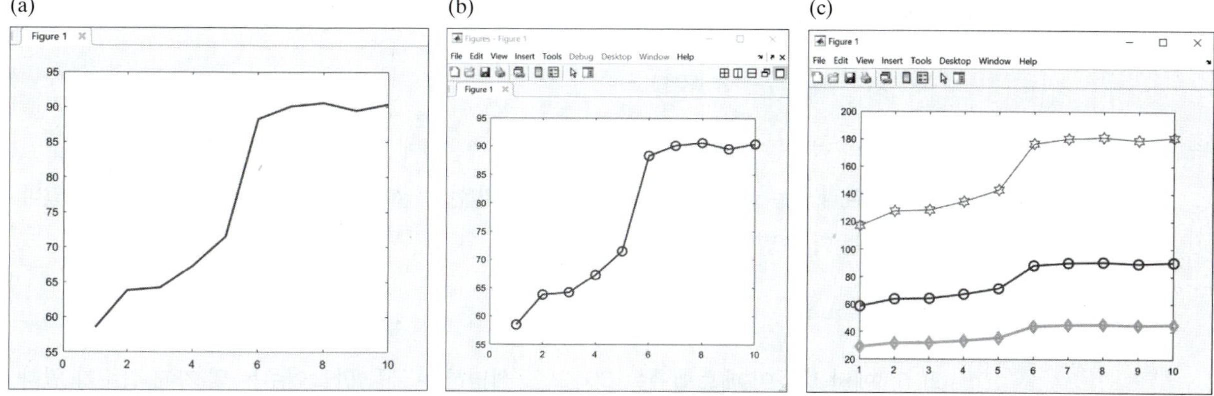

그림 5.8

(a) (a) 선 속성 이름(식별자)과 속성 값을 명시해 그래프에서 선의 표시 형태를 추가로 조정할 수 있다. (b) 하나의 plot 명령에 여러 종류의 속성 이름과 속성 값을 함께 명시해 그래프의 여러 속성을 한꺼번에 조정할 수 있다. (c) 여러 선의 속성을 조정할 때에는 선마다 별도의 plot 명령을 사용해야 한다.

```
hold on
plot(x,y*2,LineWidth = 1,Marker = "h",MarkerSize = 12)
plot(x,y/2,LineWidth = 3,Marker = "d",MarkerSize = 8)
```

이 명령어는 그림 5.8(c)와 같은 그래프를 생성한다. 각 선의 색상과 선 스타일은 그래프의 기본설정에 따라 결정된다. 작업이 끝난 후에는 hold off 명령어를 실행하는 것을 잊지 말아야 한다.

```
hold off
```

5.1.3 축의 크기 조정과 설명글 작성

매트랩에서 x, y 축의 크기는 자동으로 선택된다. 그런데 경우에 따라서는 사용자가 축의 크기를 조정할 필요가 있다. 표 5.3에 정리되어 있듯이 axis 함수를 사용하면 축의 크기를 조정할 수 있다. 다음과 같이

```
axis
```

명령을 실행하면 축의 크기가 고정된다. 이어서 hold on 명령을 내린 다음 plot 명령으로 선을 추가로 그리면 이미 만들어진 그래프 축의 크기가 달라지지 않는다. axis 함수를 재실행하면 원래 상태로 되돌아가므로 축의 크기가 조절된다.

axis 함수에서는 다음 4개의 입력값으로 x, y 축의 크기를 지정한다.

- x축의 최솟값
- x축의 최댓값
- y축의 최솟값
- y축의 최댓값

따라서 다음 명령

```
axis([-2, 3, 0, 10])
```

은 그래프의 범위를 x축은 -2에서 $+3$까지, y축은 0에서 $+10$까지로 고정시킨다.

경우에 따라서는 x축의 한 눈금 크기와 y축의 한 눈금 크기를 서로 같게 해줄 필요가 있다. 이럴 때에는 다음 명령을 사용하면 된다.

```
axis equal
```

표 5.3에서 보듯이 매트랩에는 그래프를 설명하는 글을 만들어주는 몇 가지 함수가 있다. legend 함수를 사용해 문자열의 형태로 각 선의 설명(범례)을 지정하면 그래프의 오른쪽 위 구석에 범례가 표시된다(범례 상자의 표시 위치를 다른 곳으로 옮기는 방법은 도움말 기능을 사용해 알아보라). text 함수를 사용하면 그래프를 설명하는 글상자를 그래프 위에 추가할 수 있다. 이 함수를 사용할 때에는 먼저 x, y 축의 좌표를 입력해 글상자의 시작 위치를 지정하고, 이어서 글상자의 내용을 문자열로 입력한다. 다음과 같이 legend 명령과 text 명령을 실행하면 그림 5.7(b)의 그래프에 범례(legend)와 설명글이 추가된다. 혹시 그림창에 다른 그래프가 그려져 있으면 이를 지우고 '새로' 그래프를 그릴 수 있도록 현재 그림창의 그림을 지우는 clf 명령을 맨 앞에 입력한다.

표 5.3 축의 크기를 조정하고 설명글을 달아주는 명령

axis	현재 축의 설정 상태를 유지한다. axis 명령을 재입력하면 축의 제어 권한을 다시 매트랩에 돌려준다.
axis(v)	axis 명령을 입력할 때에는 4개의 원소를 가진 벡터를 넣어주어야 한다. 즉 4개의 원소[xmin, xmax, ymin, ymax]와 같이 x, y 축의 최소, 최대 값을 지정한다.
axis equal	x축 눈금과 y축 눈금의 크기를 똑같게 맞춘다.
legend('string1', 'string 2', etc)	그래프에 범례를 추가한다. 어느 선이 무엇을 나타내는지 문자열로 표시한다.
text(x_coordinate, y_coordinate, 'string')	그래프에 글상자를 추가한다. 글상자는 지정된 x, y 좌표에 위치하며 글상자의 내용은 지정된 문자열이 된다.
gtext('string')	text 명령과 비슷하게 사용자가 그림창에서 마우스로 클릭한 위치에 글상자가 추가된다.

```
clf
plot(x,y,":ok",x,y*2,"--r",x,y/2,"-b")
legend("line 1","line 2","line 3")
text(1,100,"text 명령으로 써넣은 설명글")
```

여기에 그래프 제목, x축 이름, y축 이름을 추가하고 축의 크기를 조정해보자. 다음 명령을 차례로 입력하면

```
xlabel("내 x축 이름")
ylabel("내 y축 이름")
```

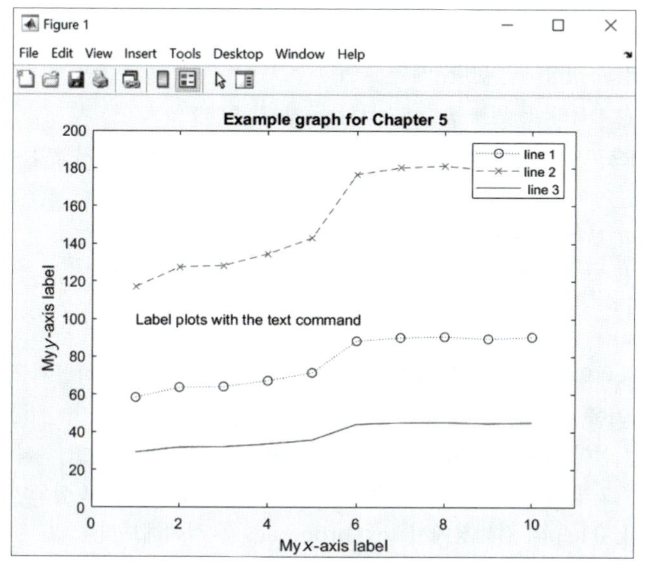

그림 5.9
범례, 글상자, 제목, x축 이름, y축 이름을 추가한 예제 그래프

```
title("5장 예제 그래프")
axis([0,11,0,200])
```

그림 5.9와 같은 그래프를 볼 수 있다.

HINT 제목이나 이름(레이블)에 그리스 문자를 사용하려면 문자 이름 앞에 역슬래시(\)를 입력해야 한다. 예를 들어

```
title("\alpha \beta \gamma")
```

와 같은 명령을 입력하면 그래프의 제목이

$$\alpha\ \beta\ \gamma$$

가 된다. 위첨자를 만들려면 ^(캐럿) 기호를 사용하면 된다. 따라서 다음 명령

```
title("x^2")
```

은 다음을 표시한다.

$$x^2$$

아래첨자를 만들려면 _ 기호를 사용한다. 따라서 다음 명령

```
title("x_5")
```

는 다음을 표시한다.

$$x_5$$

여러 개의 문자나 기호를 위첨자나 아래첨자로 만들려면 중괄호로 전체를 묶어주어야 한다. 따라서 다음 명령

```
title("k{^-1}")
```

은 다음을 표시한다.

k^{-1}

핵심 개념
확실치 않을 때에는 매트랩에서 텍스트를 저장할 때 작은따옴표 대신 큰따옴표를 사용한다.

핵심 개념
문자열(string)은 매트랩에서 큰따옴표로 지정되며, 문자 배열(character array)보다 다루기 쉽다. 문자 배열은 작은따옴표로 지정된다.

마지막으로 2 줄 이상의 텍스트로 제목을 만들기 위해서는 제목의 입력 문자열을 여러 행으로 구성된 배열로 저장하면 된다. 예를 들어

```
title({"제목의 첫 번째 줄";"제목의 두 번째 줄"})
```

프로그래밍적으로 의미가 있다면 제목에 사용할 입력값을 변수로 저장할 수도 있다. 예를 들어 다음과 같이

```
a="제목의 첫 번째 줄";
b="제목의 두 번째 줄";
t=[a;b];
title(t)
```

작은따옴표를 사용할 때에는 정보가 문자 배열로 저장되기 때문에 이렇게 텍스트를 저장하는 것이 더 어려울 수 있다.

TeX 마크업 언어(markup language)를 사용하면 매트랩에서 복잡한 수식이 들어 있는 제목과 축 이름, 그 밖의 문자열을 만들 수 있다. 더 자세한 내용을 알고 싶으면 도움말 기능을 이용하면 된다. (Help의 검색창에서 'text properties'를 검색해보라.)

```
doc text properties
```

실습문제 5.1

정답은 피어슨 출판사의 웹사이트 https://www.pearsonhighered.com/moore에서 확인할 수 있다.

1. $y = \sin(x)$를 x–y 그래프로 그려라. x는 0~2π까지 0.1π씩 증가한다.
2. 그래프에 제목과 축 이름을 추가하라.
3. $y_1 = \sin(x)$, $y_2 = \cos(x)$를 x–y 그래프로 그려라. x는 0~2π까지 0.1π씩 증가한다. 제목과 축 이름을 그래프에 써넣으라.
4. 실습문제 3의 그래프를 다시 그리는데, $\sin(x)$의 선을 빨간색 쇄선, $\cos(x)$의 선을 초록색 점선으로 그려라.
5. 실습문제 4의 그래프에 범례를 추가하라.
6. x축의 범위가 -1~$2\pi+1$이고, y축의 범위는 -1.5~$+1.5$ 사이가 되도록 축의 크기를 조정하라.
7. Name = Value 구문을 사용해 $y = \sin(2^*x)$를 x–y 그래프로 그려라. 선 두께는 3, 선 색상은 초록색, 마커는 삼각형이고 마커 두께는 10으로 하라.
8. 새로운 벡터 `a = cos(x)`를 만들라. x는 0~2π까지 0.1π씩 증가한다. x 값을 지정하지 않고 `plot(a)` 명령을 수행해 a의 그래프를 그리고 결과를 관찰하라. 이 결과와 plot(x, a)로 그린 그래프를 비교하라.

예제 5.1

클라우지우스-클라페롱 방정식 사용하기

대기의 온도와 포화수증기 압력의 관계를 구하는 데 사용하는 것이 클라우지우스-클라페롱 방정식(Clausius-Clapeyron equation)이다. 포화수증기 압력은 기상학자에게 유용한 정보인데, 그 이유는 공기 중의 수증기의 부분압을 알고 있을 경우 포화수증기 압력으로부터 상대습도를 계산

할 수 있기 때문이다. 상대습도는 기상 예측의 중요한 요소이다.

클라우지우스-클라페롱 방정식은 다음과 같다.

$$\ln\ (P^0/6.11) = \left(\frac{\Delta H_v}{R_{air}}\right) * \left(\frac{1}{273} - \frac{1}{T}\right)$$

여기에서

P^0 = 온도 T에서 포화수증기의 기체 압력(단위: mbar)

ΔH_v = 물의 숨은 기화열, 2.453×10^6 J/kg

R_{air} = 습공기의 기체상수, 461 J/kg

T = 절대온도(단위: K)

1. 문제를 명확히 나타낸다.
   클라우지우스-클라페롱 방정식을 이용해 −60~120°F의 온도에서 포화수증기 압력을 구하고, 결과를 그래프로 나타낸다.

2. 입력과 출력을 표시한다.
   입력

$$\Delta H_v = 2.453 \times 10^6\ \text{J/kg}$$
$$R_{air} = 461\ \text{J/kg}$$
$$T = -60 \sim 120°\text{F}$$

   온도 범위 사이에 들어 있는 온도의 개수를 지정하지 않았으므로 여기에서는 10°F마다 계산하기로 한다.
   출력
   온도 대 포화수증기압 표
   온도 대 포화수증기압 그래프

3. 손이나 계산기로 문제를 미리 풀어본다.
   다음 식을 이용해 화씨온도(Fahrenheit)를 절대온도(Kelvin)로 변환한다.

$$T_k = \frac{(T_F + 459.6)}{1.8}$$

   포화수증기 압력 P^0에 대해 클라우지우스-클라페롱 방정식을 정리한다.

$$\ln\left(\frac{P^0}{6.11}\right) = \left(\frac{\Delta H_v}{R_{air}}\right) \times \left(\frac{1}{273} - \frac{1}{T}\right)$$

$$P^0 = 6.11 * \exp\left(\left(\frac{\Delta H_v}{R_{air}}\right) \times \frac{1}{273} - \frac{1}{T}\right)$$

   포화수증기 압력 P^0은 지수함수로 표시된다. 따라서 이 그래프는 그림 5.10과 같은 지수함수 모양이 될 것으로 예상할 수 있다.

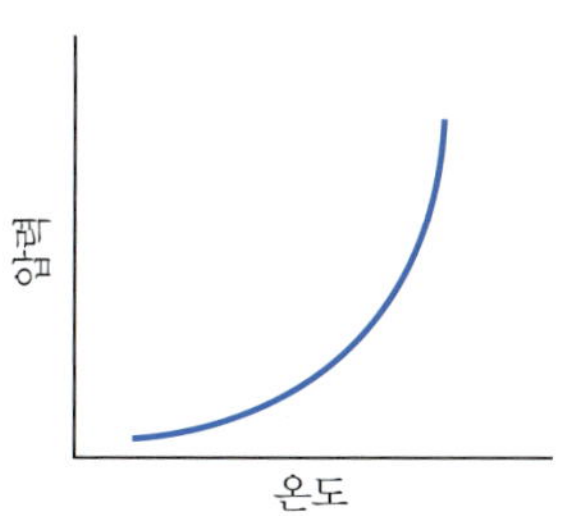

그림 5.10
온도에 따른 포화수증기 압력의 변화

4. 매트랩으로 문제를 푼다.

```
%% 예제 5.1
% 클라우지우스-클라페롱 방정식을 사용해 주어진 온도 범위에서
% 포화수증기압을 구한다.
```

```
%
TF = [-60:10:120];         % 온도 행렬을 만든다(단위는 F).
TK = (TF + 459.6)/1.8;     % 온도의 단위를 K으로 변환한다.
Delta_H=2.45e6;            % 기화열을 정의한다.
R_air = 461;               % 기의 이상기체 상수를 정의한다.

%
%% 수증기 압력을 계산한다.
 Vapor_Pressure = 6.11*exp((Delta_H/R_air)*(1/273 - 1./TK));
 %% 계산 결과를 표로 출력한다.
  my_results = [TF',Vapor_Pressure']
%
%% x-y 그래프를 그린다.
 plot(TF,Vapor_Pressure)
 title("클라우지우스-클라페롱 방정식의 그래프")
 xlabel("온도, ^oF")
 ylabel("포화수증기압, mbar")
```

이 스크립트 M-파일 프로그램을 실행하면 다음과 같은 표가 화면에 출력된다.

```
my_results =
       -60.0000      0.0698
       -50.0000      0.1252
       -40.0000      0.2184
       -30.0000      0.3714
       -20.0000      0.6163
       -10.0000      1.0000
              0      1.5888
        10.0000      2.4749
        20.0000      3.7847
        30.0000      5.6880
        40.0000      8.4102
        50.0000     12.2458
        60.0000     17.5747
        70.0000     24.8807
        80.0000     34.7729
        90.0000     48.0098
       100.0000     65.5257
       110.0000     88.4608
       120.0000    118.1931
```

또한 그림창이 열리면서 그림 5.11의 그래프가 출력된다.

5. 풀이를 검사한다.
   출력된 그래프는 예상한 곡선 모양을 그대로 따르고 있다. 계산 결과를 그래프로 그리면 결과가 제대로 된 것인지 판단하기가 더욱 쉬워진다. 표로 되어 있는 데이터를 이해하기는 매우 어렵다.

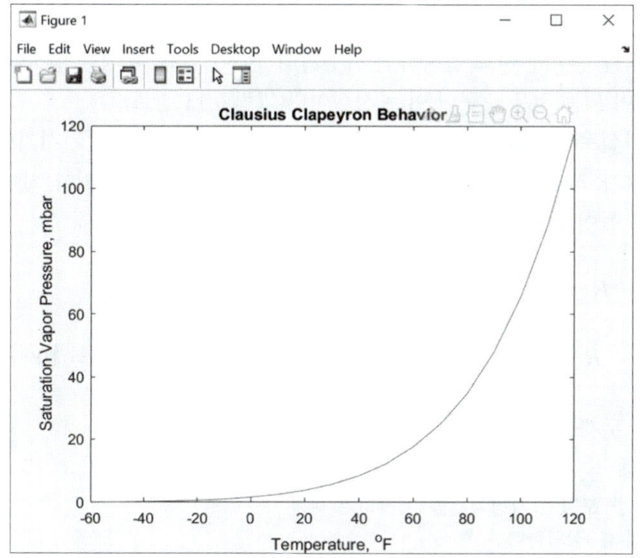

그림 5.11
클라우지우스-클라페롱 방정식의 그래프

예제 5.2

포탄의 궤도

x축을 기준으로 물체를 각도 θ만큼 기울여 초기속도 v_0으로 발사할 때, 물체가 날아간 거리(사정거리)는 다음 식으로 쓸 수 있다(그림 5.12 참조).

$$R(\theta) = \frac{v^2}{g}\sin(2\theta), \qquad 0 \le \theta \le \frac{\pi}{2} \text{ (공기저항은 무시한다.)}$$

$g = 9.9\ \text{m/s}^2$이고 초기속도는 100 m/s이다. 다음 구간에서 0.05 rad 간격의 각도마다 사정거리를 계산하고, $\theta = \pi/4$에 대한 사정거리의 변화를 보여주는 그래프를 그려서 최대 사정거리가 나오는 각도 $\theta = \pi/4$임을 밝혀라.

$$0 \le \theta \le \frac{\pi}{2}$$

초기속도가 50 m/s로 달라질 때, 같은 과정을 되풀이한 다음 그 결과를 앞서 그린 그래프에 함께 그려라.

1. 문제를 명확히 나타낸다.
   주어진 발사각도에 대해 사정거리를 계산한다.

2. 입력과 출력을 표시한다.
   입력
   $g = 9.9$
   $\theta = 0$~$\pi/2$ 범위에서 0.05 rad 간격
   $v_0 = 50$ m/s, 100 m/s
   출력
   사정거리 R
   발사각도 대 사정거리 그래프

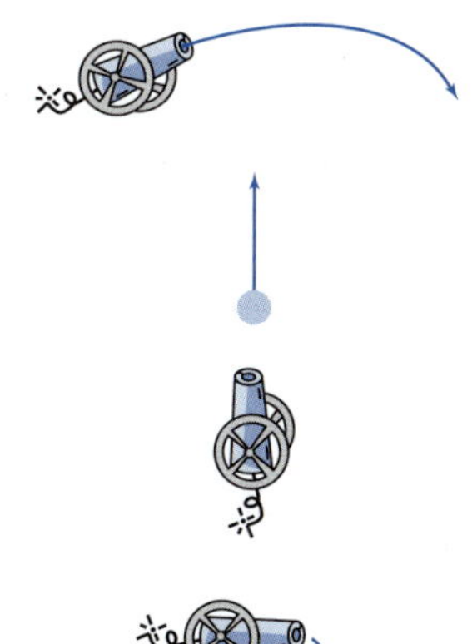

그림 5.12
대포(cannon)가 완전히 수직이거나 수평일 경우 사정거리는 0이 된다.

3. 손이나 계산기로 문제를 미리 풀어본다.

대포를 수직을 향하게 놓고 발사하면 사정거리가 0이 되고, 수평을 향하게 해 발사해도 사정거리가 0이 되는 것은 누구나 아는 사실이다(그림 5.11 참조).

이러한 사실로부터 대포의 발사각도를 0°에서 위쪽 방향으로 증가시키면 사정거리가 계속 늘어나다가 최댓값에 도달한 후 다시 줄어든다는 것을 알 수 있다. 발사각도 45°(=π/4 rad)를 예로 들어 계산해보자.

$$R(\theta) = \frac{v^2}{g}\sin(2\theta)$$

$$R\left(\frac{\pi}{4}\right) = \frac{100^2}{9.9}\sin\left(\frac{2\pi}{4}\right) = 1010\text{ m (초기속도 = 100 m/s)}$$

4. 매트랩으로 문제를 푼다.

```
%% 예제 5.2
% 발사한 포탄의 사정거리를 계산하는 예제
%% 상수를 정의한다.
  g = 9.9;   % m/s^2
  v1 = 50;   % m/s^2
  v2 = 100;  % m/s^2
%% 각도벡터를 정의한다.
  angle = 0:0.05:pi/2;    % 라디안
%%  사정거리를 계산한다.
  R1 = v1^2/g*sin(2*angle);
  R2 = v2^2/g*sin(2*angle);  % 미터
%% 계산 결과를 그래프로 그린다.
  plot(angle,R1,angle,R2,"--")
  title("포탄의 사정거리")
  xlabel("발사각도")
  ylabel("사정거리, 미터")
  legend("초기속도=50 m/s","초기속도=100 m/s")
```

plot 명령을 내릴 때 두 번째 데이터 집합을 쇄선으로 그리도록 한 것을 주목하기 바란다. 제목, 축 이름, 범례도 그래프에 추가했다. 실행 결과는 그림 5.13과 같다.

그림 5.13
포탄의 사정거리 예측

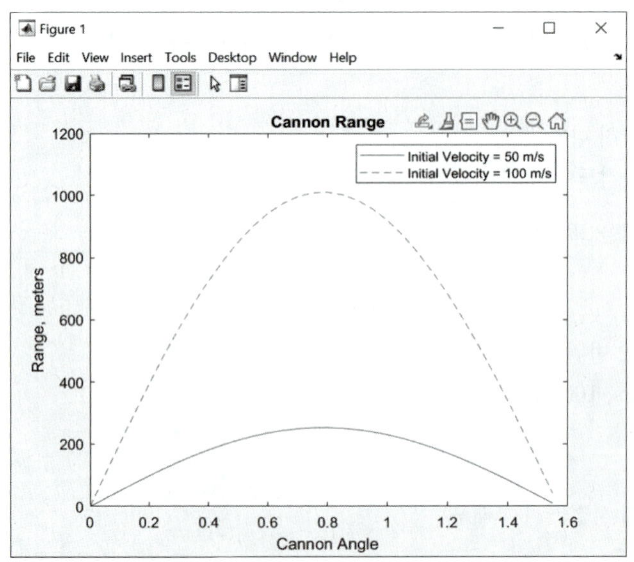

5. 풀이를 검사한다.
   매트랩으로 얻은 결과를 손으로 계산한 결과와 비교해보자. 2개의 그래프는 모두 0에서 시작해 0으로 끝난다. 초기속도가 100 m/s일 때 최대 사정거리를 그래프에서 읽으면 약 1000 m인데 이 값은 손으로 계산한 1010 m와 잘 일치한다. 두 초기속도 모두 같은 각도에서 최대 사정거리가 나오는 것을 볼 수 있으며, 이 각도를 그래프에서 읽으면 약 0.8 rad이다. π/4는 0.785 rad이므로 예제에서 처음 제시한 대로 대포의 각도를 π/4 rad(45°)으로 기울여 발사할 때 최대 사정거리를 얻게 된다는 가설을 증명할 수 있다.

HINT 그림을 지우려면 `clf` 명령어를 사용하라. 활성화된 그림창을 닫으려면 `close` 명령어를 사용하고, 열려 있는 모든 그림창을 닫으려면 `close all` 명령어를 사용하라.

5.2 다중 그래프: 타일형 차트 레이아웃

`tiledlayout` 함수는 그래프창을 *m*개의 행과 *n*개의 열로 구성된 격자로 세분화해, 그래프가 그려질 수 있는 **타일**(tile)이라는 영역을 지정할 수 있게 해준다. [이전 매트랩 버전에서는 **서브플롯**(subplot) 함수를 사용했다.]

```
tiledlayout(m,n)
```

위 함수는 그림을 $m \times n$ 격자로 나눈다. 그런 다음 `nexttile` 명령어를 사용해 그래프가 그려질 타일을 지정한다(그림 5.14 참조).

$p = 1$	$p = 2$
$p = 3$	$p = 4$

그림 5.14
타일은 그래프창을 $m \times n$ 배열로 분할하는 데 사용된다.

```
nexttile(p)
```

창(타일)은 왼쪽에서 오른쪽으로, 위쪽에서 아래쪽으로 번호가 매겨진다. `nexttile` 함수가 입력 인수 없이 실행되면 그래프가 순차적으로 번호 순서에 따라 생성된다. 예를 들어 다음 명령어는 그래프창을 위쪽 그래프와 아래쪽 그래프로 나눈다.

```
x = 0:pi/20:2*pi;
tiledlayout(2,1)
nexttile
plot(x,sin(x))
title("Sin(x)")
xlabel("x-axis"), ylabel("y-axis"),grid minor
nexttile
plot(x,sin(2*x))
title("Sin(2x)")
xlabel("x-axis"), ylabel("y-axis"), grid minor
```

첫 번째 그래프는 위쪽 타일에 그려진다. 그래프가 순차적으로 그려지기 때문에 타일 번호를 지정할 필요는 없다. 그런 다음 `nexttile` 명령어를 다시 사용해 그림 5.15와 같이 그래프를 아래쪽 타일에 그린다. 각 그래프가 그려질 때 제목이 그래프 위에 추가되며, *x*, *y* 축

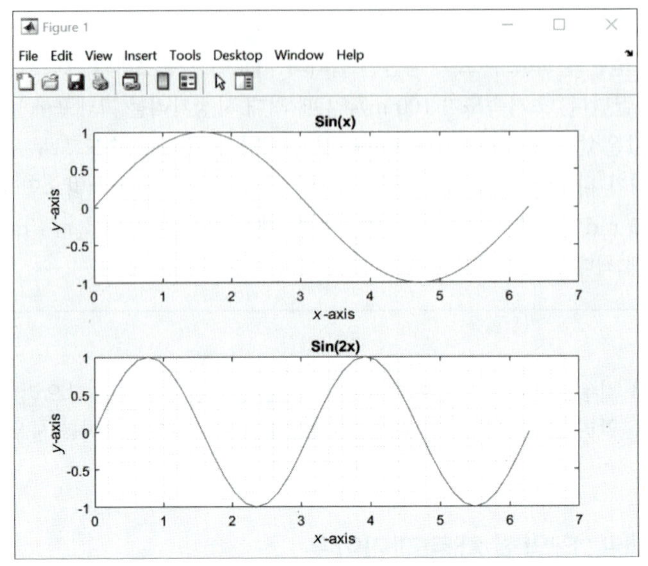

그림 5.15
tiledlayout과 nexttile 함수는 사용자가 동일한 그림창에 여러 개의 그래프를 생성할 수 있도록 해준다.

이름과 범례나 눈금 선과 같은 원하는 주석도 추가할 수 있다.

tiledlayout 함수와 관련된 nexttile 함수는 2019b 버전에 도입되어 결국 사용이 중단될 subplot 함수를 대체한다. 이 함수들은 여러 장점이 있어 동일한 그림창에 여러 그래프를 생성하는 작업을 더 쉽게 해준다. 예를 들어 특정 작업에 필요한 타일의 수를 모를 경우 다음을 사용하라.

핵심 개념
타일은 서브플롯의 또 다른 이름이다.

```
tiledlayout("flow")
```

첫 번째 그래프는 하나의 타일을 가진 그림창에 생성된다. 추가 그래프가 생성될 때마다 그림창이 필요한 타일 수에 맞게 '재구성'된다. 프로그램은 각 타일에 대해 약 4:3의 화면비(aspect ratio)를 사용해 격자를 생성한다.

또한 TiledChartLayout 객체에 이름을 지정해서 전체 그래프창의 제목을 쉽게 생성할 수 있다. 예를 들어

```
t = tiledlayout()
```

위 객체 이름을 사용해 타일 간의 간격이나 여백과 같은 다른 속성을 지정하거나, 동일한 행이나 열에 있는 타일 간의 공통 축 이름을 만들 수도 있다. 타일 사용의 기본을 익힌 후에 이러한 기능에 대한 자세한 내용을 확인하려면 매트랩 도움말 기능을 참조해야 한다.

다음 코드는 그림 5.16(a)를 생성하는 데 사용되었으며 flow 옵션을 사용해 타일형 그래프를 만들고, 전체 그래프 그룹에 제목을 추가하는 방법을 보여준다.

```
x = 0:pi/20:2*pi;
tile_name = tiledlayout("flow");
% tile_name = tiledlayout(2,2); % 그림 5.16b를 생성하려면
% 이 코드를 사용한다.
```

(a)

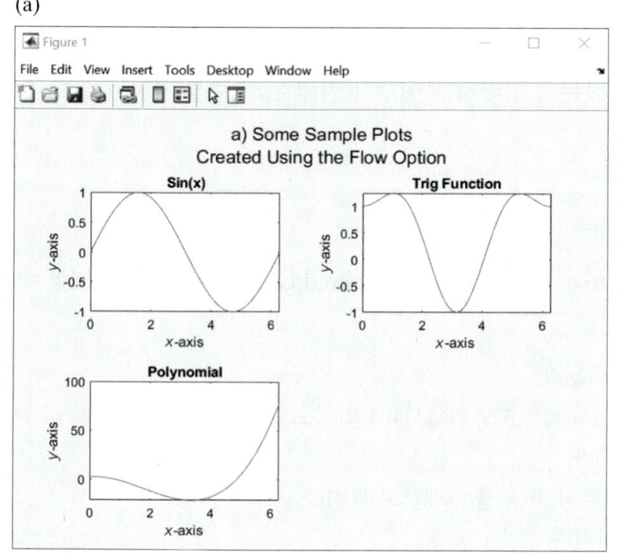

(b)

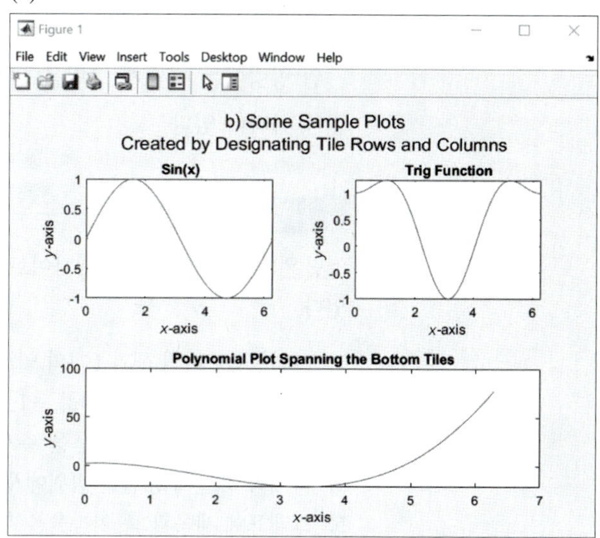

그림 5.16

(a) flow 옵션을 사용해 생성한 타일형 그래프, (b) 지정된 행과 열 수를 사용해 생성한 타일형 그래프. 그래프는 여러 타일을 병합해 생성할 수도 있다.

```
nexttile
plot(x,sin(x))
title("Sin(x)"),xlabel("x-axis"), ylabel("y-axis")
nexttile
plot(x,sin(x).^2+cos(x))
title("Trig Function"),xlabel("x-axis"), ylabel("y-axis")
nexttile
% nexttile(3,[1,2]) % 그림 5.16b를 생성하려면 이 코드를 사용한다.
plot(x,2+3*x-8*x.^2+1.5*x.^3)
title("Polynomial"),xlabel("x-axis"), ylabel("y-axis")
title(tile_name,["Some Sample Plots";"Created Using the Flow
Option"])
```

nexttile 함수는 사용자가 여러 타일을 병합해 각 그래프가 동일한 크기가 아니어도 되도록 해준다. 그림 5.16(a)를 생성한 코드를 다시 살펴보자. 만약 다음과 같이 레이아웃을 지정했다면

```
tile_name = tiledlayout(2,2);
```

위의 주석 처리된 부분에서 볼 수 있듯이 동일한 결과를 얻었을 것이다. 그림 5.16(b)와 같이 마지막 그래프가 창의 아래 절반을 채우도록 nexttile 함수를 수정해 타일 3, 4를 '병합'해야 하는데, 이를 위해서는 확장된 타일의 왼쪽 위 모서리의 타일 번호와 확장된 타일의 크기를 행과 열로 지정해야 한다. 이 예에서 창의 아래 절반을 채우기 위한 왼쪽 위 모서리의 타일 번호는 3이며, 확장된 타일은 1행 2열 배열이다.

```
nexttile(3,[1,2])
```

위 명령어는 어떻게 그림을 생성하는지 명확히 보여주기 위해 위의 주석 처리된 코드 부분에 나타나 있다.

실습문제 5.2

정답은 피어슨 출판사의 웹사이트 https://www.pearsonhighered.com/moore에서 확인할 수 있다.

1. 그림창을 2개의 행과 1개의 열로 나누라.
2. 위쪽 타일에 $y = \tan(x)$를 $-1.5 \leq x \leq 1.5$ 범위에서 0.1 간격으로 그래프로 그려라.
3. 그래프에 제목과 축 이름을 추가하라.
4. 아래쪽 타일에 동일한 범위에서 $y = \sinh(x)$를 그래프로 그려라.
5. 그래프에 제목과 축 이름을을 추가하라.
6. 앞의 문제들을 다시 시도하되, 그림창을 가로가 아닌 세로로 나누라.
7. 전체 차트에 제목을 추가하라.

5.3 여러 가지 2차원 그래프

공학에서는 *x*–*y* 그래프가 널리 사용되고 있다. 그렇지만 데이터를 나타내는 그래프의 종류에는 *x*–*y* 그래프 이외에도 여러 가지가 있다. 경우에 따라서는 *x*–*y* 그래프 대신 다른 그래프를 사용하는 것이 더욱 적합하다.

5.3.1 극좌표 그래프

매트랩을 이용하면 극좌표로 그래프를 그릴 수 있다.

```
polarplot(theta, r)
```

위의 명령은 각도 theta(rad 단위)와 반지름 r로 이루어진 극좌표 형식으로 그래프를 그려준다(이전 매트랩 버전에서는 극좌표 그래프를 그리는 명령으로 polarplot 대신 polar를 사용했다).

예를 들어 다음 명령

```
x = 0:pi/100:pi;
y = sin(x);
polarplot(x,y)
```

를 차례로 입력하면 그림 5.17과 같은 그래프가 그려진다. 앞에서 사용한 방법으로 제목을 다음과 같이 붙여보자.

```
title("사인 함수를 극좌표로 그리면 원이 된다.")
```

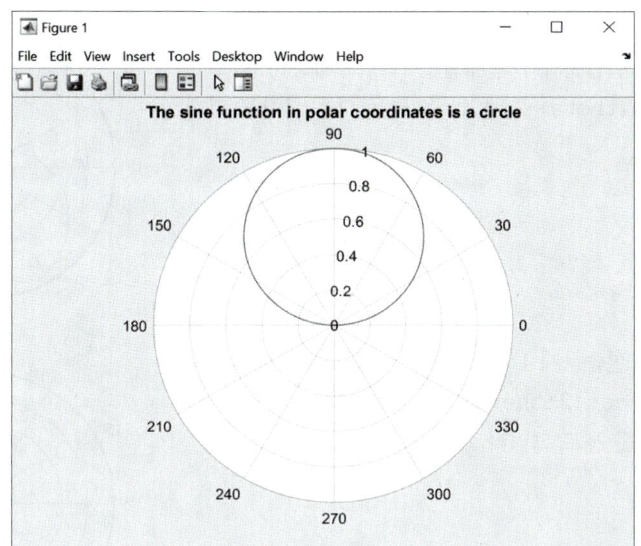

그림 5.17
사인(sine) 함수를 극좌표로 그린 그래프

실습문제 5.3

정답은 피어슨 출판사의 웹사이트 https://www.pearsonhighered.com/moore에서 확인할 수 있다.

기존의 polar 함수가 아닌 polarplot 함수를 사용하라.

1. 0~2π까지 0.01π씩 증가하는 배열을 만들고, 그 이름을 theta로 하라. 그다음에 r = 5*cos(4*theta)로 길이를 나타내는 배열 r을 만들라.
   theta와 r을 극좌표 그래프로 그려라.

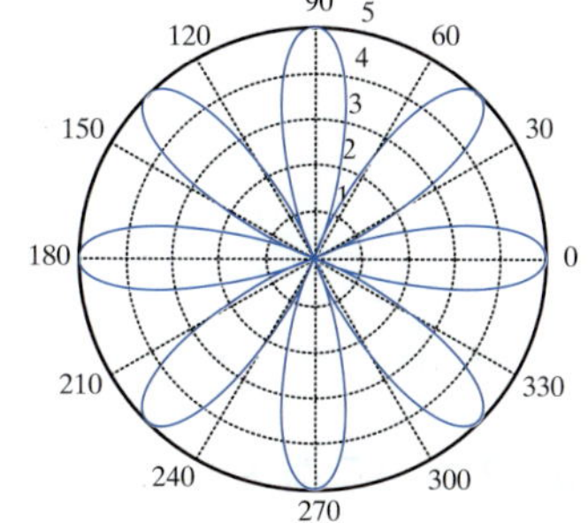

2. 실습문제 1에서 그린 그래프를 그대로 유지하도록 hold on 명령을 사용하라.
   r = 4*cos(6*theta)로 배열 r을 다시 만들고 이를 극좌표 그래프로 그린 다음 그래프에 제목을 추가하라.

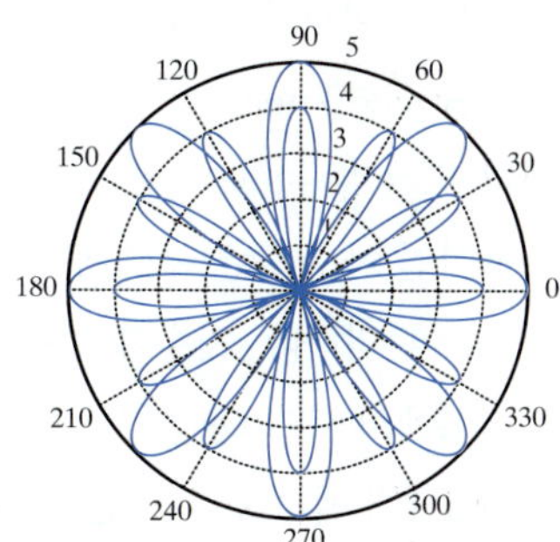

3. 이번에는 그래프를 새로 그려라.
theta로는 실습문제 1의 배열을 그대로 사용하고, `r = 5 - 5*sin(theta)`로 배열 r을 만든 다음 극좌표 그래프를 그려라.

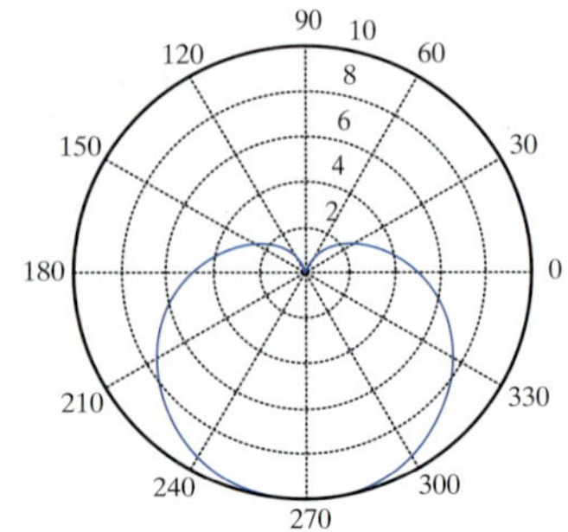

4. theta로는 실습문제 1의 배열을 그대로 사용하고, `r = sqrt(5^2*cos(2*theta))`로 배열 r을 만든 다음 극좌표 그래프를 새로 그려라.

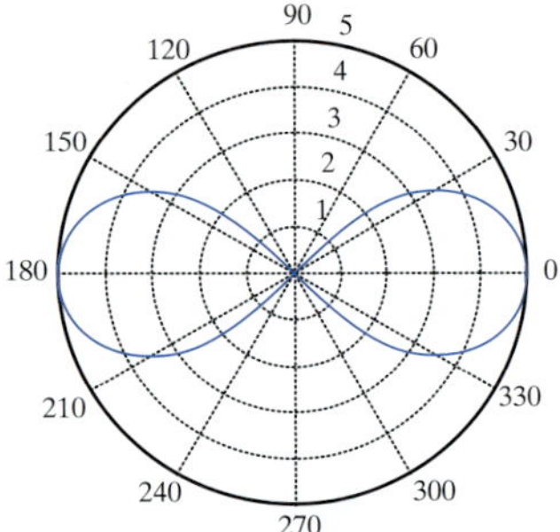

5. `theta = pi/2:4/5*pi:4.5*pi`로 배열 theta를 만들고, 6개의 원소가 모두 1인 배열 r을 만든 다음 theta와 r을 극좌표 그래프로 새로 그려라.

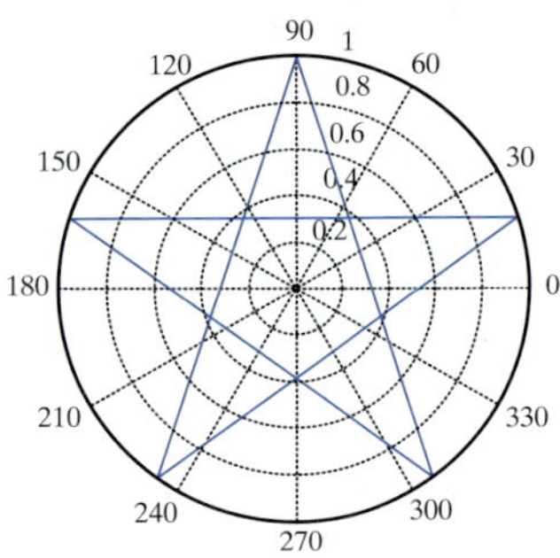

핵심 개념
로그 그래프는 데이터가 지수적으로 변할 때 특히 유용하다.

5.3.2 로그 그래프

지금까지 살펴본 그래프에서는 *x*축과 *y*축의 눈금이 일정한 간격으로 되어 있었다. 이런 그래프를 선형(linear) 또는 직사각형(rectangular) 그래프라고 한다. 그렇지만 *x*, *y* 축 중 어느 하나 또는 두 축 모두에 로그 눈금을 사용해야 할 경우도 생긴다. 밑수가 10인 로그 눈금을 사용하면 아주 작은 수에서 아주 큰 수까지 눈금을 작게 만들지 않고도 한 축에 표시할 수 있으므로 편리하다. 지수함수 형태로 변하는 데이터를 나타낼 때에도 로그 그래프가 유용하다. 부록 B에서 로그 눈금을 사용하는 여러 가지 유형의 그래프에 대해 자세히 설명하고 있다.

표 5.4에 벡터 x, y를 선형 그래프와 로그 그래프로 그리는 명령을 정리했다.

표 5.4 선형 그래프와 로그 그래프

`plot(x,y)`	벡터 x, y를 선형 그래프로 그린다.
`semilogx(x,y)`	x축을 로그 눈금, y축을 선형 눈금으로 해 벡터 x, y를 그린다.
`semilogy(x,y)`	x축을 선형 눈금, y축을 로그 눈금으로 해 벡터 x, y를 그린다.
`loglog(x,y)`	x, y 축 모두 로그 눈금으로 해 벡터 x, y를 그린다.

0이나 0보다 작은 음수의 로그값은 존재하지 않는다는 사실을 기억하라(매트랩은 음수의 로그값을 복소수 형식으로 계산해서 출력한다). 그래프로 그리려는 데이터에 이러한 값이 포함되어 있으면 매트랩은 경고 메시지를 내보내면서 문제가 되는 데이터는 그리지 않고 나머지 정상적인 데이터 점만 그래프로 그려준다.

로그 그래프는 2개의 입력 인수(독립변수와 종속변수)를 사용해 그리는 것이 보통이다. 그렇지만 앞에서 `plot(y)` 처럼 입력 인수를 1개(종속변수)만 사용해 선형 그래프를 그릴 수 있었듯이 로그 그래프도 1개의 입력 인수를 사용해 그릴 수 있다. 이러한 경우에는 벡터 y의 인덱스 값을 x 값으로 사용해 그래프를 그리게 된다.

예를 들어 $y = 5x^2$의 그래프는 네 가지 스케일링 방식을 모두 생성해 그림 5.18에 나타냈다. 선형(직사각형) 그래프, x축에 대한 세미로그 그래프, y축에 대한 세미로그 그래프, 로그-로그 그래프가 모두 하나의 그림에 표시되었으며, `tiledlayout`, `nexttile` 함수를 사용해 생성되었다. flow 옵션이 활성화되어 있어 `tiledlayout` 함수가 필요한 타일 수를 자동으로 결정했다.

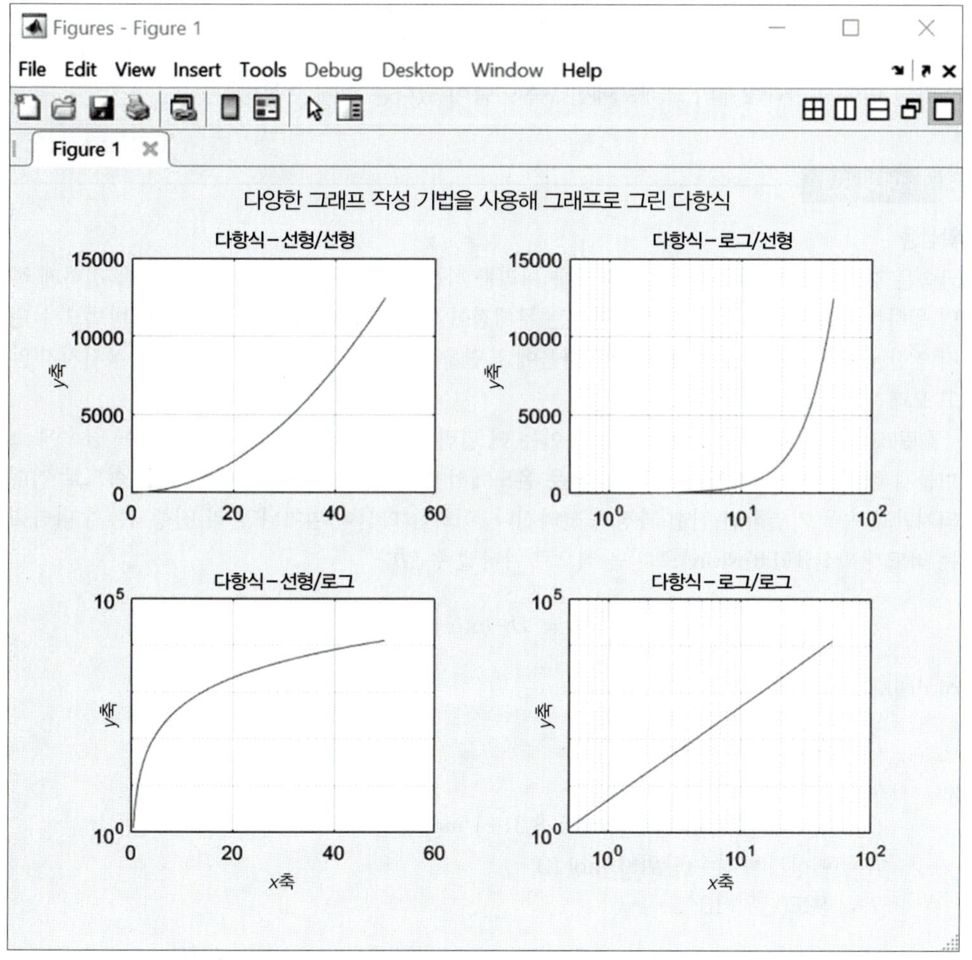

그림 5.18
`tiledlayout`, `nexttile` 함수를 사용해 생성한 선형 그래프와 로그 그래프

```
t=tiledlayout("flow");
x = 0:0.5:50;
y = 5*x.^2;
nexttile
plot(x,y)
title("다항식 - 선형/선형")
ylabel("y축"), grid
nexttile
semilogx(x,y)
title("다항식 - 로그/선형")
ylabel("y축"), grid
nexttile
semilogy(x,y)
title("다항식 - 선형/로그")
xlabel("x축"), ylabel("y축"), grid
nexttile
loglog(x,y)
title("다항식 - 로그/로그")
xlabel("x축"), ylabel("y축"), grid
m = "다양한 그래프 기법을 사용해 그린 다항식";
title(t,m)
```

스타일 면에서 아래 2개의 그래프에만 x축 이름이 있다는 점에 주목하라.

예제 5.3

확산율

금속은 강도를 높여 내구성이 향상되도록 처리를 하는 것이 보통이다. 하지만 금속을 강하게 하면 원하는 형태로 만들기가 어려워진다는 문제점이 발생한다. 이 문제를 해결하는 방법으로 먼저 연한 금속으로 원하는 형태를 만든 다음에 표면을 단단하게 만든다. 이렇게 하면 부서지지 않고 오래가는 금속을 만들 수 있다.

침탄(carburizing)은 금속의 강도를 높이는 데 널리 사용되는 처리 방법으로 탄소를 금속에 스며들게 해 그 금속을 강하게 만든다. 낮은 온도에서 이 방법을 실행하면 아주 느린 속도로 진행되지만 금속을 가열하면 진행 과정이 빨라진다. 이러한 확산이 얼마나 빨리 진행되는지 나타내는 척도가 확산율(diffusivity)로 다음 식으로 나타낼 수 있다.

$$D = D_0 \exp\left(\frac{-Q}{RT}\right)$$

여기에서

D = 확산율(단위: cm²/s)
D_0 = 확산계수(단위: cm²/s)
Q = 활성화 에너지(단위: J/mol), 8.314 J/mol K
R = 이상기체 상수(단위: J/mol K)
T = 온도(단위: K)

철을 가열하면 철의 구조가 변하므로 철의 확산 특성도 변한다. 철의 구조 내부로 확산되는 탄소에 대한 D_0, Q의 값을 다음 표에 나타내었다.

금속 종류	D_0(cm²/s)	Q(J/mol K)
알파철(BCC)	0.0062	80,000
감마철(FCC)	0.23	148,000

주어진 데이터를 이용해 온도의 역수($1/T$)에 대한 확산율의 그래프를 그려라. 이때 그래프를 선형 그래프, 세미로그 그래프, 로그-로그 그래프로 각각 그린 다음 어느 그래프가 결과를 가장 보기 좋게 나타내는지 알아보라. 온도 변화의 범위는 실내온도(25°C)에서 1200°C까지이다.

1. 문제를 명확히 나타낸다.
   철 내부로 스며드는 탄소의 확산율을 계산한다.

2. 입력과 출력을 표시한다.
   입력
   알파철에 확산되는 탄소: $D_0 = 0.0062$ cm²/s, $Q = 80{,}000$ J/mol K
   감마철에 확산되는 탄소: $D_0 = 0.23$ cm²/s, $Q = 148{,}000$ J/mol K
   $R = 8.314$ J/mol K
   $T = 25\sim1{,}200$°C
   출력
   확산율 값과 그래프

3. 손이나 계산기로 문제를 미리 풀어본다.
   확산율 식은 다음과 같다.

$$D = D_0 \exp\left(\frac{-Q}{RT}\right)$$

   실내온도(25°C)에서 알파철에 스며드는 탄소의 확산율은 다음과 같다.

$$D = 0.0062 \exp\left(\frac{-80{,}000}{8.314 \times (25 + 273)}\right)$$
$$D = 5.9 \times 10^{-17}$$

   [온도를 섭씨온도(°C)에서 절대온도(K)로 바꾸어주는 것에 주의하라.]

4. 매트랩으로 문제를 푼다.

```
%% 예제 5.3
% 탄소가 철 내에서 확산되는 확산계수를 계산한다.
clear, clc
%% 상수와 변수를 정의한다.
D0alpha = .0062;
D0gamma = 0.23;
Qalpha = 80000;
Qgamma = 148000;
R = 8.314;
T = 25:5:1200;
%% 섭씨온도를 절대온도로 변경한다.
T = T+273;
%% 확산계수를 계산한다.
Dalpha = D0alpha*exp(-Qalpha./(R*T));
Dgamma = D0gamma*exp(-Qgamma./(R*T));
```

```
%% 결과를 그래프로 출력한다.
t=tiledlayout("flow")
nexttile
plot(1./T,Dalpha, 1./T,Dgamma)
title("Diffusivity of C in Fe")
ylabel("Diffusivity, cm^2/s")
legend("\alpha-Ferrite","\gamma-Austenite")
grid on

nexttile
semilogx(1./T,Dalpha, 1./T,Dgamma)
title("Diffusivity of C in Fe")
grid on

nexttile
semilogy(1./T,Dalpha, 1./T,Dgamma)
title("Diffusivity of C in Fe")
xlabel("Inverse Temperature, K^{-1}")
ylabel("Diffusivity, cm^2/s")
grid on
nexttile
loglog(1./T,Dalpha, 1./T,Dgamma)
title("Diffusivity of C in Fe")
xlabel("Inverse Temperature, K^{-1}")
grid on
a="A Variety of Graphing Strategies";
b="Highlighting the Effect of Temperature on Diffusivity"
c="For Carbon in Iron"
title(t,[a;b;c])
```

타일을 사용해 그림 5.19를 생성했으며, 네 가지 그래프의 변형을 모두 동일한 그림에 포함시켰다. 복잡함을 줄이기 위해 x축 이름은 아래의 두 그래프에만 추가했고, 범례는 첫 번째 그래프에만 추가했다.

개별 그래프에 제목을 추가한 것 외에도 전체 그림에 제목을 추가했다. x, y 축 이름에는 위첨자도 사용했다.

semilogy 그래프는 직선으로 표시되었으며, 온도와 확산율의 넓은 범위에 걸쳐 값을 쉽게 읽을 수 있게 한다. 이 그래프 생성 방식은 교과서나 핸드북에서 확산율 값을 제시할 때 일반적으로 사용된다.

5. 풀이를 검사한다.

매트랩으로 풀이한 결과를 손으로 계산한 결과와 비교한다. 손으로 계산한 확산율은 알파철의 탄소에 대해 25°C에서

$$5.9 \times 10^{-17} \ \text{cm}^2/\text{s}$$

이었다. 답을 검사하기 위해 25°C를 절대온도로 변환한 후 역수를 취하면

$$\frac{1}{(25 + 273)} = 3.36 \times 10^{-3}$$

이 된다. 왼쪽 아래에 있는 세미로그 그래프에서 이 값에 대해 알파철의 확산율을 읽으면 약 10^{-17} cm^2/s이다.

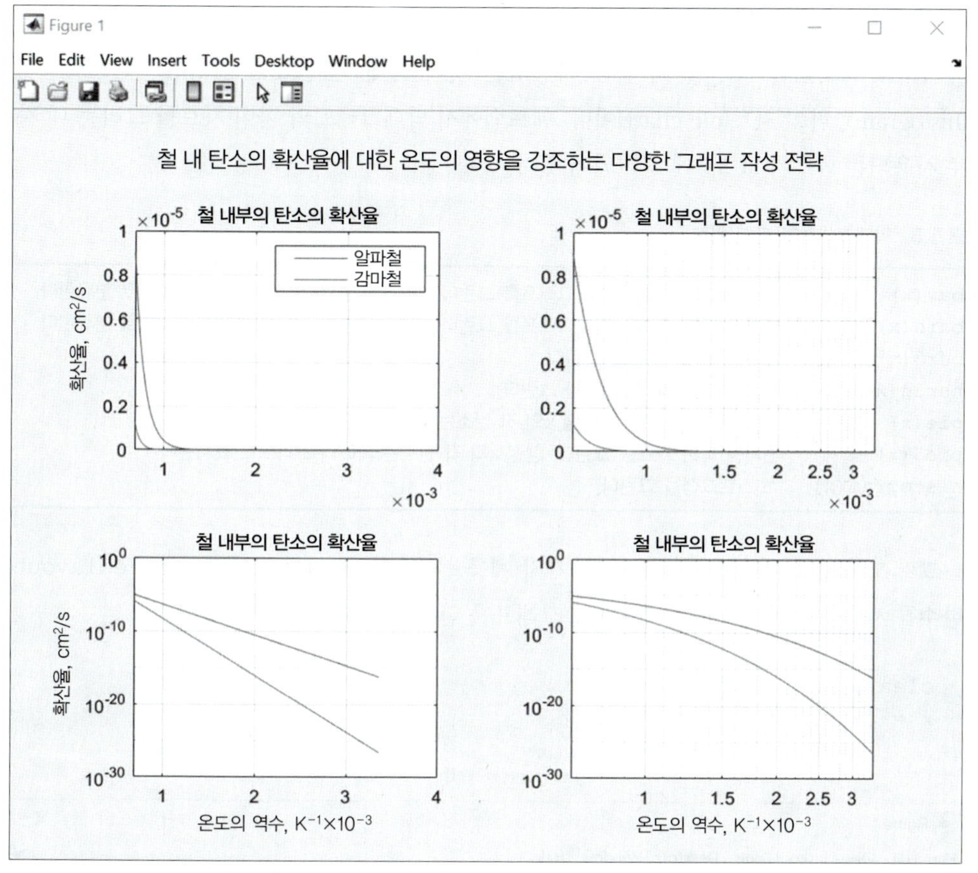

그림 5.19
확산계수 데이터를 다양한 스케일로 플롯한 결과. y축에 확산계수의 $\log_{10}$ 값을, x축에 역온도를 표시하면 데이터가 직선 형태를 보인다.

실습문제 5.4

정답은 피어슨 출판사의 웹사이트 https://www.pearsonhighered.com/moore에서 확인할 수 있다.

변수 x, y를 배열로 만든 다음 수식을 그래프로 그려라. 이때 tiles 명령을 사용해 그림창을 네 부분으로 나누고, 수식 1개마다 다음 네 가지 그래프를 그려라.

- 직사각형(선형)
- x축에 대한 세미로그
- y축에 대한 세미로그
- 로그-로그

1. $y = 5x + 3$
2. $y = 3x^2$
3. $y = 12e^{(x+2)}$
4. $y = 1/x$

보통은 데이터가 직선으로 나타나도록 그래프를 그린다. 각 수식에 어떤 그래프로 그린 것이 직선 형태로 나타나는가?

5.3.3 막대그래프와 파이 차트

데이터로 보고서를 작성할 때 널리 사용하는 것이 막대그래프(bar graph), 히스토그램(histogram), 파이 차트(pie chart)이다. 매트랩에서 막대그래프와 파이 차트를 그리는 데 자주 사용되는 함수가 표 5.5에 정리되어 있다.

표 5.5 막대그래프와 파이 차트

`bar(x)`	x가 벡터이면 수직 막대그래프를 그린다. x가 2차원 행렬이면 데이터를 행별로 분류한다.
`barh(x)`	x가 벡터이면 수평 막대그래프를 그린다. x가 2차원 행렬이면 데이터를 행별로 분류한다.
`bar3(x)`	3차원 막대그래프를 그린다.
`bar3h(x)`	3차원 수평 막대그래프를 그린다.
`pie(x)`	파이 차트를 그린다. 행렬 x의 각 원소는 파이의 조각으로 표시된다.
`pie3(x)`	3차원 파이 차트를 그린다. 행렬 x의 각 원소는 파이의 조각으로 표시된다.
`histogram(x)`	히스토그램을 그린다.

그림 5.20에서 이러한 그래프의 몇 가지 예를 볼 수 있다. 이들 그래프는 `tiledlayout` 함수를 사용해 하나의 그림창에 4개의 그래프를 함께 그리도록 한 것이다.

```
clear, clc, clf
x = [1,2,5,4,8];
```

그림 5.20
샘플 막대그래프와 파이 차트. `tiledlayout`, `nexttile` 함수를 사용해 창을 사분면으로 나누었다.

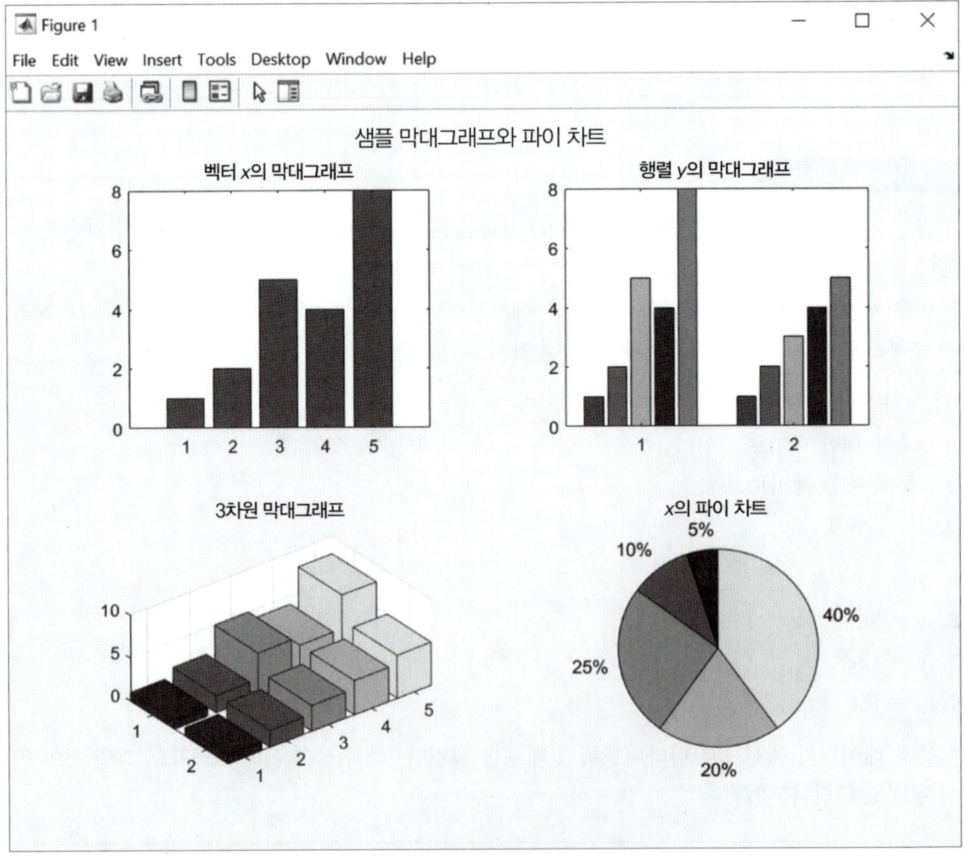

```
y = [x;1:5];
t=tiledlayout("flow");
% t=tiledlayout(2,2); % 이 방법도 같은 결과를 제공한다.
nexttile
bar(x),title("벡터 x의 막대그래프")
nexttile
bar(y),title("행렬 y의 막대그래프")
nexttile
bar3(y),title("3차원 막대그래프")
nexttile
pie(x),title("x의 파이 차트")
title(t,"샘플 막대그래프와 파이 차트")
```

5.3.4 히스토그램

히스토그램(도수분포도, histogram)은 데이터의 통계 분석을 할 때 특히 유용한 그래프이다. 매트랩에서 히스토그램은 최솟값과 최댓값 사이를 간격이 서로 같은 10개의 **구간**(범위, bin)으로 나누고, 각 구간에 속하는 값의 개수를 계산한다. 예를 들어 행렬 *x*에 '공학개론' 과목의 기말시험 점수를 저장한 후 다음과 같은 명령으로 히스토그램을 그리면 그림 5.21(a)를 얻을 수 있다.

핵심 개념

히스토그램은 통계 분석에 유용하다.

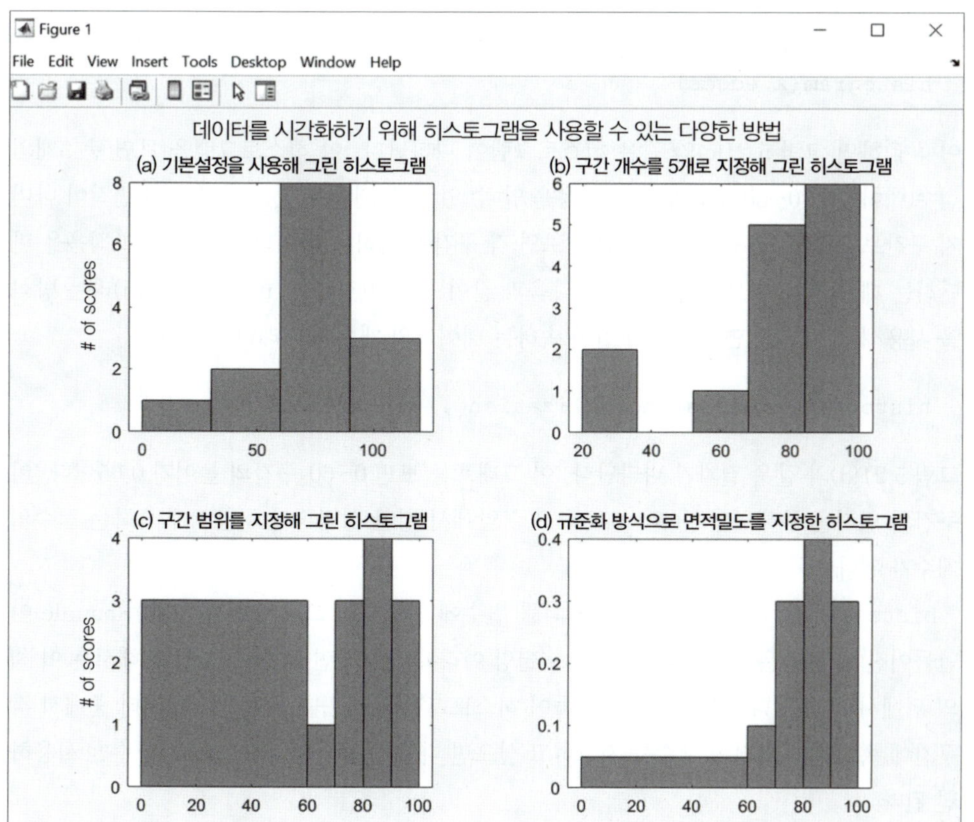

그림 5.21

히스토그램은 데이터의 분포를 나타낸다. (a) 기본설정을 사용하는 히스토그램 함수로 성적을 시각화한 경우, (b) 구간의 개수를 지정한 경우, (c) 구간의 범위를 지정한 경우, (d) 구간 범위를 지정하고, 각 블록의 면적이 해당 구간에 포함된 항목의 수에 비례하도록 지정한 경우

```
x = [100,95,74,87,22,78,34,82,93,88,86,69,55,72];
histogram(x)
```

histogram 함수는 어떤 데이터를 히스토그램으로 그릴 때 그 데이터에 적합한 구간의 개수를 알아서 정한다. 그렇지만 사용자가 구간의 개수를 지정할 수도 있다. 예를 들어 5개의 구간으로 이루어진 히스토그램을 그리려면 다음과 같이

```
histogram(x, 5)
```

를 입력한다. 그러면 그림 5.21(b)와 같이 히스토그램의 구간이 5개로 바뀐다.

히스토그램을 그릴 때 데이터의 최댓값과 최솟값 사이를 일정한 간격으로 나누는 대신 원하는 간격의 범위를 지정해 나눌 수 있다. 예를 들어 성적 데이터를 고려할 경우 각 구간을 특정 성적 등급에 맞추어 다음과 같이 정의하는 것이 바람직하다.

A	90~100
B	80~90
C	70~80
D	60~70
E	0~60

먼저 다음과 같이 각 구간의 시작과 끝점을 배열로 정의한 다음 이를 histogram 함수의 두 번째 필드에 입력한다.

```
edges=[0,60,70,80,90,100];
histogram(x,edges)
```

이렇게 하면 그림 5.21(c)와 같은 히스토그램이 나타난다. 이 히스토그램을 보면 총 3개의 점수(데이터)가 0~60 구간에 속해 있음을 알 수 있는데, 왼쪽에 있는 이 구간의 면적이 나머지 구간보다 훨씬 크게 표시되어 언뜻 보면 각 구간에 속하는 데이터 개수의 많고 적음을 판단하는 데 착각을 일으킬 수도 있다. 다음과 같이 규준화(정규화, normalization)라는 방식을 사용해 각 구간의 면적을 그 구간에 속하는 데이터의 개수에 비례하도록 하면

```
histogram(x,edges,"normalization","countdensity")
```

그림 5.21(d)와 같은 결과가 나타난다. 이 그래프를 보면 0~60 구간의 높이가 0.05이다. 이 구간의 면적을 구해보면 $0.05 \times 60 = 3$으로 앞에서 정한 성적평가 구간 E에 속하는 점수의 개수가 된다.

histogram 함수를 실행해 얻은 결과를 변수에 할당하면 그래프에 대한 **핸들**(handle)이 만들어진다. 핸들은 그래프를 가리키는 '별명'이라고 생각하면 된다. 핸들에 대해서는 이 책의 뒤에서 자세히 다룰 것이다. 예를 들어 히스토그램 그래프를 구성하는 데이터 중에서 각 구간에 속하는 데이터의 개수를 저장하고 싶으면 다음과 같이 histcounts 함수를 사용하면 된다.

```
a = histcounts(x)
```

이 명령을 실행하면 다음과 같이 그림 5.21(a)를 그리는 데 사용된 각 구간의 데이터 개수를 가진 배열 a가 만들어진다.

```
a =
    1 2 8 3
```

2014a 버전 이전의 매트랩에서는 histogram, histcounts 함수 대신 hist, histc가 사용되었다. 이전 버전과 달라진 명령어(함수)가 있으면 반드시 새로운 명령어(함수)로 바꿔 사용해야 한다.

예제 5.4

체중 분포

18세 미국인 남자의 평균 체중이 152파운드이다. 청년 100명의 체중을 측정해 *weight.dat*라는 이름의 파일에 저장했다. 이 데이터를 나타내는 그래프를 그려라.

1. 문제를 명확히 나타낸다.
   데이터 파일을 사용해 선 그래프와 히스토그램을 그린다. 그리고 어느 그래프가 데이터를 더 잘 나타내는지 알아본다.

2. 입력과 출력을 표시한다.
   입력 *weight.dat*(체중 데이터를 저장하고 있는 ASCII 자료 파일)
   출력 데이터의 선 그래프
   데이터의 히스토그램

3. 손이나 계산기로 문제를 미리 풀어본다.
   파일에 저장된 데이터는 실제 체중 데이터의 표본(sample)이므로 데이터의 분포는 정규분포(가우스 분포)와 비슷할 것으로 예상할 수 있다. 따라서 히스토그램은 종 모양이 되어야 한다.

4. 매트랩으로 문제를 푼다.
   다음 명령을 스크립트 M-파일로 작성하면 그림 5.22에 나타난 그래프를 그릴 수 있다.

```
%% 예제 5.4
% 파일에 저장된 체중 데이터를 사용한다.
clear, clc, clf
load weight.dat
%% 체중 데이터를 선 그래프로 그린다.
tiledlayout(1,2)
nexttile
plot(weight)
title("대학 신입 남학생의 체중")
xlabel("학번")
ylabel("체중, lbs")
grid on
%% 데이터의 히스토그램을 그린다.
nexttile
histogram(weight)
```

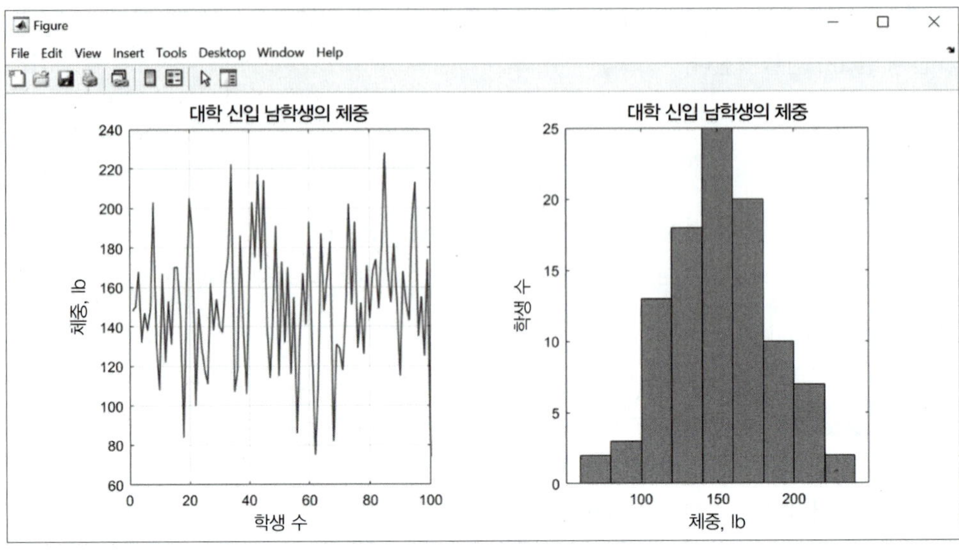

그림 5.22
숫자 정보를 선 그래프와 히스토그램의 두 가지 방식으로 나타낸 것

```
xlabel("체중, lbs")
ylabel("학생 수")
title("대학 신입 남학생의 체중")
```

5. 풀이를 검사한다.

그래프는 예상한 대로이다. 체중 데이터의 평균값은 약 150 lb이고 정규분포에 가까운 모양을 하고 있다. 매트랩을 사용해 데이터 집합에서 최대 체중 값과 최소 체중 값뿐만 아니라 평균과 표준편차를 구할 수 있다. 이를 계산하는 매트랩 명령은 다음과 같다.

```
average_weight = mean(weight)
standard_deviation = std(weight)
maximum_weight = max(weight)
minimum_weight = min(weight)
```

이 명령을 실행한 결과는 다음과 같다.

```
average_weight = 151.1500
standard_deviation = 32.9411
maximum_weight = 228
minimum_weight = 74
```

5.3.5 *y*축이 2개인 *x*-*y* 그래프

1개의 그래프에 2개의 *x*-*y* 그래프를 겹쳐 그리는 것이 유용한 경우가 있다. 그런데 두 그래프의 *y*축 크기가 서로 크게 차이 나면 어느 한 그래프의 데이터의 모습을 알아보기가 어려워진다. 예를 들어 sin(x)와 e^x의 그래프를 한 그래프에 겹쳐 그려보자. 다음 명령을 차례로 입력하면 그림 5.23(a)와 같은 그래프가 나타난다.

```
x = 0:pi/20:2*pi;
y1 = sin(x);
y2 = exp(x);
```

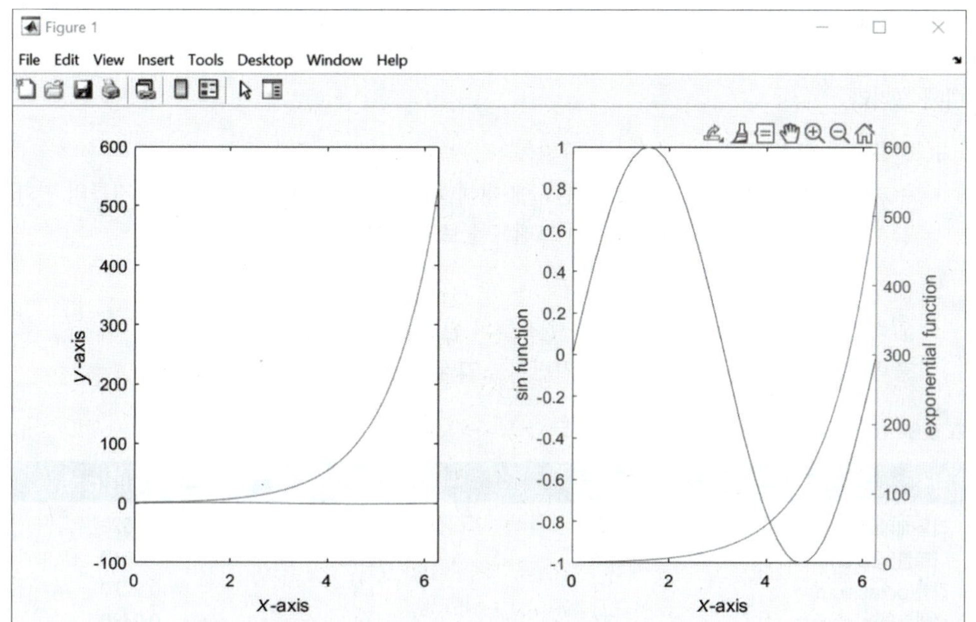

그림 5.23
매트랩에서는 왼쪽 y축 눈금과 오른쪽 y축 눈금을 서로 다르게 할 수 있다. (a) 사인곡선과 지수곡선을 같은 y축 눈금을 사용해 함께 나타낸 그래프, (b) 사인곡선은 왼쪽 y축 눈금, 지수곡선은 오른쪽 y축 눈금을 사용해 함께 나타낸 그래프

```
t=tiledlayout("flow");
nexttile
plot(x,y1,x,y2)
xlabel("x-axis"), ylabel("y-axis")
```

y축 눈금 크기 때문에 $\sin(x)$ 그래프는 마치 $x = 0$인 직선과 같은 모습을 하고 있다. 다음과 같이 yyaxis 함수를 사용하면 y축이 2개인 그래프를 그릴 수 있다. 이 함수의 첫 번째 데이터 순서쌍의 y축은 왼쪽, 두 번째 순서쌍의 y축은 오른쪽에 놓인다.

```
tiledlayout(1,2)
nexttile
plot(x,y1,x,y2)
xlabel("x-axis"), ylabel("y-axis")
nexttile
yyaxis left % 디폴트(기본설정) - 이 명령어는 써주지 않아도 된다.
plot(x,y1)
xlabel("x-axis"),ylabel("sin function")
yyaxis right
plot(x,y2)
ylabel("exponential function")
```

예제 5.5

원소의 주기적 성질

원소주기율표에서 같은 행이나 열에 있는 원소 사이에는 놓인 위치에 따라 특성상의 어떤 경향이 존재하는 것이 보통이다. 예를 들어 같은 열에 있는 원소라면 아래쪽에 있을수록 녹는점이 낮다. 이것은 원자 사이의 거리가 멀어져서 결합력이 약해지기 때문이다. 또한 같은 열에서 아래로

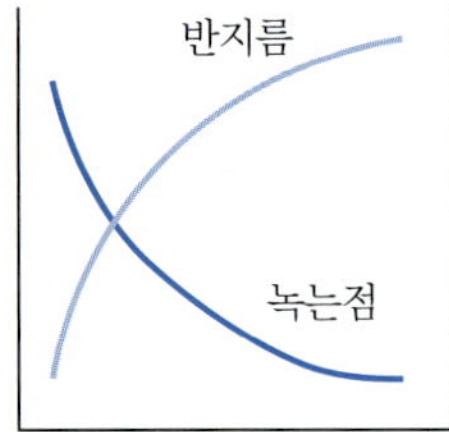

그림 5.24
데이터의 경향을 예상해 손으로 그린 그래프

내려갈수록 원자반지름이 커지는데, 이는 각 원자에 들어 있는 전자의 수가 많아져 전자궤도가 커지기 때문이다. 이 내용을 이해하는 데 도움이 되도록 이 두 가지 경향의 그래프를 원자량에 대해 그려라.

1. 문제를 명확히 나타낸다.
   주기율표의 1족(Group I)에 있는 원소에 대해 원자량에 따른 녹는점과 원자반지름의 변화를 나타내는 그래프를 그린다. 또한 그래프를 보고 경향을 설명한다.

2. 입력과 출력을 표시한다.
   입력 표 5.6에 수록된 1족 원소들의 원자량, 녹는점, 원자반지름
   출력 녹는점 그래프와 원자반지름 그래프를 한 그래프에 겹쳐 그린다.

표 5.6 1족 원소의 몇 가지 물리적 성질

원소	원자번호	녹는점(°C)	원자반지름(pm)
리튬(lithium)	3	181	0.1520
나트륨(sodium)	11	98	0.1860
칼륨(potassium)	19	63	0.2270
루비듐(rubidium)	37	34	0.2480
세슘(cesium)	55	28.4	0.2650

3. 손이나 계산기로 문제를 미리 풀어본다.
   예상되는 그래프를 손으로 그려보면 그림 5.24와 같은 형태가 된다.

4. 매트랩으로 문제를 푼다.
   다음 명령을 스크립트 M-파일로 작성해 실행하면 그림 5.25의 그래프를 얻을 수 있다.

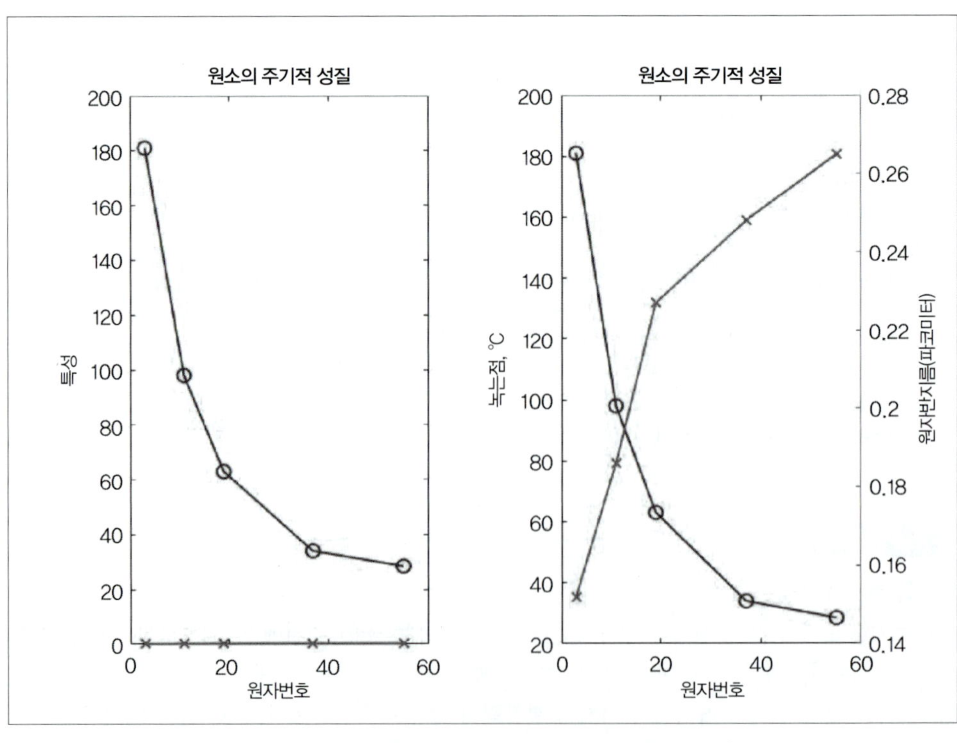

그림 5.25
왼쪽 그래프는 두 데이터 집합이 동일한 스케일로 플롯되었고, 오른쪽 그래프는 2개의 *y*축으로 서로 다른 단위를 하나의 그래프에 표시한다.

```
%% 예제 5.5
% 원소의 주기적 성질
clear, clc, clf
%% 변수를 정의한다.
at_num = [ 3, 11, 19, 37, 55]; % 원자번호
mp = [181, 98, 63, 34, 28.4]; % 녹는점
at_r = [0.152, 0.186, 0.227, 0.2480, 0.2650]; % 원자반지름
%% 2개의 선을 같은 눈금으로 그린다.
tiledlayout(1,2)
nexttile
plot(at_num,mp,"-o",at_num,at_r,"-x")
title(["원소의 주기적 성질"])
xlabel("원자번호")
ylabel("특성")

%% 2개의 다른 y축 눈금으로 그린다.
nexttile
plot(at_num,mp,"-o")
title(["원소의 주기적 성질"])
xlabel("원자번호")
ylabel("녹는점, °C")
yyaxis right
plot(at_num,at_r,"-x")
ylabel("원자반지름,피코미터")
```

두 번째 그래프를 보면 y축 눈금이 2개인데 이렇게 하기 위해 yyaxis 함수를 사용했다. 이 함수를 사용하면 그래프의 오른쪽에 있는 수직축(y축)에 눈금이 추가된다. 원자반지름과 녹는점은 서로 단위가 다르고 값의 크기도 다르기 때문에 이런 방식으로 표시해야 한다. 첫 번째 그래프를 보면 원자반지름을 그린 선을 거의 보기가 힘든데, 이것은 반지름 값이 매우 작아서 거의 수평축(x축) 근처에 놓이기 때문이다.

5. 풀이를 검사한다.
   매트랩으로 얻은 결과를 손으로 그린 그래프와 비교한다. 예측한 경향이 나타난 것을 알 수 있다. 2개의 y축을 사용해 그린 그래프가 각각의 특성이 가진 경향을 잘 보여주고 있으므로 확실히 더 좋은 방법이라는 것을 알 수 있다.

5.3.6 함수 그래프

fplot 함수를 사용하면 x, y 값에 해당하는 배열을 만들지 않아도 함수를 그릴 수 있다. 예를 들어

```
fplot(@(x)sin(x),[-2*pi,2*pi])
```

라는 명령으로 그림 5.26과 같이 범위가 -2~2π인 x 값에 대해 $\sin(x)$의 그래프를 그릴 수 있다. 매트랩은 매끄러운 곡선을 얻을 수 있도록 x 값의 간격을 자동으로 계산해준다. fplot 함수의 첫 번째 입력 인수를 보면 @로 시작한다. @는 독립변수를 지정하는 데 사용되는 기호로, 독립변수를 써준 다음에는 이어서 그래프로 그릴 함수를 계속 써준다. fplot

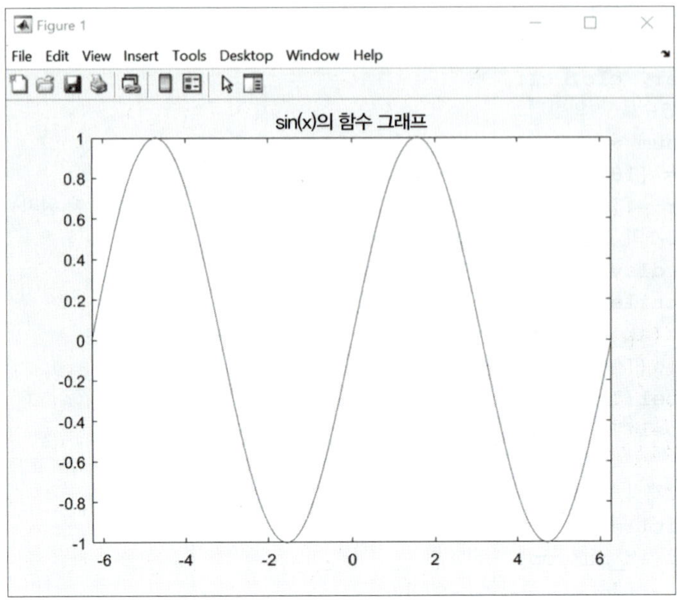

그림 5.26
fplot 명령을 사용하면 순서쌍 배열을 입력해주지 않아도 된다.

함수의 두 번째 인수로는 그래프의 범위를 나타내는 배열을 입력한다. 복잡한 형태의 함수를 문자열로 만들어 입력하는 것은 번거로울 수 있으므로 익명함수(anonymous function)를 정의하고 함수 핸들(function handle)을 입력한다. 이 예에서는 다음과 같이 써주면 된다.

```
f = @(x) sin(x)
fplot(f, [-2*pi,2*pi])
```

실습문제 5.5

fplot 명령을 사용해 다음 함수의 그래프를 그려라. 각 함수를 그리는 범위는 여러분이 적절하게 정하라. 제목과 축 이름을 그래프에 추가하는 것을 잊지 말라.

정답은 피어슨 출판사의 웹사이트 https://www.pearsonhighered.com/moore에서 확인할 수 있다.

1. $f(t) = 5t^2$
2. $f(t) = 5\sin^2(t) + t\cos^2(t)$
3. $f(t) = te^t$
4. $f(t) = \ln(t) + \sin(t)$

HINT 수식 $\sin^2(t)$를 매트랩으로 표시하면 sin(t).^2이다.

5.4 3차원 그래프 그리기

매트랩은 다양한 3차원 그래프화 명령을 제공한다. 이 중 일부를 표 5.7에 수록했다.

표 5.7 3차원 그래프 명령

`plot3(x,y,z)`	3차원의 선 그래프를 그린다.
`comet3(x,y,z)`	3차원의 선 그래프를 그려 애니메이션으로 보여준다.
`mesh(z)` 또는 `mesh(x,y,z)`	면 그래프를 메시 그래프로 그린다.
`surf(z)` 또는 `surf(x,y,z)`	면 그래프를 서프 그래프로 그린다.
`shading interp`	면 그래프에서 각각의 작은 면을 여러 색으로 채워 부드럽게 나타낸다.
`shading flat`	면 그래프에서 각각의 작은 면을 같은 색으로 채운다.
`colormap(map_name)`	면 그래프에서 사용되는 색 구성 방식을 지정한다.
`contour(z)` 또는 `contour(x,y,z)`	등치선 그래프를 그린다.
`contourf(z)` 또는 `contourf(x,y,z)`	등치선 그래프에서 각 영역을 여러 색으로 채운다.
`surfc(z)` 또는 `surfc(x,y,z)`	면 그래프와 등치선 그래프를 함께 그린다.
`pcolor(z)` 또는 `pcolor(x,y,z)`	의사 컬러 그래프를 그린다.

5.4.1 3차원 선 그래프

plot3 함수는 plot 함수와 유사하지만, 3차원 데이터를 입력받는다는 점이 다르다. x, y 벡터뿐만 아니라 z 벡터도 제공해야 한다. 이 순서쌍은 3차원 공간에 그려지고 직선으로 연결된다. 예를 들어 다음과 같다.

```
clear, clc
x = linspace(0,10*pi,1000);
y = cos(x);
z = sin(x);
plot3(x,y,z)
grid
xlabel("각도"), ylabel("cos(x)"), zlabel("sin(x)")
title("스프링")
```

제목, 이름, 눈금은 그림 5.27의 그래프에 일반적인 방식으로 추가되었으며, z축에는 zlabel이 추가되었다.

plot3에서 사용하는 좌표계는 엔지니어에게 익숙한 오른손 좌표계를 사용해 정렬된다.

핵심 개념
3차원 그래프를 구성하는 세 축은 오른손 법칙에 따라 배치되어 있다.

HINT 재미있는 명령을 하나 알아보자. 그림 5.27의 그래프를 다시 그리되, 이번에는 다음과 같은 comet3 함수를 사용한다.

```
comet3(x,y,z)
```

이 함수는 애니메이션으로 보여주면서 그래프를 '그려준다'. 애니메이션의 속도가 너무 빠르면 데이터의 수를 증가시킨다. 2차원 선 그래프로 애니메이션을 수행할 때에는 comet 함수를 사용하면 된다.

5.4.2 면 그래프

면 그래프(surface plot)란 데이터를 면(surface)으로 나타낸 것이다. 면 그래프에는 메시 그래프(mesh plot)와 서프 그래프(surf plot)의 두 종류가 있다.

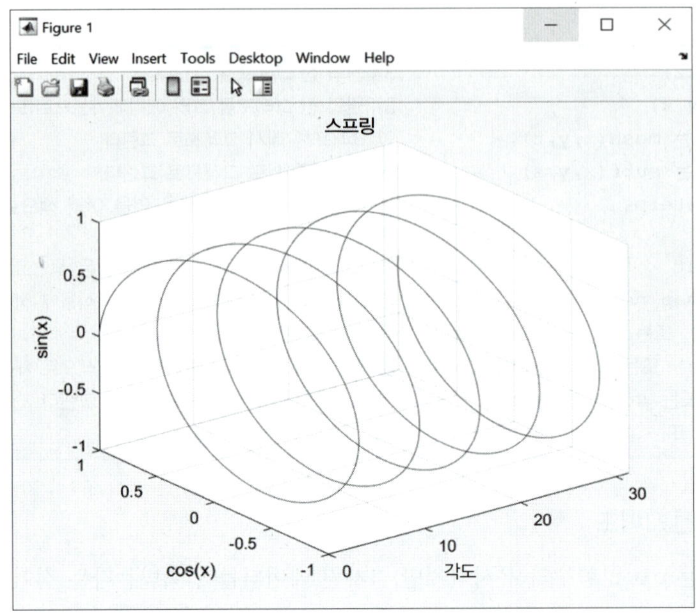

그림 5.27 스프링의 3차원 그래프. 매트랩은 오른손 법칙에 맞는 좌표계를 사용한다.

메시 그래프

메시 그래프(그물망 그래프)를 그리는 방법에는 여러 가지가 있다. 크기가 $m \times n$인 2차원 행렬 하나만 가지고도 mesh 함수로 그래프를 그릴 수 있다. 이 경우에 행렬의 값은 그래프의 z 값이 되며 그래프의 x, y 값을 결정하는 것은 행렬의 크기이다. 다음의 간단한 행렬을 예로 들어 이 내용을 살펴보자.

```
z = [1, 2, 3, 4, 5, 6, 7, 8, 9, 10;
     2, 4, 6, 8, 10, 12, 14, 16, 18, 20;
     3, 4, 5, 6, 7, 8, 9, 10, 11, 12];
```

다음 명령을 실행하면

```
mesh(z)
xlabel("x-axis")
ylabel("y-axis")
zlabel("z-axis")
```

그림 5.28과 같은 그래프가 그려진다.

행렬 z에 정의된 점을 서로 연결해 격자 모양이 되도록 한 것이 '메시' 그래프이다. 그래프를 보면 x축의 범위는 0~10, y축의 범위는 1~3이다. 이렇게 x축과 y축의 값으로 사용되는 것이 행렬의 인덱스 번호이다. 예를 들어 $z_{1,5}$는 1행 5열에 있는 행렬 z의 값을 가리키므로 5가 된다. 이 원소를 그림 5.28에서 원으로 표시했다.

mesh 함수에는 mesh(x,y,z) 와 같이 3개의 인수를 사용할 수도 있다. 이 경우 x는 x축 좌표의 목록, y는 y축 좌표의 목록, z는 z축 좌표의 목록이다.

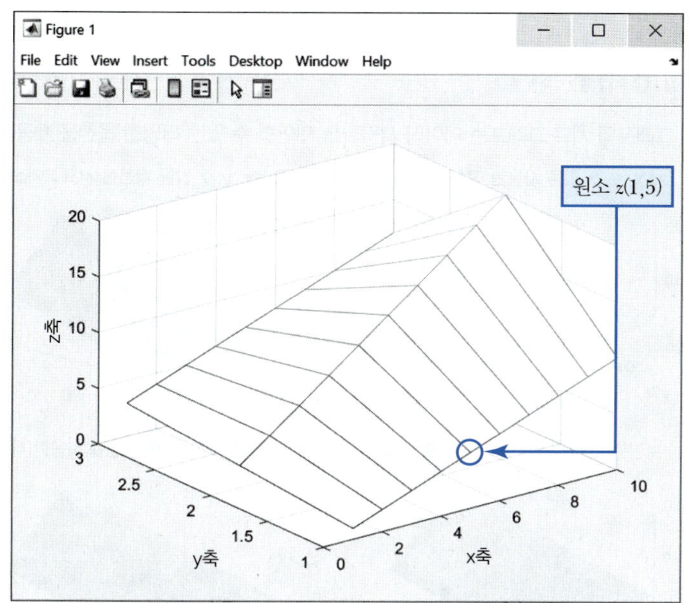

그림 5.28
2차원 행렬 1개로 그린 메시 그래프

```
x = linspace(1,50,10)
y = linspace(500,1000,3)
z = [1, 2, 3, 4, 5, 6, 7, 8, 9, 10;
     2, 4, 6, 8, 10, 12, 14, 16, 18, 20;
     3, 4, 5, 6, 7, 8, 9, 10, 11, 12]
```

위의 명령에서 x 벡터의 원소 개수는 z 벡터의 열 개수와 같아야 한다. 또 y 벡터의 원소 개수는 z 벡터의 행 개수와 같아야 한다. 이제 다음 명령

```
mesh(x,y,z)
```

를 실행하면 그림 5.29(a)와 같은 그래프를 그릴 수 있다. 그래프를 잘 살펴보면 x축의 범위는 0~50까지이지만 데이터는 1~50까지의 범위에서 그려져 있다. 이 그래프의 x, y 축 눈금 값과 그림 5.28의 x, y 축 눈금 값(즉 z 행렬의 인덱스 번호)을 비교해보라.

서프 그래프

서프 그래프는 메시 그래프와 유사하지만, `surf` 명령어는 메시 대신 3차원 컬러 표면을 생성한다. 이때 색상은 z 값에 따라 달라진다.

`surf` 명령어는 `mesh`와 동일한 입력값을 받는다. 예를 들어 `surf(z)` 처럼 하나의 입력값을 사용할 경우 행과 열 인덱스를 x 및 y 좌표로 사용하며, 3개의 배열을 사용할 수도 있다. 그림 5.29(b)는 그림 5.29(a)를 생성한 명령어와 동일한 명령어를 사용했으나 `mesh` 대신 `surf`를 사용해 생성한 것이다.

면 그래프의 음영 처리 방식은 `shading` 명령어로 제어된다. 그림 5.29(b)의 기본설정은 'faceted'이다. 보간된 음영(interpolated shading)은 흥미로운 효과를 만들어낼 수 있다. 그림 5.29(c)의 그래프는 이전 명령어 목록에

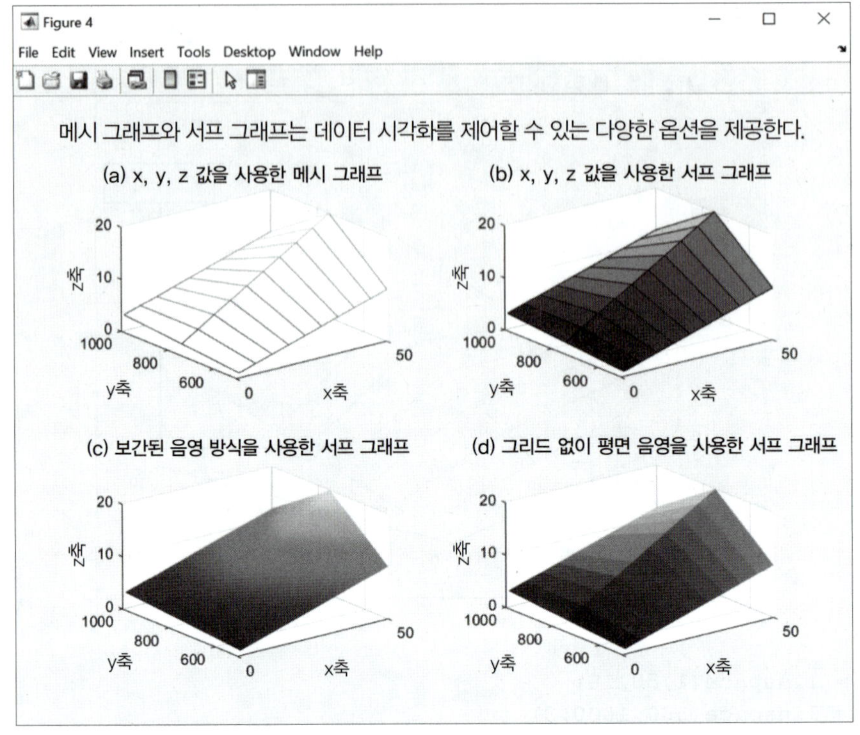

그림 5.29
메시 그래프와 서프 그래프는 3개의 입력 인수를 사용해 생성된다(MathWorks, Inc.의 허가를 받아 재인쇄함).

```
shading interp
```

를 추가해 생성되었다. 그림 5.29(d)와 같이

핵심 개념
colormap 함수는 면 그래프에 사용되는 색상을 제어한다.

```
shading flat
```

을 사용하면 격자 없이 평평한 음영이 생성된다.

면 그래프에 사용되는 색상 스키마는 colormap 함수로 정의한 **컬러맵**(colormap)으로 제어할 수 있다. 예를 들어

```
colormap(gray)
```

를 사용하면 면 그래프가 회색조로 표시된다. 이는 그래프를 흑백으로 복사할 경우에 적합할 수 있다. 사용할 수 있는 다른 컬러맵으로는 다음이 있다.

```
autumn              bone        hot
spring              colorcube   hsv
summer              cool        pink
winter              copper      prism
jet                 flag        white
parula (default)    gray        lines
```

여러 옵션에 대한 설명을 보려면 다음 help 명령어를 사용하라.

```
help colormap
```

면 그래프를 그리는 다른 방법

다음과 같이 Z 값을 계산해 더욱 복잡한 면 그래프를 그릴 수 있다.

```
x = [-2:0.2:2];
y = [-2:0.2:2];
[X,Y] = meshgrid(x,y);
Z = X.*exp(-X.^2 - Y.^2);
```

이 명령을 살펴보면 meshgrid 함수를 사용해 1차원 벡터 x, y로부터 2차원 행렬 X, Y를 만든 다음, 이들을 사용해 Z 값을 계산했다. 이제 다음 명령을 실행해 계산 값을 그래프로 그려보자.

```
t = tiledlayout(2,2);
nexttile
mesh(X,Y,Z)
title("(a) 메시 그래프"), xlabel("x축"), ylabel("y축")
zlabel("z축")
nexttile
surf(X,Y,Z)
title("(b) 서프 그래프"), xlabel("x축"), ylabel("y축")
zlabel("z축")
```

x, y 벡터나 X, Y 행렬로 x, y 축을 정의할 수 있다. 그림 5.30(a)는 주어진 함수를 메시 그래프로 그린 것이고 그림 5.30(b)는 같은 함수를 서프 그래프로 그린 것이다.

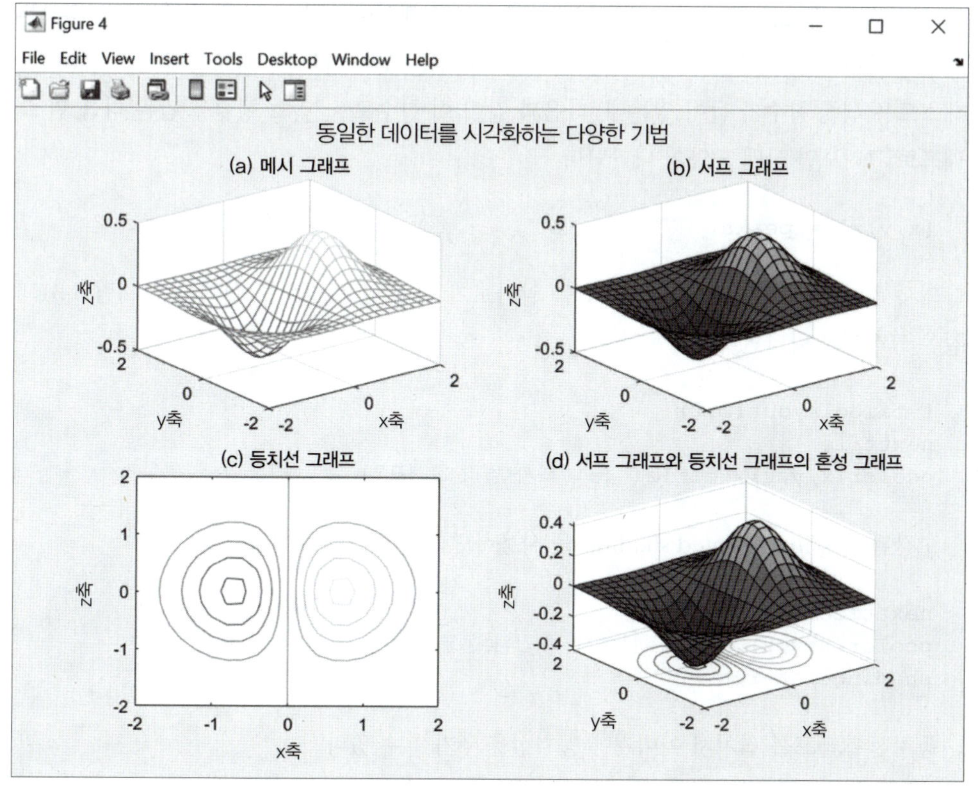

그림 5.30
면 그래프와 등치선 그래프를 사용해 데이터를 다양한 방식으로 나타낼 수 있다.

HINT meshgrid 함수에 벡터 1개만 넣어주면 프로그램에서는 이를 다음과 같이 해석한다.

```
[X,Y] = meshgrid(x,x)
```

meshgrid 함수 입력 시 다음과 같이 벡터를 만드는 명령을 직접 써넣어도 된다.

```
[X,Y] = meshgrid(-2:0.2:2)
```

두 명령 중 어느 쪽을 사용해도 앞에서 살펴본 명령들로 얻은 것과 같은 결과를 얻을 수 있다.

등치선 그래프

등치선 그래프(contour plot)는 3차원의 면 그래프를 2차원으로 나타낸 것으로 등산을 할 때 참고하는 산의 등치선과 유사한 그래프로 볼 수 있다. 그림 5.30(c)의 그래프가 contour 명령을 사용해 그린 것이며, 그림 5.30(d)는 surfc 명령을 사용해 그린 그래프이다.

```
nexttile
contour(X,Y,Z)
xlabel("x축"), ylabel("y축"), title("(c) 등치선 그래프")
nexttile
surfc(X,Y,Z)
xlabel("x축"), ylabel("y축"), zlabel("z축")
title("(d) 면 그래프와 등치선 그래프의 혼성 그래프")
title(t,"동일한 데이터를 시각화하는 다양한 기법")
```

의사 컬러 그래프

의사 컬러 그래프(pseudo color plots)는 등치선 그래프와 비슷하지만 윤곽선을 사용하는 대신 사각형 격자 위에 2차원의 색상 지도를 그려주는 것이 다르다. 매트랩에는 peaks라는 테스트용 샘플 함수가 들어 있는데, 다음과 같이 이 함수로 x, y, z 행렬을 만든 다음 면 그래프로 그려보면 산맥 모양이 나타난다.

```
[x,y,z] = peaks;
```

의사 컬러 그래프의 기능과 사용법을 알아보기 위해 다음 명령을 실행하면 그림 5.31과 같은 그래프가 나타난다.

```
t=tiledlayout(2,2)
nexttile
pcolor(x,y,z), title("(a) 의사 컬러 그래프")
```

보간된 음영(interpolated shading)을 사용하면 그리드가 삭제된다.

```
nexttile
pcolor(x,y,z), title("(b) 보간된 음영")
shading interp
```

등치선 그래프를 겹쳐서 이미지에 등치선을 추가할 수 있다.

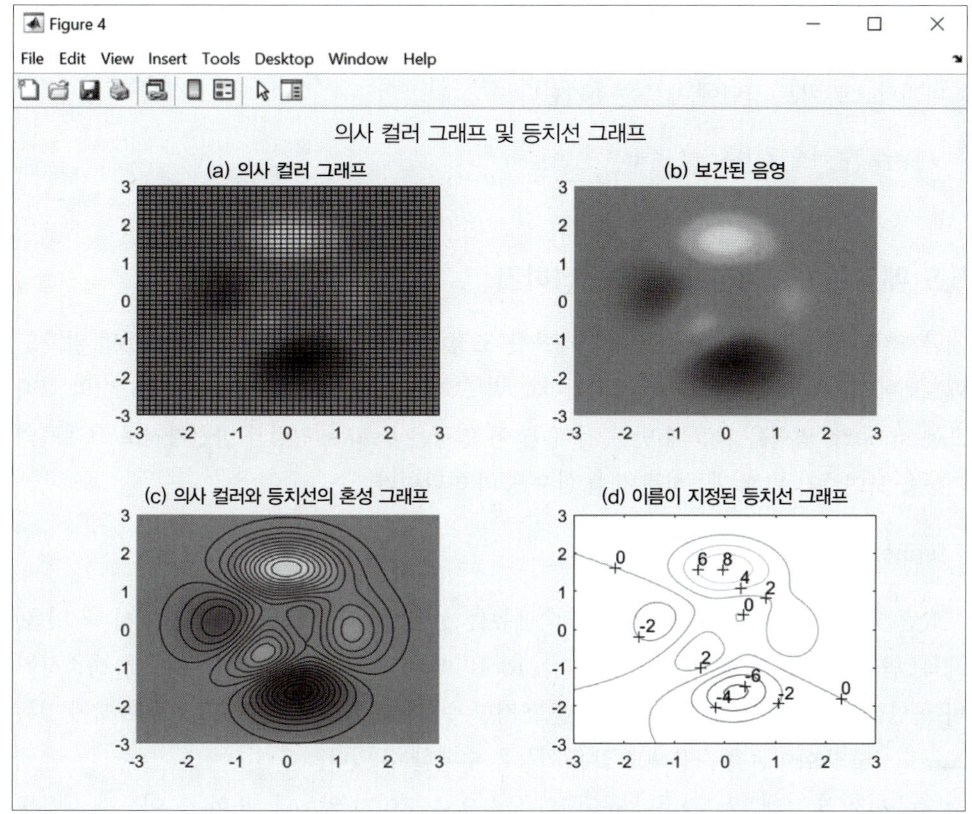

그림 5.31
매트랩에서 사용할 수 있는 다양한 등치선 그래프

```
nexttile
pcolor(x,y,z), title("(c) 의사 컬러와 등치선의 혼성 그래프")
shading interp
hold on
contour(x,y,z,20,"k")
hold off
```

동일한 결과를 채워진 등치선 함수(filled contour function)를 사용해 얻을 수 있다.

```
contourf(x,y,z,20,"k")
```

숫자 20은 20개의 등치선이 그려짐을 나타내며, 'k'는 선을 검은색으로 표시하라는 뜻이다. 만약 검은색 선을 지정하지 않았다면 선들이 의사 컬러 그래프와 동일한 색상으로 표시되어 이미지에 묻혔을 것이다. 비교를 위해 간단한 등치선 그래프를 그림에 추가한다.

```
nexttile
h = contour(x,y,z); clabel(h)
title("(d) 이름이 지정된 등치선 그래프")
```

모든 3차원 그래프 함수에 대한 추가 옵션이 도움말창에 포함되어 있다. 특히 유용한 옵션 중 하나가 등치선에 이름을 추가하는 것으로 이는 그래픽 객체 이름을 사용해 수행된다. 그래프에 이름을 지정하고, 이 이름을 `clabel` 함수의 입력값으로 사용한다.

```
h = contour(x,y,z); clabel(h)
```

마지막으로 차트 상단에 제목을 추가한다.

```
title(t,"의사 컬러 및 등치선 그래프")
```

5.5 메뉴표시줄에서 그래프 편집하기

핵심 개념
그래프를 대화식으로 편집할 때, 프로그램을 다시 실행하면 변경 사항이 사라진다.

지금까지는 매트랩 명령을 사용해 그래프를 조정하는 방법을 살펴보았다. 이 방법 말고도 매트랩에서는 메뉴표시줄을 이용해 이미 그린 그래프를 편집할 수 있다. 그림 5.32의 그래프는 sphere 명령을 사용해 만든 것이다. 이 명령은 peaks 명령과 마찬가지로 그래프의 기능을 보여주기 위해 제공하는 샘플 함수 중의 하나이다.

```
sphere
```

그림 5.32와 같이 그림창에서 'Insert' 메뉴를 선택해보자. 그러면 이 메뉴에서 축 이름, 제목, 범례, 글상자 등을 추가할 수 있다. 'Tools' 메뉴를 사용하면 그래프를 확대·축소하거나 화면비를 바꾸는 등 그래프의 모양을 조정할 수 있다. 그림창의 메뉴표시줄 아래에 있는 도구표시줄의 아이콘을 사용해도 같은 기능을 수행할 수 있다.

그림 5.32의 그래프는 완전한 구(공)의 모습으로 보이지 않는다. 또한 축 이름과 제목도 빠져 있으며 구의 표면에 사용된 색상이 무엇을 나타내는지도 분명하지 않다. 먼저 그래프의 모양을 조정해보자.

- 메뉴 도구 모음에서 'Edit → Axes Properties'를 선택하라.

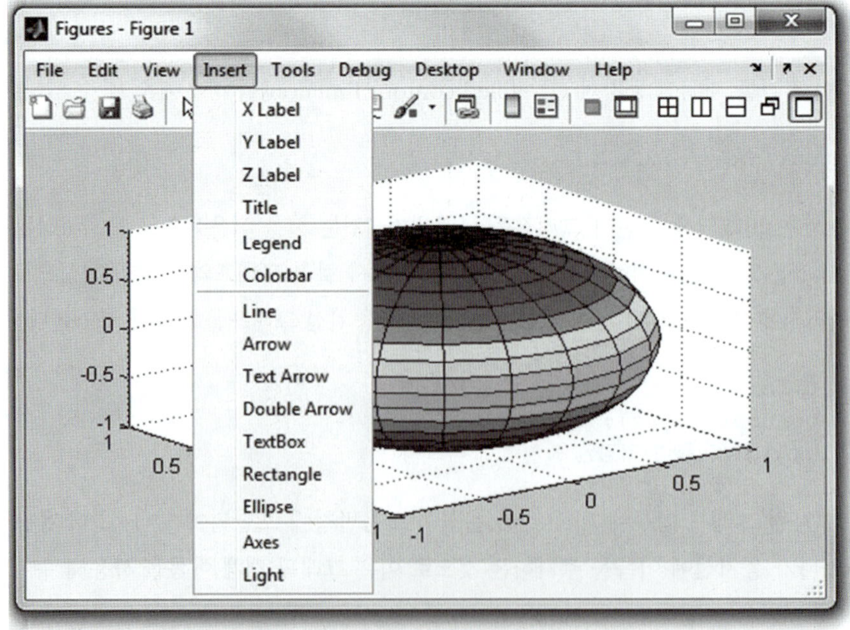

그림 5.32
공을 그린 그래프. Insert 메뉴를 사용하면 그래프의 표시 형태를 대화 방식으로 조정할 수 있다.

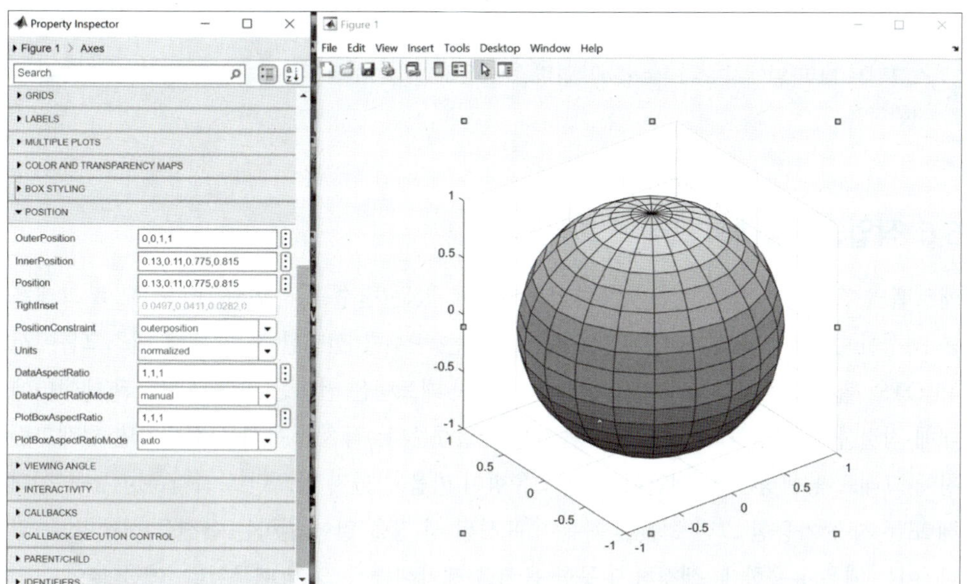

그림 5.33
매트랩에서는 도구표시줄에 있는 명령을 사용해 그래프를 편집할 수 있다.

- 'Property Editor—Axes' 창에서 'More Properties → Data Aspect Ratio Mode'를 선택하라.
- 모드를 'manual'로 설정하라(그림 5.33 참조).

마찬가지로 'Property Editor'를 이용해 축 이름과 제목, 색띠를 추가했다(그림 5.34 참조). 이는 메뉴표시줄에 있는 'Insert' 메뉴를 이용해 추가할 수도 있다. 이 방법을 사용하면 그래프를 더욱 세밀하게 조정할 수 있다. 이처럼 메뉴를 이용해 그래프를 대화 방식으로 편집하는 경우의 문제점은 사용자가 작성한 매트랩 프로그램을 다시 실행하면 그전까지 편집한 항목이 모두 없어진다는 것이다.

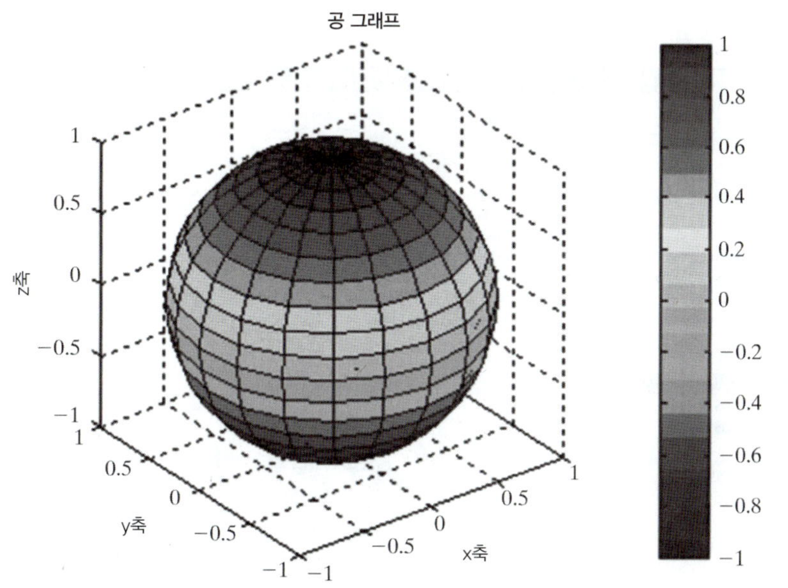

그림 5.34
공 그래프의 편집

> **HINT** axis equal 명령을 사용하면 그래프에서 모든 축의 눈금 크기를 같게 할 수 있다. 스크립트 M-파일에서 axis equal 명령을 사용하면 그 이후에는 이러한 설정이 그대로 유지된다.

5.6 작업공간창에서 그래프 그리기

매트랩의 훌륭한 기능 중 하나는 작업공간창에 있는 변수를 사용해 대화식으로 그래프를 생성할 수 있다는 것이다. 그래프로 그리려는 변수를 선택한 후 매트랩 데스크톱에서 'PLOTS' 탭을 선택하라(그림 5.35 참조). 그러면 매트랩은 선택한 변수에 저장된 데이터에 대해 적절하다고 '생각하는' 그래프 옵션을 나열해준다. 적절한 옵션을 선택하면 현재그림창에 그래프가 생성된다. 제안된 그래프 유형이 마음에 들지 않으면 드롭다운 메뉴를 선택해 모든 사용 가능한 그래프 옵션 목록이 표시된 새 창을 열어 원하는 옵션을 선택할 수 있다. 이는 매우 유용한데, 생각하지 못한 옵션을 제안해줄 수 있기 때문이다. 예를 들어 그림 5.35는 선택된 x, y, z 배열의 3차원 **산점도**(scatter plot)를 보여주고 있다. 이 배열들은 매트랩에 내장된 seamount 데이터 집합을 로드해 생성한 것이다.

여러 변수를 그래프로 그리려면 첫 번째 변수를 선택한 후 'Ctrl' 키를 누른 상태에서 추가 변수를 선택하라. 그래프에 주석을 추가하려면 5.5절에서 설명한 대화식 편집 과정을 사용하라. 대화식 환경은 풍부한 자원이다. 탐색하고 실험해보면서 최대한 활용하라.

5.7 그래프 저장하기

매트랩에서 그린 그래프를 저장하는 방법에는 몇 가지가 있다.

- 스크립트 M-파일에 저장된 프로그래밍 명령으로 그래프를 그린 경우에는 이 M-파일을

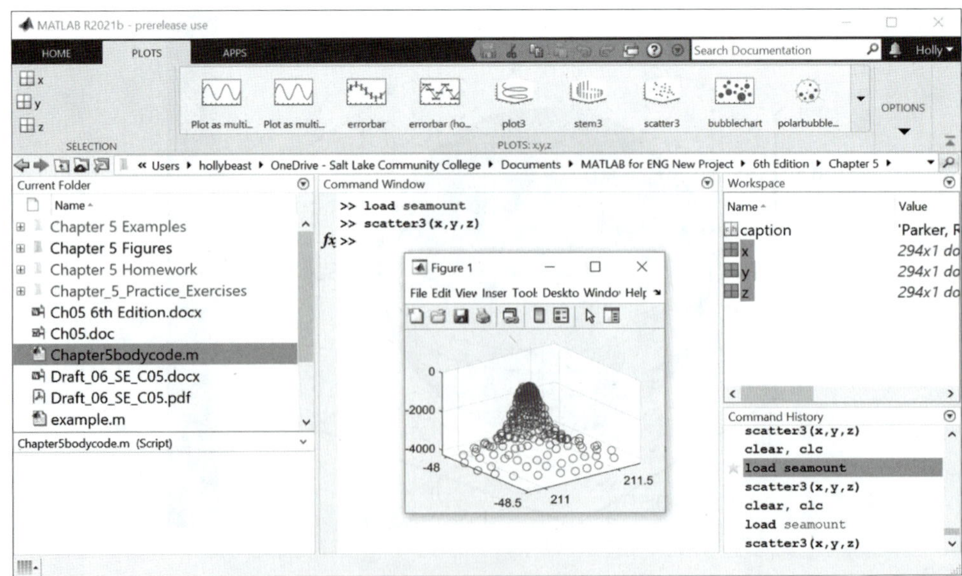

그림 5.35
대화식 그래프 그리기 기능을 사용해 작업공간창에서 그래프 생성하기

다시 실행하면 그래프를 다시 그릴 수 있다.

- 그래프를 저장하려면 파일메뉴에서 'Save As...'를 선택한다. 여기에서 선택할 수 있는 사항을 설명하면 다음과 같다.

  1. 그래프를 매트랩의 지정 파일 형식인 *.fig* 파일로 저장할 수 있다. 저장한 그래프를 다시 불러들이려면 현재디렉터리에 있는 파일 이름을 더블클릭하면 된다.
  2. 그래프를 여러 가지 표준 그래픽 파일 형식을 사용해 저장할 수 있다. 표준 형식으로는 jpeg 파일(*.jpg*)이나 향상된 메타파일(*.emf*) 등이 있다. 이런 형식의 그래프는 워드나 한글 문서에 삽입할 수 있다.
  3. 그림창의 메뉴표시줄에서 'Edit' 메뉴를 선택하고 이어서 'Copy Figure'를 선택한다. 이렇게 하면 다른 문서에 붙여넣기(paste)를 할 수 있다.
  4. 그림창의 메뉴표시줄에서 'File' 메뉴를 선택해 M-파일로 저장하면 이 M-파일을 실행해 나중에 그림을 다시 그릴 수 있다.

실습문제 5.6

$y = \cos(x)$ 그래프를 그려라. 파일을 저장하고 이를 워드 문서에 삽입하는 연습을 해보라. 정답은 피어슨 출판사의 웹사이트 https://www.pearsonhighered.com/moore에서 확인할 수 있다.

5.8 기타 그래프 옵션

매트랩에서 생성할 수 있는 추가적인 유형의 그래프와 차트가 많이 있으며, 시간이 지남에 따라 더 많은 기능이 추가되고 있다. 그림 5.36은 이 책이 출판될 당시 사용할 수 있었던 다양한 옵션을 보여주지만, 최신 목록을 보려면 매트랩 도움말 기능을 사용해 'types of MATLAB plots'를 검색하라. 표에는 사용 방법에 대한 설명과 다른 사용자들이 게시한 예제가 있는 갤러리로 연결되는 링크가 포함되어 있다.

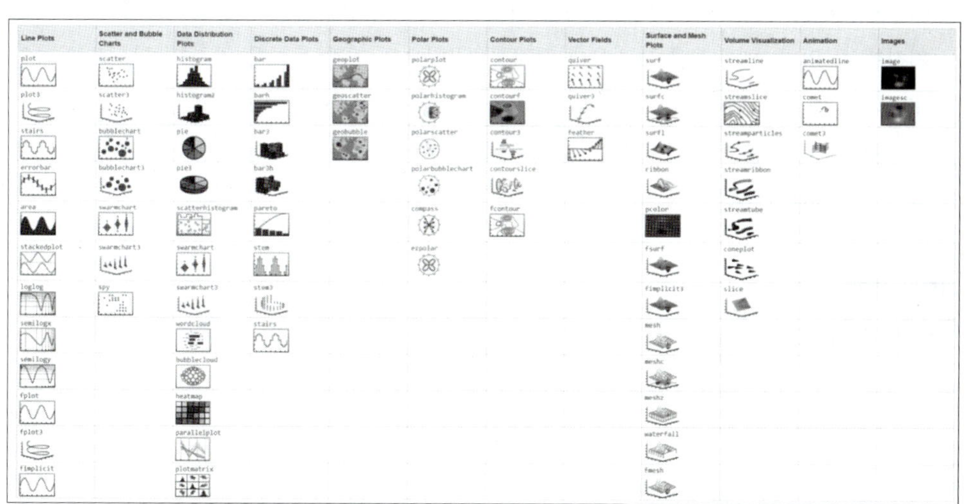

그림 5.36
매트랩은 다양한 그래프화 옵션을 제공하며, 모든 옵션은 도움말 기능에 문서화되어 있다.

요약

공학에서 가장 많이 사용하는 그래프는 x–y 그래프이다. 이 2차원 그래프는 데이터를 그래프로 나타내거나 수학적 함수를 시각화하는 데 사용할 수 있다. 그래프가 무엇을 나타내든지 간에 항상 제목과 축 이름을 포함해야 한다. 축 이름은 설명적이어야 하며 ft/s 또는 kJ/kg과 같은 단위를 포함해야 한다.

매트랩은 그래프의 외형을 제어할 수 있는 다양한 옵션을 제공한다. 사용자는 그래프의 각 선에 대해 색상, 선 스타일, 마커 스타일을 지정할 수 있으며 그래프에 눈금을 추가하고 축의 범위를 조정할 수 있다. 그래프를 설명하기 위해 텍스트 상자와 범례를 사용할 수 있다. `tiledlayout` 함수는 그래프창을 $m \times n$ 격자로 나누는 데 사용된다. 이 각 하위 창 안에서 매트랩의 모든 그래프를 생성하고 수정할 수 있다.

매트랩은 x–y 그래프 외에도 극좌표 그래프, 파이 차트, 막대그래프, 히스토그램, 2개의 y축이 있는 x–y 그래프 등 다양한 그래프 생성 옵션을 제공한다. x–y 그래프의 스케일링을 수정해 x, y 축 또는 둘 다에 로그 그래프를 생성할 수 있다. 엔지니어는 데이터를 직선으로 나타내기 위해 종종 로그 스케일링을 사용한다.

`fplot` 함수는 x, y 값의 벡터를 정의하지 않고도 함수를 그래프로 그릴 수 있게 해준다. 매트랩은 매끄러운 그래프를 생성하기 위해 자동으로 적절한 개수의 점과 간격을 선택한다. 추가적인 함수-그래프 생성 기능은 Symbolic Toolbox에서 제공한다.

매트랩의 3차원 그래프 생성 옵션에는 선 그래프, 여러 종류의 면 그래프, 등치선 그래프가 포함된다. 2차원 그래프를 그리는 데 사용 가능한 대부분의 옵션이 이러한 3차원 그래프에도 적용된다. `meshgrid` 함수는 3차원 면 그래프를 생성하는 데 특히 유용하다.

대화형 도구를 사용해 기존 그래프를 수정할 수 있으며, 이러한 도구는 그림 메뉴표시줄에서 사용할 수 있다. 또한 작업공간창의 대화형 그래프 생성 옵션을 사용해 그래프를 생성할 수도 있다. 대화형 환경은 풍부한 자원이며, 탐색하고 실험해보면서 최대한 활용할 수 있다.

매트랩에서 생성된 그림은 나중에 편집하거나 다른 문서에 삽입하기 위해 다양한 방식으로 저장할 수 있다. 매트랩은 그림을 저장하는 데 필요한 저장 공간을 최소화하는 자체 파일 형식과 다른 애플리케이션에서 가져오기 적합한 표준 파일 형식을 모두 제공한다.

매트랩에서는 다양한 그래프 생성 옵션을 제공한다. 도움말 기능을 사용해 사용법과 예제를 찾아볼 수 있다.

매트랩 요약

다음 표는 이 장에서 살펴본 특수문자, 명령어와 함수를 나열한 것이다.

특수문자

선 종류	지시기호	점 종류	지시기호	색상	지시기호
실선	-	점	.	파란색	b
점선	:	원	o	초록색	g
일점쇄선	-.	x 기호	x	빨간색	r
쇄선	- -	+ 기호	+	청록색(cyan)	c
		별표	*	자주색(magenta)	m
		사각형	s	노란색	y
		다이아몬드	d	검은색	k
		아래 삼각형	v	흰색	w
		위 삼각형	^		
		왼쪽 삼각형	<		
		오른쪽 삼각형	>		
		오각형	p		
		육각형	h		

명령어와 함수

autumn	면 그래프를 그릴 때 선택하는 색 구성 방식의 한 가지(colormap)
axis	axis 다음 그래프를 그리기 전에 축의 눈금을 고정시킨다. 축의 범위를 지정할 때도 사용한다.
axis equal	모든 축의 눈금의 크기를 같게 한다.
bar	막대그래프를 그린다.
bar3	3차원 막대그래프를 그린다.
barh	수평 막대그래프를 그린다.
bar3h	3차원 수평 막대그래프를 그린다.
bone	면 그래프를 그릴 때 선택하는 색 구성 방식의 한 가지
clabel	등치선 그래프에 이름을 붙인다.
clf	그림을 지운다.
close	현재 그림창을 닫는다.
close all	열려있는 모든 그림창을 닫는다.
colorcube	면 그래프를 그릴 때 선택하는 색 구성 방식의 한 가지
colormap	면 그래프에 사용되는 색 구성 방식을 지정한다.
comet	그래프를 그려 애니메이션으로 보여준다.
comet3	3차원 선 그래프를 그려 애니메이션으로 보여준다.
contour	3차원 면 그래프의 등치선을 그린다.
contourf	3차원 면 그래프의 등치선의 각 영역을 여러 가지 색으로 채운다.
cool	면 그래프를 그릴 때 선택하는 색 구성 방식의 한 가지
copper	면 그래프를 그릴 때 선택하는 색 구성 방식의 한 가지
figure	그림창을 새로 만든다.
flag	면 그래프를 그릴 때 선택하는 색 구성 방식의 한 가지
fplot	함수 수식을 x–y 그래프로 그린다.
gtext	text 명령과 유사, 사용자가 그림창에서 마우스로 클릭한 위치에 글상자를 추가한다.
grid	현재 그래프에 눈금을 추가한다.
grid off	그래프에서 눈금을 없앤다.
grid on	현재 그래프와 앞으로 그릴 그래프에 눈금을 붙인다.
histogram	히스토그램을 그린다.
histcounts	데이터를 나누는 구간을 원하는 크기로 나누고 각 구간에 속하는 데이터의 개수를 헤아린다.
hold off	그림을 새로 그리면 이전의 그림이 지워지도록 설정한다.
hold on	그림을 새로 그려도 이전의 그림이 지워지지 않도록 설정한다.
hot	면 그래프를 그릴 때 선택하는 색 구성 방식의 한 가지
hsv	면 그래프를 그릴 때 선택하는 색 구성 방식의 한 가지

명령어와 함수 (계속)

jet	면 그래프를 그릴 때 기본으로 설정된 색 구성 방식
legend	그래프에 범례를 추가한다.
linspace	간격이 일정한 벡터를 만드는 명령
loglog	2개의 축이 모두 로그눈금인 *x*–*y* 그래프를 그린다.
mesh	면 그래프를 메시 그래프로 그린다.
meshgrid	2개의 1차원 벡터를 2개의 2차원의 행렬로 만들어준다. 이 두 행렬의 크기는 두 1차원 벡터의 크기에 따라 결정된다.
nexttile	그래프를 그리기 위해 프로그램이 사용할 수 있는 다음 타일로 이동하게 한다.
pause	아무 키나 누를 때까지 프로그램의 실행을 멈춘다.
pcolor	등치선 그래프와 비슷한 의사 컬러 그래프를 그린다.
peaks	그래프를 그리는 함수의 기능과 사용법을 보여줄 때 사용할 수 있는 샘플 함수
pie	파이 차트를 그린다.
pie3	3차원 파이 차트를 그린다.
pink	면 그래프를 그릴 때 선택하는 색 구성 방식의 한 가지
plot	*x*–*y* 그래프를 그린다.
plot3	3차원 선 그래프를 그린다.
polarplot	극좌표 그래프를 그린다.
prism	면 그래프를 그릴 때 선택하는 색 구성 방식의 한 가지
semilogx	*x*축이 로그눈금인 *x*–*y* 그래프를 그린다.
semilogy	*y*축이 로그눈금인 *x*–*y* 그래프를 그린다.
shading flat	flat 면 그래프에서 각각의 작은 면을 같은 색으로 채운다.
shading	interp 면 그래프에서 각각의 작은 면을 여러 색으로 채워 부드럽게 나타나게 한다.
interp	그래프 기능을 보여주기 위해 사용하는 샘플 함수
sphere	면 그래프를 그릴 때 선택하는 색 구성 방식의 한 가지
spring	다중 그래프를 그릴 수 있도록 1개의 그림창을 여러 부분으로 나눈다.
summer	면 그래프를 그릴 때 선택하는 색 구성 방식의 한 가지
surf	면 그래프를 서프 그래프로 그린다.
surfc	면 그래프와 등치선 그래프를 함께 그린다.
text	그래프에 글상자를 추가한다.
tiledlayout	그래프창을 그래프를 그릴 수 있는 구획으로 나눈다.
title	그래프에 제목을 추가한다.
white	면 그래프를 그릴 때 선택하는 색 구성 방식의 한 가지
winter	면 그래프를 그릴 때 선택하는 색 구성 방식의 한 가지
xlabel	*x*축에 축 이름을 붙인다.
ylabel	*y*축에 축 이름을 붙인다.
yyaxis	2개의 *y*축 중에서 사용할 *y*축을 지정한다.
zlabel	*z*축에 축 이름을 붙인다.

핵심 용어

구간(bin)
독립변수(independent variable)
등치선 그래프(contour plot)
면 그래프(surface plot)
산점도(scatter plot)
서브플롯(subplot)
선 그래프(line plot)
순서쌍(ordered pairs)
종속변수(dependent variable)
컬러맵(colormap)
타일(tile)
핸들(handle)
히스토그램(histogram)
x–*y* 그래프(*x*–*y* plot)

연습문제

2차원(x–y) 그래프

5.1 x의 범위가 0~10일 때, 다음 함수의 그래프를 그려라.

(a) $y = e^x$

(b) $y = \sin(x)$

(c) $y = ax^2 + bx + c$, 여기에서 $a = 5$, $b = 2$, $c = 4$이다.

(d) $y = \sqrt{x}$

각 그래프에는 제목과 x축 이름, y축 이름, z축 이름을 붙이고 눈금도 넣어주도록 하라.

5.2 다음 데이터 집합을 그래프로 그려라.

$$y = [12, 14, 12, 22, 8, 9]$$

그래프의 x축 값으로는 이 y 행렬의 인덱스 번호를 사용하라.

5.3 x 값의 범위가 $-\pi \sim \pi$일 때, 다음 함수를 한 그래프에 그려라. 이때 곡선이 매끄럽게 그려지도록 x 값의 간격을 적절하게 선택하라.

$$y_1 = \sin(x)$$
$$y_2 = \sin(2x)$$
$$y_3 = \sin(3x)$$

(*힌트*: 매트랩에서 $2x$를 입력할 때에는 2*x와 같이 해주어야 한다.)

5.4 연습문제 5.3에서 그린 그래프를 다음과 같이 수정하라.

- Line 1은 빨간색 쇄선으로 한다.
- Line 2는 파란색 실선으로 한다.
- Line 3은 초록색 점선으로 한다.
- 그래프에는 마커를 붙이지 않는다. 일반적으로 마커는 측정 데이터인 경우에 표시하고 계산값에 대해서는 사용하지 않는다.

5.5 연습문제 5.4에서 그린 그래프의 x축 범위가 $-6 \sim +6$이 되도록 수정하라. 또한

- 범례를 추가하라.
- 그래프를 설명하는 글상자를 추가하라.

포탄의 x–y 그래프

다음 설명을 읽고 연습문제 5.6~5.10까지 물음에 답하라.

포탄을 각도 θ로 발사했을 때 포탄의 이동거리는 시간의 함수이다. 이 이동거리를 다음 공식에 따라 수평 이동거리와 수직 이동거리로 나눌 수 있다.

$$\text{horizontal}(t) = tV_0 \cos(\theta)$$
$$\text{vertical}(t) = tV_0 \sin(\theta) - \tfrac{1}{2}gt^2$$

여기에서

horizontal = x 방향으로 이동한 거리(m)

vertical = y 방향으로 이동한 거리(m)

V_0 = 초기 발사속도(m/s)

g = 중력가속도(9.8 m/s^2)
t = 시간(s)

5.6 포탄의 발사각도가 $\pi/4(=45°)$이고 초기 발사속도가 100 m/s라고 가정하자. 시간의 범위가 0.01초 간격으로 0~20초일 때, 수평 방향과 수직 방향으로의 이동거리(x, y 축 방향)를 구하라.

(a) 시간에 따른 수평 이동거리의 변화를 그래프로 그려라.

(b) 그림창을 새로 열고 시간에 따른 수직 이동거리의 변화를 그래프로 그려라(x축이 시간이 된다).

그래프에는 반드시 제목과 축 이름을 넣으라.

5.7 그림창을 새로 열고 x축이 수평 이동거리, y축이 수직 이동거리가 되도록 그래프를 그려라.

5.8 `comet` 함수를 사용해 x축이 수평 이동거리, y축이 수직 이동거리인 그래프를 그려라. 그래프의 곡선이 너무 빠르거나 느리게 그려지면 이동거리 계산에 사용되는 시간 t 값의 개수를 알맞게 조정해 적당한 속도로 그려지게 하라.

5.9 발사각이 $\pi/2$, $\pi/4$, $\pi/6$일 때 수직 이동거리 벡터(v_1, v_2, v_3)와 수평 이동거리 벡터(h_1, h_2, h_3)를 각각 구하라.

- 이 세 가지 발사각도에 대해 x축이 수직 이동거리, y축이 수평 이동거리인 그래프를 새 그림창에 그려라(3개의 선이 한 그래프에 그려져야 한다).
- 선의 종류를 첫 번째 선은 실선, 두 번째 선은 쇄선, 세 번째 선은 점선으로 설정하라. 각각의 선이 무엇인지 알 수 있도록 범례를 추가하라.

5.10 연습문제 5.9의 그래프를 다시 그려라. 이번에는 3개의 각도 $\pi/2$, $\pi/4$, $\pi/6$를 원소로 하는 행렬 `theta`를 만들라. `meshgrid` 함수를 사용해 `theta`와 시간 벡터 t를 2차원 행렬로 만들라. 그다음 이 2개의 2차원 행렬변수를 사용해 수직 이동거리(v)와 수평 이동거리(h)를 다시 계산하라. 각 계산 결과는 2001 × 3 행렬이 되어야 한다. `plot` 함수를 사용해 x축에는 h, y축에는 v를 그려라.

5.11 그림 P5.11(a), (b)는 인장강도 시험기의 사진으로 물질을 변형시켜 그 물질의 여러 가지 성질을 알아내는 데 사용된다. 일반적으로 시료(물질)를 일정한 비율(속도)로 잡아당기는 방식으로 시험을 한다. 이때 물질에 인가한 힘(하중)과 그 힘에 의한 변형(늘어난 길이)을 측정한다. 표 P5.11은 어떤 물질에 대해 수행한 인장강도 시험에서 측정한 데이터이다. 다음

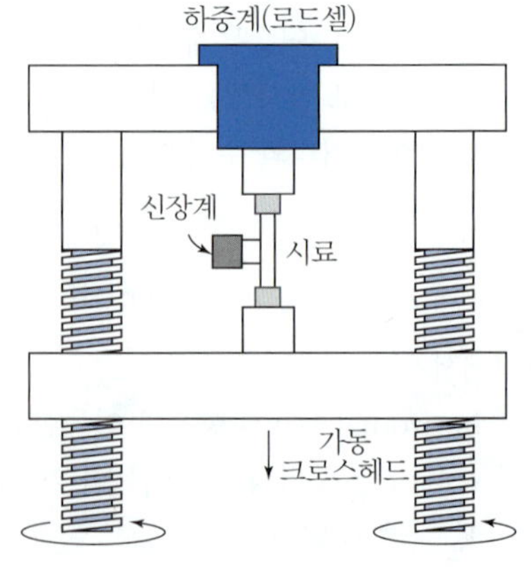

그림 P5.11
인장강도 시험기는 어떤 물질의 응력과 변형률을 측정해 그 물질이 변형될 때의 특성을 파악하는 데 사용된다(N_Sakarin/Shutterstock).

표 P5.11 인장강도 시험 데이터

하중(load), 단위: 파운드(lbf)	시료의 길이, 단위: 인치(inch)
0	2.0000
2000	2.0024
4000	2.0047
6000	2.0070
7500	2.0094
8000	2.0128
8500	2.0183
9000	2.0308
9500	2.0500
10000	2.075

두 방정식을 사용하면 이 데이터로부터 응력(stress)과 변형률(strain)을 계산할 수 있다.

$$\sigma = \frac{F}{A}, \quad \varepsilon = \frac{l - l_0}{l_0}$$

여기에서

σ = 응력(단위: lbf/in^2)

F = 인가하중(단위: lb_f)

A = 시료(물질)의 단면적(단위: in^2)

ε = 변형률(단위: in/in)

l = 시료의 길이

l_0 = 시료의 최초 길이

(a) 표에 제공된 시험 데이터 쌍을 사용해 응력과 변형률을 계산하라. 시험에 사용된 시료의 지름은 0.505 in이며, 시료의 단면적을 계산할 때 참고하라.

(b) (a)에서 계산한 결과를 사용해 *x*축은 응력, *y*축은 변형률로 해 *x*–*y* 그래프를 그려라. 선의 종류는 검은색 실선으로 하고 원 모양의 마커를 사용해 각 데이터 점을 나타내라.

(c) 그래프에 제목과 축 이름을 추가하라.

(d) 그래프에서 급한 기울기로 증가하는 직선이 어떤 점을 넘어서면 평평한 형태의 직선으로 바뀔 때, 그 경계가 되는 점을 **항복응력점**(yield stress point) 또는 **항복점**(yield point)이라고 한다. 이 점에서는 물질의 거동에 급격한 변화가 나타난다. 물질이 항복점에 도달하기 전까지는 탄성을 가지고 있어서 물질에 가해지는 외부 힘(하중)이 사라지면 원래의 형태로 되돌아간다. 이러한 성질은 고무줄의 특성과 매우 유사하다. 항복점을 넘어서 물질이 계속 변형되면 변형이 영구히 지속되는데 이를 소성변형(plastic deformation)이라고 한다. 글상자를 사용해 그래프에 항복점을 표시하라.

5.12 4장의 연습문제 4.5에서는 ACE 지수(누적 사이클론 에너지 지수)에 대해 다루었다. 해당 문제의 데이터를 사용해 다음 물음에 답하라. 이 데이터는 *ace_data.xlsx*라는 이름의 엑셀 파일로 저장되어 있다. 이 파일을 구할 수 없으면 직접 엑셀 파일로 만들라.

(a) *x*축은 연도(year), *y*축은 ACE 지수로 해 *x*–*y* 그래프를 그려라.

(b) 평균 ACE 값을 계산하라. 또 이 값을 그래프로 그려라(힌트: 두 점만 있으면 ACE 평균을 나타내는 직선을 그래프로 그릴 수 있다. 한 점을 나타내는 데이터 쌍은 첫 번째 연도와 ACE 평균값, 나머지 한 점을 나타내는 데이터 쌍은 마지막 년도와 ACE 평균값

이다).

(c) `filter` 함수를 사용해 10년 구간에 대한 ACE 데이터의 이동 가중평균(running weighted average)을 구하라. 표의 ACE 열에서 뽑아낸 데이터의 이름이 `ace`인 경우, 이동 가중평균은 다음 명령으로 계산할 수 있다.

```
running_avg_ace = filter(ones(1,10)/10,1,ace);
```

x축은 연도, y축은 ACE 값과 가중평균 값으로 해 x–y 그래프를 그려라(따라서 그래프에는 2개의 선이 그려져야 한다). 그래프를 보면 허리케인의 강도가 증가하고 있는가? `help` 기능을 이용하면 `filter` 함수에 대한 자세한 정보를 알아낼 수 있다.

다중 그래프 그리기

5.13 연습문제 5.1에서 4개의 그래프를 생성했다. 이를 `tiledlayout`, `nexttile` 함수를 사용해 4개의 하위창을 하나의 그림창으로 결합하라.

5.14 연습문제 5.6, 5.7, 5.9에서 총 4개의 그래프를 생성했다. 이를 `tiledlayout`, `nexttile` 함수를 사용해 네 개의 하위창을 하나의 그림창으로 결합하라.

극좌표 그래프

5.15 0~2 범위의 각도를 벡터로 만들고, 다음 함수의 그래프를 `polarplot` 함수를 사용해 그려라. `polarplot` 함수는 각도와 반지름을 입력값으로 사용한다. `tiledlayout`과 `nexttile` 함수를 활용해 다음 4개의 그래프를 한 그림창에 그려라.

(a) $r = \sin^2(\theta) + \cos^2(\theta)$

(b) $r = \sin(\theta)$

(c) $r = e^{\theta/5}$

(d) $r = \sinh(\theta)$

5.16 실습문제 5.3에서는 몇 가지 재미있는 모양을 극좌표 그래프로 그려보았다. 이를 참고해서 다음 그래프를 그려라.

(a) 꽃잎이 3장인 '꽃'을 그려라.

(b) (a)의 꽃잎보다 크기가 절반인 꽃잎 8장을 (a)에서 그린 그림 위에 겹쳐 그려라.

(c) 하트 모양을 그려라.

(d) 꼭짓점이 6개인 별 모양을 그려라.

(e) 6각형을 그려라.

로그 그래프

5.17 이자를 복리로 계산할 때, 계좌의 잔액은 다음 방정식으로 표시된다.

$$P = P_0 e^{rt}$$

여기에서

P = 현재 계좌의 잔액

P_0 = 최초 투자액(원금)

r = 이율(1보다 작은 실수로 표시됨)

t = 투자 기간

원금 \$1000를 8%(0.08)의 이율로 30년간 투자했을 때 매년 연말의 계좌의 잔액을 구하라(표로 작성하라).

타일이 4개인 그래프를 그리고 x축을 시간 t, y축을 계좌의 잔액 P로 하라.

(a) 1사분면에는 선형 눈금으로 해 t에 따른 P의 그래프를 그려라.

(b) 2사분면에는 x축을 로그 눈금으로 해 t에 따른 P의 그래프를 그려라.

(c) 3사분면에는 y축을 로그 눈금으로 해 t에 따른 P의 그래프를 그려라.

(d) 4사분면에는 x, y축을 모두 로그 눈금으로 해 t에 따른 P의 그래프를 그려라.

4개의 그래프 중에 어떤 것이 데이터를 가장 보기 좋게 나타내고 있는가?

5.18 무어의 법칙[1965년 인텔(Intel)사의 고든 무어(Gordon Moore)가 관찰한 법칙]에 따르면 반도체 IC 안에 들어가는 1제곱인치당 트랜지스터의 개수가 대략 2년마다 2배로 증가한다. 18개월마다 2배로 증가한다고 예측하는 것이 무어의 법칙이라고 종종 말하기도 하는데 이는 잘못된 것이다. 무어의 한 동료는 트랜지스터의 개수 증가와 더불어 트랜지스터의 성능 역시 향상된다는 사실까지 참작하면 18개월마다 2배로 성능(performance)이 증가한다고 주장했다. 2005년은 이 법칙이 발표된 지 40년째 되는 해이다. 지난 40년간 무어의 예측은 계속해서 들어맞았다. 1965년 당시 기술로 1제곱인치당 집적할 수 있는 트랜지스터의 개수는 30개였다. 무어의 법칙에서 트랜지스터의 밀도 $d(t) = 30(2^{t/2})$으로 예측할 수 있다. 여기에서 t의 단위는 년(year)이다.

(a) $t = 0$인 시점을 1965년으로 하면 $t = 46$은 2011년을 나타낸다. 이 예측 모델을 사용해 1965~2011년까지 46년 동안의 기간에 대해 1제곱인치당 집적할 수 있는 트랜지스터의 개수를 계산하라. 이때 시간 t의 간격은 2년으로 하고 계산 결과를 열이 2개인 표로 나타내라. 1열은 연도로 하고, 2열은 트랜지스터의 개수로 하라.

(b) `tiledlayout`, `nexttile` 함수를 이용해 선형 x–y 그래프, 세미로그 x 그래프, 세미로그 y 그래프, 로그-로그 그래프를 그려라. 이때 그래프에 제목과 축 이름을 반드시 써넣어라.

5.19 표 P5.19에 최근 45년 동안 생산된 집적회로 속에 들어간 트랜지스터의 총개수를 수록했다. x축을 연도, y축을 실제 트랜지스터 개수로 하는 세미로그 y 그래프를 그려라. 이때 그래프를 선으로 그리지 말고 각 데이터 점이 원(circle)으로 표시되게 하라. 이어서 1971년을 시작으로 해 무어의 법칙으로 예측한 값을 나타내는 선을 그래프에 추가하라. 그래프에 범례를 추가하라.

표 P5.19 직접회로 속에 들어가는 트랜지스터 개수의 기하급수적 증가

프로세서	트랜지스터 개수	출시년도	제조사
Intel 4004	2300	1971	Intel
Intel 8008	2500	1972	Intel
Intel 8080	4500	1974	Intel
Intel 8088	29,000	1979	Intel
Intel 80286	134,000	1982	Intel
Intel 80386	275,000	1985	Intel
Intel 80486	1,200,000	1989	Intel
Pentium	3,100,000	1993	Intel
AMD K5	4,300,000	1996	AMD
Pentium II	7,500,000	1997	Intel
AMD K6	8,800,000	1997	AMD

표 P5.19 직접회로 속에 들어가는 트랜지스터 개수의 기하급수적 증가 (계속)

프로세서	트랜지스터 개수	출시년도	제조사
Pentium III	9,500,000	1999	Intel
AMD K6-III	21,300,000	1999	AMD
AMD K7	22,000,000	1999	AMD
Pentium 4	42,000,000	2000	Intel
Barton	54,300,000	2003	AMD
AMD K8	105,900,000	2003	AMD
Itanium 2	220,000,000	2003	Intel
Itanium 2 with 9MB cache	592,000,000	2004	Intel
Cell	241,000,000	2006	Sony/IBM/Toshiba
Core 2 Duo	291,000,000	2006	Intel
Core 2 Quad	582,000,000	2006	Intel
G80	681,000,000	2006	NVIDIA
POWER6	789,000,000	2007	IBM
Dual-Core Itanium 2	1,700,000,000	2006	Intel
Quad-Core Itanium Tukwila (processor)[1]	2,000,000,000	2008	Intel
8-Core Xeon Nehalem-EX	2,300,000,000	2010	Intel
10-Core Xeon Westmere-EX	2,600,000,000	2011	Intel
61-Core Xeon Phi	5,000,000,000	2012	Intel
18-Core Xeon Haswell-E5	5,560,000,000	2014	Intel
IBM z13 Storage Controller	7,100,000,000	2015	IBM
22-core Xeon Broadwell-E5	7,200,000,000	2016	Intel
SPARC M8	10,000,000,000	2017	Oracle
z15	9,200,000,000	2019	IBM
M1	16,000,000,000	2020	Apple

5.20 여러 가지 물리현상은 아레니우스 방정식으로 설명할 수 있다. 예를 들어 화학반응에서 반응속도를 다음 식으로 모델링할 수 있다.

$$k = k_0 e^{(-Q/RT)}$$

여기에서

k_0 = 화학반응에 따라 정해지는 상수
Q = 활성화 에너지(J/mol)
R = 이상기체 상수(J/mol K)
T = 절대온도(K)

어떤 화학반응에서 온도가 300~1000 K까지 변할 때, 상수 값은 다음과 같다.

$$Q = 1000\ \text{J/mol}$$
$$k_0 = 10\ \text{sec}^{-1}$$
$$R = 8.314\ \text{J/mol K}$$

k 값을 구하라. 계산 결과를 다음 두 가지 방식으로 그려 하나의 그림창에 함께 나타내라.

(a) x축을 T, y축을 k로 해 그려라.

(b) x축을 $1/T$, y축을 $\log_{10} k$로 해 그려라.

막대그래프, 파이 차트, 히스토그램

5.21 다음 벡터는 어떤 공학 과목의 기말시험 점수이다.

$$G = [68, 83, 61, 70, 75, 82, 57, 5, 76, 85, 62, 71, 96, 78, 76, 68, 72, 75, 83, 93]$$

타일을 사용해 4개의 그래프를 그려라.

(a) 매트랩을 사용해 데이터를 정렬하고 시험점수를 막대그래프로 그려라.

(b) `histogram` 함수를 사용해 시험점수를 히스토그램으로 그려라.

(c) 성적 평가 기준이 다음과 같이 5개의 구간으로 되어 있다.

A > 90~100

B > 80~90

C > 70~80

D > 60~70

F > 0~60

`histogram` 함수와 적절한 구간 범위 벡터를 사용해 학점 분포를 나타내는 히스토그램을 그려라.

(d) 데이터가 규준화되어 표시되도록 `countdensity` 옵션을 사용해 (c)를 다시 풀라.

5.22 연습문제 5.21에서 공학 과목의 각 학점에 해당하는 학생 수가 다음과 같다.

A가 2명

B가 4명

C가 8명

D가 4명

F가 2명

(a) `histcounts` 함수를 사용해 연습문제 5.21의 채점 방식에 따라 이 학점 분포에 해당하는 벡터를 `grades`라는 이름으로 만들라.

그러고 나서 `grades` 벡터를 파이 차트로 그려라. 각 학점(A, B, C …)을 범례로 표시하라.

(b) 그림창 메뉴에서 확인 가능한 텍스트 추가 옵션을 사용해 파이 그래프의 각 조각에 텍스트 상자를 추가하고, 해당 텍스트 상자에 성적을 표시하라. 그리고 이 그래프를 *.fig* 파일로 저장하라.

(c) 이 분포를 3차원 파이 차트로 그려라. 그래프에 범례를 추가하라.

5.23 미국 국립해양기상청(NOAA)에서는 미국 국립환경정보센터를 통해 기상정보를 일반인에게 제공하고 있다. 여러분은 자신이 살고 있는 곳이나 즐겨 찾는 휴양지의 기상정보를 이 기관에서 인터넷으로 입수할 수 있을 것이다(인터넷 검색을 통해 해당 기관의 웹사이트를 직접 찾아보기 바란다). 웹사이트에서 월별 강수량(precipitation)과 기온(temperature) 데이터가 연도별로 정리된 자료를 찾아 내려받으라. 여러분을 가르치는 강사가 올랜도국제공항(MCO)의 데이터가 저장된 엑셀 파일을 피어슨 출판사의 웹사이트로부터 입수해서 가지고 있는 경우에는 이 데이터 파일을 강사에게 요청해 사용하라. 이 파일의 데이터를 읽어들여 최고기온 데이터의 히스토그램을 그려라.

5.24 다음 표는 창고에서 매월 마지막 날에 조사한 어떤 나사의 재고량이다.

표 P5.24 연도별 나사 재고량

	2009년	2010년
1월	2345	2343
2월	4363	5766
3월	3212	4534
4월	4565	4719
5월	8776	3422
6월	7679	2200
7월	6532	3454
8월	2376	7865
9월	2238	6543
10월	4509	4508
11월	5643	2312
12월	1137	4566

이 데이터를 막대그래프로 그려라. 그래프에 적절한 범례와 제목을 붙여라.

5.25 평균 70, 표준편차 3.5인 정규분포(가우스 분포)를 가진 1000개의 값을 randn 함수를 사용해 만들라. 만든 데이터 집합을 사용해 히스토그램을 그려라.

y축이 2개인 그래프

5.26 연습문제 5.6~5.10에서 설명한 것처럼 시간에 따른 포탄의 이동거리는 다음 식으로 표시된다.

$$\text{horizontal}\ (t) = tV_0 \cos(\theta)$$
$$\text{vertical}\ (t) = tV_0 \sin(\theta) - \tfrac{1}{2} gt^2$$

0~20초까지 시간 t가 변할 때 수평 이동거리와 수직 이동거리를 계산하고 이를 한 그래프에 함께 그려라. 이때 2개의 y축을 사용해야 하며 두 y축에 반드시 이름을 써넣으라. 발사각도는 45도(=π/4 rad), 초기속도는 100 m/s로 가정한다. 중력가속도 g의 값은 9.8 m/s^{2}이다. 이때 두 y축에 반드시 이름을 써넣으라.

5.27 발사된 포탄의 수직 이동거리를 시간의 함수로 모델링하면 다음과 같다.

$$\text{vertical}\ (t) = tV_0 \sin(\theta) - 1/2\ gt^2$$

또한 수직 방향의 속도는 다음 식과 같다.

$$\text{velocity}\ (t) = V_0 \sin(\theta) - gt$$

시간 t를 0~20초 범위의 벡터로 만든 다음 수직 이동거리와 수직 방향 속도를 계산하라. 발사각도는 45도(=π/4 rad), 초기속도는 100 m/s로 가정한다. 두 개의 y축을 사용해 수직 이동거리와 수직 방향 속도를 한 그래프에 함께 그려라. 이때 두 y축에 반드시 이름을 써넣으라.

포탄이 수직 방향으로 최고점에 도달하면 그 점에서 속도는 0이 되어야 한다. 그래프는 이 예측과 일치하는가?

5.28 금속을 변형시키면 금속의 물리적인 성질이 변하는 경우가 많이 있다. 냉간가공(cold

work)이란 금속을 더 강하게 만들기 위해 의도적으로 변형을 시키는 것을 말한다. 표 P5.28은 냉간가공 비율을 다르게 할 때 어떤 금속의 강도와 연성을 정리한 것이다.

표 P5.28 어떤 금속에 대해 냉간가공 처리를 한 결과

냉간가공 비율(%)	항복 강도(MPa)	연성(%)
10	275	43
15	310	30
20	340	23
25	360	17
30	375	12
40	390	7
50	400	4
60	407	3
68	410	2

y축이 2개인 *x–y* 그래프에 이 데이터를 그려라. 이때 두 *y*축에 반드시 이름을 써넣으라.

3차원 선 그래프

5.29 0~20p의 범위에서 π/100씩 증가하는 벡터 x를 만들라. 또 벡터 *y*, *z*를 다음과 같이 정의하라.

$$y = x\sin(x)$$
$$z = x\cos(x)$$

(a) x, y를 *x–y* 그래프로 그려라.

(b) x, y를 극좌표 그래프로 그려라.

(c) x, y, z를 3차원 선 그래프로 그려라. 그래프에 제목과 축 이름을 반드시 추가하라.

5.30 연습문제 5.29에서 그래프의 모양을 그림 P5.30과 같이 토네이도와 비슷한 모습으로 만들려면 `plot3` 함수의 입력을 어떻게 조정해야 하는지 설명하라. 그래프 생성 시 `plot3` 대신 `comet3`를 사용하라.

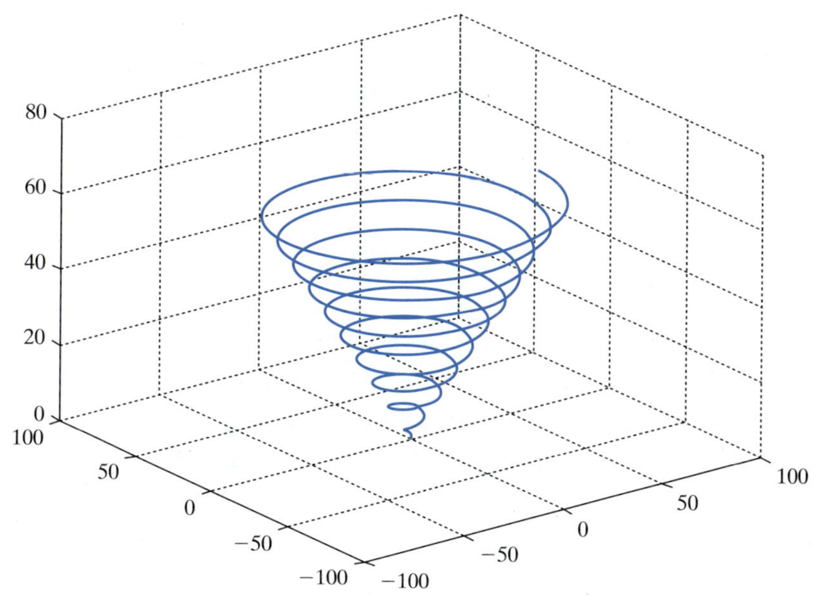

그림 P5.30
토네이도 형태의 그래프

3차원 면 그래프와 등치선 그래프

5.31 −5~+5의 범위에서 간격이 0.5인 x, y 벡터를 만들라. meshgrid 함수를 사용해 *x*, *y*를 새로운 2차원 행렬 X, Y로 만들라. 새로 만든 행렬을 이용해 다음 식으로 벡터 Z를 계산하라.

$$Z = \sin\left(\sqrt{X^2 + Y^2}\right)$$

(a) mesh 함수를 사용해 *Z*를 3차원 그래프로 그려라.

(b) surf 함수를 사용해 *Z*를 3차원 그래프로 그려라. 1개의 입력(*Z*)으로 얻은 그래프와 3개의 입력(*X*, *Y*, *Z*)을 사용해 얻은 그래프의 결과를 서로 비교하라.

(c) 면 그래프에 보간된 음영 방식을 적용하라. 이때 여러 가지 colormap를 사용하라.

(d) *Z*를 등치선 그래프로 그려라. clabel 함수를 사용해 등치선에 값이 표시되게 하라.

(e) *Z*의 면 그래프와 등치선 그래프가 함께 그려지도록 하라.

심화문제

5.32 연습문제 5.31에서는 모두 5개의 서로 다른 그래프를 그렸다. subplot을 사용해 처음 4개의 그래프를 직사각형 그리드에 배치하라. 이전 문제에서 했던 것처럼 구성하면 된다. 다섯 번째 그래프를 첫 4개의 그래프 위에 추가하고, 그 방법은 매트랩 도움말 기능을 참고하라.

```
doc tiledlayout
```

국제 흑점 수는 1848년 루돌프 볼프(Rudolf Wolf)가 처음 제안한 흑점 활동의 측정 방법이다. 때때로 볼프 수(Wolf number) 또는 취리히 수(Zurich number)라고도 하는데, 볼프가 스위스 취리히에서 일했기 때문이다. 기록된 역사적 관측에 근거해 이 수치는 1700년까지 거슬러 올라가 연간 값으로 계산되었다. 1818년부터는 일일 값도 존재한다. 흑점 활동을 측정하는 다른 방법도 있지만 이 방법이 가장 오래되었다.

매트랩에는 흑점 데이터 집합이 포함되어 있다. 이를 다운로드하려면 다음을 입력하라.

```
load sunspot
```

그러면 sunspot 변수가 작업공간에 생성된다. 1열은 연도, 2열은 국제 흑점 수를 나타낸다. 데이터에 *x*, *y*축 이름, 제목, 눈금을 포함해 그래프를 그려라.

데이터는 1987년까지 있다. 인터넷에서 검색해 다음을 수행하라.

(a) 현재까지의 데이터를 찾아서 시리즈를 완성하고, 기존 데이터 집합과 병합해 그래프를 다시 그려라.

(b) 흑점 활동을 측정하는 새로운 방법 중 하나를 기반으로 한 새로운 데이터 집합을 찾아 그래프를 생성하라.

(c) 어떤 작업을 하든 그래프에 적절한 주석을 추가해 설명을 덧붙이라.

(d) 흑점과 같은 주기적인 데이터는 푸리에 변환(Fourier transform)을 사용해 분석할 수 있다. 매트랩 도움말 기능을 사용해 흑점 예제를 검색하고, 제안된 절차를 따라 fft(고속 푸리에 변환) 함수를 이용해 흑점 데이터의 주기성을 확인하라.

6 사용자 정의 함수

학습목표

- 입력과 출력이 하나 또는 여러 개인 매트랩 함수를 스스로 만들고 사용한다.
- 본인의 함수를 도구상자에 저장하고 필요할 때 사용한다.
- 익명함수를 만들고 사용한다.
- 함수 핸들을 만들고 사용한다.
- 하위함수와 **중첩**(nest)된 하위함수를 만들고 사용한다.

서론

매트랩 프로그래밍 언어는 함수를 중심으로 구축되어 있다. **함수**(function)는 사용자로부터 입력 **인수**(argument)를 받아 프로그램에 출력을 제공하는 컴퓨터 코드를 말하며, 함수를 사용하면 반복적으로 수행되는 계산을 위해 코드를 다시 작성할 필요가 없기 때문에 효율적인 프로그래밍이 가능하다. 예를 들어 대부분의 컴퓨터 프로그램은 사인 값을 계산하는 함수를 포함하고 있으며, 매트랩의 경우 `sin`이 사인 값의 계산을 수행하는 일련의 명령을 호출하는 데 사용되는 **함수 이름**(function name)이다. 사용자가 `sin` 함수에 각도를 입력하면 매트랩이 결과를 출력한다. 사용자가 매트랩이 sin(x) 값을 계산하는 방법을 알 필요는 없다.

6.1 함수 파일 만들기

지금까지 많은 수의 매트랩 내장함수(built-in function)를 살펴보았지만, 본인의 프로그램에 일반적으로 사용되는 함수를 직접 정의하고 싶을 수도 있다. 사용자 정의 함수(user-defined function)는 스크립트(M-파일) 또는 라이브 스크립트(MLX-파일) 형태로 저장되며, 현재폴더 또는 매트랩 검색 **경로**(path)에 있는 경우 매트랩에서 이용할 수 있다. 검색 경로는 기본설정에서 정의되지만 사용자 설정을 통해 수정할 수 있다. 사용자 정의 함수가 단일 프로그램 파일의 외부에서 사용되지 않는 경우 스크립트 또는 라이브 스크립트의 가장 뒤에 저장할 수 있으며, 이러한 함수를 지역함수(local function)라고 한다. 지역함수는 같은 파일에 있는 다른 함수 또는 코드에서만 볼 수 있다.

6.1.1 규칙

핵심 개념
지역함수는 같은 파일 내의 다른 함수나 코드에서만 인식된다.

매트랩 내장함수와 사용자 정의 함수는 동일한 구조를 가지며, 이름, 사용자 제공 입력, 계산된 출력으로 구성된다. 예를 들어 다음 내장함수에서

```
cos(x)
```

- 함수의 이름은 cos이고
- 괄호 안에 사용자 입력을 받고(이 경우 x)
- 결과를 계산한다.

사용자는 수행되는 계산을 보지 않고 최종 결과만을 얻는다. 사용자 정의 함수도 같은 방식으로 동작한다. 여러분이 my_function이라는 함수를 만들었다고 가정하자. 명령창이나 프로그램에서 다음을 입력하면

```
my_function(x)
```

x가 정의되어 있고 함수의 정의가 논리에 맞게 작동하는 경우 결과를 출력한다.

각 함수의 첫 줄은 다음을 포함하는 함수-정의(function-definition) 줄로 구성된다.

핵심 개념
함수를 사용하면 더욱 효율적인 프로그래밍이 가능하다.

- function이라는 단어
- 함수 출력을 정의하는 변수
- 함수 이름
- 입력 인수에 사용되는 변수

예를 들어

```
function output = my_function(x)
```

는 my_function이라는 사용자 정의 함수의 첫 줄이다. 이 함수는 프로그램에서 x라고 부르는 하나의 입력 인수를 필요로 하며, output이라고 부르는 하나의 출력 인수를 계산한다. 여기에서 함수 이름과 입력 및 출력 인수의 이름은 사용자가 마음대로 정할 수 있다. 다음은 calculation이라는 함수에 적합한 첫 번째 줄의 예시이다.

```
function result = calculation(a)
```

이 경우 함수 이름은 calculation이고, 입력 인수는 함수 프로그램에서 수행되는 모든 계산에서 a로 부르며, 출력변수는 result라고 한다. 매트랩에서 유효한 이름은 무엇이든 사용할 수 있지만, 모든 변수와 함수 이름에 의미 있는 이름을 사용하는 것이 좋은 프로그래밍 습관이라고 할 수 있다.

HINT 매트랩에는 input이라는 내장함수가 있다. 따라서 함수 input과 '입력'을 뜻하는 단어 input을 혼동하지 않도록 주의해야 한다. 단어로 쓰이는 input(입력)은 입력 인수(input argument)를 가리키는 것으로 함수를 호출할 때 괄호 안에 넣어주는 값이다. 매트랩에서 입력 인수와 명령어인 input은 다른 것이니 잘 구별해야 한다. 명령어 input에 대해서는 후속 장에서 자세히 다룬다.

핵심 개념
함수는 입력을 받고, 계산을 수행하고, 출력을 제공하는 컴퓨터 코드이다.

다음은 특정 다항식의 값을 계산하는 매우 간단한 매트랩 함수의 예이다.

```
function output = poly(x)
% 이 함수는 3차 다항식의 값을 계산한다.
output = 3*x.^3 + 5*x.^2 - 2*x +1;
end
```

핵심 개념
항상 함수를 end 문으로 끝내는 것은 좋은 프로그래밍 습관이다.

함수 이름은 poly, 입력 인수는 x, 출력변수의 이름은 output이다. 함수의 마지막 줄은 항상 end 문이어야 한다. 이 조건은 별도의 스크립트나 라이브 스크립트로 저장되는 함수에는 엄격히 요구되지 않지만, 함수가 다른 프로그램의 끝에 저장되는 경우에는 필수이다.

별도의 파일로 저장된 함수

함수를 저장하는 방법은 여러 가지가 있으며, 우선 함수를 현재 **디렉터리**(directory)에 스크립트나 라이브 스크립트로 별도로 저장하는 방법을 소개한 다음 다른 방법을 살펴볼 것이다. 이 방법은 함수 그룹을 함께 저장하거나 필요에 따라 다른 프로그램에서 액세스하는 것을 가능하게 한다.

매트랩에서 함수를 찾을 수 있도록 **파일 이름**(file name)은 함수 이름과 동일해야 한다. 변수 이름을 지정하기 위한 모든 매트랩 명명 규칙은 사용자 정의 함수의 이름 지정에도 적용된다. 특히

- 함수 이름의 첫 글자는 문자여야 한다.
- 문자, 숫자, 밑줄을 사용할 수 있다.
- 매트랩에서 예약된 이름은 사용할 수 없다.
- 긴 이름은 좋은 프로그래밍 습관은 아니지만 길이에 제한은 없다.

핵심 개념
변수에 대한 표준 매트랩 명명 규칙을 사용해 함수 이름을 지정한다.

일단 함수가 저장되면 명령창, 스크립트, 라이브 스크립트, 다른 함수에서 저장한 함수를 사용할 수 있다. 하지만 저장한 함수 내에서 자체적으로 직접 실행하는 것은 불가능하다. 이는 함수를 호출할 때까지 입력 매개변수가 정의되지 않았기 때문이다. 앞에서 만든 poly 함수를 사용해보자. 명령창에 다음을 입력하면

```
poly(4)
```

매트랩이 다음을 출력한다.

```
ans =
       265
```

다음에서 보듯이 a를 4로 하고 a를 입력 인수로 사용하면 같은 결과를 얻을 수 있다.

```
a = 4;
poly(a)
ans =
      265
```

다음과 같이 입력을 벡터로 하면 결과도 벡터로 나온다.

```
y = 1:5;
poly(y)
ans =
       7    41    121    265    491
```

하지만 함수 메뉴표시줄에서 'Save-and-Run' 아이콘을 선택해 poly 함수를 실행하면 다음과 같은 오류 메시지가 표시된다.

```
Not enough input arguments.
Error in poly (line 3)
output = 3*x.^3 + 5*x.^2 - 2*x +1;
```

함수를 실행하기 위해서는 입력 인수의 값이 함수에 전달되어야 한다.

큰 프로그램의 일부로 저장된 함수

함수가 단일 프로그램에서만 사용되는 경우 별도의 함수 파일을 생성하는 것보다 해당 프로그램 내부에 저장하는 것이 더 합리적이다. 이렇게 하면 모듈식 프로그래밍 전략이 용이해지고 코드의 모든 '조각'이 한곳에 보관된다. 이때 함수는 프로그램 파일의 끝에 저장되어야 하며 각 함수는 end 문으로 끝나야 한다.

실습문제 6.1의 처음 세 문제가 이 전략의 좋은 활용 예이다. 생성한 함수를 재사용할 필요는 없지만, 그다음 이어지는 5개의 실습문제에서 일반적인 변환에 대한 함수를 만들 때 다시 활용할 수 있다. 따라서 다른 프로젝트에서 사용할 수 있는 별도의 파일에 저장하는 것이 합리적이다.

HINT 함수를 만드는 도중에는 중간 계산 결과를 명령창에 출력해보는 것이 잘못된 부분을 찾고 수정하는 데 도움이 되기도 한다. 하지만 '디버깅'을 완료한 이후에는 이러한 중간 결과가 표시되지 않게 해 필요 없는 정보가 명령창에 나타나는 것을 막도록 한다.

핵심 개념
함수에서 수행되는 중간 계산 결과를 출력하지 않는다.

실습문제 6.1

다음 수학함수의 값을 계산하는 매트랩 함수를 만들고(이때 함수 이름은 의미 있게 정하라) 이를 검사하라. 함수가 제대로 만들어졌는지 검사하기 위해 명령창이나 스크립트 또는 라이브 스크립트에서 함수를 호출하라. 각 함수는 별도의 파일로 만들거나 스크립트 또는 라이브 스크립트로 매트랩 프로그램 파일의 가장 뒤에 저장하라. 정답은 피어슨 출판사의 웹사이트 https://www.pearsonhighered.com/moore에서 확인할 수 있다.

1. $y(x) = x^2$
2. $y(x) = e^{1/x}$
3. $y(x) = \sin(x^2)$

다음 단위 변환을 계산하는 매트랩 함수를 만들라(적절한 변환계수는 교과서나 인터넷 참조). 함수가 제대로 만들어졌는지 검사하기 위해 명령창이나 매트랩 프로그램을 사용하라.

1. 인치(inch)에서 피트(feet)로
2. 칼로리(calory)에서 줄(joule)로
3. 와트(watt)에서 BTU/hr로
4. 미터(meter)에서 마일(mile)로
5. mph(mile per hour)에서 ft/s로

예제 6.1

각도를 라디안으로 변환하기

엔지니어는 일반적으로 도(degree) 단위를 사용해 각도를 측정하지만, 대부분의 컴퓨터 프로그램이나 계산기는 삼각함수를 계산할 때 각도를 라디안(radian) 단위로 입력해야 한다. 각도를 라디안으로 변환하는 DR 함수와 라디안을 각도로 변환하는 RD 함수를 각각 만들고 동작을 확인하라. 함수는 스칼라와 배열 입력을 모두 받아들일 수 있어야 한다. 이러한 함수를 자주 사용할 수 있으므로 별도의 스크립트 M-파일이나 라이브 스크립트 MLX-파일로 저장하라.

1. 문제를 명확히 나타낸다.
   각도를 라디안으로 변환하는 DR 함수와 라디안을 각도로 변환하는 RD 함수를 각각 만들고 동작을 테스트한다.

2. 입력과 출력을 표시한다.
   입력 각도 값(벡터)
   라디안 값(벡터)
   출력 각도를 라디안으로 변환하는 표
   라디안을 각도로 변환하는 표

3. 손이나 계산기로 문제를 미리 풀어본다.

$$\text{각도} = \text{라디안} \times 180/\pi$$
$$\text{라디안} = \text{각도} \times \pi/180$$

각도-라디안 변환	
각도	라디안
0	0
30	$30(\pi/180) = \pi/6 = 0.524$
60	$60(\pi/180) = \pi/3 = 1.047$
90	$90(\pi/180) = \pi/2 = 1.571$

4. 매트랩으로 문제를 푼다. 여기에서는 스크립트 M-파일을 선택했지만 어느 경우이든 매트랩 코드는 동일하다.

```
%% 예제 6.1
clear, clc
% 각도 값의 벡터를 정의한다.
degrees = 0:15:180;
%% DR 함수를 호출하고 라디안을 찾는다.
radians = DR(degrees);
% 출력에 사용할 배열을 생성한다.
degrees_radians = [degrees;radians]'
% 라디안 값의 벡터를 정의한다.
radians = 0:pi/12:pi;
%% RD 함수를 호출하고 라디안을 찾는다.
degrees = RD(radians);
radians_degees = [radians;degrees]'
```

다음은 프로그램에서 호출하는 함수이다.

```
function output = DR(x)
% 각도를 라디안으로 변환하는 함수이다.
output=x*pi/180;
end
```

그리고

```
function output=RD(x)
% 라디안을 각도로 변환하는 함수이다.
output = x*180/pi;
end
```

스크립트가 함수를 찾으려면 함수가 현재 **폴더**(folder)에 있어야 하며, 함수가 스크립트 또는 라이브 스크립트로 저장되었는지에 따라 *DR.m*과 *RD.m* 또는 *DR.mlx*와 *RD.mlx*라는 이름을 지정해야 한다. 스크립트인지 라이브 스크립트인지에 관계없이 두 가지 형태 모두 매트랩 프로그램에서 호출할 수 있으며 다음과 같은 결과를 명령창에 출력한다.

```
degrees_radians =
    0      0.000
    15     0.262
    30     0.524
    45     0.785
    60     1.047
    75     1.309
    90     1.571
    105    1.833
    120    2.094
    135    2.356
    150    2.618
    165    2.880
    180    3.142

radians_degrees =
    0.000      0.000
    0.262     15.000
    0.524     30.000
    0.785     45.000
    1.047     60.000
    1.309     75.000
```

```
1.571      90.000
1.833     105.000
2.094     120.000
2.356     135.000
2.618     150.000
2.880     165.000
3.142     180.000
```

5. 풀이를 검사한다.
   매트랩 결과를 직접 계산한 결과와 비교한다. 출력이 배열 형태이므로 두 결과가 일치하는지 쉽게 확인할 수 있다.

예제 6.2

ASTM 입자 크기

금속은 결정(crystal)이며 광택이 나는 금속 조각을 현미경으로 보면 그림 6.1과 같이 그 구조를 선명하게 알 수 있다. 금속공학에서 결정은 입자(grain)라고 부르며 각기 다른 크기와 모양을 하고 있다. 입자의 크기는 금속의 강도에 영향을 주는데 입자가 조밀할수록 금속이 더 강하다.

그림 6.1
철의 미세구조(Sheri Neva/Image Source/Alamy Stock Photo)

금속의 '평균' 입자 크기를 결정하는 것은 쉽지 않으므로 ASTM(American Society for Testing Materials, 미국재료시험협회)에서는 다음과 같은 표준 방법을 마련했다. 우선 금속 샘플을 현미경으로 100배 확대한 뒤 1제곱인치(in^2)의 면적에 포함된 입자의 수를 세어 다음 식에 대입한다.

$$N = 2^{n-1}$$

여기에서 n은 ASTM 입자 크기이고 N은 100배에서 제곱인치당 입자 수이다. 이 식을 n에 대해 풀면 다음 식으로 정리할 수 있다.

$$n = \frac{(\log(N) + \log(2))}{\log(2)}$$

이 식은 사용하기에 어렵지는 않지만 실제 계산은 다소 번거로우므로 매트랩으로 `grain_size`라는 함수를 만들어 계산하라. 이 함수는 앞으로 여러 프로그램에서 사용되므로 별도의 파일에 저장하라.

1. 문제를 명확히 나타낸다.
   금속 조각의 ASTM 입자 크기를 확인하기 위해 `grain_size`라는 함수를 만들고 테스트한다.

2. 입력과 출력을 표시한다.
   함수를 검사하기 위해 임의의 입자 수를 선택한다. 예를 들면 다음과 같다.
   입력 16개/in^2
   출력 ASTM 입자 크기

3. 손이나 계산기로 문제를 미리 풀어본다.

$$n = \frac{(\log(N) + \log(2))}{\log(2)}$$

$$n = \frac{(\log(16) + \log(2))}{\log(2)} = 5$$

4. 매트랩으로 문제를 푼다.
별도의 파일에 생성한 함수는 다음과 같고,

```
function output = grain_size(N)
% ASTM 입자 크기 n을 계산한다.
output = (log10(N) + log10(2))./log10(2);
end
```

현재폴더에 *grain_size.m*으로 저장한다. 이 함수를 사용하려면 명령창에서 다음과 같이 호출한다.

```
grain_size(16)
ans =
      5
```

5. 풀이를 검사한다.
매트랩 결과가 손으로 계산한 결과와 일치한다. 추가적으로 이 함수를 활용하면 ASTM 입자 크기가 제곱인치당 입자 수에 따라 어떻게 달라지는지 쉽게 확인할 수 있다. 다음과 같이 입력 값으로 배열을 사용하고 결과를 그래프로 나타내면 그림 6.2와 같다.

```
%% 예제 6.2
% ASTM 입자 크기
N = 1:100;
n = grain_size(N);
plot(N,n)
```

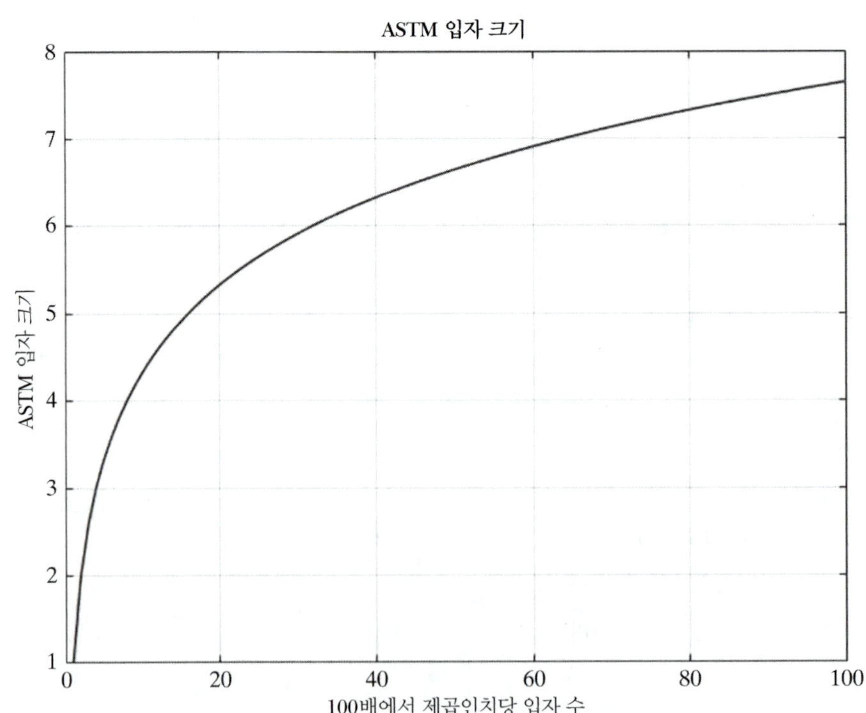

그림 6.2
함수를 그래프로 그려보는 것은 함수를 올바르게 만들었는지 살펴보는 좋은 방법이다.

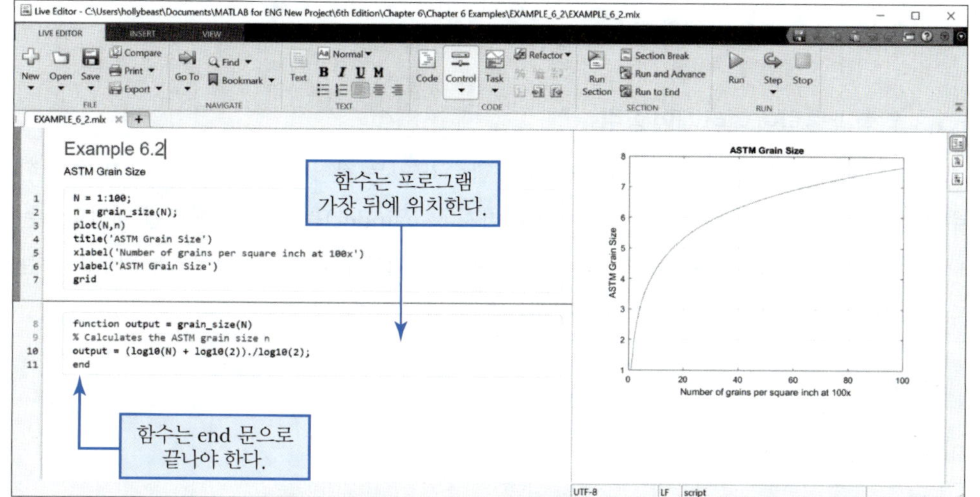

그림 6.3
함수가 프로그램 파일에 저장되면 해당 프로그램 내부에서만 사용할 수 있다.

```
title("ASTM 입자 크기")
xlabel("100배에서 제곱인치당 입자 수")
ylabel("ASTM 입자 크기")
grid
```

예상대로 제곱인치당 입자 수가 증가함에 따라 입자 크기가 커진다.

그림 6.3에서처럼 함수를 프로그램 파일의 끝에 지역함수로 저장하면 프로그램 내부에서의 함수 호출 외에는 사용할 수 없다. 이는 해당 함수가 프로그램 내부에서만 사용되도록 의도한 경우 문제가 되지 않는다. 중요한 점은 함수를 반드시 프로그램 파일의 끝에 저장하고, end 문으로 종료해야 한다는 것이다.

6.1.2 설명문

어떤 컴퓨터 프로그램을 작성하든 그것을 구성하고 있는 명령에 **설명문**(comment)을 달아 놓아야 프로그램을 쉽게 따라갈 수 있다. 매트랩 함수는 첫 번째 줄 바로 다음에 오는 설명문이 특별한 역할을 하게 되는데, 명령창에서 help 명령으로 함수에 대해 물어보면 이 설명문의 내용이 명령창에 표시된다. 예를 들어 다음과 같은 함수 f가 있다고 하자.

핵심 개념
도움말 기능을 사용하면 함수 설명문이 표시된다.

```
function results = f(x)
% 이 함수는 초를 분으로 변환한다.
results = x./60;
end
```

이때 명령창에서 다음과 같이 help 함수로 f 함수에 대해 물어보면

```
help f
```

다음 내용이 표시된다.

```
이 함수는 초를 분으로 변환한다.
```

6.1.3 입력과 출력이 여러 개인 함수

매트랩 내장함수 중 입력과 출력이 여러 개인 함수가 있는 것처럼 더 복잡한 사용자 정의 함수를 작성하는 것도 가능하다. 예를 들어 나머지(remainder)를 구하는 매트랩 내장함수는 나눗셈 문제에서 나머지를 계산한다. 이때 사용자는 피제수(나누어지는 수)와 제수(나누는 수)를 입력해야 한다. 5/3의 나머지를 구하는 명령어는

```
rem(5,3)
```

이며, 결과는 다음과 같다.

```
ans =
     2
```

이와 비슷한 방식으로 두 벡터의 원소끼리 서로 곱셈을 수행하는 사용자 정의 함수를 만들면 다음과 같다.

```
function output = g(x,y)
% 이 함수는 두 행렬 x, y의 원소끼리 곱셈을 수행한다.
% 행렬 x, y는 크기가 서로 같아야 한다.
a = x.*y;
output = a;
end
```

x, y를 명령창에서 정의하고 함수 g를 수행하면 출력 벡터가 표시된다.

```
x = 1:5;
y = 5:9;
g(x,y)
ans =
      5    12    21    32    45
```

함수에 설명문을 작성해서 사용자에게 어떤 입력이 필요하고 함수의 기능은 무엇인지 알려줄 수 있다. 이 예에서는 중간에 곱셈을 수행한 결과가 a라는 변수에 할당되었지만 함수의 출력은 output이라는 변수뿐이다. 이 출력 값은 여러 숫자로 이루어진 행렬이 될 수도 있지만 여전히 하나의 변수이다.

출력변수가 여러 개인 함수를 만드는 것도 가능하다. 많은 수의 매트랩 내장함수가 여러 개의 변수를 출력한다. 예를 들어 max 함수는 행렬을 구성하는 원소 중 가장 큰 값과 그 값의 위치를 출력한다. 사용자 정의 함수로 같은 결과를 얻기 위해서는 다음과 같이 출력을 단일 변수 대신 여러 변수로 이루어진 행렬로 구성해야 한다.

```
function [dist, vel, accel] = motion(t)
% 이 함수는 모든 변수의 초깃값이 0이라고 가정한 뒤
% 주어진 t 값에 대한 특정 차량의 거리, 속도, 가속도를 계산한다.
accel = 0.5.*t;
vel = t.^2/4;
dist = t.^3/12;
end
```

이 함수를 **motion.m**이라는 파일로 현재 디렉터리에 저장해놓으면 특정 시간에서의 거리(distance), 속도(velocity), 가속도(acceleration) 값의 계산에 사용할 수 있다.

```
[distance, velocity, acceleration] = motion(10)
distance =
      83.33
velocity =
      25
acceleration =
      5
```

만약 motion 함수를 호출할 때 3개의 출력변수를 모두 지정하지 않으면 첫 번째 변수만 출력된다.

```
motion(10)
ans =
       83.3333
```

매트랩의 모든 변수는 행렬이므로 이 예에서는 원소끼리 곱셈을 수행하는 .* 연산자를 사용하는 것이 중요하다. 예를 들어 다음과 같이 motion 함수에서 0~30 범위의 시간 벡터를 사용하면

```
time = 0:10:30;
[distance, velocity, acceleration] = motion(time)
```

3개의 벡터를 출력한다.

```
distance =
      0  83.333  666.67  2250
velocity =
      0  25  100  225
acceleration =
      0  5  10  15
```

다음과 같이 3개의 벡터를 하나로 묶으면

```
results = [time',distance',velocity',acceleration']
```

결과를 더욱 쉽게 살펴볼 수 있다.

```
results =
       0       0        0      0
      10      83.333   25      5
      20     666.67   100     10
      30    2250      225     15
```

time, distance, velocity, acceleration은 모두 행벡터이므로 전치(transpose) 연산자(')를 사용해 열벡터로 변환했다.

실습문제 6.2

다음 간단한 수학함수의 값을 계산하는 매트랩 함수를 만들고 확인하라. 이때 함수의 입력 벡터는 여러 개이고 출력 벡터는 1개이며 모든 행렬의 크기가 같다고 가정한다. 이 함수는 다른 프로그램에서 사용되지 않으므로 스크립트 또는 라이브 스크립트 프로그램 파일의 뒤에 저장하라. 이 경우 함수는 모두 지역함수(local function)가 된다. 정답은 피어슨 출판사의 웹사이트 https://www.pearsonhighered.com/moore에서 확인할 수 있다.

1. $z(x, y) = x + y$
2. $z(a, b, c) = ab^c$
3. $z(w, x, y) = we^{(x/y)}$
4. $z(p, t) = p/\sin(t)$

다음 간단한 수학함수의 값을 계산하는 매트랩 함수를 만들고 확인하라. 이때 함수의 입력 벡터는 1개이고 출력 벡터는 여러 개이며 모든 행렬의 크기가 같다고 가정한다.

5. $f(x) = \cos(x)$
   $f(x) = \sin(x)$
6. $f(x) = 5x^2 + 2$
   $f(x) = \sqrt{5x^2 + 2}$
7. $f(x) = \exp(x)$
   $f(x) = \ln(x)$

다음 간단한 수학함수의 값을 계산하는 매트랩 함수를 만들고 확인하라. 이때 함수의 입력 벡터와 출력백터가 모두 여러 개이고 모든 행렬의 크기가 같다고 가정한다.

8. $f(x, y) = x + y$
   $f(x, y) = x - y$
9. $f(x, y) = ye^x$
   $f(x, y) = xe^y$

예제 6.3

금속의 입자 크기와 강도 사이의 관계: 입력이 3개인 함수

작은 입자(결정)로 이루어진 금속은 큰 입자로 된 금속보다 강하다. 금속의 항복강도(yield strength, 금속에 영구적인 변형을 일으키는 힘의 세기)와 평균 입자지름 사이의 관계는 다음의 홀-페치 방정식(Hall-Petch equation)으로 표현된다.

$$\sigma = \sigma_0 + Kd^{-1/2}$$

여기에서 σ_0, K는 금속의 상수 값이다.

3개의 입력 σ_0, K, d를 받아 항복강도를 계산하고 출력하는 `HallPetch` 함수를 만들라. 또 이 함수를 이용해 σ_0, K 값이 주어질 때 0.1~10 mm 범위의 d 값에 대해 항복강도의 변화를 그래프로 나타내라.

1. 문제를 명확히 나타낸다.
   홀-페치 방정식을 사용해 금속의 항복강도를 계산하는 `HallPetch` 함수를 만들고 이 함수를 이용해 입자지름의 변화에 대한 항복강도 그래프를 그린다.

2. 입력과 출력을 표시한다.
   입력 $K = 9600 \text{ psi} \sqrt{\text{mm}}$
   $\sigma = 12{,}000 \text{ psi}$
   $d = 0.1\text{~}10 \text{ mm}$
   출력 입자지름에 대한 항복강도 그래프

3. 손이나 계산기로 문제를 미리 풀어본다.
   홀-페치 방정식은 다음과 같다.

$$\sigma = \sigma_0 + Kd^{-1/2}$$

   위 식에 $K = 9600 \text{ psi} \sqrt{\text{mm}}$와 $\sigma_0 = 12{,}000$ psi를 대입하면 다음과 같다.

$$\sigma = 12{,}000 + 9600\text{d}^{-1/2}$$

   $d = 1$ mm일 때, 다음과 같이 된다.

$$\sigma = 12{,}000 + 9600 = 21{,}600 \text{ psi}$$

4. 매트랩으로 문제를 푼다.
   이 예제에서는 함수를 라이브 스크립트로 저장했지만, 함수의 형태는 중요하지 않다. 형태와 관계없이 매트랩 코드는 동일하다.

```
function output = HallPetch(sigma0,k,d)
% 금속의 항복강도를 계산하는 홀-페치 방정식
output = sigma0 + K*d.^(-0.5);
end
```

   이 함수는 이후에 여러 프로그램에서 사용될 것이므로 별도의 함수 파일로 만들며 함수는 현재 폴더에 *HallPetch.mlx*로 저장된다.

   함수가 생성되면 매트랩 프로그램을 사용해 함수를 호출하고 그래프를 그린다.

```
%% 예제 6.3
clear, clc
s0 = 12000; K = 9600 ;
% 입자 직경 값을 정의한다.
diameter = 0.1:0.1:10;
yield = HallPetch(s0,K,diameter);
% 결과 그래프를 그린다.
```

```
figure(1)
plot(diameter,yield)
title("홀-페치 방정식에 의한 항복강도")
xlabel("지름, mm"),ylabel("항복강도, psi")
```

프로그램을 실행해 그림 6.4와 같은 그래프를 얻을 수 있다.

5. 풀이를 검사한다.
그래프의 결과를 직접 계산한 결과와 비교한다.

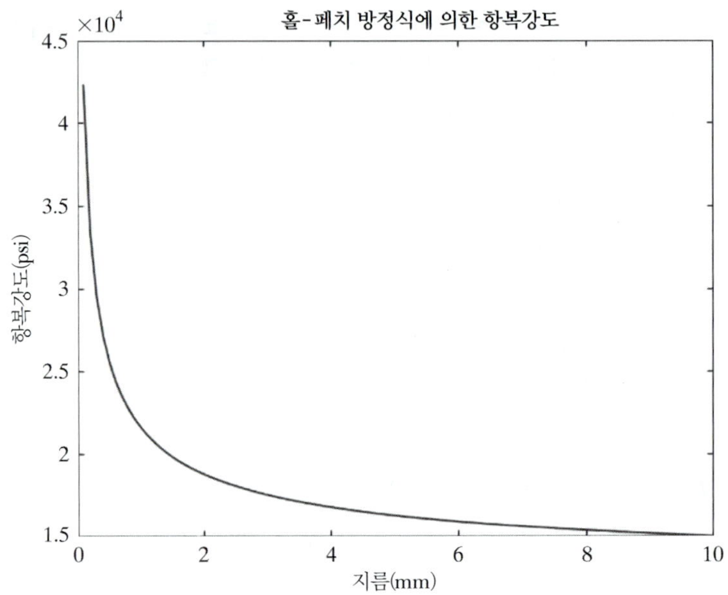

그림 6.4
홀-페치 방정식으로 예상한 항복강도. 입자의 지름이 작을수록 항복강도가 크다.

예제 6.4

운동에너지: 입력이 2개인 함수

그림 6.5와 같이 운동하는 물체의 운동에너지(kinetic energy, KE)는 다음과 같다.

$$KE = 1/2\ mv^2$$

차량의 질량 m, 속도 v가 주어질 때, 달리는 자동차의 운동에너지를 계산하는 함수 KE를 만들고 동작을 확인하라.

그림 6.5
경주용 차량은 매우 큰 운동에너지를 가진다(Alex Zanardi in Target/Ganassi Car./Getty Images)(Alexey Kuznetsov/123RF).

1. 문제를 명확히 나타낸다.
차량의 운동에너지를 계산하는 함수 KE를 만든다.

2. 입력과 출력을 표시한다.
입력 차량의 질량 m(단위: kg)
차량의 속도 v(단위: m/s)
출력 운동에너지 KE(단위: joule)

3. 손이나 계산기로 문제를 미리 풀어본다.
질량이 1000 kg, 속도가 25 m/s인 경우, 다음과 같다.

$$KE = \frac{1}{2} \times 1000 \text{ kg} \times (25 \text{ m/s})^2 = 312{,}500 \text{ J} = 312.5 \text{ kJ}$$

4. 매트랩으로 문제를 푼다.
   이 함수는 여러 프로그램에서 사용되지 않으므로 별도의 프로그램 파일을 만들지 않고 테스트 프로그램의 뒤에 간단하게 위치시킨다.

```
function output = ke(mass,velocity)
output = 1/2*mass*velocity.^2;
end
```

5. 풀이를 검사한다.
   이 함수는 간단하고 여러 프로그램에서 사용되지 않으므로 스크립트나 라이브 스크립트 끝의 필요한 부분에 저장한다.

```
%% 예제 6.4
```

   테스트 입력은 다음과 같이 정의한다.

```
v = 25; % m/s
m = 1000; % kg
kinetic_energy = ke(m,v)
```

   함수는 다음과 같다.

```
function output = ke(mass,velocity)
output = 1/2*mass*velocity.^2;
end
```

   이 결과는 직접 계산한 결과와 일치하며 함수가 올바르게 작동함을 확인할 수 있다.

6.1.4 입력이나 출력이 없는 함수

대부분의 함수는 적어도 하나의 입력이 필요하며 하나의 값을 출력하지만 경우에 따라서 입력과 출력 값이 없는 경우가 있다. 예를 들어 극좌표에서 별 모양의 도형을 그려주는 함수를 살펴보자.

```
function [] = star( )
theta = pi/2:0.8*pi:4.8*pi;
r = ones(1,6);
polarplot(theta,r)
end
```

첫 번째 줄의 빈 대괄호 []는 이 함수가 아무런 값도 출력하지 않음을 나타내고, 빈 소괄호 ()는 입력이 없음을 나타낸다. 만약 명령창에

```
star
```

를 입력하면 아무런 값도 출력되지 않지만, 그림 6.6(a)와 같이 극좌표에 별 모양의 도형이 그려진 그림창이 열린다. 함수 정의에

```
axis off
```

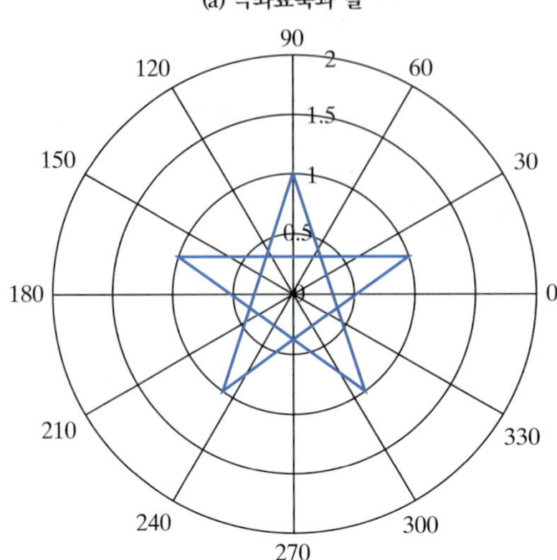

그림 6.6
사용자 정의 함수 star는 아무런 입력도 필요하지 않으며 어떤 값도 출력하지 않지만, 극좌표에 별을 그린다. (a) 극좌표축에 그린 그래프, (b) axis off 명령을 실행해 좌표축이 없어진 상태에서 그린 그래프

핵심 개념
모든 함수가 입력이 필요한 건 아니다.

를 추가하면 그림 6.6(b)와 같이 그리드가 제거된다.

매트랩 내장함수 중에는 입력이 필요 없는 것이 많이 있다. 예를 들어

```
A = clock
```

을 실행하면 다음과 같이 현재 시각이 출력된다.

```
A =
Columns 1 through 4
 2021     6     9    16
Columns 5 through 6
 18     4.122
```

위와 같이 출력되지 않는다면 형식을 shortg로 바꿔보라.

```
format shortg
```

또한

```
A = pi
```

는 다음과 같이 상수 π 값을 출력한다.

```
A =
   3.1416
```

HINT star 함수가 별을 그리고 있으므로 정말 아무런 출력을 하지 않는 함수인지 의문이 들 수도 있다. 하지만 함수의 출력은 함수를 호출할 때 반환되는 값으로 정의된다. 매트랩에서 다음 명령

```
A = star
```

를 실행하면 에러 메세지가 나오는데, 이것은 star 함수가 아무런 값도 출력하지 않기 때문이다. 즉 A에 할당할 값이 없는 것이다.

6.1.5 입력 인수와 출력 인수의 개수 구하기

함수를 사용하다 보면 그 함수가 가진 입력 인수나 출력 값의 개수를 알고 싶을 때가 있다. 매트랩은 이때 사용할 수 있는 2개의 내장함수를 제공한다.

핵심 개념
nargin 또는 nargout 함수를 사용하면 가변적인 입력과 출력을 가진 함수를 프로그래밍할 때 유용하다.

nargin 함수는 사용자 정의 함수 또는 내장함수에서 입력 인수의 개수를 구한다. 이 함수를 사용할 때에는 다음과 같이 입력 함수의 이름을 문자열로 지정해주거나

```
nargin("sin")
ans =
     1
```

함수 핸들(function handle)로 지정할 수 있다. 함수 핸들에 대해서는 이 장의 뒤에서 자세히 다룬다. 또 다른 함수인 rem은 2개의 입력을 필요로 하므로 다음과 같은 결과를 얻는다.

```
nargin("rem")
ans =
     2
```

어떤 사용자 정의 함수 내부에서 nargin 함수를 사용하면 그 함수에 실제로 입력된 입력 인수의 개수를 알려준다. 이것을 이용하면 입력 인수의 개수가 가변적인 함수를 만들 수 있다. 그래프 함수인 surf를 생각해보자. surf에 행렬을 1개 입력하면 행렬의 인덱스 번호를 x, y 좌표로 사용해 그래프를 그린다. x, y, z의 세 가지 입력이 있는 경우 그래프는 지정된 x, y 값을 기반으로 한다. 이처럼 nargin 함수를 사용하면 입력 인수의 개수에 따라 그래프를 만드는 방법을 결정할 수 있다.

핵심 개념
텍스트를 허용하는 대부분의 매트랩 함수의 입력은 문자 배열이거나 문자열 배열일 수 있다. 즉 작은따옴표나 큰따옴표를 사용할 수 있다.

surf 함수는 입력 인수의 개수가 가변적인 함수의 예이다. 명령창에서 nargin을 사용해 입력 인수의 개수를 구하는 경우 정답은 하나가 아니기 때문에 다음과 같이 음수를 출력해 입력 인수의 개수가 어느 하나로 고정된 것이 아님을 알려준다.

```
nargin("surf")
ans =
    -1
```

nargin과 비슷한 nargout 함수는 함수가 가진 출력의 개수를 구한다.

```
nargout("sin")
ans =
     1
```

출력 개수는 행렬에 들어 있는 원소의 개수가 아니라 함수가 내보내는 행렬의 개수를 의미한다. size 함수는 행렬이 가진 행과 열의 수를 반환하는 함수이므로 이 함수에 nargout

을 사용하면 2가 반환될 것으로 예상할 수 있다. 그러나

```
nargout("size")
ans =
     1
```

과 같은 값을 반환하는데, 이것은 size 함수가 2개의 원소만 있는 하나의 배열을 반환하기 때문이다.

```
x = 1:10;
size(x)
ans =
     1 10
```

출력이 여러 개인 max 함수에 적용하면 다음과 같다.

```
nargout("max")
ans =
     2
```

사용자 정의 함수 내에서 nargout을 사용하면 사용자가 요청한 출력의 개수를 알려준다. 다음 예를 살펴보자. 이 함수는 6.1.4절에서 다룬 별을 그리는 함수를 변형한 것이다.

```
function A = star1( )
theta = pi/2:0.8*pi:4.8*pi;
r = ones(1,6);
polarplot(theta,r)
axis off
if nargout==1
    A = "Twinkle twinkle little star";
end
end
```

명령창에서 nargout을 사용하면 출력의 개수가 하나임을 알려준다.

```
nargout("star1")
ans =
     1
```

그렇지만 다음과 같이 단순히 함수의 이름을 타이핑하면

```
star1
```

명령창에는 아무것도 출력되지 않고 그래프만 그려진다. 다음과 같이 변수를 설정해 함수를 호출하면

```
x = star1
x =
   "Twinkle twinkle little star"
```

star1 함수 안의 if 문에서 nargout으로 출력변수의 개수를 구해 비교하므로 변수 x에 저장될 문자열을 내보내게 된다.

if 문에 대해서는 8장에서 자세히 다룬다.

6.1.6 지역변수

함수에서 사용되는 변수는 **지역변수**(local variable)이다. 따라서 함수가 작업공간과 데이터를 주고받을 수 있는 유일한 방법은 입력 인수와 반환되는 출력을 통해서이다. 함수 내에서 정의된 모든 변수는 함수를 사용하기 위해서만 존재한다. 예를 들어 이전에 설명한 함수 g를 생각해보자.

```
function output = g(x,y)
% 이 함수는 x와 y를 곱한다.
% x, y는 같은 크기의 행렬이어야 한다.
a = x.*y;
output = a;
end
```

여기에서 변수 a, x, y, output은 지역변수이다. 이 변수들은 g 함수 내에서 추가로 다른 계산에 사용할 수 있지만 작업공간에는 이 변수들의 값이 저장되지 않는다. 이를 확인하기 위해 작업공간과 명령창을 비운 다음 함수 g를 호출해보자.

핵심 개념
지역변수는 프로그램이나 함수 내부에서만 의미를 가진다.

```
clear, clc
g(10,20)
```

이 함수는 다음을 반환한다.

```
g(10,20)
ans =
    200
```

작업공간창을 살펴보면 다음과 같이 ans 변수 하나만 저장되어 있음을 알 수 있다.

Name	Value	Size	Bytes	Class
ans	200	1×1	8	double array

명령창이나 스크립트에서 계산을 수행할 때 함수에 정의된 변수를 이용할 수 없듯이 함수도 작업공간에 정의된 변수를 이용할 수 없다. 즉 함수는 완전히 독립적이고 외부와 차단된 공간이라는 뜻이다. 함수가 프로그램에서 정보를 얻을 수 있는 유일한 방법은 입력 인수를 통해서이고, 정보를 전달할 수 있는 유일한 방법은 함수 출력을 통해서이다.

중력으로 인해 물체가 떨어지는 거리를 구하는 함수를 살펴보자.

```
function result = distance(t)
% 이 함수는 중력으로 인해 떨어지는 물체의 이동거리를 계산한다.
g = 9.8 % 단위: 제곱초당 미터
```

```
result = 1/2*g*t.^2;
end
```

이 함수 안에서는 g의 값이 반드시 필요하다. 메인 프로그램에서 g가 사용되었는지 여부는 중요하지 않다. 그러나 g가 함수 내부에서 지정되지 않는 한 어떻게 정의되는지는 distance 함수에서 숨겨진다.

물론 g의 값을 입력 인수로 함수에 전달할 수도 있다.

```
function result = distance(g,t)
% 이 함수는 중력으로 인해 떨어지는 물체의 이동거리를 계산한다.
result = 1/2*g*t.^2;
end
```

HINT 동일한 행렬(변수) 이름은 함수와 그것을 참조하는 프로그램 모두에서 사용할 수 있다. 그러나 반드시 양쪽 행렬의 이름이 동일할 필요는 없다. 변수 이름은 함수나 함수를 호출하는 프로그램에서 모두 지역변수이므로 이름이 같더라도 서로 별개의 변수로 취급한다. 물론 초보 프로그래머라면 혼동하지 않기 위해 함수와 메인 프로그램에서 서로 다른 변수 이름을 사용하는 것이 현명한 선택이다.

6.1.7 전역변수

핵심 개념
일반적으로 전역변수를 정의하는 것은 좋지 않다.

전역변수(global variable)는 지역변수와 달리 컴퓨터 프로그램 전체에서 사용할 수 있는 변수이다. 일반적으로 전역변수를 정의해 사용하는 것은 **좋지 않다.** 매트랩은 전역변수 사용 시 명령창 환경(또는 프로그램 파일)과 전역변수를 사용하는 함수 모두에서 전역변수를 각각 선언해 사용자가 의도치 않게 이 변수를 사용하지 않도록 보호한다.

distance 함수를 다시 살펴보자.

```
function result = distance(t)
% 이 함수는 중력으로 인해 떨어지는 물체의 이동거리를 계산한다.
global G
result = 1/2*G*t.^2;
end
```

global 명령은 함수가 작업공간에서 G의 값을 찾아보도록 한다. G는 명령창(또는 프로그램 파일)에서도 전역변수로 정의되어 있어야 한다.

```
global G
G = 9.8;
```

이 방법을 사용하면 G 값을 바꾸고 싶을 때 distance 함수 안에서 G 값을 바꾸거나 G를 distance 함수의 입력 인수로 만들어주지 않아도 된다.

HINT 전역변수의 이름은 대문자를 사용하라. 물론 매트랩에서는 어느 문자를 사용하든 상관없지만 일관성 있는 방식을 사용해 이름을 붙이면 전역변수와 지역변수를 구별하기가 훨씬 쉬워진다.

HINT 전역변수를 사용하면 프로그램을 간소화할 수 있으므로 좋은 생각처럼 보일 수 있다. 그러나 일상생활에서 전역변수를 사용하는 예를 생각해보자. 온라인 서점에서 책을 주문하려고 할 때, 모든 판매자가 찾아볼 수 있는 사이트에 여러분의 신용카드 정보를 미리 올려놓는다면 책 주문 시 판매자가 카드 번호를 입력하라고 요청할 필요가 없기 때문에 훨씬 편리할 것이다. 그러나 이런 경우 의도치 않은 결과(예를 들어 다른 사람이 허락 없이 여러분의 신용카드를 사용하는 일)가 발생할 수 있다. 여러분이 전역변수를 만들면 다른 함수도 이를 사용할 수 있게 되고 해당 함수에서 값을 변경할 수 있기 때문에 때로는 의도치 않은 결과가 발생할 수 있다.

6.1.8 함수 코드 확인하기

매트랩에서 제공하는 함수는 두 가지 유형이 있다. 하나는 내장함수(built-in function)인데, 이러한 유형의 함수는 그 함수를 구성하는 코드를 검토할 수 없다. 다른 하나는 프로그램과 함께 제공되는 **도구상자**(toolbox)에 저장된 파일이다. 이러한 함수 파일(또는 사용자가 작성한 함수 파일)은 type 명령으로 코드를 볼 수 있다. 예를 들어 sphere 함수는 3차원으로 공(sphere)을 그려주는 함수이다. 따라서 다음 명령

```
type sphere
```

또는

```
type("sphere")
```

를 실행하면 다음과 같이 **sphere.m** 파일의 내용이 출력된다.

```
function [xx,yy,zz] = sphere(varargin)
% SPHERE Generate sphere.
%    [X,Y,Z] = SPHERE(N) generates three (N+1)-by-(N+1)
%    matrices so that SURF(X,Y,Z) produces a unit sphere.
%    [X,Y,Z] = SPHERE uses N = 20.
%    SPHERE(N) and just SPHERE graph the sphere as a SURFACE
%    and do not return anything.
%    SPHERE(AX, . . .) plots into AX instead of GCA.
%    See also ELLIPSOID, CYLINDER.
%    Clay M. Thompson 4-24-91, CBM 8-21-92.
%    Copyright 1984-2002 The MathWorks, Inc.
%    $Revision: 5.8.4.1 $ $Date: 2002/09/26 01:55:25 $
%    Parse possible Axes input
error(nargchk(0,2,nargin));
[cax,args,nargs] = axescheck(varargin{:});
```

```
n = 20;
if nargs > 0, n = args{1}; end
% -pi <= theta <= pi is a row vector.
% -pi/2 <= phi <= pi/2 is a column vector.
theta = (-n:2:n)/n*pi;
phi = (-n:2:n)'/n*pi/2;
cosphi = cos(phi); cosphi(1) = 0; cosphi(n+1) = 0;
sintheta = sin(theta); sintheta(1) = 0; sintheta(n+1) = 0;
x = cosphi*cos(theta);
y = cosphi*sintheta;
z = sin(phi)*ones(1,n+1);
if nargout == 0
   cax = newplot(cax);
   surf(x,y,z,'parent',cax)
else
   xx = x; yy = y; zz = z;
end
```

HINT sphere 함수는 varargin이 사용되고 있으므로 가변적인 입력 인수의 개수를 허용한다는 것을 알 수 있다. 이 함수는 또한 nargin 및 nargout 함수를 사용한다. 이 함수를 공부해두면 여러분이 직접 함수를 프로그래밍할 때 활용할 수 있을 것이다. 참고로 sphere 함수는 후속 장에서 소개하는 if/else 구조를 사용한다.

6.2 하위함수

하위함수는 단일 파일에 함수들을 그룹화해 만들 수 있으며 두 가지 접근 방식이 있다. 하나는 이미 해본 것처럼 하위함수를 매트랩 프로그램에 추가하는 것이다. 다른 접근 방식은 기본함수에서 여러 하위함수를 사용하는 것이다. 하위함수는 코드를 모듈화하고 주 코드를 읽기 쉽게 만드는 데 사용할 수 있다. 다만 하위함수는 주 파일에서만 사용할 수 있고 다른 프로그램에서는 사용할 수 없다는 단점이 있기 때문에 지역함수라고도 한다.

HINT 간단한 함수를 완전히 익힌 후 하위함수를 사용해 코드를 작성하는 것이 좋다.

핵심 개념
지역함수와 하위함수는 이름은 다르지만 같은 것을 나타낸다.

6.2.1 다른 함수에서 하위함수 사용하기

각 매트랩 함수에는 기본 함수가 하나 있으며 함수 파일의 이름은 기본함수 이름과 동일해야 한다. 따라서 *my_functioin.m*으로 저장된 기본함수는 `my_function`이어야 한다. 하위함수는 기본함수 뒤에 추가되며 매트랩의 모든 변수 이름을 가질 수 있다. 그림 6.7은 두 벡터를 더하고 빼는 매우 간단한 함수의 예를 보여준다. 기본함수의 이름은 `subfuction_demo`이다. 파일에는 `add`, `subtract`라는 2개의 하위함수가 포함되어 있다.

편집창에서 각 함수의 내용은 회색 괄호로 표시된다. 각 코드 섹션은 괄호에 포함된 + 또는 − 기호를 클릭해 내용을 더 쉽게 읽을 수 있도록 축소하거나 확장할 수 있다. 매트랩에

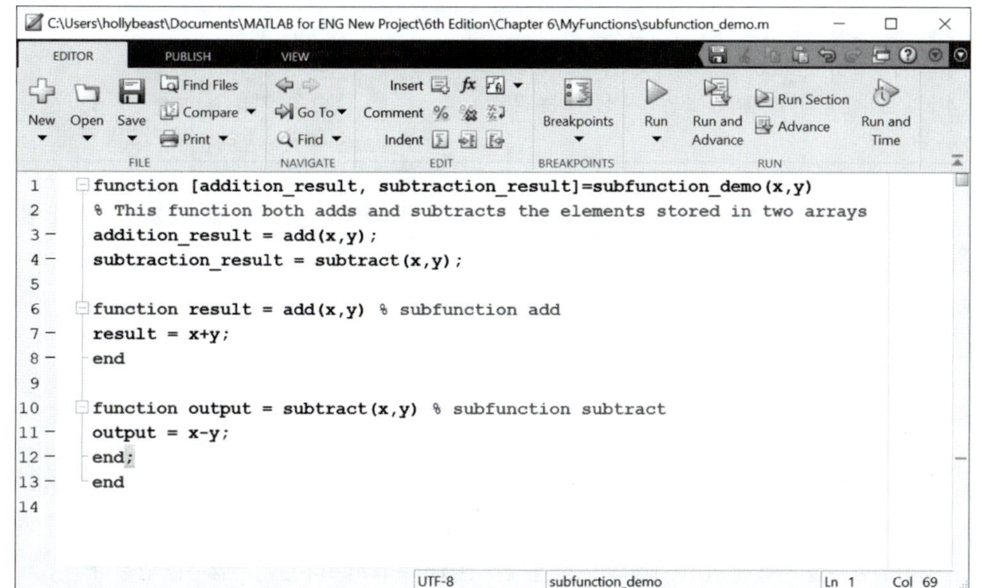

그림 6.7
매트랩은 사용자가 함수 내에 하위함수를 만들 수 있도록 한다. 이 파일에는 기본함수인 `subfuction_demo`와 2개의 하위함수 `add`, `subtract`가 있다.

서는 이 기능을 **폴딩**(folding) 이라고 부른다.

이 함수는 명령창이나 현재 디렉터리의 모든 프로그램에서 호출할 수 있다. 예를 들어 먼저 명령창에서 x, y 배열을 정의하고,

```
x=[10, 15, 17];
y=[ 1,  2,  3];
```

함수를 호출하면

```
[add_result,subtract_result]=subfunction_demo(x,y)
```

다음과 같이 두 배열의 결과를 반환한다.

```
add_result =
   11    17    20
subtract_result =
    9    13    14
```

예제 6.5는 더 복잡한 하위함수의 사용 예를 보여준다.

예제 6.5

적분: 하위함수의 사용

수치해석 과목에서는 곡선 아래 면적을 구하는 방법인 적분을 수행하는 다양한 기법을 소개한다. 가장 간단한 것이 사다리꼴 법칙이고, 그다음으로 심슨 13(Simpson's 13)과 심슨 38(Simpson's 38) 기법이 있다. 다음과 같은 조건에 따라 각 방법을 사용하는 것이 좋다.

2개의 독립변수 값만 지정되고 단일 구간을 정의하는 경우	사다리꼴 법칙
홀수 개의 점이 정의되어 짝수 개의 세그먼트가 생성되는 경우	심슨 13 기법
4개의 점이 정의되어 3개의 세그먼트가 생성되는 경우	심슨 38 기법
그 외 경우	심슨의 13과 심슨 38 기법의 결합

이러한 기법을 통합해 integrate라는 단일 함수를 만들고, 다음 다항식을 활용해 동작을 확인하라.

$$f(x) = 10\sin(5x) + 5x^2$$

적분 범위는 다음과 같다.

$$0 \le x \le 2$$

이것은 그림 6.8(a)에서 곡선 아래의 면적을 구하는 것과 같다.

1. 문제를 명확히 나타낸다.
   하위함수를 사용해 곡선 아래의 면적을 구하는 integrate라는 기본함수를 만든다.

2. 입력과 출력을 표시한다.
   입력 각 하위함수의 논리가 제공된다.
   샘플 함수 $f(x) = 10{*}\sin(5{*}x) + 5{*}x^2$
   출력 다양한 입력 매개변수에 대한 적분 값

3. 손이나 계산기로 문제를 미리 풀어본다.
   $x = 0$에서 $x = 5$의 범위에 대해 다음 직선 방정식과 같이 더 간단한 함수를 고르면

   $$f(x) = 5{*}x + 3$$

   곡선 아래의 면적을 쉽게 구할 수 있다. 그림 6.8(b)와 같이 직선인 경우 면적은 $f(x)$의 평균값에 x 값의 차이를 곱한 값이다.

   $$\text{면적} = \frac{(f(0) + f(5))}{2} \times (5 - 0)$$

   $$\text{면적} = \frac{(3 + 28)}{2} \times 5 = 77.5$$

   이 예제에서 기술하는 모든 기법은 동일한 결과를 제공한다.

4. 매트랩으로 문제를 푼다.
   이 풀이는 이후에 소개할 if/else 구조를 사용한다. 그러나 이 예제에서 가장 중요한 부분은 기본함수와 지역함수의 구조이다.

```
function I = integrate(f,xL,xU,n) %기본함수
% f는 함수 핸들이다.
% xL은 적분의 하한이다.
% xU는 적분의 상한이다.
% n은 적분에 사용될 세그먼트의 개수이다.
% n+1은 데이터 점의 개수이다.
remainder = rem(n,2);
if  n==1
    I = trapf(f,xL,xU,n);
```

```
elseif remainder ==0
    I = simp13m(f,xL,xU,n);
elseif n == 3
    I = simp38(f,xL,xU);
else h=(xU-xL)/n;
    xM=xU-h*3;
    s13 = simp13m(f,xL,xM,n-3);
    s38 = simp38(f,xM,xU);
    I = s13 + s38;
end
end

function output = trapf(f,xL,xU,n) % 첫 번째 하위함수
x=linspace(xL,xU,n+1);
y=f(x);
h = (xU-xL)/n;
total=2*sum(y)-y(1)-y(end);
output = h*total/2;
end

function output = simp38(f,xL,xU) % 두 번째 하위함수
h = (xU-xL)/3;
x = linspace(xL,xU,4);
y = f(x);
output = 3*h*(y(1) + 3*(y(2)+y(3)) + y(4))/8;
end

function output = simp13m(f,xL,xU,n) % 세 번째 하위함수
h = (xU-xL)/n;
x=linspace(xL,xU,n+1);
y = f(x);
even = 2:2:n+1;
odd = 3:2:n;
output = h*(y(1) + 4*(sum(y(even)))+2*sum(y(odd))+y(end))/3;
end
```

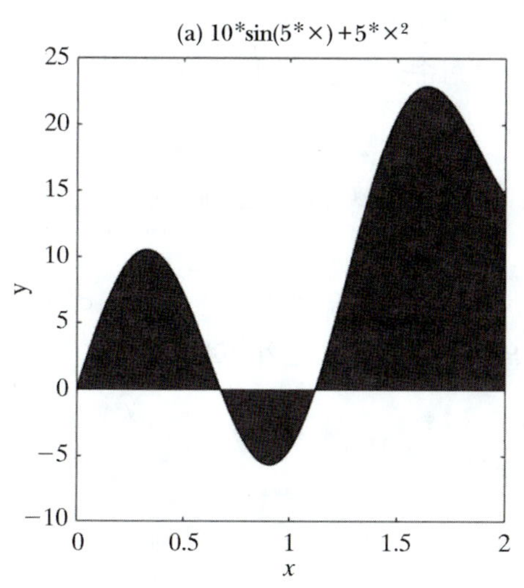

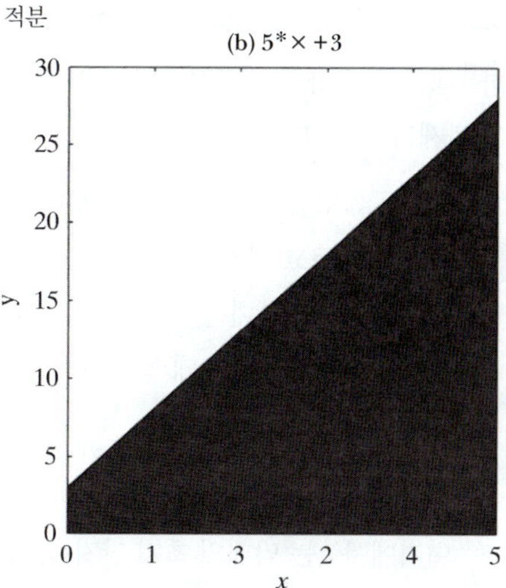

그림 6.8
(a) 곡선 아래의 면적은 함수의 적분과 같다. (b) 선 아래의 면적은 *y*의 평균값에 *x* 값의 차이를 곱한 것과 같다.

5. 풀이를 검사한다.

   1~5까지의 n에 대해 간단한 직선 방정식으로 함수를 검사한다.

```
f = @(x) 5*x + 3;
integrate(f,0,5,1)
integrate(f,0,5,2)
integrate(f,0,5,3)
integrate(f,0,5,4)
integrate(f,0,5,5)
```

예상대로 모든 케이스에서 동일한 값인 77.5가 반환되었다. 이 값은 손으로 계산한 결과와 일치하며 생성한 함수가 올바르게 작동하고 있음을 보여준다. 이제 다음과 같이 더 복잡한 함수와 함께 사용하는 것이 가능하다.

```
f = @(x) 10*sin(5*x)+ 5*x.^2
integrate(f,0,2,1)
ans =
      14.56
integrate(f,0,2,2)
ans =
      -1.2657
integrate(f,0,2,3)
ans =
      13.35
integrate(f,0,2,4)
ans =
      19.473
integrate(f,0,2,5)
ans =
      18.417
integrate(f,0,2,21)
ans =
      17.013
```

6.2.2 매트랩 프로그램의 하위함수

하위함수를 효과적으로 사용하는 경우는 언제인가? 함수를 만들고 테스트해야 하는 세 가지 과제가 있다고 생각해보자.

- **문제 1**: x의 범위가 -3~$+3$ 사이에서 변한다고 가정할 때, x 값을 제곱하는 `square` 함수를 만들고 테스트하라.
- **문제 2**: 금속 막대를 와이어로 당길 때 발생하는 냉간 작업 백분율을 구하는 `cold_work` 함수를 만들고 테스트하라. 냉간 작업은 다음 방정식으로 기술한다.

$$\%\ \text{냉간 작업} = \frac{r_i^2 - r_f^2}{r_i^2} \times 100$$

  여기에서 r_i는 막대의 초기 반지름, r_f는 막대의 최종 반지름이다. 함수의 테스트는 $r_i = 0.5$ cm, $r_f = 0.25$ cm로 한다.

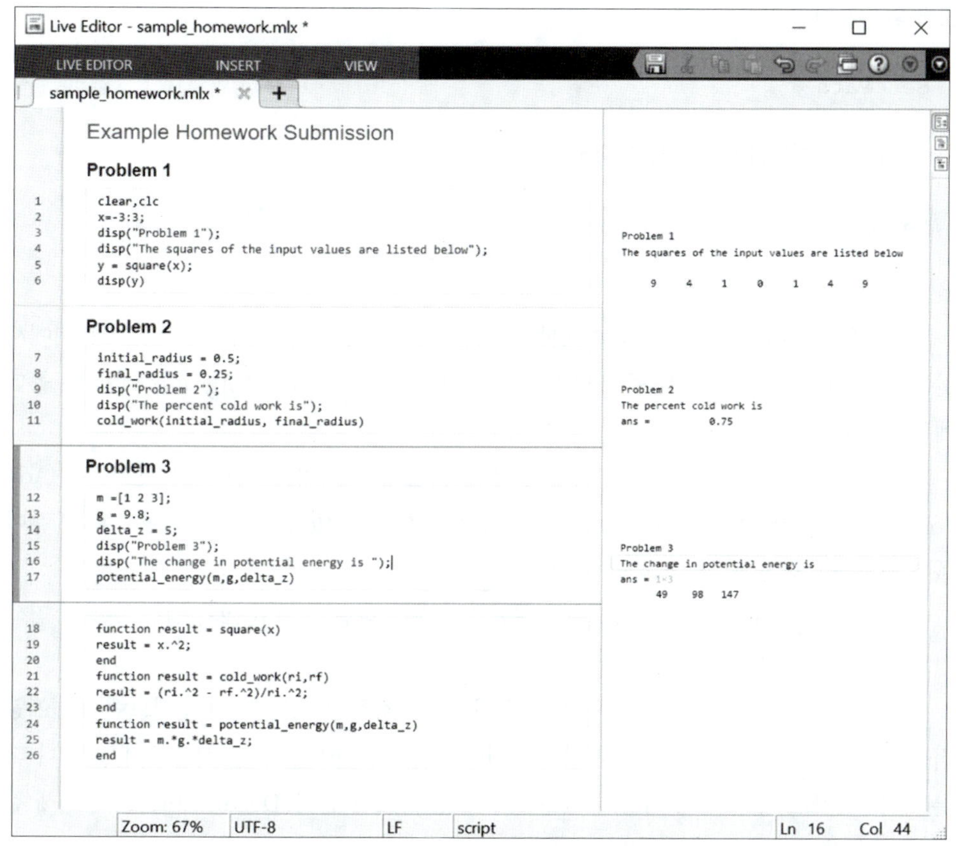

그림 6.9
순차적 하위함수의 프로그램 예를 보여주는 라이브 스크립트

- **문제 3**: 주어진 질량의 퍼텐셜 에너지 변화를 구하는 potential_energy 함수를 만들고 테스트하라. 퍼텐셜 에너지의 변화가 다음과 같이 주어진다.

$$\Delta \text{PE} = m \times g \times \Delta z$$

함수에 m, g, Δz의 세 가지 입력이 있을 때, 다음의 각 값을 사용해 함수를 테스트하라.

$m = [1\ 2\ 3]$kg(배열은 세 가지 다른 질량을 나타냄)

$g = 9.8\ \text{m/s}^2$

$\Delta z = 5\ \text{m}$

과제는 각 함수당 파일 1개씩과 함수를 호출하고 테스트하는 파일 1개까지 총 4개의 파일을 만드는 것으로 완료된다. 그림 6.9와 같이 하위함수를 사용하면 파일 수를 하나로 줄일 수 있다.

6.3 함수 내에 도구상자 만들기

핵심 개념
각 함수를 도구상자로 그룹화한다.

매트랩에서 함수를 호출하면 프로그램은 맨 먼저 현재 프로그램 파일의 마지막 부분을 보고 현재폴더에서 함수가 정의되어 있는지 확인한다. 그곳에서 함수를 찾을 수 없으면 미리 설정된 검색 경로를 따라 함수 파일이 있는지 찾는다. 프로그램이 파일을 찾을 때 사용하는 경

로를 확인하려면,

```
Set Path
```

를 홈(Home) 메뉴표시줄에서 선택하거나 명령창에

```
pathtool
```

을 입력한다(그림 6.10 참조).

프로그래밍에 사용할 함수를 많이 만들수록 경로를 수정해 개인 도구를 저장한 폴더에서 찾는 것을 원할 수 있다. 예를 들어 예제 6.1에서 만든 RD, DR 함수를 *MyFunctions*라는 폴더에 저장했다고 가정하자.

그림 6.10과 같이 '경로 설정(Set Path)' 대화상자창의 옵션 버튼 목록에서 '폴더 추가(Add Folder)'를 선택해 MyFunctions 폴더를 경로에 추가할 수 있다. 그러면 그림 6.11과 같이 폴더 위치를 입력하거나 탐색하라는 메시지가 표시된다.

이제 매트랩은 현재폴더에서 함수 정의를 우선 찾은 다음 그림 6.12와 같이 수정된 검색 경로를 따라 작업을 수행한다.

경로에 폴더를 추가하는 변경 사항은 영구적으로 저장하지 않는 한 현재 매트랩 세션에만 적용된다. 공용 컴퓨터에 영구적인 변경을 만들지 않아야 한다는 것은 분명하다. 그러나 다른 사람이 만들어놓은 변경 사항이 있는 경우 그림 6.12와 같이 'Default' 버튼을 선택해 검색 경로를 원래 설정으로 되돌릴 수 있다.

경로 도구를 사용하면 매트랩 검색 경로를 대화형으로 변경할 수 있지만 addpath 함수를 사용하면 모든 매트랩 프로그램에 검색 경로를 추가하는 논리를 삽입할 수 있다. 이런 방식으로 경로를 수정하려면

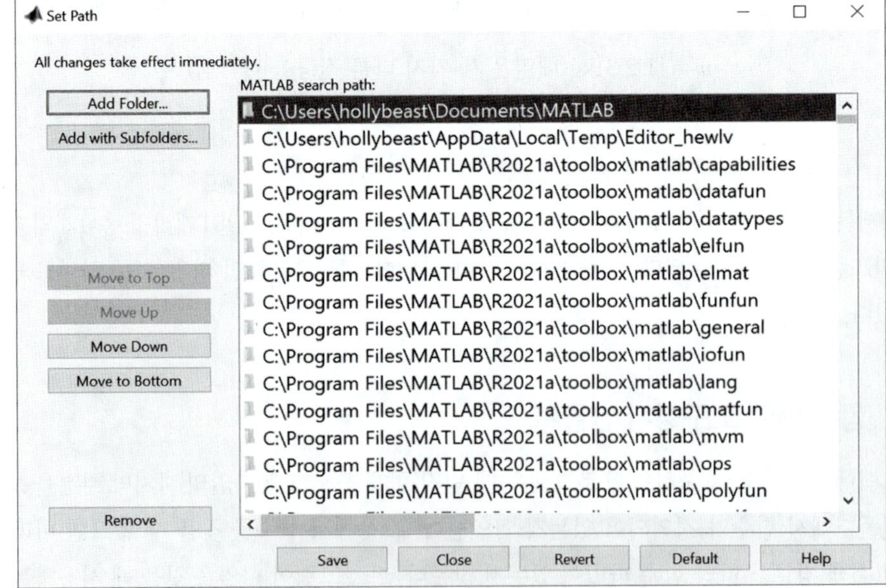

그림 6.10
경로 도구를 사용하면 매트랩에서 함수 정의를 찾는 위치를 변경할 수 있다.

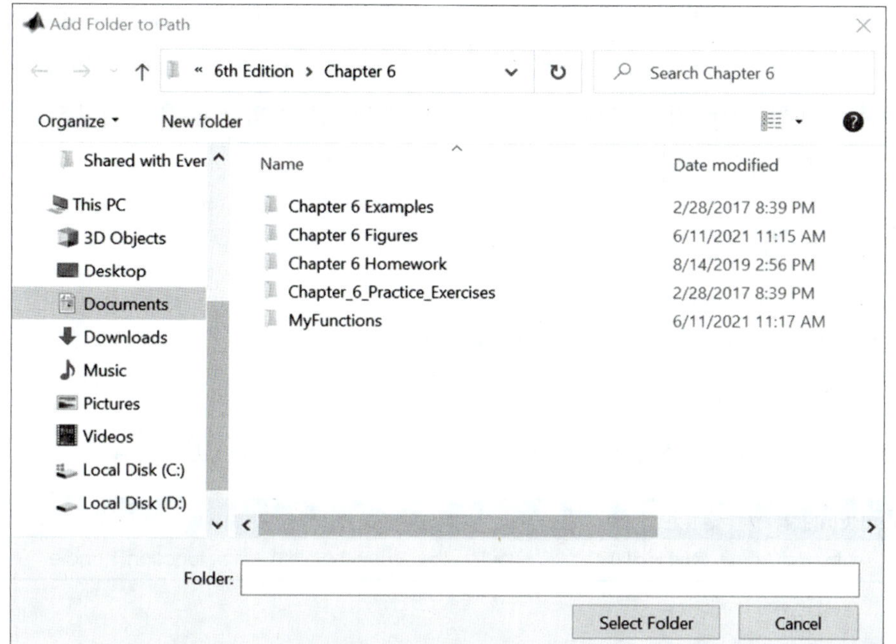

그림 6.11
폴더 찾기 창

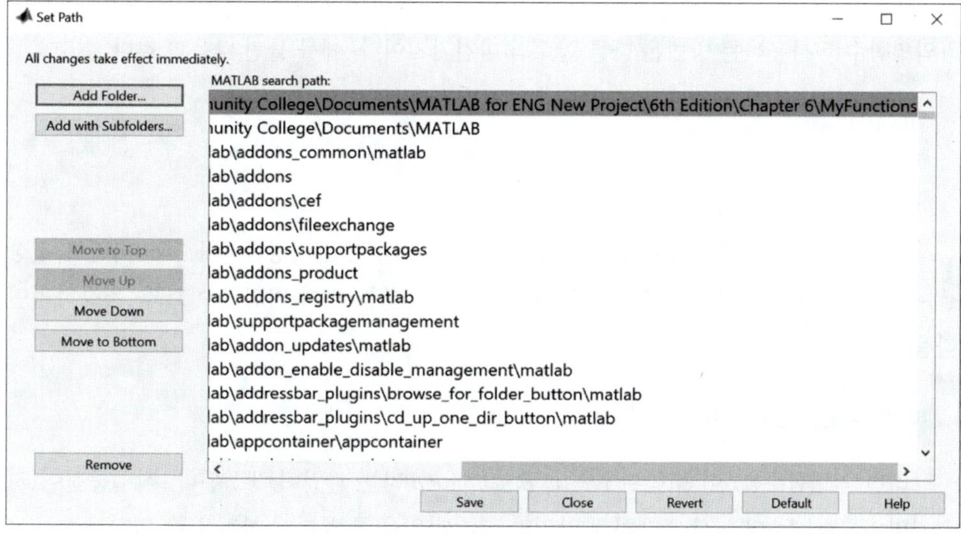

그림 6.12
수정된 매트랩 검색 경로

```
help addpath 또는 doc addpath
```

를 참조하라.

매트랩은 매스웍스(MathWorks) 또는 사용자 커뮤니티에서 개발한 수많은 도구상자에 액세스할 수 있다. 자세한 내용은 개발자 웹사이트 www.mathworks.com을 참조하라.

6.4 익명함수와 함수 핸들

일반적으로 함수를 만드는 데 시간을 많이 들인 경우 다른 프로그래밍 프로젝트에서 사용하

핵심 개념
익명함수는 매트랩 프로그램에 다른 명령과 함께 포함될 수 있으며 명령창에서 정의될 수도 있다.

기 위해 함수를 저장하고 싶을 것이다. 그러나 매트랩에는 **익명함수**(anonymous function)라는 아주 간편한 유형의 함수가 있다. 익명함수는 명령창이나 스크립트에서 정의되며, 변수 이름과 마찬가지로 작업공간이 지워지기 전까지 사용할 수 있다. 다음은 익명함수를 만드는 예를 보여준다.

```
ln = @(x)   log(x)
```

- @ 기호로 매트랩에 ln이 함수임을 선언한다.
- @ 기호 바로 뒤의 괄호에 함수의 입력을 작성한다.
- 마지막으로 함수를 정의한다.

작업공간을 살펴보면 함수 이름 ln이 function_handle 클래스로 표시된다.

Name	Value	Size	Bytes	Class
ln	@(x) log(x)	1 × 1	16	function_handle

HINT **함수 핸들**(function handle)은 함수의 별명이라고 생각하면 된다.

익명함수를 사용하는 방법은 다른 함수와 마찬가지이다. 예를 들면 다음과 같다.

```
ln(10)
ans =
      2.3026
```

작업공간이 지워지면 익명함수는 사라지게 된다. 변수처럼 익명함수를 *.mat* 파일로 저장할 수 있으며, load 명령으로 다시 불러올 수 있다. 예를 들어 익명함수 ln을 저장하려면 다음을 입력한다.

```
save my_ln_function ln
```

그러면 익명함수 ln이 포함된 *my_ln_function.mat*라는 파일이 생성된다. 작업공간이 지워지면 ln 함수는 더 이상 존재하지 않지만 *.mat* 파일을 통해 다시 불러올 수 있다.

```
load my_ln_function
```

모든 함수에 함수 핸들을 할당할 수 있다. 이 장의 앞부분에서 다음과 같은 *distance.m*이라는 함수 파일을 만들었다.

```
function result = distance(t)
result = 1/2*9.8*t.^2;
end
```

다음 명령을 실행하면

```
distance_handle = @(t) distance(t)
```

distance 함수에 핸들 distance_handle을 할당한다.

다른 함수를 입력 인수로 받아들이는 함수(함수의 함수)의 경우에는 익명함수와 그 함수에 부여된 함수 핸들이 유용하다. 예를 들어 이 장의 앞부분에서 nargin 함수에 대해 살펴보았는데, 이 함수는 문자열로 표현된 함수 이름이나 함수 핸들을 허용한다. ln을 익명함수로 정의하면

```
ln = @(x) log(x)
```

함수 핸들 ln을 nargin의 입력으로 사용할 수 있다.

```
nargin(ln)
ans =
     1
```

6.5 함수의 함수

핵심 개념
함수의 함수는 입력으로 함수 또는 함수 핸들이 필요하다.

매트랩에서 사용되는 **함수의 함수**(function function)는 이름이 조금 특이하긴 하지만 그 기능을 잘 설명하고 있다. 함수의 함수는 다른 함수를 입력으로 받아들인다. 한 예로 매트랩에 내장된 함수의 함수 중에 fplot이 있는데 이 함수는 함수의 그래프를 그리는 명령으로 사용된다. 이 함수는 2개의 입력이 필요한데 하나는 함수 또는 함수 핸들, 다른 하나는 그래프를 그릴 범위이다. 다음과 같이 정의된 ln 함수 핸들을 이용해 fplot의 사용 방법을 설명할 수 있다.

```
ln = @(x) log(x)
```

이렇게 하면 함수 핸들 ln을 fplot 함수의 입력으로 사용할 수 있다.

```
fplot(ln,[0.1, 10])
```

결과는 그림 6.12에 나와 있다.

매트랩에는 함수 핸들을 입력으로 받아들이는 함수가 다양하게 있다. 예를 들어 fzero 함수는 어떤 함수 $f(x)$의 값이 0인 x의 값을 찾는다. 따라서 fzero 함수의 입력에는 함수 핸들과 함수를 0으로 만드는 x의 추정값을 넣어주면 된다. 그림 6.13에서 자연로그가 0.5~1.5 사이에서 0이므로 대략적인 추정값을 0.8로 넣어주면 다음과 같이 결과를 찾아준다.

```
fzero(ln,0.8)
ans =
     1
```

ln 함수에 다시 대입해 이 결과를 확인할 수 있다.

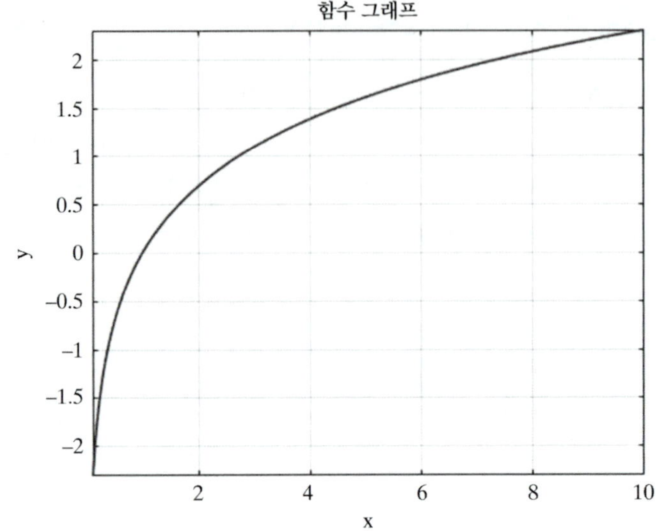

그림 6.13
fplot과 같은 함수의 함수에는 함수 핸들을 입력으로 넣을 수 있다.

```
ln(ans)
ans =
     0
```

요약

매트랩에는 다양한 내장함수가 포함되어 있다. 그러나 직접 매트랩 함수를 만드는 것이 유용한 경우가 많이 있다. 사용자 정의 매트랩 함수의 일반적인 유형은 독립 실행형 함수 파일이며, 함수 파일의 첫 번째 줄을 다음과 같은 내용으로 구성해 함수를 정의한다.

- function이라는 단어
- 함수의 출력으로 사용되는 변수
- 함수 이름
- 입력 인수로 사용되는 변수

예를 들면 다음과 같다.

```
function output=my_function(x)
```

함수 이름은 함수 프로그램이 저장되는 파일의 이름과 동일해야 하고, 매트랩에서 표준으로 사용되는 규칙을 따라야 한다.

내장함수와 마찬가지로 사용자 정의 함수는 여러 입력을 허용하고 여러 결과를 반환할 수 있다.

명령창에서 help 명령 다음에 함수 이름을 입력하면 함수 정의 줄 바로 뒤에 있는 설명문이 명령창에 출력된다.

함수 내에서 정의된 변수는 해당 함수 내부에서만 이용할 수 있는 지역변수이다. 이 변수는 작업공간에 저장되지 않으므로 명령창에서 액세스할 수 없다. 전역변수는 명령창(또는 스크립트 파일)과 매트랩 함수 모두에서 사용되는 global 명령으로 정의할 수 있다. 좋은 프로그래밍 습관은 대문자를 사용해 전역변수를 정의하는 것이다. 하지만 전역변수는 되도록 사용하지 않는 편이 좋다.

'도구상자'라고 하는 사용자 정의 함수 그룹은 공통 폴더에 저장하고 매트랩 검색 경로를 수정해 액세스할 수 있다. 경로 도구를 사용해 대화형으로 경로를 변경할 수 있으며, 메뉴표시줄에서 다음을 입력하거나

file → Set Path

명령 줄에서 다음을 입력한다.

```
pathtool
```

매트랩은 매스웍스 또는 사용자 커뮤니티에서 개발한 수많은 도구상자에 액세스할 수 있다.

또 다른 유형의 함수는 익명함수로 매트랩 세션이나 스크립트에서 정의되고 해당 세션 동안만 존재한다. 익명함수는 간단한 수식을 함수로 만드는 경우와 복잡한 함수의 함수를 입력하는 경우에 특히 유용하다.

여러 함수는 하위함수로 나열된 경우 단일 스크립트 또는 단일 함수에서 사용할 수 있다. 하위함수는 지역함수라고도 하며, 저장된 디렉터리에 액세스할 수 있는 모든 코드에서 자유롭게 호출해 사용할 수 있는 독립 실행형 함수 파일과 달리 기본함수 내부에서만 사용할 수 있다.

매트랩 요약

다음 표는 이 장에서 살펴본 특수문자, 명령어와 함수를 정리한 것이다.

특수문자	
@	익명함수에서 함수 핸들을 선언한다.
%	설명문

명령어와 함수	
addpath	매트랩 검색 경로에 폴더를 추가한다.
fminbnd	함수 핸들이나 함수 정의를 입력으로 받아 두 경계 사이의 최솟값을 찾는 함수의 함수
fplot	함수 핸들이나 함수 정의를 입력으로 받아 두 경계 사이의 그래프를 그리는 함수의 함수
fzero	함수 핸들이나 함수 정의를 입력으로 받아 지정된 값에 가장 가까운 함수 원점을 찾는 함수의 함수
function	M-파일을 함수로 선언한다.
global	변수를 프로그램 전체에서 사용할 수 있는 전역변수로 정의한다.
local function	같은 파일 내의 다른 함수나 코드에서만 인식되는 함수
meshgrid	2개의 입력 벡터를 2개의 2차원 행렬로 변환한다.
nargin	함수의 입력 인수의 개수를 구한다.

명령어와 함수 (계속)

nargout	함수의 출력 인수의 개수를 구한다.
pathtool	대화형 경로 도구창을 연다.
subfunction	지역함수의 또 다른 이름
varargin	다양한 수의 입력 인수를 함수에 입력할 수 있음을 나타낸다.

핵심 용어

경로(path)
도구상자(toolbox)
디렉터리(directory)
설명문(comment)
익명(anonymous)
인수(argument)
전역변수(global variable)
중첩(nest)
지역변수(local variable)
파일 이름(file name)
폴더(folder)
폴딩(folding)
함수(function)
함수의 함수(function function)
함수 이름(function name)
함수 핸들(function handle)

연습문제

함수 파일

연습문제를 풀기 위해 함수를 만들 때에는 적절한 설명문을 꼭 달아야 한다. 여기에 수록한 문제를 풀 때 함수를 사용하지 않아도 되지만, 이 장의 목적은 함수를 작성하고 사용하는 법을 배우는 것이다. 두 가지 방법으로 과제를 제출할 수 있다. 첫 번째 방법은 각 함수를 자체 파일에 만들고 명령창에서 함수를 호출해 각 문제에 필요한 작업을 완료하는 것이다. 이 방법을 사용하면 강사에게 파일을 여러 개 제출해야 한다.

두 번째 방법은 함수가 저장된 동일한 프로그램 파일에서 과제를 해결하는 것이다. 이 경우 함수는 파일 뒷부분에 저장해야 하며 end 문으로 종료해야 한다. 이 경우 하나의 파일만 제출하면 된다.

어떤 방법을 사용하든 스크립트(M-파일)와 라이브 스크립트(MLX-파일) 중에서 선택할 수 있다.

6.1 예제 6.2에서 설명한 것처럼 금속은 결정체이다. 금속을 이루고 있는 결정을 입자라고 한다. 평균 입자 크기가 작은 금속은 강도가 세며 입자 크기가 크면 강도가 약하다. 특정 금속 샘플을 구성하고 있는 결정들은 크기가 모두 다르므로 어떤 식으로 평균 입자 크기를 규정해야 하는지가 문제가 된다. ASTM(미국재료시험협회)에서는 다음 관계를 이용해 입자 크기를 측정하는 표준 방법을 마련했다.

$$N = 2^{n-1}$$

ASTM 입자 크기 n은 배율이 100배(100×)인 현미경으로 금속 샘플을 조사해 구할 수 있다. 1제곱인치의 면적(즉 금속 샘플의 실제 면적인 0.01 in × 0.01 in)에 들어 있는 입자의 개수 N을 헤아린 다음 앞의 수식을 사용해 ASTM 입자 크기를 구한다.

(a) ASTM 입자 크기 n을 알고 있을 때, 1제곱인치의 면적에 들어 있는 입자의 개수 N을 구하는 함수를 만들라. 이때 함수의 이름을 num_grains로 하라.

(b) (a)에서 만든 함수를 사용해 ASTM 입자크기 n = 10~100일 때 입자의 개수를 구하라.

(c) (b)에서 구한 결과를 그래프로 그려라.

6.2 물리학에서 가장 유명한 수식인

$$E = mc^2$$

은 에너지 E와 질량 m의 관계를 나타내고 있다. 이 두 양을 연결하는 것이 진공 중에서의 빛의 속도인 c이다. c 값은 2.9979×10^8 m/s이다.

(a) 질량이 kg 단위로 주어질 때 이 질량이 가진 에너지를 구하는 함수를 만들라. 이때 함수의 이름을 energy로 하라. 계산된 에너지의 단위는 줄(joule)이다(1 kg m^2/s^2 = 1 J).

(b) (a)에서 만든 함수를 사용해 질량이 1~10^6 kg일 때 에너지를 구하라. 여기에서 질량 벡터를 만들 때 logspace 함수를 이용하라(help logspace 명령을 실행하면 사용법을 알 수 있다).

(c) (b)에서 구한 결과를 그래프로 그려라. 이때 로그 좌표로 그래프를 그리는 명령인 semilogy, semilogx, loglog를 각각 사용해보면서 이 가운데 결과를 가장 잘 나타내는 것을 선택하라.

6.3 현재 투자한 금액이 미래에는 어느 정도의 가치에 해당하는지를 추정하는 재산의 미래가치 공식은 이자율이 일정하다고 가정할 때 다음과 같이 쓸 수 있다.

$$\text{FV} = \text{PV} \times (1 + I)^n$$

여기에서

FV = 미래가치

PV = 현재가치(투자금액)

I = 이자율(복리이자 산정기간당 이자와 원금의 비, 예를 들어 5%인 경우에는 .05)

N = 복리이자 산정기간 수

(a) 3개의 입력[투자금액(현재가치), 이자율, 복리이자 산정기간 수]이 주어질 때 미래가치를 계산하는 함수를 만들라. 이때 함수의 이름은 future_value로 하라.

(b) 이 함수를 사용해서 $1000를 투자해 10년 후에 얻을 수 있는 미래가치를 계산하라. 매달 이자율은 0.5%이고 이자는 복리이다.

6.4 기초화학 이론에 따르면 몰(mole)과 질량 사이의 관계는 다음과 같다.

$$n = \frac{m}{\text{MW}}$$

여기에서

n = 물질의 몰 수

m = 물질의 질량

MW = 물질의 몰질량(분자량)

(a) 2개의 벡터(질량과 분자량)가 입력으로 주어질 때 몰 수를 계산해 출력하는 함수를 만들라. 이때 함수의 이름을 nmoles로 하라. 함수의 입력이 2개의 벡터이므로 함수를 만들 때 meshgrid 함수를 사용해야 한다.

(b) (a)에서 만든 함수를 사용해 표 P6.4에 있는 모든 화합물에 대해 질량이 1~10 g일 때 몰수를 계산하라.

표 P6.4 화합물의 분자량

화합물	몰질량(분자량)
벤젠	78.115 g/mol
에틸알코올	46.07 g/mol
냉각제 R134a	102.3 g/mol

계산 결과는 10×3 행렬로 나와야 한다.

6.5 몰 수와 질량 사이에 대한 연습문제 6.4의 수식을 질량에 대해 정리하면 다음과 같다.

$$m = n \times \mathrm{MW}$$

(a) 2개의 벡터(몰 수와 분자량)가 입력으로 주어질 때 질량을 계산해 출력하는 함수를 만들라. 이때 함수의 이름을 `mass`로 하라. 함수의 입력이 2개의 벡터이므로 함수를 만들 때 `meshgrid` 함수를 사용해야 한다.

(b) (a)에서 만든 함수를 사용해 P6.4의 표에 있는 모든 화합물에 대해 몰 수 n이 1~10일 때 질량을 계산하라.

6.6 산이나 언덕을 올라가면 지평선까지의 거리가 증가하며, 다음 식을 이용하면 거리를 계산할 수 있다.

$$b = \sqrt{2rh + h^2}$$

여기에서

d = 지평선까지의 거리
r = 지구의 반지름
h = 산(언덕)의 높이

거리는 산이나 언덕의 높이와 지구(또는 다른 행성체)의 반경에 따라 달라진다.

(a) 2개의 벡터(반지름과 높이)가 입력으로 주어질 때 지평선까지의 거리를 계산해 출력하는 함수를 만들라. 이때 함수의 이름을 `distance`로 하라. 함수의 입력이 2개의 벡터이므로 함수를 만들 때 `meshgrid` 함수를 사용해야 한다.

(b) (a)에서 만든 `distance` 함수를 사용해 지구와 화성에 있는 언덕의 높이가 0~10,000 피트일 때 언덕 꼭대기에서 지평선까지의 거리를 계산하는 프로그램을 작성하라. 계산할 때 단위 사용에 주의하라.

- 지구의 지름 = 7926마일
- 화성의 지름 = 4217마일

결과는 표의 형태로 나타내라. 이때 각 열은 다른 행성을, 각 행은 다른 언덕 높이를 나타내야 한다.

6.7 수직으로 발사된 로켓이 있다. 시간 $t = 0$일 때 로켓의 엔진이 멈추었다. 그 순간에 로켓의 고도는 500 m, 상승속도는 125 m/s였다. 이때부터 중력이 작용해 로켓의 고도가 시간에 따라 다음 식으로 변하기 시작했다.

(a) 시간을 입력으로 받아들이고 이에 따른 로켓의 고도를 계산해 출력하는 함수를 만들라.

$$h(t) = -\frac{9.8}{2}t^2 + 125t + 500\ (t>0)$$

이때 함수의 이름을 height로 하라. 여기서 만든 함수를 사용해 (b), (c)를 풀라.

(b) 시간이 0~30초일 때 시간에 따른 높이의 변화를 나타내는 그래프를 그려라. 이때 시간 벡터의 간격을 0.5초로 하라.

(c) 로켓이 땅을 향해 떨어지기 시작하는 시간 t를 구하라(max 함수를 이용하면 편리하다).

6.8 자유낙하하는 물체의 낙하거리가 다음 식으로 표시된다.

$$x = \frac{1}{2}gt^2$$

여기에서

g = 중력가속도(= 9.8 m/s²)
t = 시간(초, s)
x = 낙하거리(m)

위 식을 미분하면 다음과 같이 물체의 속도를 구할 수 있다.

$$\frac{dx}{dt} = v = gt$$

이렇게 구한 식을 다시 한번 미분하면 다음과 같이 가속도를 구할 수 있다.

$$\frac{dv}{dt} = a = g$$

(a) 시간 벡터 t를 입력으로 받아들이고 이에 따른 물체의 낙하거리 x, 속도 v, 가속도 g를 구하는 함수를 만들라. 이때 함수의 이름을 free_fall로 하라.

(b) (a)에서 만든 함수를 사용해 시간 벡터의 범위가 0~20초일 때 낙하거리, 속도, 가속도를 계산하라.

6.9 임의의 변의 개수를 가진 다각형을 그려주는 함수 polygon을 만들라. 이 함수의 입력은 변의 개수이다. 이 함수는 명령창에는 아무런 값도 출력하지 않아야 하며 극좌표에 다각형을 그려야 한다.

내 도구상자 만들기

6.10 이 문제에서는 온도변환표를 만들어본다. 화씨온도(T_F), 섭씨온도(T_C), 절대온도(T_K), 랭킨온도(T_R) 사이의 관계를 나타내는 식이 다음과 같다.

$$T_F = T_R - 459.67°R$$

$$T_F = \frac{9}{5}T_C + 32°F$$

$$T_R = \frac{9}{5}T_K$$

문제에 따라서는 식을 다시 정리해야 할 것이다.

(a) 화씨온도를 절대온도로 변환하는 함수 F_to_K를 만들라. 그리고 이 함수를 사용해 0~200°F의 화씨온도를 절대온도로 변환하는 표를 출력하라.

(b) 섭씨온도를 랭킨온도로 변환하는 함수 C_to_R을 만들라. 그리고 이 함수를 사용해

0~100°C의 섭씨온도를 랭킨온도로 변환하는 표를 출력하라. 이때 표를 구성하는 온도가 모두 25개가 되도록 하라(`linspace` 함수를 사용해 입력 벡터를 만들면 된다).

(c) 섭씨온도를 화씨온도로 변환하는 함수 `C_to_F`를 만들라. 그리고 이 함수를 사용해 0~100°C의 섭씨온도를 화씨온도로 변환하는 표를 출력하라. 이때 표를 구성하는 온도 간격은 여러분이 알아서 적당히 정하라.

(d) 지금까지 만든 세 함수를 `my_temp_conversions`라는 이름의 폴더(디렉터리)에 함께 저장하라. 그리고 매트랩이 이 폴더를 찾을 수 있도록 매트랩 검색 경로에 추가하라(공용 컴퓨터를 쓰고 있다면 변경 사항을 저장하지 않도록 한다).

익명함수와 함수 핸들

6.11 기압계는 거의 400년 동안 대기의 압력 변화를 측정하는 데 사용되고 있다. 이탈리아 피렌체에서 갈릴레오(Galileo)의 학생이었던 토리첼리(Evangelista Torricelli, 1608~1647)는 말년에 최초의 기압계를 발명했다. 기압계에서 액체의 높이는 대기의 압력에 정비례한다. 이를 식으로 나타내면 다음과 같다.

$$P = \rho g h$$

여기에서 P는 압력, ρ는 기압계 액체의 밀도, h는 액체 기둥의 높이이다. 수은 기압계의 경우 액체의 밀도는 13,560 kg/m^3이다. 지구의 표면에서 중력가속도 g는 약 9.8 m/s^2이다. 따라서 이 수식에서 유일한 변수는 액체 기둥의 높이 h로 단위는 m이다.

(a) h 값이 주어질 때 압력을 계산하는 익명함수 `P`를 만들라. 참고로 계산 결과의 단위는 다음과 같이 구할 수 있다.

$$\frac{\text{kg}}{\text{m}^3}\frac{\text{m}}{\text{s}^2}\text{m} = \frac{\text{kg}}{\text{ms}^2}\frac{1}{} = \text{Pa}$$

(b) 압력의 단위를 Pa(파스칼, Pascal)에서 atm(기압, atmosphere)으로 변환하는 익명함수를 만들라. 이때 이 함수의 이름을 `Pa_to_atm`으로 하라. 두 단위 사이의 관계는 다음과 같다.

$$1 \text{ atm} = 101{,}325 \text{ Pa}$$

(c) 여기에서 만든 익명함수를 사용해 수은 기둥의 높이가 0.5~1.0 m일 때 압력을 구하라.

(d) 여기에서 만든 익명함수를 *.mat* 파일로 저장하라.

6.12 일정한 압력에서 물의 온도를 올리는 데 필요한 에너지는 근사적으로 다음 식으로 표시된다.

$$E = mC_p \Delta T$$

여기에서

m = 물의 질량(단위: g)

C_p = 물의 열용량 1 cal/g K

ΔT = 온도 변화량(단위: K)

(a) 물의 질량이 1 g일 때, 온도의 변화량을 입력으로 받아들이고 이에 따른 에너지를 계산해 출력하는 익명함수 `heat`를 만들라.

(b) (a)에서 계산한 에너지의 단위는 다음과 같다.

$$\text{g}\frac{\text{cal}}{\text{g K}}\text{K} = \text{cal}$$

공학에서 에너지의 단위로 가장 널리 사용되는 것이 줄(joule)이다. (a)에서 구한 결과를 줄 단위로 변환하는 익명함수 cal_to_J를 만들라(1 cal = 4.2 joule이다).

(c) 여기에서 만든 익명함수를 *.mat* 파일로 저장하라.

6.13 (a) 다음 식을 my_function이라는 이름의 익명함수로 만들라.

$$-x^2 - 5x - 3 + e^x$$

(b) fplot 함수를 사용해 *x*의 범위가 −5~+5까지인 그래프를 그려라. fplot 함수는 함수 핸들을 입력으로 받아들일 수 있다는 점을 기억하라.

(c) fminbnd 함수를 이용해 이 범위 내에서 함수의 최솟값을 찾으라. fminbnd 함수의 입력에는 함수나 함수 핸들을 넣어주어야 하므로 이 함수는 함수의 함수에 속한다. 사용 방법은 다음과 같다.

```
fminbnd(function_handle, xmin, xmax)
```

fminbnd 함수에는 3개의 입력(함수 핸들, *x* 범위의 최솟값, *x* 범위의 최댓값)을 넣어주어야 한다. fminbnd 함수는 최솟값에서 최댓값 사이의 *x* 범위에서 함수의 값이 최소가 되는 점을 검색한다.

6.14 연습문제 6.7에서는 시간에 따른 로켓 높이의 변화를 계산하는 height 함수를 만들었다. 시간 *t*와 높이 $h(t)$ 사이의 관계는 다음 식으로 주어졌다.

$$h(t) = -\frac{9.8}{2}t^2 + 125t + 500\,(t > 0)$$

(a) height 함수의 함수 핸들을 만들라. 이때 함수 핸들의 이름은 height_handle로 하라.

(b) height_handle을 fplot 함수의 입력으로 사용해 $t = 0$~60초 범위에서 그래프를 그려라.

(c) fzero 함수를 사용해 로켓이 땅에 부딪히는 시간(즉 함수 값이 0이 되는 시간)을 구하라. fzero 함수의 입력에는 함수나 함수 핸들을 넣어주어야 하므로 함수의 함수에 속한다. 사용 방법은 다음과 같다.

```
fzero(function_handle, x_guess)
```

fzero 함수에는 2개의 입력(함수 핸들, 함수 값이 0이 되는 *x*의 추정값)을 넣어주어야 한다. (b)에서 그린 그래프를 보고 되도록 적절한 *x* 값을 추정하라.

하위함수

6.15 연습문제 6.10에서는 다음 방정식을 이용해 세 종류의 온도 변환 함수를 만들고 사용했다.

$$T_F = T_R - 459.67°R$$

$$T_F = \frac{9}{5}T_C + 32°F$$

$$T_R = \frac{9}{5}T_K$$

함수 안에 다른 함수를 두는 방법인 중첩(nest) 방식을 사용해 연습문제 6.10을 다시 풀라. 기본함수의 이름은 temperature_conversions로 하고 그 안에 다음 이름의 하위함수 3개를 두라.

```
F_to_K
C_to_R
C_to_F
```

세 하위함수는 각각 다음 기능을 수행해야 한다.

(a) 0~200°F의 화씨온도를 절대온도로 변환하는 표를 출력하라. 표에는 화씨온도, 절대온도가 둘 다 표시되어 있어야 한다.

(b) 0~100°C의 섭씨온도를 랭킨온도로 변환하는 표를 출력하라. 이때 표를 구성하는 온도가 모두 25개가 되도록 하라(`linspace` 함수를 사용해 입력 벡터를 만들면 된다). 표에는 섭씨온도, 랭킨온도가 둘 다 표시되어 있어야 한다.

(c) 0~100°C의 섭씨온도를 화씨온도로 변환하는 표를 출력하라. 이때 표를 구성하는 온도 간격은 여러분이 알아서 적당히 정하라. 표에는 섭씨온도, 화씨온도가 둘 다 표시되어 있어야 한다.

7 사용자 제어 입·출력

학습목표

- 사용자가 원하는 입력을 스크립트 프로그램에 전달한다.
- disp 함수로 출력을 명령창에 내보낸다.
- fprintf 명령을 사용해 원하는 형식으로 출력을 내보낸다.
- 표를 생성하고 table 함수를 사용해 정보를 저장하고 데이터를 표시한다.
- sprintf 명령을 사용해 다른 함수에서 필요로 하는 형식으로 출력을 내보낸다.
- 그래픽 방식을 사용해 프로그램에 입력을 전달한다.
- 섹션 모드를 사용해 스크립트 프로그램의 내용을 수정하고 실행한다.

서론

지금까지는 매트랩을 두 가지 방식으로 사용하는 방법을 살펴보았다. 첫 번째는 명령창에서 스크래치 패드로 사용하는 것이고, 두 번째는 편집창에서 간단한 프로그램을 작성하는 것이다. 이때까지는 프로그래머가 사용자였다. 이제는 스크립트(M-파일) 또는 라이브 스크립트(MLX-파일)로 작성된 더 복잡한 프로그램으로 넘어가며, 이때 프로그래머와 사용자가 다른 사람이 될 수 있다. 이 경우 유사한 문제를 해결하기 위해 실제 명령어를 다시 작성하는 대신 사용자와 소통하기 위해 입력 및 출력 명령을 사용해야 한다. 매트랩은 프로그램이 실행되는 동안 사용자가 프로그램과 소통할 수 있도록 내장함수를 제공한다. input(입력) 명령은 프로그램을 일시 정지하고 사용자에게 입력을 요청하며, disp, table, fprintf 명령은 명령창에 출력을 제공한다.

7.1 사용자 제어 입력

스크립트로 프로그램을 작성할 때에는 자신이 그 프로그램을 사용하기 위해서인 것이 보통이다. 이때 프로그램에 입력하는 데이터가 달라지면 그에 해당하는 명령어를 몇 개 고쳐야 한다. 그런데 이렇게 하는 대신 프로그램이 실행되는 도중에 사용자가 키보드로 데이터를 입력할 수 있게 하는 방식으로 프로그램을 작성할 수 있다. input 함수를 사용하면 이런 식으로 동작하는 프로그램을 만들 수 있다. input 함수는 명령창에 **문자열**(string)을 내보내

사용자에게 입력할 것을 요청하며 대기한다. 예를 들어

```
z=input("Enter a value")
```

를 실행하면 화면에

```
Enter a value
```

가 출력된다. 사용자가 다음 데이터를 입력하면

```
5
```

다음과 같이 프로그램의 변수 z에 5가 할당된다. 이때 input 명령의 맨 뒤에 세미콜론(;)을 붙이면 입력한 데이터는 화면에 표시되지 않는다.

```
z =
      5
```

이와 같은 방식으로 변수에 1차원 배열이나 2차원 배열 데이터를 할당할 수 있다. 이 경우 데이터 값을 입력할 때에는 괄호와 구분문자(delimiter, 쉼표와 세미콜론)를 정확하게 써주어야 한다. 예를 들어

```
z = input("Enter values for an array in brackets")
```

핵심 개념
input 함수는 사용자와 소통하는 데 사용할 수 있다.

위 명령을 실행해 값을 입력할 것을 요청할 때 사용자가 다음 배열을 입력하면

```
[1, 2, 3; 4, 5, 6]
```

다음과 같이 변수 z에 2차원 배열이 할당된다.

```
z =
     1  2  3
     4  5  6
```

이제 변수 z 값은 스크립트 안에서 여러 가지 계산에 사용될 수 있다.

input 함수를 이용해 입력하는 데이터가 꼭 숫자일 필요는 없다. 예를 들어 다음과 같이

```
x = input("Enter your name in double quotes")
```

로 데이터의 입력을 요청해 사용자가

```
"Holly"
```

를 입력하면 input 명령의 끝에 세미콜론을 사용하지 않았기 때문에 매트랩은 다음과 같이 응답한다.

```
x =
  "Holly"
```

작업공간창에서 변수 x를 살펴보면 다음과 같이 크기가 1 × 1인 문자열임을 알 수 있다.

Name	Value	Size	Bytes	Class
x	"Holly"	1×1	150	string

문자열을 입력할 때에는 반드시 문자를 큰따옴표로 묶어야 한다. 또 다른 방법으로는 **문자 배열**(character array)을 사용하는 것이 있는데, 이는 문자를 작은따옴표로 묶어서 만든다. 이 방법은 매트랩에서 처음부터 사용된 방식이며, 여전히 많은 문서에서 주로 사용되고 있다. 만약 사용자에게 다음과 같은 프롬프트를 제공하면

```
x = input('Enter your name in single quotes')
```

위와 같이 데이터의 입력을 요청해 사용자가

```
'Holly'
```

를 입력하면 매트랩이 다음과 같이 응답한다.

```
x =
  'Holly'
```

작업공간창에서 변수 x를 살펴보면 다음과 같이 크기가 1 × 5인 문자 배열임을 알 수 있다.

Name	Value	Size	Bytes	Class
x	'Holly'	1×5	6	char

실용적인 관점에서 문자열을 사용할지, 문자 배열을 사용할지는 스타일의 문제이다. 두 방식 모두 장점이 있으며, 이는 후속 장에서 데이터 유형을 다룰 때 명확해질 것이다. 문자 배열을 사용하기로 결정했다면 입력 명령의 대체 형식을 사용할 수 있는데, 이 형식은 두 번째 필드에서 's'를 써주어 입력이 문자 배열이라는 것을 지정해주면 작은따옴표로 묶을 필요가 없다.

```
x = input('Enter your name', 's')
```

위와 같이 실행한 다음 작은따옴표 없이 문자만 입력하면

```
Fernando
```

프로그램에서 변수 x에는 다음과 같은 문자 배열이 할당된다.

```
x =
  'Fernando'
```

실습문제 7.1

정답은 피어슨 출판사의 웹사이트 https://www.pearsonhighered.com/moore에서 확인할 수 있다.

1. 삼각형의 면적 A를 계산하는 스크립트를 작성하라. 이때 사용자에게 밑변과 높이 값을 입력하게 하는 방식을 사용하라.

$$A = \frac{1}{2} \times \text{밑변} \times \text{높이}$$

2. 원기둥의 부피 V를 계산하는 스크립트를 작성하라. 이때 사용자에게 반지름 r과 높이 h 값을 입력하게 하는 방식을 사용하라.

$$V = \pi r^2 h$$

3. 사용자가 n 값을 입력하면 $0 \sim n$까지의 숫자를 원소로 하는 벡터를 만들라.
4. 처음 수가 a, 마지막 수가 b, 수의 간격이 c인 벡터를 만들라. 이때 사용자에게 a, b, c 값을 모두 입력하게 하는 방식을 사용하라.

예제 7.1

자유낙하 물체

1971년 아폴로호의 마지막 달 탐사 임무 동안 우주비행사 데이브 스콧은 1634년에 갈릴레이가 제안한 실험을 수행했다. 그는 망치와 깃털을 동시에 떨어뜨려 두 물체가 동시에 달 표면에 닿는 것을 관찰했다(그림 7.1). 이 실험 영상은 인터넷에서 '달에서 망치와 깃털 떨어뜨리기'라고 검색하면 볼 수 있다.

아폴로 15호의 임무 관제사인 조 앨런은 아폴로 15호의 예비 과학 보고서에서 다음과 같이 적었다. "세 번째 선외 활동의 마지막 순간에 짧은 시범 실험이 수행되었다. 무거운 물체(1.32 kg의 알루미늄 지질 망치)와 가벼운 물체(0.03 kg의 매 깃털)가 거의 동일한 높이(약 1.6 m)에서 동시에 떨어졌고, 표면에 떨어질 때까지 자유롭게 낙하하도록 했다. 동시에 떨어뜨린 실험의 정확성 범위 내에서 물체들은 같은 가속도로 움직여 달 표면에 동시에 도달하는 것이 관찰되었다. 이는 오래된 이론에서 예측된 결과였으며, 많은 사람이 이 실험을 지켜봤다는 점과 우주선이 집으로 돌아오는 데 이 이론의 정확성이 중요했다는 점에서 더욱 안심할 수 있는 결과였다.

달, 지구, 성간 우주 어디에서든지 자유낙하하는 물체의 위치는 동일한 방정식으로 예측할 수 있다.

$$d = \frac{1}{2} g t^2$$

여기에서

d = (시간 t 동안) 물체가 낙하한 거리
g = 중력가속도
t = 낙하시간

질량은 이 방정식에 포함되지 않는다.

사용자가 중력가속도 g 값과 시간구간을 입력하면 낙하거리를 계산할 수 있는 프로그램을 작성하라.

그림 7.1
1971년 아폴로 15호의 달 탐사 임무 동안 우주비행사 데이브 스콧은 1634년에 갈릴레이가 제안한 '망치와 깃털' 실험을 수행했다. 그는 두 물체가 질량에 상관없이 동일한 속도로 낙하한다는 것을 성공적으로 입증했다(Paul Fjeld/NASA).

1. 문제를 명확히 나타낸다.
   자유낙하하는 물체가 낙하한 거리를 계산하고 이를 그래프로 그린다.

2. 입력과 출력을 표시한다.

   입력 중력가속도 g 값(사용자가 입력하는 방식)
   시간(사용자가 입력하는 방식)

   출력 낙하시간과 거리의 관계를 나타내는 그래프

3. 손이나 계산기로 문제를 미리 풀어본다.

   $d = \frac{1}{2}gt^2$, 따라서 달에서 자유낙하하는 물체가 100초 동안 떨어진 거리를 구하면 다음과 같다.

   $$d = \frac{1}{2} \times 1.6\ \text{m/s}^2 \times 100^2\ \text{s}^2$$

   $$d = 8000\ \text{m}$$

4. 매트랩으로 문제를 푼다.

```
%% 예제 7.1
% 자유낙하
clear, clc
%% 사용자에게 입력을 요청한다.
g = input("중력가속도값은 얼마입니까?")
start = input("물체가 떨어지기 시작한 시각은 언제입니까?")
finish = input("몇 초 동안 물체의 낙하거리를 계산하고 싶습니까?")
incr = input("시간 간격은 얼마로 할까요?")
time=start:incr:finish;
%% 낙하거리를 계산한다.
distance=1/2*g*time.^2;
% 결과를 그래프로 그린다.
loglog(time,distance)
title("자유낙하 거리 그래프")
xlabel("시간,s"),ylabel("낙하거리, m")
%% 총낙하거리를 계산한다.
```

```
final_distance = max(distance)
```

이 프로그램을 실행하면 다음과 같이 사용자와 프로그램의 대화가 이루어진다.

```
중력가속도값은 얼마입니까? 1.6
g =
  1.6000
물체가 떨어지기 시작한 시각은 언제입니까? 0
start =
  0
몇 초 동안 물체의 낙하거리를 계산하고 싶습니까? 100
finish =
  100
시간 간격은 얼마로 할까요? 10
incr =
  10
final_distance =
  8000
```

그래프는 그림 7.2와 같다.

5. 풀이를 검사한다.
매트랩 풀이 결과를 손으로 푼 것과 비교한다. 매트랩에 시간구간의 최종값으로 100초를 입력했더니 총낙하거리가 8000 m로 계산되었는데, 이는 손으로 푼 결과와 일치한다.

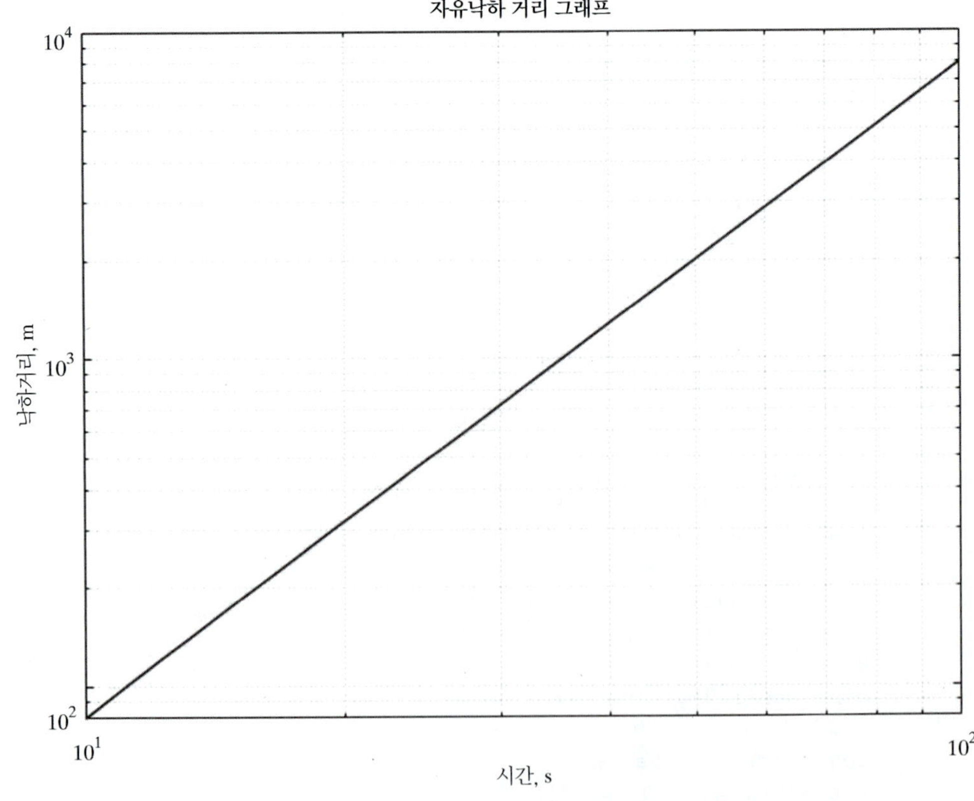

그림 7.2
중력가속도가 1.6 m/s²일 때 시간에 따른 낙하거리의 변화. 로그-로그 그래프로 그렸다.

7.2 출력 제어

배열의 내용을 표시하는 방법은 여러 가지가 있다. 가장 간단한 방법은 세미콜론 없이 배열의 이름을 입력하는 것이다. 배열 이름이 반복되면 배열 값이 다음 줄부터 표시된다. 예를 들어 먼저 배열 x를 정의해보자.

```
x = 1:5;
```

명령의 맨 마지막에 세미콜론을 붙였으므로 명령창에 x 값은 표시되지 않는다. 그런데 프로그램에서 x 값을 표시하고 싶으면 다음과 같이 변수 이름을 그냥 입력하면 된다.

```
x
```

핵심 개념
disp 함수를 사용하면 문자 배열과 숫자 배열의 내용을 화면에 표시할 수 있다.

그러면 변수 x에 들어 있는 값이 화면에 표시된다.

```
x =
      1    2    3    4    5
```

이 방식 말고도 매트랩에는 결과를 표시하는 방법이 세 가지 더 있는데, disp, fprintf, table 함수를 사용하는 것이다.

7.2.1 disp 함수

disp 함수는 배열 이름을 출력하지 않고 배열의 내용을 표시하는 데 사용할 수 있다. 이 함수는 단일 배열을 입력 인수로 받는다. 따라서

```
disp(x)
```

를 입력하면 다음과 같이 화면에 출력된다.

```
1   2   3   4   5
```

disp 함수는 문자열(큰따옴표로 묶은 텍스트)을 표시하는 데에도 사용할 수 있다. 예를 들어

```
disp("The values in the x array are:")
```

을 입력하면 다음과 같이 문자열이 화면에 표시된다.

```
The values in the x array are:
```

disp 함수에 문자열을 입력하면 실제로는 배열을 입력하는 것이다. 다음 명령을 명령 줄에 입력해보자.

```
"The values in the x array are:"
```

그러면 매트랩은 다음과 같이 응답한다.

```
ans =
 "The values in the x array are:"
```

작업창에는 ans가 1 × 1 문자열로 표시된다.

Name	Size	Bytes	Class
ans	1×1	198	string

핵심 개념
문자는 글자, 숫자, 기호가 될 수 있다.

다음과 같은 두 명령을 실행시키면

```
disp("The values in the x array are:")
disp(x)
```

매트랩은 다음 내용을 화면에 출력한다.

```
The values in the x array are:
1 2 3 4 5
```

두 disp 함수가 각각 다른 줄에 표시되는 것을 확인할 수 있다. 두 출력을 결합한 배열을 만들어 같은 줄에 모든 정보를 표시할 수 있다. 그러나 첫 번째 출력은 문자열이고, 두 번째는 숫자 정보이기 때문에 일반적으로 서로 다른 유형의 데이터를 하나의 배열로 결합할 수 없다. 다행히도 매트랩의 내장 규칙은 숫자 정보를 문자열 정보와 함께 더할 때 자동으로 숫자를 문자열로 변환해준다. 이는 단일 숫자 값의 경우에도 적용된다. 예를 들어 다음과 같은 단일 숫자 값을 입력하면

```
y=5
disp("The value in the y array is : " + y)
```

매트랩은 다음 내용을 화면에 출력한다.

```
The value in the y array is : 5
```

그러나 이전에 정의한 x 값처럼 여러 값을 저장하는 배열 변수에 이 방법을 적용하려고 하면 disp 함수는 x의 각 값에 대해 반복해 표시된다.

```
x=1:5;
disp("The values in the x array are: " + x')
```

그러면 매트랩은 다음 내용을 화면에 출력한다.

```
"The values in the x array are: 1"
"The values in the x array are: 2"
"The values in the x array are: 3"
"The values in the x array are: 4"
"The values in the x array are: 5"
```

모든 x 값을 같은 줄에 출력하려면 x 배열을 num2str 함수를 사용해 텍스트 배열로 변환해야 한다. 이름과는 달리 이 함수는 문자 배열을 생성하지만, 결과는 동일하다.

```
disp("The values in the x array are: " + num2str(x))
```

그러면 매트랩은 다음 내용을 화면에 출력한다.

```
The values in the x array are: 1  2  3  4  5
```

disp 함수에 입력할 때 문자 배열(작은따옴표)을 사용하기로 선택하면, **결합**(concatenation, 여러 구성요소를 하나의 배열로 합치는 것) 규칙이 약간 다르다. 이 경우 num2str 함수와 함께 대괄호를 사용해 결합된 문자 배열을 지정해야 한다.

```
disp(['The values in the x array are: ' num2str(x)])
```

이렇게 하면 이전 명령어와 동일한 결과를 얻을 수 있다.

HINT 문자 배열에 작은따옴표(')를 포함하려면 이를 두 번 입력해야 한다. 그렇지 않으면 매트랩은 작은따옴표를 배열의 끝으로 해석한다. 작은따옴표를 두 번 사용하는 예는 다음과 같다.

```
disp('The moon''s gravity is 1/6th that of the earth')
```

마찬가지로 문자열에 큰따옴표를 포함하려면 이를 두 번 입력해야 한다. 예를 들어 다음과 같이 입력하면

```
disp("Mark Twain once said ""Age is an issue of mind over mat-
ter.""")
disp("""If you don't mind, it doesn't matter.""")
```

다음과 같이 반환한다.

```
Mark Twain once said "Age is an issue of mind over matter."
"If you don't mind, it doesn't matter.
```

input 함수와 disp 함수를 조합해 대화를 흉내 낼 수 있다. 다음 스크립트를 만들어 실행해보자.

```
clear, clc
disp("Hi There");
disp("I'm your MATLAB program");
name = input("Who are you? ",'s');
disp("Hi"+ name);
age = input("How old are you?");
disp(age + "that's not very old")
disp("The first computer was invented in 1936")
today=clock;
computer_age =today(1)-1936;
disp("I'm " + computer_age +" years old")
```

```
answer = input("Don't you just love computers? ",'s');
disp(answer + "?");
disp("Computers are very useful");
disp("You'll use them a lot in college!!");
disp("Good luck with your studies")
pause(2);
disp("Goodbye")
```

이 상호작용에서는 pause 함수를 사용했다. 입력 없이 pause를 실행하면 프로그램은 사용자가 엔터 키를 누를 때까지 기다린다. 만약 pause 함수에 값을 입력하면 프로그램은 지정된 시간(초)만큼 기다린 후 계속 진행한다.

7.2.2 형식지정 출력: fprintf 함수

fprintf 함수(형식지정 출력 함수)를 사용하면 disp 함수를 사용하는 경우보다 더욱 다양한 제어를 할 수 있다. 문자와 배열 값을 화면에 표시할 때 이를 표시하는 형식을 지정할 수 있고 원하는 위치에서 줄을 바꾸도록 지정할 수 있다. C언어를 사용할 줄 아는 사람이라면 이 명령의 사용법을 잘 알고 있을 것이다. 매트랩의 fprintf 함수에서 형식을 지정하는 방법은 C언어와 같다. 매트랩이 C언어로 만들어진 것을 생각하면 이 사실은 별로 놀랄 일이 아니다. (매트랩은 처음에는 포트란으로 만들었지만 나중에 C로 다시 만들었다.)

다음과 같이 fprintf에 2개의 인수(문자열과 배열 이름)를 입력하는 것이 가장 많이 사용하는 방식이다.

```
fprintf(format-string, var,. . .)
```

다음 예를 살펴보자.

```
cows = 5;
fprintf("There are %f cows in the pasture", cows)
```

fprintf 함수 안에 들어 있는 첫 번째 인수인 문자열에는 %가 들어 있다. 이 %를 자리표(placeholder)라고 하는데, 바로 이 %가 있는 곳에 변수 값(여기에서는 cows의 값)이 들어간다. 자리표에는 형식 정보도 함께 들어가는데, 이 예와 같이 %f로 되어 있으면 매트랩은 cows의 값을 디폴트(기본설정) 형식인 고정소수점 형식으로 화면에 표시한다. 이 형식은 소수점 아래 6자리로 수를 나타낸다. 따라서 위의 예제를 실행하면 다음 결과가 출력된다.

```
There are 5.000000 cows in the pasture
```

이 밖에도 %e로 하면 수를 지수 형식으로 표시하며, %g로 하면 고정소수점과 지수 형식 중에서 더 간단한 것으로 표시한다. 또한 %c로 하면 문자 정보를 표시하고, %s로 하면 문자열을 표시한다. %d는 수를 10진법 형식으로 표시하므로 다음 예에서 보듯이 특히 정수를 나타낼 때 유용하다.

표 7.1 대표적인 출력 표시형식

입력 인수	표시형식
%f	고정소수점 형식
%e	지수 형식
%d	10진법 형식으로 값이 정수이면 소수점 뒤에 나오는 0은 표시하지 않는다. 정수가 아니면 지수 형식으로 표시한다.
%g	%f와 %e 중 짧은 형식
%c	문자 정보(한 번에 한 글자 표시)
%s	문자열(전체 문자열을 표시)

```
fprintf("There are %d cows in the pasture", cows)
There are 5 cows in the pasture
```

표 7.1에 fprintf에서 지원하는 여러 가지 형식과 이와 관련된 sprintf 함수를 간추려 정리했다.

도움말 기능을 이용하면 또 다른 표시 형식과 이에 해당하는 입력 인수에 대한 설명을 얻을 수 있다.

매트랩에서는 fprintf 함수를 실행한 다음에 자동으로 줄을 바꿔 새로운 줄에서 시작하지 않는다. 따라서 앞의 fprintf 명령 예제를 실행하면 출력 내용과 같은 줄에 명령 프롬프트(>>)가 이어진 형태로 화면에 출력된다.

핵심 개념
fprintf 함수는 숫자가 표시되는 방식을 제어할 수 있도록 해준다.

```
There are 5.000000 cows in the pasture>>
```

또 다른 명령을 실행하면 결과가 다른 줄로 내려가지 않고 같은 줄에 출력된다. 따라서 스크립트에 앞의 fprintf 예제의 명령

```
cows = 6;
fprintf("There are %f cows in the pasture", cows)
```

를 차례대로 작성해 저장한 다음에 이를 수행하면 다음과 같이 명령창에서 같은 줄에 결과를 표시한다.

```
There are 5.000000 cows in the pasture There are 6.000000 cows
in the pasture
```

매트랩이 줄을 바꿔 새 줄에서 시작하게 하려면 문자열의 맨 뒤에 \n을 써주어야 한다. \n을 라인피드(linefeed, 줄바꿈)라고 한다. 예를 들어 다음과 같이 명령을 작성해 실행하면

핵심 개념
fprintf 함수는 문자와 숫자 정보를 명령창에서 같은 줄에 표시할 수 있도록 해준다.

```
cows = 5;
fprintf("There are %f cows in the pasture \n", cows)
cows = 6;
fprintf("There are %f cows in the pasture \n", cows)
```

다음과 같이 출력된다.

```
There are 5.000000 cows in the pasture
There are 6.000000 cows in the pasture
```

HINT 역슬래시(\, backslash)와 보통 슬래시(/, forward slash)는 다른 기호이다. 이를 혼동해 \ 자리에 /를 쓰면 줄을 바꾸는 대신에 명령창에 다음과 같은 결과가 출력된다.

```
There are 5.000000 cows in the pasture /n
```

이 밖에 특수한 표시형식 명령을 표 7.2에 수록했다. 이 중에서 탭 명령(\t)은 결과를 보기 좋게 줄을 맞춰 표로 만들어 출력하는 데 유용하다.

표 7.2 대표적인 출력 표시형식

명령	표시형식
\n	라인피드(linefeed)
\r	캐리지리턴(carriage return)(라인피드와 유사)
\t	탭(tab)
\b	백스페이스(backspace)

지금부터는 **폭 필드**(width field)와 **정밀도 필드**(precision field)를 추가로 사용해 화면에 표시되는 변수의 형식을 어떻게 조정할 수 있는지 살펴보자. 폭 필드는 프린트되는 문자나 숫자의 최소 개수(전체 자릿수)를 지정한다. 따라서 반드시 10진수로 된 양의 정수이어야 한다. 마침표(.) 다음에 오는 정밀도 필드는 숫자를 지수 형식이나 고정소수점 형식으로 표시할 때 소수점 아래 자릿수를 지정한다. 예를 들어 %8.2f라고 명령을 내리면 고정소수점 형식으로 결과를 표시하는 데 사용되는 최소 전체 자릿수가 8개이고 이 가운데 2자리가 소수점 이하로 지정된다. 따라서 다음과 같이 명령을 내리면

```
voltage = 3.5;
fprintf("The voltage is %8.2f millivolts \n",voltage);
```

다음과 같은 결과가 명령창에 출력된다.

```
The voltage is     3.50 millivolts
```

이 결과를 살펴보면 숫자 3.50 앞에 빈칸이 여러 개 있다. 이것은 전체 8자리 중에서 소수점 왼쪽에 6자리를 마련해두었기 때문이다(총 8개, 소수점 아래 2개).

HINT 흔히 하는 오해는 필드 식별자가 소수점 앞뒤의 숫자를 나타낸다고 생각하는 것이다. 즉 %8.2f가 소수점 앞에 8칸, 소수점 뒤에 2칸을 의미한다고 착각하는 경우이다. 그러나 첫 번째 값은 숫자에 할당된 **전체**(total) 필드 너비를 나타낸다. %2.3f와 같은 필드 식별자는 의미가 없는데, 이는 숫자에 2칸을 할당하면서 그중 3칸이 소수점 뒤에 있기 때문이다.

배열 변수를 fprintf 명령을 사용해 화면에 표시하는 경우도 많이 있다. 예를 들어

```
x = 1:5;
```

인 경우에 다음과 같이 입력하면

```
fprintf("%8.2f \n",x);
```

배열의 모든 값이 표시될 때까지 fprintf 명령을 되풀이하므로 다음과 같이 명령창에 숫자가 출력된다.

```
1.00
2.00
3.00
4.00
5.00
```

변수가 2차원 배열인 경우에는 첫 번째 열부터 마지막 열까지 한 번에 한 열씩 차례대로 표시한다. 예를 들어 다음과 같은 두 변수를

```
feet = 1:3;
inches = feet.*12;
```

다음과 같이 하나로 묶으면

```
conversions = [feet;inches]
```

다음과 같이 명령창에 결과가 표시된다.

```
conversions =
      1  2  3
     12 24 36
```

conversions 배열은 2개의 행으로 이루어져 있다. 첫 번째 행은 feet 배열에 해당하고 두 번째 행은 inches 배열에 해당한다. 이제 fprintf 함수를 사용해 이를 알아보기 쉽게 표 형식으로 만들어보자. 다음을 입력하면

```
fprintf("%4.0f %7.2f \n",conversions)
```

명령창에 다음 출력이 나타난다.

```
1  12.00
2  24.00
3  36.00
```

앞의 두 출력 결과가 다르게 나온 까닭을 살펴보자. 앞에서 내린 fprintf 명령은 한 번에 2개의 값을 사용한다. fprintf 명령은 conversions 배열 속에서 필요한 숫자를 한

번에 한 열씩 살펴본다. 따라서 fprintf 명령이 첫 번째 줄에 출력하는 2개의 숫자는 conversions 배열의 첫 번째 열의 숫자가 된다.

fprintf 함수에서는 문자열 다음에 여러 개의 배열이 올 수 있다. 이런 경우에는 한 배열의 모든 값을 차례로 표시하고 그다음에 오는 배열의 값을 표시한다. 예를 들어 feet와 inches 배열을 하나의 테이블 배열로 묶지 않고 다음과 같이 따로 사용하면

```
fprintf("%4.0f %7.2f \n", feet, inches)
```

화면에 표시되는 출력은 다음과 같다.

```
1      2.00
3     12.00
24    36.00
```

fprintf 함수가 먼저 feet 값을 모두 사용하고 그다음에 inches 값을 사용한 것을 볼 수 있다. 그런데 실제로 이런 식으로 표시하고 싶어서 함수를 이렇게 사용한 것은 아닐 것이다. 그러므로 fprintf 함수에서는 여러 출력 값을 하나의 배열로 한데 묶은 다음에 사용하는 경우가 대부분이다.

fprintf 명령을 사용하면 단순히 형식 명령을 사용하는 것보다 표시형식을 훨씬 다양하게 조절할 수 있다. 그렇지만 어떻게 사용할지 미리 생각하고 주의를 기울여야 한다.

핵심 개념
fprintf 함수는 서식이 지정된 출력을 파일로 보낼 수 있게 해준다.

fprintf 함수는 명령창에 표시할 **형식지정 출력**(formatted output)을 생성하는 것 외에도, 형식지정 출력을 파일로 전달하는 데 사용할 수 있다. 이를 위해 먼저 출력 파일을 만들고 그 파일을 연 다음에 파일 인식자(file identifier, 파일의 별칭)를 할당한다. 이 과정은 다음과 같이 fopen 함수를 사용해 수행할 수 있다.

```
file_id = fopen("my_output_file.txt", "wt");
```

fopen 함수 속의 첫 번째 필드는 '파일 이름'이다. 두 번째 필드에서 "wt"로 지정한 것은 그 파일에 데이터를 쓸 수 있게 만들기 위해서이다. 파일을 만들어 열고 인식자를 붙이고 나면 fprintf 명령을 사용할 수 있다. 이때 다음과 같이 fprintf 함수의 첫 번째 필드에 파일 인식자를 입력해준다.

```
fprintf(file_id, 'Some example output is %4.2f \n', pi*1000)
```

그러면 다음과 같은 형식의 문자열이 *my_output_file.txt* 파일로 전달된다.

```
Some example output is 3141.59
```

그러면서 fprintf 함수는 다음과 같이 명령창에 파일로 전달한 데이터의 총 바이트 수를 출력해 표시한다.

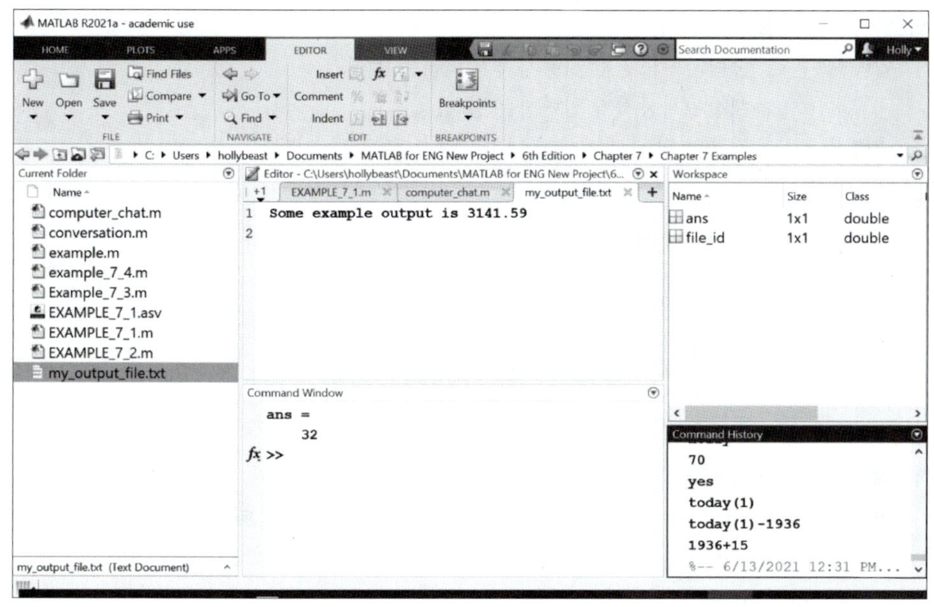

그림 7.3
fprintf를 사용해 생성된 데이터는 종종 텍스트 파일에 저장된다. 텍스트 파일의 내용은 현재 디렉터리에서 파일 이름을 더블클릭해 편집창에서 확인할 수 있다.

```
ans =
  32
```

현재폴더창에서 *my_output_file.txt* 파일 이름을 더블클릭해 파일의 내용을 확인할 수 있다. 파일은 그림 7.3과 같이 편집창에서 열린다.

HINT fprintf 함수를 사용하는 과정에서 초보 프로그래머가 흔히 저지르는 실수로 자리표에 f를 넣어주는 것을 깜박하는 일이 있다. 그러면 fprintf 함수는 제대로 동작하지 않는데, 이때 명령창 화면에는 아무런 에러 메시지도 표시되지 않는다.

HINT fprintf의 문장 안에 % 기호를 포함하고 싶으면 %를 두 번 연달아 쓰면 된다. 그렇게 하지 않으면 매트랩은 %를 데이터가 들어가는 위치를 알려주는 자리표로 해석하게 된다. 예를 들어

```
fprintf('The interest rate is %5.2f %% \n', 5)
```

를 실행하면 다음과 같이 출력된다.

```
The interest rate is 5.00 %
```

예제 7.2

자유낙하 물체: 형식지정 출력

예제 7.1을 다시 풀되, 이번에는 그래프 대신 결과 배열을 생성하라. 출력 형식을 제어하기 위해 disp, fprintf 명령을 사용하라.

1. 문제를 명확히 나타낸다.
   자유낙하하는 물체가 낙하한 거리를 계산한다.

2. 입력과 출력을 표시한다.

입력 중력가속도 g 값(사용자가 입력하는 방식)
시간 t(사용자가 입력하는 방식)

출력 지구와 달에서 계산한 낙하거리

3. 손이나 계산기로 문제를 미리 풀어본다.

달에서 자유낙하하는 물체가 100초 동안 떨어진 거리를 구하면 다음과 같다.

$$d = \frac{1}{2}gt^2$$

$$d = \frac{1}{2} \times 1.6 \text{ m/s}^2 \times 100^2 \text{ s}^2$$

$$d = 8000 \text{ m}$$

4. 매트랩으로 문제를 푼다.

이 예제는 라이브 스크립트(MLX-파일)에서 작성되었다. 스크립트와 라이브 스크립트에서 프로그램 명령어는 완전히 동일하다.

```
%% 예제 7.2
% 자유낙하
clear, clc
% 사용자에게 입력을 요청한다.
g = input("중력가속도 값은 얼마입니까? ")
start=input("물체가 떨어지기 시작한 시각은 언제입니까? ")
finish = input("몇 초 동안 물체의 낙하거리를 계산하고 싶습니까? ")
incr = input("시간 간격은 얼마로 할까요? ")
time=start:incr:finish;
% 낙하거리를 계산한다.
distance=1/2*g*time.^2;
% 출력 데이터를 행렬로 만든다.
results=[time;distance];
% 출력 데이터를 명령창에 표시한다.
fprintf("다음은 중력가속도가   %5.1f "+...
    seconds \n 일 때 계산한 데이터입니다. \n", g)
disp("자유낙하하는 물체의 거리")
disp("시간,sec      거리, m")
fprintf("%8.0f  %10.2f\n",results)
```

이 프로그램은 명령창에서 다음과 같은 상호작용을 생성한다.

```
중력가속도값은 얼마입니까? 1.6
g =
  1.6000
물체가 떨어지기 시작한 시각은 언제입니까? 0
start =
  0
몇 초 동안 물체의 낙하거리를 계산하고 싶습니까? 100
finish =
  100
시간 간격은 얼마로 할까요? 10
incr =
  10
```

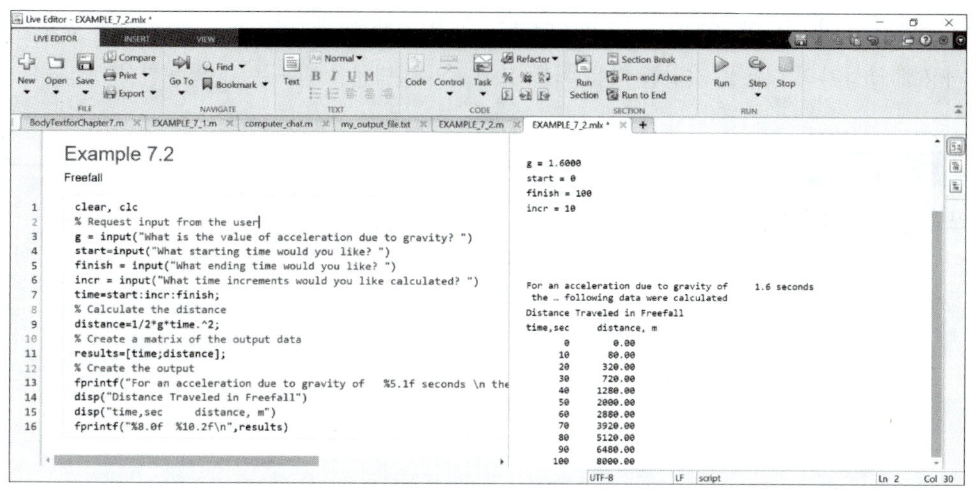

그림 7.4
라이브 스크립트는 문제를 해결하는 데 필요한 컴퓨터 명령어뿐만 아니라 계산 결과도 저장할 수 있다.

입력 상호작용은 라이브 스크립트에서 반복된다. 결과는 명령창이 아닌 라이브 스크립트로 보내며, 사용자의 선택에 따라 오른쪽 프레임 또는 인라인으로 표시된다(그림 7.4). 이렇게 하면 작업을 문서화하기가 매우 쉬워지며, 파일을 저장 메뉴에서 바로 PDF로 저장할 수 있다.

5. 풀이를 검사한다.

   매트랩 풀이 결과를 손으로 푼 것과 비교한다. 출력이 표 형식이므로 100초에 이동한 거리가 8000 m임을 쉽게 확인할 수 있다. 다른 데이터를 입력으로 사용해보고, 결과를 예제 7.1에서 생성된 그래프와 비교하라.

실습문제 7.2

이 실습문제는 스크립트(M-파일) 또는 라이브 스크립트(MLX-파일)로 작성해야 한다. 정답은 피어슨 출판사의 웹사이트 https://www.pearsonhighered.com/moore에서 확인할 수 있다.

1. `disp` 명령을 사용해 인치(inch) 단위를 피트(feet) 단위로 변환하는 표의 제목을 만들라.
2. `disp` 명령을 사용해 표의 항목 이름을 만들라.
3. 0~120까지 간격을 10으로 해 이름이 `inches`인 벡터를 만들라.
4. `inches` 벡터의 값에 대응하는 값으로 이루어진 `feet` 벡터를 만들라.
5. `inches` 벡터와 `feet` 벡터를 묶어 이름이 `results`인 배열로 만들라.
6. `fprintf` 명령을 사용해 `results` 배열의 값을 명령창에 출력하라.

7.2.3 형식지정 출력: `sprintf` 함수

핵심 개념
`sprintf` 함수는 `fprintf`와 유사하며, 그래프에 설명문을 추가하는 데 유용하다.

`sprintf` 함수는 `fprintf` 함수와 비슷하다. 다만 `fprintf` 함수는 지정한 표시형식대로 결과를 명령창으로 보내기만 하는 반면 `sprintf`는 다음과 같이 명령창에 출력되는 결과에 이름(변수)을 할당하고 이를 명령창에 보낸다.

```
a = sprintf("Some example output is %4.2f \n", pi*1000)
a =
    Some example output is 3141.59
```

이러한 기능이 어디에 쓸모가 있을까? 이해를 돕기 위해 예제 7.3에서는 sprintf 함수를 사용해 글상자의 내용을 지정한 다음 이를 그래프의 설명문을 만드는 데 활용한다.

예제 7.3

포탄의 궤도: 그래프에 설명문 달기

이전에 살펴본 예제에서 대포에서 발사한 포탄이 날아간 거리(사정거리)를 다음 식으로 쓸 수 있음을 살펴보았다.

$$R(\theta) = \frac{v^2}{g}\sin(2\theta)$$

여기에서

$R(\theta)$ = 사정거리(단위: m)
v = 포탄의 초기 속도(단위: m/s)
θ = 발사각도(단위: rad)
g = 중력가속도 9.9 m/s²

*x*축이 발사각도, *y*축이 사정거리인 그래프를 그리고 최대 사정거리 값을 나타내는 글상자를 만들어 그래프에 붙이라.

1. 문제를 명확히 나타낸다.
   발사각도에 따른 사정거리의 변화를 나타내는 그래프를 그린다. 또 그래프에 최대 사정거리를 나타내는 글상자를 만들어 붙인다.

2. 입력과 출력을 표시한다.
   입력 중력가속도 $g = 9.9$ m/s²
   발사각도 θ
   포탄의 초기 속도 $v = 100$ m/s
   출력 최대 사정거리를 나타내는 글상자가 붙어 있는 발사각도 대 사정거리 그래프

3. 손이나 계산기로 문제를 미리 풀어본다.
   물리학 이론과 이전 예제의 결과로부터 대포의 발사각도가 45°(= π/4 rad)일 때 사정거리가 최대가 된다는 사실을 알았다. $\theta = 45° = \pi/4$ rad을 $R(\theta)$ 식에 대입하면 다음과 같다.

$$R(45°) = \frac{100^2\ \mathrm{m}^2/\mathrm{s}^2}{9.9\ \mathrm{m/s}^2}\ \sin(2 * 45°)$$

   이 식을 휴대용 계산기로 계산할 경우에는 각도가 도(degree) 단위이므로 사인(sine) 함수가 도(deg) 단위로 계산하도록 설정해야 한다. 계산기가 라디안(radian) 단위로 계산하도록 설정된 경우에는 45 대신 π/4를 입력해야 한다. 위 식을 계산한 결과는 다음과 같다.

$$R(45°) = 1010\ \mathrm{m}$$

4. 매트랩으로 문제를 푼다.

```
%% 예제 7.3
% 최대 포탄 사정거리를 찾는다.
% 주변 조건에 대해
```

```
% 결과에 대한 설명문을 그래프에 삽입한다.
clear, clc
% 상수를 정의한다.
g = 9.9;    % 중력가속도
velocity = 110; % 초기속도, m/s^2
theta = [0:5:90]  % 발사각도
%  사정거리를 계산한다.
range = velocity^2/g*sind(2*theta);
%  최대 사정거리를 계산한다.
maximum = max(range);
% 글상자를 만들고 입력에 할당한다.
t = "최대 사정거리는 ";
text_input=sprintf("%s %4.0f meters \n", t, maximum);
% 계산 결과를 그래프로 그린다.
plot(theta,range), grid on
title("포탄의 사정거리")
xlabel("각도, 도(degrees)"), ylabel("사정거리, 미터(m)")
text(20,maximum,text_input)
```

이 프로그램에서 주목할 점이 몇 가지 있다. 첫째, `sind` 함수를 사용해 입력값을 각도로 해 사인 값을 계산했다. 둘째, `sprintf` 함수의 입력 인수 중 일부는 문자열로 정의되어 %s를 사용해 명령어를 더 간결하게 만들었다. 셋째, 글상자의 위치는 항상 그래프의 20°(x축 기준)에서 시작하지만, y의 위치는 최대 범위에 따라 달라진다. 이 프로그램은 그림 7.5(a)와 같은 그래프를 생성한다.

5. 풀이를 검사한다.

   매트랩 결과를 손으로 계산한 결과와 비교한다. 그래프에 설명문을 달기 위해 사용된 글상자는 최대 범위를 1010 m로 표시하며, 이는 손으로 계산한 값과 일치한다. 초기 속도를 다르게 설정해 프로그램을 테스트할 수도 있다. 예를 들어 초기 속도를 110 m/s로 설정하면 결과는 그림 7.5(b)와 같이 나 타난다.

포탄의 사정거리

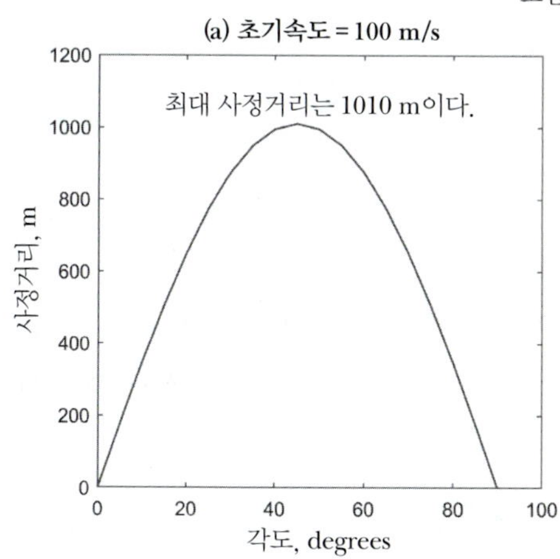

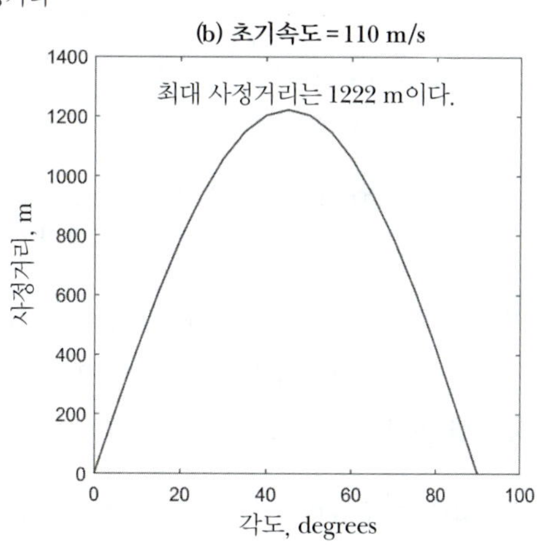

그림 7.5
글상자의 내용은 프로그램의 입력에 따라 변경되며, `sprintf` 함수에 의해 제어된다.

7.2.4 table 함수

disp, fprintf를 사용하면 명령창에 서식이 지정된 출력을 생성할 수 있지만, 이 두 함수를 사용해 열에 서로 다른 데이터 유형(예: 문자, 문자열, 숫자)이 있는 출력을 생성하는 것은 번거롭다. table 함수는 이러한 작업을 수행하기 위해 테이블이라는 다른 데이터 유형을 사용한다. 여기에서는 table 함수를 사용해 테이블 배열을 생성하고 이를 출력으로 표시하는 방법에 중점을 둘 것이다.

예를 들어 물체가 지구와 달에서 각각 100초 후에 얼마나 멀리 떨어질지를 알기 위한 계산을 생각해보자. 각 위치에서 중력가속도는 열벡터 g로 나타낼 수 있다.

g = [9.8; 1.6]

그러면 100초 동안 물체가 낙하한 거리는 다음과 같이 계산할 수 있다.

d = 0.5 * g * 100^2

이 또한 열벡터를 반환한다.

첫 번째 열에 행성 이름, 두 번째 열에 g 값, 세 번째 열에 이동 거리를 나열하는 테이블을 만들려고 한다. 이를 위해 문자열을 사용해 행성 이름의 열벡터를 정의한다. 이 경우에는 문자 배열이 아닌 문자열을 사용해야 한다.

```
p=["Earth";"Moon"];
```

g, d, p가 정의되면 이들을 table 함수를 사용해 결합해서 테이블을 생성할 수 있다(모든 입력 벡터는 열 형태여야 한다).

```
table(p,g,d)
```

그러면 다음과 같이 표 형식으로 데이터가 출력된다.

```
ans =
 2 × 3 table
          p         g        d
      _________    ___    _____
      "Earth"      9.8    49000
       "Moon"      1.6     8000
```

여기에서 알아두어야 할 것은 각 열의 이름으로는 변수 이름이 디폴트로 화면에 출력된다는 사실이다. 각 열에 좀 더 의미 있는 이름을 지정하려면 다음과 같이 2개의 필드를 추가로 사용하면 된다.

```
table(p,g,d,'VariableNames',["Planet","g","Distance"])
ans =
 2 × 3 table
       Planet        g      Distance
```

```
   ________     ___     ________
   "Earth"      9.8      49000
    "Moon"      1.6       8000
```

'VariableNames'가 작은따옴표로 지정되어 있는 것을 확인하라. 이는 여전히 작은따옴표를 사용해야 하는 몇 안 되는 경우 중 하나이다. 이를 잊으면 매트랩은 적절한 안내와 함께 오류 메시지를 표시한다.

마지막으로 ans= 줄 없이 출력 테이블을 더 깔끔하게 만들 수 있다. 이를 위해 disp 함수 안에 명령어를 중첩하면 된다.

```
disp(table(p,g,d,'VariableNames',["Planet","g","Distance"]))
```

이는 다음을 출력한다.

```
   Planet        g      Distance
   ________     ___     ________
   "Earth"      9.8      49000
    "Moon"      1.6       8000
```

테이블 정보를 저장하려면 테이블을 변수 이름에 할당한다.

```
my_earth_moon_data = table(p,g,d,'VariableNames',["Planet",...
"g","Distance"]);
```

작업창에서 테이블 변수를 더블클릭하면 저장된 내용을 확인할 수 있다. 그러면 그림 7.6과 같이 변수편집기가 편집창에 열리게 된다. 변수편집기에서 테이블에 저장된 변수(또는 다른 변수)의 값을 쌍방향으로 변경하거나, 데이터 집합에 새로운 행을 추가할 수도 있다.

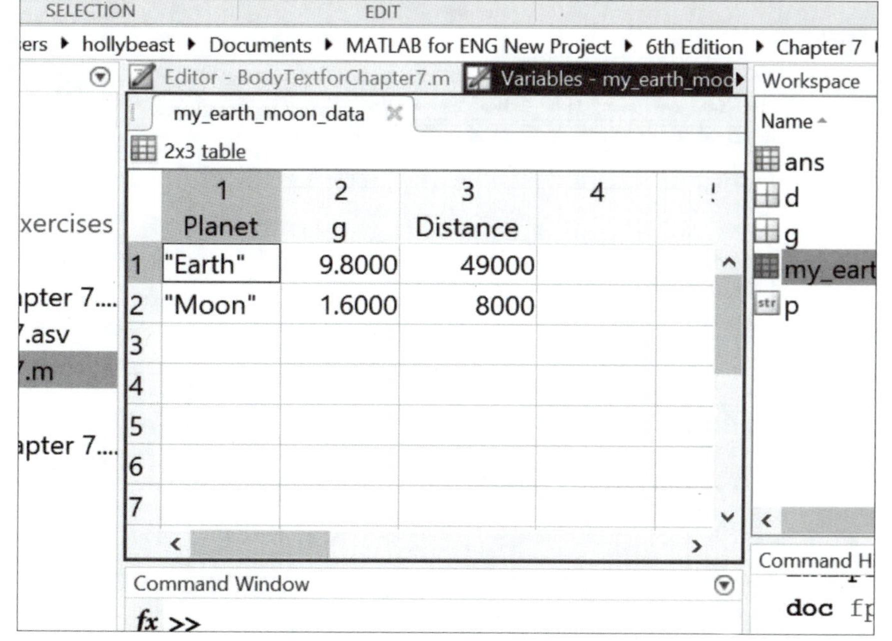

그림 7.6
테이블 배열은 다양한 유형의 데이터를 저장할 수 있으며, 변수편집기에서 확인할 수 있다. 작업창에서 변수 이름을 선택한 후 더블클릭해 변수편집기창을 열면 된다.

7.3 그래프 입력

매트랩에서는 그래프로부터 x, y 순서쌍을 입력받을 수 있는 방법이 있다. ginput 명령을 사용하면 그림창에서 선택한 점의 x, y 좌표를 얻을 수 있다. 다음과 같은 명령을 내리면

```
[x,y] = ginput(n)
```

매트랩은 사용자가 그림창에서 선택한 n개의 점을 입력받는다. 다음과 같이 n 값을 쓰지 않으면

```
[x,y] = ginput
```

매트랩은 사용자가 리턴 키를 치기 전까지 선택한 점을 모두 입력받는다.

이 방법은 그래프로부터 필요한 점을 골라낼 때 유용하다. 그림 7.7의 그래프를 살펴보자. 이 그래프는 다음과 같은 명령에 따라 5~30의 x 범위에서 y 값을 계산해 그린 것이다.

```
x = 5:30;
y = x.^2 - 40.*x + 400;
plot(x, y)
axis([5,30, -50,250])
```

축값은 그래프를 더 쉽게 추적할 수 있도록 정의된다.

다음과 같이 ginput 함수를 실행하면

```
[a,b] = ginput
```

매트랩에는 십자선이 생긴다. 이 십자선을 원하는 위치에 놓고 클릭한 다음 리턴(엔터) 키를 치면 다음과 같이 선택한 점의 x, y 좌표가 프로그램으로 전달된다.

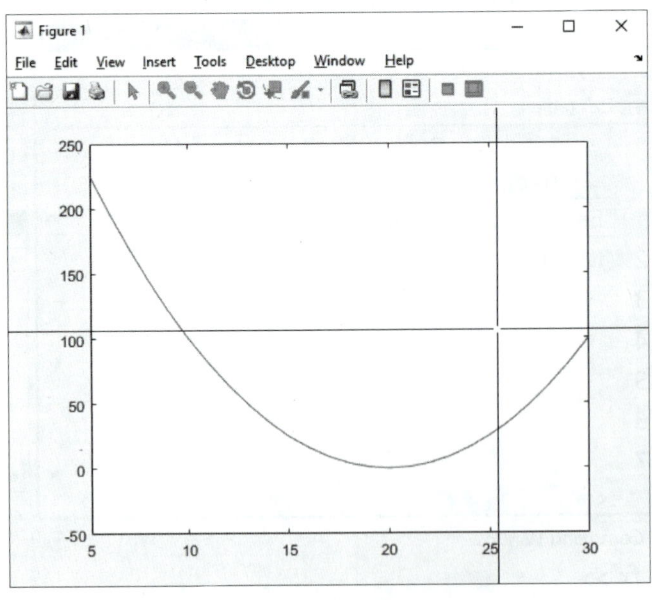

그림 7.7
ginput 함수를 사용하면 그래프에서 특정 점의 위치(데이터)를 알아낼 수 있다.

```
a =
   24.4412
b =
   19.7368
```

7.4 파일에서 데이터 읽고 쓰기

데이터가 저장되는 형식에는 여러 가지가 있는데, 그 데이터가 어떤 장치와 프로그램으로 만들어지는지, 데이터가 어떤 곳에 응용되는지에 따라 달라진다. 예를 들어 소리는 *.wav* 파일에 저장되며 이미지는 *.jpg* 파일에 저장된다. 또 여러 응용 프로그램이 데이터를 엑셀 스프레드시트 파일인 *.xls* 또는 *.xlsx* 파일에 데이터를 저장한다. 가장 일반적인 파일은 아스키(ASCII) 파일로 *.dat* 파일이나 *.txt* 파일로 저장되는 것이 보통이다. 이러한 다양한 데이터를 매트랩 프로그램으로 분석하려면 이들을 매트랩으로 가져와야 한다. 또는 매트랩에서 만든 데이터 파일을 다른 응용프로그램으로 보내려면 그 파일을 거기에 맞는 형식으로 저장해야 한다.

7.4.1 데이터 가져오기

가져오기 마법사

현재 디렉터리(current directory)에서 어떤 데이터 파일의 이름을 더블클릭하면 '가져오기 마법사(Import Wizard)'가 시작된다. 가져오기 마법사는 그 파일에 저장된 데이터의 종류를 알아내고 매트랩에서 데이터를 나타내는 방법을 제시한다. 표 7.3에 매트랩이 지원하는 데이터의 종류를 수록했다. 매트랩이 모든 데이터 형식을 다 지원하지는 않는다. 도움말 기

핵심 개념
매트랩은 다양한 형식을 사용해 파일에서 데이터를 가져올 수 있다.

표 7.3 매트랩이 지원하는 데이터 파일 형식

파일 형식	확장자	설명
텍스트	.mat	매트랩 작업공간 데이터
	.dat	ASCII 데이터
	.txt	ASCII 데이터
	.csv	Comma-separated values
과학 데이터 형식	.cdf	common data format
	.fits	flexible image transport system 데이터
	.hdf	hierarchical data format
스프레드시트 데이터	.xls, xlsx	엑셀 스프레드시트
이미지 데이터	.tiff	tagged image file format
	.bmp	bitmap
	.jpeg 또는 jpg	joint photographics expert group
	.gif	graphics interchange format
소리 데이터	.au, snd	audio
	.wav	Microsoft wave 파일
	.mp4	MPEG-4
동영상	.avi	audio/video interleaved 파일
	.mpg	motion picture experts group

능을 활용해 검색하면 지원하는 파일 형식 전체를 알 수 있다.

가져오기 마법사를 사용해 ASCII 파일과 엑셀 스프레드시트 파일은 물론 다른 형식의 파일도 매트랩으로 가져올 수 있다. 다음과 같이 uiimport 함수를 사용하면 명령창에서 가져오기 마법사를 시작할 수 있다.

```
uiimport("filename.extension")
```

예를 들어보자. 소리 파일은 여러 가지 소프트웨어 도구를 사용해 만들거나 인터넷에서 이미 만들어진 파일을 쉽게 찾아볼 수 있다. 다음은 **dave.wav**라는 소리 파일을 가져오기 위한 명령이다.

```
uiimport("dave.wav")
```

이 명령을 실행하면 그림 7.8과 같이 가져오기 마법사가 열린다.

어느 방법을 사용하든(현재폴더창에 있는 파일의 이름을 더블클릭 또는 명령창에서 uiimport 함수를 사용) 일단 가져오기 마법사가 시작되면 사용자와 대화 방식으로 가져오기 과정이 진행된다. 따라서 매트랩 프로그램 안에서 데이터를 불러들이려면 다른 방법을 사용해야 한다.

가져오기 명령

가져오기 마법사를 쓰지 않으려면 매트랩이 지원하는 파일 형식별로 정해져 있는 함수를 사용해 해당 형식의 데이터를 읽으면 된다. 예를 들어 **.wav** 파일을 읽어 들일 때에는 다음과 같이 audioread 함수를 사용한다.

```
[data,fs] = audioread("dave.wav")
```

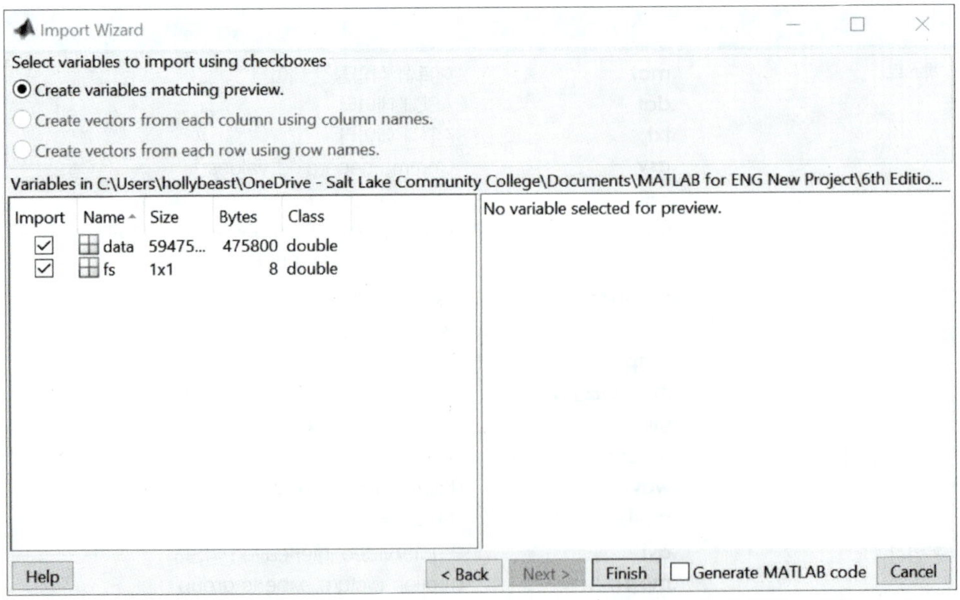

그림 7.8
uiimport 명령을 실행하면 가져오기 마법사가 자동으로 시작된다.

표 7.4 `readtable` 가져오기 함수

확장자	데이터 형식
.txt, .dat, .csv	구분된 텍스트 파일
.xls, .xlsb, .xlsm, .xlsx, .xltm, .xltx, .ods	스프레드시트 파일
.xml	확장 가능한 마크업 언어 파일

이처럼 파일을 읽어 들일 때에는 그 파일이 어떤 형식인지 알아야 하고 읽은 데이터를 저장할 변수의 이름을 지정해주어야 한다. 읽어 들인 데이터를 사용하기 위해서는 그 데이터에 맞는 함수를 사용해야 한다. *.wav* 파일을 읽어 들인 경우에 적합한 함수는 sound 함수이다. 매트랩에서 *dave.wav* 파일을 재생하는 명령은 다음과 같다.

```
sound(data,fs)
```

매우 유용한 가져오기 함수 중 하나는 readtable로, 이는 표 형태로 저장된 데이터를 가져와 테이블 배열에 저장한다. 데이터 유형은 파일 확장자에 의해 결정된다. 지원되는 데이터 유형이 표 7.4에 수록되어 있다.

이 함수는 결과 테이블 배열의 각 열에 적절한 데이터 유형을 자동으로 결정하고, 첫 번째 행의 데이터를 기반으로 열에 대한 변수 이름을 할당한다. 테이블 배열에 대한 자세한 내용은 후속 장에서 논의할 것이다. readtable 함수를 사용해 가져온 테이블의 데이터에 접근하려면 작업창에서 변수를 더블클릭하고 각 열에 할당된 이름을 확인하면 된다. 매트랩에는 실험을 위한 내장 데이터 파일이 포함되어 있다. 파일 유형을 가져오려면 다음과 같이 한다.

```
T = readtable("patients.dat");
```

결과는 작업공간에서 T라는 이름의 테이블 배열이다. 변수를 더블클릭하면 그림 7.9와 같이 변수편집기가 열린다. 점 표기법을 사용해 열 이름을 변경함으로써 단일 열을 추출할 수 있다.

```
Age = T.AgeFigure
```

가져오기 마법사에는 데이터 파일을 자동으로 가져오기 위해 어떤 함수를 사용해야 할지 모를 경우 가져오기 작업을 자동으로 완료하기 위해 매트랩 명령어를 생성하는 옵션이 포함되어 있다(하단 작업표시줄에 위치). 이전 예제에서 해당 박스를 체크했다면 다음과 같은 함수가 생성되었을 것이다.

```
function importfile(fileToRead1)
% IMPORTFILE(FILETOREAD1)
% Imports data from the specified file
% FILETOREAD1: file to read
% Auto-generated by MATLAB on 13-Jun-2021 15:06:01
% Import the file
```

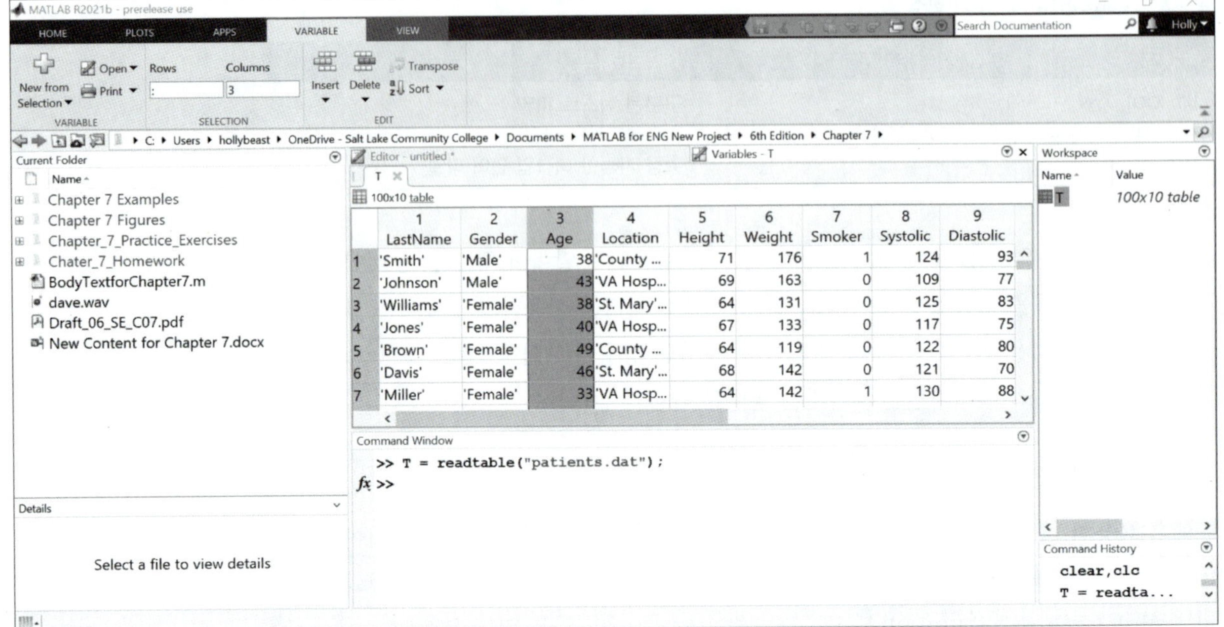

그림 7.9

변수편집기는 테이블 배열의 내용을 표시한다. 각 열은 테이블 배열에 저장된 열벡터에 해당한다. 점 표기법을 사용해 내용에 접근할 수 있으며, 예를 들어 `T.age`를 사용해 그림에 표시된 테이블 배열의 세 번째 열의 내용을 검색할 수 있다.

```
newData1 = importdata(fileToRead1);
% Create new variables in the base workspace from those fields.
vars = fieldnames(newData1);
for i = 1:length(vars)
    assignin('base', vars{i}, newData1.(vars{i}));
end
```

이 함수를 사용하려면 현재 디렉터리에 저장해야 한다. `dave.wav` 파일의 데이터를 프로그래밍적으로 로드하는 명령어는 다음과 같다.

```
importfile("dave.wav")
```

데이터 저장 형식은 계속 변화하고 있다는 점을 인지해야 하며, 이는 매트랩이 이를 해석하는 데 영향을 미칠 수 있다. 예를 들어 일부 .wav 파일은 매트랩에서 지원하지 않는 데이터 압축 알고리즘을 사용할 수 있다.

7.4.2 데이터 내보내기

데이터를 파일로 만드는 데 사용되는 함수가 무엇인지 가장 쉽게 알 수 있는 방법은 도움말(help) 튜토리얼을 사용하는 것이다. 즉 도움말 튜토리얼로 파일을 읽는 데 사용되는 올바른 함수를 찾은 다음 이와 관련된 `write` 함수를 찾아가면 된다. 예를 들어 엑셀 스프레드시트 파일(*.xls* 또는 *.xlsx*)을 읽을 때에는 `readtable` 함수를 다음과 같이 사용한다.

```
readtable("filename.xlsx")
```

튜토리얼 페이지의 끝에서 매트랩은 엑셀 파일을 작성하기 위한 올바른 함수인 다음과 같은 내용을 안내한다.

```
writetable(T,"filename")
```

여기에서 T는 엑셀 스프레드시트에 저장하려는 배열이다.

7.5 프로그램 디버깅하기

소프트웨어 버그란 사용자가 작성한 명령어에 존재하는 문제를 의미한다. 이는 명령어가 전혀 작동하지 않는 실수(코딩 오류)일 수도 있고, 잘못된 결과를 초래하는 논리 오류일 수도 있다. '버그(bug)'라는 용어는 전자기기에서 유래되었으며, 실제 곤충이 때때로 장비의 고장을 유발하기도 했다. 아마 가장 유명한 사례가 1947년 초기 컴퓨터 중 하나인 하버드 마크 II 에이켄 릴레이 계산기(Harvard Mark II Aiken Relay Calculator)의 내부에서 발견된 나방[그림 7.10(a)]으로, 이는 유명한 초기 컴퓨터 과학자인 그레이스 호퍼(Grace Hopper)[그림 7.10(b)] 팀이 발견한 것이다.

매트랩은 명령어 분석기(오류 표시)를 포함해 명령어를 단계별로 실행할 수 있는 보다 포괄적인 도구를 포함한 여러 디버깅 도구를 제공한다.

7.5.1 명령어 분석기

스크립트나 라이브 스크립트를 생성할 때에는 언제나 편집창 화면 오른쪽 옆면을 따라 가로

(a)

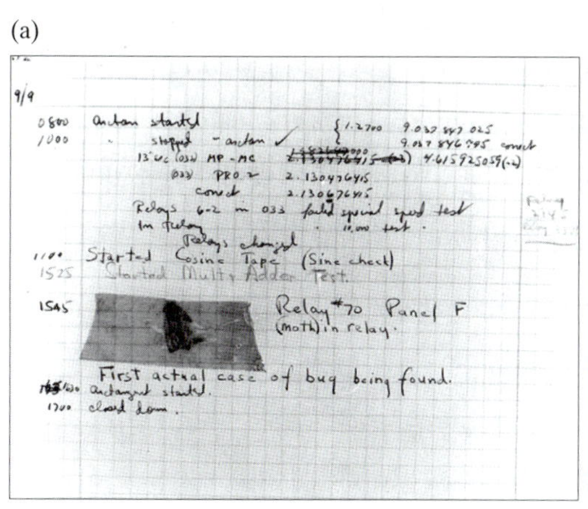

(b)

그림 7.10

(a) 하버드 마크 II 에이켄 릴레이 계산기에서 릴레이에 갇혀 발견된 나방. 이 사건은 종종 컴퓨터 문제의 동의어로 '버그'라는 용어가 처음 사용된 사례로 잘못 알려져 있다. 이 컴퓨터 로그북 페이지는 현재 스미스소니언협회 국립미국역사박물관에 전시되어 있다(Naval Surface Warfare Center, Dalgren, VA, 1988 제공). (b) 그레이스 호퍼는 미국의 컴퓨터 과학자이자 미 해군 소장으로 하버드 마크 II 컴퓨터에서 '버그'를 발견한 팀의 리더였으며, 이 일화를 대중에게 널리 알리는 데 큰 역할을 했다. 호퍼 제독은 영어와 유사한 문법을 사용하는 최초의 주요 컴퓨터 언어인 COBOL의 창시에도 크게 기여했다(Public.Resource.Org/Flickr 제공).

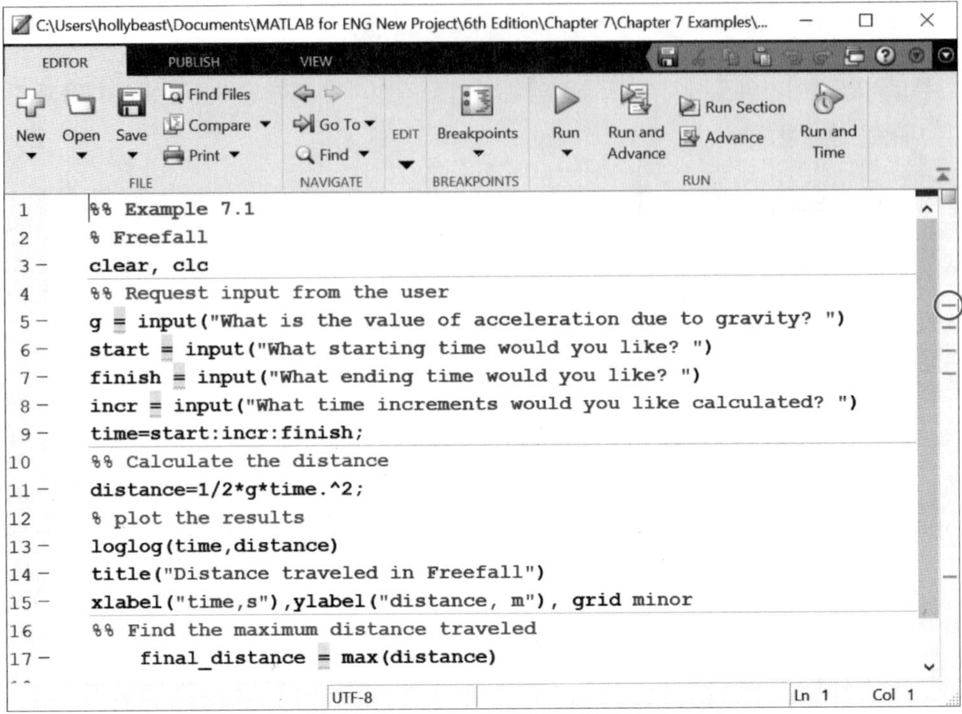

그림 7.11
화면 오른쪽의 명령어 분석기는 잠재적인 오류가 있는 명령어 줄을 식별한다. 잠재적인 오류가 있는 명령어의 위치는 연한 주황색으로 강조 표시된다. 이 명령어는 스크립트로 작성되었지만, 명령어 분석기 막대는 라이브 스크립트에서도 동일하게 나타난다.

줄이 나타나 있는지 잘 살펴봐야 한다. 이 가로줄은 실제 에러(error)가 있거나 경고(warning)가 발생하는 위치를 표시한다. 문제가 되는 부분은 별도의 색으로 표시한다. 예를 들어 그림 7.11은 스크립트(M-파일)로 작성된 프로그램을 보여주며, 몇몇 위치가 연한 주황색으로 강조 표시되어 있는데, 이는 경고를 나타낸다. 마우스를 움직여 커서를 표시된 부분(명령어상의 표시된 부분 또는 가로줄) 위에 놓으면 해당 부분의 문제를 해결하는 방법을 알려주는 메시지가 나타난다. '경고' 사항이 있다고 해서 실제로 전부 문제를 일으키는 것은 아니다. 예를 들어 그림 7.11의 프로그램에서 매트랩이 찾아내 알려준 경고는 명령어의 맨 끝에 세미콜론을 붙이지 않았다는 뜻이다. 명령창에 문제의 답을 출력하기 위해 일부러 세미콜론을 붙이지 않은 경우라면 문제 될 것은 없다. 세미콜론을 붙이는 것을 깜빡한 경우라면 수정한다. 매트랩 데스크톱창의 Home 탭에서 다음을 차례로 선택하면

Preferences → Code Analyser

매트랩이 명령어를 검사해 표시할 때 사용하는 에러 메시지를 편집할 수 있다.

명령어 분석기 오류 막대에 빨간색으로 표시된 오류는 파일 실행을 중단시킨다. 그림 7.12에서는 이러한 오류가 발생하도록 명령어를 수정한 것이다. 이 예제에서는 라이브 스크립트(MLX-파일)로 작성된 명령어가 보인다. 매트랩 명령어를 저장하는 각 옵션에서 명령어 분석기 막대는 거의 동일하게 나타난다. 9번째 줄에서 오른쪽 괄호가 누락된 것이 오류 메시지로 표시되어 있다. 스크립트에서는 사각형, 라이브 스크립트에서는 빨간색 느낌표로 표시된 오류 막대 상단의 지시자를 클릭해 경고와 실제 오류 메시지를 하나씩 확인할 수 있다.

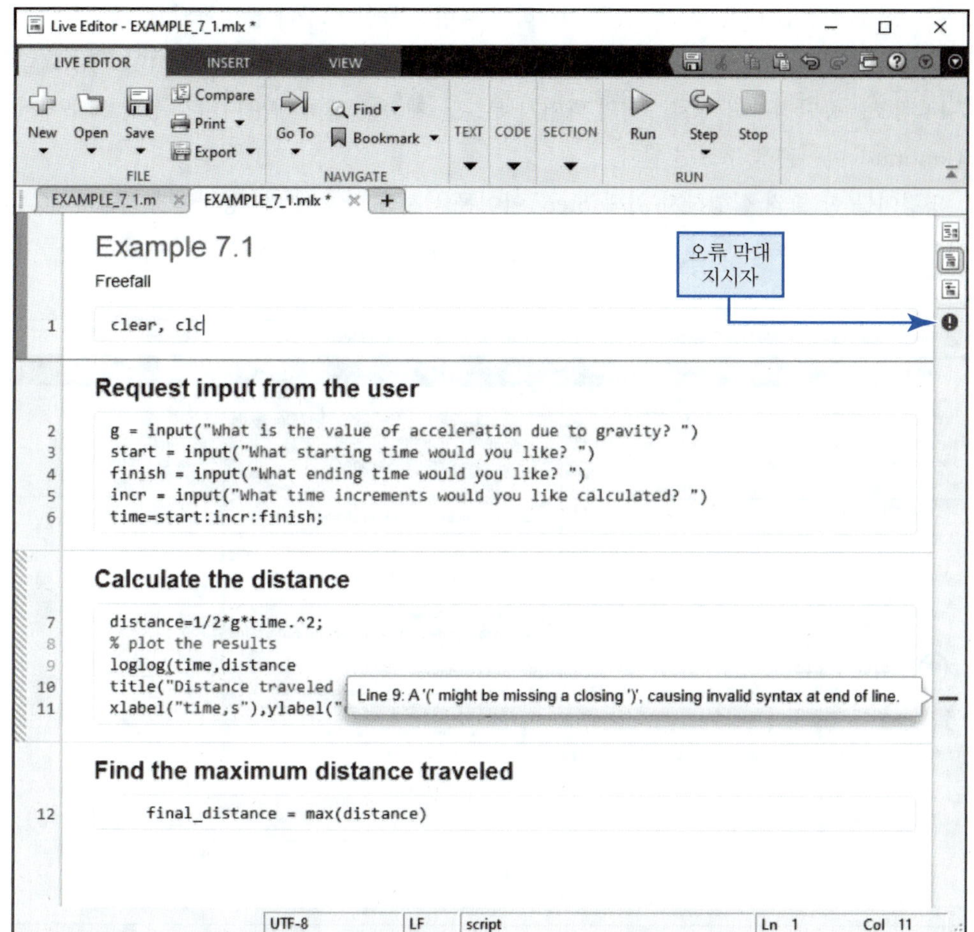

그림 7.12
9번째 줄에 오류가 있는 스크립트

7.5.2 디버깅용 통합 도구

프로그램에 들어 있는 논리 오류(logic error)를 찾을 때 유용한 방법으로 프로그램의 특정 섹션만 실행해서 그 결과를 살펴본 후 이상이 있으면 잘못을 찾아내 고치고, 이상이 없으면 다른 섹션으로 넘어가는 것이 있다. **섹션**(section) 모드를 사용해 이렇게 할 수도 있지만 디버깅용 통합 도구를 사용하면 더욱 효과적이다. 이 도구를 사용하면 중단점(breakpoint, 프로그램의 검사를 위해 실행을 일시적으로 중지하도록 설정한 프로그램상의 위치)을 설정할 수 있고, 명령을 한 번에 한 줄씩 실행할 수 있다. 중단점은 프로그램에 문법상 오류(syntax error, 명령 오류)가 하나라도 남아 있으면 동작하지 않으므로 중단점을 사용하기 전에 문법상 오류를 모두 바로잡아야 한다.

중단점을 설정하려면 편집창의 왼쪽에 있는 줄 번호 바로 옆(오른쪽)을 클릭한다. 또는 도구표시줄의 'Breakpoints' 아이콘에서 'Set/Clear'를 선택하는 방법도 있다. 중단점이 설정되면 그림 7.13과 같이 빨간색 지시자가 나타난다. 지시자의 색깔이 회색이면 프로그램상에 여전히 문법상 오류가 존재함을 뜻한다. 프로그램을 수정한 다음에 저장을 하지 않은 경우에도 지시자의 색깔이 회색이 된다.

중단점을 설정한 다음 프로그램을 실행하면 디버깅 통합 도구가 활성화되고, 프로그램은 중단점이 놓인 위치에서 실행을 멈춘다. 이때 중단점 위치의 원 색깔은 초록색이 된다(그림 7.14 참조). 중단점부터 프로그램의 나머지 부분을 계속 실행하려면 디버깅 통합 도구에서 'Continue' 아이콘을 누르면 된다.

명령어를 한 줄씩 실행하기 위해 'Step' 아이콘을 사용할 수 있다. 명령어에 사용자 정의 함수 호출이 포함되어 있는 경우, '**단계별 실행**(Step In)' 아이콘을 사용해 함수 내부로 들어

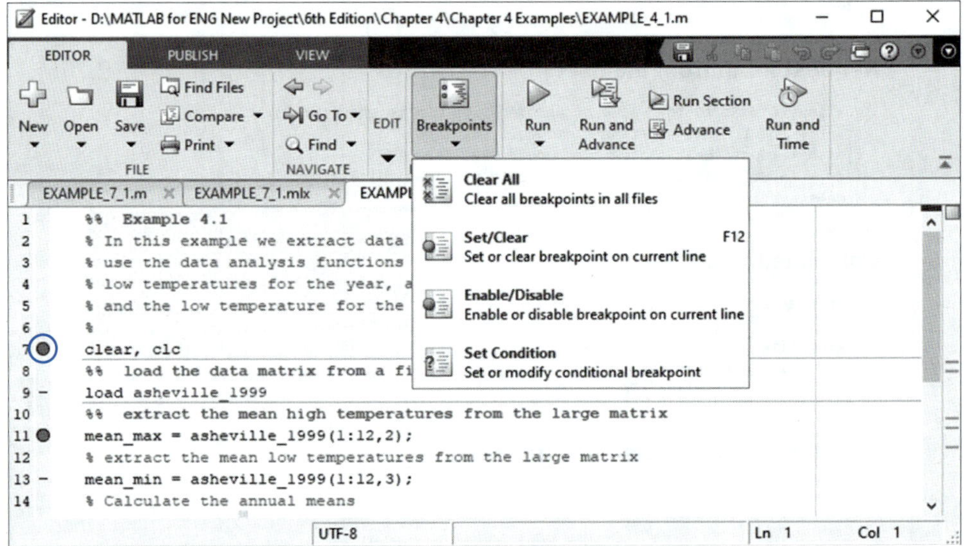

그림 7.13
매트랩의 다양한 명령어 분석 도구를 이용하면 디버깅을 쉽게 할 수 있다.

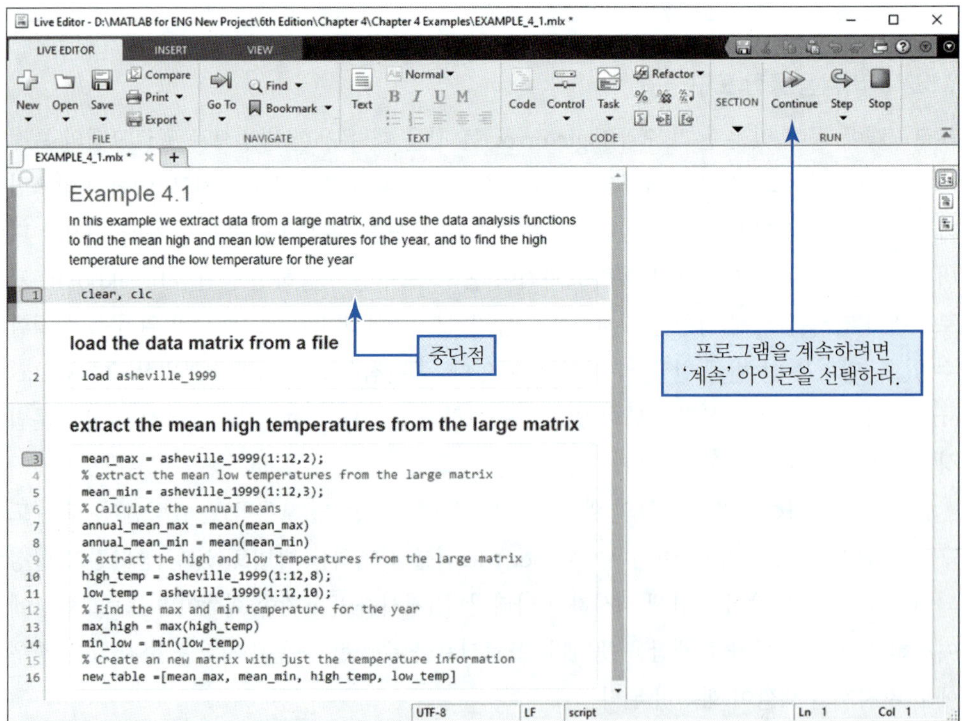

그림 7.14
중단점을 이용하면 프로그램을 부분 부분으로 나누어 실행할 수 있다.

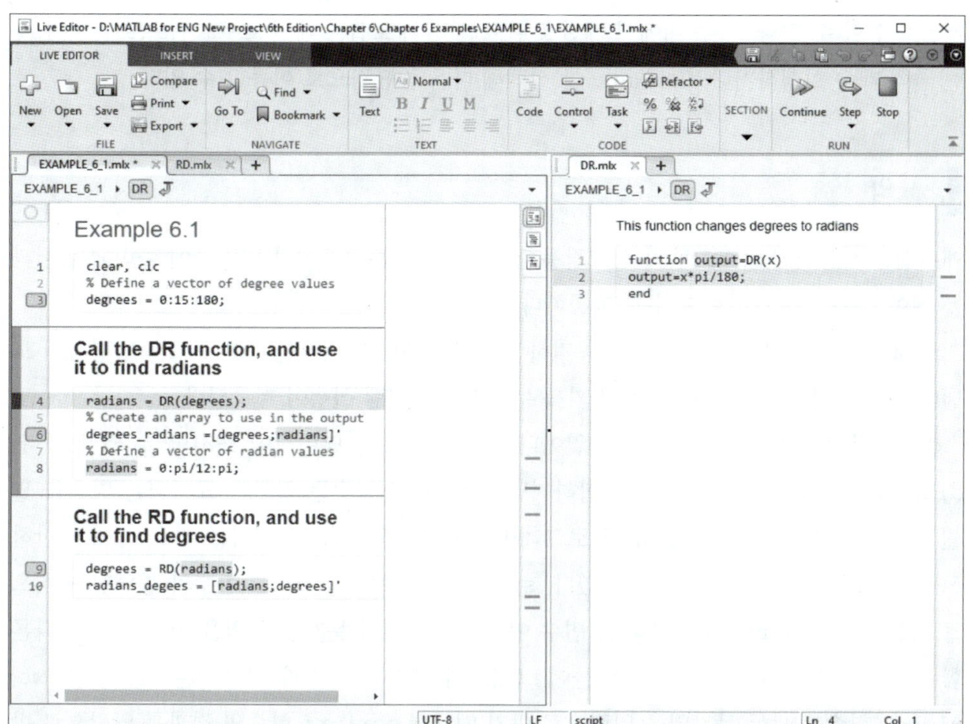

그림 7.15
프로그램에 사용자 정의 함수를 호출하는 명령이 있을 때 'Step In' 아이콘을 사용하면 사용자가 정의한 함수 속으로 들어가 한 번에 한 줄씩 명령을 실행할 수 있다.

가서 함수 명령어를 한 줄씩 실행할 수 있다. 사용자 정의 함수에서 나가려면 **'단계별 종료(Step Out)'** 아이콘을 선택한다. 예를 들어 그림 7.15는 도(degree)를 라디안(radian)으로, 라디안을 도로 변환하는 사용자 정의 함수 DR과 RD를 호출하는 프로그램을 보여준다. 이 함수들은 여러 프로그램에 유용하기 때문에 별도의 파일로 저장되어 있다. 이 경우 'VIEW' 탭을 선택하고 좌/우 옵션을 선택해 편집창에 메인 라이브 스크립트와 함수 파일 중 첫 번째인 DR을 표시했다. 메인 프로그램에서 '단계별로 종료'해 함수로 들어간 부분이 강조 표시된

핵심 개념
매트랩에는 코드의 오류를 찾는 데 도움이 되는 디버깅 도구가 포함되어 있다.

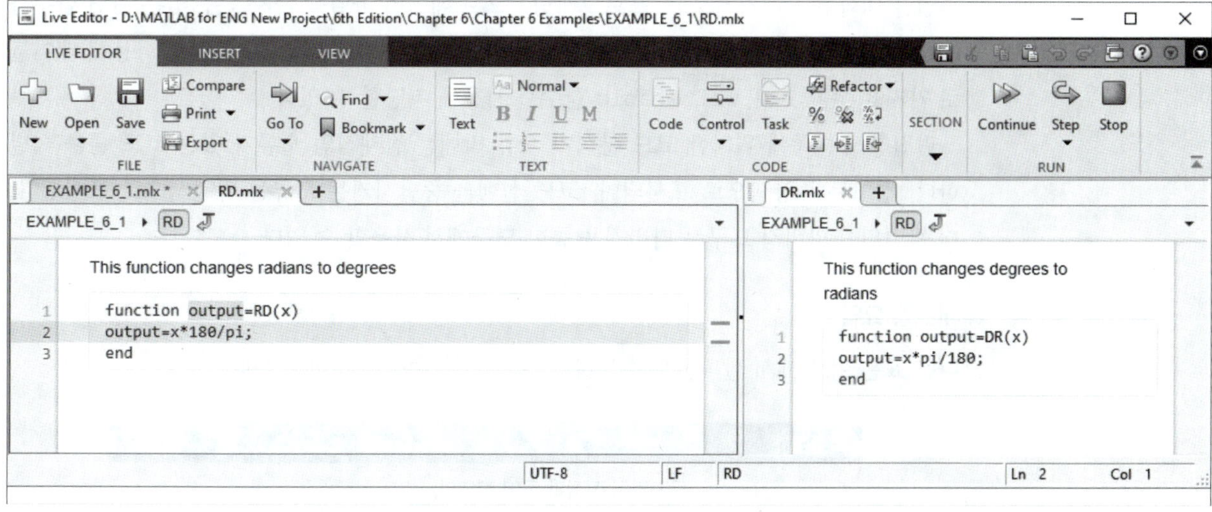

그림 7.16
사용자 정의 함수는 편집창에서 메인 프로그램과 나란히 표시할 수 있으며, 매트랩 디버깅 기능으로 호출할 때 자동으로 표시될 수도 있다.

것을 확인할 수 있다. 함수 내에서 계산을 완료한 후 매트랩은 메인 프로그램으로 돌아가고, 한 줄씩 계속 실행하거나 'Continue'를 선택해 다음 중단점으로 이동할 수 있다.

요약

매트랩은 사용자가 프로그램과 상호작용할 수 있고, 프로그래머가 명령창에 출력되는 결과를 제어할 수 있는 다양한 함수를 제공한다.

input 함수는 프로그램을 일시 중지하고 프로그래머가 지정한 프롬프트를 명령창에 보낸다. 사용자가 값을 입력하고 엔터 키를 누르면 프로그램 실행이 계속된다.

disp 함수는 프로그래머가 문자열이나 배열의 내용을 명령창에 표시할 수 있게 한다. disp 함수가 많은 출력 작업에 적합하지만, fprintf 함수는 결과가 표시되는 방식을 훨씬 더 정밀하게 제어할 수 있다. 프로그래머는 텍스트와 계산된 결과를 같은 줄에 결합하고, 사용할 숫자 형식을 지정할 수 있다. sprintf 함수는 fprintf 함수와 동일한 방식으로 작동하지만, sprintf의 결과는 변수 이름에 할당되어 문자열 입력을 필요로 하는 다른 함수와 함께 사용할 수 있다. 예를 들어 그래프에 설명문을 달 때 사용하는 title, text, xlabel 함수는 모두 문자열을 입력으로 받기 때문에 sprintf 함수의 결과를 입력으로 받을 수 있다. table 함수는 텍스트(문자열 및 문자 배열)와 숫자 값을 결합해 테이블을 생성하며, 다른 변수 유형도 함께 사용할 수 있다.

그래픽 입력이 필요한 응용 프로그램의 경우 ginput 명령을 사용해 사용자가 그래픽창에서 점을 선택해 프로그램에 입력을 제공할 수 있다.

매트랩은 사용자가 여러 인기 있는 파일 형식으로 데이터를 가져오고 내보낼 수 있는 함수를 포함하고 있다. 이러한 형식의 전체 목록은 파일 형식 페이지의 도움말 튜토리얼에서 확인할 수 있다. uiimport 도구는 데이터 파일 유형을 자동으로 판별해 사용자가 데이터 파일을 대화형으로 가져오고, 프로그래밍적으로 데이터 파일을 가져올 수 있는 관련 함수를 생성할 수 있게 한다. 일반적으로 사용되는 파일 유형은 readtable 함수를 사용해 테이블로 가져올 수 있으며, writetable 함수를 사용해 저장할 수 있다.

편집창 오른쪽에 위치한 코드 분석기 오류 막대는 잠재적인 오류가 있는 코드 줄을 식별한다. 경고는 주황색으로 표시되며, 코드 실행을 중단시키는 오류는 빨간색으로 표시된다. 더 광범위한 디버깅 도구는 디버깅용 통합 도구에서 사용할 수 있다.

매트랩 요약

다음 표는 이 장에서 살펴본 특수문자, 명령어와 함수를 정리한 것이다.

특수문자	
''	문자열의 시작과 끝에 붙인다.
%	fprintf 명령에 사용하는 자리표
%f	고정소수점 형식, 10진수 형식 표기법

특수문자 (계속)	
%d	부호 있는 정수 형식 표기법
%e	지수 형식 표기법
%g	고정소수점 형식과 지수 형식 표기법 중 더 간단한 것
%s	문자열 형식 표기법
%%	섹션 분할기
\n	라인피드(줄바꿈)
\r	캐리지리턴(carriage return)으로 라인피드와 유사함
\t	탭(tab)
\b	백스페이스(backspace)

명령어와 함수	
disp	명령창에 문자열이나 배열을 표시한다.
fprintf	명령창의 표시형식을 제어한다.
ginput	사용자가 그래프에서 값을 선택할 수 있도록 한다.
input	사용자가 값을 입력할 수 있도록 한다.
num2str	숫자를 문자열로 변환한다.
pause	프로그램 실행을 일시적으로 멈춘다.
readtable	표 형식의 데이터를 테이블로 가져온다.
sound	매트랩 데이터를 스피커로 재생한다.
sprintf	fprintf 명령과 유사하며, 지정한 표시형식으로 출력을 만들어 이를 변수에 할당하고 명령창에 내보낸다.
table	다양한 유형의 데이터를 한데 묶어 표로 만든다.
uiimport	가져오기 마법사를 시작한다.
writetable	매트랩에 저장된 데이터를 테이블 형식으로 내보내 인기 있는 데이터 형식으로 변환한다.

핵심 용어

결합(concatenate)
단계별 실행(step in), 단계별 종료(step out)
문자 배열(character array)
문자열(string)
섹션(section)
정밀도 필드(precision field)
폭 필드(width field)
형식지정 출력(formatted output)

연습문제

input 함수

7.1 사용자가 x 값을 입력하면 $\sin(x)$ 값을 계산하는 스크립트를 만들라.

7.2 사용자가 배열을 입력하면 max 함수로 그 배열의 최댓값을 구하는 스크립트를 만들라. 만든 스크립트가 제대로 동작하는지 다음 배열을 사용해 검사하라.

```
[1, 5, 3, 8, 9, 22]
```

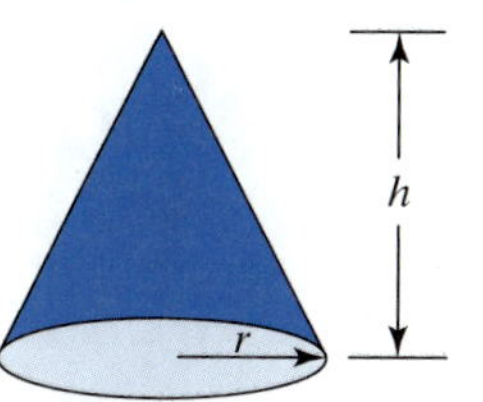

그림 P7.3
원뿔의 부피

7.3 원뿔의 부피를 구하는 식이 다음과 같다.

$$V = \frac{1}{3} \times \text{밑면의 면적} \times \text{높이}$$

그림 P7.3의 원뿔의 밑면 면적과 높이를 입력하면 부피를 계산하는 프로그램을 만들라.

disp 함수

7.4 학생들이 맨 처음으로 만드는 프로그램 중에 'Hello, World'라는 것이 있다. 이 프로그램이 하는 일은 이 메시지를 컴퓨터 화면에 표시해주는 것이 전부이다. 'Hello, World' 프로그램을 disp 함수를 이용해 만들라.

7.5 input 명령을 두 번 사용해 사용자가 성과 이름을 입력하게 하라. 그다음에 disp 함수를 사용해 성과 이름을 한 줄에 표시하라(성, 이름, 빈칸을 하나의 배열로 만들어 이용하면 된다).

7.6 사용자에게 나이를 입력하게 하라. 그다음에 disp 함수를 사용해 명령창에 그 나이를 다시 표시하게 하라. 예를 들어 사용자가 5를 입력하면 다음과 같이 화면에 표시해주면 된다.

```
당신의 나이는 5세입니다.
```

이 출력은 disp 함수에서 문자 데이터(문자열)와 숫자 데이터를 결합해야 하며, 이는 문자열과 숫자 값을 + 연산자로 연결해 수행할 수 있다.

7.7 사용자에게 숫자 배열을 입력하게 하라. 그다음에 length 함수를 사용해 몇 개의 숫자를 입력했는지 구하고 그 결과를 disp 함수를 이용해 명령창에 출력하라.

fprintf 함수

7.8 disp 함수 대신 fprintf 함수를 사용해 연습문제 7.7을 다시 풀라.

7.9 fprintf 함수를 사용해 1~13까지의 수와 6과의 곱셈 결과를 다음과 같은 형식으로 출력하라.

1 곱하기 6은 6
2 곱하기 6은 12
3 곱하기 6은 18
⋮

7.10 계산기를 구하는 것이 힘든 시절(대략 1974년 이전)에 학생들은 표를 사용해 사인, 코사인, 로그와 같은 수학함수의 값을 구했다. 이러한 표들은 종종 책 전체를 차지하기도 했다. 다음과 같은 순서로 이와 같은 사인 계산표를 만들라.

- 0에서 2π까지 $\pi/10$ 간격으로 각도 벡터를 만들라.
- 각 각도에 대한 사인 값을 계산하고 전체 각도와 계산한 사인 값을 하나의 배열로 만들라.
- disp 함수로 표의 제목을 표시하고 또 다른 disp 함수로 표의 항목 이름(각도, 사인 값)을 표시하라.
- fprintf 함수를 사용해 전체 각도와 사인 값을 표시하라. 이때 숫자는 소수점 아래 2자리까지 나타내라.

7.11 원자의 크기처럼 아주 작은 치수를 측정할 때에는 옹스트롬(angstrom) 단위가 자주 사용된다. 옹스트롬의 기호는 Å이며 10^{-10} m를 나타낸다. 다음과 같은 순서로 1~10인치의 값에

대해 인치-옹스트롬 변환표를 만들라.

- disp 함수를 사용해 표의 제목과 항목 이름을 표시하라.
- fprintf 함수를 사용해 숫자 정보를 표시하라.
- 숫자를 옹스트롬으로 나타내면 너무 길어지므로 유효숫자 3개(소수점 앞에 1자리, 뒤에 2자리)인 과학표기법을 사용해 나타내라.

7.12 여러분이 가장 즐겨 사용하는 인터넷 검색엔진으로 미국의 달러화(dollar)에 대한 영국의 파운드화(pound), 일본의 엔화(yen), 유럽의 유로화(euro)의 현재 환율을 찾아보라(disp, fprintf 함수를 사용해 다음과 같은 형식의 제목, 항목 이름, 숫자로 이루어진 차트를 만들어 출력하라).

(a) 엔화를 달러화로 변환하는 차트를 만들라. 항목 이름이 엔인 열의 값을 5엔에서 시작해 5엔씩 증가시켜서 모두 25줄이 되도록 한다.

(b) 유로화를 달러화로 변환하는 차트를 만들라. 항목 이름이 유로인 열의 값을 1유로에서 시작해 2유로씩 증가시켜 모두 30줄이 되도록 한다.

(c) 4개의 열로 구성된 차트를 만들라. 첫 번째 열에는 미국 달러를, 두 번째 열에는 이에 상응하는 유로화를, 세 번째 열에는 이에 상응하는 파운드화를, 네 번째 열에는 이에 상응하는 엔화를 포함하라. 첫 번째 열의 미국 달러는 1부터 10까지 다양하게 설정하라.

table 함수

7.13 표 P7.13에 수록된 환자 데이터를 살펴보라.

표 P7.13 환자 데이터

환자 이름(성)	환자 이름	나이	키(인치)	몸무게(파운드)
스미스	제시카	6	47	82
톨레도	마리아	22	66	140
웨브	밀턴	92	62	110
응우옌	판	45	72	190

(a) 문자열 배열을 사용해 환자의 이름 중 성을 저장하는 열벡터 last를 만들라.

(b) 문자열 배열을 사용해 환자의 이름을 저장하는 열벡터 first를 만들라.

(c) 환자의 나이, 키, 몸무게를 저장하는 열벡터를 각각 만들라.

(d) table 함수를 사용해 환자의 정보를 명령창 화면에 표시하라.

input, disp, fprintf, table 명령을 함께 사용하는 문제

7.14 이 문제에서는 온도변환표를 만들어본다. 화씨온도(T_F), 섭씨온도(T_C), 절대온도(T_K), 랭킨온도(T_R) 사이의 관계를 나타내는 다음 식을 사용하라. 문제에 따라서는 식을 다시 정리해 주어야 한다.

$$T_F = T_R - 459.67°R$$

$$T_F = \frac{9}{5}T_C + 32°F$$

$$T_R = \frac{9}{5}T_K$$

(a) 0~200°F의 화씨온도를 절대온도로 변환하는 차트를 만들라. 이때 사용자가 각 줄 사이

의 화씨온도 간격을 정해 입력하게 하라. disp, fprintf 함수를 사용해 제목, 항목 이름, 숫자를 표시하라.

(b) 섭씨온도를 랭킨온도로 변환하는 차트를 만들라. 이때 사용자가 시작 온도와 간격을 정해 입력하게 하는데 모두 25줄이 되도록 하라. disp, fprintf 함수를 사용해 제목, 항목 이름, 숫자를 표시하라.

(c) 섭씨온도를 화씨온도로 변환하는 차트를 만들라. 이때 사용자가 시작 온도와 간격, 총 줄 수를 정해 입력하게 하라. disp, fprintf 함수를 사용해 제목, 항목 이름, 숫자를 표시하라.

7.15 엔지니어는 영국식 단위와 국제표준 단위(SI 단위)를 일상적으로 사용한다. 어떤 분야에서는 두 단위 중에서 어느 하나를 주로 사용하지만 두 단위를 함께 사용하는 곳도 많이 있다. 예를 들어 화석연료를 태워 화력발전소에 공급하는 단위시간당 열에너지의 단위로는 Btu/hour가 사용된다. 그렇지만 같은 발전소에서 발생되는 단위시간당 전기에너지의 단위로는 joule/s(= watt)가 사용된다. 이와는 대조적으로 자동차 엔진의 출력으로는 마력(horse power, hp)이나 ft lb_f/s 단위가 사용된다. 이렇게 서로 다른 일률(단위시간당 에너지) 사이의 관계를 표시하면 다음과 같다.

$$1 \text{ kW} = 3412.14 \text{ Btu/h} = 737.56 \text{ ft lb}_f\text{/s}$$
$$1 \text{ hp} = 550 \text{ ft lb}_f\text{/s} = 2544.5 \text{ Btu/h}$$

(a) 0~15 kW의 값을 hp 단위로 변환하는 표를 만들라. 이때 input 함수를 사용해 사용자가 kW 값의 간격을 정해 입력하게 하라. disp, fprintf 함수를 사용해 제목, 항목 이름, 숫자를 표시하라.

(b) table 함수를 사용해 (a)를 다시 풀라.

(c) ft lb_f/s 값을 Btu/h 단위로 변환하는 표를 만들라. 이때 표는 0 ft lb_f/s에서 시작하고 사용자가 마지막 값과 간격을 정해 입력하게 하라. disp, fprintf 함수를 사용해 제목, 항목 이름, 숫자를 표시하라.

(d) table 함수를 사용해 (c)를 다시 풀라.

(e) kW 값을 Btu/h, hp, ft lb_f/s 단위로 변환하는 표를 만들라. 이때 사용자가 시작값과 마지막값, 총 줄 수를 정해 입력하게 하라. disp, fprintf 함수를 사용해 제목, 항목 이름, 숫자를 표시하라.

(f) table 함수를 사용해 (e)를 다시 풀라.

ginput 함수

7.16 $t = 0$인 순간에 고도가 500 m이고 상승속도가 125 m/s인 로켓의 엔진이 멈춰 이때부터 중력의 작용으로 로켓의 고도가 시간에 따라 다음 식으로 변하기 시작했다.

$$h(t) = -\frac{9.8}{2}t^2 + 125t + 500\,(t > 0)$$

0~30초 범위에서 로켓의 고도를 그래프로 그려라. 그다음에

- ginput 함수를 사용해 로켓이 최대 고도에 도달하는 시간과 로켓이 땅에 떨어지는 시간을 어림잡아 구하라.
- disp 명령을 사용해 이 결과를 명령창에 표시하라.

7.17 ginput 함수를 이용하면 그래프상에서 거리를 구할 수 있다. 다음 과정을 수행하면서 이것을 직접 확인하라.

- $0 \sim 2\pi$ 범위에서 간격이 $\pi/100$인 값으로 구성된 각도 배열을 정의하고 이를 이용해 원의 그래프를 그린다.
- ginput 함수를 이용해 원둘레 위에 있는 점을 2개 선택한다.
- hold on 명령으로 그림을 겹쳐 그릴 수 있게 한 다음에 앞에서 선택한 두 점을 잇는 직선을 그린다.
- 두 점의 데이터를 사용해 두 점을 잇는 직선의 길이를 계산한다(힌트: 피타고라스 정리를 이용하라).

7.18 최근 몇 해 동안 휘발유 가격이 급격하게 올랐다. 이에 대응해 자동차 회사에서는 연비가 좋은 자동차, 특히 하이브리드 자동차 모델을 출시하고 있다. 그런데 같은 차종을 일반 모델 대신 하이브리드 모델로 구매하면 돈을 절약할 수 있는가? 하이브리드 모델의 자동차는 차 자체의 가격은 일반 모델보다 상당히 비싸지만 연비는 더 좋다. 표 P7.18에 몇 가지 자동차 모델과 연비 데이터를 수록했다.

표 P7.18 일반 모델과 하이브리드 모델 자동차의 가격과 연비 비교

연도	모델	기본 출고가	연비, 도심/고속도로(mpg)
2021	프리우스 프라임	$28,220	54/133
2021	도요타 캠리	$25,045	28/39
2021	도요타 캠리 하이브리드	$27,270	51/53(하이브리드는 도심에서의 연비가 더 높다.)
2021	도요타 하이랜더	$35,085	22/29
2021	도요타 하이랜더 하이브리드	$38,735	36/35
2020	포드 퓨전 티타늄	$34,450	21/31
2020	포드 퓨전 티타늄 하이브리드	$34,595	43/41
2020	포드 퓨전 티타늄 플러그인 하이브리드	$35,000	109/97
2021	포드 F-150	$29,290	19/22
2022	포트 F-150 라이트닝	$39,974	85

자동차 '보유비용(cost to own)'으로 두 모델을 비교하라. 보유비용을 식으로 쓰면 다음과 같다.

$$\text{보유비용} = \text{구입가격} + \text{유지비} + \text{휘발유 가격}$$

여기에서는 두 모델의 유지비가 모두 같다고 가정한다(즉 유지비를 0으로 놓아 보유비용 계산에서 제외해도 된다).

(a) 향후 몇 년 동안의 휘발유 가격이 얼마가 될지 예상되는 가격을 사용자가 입력하게 한다.

(b) 표의 데이터를 이용해 같은 차종의 일반 모델과 하이브리드 모델의 '보유비용'을 주행거리(단위: 마일)의 함수로 각각 계산하라. 이때 휘발유 가격은 (a)에서 입력한 예상치를 사용한다. 각 모델의 계산 결과를 1개의 x–y 그래프에 겹쳐 그려라. 그래프의 두 선이 만나는 점이 손익분기점(break-even point)이다.

(c) ginput 함수를 사용해 그래프의 손익분기점의 데이터 값을 구하라.

(d) sprintf 함수를 사용해 손익분기점을 알리는 문자열을 만들고, 이 문자열로 글상자 주석을 만들어 그래프에 추가하라. 글상자가 들어가는 위치는 gtext 함수로 지정한다.

7.19 이 장의 연습문제를 풀기 위한 스크립트 프로그램을 라이브 스크립트로 저장하라. 파일을 실행하고 실행 결과가 페이지 오른쪽에 표시되도록 하라. 각 문제를 하나의 섹션으로 만들면 풀이 내용과 풀이 결과를 더욱 보기 좋고 이해하기 쉽게 만들 수 있을 것이다.

8 논리함수와 선택구조

학습목표

- 비교문에서 관계 연산자와 논리 연산자를 사용해 프로그래밍 결정을 내린다.
- find 함수를 사용해 문제를 해결하고 적절한 프로그래밍 경로를 선택한다.
- 논리 인덱싱을 사용해 배열의 요소에 접근한다.
- **if/else** 명령어 계열의 적절한 사용법을 구분한다.
- **switch/case** 구조를 숫자 입력과 텍스트 입력 모두에 사용한다.
- 매트랩에서 사용할 수 있는 논리함수, 인덱싱 방식 및 선택구조의 장단점을 설명한다.

서론

매트랩을 비롯한 다양한 컴퓨터 프로그램을 이루고 있는 많은 명령어가 어떤 구조로 되어 있는지 살펴보자. 보통 컴퓨터 프로그램을 만들 때 사용하는 구조에는 **순차구조**(sequence structure), **선택구조**(selection structure), **반복구조**(repetition structure)의 세 가지가 있다(그림 8.1 참조). 이러한 구조를 **제어구조**(control structure)라 한다. 이제까지 살펴본 프로그램은 모두 순차구조로만 이루어진 것으로 선택구조와 반복구조는 사용되지 않았다.

핵심 개념
제어구조는 컴퓨터 프로그램의 각 구성요소가 실행되는 순서를 결정한다.

- 순차구조에서는 여러 명령이 쓰인 순서에 따라 차례로 수행된다.
- 선택구조에서는 어떤 조건이 '참(true)'이면 해당 명령(또는 명령의 집합)이 수행되고, '거짓(false)'이면 다른 명령(또는 명령의 집합)이 수행된다. 선택문은 **논리조건**(logical condition)에 따라 명령이 수행되는 여러 경로 가운데 하나를 고른다. 논리조건은 **관계**

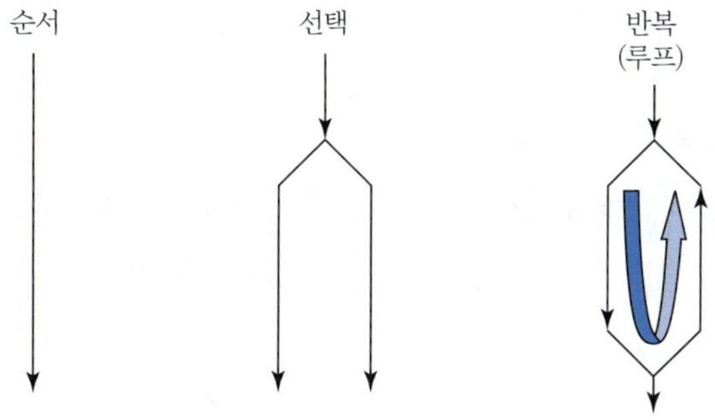

순서 선택 반복 (루프)

그림 8.1
매트랩에서 사용되는 프로그래밍 구조

연산자(relational operator)와 **논리 연산자**(logical operator)로 구성되어 참인지 거짓인지를 판단한다.

- 반복구조는 **루프**(loop)라고도 하는데, 이 구조에서는 일련의 명령어가 여러 번 되풀이해서 수행된다. 카운터의 숫자나 논리조건으로 루프의 반복 횟수를 제어한다.

8.1 관계 연산자와 논리 연산자

매트랩에서는 관계 연산자와 논리 연산자가 선택구조와 반복구조에 사용된다. 표 8.1에서 볼 수 있듯이 매트랩에는 모두 6개의 관계 연산자가 있어서 크기가 같은 두 배열을 비교하는 데 사용할 수 있다.

핵심 개념
관계 연산자는 두 값의 크고 작음을 비교한다.

표 8.1 관계 연산자

종류	뜻
<	…보다 작다(less than).
<=	…보다 작거나 같다(less than or equal to).
>	…보다 크다(greater than).
>=	…보다 크거나 같다(greater than or equal to).
==	…와 같다(equal to).
~=	…와 같지 않다(not equal to).

비교 결과는 '참'이나 '거짓'으로 나오는데, 대부분의 컴퓨터 프로그램에서는 숫자 1로 '참'을, 숫자 0으로 '거짓'을 나타낸다. (매트랩도 이와 비슷한데, 다만 0이 아닌 수는 모두 '참'으로 취급한다.) 두 스칼라(숫자)를 다음과 같이 정의하고

```
x = 5;
y = 1;
```

<와 같은 관계 연산자를 사용해 비교한 결과는 '참'이나 '거짓'으로 나오게 된다.

```
x<y
```

이 경우에 x는 y보다 작지 않으므로 매트랩은 다음과 같이 답을 해 비교 결과가 '거짓'임을 나타낸다.

```
ans =
     0
```

선택문과 제어문에서는 이 답을 사용해 실행 방식을 결정한다.

매트랩에서 변수는 배열을 구성하는 원소 전체를 나타낸다. 변수 x, y를 다음과 같이 다시 정의해 매트랩에서 배열 사이의 비교가 어떻게 이루어지는지 살펴보자. 예를 들어

```
x = 1:5;
y = x -4;
x<y
```

의 연산 결과는 다음과 같다.

```
ans =
     0  0  0  0  0
```

매트랩은 배열에서 같은 위치에 있는 원소끼리 비교하므로 연산 결과는 0과 1로 이루어진 배열이 된다. 앞의 예에서 x의 모든 원소가 같은 위치에 있는 y의 원소보다 크므로 원소끼리의 비교 결과는 모두 '거짓'이 되어 5개의 0이 한 줄로 출력된다. 다른 예를 들어보자.

```
x = [ 1, 2, 3, 4, 5];
y = [-2, 0, 2, 4, 6];
x<y
```

위의 연산 결과는 다음과 같이 된다.

```
ans =
     0  0  0  0  1
```

이 답을 보고 앞의 네 원소를 비교한 결과는 모두 '거짓'이지만 맨 마지막 원소의 비교 결과는 '참'이라는 것을 알 수 있다. 연산 결과 나오는 배열 전체가 '참'이 되려면 배열의 모든 원소가 '참'이어야 한다. 다시 말해 비교 결과가 모두 1이어야 한다.

HINT 등호 연산자(==)와 할당 연산자(=)의 차이를 잘 몰라 혼동하는 경우가 많이 있다. 등호 연산자가 하는 일은 두 값을 비교해 같으면 '참', 다르면 '거짓'을 출력한다. 할당 연산자(=)가 하는 일은 연산자의 우변에 있는 값을 특정 메모리 위치(즉 변수)에 집어넣는 것이다. 예를 들어

```
x = 5
```

는 5라는 값을 x라는 이름이 지정하는 메모리 위치에 할당한다. 이렇게 하고 나서 다음과 같이 메모리에 할당된 값을 다른 값과 비교하면

```
x == 3
```

비교 결과가 '거짓'이므로 다음이 출력된다.

```
ans =
     0
```

매트랩에서는 표 8.2에 수록된 논리 연산자(and, not, or)를 관계 연산자와 함께 사용할 수 있다.

핵심 개념
논리 연산자로 비교문 여러 개를 결합할 수 있다.

예를 들어

표 8.2 논리 연산자

종류	뜻
&	and
~	not
|	or
xor	exclusive or
&&	short cut and(스칼라양에만 사용)
||	short cut or(스칼라양에만 사용)

```
x = [ 1, 2, 3, 4, 5];
y = [-2, 0, 2, 4, 6];
z = [ 8, 8, 8, 8, 8];
z>x & z>y
```

를 수행한 결과는

```
ans =
     1   1   1   1   1
```

이 되는데, 이것은 z의 모든 원소가 같은 위치에 있는 x, y의 원소보다 모두 크기 때문이다. 다음 명령

```
x>y | x>z
```

는 "x가 y보다 크거나 x가 z보다 큰가?"라는 조건을 검사하는 명령문으로 연산 결과는 다음과 같다.

```
ans =
  1   1   1   0   0
```

따라서 앞의 세 원소에 대해서는 조건이 '참'이고 끝의 두 원소에 대해서는 조건이 '거짓'임을 알 수 있다.

매트랩은 && 연산자와 || 연산자도 지원한다. 그렇지만 이 두 연산자는 스칼라양에만 사용해야 한다. 계산 시간을 절약하기 위해서 이들 연산자는 '참'인지 '거짓'인지 결정하는 데 필요한 비교문만 검사해 값을 구한다. 예를 들어 다음 명령

```
5<3 && 10>2
```

에서는 첫 번째 비교 결과가 '거짓'이어서 두 번째 비교문의 비교 결과가 전체 결과에 아무런 영향을 주지 못하므로 두 번째 비교문은 아예 검사를 하지 않는다[즉 논리곱 연산자(&&)에서는 첫 번째 비교문이 '거짓'이면 두 번째 비교문은 확인하지 않는다]. 이와 비슷하게 다음 명령

```
12>3 || 2>5
```

에서는 첫 번째 비교문이 참이면 두 번째 비교문은 검사하지 않는다[즉 논리합 연산자(||)에서는 첫 번째 비교문이 '참'이면 두 번째 비교문은 확인하지 않는다].

이 관계 연산자와 논리 연산자는 선택구조와 루프에서 명령의 실행 여부를 제어하는 데 사용된다.

8.2 순서도와 슈도코드

특정 프로그래밍 언어로 직접 명령문을 작성하기에 앞서 미리 어떻게 프로그램을 만들지 계획을 세워두는 것이 매우 중요하다. 여기에서 이용하는 방법으로 **순서도**(flowchart)와 **슈도코드**(pseudocode)가 있다. 여러분이 계획하고 있는 프로그램의 처리 방법과 순서를 도표로 나타내는 방법이 순서도이고, 이를 문자로 설명하는 방법이 슈도코드이다. 프로그래밍을 할 때에는 두 방법 가운데 어느 하나를 사용해도 좋고 함께 사용해도 된다.

프로그램이 간단한 경우에는 슈도코드를 사용하는 편이 좋은데, 사용 방법은 다음과 같다.

핵심 개념
순서도와 슈도코드를 사용해 프로그램을 어떻게 만들 것인지 계획을 짠다.

- 문제를 풀기 위해 필요한 단계들과 각 단계에서 해야 할 내용을 간추려 적는다.
- 각 단계의 내용을 스트립트에서 설명문(comment, 주석)으로 만든다.
- 작성된 설명문 다음에 적합한 매트랩 명령어를 써넣는다.

아주 간단한 예를 들어 이 방법을 살펴보자. 여러분이 시간당 마일(mph)을 초당 피트(ft/s)로 환산하는 속도 단위 변환 프로그램을 만드는 과제를 수행해야 한다고 하자. 그리고 환산 결과를 표로 만들어 화면에 출력해야 하는데, 표의 제목과 항목 이름도 함께 표시해야 한다. 먼저 이를 위해 수행해야 할 단계들을 간추려 적어보자.

- 환산하고 싶은 mph 값을 벡터로 만든다.
- mph 값을 ft/s로 환산한다.
- mph 벡터와 ft/s 벡터를 결합해 하나의 배열로 만든다.
- 차트 제목을 만든다.
- 차트 항목의 이름을 만든다.
- 차트를 화면에 출력한다.

그다음에는 다음과 같이 % 기호를 사용해 설정된 단계들을 매트랩 스크립트의 설명문으로 만든다.

핵심 개념
슈도코드를 설명문으로 변환한 후, 설명문을 바탕으로 명령을 작성한다.

```
% mph 값을 벡터로 정의한다.
% mph를 ft/s로 환산한다.
% mph와 ft/s 벡터를 결합해 하나의 배열로 만든다.
% 표 제목을 만든다.
% 표 항목의 이름을 만든다.
% 표를 화면에 출력한다.
```

이제 스크립트에 작성된 각 설명문 다음에 적합한 매트랩 명령어를 써넣는다.

```
%% mph 값을 벡터로 정의한다.
  mph = 0:10:100;
% mph를 ft/s로 환산한다.
  fps = mph*5280/3600;
% mph와 ft/s 벡터를 결합해 하나의 배열로 만든다.
  chart = [mph;fps]
% 표 제목을 만든다.
  disp("속도 변환 테이블")
% 표 항목의 이름을 만든다.
  disp(" mph f/s")
% 표를 화면에 출력한다.
  fprintf("%8.0f %8.2f \n",chart)
```

여러분이 프로그램 계획 단계에서 시간을 들이면 프로그램을 짜기 시작한 다음에 슈도코드를 많이 수정할 필요가 없을 것이다.

HINT 학생들은 종종 이전 절에서 설명한 전략(명령문의 각 줄을 설명하는 설명문 작성)을 사용한 프로그래밍이 '과도하다'고 생각해 이 단계를 생략한다. 하지만 컴퓨터 프로그램을 처음 작성할 때에는 각 단계에서 무슨 일이 일어나는지 파악하는 것이 처음 생각보다 어렵다. 간단한 명령이라도 체계적으로 계획하는 데 시간을 들이면 프로젝트를 완료하는 데 걸리는 전체 시간이 줄어들지 늘어나지는 않는다. 경험이 쌓이면 명령에 더 짧은 설명문을 사용할 수 있지만, 좋은 문서화의 필요성은 결코 사라지지 않는다.

핵심 개념
컴퓨터 프로그램을 그림으로 나타낸 순서도는 특히 복잡한 프로그래밍 작업에 적합하다.

프로그래밍 과제가 복잡한 경우에는 순서도를 사용하거나 순서도와 슈도코드를 함께 사용하는 것이 좋다. 프로그램의 '전체적인 구조'를 도표로 그리고 이를 슈도코드로 변환한 다음, 이를 다시 프로그램의 설명문으로 만들어 넣으면 된다. 순서도를 그리기 위해서는 널리 사용되고 있는 몇 가지 순서도 기호를 알아두어야 한다(표 8.3 참조).

표 8.3 컴퓨터 프로그램 설계에 사용되는 순서도 기호

연산 종류	수학 문법
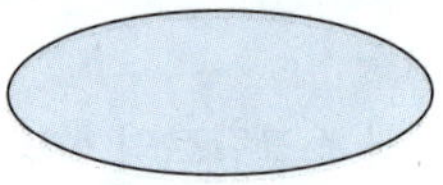 (타원)	타원은 순서도의 시작과 끝을 나타낸다.
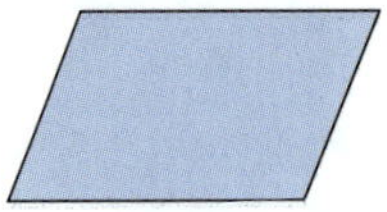 (평행사변형)	평행사변형은 데이터를 입력하거나 출력하는 부분임을 표시한다.
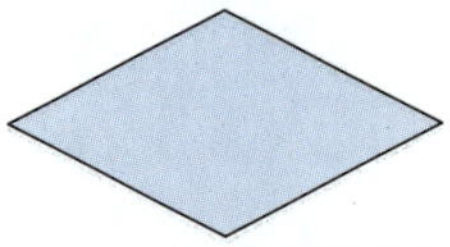 (마름모)	마름모는 비교해 판단을 내리는 부분임을 나타낸다.
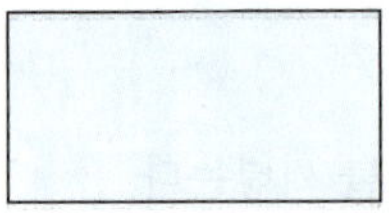 (직사각형)	직사각형은 계산을 하는 부분임을 나타낸다.

그림 8.2는 mph에서 ft/s로 환산하는 문제를 위해 만든 순서도이다. 보통은 이처럼 간단한 문제를 위해 실제 순서도를 그리는 일은 흔치 않다. 그러나 프로그램이 더욱 복잡해지면 여러분의 생각을 체계적으로 구성하는 데 순서도가 매우 효과가 있다.

여러분의 아이디어를 순서도로 완성한 이후에는 이를 스크립트의 설명문으로 바꾸고, 설명문 다음에 적합한 명령어를 추가하면 된다.

순서도와 슈도코드는 모두 더욱 좋은 컴퓨터 프로그램을 만들 수 있도록 도와주는 도구임을 잘 기억하기 바란다. 또한 순서도와 슈도코드는 프로그램을 직접 짜지 않은 사람들에게 프로그램의 구조를 설명할 때에도 효과적으로 사용할 수 있는데, 그 까닭은 이 두 방법이 프로그램의 세부사항보다는 전체적인 논리의 흐름을 강조하기 때문이다.

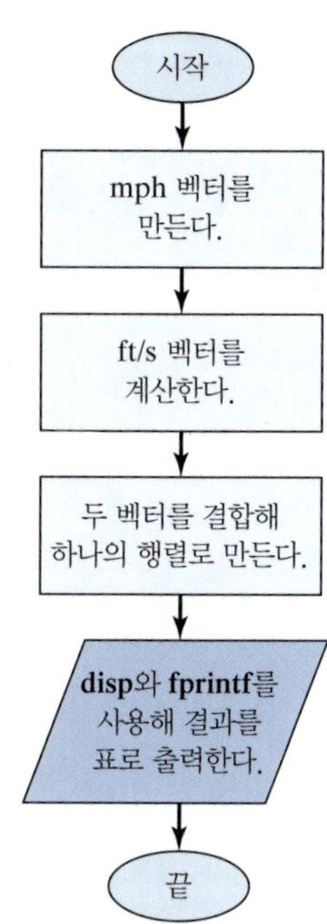

그림 8.2
프로그램의 구조를 쉽게 파악하게 해주는 순서도

8.3 논리함수

매트랩에는 `if` 함수처럼 전통적인 선택구조는 물론, 이와 비슷한 일을 수행하는 여러 논리함수가 있다. 아주 중요한 논리함수로 find가 있는데, 전통적인 선택구조나 루프(반복구조) 대신에 이 함수를 사용하는 경우가 많이 있다. find 함수는 논리 연산자와 결합해 데이터를 효과적으로 분석하고 조작할 수 있는 강력한 도구이다.

HINT 매트랩을 배우는 경험 많은 프로그래머는 이미 이러한 구조의 작동 방식을 잘 알고 있기 때문에 `if` 문과 반복문을 선호해 논리함수를 무시하는 경우가 많다. 그러나 find와 같은 논리함수는 코드를 더 이해하기 쉽게 만들고 실행 속도를 높일 수 있다. 특히 find 함수를 전략적으로 사용하면 반복문 안에 반복문이 있는 중첩된 반복문을 피할 수 있다. 중첩된 반복문은 이해하기 어려울 뿐만 아니라 논리 오류의 원인이 되기도 한다.

8.3.1 find 함수

find 명령은 배열에서 주어진 조건을 만족하는 원소를 찾아준다. 예를 들어 미국 해군사관학교는 지원자의 키(height)를 5피트 6인치(66인치)이상으로 제한하고 있다. 지원자의 키(인치)가

```
height = [63,67,65,72,69,78,75];
```

일 때, 다음과 같이 find 명령을 사용하면 키 제한규정을 만족하는 원소의 **인덱스**(index) 번호를 찾아낼 수 있다.

```
accept = find(height>=66)
```

이 명령을 수행하면 다음과 같이 응답한다.

```
accept =
    2  4  5  6  7
```

핵심 개념
전통적인 선택구조 대신 논리함수를 사용하면 더욱 효율적인 프로그램이 되는 경우가 많이 있다.

find 함수는 배열에서 주어진 조건을 만족하는 원소의 인덱스 번호를 출력한다. 조건을 만족하는 키의 실제 값을 알고 싶으면 다음과 같이 인덱스 번호를 사용해 이에 대응하는 원소를 호출하면 된다.

```
height(accept)
ans =
    67  72  69  78  75
```

또는 다음과 같이 명령들을 중첩시켜 한 번에 구하는 방법도 있다.

```
height(find(height>=66))
```

또한 조건에 못 미치는 지원자를 찾아내기 위해

```
decline = find(height<66)
```

을 입력하면 다음이 출력된다.

```
decline =
      1   3
```

다음과 같이 disp 명령과 fprintf 명령을 사용하면 출력 결과를 더욱 보기 좋게 만들 수 있다.

```
disp("다음 지원자는 키 규정을 충족한다.");
fprintf("지원자 #%2.0f의 키는 %3.0f 인치입니다.\n",[accept;
height(accept)])
```

이 명령은 다음을 출력한다.

```
다음 지원자는 키 규정을 충족한다.
지원자 # 2의 키는 67 인치입니다.
지원자 # 4의 키는 72 인치입니다.
지원자 # 5의 키는 69 인치입니다.
지원자 # 6의 키는 78 인치입니다.
지원자 # 7의 키는 75 인치입니다.
```

또한 키 규정에 못 미치는 지원자를 다음과 같이 나타낼 수 있다.

```
disp("다음 지원자는 키 규정을 충족한다.")
fprintf("지원자 #%2.0f의 키는 %3.0f 인치입니다.\n",[decline;
height(decline)])
```

그러면 앞서와 비슷하게 다음을 출력한다.

```
다음 지원자는 키 규정을 충족하지 못한다.
지원자 # 1의 키는 63 인치입니다.
지원자 # 3의 키는 65 인치입니다.
```

논리 연산자를 사용해 비교적 복잡한 검색 기준을 생성할 수 있다. 예를 들어 지원자의 자격조건이 18세 이상 35세 미만이라고 하자. 지원자의 데이터는 다음 표와 같다.

키(인치)	나이(세)
63	18
67	19
65	18
72	20
69	36
78	34
75	12

이 문제를 해결하는 방법은 여러 가지가 있다. 한 가지 접근 방식은 모든 데이터를 포함하는 applicants라는 단일 배열을 만드는 것이다.

```
applicants = [63, 18; 67, 19; 65, 18; 72, 20; 69, 36;
     78, 34; 75, 12]
```

그런 다음 find 문을 사용해 데이터를 분석할 수 있다. 먼저 논리문을 사용해 첫 번째 열을 검사해서 지원자의 키가 66인치 이상인지를 확인한 다음, 두 번째 열의 지원자 중에서 18세 이상 35세 미만인 지원자와 비교한다.

```
pass = find(applicants(:,1)>=66 & applicants(:,2)>=18
     & applicants(:,2) <= 35)
```

그러면 매트랩은 다음과 같이 키와 나이 조건을 모두 충족하는 지원자를 찾아서 출력한다.

```
pass =
   2
   4
   6
```

이때 fprintf 명령을 사용하면 더욱 보기 좋게 표시할 수 있다. 먼저 출력할 표 형식에 맞추어 데이터를 만든다.

```
results = [pass,applicants(pass,1),applicants(pass,2)]';
```

그다음 다음과 같이 fprintf 명령을 써서 이 데이터를 명령창으로 내보낸다.

```
fprintf("지원자 #%d 의 키는 %2.0f 인치입니다. 그리고 %2.0f 세입니다.
\n",results)
```

그러면 명령창에 표시된 결과는 다음과 같다.

```
지원자 #2의 키는 67 인치입니다. 그리고 19 세입니다.
지원자 #4의 키는 72 인치입니다. 그리고 20 세입니다.
지원자 #6의 키는 78 인치입니다. 그리고 34 세입니다.
```

지금까지는 find 명령을 사용해 인덱스 번호를 하나만 얻었다. find 명령에서

```
[row, col] = find(criteria)
```

와 같이 출력변수를 2개로 정의하면 행 번호는 변수 row, 열 번호는 변수 col에 반환된다. 즉 행 인덱스 번호와 열 인덱스 번호가 함께 반환되는 것이다.

여기에 또 다른 예가 있다. 어떤 병원에서 측정한 환자의 체온(°F) 데이터를 배열로 만들었다고 가정하자. 이때 배열의 각 열은 체온을 측정한 진찰실의 호수를 나타낸다. 다음 명령을 입력해보자.

```
temp = [95.3, 100.2, 98.6; 97.4, 99.2, 98.9; 100.1, 99.3, 97]
```

그러면 다음과 같이 체온 배열 temp가 화면에 출력된다.

```
temp =
   95.3000    100.2000   98.6000
   97.4000     99.2000   98.9000
  100.1000     99.3000   97.0000
```

그리고 다음 명령을 입력하면

```
index = find(temp>98.6)'
```

다음과 같이 배열에서 98.6보다 큰 원소의 위치를 인덱스 번호 하나만을 사용해 표시한다.

```
index =
     3    4    5    6    8
```

공간 절약을 위해 요소 배열을 전치해 열이 아닌 행으로 출력되도록 한 것에 주목하라.

find 명령을 2차원 배열에 사용할 때에는 첫 번째 열부터 마지막 열까지 차례대로 열을 따라 아래로 내려가며 원소의 위치 번호를 붙이는 방식을 적용한다. 예를 들어 위 예시와 같은 3 × 3 배열을 고려해보라. 이 방식을 사용한 원소의 인덱스 번호가 그림 8.3과 같다. 그림에서 값이 98.6보다 큰 원소의 번호는 굵게 표시했다.

행 번호와 열 번호를 알아내기 위해

핵심 개념
매트랩에서는 열을 따라가며 순서를 매긴다.

```
[row, col] = find(temp>98.6)
```

을 입력하면 다음과 같은 결과가 출력된다.

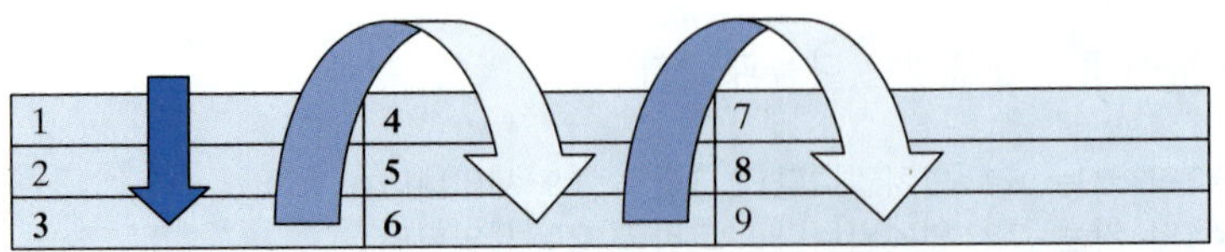

그림 8.3
배열의 요소 번호 매기기 순서. 기준을 만족하는 요소는 굵게 나타냈다.

```
row =
     3
     1
     2
     3
     2
col =
     1
     2
     2
     2
     3
```

그림 8.4와 같이 두 번호를 결합하면 값이 98.6보다 큰 원소의 위치를 찾아낼 수 있다. fprintf 명령을 사용하면 결과를 더욱 보기 좋게 나타낼 수 있다. 예를 들어

1, 1	**1, 2**	1, 3
2, 1	**2, 2**	**2, 3**
3, 1	**3, 2**	3, 3

그림 8.4
3×3 배열에서 원소의 인덱스 번호. 기준을 만족하는 원소는 굵게 나타냈다.

```
fprintf("진찰실 %3.0f에서 측정한 환자 %3.0f의 체온은 %6.1f 입니다.\n",
[row,col,temp(index')]')
```

를 입력하면 다음과 같은 출력 결과를 볼 수 있다.

```
진찰실 3 에서 측정한 환자 1 의 체온은 100.1입니다.
진찰실 1 에서 측정한 환자 2 의 체온은 100.2입니다.
진찰실 2 에서 측정한 환자 2 의 체온은 99.2입니다.
진찰실 3 에서 측정한 환자 2 의 체온은 99.3입니다.
진찰실 2 에서 측정한 환자 3 의 체온은 98.9입니다.
```

8.3.2 순서도와 슈도코드를 이용한 프로그래밍

find 명령을 내리면 벡터 값이 반환된다. 이때 반환되는 벡터 값은 조건을 만족하는 원소의 위치를 나타내는 번호이다. 그림 8.5는 이 프로그램의 명령 처리 순서를 나타내는 순서도이다. 어떤 배열의 원소를 몇 가지 부류로 나누기 위해 find 명령을 여러 번 사용하는 경우에는 마름모(다이아몬드)를 써서 find 명령이 선택구조로 사용되고 있음을 나타낼 수도 있다.

```
% x 값을 행렬로 만든다.
 x = [1,2,3;10,5,1;12,3,2;8,3,1]
% x>9인 원소의 인덱스 번호를 찾는다.
 index = find(x>9)
% 이 인덱스 번호를 이용해 값이 이보다 큰 원소를 찾아내어 따로 행렬을 만든다.
 values = x(index)
% 보다 큰 원소의 번호와 실제 값을 화면에 출력한다.
 disp('9보다 큰 원소')
 disp(table(index,values,'VariableNames',["Index Number",
"X Value"]))
```

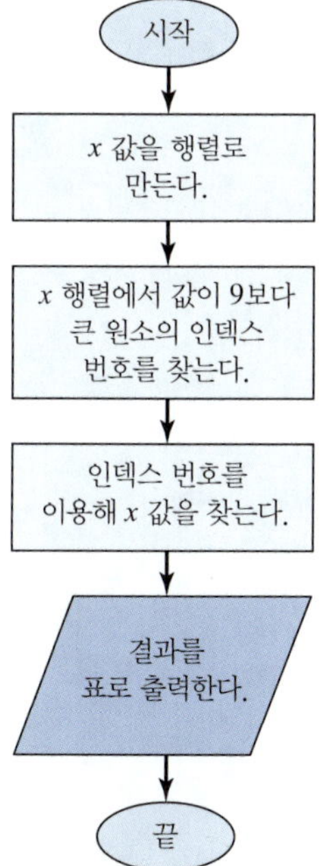

그림 8.5
find 명령을 사용하는 프로그램의 순서도

이 예제에서는 fprintf 대신 table 함수를 사용해 출력을 표시하도록 선택했다. 이는 스타일의 문제이며, 두 가지 방법 모두 사용할 수 있다.

예제 8.1

신호처리에 사용되는 싱크 함수

그림 8.6
오실로스코프는 신호처리 분야에서 널리 사용되고 있다(Erik Von Weber/Photodisc/Getty Images).

싱크(sinc) 함수는 여러 공학 분야에서 사용되고 있는데, 특히 신호처리(signal processing)에 널리 쓰인다(그림 8.6 참조). 특이하게도 다음 두 종류의 함수가 모두 싱크로 정의된 채 널리 사용되고 있다.

$$f_1(x) = \frac{\sin(\pi x)}{\pi x}, \quad f_2(x) = \frac{\sin(x)}{x}$$

두 함수 모두 $x = 0$에서 0/0의 부정형이 된다. 이 경우에 미적분학에서 나오는 로피탈 정리(l'Hôpital theorem)를 적용하면 $x = 0$에서 두 함수의 값이 모두 1이 된다. x가 0이 아닐 때에는 두 함수의 값이 서로 다르지만 그 값이 변하는 모습은 비슷하다. 두 싱크 함수 중에서 $f_1(x)$의 값은 x가 정수일 때마다 0이 되고, $f_2(x)$는 x가 π의 정수배가 될 때마다 0이 된다.

두 싱크 함수의 정의 중에서 $f_2(x)$를 채택한 함수 sinc_x를 만들라. 그런 다음 x 값을 $-5\pi \sim +5\pi$까지 변화시키면서 함수 sinc_x 값을 계산하고 이를 그래프로 그려라.

1. 문제를 명확히 나타낸다.
   다음 식으로 정의되는 sinc_x라는 함수를 만들고 제대로 되었는지 확인한다.

$$f_2(x) = \frac{\sin(x)}{x}$$

2. 입력과 출력을 표시한다.
   입력 x 값을 $-5\pi \sim +5\pi$까지 변화시킨다.
   출력 x에 대한 sinc_x 값의 변화를 그래프로 그린다.

3. 손이나 계산기로 문제를 미리 풀어본다.

4. 매트랩으로 문제를 푼다.
   그림 8.7과 같이 순서도를 그려 함수에서 수행하는 단계와 그 내용을 차례대로 간추려 적는다. 그런 다음 순서도의 단계를 슈도코드로 바꾸어 적는다. 끝으로 각 슈도코드 다음에 그 내용을 수행하는 적절한 매트랩 명령어를 써넣는다. 함수를 만들었으면 명령창에서 검사해야 한다.

```
sinc_x(0)
ans =
        1
sinc_x(pi/2)
ans =
        0.6366
sinc_x(pi)
ans =
        3.8982e-017
sinc_x(-pi/2)
ans =
        0.6366
```

계산 결과를 살펴보면 sinc_x(pi) 값이 표 8.4의 결과와는 달리 0이 아니라 아주 작은 값으로 나온 것을 알 수 있다. 이것은 매트랩이 π를 부동소수점으로 표시하면서 근삿값을 사용하기 때문이다.

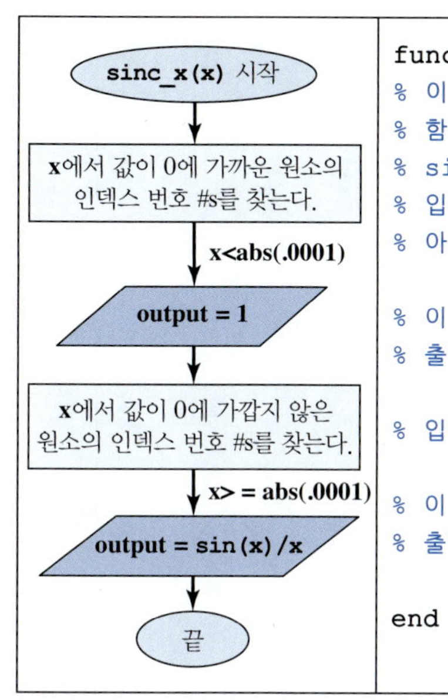


```
function output = sinc_x(x)
% 이 함수는 다음 식으로 정의되는 싱크(sinc)
% 함수의 값을 계산한다.
% sin(x)/x
% 입력변수 x에서 값이 0이거나 0으로 볼 수 있을 만큼
% 아주 작은 원소의 인덱스 번호를 찾는다.
      set1 = find(abs(x)<0.0001);
% 이 원소에 대해서는 싱크 함수의 값을 1로 해서
% 출력변수로 내보낸다.
      output(set1) = 1;
% 입력 행렬 x에서 값이 0이 아닌 원소의 인덱스 번호를 찾는다.
      set2 = find(abs(x)>=0.0001);
% 이 원소에 해당하는 싱크 함수의 값을 계산해서
% 출력변수로 내보낸다.
      output(set2) = sin(x(set2))./x(set2);
end
```

그림 8.7
find 함수를 사용해 sinc 함수를 정의하는 논리 흐름도

표 8.4 sinc 함수 계산

x	sin(x)	sinc_x(x) = sin(x)/x
0	0	0/0 = 1
π/2	1	1(π/2) = 0.637
π	0	0
−π/2	−1	−1(π/2) = −0.637

5. 풀이를 검사한다.
매트랩에서 함수를 만들어 계산한 결과와 손으로 푼 결과를 비교해보면 서로 일치함을 알 수 있다. 따라서 확신을 가지고 이 함수를 문제를 푸는 데 쓸 수 있다.
다음 명령을 차례대로 입력하면

```
%% 예제 8.1
       clear, clc
% 각도의 배열을 정의한다.
      x = -5*pi:pi/100:5*pi;
% 함수 sinc_x를 계산한다.
      y = sinc_x(x);
% 계산 결과를 그래프로 그린다.
      plot(x,y)
      title("싱크 함수")
      xlabel("각도, radians")
      ylabel("sinc")
```

그림 8.8과 같은 그래프가 생성된다.

그래프를 보면 우리가 만든 함수가 값을 정확하게 계산하고 있음을 다시 한번 확인할 수 있다. 앞에서 한 번에 하나씩만 값을 sinc_x로 입력해 그 결과를 검사한 것은 스칼라 입력에 대해서만 이 함수가 정상인지 확인한 것이다. 하지만 그래프를 그리기 위해 만들었던 프로그램에서는 sinc_x에 벡터로 된 입력을 전달했다. 화면에 출력된 그래프를 보고

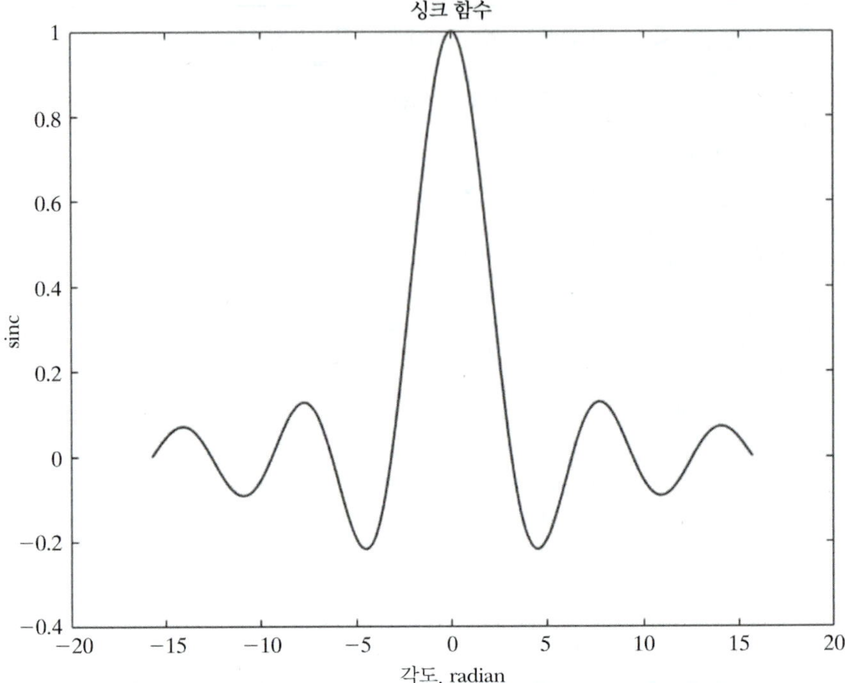

그림 8.8
sinc 함수 그래프

sinc_x 함수가 벡터 입력에 대해서도 정확하게 동작함을 확인할 수 있다.

이 함수 프로그램이 어떻게 해서 동작하는 것인지 잘 이해가 되지 않으면 화면에 결과가 출력되지 않도록 만들기 위해 각 명령문 뒤에 붙여준 세미콜론(;)을 없앤 다음 프로그램을 실행해보라. 이렇게 각 명령문의 출력을 확인하면 프로그램의 동작 방식을 더욱 잘 이해할 수 있다.

매트랩에는 find 명령 말고도 all과 any라는 논리함수가 더 있다. all 함수는 배열에서 모든(all) 원소가 주어진 조건을 만족하는지 알아보는 데 사용된다. any 함수는 배열에서 주어진 조건을 만족하는 원소가 **적어도 하나는** 있는지 검사한다. 매트랩의 내장함수인 help 함수의 도움을 받으면 이 함수들에 관해 더 많은 정보를 얻을 수 있다.

실습문제 8.1

정답은 피어슨 출판사의 웹사이트 https://www.pearsonhighered.com/moore에서 확인할 수 있다. 매트랩을 사용해 다음 배열에 관한 문제를 풀라.

$$x = \begin{bmatrix} 1 & 10 & 42 & 6 \\ 5 & 8 & 78 & 23 \\ 56 & 45 & 9 & 13 \\ 23 & 22 & 8 & 9 \end{bmatrix} \quad y = \begin{bmatrix} 1 & 2 & 3 \\ 4 & 10 & 12 \\ 7 & 21 & 27 \end{bmatrix} \quad z = \begin{bmatrix} 10 & 22 & 5 & 13 \end{bmatrix}$$

1. 각 배열에서 값이 10보다 큰 원소의 인덱스 번호를 구하라. 이때 하나의 숫자로 인덱스 번호를 나타내라.

2. 각 배열에서 값이 10보다 큰 원소의 행 번호와 열 번호[때때로 이를 **아래첨자**(subscript)라고 함]를 구하라.
3. 각 배열에서 값이 10보다 큰 원소의 실제 값을 구하라.
4. 각 배열에서 값이 10보다 크고 40보다 작은 원소의 인덱스 번호를 구하라. 이때 하나의 숫자로 인덱스 번호를 나타내라.
5. 각 배열에서 값이 10보다 크고 40보다 작은 원소의 행 번호와 열 번호를 구하라.
6. 각 배열에서 값이 10보다 크고 40보다 작은 원소의 실제 값을 구하라.
7. 각 배열에서 값이 0 이상 10 이하 또는 70 이상 80 이하인 원소의 인덱스 번호를 구하라. 이때 하나의 숫자로 인덱스 번호를 나타내라.
8. find 명령으로 구한 결과에 `length` 명령을 적용해 각 배열에서 값이 0 이상 10 이하 또는 70 이상 80 이하인 원소가 몇 개인지 구하라.

8.4 논리 인덱싱

find 함수는 지정된 테스트 기준을 충족하는 요소들의 인덱스를 반환한다. **논리 인덱싱**(logical indexing)도 유사한 방식으로 작동한다. 그 목적은 지정된 테스트 기준에 따라 배열의 요소를 선택하는 것이다. 예를 들어 환자 이름으로 구성된 문자열 배열과 이에 대응하는 온도 측정값 벡터가 있다고 가정해보자.

```
Patient_Names = ["Jason","Jose","Wesley","Rose"]
Temp = [98.2, 100.3, 97, 101]
```

어떤 환자가 열이 있는지 확인하고자 한다. 이 작업을 수행하기 위해 find 함수를 사용할 수도 있지만, 논리 인덱싱을 사용할 수도 있다.

첫 번째 단계는 관심 있는 기준이 충족되었는지를 나타내는 **논리 배열**(logical array)을 생성하는 것이다. 예를 들어

```
fever = Temp>98.6
```

을 입력하면 다음과 같은 결과가 출력된다.

```
fever =
  1×4 logical array
   0   1   0   1
```

여기에서 0은 조건이 '거짓'임을 나타내고 1은 '참'임을 나타낸다. 이제 이 배열을 `Patient_Names` 벡터의 입력으로 사용하면 결과는 다음과 같이 된다.

핵심 개념
논리 인덱싱을 사용해 테스트 기준에 따라 배열의 요소를 선택한다.

```
ans =
  1×2 string array
    "Jose"    "Rose"
```

전체 과정은 사실 다음과 같은 구문을 사용해 한 단계로 완료할 수 있다.

```
Patient_Names(Temp>98.6)
```

이 방법은 위에서 설명한 두 단계 과정과 동일한 결과를 반환한다. 기준을 충족하지 않는 환자를 확인하려면 not 연산자(~)를 사용하면 된다.

```
Patient_Names(~(Temp>98.6))

ans =
  1×2 string array
    "Jason"    "Wesley"
```

논리 인덱싱의 또 다른 용도는 기존 배열의 값을 수정하거나 기존 배열의 값(예: 온도 데이터)을 기반으로 새로운 배열을 만드는 것이다. 예를 들어 이 환자들의 검사 결과를 담은 results라는 벡터를 생성하고 싶을 수 있다. 이 코드는

```
result(fever)="Sick"
```

그리고

```
result(Temp>98.6)="Sick"
```

와 같이 동일한 결과를 반환하며, 일부 누락된 값을 포함한 벡터를 반환한다.

```
result =
  1×4 string array
        <missing>    "Sick"    <missing>    "Sick"
```

누락된 값은 기준이 충족되지 않는 인덱스 값을 결정할 때 채워지며,

```
result(~fever)="Well"
or
result(~(Temp>98.6))="Well"
```

과 같이 완성된 벡터(문자열 배열)가 생성된다.

```
result =
  1×4 string array
    "Well"    "Sick"    "Well"    "Sick"
```

이 모든 정보를 저장하는 편리한 방법은 의미 있는 열 제목을 가진 테이블 배열로 만드는 것이다.

```
T = ["Patients","Temperature","Diagnosis"];
    disp(table(Patients',Temp',result','VariableNames',T));
```

이렇게 하면 읽기 쉬운 차트가 제공된다.

Patients	Temperature	Diagnosis
"Jason"	98.2	"Well"
"Jose"	100.3	"Sick"
"Wesley"	97	"Well"
"Rose"	101	"Sick"

예제 8.2

논리 인덱싱을 사용해 sinc 함수 생성

예제 8.1에서 살펴본 전기공학 응용에서 널리 사용되는 sinc 함수의 두 가지 정의를 기억하라.

$$f_1(x) = \frac{\sin(\pi x)}{\pi x}, \quad f_2(x) = \frac{\sin(x)}{x}$$

이 두 함수는 $x = 0$일 때 0/0의 부정형을 가진다. 그러나 로피탈의 정리를 사용해 $x = 0$일 때 두 함수가 모두 1과 같다는 것을 밝힐 수 있다.

예제 8.1에서는 find 함수를 사용해 sinc_x라는 사용자 정의 함수를 생성해서 배열에 저장된 x 값에 대해 두 번째 함수를 평가했다. 이 예제에서는 논리 인덱싱을 사용해 이 함수를 다시 생성할 것이다. 이전과 같이 x가 -5π~$+5\pi$까지 변할 때의 sinc_x 값을 계산하고 결과를 그래프로 나타내라.

1. 문제를 명확히 나타낸다.
   sinc_x라는 함수를 두 번째 정의와 논리 인덱싱을 사용해 생성하고 테스트한다.

$$f_2(x) = \frac{\sin(x)}{x}$$

2. 입력 및 출력을 표시한다.
   입력 x를 -5π~$+5\pi$까지 변화시킨다.
   출력 x와 sinc_x의 그래프를 그린다.

3. 손이나 계산기로 문제를 미리 풀어본다.

4. 매트랩으로 문제를 푼다.
   그림 8.9와 같이 순서도로 함수를 개략적으로 작성한다. 그런 다음 순서도를 슈도코드 설명문으로 변환하고 적절한 매트랩 명령어를 삽입한다.

```
function output = sinc_x(x)
% 이 함수는 다음 식으로 정의되는 싱크(sinc)
% 함수 값을 가진다.
% sin(x)/x
% 0과 가까운 x 값을 찾기 위해 논리 벡터를 생성한다.
set1=abs(x)<0.0001;
% 출력을 정의하기 위해 논리 인덱싱을 생성한다.
output(set1) = 1;
% 0과 가깝지 않은 x 값을 찾기 위해 논리 벡터를 생성한다.
set2=~(abs(x)<0.0001);
% 출력을 정의할 논리 인덱싱을 사용하라.
output(set2) = sin(x(set2))./x(set2);
end
```

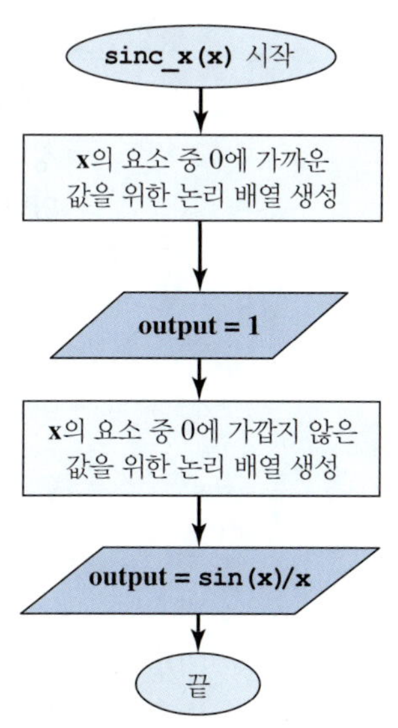

그림 8.9
논리 인덱싱을 사용해 sinc 함수를 정의하는 논리 순서도

5. 풀이를 검사한다.
   함수가 생성된 후에는 테스트를 해야 한다. 이 경우 함수는 라이브 스크립트에 포함되었고, 결과는 그림 8.10에서 그래프로 표시되어 있다.

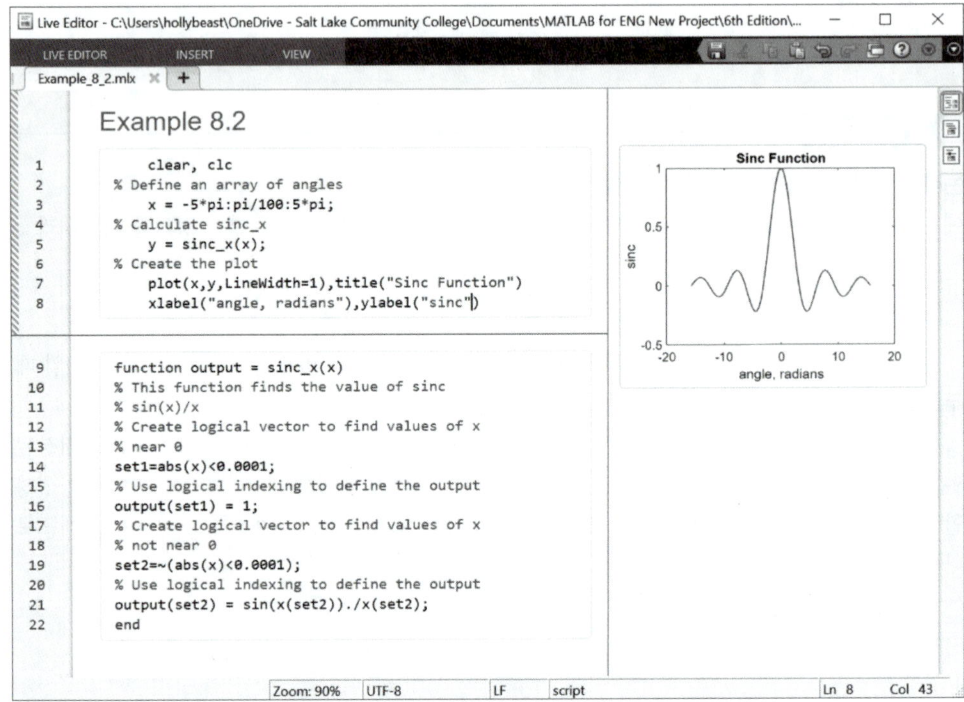

그림 8.10
논리 인덱싱은 미리 정해진 기준에 따라 다른 결과를 정의하는 효율적인 기법을 제공한다(Mathworks, Inc.의 허가를 받아 재인쇄).

실습문제 8.2

정답은 피어슨 출판사의 웹사이트 https://www.pearsonhighered.com/moore에서 확인할 수 있다. 다음 배열에 관한 문제를 풀라.

$$x = \begin{bmatrix} 1 & 10 & 42 & 6 \\ 5 & 8 & 78 & 23 \\ 56 & 45 & 9 & 13 \\ 23 & 22 & 8 & 9 \end{bmatrix} \quad y = \begin{bmatrix} 1 & 2 & 3 \\ 4 & 10 & 12 \\ 7 & 21 & 27 \end{bmatrix} \quad z = \begin{bmatrix} 10 & 22 & 5 & 13 \end{bmatrix}$$

1. x가 10보다 큰 요소를 나타내는 k라는 논리 인덱스 배열을 생성하라. 즉 배열은 x가 10보다 큰 위치에는 1(참), 10 이하인 위치에는 0(거짓) 값을 가져야 한다. 결과를 확인하려면 작업공간창에서 배열의 클래스가 'logical'로 표시되고 배열 크기가 4×4이며 배열을 나타내는 아이콘이 체크박스인지 관찰하라. y, z 배열에 대해서도 반복해 결과를 각각 j, m으로 명명하라.
2. 실습문제 1에서 생성한 논리 인덱스 배열을 사용해 각 배열에서 10보다 큰 값을 추출하고, 이를 각각 ax, ay, az라는 새로운 배열에 저장하라.
3. 이전 두 문제에서 관심 값을 추출하기 위해 두 단계 과정을 사용했다. 이 과정을 반복하되, 한

단계로 수행하라.

4. 각 배열에서 요소 값이 10보다 크고 40보다 작은 요소를 나타내는 논리 인덱스 배열 k, j, m을 생성하라.
5. 실습문제 4에서 생성한 논리 인덱스 배열을 사용해 기준을 충족하는 값을 각 배열에서 추출하고, 이를 각각 bx, by, bz라는 새로운 배열에 저장하라.
6. 이전 두 문제에서 사용한 과정을 반복하되, 한 단계로 수행하라.
7. 이 배열들이 수집된 데이터를 나타낸다고 가정하자. 데이터의 최댓값이 50이어야 한다고 가정하고, 50을 초과하는 값을 논리 인덱싱을 사용해 50으로 대체하라. 이 문제에서는 x 배열만 사용하면 된다.

8.5 선택구조

대부분의 경우에 find 명령이나 논리 인덱싱을 if 문 대신에 사용할 수 있다. 그렇지만 if 문이 꼭 필요한 경우도 있다. 이 절에서는 if 문의 사용 방법을 설명한다.

8.5.1 단일 if 구조

단일 if 문의 구조는 다음과 같다.

```
if comparison
  statements
end
```

비교(논리식) 결과가 '참'이면 if와 end 사이에 있는 명령문이 수행된다. 비교 결과가 '거짓'이면 end 다음에 있는 명령문으로 곧바로 점프(jump)한다. if 구조 속에 들어가는 명령문에 대해서는 들여쓰기를 해서 프로그램을 이해하기 쉽게 하는 것이 좋은 프로그래밍 방법이다. 하지만 매트랩은 공백(space)을 무시하므로 명령문을 써넣을 때 들여쓰기를 했는지 하지 않았는지는 상관하지 않고 그 명령문을 실행한다.

단일 if 문 구조로 된 다음 보기를 살펴보자.

```
if G<50
  disp("작은 수 G는 다음과 같다:")
  disp(G);
end
```

이 명령문(if에서 end까지)은 G가 스칼라인 경우 해석하기 쉽다. G가 50보다 작으면 if와 end 사이에 들어 있는 명령문이 수행된다. 예를 들어 G 값이 25이면

핵심 개념
if의 비교문에는 스칼라를 사용하는 것이 좋다.

```
작은 수 G는 다음과 같다:
    25
```

라는 결과가 화면에 표시된다. G가 스칼라가 아닌 경우에는 G의 모든 원소가 50보다 작은 조건을 만족할 경우에만 '참'이 된다. 따라서 G를 다음과 같이 정의하면

```
G = 0:10:80;
```

비교 결과는 '거짓'이 되어 if 구조 속에 있는 명령문은 수행되지 않는다. 일반적으로 if 문에서는 스칼라를 다루는 것이 좋다.

8.5.2 if/else 구조

핵심 개념
if/else 구조에서 else 줄에 비교문이 있어서는 안 된다.

단일 if 문 구조에서는 조건이 '참'일 때에는 명령문을 실행하지만 '거짓'이면 명령문을 실행하지 않고 건너뛴다. if 문에 else를 덧붙여 사용하면 조건이 '참'일 때에는 한 세트의 명령문이 수행되고 '거짓'일 때에는 다른 세트의 명령문이 수행되도록 할 수 있다. 변수 *x*의 로그값을 알고 싶은 경우를 가정해보자. log 함수에서 입력(즉 독립변수)은 반드시 0보다 커야 한다. 입력이 양수일 때에는 로그값을 계산하고 0이나 음수일 때에는 에러 메시지를 내보내는 프로그램을 if/else 문을 사용해 만들어보면 다음과 같다.

```
if x >0
    y = log(x)
else
     disp("로그함수의 입력은 0보다 커야 한다.")
end
```

else 줄에는 논리 비교가 없다는 점에 주목하라. 이 코드 섹션은 if 문이 거짓일 때에만 실행되므로 추가적인 비교문(예를 들어 x<=0)은 필요하지 않다.

x가 스칼라이면 이 프로그램을 쉽게 해석할 수 있다. x가 배열인 경우에는 행렬의 '모든' 원소가 조건을 만족할 때에만 참이 된다. 예를 들어 x를 다음과 같이 정의하면

```
x = 0:0.5:2;
```

0보다 크지 않은 원소가 하나 있으므로 매트랩은 else 부분에 있는 명령으로 점프해 에러 메시지를 화면에 내보낸다. if/else 문을 벡터에 대해서 사용하기도 하지만 스칼라를 다루는 데 사용하는 편이 좋다고 말할 수 있다.

HINT 매트랩에서는 beep라는 함수로 '땡(beep)' 소리를 내게 할 수 있다. 이 함수를 이용해 사용자에게 '에러'의 발생을 알려줄 수 있다. 예를 들어 위에서 살펴본 if/else 문에 beep 함수를 추가하면 에러 메시지가 '땡' 소리와 함께 화면에 출력된다.

```
x = input("0보다 큰 값을 넣으시오:");
if x >0
   y = log(x)
else
   beep
   disp("로그함수의 입력은 0보다 커야 한다.")
end
```

이 코드는 error 함수의 동작을 모방하며, 유일한 차이점은 error 함수는 프로그램을 중단시키는 반면 위의 코드는 단순히 명령창에 오류 메시지를 출력한다는 점이다.

```
x = input("0보다 큰 값을 넣으시오:");
if x >0
   y = log(x)
else
  error("로그함수의 입력은 0보다 커야 한다.")
end
```

위에서 든 두 예 모두에서 '땡' 소리와 에러 메시지가 출력되는데 앞의 것은 프로그램이 실행된 결과이지만 뒤의 것은 error 함수에 의해 프로그램의 실행이 중단되면서 나오는 결과이다.

8.5.3 elseif 구조

if/else 문 여러 개를 겹쳐서 사용하는 경우에는 어느 논리식이 '참' 또는 '거짓'이 되면 어느 세트의 명령문이 실행되는지 알아내기가 쉽지 않다. elseif 함수를 사용하면 여러 조건을 검사하는 프로그램을 쉽게 이해하고 만들 수 있다. 다음 elsief 구조는 신청자의 나이를 기준으로 운전면허증을 발급받을 수 있는지 아닌지를 검토하는 프로그램이다.

```
if age<16
   disp("아직은 운전면허증을 발급받을 수 있는 나이가 아닙니다.")
elseif age<18
   disp("청소년 운전면허증을 발급받을 수 있습니다.")
elseif age<70
   disp("일반 운전면허증을 발급받을 수 있습니다.")
else
   disp("70세 이상은 특수 운전면허증을 발급받아야 합니다.")
end
```

이 프로그램에서는 맨 먼저 age<16을 검사한다. 이 비교 결과가 '참'이면 프로그램은 바로 다음 줄의 명령을 실행해 화면에 "아직은 운전면허증을 발급받을 수 있는 나이가 아닙니다"라는 메시지를 출력하고 나서 if 구조를 완전히 빠져나간다. 하지만 age<16의 비교 결과가 '거짓'이면 매트랩은 바로 다음의 elseif에 있는 조건 age<18을 검사해 '참'이면 다음 줄 명령을 실행한 다음 if 구조를 빠져나가고, '거짓'이면 다음 elseif로 가서 조건을 검사한다. 즉 if 구조 안에서 비교 결과가 '참'이 될 때까지 프로그램이 계속된다. 프로그램에서 끝부분에 있는 else 다음에는 비교조건이 없다. 따라서 else 바로 앞에 있는 elseif의 비교 결과가 '거짓'인 경우에는 else 다음에 있는 명령을 무조건 실행한 다음 if 구조를 빠져나간다.

그림 8.11은 이 프로그램의 처리 과정을 나타낸 순서도인데, 마름모 도형으로 선택구조를 나타냈다.

age가 스칼라이면 이 프로그램의 동작을 쉽게 해석할 수 있다. age가 배열인 경우에는 비교 결과가 배열의 모든 원소에 대해 '참'으로 나와야 한다. 예를 들어 age 배열이

```
age = [15,17,25,55,75]
```

로 정의된 경우, 첫 번째 조건 age<16을 만족하지 않는 원소가 있으므로 이 비교 결과는 '거짓'이 된다. 두 번째 조건 age<18에 대해서도 '거짓'이 된다. age에는 70 이상인 원소도 있으므로 세 번째 조건 age<70에 대해서도 '거짓'이 된다. 따라서 프로그램을 실행하면 "70세 이상은 특수 운전면허증을 발급받아야 합니다"라는 메시지가 나오게 되는데, 이것은 age 배열에서 75세인 지원자를 뺀 나머지 나이의 지원자에게는 잘못된 메시지인 셈이다.

HINT 초보 프로그래머가 if 문을 써서 프로그래밍을 할 때 흔히 저지르기 쉬운 잘못은 조건을 중복해서 지정하는 것이다. 앞의 예제에서는 age<18을 elseif 절에 명시하는 것으로 충분하다. 이는 age가 16보다 작다면 해당 문장에 도달할 수 없기 때문이다. 따라서 age=18과 age<16을 명시할 필요는 없다. 조건을 불필요하게 중복해서 지정하면 뜻하지 않게 조건이 제한되는 경우가 생겨서 프로그램을 실행해도 아무런 결과가 나오지 않을 수도 있다. 예를 들어 프로그램이

```
if age<16
   disp("아직은 운전면허증을 발급받을 수 있는 나이가 아닙니다.")
elseif age<18 & age>16
   disp("청소년 운전면허증을 발급받을 수 있습니다.")
elseif age<70 & age>18
   disp("일반 운전면허증을 발급받을 수 있습니다.")
elseif age>70
   disp("70세 이상은 특수 운전면허증을 발급받아야 합니다.")
end
```

처럼 작성되면 age=16, age=18, age=70일 때에는 프로그램을 실행해도 아무런 결과가 나오지 않는다.

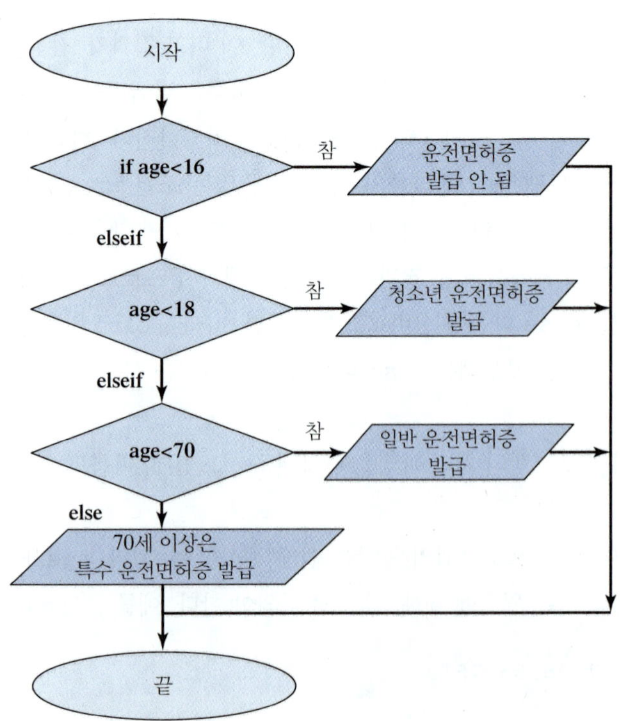

그림 8.11
여러 개의 if 문으로 구성된 프로그램의 순서도

대체로 보면 elseif 구조는 스칼라를 다루는 데 적합하고 논리 인덱싱이나 find는 배열을 다루는 데 더 편리하다고 할 수 있다. 다음은 age 배열에 find 명령을 사용해서 정해진 나이 범위로 분류해 결과를 출력하는 프로그램이다.

```
age = [15,17,25,55,75];
set1 = find(age<16);
set2 = find(age>=16 & age<18);
set3 = find(age>=18 & age<70);
set4 = find(age>=70);
fprintf("아직은 운전면허증을 발급받을 수 있는 나이가 아닙니다." + ...
"당신은 %3.0f \n세이므로",age(set1))
fprintf("청소년 운전면허증을 발급받을 수 있습니다." + ...
"당신은 %3.0f \n세이므로",age(set2))
fprintf("일반 운전면허증을 발급받을 수 있습니다." + ...
"당신은 %3.0f \n세이므로",age(set3))
fprintf("70세 이상은 특수 운전면허증을 발급받아야 합니다." + ...
"당신은 %3.0f \n세이므로",age(set4))
```

이 프로그램을 수행하면 다음 결과를 얻을 수 있다.

```
당신은 15세이므로 아직은 아직은 운전면허증을 발급받을 수 있는 나이가 아닙니다.
당신은 17세이므로 청소년 운전면허증을 발급받을 수 있습니다.
당신은 25세이므로 일반 운전면허증을 발급받을 수 있습니다.
당신은 55세이므로 일반 운전면허증을 발급받을 수 있습니다.
당신은 75세이므로 70세 이상은 특수 운전면허증을 발급받아야 합니다.
```

프로그램에서는 각 find 명령에서 정해진 범위에 따라 나이를 분류해야 하므로 조건을 지정할 때에는 age>=16 & age<18과 같이 범위를 완전하게 지정해주어야 한다.

예제 8.3

학점 부여 프로그램

if 문은 입력이 스칼라인 경우에 더욱 효과적이다. 점수에 따라 학점을 부여하는 함수를 만들라. 함수에는 스칼라를 입력하는 것으로 한다. 학점 부여 기준은 다음과 같다.

학점	점수
A	90~100
B	80~90
C	70~80
D	60~70
E	60 미만

1. 문제를 명확히 나타낸다.
   시험 점수에 따라 정해진 학점을 부여한다.

2. 입력과 출력을 표시한다.
   입력 시험 점수(배열이 아닌 스칼라 형태)
   출력 학점

3. 손이나 계산기로 문제를 미리 풀어본다.
   85점이면 학점은 B이다.

90점을 A로 할지, B로 할지 명확히 하기 위해 학점 부여 기준을 더욱 분명히 정한다.

학점	점수
A	≥90~100
B	≥80 그리고 <90
C	≥70 그리고 <80
D	≥60 그리고 <70
E	60 미만

4. 매트랩으로 문제를 푼다.
   그림 8.12와 같이 순서도를 그려 함수에서 수행하는 단계와 그 내용을 차례대로 간추려 적는다.

5. 풀이를 검사한다.
   앞에서 만든 함수가 제대로 동작하는지 다음과 같이 명령창에서 검사한다.

```
grade(25)
ans =
E
grade(80)
ans =
B
grade(-52)
ans =
E
```

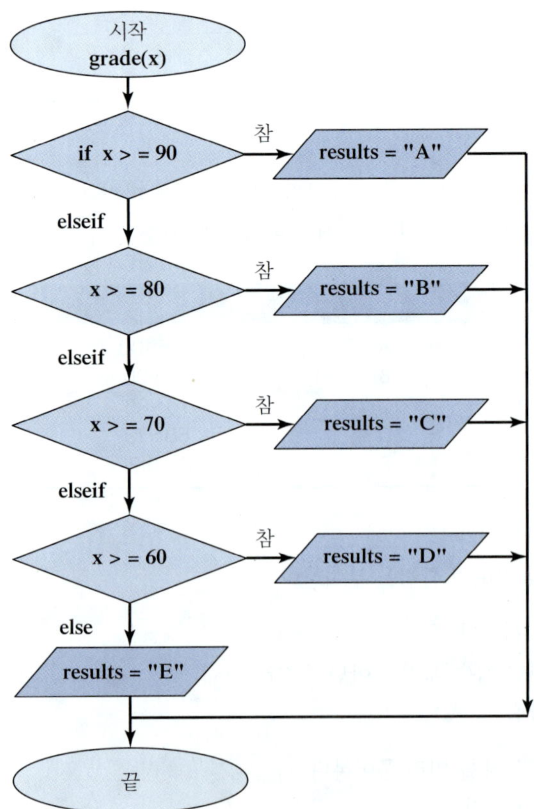

그림 8.12
학점 부여 프로그램의 순서도

```
grade(108)
ans =
A
```

이 결과를 살펴보면 함수가 맞게 동작하는 것처럼 보이는데, 자세히 살펴보면 100점 이상이나 0점 이하의 점수에 대해서도 학점을 부여하고 있음을 알 수 있다. 이를 바로잡기 위해 조건을 몇 개 추가한 것이 다음 프로그램이다.

```
function results = grade(x)
% 이 함수에는 스칼라를 입력해야 합니다.
  if(x>=0 & x<=100)
    if(x>=90)
       results = "A";
    elseif(x>=80)
       results = "B";
    elseif(x>=70)
       results = "C";
    elseif(x>=60)
       results = "D";
    else
       results = "E";
    end
  else
    results = '잘못된 입력입니다.';
end
```

대안으로는 내장된 error 함수를 사용하는 방법이 있다.

```
function results = grade(x)
% 이 함수에는 스칼라를 입력해야 합니다.
  if(x<0 | x>100)
  error("잘못된 입력입니다.")
  end
    if(x>=90)
      results = "A";
    elseif(x>=80)
      results = "B";
    elseif(x>=70)
      results = "C";
    elseif(x>=60)
      results = "D";
    else
      results = "E";
end
```

이 프로그램을 명령창에서 다시 한번 검사한다.

```
grade(-10)
ans =
Illegal Input
grade(108)
ans =
Illegal Input
```

이 함수는 스칼라 입력에 대해서는 아주 잘 동작한다는 사실을 알 수 있다. 그러나 다음과 같이 이 함수에 벡터를 입력하면 잘못된 결과가 나올 수 있다.

```
score = [95,42,83,77];
grade(score)
ans =
E
```

실습문제 8.3

if 계열 함수는 함수에서 특히 유용하다. 함수의 입력이 스칼라라고 가정하고, 각 문제에 대해 함수를 작성하고 테스트하라. 정답은 피어슨 출판사의 웹사이트 https://www.pearsonhighered.com/moore에서 확인할 수 있다.

1. 미국의 한 주에서 법적 음주 허용나이가 21세라고 가정하자. 사람의 나이를 입력하면 술을 마실 수 있는지 없는지 알려주는 함수를 만들고, 이 함수가 제대로 동작하는지 확인하라. 나이를 음수(−값)로 입력한 경우에는 error 함수를 사용해 함수를 빠져나오면서 에러 메시지가 화면에 출력되게 하라.
2. 놀이동산의 놀이기구 중에는 키 제한이 있는 것도 있다. 키가 48인치 이상이어야 어떤 놀이기구를 탑승할 수 있다고 가정하자. 탑승자의 키를 입력하면 그 놀이기구를 탈 수 있는지 없는지 알려주는 함수를 만들고, 이 함수가 제대로 동작하는지 확인하라. 키를 음수(−값)로 입력한 경우에는 error 함수를 사용해 함수를 빠져나오면서 에러 메시지가 화면에 출력되게 하라.
3. 일반적으로 제작된 부품의 치수는 명시된 허용오차 범위 안에 들어야 한다. 어떤 부품의 길이가 반드시 5.4 ± 0.1 cm 범위 안에 들어야 한다고 가정하자. 부품의 길이를 입력하면 이 허용범위 안에 드는지 아닌지 알려주는 함수를 만들고, 이 함수가 제대로 동작하는지 확인하라. 길이를 음수(−값)로 입력한 경우에는 error 함수를 사용해 함수를 빠져나오면서 에러 메시지가 화면에 출력되게 하라.
4. 미국에서는 현재 미터법과 영국식 단위법이 함께 사용되고 있다. 실습문제 3의 부품 길이를 cm 대신 inch 단위로 측정해 검사한다고 가정하자. 이 부품의 길이를 입력하면 허용범위 안에 드는지 아닌지 알려주는 함수를 만들고, 이 함수가 제대로 동작하는지 확인하라. 길이를 음수(−값)로 입력한 경우에는 error 함수를 사용해 함수를 빠져나오면서 에러 메시지가 화면에 출력되게 하라.
5. 고체연료 로켓 엔진은 3단으로 이루어져 있다. 첫째 단이 완전히 연소되면 미사일에서 떨어져나가고 둘째 단이 점화된다. 둘째 단도 완전히 연소되면 역시 분리되어 떨어져나가고 셋째 단이 점화된다. 셋째 단도 다 타버리면 미사일에서 분리된다. 미사일이 발사된 후 로켓의 각 단이 연소되는 시간이 다음과 같다고 가정하자.

   첫째 단: 0~100초
   둘째 단: 100~170초
   셋째 단: 170~260초

   미사일 발사 후 경과된 시간을 입력하면 첫째 단 연소 중인지, 둘째 단 연소 중인지, 셋째 단 연소 중인지, 아니면 로켓 연소가 모두 끝나서 자유비행 중인지 알려주는 함수를 만들고, 이 함수가 제대로 동작하는지 확인하라. 시간을 음수(−값)로 입력한 경우에는 error 함수를 사용해 함수를 빠져나오면서 에러 메시지가 화면에 출력되게 하라.

8.5.4 switch/case 구조

어떤 한 변수의 값에 따라 프로그램이 실행되는 경로를 여러 개로 나누어야 할 경우 switch/case 구조를 많이 사용한다. switch/case는 if/else/elseif와 비슷하다. 실제로 어떤 프로그램을 switch/case로 작성할 수 있다면 같은 프로그램을 if/else/elseif를 써서도 만들 수 있다. 그렇지만 switch/case는 몇 가지 기준을 명시하고 이에 따라 경로를 선택하는 구조이기 때문에 프로그램을 이해하기가 조금 더 쉽다. 이것이 switch/case와 if/else/elseif의 중요한 차이점이다. switch/case 구조에서 사용하는 기준은 스칼라(숫자 1개)나 문자열(string)이다. 실제로는 숫자보다는 문자열을 사용하는 경우가 많다. switch/case는 다음과 같은 구조로 되어 있다.

```
switch  변수
case   기준 1
  변수 값이 기준 1과 같을 때 수행되는 명령문
case 기준 2
  변수 값이 기준 2와 같을 때 수행되는 명령문
case 기준 n
  변수 값이 기준 n과 같을 때 수행되는 명령문
  변수 값이 어떤 기준과도 같지 않을 때 수행되는 명령문
end
```

핵심 개념
switch/case 구조는 if/elseif/else 구조와 유사하다.

예를 하나 들어보자. 다음은 보스턴(Boston), 덴버(Denver), 호놀룰루(Honolulu) 가운데 어느 한 도시의 이름을 입력하면 그곳까지의 항공요금을 안내하는 프로그램이다.

```
city = input("도시 이름을 입력하세요. (단 작은따옴표를 이름 앞뒤에 붙일 것:)")
switch city
  case "Boston"
    disp("345달러")
  case "Denver"
    disp("150달러")
  case "Honolulu"
    disp("집에서 공부나 하세요.")
  otherwise
    disp("항공요금정보가 없습니다.")
end
```

이 프로그램을 실행시킨 다음에 "Boston"이라고 입력하면 매트랩은 다음과 같이 응답한다.

```
city =
    "Boston"
345달러
```

다음 프로그램에서 보듯이 input 명령의 두 번째 필드에 's'를 추가하면 매트랩은 입력되는 내용을 문자열로 취급한다. 따라서 사용자가 문자열을 입력할 때 따옴표를 붙여줄 필요가 없다. 's'를 추가하면 이전 코드는 이제 다음과 같이 변경된다.

```
city = input("도시 이름을 입력하세요:","s")
switch city
 case 'Boston'
   disp('345달러')
 case 'Denver'
   disp('150달러')
 case 'Honolulu'
   disp('집에서 공부나 하세요.')
 otherwise
  disp('항공요금정보가 없습니다.')
end
```

switch/case 구조에서는 otherwise 부분이 없어도 동작하는 데에는 지장이 없다. 그렇지만 사용자가 입력하는 값이 case의 어떤 조건 값과도 같아지지 않는 경우가 일어날 수 있다면 otherwise 부분을 넣어주는 것이 좋다.

switch/case 구조의 순서도는 if/else 구조와 똑같다.

HINT C언어에도 switch/case 명령이 있으므로 C프로그램을 배운 사람이라면 이 명령을 사용해보았을 수도 있을 것이다. 매트랩의 경우에는 switch/case 구조의 여러 case 중에서 어느 한 case의 조건 값과 '일치'하면 나머지 case의 조건 값은 아예 검사하지 않는 것이 C언어와는 다른 점이다.

예제 8.4

자동차에 휘발유 넣기

그림 8.13
휘발유를 리터, 갤런 단위로 판매하는 주유소

세계 여러 나라 중에서 공식적으로 미터법을 사용하지 않는 세 나라가 있는데 바로 미국, 라이베리아, 미얀마이다. 미국에서도 철저하게 미터법을 사용하는 산업분야도 있지만 이를 제외한 나머지 분야에서는 여전히 영국식 단위체계를 사용하고 있다. 몇 가지 실례를 들어보자. 구형 자동차에는 미터법이 적용된 부품과 영국식 단위법이 적용된 부품이 섞여 있지만 1989년 이후에 제작된 신형 자동차에는 거의 다 미터법이 적용된 부품으로만 구성되어 있다는 이야기를 자동차를 손수 정비하는 사람들로부터 들을 수 있다. 포장되어 판매되는 포도주는 리터(liter)로 용량을 표시하고 우유는 갤런(gallon)으로 표시한다. 또한 미국 사람들은 거리를 나타낼 때에는 마일(mile) 단위를 쓰지만 전력에는 와트(watt) 단위를 쓴다. 따라서 미터법과 영국식 단위법 사이에서 당황하는 일이 흔히 일어난다. 캐나다에서는 휘발유가 리터 단위로 판매되지만 미국에서는 갤런 단위로 판매되므로 캐나다를 여행하는 미국 사람은 모두 혼란을 겪게 된다.

그림 8.13과 같이 주유소에서 운전자가 자동차에 휘발유를 넣으려고 하는 상황을 가정하고, 다음과 같은 동작을 하는 프로그램을 switch/case 구조를 써서 작성하라.

- 리터와 갤런 단위 중에서 어느 단위를 원하는지 운전자에게 물어본다.
- 원하는 휘발유 양을 입력하도록 운전자에게 요청한다.
- 판매한 총 휘발유 값을 계산해 운전자에게 알려준다. 휘발유 값은 1갤런당 2.89달러이다.

1. 문제를 명확히 나타낸다.
   휘발유 판매금액을 계산한다.

2. 입력과 출력을 표시한다.

   입력 갤런 또는 리터를 지정
   휘발유 양

   출력 판매금액(휘발유 값은 1갤런당 2.89달러로 가정)

3. 손이나 계산기로 문제를 미리 풀어본다.
   휘발유의 양을 갤런 단위로 표시하면 총판매금액을 다음 식으로 구할 수 있다.

   판매금액 = 휘발유 양(갤런) × 2.89(달러/갤런)

   따라서 판매한 휘발유 양이 10갤런이면 총판매금액은 다음과 같다.

   판매금액 = 10(갤런) × 2.89(달러/갤런) = 28.90(달러)

   휘발유 양을 리터 단위로 표시한 경우에는 먼저 리터 단위를 갤런 단위로 바꾸고, 이어서 총판매금액을 계산한다.

   휘발유 양(갤런) = 휘발유 양(리터) × 0.264(달러/리터)
   판매금액(달러) = 휘발유 양(갤런) × 2.89(달러/갤런)

   따라서 판매한 휘발유 양이 10리터이면 총판매금액은 다음과 같다.

   휘발유 양 = 10(리터) × 0.264(갤런/리터) = 2.64(갤런)
   판매금액 = 2.64(갤런) × 2.89(달러/갤런) = 7.63(달러)

4. 매트랩으로 문제를 푼다.
   그림 8.14와 같이 순서도를 그려 함수에서 수행하는 단계와 그 내용을 차례대로 간추려 적는다. 그다음에 순서도의 내용을 슈도코드로 바꾸고 이를 매트랩의 설명문으로 만든다. 마지막으로 각 설명문 다음에 그 내용에 맞는 적절한 매트랩 명령문을 만들어 써넣는다.

```
%% 예제 8.4
clear, clc
% 1갤런당 휘발유 값을 정의하라.
 rate = 2.89;
% 운전자에게 휘발유 단위로 갤런과 리터 중 하나로 선택하게 한다.
% 어느 단위를 사용하시겠습니까?
 unit = input("갤런과 리터 중\n ","s");
% switch/case 구조를 써서 휘발유 양을 갤런 단위로
% 환산하는 계수(factor)를 구한다.
 switch unit
  case "gallons"
     factor = 1;
  case "liters"
    factor = 0.264;
  otherwise
    error("그런 단위 없습니다.")
end
% 운전자에게 휘발유 양을 물어본다.
query_str ="구매하고 싶은 양을 입력하시오. ";
volume = input([query_str + unit + ": \n"] );
% 가격을 계산한다.
cost = volume * factor*rate;
```

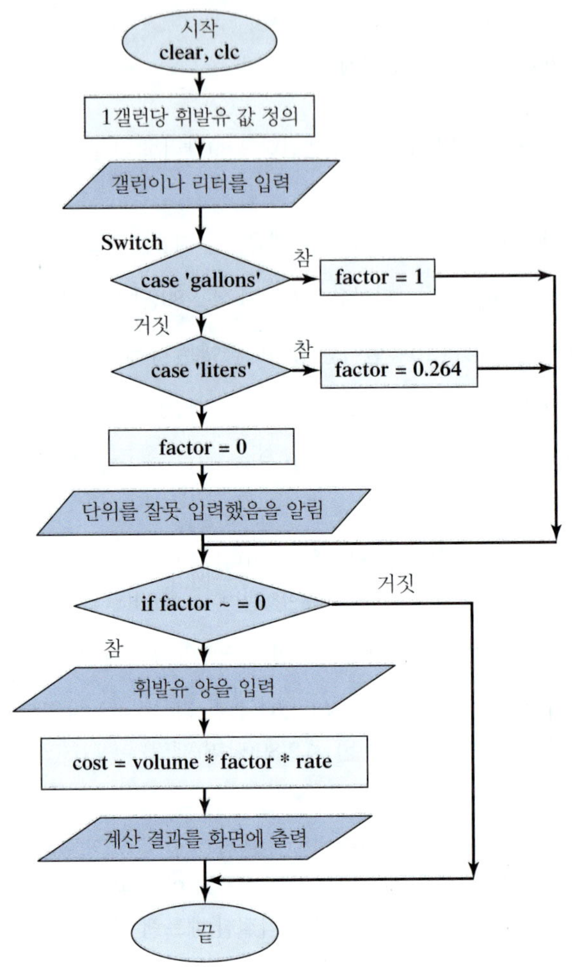

그림 8.14
switch/case 구조가 사용된 휘발유 판매금액 계산 프로그램의 순서도

```
% 판매 금액을 운전자에게 알려준다.
result_str = "%5.1f %s의 휘발유 값은 %5.2f 달러입니다. \n";
fprintf(result_str,cost,volume,unit)
```

이 결과에서 주목할 점이 몇 가지 있다. 첫째, 변수 unit은 문자열 배열로 입력되었음에도 불구하고 문자 배열 정보를 포함한다. 2021년 릴리스 기준으로 input 함수는 여전히 문서와 함수 동작에서 문자열과 문자 배열의 명명법을 혼용하고 있다. 이는 input 함수가 갑자기 다른 데이터 유형을 반환하게 되면 기존 코드가 작동을 멈출 수 있기 때문에 타당한 이유가 있다. 이 프로그램을 실행한 후 명령창을 확인하면 unit이 1 × 6 문자 배열(리터를 입력한 경우) 또는 1 × 7 문자 배열(갤런을 입력한 경우)로 표시되는 것을 볼 수 있다.

```
unit = input('Enter gallons or liters ','s');
```

두 번째 필드인 's'는 매트랩에 문자 배열을 입력으로 기대하도록 지시한다. 이를 통해 사용자는 주변에 따옴표 없이 갤런 또는 리터를 입력할 수 있다. 문자 배열을 나타내는 작은따옴표 또는 문자열을 나타내는 큰따옴표 중 어느 것을 사용해도 동일한 결과를 얻는다. 변수 unit은 항상 문자 배열로 저장된다.

다음 줄에서

```
volume = input([query_str + unit + ": \n"]);
```

우리는 결합 연산자 '+'를 사용해 세 가지 구성요소로 문자열 배열을 생성했다.

- 문자열 배열 query_str
- 문자 배열 unit
- 문자열 배열 ': \n'

이 세 가지 구성요소를 결합함으로써 프로그램이 사용자에게 다음과 같은 프롬프트를 제공하도록 만들 수 있었다.

```
Enter the volume you would like to buy in liters:
```

또는

```
Enter the volume you would like to buy in gallons:
```

fprintf 문에서 %s를 사용해 문자열 입력을 위한 필드를 포함했다.

```
result_str = "That will be $ %5.2f for %5.1f %s \n";
fprintf(result_str,cost,volume,unit)
```

이 경우 매트랩에서 문자열은 문자 배열 또는 실제 문자열을 의미한다.

이렇게 함으로써 프로그램은 휘발유가 갤런 또는 리터 단위로 측정되었음을 사용자에게 알릴 수 있었다.

마지막으로 error 함수를 사용하는 if 문을 사용해 사용자가 갤런이나 리터 이외의 값을 입력하면 아무런 계산도 수행되지 않고 프로그램이 종료되도록 했다.

5. 풀이를 검사한다.

이제 프로그램을 실행해 동작을 확인한다. 첫 번째는 갤런 단위, 두 번째는 리터 단위, 세 번째는 프로그램에서 지원하지 않는 단위로 입력해본다. 먼저 갤런 단위를 선택하면 다음과 같다.

```
Enter gallons or liters
gallons
Enter the volume you would like to buy in gallons:
10
That will be $ 28.90 for 10.0 gallons
```

다음으로 리터 단위를 선택하면 다음과 같다.

```
Enter gallons or liters
liters
Enter the volume you would like to buy in liters:
10
That will be $ 7.63 for 10.0 liters
```

마지막으로 갤런이나 리터 말고 다른 단위를 입력하면 다음과 같이 에러 메시지를 명령창에 내보낸다.

```
Enter gallons or liters
quarts
Not available
```

프로그램을 실행한 결과가 손으로 계산한 값과 일치하므로 프로그램이 생각한 대로 동작하는 것으로 볼 수 있다.

HINT 매트랩에서 텍스트 사용에 관한 명명법이 혼란스러울 수 있는데, 초기 코드에는 문자 배열이라는 하나의 데이터 유형만 포함되어 있었기 때문이다. 문자 배열은 문자열을 담는 컨테이너로 자주 언급되었다. 그러나 2016년에 실제 문자열 데이터 유형이 도입되면서 '문자열(string)'이라는 단어의 의미가 변하게 되었다. 이것은 매트랩 프로그래밍 언어에서 향후 수정에서도 계속 발전할 분야임이 분명하다.

8.5.5 menu

핵심 개념
메뉴상자와 같이 그래픽 사용자 인터페이스(graphical user interface, GUI)를 활용하면 사용자가 글자를 틀리게 쓰는 등의 에러를 막을 수 있다.

menu 함수를 switch/case 구조에 사용하는 경우가 많이 있다. 이 함수는 화면에 메뉴상자를 나타나게 하는데, 다음 방식으로 명령을 내리면 상자 속에 들어 있는 여러 버튼의 이름을 정의할 수 있다. 이 함수는 문자 배열 또는 문자열 배열 입력을 모두 사용할 수 있다.

```
input = menu('Message to the user','text for button
   1',' text for button 2', etc.)
```

앞에서 살펴본 항공요금 예제에 menu 함수를 사용하게 되면 요금정보를 가지고 있는 도시만을 사용자가 선택하도록 제시할 수 있다는 장점이 있다. 이렇게 되면 다음 프로그램과 같이 '항공요금 정보가 없다'는 것을 알리기 위해 otherwise를 쓸 필요가 없어진다.

```
prompt = "Select a city from the menu:";
list =["Boston","Denver","Honolulu"];
city = menu(prompt,list)
switch city
    case 1
       disp("$345")
    case 2
       disp("$150")
    case 3
       disp("Stay home and study")
end
```

이전 프로그램에서는 case 다음에 도시 이름을 나타내는 문자열이 왔지만 이 프로그램에서는 case 다음에 숫자가 온 것을 잘 살펴보기 바란다. 이 프로그램을 실행하면 그림 8.15와 같은 메뉴상자가 화면에 나타나서 사용자가 어느 한 버튼을 누를 때까지 기다린다. 'Honolulu' 버튼을 누르면 매트랩은 다음과 같은 결과를 내보낸다.

```
city =
     3
Stay home and study.
```

명확성을 위해 여기에 포함된 menu 명령의 출력을 억제할 수도 있다.

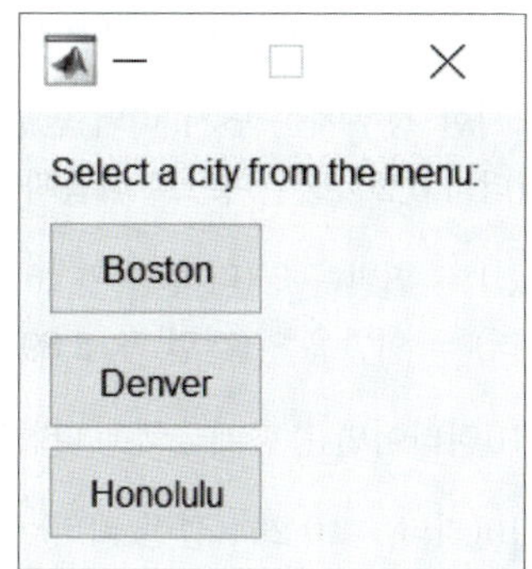

그림 8.15
팝업 메뉴창

HINT 매스웍스는 menu 함수 대신 listdlg 함수를 사용할 것을 권장한다. 결과는 동일해 보이지만 이 함수는 더 많은 옵션을 제공한다. 그러나 입력은 훨씬 더 복잡하다. 매트랩 문서에서 다음 명령을 검색해 listdlg 함수를 탐색할 수 있다.

```
doc listdlg
```

두 함수 모두 2006a 이전에 도입되었다. menu는 매우 간단한 예이지만, 그래픽 사용자 인터페이스를 만드는 더욱 최신의 접근 방식은 앱 생성기를 사용하는 것이다.

예제 8.5

자동차에 휘발유 넣기: menu 방식

예제 8.4에서는 switch/case 구조를 이용해 운전자가 휘발유를 갤런 단위로 넣을 것인지 리터 단위로 넣을 것인지를 직접 입력하는 방식으로 선택했다. 이러한 방식의 문제점은 운전자가 단위를 제대로 입력하지 않으면 프로그램을 활용할 수 없게 된다는 것이다. 예를 들어 컴퓨터가 사용 단위를 물어볼 때 사용자가

```
litters
```

라고 철자를 잘못 입력하면 프로그램에서는 다음과 같이 응답한다.

```
Not available
```

menu 방식을 사용해 이러한 문제를 해결하라. 이 방식에서는 운전자가 버튼을 눌러 선택을 한다. 이렇게 menu 함수를 사용한 다음에는 switch/case 구조로 나머지 과정을 처리한다.

1. 문제를 명확히 나타낸다.
   휘발유 판매금액을 계산한다.

2. 입력과 출력을 표시한다.
   입력 menu 방식으로 갤런 또는 리터를 지정
   휘발유 양
   출력 판매금액(휘발유 값은 1갤런당 2.89달러로 가정)

3. 손이나 계산기로 문제를 미리 풀어본다.
   휘발유의 양을 갤런 단위로 표시하면 총판매금액을 다음 식으로 구할 수 있다.

   $$판매금액(달러) = 휘발유\ 양(갤런) \times 2.89(달러/갤런)$$

   따라서 판매한 휘발유 양이 10갤런이면 총판매금액은 다음과 같다.

$$\text{판매금액} = 10(\text{갤런}) \times 2.89(\text{달러/갤런}) = 28.90(\text{달러})$$

휘발유 양을 리터 단위로 표시한 경우에는 먼저 리터 단위를 갤런 단위로 바꾸고, 이어서 총판매금액을 계산한다. 1리터가 0.264갤런이므로 다음과 같다.

$$\text{휘발유 양(갤런)} = \text{휘발유 양(리터)} \times 0.264(\text{갤런/리터})$$
$$\text{판매금액(달러)} = \text{휘발유 양(갤런)} \times 2.89(\text{달러/갤런})$$

따라서 판매한 휘발유 양이 10리터이면 총판매금액은 다음과 같다.

$$\text{휘발유 양} = 10(\text{리터}) \times 0.264(\text{갤런/리터}) = 2.64(\text{갤런})$$
$$\text{판매금액} = 2.64(\text{갤런}) \times 2.89(\text{달러/갤런}) = 7.63(\text{달러})$$

4. 매트랩으로 문제를 푼다.
그림 8.16과 같이 순서도를 그린 다음에 순서도의 내용을 슈도코드로 바꾸고 이를 매트랩의 설명문으로 만든다. 마지막으로 각 설명문 다음에 그 내용에 맞는 적절한 매트랩 명령문을 만들어 써넣는다.

```
%% 예제 8.5
clear, clc
% 1갤런당 휘발유 값을 정의하라.
rate = 2.89;
% 운전자에게 갤런 또는 리터를 선택하도록 메뉴를 제공한다.
disp("메뉴 상자를 사용해 선택하시오.")
prompt ="휘발유를 리터 또는 갤런 단위로 측정하겠습니까?";
list =["갤런","리터"];
choice = menu(prompt,list);
%% 변환계수를 결정하기 위해 switch/case 함수를 사용하시오.
switch choice
    case 1
        factor = 1;
        unit = '갤런'
    case 2
        factor = 0.264;
        unit = '리터'
end
query_str = "구매하고 싶은 양을 입력하시오.";
volume = input([query_str + unit + ":\n"] );
% 가격을 계산한다.
cost = volume * factor*rate;
% 판매 금액을 운전자에게 알려준다.
result_str = "%5.1f %s의 휘발유 값은 %5.2f 달러입니다. \n";
fprintf(result_str, volume, unit, cost)
```

이 프로그램에서는 입력을 잘못 입력할 경우를 생각하지 않아도 되므로 예제 8.4의 프로그램보다 간단해진다. 하지만 몇 가지 주의할 점이 있다.

먼저 menu 함수로 선택을 하게 되면 결과는 문자 배열이 아니라 숫자가 된다. 작업공간 창에 다음 명령을 입력한 다음 변수 choice에 관련한 정보를 살펴보면 1×1 배정밀도 수(double-precision number)라는 것을 알 수 있다.

이 프로그램에서는 input 명령을 사용하지 않았으므로 다음과 같이 case 문 속에서 문자변수인 unit을 정의해야 한다.

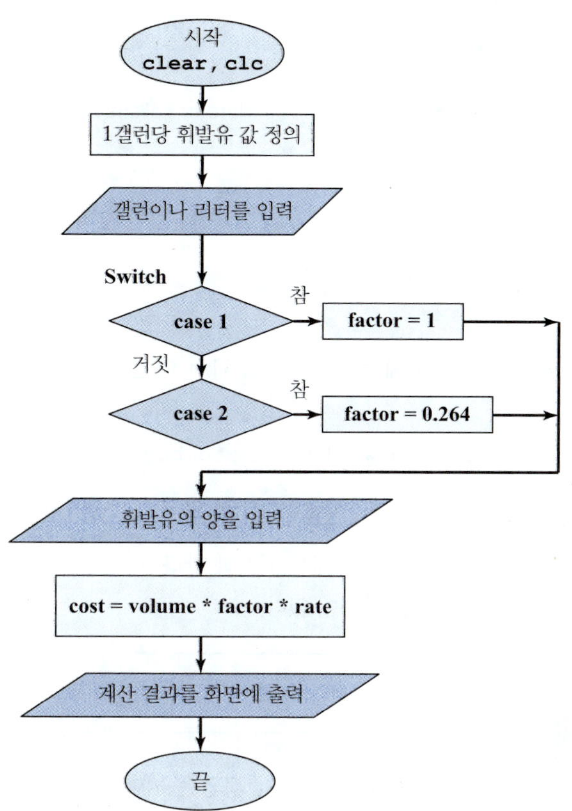

그림 8.16
menu 함수가 사용된 휘발유 판매금액 계산 프로그램의 순서도

```
case 1
  factor = 1;
  unit = 'gallons'
case 2
  factor = 0.264;
  unit = 'liters'
```

이렇게 하면 disp, fprintf 명령을 써서 unit 변수에 저장된 문자열을 명령창에 내보낼 수 있다.

5. 풀이를 검사한다.
   예제 8.4에서와 마찬가지로 프로그램을 실행해 동작을 확인하는데 여기에서는 두 번만 해보면 된다. 첫 번째는 갤런 단위, 두 번째는 리터 단위로 한다. 프로그램을 실행시킨 다음 명령창에

```
Use the menu box to make your selection
```

이라는 메시지와 함께 다음과 같이 메뉴상자가 뜨고 나서 'gallons' 버튼을 누르면 다음 결과가 출력된다.

```
Enter the volume you would like to buy in gallons:
10
That will be $ 28.90 for 10.0 gallons
```

다시 프로그램을 실행시킨 다음에 명령창에

```
Use the menu box to make your selection
```

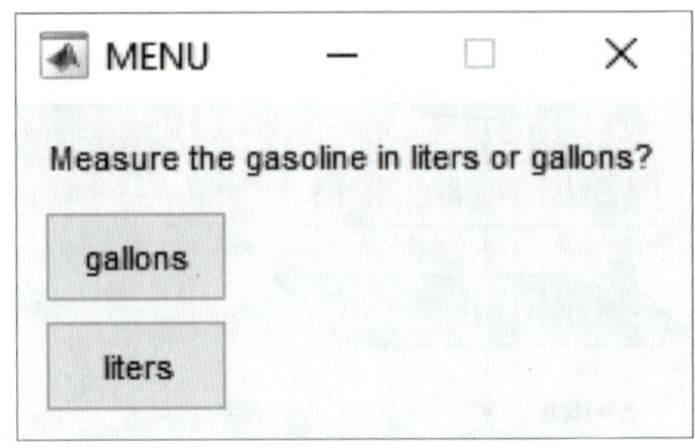

이라는 메시지와 함께 또다시 메뉴상자가 뜨고 나서 이번에는 'liters' 버튼을 누르면 다음 결과가 출력된다.

```
Enter the volume you would like to buy in liters:
10
That will be $ 7.63 for 10.0 liters
```

프로그램을 실행해 얻은 값이 손으로 계산한 값과 같다. 이 프로그램에서는 단어의 철자를 잘못 입력할 걱정이 전혀 없다는 장점이 있다.

실습문제 8.4

switch/case 구조를 사용해 다음 문제를 풀라. 정답은 피어슨 출판사의 웹사이트 https://www.pearsonhighered.com/moore에서 확인할 수 있다.

1. 학기말 시험을 보는 요일이 1학년은 월요일, 2학년은 화요일, 3학년은 수요일, 4학년은 목요일이다. 학생에게 학년을 입력하도록 요청해 입력한 학년에 해당하는 시험 요일을 알려주는 프로그램을 만들고, 이 프로그램이 제대로 동작하는지 확인하라. 입력값은 문자열로 받아야 한다.
2. 실습문제 1을 menu 방식을 사용해 풀라.
3. 초코바를 사려는 사람에게 원하는 개수를 입력하도록 요청해 이에 따라 지불할 금액을 알려주는 프로그램을 만들고, 이 프로그램이 제대로 동작하는지 확인하라.

초코바 1개 = 0.75달러
초코바 2개 = 1.25달러
초코바 3개 = 1.65달러
4개째 초코바부터는 1개에 0.30달러

8.6 디버깅

작성하는 프로그램이 복잡할수록 매트랩이 보유하고 있는 디버깅 도구의 가치가 더욱 빛이 난다. 그림 8.17에 있는 if/else 구조로 된 간단한 프로그램을 살펴보자. 프로그램의 세 번째 줄에 중단점(breakpoint)이 위치해 있다. 'Save and Run' 아이콘을 선택해 프로그램을 실행하면 첫 번째 줄에서 멈추고 사용자가 숫자를 입력할 때까지 기다린다. 사용자가 숫

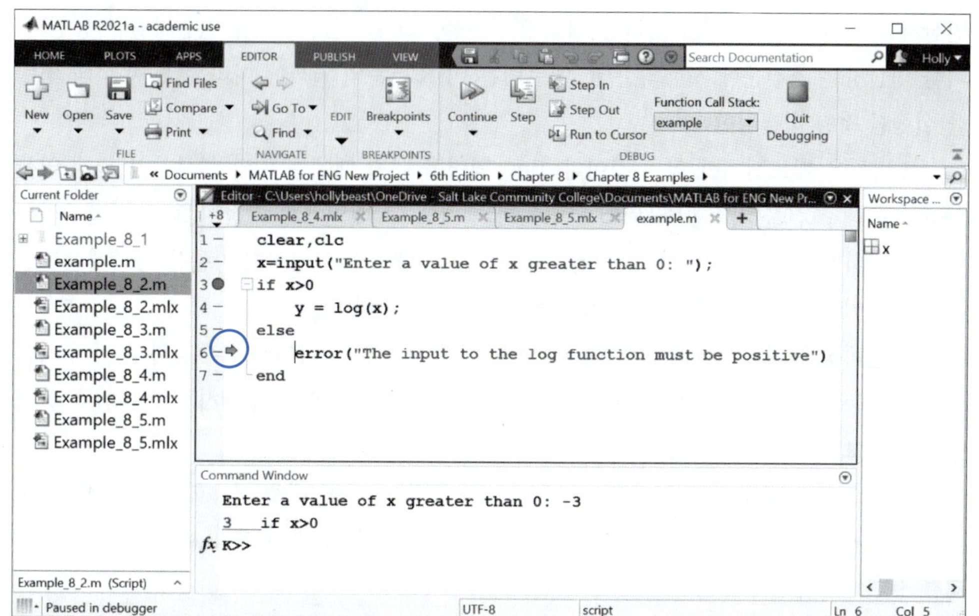

그림 8.17
디버깅 도구를 이용하면 프로그램에서 명령이 어떻게 실행되는지 효과적으로 살펴볼 수 있다.

자를 입력하면 프로그램은 세 번째 줄에서 중단점을 만나 실행을 멈춘다. 여기에서 'Step' 아이콘을 선택하면 한 번 누를 때마다 한 줄씩 명령이 실행되므로 각 줄의 명령이 어떤 식으로 동작하는지 살펴볼 수 있다. 현재 줄은 초록색 화살표로 표시된다.

또한 그림 8.17의 프로그램을 보면 if/else 구조로 된 명령 블록에 대해 **접기**(folding) 기능이 활성화되어 있음을 알 수 있다. 이렇게 하려면 매트랩 데스크톱창의 'Home' 탭에서 다음을 차례로 선택한다.

Preferences -> Editor/Debugger -> Code Folding(코드 접기)

그런 다음 열린 창에서 if/else 블록에 대해 'Enable'을 선택하면 접기 기능이 허용된다. 이렇게 하면 If/else 구조로 된 명령 블록을 감싸는 보조선이 생기므로 프로그램을 확인하고 디버깅하는 작업이 쉬워진다.

요약

컴퓨터 프로그램을 만들 때 사용하는 구조에는 순차구조, 선택구조, 반복구조의 세 가지가 있다. 순차구조에서는 여러 명령이 쓰인 순서대로 실행된다. 선택구조에서는 프로그래머가 정한 어떤 기준(조건문)이 만족되느냐 아니냐에 따라 프로그램의 실행 경로가 다르게 선택된다. 반복구조에서는 조건문에 따라 정해지는 어떤 기준이 만족되는 동안에는 일련의 명령어로 이루어진 루프가 계속 되풀이된다.

매트랩에서는 '…보다 크다(>)', '…보다 작다(<)'와 같이 수학에서 사용되는 여러 관계 연산자를 그대로 사용한다. 그런데 매트랩에서 '…와 같지 않다'는 것을 나타낼 때 사용하는 ~= 연산자는 수학에서는 거의 살펴볼 수 없는 형태이다. 또한 매트랩에서 사용되는 논리

연산자를 알아보면, 'and'를 뜻하는 데 & 연산자를, 'or'를 뜻하는 데 | 연산자를 사용한다. 이들 연산자는 조건문에 사용되는데, 매트랩은 이 조건문의 결과에 따라 어느 부분의 명령을 실행할 것인지 결정한다.

find 명령은 매트랩에만 있는 것이다. find 명령을 내릴 때에는 논리 연산자와 관계 연산자를 사용해 조건을 지정한다. find 명령을 실행하면 그 배열에서 지정된 조건을 만족하는 원소의 위치가 출력된다. 매트랩은 find 함수 외에도 배열의 구성원이 기준을 충족하는지를 확인하기 위한 `all`, any와 같은 다양한 논리함수를 포함하고 있다.

논리 인덱싱은 배열에서 데이터를 추출하거나 기존 배열의 데이터를 수정하기 위해 기준을 사용하는 또 다른 접근 방식이다. 논리 인덱싱은 동일한 작업을 수행하는 논리함수를 사용하는 것보다 보통 계산 효율성이 높다.

`if`, `else`, `elseif` 명령은 스칼라 변수, 배열 변수 모두에 대해 사용할 수 있지만 특히 스칼라의 경우에 유용하다. 이들 명령을 사용하면 조건문의 결과에 따라 서로 다른 계산 경로를 선택하도록 프로그램을 만들 수 있다.

`switch/case` 구조는 `if/else` 구조의 대안으로, 특히 여러 논리 옵션이 있거나 텍스트와 관련된 프로그래밍 작업에 유용하다. menu나 `listdlg` 함수와 같은 그래픽 사용자 인터페이스와 함께 사용하면 사용자 오류의 가능성을 줄이는 프로그램을 만들 수 있다.

매트랩 요약

다음 표는 이 장에서 살펴본 특수문자, 명령어와 함수를 정리한 것이다.

<table>
<tr><th colspan="2">특수문자</th></tr>
<tr><td><</td><td>…보다 작다(less than).</td></tr>
<tr><td><=</td><td>…보다 작거나 같다(less than or equal to).</td></tr>
<tr><td>></td><td>…보다 크다(greater than).</td></tr>
<tr><td>>=</td><td>…보다 크거나 같다(greater than or equal to).</td></tr>
<tr><td>==</td><td>…와 같다(equal to).</td></tr>
<tr><td>~=</td><td>…와 같지 않다(not equal to).</td></tr>
<tr><td>&</td><td>and</td></tr>
<tr><td>|</td><td>or</td></tr>
<tr><td>~</td><td>not</td></tr>
<tr><td>&&</td><td>short cut and(스칼라양에만 사용)</td></tr>
<tr><td>||</td><td>short cut or(스칼라양에만 사용)</td></tr>
</table>

명령어와 함수

`all`	배열에서 모든 원소가 주어진 조건을 만족하는지 검사한다.
`any`	배열에서 주어진 조건을 만족하는 원소가 적어도 하나는 있는지 검사한다.
`case`	사용자의 선택 항목을 분류한다.
`else`	`if` 문이 거짓일 때 실행되는 경로를 나타낸다.
`elseif`	`if` 문이 거짓일 때 실행되는 경로를 나타내고 새로운 조건을 검사한다.
`end`	제어구조의 끝을 알린다.
`error`	명령창에 에러 메시지를 내보내고 프로그램의 실행을 중단시킨다.
`find`	행렬에서 주어진 조건을 만족하는 원소를 구한다.
`if`	참인지 거짓인지 알아내기 위해 조건을 검사한다.
`listdlg`	사용자가 선택할 수 있도록 화면에 메뉴상자를 나타나게 한다.
`menu`	사용자가 선택할 수 있도록 화면에 메뉴상자를 나타나게 한다.
`otherwise`	선택구조에 사용되는 명령어
`switch`	선택구조에 사용되는 명령어

핵심 용어

관계 연산자(relational operator)
논리 배열(logical array)
논리 연산자(logical operator)
논리 인덱싱(logical indexing)
논리조건(logical condition)
루프(loop)
반복(repetition)
선택(selection)
순서도(flowchart)
순차(sequence)
슈도코드(pseudocode)
아래첨자(subscript)
인덱스(index)
제어구조(control structure)
코드 접기(code folding)

연습문제

논리함수: find

8.1 표 P8.1에 수록된 값은 집 뒷마당에 있는 온수욕조에 부착된 센서에서 측정된 온도 데이터이다. 온도 데이터는 *hot_tub.dat*라는 데이터 파일에 저장되어 있으며, 피어슨 출판사의 웹사이트나 담당 교수로부터 얻을 수 있다. 매트랩에 데이터를 로드하고, 이에 대응하는 `time`이라는 시간 벡터를 생성하라.

(a) 최고 허용온도가 105°F일 때, find 함수를 사용해 `hot_tub` 벡터에 저장된 온도 중 허용 가능한 최대 온도를 초과하는 값의 인덱스 번호를 찾으라.

(b) (a)에서 구한 결과에 `length` 함수를 사용해 최대 허용온도를 넘은 횟수를 구하라.

(c) (a)에서 구한 인덱스 번호를 이용해 최대 허용온도를 넘은 시각을 모두 구하라.

(d) 최저 허용온도가 102°F일 때, find, `length` 함수를 사용해 이 허용온도보다 낮아진 횟수를 구하라.

(e) 최저 허용온도보다 낮아진 시각을 모두 구하라.

(f) 온도가 최대 및 최소 허용온도 범위 사이(102~105°F)인 시각을 모두 구하라.

(g) max 함수를 사용해 최대 온도와 그 온도에 도달한 시각을 함께 구하라.

표 P8.1 온수욕조의 온도

측정 시각	온도(°F)
00:00	100
01:00	101
02:00	102
03:00	103
04:00	103
05:00	104
06:00	104
07:00	105
08:00	106
09:00	106
10:00	106
11:00	105
12:00	104
13:00	103
14:00	101
15:00	100
16:00	99
17:00	100
18:00	102
19:00	104
20:00	106
21:00	107
22:00	105
23:00	104
24:00	104

8.2 어떤 로켓의 고도가 다음 식으로 표시된다.

$$\text{고도} = 2.13t^2 - 0.0013t^4 + 0.000034t^{4.751}$$

0~100초까지 2초 간격으로 시간 t 벡터를 만들라.

(a) find 함수를 사용해 로켓이 땅에 부딪히기 직전(2초 전)의 시각을 구하라. (힌트: 로켓이 땅에 부딪히기 전까지 로켓의 고도는 0 이상이다.)

(b) max 함수를 사용해 로켓의 최고 고도와 그 고도에 도달한 시각을 구하라.

(c) 시간을 수평축, 고도를 수직축으로 해 로켓이 땅에 부딪힐 때까지의 로켓 고도를 그래프로 그려라. 그래프의 제목과 축 이름도 함께 써넣으라.*

8.3 뒷마당 온수욕조의 온도를 나타내는 표 P8.1의 데이터를 다시 고려하라. 온도 데이터는 *hot_tub.dat* 파일에 저장되어 있으며 매트랩에서 로드할 수 있다. 시간 정보는 다음 명령문을 사용해 생성해야 한다.

```
time = 0:24;
```

(a) 최고 허용온도가 105°F일 때, hot_tub 배열에서 온도가 105°F를 초과하는 요소를 나타내는 논리 인덱스 배열을 생성하라.

(b) (a)에서 생성한 논리 인덱스 배열을 사용해 105°F를 초과하는 온도 값을 추출하라.

---

* 출처: Etter, Kuncicky, and Moore, *Introduction to Matlab 7* (Upper Saddle River, NJ: Pearson/Prentice Hall, 2005).

(c) 온도를 두 단계로 추출하는 대신 한 단계로 추출하라.

(d) (c)에서 얻은 결과와 `length` 함수를 사용해 허용 가능한 최대 온도를 초과한 횟수를 구하라.

(e) (a)에서 생성한 논리 인덱스 배열을 사용해 온도가 초과된 시간을 확인하라.

(f) (a)에서 생성한 논리 인덱스 배열을 사용하면 시간을 확인하는 과정이 두 단계로 이루어진다. (e)를 한 단계로 반복하라.

(g) 최저 허용온도가 102°F일 때, 온도가 허용 범위 내(102°~105°F 사이)일 때의 시간을 구하라.

(h) `table` 함수를 사용해 온도가 허용 범위를 벗어난 시간과 해당 온도를 포함하는 테이블을 생성하라.

8.4 연습문제 8.2에서처럼 로켓의 고도(단위: 미터)는 다음 방정식으로 표현될 수 있다.

$$\text{고도} = 2.13t^2 - 0.0013t^4 + 0.000034t^{4.751}$$

0~100초까지 2초 간격으로 시간 값 `t`의 벡터와 이에 대응하는 고도 벡터를 생성해 다음 문제에 사용하라.

(a) 고도 벡터에 저장된 값이 양수인지 음수인지에 따라 논리 인덱스 배열을 생성하라.

(b) (a)에서 생성한 논리 인덱스 배열을 사용해 고도 벡터에서 양수 값을 추출해 `h`라는 새로운 벡터에 저장하라.

(c) (a)에서 생성한 논리 인덱스 배열을 사용해 양수 고도 값에 해당하는 시간 벡터를 추출해 `t2`라는 새로운 벡터에 저장하라.

(d) (b), (c)를 한 단계로 수행하라.

(e) 로켓이 2초 이내에 지면에 도달할 때를 구하라. (*힌트*: 로켓이 지면에 도달하기 전까지 고도 값은 양수일 것이다.)

(f) 로켓이 지면에 도달할 때까지의 시간에 대해 수평축에는 시간, 수직축에는 고도를 표시해 그래프를 생성하라. 제목과 축 이름을 반드시 추가하라.

(g) 로켓이 지면에 도달하는 시간을 더 정확하게 추정할 수 있는 전략을 제안하고 구현하라.

8.5 그림 P8.5의 고체연료 추진장치는 우주왕복선, 인공위성 발사용 로켓, 무기 체계의 추진로켓으로 사용된다. 우주왕복선의 경우 연료 성분인 알루미늄과 산화제인 과염소산암모늄(ammonium perchlorate)이 에폭시 수지 '접착제'에 의해 결합되어 있다. 이 로켓 추진제 혼합물을 추진장치의 케이스 안에 넣고 수지가 굳어지도록 조건을 만들어준다. 추진장치는 크기가 매우 크므로 여러 부분으로 나눈 다음에 각각 주조해 만든다. 이 추진장치의 각 부분에 몇 '통(batch)'의 로켓추진제를 채워 넣는다(추진장치 안에는 110만 파운드 이상의 추진제가 들어간다). 이러한 주조-경화 과정(casting-curing process)은 온도, 습도, 압력의 변화에 매우 민감하다. 조건이 완벽하게 맞지 않으면 연료가 점화되거나 추진제 입자의 특성이 나빠질 수 있다[이는 형태를 의미하며 'grain'이라는 용어는 대포(artillery)에서 차용된 것이다]. 고체연료 추진장치는 엄청나게 비싸므로 어느 순간이든 정확하게 동작해야 한다. 그렇지 않으면 큰 손해를 입게 된다. 사고가 일어나면 회사가 파괴되고 사람의 생명을 앗아가며 많은 소중한 과학 데이터와 과학 장비를 잃게 된다. 따라서 실제 주조-경화 과정은 철저하게 감시되고 통제된다. 여기에서는 이 과정의 통제 기준을 다음으로 가정한다.

그림 P8.5
타이탄(Titan) 미사일의 고체연료로켓 추진장치
(NASA Headquarters)

온도는 115~125°F 범위를 유지해야 한다.

습도는 40~60% 범위를 유지해야 한다.

압력은 100~200 torr 범위를 유지해야 한다.

표 P8.5의 데이터를 주조-경화 과정 중에 측정한 것으로 가정할 때, 다음 문제를 풀라.

표 P8.5 주조-경화 데이터

통 번호	온도(°F)	습도(%)	압력(torr)
1530	116	45	110
1240	114	42	115
2380	118	41	120
1470	124	38	95
3590	126	61	118

출처: Pearson Education

(a) 논리 인덱싱을 사용해 온도 기준을 만족하는 통의 번호와 만족하지 않는 통의 번호를 구하라.

(b) 논리 인덱싱을 사용해 습도 기준을 만족하는 통의 번호와 만족하지 않는 통의 번호를 구하라.

(c) 논리 인덱싱을 사용해 압력 기준을 만족하는 통의 번호와 만족하지 않는 통의 번호를 구하라.

(d) 논리 인덱싱을 사용해 어떤 한 기준이라도 통과하지 못하는 통의 번호와 모든 기준을 통과하는 통의 번호를 구하라.

(e) `length` 함수와 (a)~(d)에서 구한 결과를 사용해 각 기준별로 해당 기준을 통과하는 추진장치의 비율(%)과 그렇지 못하는 추진장치의 비율을 구하라. 또 모든 기준을 통과하는 비율을 구하라.

8.6 두 체조선수가 서로 시합을 하고 있다. 표 P8.6은 이들이 얻은 점수이다.

표 P8.6 체조경기 점수

종목	선수 1	선수 2
안마	9.821	9.700
도마	9.923	9.925
마루운동	9.624	9.83
링	9.432	9.987
철봉	9.534	9.354
평행봉	9.203	9.879

(a) 논리 인덱싱을 이용해 각 선수가 이긴 종목의 수를 구하는 프로그램을 작성하라.

(b) `mean` 함수를 이용해 각 선수의 평균 점수를 구하라.

8.7 다음 두 조건을 만족하는 함수를 만들라. 이때 함수의 이름은 `f`로 한다.

$$x > 2\text{일 때, } f(x) = x^2$$

$$x \le 2\text{일 때, } f(x) = 2x$$

그다음 x의 범위를 -3~5까지로 해 이 함수의 그래프를 그려라. 이때 그래프가 부드러운 곡선으로 나타나도록 각 점의 간격을 적절히 선택한다. $x = 2$에서 그래프가 불연속이 되는지 확인하라. 이 문제를 `if/else` 구조를 사용해 풀면 어떻게 되는가?

8.8 다음 두 조건을 만족하는 함수를 만들라. 이때 함수의 이름은 `g`로 한다.

$$x < -\pi \text{일 때}, \qquad g(x) = -1$$
$$x \geq -\pi \text{ 그리고 } x \leq \pi \text{일 때}, \qquad g(x) = \cos(x)$$
$$x > \pi \text{일 때}, \qquad g(x) = -1$$

그다음 x의 범위를 $-2\pi \sim 2\pi$까지로 해 이 함수의 그래프를 그려라. 이때 그래프가 부드러운 곡선으로 나타나도록 각 점의 간격을 적절히 선택한다. (이 문제를 해결하기 위해 `if/else` 구조가 아닌 논리 인덱싱을 사용하라.)

8.9 몇 개의 열전쌍(thermocouple)으로 측정한 데이터가 *temp.dat*라는 파일에 저장되어 있다. 이 데이터의 내용이 표 P8.9와 같다. 표의 첫 번째 열은 하루 중 데이터를 측정한 시각이다. 나머지 열은 서로 다른 곳의 열전쌍에서 측정한 온도이다.

표 P8.9 온도 데이터

측정 시각	열전쌍 1	열전쌍 2	열전쌍 3
1	68.70	58.11	87.81
2	65.00	58.52	85.69
3	70.38	52.62	71.78
4	70.86	58.83	77.34
5	66.56	60.59	68.12
6	73.57	61.57	57.98
7	73.57	67.22	89.86
8	69.89	58.25	74.81
9	70.98	63.12	83.27
10	70.52	64.00	82.34
11	69.44	64.70	80.21
12	72.18	55.04	69.96
13	68.24	61.06	70.53
14	76.55	61.19	76.26
15	69.59	54.96	68.14
16	70.34	56.29	69.44
17	73.20	65.41	94.72
18	70.18	59.34	80.56
19	69.71	61.95	67.83
20	67.50	60.44	79.59
21	70.88	56.82	68.72
22	65.99	57.20	66.51
23	72.14	62.22	77.39
24	74.87	55.25	89.53

(a) 온도가 85.0보다 높은 인덱스 번호(행 번호와 열 번호)를 출력하는 프로그램을 작성하고 이를 실행해 확인하라. (논리 인덱싱을 사용하는 것이 좋은지, 아니면 find 함수를 사용하는 것이 좋은지 스스로 결정하라.)

(b) 최대 온도, 최대 온도의 측정시각, 최대 온도가 측정된 열전쌍 번호를 구하라.

8.10 남극 대륙을 둘러싼 해빙의 양은 연중 그리고 매년 크게 변동한다(그림 P8.10 참조).

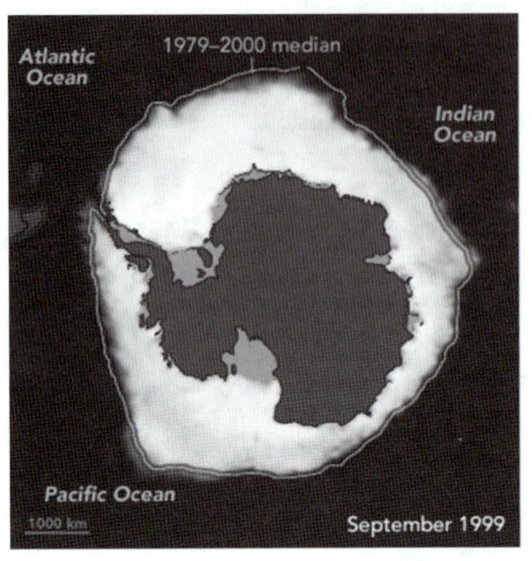

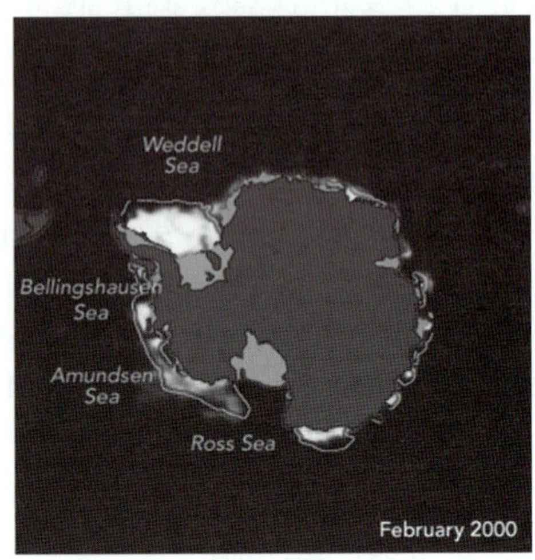

그림 P8.10
남극바다의 얼음면적은 1년 동안 크게 변한다(National Snow and Ice Data Center).

표 P8.10의 데이터는 National Snow and Ice Data Center(NSIDC) 웹사이트에서 얻은 것이며, 최대 해빙이 일반적으로 발생하는 9월과 최소 해빙이 일반적으로 발생하는 2월 동안의 해빙 범위를 나타낸다.

(a) 연도에 따른 9월 얼음면적과 2월 얼음면적의 변화를 그래프로 함께 그려라. 또 1979~2010년까지의 평균값(2월 평균 304만 km^2, 9월 평균 1879만 km^2)을 나타내는 직선을 그래프에 추가로 그려라.

(b) 논리 인덱싱을 사용해 얼음면적이 1979~2010년까지의 평균보다 큰 해를 모두 구하라.

(c) 논리 인덱싱을 사용해 얼음면적이 1979~2010년까지의 평균보다 작은 해를 모두 구하라

1979~2010년까지의 평균이 비교 기준으로 선택되었다. 매년 이를 변경해야 하는가?

표 P8.10 남극바다의 얼음 면적(출처: National Snow and Ice Data Center, https://nsidc.org/data/seaice_index/archives)

연도	9월 평균 얼음면적(단위: 백만 km^2)	2월 평균 얼음면적(단위: 백만 km^2)
1979	18.2	3.14
1980	18.82	2.82
1981	18.6	2.87
1982	18.35	3.13
1983	18.59	3.07
1984	18.17	2.68
1985	18.7	2.84
1986	17.68	3.19
1987	18.25	3.25
1988	18.31	2.89
1989	18.12	2.98
1990	18.19	3.04
1991	18.31	3.16
1992	18.15	2.84

연도	9월 평균 얼음면적(단위: 백만 km2)	2월 평균 얼음면적(단위: 백만 km2)
1993	18.54	2.48
1994	18.61	3.2
1995	18.37	3.56
1996	18.63	2.98
1997	18.6	2.49
1998	18.9	2.99
1999	18.7	2.97
2000	18.89	2.91
2001	18.17	3.65
2002	17.89	2.96
2003	18.3	3.79
2004	18.92	3.58
2005	18.8	2.97
2006	19.09	2.65
2007	18.86	2.9
2008	18.15	3.89
2009	18.96	2.99
2010	18.8	3.11
2011	18.74	2.52
2012	19.21	3.55
2013	19.39	3.84
2014	19.76	3.84
2015	18.44	3.8
2016	18.15	2.79
2017	17.91	2.29
2018	17.96	2.33
2019	18.33	2.65
2020	18.84	2.92
2021		2.83

8.11 북극바다의 얼음 양은 1년 동안 변한다. 최근 북극바다의 얼음면적이 감소해 여름철에는 '북서항로(Northwest Passage)'를 통한 선박운행이 가능해지고 있다(그림 P8.11 참조).

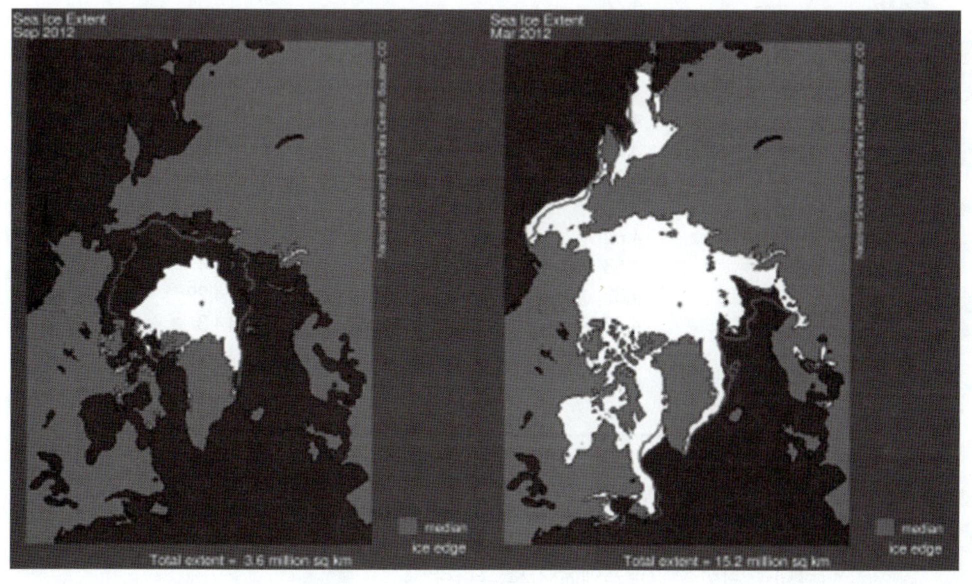

그림 P8.11
북극바다의 얼음면적은 1년 동안 크게 변한다. 최근 북극바다의 얼음면적이 감소해 여름철에는 '북서항로'를 통한 선박운행이 가능해지고 있다(NOAA).

표 P8.11의 데이터는 NSIDC의 웹사이트에서 가져온 북극바다 얼음면적 데이터이다. 얼음면적은 보통 9월이 최소이고 이듬해 3월이 최대이다.

표 P8.11 북극바다의 얼음면적(출처: National Snow and Ice Data Center, https://nsidc.org/data/seaice_index/archives)

연도	9월 평균 얼음면적(단위: 백만 km^2)	3월 평균 얼음면적(단위: 백만 km^2)
1979	7.05	16.34
1980	7.67	16.04
1981	7.14	15.63
1982	7.3	16.04
1983	7.39	16.09
1984	6.81	15.58
1985	6.7	15.89
1986	7.41	15.91
1987	7.28	15.82
1988	7.37	15.96
1989	7.01	15.42
1990	6.14	15.87
1991	6.47	15.42
1992	7.47	15.48
1993	6.4	15.81
1994	7.14	15.55
1995	6.08	15.26
1996	7.58	15.12
1997	6.69	15.47
1998	6.54	15.6
1999	6.12	15.4
2000	6.25	15.22
2001	6.73	15.52
2002	5.83	15.35
2003	6.12	15.48
2004	5.98	14.99
2005	5.5	14.69
2006	5.86	14.42
2007	4.27	14.54
2008	4.69	15.18
2009	5.26	14.98
2010	4.87	15.14
2011	4.56	14.55
2012	3.57	15.2
2013	5.21	15.03
2014	5.22	14.76
2015	4.62	14.37
2016	4.53	14.4
2017	4.82	14.29
2018	4.79	14.3
2019	4.36	14.57
2020	4	14.73
2021		14.64

(a) 연도에 따른 9월 얼음면적과 3월 얼음면적의 변화를 연도를 x축으로 하는 그래프로 함께 그려라. 또 1979~2010년까지의 평균값(3월 평균 1552만 km^2, 9월 평균 651만 km^2)을 나타내는 직선을 그래프에 추가로 그려라.

(b) 논리 인덱싱을 사용해 얼음면적이 1979~2010년까지의 평균보다 큰 해를 모두 구하라.

(c) 논리 인덱싱을 사용해 얼음면적이 1979~2010년까지의 평균보다 작은 해를 모두 구하라.

8.12 콜로라도강 유역은 미국 서부 7개 주에 걸쳐 뻗어 있다. 그동안 여러 개의 댐이 콜로라도강과 지류에 건설되어 강물을 저장하고 수력발전으로 싼 값의 전기를 생산하는 데 이용되었다(그림 P8.12 참조). 이렇게 물의 흐름을 조절할 수 있는 능력을 갖추면서 건조한 사막 지역에 농업의 발전과 인구의 증가를 이룰 수 있게 되었다. 콜로라도강 유역이 있는 주에서는 가뭄이 오랫동안 지속되어도 물과 전기를 안정적이고 확실하게 확보할 수 있었다. 이렇게 물이 저장되어 있는 곳 중에 파월호(Lake Powell)가 있다. *lake_powell.dat*라는 파일에 2013~2020년까지 8년 동안의 파월호의 수위 데이터가 저장되어 있다. 추가적인 데이터는 미국 관개국(US Bureau of Reclamation) 온라인에서 확인할 수 있다. 이 데이터의 내용은 표 P8.12와 같다. 이 데이터를 사용해 다음을 구하라.

그림 P8.12 파월호에 건설된 글렌캐니언댐(Glen Canyon Dam) (David Toussaint/Moment Open/GettyImages).

표 P8.12 파월호의 수위 데이터(출처: Bureau of Reclamation, https://www.usbr.gov/rsvrWater/HistoricalApp.html on June 29, 2021)

	2013	2014	2015	2016	2017	2018	2019	2020
1월	3604.42	3578.69	3593.57	3596.58	3595.86	3619.14	3576.34	3605.48
2월	3601.47	3575.55	3592.23	3594.41	3594.33	3616.02	3571.89	3602.72
3월	3598.96	3574.76	3591.02	3592.18	3595.91	3612.23	3569.28	3600.71
4월	3596.53	3577.56	3590.18	3592.12	3604.14	3609.39	3571.12	3599.32
5월	3599.44	3589.38	3597.27	3603.87	3619.09	3611.54	3584.65	3605.05
6월	3600.07	3609.19	3613.54	3620.01	3634.89	3609.98	3611.82	3610.62
7월	3594.17	3608.05	3612.62	3618.22	3634.69	3603.8	3621.6	3606.25
8월	3589.64	3605.82	3609.07	3613.55	3630.88	3597.12	3618.55	3599.72
9월	3591.25	3605.53	3606.01	3610.93	3628.31	3592.28	3615.36	3595.98
10월	3590.88	3605.57	3606.44	3609.48	3627.09	3590.46	3612.99	3591.72
11월	3587.9	3601.87	3605.47	3605.81	3625.29	3586.5	3611.23	3587.72
12월	3584.43	3597.75	3600.8	3600.49	3622.85	3581.85	3608.74	3582.21

(a) 각 해의 평균 수위를 구하라. 또 데이터가 수집된 전체 기간의 평균 수위를 구하라.

(b) 전체 기간의 평균 수위보다 높은 달의 수를 구하라.

(c) 전체 기간의 평균 수위를 넘는 해와 달을 구해 출력하는 프로그램을 작성하고 실행하라.

(d) 전체 기간의 평균 수위를 넘는 달의 평균 수위를 구하라.

주의: 이 문제는 루프구조를 사용해도 풀 수 있지만 여기에서는 논리 인덱싱, find 함수, mean 함

수, length 함수를 사용해 풀도록 한다.

if 구조

8.13 다음 프로그램을 작성하라. 사용자에게 체온을 입력할 것을 요청한 다음, 입력된 체온이 98.6°F보다 높으면 명령창에 "몸에 열이 있습니다"라는 메시지를 출력한다.

8.14 다음 프로그램을 작성하라. 사용자에게 x 값을 입력할 것을 요청하고 그다음에 y 값을 입력할 것을 요청한다. x 값이 y 값보다 크면 명령창에 "x > y"라는 메시지를 출력하고 x 값이 y 값보다 작거나 같으면 "y >= x"라는 메시지를 출력한다.

8.15 그림 P8.15와 같이 사인 함수(sin)와 코사인 함수(cos)의 값(출력)이 −1~+1 사이이므로 역사인 함수(asin)와 역코사인 함수(acos)의 입력은 −1~+1 사이의 값이어야 한다. asin이나 acos 함수에 입력되는 값이 이 범위를 벗어나면 출력은 복소수가 된다. 예를 들어

```
acos(-2)
ans =
   3.1416 - 1.3170i
```

가 된다. 이러한 일이 일어나지 않도록 항상 실수 값만을 출력하는 이름이 my_asin인 역사인 함수를 만들라. 이 함수는 입력 x 값이 $-1 \leq x \leq 1$ 범위에 있는지 검사해 이 범위를 벗어나면 에러 메시지를 화면에 출력하고, 범위 안에 있으면 x 값에 대한 asin 값을 출력하도록 한다.

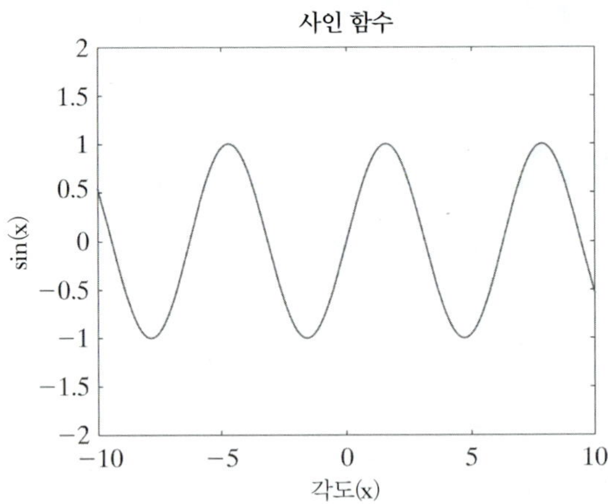

그림 P8.15
사인 함수(sin)의 값은 −1~+1 사이이다. 따라서 역사인 함수(asin)는 −1보다 작거나 1보다 큰 값에 대해서는 정의되지 않는다.

8.16 다음 프로그램을 작성하라. 사용자에게 실외 온도를 입력할 것을 요청한다. 입력된 온도가 80°F 이상이면 "짧은 바지를 입으세요"라는 메시지를 명령창에 출력한다. 온도가 60°F 이상 80°F 미만이면 "아주 좋은 날씨입니다"라는 메시지를 출력한다. 온도가 60°F 미만이면 "재킷이나 코트를 입으세요"라는 메시지를 출력한다

8.17 다음 배열은 지난해 어떤 회사에서 주문한 톱(saw)의 개수를 월별로 정리한 것이다.

```
saws = [1,4,5,3,7,5,3,10,12,8,7,4]
```

따라서 배열을 구성하는 각 숫자는 0 이상이어야 한다.

(a) `if` 구조를 사용해 `saws` 배열의 원소 가운데 잘못된 값이 있는지 검사하라(이때 `if` 구조를 1개만 사용해 배열 전체를 한꺼번에 검사한다). 검사 결과에 따라 "원소는 모두 정상입니다" 또는 "잘못된 원소가 있습니다"라는 메시지를 화면에 내보내라.

(b) `saws` 배열의 원소 가운데 적어도 한 원소를 음수로 바꾼 다음 (a)에서 작성한 프로그램이 이를 제대로 찾아내는지 검사하라.

8.18 미국에 있는 큰 회사 중의 상당수가 직원들이 가입한 '401(k) 플랜(퇴직연금제도)'에 보조금을 지급해 금액을 적립하게 하고 있다. 정부에서는 이 연금제도에 적립할 수 있는 금액에 상한을 두고 있는데, 이는 은퇴 후 연금을 지급받기 전까지는 적립 금액만큼 소득에 대한 세금을 피할 수 있기 때문이다. 연봉소득에 따라 최대로 적립할 수 있는 금액과 회사가 보조하는 금액이 정해진다. 이 금액을 넘어서는 적립금에 대해서는 비과세혜택을 받지 못한다. 이 제도는 해마다 바뀌고 있는데, 이 문제에서 설명하는 제도는 '가상'으로 만든 것이다.

어떤 회사의 연금적립제도가 표 P8.18과 같다고 가정하자. 연봉과 연금적립비율(%)에 따라 1년간 총연금적립액을 계산하는 함수를 만들라. 총연금적립액은 직원의 적립금과 회사의 보조금을 합한 것이다.

표 P8.18 연금적립제도

연봉	비과세혜택 최대 적립비율	회사 최대 보조금액
$30,000 이하	10%	10%
$30,000~60,000	10%	$30,000까지는 10%, $30,000를 넘는 금액에 대해서는 5%
$60,000~100,000	$60,000까지는 10%, $60,000를 넘는 금액에 대해서는 8%	$30,000까지는 10%, $30,000~60,000는 5%, $60,000를 넘는 금액에 대해서는 없음
$100,000 초과	$60,000까지는 10%, $60,000~$100,000는 8%, $100,000를 넘는 금액에 대해서는 없음	없음. 고액 연봉자는 이 제도의 혜택을 받지 못하는 대신 스톡옵션에 참여

SWITCH/CASE

8.19 그림 P8.19와 같이 직선으로 이루어진 도형에서 내각의 합이 다음 식으로 표시된다.

$$(n - 2)(180 \text{ degrees})$$

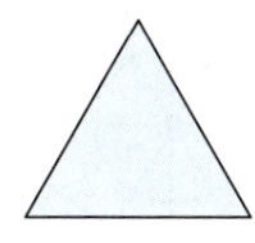

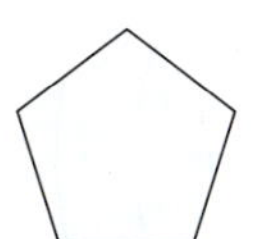
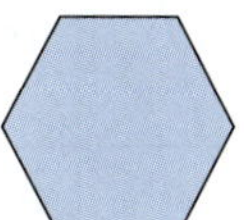

그림 P8.19
정다각형

여기에서 n은 변의 개수이다.

(a) 변의 수 3~6으로 이루어진 벡터 n을 만든 다음 위의 식을 이용해 내각을 계산하고 그 결과가 맞는지 확인하라.

(b) 다음 프로그램을 작성하라. 사용자에게 다음 네 가지 도형 중 하나를 입력하게 한다.
삼각형

사각형

오각형

육각형

입력된 단어에 따라 n 값을 정하고 switch/case 구조를 사용해 입력된 도형의 내각의 합을 구하라.

(c) (b)에서 만든 프로그램을 menu 방식으로 고쳐서 작성하라.

8.20 다음은 어떤 공과대학에 있는 몇 개 학과의 졸업에 필요한 최소 이수학점 수로 학과마다 조금씩 차이가 있다.

토목공학과	130학점
화학공학과	130학점
컴퓨터공학과	122학점
전기공학과	126.5학점
기계공학과	129학점

다음 프로그램을 작성하라. 사용자에게 menu 방식으로 학과를 선택하게 한다. 그다음 switch/case 구조를 사용해 선택된 학과의 졸업에 필요한 최소 학점 수를 명령창에 출력한다.

8.21 매트랩으로 별 모양의 도형을 그릴 때에는 극좌표(polar coordinate)를 사용하면 쉽게 할 수 있는데, 원둘레 위에 몇 개의 점을 지정하고 이 점들을 직선으로 잇기만 하면 된다. 예를 들어 점이 5개인 별을 그리려면 그림 P8.21처럼 원의 맨 꼭대기 점($\theta = \pi/2$, $r = 1$)에서 시작해서 반시계 방향으로 돌면서 직선을 긋는다.

사용자에게 menu 방식으로 점이 5개인 별과 6개인 별 중에서 하나를 선택하게 해 그 별이 매트랩의 그림창에 그려지게 하는 프로그램을 작성하라. 육각별은 3개의 삼각형으로 구성되어 있으며, 오각별을 만드는 데 사용된 전략과는 다른 전략이 필요하다는 점에 주목하라.

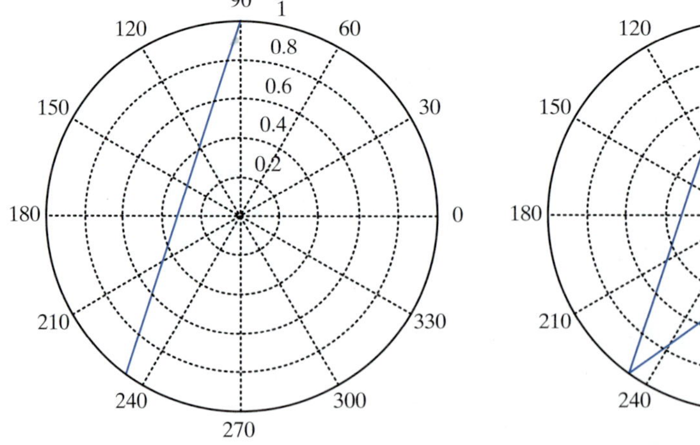

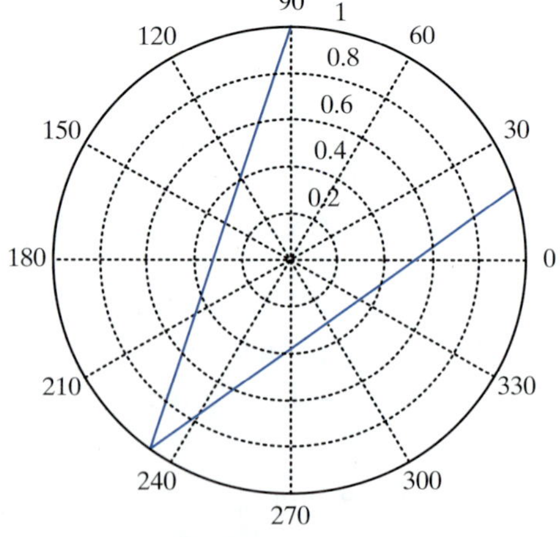

그림 P8.21
극좌표에서 점이 5개인 별을 그리는 방법

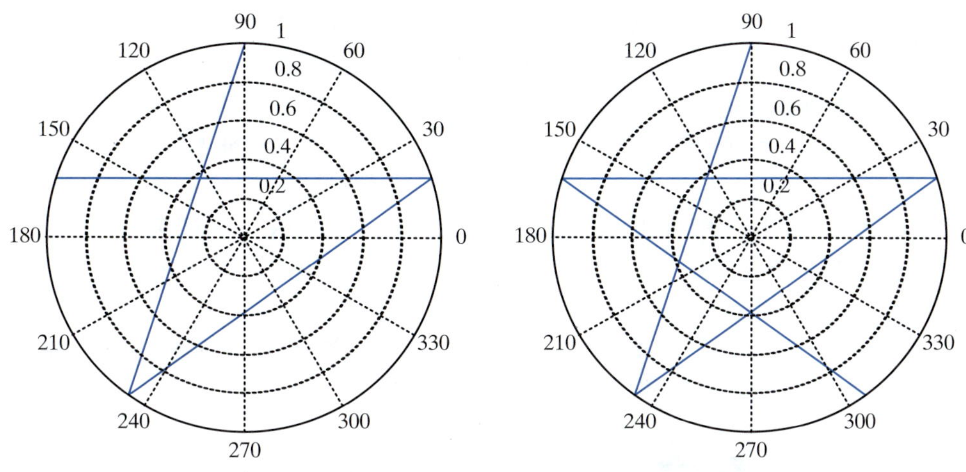

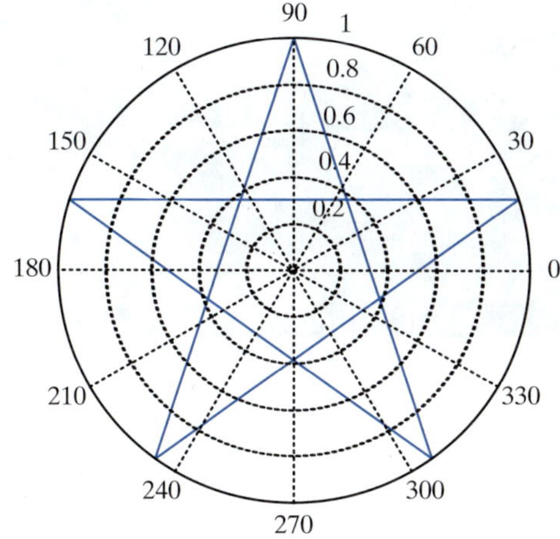

심화문제

8.22 규모가 큰 공항은 대부분 단기 주차장과 장기 주차장 시설을 별도로 두고 있다. 주차요금은 주차장 종류와 주차시간에 따라 달라진다. 다음은 주차요금 부과체계이다.

- 장기 주차
  - 처음 1시간은 $2.00, 이후 추가되는 시간마다 $1.00(1시간 미만도 $1.00)
  - 1일 최고 요금 $10
  - 일주일 최고 요금 $60.00
- 단기 주차
  - 처음 30분은 $2.00, 이후 20분 추가될 때마다 $1.00(20분 미만도 $1.00)
  - 1일 최고 요금 $32.00

다음 프로그램을 작성하라.

- 사용자에게 주차장 종류를 선택하게 한다.
- 이어서 주차시간을 몇 주, 며칠, 몇 시간 동안 할지 입력하게 하고 이에 따라 주차요금을 계산한다.

8.23 미드호는 파월호와 마찬가지로 콜로라도강 유역의 일부이다. 미드호는 네바다와 애리조나의 경계에 위치해 있으며, 미국에서 가장 큰 저수지로 애리조나, 네바다, 캘리포니아, 심지

어 멕시코 일부 지역의 중요한 수원이다. 오랜 가뭄과 물 수요 증가로 인해 1983년부터 호수의 수위가 지속적으로 하락했으며, 2021년에는 1930년대에 저수지가 채워진 이후 가장 낮은 수위에 도달했다(그림 P8.23). 미국 관개국(US Bureau of Reclamation)은 수위 데이터를 온라인으로 관리하며, 이를 확인할 수 있다. 찾기 어려운 경우 '하부 콜로라도강'에 대한 정보를 검색하라.

(a) 논리 인덱싱을 사용해 데이터 집합에서 누락된 데이터를 NaN으로 대체하라.

(b) 1935년부터 현재까지의 데이터를 적절한 설명문과 함께 그래프로 나타내라.

(c) 각 연도의 평균 수위 고도를 구하라.

(d) 최대 용량 시 수위 고도는 해발 1221.4피트이다. 논리 인덱싱을 사용해 저수지의 수명 동안 최대 용량에 도달하지 않은 월 수를 구하라.

그림 P8.23
후버댐에서 본 미드호의 모습. 2012년 12월 22일의 높은 수위를 뚜렷이 보여주는 하얀 띠가 보인다 (Forbis/123RF).

9 반복구조

학습목표

- for 루프를 만들고 사용한다.
- while 루프를 만들고 사용한다.
- 중간점 중단구조를 만든다.
- 프로그램을 실행하는 데 소요되는 시간을 측정한다.
- 효율적인 프로그래밍 기술을 사용해 프로그램 실행 시간을 개선한다.
- 코드를 벡터화하는 이점을 설명한다.

서론

컴퓨터 프로그램(매트랩뿐만 아니라)을 살펴보는 한 가지 방법은 프로그램을 이루는 문장이 어떻게 구성되어 있는지 보는 것이다. 일반적으로 컴퓨터 코드의 섹션은 **순서**(sequence), **선택구조**(selection structure), **반복구조**(repetition structure)로 분류할 수 있다. 이전 장에서는 선택구조를 설명했고, 이 장에서는 반복구조를 집중적으로 알아보자. 경험적으로 똑같은 일련의 명령어가 '세 번' 이상 반복되면 반복구조에 적합하다고 할 수 있다.

반복구조는 **루프**(loop)라고도 하며, 모든 루프는 다섯 가지 기본 부분으로 구성된다.

핵심 개념
코드의 어떤 부분을 세 번 이상 반복한다면 루프를 사용하는 것이 좋다.

- 루프를 종료할지 여부를 결정하는 데 사용되는 매개변수
- 이 매개변수의 초기화
- 루프의 반복에 따라 매개변수를 변경하는 방법(파라미터 값을 변경하지 않으면 루프가 무한히 반복 실행된다.)
- 매개변수와 루프의 실행을 끝마치기 위한 특정 조건과의 비교
- 루프 내부에서 수행되는 일련의 명령어

매트랩에는 **for 루프**(for loop)와 **while 루프**(while loop)라는 두 가지 종류의 루프가 있다. 이 밖에도 break와 continue 명령어를 사용해 다른 종류의 루프를 만들 수 있는데, 이를 **중간점 중단 루프**(midpoint break loop)라고 한다. 루프를 되풀이하는 횟수가 정해진 경우 가장 손쉽게 선택할 수 있는 것이 for 루프이다. 어떤 기준을 만족하기 전까지 계속해서 루프를 반복해야 하는 경우 while 루프를 선택하는 것이 좋다. 중간점 중단 루프는 루프

핵심 개념
루프를 사용하면 어떤 기준을 충족할 때까지 일련의 명령을 반복할 수 있다.

내 명령을 최소 한 번은 실행해야 하면서 특정 조건을 만족하면 루프를 종료시켜야 하는 경우에 유용하다. 이전에 프로그래밍 경험이 있다면 루프를 광범위하게 사용하고 싶을 수 있다. 하지만 매트랩에서는 find 명령 또는 논리적 인덱싱의 사용, 코드의 벡터화를 통해 루프의 사용을 피하면서 프로그램을 구성할 수 있다. [**벡터화**(vectorization)란 한 번에 한 원소씩만 처리되는 것이 아니라 한 번에 벡터 전체가 동시에 처리되도록 하는 것을 말한다.] 벡터화된 프로그램은 더 빠르게 실행되고 프로그램이 간단해지기 때문에 벡터화된 코드를 작성하는 것이 가능한 경우 루프의 사용을 피하는 것이 좋다.

9.1 for 루프

for 루프의 구조는 단순하다. 첫 번째 줄은 루프가 시작됨을 알리고 인덱스를 정의한다. 인덱스는 루프가 반복될 때마다 바뀌는 숫자이며 반복을 언제 종료할지 결정하는 데 사용된다. 다음 줄에는 실행할 명령어가 온다. 마지막으로 루프의 끝은 end 명령이 온다. for 루프의 구조는 다음과 같이 요약할 수 있다.

핵심 개념

명령 시퀀스를 몇 번 반복해야 하는지 알고 있는 경우 for 루프를 사용한다.

```
for index = array
      commands to be executed
end
```

루프는 첫 번째 줄에서 식별된 인덱스 행렬의 각 원소에 대해 한 번씩 실행된다. 다음의 간단한 예를 살펴보자.

```
for k = [1,3,7]
  k
end
```

루프를 처음 통과하는 동안 k에 k 배열의 첫 번째 값인 1이 할당된다. 다음 루프에서 k 값은 k 배열의 두 번째 값인 3으로 수정된다. 루프를 통과할 때마다 k가 수정되어 인덱스 배열의 후속 값에 할당된다. 이 예제 코드는 다음 결과를 반환한다.

```
k =
   1
k =
   3
k =
   7
```

배열에 k의 값이 3개 있었기 때문에 루프는 k의 각 값에 대해 한 번씩 총 세 번 실행된다.

이 예에서 인덱스는 k이다. 사람들이 프로그램을 작성할 때 인덱스 변수로 자주 사용하는 문자가 k이다. 인덱스 배열은 콜론(:) 연산자로 정의할 수도 있고, 다른 여러 가지 방법을 사용할 수 있다. 다음 예는 5의 1~3제곱까지를 계산하는 프로그램이다.

```
for
k = 1:3
   a = 5^k
end
```

첫 번째 줄에서 인덱스 k는 배열 [1, 2, 3]으로 정의된다. 루프를 처음 통과할 때 k = 1이므로 5^1이 계산된다. 루프를 다음번에 통과할 때에는 k = 2이므로 5^2이 계산된다. 마지막으로 루프를 통과할 때에는 k = 3이므로 5^3이 계산된다. 루프 속의 명령이 세 번 되풀이되므로 다음과 같이 a 값도 명령창에 세 번 표시된다.

```
a =
   5
a =
   25
a =
   125
```

for 루프의 첫 번째 줄에서 k를 행렬로 정의했지만, k는 루프에서 사용될 때 인덱스 번호이기 때문에 하나의 값만 될 수 있다. 루프 실행을 모두 마친 후 k 값을 조사해보면 루프를 마지막으로 통과할 때의 인덱스 값이라는 것을 알 수 있다. 앞에서 예로 들은 프로그램을 실행시킨 다음

```
k
```

를 쳐보면 다음을 반환한다.

```
k =
   3
```

k는 작업공간창에서 크기가 1 × 1인 행렬로 정의되어 있음을 확인하라.

매트랩에서 for 루프를 활용하는 일반적인 방법은 새로운 행렬을 만드는 것이다. 예를 들어 다음 코드를 살펴보자.

```
for k = 1:5
   a(k) = k^2
end
```

이 루프는 한 번에 한 행렬 a의 원소 하나가 만들어진다. 루프가 다섯 번 되풀이되므로 루프를 돌 때마다 행렬 a에 원소가 하나씩 추가되고 명령창에 다음과 같은 출력이 표시된다.

```
a =
     1
a  =
     1     4
a  =
```

```
     1     4     9
a  =
     1     4     9     16
a  =
     1     4     9     16     25
```

핵심 개념
벡터화된 프로그램은 루프를 사용하는 것보다 빠르고 보통 프로그래밍 단계가 적기 때문에 루프를 사용하는것보다 벡터화된 코드를 사용하는 것이 좋다.

HINT 대부분의 컴퓨터 프로그램은 매트랩만큼 행렬을 아주 쉽게 다루는 능력이 없기 때문에 앞의 예에서 살펴본 것과 비슷한 방식으로 루프를 이용해서 행렬을 처리한다. 매트랩에서는 다음과 같이 아주 쉽게 행렬 a를 만들 수 있다.

```
k = 1:5
a = k.^2
```

이렇게 명령을 내리면 다음을 반환한다.

```
k =
   1    2    3     4    5
a =
   1    4    9    16   25
```

이와 같이 행렬로 여러 숫자를 한꺼번에 처리할 수 있도록 명령어를 만드는 것을 벡터화라고 한다.

for 루프를 사용하는 또 다른 일반적인 경우는 if 문과 결합해 정해진 조건을 몇 번이나 만족하는지 확인하는 것이다. 예를 들어 다음은 첫 번째 줄에 표시된 시험 점수 목록 중 90점 이상이 몇 개인지 알아보는 코드이다.

```
scores [76,45,98,97];
count = 0;
for k=1:length(scores)
  if scores(k)>90
     count = count + 1;
  end
end
disp (count)
```

변수 count는 0으로 초기화된 다음 루프를 통과할 때마다 점수가 90보다 큰 경우 1씩 증가한다. length 함수는 for 루프를 몇 번 반복해야 하는지 결정하는 데 사용되었으며, 이 경우

```
length (scores)
```

는 scores 행렬의 값인 4와 같다.

대부분의 경우 for 루프는 단일 행인 인덱스 행렬로 생성된다. 그렇지만 2차원 행렬도 인덱스 행렬로 사용될 수 있는데, 이 경우에는 루프를 통과할 때마다 행렬에서 한 열 전체가 인덱스가 된다. 예를 들어 인덱스 행렬을 다음과 같이 정의한다고 가정하자.

$$k = \begin{bmatrix} 1 & 2 & 3 \\ 1 & 4 & 9 \\ 1 & 8 & 27 \end{bmatrix}$$

그러면

```
for k = [1, 2, 3; 1, 4, 9; 1, 8, 27]
  a  =  k'
end
```

를 실행하면 다음과 같이 출력된다.

```
a =
    1    1    1
a =
    2    4    8
a =
    3    9    27
```

여기에서 행렬 a가 열벡터 대신 행벡터 형태로 표시된 것은 a = k'으로 해 k의 열과 행을 바꿨기 때문이다. 이는 출력을 읽기 쉽게 하기 위함이다.

for 루프의 사용법을 요약하면 다음과 같다.

- 루프는 for로 시작해서 end로 끝난다.
- 루프의 첫 번째 줄은 인덱스 행렬을 사용해 루프가 반복되는 횟수를 지정한다.
- for 루프의 인덱스는 변수여야 한다(인덱스는 루프를 통과할 때마다 변경되는 숫자이다). 인덱스를 나타내는 문자로 k를 많이 사용하지만 다른 문자도 사용할 수 있다.
- 루프의 인덱스 행렬을 만들 때 지금까지 배운 행렬을 만드는 여러 가지 방법을 그대로 사용할 수 있다. 이 중에서 널리 사용되는 방법은 다음과 같이 콜론(:) 연산자를 사용하는 것이다.

```
for 인덱스 = 시작:증가량:끝
```

- 인덱스 변수가 행백터이면 루프를 한 번 지날 때마다 행렬의 원소가 하나씩 사용된다.
- 자주 사용되지는 않지만 인덱스 변수가 2차원 행렬이면 루프를 한 번 지날 때마다 행렬을 구성하는 한 열 전체가 인덱스로 사용된다. 즉 인덱스는 열벡터가 된다.
- for 루프를 완료하면 인덱스 변수는 마지막으로 사용된 값을 유지한다.
- 명령어를 벡터화하면 for 루프의 사용을 피할 수 있다.

for 루프를 나타내는 순서도에서 마름모꼴 도형을 볼 수 있는데, 이것은 for 루프가 루프 속의 명령을 수행하기 전에 인덱스 행렬에 아직 사용되지 않은 원소가 남아 있는지 검사하는 과정을 나타낸다(그림 9.1 참조). 인덱스 행렬의 모든 원소가 다 사용된 경우에는 프로그램이 루프를 끝내고 루프 다음에 있는 명령문을 수행한다.

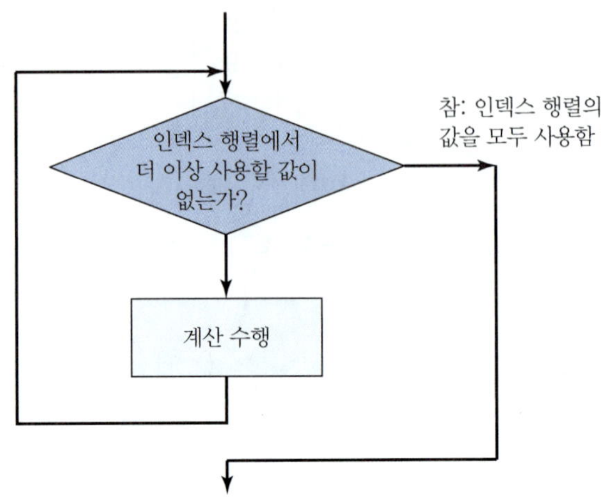

그림 9.1
for 루프의 순서도

예제 9.1

도-라디안 변환 테이블 만들기: for 루프 사용

이 예제에서는 각도를 도(degree) 단위에서 라디안(radian) 단위로 변환하는 도-라디안 변환 테이블을 만들 것이다. 물론 벡터 연산을 할 수 있는 매트랩의 능력을 이용하면 이를 훨씬 쉽게 만들 수 있지만 여기에서는 설명을 위해 for 루프를 사용한다.

1. 문제를 명확히 나타낸다.
   각도 값을 도 단위에서 라디안 단위로 변환하는 표를 만든다. 각도는 0~360도까지 10도 간격으로 한다.

2. 입력과 출력을 표시한다.
   입력 단위가 도인 각도로 이루어진 배열
   출력 단위가 도와 라디안으로 이루어진 표

3. 손이나 계산기로 문제를 미리 풀어본다.
   10도를 라디안 단위로 바꾸면 다음과 같다.

$$\text{라디안} = (10)\frac{\pi}{180} = 0.1745$$

4. 매트랩으로 문제를 푼다.
   먼저 그림 9.2와 같이 순서도를 그린 다음 이를 이용해 프로그램을 작성한다.
   이 프로그램을 실행시키면 명령창에 다음 결과가 출력된다.

```
도를 라디안으로 변환
Degrees     Radians
   10       0.17453
   20       0.34907
   30       0.5236        etc.
```

5. 풀이를 검사한다.
   10도를 라디안으로 바꾼 결과를 보면 손으로 계산한 것과 매트랩으로 계산한 것이 서로 같다.
   이 계산은 매트랩의 벡터 기능을 사용하면 훨씬 쉽고 간단한데, 똑같은 결과를 얻는 데 걸리는 계산시간이 훨씬 짧다. 이러한 프로그램 방법을 명령어의 벡터화라고 하며 이것을

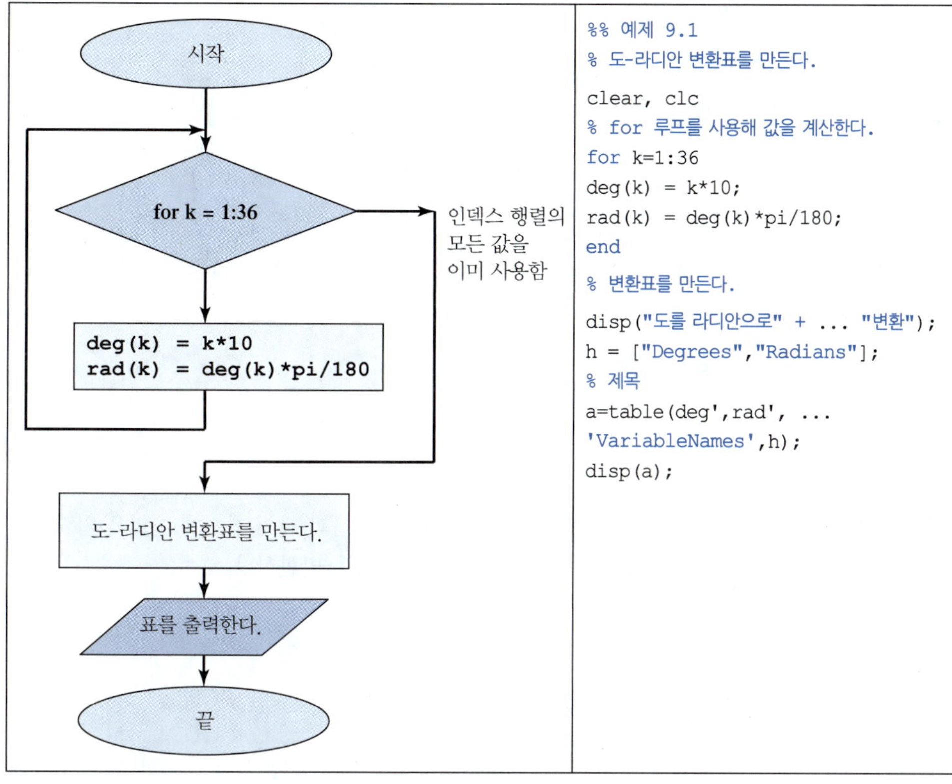

그림 9.2
도를 라디안으로 변환하는 프로그램의 순서도

할 수 있다는 것이 매트랩의 장점 가운데 하나이다. 다음은 벡터화 명령을 사용해 작성한 프로그램이다.

```
degrees = 0:10:360;
radians = degrees*pi/180;
```

예제 9.2

차례곱 계산하기: for 루프 사용

차례곱은 1~N까지 모든 정수를 곱한 것이다. 예를 들어 5의 차례곱은 다음과 같다.

$$1 \cdot 2 \cdot 3 \cdot 4 \cdot 5$$

수학책에서는 차례곱을 느낌표(!)로 표시한다.

5!는 5의 차례곱을 나타낸다.

매트랩에는 차례곱을 계산하는 함수를 내장하고 있는데, 이 함수의 이름은 `factorial`이다. 비록 매트랩에 차례곱 함수가 있기는 하지만 여기에서는 차례곱을 계산해주는 또 다른 함수를 `fact`라는 이름으로 스스로 만들어보자.

1. 문제를 명확히 나타낸다.
   차례곱을 계산하는 `fact`라는 함수를 만들고 스칼라 입력을 가정한다.

2. 입력과 출력을 표시한다.

입력 스칼라 값 N
출력 $N!$ 값

3. 손이나 계산기로 문제를 미리 풀어본다.

$$5! = 1 \cdot 2 \cdot 3 \cdot 4 \cdot 5 = 120$$

4. 매트랩으로 문제를 푼다.
먼저 그림 9.3과 같이 순서도를 그린 다음 이를 이용해 프로그램을 작성한다.

5. 풀이를 검사한다.
명령창에서 함수를 검사한다.

```
fact(5)
ans =
  120
```

이 함수는 입력이 스칼라일 때에만 제대로 동작한다. 다음과 같이 함수에 배열을 입력하면 for 루프는 $x = 1$일 때 한 번만 실행되므로 함수는 값 1을 반환한다.

```
x=1:10;
fact(x)
ans =
  1
```

그림 9.4의 순서도와 이를 참고해 만든 프로그램에서 보듯이 if 문을 추가해 입력이 양의 정수이고 배열이 아닐 경우에만 차례곱을 계산하도록 할 수 있다. 이 함수의 동작을 검사한 결과가 다음과 같다.

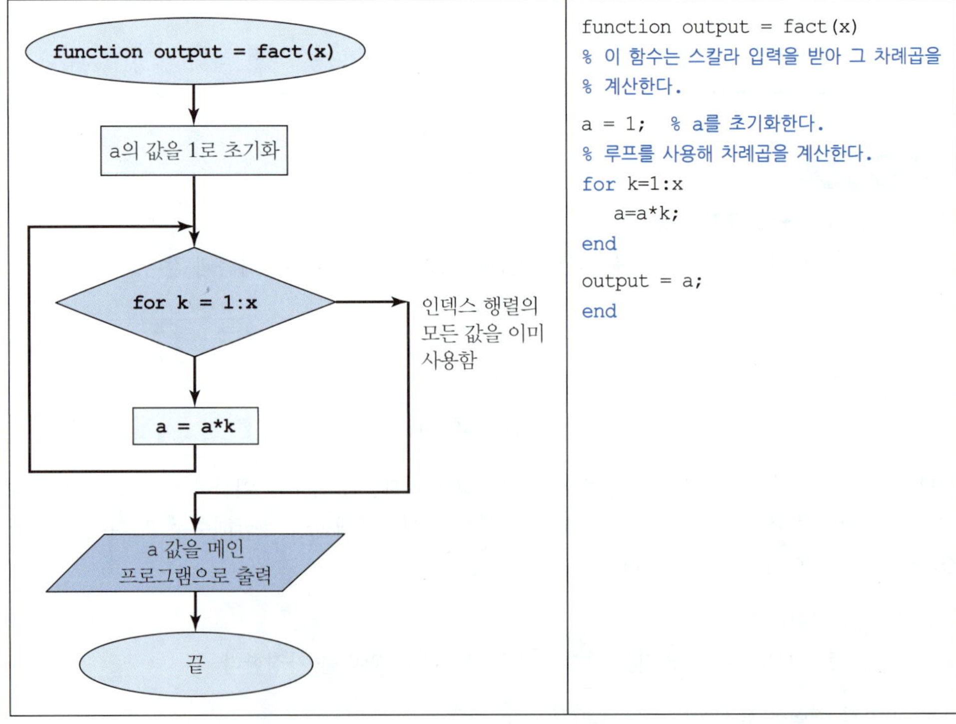

그림 9.3
for 루프를 사용해 차례곱을 구하는 프로그램의 순서도

```
fact(-4)
Error using fact (line 8)
입력은 양의 정수여야 한다.
fact(x)
Error using fact (line 8)
입력은 양의 정수여야 한다.
```

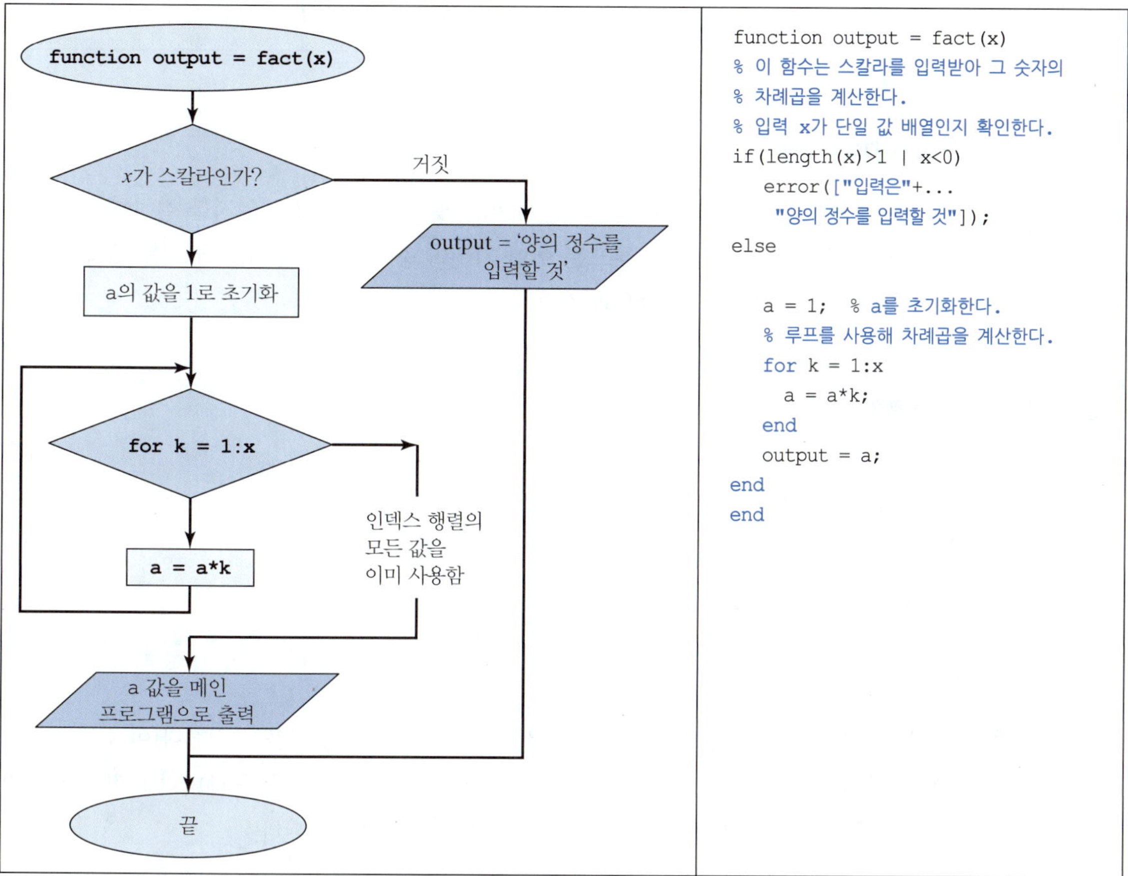

그림 9.4
for 루프를 사용해 차례곱을 구하는 프로그램의 순서도(에러 검사 추가)

실습문제 9.1

for 루프를 사용해 다음 문제를 풀라. 정답은 피어슨 출판사의 웹사이트 https://www.pearsonhighered.com/moore에서 확인할 수 있다.

1. 인치를 피트로 변환하는 표를 만들라.
2. 다음 행렬 x의 원소 중에서 30보다 큰 수의 개수를 구하라. 이때 counter를 이용하라.

$$x = [45, 23, 17, 34, 85, 33]$$

3. 논리 인덱싱 명령을 사용해 실습문제 2를 다시 풀라.
4. for 루프를 사용해 실습문제 2에서 주어진 행렬 x의 원소들의 합을 구하라.

계산 결과를 매트랩 내장함수인 sum으로 계산한 결과와 비교하라. (sum 함수의 사용법을 잘 모르면 help 명령을 활용하라.)

5. for 루프를 사용해 다음 조화 **급수**(series)의 처음 10개 항을 원소로 하는 벡터를 만들라.

$$1/1 \quad 1/2 \quad 1/3 \quad 1/4 \quad 1/5 \ldots 1/10$$

6. for 루프를 사용해 다음 조화급수의 처음 10개 항을 원소로 하는 벡터를 만들라.

$$1/1 \quad -1/2 \quad 1/3 \quad -1/4 \quad 1/5 \ldots -1/10$$

9.2 while 루프

while 루프는 for 루프와 비슷하지만 루프를 몇 번 되풀이할 것인지를 결정하는 방식이 for 루프와는 다르다. while 루프는 어떤 기준이 충족되는 동안에는 루프를 계속 되풀이 한다. while 루프의 형식은 다음과 같다.

핵심 개념

명령 시퀀스를 몇 번 반복해야 할지 모를 때에는 while 루프를 사용한다.

```
while 기준
실행할 명령
end
```

실제 프로그램 예를 들어보자.

```
k = 0;
while k<3
 k = k+1
end
```

이 프로그램에서는 루프에 들어가기 전에 카운터 k의 초깃값을 설정한다(이를 초기화라고 한다). 루프는 k가 3보다 작은 동안에는 계속 반복된다. 루프를 돌 때마다 k 값은 하나씩 증가되고 루프는 세 번 되풀이되므로 다음 결과가 화면에 출력된다.

```
k =
   1
k =
   2
k =
   3
```

k = 3일 때, while 루프의 기준인

```
k<3
```

이 거짓이 된다. 따라서 매트랩이 루프를 다시 통과해야 하는지 확인할 때 프로그램은 (기준에 따라) 구조의 끝으로 건너뛰기로 결정한다.

핵심 개념

for 루프를 사용해 해결할 수 있는 문제는 while 루프를 사용해 해결할 수도 있다.

k 변수는 행렬을 정의하는 인덱스 번호로 사용하거나 카운터로 사용할 수 있다. for 루프로 된 프로그램은 거의 다 while 루프로도 만들 수 있다. 9.1절에서 5의 거듭제곱을 계산하

는 데 for 루프를 사용한 것을 떠올려보자. 다음과 같이 while 루프를 사용해도 똑같은 결과를 얻을 수 있다.

```
k = 0;
while k<3
  k = k+1;
  a(k) = 5^k
end
```

위의 코드는 다음을 반환한다.

```
a =
  5
a =
  5   25
a =
  5   25   125
```

프로그램에서 루프를 돌 때마다 행렬 a에 원소가 하나씩 추가된다. 또 다른 예로 먼저 a를 **초기화**(initialize)해보자.

```
a = 0;
```

그런 다음 10보다 큰 3의 첫 번째 배수를 찾아보자.

```
while(a<10)
  a = a + 3
end;
```

처음 루프로 들어갈 때에는 a의 값이 0이므로 a < 10의 비교 결과가 '참'이다. 따라서 다음 줄의 명령 (a = a + 3)이 실행된 다음 루프를 다시 반복한다. 두 번째로 루프를 돌 때에는 a = 3이 되는데, 비교 결과는 이번에도 '참'이므로 명령이 계속 실행된다. 이 과정이 되풀이되므로 다음 결과가 화면에 출력된다.

```
a =
  3
a =
  6
a =
  9
a =
  12
```

루프를 마지막으로 통과할 때 a는 9이며, 여기에 3이 더해져 12가 된다. 다음으로 a<10의 비교 결과가 '거짓'이 되므로 프로그램은 while 루프의 끝으로 건너뛰고 더 이상 반복되지 않는다.

while 루프를 if 문과 함께 쓰면 어떤 조건이 몇 번이나 '참'이 되는지 헤아릴 수 있다.

앞에서 for 루프를 설명할 때 시험 성적을 헤아리는 프로그램을 다룬 것을 기억할 것이다. 같은 동작을 하는 프로그램을 while 루프를 사용해 만들면 다음과 같다.

```
scores = [76,45,98,97];
count = 0;
k = 0;
while k<length(scores)
  k = k+1;
   if scores(k)>90
     count = count + 1;
  end
end
disp(count)
```

변수 count는 시험 성적 중에서 90점보다 큰 값의 수를 세는 데 사용되고, 변수 k는 루프가 실행되는 횟수를 세는 데 사용된다.

while 루프의 기본 순서도(그림 9.5 참조)는 for 루프의 순서도(그림 9.1 참조)와 동일하다.

while 루프의 일반적인 용도 중 하나는 사용자로부터 받은 입력의 오류 검사이다. 사용자가 0보다 큰 양수를 입력하면 그 수에 대해 10을 밑으로 하는 상용로그 값을 계산하는 프로그램을 예로 들어 살펴보자. 이 경우에 while 루프를 사용해 사용자가 입력하는 수가 0보다 큰지 확인하고, 0보다 작으면 제대로 된 수를 입력하도록 요청할 수 있다. 다음 프로그램은 사용자가 유효한 수(양수)를 입력할 때까지 계속해서 요청한다.

```
x = input("x의 양수 값을 입력하세요:")
while (x<=0)
  disp("log(x)는 음수에 대해 정의되지 않았습니다.")
  x = input("x의 양수 값을 입력하세요:")
end
  y = log10(x);
fprintf("%4.2f의 상용로그함수 값은 %5.2f입니다\n",x,y)
```

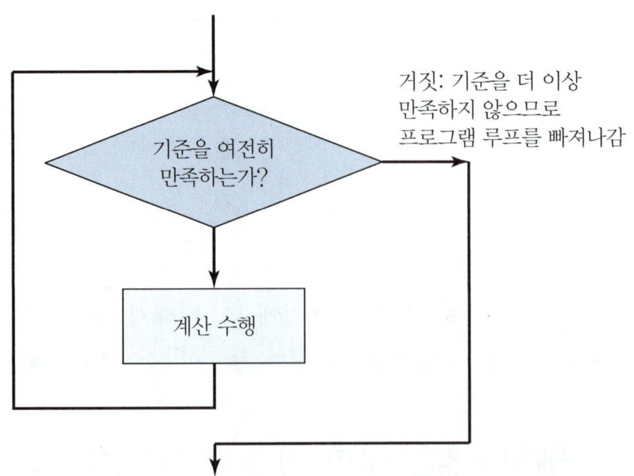

그림 9.5
while 루프의 순서도

프로그램을 실행하고 x의 값으로 양수를 입력하면 while 루프는 실행되지 않는다(x가 0 이하가 아니므로). 반대로 x 값으로 0이나 음수를 입력하면 while 루프가 실행되면서 에러 메시지가 명령창에 출력되고 사용자에게 제대로 된 값을 다시 입력할 것을 요청한다. while 루프는 사용자가 x 값으로 양수를 입력할 때까지 계속 반복된다.

핵심 개념
while 루프로는 무한 루프를 쉽게 만들 수 있다.

HINT while 루프의 반복 여부를 결정하는 변수는 루프를 돌 때마다 값이 바뀌어야 한다. 그렇지 않으면 **무한 루프**(infinite loop)가 되어 루프를 끝없이 반복하게 된다. 프로그램을 실행시키고 나서 계산이 오랫동안 끝나지 않을 경우 명령창 아래 왼쪽 구석에 있는 'busy' 표시를 살펴보면 컴퓨터가 프로그램을 수행하고 있는지 확인할 수 있다. 프로그램 실행 도중에 계산을 강제로 멈추려면 'Ctrl+c' 키를 누른다. Ctrl+c 키를 누를 때에는 명령창이 현재 사용 중인 활성화창이어야 한다.

HINT 많은 컴퓨터책이나 메뉴얼에서는 Ctrl 키를 ^ 기호로 나타내는데, 매트랩에서는 이 기호가 혼동을 일으키기 쉽다. 명령 ^C는 일반적으로 Ctrl 키와 c 키를 동시에 누르는 것을 의미한다.

예제 9.3

도-라디안 변환 테이블 만들기: while 루프 사용

예제 9.1에서 도를 라디안으로 변환하는 표를 만들기 위해 for 루프를 사용한 것처럼 while 루프를 같은 목적으로 사용할 수 있다.

1. 문제를 명확히 나타낸다.
   각도 값을 도 단위에서 라디안 단위로 변환하는 테이블을 만든다. 각도는 0~360도까지 10도 간격으로 한다.

2. 입력과 출력을 표시한다.
   입력 단위가 도인 각도로 이루어진 배열
   출력 단위가 도와 라디안으로 이루어진 표

3. 손이나 계산기로 문제를 미리 풀어본다.
   10도를 라디안 단위로 바꾸면 다음과 같다.

$$\text{라디안} = (10)\frac{\pi}{180} = 0.1745$$

4. 매트랩으로 문제를 푼다.
   먼저 그림 9.6과 같이 순서도를 그린 다음 이를 이용해 프로그램을 작성한다.

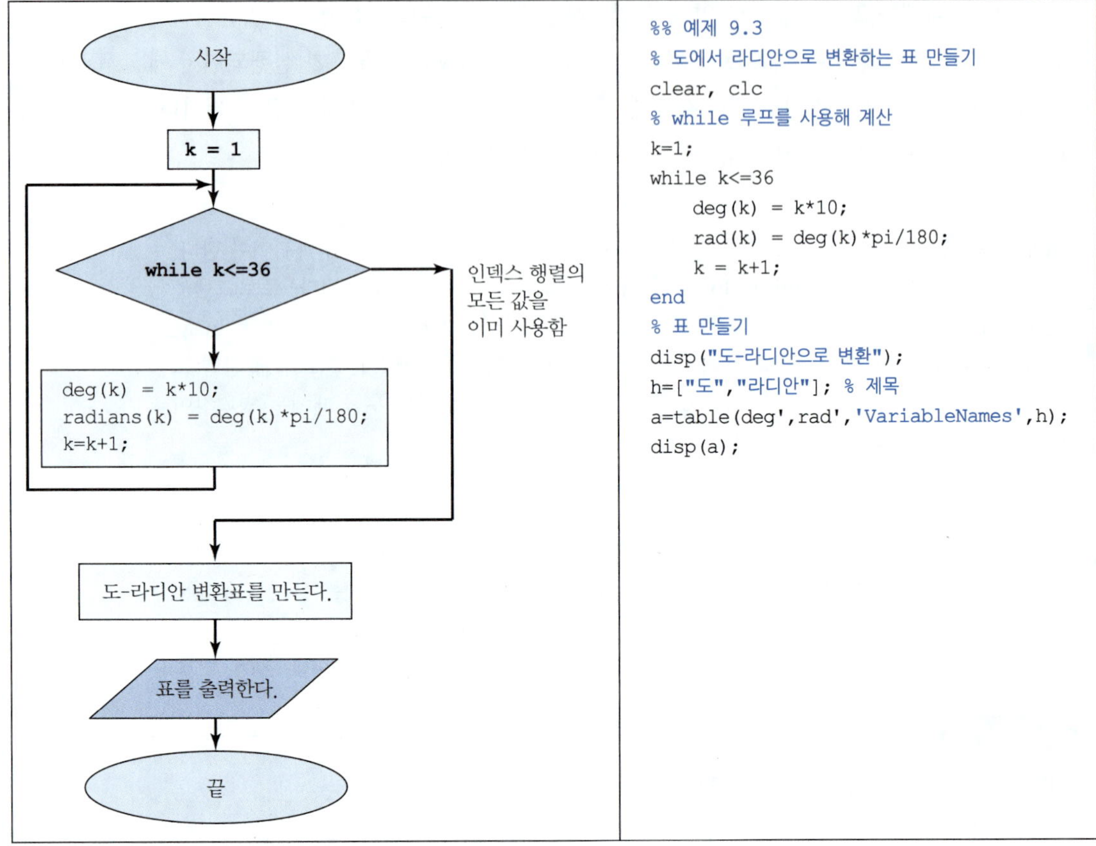

그림 9.6
while 루프를 사용해 도를 라디안으로 변환하는 프로그램의 순서도

이 프로그램을 실행시키면 명령창에 다음 결과가 출력된다.

```
도를 라디안으로 변환
Degrees     Radians
-------     -------
   10       0.17453
   20       0.34907
   30       0.5236        etc.
```

5. 풀이를 검사한다.
   10도를 라디안으로 바꾼 결과를 보면 손으로 계산한 것과 매트랩으로 계산한 것이 서로 같다.

예제 9.4

차례곱 계산하기: while 루프 사용

while 루프를 사용해 $N!$을 찾는 fact2라는 함수를 만들라. 이때 if 문을 사용해 입력이 양의 정수이고 스칼라일 경우에만 차례곱을 계산한다.

1. 문제를 명확히 나타낸다.
   모든 숫자의 차례곱을 계산하는 fact2라는 함수를 만든다.

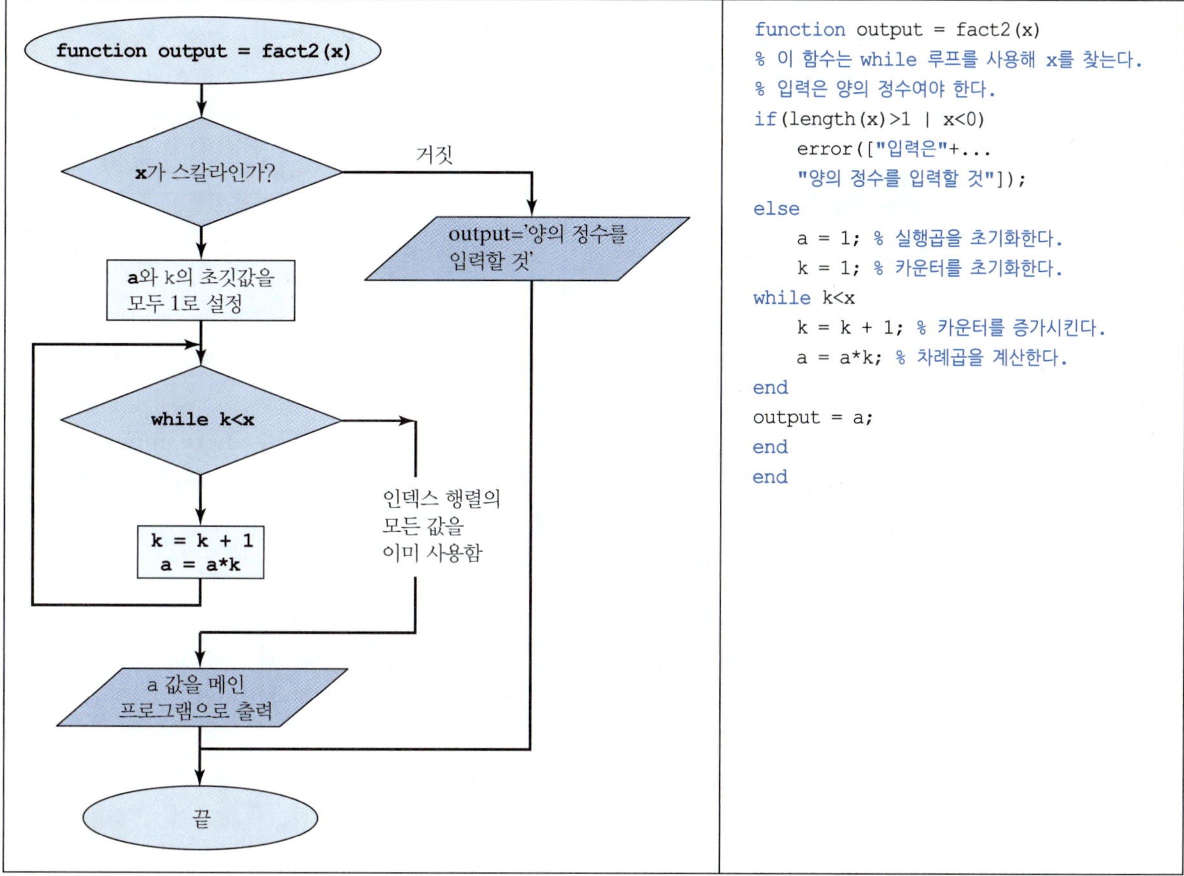

그림 9.7
while 루프를 사용해 차례곱을 구하는 프로그램의 순서도

2. 입력과 출력을 표시한다.

   입력   스칼라 값 N

   출력 $N!$ 값

3. 손이나 계산기로 문제를 미리 풀어본다.

$$5! = 1 \cdot 2 \cdot 3 \cdot 4 \cdot 5 = 120$$

4. 매트랩으로 문제를 푼다.

   먼저 그림 9.7과 같이 순서도를 그린 다음 이를 이용해 프로그램을 작성한다.

5. 풀이를 검사한다.

6. 명령창에서 함수를 검사한다.

```
fact2(5)
ans =
  120
fact2(-10)
Error using fact (line 8)
입력은 양의 정수여야 한다.
```

```
fact2([1:10])
Error using fact (line 8)
입력은 양의 정수여야 한다.
```

예제 9.5

교대조화급수

교대조화급수의 합은 자연로그 2의 값에 **수렴**(converge)한다.

$$\sum_{k=1}^{\infty}\frac{(-1)^{k+1}}{k} = 1 - \frac{1}{2} + \frac{1}{3} - \frac{1}{4} + \frac{1}{5} - \ldots = \ln(2) = 0.6931471806$$

따라서 자연로그 2의 값을 근사적으로 나타내는 데 교대조화급수(alternating harmonic series)를 이용할 수 있다. 여기에서 교대조화급수의 근삿값이 자연로그 2의 좋은 근삿값이 될 수 있을 정도로 오차가 작은 값이 되려면 교대조화급수의 몇 항까지 취해야 하는가? `while` 루프를 사용해 이 예제를 풀어보자.

1. 문제를 명확히 나타낸다.
   교대조화급수에서 인접한 두 항까지의 부분합(누적합)의 차이가 .001보다 작아지는 항의 개수와 그 항까지의 합을 `while` 루프를 사용해 구한다. 그 결과를 자연로그 2의 값과 비교한다.

2. 입력과 출력을 표시한다.
   입력 교대조화급수 수식

$$\sum_{k=1}^{\infty}\frac{(-1)^{k+1}}{k} = 1 - \frac{1}{2} + \frac{1}{3} - \frac{1}{4} + \frac{1}{5} - \ldots\frac{1}{\infty}$$

   출력 조건을 만족하는 교대조화급수의 항의 개수와 그 항까지의 부분합(누적합)
   조건을 만족하는 항까지 교대조화급수의 누적합을 보여주는 그래프

3. 손이나 계산기로 문제를 미리 풀어본다.
   1~5항까지 교대조화급수의 값을 계산해보자. 먼저 5항까지의 교대조화급수를 써보면

   1.0000 −0.5000 0.3333 −0.2500 0.2000

   이다. 이제 각 항까지의 부분합(누적합)을 구해보면

   1.0000 0.5000 0.8333 0.5833 0.7833

   이며 인접 항들 사이의 차이를 계산한 다음 결과에서 보듯이 항이 늘어날수록 그 차이가 점점 줄어들고 있음을 알 수 있다.

   −0.5000 0.3333 −0.2500 0.2000

4. 매트랩으로 문제를 푼다.
   먼저 그림 9.8과 같이 순서도를 그린 다음 이를 이용해 프로그램을 작성한다. 프로그램을 실행하면 명령창에 다음 결과가 표시된다.

```
급수는 마지막 항의 값이 0.001일 때 수렴한다. 이때 급수의 수렴값은 0.6936이다.
```

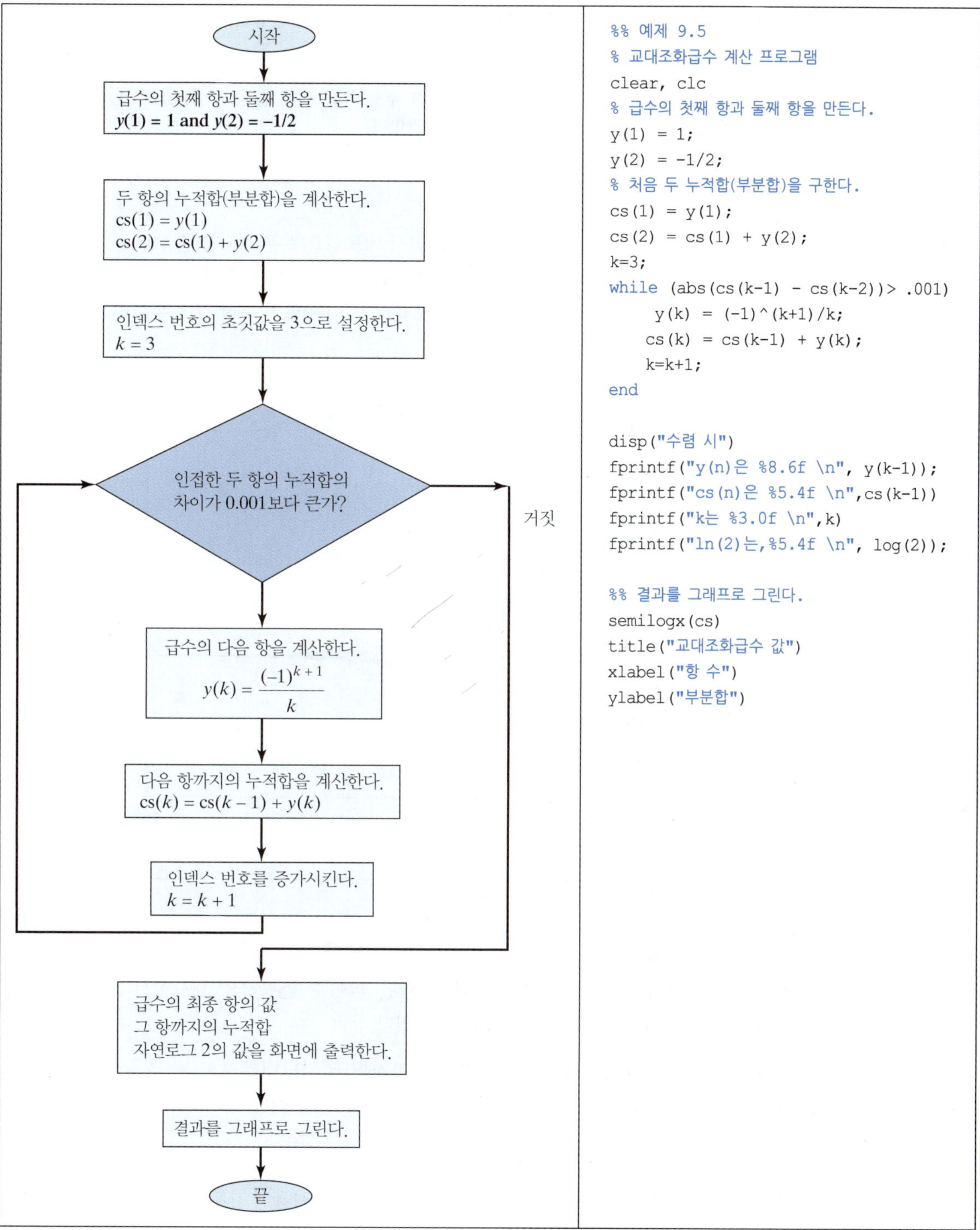


```
%% 예제 9.5
% 교대조화급수 계산 프로그램
clear, clc
% 급수의 첫째 항과 둘째 항을 만든다.
y(1) = 1;
y(2) = -1/2;
% 처음 두 누적합(부분합)을 구한다.
cs(1) = y(1);
cs(2) = cs(1) + y(2);
k=3;
while (abs(cs(k-1) - cs(k-2))> .001)
     y(k) = (-1)^(k+1)/k;
    cs(k) = cs(k-1) + y(k);
    k=k+1;
end

disp("수렴 시")
fprintf("y(n)은 %8.6f \n", y(k-1));
fprintf("cs(n)은 %5.4f \n",cs(k-1))
fprintf("k는 %3.0f \n",k)
fprintf("ln(2)는,%5.4f \n", log(2));

%% 결과를 그래프로 그린다.
semilogx(cs)
title("교대조화급수 값")
xlabel("항 수")
ylabel("부분합")
```

그림 9.8

교대조화급수의 수렴값을 구하는 프로그램의 순서도

```
이 값은 ln(2)의 값 0.6931의 근삿값이다.
급수의 수렴값은 1002항까지 더한 값이다.
```

급수의 수렴값은 ln(2)의 값과 거의 같다. 여기에서 수렴값을 계산하는 항의 개수를 더욱 늘리면 ln(2) 값에 더욱 가까워진다. 수렴조건을 0.0001로 변경한 다음 프로그램을 실행하면 다음 결과가 명령창에 출력된다.

```
급수는 마지막 항의 값이 -0.000일 때 수렴한다. 이때 급수의 수렴값은 0.6931이다.
이 값은 ln(2)의 값 0.6931의 근삿값이다.
급수의 수렴값은 10001항까지 더한 값이다.
```

5. 풀이를 검사한다.
매트랩으로 그린 그림 9.9의 그래프를 보면서 매트랩으로 푼 결과를 손으로 푼 것과 비교해 보라. 급수의 처음 5개 항의 부분합(누적합)을 손으로 계산한 값이 그래프의 값과 잘 일치함을 알 수 있다. 또한 급수의 부분합이 약 0.69로 ln(2)와 비슷한 값에 수렴하고 있음을 알 수 있다.

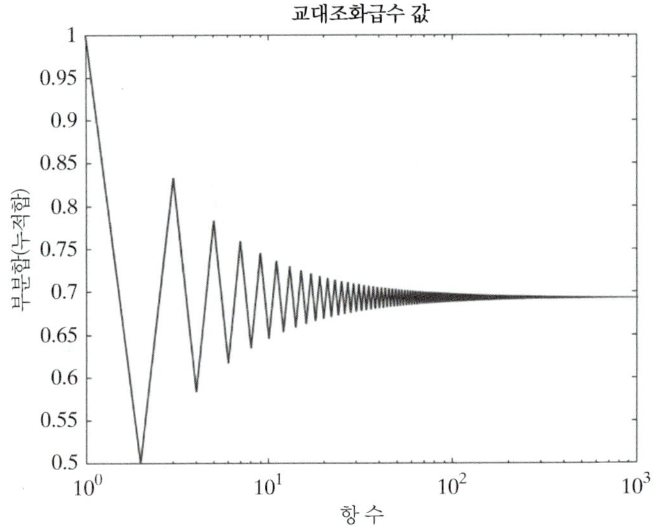

그림 9.9
교대조화급수의 값은 ln(2)에 수렴한다.

실습문제 9.2

while 루프를 사용해 다음 문제를 풀라. 정답은 피어슨 출판사의 웹사이트 https://www.pearson highered.com/moore에서 확인할 수 있다.

1. 인치를 피트로 변환하는 표를 만들고 결과를 표 배열로 나타내라.
2. 다음 행렬 x의 원소 중에서 30보다 큰 수의 개수를 구하라. 이때 counter를 이용하라.

$$x = [45, 23, 17, 34, 85, 33]$$

3. 실습문제 2의 정답을 for 루프와 논리적 인덱싱을 모두 사용해 같은 문제를 풀이한 연습문제 9.1에서 만든 정답과 비교하라.
4. while 루프를 사용해 실습문제 2에서 주어진 행렬 x의 원소들의 합을 구하라. 계산 결과를 매트랩 내장함수인 sum으로 계산한 결과와 비교하라. (sum 함수의 사용법을 잘 모르면 help 명령을 활용하라.)
5. while 루프를 사용해 다음 조화급수의 처음 10개 항을 원소로 하는 벡터를 만들라.

1/1 1/2 1/3 1/4 1/5...1/10

6. while 루프를 사용해 다음 조화급수의 처음 10개 항을 원소로 하는 벡터를 만들라.

$$1/1 \quad -1/2 \quad 1/3 \quad -1/4 \quad 1/5 \ldots -1/10$$

HINT 수열에서 숫자의 부호가 번갈아 바뀌게 하려면 −1제곱을 해주면 된다. 예를 들어 다음과 같은 수열을 원소로 하는 벡터 a를 만들어보자.

```
-1 2 -3 4 -5
```

이를 위한 명령은 다음과 같다.

```
for k = 1:5
  a(k) = (-1)^k*k
end
```

주의: 연산 순서가 중요하다. 다음 연산

```
(-1)^k
```

의 결과는 k 값에 따라 부호가 달라진다. 이 식에서 괄호가 없으면

```
-1^k
```

의 결과는 항상 −1이다.

9.3 break와 continue

break 명령은 루프를 조기에 종료하는 데 사용할 수 있다(첫 번째 줄의 비교 조건이 '참'인 경우에도). 여러 루프가 겹쳐진 구조인 경우에는 break 문을 안에 담고 있는 루프들 중에서 가장 작은 루프가 중단된다. 예를 들어보자.

```
n = 0;
while(n<10)
  n = n+1;
  a = input('0보다 큰 값을 입력하세요.:');
  if(a<=0)
    disp('양수를 입력해야 합니다.')
    disp('이 프로그램은 종료됩니다.')
    break
  end
  disp('해당 숫자의 자연로그는')
  disp(log(a))
end
```

이 프로그램에서 n의 값은 루프 밖에서 초기화된다. 루프의 실행이 되풀이될 때마다 input 명령은 사용자에게 0보다 큰 수를 입력할 것을 요청한다. 입력된 수를 검사한 결과 0이나 음수이면 명령창에 에러 메시지를 출력한 다음 루프 밖으로 벗어난다. a가 양수이면 프로그램은 n이 10이 될 때까지 루프를 계속 되풀이한다.

continue 명령은 break와 유사하지만 루프를 종료하는 대신 프로그램이 다음 차례의 루프 실행으로 넘어간다.

```
n=0;
while(n<10)
  n=n+1;
  a=input("0보다 큰 값을 입력하세요.:");
  if(a<=0)
    disp("양수를 입력해야 합니다.")
    disp("다시 시도하세요.")
    continue
  end
  disp("해당 숫자의 자연로그는")
  disp(log(a))
end
```

이 프로그램은 n 값이 10을 넘지 않은 경우에는 0이나 음수를 입력하면 다시 입력할 수 있게 해준다.

9.4 중간점 중단 루프

바로 앞 절에서 예를 들어 설명한 루프가 중간점 중단 루프(midpoint break loop)의 예이다. 이러한 구조에서는 루프 안에서 명령이 실행되면서 계산이 진행되고, 루프 내 임의의 지점에서 루프를 종료할지 여부가 결정된다. 그런 다음 추가 계산이 진행되고 루프가 반복된다. 이러한 방식은 for 루프 또는 while 루프에서 모두 사용할 수 있다.

while 구조에서는 루프의 첫째 줄에서 지정하는 조건이 충족(참)되는 동안에는 루프가 계속 되풀이된다. 예를 들어보자.

핵심 개념
중간점 중단 루프는 루프 내 논리가 최소한 한 번은 실행되어야 한다.

```
while (x>.001)
  . . . 를 업데이트하는 결과의 계산을 수행한다.
end
```

x와 0.001의 크기를 비교한 결과는 1(참) 또는 0(거짓)으로 나온다. 만약 결과가 0이면 루프가 종료된다. 이 구조의 잠재적인 문제 중 하나는 x의 원래 값이 매우 작으면(예를 들어 x = 0.0005) 루프가 실행되지 않는다는 것이다. 이 문제를 피하는 방법은 다음과 같이 while 루프의 실행조건을 무조건 '참'으로 만들고 if 문과 break를 사용한 구조를 추가하는 것이다.

```
while(1)
   . . . 계산 수행 명령
   if (x<=.001)
      break
   end
   . . . 추가 계산이나 정보 처리를 수행
end
```

비교가 참이면 매트랩은 숫자 1을 반환하므로 while(1)은 while 루프의 실행을 시작하기 위한 조건을 항상 참으로 만드는 것과 같다. while(1)에서 루프는 무한히 반복된다. 그런 다음 루프를 종료할지 여부는 if/break 구조에 의해 제어된다. 이것이 언제 유용한가? 한 가지 예는 예제 9.3에서와 유사한 오류 검사이다. 사용자에게 구매한 막대사탕의 개수를 입력하도록 요청한 다음 사용자의 비용을 찾는 매트랩 프로그램을 생각해보자. 프로그램은 사용자가 음수를 입력하면 사용자에게 다시 시도하도록 요청하고, 양수가 입력되면 계산을 완료하고 루프를 종료한다.

```
while(1)
candy_bars = input("막대사탕의 개수를 입력하세요.");
  if candy_bars<0
    disp("양수여야 합니다.")
  else
    total = candy_bars *.75;
    fprintf("총비용은 %5.2f달러입니다. \n",total)
    break
  end
end
```

프로그램의 실행 결과는 다음과 같다.

```
막대사탕의 개수를 입력하세요. -3
양수여야 합니다.
막대사탕의 개수를 입력하세요. 5
총비용은 3.75달러입니다.
```

이러한 방식으로 작성된 프로그램의 문제점을 들자면 루프가 끝나지 않을 수 있다는 것이다. 이 프로그램에서 사용자가 계속해서 막대사탕의 개수로 음수를 입력하면 프로그램은 양수를 입력할 것을 계속해서 요청한다. 다음과 같이 while 루프 대신 for 루프를 사용해 반복횟수를 정해놓으면 이 문제점을 해결할 수 있다. 이 프로그램 예에서는 루프의 반복횟수를 최대 3회로 설정했다.

```
for k=1:3
    candy_bars = input("막대사탕의 개수를 입력하세요.:");
    if candy_bars<0
        disp("양수여야 합니다.")
    else
        total = candy_bars *.75;
        fprintf("총비용은 %5.2f달러입니다. \n",total)
        break
    end
end
```

프로그램의 실행 결과는 다음과 같다.

```
막대사탕의 개수를 입력하세요. -3
양수여야 합니다.
```

```
막대사탕의 개수를 입력하세요. -2
양수여야 합니다.
막대사탕의 개수를 입력하세요. -5
양수여야 합니다.
```

세 번 반복한 후 루프가 끝난다.

이 프로그램은 아주 간단한데, 다음 예제 9.6에서 이보다 복잡한 프로그램을 살펴보자.

예제 9.6

예제 9.5에서는 교대조화급수의 합을 이용해 ln(2)의 값을 근사적으로 구했는데, 이것이 바로 일종의 수치해법(numerical method)이다. 사인 함수, 코사인 함수와 같이 일상적으로 사용하는 많은 함수의 값도 테일러급수(Taylor series) 또는 매클로린급수(Maclaurin series)를 이용해 구한 근삿값이다. 교대조화급수는 수렴하지만 그렇지 않은 급수도 있다. 예를 들어 교대조화급수에서 번갈아 나타나는 − 부호를 모두 +로 바꾸면 조화급수(harmonic series)가 되는데(조화급수 대 교대조화급수), 이 급수의 합은 항이 늘어날수록 계속해서 커지므로 **발산**(diverge)한다. 이러한 경우 루프를 계속 반복하다가 적당한 조건에서 루프를 종료하는 최대 반복횟수를 지정해야 한다.

다음은 발산하는 급수의 한 예이다.

$$1 - 2 + 3 - 4 + 5 - 6 \ldots + (n - 1) - n$$

이를 수학적으로 나타내면 다음과 같다.

$$\sum_{k=1}^{n} (-1)^\wedge(k + 1) * k$$

이 급수의 합을 계산하는 프로그램을 작성하라. 이 급수가 발산하는지 수렴하는지는 모르는 것으로 가정하고, 인접한 두 항까지의 부분합(누적합)의 차이가 0.01보다 작아지면 수렴하는 것으로 간주해 루프를 빠져나오라. 또한 루프를 무한히 반복하지 않도록 루프의 최대 반복횟수는 50으로 제한한다.

1. 문제를 명확히 나타낸다.
   인접한 두 항의 부분합의 차이가 0.01보다 작아지는 교대급수의 합을 구한다.

2. 입력과 출력을 표시한다.

   입력 $\sum_{k=1}^{n} (-1)^\wedge(k + 1) * k$

   출력 각 반복에 대한 급수의 부분합
   항 수에 대한 누적합 그래프

3. 손이나 계산기로 문제를 미리 풀어본다.
   1~6항까지 급수는 다음과 같다.

$$1 - 2 + 3 - 4 + 5 - 6$$

   따라서 처음 6개 항의 부분합을 구하면 다음과 같다.

n = 1	total = 1
n = 2	total = 1 − 2 = −1
n = 3	total = 1 − 2 + 3 = 2
n = 4	total = 1 − 2 + 3 − 4 = −2
n = 5	total = 1 − 2 + 3 − 4 + 5 = 3
n = 6	total = 1 − 2 + 3 − 4 + 5 − 6 = −3

4. 매트랩으로 문제를 푼다.
   그림 9.10과 같이 프로그램 개요를 순서도로 나타낸다. 그다음 순서도를 슈도코드 주석으로 변환하고 적절한 매트랩 코드를 삽입한다.

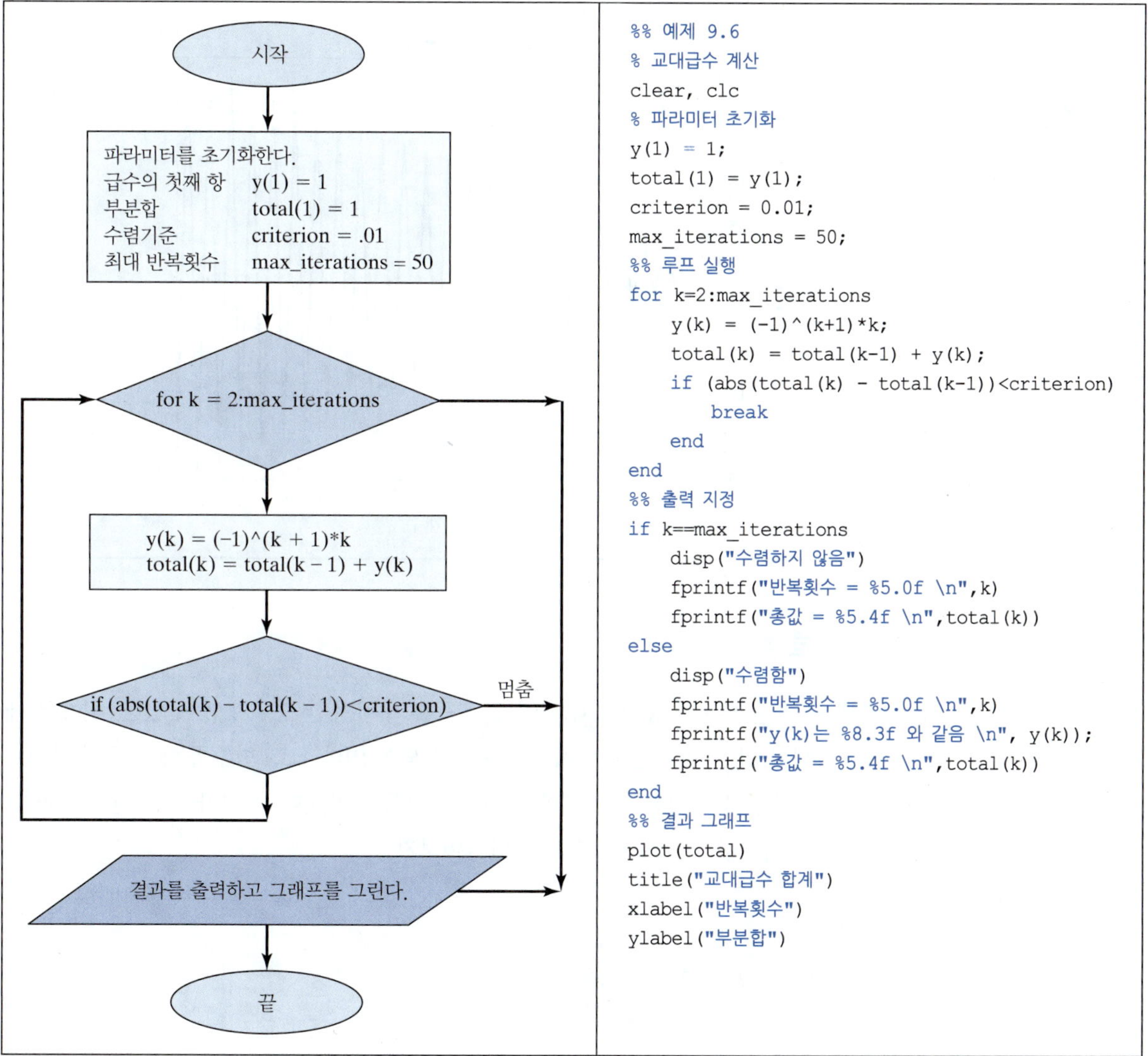


```
%% 예제 9.6
% 교대급수 계산
clear, clc
% 파라미터 초기화
y(1) = 1;
total(1) = y(1);
criterion = 0.01;
max_iterations = 50;
%% 루프 실행
for k=2:max_iterations
    y(k) = (-1)^(k+1)*k;
    total(k) = total(k-1) + y(k);
    if (abs(total(k) - total(k-1))<criterion)
       break
    end
end
%% 출력 지정
if k==max_iterations
    disp("수렴하지 않음")
    fprintf("반복횟수 = %5.0f \n",k)
    fprintf("총값 = %5.4f \n",total(k))
else
    disp("수렴함")
    fprintf("반복횟수 = %5.0f \n",k)
    fprintf("y(k)는 %8.3f 와 같음 \n", y(k));
    fprintf("총값 = %5.4f \n",total(k))
end
%% 결과 그래프
plot(total)
title("교대급수 합계")
xlabel("반복횟수")
ylabel("부분합")
```

그림 9.10
교대급수의 부분합을 계산하는 프로그램의 순서도

프로그램을 실행하면 명령창에 다음과 같은 결과가 표시된다.

```
수렴하지 않음
반복 횟수 =    50
총값 = -25.0000
```

결과 그래프가 그림 9.11과 같다.

5. 풀이를 검사한다.
매트랩 해답이 급수의 처음 여섯 항에 대한 손 계산 결과와 일치한다. for 루프 구조의 형태로 최대 반복횟수를 제한하지 않았다면 프로그램은 무한히 반복되었을 것이다. while 루프에서 다른 접근 방식은 break 문과 함께 if 구조를 사용해 최대 반복횟수에 도달했는지 확인하는 것이다.

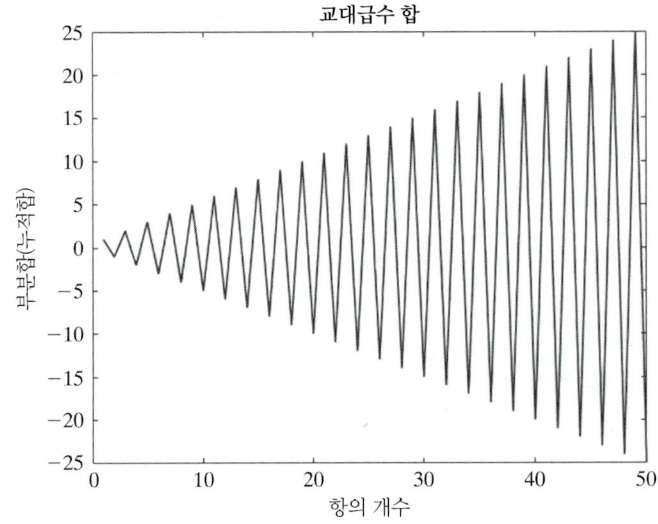

그림 9.11
교대급수의 누적합은 수렴하지 않고 0을 중심으로 위아래로 진동하면서 발산한다.

9.5 중첩 루프

루프 안에 또 다른 루프가 **중첩**(nest)되어 있는 구조가 유용한 경우가 많이 있다. 실제로 매트랩에 내장되어 있는 많은 함수가 이러한 구조로 되어 있다. max 함수를 예로 들어 살펴보자. 이 함수는 행렬을 구성하는 각 열에 대해 최댓값을 찾아낸다. 크기가 4×4인 다음과 같은 행렬 x에서 최댓값을 찾는 프로그램을 만들어보자.

```
x = [1    2    6    3;
     4    8    2    1;
     12   18   3    5;
     6    4    2    13]
```

max 함수를 사용하면 다음과 같이 각 열의 최댓값이 출력된다.

```
max(x)
ans =
  12 18 6 13
```

이번에는 for 루프 안에 또 다른 for 루프가 들어 있는 중첩 루프 구조로 프로그램을 만들어 같은 결과를 얻어보자. 먼저 size 함수를 사용해 행렬 x의 크기를 구한다.

핵심 개념
중첩 루프를 사용하면 다차원 데이터를 평가할 수 있다.

```
[rows,cols]=size(x);
```

여기에서 얻은 결과를 이용해 바깥에 놓이는 for 루프가 행렬의 각 열마다 한 번씩 실행되도록 한다. 그다음에는 각 열의 첫 번째 원소를 임시 최댓값으로 설정한다. 끝으로 안쪽에 놓이는 for 루프가 행렬의 각 행마다 한 번씩 실행되도록 한다. 이런 식으로 동작하는 것이 다음 프로그램이다.

```
for k=1:cols ............................ 외부 for 루프
  maximum(k)=x(1,k); .................... 내부 for 루프
    for j=1:rows ........................ if 구조
      if x(j,k)>maximum(k)
      maximum(k)=x(j,k);
    end ..................................
  end ....................................
end ......................................
maximum % 결과를 명령창에 출력
```

9.6 루프 효율 개선하기

핵심 개념
루프는 일반적으로 벡터화된 계산보다 효율성이 떨어진다.

일반적으로 매트랩에서 for 루프(또는 while 루프)를 사용하는 것은 행렬 연산을 사용하는 것보다 효율적이지 않다. clock 함수와 경과시간을 측정하는 함수 etime을 사용해서 매우 큰 행렬의 원소를 곱하는 시간을 측정해 이 사실을 확인해보자. 컴퓨터의 성능이 좋은 경우 이 예에서보다 더 큰 행렬을 사용해야 할 수도 있다. 시간을 측정하는 코드의 구조는 다음과 같다.

```
t0 = clock;
. . . 시간이 측정되는 코드
etime (clock, t0)
```

clock 명령을 입력하면 바로 그 순간의 컴퓨터 시계의 시간을 불러온다. etime 함수는 명령 실행 후 다시 불러온 현재 시간(clock)에서 초기 시간(t0)을 빼서 걸린 시간을 구해 출력한다.

예를 들어 다음과 같다.

```
clear, clc
A = ones(1000); % 모든 원소의 값이 1인 1000 x 1000 크기의 행렬을 만든다.
t0 = clock;
B = A*pi; % 1*pi를 곱한다.
time = etime(clock, t0)
```

이는 다음 결과를 반환한다.

```
time =
      0.003
```

행렬 계산은 0.003초가 걸렸다. 이 프로그램을 여러 번 실행시켜 보면 그때마다 실행시간이 달라지는 것을 살펴볼 수 있다. 여기에서 사용하고 있는 clock, etime 함수는 사용자의 요청에 따라 조사한 나중 시간과 처음 시간의 차이로 컴퓨터의 CPU가 동작하는 데 걸리는 시간을 측정한다. 그런데 컴퓨터는 이 프로그램만 실행하는 것이 아니라 다른 일도 수행한다. CPU는 기본적으로 시스템 작업을 항상 수행하고 있으며 이 밖에 다른 프로그램이 백그라운드에서 돌고 있을 수도 있다.

같은 곱셈을 for 루프를 이용해 수행할 때 걸리는 시간을 측정하기 위해 다음과 같이 먼저 작업공간상의 메모리를 모두 깨끗이 지운 다음에 행렬을 다시 만들자.

```
clear
A = ones(1000);
```

이렇게 해야 앞에서 측정한 방법과 같은 조건에서 시작할 수 있다. 계속해서 다음 프로그램을 작성해 실행하면

```
t0 = clock;
for k = 1:length(A(:))
    B(k) = A(k)*pi; % 1*pi를 곱합니다.
end
time = etime(clock, t0)
```

다음 결과가 반환된다.

```
time =
      0.185
```

런타임을 개선하기 위해 메모리를 미리 할당한다.

핵심 개념
루프는 일반적으로 벡터화된 계산보다 효율성이 떨어진다.

같은 계산을 수행하는 데 거의 0.2초가 걸렸다! (이것은 오래된 컴퓨터에서 수행한 작업이다. 결과는 사용하는 컴퓨터에 따라 달라진다.) for 루프를 되풀이하는 횟수는 행렬 A의 원소 수와 같다. length 명령을 사용하면 행렬의 원소 수를 구할 수 있다. 그런데 length 명령은 행렬의 크기(행 수×열 수) 중에서 큰 쪽의 수를 반환하므로 크기가 1000×1000인 행렬 A에 대해 length(A)를 하면 1000이 되는데, 이는 우리가 원하는 수가 아니다. 콜론 연산자(:)를 사용해 A(:)로 하면 원소 수가 1,000,000개인 한 줄로 된 열행렬이 되므로 여기에 length 명령을 사용하면 1,000,000이라는 값이 반환된다. for 루프를 한 번 돌 때마다 행렬 B에 새로운 원소가 하나씩 추가된다. 이 과정은 루프를 완전히 빠져나올 때까지 계속된다. 그런데 다음 프로그램과 같이 for 루프에 앞서 행렬 B를 먼저 만들고 루프를 돌 때마다 원소의 값을 하나씩 바꾸면 계산에 걸리는 시간을 줄일 수 있다.

```
clear
A = ones(1000);
t0 = clock;
B = A; % 1의 B 배열을 만든다.
  for k = 1:length(A(:))
    B(k) = A(k)*pi;
  end
time = etime(clock, t0)
```

이 프로그램을 실행시키면 다음이 출력된다.

```
time =
     0.031
```

앞의 결과와 비교해볼 때 행렬을 미리 만들어놓으면 계산시간이 크게 줄어드는 것을 알 수 있다. 그렇지만 이 방법도 맨 처음에 구한 행렬 곱셈을 사용한 방법보다는 훨씬 실행시간이 길며, 크기가 더 큰 행렬을 만들었다면 그 차이는 더욱 커졌을 것이다. 이 경우 두 번째 프로그램처럼 행렬을 미리 만들지 않으면 엄청나게 긴 시간이 걸리게 된다.

매트랩에는 clock, etime 함수와 비슷한 방식으로 어떤 명령을 실행하는 데 걸리는 시간을 재는 명령인 tic과 toc이 있다. 다음 프로그램을 수행하면

```
clear
A = ones(1000);
tic
  B = A;
  for k = 1:length(A(:))
    B(k) = A(k)*pi;
  end
toc
```

다음 결과가 출력된다.

```
Elapsed time is 0.031090 seconds.
```

이 결과는 앞에서 측정한 실행시간과는 다른데, 이는 프로그램을 실행할 때마다 컴퓨터가 수행하는 백그라운드 작업이 다르기 때문이다. 이러한 백그라운드 작업은 **하우스키핑**(housekeeping) 함수라고도 불린다. clock/etime과 마찬가지로 tic/toc도 단지 경과된 시간만 측정할 뿐이지 순수하게 이 프로그램을 실행하는 데 걸리는 시간만을 재는 것은 아니다.

핵심 개념
작은 프로그램의 경우 백그라운드 작업에 실제 코드를 실행하는 데 걸리는 시간과 같거나 그보다 더 많은 시간이 걸릴 수 있다.

timeit 함수는 사용하기 조금 더 복잡하지만, 경과시간이 아닌 코드를 실행하는 데 사용된 컴퓨터 시간을 측정한다. 시간을 측정할 코드는 함수로 저장해야 한다. 예를 들어 이 함수는 f라는 이름을 가지고 있으며 입력과 출력이 없지만 이전 예제의 모든 논리를 저장한다.

```
function []= f()
A = ones(1000);
B = A;
for k = 1:length(A(:))
  B(k) = A(k)*pi;
end
end
```

함수 호출 시간을 측정하려면 f에 대한 함수 핸들을 입력으로 사용해 timeit 함수를 호출한다. 프로그램 끝(스크립트 또는 라이브 스크립트)에 함수를 저장한다.

```
t=timeit(@f)
```

이 예제의 결과는 0.01685초로, 대부분의 시간이 매트랩 계산이 아닌 컴퓨터 작업에 사용되었음을 나타낸다.

지금까지 설명한 함수는 프로그래밍 방식이다. 즉 매트랩 프로그램에 포함되어야 한다. 또한 편집기 도구모음에서 찾을 수 있는 '실행 및 시간(Run and Time)' 아이콘을 사용해 실행시간을 측정할 수도 있다(그림 9.12, 9.13 참조).

HINT 루프를 사용할 때 프로그램 실행 도중에는 계산 결과가 화면에 표시되지 않도록 해야 한다. 중간에 계산 결과를 화면에 표시하게 되면 실행시간이 크게 증가한다. 앞에서 예로 든 프로그램에서 루프 속의 명령어 뒤에 붙인 세미콜론(;)을 지워버린 다음 다시 실행해보면 이를 직접 확인할 수 있다. 너무 시간이 오래 걸려 프로그램을 강제로 멈추고 싶을 때에는 명령창을 활성화하고 Ctrl+c 키를 누른다는 것을 꼭 기억하기 바란다.

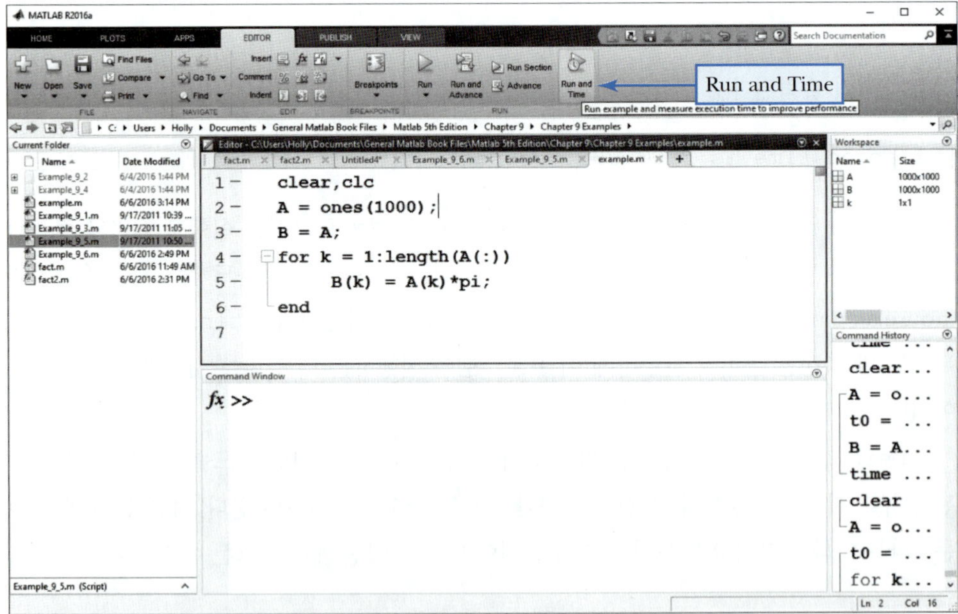

그림 9.12
매트랩에서는 편집기 도구모음의 'Run and Time' 아이콘을 사용해 실행시간을 측정할 수 있다.

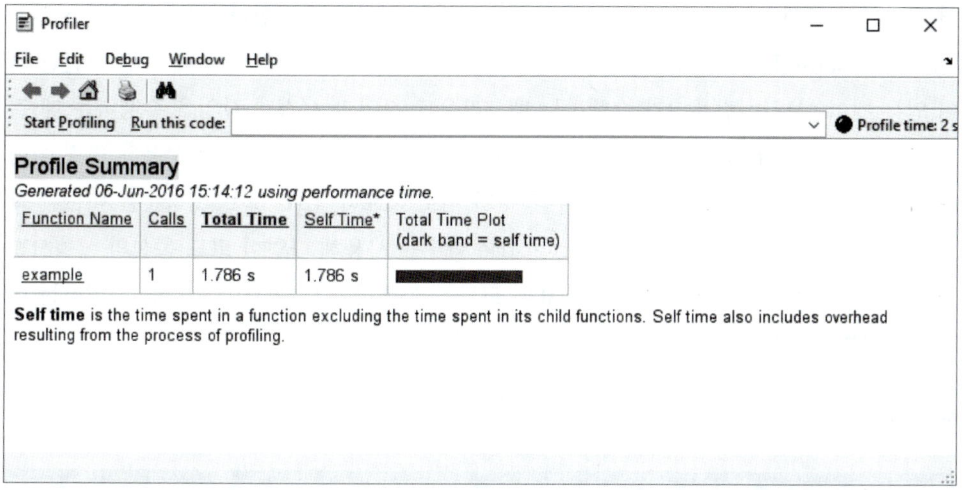

Profiler

File Edit Debug Window Help

Start Profiling Run this code: Profile time: 2 s

Profile Summary

Generated 06-Jun-2016 15:14:12 using performance time.

Function Name	Calls	Total Time	Self Time*	Total Time Plot (dark band = self time)
example	1	1.786 s	1.786 s	

Self time is the time spent in a function excluding the time spent in its child functions. Self time also includes overhead resulting from the process of profiling.

그림 9.13
'개요 요약(Profile Summary)'은 편집기 도구 모음의 'Run and Time' 아이콘을 사용해 스크립트가 실행될 때 생성된다.

요약

반복구조(루프)는 일련의 명령어를 여러 번 되풀이해야 하는 경우에 사용된다. 대체로 똑같은 일련의 명령어를 '세 번' 이상 되풀이해서 실행해야 한다면 그 부분은 반복구조로 하는 것이 적합하다고 볼 수 있다. 반복구조에는 for 루프와 while 루프, 이렇게 두 가지 종류가 있다. 또한 이 두 종류의 루프에 break 명령과 continue 명령을 사용해 중간점 중단 루프구조로 변경할 수 있다.

프로그래머가 일련의 명령어를 몇 번이나 되풀이해서 실행시켜야 할지 알고 있을 때 주로 for 루프를 사용한다. while 루프는 어떤 조건이 만족할 동안 명령어를 계속 되풀이할 때 사용된다. 거의 모든 프로그램은 for 루프나 while 루프 중 어느 쪽을 사용해도 만들 수 있다.

루프의 실행을 끝내지 않고 루프를 빠져나오는 데 break 문과 continue 문을 사용한다. 보통 이들은 if 문과 함께 사용한다. 루프 안에서 break 명령을 만나면 곧바로 실행을 중단하고 루프 밖으로 완전히 빠져나와 루프구조 다음에 있는 나머지 프로그램이 수행된다. continue 명령은 이번 차례의 루프 실행만 중단하고, 여전히 루프의 조건을 만족하고 있으면 바로 다음 차례의 루프 실행을 계속하게 한다. 이러한 구조의 루프를 중간점 중단 루프라고 한다. 이 루프는 여러 곳에 응용되는데 특히 수치 해석에 유용하다.

매트랩 명령을 벡터화하면 훨씬 효율적이므로 더욱 빠르게 명령을 실행할 수 있다. 매트랩에서는 특히 루프 사용을 피하도록 한다. 루프를 사용하지 않을 수 없을 때에는 사용할 행렬 변수를 루프 밖에서 미리 정의하고, 그 행렬의 모든 원소 값을 0이나 1로 만들어놓으면 루프의 실행속도가 빨라진다. 루프 밖에서 0이나 1로 미리 지정된 원소 값은 루프 속에서 계산된 값으로 바뀐다. 이렇게 하면 루프의 실행시간이 크게 단축되는데 실제로 프로그램 실행시간을 측정해보면 이를 직접 확인할 수 있다.

clock, etime 함수는 컴퓨터 시계를 이용해 사용자의 요청에 따라 조사한 나중 시간과 처음 시간의 차이로 어떤 명령이 수행되는 데 걸리는 시간을 측정한다. 이때 측정된 시간은 '경과시간(elapsed time)'이다. 이 경과시간에는 매트랩 명령을 실행하는 데 걸린 시간만 들어 있는 것이 아니라 컴퓨터가 수행하는 백그라운드 작업과 시스템 작업을 수행하는 데 걸린 시간도 포함되어 있다. clock, etime 함수 말고도 tic/toc 함수를 사용해 명령 실행 시간을 측정할 수 있다. 사용 방법은 두 경우가 서로 다르다. tic 및 toc 함수는 비슷한 작업을 수행한다. tic/toc 또는 clock/etime 함수를 사용해 다양한 코드 옵션의 실행시간을 비교할 수 있다. timeit 함수는 컴퓨터 코드를 실행하는 데 필요한 시간을 측정하는 더 정확한 방법이지만 코드를 함수로 저장해야 한다.

매트랩 요약

명령어와 함수	
break	루프의 실행을 중단시키고 루프를 완전히 벗어나게 한다.
clock	현재 컴퓨터 시계의 시간을 불러온다.
continue	이번 차례의 루프 실행만 중단시키고 바로 다음 차례의 루프 실행으로 넘어간다.
end	제어구조의 끝을 알린다.
error	프로그램 실행을 중단하고 화면에 메시지를 내보낸다.
etime	경과시간을 구한다.
for	루프구조의 시작을 알린다.
ones	원소가 모두 1인 행렬을 만든다.
tic	명령 실행시간 측정을 위해 시간 재기를 시작한다.
timeit	함수를 실행하는 데 필요한 시간을 찾는다.
toc	명령 실행시간 측정을 위해 시간 재기를 끝낸다.
while	루프구조의 시작을 알린다.

핵심 용어

급수(series)
루프(loop)
무한 루프(infinite loop)
발산(diverge)
반복(repetition)
벡터화(vectorization)
선택구조(selection structure)
수렴(converge)
순서(sequence)
중간점 중단 루프(midpoint break loop)
중첩 루프(nested loop)
초기화(initialize)
하우스키핑(housekeeping)
for 루프(for loop)
while 루프(while loop)

연습문제

9.1 for 루프를 사용해 다음 벡터에 들어 있는 원소의 합을 구하라.

$$x = [1, 23, 43, 72, 87, 56, 98, 33]$$

결과가 맞는지 sum 함수로 확인하라.

9.2 while 루프를 사용해 연습문제 9.1을 다시 풀라.

9.3 for 루프를 사용해 자연수 1~5까지 제곱한 것을 벡터로 만들라.

9.4 while 루프를 사용해 자연수 1~5까지 제곱한 것을 벡터로 만들라.

9.5 primes 함수를 사용해 100 미만의 소수로 이루어진 벡터를 만들라. 그다음 for 루프를 사용해 인접한 원소끼리 서로 곱하라. 예를 들어 소수를 앞에서부터 차례로 4개만 적어보면

$$2 \quad 3 \quad 5 \quad 7$$

이므로 인접한 원소끼리 곱하면

$$2*3 \quad 3*5 \quad 5*7$$

이 되므로 그 결과는 다음과 같다.

$$6 \quad 15 \quad 35$$

9.6 수열에서 어떤 수가 바로 앞에 있는 두 수의 합과 같을 때, 이 수열을 피보나치수열(Fibonacci sequence)이라고 한다. 가장 간단한 피보나치수열은 1, 1로 시작되어 다음과 같이 진행된다.

$$1, 1, 2, 3, 5, 8, 13, \cdots$$

피보나치수열은 1, 1 대신 다른 두 숫자로 시작될 수도 있다. 이 피보나치수열은 자연 속에서 흔히 관찰된다. 예를 들어 그림 P9.6의 앵무조개의 껍질은 피보나치수열과 같은 형식을 따르고 있다.

그림 P9.6
앵무조개(Joao Virissimo/Shutterstock)

사용자에게 피보나치수열의 처음 두 숫자를 입력하게 하고, 그다음에는 수열을 구성하는 원소의 개수를 입력하게 하라. 입력된 값과 for 루프를 사용해 피보나치수열을 구하라. 그리고 이 결과를 polarplot 함수를 사용해 그래프로 그려라. 그래프를 그릴 때에는 피보나치수열에서 원소의 번호(순서)를 polarplot 함수의 각도(angle)로 입력하고, 원소의 값을 polarplot 함수의 반지름(radius)으로 입력한다.

9.7 while 루프를 사용해 연습문제 9.6을 다시 풀라.

9.8 피보나치수열이 가진 재미있는 성질은 행렬의 수열의 수가 점점 커지면서 연달아 나오는 두 수의 비율이 '황금비(golden ratio)' Φ(파이)에 수렴한다는 것이다. 다음 프로그램을 작성하라. 사용자에게 피보나치수열의 처음 두 숫자를 입력하게 한 다음, 이 값을 사용해 피보나치수열을 순서대로 만들어간다. 이때 인접한 두 숫자의 비가 커지는 양이 0.001 이하가 되면 진행을 멈춘다. 참고로 피보나치수열을 저장하는 벡터가 x라고 할 때, while 루프를 사용해 이 조건을 만들어보면 다음과 같다.

```
while abs(x(k)/x(k-1)-x(k-1)/x(k-2))>0.001
```

9.9 삼각함수에서 π/2나 −π/2의 탄젠트(tangent) 값은 무한대로 발산한다. 그 까닭을 자세히 살펴보면

$$\tan(\theta) = \sin(\theta)/\cos(\theta)$$

이고

$$\sin(\pi/2) = 1, \cos(\pi/2) = 0$$

이므로

$$\tan(\pi/2) = \infty$$

가 된다. 매트랩은 π 값으로 부동소수점 근삿값을 사용하므로 tan(π/2) 값은 무한대(∞) 대신 아주 큰 수가 된다.

다음 프로그램을 작성하라. 사용자에게 −π/2~π/2 범위의 값을 입력하게 한 다음, 그 값의 탄젠트 값을 계산해 명령창에 표시한다. 입력한 값이 −π/2 또는 π/2인 경우에는 명령창에 `Inf`가 출력되게 한다. 입력 값이 이 범위를 벗어나면 명령창에 에러 메시지를 출력한 다음 다른 값을 입력하게 한다. 즉 사용자가 올바른 값을 입력할 때까지 계속 요청한다.

9.10 여러분이 자식을 낳았다고 가정하자. 대학 등록금이 급격하게 인상되고 있으므로 지금부터 저축을 해 18년 후 아이가 대학에 갈 때 필요한 등록금을 마련하려고 한다. 여러분의 가족이 처음에 $1000를 지원해주었고 여러분은 달마다 $100씩 예금을 하고 있다고 하자. 이자율은 연 6%이며 한 달에 0.5%로 복리이다.

따라서 총 예금 잔액은 다음 식에 따라 달마다 증가한다.

$$\text{새 잔액} = \text{예전 잔액} + \text{이자} + \text{한 달 예금액}$$

`for` 루프를 사용해 향후 18년 동안의 예금 잔액을 달마다 계산하라(벡터 변수를 사용한다). 그리고 달을 수평축, 예금 잔액을 수직축으로 해서 그래프를 그려라.

9.11 여러분이 마법의 구슬을 가지고 있어서 앞으로 22년 동안 해마다 등록금이 몇 퍼센트 오를지 인상률을 미리 알 수 있다고 가정하자. 다음 벡터가 바로 여러분이 예언한 인상률(%)이다.

```
인상률 = [10, 8, 10, 16, 15, 4, 6, 7, 8, 10, 8, 12, 14, 15, 8,
          7, 6, 5, 7, 8, 9, 8]
```

현재 1년 등록금이 $9000라고 가정할 때, 4년 교육에 필요한 총등록금을 `for` 루프를 사용해 계산하라.

9.12 `if` 문을 사용해 연습문제 9.10, 9.11의 결과를 비교하라. 저축한 금액이 충분한지 아닌지 명령창에 메시지를 출력하라.

9.13 핼리 혜성을 처음 발견한 것으로 유명한 핼리(Edmond Halley)는 어떤 수의 제곱근을 빠르게 계산하는 알고리즘을 고안했다. 이를 핼리의 알고리즘(Halley's algorithm)이라고 하는데, A의 제곱근인 $\sqrt{A}$의 근삿값 Y_n을 다음과 같이 구한다.

여기에서 x_1은 제곱근에 대한 최초 추정값이다.

$$Y_n = \frac{1}{A} x_n^{\ 2}$$

$$x_{n+1} = \frac{x_n}{8}(15 - y_n(10 - 3y_n))$$

위의 두 계산은 다음 수렴 조건 ε이 만족될 때까지 계속 되풀이된다.

$$|x_{n+1} - x_n| \le \varepsilon$$

어떤 수의 제곱근을 계산하는 함수를 `my_sqrt`라는 이름으로 만들라. 이 함수의 입력은 2개(최초 추정값, 수렴 기준값)이다.

이 함수가 제대로 동작하는지 확인하기 위해 5의 제곱근을 구하고 이를 매트랩의 내장함수인 `sqrt` 함수를 사용해 구한 값과 비교하라.

9.14 cos(x)의 값은 매클로린급수를 사용해 다음과 같이 쓸 수 있다.

$$\cos(x) = 1 - \frac{x^2}{2!} + \frac{x^4}{4!} - \frac{x^6}{6!} + ..$$

이 식을 간단한 형태로 쓰면 다음과 같다.

$$\sum_{k=1}^{\infty}(-1)^{k-1}\frac{x^{(k-1)*2}}{((k-1)*2)!}$$

(여기에서 ! 기호는 차례곱을 나타낸다.)

매클로린 급수로 계산한 cos(2)의 근삿값과 참값의 차이가 0.001 이하가 되려면 몇 번째 항까지 더해주어야 하는지 중간점 중단 루프를 사용해 구하라. 이때 루프의 최대 반복횟수는 10으로 하라.

9.15 sin(x)의 값은 매클로린급수를 사용해 다음과 같이 쓸 수 있다.

$$\sin(x) = x - \frac{x^3}{3!} + \frac{x^5}{5!} - \frac{x^7}{7!} + ...$$

sin(x)의 근삿값을 계산하는 함수를 중간점 중단 루프를 사용해 `my_sin`이라는 이름으로 만들라. 함수 프로그램을 작성할 때, 항을 늘려가면서 급수의 값을 계산하는 과정에서 인접한 두 계산값(즉 현재 계산값과 바로 이전 계산값)을 비교해, 두 계산값의 차이의 절댓값이 0.001 이하가 되면 루프를 빠져나오도록 하라. 함수가 제대로 동작하는지 확인하기 위해 `my_sin(2)`로 계산한 값을 매트랩의 내장함수인 `sin`으로 계산한 값과 비교하라.

9.16 π의 값은 그레고리-라이프니츠 급수(Gregory-Leibniz series)를 사용해 다음과 같이 쓸 수 있다.

$$\frac{\pi}{4} = 1 - \frac{1}{3} + \frac{1}{5} - \frac{1}{7} + \frac{1}{9} - ...$$

또는

$$\pi = 4 - \frac{4}{3} + \frac{4}{5} - \frac{4}{7} + \frac{4}{9} - ...$$

이 급수는 매우 천천히 수렴한다. 중간점 중단 루프를 사용해 π의 근삿값을 계산하라. 프로그램을 작성할 때, 항을 늘려가면서 급수의 값을 계산하는 과정에서 인접한 두 계산값(즉 현재 계산값과 바로 이전 계산값)을 비교해, 두 계산값의 차이의 절댓값이 0.001 이하가 될 때 루프를 빠져나오도록 하라. 이때 루프의 최대 반복횟수는 3000으로 하라.

9.17 가게에서 물건 값을 계산하는 용도로 다음과 같은 기능을 가진 프로그램을 작성하라.

- 사용자에게 첫 번째 물건의 가격을 입력하게 한다.
- 사용자에게 계속해서 물건의 가격을 추가로 입력하게 하고 더 이상 입력할 것이 없으면 0을 입력하게 한다.
- 합계를 표시한다.
- 사용자에게 가게 점원에게 건네주는 현금의 액수를 입력하게 한다.
- 거스름돈을 화면에 표시한다.

중첩 루프

9.18 8장의 연습문제 8.12에서는 P8.12의 데이터(*lake_powell.dat* 파일에 저장되어 있음)를 사용

해 문제를 풀어보았다. 여기서는 find 함수 대신 중첩 루프 구조를 사용해 연습문제 8.12를 다시 풀라.

루프 효율 개선하기

9.19 for 루프를 사용하면 프로그램의 실행속도가 느려지므로 되도록이면 for 루프를 사용하지 않는 것이 좋다.

(a) 100,000개의 난수(random number)로 이루어진 벡터 x를 만들라. 그다음에 벡터 x의 각 원소를 제곱하고 이를 벡터 y로 만들라. ti, toc 명령을 사용해 이 연산을 수행하는 데 걸리는 시간을 구하라.

(b) (a)에서 수행한 연산을 여기에서는 for 루프를 사용해 한 원소씩 계산하라. 이를 실행하기 전에 먼저 다음 명령으로 모든 변수를 제거한다.

```
clear x y
```

tic, toc 명령을 연산을 수행하는 데 걸리는 시간을 구하라.

컴퓨터가 느려 실행이 끝나지 않을 때에는 Ctrl+c 키를 눌러 계산을 강제로 멈추도록 한다.

(c) 이번에는 연산을 수행할 때 계산 결과를 화면에 출력하라. 이렇게 하면 화면에 출력하지 않을 때보다 프로그램을 실행하는 데 시간이 오래 걸리는 것을 확실히 알 수 있을 것이다. 결과가 화면에 출력될 때까지 루프 실행에 아주 오랜 시간이 걸리면 Ctrl+c로 프로그램의 실행을 강제로 멈추라.

(d) for 루프 안에서 똑같은 계산을 여러 번 하는 것보다는 한 번만 계산하고 그 계산 값을 저장해 사용하는 것이 좋다. for 루프 안에서 루프를 돌 때마다 원소가 많은 벡터에 일정한 값 (sin(0.3)+cos(pi/3))*5!을 더하는 것과, 루프 밖에서 이 값을 계산해 저장한 다음 벡터에 더하는 것을 비교하라. [여기에서 !는 차례곱(factorial)으로 매트랩에서는 factorial이라는 함수로 이를 계산할 수 있다.]

(e) 이 장에서 설명했듯이 루프를 한 번 돌 때마다 벡터의 크기가 커지는 프로그램은 루프 밖에서 미리 적절한 크기의 벡터를 만들어놓고서 루프를 도는 것보다 실행하는 데 오랜 시간이 걸린다. 앞의 (b)에 대해 이를 확인하라. for 루프 안에 들어가기 전에 다음 명령으로 벡터 y를 만들고 모든 원소를 0으로 놓는다.

```
y = zeros(1, 100000);
```

이렇게 한 다음에 (b)를 다시 풀면 루프를 돌 때마다 y의 원소 값 0이 계산 값으로 바뀌게 된다.

(f) tic/toc 또는 clock/etime을 사용하면 프로그램 실행속도를 쉽게 비교할 수 있다. 그러나 이 시간에는 컴퓨터가 수행한 '하우스키핑' 백그라운드 작업이 포함된다. timeit 함수는 실제 코드를 실행하는 데 필요한 시간만 반환하지만 코드를 함수로 구성해야 한다. 입력이 없는 익명함수를 만들어 x의 제곱을 계산하고, timeit 함수의 입력으로 사용하라.

```
f=@() x.^2
timeit(f)
```

심화문제

9.20 (a) 숫자를 입력하면 입력한 숫자만큼 변을 가지는 정다각형을 `polar` 그래프로 그려주는 함수 `polygon`을 만들라.

(b) 그림창을 4개의 부분으로 나누라. 이어서 (a)에서 만든 함수를 사용해 첫 번째 부분에는 정삼각형, 두 번째에는 정사각형, 세 번째에는 정오각형, 네 번째에는 정육각형을 그려라. `for` 루프의 인덱스 변수를 사용해 그림창에서 각각의 정다각형이 그려지는 부분을 지정하라.

9.21 수학에서 사용되는 상수인 e의 근삿값을 구하는 방법을 살펴보자. 먼저 1과 K 사이에 균일하게 분포하는 정수를 K개 발생시킨다. 다음으로 1에서 K까지의 정수 중에서 발생되지 않은 정수의 개수 J를 구한다. 그러면 e의 근삿값을 다음 식으로 계산할 수 있다.

$$\frac{K}{J}$$

$K = 5$인 경우를 예로 들어보자. 1~5 사이에서 균일분포형 난수 5개가 정수로 다음과 같이 만들어졌다고 가정하자.

1 1 2 3 2

1~5 사이의 정수가 발생한 횟수(경우의 수)는 다음과 같다.

정수	1	2	3	4	5
경우의 수	2	2	1	0	0

이 예에서 한 번도 발생하지 않은 정수는 4와 5이므로 $J = 2$이다. 따라서 e의 근삿값은 다음 식으로 계산된다.

$$\frac{5}{2} = 2.5$$

K를 입력하면 앞에서 설명한 방법으로 e의 근삿값을 계산하는 함수 eapprox를 만들라. 함수가 제대로 동작하는지 확인하기 위해 K의 값을 바꿔보면서 근삿값을 계산하고, 다음 매트랩의 내장함수로 계산한 결과와 비교하라.

exp(1)

`randi` 함수를 사용해 무작위 정수 배열을 생성하라.

9.22 연습문제 9.21에서 만든 함수 프로그램에서 매트랩의 내장함수인 `histcounts`와 `sum`을 사용해 계산을 벡터화(루프를 하나의 명령으로 대체하는 것)하라.

9.23 차례곱을 계산하는 함수에 대한 예제 9.2를 다시 살펴보자. 이 함수는 사용자에게 정수를 입력하라고 지시하지만 입력이 정수인지 확인하지 않기 때문에 `fact(4)`와 `fact(4.3)`은 동일한 답을 반환한다. 중간점 중단 루프와 사용자에게 정수를 입력하라고 요청하는 메시지를 사용해 코드를 수정하라. 이때 사용자에게 세 번 시도할 수 있는 기회를 주고, 여전히 잘못된 값을 입력하면 오류 메시지와 함께 함수를 종료하도록 한다.

10 행렬 연산

학습목표

- 행렬 대수의 기본 연산을 수행한다.
- 배열 연산과 행렬 연산의 차이를 설명한다.
- 매트랩에서 점곱을 사용해 공학 문제를 해결한다.
- 매트랩에서 행렬 곱셈을 사용해 공학 문제를 해결한다.
- 여러 매트랩 내장 기법을 사용해 연립 선형방정식을 해결한다.
- 매트랩의 특수 행렬을 사용해 행렬 대수 개념을 설명한다.

서론

공학에서는 **배열**(array)과 **행렬**(matrix)이라는 두 용어가 같은 의미로 자주 사용된다. 하지만 원칙적으로 배열은 정보(데이터)를 순서대로 모아놓은 것을 가리키는 반면 행렬은 선형대수학(linear algebra)에서 사용되는 것으로 숫자로만 이루어진 2차원 배열을 뜻한다. 숫자는 물론 문자, 기호 데이터 등도 배열의 원소가 될 수 있다. 따라서 배열 중에는 행렬이 아닌 것도 있다. 선형 변환을 하는 데 사용하는 행렬은 엄밀한 의미에서의 행렬이어야 한다. 이 장에는 우리가 정의하는 숫자 배열이 선형대수 계산에 사용된다고 가정하며, 따라서 이를 행렬이라고 부를 수 있다.

핵심 개념
모든 행렬은 배열이지만, 모든 배열이 행렬은 아니다.

행렬 연산은 여러 공학 분야에서 널리 사용되고 있다. '대학수학'이란 교과목에서 처음으로 행렬 연산을 배운 다음, '선형대수' 과목과 '미분방정식' 과목에서 그 내용을 더욱 집중적으로 다룬다. '정역학(statics)'과 '동역학(dynamics)' 과목에서도 행렬 연산이 많이 사용된다.

10.1 행렬 연산과 함수

이 장에서는 행렬 연산에 사용되는 함수와 연산자를 살펴본다. 행렬 연산에 사용되는 함수, 연산자와 배열 연산에 사용되는 함수, 연산자 사이에는 뚜렷한 차이점이 있다. 이 내용의 대부분은 복습일 수 있지만, 완전성을 위해 포함되었다.

10.1.1 전치

transpose 연산자는 행렬의 행과 열을 서로 바꿔버린다. 수학책에는 A^T와 같이 위첨자 T로 행렬 A의 **전치**(transpose)를 나타낸다. 하지만 매트랩에서는 이 표시 방법을 사용하지 않으므로 주의해야 한다. 매트랩에서는 작은따옴표(')가 transpose 연산자이므로 행렬 A의 전치행렬은 A'이다.

다음에 나타난 행렬과 전치행렬을 살펴보자.

$$A = \begin{bmatrix} 1 & 2 & 3 \\ 4 & 5 & 6 \\ \boxed{7} & 8 & 9 \\ 10 & 11 & 12 \end{bmatrix} \quad A^T = \begin{bmatrix} 1 & 4 & \boxed{7} & 10 \\ 2 & 3 & 8 & 11 \\ 3 & 6 & 9 & 12 \end{bmatrix}$$

두 행렬을 비교해보면 행과 열이 서로 바뀌었음을 알 수 있다. A의 (3, 1) 위치에 있는 원소 7이 A^T의 (1, 3) 위치로 옮겨갔고, A의 (4, 2) 위치에 있는 원소 11은 A^T의 (2, 4) 위치로 옮겨간 것을 볼 수 있다. 따라서 행렬의 인덱스 번호에서 행 번호와 열 번호를 서로 바꾸면 전치행렬이 된다.

매트랩에서 transpose 연산을 가장 많이 사용하는 경우가 행벡터를 열벡터로 바꿀 때이다. 예를 들어

```
A = [1 2 3];
A'
```

을 실행하면 다음 결과가 출력된다.

```
A = 1
    2
    3
```

행렬의 원소가 복소수일 때 연산을 하면 켤레복소수(공액복소수, complex conjugate) 값이 반환된다. 다음 예에서 음수로 된 벡터를 만든 다음 여기에 제곱근을 취해 복소수 행렬을 만들고 이어서 전치행렬을 구해보자.

핵심 개념
배열과 행렬은 기술적으로 다르지만 서로 같은 의미로 자주 사용된다.

```
x = [-1:-1:-3]
```

을 입력하면 명령창에 다음과 같이 나타난다.

```
x =
   -1   -2   -3
```

다음과 같이 제곱근을 취하면

```
y = sqrt(x)
y =
   0 + 1.0000i    0 + 1.4142i    0 + 1.7321i
```

가 되고 마지막으로 y의 전치행렬을 구하면

```
y'
ans =
  0 - 1.0000i
  0 - 1.4142i
  0 - 1.7321i
```

가 되어 행렬 y의 각 원소의 켤레복소수가 전치행렬 y'이 된다.

10.1.2 점곱

점곱(dot product)은 두 벡터에서 같은 위치의 원소끼리 서로 곱한 결과를 모두 더하는 것을 말한다[두 벡터의 점곱을 계산한 결과는 스칼라가 되므로 스칼라곱(scalar product)이라고도 한다]. 다음과 같이 두 벡터 A, B를 정의하고

```
A = [ 1 2 3];
B = [ 4 5 6];
```

두 벡터의 같은 위치 원소끼리 곱셈을 하면

```
y = A.*B
y =
     4   10   18
```

이 된다. 이 원소를 모두 더하면 점곱을 계산한 결과가 된다.

```
sum(y)
ans =
       32
```

수학에서는 점곱을 다음과 같은 식으로 정의해 나타낸다.

$$\sum_{i=1}^{n} A_i \cdot B_i$$

이것을 매트랩으로는

```
sum(A.*B)
```

로 쓸 수 있다. 매트랩에는 dot이라는 함수가 있어서 다음과 같이 점곱을 바로 계산할 수도 있다.

```
dot(A,B)
ans =
      32
```

여기에서 행렬 A, B는 원소의 개수만 서로 같으면 행벡터이든 열벡터이든 아무런 상관이 없다.

점곱은 공학에서 널리 사용되는데 실제 점곱을 사용해서 예제 10.1에서는 무게중심(center of gravity)을 계산하고, 예제 10.2에서는 벡터 연산을 수행해보자.

HINT 매트랩으로 두 벡터의 점곱을 구할 때 두 벡터가 모두 행벡터이든 모두 열벡터이든, 또는 하나는 행벡터이고 다른 것은 열벡터이든 상관이 없다. 또한 계산 순서를 바꾸어도 상관이 없다. 즉 `dot(A, B)`를 한 결과는 `dot(B, A)`와 같다. 그렇지만 점곱이 아닌 다른 행렬 연산에서는 이것이 성립하지 않는 경우가 대부분이다.

예제 10.1

질량중심 계산하기

우주선의 질량은 아주 중요하다. 우주선을 설계하는 과정에 참여하고 있는 사람들은 모든 너트와 볼트에 대해 각각의 부착위치와 질량을 정확하게 파악해야 한다. 우주선의 총질량도 중요하지만 우주선의 질량중심(center of mass)을 구하기 위해서는 각 부품의 질량정보도 알아야 한다. 질량중심이 중요한 까닭은 그림 10.1의 우주선에서 압력중심(center of pressure)의 위치가 질량중심의 위치보다 앞에 있게 되면 우주선이 제대로 날지 못하고 곤두박질치기 때문이다. 종이비행기로 실험해보면 이 원리를 직접 확인할 수 있다. 클립을 종이비행기 맨 앞에 꽂고 날려보면서 비행경로를 살펴보면 된다.

질량중심을 계산하는 식은 간단하지만, 우주선의 경우에는 연료가 연소하면서 우주선의 질량과 질량의 분포가 모두 변하므로 비행하는 우주선에서 질량중심의 위치를 구하는 것은 훨씬 복잡하다.

우주선에서 질량중심의 위치를 구하기 위해서는 우주선을 여러 구성 부품으로 나누어 계산해야 한다. 직각좌표계에서는 다음 관계식이 성립한다.

$$\begin{aligned} \bar{x}W &= x_1W_1 + x_2W_2 + x_3W_3 \\ \bar{y}W &= y_1W_1 + y_2W_2 + y_3W_3 \\ \bar{z}W &= z_1W_1 + z_2W_2 + z_3W_3 \end{aligned}$$

여기에서

$\bar{x}$, $\bar{y}$, $\bar{z}$는 질량중심이 위치하는 x, y, z 좌표

W는 우주선의 총질량

x_1, x_2, x_3, …은 각각 부품 1, 부품 2, 부품 3, …의 x 좌표

y_1, y_2, y_3, …은 각각 부품 1, 부품 2, 부품 3, …의 y 좌표

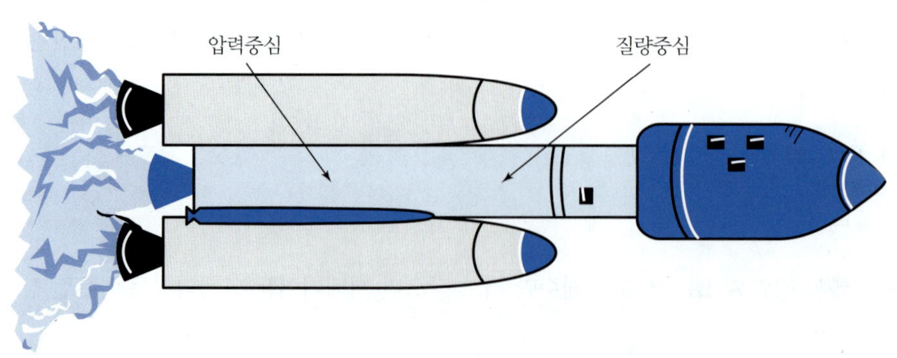

그림 10.1
우주선이 안정된 비행을 하기 위해서는 압력중심의 위치가 질량중심보다 뒤에 있어야 한다. 많은 경우에 질량중심은 무게중심과 같다.

$z_1, z_2, z_3, \cdots$은 각각 부품 1, 부품 2, 부품 3, ⋯ 의 z 좌표
$W_1, W_2, W_3, \cdots$은 각각 부품 1, 부품 2, 부품 3, ⋯의 질량

우주선을 표 10.1에 수록한 부품으로 구성된 것으로 가정해 이 우주선의 질량중심을 구하라. 이 예제를 점곱을 사용해 식으로 나타낼 수 있다.

표 10.1 우주선을 구성하는 부품의 위치와 질량

부품 이름	x 좌표(m)	y 좌표(m)	z 좌표(m)	질량(g)
볼트	0.1	2.0	3.0	3.50
나사	1.0	1.0	1.0	1.50
너트	1.5	0.2	0.5	0.79
브래킷	2.0	2.0	4.0	1.75

1. 문제를 명확히 나타낸다.
   우주선의 질량중심을 구한다.

2. 입력과 출력을 표시한다.
   입력 x, y, z 좌표로 주어지는 각 부품의 위치
   출력 우주선의 질량중심의 위치

3. 손이나 계산기로 문제를 미리 풀어본다.
   질량중심 위치의 x 좌표를 구하는 식은 다음과 같다.

$$\bar{x} = \frac{\sum_{i=1}^{3} x_i m_i}{m_{\text{Total}}} = \frac{\sum_{i=1}^{3} x_i m_i}{\sum_{i=1}^{3} m_i}$$

   표 10.2의 데이터를 이 식에 대입해 계산하면 다음과 같다.

$$\bar{x} = \frac{6.535}{7.54} = 0.8667 \text{ m}$$

   여기에서 각 부품의 질량과 위치를 서로 곱해 나온 결과를 모두 더한 것이 결국 점곱 계산과 같다는 사실을 잘 알고 있어야 한다.

4. 매트랩으로 문제를 푼다.
   다음 프로그램을 작성해 실행시키면

```
%% 예제 10.1
% 질량중심을 계산한다.
```

표 10.2 질량중심 위치의 x 좌표를 구하는 과정

부품 이름	x 좌표(m)		질량(g)	x 좌표 × 질량(gm)
볼트	0.1	×	3.50	= 3.50
나사	1.0	×	1.50	= 1.50
너트	1.5	×	0.79	= 1.1850
브래킷	2.0	×	1.75	= 3.50
합계			7.54	6.535

```
mass = [3.5, 1.5, 0.79, 1.75];
x = [0.1, 1, 1.5, 2];
x_bar = dot(x,mass)/sum(mass)
y = [2, 1, 0.2, 2];
y_bar = dot(y,mass)/sum(mass)
z = [3, 1, 0.5, 4];
z_bar = dot(z,mass)/sum(mass)
```

다음 결과를 얻을 수 있다.

```
x_bar =
  0.8667
y_bar =
  1.6125
z_bar =
  2.5723
```

5. 풀이를 검사한다.

매트랩으로 계산한 결과를 앞서 손으로 푼 x축 값과 비교해보면 서로 같다. 그렇다면 매트랩으로 계산한 y축과 z축 값도 정확할 것으로 예상할 수 있다. 이 결과를 검토하는 데 도움이 되도록 그래프로도 그려보자. 다음 명령을 수행하면 그림 10.2와 같은 그래프가 출력된다.

```
%% 결과를 그래프로 나타내라.
plot3 (x,y,z,"o",x_bar,y_bar,z_bar,"s")
grid on
xlabel("x축"),ylabel("y축"),zlabel("z축")
title("질량중심")
axis([0,2,0,2,0,4])
```

프로그램이 제대로 동작하므로 구성 부품의 개수가 다른 우주선의 질량중심을 구하는 데에도 사용할 수 있다. 우주선의 부품이 3개이든 3000개이든 같은 프로그램으로 질량중심을 구할 수 있다.

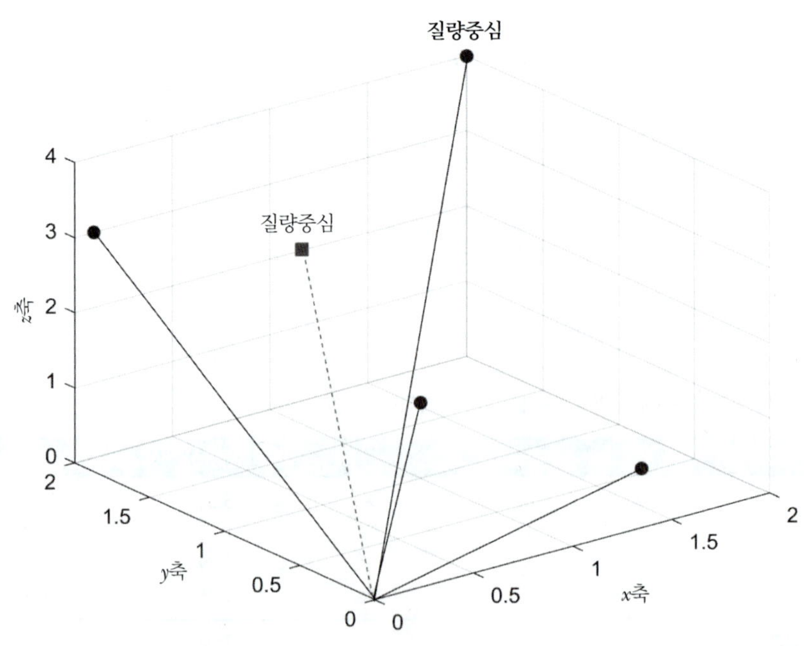

그림 10.2
각 부품의 질량중심의 위치. 이 그래프는 매트랩의 대화형 그리기 도구를 사용해 개선되었다.

예제 10.2

힘 벡터

정역학(statics)은 정지해 있는 물체에 작용하는 힘을 연구하는 학문이다. 이 분야에서는 힘을 벡터로 표시하는 것이 보통이다. 한 물체에 여러 힘이 작용할 때 힘 벡터를 모두 더하면 그 물체에 작용하는 알짜힘(net force)을 구할 수 있다. 그림 10.3과 같은 2개의 힘 벡터 A, B를 생각해보자.

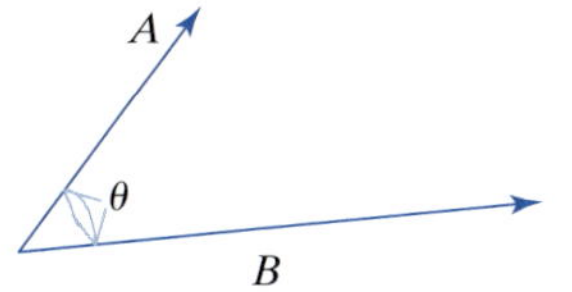

그림 10.3
정역학과 동역학에서 사용되는 힘 벡터

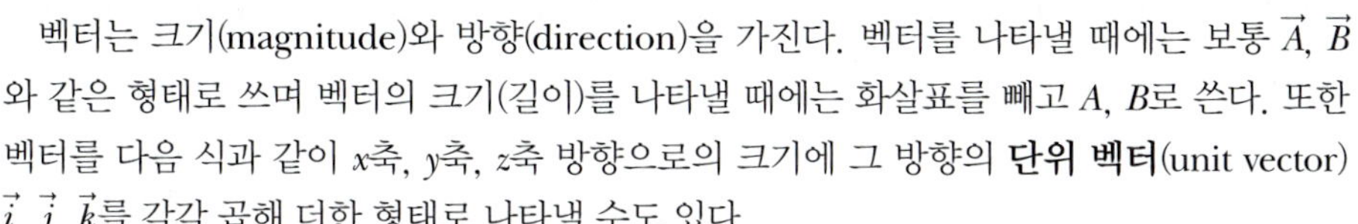

벡터는 크기(magnitude)와 방향(direction)을 가진다. 벡터를 나타낼 때에는 보통 $\vec{A}$, $\vec{B}$와 같은 형태로 쓰며 벡터의 크기(길이)를 나타낼 때에는 화살표를 빼고 A, B로 쓴다. 또한 벡터를 다음 식과 같이 x축, y축, z축 방향으로의 크기에 그 방향의 **단위 벡터**(unit vector) $\vec{i}$, $\vec{j}$, $\vec{k}$를 각각 곱해 더한 형태로 나타낼 수도 있다.

$$\vec{A} = A_x\vec{i} + A_y\vec{j} + A_z\vec{k}$$

$$\vec{B} = B_x\vec{i} + B_y\vec{j} + B_z\vec{k}$$

$\vec{A}$, $\vec{B}$의 점곱은 다음 식과 같이 $\vec{A}$의 크기 A와 $\vec{B}$의 크기 B를 곱하고 이어서 두 벡터의 사잇각의 코사인 값을 곱한 것과 같다.

$$\vec{A} \cdot \vec{B} = AB\cos(\theta)$$

벡터의 크기는 피타고라스의 정리를 사용해 구할 수 있다. 3차원 좌표계에서는 다음 식으로 구할 수 있다.

$$A = \sqrt{A_x^2 + A_y^2 + A_z^2}$$

매트랩에서 벡터 A를 다음과 같이 정의하면 앞에서 설명한 식들을 사용해 문제를 풀 수 있다.

```
A = [Ax Ay Az]
```

여기에서 Ax, Ay, Az는 각각 x, y, z 방향 성분의 크기이다. 점곱을 이용해 다음 두 힘 벡터 사이의 각도를 구하라.

$$\vec{A} = 5\vec{i} + 6\vec{j} + 3\vec{k}$$

$$\vec{B} = 1\vec{i} + 3\vec{j} + 2\vec{k}$$

1. 문제를 명확히 나타낸다.
   두 벡터 사이의 각도를 구한다.

2. 입력과 출력을 표시한다.

   입력 $\vec{A} = 5\vec{i} + 6\vec{j} + 3\vec{k}$

   $\vec{B} = 1\vec{i} + 3\vec{j} + 2\vec{k}$

   출력 두 벡터 사이의 각도 θ

3. 손이나 계산기로 문제를 미리 풀어본다.

$$\vec{A} \cdot \vec{B} = 5 \cdot 1 + 6 \cdot 3 + 3 \cdot 2 = 29$$
$$A = \sqrt{5^2 + 6^2 + 3^2} = 8.37$$
$$B = \sqrt{1^2 + 3^2 + 2^2} = 3.74$$
$$\cos(\theta) = \vec{A} \cdot \vec{B} \;/\; AB = 0.9264$$
$$\cos^{-1}(0.9264) = 0.386$$

따라서 두 벡터의 사잇각은 라디안 단위로는 0.386 radian, 도 단위로는 22.12 degree 이다.

4. 매트랩으로 문제를 푼다.

```
%% 예제 10.2
% 두 힘 벡터 사이의 각도를 구하라.
% 두 벡터를 정의한다.
A = [5 6 3];
B = [1 3 2];
%% 각 벡터의 크기를 계산한다.
mag_A = sqrt(sum(A.^2));
mag_B = sqrt(sum(B.^2));
%% 사잇각의 코사인 각을 계산한다.
cos_theta = dot(A,B)/(mag_A*mag_B);
%% 사잇각을 계산한다.
theta = acos(cos_theta);
%% 계산 결과를 명령창에 출력한다.
fprintf("두 벡터 사이 각도는 \n")
fprintf("%4.3f 라디안(radians) \n",theta)
fprintf("혹은 %6.2f 도(degrees)입니다. \n",theta*180/pi)
```

위의 프로그램을 작성해 실행시키면 다음 결과가 명령창에 출력된다.

```
두 벡터 사이 각도는
  0.386 라디안(radians) 혹은 22.12 도(degrees)입니다.
```

5. 풀이를 검사한다.

여기에서는 앞에서 손으로 푼 문제를 매트랩으로 다시 한번 그대로 계산해보았다. 이제 매트랩으로 수행한 풀이 과정을 어느 정도 확신할 수 있으므로 문제를 확장해 다음 프로그램과 같이 사용자가 두 벡터를 스스로 정해 입력해서 사잇각을 구한다.

```
%% 예제 10.2 - expanded
% 두 힘 벡터 사이의 각도를 구하라.
% 두 벡터를 정의한다.
disp("성분의 크기를 입력해야 한다.")
disp("행렬 표기법을 사용한다. 예를 들면")
disp("[ A B C]")
A = input("벡터 A의 x y z 성분의 크기를 입력한다.")
B = input("벡터 B의 x y z 성분의 크기를 입력한다.")
%% 각 벡터의 크기를 계산한다.
mag_A = sqrt(sum(A.^2));
mag_B = sqrt(sum(B.^2));
% 사잇각의 코사인 각을 계산한다.
cos_theta = dot(A,B)/(mag_A*mag_B);
% 사잇각을 계산한다.
```

```
theta = acos(cos_theta);
%% 계산 결과를 명령창에 출력한다.
fprintf("두 벡터 사이 각도는 \n")
fprintf("%4.3f 라디안(radians) \n",theta)
fprintf("혹은 %6.2f 도(degrees)입니다. \n",theta*180/pi)
```

이 프로그램을 실행시키면 다음과 같이 명령창에 출력된다.

```
성분의 크기를 입력해야 한다.
행렬 표기법을 사용한다. 예를 들면
 [ A B C]
벡터 A의 x y z 성분의 크기를 입력한다: [1 2 3]
A =
    1   2   3
벡터 B의 x y z 성분의 크기를 입력한다: [4 5 6]
B =
    4   5   6
두 벡터 사이 각도는
0.226 라디안(radians)
혹은 12.93 도(degrees)입니다.
```

실습문제 10.1

정답은 피어슨 출판사의 웹사이트 https://www.pearsonhighered.com/moore에서 확인할 수 있다.

1. dot 함수를 사용해 다음 두 벡터의 점곱을 구하라.

$$\vec{A} = [1\ 2\ 3\ 4]$$

$$\vec{B} = [12\ 20\ 15\ 7]$$

2. 실습문제 1의 두 벡터의 원소끼리 곱한 결과를 모두 더하는 방법으로 점곱을 구하라 [sum(A.*B)].
3. 학생 몇 명이 패스트푸드점에 들어가서 개당 3.99달러짜리 햄버거 4개, 1.49달러짜리 음료수 3개, 2.50달러짜리 밀크셰이크 1개, 0.99달러짜리 감자튀김 2개, 1.29달러짜리 양파링 2개를 주문했다. 점곱을 이용해 총지불금액을 구하라.

10.1.3 행렬 곱셈

행렬 곱셈(matrix multiplication)은 점곱과 비슷하다. 두 행렬을

```
A = [1 2 3]
B = [ 3;
      4;
      5]
```

와 같이 정의하면

```
A =
     1 2 3

B =
     3
     4
     5
```

핵심 개념
두 행렬끼리 곱셈을 한 결과는 배열이 되는데, 이 결과는 두 행렬의 각 원소를 점곱해서 얻어진 결과이다.

가 되므로 다음과 같이 두 행렬을 곱하면

```
A*B
ans =
 26
```

이 된다. 다음과 같이 두 행렬의 점곱을 구해도 같은 계산 결과를 얻는다.

```
dot(A,B)
ans   =
 26
```

위의 예에서 두 행렬끼리 곱셈을 한 결과가 스칼라로 나왔지만 일반적으로는 행렬이 된다. 이때 결과 행렬의 각 원소는 점곱으로 계산된 값이다. 앞에서 살펴본 예는 아주 간단한 경우이다. 일반적으로 두 행렬 A와 B의 곱셈은 행렬 A의 각 행과 행렬 B의 각 열끼리 점곱을 해 구한다. 예를 들어 두 행렬을

```
A = [ 1 2 3;
      4 5 6 ]

B = [ 10 20 30;
      40 50 60;
      70 80 90 ]
```

으로 정의하면, 행렬 곱셈 A*B를 해 나오는 결과 행렬에서 1행의 첫 번째 원소는 행렬 A의 1행과 행렬 B의 1열의 점곱, 두 번째 원소는 행렬 A의 1행과 행렬 B의 2열의 점곱, 세 번째 원소는 행렬 A의 1행과 행렬 B의 3열의 점곱이다. 행렬 A의 1행과 행렬 B의 모든 열 사이의 점곱이 끝나면 행렬 A의 2행에 대해 마찬가지 방식으로 점곱을 다시 구한다. 따라서

```
C = A*B
```

를 실행하면 다음과 같은 곱셈 결과가 반환된다.

```
C =
   300 360 420
   660 810 960
```

행렬 C의 2행, 2열의 원소인 810을 살펴보자. 이 원소를 C(2, 2)로 지정할 수 있다. 이 원소의 값은 다음과 같이 행렬 A의 2행과 행렬 B의 2열의 점곱이다.

```
dot(A(2,:), B(:,2))
ans =
    810
```

행렬 곱셈에서 이 관계를 매트랩 방식이 아닌 수학적인 방식으로 나타내면 다음과 같다.

핵심 개념
행렬 곱셈에서는 교환법칙이 성립하지 않는다. 연산의 순서가 가장 중요하다.

$$C_{i,j} = \sum_{k=1}^{N} A_{i,k} B_{k,j}$$

행렬 곱셈은 결국 점곱 계산이므로 행렬 A의 열의 수는 행렬 B의 행의 수와 반드시 같아야 한다. 즉 행렬 A가 $m \times n$ 행렬이라면 행렬 B는 반드시 $n \times p$가 되어야 곱셈을 할 수 있으며 이때 두 행렬을 곱한 결과는 $m \times p$ 행렬이 된다. 앞의 예에서는 행렬 A가 2×3 행렬이고 행렬 B가 3×3 행렬이므로 곱셈 결과인 C 행렬이 2×3 행렬이 된 것이다.

이 규칙을 좀 더 확실하게 이해할 수 있도록 두 행렬의 크기를 곱셈 순서대로 써보자. 이렇게 하면 앞선 예의 경우

$$2 \times \underline{3 \quad\quad 3} \times 3$$

으로 쓸 수 있는데 이때 안쪽의 두 숫자는 반드시 같아야 하며 바깥쪽 두 숫자가 결과 행렬의 크기를 결정한다.

행렬 곱셈에서는 일반적으로 **교환**(commutative) 법칙이 성립하지 않는데, 이를 매트랩으로는 다음과 같이 쓸 수 있다.

$$A \times B \neq B \times A$$

앞의 예에서 행렬의 순서를 바꾸어 곱하면

$$3 \times \underline{3 \quad\quad 2} \times 3$$

이 되므로 첫 번째 행렬(B)의 각 행과 두 번째 행렬(A)의 각 열 사이에 점곱을 취하는 것이 불가능하다. 두 행렬이 정사각 행렬인 경우에는 `A * B`와 `B * A` 모두 계산은 할 수 있지만 계산 결과는 다르다. 이것을 다음 예에서 살펴보자.

```
A = [1 2 3
     4 5 6
     7 8 9];
B = [2 3 4
     5 6 7
     8 9 10];
A*B
ans =
   36    42    48
   81    96   111
  126   150   174
B*A
ans =
```

```
  42   51   60
  78   96  114
 114  141  168
```

예제 10.3

행렬 곱셈을 사용해 무게중심 구하기

예제 10.1에서는 점곱을 사용해 우주선의 질량중심을 구했다. 예제 10.1에서는 x, y, z 좌표를 따로따로 계산했지만 행렬 곱셈을 사용하면 한 번에 모든 좌표를 계산할 수 있다. 계산하는 데 편리하도록 표 10.1을 여기에 다시 수록했다.

표 10.1 우주선을 구성하는 부품의 위치와 질량

부품 이름	*x* 좌표(m)	*y* 좌표(m)	*z* 좌표(m)	질량(g)
볼트	0.1	2.0	3.0	3.50
나사	1.0	1.0	1.0	1.50
너트	1.5	0.2	0.5	0.79
브래킷	2.0	2.0	4.0	1.75

1. 문제를 명확히 나타낸다.
   우주선의 질량중심을 구한다.

2. 입력과 출력을 표시한다.
   입력 x, y, z 좌표로 주어지는 각 부품의 위치
   출력 우주선의 질량중심의 위치

3. 손이나 계산기로 문제를 미리 풀어본다.
   이 예제를 풀기 위해 우주선을 구성하는 여러 부품의 질량 정보를 담고 있는 1차원 행렬과 이 부품들의 위치 정보를 담고 있는 2차원 행렬을 만들 수 있다. 우주선을 구성하는 부품이 모두 n개인 경우에는 좌표 행렬의 크기가 $3 \times n$이 되고 질량 행렬의 크기는 $n \times 1$이 된다. 두 행렬의 곱셈으로 얻는 결과 행렬의 크기는 3×1이 되는데, 이는 질량중심의 $x - y - z$ 좌표와 전체 질량의 곱을 나타낸다.

4. 매트랩으로 문제를 푼다.
   다음 프로그램을 작성해 실행시키면

```
%% 예제 10.3
coord = [0.1    2      3
         1      1      1
         1.5    0.2    0.5
         2      2      4 ]';
mass = [3.5, 1.5, 0.79, 1.75]';
location = coord*mass/sum(mass)
```

   다음 결과를 얻을 수 있다.

```
location =
  0.8667
  1.6125
  2.5723
```

5. 풀이를 검사한다.
계산 결과는 예제 10.1과 같다.

실습문제 10.2

다음 중 두 행렬 사이에서 곱셈을 할 수 있는지 없는지 확인하라. 또한 곱셈을 할 수 있는 경우에는 $A \cdot B \neq B \cdot A$가 되는 것을 밝혀라. 정답은 피어슨 출판사의 웹사이트 https://www.pearsonhighered.com/moore에서 확인할 수 있다.

1. $A = \begin{bmatrix} 2 & 5 \\ 2 & 9 \\ 6 & 5 \end{bmatrix} \quad B = \begin{bmatrix} 2 & 5 \\ 2 & 9 \\ 6 & 5 \end{bmatrix}$

2. $A = \begin{bmatrix} 2 & 5 \\ 2 & 9 \\ 6 & 5 \end{bmatrix} \quad B = \begin{bmatrix} 1 & 3 & 12 \\ 5 & 2 & 9 \end{bmatrix}$

3. $A = \begin{bmatrix} 5 & 1 & 9 \\ 7 & 2 & 2 \end{bmatrix} \quad B = \begin{bmatrix} 8 & 5 \\ 4 & 2 \\ 8 & 9 \end{bmatrix}$

4. $A = \begin{bmatrix} 1 & 9 & 8 \\ 8 & 4 & 7 \\ 2 & 5 & 3 \end{bmatrix} \quad B = \begin{bmatrix} 7 \\ 1 \\ 5 \end{bmatrix}$

10.1.4 행렬 거듭제곱

핵심 개념
행렬을 거듭제곱하려면 그 행렬은 정사각 행렬이어야 한다.

같은 행렬을 여러 번 곱하는 것을 행렬의 거듭제곱이라고 한다. 예를 들어 $A^2 = A \cdot A$, $A^3 = A \cdot A \cdot A$이다. 두 행렬을 곱할 때에는 앞에 있는 행렬의 열 수가 뒤에 있는 행렬의 행 수와 반드시 같아야 하므로 어떤 행렬을 거듭제곱하기 위해서는 그 행렬이 정사각 행렬(행 수와 열 수가 같은 행렬)이어야 한다. 예를 들어 다음 행렬

$$A = \begin{bmatrix} 1 & 2 & 3 \\ 4 & 5 & 6 \end{bmatrix}$$

의 제곱을 구하려고 하면 에러 메시지가 뜨는데, 이것은 이 행렬이 행 수와 열 수가 같지 않아 자신과의 곱셈이 되지 않기 때문이다.

$$2 \times 3 \qquad 2 \times 3$$

곱셈이 되려면 행 수와
열 수가 같아야 한다.

핵심 개념
배열 곱셈과 행렬 곱셈은 서로 다른 방식의 연산이므로 계산 결과가 다르다.

다른 예를 들어보자. 다음 명령

```
A = randn(3)
```

을 수행하면 다음과 같이 난수(random number)를 원소로 가진 3 × 3 행렬이 만들어진다 (이 명령을 수행할 때마다 무작위로 숫자가 생성되므로 여러분의 결과는 다를 수 있다).

```
A =
  -1.3362  -0.6918  -1.5937
   0.7143   0.8580  -1.4410
   1.6236   1.2540   0.5711
```

HINT randn 명령은 난수를 발생시키므로 이 책에 제시된 수는 여러분의 컴퓨터로 이 명령을 실행해 얻은 수와 다를 수 있다.

이 행렬을 제곱하면 그 결과도 3×3 행렬이 된다.

```
A^2
ans =
  -1.2963  -1.6677   2.2161
  -2.6811  -1.5650  -3.1978
  -0.3463   0.6690  -4.0683
```

이 행렬을 1.5제곱하면 다음 결과를 얻는다.

```
A^1.5
ans =
  -1.8446 - 0.0247i    -1.5333 + 0.0153i   -0.3150 - 0.0255i
  -0.7552 + 0.0283i     0.0668 - 0.0176i   -3.0472 + 0.0292i
   1.3359 + 0.0067i     1.5292 - 0.0042i   -1.5313 + 0.0069i
```

여기에서 주의할 점은 **행렬의 제곱** A^2은 다음과 같이 **행렬의 원소를 제곱하는** A.^2과는 다르다는 사실이다. 이를 다음 명령으로 확인할 수 있다.

```
C = A.^2;

C =
  1.7854  0.4786  2.5399
  0.5102  0.7362  2.0765
  2.6361  1.5725  0.3262
```

10.1.5 역행렬

수학에서 '역(inverse)을 취하는 것'이 어떤 의미인지 살펴보자. 함수(function)에 어떤 입력을 넣으면 그에 해당하는 결과 값을 출력하는데 이 함수의 '역'함수(inverse function)에 이 결과 값을 넣으면 원래 입력 값이 나오게 된다. 즉 역함수는 이렇게 함수의 작용을 취소시켜 처음 우리가 출발한 곳으로 되돌려놓는다. 역함수의 예를 하나 들어보면 $\sin(x)$의 역함수는 $\sin^{-1}(x)$이다. 이 관계를 다음과 같이 매트랩으로 직접 확인해볼 수 있다.

```
asin(sin(1.5)) (매트랩에서 asin 함수는 sin의 역함수이다.)

ans =
  1.5
```

HINT $\sin(x)$의 역함수인 $\sin^{-1}(x)$는 $1/\sin(x)$과는 다르다는 것을 잘 기억하기 바란다. 수학책에서는 대부분 $\sin^{-1}(x)$로 표시하지만 계산기나 컴퓨터에서는 asin(x)로 많이 표시한다.

핵심 개념
함수와 그 역함수의 곱은 1과 같다.

역함수의 예를 하나 더 들어보면 $\ln(x)$와 e^x가 있다.

```
log(exp(3)) [매트랩에서는 자연로그가 ln(x)가 아니라 log(x)이므로 다음과 같
은 결과를 얻게 된다.]
ans =
    3
```

이제까지는 어떤 함수의 역함수에 대해 살펴보았는데, 이번에는 어떤 숫자의 역수에 대해 알아보자. 1에 어떤 수 x를 곱하는 연산을 수행했을 때, 이 연산을 취소시켜 원래 숫자 1이 나오게 하려면 어떻게 해야 하는가? 당연히 $1/x$을 곱해야 한다. x와 $1/x$처럼 곱해서 1이 되는 두 수가 서로의 역수이다.

핵심 개념
어떤 행렬에 그 행렬의 역행렬을 곱하면 단위행렬이 된다.

$$\frac{1}{x}x = 1$$

이들은 처음에 논의했던 함수의 역원과는 다른 곱셈 역원이다. (또한 $-a$와 a 같은 덧셈 역원도 존재한다.) 마지막으로 어떤 행렬의 **역**(inverse)행렬에 대해 살펴보자. 역수와 비슷하게 곱해서 **단위행렬**(identity matrix)이 되는 두 행렬을 서로의 역행렬이라고 한다. 즉 행렬 연산에서 어떤 행렬 A에 이 행렬의 역행렬 A^{-1}을 곱하면 단위행렬 I가 된다. 단위행렬 I란 다음과 같이 주대각선 원소가 모두 1이고 나머지 원소는 모두 0인 행렬이다.

$$\begin{bmatrix} 1 & 0 & 0 & 0 \\ 0 & 1 & 0 & 0 \\ 0 & 0 & 1 & 0 \\ 0 & 0 & 0 & 1 \end{bmatrix}$$

다음과 같이 역행렬 연산에서는 교환법칙이 성립한다.

$$A^{-1}A = AA^{-1} = \mathrm{I}$$

이 관계식은 행렬 A가 정사각 행렬일 때에만 성립한다. 이 사실로부터 정사각 행렬만이 역행렬을 가짐을 알 수 있다.

이 내용을 매트랩으로 직접 확인해보자. 이를 위해 먼저 행렬을 하나 정의하는데, 여기에서는 매트랩에서 쉽게 만들 수 있는 '마방진 행렬(magic square matrix)'을 선택하자. 이 행렬에서는 가로, 세로, 대각선으로 배열된 각 원소의 합이 모두 같다는 특징이 있다.

```
A = magic(3)
A =
 8  1  6
 3  5  7
 4  9  2
```

매트랩에서는 두 가지 방법으로 역행렬을 구할 수 있다. 다음과 같이 행렬을 −1제곱하거나

```
A^-1
ans  =
     0.1472 -0.1444  0.0639
    -0.0611  0.0222  0.1056
    -0.0194  0.1889 -0.1028
```

내장함수인 inv를 사용하면 된다.

```
inv(A)
ans  =
     0.1472 -0.1444  0.0639
    -0.0611  0.0222  0.1056
    -0.0194  0.1889 -0.1028
```

두 방법으로 구한 결과는 서로 같다. 다음과 같이 행렬 A와 역행렬 A^{-1}을 서로 곱하면 단위행렬 I가 된다.

```
inv(A)*A
ans  =
     1.0000   0        -0.0000
     0        1.0000    0
     0        0.0000    1.0000
A*inv(A)
ans  =
    1.0000   0        -0.0000
   -0.0000   1.0000    0
    0.0000   0         1.0000
```

계산 결과를 보면 −0.0000처럼 0에 −부호가 붙어 있는 것이 있는데 이는 반올림 오차 때문에 발생한 것이다.

손으로 역행렬을 계산하는 것은 매우 어렵다. 이에 관한 자세한 내용은 수학책을 살펴보기 바란다. 역행렬을 가지지 않는 행렬도 있는데, 이 행렬을 **특이행렬**(singular matrix) 또는 **나쁜조건행렬**(ill-conditioned matrix)이라고 한다. 매트랩에서 특이행렬의 역행렬을 구하려고 하면 에러 메세지가 화면에 출력된다.

역행렬을 구해 문제를 푸는 방법이 널리 사용되고 있지만 그렇다고 이 방식이 계산의 효율성 측면에서 우수한 것은 아니다. 이에 대한 자세한 내용은 선형대수 과목에서 다룬다.

10.1.6 행렬식

핵심 개념
행렬식이 0인 행렬은 역행렬을 가지지 않는다.

행렬 연산에서 역행렬과 관련이 있는 것으로 **행렬식**(determinant)이 있다. 어떤 행렬의 행렬식을 구한 결과가 0이면 그 행렬은 역행렬을 가지지 않는 행렬, 다시 말해 특이행렬이다. 행렬식을 계산할 때에는 먼저 왼쪽에서 오른쪽으로 대각선 원소를 곱하고 다음으로 오른쪽에서 왼쪽으로 대각선 원소를 곱한 다음에 두 결과를 서로 빼주면 된다. 예를 들어 다음 2×2 행렬

$$A = \begin{bmatrix} A_{11} & A_{12} \\ A_{21} & A_{22} \end{bmatrix}$$

의 행렬식은 다음과 같이 계산된다.

$$|A| = A_{11}A_{22} - A_{12}A_{21}$$

실제 행렬에 이를 적용해보면 다음과 같다.

$$A = \begin{bmatrix} 1 & 2 \\ 3 & 4 \end{bmatrix}$$
$$|A| = (1)(4) - (2)(3) = -2$$

매트랩에서는 다음과 같이 내장함수 det로 행렬식을 쉽게 구할 수 있다.

```
A = [1 2;3 4];
det(A)
ans =
    -2
```

다음과 같은 3×3 행렬의 행렬식을 구하는 것은 조금 더 어렵다.

$$A = \begin{bmatrix} A_{11} & A_{12} & A_{13} \\ A_{21} & A_{22} & A_{23} \\ A_{31} & A_{32} & A_{33} \end{bmatrix}$$

행렬 계산의 어려움을 덜기 위한 방법으로 다음과 같이 행렬을 그대로 쓴 다음, 오른쪽에 행렬의 1열과 2열을 옮겨 적는다. 그다음에 왼쪽에서 오른쪽으로 대각선 원소들을 차례로 곱하고 그 결과를 더한다.

$$\begin{matrix} A_{11} & A_{12} & A_{13} & A_{11} & A_{12} \\ A_{21} & A_{22} & A_{23} & A_{21} & A_{22} \\ A_{31} & A_{32} & A_{33} & A_{31} & A_{32} \end{matrix} \qquad (A_{11}A_{22}A_{33}) + (A_{12}A_{23}A_{31}) + (A_{13}A_{21}A_{32})$$

그다음에는 오른쪽에서 왼쪽으로 대각선 원소들을 차례로 곱하고 그 결과를 모두 더한다.

$$\begin{matrix} A_{11} & A_{12} & A_{13} & A_{11} & A_{12} \\ A_{21} & A_{22} & A_{23} & A_{21} & A_{22} \\ A_{31} & A_{32} & A_{33} & A_{31} & A_{32} \end{matrix} \qquad (A_{13}A_{22}A_{31}) + (A_{11}A_{23}A_{32}) + (A_{12}A_{21}A_{33})$$

마지막으로 첫 번째 결과에서 두 번째 결과를 빼면 이 값이 행렬식이다. 예를 들어 다음 행렬 A의 행렬식을 계산하면

$$|A| = \begin{bmatrix} 1 & 2 & 3 \\ 4 & 5 & 6 \\ 7 & 8 & 9 \end{bmatrix} = (1 \times 5 \times 9) + (2 \times 6 \times 7) + (3 \times 4 \times 8)$$
$$-(3 \times 5 \times 7) - (1 \times 6 \times 8) - (2 \times 4 \times 9) = 225 - 225 = 0$$

이 된다. 이번에는 매트랩으로 행렬식을 계산해보면

```
A = [1 2 3;4 5 6;7 8 9];
det(A)
ans =
     0
```

으로 같은 결과를 얻는다. 행렬식이 0이므로 행렬 A는 역행렬을 가지지 않는다. 매트랩으로 행렬 A의 역행렬을 구하려고 하면 다음과 같이 "이 행렬은 특이행렬로 볼 수 있습니다. 출력 결과는 틀릴 수도 있습니다"라는 경고 메시지가 뜨면서 잘못된 계산 결과를 출력한다.

```
inv(A)
경고: 행렬이 특이행렬에 가깝거나 준특이행렬(badly scaled)일 수 있습니다.
  결과 값이 부정확할 수 있습니다. RCOND = 1.541976e-018.
ans =
  1.0e+016 *
  -0.4504   0.9007  -0.4504
   0.9007  -1.8014   0.9007
  -0.4504   0.9007  -0.4504
```

실습문제 10.3

정답은 피어슨 출판사의 웹사이트 https://www.pearsonhighered.com/moore에서 확인할 수 있다.

1. 다음 마방진 행렬의 역행렬을 두 가지 방법(inv 함수를 사용하는 방법과 행렬을 −1제곱하는 방법)으로 구하라.
   a. magic(3)
   b. magic(4)
   c. magic(5)
2. 실습문제 1의 각 행렬의 행렬식을 구하라.
3. 다음 행렬이 특이행렬인지 아닌지 구하라. 특이행렬은 행렬식이 0이며, 역행렬을 가지지 않는다는 점을 기억하라.

$$A = \begin{bmatrix} 1 & 2 & 3 \\ 2 & 4 & 6 \\ 3 & 6 & 9 \end{bmatrix}$$

10.1.7 가위곱

핵심 개념
두 벡터의 가위곱을 계산한 결과는 벡터가 된다.

두 벡터의 점곱을 계산하면 스칼라가 되므로 점곱을 스칼라곱(scalar product)이라고 하듯이 두 벡터의 **가위곱**(cross product)을 계산하면 벡터가 되므로 가위곱을 벡터곱(vector product)이라고도 한다. 두 벡터의 가위곱을 계산해 나온 결과 벡터는 기하학적으로 두 벡터가 만드는 평면과 항상 **직각**(normal)을 이루는데, 이러한 성질을 **직교성**(orthogonality)이라고 한다.

3차원 공간상에서 어떤 크기와 방향을 가진 벡터 $\vec{A}$, $\vec{B}$가 있다고 하자(실제로 우리 주변에 존재하는 힘을 이런 식으로 나타낼 수 있다). 이를 수식으로 나타내면 다음과 같다.

$$\vec{A} = A_x\vec{i} + A_y\vec{j} + A_z\vec{k}$$
$$\vec{B} = B_x\vec{i} + B_y\vec{j} + B_z\vec{k}$$

여기에서 A_x, B_x는 각 벡터의 x 방향의 크기, A_y, B_y는 y 방향의 크기, A_z, B_z는 z 방향의 크기이다. $\vec{i}$, $\vec{j}$, $\vec{k}$는 각각 x, y, z 방향의 단위 벡터를 나타낸다. $\vec{A}$와 $\vec{B}$의 가위곱은 $\vec{A} \times \vec{B}$로 표시하는데, 정의는 다음과 같다.

$$\vec{A} \times \vec{B} = (A_yB_z - A_zb_y)\vec{i} + (A_zB_x - A_xB_z)\vec{j} + (A_xB_y - A_yB_x)\vec{k}$$

이 가위곱 연산을 쉽게 이해할 수 있도록 먼저 두 벡터를 다음과 같은 형태로 배치하자.

$$\begin{matrix} i & j & k \\ A_x & A_y & A_z \\ B_x & B_y & B_z \end{matrix}$$

그다음 처음 두 열을 오른쪽에 똑같이 옮겨 적는다.

$$\begin{matrix} i & j & k & i & j \\ A_x & A_y & A_z & A_x & A_y \\ B_x & B_y & B_z & B_x & B_y \end{matrix}$$

가위곱의 $\vec{i}$ 성분(x 방향 성분)은 다음과 같이 왼쪽의 $\vec{i}$에서 시작해 오른쪽으로 대각선 원소를 곱한 것인 A_yB_z에서, 오른쪽의 $\vec{i}$에서 시작해 왼쪽으로 대각선 원소를 곱한 것인 A_zB_y를 빼면 된다($A_yB_z - A_zB_y$).

$$\begin{matrix} \textcircled{i} & j & k & i & j \\ A_x & A_y & A_z & A_x & A_y \\ B_x & B_y & B_z & B_x & B_y \end{matrix}$$

다음으로 가위곱의 $\vec{j}$ 성분(y 방향 성분)은 다음과 같이 왼쪽의 $\vec{j}$에서 시작해 오른쪽으로 대각선 원소를 곱한 것인 A_zB_x에서, 오른쪽의 $\vec{j}$에서 시작해 왼쪽으로 대각선 원소를 곱한 것인 A_xB_z를 빼면 된다($A_zB_x - A_xB_z$).

$$\begin{array}{ccccc} i & \textcircled{j} & k & i & j \\ A_x & A_y & A_z & A_x & A_y \\ B_x & B_y & B_z & B_x & B_y \end{array}$$

마지막으로 가위곱의 $\vec{k}$ 성분(z 방향 성분)은 다음과 같이 $\vec{k}$에서 시작해 오른쪽으로 대각선 원소를 곱한 것인 A_xB_y에서 시작해 왼쪽으로 대각선 원소를 곱한 것인 A_yB_x를 빼면 된다($A_xB_y - A_yB_x$).

$$\begin{array}{ccccc} i & j & \textcircled{k} & i & j \\ A_x & A_y & A_z & A_x & A_y \\ B_x & B_y & B_z & B_x & B_y \end{array}$$

HINT 가위곱은 첫 번째 행이 단위 벡터로 구성된 행렬식의 특수한 경우라는 것을 알아차렸을 수도 있다.

매트랩에서는 cross라는 함수가 있어서 벡터 A, B를 입력하면 가위곱을 계산할 수 있다. 3차원 공간에 존재하는 벡터를 나타내야 하므로 이들 행렬의 원소는 각각 3개여야 한다. 예를 들어보자. 다음 두 벡터 $\vec{A}$, $\vec{B}$를

$$\vec{A} = 1\vec{i} + 2\vec{j} + 3\vec{k}$$
$$\vec{B} = 4\vec{i} + 5\vec{j} + 6\vec{k}$$

행렬로 표시한 다음에 가위곱을 계산하면 다음과 같다.

```
A = [1 2 3];
B = [4 5 6];
cross(A,B)
ans =
  -3 6 -3
```

이 계산 결과는 $\vec{C} = -3\vec{i} + 6\vec{j} - 3\vec{k}$라는 벡터를 나타낸다.

다음 두 벡터 $\vec{A}$, $\vec{B}$와 같이

$$\vec{A} = 1\vec{i} + 2\vec{j}$$
$$\vec{B} = 3\vec{i} + 4\vec{j}$$

$x-y$ 평면상에 존재하는 경우에는 $\vec{k}$ 성분이 없으므로 매트랩에서는 다음과 같이 z 방향의 크기를 0으로 써주어야 한다.

```
A = [1 2 0]
B = [3 4 0]
```

두 벡터 $\vec{A}$, $\vec{B}$의 가위곱을 계산해 나오는 결과 벡터는 $\vec{A}$, $\vec{B}$가 놓여 있는 면과 직각을 이루어야 한다. 결과 벡터는 벡터 $\vec{A}$, $\vec{B}$가 놓여 있는 $x-y$ 평면을 수직으로 통과하는 직선이어야

하므로 다음과 같이 x, y 방향 성분은 가지지 않고 z 방향 성분만을 가진다.

```
cross(A,B)
ans  =
     0    0    -2
```

가위곱은 정역학, 동역학, 유체역학, 전기·전자공학 문제를 푸는 데 널리 이용된다.

예제 10.4

회전축에 작용하는 힘의 모멘트

어떤 회전축에 작용하는 힘의 모멘트(moment of force) $\vec{M}_0$은 다음 식과 같이 두 벡터의 가위곱으로 정의된다.

$$\vec{M} = \vec{r} \times \vec{F}$$

여기에서 $\vec{F}$는 힘 벡터이고 $\vec{F}$은 회전축을 기준으로 힘 벡터의 작용점을 나타내는 위치 벡터이다. 그림 10.4와 같이 레버의 끝에서 힘을 주어 돌리는 경우를 생각해보자. 레버에서 회전축(pivot)과 가까운 부분을 잡고 돌릴 때와 회전축에서 멀리 떨어진 끝부분을 잡고 돌릴 때의 결과는 다른데, 이 차이를 모멘트(moment)로 설명할 수 있다.

레버의 맨 끝에 다음 벡터 $\vec{F}$로 표시되는 힘을 가할 때 레버의 회전축에 작용하는 모멘트를 계산하라.

$$\vec{F} = -100\vec{i} + 20\vec{j} + 0\vec{k}$$

레버의 길이는 12인치이고 수평축과 45° 각도를 이루며 기울어져 있다고 가정한다. 그러면 회전축의 위치를 원점으로 할 때 힘이 가해지는 점을 다음 위치 벡터로 나타낼 수 있다.

$$\vec{r} = \frac{12}{\sqrt{2}}\vec{i} + \frac{12}{\sqrt{2}}\vec{j} + 0\vec{k}$$

1. 문제를 명확히 나타낸다.
   레버의 회전축에 작용하는 힘의 모멘트를 구한다.

2. 입력과 출력을 표시한다.

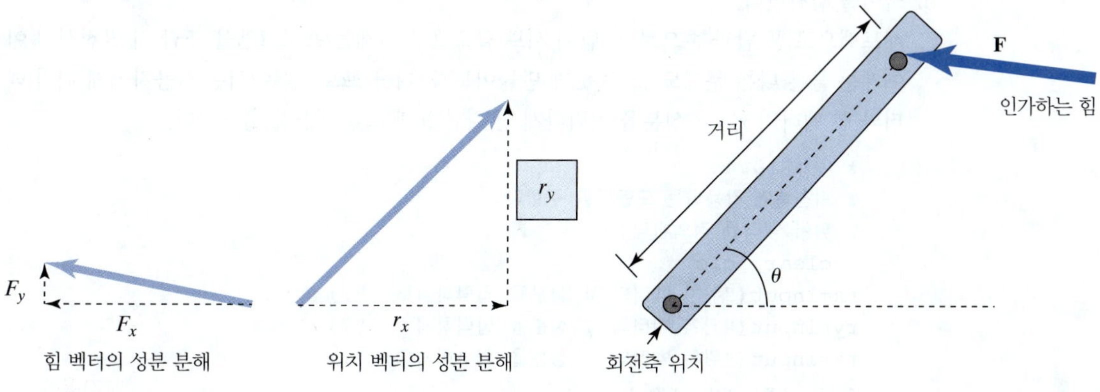

그림 10.4
레버의 끝에 힘을 가하면 회전축에 모멘트가 발생한다.

입력 위치 벡터 $\vec{r} = \frac{12}{\sqrt{2}}\vec{i} + \frac{12}{\sqrt{2}}\vec{j} + 0\vec{k}$

힘 벡터 $\vec{F} = -100\vec{i} + 20\vec{j} + 0\vec{k}$

출력 레버의 회전축에 작용하는 모멘트

3. 손이나 계산기로 문제를 미리 풀어본다

계산하기 쉽도록 모멘트 $\vec{M}_0$을 3 × 3 행렬식으로 나타내면 다음과 같다.

$$M_0 = \begin{bmatrix} \vec{i} & \vec{j} & \vec{k} \\ \frac{12}{\sqrt{2}} & \frac{12}{\sqrt{2}} & 0 \\ -100 & 20 & 0 \end{bmatrix}$$

이것을 풀면 다음과 같이 $\vec{i}$ 또는 $\vec{j}$ 성분 없이 $\vec{k}$ 성분만을 가진다.

$$\vec{M}_0 = \left(\frac{12}{\sqrt{2}} \times 20 - \frac{12}{\sqrt{2}} \times (-100)\right) \times \vec{k} = 1018.23\vec{k}$$

4. 매트랩으로 문제를 푼다.

다음 프로그램을 작성해 실행시키면

```
%% 예제 10.4
% 회전축에 작용하는 모멘트를 구한다.
% 위치 벡터를 정의한다.
r = [12/sqrt(2), 12/sqrt(2), 0];
%% 힘 벡터를 정의한다.
F = [-100, 20, 0];
%% 모멘트를 정의한다.
moment=cross(r,F)
```

다음 결과를 얻을 수 있다.

```
moment  =
  0     0    1018.23
```

이 결과는 다음 모멘트 벡터를 나타낸다.

$$M_0 = 0\vec{j} + 0\vec{j} + 1018.23\vec{k}$$

5. 풀이를 검사한다.

매트랩으로 푼 답과 손으로 푼 답이 서로 같으므로 이제는 프로그램을 조금 더 발전시켜 이 예제는 물론 다른 문제도 풀 수 있게 만들어보자. 다음 프로그램에서는 사용자에게 위치 벡터와 힘 벡터의 *x*, *y*, *z* 성분을 입력하게 한 다음 모멘트를 계산해 출력한다.

```
% 예제 10.4
% 회전축에 작용하는 모멘트를 구한다.
% 위치 벡터를 정의한다.
  clear, clc
rx=input("위치 벡터의 x 성분을 입력하시오: ");
ry=input("위치 벡터의 y 성분을 입력하시오: ");
rz=input("위치 벡터의 z 성분을 입력하시오: ");
r = [rx, ry, rz];
  disp("위치 벡터는 다음과 같습니다.")
```

```
 fprintf("%8.2f i + %8.2f j  + %8.2f k  ft\n",r)
% 힘 벡터를 정의한다.
Fx=input("힘 벡터의 x 성분을 입력하시오: ");
Fy=input("힘 벡터의 y 성분을 입력하시오: ");
Fz=input("힘 벡터의 z 성분을 입력하시오: ");
F = [Fx, Fy, Fz];
  disp("힘 벡터는 다음과 같습니다.")
  fprintf("%8.2f i + %8.2f j  + %8.2f k lbf\n",F)
  moment=cross(r,F); % 모멘트를 계산한다.
  fprintf("회전축에 작용하는 모멘트 벡터는 다음과 같습니다. \n")
  fprintf("%8.2f i + %8.2f j  + %8.2f k ft-lbf\n",moment)
```

이 프로그램을 실행하면 다음과 같이 문제를 풀 수 있다.

```
위치 벡터의 x 성분을 입력하시오: 2
위치 벡터의 y 성분을 입력하시오: 3
위치 벡터의 z 성분을 입력하시오: 4
위치 벡터는 다음과 같습니다.
  2.00 i +  3.00 j +  4.00 k ft
힘 벡터의 x 성분을 입력하시오: 20
힘 벡터의 y 성분을 입력하시오: 10
힘 벡터의 z 성분을 입력하시오: 30
힘 벡터는 다음과 같습니다.
  20.00 i +  10.00 j +  30.00 k lbf
회전축에 작용하는 모멘트 벡터는 다음과 같습니다.
  50.00 i +  20.00 j +  -40.00 k ft-lbf
```

10.1.8 단위행렬

단위행렬은 주대각선에 1이 있고 나머지 모든 위치에는 0이 있는 행렬이다. 예를 들어 다음은 4행 4열의 단위행렬이다.

$$\begin{bmatrix} 1 & 0 & 0 & 0 \\ 0 & 1 & 0 & 0 \\ 0 & 0 & 1 & 0 \\ 0 & 0 & 0 & 1 \end{bmatrix}$$

주대각선은 행 번호와 열 번호가 같은 요소를 포함하고 있음을 주목하라. 주대각선 위 요소의 인덱스는 (1, 1), (2, 2), (3, 3) 등이다.

매트랩에서는 eye 함수를 사용해 단위행렬을 생성할 수 있다. eye 함수의 인수는 zeros 함수와 ones 함수의 인수와 유사하다. 예를 들어 eye(6)과 같이 함수의 인수가 스칼라일 경우, 이 함수는 인수를 행과 열의 수로 사용해 정사각형 행렬을 생성한다.

```
A = eye(3)
A =
 1 0 0
 0 1 0
 0 0 1
```

다음 명령문에서 보듯이 `A * inv(A)`는 단위행렬과 같음을 기억하라.

HINT i는 허수를 나타내는 데 사용되므로 단위행렬의 이름을 i로 지정하지 말라.

```
A = [1,0,2; -1, 4, -2; 5,2,1]
A =
   1   0   2
  -1   4  -2
   5   2   1
inv(A)
ans =
   -0.2222   -0.1111    0.2222
    0.2500    0.2500    0.0000
    0.6111    0.0556   -0.1111
A*inv(A)
ans =
    1.0000    0          0.0000
   -0.0000    1.0000    0.0000
   -0.0000   -0.0000    1.0000
```

앞서 논의했듯이 일반적으로 행렬 곱셈은 교환법칙이 성립하지 않는다. 즉 다음과 같다.

$$AB \neq BA$$

그러나 다음 매트랩 명령어와 같이

$$AI = IA$$

단위행렬의 행렬 곱셈의 경우에는 교환법칙이 성립한다.

```
I = eye(3)
I =
   1   0   0
   0   1   0
   0   0   1
A*I
ans =
    1   0   2
   -1   4  -2
    5   2   1
I*A
ans =
    1   0   2
   -1   4  -2
    5   2   1
```

10.2 선형 연립방정식 풀이법

미지수가 3개인 다음 연립방정식을 살펴보자.

$$
\begin{aligned}
3x + 2y - z &= 10 \\
-x + 3y + 2z &= 5 \\
x - y - z &= -1
\end{aligned}
$$

이 식은 행렬을 사용해 다음과 같이 쓸 수 있다.

$$
A = \begin{bmatrix} 3 & 2 & -1 \\ -1 & 3 & 2 \\ 1 & -1 & -1 \end{bmatrix} \quad X = \begin{bmatrix} x \\ y \\ z \end{bmatrix} \quad B = \begin{bmatrix} 10 \\ 5 \\ -1 \end{bmatrix}
$$

따라서 행렬 곱셈을 이용하면 **연립방정식**(system of equation)을 다음과 같이 쓸 수 있다.

$$AX = B$$

10.2.1 역행렬을 이용한 풀이법

가장 간단하게 다음 연립방정식

$$AX = B$$

를 푸는 방법은 역행렬을 이용하는 것이다. 이 연립방정식의 좌변과 우변에 역행렬 A^{-1}을 곱하면

$$A^{-1}AX = A^{-1}B$$

가 된다. 여기에서 다음 관계식

$$A^{-1}A = \mathrm{I}, \; IX = X$$

를 이용하면 미지수 행렬 X는 다음과 같이 표시된다.

$$X = A^{-1}B$$

행렬 곱셈에서는 곱셈의 순서가 중요하다. A는 3×3 행렬이므로 A^{-1}도 3×3 행렬이 된다. $A^{-1}B$의 곱셈 결과는

$$3 \times \underline{3 \quad 3} \times 1$$

로 알 수 있듯이 3×1 크기의 행렬 X가 된다. 곱셈의 순서를 바꾸어 BA^{-1}로 하게 되면 행렬의 크기가 서로 맞지 않게 되므로 곱셈을 할 수 없다.

핵심 개념
역행렬 기법은 선형 연립방정식을 해결하는 개념적으로 간단한 방법이지만, 비효율적이며 반올림 오차에 취약하다.

매트랩에서는 inv 함수로 역행렬을 계산할 수 있다. 이 연립방정식을 풀기 위해 다음 명령을 차례로 실행하면

```
A = [3 2 -1; -1 3 2; 1 -1 -1];
B = [10; 5; -1];
X = inv(A)*B
```

다음과 같이 미지수를 구할 수 있다.

```
X =
  -2.0000
   5.0000
  -6.0000
```

역행렬을 A^-1로도 구할 수 있으므로

```
X = A^-1*B
```

를 입력하면 같은 결과를 얻는다.

```
X =
  -2.0000
   5.0000
  -6.0000
```

이 풀이 방법은 대학수학 시간에 행렬 부분에서 배우는 방법과 같기는 하지만 그렇게 효율적이진 못하며 계산 과정에서 큰 반올림 오차(round-off error)가 생길 수 있다. 대체로 선형 연립방정식을 풀 때에는 역행렬을 되도록 피하는 편이 좋다.

예제 10.5

연립방정식 풀기: 전기회로*

전기회로 문제를 풀다 보면 연립방정식의 수가 많아져 어려움을 겪는 일이 많이 있다. 그림 10.5의 회로를 예로 들어 살펴보자.

이 회로에는 전압원이 1개, 저항이 5개 들어 있다. 이 회로를 몇 개의 부분으로 나누고, 다음에서 설명하는 전기 관련 기본 법칙 두 가지를 사용해 해석해보자.

어떤 회로에서 루프를 한 바퀴 돌면서 구한 전압의 합은 0이다(키르히호프의 법칙, 그림 10.6 참조).

$$전압 = 전류 \times 저항\ (V = iR)$$

그림 10.5
전기회로

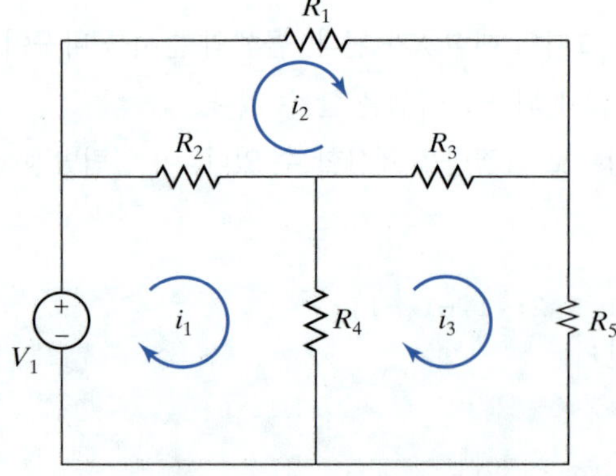

* 출처: Etter, Kuncicky, and Moore *Introduction to MATLAB 7* (Upper Saddle River, NJ: Pearson Prentice Hall, 2005).

이 두 법칙을 왼쪽 루프에 적용하면 다음 방정식을 얻을 수 있다.

$$-V_1 + R_2(i_1 - i_2) + R_4(i_1 - i_3) = 0$$

위쪽 루프에서는 다음 방정식을 얻을 수 있다.

$$R_1 i_2 + R_3(i_2 - i_3) + R_2(i_2 - i_1) = 0$$

끝으로 오른쪽 루프에서는 다음 방정식을 얻을 수 있다.

$$R_3(i_3 - i_2) + R_5 i_3 + R_4(i_3 - i_1) = 0$$

그림 10.6
키르히호프(Gustav Kirchhoff)는 독일의 과학자로 회로이론의 많은 법칙을 만들었다 (Bilwissedition Ltd. & Co. KG /Alamy Stock Photo).

모든 저항 값(R 값)과 전압원 값이 주어진 경우라면 미지수가 3개인 방정식 3개가 만들어진다. 이제 행렬을 이용해 미지수를 구할 수 있도록 다음과 같이 방정식을 정리한다. 다시 말해 변수들을 분리할 필요가 있다.

$$\begin{aligned}
(R_2 + R_4)i_1 + \quad (-R_2)i_2 + \quad (-R_4)i_3 &= V_1 \\
(-R_2)i_1 + (R_1 + R_2 + R_3)i_2 + \quad (-R_3)i_3 &= 0 \\
(-R_4)i_1 + \quad (-R_3)i_2 + (R_3 + R_4 + R_5)i_3 &= 0
\end{aligned}$$

역행렬 방법을 사용하는 매트랩 프로그램을 작성해 이 방정식을 풀라. 저항 R 값과 전압원 V_1 값은 사용자가 키보드로 입력하게 한다.

1. 문제를 명확히 나타낸다.
   회로에 흐르는 전류를 구한다.

2. 입력과 출력을 표시한다.
   입력 키보드로 입력한 저항 R_1, R_2, R_3, R_4, R_5의 값과 전압원 V의 값
   출력 전류 i_1, i_2, i_3의 값

3. 손이나 계산기로 문제를 미리 풀어본다.
   회로에 전압을 가해주지 않으면 전류가 흐르지 않는다. 따라서 5개의 저항 값은 아무 값이나 입력하고 전압원 값을 0으로 입력할 때 모든 전류의 값이 0이 나오는지 확인한다.

4. 매트랩으로 문제를 푼다.

```
%% 예제 10.5
% 회로에 흐르는 전류를 구한다.
clear, clc
R1 = input("저항 R1 값을 입력하세요: ");
R2 = input("저항 R2 값을 입력하세요: ");
R3 = input("저항 R3 값을 입력하세요: ");
R4 = input("저항 R4 값을 입력하세요: ");
R5 = input("저항 R5 값을 입력하세요: ");
V = input("전압원 V 값을 입력하세요: ");
coef = [(R2 + R4), -R2, -R4;
     -R2, (R1 + R2 +R3), (-R3);
     -R4, -R3, (R3 + R4 + R5)];
 result = [V; 0; 0];
I = inv(coef)*result
```

다음 프로그램을 작성해 실행시키면 다음 결과를 얻을 수 있다.

```
저항 R1 값을 입력하세요: 5
저항 R2 값을 입력하세요: 5
저항 R3 값을 입력하세요: 5
저항 R4 값을 입력하세요: 5
저항 R5 값을 입력하세요: 5
전압원 V 값을 입력하세요: 0
I =
         0
         0
         0
```

5. 풀이를 검사한다.
   회로에 전압을 가해주지 않으면 전류를 흐르게 할 수 없다는 사실을 이용해 전압원을 0으로 놓고 간단히 프로그램을 검사해보았다. 이제 프로그램에 전압원의 다른 값을 입력해보자.

```
저항 R1 값을 입력하세요: 2
저항 R2 값을 입력하세요: 4
저항 R3 값을 입력하세요: 6
저항 R4 값을 입력하세요: 8
저항 R5 값을 입력하세요: 10
전압원 V 값을 입력하세요: 10
```

   그러면 다음과 같이 전류 값을 구할 수 있다.

```
I =
     1.6935
     0.96774
     0.80645
```

10.2.2 왼쪽 나눗셈을 사용한 풀이법

그림 10.7
뛰어난 수학자인 가우스는 수학은 물론 물리학, 천문학, 전기 등의 여러 분야에서 많은 업적을 남겼다(Georgios Kollidas/Alamy Stock Photo).

선형 연립방정식을 풀 때 역행렬보다 좋은 방법이 **가우스 소거법**(Gaussian elimination)이다. 대학수학 과목에서는 연립방정식 풀이 방법으로 이것을 공부한다. 가우스 소거법을 만든 사람은 독일의 수학자이자 과학자인 가우스(Carl Friedrich Gauss)이다(그림 10.7 참조).

미지수가 x, y, z인 다음 연립방정식을 살펴보자.

$$\begin{aligned} 3x \quad +2y \quad -z &= 10 \\ -x \quad +3y \quad +2z &= 5 \\ x \quad -y \quad -z &= -1 \end{aligned}$$

이 방정식을 풀기 위해 먼저 처음 두 식에서 변수 x를 소거하자. 변수 x를 없애려면 다음과 같이 두 번째 방정식 전체에 3을 곱해 나온 식을 첫 번째 방정식에 더한다.

$$\begin{array}{rrrcr} 3x & +2y & -z & = & 10 \\ -3x & +9y & +6z & = & 15 \\ \hline 0 & +11y & +5z & = & 25 \end{array}$$

다음으로 두 번째 식과 세 번째 식을 더한다.

$$\begin{array}{rrrcr} -x & +3y & +2z & = & 5 \\ x & -y & -z & = & -1 \\ \hline 0 & +2y & +z & = & 4 \end{array}$$

이렇게 해서 변수를 하나 없앴으므로 다음과 같이 미지수 2개, 방정식 2개로 문제가 간단해진다.

$$\begin{array}{rrcr} 11y & +5z & = & 25 \\ 2y & +z & = & 4 \end{array}$$

이제 위의 두 번째 방정식에 −11/2을 곱한 다음 첫 번째 방정식에 더하면

$$\begin{array}{rrcr} 11y & +5z & = & 25 \\ -\frac{11}{2}*2y & \frac{11}{2}z & = & -\frac{11}{2}*4 \\ \hline 0 & -\frac{1}{2}z & = & 3 \end{array}$$

이 되므로 다음과 같이 z를 구할 수 있다.

$$z = -6$$

이렇게 구한 z 값을 다음 두 식 중에 아무 식이나 골라 대입하면

$$\begin{array}{rcl} 11y + 5z & = & 25 \\ 2y \ \ + z & = & 4 \end{array}$$

다음과 같이 y를 구할 수 있다.

$$y = 5$$

끝으로 z, y 값을 원래의 연립방정식 중에 아무 식이나 골라 대입하면

$$\begin{array}{rrrcr} 3x & +2y & -z & = & 10 \\ -x & +3y & +2z & = & 5 \\ x & -y & -z & = & -1 \end{array}$$

다음과 같이 x를 구할 수 있다.

$$x = -2$$

앞에서 살펴본 것처럼 연립방정식을 풀 때 여러 변수를 한 변수만 남을 때까지 소거해서 그 변수의 값을 구한 다음에 이 값을 나머지 방정식에 대입하고, 마찬가지 방법을 되풀이해 다른 변수를 모두 구하는 체계적인 풀이 방법을 가우스 소거법이라고 한다. 매트랩에서는 다음과 같이 왼쪽 나눗셈을 하게 되면 가우스 소거법을 사용한 풀이 결과를 얻을 수 있다.

핵심 개념
가우스 소거법은 역행렬을 활용하는 방법보다 더 효율적이고 반올림 오차에 덜 민감하다.

```
X = A\B

X =
  -2.0000
   5.0000
  -6.0000
```

이 계산 결과는 손으로 푼 것, 매트랩에서 역행렬로 푼 것과 같다.

과잉 그리고 부족 연립방정식

매트랩은 왼쪽 나눗셈을 사용해 미지수의 개수보다 방정식의 개수가 많은 과잉(over-defined 또는 over-determined) 연립방정식이나, 반대로 미지수 개수보다 방정식 개수가 적은 부족(under-defined 또는 under-determined) 연립방정식을 풀 수 있다. 이를 설명하기 위해 먼저 다음 연립방정식을 살펴보자.

$$\begin{aligned} 3*x \quad +2*y \quad +5*z &= 22 \\ 4*x \quad +5*y \quad -2*z &= 8 \\ x \quad +y \quad +z &= 6 \end{aligned}$$

이 문제는 방정식의 개수와 미지수의 개수가 각각 3개로 서로 같은 적절한 연립방정식이다. 이 연립방정식을 다음과 같이 매트랩에서 행렬로 만들고

```
A = [3   2   5
     4   5   -2
     1   1   1]

B = [22; 8; 6],
```

왼쪽 나눗셈을 수행하면

```
X = A\B
```

다음과 같이 미지수 *x*, *y*, *z*를 얻을 수 있다.

```
X =
   1
   2
   3
```

그런데 다음 연립방정식을 살펴보자.

```
3*x +2*y +5*z =  22
4*x +5*y -2*z =   8
  x   +y   +z =   6
2*x -4*y -7*z = -27
```

이 연립방정식은 방정식 4개, 미지수 3개로 방정식이 더 많은 과잉 연립방정식이다. 이러한 유형의 방정식은 왼쪽 나눗셈 연산자를 사용해 풀 수 있다. 먼저 방정식의 계수를 행렬로 만들고

```
A = [3  2  5
     4  5 -2
     1  1  1
     2 -4 -7]
```

이어서 우변의 상수를 행렬로 만든 다음

```
B = [22; 8; 6; -27]
```

왼쪽 나눗셈을 수행하면

```
X = A\B
```

다음과 같이 미지수 행렬을 구할 수 있다.

```
X =
  1
  2
  3
```

이 연립방정식은 앞의 연립방정식에 방정식이 하나 더 추가된 것이지만 나머지 방정식과 모순되지 않으므로 같은 결과가 나왔다. 이 방정식이 수집된 데이터로부터 만들어진 경우 데이터에 작은 오차가 있으면 숫자들이 달라질 수 있다. 여기에서 네 번째 방정식의 우변이 −27이 아니라 −28로 달라졌다고 가정하자. 이 경우에는 행렬 B가 다음과 같이 달라진다.

```
B = [22; 8; 6; -28]
```

이제 왼쪽 나눗셈을 수행하면

```
X = A\B
```

결과는 다음과 같다.

```
X =
  0.8618
  2.1234
  3.0328
```

이처럼 모순이 있는 연립방정식을 풀 때 매트랩은 최소제곱법(least squared approach)을 사용해 연립방정식에 가장 잘 들어맞는 미지수 행렬(즉 x, y, z 값)을 구해준다. 이렇게 구한 미지수 행렬의 값을 사용해 행렬 B를 직접 계산하면

```
A*X
```

결과는 다음과 같다.

```
ans =
   21.9962
    7.9982
    6.0180
  -27.9997
```

핵심 개념

왼쪽 나눗셈 연산자는 최소제곱법을 사용해 과잉 정의된 연립 선형방정식을 풀이한다.

최소제곱법은 계산한 B 값과 실제 B 값의 차이의 절댓값을 최소로 한다. 이 방법은 나중에 배우게 될 수치해법에서 자세히 다룬다.

이번에는 부족 연립방정식의 경우를 살펴보자. 다음 연립방정식은 방정식 2개, 미지수 3개로 방정식이 모자란 부족 연립방정식이다.

$$\begin{aligned} 3*x \quad +2*y \quad +5*z &= 22 \\ 4*x \quad +5*y \quad -2*z &= 8 \end{aligned}$$

먼저 방정식의 계수를 행렬로 만들고

```
A = [3   2   5
     4   5 -2]
```

이어서 우변의 상수를 행렬로 만든다.

```
B = [22; 8]
```

이제 왼쪽 나눗셈을 수행하면

```
X = A\B
```

다음 결과가 나온다.

```
X =
   0
   2.8966
   3.2414
```

이러한 문제를 풀 때 매트랩은 첫 번째 변수를 0으로 놓아 방정식의 개수를 2개, 미지수의 개수를 2개로 만들고 나서 답을 계산한다. 실제로 이러한 부족 연립방정식을 만족하는 미지수의 해는 무한히 많은데 위의 미지수 행렬의 값이 그 가운데 하나이다. 하지만 이를 다시 대입하면 올바른 답을 얻을 수 있다.

```
A*X
ans =
      22.0000
      8.0000
```

10.2.3 역행 사다리꼴 함수를 사용한 풀이법

바로 앞 절에서 풀어본 다음 연립방정식을 감축행 사다리꼴 함수(reduced row echelon function) `rref`를 사용해 풀어보자.

$$\begin{aligned} 3x \quad +2y \quad -z &= 10 \\ -x \quad +3y \quad +2z &= 5 \\ x \quad -y \quad -z &= -1 \end{aligned}$$

이 함수는 가우스-조던 소거법(Gauss-Jordan elimination)을 사용한다.

이 방정식을 다음 세 행렬을 써서 나타낼 수 있다.

$$A = \begin{bmatrix} 3 & 2 & -1 \\ -1 & 3 & 2 \\ 1 & -1 & -1 \end{bmatrix} \quad X = \begin{bmatrix} x \\ y \\ z \end{bmatrix} \quad B = \begin{bmatrix} 10 \\ 5 \\ -1 \end{bmatrix}$$

rref 함수의 입력에는 계수행렬 A에 우변의 상수로 이루어진 행렬 B를 첨가한 확대행렬을 넣어주어야 한다. 따라서 다음과 같이 확대행렬을 만들면

```
C = [A,B]
C =
   3   2  -1  10
  -1   3   2   5
   1  -1  -1  -1
rref(C)
ans =
   1   0   0  -2
   0   1   0   5
   0   0   1  -6
```

연립방정식의 해는 결과 행렬의 맨 마지막 열에 나타나는데, 이 결과는 다른 방법으로 구한 결과와 일치한다.

이 예제처럼 간단한 문제에서는 어느 방법을 사용해 풀 것인지를 정하는 데 반올림 오차나 실행시간이 그렇게 큰 고려사항은 아니다. 그러나 행렬의 원소 수가 수천 개, 심지어는 수백만 개가 되는 수치해석 문제는 수 시간에서 수일 동안 프로그램을 실행시켜야 계산 결과를 얻을 수 있다. 이런 경우에는 실행시간과 반올림 오차가 결정적인 고려사항이다. 이러한 문제를 푸는 데 역행렬 방법은 적합하지 않다.

예제 10.6

담수화 설비의 물질수지 계산: 연립방정식 풀기

지구상에는 수자원(물)이 부족한 지역이 많이 있다. 사막 한가운데에 위치한 현대적인 산업국가인 이스라엘이 바로 그런 곳이다. 이스라엘에서는 지중해 연안에 위치한 담수화 공장에서 국내에 필요한 물을 공급하고 있다. 현대적인 담수화 시설은 신장 투석에 사용되는 과정인 역삼투압(reverse osmosis) 방식을 사용한다. 화학공학자는 이스라엘의 해수 담수화 시설과 같은 플랜트를 설계하고 분석하기 위해 물질수지 계산을 광범위하게 사용한다.

그림 10.8과 같은 담수화 설비가 있다고 가정하자. 이 설비로 흘러 들어오는 바닷물의 성분은 4%가 소금, 96%가 물이다. 설비로 유입된 바닷물은 역삼투압 작용에 의해 둘로 나뉘어 흐른다. 설비의 위로 흘러나오는 것은 거의 100%가 순수한 물이다. 아래로는 소금 10%, 물 90%로 이루어진 고농도의 소금물이 흘러나온다. 담수화 설비의 위, 아래에서 질량 흐름률(flow rate)을 계산하라.

이 예제를 풀기 위해서는 소금과 물에 대해 이 설비의 물질수지를 계산해야 한다. 어떤 성분에 대해서도 설비로 흘러 들어오는 양은 설비의 위, 아래로 흘러 나가는 양의 합과 같아야 한다.

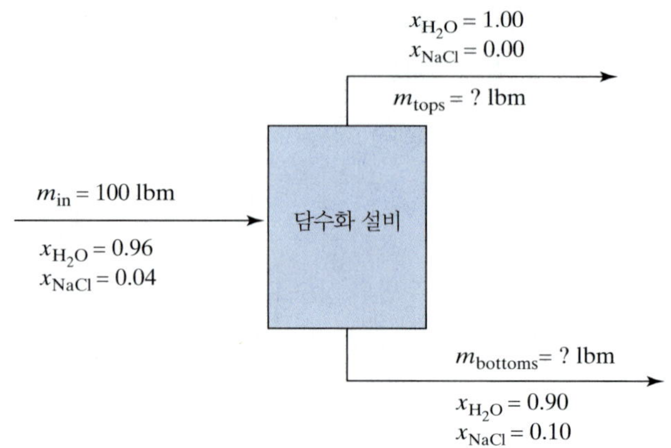

그림 10.8
이스라엘과 같은 사막 지역 국가에서 물의 공급원인 담수화 설비

$$m_{inA} = m_{topsA} + m_{bottomsA}$$

질량을 m, 성분 A의 농도를 x_A라고 하면 다음과 같이 쓸 수 있다.

$$x_A m_{in\ total} = x_{Atops} m_{tops} + x_{Abottoms} m_{bottoms}$$

설비로 흘러 들어오는 바닷물의 질량을 100파운드로 가정하면 다음과 같이 미지수 2개, 방정식 2개인 연립방정식을 세울 수 있다.

$$0.96 \times 100 = 1.00 m_{tops} + 0.90 m_{bottoms}\ (물)$$
$$0.04 \times 100 = 1.00 m_{tops} + 0.10 m_{bottoms}\ (소금)$$

1. 문제를 명확히 나타낸다.
   담수화 설비에서 생산되는 물과 걸러지는 소금의 질량을 구한다.

2. 입력과 출력을 표시한다.

   입력 담수화 설비로 유입되는 바닷물 질량: 100 lb
   농도:

   $$x_{H2O} = 0.96$$
   $$x_{Nacl} = 0.04$$

   담수화 설비에서 유출되는 성분의 농도:
   위쪽

   $$x_{H2O} = 1.00$$

   아래쪽

   $$x_{H2O} = 0.90$$
   $$x_{Nacl} = 0.10$$

   출력 위쪽에서 나오는 순수한 물의 질량
   아래쪽에서 나오는 소금물의 질량

3. 손이나 계산기로 문제를 미리 풀어본다
   다음 연립방정식 중에서

   $$(0.96)\ (100) = 1.00 m_{tops} + 0.90 m_{bottoms}\ (물)$$
   $$(0.04)\ (100) = 1.00 m_{tops} + 0.10 m_{bottoms}\ (소금)$$

   두 번째 방정식을 풀면

$$4 = 0.1m_{\text{bottoms}}$$
$$m_{\text{bottoms}} = 40 \text{ lbm}$$

가 된다. 이 값을 첫 번째 방정식에 대입하면 다음과 같다.

$$96 = 1m_{\text{tops}} + (0.90)(40)$$
$$m_{\text{tops}} = 60 \text{ lb}$$

4. 매트랩으로 문제를 푼다.

이 연립방정식을 행렬로 나타내면

$$AX = B$$

형태가 된다. 다음과 같이 행렬 A의 원소는 물과 소금의 농도로 구성되고, 행렬 B에는 유입되는 물과 소금의 질량이 들어 있다.

$$A = \begin{bmatrix} 1 & 0.9 \\ 0 & 0.1 \end{bmatrix} \quad B = \begin{bmatrix} 96 \\ 4 \end{bmatrix}$$

미지수 행렬인 X의 원소는 담수화 설비의 위쪽에서 유출되는 질량과 아래쪽에서 유출되는 질량이 된다. 매트랩을 사용하면 다음 세 줄의 명령으로 이 연립방정식을 풀 수 있다.

```
A = [1, 0.9; 0, 0.1];
B = [96; 4];
X = A\B
```

결과는 다음과 같다.

```
X =
   60
   40
```

5. 풀이를 검사한다.

이 예제에서는 왼쪽 나눗셈을 사용해 문제를 풀었다. 다음과 같이 역행렬 방법을 사용해도 같은 결과를 얻을 수 있다.

```
X = inv(A)*B
X =
   60
   40
```

매트랩으로 계산한 결과는 손으로 푼 것과 같다. 이 결과가 맞는지 확인하기 위해 한 가지 검사를 더 해보자. 앞에서 물과 소금에 대해 물질수지를 계산했다. 설비에 유입되고 유출되는 총질량에 대해서도 이것이 성립하는지 확인해보면

$$m_{\text{in}} = m_{\text{tops}} + m_{\text{bottoms}}$$
$$m_{\text{in}} = 40 + 60 = 100$$

설비의 위, 아래로 흘러 나가는 총질량 100파운드가 설비로 흘러 들어온 질량과 같으므로 여기에서 계산한 값이 정확하다는 확신을 더욱 가질 수 있다.

이 예제에서 나오는 연립방정식은 손으로도 쉽게 풀 수 있지만 실제 공장에서는 다양한 설비와 많은 입출력 흐름에 대해 물질수지 계산을 해야 한다. 따라서 화학 분야의 엔지니어는 행렬로 연립방정식을 푸는 방법을 잘 알아두는 것이 좋다.

예제 10.7

정정 트러스의 힘의 평형

정역학 과목에서 다루는 문제 중에 정정 트러스(statically determinate truss)가 있다. 그림 10.9는 대표적인 정정 트러스 문제이다.

점 2의 힌지(hinge, 지지점)는 x 방향이나 y 방향으로는 움직일 수 없다. 점 3의 롤러(roller)는 x 방향으로는 움직일 수 있지만 y 방향으로는 움직일 수 없다. 이 경우 점 2에는 x, y 방향, 점 3에는 y 방향으로만 반력(reactive force)이 생긴다. 여기에서 x, y 성분을 가진 힘을 점 1에 별도로 인가한다. 이런 상황을 자유물체도로 나타내면 그림 10.10과 같다.

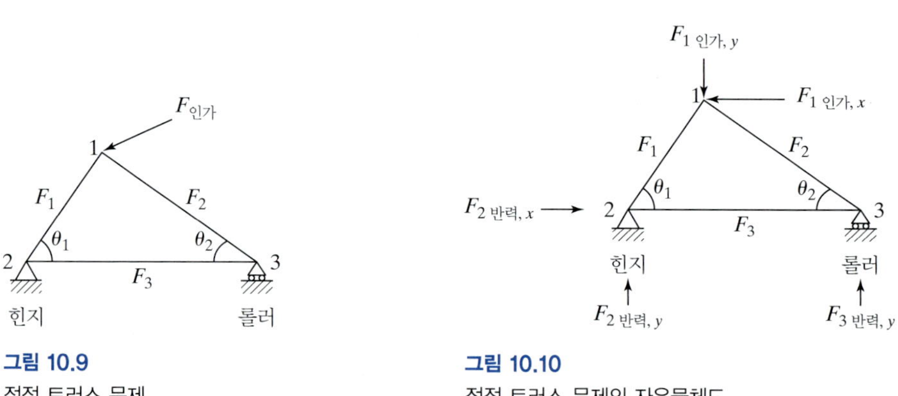

그림 10.9
정정 트러스 문제

그림 10.10
정정 트러스 문제의 자유물체도

트러스는 움직이지 않는다고 가정하므로 각 점(1, 2, 3)에서 x 방향으로 작용하는 힘의 합과 y 방향으로 작용하는 힘의 합은 각각 0이 되어야 한다. 이러한 조건으로부터 다음과 같이 총 6개의 방정식을 얻을 수 있다.

$$
\begin{aligned}
\sum F_{\text{점 }1,\,x\text{ 방향}} &= 0 = -F_1\cos(\theta_1) + F_2\cos(\theta_2) + F_{1\text{ 인가},\,x} \\
\sum F_{\text{점 }1,\,y\text{ 방향}} &= 0 = -F_1\sin(\theta_1) - F_2\sin(\theta_2) + F_{1\text{ 인가},\,y} \\
\sum F_{\text{점 }2,\,x\text{ 방향}} &= 0 = +F_{2\text{ 반력},\,x} + F_1\cos(\theta_1) + F_3 \\
\sum F_{\text{점 }2,\,y\text{ 방향}} &= 0 = +F_{2\text{ 반력},\,y} + F_1\sin(\theta) \\
\sum F_{\text{점 }3,\,x\text{ 방향}} &= 0 = -F_2\cos(\theta_2) + F_3 \\
\sum F_{\text{점 }3,\,y\text{ 방향}} &= 0 = -F_2\sin(\theta_2) - F_{3\text{ 반력},\,y}
\end{aligned}
$$

점 1에 인가한 힘과 각도를 알면 6개 방정식의 미지수는 총 6개(F_1, F_2, F_3, $F_{2\text{ 반력},\,x}$, $F_{2\text{ 반력},\,y}$, $F_{3\text{ 반력},\,y}$)가 된다. 위의 방정식을 잘 정리하면 다음 연립방정식을 얻을 수 있다.

$$
\begin{aligned}
-\cos(\theta_1) * F_1 + \cos(\theta_2) * F_2 + 0 * F_3 + 0 * F_{2\text{반력},\,x} + 0 * F_{2\text{ 반력},\,y} + 0 * F_{3\text{ 반력},\,y} &= -F_{1\text{ 인가},\,x} \\
-\sin(\theta_1) * F_1 - \sin(\theta_2) * F_2 + 0 * F_3 + 0 * F_{2\text{반력},\,x} + 0 * F_{2\text{ 반력},\,y} + 0 * F_{3\text{ 반력},\,y} &= -F_{1\text{ 인가},\,y} \\
\cos(\theta_1) * F_1 + 0 * F_2 + 1 * F_3 + 1 * F_{2\text{반력},\,x} + 0 * F_{2\text{ 반력},\,y} + 0 * F_{3\text{반력},\,y} &= 0 \\
\sin(\theta_1) * F_1 + 0 * F_2 + 0 * F_3 + 0 * F_{2\text{반력},\,x} + 1 * F_{2\text{ 반력},\,y} + 0 * F_{3\text{ 반력},\,y} &= 0 \\
+0 * F_1 - \cos(\theta_2) * F_2 - 1 * F_3 + 0 * F_{2\text{반력},\,x} + 0 * F_{2\text{ 반력},\,y} + 1 * F_{3\text{ 반력},\,y} &= 0 \\
+0 * F_1 + \sin(\theta_2) * F_2 + 0 * F_3 + 0 * F_{2\text{반력},\,x} + 0 * F_{2\text{ 반력},\,y} + 1 * F_{3\text{ 반력},\,y} &= 0
\end{aligned}
$$

이 연립방정식을 행렬을 써서 나타내면 다음과 같다.

$$\begin{vmatrix} -\cos(\theta_1) & \cos(\theta_2) & 0 & 0 & 0 & 0 \\ -\sin(\theta_1) & -\sin(\theta_2) & 0 & 0 & 0 & 0 \\ \cos(\theta_1) & 0 & 1 & 1 & 0 & 0 \\ \sin(\theta_1) & 0 & 0 & 0 & 1 & 0 \\ 0 & -\cos(\theta_2) & -1 & 0 & 0 & 0 \\ 0 & \sin(\theta_2) & 0 & 0 & 0 & 1 \end{vmatrix} * \begin{vmatrix} F_1 \\ F_2 \\ F_3 \\ F_{2\,반력,\,x} \\ F_{2\,반력,\,y} \\ F_{3\,반력,\,y} \end{vmatrix} = \begin{vmatrix} -F_{1\,인가,\,x} \\ -F_{1\,인가,\,y} \\ 0 \\ 0 \\ 0 \\ 0 \end{vmatrix}$$

각도가 다음과 같고

$$\theta_1 = 45°$$
$$\theta_2 = 45°$$

점 1에 $-y$ 방향으로 1000 lb의 힘이 인가될 때, 이 연립방정식을 풀라.

1. 문제를 명확히 나타낸다.
   그림 10.10에서 트러스의 각 빔(beam)에 작용하는 힘을 구한다.

2. 입력과 출력을 표시한다.
   입력 점 1의 하중(힘): $-y$ 방향으로 1000 lbf

$$\theta_1 = 45°$$
$$\theta_2 = 45°$$

   출력 트러스의 각 빔에 작용하는 힘 F_1, F_2, F_3과 힌지의 반력 $F_{2\,반력,\,x}$, $F_{3\,반력,\,y}$ 그리고 롤러의 반력 $F_{3\,반력,\,y}$

3. 손이나 계산기로 문제를 미리 풀어본다.
   행렬로 표시한 연립방정식에 힘과 각도를 대입하면 다음을 얻을 수 있다.

$$\begin{vmatrix} -0.7071 & +0.7071 & 0 & 0 & 0 & 0 \\ -0.7071 & -0.7071 & 0 & 0 & 0 & 0 \\ +0.7071 & 0 & 1 & 1 & 0 & 0 \\ +0.7071 & 0 & 0 & 0 & 1 & 0 \\ 0 & -0.7071 & -1 & 0 & 0 & 0 \\ 0 & +0.7071 & 0 & 0 & 0 & 1 \end{vmatrix} * \begin{vmatrix} F_1 \\ F_2 \\ F_3 \\ F_{2\,반력,\,x} \\ F_{2\,반력,\,y} \\ F_{3\,반력,\,y} \end{vmatrix} = \begin{vmatrix} 0 \\ 1000 \\ 0 \\ 0 \\ 0 \\ 0 \end{vmatrix}$$

   이 방정식을 행렬 연산을 이용해 풀 수 있지만 여기에서는 그림 10.11의 자유물체도를 보면서 좀 더 쉽게 구해보자. 점 1에 인가된 힘은 수평 방향 성분이 없으므로 점 2에서 생기는 반력은 0이 되어야 한다. 이 트러스는 대칭구조이므로 점 2, 3에 작용하는 하중은 같아야 한다. 따라서 점 2, 3에 작용하는 알짜 수직 힘이 0이 되려면 $F_{2\,반력,\,y}$와 $F_{3\,반력,\,y}$는 각각 500 lbf이 되어야 한다. 이렇게 하면 6개의 미지수 중 3개를 다음과 같이 구할 수 있다.

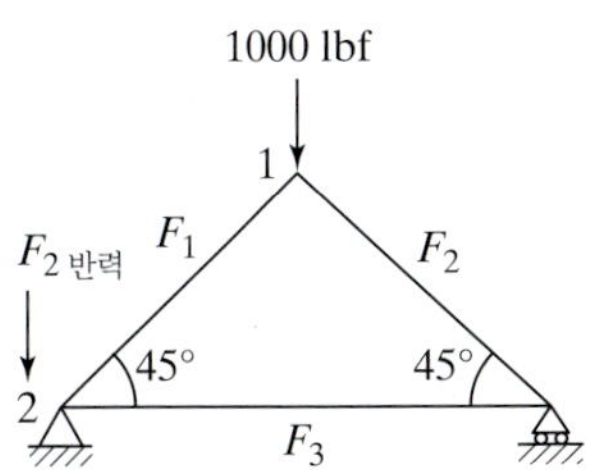

그림 10.11
평형 트러스(balanced truss)의 자유물체도

$$F_{2\,반력,\,x} = 0$$
$$F_{2\,반력,\,y} = 500 \text{ lbf}$$
$$F_{3\,반력,\,y} = 500 \text{ lbf}$$

연립방정식 중에서 점 2에서 수직 방향 힘의 평형 조건을 나타내는 식을 이용하면 다음과 같다.

$$\sum F_{\text{점 2, } y \text{ 방향}} = 0 = +F_{2\text{ 반력, } y} + F_1 \sin(\theta_1)$$

$$\sum F_{\text{점 2, } y \text{ 방향}} = 0 = +500 + F_1 \sin(45°)$$

마찬가지 방법으로

$$F_1 = \frac{-500}{\sin(45°)} = -707.1 \text{ lbf}$$
$$F_2 = -707.1 \text{ lbf}$$

이 된다. 끝으로 점 3에서 수평 방향 힘의 평형 조건을 나타내는 식을 이용하면 다음과 같다.

$$\sum F_{\text{점 3, } x \text{ 방향}} = 0 = -F_2 \cos(\theta_2) - F_3$$

$$F_3 = -F_2 \cos(\theta_2) = 707.1 * \cos(45°) = 500 \text{ lbf}$$

4. 매트랩으로 문제를 푼다.
이 예제를 풀기 위한 매트랩 프로그램은 다음과 같다. 프로그램의 동작을 검사하기 위해 주어진 데이터를 사용한다.

```
theta1=45  % 각도(단위: degrees)
theta2=45  % 각도(단위: degrees)
F1x=0    % 수평 방향 하중(인가힘)
F1y=-1000 % 수직 방향 하중(인가힘)
A= [-cosd(theta1),cosd(theta2),0,0,0,0
-sind(theta1),-sind(theta2),0,0,0,0
cosd(theta1),0,1,1,0,0
sind(theta1),0,0,0,1,0
0,-cosd(theta2),-1,0,0,0
0,sind(theta2),0,0,0,1]
B=[F1x,-F1y,0,0,0,0]'
x=(A\B)' % 왼쪽 나눗셈을 사용한다.
```

이 프로그램을 실행하면 다음 결과가 화면에 출력된다.

```
x =
  -707.11  -707.11  500.00  0  500.00  500.00
```

이 결과는 손으로 푼 것과 일치한다.

5. 풀이를 검사한다.
이 예제에서는 왼쪽 나눗셈을 사용해 문제를 풀었다. 다음과 같이 역행렬 방법을 사용해도 같은 결과를 얻을 수 있다.

```
x = ( inv(A)*B)'
x =

  -707.11  -707.11  500.00  0  500.00  500.00
```

행렬 연산을 하지 않고 손으로 푼 결과와 매트랩으로 구한 결과가 서로 같다. 이제 문제의 조건을 달리해 트러스를 분석해보자. 각도가 다음과 같고,

$$\theta_1 = 30°$$
$$\theta_2 = 60°$$

점 1에 $-x$ 방향으로 1000 lbf이 인가될 때 트러스에 작용하는 힘을 구해보자. 앞에서 작성한 프로그램에서 조건을 변경한다.

```
theta1=30 % 각도(단위: degrees)
theta2=60 % 각도(단위: degrees)
F1x=1000 % 수평 방향 하중(인가힘)
F1y=0 % 수직 방향 하중(인가힘)
A= [-cosd(theta1),cosd(theta2),0,0,0,0
-sind(theta1),-sind(theta2),0,0,0,0
cosd(theta1),0,1,1,0,0
sind(theta1),0,0,0,1,0
0,-cosd(theta2),-1,0,0,0
0,sind(theta2),0,0,0,1]
B= [F1x,-F1y,0,0,0,0]'
x=inv(A)*B
x=A\B
```

이 프로그램을 실행하면 다음 결과를 얻는다.

```
x =
 -866.03  500.00  -250.00  1000.00  433.01  -433.01
```

이 결과를 잘 살펴보면 결과 행렬의 네 번째 원소는 점 2에서 생긴 x 방향으로의 반력 크기로 예상한 대로 1000파운드로 나왔다.

10.3 특수 행렬

지금까지 살펴본 여러 특수 행렬 이외에도 매트랩으로 다양한 행렬을 만들 수 있는데, 이 중에는 다음 행렬과 같이 수치해석 기법을 시험하는 데 사용되거나 계산 알고리즘에 이용되는 것도 있으며 재미있는 성질을 가지고 있는 것도 있다.

함수	설명	예
`pascal`	파스칼 삼각형을 사용해 파스칼 행렬을 만드는 함수	pascal(4) ans = 1 1 1 1 1 2 3 4 1 3 6 10 1 4 10 20
`magic`	가로, 세로, 대각선으로 배열된 각 원소의 합이 모두 같은 특징을 가진 마방진 행렬을 만드는 함수	magic(3) ans = 8 1 6 3 5 7 4 9 2
`rosser`	고유 값(eigenvalue)을 구하는 알고리즘을 시험하는 데 사용되는 행렬인 로서행렬(Rosser Matrix)을 만드는 함수. 입력이 필요 없다.	rosser ans = [8 × 8]
`gallery`	50종류 이상의 시험용 행렬을 만드는 데 사용하는 함수	`gallery` 함수로 행렬을 만드는 방법은 종류마다 다르므로 `help` 명령을 사용해 필요한 행렬을 만드는 방법을 조사하도록 한다.

요약

여러 가지 행렬 연산 중에서 가장 자주 사용하는 것이 전치 연산이다. 전치 연산은 행렬의 행과 열을 서로 바꿔버리는 것을 말한다. 수학책에는 A^T와 같이 위첨자 T로 행렬 A의 전치를 나타낸다. 매트랩에서는 작은따옴표(')가 전치 연산자이므로

```
A'
```

이 행렬 A의 전치행렬이다.

전치 연산과 더불어 많이 사용되는 연산이 점곱이다. 점곱은 크기가 같은 두 벡터에서 같은 위치의 원소끼리 곱한 결과를 모두 더하는 것을 말하며, 수식으로 표현하면 다음과 같다.

$$C = \sum_{i=1}^{N} A_i \ * \ B_i$$

매트랩에서는 다음과 같이 dot 함수를 사용해 점곱을 계산한다.

```
dot(A,B)
```

행렬의 곱셈은 점곱과 비슷하다. 두 행렬끼리 행렬 곱셈을 해서 나오는 결과 행렬의 각 원소는 점곱으로 계산된 값으로 이를 수식으로 나타내면 다음과 같다.

$$C_{i,j} = \sum_{k=1}^{N} A_{i,k} B_{k,j}$$

행렬 A에 행렬 B를 곱하는 행렬 곱셈을 매트랩에서는 * 연산자를 사용해 다음과 같이 계산할 수 있다.

```
C = A*B
```

행렬 곱셈에서는 일반적으로 교환법칙이 성립하지 않는다. 즉 다음과 같다.

$$AB \neq BA$$

다음과 같이 행렬을 여러 번 곱하는 것을 행렬의 거듭제곱이라고 한다.

$$A^3 = AAA$$

어떤 행렬을 거듭제곱하기 위해서는 그 행렬이 반드시 정사각 행렬이어야 한다. 행렬의 거듭제곱에서 지수가 정수가 아니면 거듭제곱한 결과는 복소수 행렬이 된다.

다음과 같이 어떤 행렬에 그 행렬의 역행렬을 곱하면 단위행렬이 된다.

$$AA^{-1} = I$$

매트랩에서는 행렬 A의 역행렬을

```
inv_of_A = inv(A)
```

또는

```
inv_of_A = A^-1
```

의 두 가지 방법으로 계산할 수 있다.

어떤 행렬의 행렬식이 0이면 그 행렬은 역행렬을 가지지 않는다. 이러한 행렬을 특이행렬이라고 한다. 매트랩에서는 다음과 같이 det 함수를 사용해 행렬의 행렬식을 계산할 수 있다.

```
det(A)
```

점곱 계산 함수인 dot 말고도 매트랩에는 3차원 공간상에 존재하는 두 벡터의 가위곱을 계산하는 함수가 있다. 다음 식과 같이 두 벡터의 가위곱을 계산하면 벡터가 되므로 가위곱을 벡터곱(vector product)이라고도 한다.

$$C = A \times B$$

두 벡터의 가위곱을 계산해 나온 결과 벡터는 기학학적으로 두 벡터와 항상 직각을 이루는데, 이러한 성질을 직교성이라고 한다. 다음 행렬식에서 알 수 있듯이 첫 번째 행의 원소가 x, y, z 방향의 단위 벡터이고 두 번째, 세 번째 행의 원소가 각각 두 벡터의 x, y, z 방향의 성분인 행렬의 행렬식이 가위곱이라고 할 수 있다.

$$C = \begin{vmatrix} \vec{i} & \vec{j} & \vec{k} \\ A_x & A_y & A_z \\ B_x & B_y & B_z \end{vmatrix}$$

다음과 같이 매트랩에서는 cross 함수를 사용해 가위곱을 계산할 수 있다.

```
C = cross(A,B)
```

선형 연립방정식을 풀 때 역행렬이 많이 사용된다. 예를 들어 다음과 같은 연립방정식을

$$\begin{array}{rrrcr} 3x & +2y & -z & = & 10 \\ -x & +3y & +2z & = & 5 \\ x & -y & -z & = & -1 \end{array}$$

행렬을 사용해 다음과 같이 쓸 수 있다.

$$AX = B$$

A의 역행렬 A^{-1}에 B를 곱하면 미지수 X를 구할 수 있는데, 매트랩 명령으로는 다음과 같다.

```
X = inv(A)*B
```

그렇지만 이 방법은 가우스 소거법보다는 효율성이 떨어진다. 매트랩에서는 다음과 같이 왼쪽 나눗셈 연산자(\)를 사용해 가우스 소거법으로 계산할 수 있다.

```
X = A\B
```

왼쪽 나눗셈은 방정식의 개수와 미지수의 개수가 같지 않은 과잉 연립방정식이나 부족 연립방정식의 해를 구하는 데에도 사용된다. 과잉 연립방정식인 경우 매트랩은 최소제곱법을 사용해 실제 해에 가장 근접한 미지수의 값을 구한다. 부족 연립방정식인 경우 부족한 방정식 개수만큼 미지수(변수)를 0으로 놓고 나머지 미지수의 값을 계산한다.

매트랩으로 다양한 특수 행렬을 만들 수 있는데 이들은 계산을 더욱 간편하게 해주거나 수치해석 기법을 시험하는 데 이용된다. `pascal` 함수로는 파스칼 행렬(Pascal matrix), `magic` 함수로는 마방진 행렬을 만들 수 있다. 이 두 행렬은 계산에 사용되지는 않지만 수학적으로 재미있는 성질을 가지고 있다. `gallery` 함수로는 수치해석 기법을 시험하는 데 사용되는 50종류 이상의 시험용 행렬을 만들 수 있다.

매트랩 요약

다음 표는 이 장에서 살펴본 특수문자, 명령어와 함수를 정리한 것이다.

특수문자	
'	전치행렬
*	행렬 곱셈
\	행렬 왼쪽 나눗셈
^	행렬 거듭제곱

명령어와 함수	
`cross`	가위곱을 계산한다.
`det`	행렬의 행렬식을 계산한다.
`dot`	점곱을 계산한다.
`eye`	단위행렬을 만든다.
`gallery`	시험용 행렬을 만든다.
`inv`	역행렬을 계산한다.
`magic`	'마방진' 행렬을 만든다.
`pascal`	파스칼 행렬을 만든다.
`rref`	감축행 사다리꼴 행렬을 이용해 선형 연립방정식의 해를 계산한다.
`size`	행렬을 이루고 있는 행의 개수와 열의 개수를 구한다.

핵심 용어

가우스 소거법(Gaussian elimination)
가위곱(cross product)
교환(commutative)
나쁜조건행렬(ill-conditioned matrix)
단위 벡터(unit vector)
단위행렬(identity matrix)
배열(array)
역(inverse)
연립방정식(system of equation)
전치(transpose)
점곱(dot product)
직각(normal)
직교(orthogonal)
특이행렬(singular matrix)
행렬(matrix)
행렬 곱셈(matrix multiplication)
행렬식(determinant)

연습문제

점곱

10.1 다음 두 벡터의 점곱을 계산하고 다음 관계가 성립하는지 확인하라.

$$A \cdot B = B \cdot A$$

(a) $A = [1, 3, 5]$ $B = [-3, -2, 4]$

(b) $A = [0, -1, -4, -8]$ $B = [4, -2, -3, 24]$

10.2 점곱을 이용해 표 P10.2에 수록된 구성물질의 전체 질량을 계산하라.

표 P10.2 구성물질의 질량 특성

구성물질	밀도(g/m³)	부피(m³)
추진제	1.2	700
강철	7.8	200
알루미늄	2.7	300

10.3 점곱을 이용해 표 P10.3에 수록된 품목을 사는 데 필요한 전체 금액을 계산하라.

표 P10.3 구입 품목

품목	수량	가격
우유	2갤런	$3.50/갤런
달걀	1판	$1.25/판
시리얼	2상자	$4.25/상자
수프	5캔	$1.55/캔
과자	1봉지	$3.15/봉지

10.4 봄베 열량계(bomb calorimeter)는 화학반응에서 발생하는 에너지를 측정하는 기기이다. 봄베 열량계의 총열용량(heat capacity)은 모든 물질에 대해 질량(mass)과 비열용량(specific heat capacity)의 점곱을 각각 계산한 다음 이를 모두 더한 것으로 정의된다. 이를 수식으로 나타내면 다음과 같다.

$$\text{CP} = \sum_{i=1}^{n} m_i C_i$$

여기에서

m_i = 물질 i의 질량(단위: g)
C_i = 물질 i의 비열용량(단위: J/gK)
CP = 총열용량(단위: J/K)

표 P10.4에 수록된 열 데이터를 사용해 봄베 열량계로 측정되는 총열용량을 구하라.

표 P10.4 열 데이터

물질	질량(g)	비열용량(J/gK)
강철	250	0.45
물	100	4.2
알루미늄	10	0.90

10.5 유기화합물은 탄소, 수소, 산소로 이루어져 있으므로 탄화수소라고 말하기도 한다. 화합물의 분자량(molecular weight, MW)은 모든 구성 원소에 대해 원소의 수(Z)와 원자량(atomic weight, AW)의 점곱을 각각 구한 다음 이를 모두 더한 것이다. 이를 식으로 나타내면 다음과 같다.

$$\mathrm{MW} = \sum_{i=1}^{n} \mathrm{AW}_i \cdot Z_i$$

탄소, 수소, 산소의 원자량이 각각 12, 1, 16이다. 점곱을 사용해 에탄올(C_2H_5OH)의 분자량을 구하라. 에탄올은 화학식에서 보듯이 탄소 2개, 산소 1개, 수소 6개로 이루어져 있다.

10.6 공기는 여러 기체로 이루어져 있지만 '공기'라는 단일 물질인 것처럼 취급하는 것이 편리할 때가 많이 있다. 이렇게 취급하는 경우 공기의 분자량(몰 질량)은 공기에 들어 있는 여러 기체의 분자량을 가중평균한 것이 된다. 질소, 산소, 아르곤이 공기의 대부분을 차지하고 있으므로 약간의 오차를 감수하고 이들 기체만을 사용해 공기의 분자량을 계산할 수 있다. 표 P10.6의 데이터와 점곱을 사용해 공기의 분자량을 구하라.

표 P10.6 공기의 구성물질

물질	구성 비율	분자량(g/mol)
질소(N_2)	0.78	28
산소(O_2)	0.21	32
아르곤(Ar)	0.01	40

행렬 곱셈

10.7 다음 두 행렬의 곱셈 $A*B$를 계산하고, $A*B = B*A$가 성립하는지 아닌지 확인하라.

(a) $A = \begin{bmatrix} 12 & 4 \\ 3 & -5 \end{bmatrix} \qquad B = \begin{bmatrix} 2 & 12 \\ 0 & 0 \end{bmatrix}$

(b) $A = \begin{bmatrix} 1 & 3 & 5 \\ 2 & 4 & 6 \end{bmatrix} \qquad B = \begin{bmatrix} -2 & 4 \\ 3 & 8 \\ 12 & -2 \end{bmatrix}$

10.8 알폰조와 매티가 슈퍼마켓에 갔다. 구입할 물품 목록과 가격이 표 P10.8과 같다.

표 P10.8 알폰조와 매티의 구입 품목

품목	알폰조의 목록	매티의 목록
우유	2갤런	3갤런
달걀	1판	2판
시리얼	2상자	1상자
수프	5캔	4캔
과자	1봉지	3봉지

각 품목의 가격은 다음과 같다.

품목	알폰조의 목록
우유	$3.50/갤런
달걀	$1.25/판
시리얼	$4.25/상자
수프	$1.55/캔
과자	$3.15/봉지

두 사람이 각각 지불해야 할 금액을 구하라.

10.9 봄베 열량계로 몇 번의 실험을 연속적으로 수행했다. 실험할 때마다 사용하는 물의 양을 다르게 했다. 표 P10.9의 데이터와 비열용량 정보와 행렬 곱셈을 사용해 각 실험마다 열량계로 측정되는 총열용량을 계산하라.

표 P10.9 봄베 열량계의 열 특성

실험 번호	물의 질량(g)	강철의 질량(g)	알루미늄의 질량(g)
1	110	250	10
2	100	250	10
3	101	250	10
4	98.6	250	10
5	99.4	250	10

물질	비열용량(J/gK)
강철	0.45
물	4.2
알루미늄	0.90

10.10 화합물의 분자량(MW)은 모든 구성 원소에 대해 원소의 수(Z)와 원자량(AW)의 점곱을 각각 구한 다음 이를 모두 더한 것이다. 이를 식으로 나타내면 다음과 같다.

$$\mathrm{MW} = \sum_{i=1}^{n} \mathrm{AW}_i \cdot Z_i$$

다섯 가지 직쇄 알코올(straight-chain alcohol)의 구성 원소가 표 P10.10과 같다. 탄소, 수소, 산소의 원자량(각각 12, 1, 16)과 행렬 곱셈을 이용해 각 알코올의 분자량(정확하게 표현하자면 몰 질량)을 구하라.

표 P10.10 알코올의 구성 원소

종류	탄소	수소	산소
메탄올	1	4	1
에탄올	2	6	1
프로판올	3	8	1
부탄올	4	10	1
펜타놀	5	12	1

행렬 거듭제곱

10.11 행렬 A가 다음과 같을 때 다음 물음에 답하라.

$$A = \begin{bmatrix} -1 & 3 \\ 4 & 2 \end{bmatrix}$$

(a) 행렬 A의 원소의 제곱을 계산하라. (필요하다면 도움말을 참조하라.)
(b) 행렬 A의 제곱을 계산하라.
(c) 위의 두 계산 결과가 다르게 나오는 까닭을 설명하라.

10.12 다음과 같이 pascal 함수를 사용한 명령으로 3×3 행렬 A를 만든 뒤 다음 물음에 답하라.

```
pascal (3)
```

(a) 행렬 A의 원소의 세제곱을 계산하라.
(b) 행렬 A의 세제곱을 계산하라.
(c) 위의 두 계산 결과가 다르게 나오는 까닭을 설명하라.

행렬식과 역행렬

10.13 행렬 $A = [-1\ 3;\ 4\ 2]$일 때, A의 행렬식을 손으로 계산하고 매트랩으로도 함께 계산하라.

10.14 역행렬을 가지지 않는 행렬도 있다. 어떤 행렬 A의 행렬식이 0이면(즉 $|A| = 0$) 그 행렬은 역행렬을 가지지 않는 특이행렬이다. 역행렬을 계산하는 함수를 이용해 다음 행렬이 역행렬을 가지는지 그렇지 않은지 확인하라.

$$A = \begin{bmatrix} 2 & -1 \\ 2 & 5 \end{bmatrix} \quad B = \begin{bmatrix} 4 & 2 \\ 2 & 1 \end{bmatrix} \quad C = \begin{bmatrix} 2 & 0 & 0 \\ 1 & 2 & 2 \\ 5 & -4 & 0 \end{bmatrix}$$

역행렬이 있는 경우에는 이를 구하라.

가위곱

10.15 그림 P10.15와 같이 레버에 힘을 가할 때 레버의 회전축에 작용하는 힘의 모멘트(토크)를 계산하라. 힘의 모멘트는 삼각함수 법칙을 이용해 위치 벡터 $\vec{r}$과 힘 벡터 $\vec{F}$의 x, y 성분을 구한 다음 다음 식과 같이 두 벡터의 가위곱을 계산해 구할 수 있다.

$$\mathbf{M}_0 = \mathbf{r} \times \mathbf{F}$$

그림과 같이 길이가 20 ft인 레버에는 수직으로 200 lbf의 힘이 가해지고 있으며, 레버는 수평축에서 60°만큼 기울어져 있다.

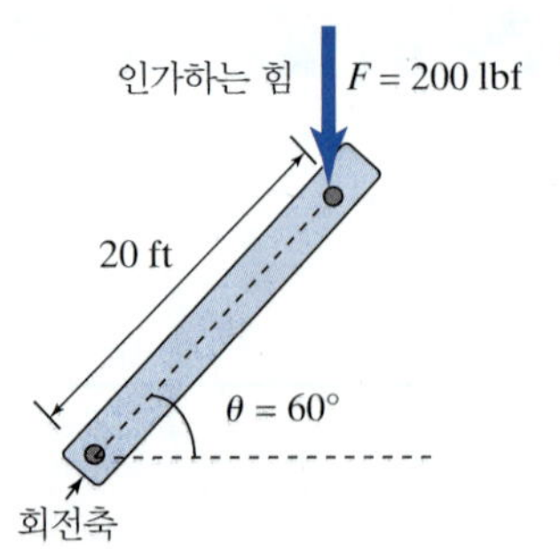

그림 P10.15
레버의 회전축에 작용하는 힘의 모멘트

10.16 그림 P10.16과 같이 브래킷이 벽에 붙어 있다. 벽과 연결된 점에 작용하는 힘의 모멘트를 구하라. 그림에서 보듯이 수평 길이 10 in, 수직 길이 5 in인 브래킷의 맨 윗부분에 수평축과 55°를 이루는 방향으로 35 lbf의 힘이 가해지고 있다. 이때 힘의 모멘트는 ft-lbf 단위가 되게 하라.

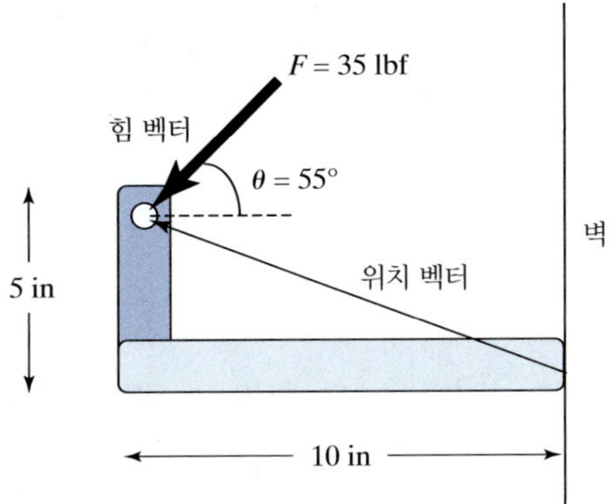

그림 P10.16
벽에 부착된 브래킷

10.17 그림 P10.17과 같이 직사각형 모양의 선반이 2개의 브래킷으로 벽에 고정되어 있다. 브래킷이 부착된 위치는 A, B로 두 점은 12 in만큼 떨어져 있다. 선반의 모서리 C에 무게가 10 lbf인 물체가 줄에 매달려 있다. 이 물체에 의해 점 A, B 주위에 작용하는 힘의 모멘트를 구하라.

이 문제는 두 가지 방법으로 풀 수 있다. 먼저 점 A, B 주위에 작용하는 힘의 모멘트를 각각 구하는 방법이 있다. 또 다른 방법은 먼저 위치 벡터와 힘 벡터의 크기를 모두 2×3으로 만든다. 위치 벡터의 두 행에는 각 브래킷의 위치를 입력한다. 그러고 나서 위치 벡터와 힘 벡터의 가위곱을 계산하면 2×3 행렬을 얻을 수 있는데, 이 행렬의 각 행이 각 브래킷에 작용하는 힘의 모멘트가 된다.

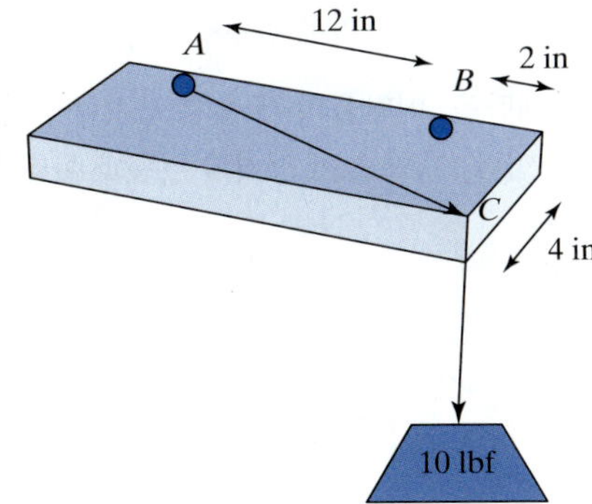

그림 P10.17
3차원 힘의 모멘트의 계산

선형 연립방정식 풀이법

10.18 다음 연립방정식을 두 가지 방법(행렬 왼쪽 나눗셈 방법, 역행렬 방법)을 사용해 풀라.

(a)
$$-2x + y = 3$$
$$x + y = 10$$

(b)
$$5x + 3y - z = 10$$
$$3x + 2y + z = 4$$

$$\begin{aligned} 4x - y + 3z &= 12 \end{aligned}$$

(c)
$$\begin{aligned} 3x + y + z + w &= 24 \\ x - 3y + 7z + w &= 12 \\ 2x + 2y - 3z + 4w &= 17 \\ x + y + z + w &= 0 \end{aligned}$$

10.19 일반적으로 행렬 왼쪽 나눗셈 방법이 역행렬 방법보다 더욱 빠르고 정확하다. 이 두 가지 방법을 사용해 다음 연립방정식을 풀고 `tic`, `toc` 함수를 사용해 계산하는 데 걸린 시간을 구하라.

$$\begin{aligned} 3x_1 + 4x_2 + 2x_3 - x_4 + x_5 + 7x_6 + x_7 &= 42 \\ 2x_1 - 2x_2 + 3x_3 - 4x_4 + 5x_5 + 2x_6 + 8x_7 &= 32 \\ x_1 + 2x_2 + 3x_3 + x_4 + 2x_5 + 4x_6 + 6x_7 &= 12 \\ 5x_1 + 10x_2 + 4x_3 + 3x_4 + 9x_5 - 2x_6 + x_7 &= -5 \\ 3x_1 + 2x_2 - 2x_3 - 4x_4 - 5x_5 - 6x_6 + 7x_7 &= 10 \\ -2x_1 + 9x_2 + x_3 + 3x_4 - 3x_5 + 5x_6 + x_7 &= 18 \\ x_1 - 2x_2 - 8x_3 + 4x_4 + 2x_5 + 4x_6 + 5x_7 &= 17 \end{aligned}$$

여러분의 컴퓨터가 신형이라면 실행시간이 너무 빠르므로 두 방법을 푸는 데 걸리는 시간의 차이를 거의 구별할 수 없을 것이다. 이런 경우에는 미지수가 더 많은 문제를 만든 다음에 비교해보기 바란다.

10.20 예제 10.5에서는 그림 10.5의 회로로부터 다음 연립방정식을 유도한 다음 이 방정식을 역행렬 방법으로 풀어 미지수를 구했다.

$$\begin{aligned} (R_2 + R_4)\, i_1 + (-R_2)\, i_2 + (-R_4)\, i_3 &= V_1 \\ (-R_2)\, i_1 + (R_1 + R_2 + R_3)\, i_2 + (-R_3)\, i_3 &= 0 \\ (-R_4)\, i_1 + (-R_3)\, i_2 + (R_3 + R_4 + R_5)\, i_3 &= 0 \end{aligned}$$

이번에는 왼쪽 나눗셈 방법으로 이 연립방정식을 풀라.

10.21 그림 P10.21과 같이 물, 에탄올, 메탄올의 세 성분으로 구성된 액체가 분리공정을 수행하는 장치로 함께 유입되고 있다. 그리고 이 장치의 위쪽과 아래쪽에서 이 세 성분이 들어 있는 액체가 유출되고 있다.

그림 P10.21
세 성분의 분리공정

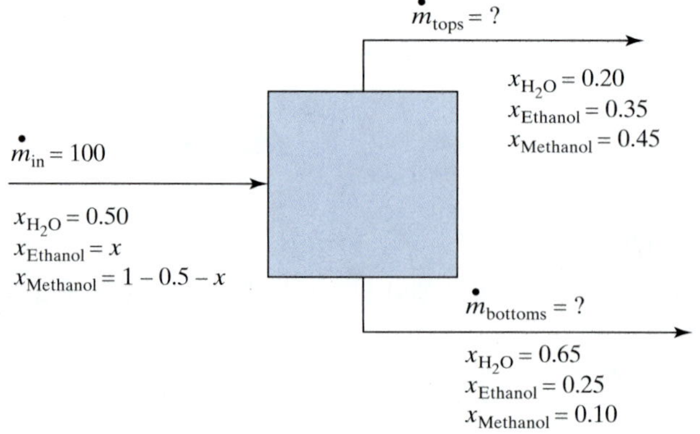

이 분리공정 장치로 유입되는 질량 흐름률과 이 장치의 위와 아래에서 유출되는 질량 흐름률을 다음 순서로 각각 구하라.

(a) 먼저 액체를 이루고 있는 세 가지 성분에 대해 균형방정식(balance equation)을 각각 세우라.

물

$$(0.5)\,(100) = 0.2\dot{m}_{위} + 0.65\dot{m}_{아래}$$
$$50 = 0.2\dot{m}_{위} + 0.65\dot{m}_{아래}$$

에탄올

$$100x = 0.35\dot{m}_{위} + 0.25\dot{m}_{아래}$$
$$50 = -100x + 0.35\dot{m}_{위} + 0.25\dot{m}_{아래}$$

메탄올

$$100(1 - 0.5 - x) = 0.45\dot{m}_{위} + 0.1\dot{m}_{아래}$$
$$50 = 100x + 0.45\dot{m}_{위} + 0.1\dot{m}_{아래}$$

(b) 다음으로 (a)에서 세운 연립방정식을 행렬로 나타내라.

(c) 매트랩을 사용해 3개의 방정식으로 구성된 이 연립방정식을 풀어 미지수를 구하라.

10.22 그림 P10.22와 같은 정정 트러스가 있다. 그림과 같이 수평축과 30°를 이루는 방향으로 1000 lbf의 힘이 가해지고 있다. 내각 θ_1, θ_2는 각각 45°, 65°이다. 트러스를 구성하는 각 부분에 작용하는 힘 F_1, F_2, F_3을 구하고, 힌지(노드 2)와 롤러(노드 3)에 생기는 반력을 구하라.

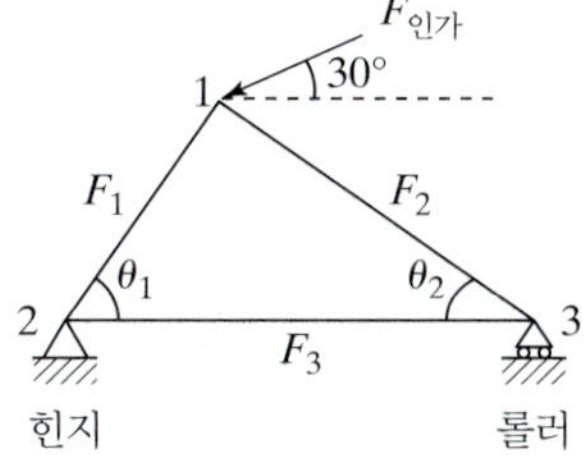

그림 P10.222
정정 트러스

심화문제

10.23 매트랩의 내장함수나 연산자 대신 `for` 루프를 사용해 연립방정식을 푸는 함수 M-파일을 만들고, 함수 파일의 이름은 *my_matrix_solver*로 하라. 함수 파일은 2개의 행렬(계수행렬과 결과행렬)을 입력으로 받아들여 변수(미지수) 행렬을 출력해야 한다. 예를 들어 다음 연립방정식이 미지수 행렬 X에 대한 행렬방정식

$$AX = B$$

로 표시될 때, 함수 파일은 계수행렬 A와 결과행렬 B를 입력으로 받아들여 계산한 다음 얻은 미지수 행렬 X를 출력해야 한다. 함수 파일이 제대로 동작하는지 연습문제 10.22를 다시 풀어 확인하라.

11 배열의 종류

학습목표

- 매트랩에서 사용되는 여러 데이터형을 이해한다.
- 다양한 숫자 배열을 만들고 사용한다.
- 문자 배열과 문자열 배열을 만들고 사용한다.
- 논리 배열, 날짜시간 배열, 범주 배열을 만들고 사용한다.
- 다차원 배열을 만들고 그 배열의 원소를 읽고 쓴다.
- 셀 배열, 구조체 배열, 테이블 배열, 타임테이블 배열을 만들고 쓴다.

서론

매트랩에서 기본 **데이터형**[data type, **클래스**(class)라고 불리기도 함]은 배열이다. 배열 내에서 매트랩은 다양한 보조 데이터형을 지원한다. 매트랩은 C언어로 만들어진 프로그램이므로 매트랩이 지원하는 데이터형 가운데 상당수는 C에서 지원하는 데이터형과 유사하다. 일반적으로 한 배열 내에 저장된 데이터는 모두 같은 데이터형이어야 한다. 그런데 매트랩에는 데이터형과 배열 유형을 바꾸는 함수가 존재해서 한 배열 내에 유형이 다른 데이터를 저장할 수 있다. 이 장에서는 매트랩에서 사용하는 다양한 데이터형과 이를 저장하는 데 사용되는 배열을 살펴볼 것이다.

그림 11.1에 매트랩이 저장할 수 있는 데이터형이 나와 있다. 그림에서 알 수 있듯이 데이터형으로는 숫자 데이터(numeric data), 문자 데이터(texual data), **논리 데이터**(logical data), 범주 데이터(categorical data), 날짜 및 시간 데이터(date and time data), **기호 데이터**(symbolic data), 함수 핸들(function handle)이 있다. 매트랩 배열에 하나의 특정 데이터형만 저장할 수도 있고, 아니면 여러 데이터형을 함께 저장할 수도 있다. **테이블**(table), **셀**(cell), 맵(map), **구조체**(structure) 배열은 후자에 해당한다(그림 11.2 참조). 대규모 데이터를 더 쉽게 처리하기 위해 시간이 표기된 행을 가진 표에 특화된 테이블 배열이 최근 별도의 데이터형으로 추가되었다.

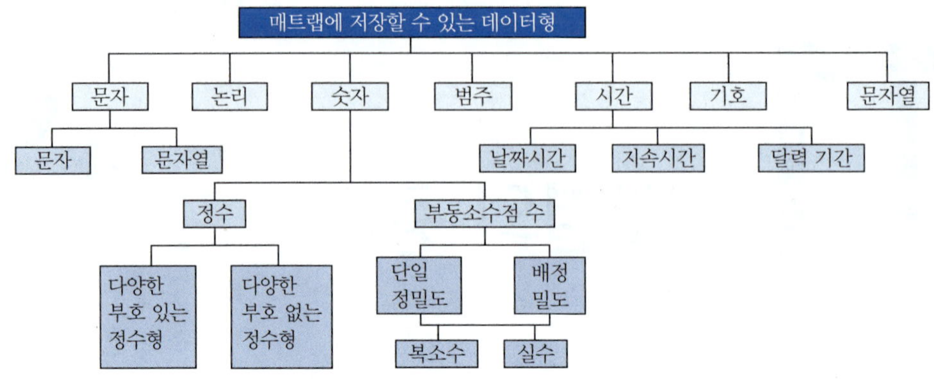

그림 11.1
매트랩은 여러 종류의 데이터를 저장할 수 있다. 각 데이터형에 따라 데이터를 저장하는 데 사용되는 배열 유형이 존재한다.

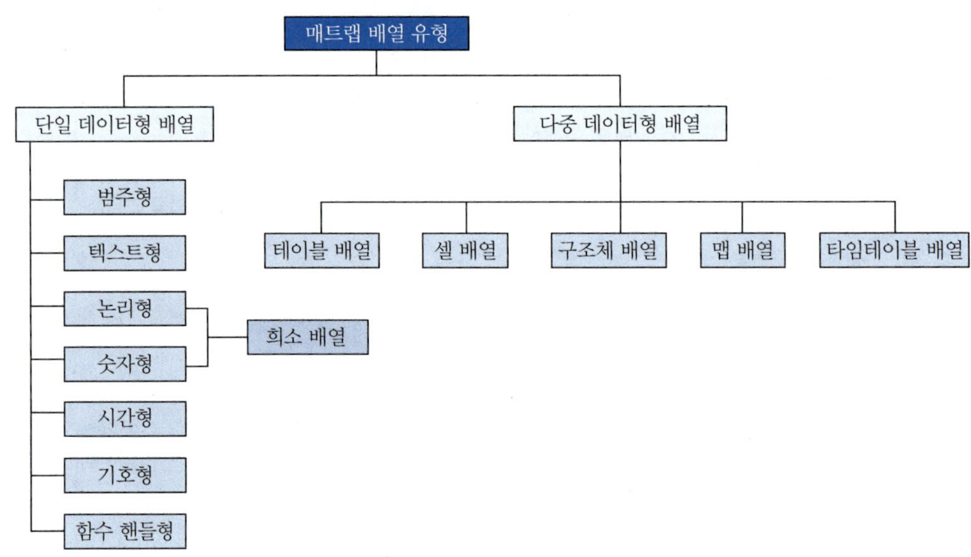

그림 11.2
매트랩에서는 데이터가 배열에 저장된다. 대부분의 배열은 하나의 데이터 종류만 저장하지만, 다중 데이터형 배열에서는 어떤 데이터형도 저장될 수 있다. 예를 들어 숫자와 텍스트 데이터는 하나의 구조체 배열에 저장될 수 있다. 또한 희소 배열(sparse array)은 숫자 또는 논리 값을 저장할 수 있다.

11.1 숫자 데이터형

매트랩에는 **배정밀도 부동소수점 수**(double-precision floating-point number), **단일정밀도 부동소수점 수**(single-precision floating-point number), 다양한 유형의 **정수**(integer)를 저장하는 데 사용하는 배열이 존재한다. 배정밀도 부동소수점 수가 공학자와 과학자 사이에서 가장 많이 쓰이지만, 그 외의 다양한 데이터형도 각각의 용도가 있고 문제를 푸는 데 유용한 도구이다.

11.1.1 배정밀도 부동소수점 수

매트랩에서 숫자 데이터형은 별도로 지정하지 않는 한 배정밀도 부동소수점 수로 설정된다. 배정밀도 부동소수점 수의 정의는 IEEE 표준(standard) 754에 규정되어 있다. IEEE(Institute of Electrical and Electronics Engineers)는 **국제전기전자기술자협회**이다. 매트랩에서 다음 명령으로 변수 A를 만들면,

```
A = 1
```

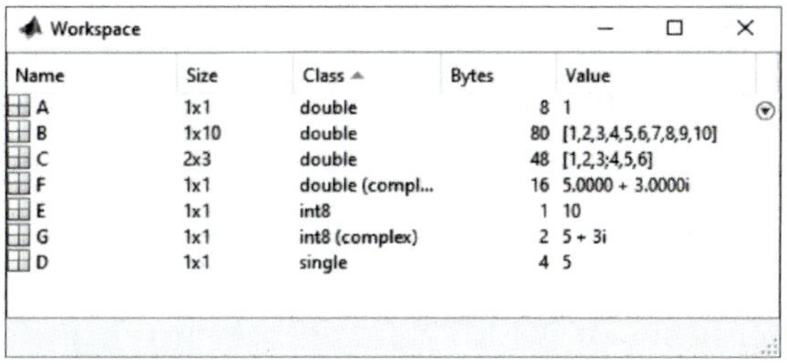

Workspace

Name	Size	Class ▲	Bytes	Value
A	1x1	double	8	1
B	1x10	double	80	[1,2,3,4,5,6,7,8,9,10]
C	2x3	double	48	[1,2,3;4,5,6]
F	1x1	double (compl...	16	5.0000 + 3.0000i
E	1x1	int8	1	10
G	1x1	int8 (complex)	2	5 + 3i
D	1x1	single	4	5

그림 11.3
매트랩은 여러 숫자 데이터형을 지원하며, 이는 작업공간창의 클래스 항목 아래에 나열된다.

그림 11.3과 같이 작업공간창에서 변수 A가 'double'이란 클래스에 속해 있음을 알 수 있다. 또한 변수 A는 8바이트(byte)의 저장공간을 차지하고 있다. 1바이트는 8비트(bit)이므로 '1'이라는 숫자형 데이터를 저장하는 데 64비트의 저장공간이 필요하다. 다음 명령으로 만들어진 변수 B, C는 얼마큼의 저장공간을 차지하고 있는지 그림 11.3에서 살펴보자.

```
B = 1:10;            C = [1,2,3; 4,5,6];
```

숫자형 데이터 하나는 8바이트의 저장공간을 차지하므로 10개의 숫자를 가진 변수 B는 총 80바이트를 필요로 한다. 변수 C는 6개 숫자로 이루어져 있으므로 총 48바이트를 차지하고 있다.

realmax와 realmin 함수를 이용하면 다음과 같이 매트랩이 표시할 수 있는 가장 큰 배정밀도 부동소수점 수와 가장 작은 배정밀도 부동소수점 수를 알 수 있다.

핵심 개념
매트랩은 다중 데이터형을 지원한다.

```
realmax
ans =
  1.7977e+308
realmin
ans =
  2.2251e-308
```

다음에서 보듯이 realmax 명령으로 나온 값보다 큰 수를 매트랩에 입력하거나, 계산 결과로 나온 수가 realmax 값을 초과하면 매트랩은 이 수를 +무한대(infinity) 또는 −무한대로 표시한다.

```
x = 5e400
x =
   Inf
```

마찬가지로 realmin 명령으로 나온 값보다 더 작은 수를 매트랩에 입력하면 매트랩은 이 수를 0으로 취급한다.

```
x = 1e-400
x =
   0
```

11.1.2 단일정밀도 부동소수점 수

단일정밀도 부동소수점 수가 차지하는 저장공간은 배정밀도 수의 절반이다. 따라서 저장되는 정보량도 배정밀도 수의 반이다. 단일정밀도 수는 숫자 하나당 4바이트, 총 $4 \times 8 = 32$비트의 저장공간을 차지한다. 다음 명령으로 변수 D의 데이터형을 단일정밀도 수로 정의하면 다음과 같다.

```
D = single(5)
D =
   5
```

핵심 개념
단일정밀도 수는 배정밀도 수의 절반의 저장공간을 필요로 한다.

그림 11.3과 같이 D는 4바이트, 다시 말해 32비트의 저장공간을 차지한다. 매트랩에서는 데이터형이 초기에 배정밀도 수로 설정되므로 단일정밀도 수로 데이터형을 바꾸기 위해 single 함수가 사용되었다. 데이터형을 단일정밀도 수에서 배정밀도 수로 다시 바꿀 때에는 다음과 같이 double이라는 함수를 사용하면 된다.

```
double(D)
```

단일정밀도 수에 할당된 저장공간은 배정밀도 수의 절반이므로 다룰 수 있는 수의 범위가 배정밀도 수보다 좁다. 다음과 같이 realmax, realmin 함수를 사용하면 이를 확인해볼 수 있다.

```
realmax("single")
ans =
  3.4028e+038
realmin("single")
ans =
  1.1755e-038
```

핵심 개념
배정밀도 수는 대부분의 공학 응용에 적합하다.

요즘 우리가 사용하는 컴퓨터는 저장용량이 매우 크고 아주 짧은 시간 안에 프로그램의 실행을 끝마치므로 저장공간과 실행시간을 고려해서 배정밀도 수를 단일정밀도 수로 바꿀 필요는 거의 없다. 하지만 수치 해석에 응용되는 복잡한 프로그램에서는 데이터형을 배정밀도에서 단일정밀도로 바꾸면 실행시간이 많이 단축된다. 그러나 이 경우에는 반올림 오차가 커진다는 단점도 같이 발생한다.

지금부터는 예제를 통해 단일정밀도와 배정밀도가 반올림 오차에 어떤 영향을 미치는지 확인해보자. 다음과 같은 급수(series)를 살펴보자.

$$\sum\left(\frac{1}{1}+\frac{1}{2}+\frac{1}{3}+\frac{1}{4}+\frac{1}{5}+\frac{1}{6}+\cdot\cdot\cdot+\frac{1}{n}+\cdot\cdot\cdot\right)$$

급수란 일정한 법칙에 따라 순서대로 배열한 수들을 모두 더한 것을 말하는데, 위에서 언급한 급수는 **조화급수**(harmonic series)라고 하며 다음과 같이 간단한 수식으로 다시 쓸 수 있다.

$$\sum_{n=1}^{\infty}\frac{1}{n}$$

조화급수는 발산(divergence)한다. 다시 말해 급수에서 항이 많아질수록 합은 계속 커진다. 다음 명령을 입력하면 조화급수에서 앞에서부터 10개의 항을 만들 수 있다.

```
n = 1:10;
harmonic = 1./n
```

이때 다음 명령을 입력하면 화면에 표시되는 숫자의 형식을 **유리수**(rational number, 정수와 분수)로 나타낼 수 있다.

```
format rat
harmonic =
  1    1/2    1/3    1/4    1/5    1/6    1/7    1/8    1/9    1/10
```

혹은 다음 명령을 입력해서 화면에 표시되는 숫자의 형식을 원래의 short 형식으로 바꾸면 소수점을 사용해서 급수를 나타낼 수 있다.

```
format short
harmonic =
  1.0000   0.5000   0.3333   0.2500   0.2000   0.1667   0.1429
           0.1250   0.1111   0.1000
```

화면에 숫자가 어떤 형식으로 표시되든 그 수는 컴퓨터 안에서는 배정밀도 부동소수점수라는 데이터형으로 저장되어 있다. 항이 하나씩 증가함에 따라 급수의 부분합(partial sum), 다시 말해 누적합(cumulative sum)이 어떻게 변하는지 살펴보자.

```
partial_sum = cumsum(harmonic)
partial_sum =
 Columns 1 through 6
  1.0000    1.5000    1.8333    2.0833    2.2833    2.4500
 Columns 7 through 10
  2.5929    2.7179    2.8290    2.9290
```

cumsum은 누적합을 계산하는 함수로 배열에서 어떤 위치의 누적합이란 첫 번째 원소부터 그 위치의 원소까지 모든 원소를 합한 것을 말한다. 앞의 계산 결과(partial_sum)에서 세 번째 열(column 3)의 값 1.8333은 harmonic이란 배열의 1~3번째 원소들의 합이다. harmonic 배열의 원소 수를 아무리 많이 늘려서 누적합을 구하더라도 부분합은 계속해서 증가한다.

그런데 조화급수에서 항이 점점 늘어나 n이 아주 커지면 1./n은 아주 작아진다. 컴퓨터는 어느 한계 값보다 작은 수를 0으로 취급하므로 항이 어느 한계 이상으로 늘어나면 부분합은 더 이상 증가하지 않는다. 이러한 상황은 수를 배정밀도로 설정한 경우보다 단일정밀도로 설정한 경우에 더 먼저 일어난다. 조화급수에서 n 값을 크게(1000만)해 이 내용을 확인해보자.

```
n = 1:1e7;
harmonic = 1./n;
partial_sum = cumsum(harmonic);
```

(컴퓨터로 이 명령을 실행시키면 계산이 완료되는 데 어느 정도 시간이 걸릴 것이다.) 매트랩에서 기본으로 설정되는 데이터형은 배정밀도이므로 명령을 실행하는 데 필요한 모든 계산은 배정밀도 데이터형 숫자를 가지고 수행된다. 계산 결과가 어떤 식으로 변하는지 알 수 있도록 데이터를 그래프로 그려보자.

```
plot(partial_sum)
```

이제 위 계산을 단일정밀도로 바꾸어서 해보자. 이 계산을 수행하기 전에 시스템에 사용 가능한 메모리 용량에 따라 컴퓨터 메모리를 지워야 할 수도 있다.

```
n = single(1:1e7);
harmonic = 1./n;
partial_sum = cumsum(harmonic);
hold on
plot(partial_sum,'--')
```

핵심 개념
반올림 오차는 배정밀도 수보다는 단일정밀도 수를 사용해 계산할 때 더 큰 문제가 된다.

위 명령을 실행하면 그림 11.4와 같은 그래프가 그려진다. 실선은 배정밀도로 계산된 부분합이고 파선은 단일정밀도로 계산된 부분합이다. 파선의 단일정밀도 계산 결과를 보면 값이 증가하다가 약 200만 번의 계산에서 값이 평탄해지는데, 이는 항이 계속 늘어나 n이 어느 한계 값 이상으로 커지면 컴퓨터가 1/n의 값을 0으로 취급하기 때문이다. 그래프에서 배정밀도 계산의 경우에는 1000만 번의 계산에도 아직 그 한계 값에 이르지 않았음을 알 수 있다.

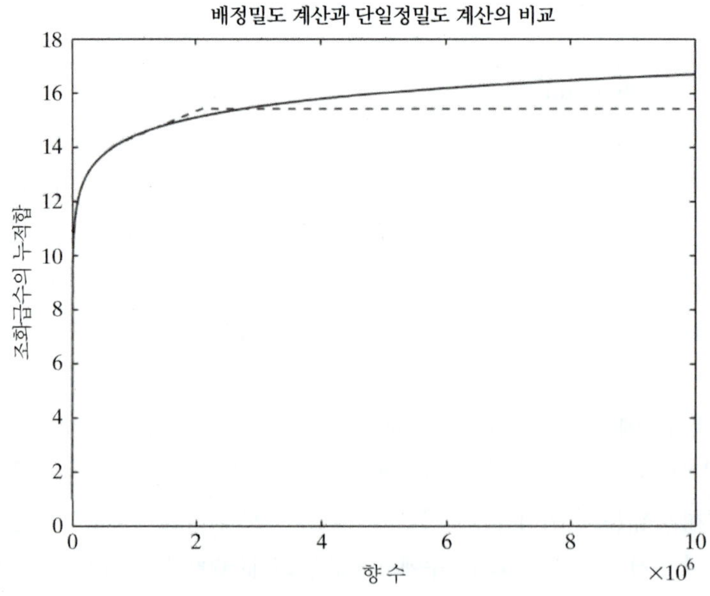

그림 11.4
조화급수를 계산할 때 단일정밀도 수를 사용하면 배정밀도 수를 사용할 때보다 반올림 오차에 의한 영향을 빨리 받는다.

11.1.3 정수

매트랩에서 기본적으로 설정되는 숫자 표시형식은 배정밀도 부동소수점 수이지만, 그 밖에 몇 가지 정수형(integer type) 표시형식도 함께 사용된다. 전통적으로 정수는 사물을 세거나 차례를 나타내는 숫자로 사용된다. 즉 '방 안에 2.5명이 있다' 또는 '어떤 배열 안에 있는 1.5번째 위치의 원소'와 같이는 쓸 수 없다. 매트랩이 지원하는 정수형은 모두 여덟 가지이다. 정수형에 따라서 할당된 저장공간이 다르며, 값에 부호가 붙기도 하고 없기도 하다. 저장공간이 큰 정수형일수록 더 큰 정수 값을 다룰 수 있다. 표 11.1에 여덟 가지 정수형을 수록했다.

8비트가 1바이트이므로 다음과 같이 변수 E를 int8 형으로 지정하면 다음과 같다.

```
E = int8(10)
E =
   10
```

그림 11.3과 같이 E는 1바이트의 저장공간만을 차지한다.

intmax 함수를 사용하면 각 정수형이 취급할 수 있는 가장 큰 정수 값을 알아낼 수 있다. 예를 들어

```
intmax("int8")
ans =
   127
```

이므로 8비트 부호 있는 정수형에서 다룰 수 있는 가장 큰 수는 127이다.

부호가 있는 정수형은 네 종류가 있는데, 이들의 경우에는 저장공간 안에 +, −를 구별하기 위한 공간이 할당되어 있다. 그러나 부호가 없는 나머지 4개의 정수형은 수를 무조건 + 부호인 양수로 간주하므로 부호정보를 저장하는 공간을 필요로 하지 않는다. 따라서 더 큰 숫자를 다룰 수 있다.

다음 명령에서 알 수 있듯이 8비트 부호 없는 정수형에서 다룰 수 있는 가장 큰 수는 255이다.

```
intmax("uint8")
ans =
   255
```

핵심 개념
정수형 데이터는 이미지 데이터를 저장할 때 자주 사용된다.

정수형 배열이 사용되는 또 다른 예는 이미지 정보(image information)를 저장할 때이다.

표 11.1 매트랩의 정수형

8비트 부호 있는 정수형	int8	8비트 부호 없는 정수형	uint8
16비트 부호 있는 정수형	int16	16비트 부호 없는 정수형	uint16
32비트 부호 있는 정수형	int32	32비트 부호 없는 정수형	uint32
64비트 부호 있는 정수형	int64	64비트 부호 없는 정수형	uint64

어떤 경우에는 정수형 배열의 크기가 매우 커질 수도 있는데, 그 대신 영상을 나타내는 데 사용되는 색상의 수는 한정되어 있다. 이러한 영상정보를 부호 없는 정수형 배열로 저장하면 저장용량을 크게 줄일 수 있다.

11.1.4 복소수

매트랩에서는 데이터형을 별도로 지정하지 않으면 **복소수**(complex number)를 배정밀도로 저장한다. 복소수의 경우 실수(real number)와 허수(imaginary number)를 모두 저장해야 하므로 2배의 저장공간이 필요하다. 예를 들어

```
F = 5+3i;
```

로 만들어지는 복소수를 배정밀도형으로 저장하려면 16바이트(= 128비트)가 필요하다. 다음 명령처럼 복소수를 단일정밀도형이나 정수형으로도 저장할 수 있다(그림 11.3 참조).

```
G = int8(5+3i);
```

실습문제 11.1

정답은 피어슨 출판사의 웹사이트 https://www.pearsonhighered.com/moore에서 확인할 수 있다.

1. 다음과 같은 방식으로 숫자 데이터 [1, 4, 6; 3, 15, 24; 2, 3, 4]를 저장하는 매트랩 명령을 작성하라.
   (a) 배열 A에 배정밀도형으로 저장하라.
   (b) 배열 B에 단일정밀도형으로 저장하라.
   (c) 배열 C에 부호 있는 정수형으로 저장하라. 정수형의 비트 수는 스스로 정한다.
   (d) 배열 D에 부호 없는 정수형으로 저장하라. 정수형의 비트 수는 스스로 정한다.
2. 다음과 같이 실습문제 1의 배열 B에 A를 더해 새로운 배열 E를 만들면 E는 어떤 데이터형이 되는가?

   ```
   E = A + B
   ```

3. 변수 x에는 숫자 1을 정수형 데이터로 저장하고 변수 y에는 숫자 3을 정수형 데이터로 저장하라.
   (a) x/y를 계산하고 답을 구하라.
   (b) x/y의 계산 결과는 어떤 데이터형이 되는가?
   (c) 이번에는 변수 x에는 숫자 2를 정수형 데이터로 저장하고 변수 y에는 숫자 3을 정수형 데이터로 저장하라. 그다음 x/y를 계산하고 답을 구하라.
4. intmax 함수를 사용해 매트랩이 지원하는 8가지 정수형이 다룰 수 있는 가장 큰 수를 각각 구하라.
5. intmin 함수를 사용해 매트랩이 지원하는 8가지 정수형이 다룰 수 있는 가장 작은 수를 각각 구하라.
6. 정수는 배정밀도 수보다 적은 저장공간을 필요로 하기 때문에 종종 이미지 정보를 저장하는

데 사용된다. 이를 직접 증명하기 위해 randi 함수를 사용해 1~255 사이의 난수로 이루어진 1000 × 1000 배열을 생성하라. 기본적으로 생성된 배열은 배정밀도로 저장된다. 배열을 uint8로 변환한 후, 새 배열과 원본 배열이 차지하는 저장공간을 비교하라.

11.2 문자 데이터와 문자열 데이터

매트랩은 문자정보를 **문자**(character) 데이터형과 **문자열**(string) 데이터형으로 저장한다. 문자열 데이터형은 R2016b 버전부터 추가된 것으로 문자 데이터형에 비해 여러 가지 장점을 가지고 있다. 문자 배열(character array)을 이용해서 많은 사람이 만들어놓은 **레거시 코드**(legacy code)가 많지만, 새로운 프로그램을 작성할 때에는 대부분 문자열을 사용하는 것이 좋다. 매트랩 함수는 입력을 문자 배열이나 문자열 배열로 받을 수 있으며, 함수에서 사용하기 위해 적절한 데이터 형태로 변환할 수 있다.

핵심 개념
문자 배열에서는 문자 하나하나가 배열의 원소가 된다. 빈 칸도 원소가 된다.

11.2.1 문자 배열과 문자열 배열 만들기

작은따옴표(' ')는 문자 배열을 생성하는 데 사용되며, 큰따옴표(" ")는 문자열 배열을 생성하는 데 사용된다. 문자 배열은 개별 문자를 저장하는 반면, 문자열 배열은 텍스트 블록 전체를 배열 요소로 저장한다. 따라서 다음은 1 × 7 문자 배열을 생성하는 반면

```
H='Emanuel';
```

다음은 그림 11.5와 같이 1 × 1 문자열 배열을 만든다.

```
J = "Sarah";
```

문자 배열을 문자열 배열로 변환하려면 string 함수를 사용하면 된다. 예를 들어 다음과 같다.

```
K=string(H);
```

문자열 배열을 문자 배열로 변환하려면 char 함수를 사용하면 된다. 예를 들어 다음과 같다.

```
L=char(J);
```

문자 배열은 개별 문자를 저장하고 배열은 직사각형 형태여야 하기 때문에 문자 데이터를 배열에 저장하는 것은 다소 불편하다. 이를 해결하기 위해 두 가지 전략이 사용된다. 즉 배열의 빈 공간을 공백으로 채우는 방법과 문자 배열을 셀 배열(cell array)로 만드는 방법이다. 셀 배열에 대한 자세한 내용은 이 장의 후반부에서 다룰 것이다.

문자 배열의 빈 공간을 공백으로 채우기 위해서 char 함수를 사용하자. 예를 들어 다음과 같다.

```
M=char('Steven','Jasmin','David','Terrell','Maria')
M = 5×7 char array
    'Steven '
    'Jasmin '
    'David  '
    'Terrell'
    'Maria  '
```

출력된 결과에서 작은따옴표 안에 빈 공간을 확인할 수 있다. char 함수의 입력 매개변수 사이에는 쉼표가 필요하다.

문자 배열로 된 셀 배열을 생성하려면 셀 배열 생성자, 즉 '중괄호(curly bracket)'를 사용해야 한다. 셀 배열을 구분할 때에는 세미콜론이 필요하다. 예를 들어 다음과 같다.

```
N = {'Steven','Jasmin','David';,'Terrell','Maria'}
N = 5×1 cell
'Steven'
'Jasmin'
'David'
'Terrell'
'Maria'
```

텍스트를 저장하는 더 효율적인 방법은 문자열 배열을 사용하는 것이다. 예를 들어 다음과 같다.

```
P=["Steven";"Jasmin";"David";"Terrell";"Maria"]
P = 5×1 string
"Steven"
"Jasmin"
"David"
"Terrell"
"Maria"
```

그림 11.5에서 확인할 수 있듯이 문자열은 동일한 문자 배열보다 더 많은 메모리를 필요로 하지만, 문자열 배열은 동일한 정보를 담고 있는 문자 배열로 된 셀 배열보다 적은 메모리를 차지한다. 예를 들어 셀 배열 N이 문자열 배열 P와 같은 정보를 담고 있어도 셀 배열은 578바이트의 메모리를 사용하는 반면 문자열 배열은 366바이트만 사용한다. 문자열 배열은 텍스트를 더 쉽게 다룰 수 있고, 메모리 관점에서 셀 배열보다 더 효율적이기 때문에 텍스트 작업에 선호된다.

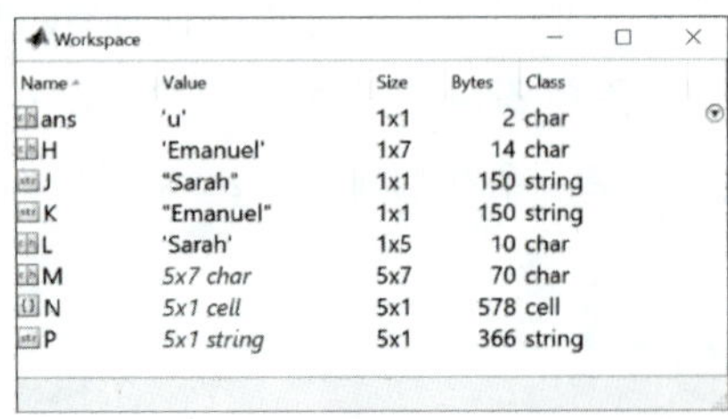

Workspace

Name	Value	Size	Bytes	Class
ans	'u'	1x1	2	char
H	'Emanuel'	1x7	14	char
J	"Sarah"	1x1	150	string
K	"Emanuel"	1x1	150	string
L	'Sarah'	1x5	10	char
M	*5x7 char*	5x7	70	char
N	*5x1 cell*	5x1	578	cell
P	*5x1 string*	5x1	366	string

그림 11.5
매트랩은 문자 배열과 문자열 배열 모두에서 텍스트를 저장하기 위한 배열을 포함하고 있다.

숫자 배열을 인덱싱하는 데 사용된 동일한 기술을 문자 배열과 문자열 배열에도 사용할 수 있다. 문자 및 문자열 배열을 다루는 방법은 앞선 장에서 다루었다.

11.2.2 문자 인코딩 방법

문자(character) 데이터가 어떤 것인지 이해하기 위해 컴퓨터가 어떤 방식으로 정보를 저장하는지 살펴보자. 컴퓨터의 모든 정보는 수많은 0과 1의 조합으로 저장된다. 이렇게 정보를 저장하는 코딩(coding) 방식 중에서 많이 사용되는 것으로 **아스키**(ASCII)와 **엡시딕**(EBCDIC) 두 가지가 있다. 소형 컴퓨터는 대부분 아스키 코딩 방식을 많이 사용하는 반면 대형 컴퓨터(mainframe, 특히 IBM)와 슈퍼컴퓨터는 엡시딕 코딩 방식을 사용한다. 0과 1이라는 2개의 숫자로 구성된 것이 **2진법**(binary) 또는 **2진수**(base 2)이므로 컴퓨터 정보는 모두 2진수로 저장된다고 말할 수 있다. 2진수는 10진수로 변환할 수 있다. 표 11.2에 몇 가지 예를 수록했다.

아스키나 엡시딕으로 코딩되어 저장된 문자를 2진수나 10진수로 나타낼 수 있다. 매트랩에서 어떤 문자를 배정밀도 수로 나타내도록 명령하면 그 문자에 해당하는 아스키코드를 10진수로 얻을 수 있다. 예를 들면 다음과 같다.

핵심 개념

컴퓨터는 데이터를 저장하기 위해 ASCII 또는 EBCDIC과 같은 2진 코딩 방식(binary coding schemes)을 사용한다.

```
double('a')
ans =
  97
```

이와 반대로 char 함수에 어떤 숫자를 입력하면 그 수를 아스키코드로 가진 문자를 알 수 있다.

```
char (98)
ans =
  b
```

한 배열에 숫자 정보와 문자 정보를 함께 저장하면 다음과 같이 매트랩이 모든 데이터를 문자로 취급한다.

표 11.2 2진수-10진수 변환

2진수	10진수
1	1
10	2
11	3
100	4
101	5
110	6
111	7
1000	8

```
['a',98]
ans =
  ab
```

(아스키코드 98에 해당하는 문자는 *b*이다.) 문자만 아스키코드를 가진 것은 아니다. 예를 들어 다음과 같이 명령을 내리면

```
['a',32]
ans =
  a
```

와 같은 문자 배열이 만들어진다. 이 배열에는 문자가 하나만 있는 것처럼 보이지만 작업공간창에서 ans 변수를 확인해보면 크기가 1×1이 아니라 1×2이다['빈칸(blank)'의 아스키코드는 10진수로 32이다].

그런데 다음과 같이 숫자 정보와 문자 정보 사이에서 수학 계산을 하는 경우 매트랩은 문자를 숫자로 바꾼다.

```
'a' + 3
ans =
  100
```

문자 *a*의 아스키코드가 10진수로 97이므로 앞의 문제는 결국 다음과 같이 된다.

$$97 + 3 = 100$$

HINT + 연산자는 문자와 문자열에 사용될 때 매우 다른 기능을 수행한다. 예를 들어 문자와 같이 사용될 때,

```
'a' + 3
```

문자 'a'가 그에 해당하는 숫자 값인 97로 변환되기 때문에 결과는 배정밀도 수 형태이다. 따라서 결과는 다음과 같다.

```
97 + 3 =100
```

반면 문자열에 + 연산자가 사용되면 숫자 3이 문자열 배열에 연결된다. 예를 들어

```
"a" + 3
```

의 결과는 다음과 같이 문자열로 출력된다.

```
"a3"
```

실습문제 11.2

정답은 피어슨 출판사의 웹사이트 https://www.pearsonhighered.com/moore에서 확인할 수 있다.

1. 여러분의 이름이 저장된 문자 배열을 만들라.
2. 문자 *g*의 아스키코드는 10진수로 얼마인가?

3. 아스키코드에서는 같은 글자에 대해 대문자와 소문자의 차이가 32이다. 중첩함수를 사용해서 소문자 문자열 'matlab'을 대문자 문자열 'MATLAB'으로 바꾸라.

예제 11.1

간단한 비밀 암호 만들기

전자 시대에 정보를 비공개로 유지하는 것은 점점 더 어려워지고 있다. 이를 해결하는 한 가지 방법은 정보를 암호화하는 것으로 인가되지 않은 사람이 정보를 보더라도 이를 이해하지 못하게 하는 것이다. 가장 유명한 정보 암호화 사례 중 하나가 에니그마(Enigma) 기계이다[그림 11.6(a)]. 이 기계는 제2차 세계대전 동안 나치가 군사 정보를 암호화하는 데 광범위하게 사용했다.

앨런 튜링(Alan Turing)[그림 11.6(b)]은 이론적 컴퓨터 과학의 발전에 큰 기여를 한 영국의 컴퓨터 과학자로, 많은 이가 그를 인공지능의 아버지로 여긴다. 튜링은 제2차 세계대전 중 블레츨리 파크(Bletchley Park)에 있는 영국 정부의 암호 해독 기관에서 일했으며, 에니그마 같은 기계로 암호화된 메시지를 해독하는 작업에 중요한 역할을 했다. 그의 삶, 특히 블레츨리 파크에서의 업적은 영화 〈이미테이션 게임(The Imitation Game)〉에서 자세히 다뤄졌다. 또한 그는 20세기의 가장 유명한 성소수자(LGBTQ) 과학자로도 알려져 있다.

현대의 암호화 기술은 매우 복잡하지만, 이 예제에서 사용하는 간단한 암호화 방식은 제2차 세계대전 중 누구에게도 1~2분 이상 혼란을 주지 않았을 것이다. 이 예제는 문자 정보가 어떻게 처리되어 정수 정보와 결합하는지를 보여주며, 더 복잡한 무언가를 만들기 위한 첫 단계이다.

우리의 간단한 암호화 코드는 문자 정보에 일정한 정수 값을 더해 이를 해석하기 어렵게 변환

그림 11.6(a)

1930년대 후반과 제2차 세계대전 동안 사용된 군용 에니그마 기계, 에니그마 I 모델. 이 기계는 이탈리아 밀라노에 위치한 레오나르도 다빈치 국립과학기술 박물관에 전시되어 있다(Chris Howes/Wild Places Photography/Alamy Stock Photo).

그림 11.6(b)

앨런 튜링은 영국의 컴퓨터 과학자이자 암호학자였다(Photo Researchers/Science History Images/Alamy Stock Photo).

하는 것이다.

1. 문제를 명확히 나타낸다.
   문자 정보를 암호로 만들고 해독한다.

2. 입력과 출력을 표시한다.
   입력 명령창에 타이핑한 문자 정보
   출력 암호로 바뀐 정보

3. 손이나 계산기로 문제를 미리 풀어본다.
   소문자 a의 아스키코드는 10진수로 97이다. a에 5를 더해 나온 숫자를 다시 문자로 바꾸면 f가 된다.

4. 매트랩으로 문제를 푼다.

```
%% 예제 11.1
% 사용자에게 문자 정보를 입력하게 한다.
clear, clc
A=input('암호로 바꿀 정보를 입력하세요: \n','s');
encoded = char(A+5);
disp("입력한 정보가 다음과 같은 암호로 바뀌었습니다!");
disp(encoded);
disp("이 암호 정보를 해독하고 싶습니까?");
response = menu("예 또는 아니요를 누르세요","예","아니요");
switch response
    case 1
        disp(char(encoded-5));
    case 2
       disp("프로그램을 끝마칩니다. 안녕히~");
end
```

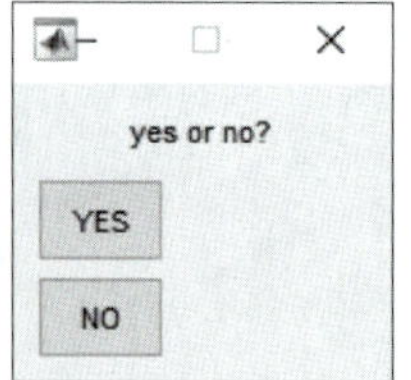

5. 풀이를 검사한다.
   프로그램을 실행시킨 다음에 일어나는 동작을 차례로 확인해보자. 프로그램을 실행하면 매트랩이 다음과 같이 메시지를 내보내고 기다린다. 이때 키보드로 다음과 같이 문자열(양쪽을 작은따옴표로 묶어야 함)을 입력해보자.

```
암호로 바꿀 정보를 입력하세요:
'I love rock and roll'
```

   문자열을 입력하고 엔터 키를 치면 프로그램은 다음과 같이 응답한다.

```
입력한 정보가 다음과 같은 암호로 바뀌었습니다!
N%qt{j%wthp%fsi%wtqq
이 암호 정보를 해독하고 싶습니까?
```

   프로그램에서는 menu 함수를 사용했으므로 다음과 같은 메뉴창이 튀어나온다. '예' 버튼을 누르면 프로그램은 다음 메시지를 출력하고

```
I love rock and roll
```

   '아니요'를 누르면 다음 메시지를 출력한다.

```
프로그램을 끝마칩니다. 안녕히~
```

11.3 기호 데이터

매트랩의 도구상자(toolbox) 중에서 '기호도구상자(symbolic toolbox)'에 의해 만들어진 함수 핸들과 기호변수는 기호 배열에 저장된다. 함수 핸들은 6장에서 설명한 바 있다. 기호도구상자에 대해서는 12장에서 자세히 다룰 것이다.

기호도구상자를 이용하면 숫자 데이터 대신 기호 데이터(symbolic data)로 직접 수학 연산을 할 수 있다. 다음과 같이 syms 명령을 사용하면 기호변수 x를 만들 수 있다.

```
syms x
```

기호변수를 사용하면 다음과 같이 기호방정식을 만들 수 있다.

```
S = x^2-2
S =
x^2-2
```

어떤 기호변수를 저장하는 데 필요한 공간(용량)은 해당 변수의 내용에 따라 달라진다. 그림 11.7을 살펴보면 배열 *S*의 크기는 1 × 1이다. 다른 내용을 담고 있는 기호변수를 만든 다음에는 이 기호변수끼리 수학 연산을 할 수 있다. 그림 11.7의 맨 왼쪽 줄을 보면 육면체 모양의 아이콘으로 기호변수를 나타내고 있다.

11.4 논리 데이터

다른 컴퓨터 언어와 마찬가지로 매트랩도 '참'과 '거짓'을 나타내는 데 숫자 1과 0을 사용하기 때문에 논리 배열은 원소 1과 0으로 이루어진 배열이다.

핵심 개념
컴퓨터 프로그램은 거짓을 나타낼 때 숫자 0, 참을 나타낼 때 숫자 1을 사용한다.

```
T = [true,false,true]
T =
  1   0   1
```

0과 1로 구성된 배정밀도 부동소수점 수 배열은 논리함수를 사용해서 논리 데이터를 포함하는 논리 배열로 변환될 수 있다. 예를 들어 T가 다음과 같이 정의되어 있으면

```
T = [1, 0, 1];
```

작업공간창에서 배열 T의 데이터형은 배정밀도 부동소수점 수(double)로 표시된다. T를 논리 배열 유형으로 변환하려면 다음과 같이 입력하면 된다.

```
T = logical(T)
```

그러나 일반적으로 이러한 방식으로 논리 배열을 생성하지는 않는다. 보통 논리 배열은 논리 연산의 결과로 생성된다. 예를 들어

```
x = 1:5;
y = [2,0,1,9,4];
z = x>y
```

를 입력하면 다음 결과가 출력된다.

```
z =
  0   1   1   0   1
```

z는 논리 배열이다. 이 결과를 보면 x>y의 조건에 대해 1, 4번째 원소가 '거짓'이고 2, 3, 5번째 원소가 '참'임을 알 수 있다. 다음 예에서 볼 수 있듯이 논리 연산을 수행한 결과를 출력하는 대신에 바로 논리함수에 사용할 수 있다. 예를 들어 다음 결과를 보면

```
find(x>y)
ans =
  2   3   5
```

배열 x의 2, 3, 5번째 원소가 배열 y에서 같은 위치에 있는 원소보다 값이 크다는 것을 알 수 있다. 즉 논리함수를 사용하면 앞에서처럼 논리 연산 결과를 일일이 해석할 필요가 없다. 논리 인덱싱(logical indexing)은 논리 배열이 만들어지고 결정을 하는 데 직접 사용되는 것을 보여주는 예이다. 예제에서 정의된 z 배열은 분석한 조건이 '참'인 경우 기존 벡터에서 요소를 추출하는 데 사용할 수 있다. 예를 들어

```
w = x.^2 + y
```

x>y보다 큰 w의 값은 다음과 같다.

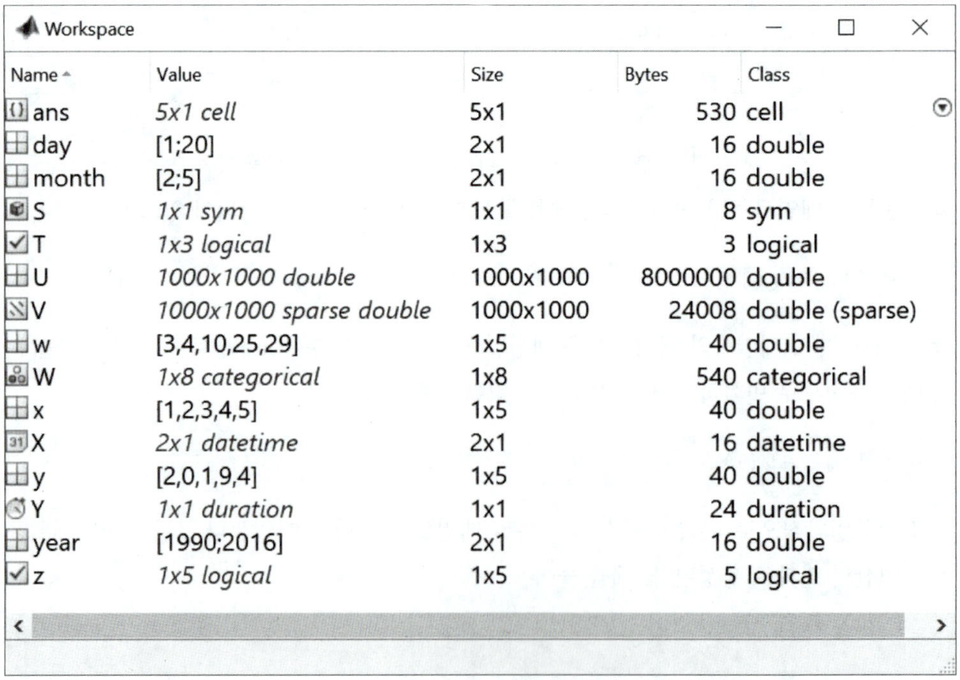

Workspace

Name	Value	Size	Bytes	Class
ans	*5x1 cell*	5x1	530	cell
day	[1;20]	2x1	16	double
month	[2;5]	2x1	16	double
S	*1x1 sym*	1x1	8	sym
T	*1x3 logical*	1x3	3	logical
U	*1000x1000 double*	1000x1000	8000000	double
V	*1000x1000 sparse double*	1000x1000	24008	double (sparse)
w	[3,4,10,25,29]	1x5	40	double
W	*1x8 categorical*	1x8	540	categorical
x	[1,2,3,4,5]	1x5	40	double
X	*2x1 datetime*	2x1	16	datetime
y	[2,0,1,9,4]	1x5	40	double
Y	*1x1 duration*	1x1	24	duration
year	[1990;2016]	2x1	16	double
z	*1x5 logical*	1x5	5	logical

그림 11.7
매트랩에서는 다양한 데이터형이 사용된다. 어떤 변수의 데이터형은 작업공간 창의 'Class' 열에서 확인할 수 있다. 변수 이름 바로 앞에는 데이터형을 나타내는 아이콘이 붙어 있다.

```
w(z)
ans =
          4    10    29
```

그림 11.7에서 체크 기호로 논리 배열을 나타낸 것을 볼 수 있다.

11.5 희소 배열

배정밀도 배열과 논리 배열이 저장될 때에는 정식 배열(full array)이나 희소 배열(sparse array) 중의 하나가 사용된다. 희소 배열이란 배열을 이루고 있는 원소의 값이 대부분 0인 것을 뜻한다(희소 배열의 예로 단위행렬을 들 수 있다). 희소 배열을 정식 배열 형식으로 저장하면 배열을 구성하는 원소의 값이 0이든 아니든 원소마다 8바이트의 저장공간을 차지하게 된다. 희소 배열에서는 저장공간을 줄이기 위해 배열에서 0이 아닌 원소의 위치와 값만 저장하는 방식을 사용한다.

예를 들어 다음과 같이 원소 수가 100만 개인 1000 × 1000 크기의 단위행렬을 만들어 보자.

```
U = eye(1000);
```

원소 하나마다 8바이트의 저장공간이 필요하므로 이 행렬을 저장하려면 총 8 MB의 공간이 필요하다. 이 배열을 희소 배열 형식으로 변환하면 저장공간을 줄일 수 있다. 다음 명령을 수행하면 희소 배열 형식으로 저장된다.

```
V = sparse(U);
```

작업공간창에서 배열 V의 크기를 살펴보면 24008바이트밖에 되지 않는다. 희소 배열로 저장해도 정식 배열로 저장한 경우와 똑같이 계산에 사용할 수 있다. 이는 메모리가 제한되는 일부 수치해석 응용 프로그램에서 중요하다. 그림 11.7에서 네모 안에 대각선을 그은 아이콘이 희소 배열임을 나타낸다.

11.6 범주 배열

범주 배열(categorical array)은 범주의 목록으로부터 정보를 저장한다. 이러한 저장 방법은 논리 배열과 비슷하다. 논리 배열의 원소가 '참' 아니면 '거짓'인 것처럼 범주 배열의 원소는 반드시 사용자가 정의해놓은 값의 목록 중의 한 값이어야 한다. 범주 배열은 보통 관련 정보로 구성된 표(table)의 일부로 사용된다. 범주 배열은 문자열 배열 또는 문자 배열이 담긴 셀 배열에 categorical 함수를 사용해서 생성할 수 있다. 예를 들어 시험에서 얻은 학점을 범주 배열로 만드는 방법이 다음과 같다.

```
W = categorical(["A","C","B","D","E","D","B","A"])
 or
```

```
W = categorical({'A','C','B','D','E','D','B','A'})
both of which return
W =
     A C B D E D B A
```

그림 11.7의 작업공간창 화면을 보면 변수 W가 범주 배열임을 알 수 있다. 변수 이름 바로 앞에는 작은 정사각형 3개가 들어 있는 사각형 아이콘이 붙어 있는데, 이 표시는 벤다이어그램을 연상시킨다. 다음과 같이 categories 함수를 사용하면 변수에 저장된 범주의 목록을 볼 수 있다.

```
categories(W)
ans =
  5×1 cell array
    'A'
    'B'
    'C'
    'D'
    'E'
```

실행 결과는 알파벳 순서로 표시된다. 다음과 같이 범주 값을 사용해서 논리 연산을 수행할 수 있다.

```
find(W=='A')
ans =
     1     8
```

이 결과로부터 W 배열에 저장된 원소 중에서 범주 A와 같은 것은 1, 8번째 원소라는 것을 알 수 있다. 범주 배열은 테이블 배열(table array)의 일부로서 특히 유용하며 범주를 기준으로 데이터를 정렬하는 데 사용할 수 있다.

11.7 시간 배열

날짜 및 시간 데이터는 날짜시간 배열(datetime array)에 저장할 수 있다. 이 배열을 사용하면 표준 날짜와 시간 표기법을 사용해서 정보를 저장할 수 있다는 장점이 있다. 어떤 주어진 날짜 또는 시간 사이의 차이를 계산할 수 있으며 그 계산 결과는 지속시간 배열(duration array)에 저장된다. 날짜시간 배열을 만드는 방법은 여러 가지가 있는데, 그중 하나를 알아보자. 먼저 year, month, day 배열을 차례로 만들어보자(설명을 간단히 하기 위해 이 예에서는 날짜를 2개만 사용했다).

```
year = [1990;2016];
month = [2;5];
day = [1;20];
```

datetime 함수를 사용하면 3개의 벡터를 하나의 날짜시간 배열로 합칠 수 있다.

```
X = datetime(year,month,day)
X =
   01-Feb-1990
   20-May-2016
```

그림 11.7의 작업공간창 화면을 보면 변수 X 바로 앞에 달력 모양의 아이콘이 붙어 있으며 변수 X가 날짜시간 배열임을 알 수 있다. 배열 X에 저장된 두 날짜 사이의 차이는 다음과 같이 diff 함수를 사용하거나 두 원소 사이에 뺄셈을 수행해서 구할 수 있다.

```
Y = diff(X); or
Y = X(2) - X(1)
Y =
   230520:00:00
```

위 계산 결과는 순서대로 시간:분:초 단위의 차이를 나타낸다. 그림 11.7을 보면 변수 Y는 지속시간 배열임을 알 수 있다. 지속시간 배열의 아이콘은 시계 모양이다.

날짜시간 배열은 데이터를 분석하고 그래프로 그릴 때 특히 유용하다. 예를 들어보자. 표 11.3은 미국 기상청(National Weather Service)이 2015년 한 해 동안 덴버 국제공항에서 수집한 월별 기온 데이터이다. 이 기온 데이터는 다른 기상 데이터와 함께 *Denver_Climate_Data_2015.xlsx* 파일에 스프레드시트 형식으로 저장되어 있는데, 피어슨 출판사의 웹사이트에서 얻을 수 있다.

미국 기상청은 정보를 수집하는 모든 위치에 대해 유사한 정보를 제공한다.

데이터를 가져오려면 매트랩에서 엑셀 파일을 더블클릭해서 가져오기 마법사를 연다. 가져올 데이터 열로 DATE와 EMXT를 선택한다. 각 데이터의 유형은 배정밀도 숫자(double)로 설정된다. 그런 다음 페이지 상단의 '선택 항목 가져오기' 버튼을 선택한다.

표의 첫째 열은 기온 데이터가 수집된 날짜를 나타낸다. 앞쪽에 있는 4개의 숫자는 년(year), 다음에 오는 2개의 숫자는 월(month), 이어서 마지막 2개의 숫자는 일(day)을 나타낸다. 날짜는 이름이 DATE인 벡터에 저장되어 있다. 매트랩은 파일을 가져올 때 자동적으

표 11.3 2015년 덴버의 기온 데이터

월	최고 기온(°F)
20150101	75
20150201	73.9
20150301	81
20150401	79
20150501	84.9
20150601	93.9
20150701	97
20150801	98.1
20150901	91.9
20151001	87.1
20151101	75
20151201	69.1

로 데이터형을 double로 선택했다. 표의 둘째 열은 그 달의 최고 기온을 나타내고 EMXT 열에 저장되어 있는데, 매트랩에 다운로드되면서 이름이 HIGH인 벡터에 저장되었다. 다음 명령어를 실행하면 그림 11.8(a)와 같이 기온 데이터가 막대그래프로 표시된다. 제목, 축 이름, 눈금은 통상적인 방법으로 그래프에 추가했다.

```
bar(DATE,HIGH)
```

*x*축에 있는 날짜 정보는 혼돈하기 쉽고 읽기가 어렵다. 만약 기온 데이터가 매월이 아니라 매일 수집되었다면, 예를 들어 20150131에서 20150201로 건너뛰는 것처럼 상황은 더욱 심각했을 것이다. 이런 혼란스러운 상황은 그림 11.8(c)에 표시된 올랜도 강수량 데이터에서 확인할 수 있다. datetime 함수를 사용해서 DATE 데이터를 datetime 배열로 변환한 다음, 그림 11.8(b)에 표시된 그래프를 만들 수 있다.

```
date = datetime(DATE,'ConvertFrom','YYYYMMDD')
```

'ConvertFrom' 옵션을 사용해서 형식을 변환해야 했다는 점에 유의하자. 더 쉬운 방법은 처음부터 DATE 데이터를 datetime 배열로 가져오는 것으로, 이는 가져오기 마법사의 옵션 중 하나이다.

DATE 배열을 새 형식으로 변환한 후에는 그래프를 쉽게 다시 만들 수 있다.

```
bar(DATE,HIGH)
```

결과 그래프는 *x*축에 월 이름을 사용하고, 축 이름을 읽기 쉽게 하기 위해 방향을 조정했다.

그림 11.8(d)의 그래프도 정확히 동일한 방식으로 수정되었다. 날짜 데이터는 datetime 배열로 변환되어 다시 그려졌으며, 그 결과 정보가 더 잘 표현되었다.

예제 11.2는 많은 양의 데이터가 있는 스프레드시트를 datetime 배열을 사용해서 읽기 쉽고 유용한 그래프로 만드는 방법을 보여준다.

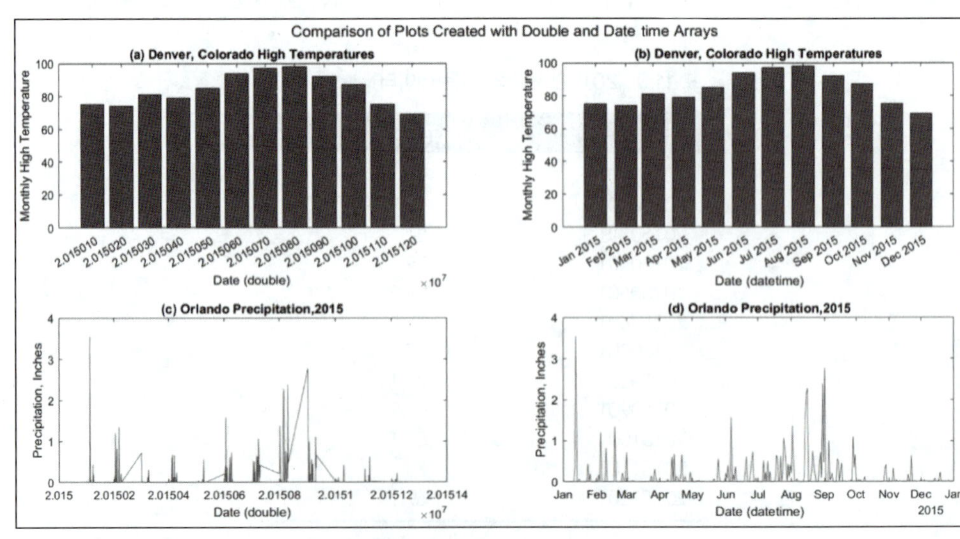

그림 11.8
2015년 콜로라도 덴버의 월별 최고 기온. (a) 배정밀도 숫자 배열로 저장된 날짜 정보를 사용해서 만든 막대그래프, (b) datetime 배열로 저장된 날짜 정보를 사용해서 만든 막대그래프

예제 11.2

날짜시간 배열을 사용한 북극해 얼음양 변동 분석

최근 북극해와 남극해 얼음양의 변동에 대한 관심이 상당히 커지고 있다. 미국국립해양기상청(NOAA)의 국립환경정보센터(National Centers for Environmental Information)에서 수집한 일별 데이터를 사용해 얼음의 양을 그래프로 그려라. 데이터는 NOAA에서 온라인으로 입수할 수 있지만 이 예제에서는 *NH_seaice_extent_final.xlsx*라는 파일에 저장된 엑셀 스프레드시트에 저장된 데이터를 사용하기로 한다.

1. 문제를 명확히 나타낸다.
   NH_seaice_extent_final.xlsx 파일에 저장된 북반구 북극해의 얼음양을 그래프로 그린다. 그림 11.9에 파일에 저장된 데이터 중에서 앞에서부터 몇 줄을 나타내었다.

2. 입력과 출력을 표시한다.
   입력 엑셀 스프레드시트에 저장된 데이터
   출력 얼음의 양을 나타내는 x–y 그래프

3. 손이나 계산기로 문제를 미리 풀어본다.
   얼음양의 변동을 예측해보면, 얼음의 양은 겨울에 증가하고 여름에는 감소할 것이다.

4. 매트랩으로 문제를 푼다.
   매트랩의 현재폴더창에서 스프레드시트 파일을 더블클릭하면 대화 방식으로 데이터 가져오기를 할 수 있다. 또는 다음과 같이 uiimport 함수를 사용하는 방법도 있다.

```
uiimport("NH_seaice_extent_final.xlsx")
```

그러면 그림 11.10과 같은 가져오기(import) 화면이 나타난다. 가져오기 데이터형 중에

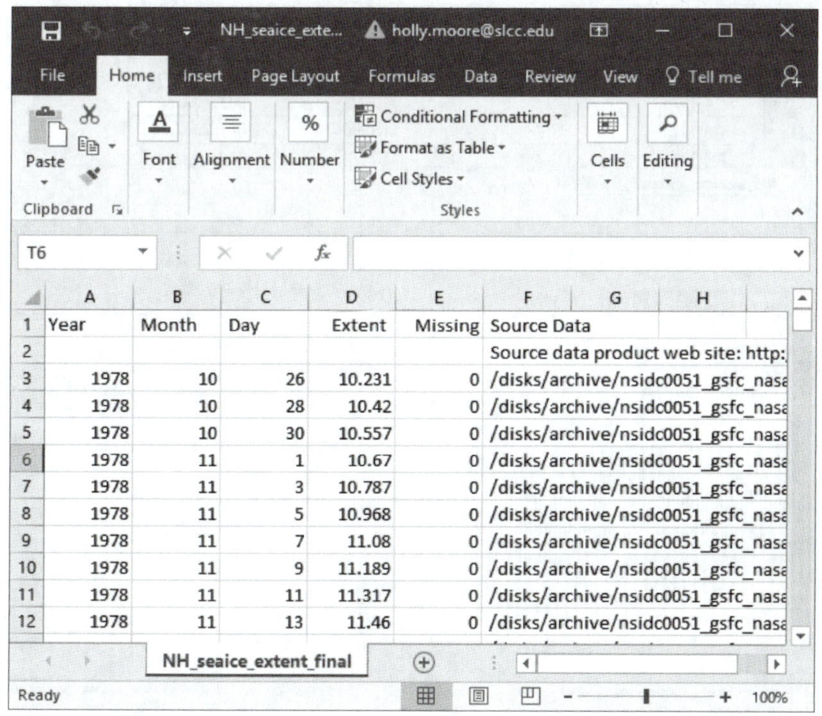

	A	B	C	D	E	F
1	Year	Month	Day	Extent	Missing	Source Data
2						Source data product web site: http:
3	1978	10	26	10.231	0	/disks/archive/nsidc0051_gsfc_nasa
4	1978	10	28	10.42	0	/disks/archive/nsidc0051_gsfc_nasa
5	1978	10	30	10.557	0	/disks/archive/nsidc0051_gsfc_nasa
6	1978	11	1	10.67	0	/disks/archive/nsidc0051_gsfc_nasa
7	1978	11	3	10.787	0	/disks/archive/nsidc0051_gsfc_nasa
8	1978	11	5	10.968	0	/disks/archive/nsidc0051_gsfc_nasa
9	1978	11	7	11.08	0	/disks/archive/nsidc0051_gsfc_nasa
10	1978	11	9	11.189	0	/disks/archive/nsidc0051_gsfc_nasa
11	1978	11	11	11.317	0	/disks/archive/nsidc0051_gsfc_nasa
12	1978	11	13	11.46	0	/disks/archive/nsidc0051_gsfc_nasa

그림 11.9
북극해의 얼음양. NOAA에서 수집한 다량의 데이터를 엑셀 스프레드시트 파일 또는 .csv 파일로 내려받기한 다음 스프레드시트 형식으로 변환할 수 있다.

서 열벡터(column vector)를 선택하고 이어서 가져오기 선택(import selection) 아이콘을 선택한다. 그러면 데이터 파일의 각 열마다 열벡터가 각각 만들어진다.

이 특수한 데이터 파일에서 년(year), 월(month), 일(day)은 따로따로 저장된다. 따라서 datetime 함수로 이들을 하나로 묶어 시간을 나타내는 단일 변수를 만들도록 한다. 이렇게 만든 시간 벡터를 사용해 Extent 벡터를 그래프로 그릴 수 있다. 다음 명령

```
%% 예제 11.2
t = datetime(Year,Month,Day);
plot(t,Extent)
xlabel("date")
ylabel("북극해 얼음양, 단위: 백만 mi^2")
title("계절에 따른 북극해 얼음양의 변동")
grid on
```

그림 11.10
'가져오기(import)' 화면에서 스프레드시트로부터 가져오는 데이터형을 선택할 수 있다.

Import - C:\Users\Holly\Documents\General Matlab Book Files\Matlab 5t...

IMPORT VIEW

Range: A3:F11588
Variable Names Row: 1
Column vectors
Numeric Matrix
Cell Array
Table
UNIMPORTABLE CELLS
Import Selection
SELECTION IMPORTED DATA IMPORT

NH_seaice_extent_final.xlsx

	A Year Number	B Month Number	C Day Number	D Extent Number	E Missing Number	F SourceData Cell
1	Year	Month	Day	Extent	Missing	Source Data
2						Source dat...
3	1978	10	26	10.2310	0	/disks/arc...
4	1978	10	28	10.4200	0	/disks/arc...
5	1978	10	30	10.5570	0	/disks/arc...
6	1978	11	1	10.6700	0	/disks/arc...
7	1978	11	3	10.7870	0	/disks/arc...
8	1978	11	5	10.9680	0	/disks/arc...
9	1978	11	7	11.0800	0	/disks/arc...
10	1978	11	9	11.1890	0	/disks/arc...
11	1978	11	11	11.3170	0	/disks/arc...

NH_seaice_extent_final

그림 11.11
날짜시간 배열을 사용해서 x축에 축 이름을 표시했다. (a) 축 이름은 간격에 맞게 자동적으로 설정되었다. (b) 줌 기능을 사용하면 그래프에서 특정 부분을 확대 또는 축소할 수 있다.

(a)

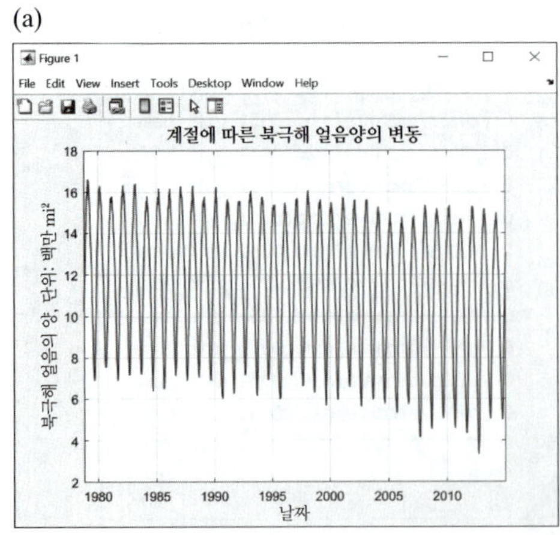

(b)

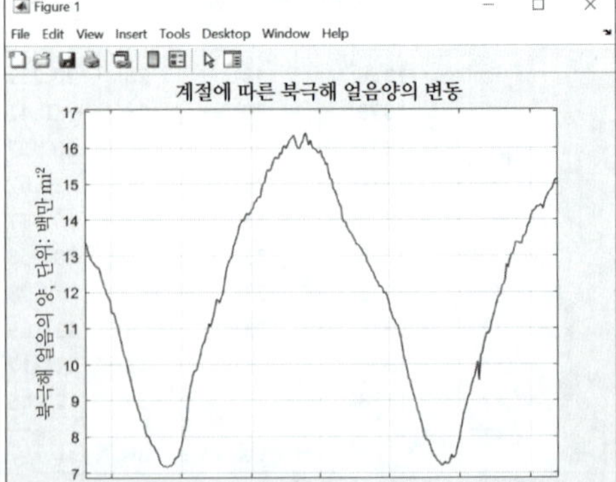

을 실행하면 그림 11.11(a)의 그래프가 화면에 나타난다. 도구 메뉴에 있는 줌(zoom) 기능을 사용하면 그림 11.11(b)와 같이 더욱 짧은 시간 범위에 걸친 변화 모습을 자세히 살펴볼 수 있다. 이렇게 그래프를 확대, 축소하는 과정에서 *x*축 이름과 눈금은 간격에 맞게 자동으로 바뀐다.

5. 풀이를 검사한다.
   그림 11.11의 그래프를 보면 예상한 대로 북극해의 얼음양은 매년 증가와 감소를 되풀이하고 있다. 얼음양은 겨울에 최대이고 여름에 최소임을 알 수 있다.

11.8 다차원 배열

데이터를 다차원(2차원 이상) 배열에 저장해야 할 때, 매트랩은 데이터를 추가적인 **페이지**(page)로 나타낸다. 예를 들어 다음 4개의 2차원 배열을 3차원 배열로 결합하고 싶다고 가정해보자.

핵심 개념
매트랩에서는 3차원 이상의 다차원 배열도 지원한다.

```
x = [1,2,3;4,5,6];
y = 10*x;
z = 10*y;
w = 10*z;
```

3차원 배열 my_3D_array를 만들려면 다음과 같이 이 배열을 구성하는 페이지를 따로따로 정의해야 한다.

```
my_3D_array(:,:,1) = x;
my_3D_array(:,:,2) = y;
my_3D_array(:,:,3) = z;
my_3D_array(:,:,4) = w;
```

이렇게 하면 3차원 배열 my_3D_array의 1페이지에는 2차원 배열 x의 모든 행과 열의 원소가 저장된다. 마찬가지로 3차원 배열의 2페이지에는 2차원 배열 y가, 3페이지에는 2차원 배열 z가, 4페이지에는 2차원 배열 w가 차례로 저장된다.

배열 my_3D_array에 저장된 데이터를 확인하기 위해

```
my_3D_array
```

를 타이핑하면 다음 결과가 출력된다.

```
produces the following result.
my_3D_array
my_3D_array(:,:,1) =
  1    2    3
  4    5    6
my_3D_array(:,:,2) =
  10    20    30
```

```
  40    50    60
my_3D_array(:,:,3) =
  100   200   300
  400   500   600
my_3D_array(:,:,4) =
  1000   2000   3000
  4000   5000   6000
```

다차원 배열을 만드는 또 다른 방법으로 cat 함수를 이용하는 것이 있다. cat 함수는 여러 개의 배열을 지정한 순서대로 하나로 묶어 다차원 배열로 만든다. cat 함수의 첫 번째 필드에는 하위 배열을 모두 합칠 다차원 배열의 차수를 입력하고, 이어서 합쳐질 하위 배열을 순서대로 입력한다. 예를 들어 앞에서 만든 다차원 배열을 cat 함수로 만들고 싶으면 다음과 같이 명령을 내린다.

```
cat(3,x,y,z,w)
```

3차원 배열을 그림을 그려 설명하면 그림 11.12와 같다. 이보다 높은 차원의 배열도 이와 비슷한 방식으로 만들 수 있다. 예를 들어 페이지를 **서랍**(drawers)으로 그룹화해 4차원을 만들 수 있다.

HINT squeeze 함수는 다차원 배열의 차원을 축소하는 데 사용된다. 예를 들어 크기가 다음과 같은 3차원 배열 a가 있다고 하자.

$$3 \times 1 \times 4$$

3차원 배열 a는 행 수가 3개, 열 수가 1개, 페이지 수가 4개이다. 이러한 구조의 배열은 3차원 배열 대신 2차원 배열로 저장하는 편이 더욱 효율적이다. 이러한 경우에 다음과 같이 squeeze 함수를 사용해

```
b = squeeze(a)
```

와 같이 명령을 내리면 행렬 a는 크기가 3 × 4인 행렬 b로 차원이 축소된다.

$$3 \times 4$$

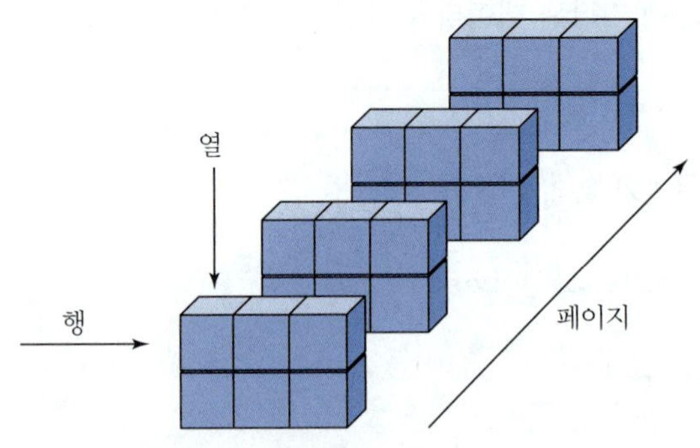

그림 11.12
다차원 배열은 여러 페이지로 구성된다.

실습문제 11.3

정답은 피어슨 출판사의 웹사이트 https://www.pearsonhighered.com/moore에서 확인할 수 있다.

1. 3 × 3 마방진 행렬, 모든 원소가 0인 3 × 3 행렬, 모든 원소가 1인 3 × 3 행렬로 이루어진 3차원 행렬을 만들라.
2. 실습문제 1에서 만든 행렬에서 3행, 2열, 1페이지의 위치에 있는 원소의 값을 구하라. 원소를 지정할 때에는 A(m, n, p)와 같이 인덱스 번호 3개를 사용하면 된다.
3. 실습문제 1에서 만든 행렬에서 모든 페이지의 2행, 3열에 있는 원소들의 값을 구하라.
4. 실습문제 1에서 만든 행렬에서 모든 페이지의 모든 행, 3열에 있는 원소들의 값을 구하라.

11.9 셀 배열

지금까지 다루었던 배열과 다르게 셀 배열(cell array)은 다른 유형의 데이터를 함께 저장할 수 있다. 셀 배열의 각 원소는 하나의 배열이다. 예를 들어 다음과 같은 배열 3개가 있다고 하자.

핵심 개념
셀 배열에는 서로 다른 유형의 데이터를 함께 저장할 수 있다.

```
A = 1:3;
B = 'abcdefg'
C = single([1,2,3;4,5,6]);
```

이 세 가지 배열은 서로 다른 데이터형과 크기를 가지고 있다. 각각의 데이터형을 살펴보면 배열 A는 배정밀도 숫자, B는 문자, C는 단일정밀도 숫자이다. 세 배열을 중괄호 { }으로 묶으면 하나의 셀 배열로 만들 수 있다(대괄호 [ ]는 보통 행렬을 만들 때 사용한다). 다음 명령어를 입력하면

```
my_cellarray = {A,B,C}
```

다음 결과가 출력된다.

```
my_cellarray =
[1x3 double] 'abcdefg' [2x3 single]
```

그림 11.13의 작업공간창을 보면 변수 my_cellarray가 셀 배열로 표시되어 있다. 또 변수 이름 앞에 붙어 있는 아이콘은 셀 배열임을 쉽게 알 수 있도록 { } 기호로 되어 있다. 셀 배열 속에 들어 있는 배열의 크기가 클 경우에는 표시공간을 절약하기 위해 내용은 보여주지 않고 크기 정보만 나타낸다.

셀 배열 전체를 보고 싶으면 다음과 같이 celldisp 함수를 사용하면 된다.

```
celldisp(my_cellarray)
my_cellarray{1} =
  1   2   3
```

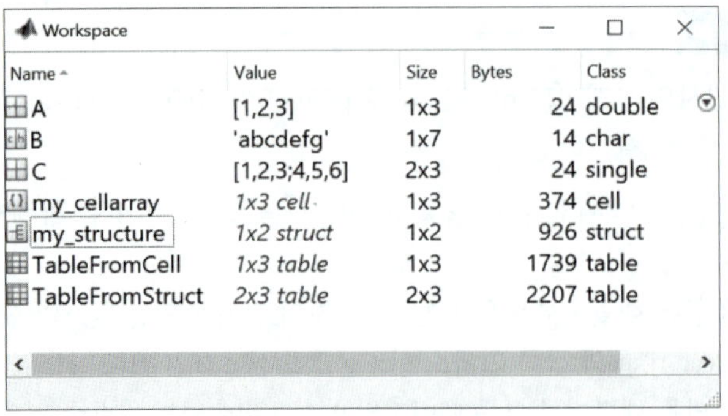

그림 11.13
셀 배열, 구조체 배열, 테이블 배열은 서로 다른 유형의 데이터를 함께 저장할 수 있다.

```
my_cellarray{2} =
abcdefg
my_cellarray{3} =
  1    2    3
```

셀 배열에서 원소를 지정하는 방식은 다른 배열에서 사용하는 방식과 같다. 하나의 인덱스를 사용할 수도 있고 2개의 인덱스(행 번호, 열 번호)를 사용할 수도 있다. 셀 배열에 들어있는 데이터를 알아보는 방법에는 두 가지가 있는데, 다음과 같이 괄호를 사용하는 방법과

```
my_cellarray(1)
ans =
   [1x3 double]
```

또는 다음과 같이 중괄호를 사용하는 방법이 있다.

```
my_cellarray{1}
ans =
  1    2    3
```

이 경우 데이터형은 배정밀도이다. 셀 배열에 저장된 여러 배열 중에서 어떤 한 배열의 특정 원소를 가리킬 때에는 다음과 같이 중괄호와 괄호를 함께 사용하면 된다.

```
my_cellarray{3}(1,2)
ans =
   2
```

셀 배열이 아주 복잡해진 경우 cellplot 함수를 이용하면 그림 11.14와 같이 셀 배열의 구조를 그림으로 확인할 수 있다.

```
cellplot(my_cellarray)
```

셀 배열은 복잡한 프로그래밍 프로젝트나 데이터베이스 작업을 하는 데 편리하게 사용된다. 공학 분야에서는 프로젝트 과정에서 나온 다양한 종류의 데이터를 1개의 변수 이름으로 저장하고, 나중에 필요에 따라 분리해서 사용하는 방식으로 셀 배열이 사용된다. 좀 더 일반적인 셀 배열의 사용법은 여러 정보를 하나로 결합해서 다른 함수의 입력으로 넣어주는 것

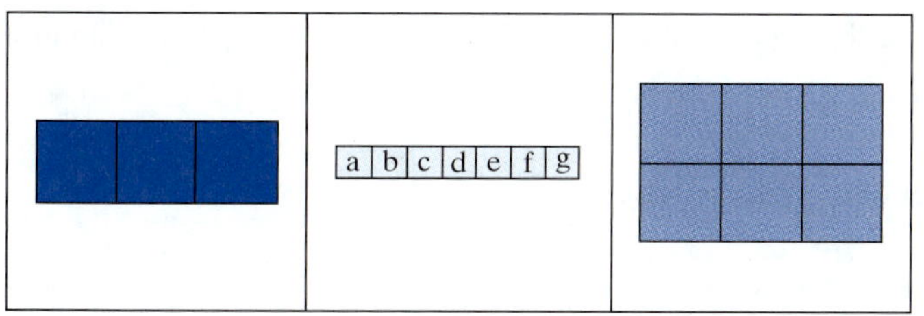

그림 11.14
cellplot 함수를 이용하면 셀 배열의 구조를 그림으로 확인할 수 있다.

이다. 예를 들어 어떤 그래프의 제목을 두 줄로 만들어 넣어주고 싶은 경우 다음과 같이 2개의 원소를 열로 배열해 셀 배열로 만들어 title 함수의 입력으로 넣어주면 된다.

```
title({'My Graph '; 'Contains a lot of data '})
```

과거에는 문자 셀 배열을 자주 사용했지만, 문자열을 사용하는 것이 훨씬 더 효율적이며 문자 셀 배열은 피하는 것이 좋다. 하지만 여전히 기존에 개발된 레거시 코드에서 사용하고 있으므로 그 기능을 이해하는 것이 중요하다. 문자 셀 배열은 R2021b 버전을 기준으로 여전히 테이블에서 라벨링 목적으로 사용된다.

대부분의 활용에서 테이블 배열이 셀 배열을 대체했다. cell2table 함수를 사용하면 셀 배열을 테이블 배열로 쉽게 변환할 수 있다. 예를 들어 my_cellarray 변수를 테이블 배열로 변환하려면 다음을 입력하면 된다.

```
TableFromCell = cell2table(my_cellarray)
TableFromCell = 1×3 table
```

	my_cellarray1			my_cellarray2	my_cellarray3
1	1	2	3	'abcdefg'	[1,2,3;4,5,6]

결과는 1×3 테이블 배열로 나타난다(그림 11.13). 비슷하게 셀 배열이 정말 필요하다면 table2cell 함수를 사용하면 테이블 배열을 셀 배열로 변환할 수 있다.

11.10 구조체 배열

핵심 개념
구조체 배열에는 서로 다른 유형의 데이터를 함께 저장할 수 있다.

구조체 배열(structure array)은 셀 배열과 비슷하다. 셀 배열과 마찬가지로 한 구조체 배열 안에는 데이터형이 다른 배열을 여러 개 저장할 수 있다. 그런데 셀 배열의 경우 여러 개의 배열을 셀 배열에 직접 할당하지만, 구조체 배열의 경우에는 필드(field)로 위치를 지정해 그곳에 각 배열을 저장한다는 점이 다르다. 앞 절에서 셀 배열을 설명할 때 사용한 다음 3개의 배열을 사용해서 구조체 배열을 살펴보자.

```
A = 1:3;
B = 'abcdefg';
C = single([1,2,3;4,5,6]);
```

my_structure라는 간단한 구조체 배열을 만들려면 점 표기법(dot notation)을 사용하면 된다. 예를 들어 다음을 타이핑하면

```
my_structure.some_numbers = A
```

다음 결과가 출력된다.

```
my_structure =
  some_numbers: [1 2 3]
```

이 명령에 의해 my_structure라는 이름의 구조체 배열이 만들어지며 이 구조체 배열은 이름이 some_numbers인 필드를 1개 가진다. 이제 문자 배열 B를 이 구조체 배열에 추가해서 some_letters라는 이름을 가진 두 번째 필드로 만들어보자. 앞에서와 마찬가지로 점 표기법을 사용하면 된다.

```
my_structure.some_letters = B
my_structure =
  some_numbers: [1 2 3]
  some_letters: 'abcdefg'
```

끝으로 배열 C에 들어 있는 단일정밀도 숫자를 이 구조체 배열에 추가해서 세 번째 필드로 만든다. 필드의 이름은 some_more_numbers로 한다.

```
my_structure.some_more_numbers = C
my_structure =
  some_numbers: [1 2 3]
  some_letters: 'abcdefg'
  some_more_numbers: [2x3 single]
```

그림 11.13의 작업공간창에서 보듯이 구조체 배열인 my_structure의 크기는 1 × 1이고, 여기에 세 가지 다른 유형의 배열 데이터가 모두 저장되어 있다. 이 구조체 배열은 다음과 같이 3개의 필드로 이루어져 있으며 각 필드마다 다른 유형의 데이터가 저장되어 있다.

```
some_numbers                배정밀도 숫자 데이터
some_letters                문자 데이터
some_more_numbers           단일정밀도 숫자 데이터
```

이 구조체 배열에 더 많은 정보를 담으려면 다음과 같이 배열의 크기를 확장하고 이미 만들어진 필드에 배열을 추가하면 된다.

```
my_structure(2).some_numbers = [2 4 6 8]
my_structure =
1x2 struct array with fields:
  some_numbers
  some_letters
  some_more_numbers
```

배열 이름, 필드 이름, 인덱스 번호를 사용하면 구조체 배열에 들어 있는 특정 위치의 정보에 접근할 수 있다. 이 구문은 다른 유형의 배열에서 사용하는 것과 유사하다. 예를 들어

```
my_structure(2)
ans =
            some_numbers: [2 4 6 8]
            some_letters: []
       some_more_numbers: []
```

여기에서 some_letters와 some_more_numbers 필드는 비어 있는데, 이것은 이 필드에 아무 정보도 넣지 않았기 때문이다.

단일 필드에만 접근하려면 다음과 같이 구조체 배열에 연달아 필드 이름을 덧붙이면 된다.

```
my_structure(2).some_numbers
ans =
     2     4     6     8
```

어떤 필드에서 특정 원소 하나만을 지정해 그 값을 알고 싶으면 필드 이름에 연이어 원소의 인덱스 번호를 지정하면 된다.

```
my_structure(2).some_numbers(2)
ans =
     4
```

disp 함수를 사용하면 다음과 같이 구조체 배열의 내용을 화면에 나타낼 수 있다. 예를 들어 다음 명령어는

```
disp(my_structure(2).some_numbers(2))
```

다음을 출력한다.

```
4
```

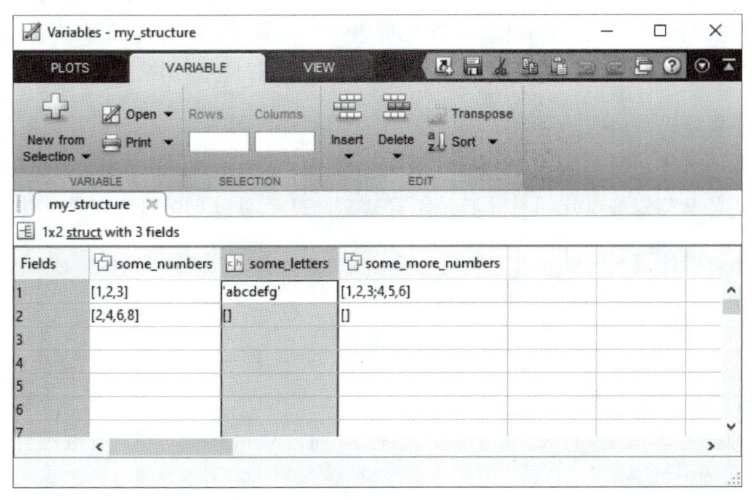

그림 11.15
변수편집기를 이용하면 구조체 배열의 내용을 볼 수 있다. 변수편집기에서 배열에 저장된 값을 수정하거나 새로운 값을 추가할 수 있다.

변수편집기(variable editor)를 사용하면 구조체 배열 및 다른 배열의 내용에 접근할 수 있다. 작업공간창에 있는 구조체 배열의 이름을 더블클릭하면 그림 11.15와 같이 변수편집기가 열리며, 필드와 저장된 원소의 내용을 볼 수 있다.

구조체 배열은 함수 간 정보를 전달하기 위해 대형 컴퓨터 프로그램에서 널리 사용된다. 또한 데이터베이스 관리와 같은 응용 프로그램에서도 매우 유용하다. 많은 양의 공학 데이터를 종종 데이터베이스에 저장하기 때문에 구조체 배열은 데이터 분석에 매우 유용하다. 이어지는 예제들은 구조체 배열을 어떻게 다루고 사용하는지에 대해 더 나은 이해를 제공할 것이다.

매트랩 R2016b에서 테이블 배열이 도입된 이후로 테이블 배열은 구조체 배열을 전략적으로 많이 대체해왔다. 그러나 구조체 배열을 사용할지 테이블 배열을 사용할지는 주로 프로그래머의 스타일 문제이다. 구조체 배열을 사용해 작성한 상당한 양의 레거시 코드 라이브러리가 존재하므로 기존 함수 및 프로그램과 상호작용하기 위해서는 구조체 배열이 어떻게 작동하는지 이해하는 것이 중요하다. `struct2table` 함수를 사용하면 직사각형 구조체 배열을 테이블 배열로 변환할 수 있다. `my_structure` 배열을 테이블로 변환하려면 다음을 입력하면 된다.

```
TableFromStruct = struct2table(my_structure)
```

그런데 위 명령어를 입력하면 구조체 배열이 직사각형이 아니기 때문에 빈 필드에 데이터를 추가하지 않으면 오류 메시지가 발생한다. 원하는 경우 변수편집기에서 정보를 추가할 수 있다. 무엇을 추가해야 할지 모른다면 NaN(숫자가 아님)을 사용하면 문제가 해결된다. 비슷하게 구조체 배열이 정말 필요하다면 `table2struct` 함수를 사용해서 `table`을 구조체 배열로 변환할 수 있다.

예제 11.3

행성 데이터를 구조체 배열에 저장하기

데이터베이스처럼 사용할 수 있는 것이 구조체 배열이다. 숫자 정보와 문자 정보는 물론 매트랩에서 지원하는 어떤 유형의 데이터로 구조체 배열에 저장할 수 있다. 구조체 배열을 만들어 행성과 관련된 정보들을 저장하라. 이때 정보는 사용자가 입력하는 방식으로 한다.

1. 문제를 명확히 나타낸다.
   구조체 배열을 만들어 행성 데이터와 표 11.4의 정보를 저장한다. 명왕성은 2005년에 행성의 지위를 박탈당했지만 여전히 관심을 끌고 있으므로 관련 데이터를 포함시켰다.

2. 입력과 출력을 표시한다.
   입력 표 11.4의 행성 데이터
   출력 데이터를 저장하는 구조체 배열

3. 손이나 계산기로 문제를 미리 풀어본다.
   이 문제는 손으로 풀기에는 적당하지 않다. 그 대신 순서도를 그려보면 문제를 푸는 데 도움이 될 것이다.

표 11.4 행성 데이터

행성 이름	질량(지구 기준)(배)	공전주기(지구 기준)(년)	평균 궤도속도(km/s)
수성	0.055	0.24	47.89
금성	0.815	0.62	35.03
지구	1	1	29.79
화성	0.107	1.88	24.13
목성	318	11.86	13.06
토성	95	29.46	9.64
천왕성	15	84.01	6.81
해왕성	17	164.8	5.43
명왕성	0.002	247.7	4.74

4. 매트랩으로 문제를 푼다.

```
%% 예제 11.3
% 필드가 4개인 구조체 배열을 만든다.
clear, clc
k=1;
response = menu("행성 데이터를 입력하겠습니까?","예","아니요");
while response==1
    planetary(k).name=input("행성의 이름을 입력하세요: ",'s');
    planetary(k).mass=input("그 행성의 질량은 지구의 몇 배입니까?: ");
    planetary(k).year=input("그 행성의 공전주기는 몇 년입니까?: ");
    planetary(k).velocity=input("그 행성의 궤도속도는 몇 km/s
입니까?: ");
    % 입력한 행성 데이터를 검사한다.
    planetary(k)
    increment = menu("입력한 행성 데이터가 맞습니까?","예","아니요");
    switch increment
        case 1
            increment =1;
        case 2
            increment = 0;
    end
    k=k+increment;
    response = menu("행성 데이터를 더 입력하겠습니까?","예","아니요");
end
%%
planetary      %배열 planetary에 저장된 데이터를 출력한다.
```

명령창에서 이 프로그램을 실행한 후 다음과 같이 데이터를 입력했을 때, 출력 결과가 다음과 같이 되는 것을 확인할 수 있다.

```
행성의 이름을 입력하세요: Mercury
그 행성의 질량은 지구의 몇 배입니까?: 0.055
그 행성의 공전주기는 몇 년입니까?: 0.24
그 행성의 궤도속도는 몇 km/s입니까?: 47.89
ans =
    name: 'Mercury'
    mass: 0.0550
    year: 0.2400
    velocity: 47.8900
```

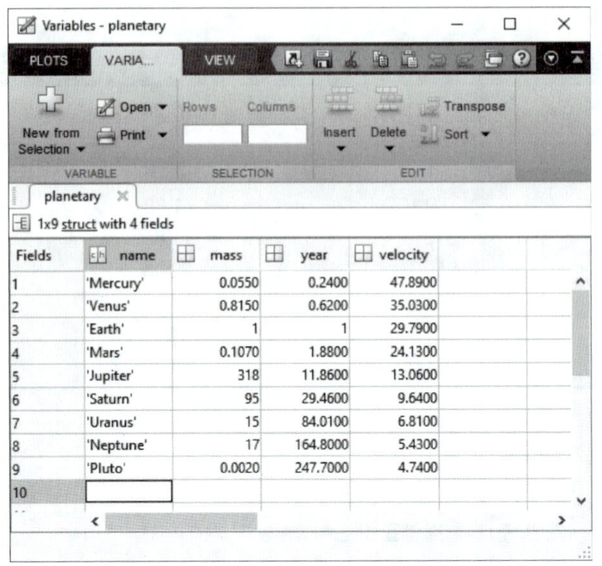

그림 11.16
변수편집기를 이용하면 구조체 배열에 저장된 데이터를 확인하거나 변경할 수 있다.

5. 풀이를 검사한다.

행성 데이터를 입력해서 나온 구조체 배열과 원래 표의 데이터를 비교하자. 우리가 만든 프로그램에서는 사용자가 데이터를 정확히 입력했는지 검사할 수 있도록 입력한 데이터를 화면에 다시 보여준다. 사용자가 데이터가 잘못 입력되었다고 응답하면 다음번 루프를 돌 때 다시 입력하는 데이터로 잘못된 데이터를 덮어쓴다. 프로그램에서는 사용자에게 질문을 할 때 menu 함수를 사용했는데, 이것은 이 질문에 대한 대답이 '예', '아니요' 외에는 나올 수 없기 때문이다. `planetary`라는 이름의 구조체 배열을 작업공간창에서 찾아볼 수 있다. `planetary`를 더블클릭하면 그림 11.16과 같이 변수편집기가 튀어나와 배열에 저장된 데이터를 볼 수 있다. 이 편집기에서 이 데이터 값을 고칠 수도 있다.

예제 11.4에서는 여기에서 만든 구조체 배열을 사용해서 추가적인 계산을 한다. 이를 위해 다음과 같이 구조체 배열을 미리 저장해두자.

```
save   planetary_information   planetary
```

이 명령을 실행하면 구조체 배열인 `planetary` 데이터가 *planetary_information.mat*라는 파일로 저장된다.

예제 11.4

구조체 배열에 저장된 데이터 사용하기

정보를 저장하는 데 구조체 배열을 사용하면 몇 가지 장점이 있다. 첫째, 필드 이름으로 배열에 저장된 정보를 확인할 수 있다. 둘째, 정보를 쉽게 추가할 수 있으며 전체 정보를 하나의 그룹으로 관리할 수 있다. 마지막으로 구조체 배열에 저장된 정보가 우연한 사고나 실수로 바뀌는 일이 쉽게 일어날 수 없다. 이러한 장점을 직접 확인해보기 위해 앞의 예제에서 만든 *planetary_information.mat* 파일에 저장된 데이터를 사용해 다음 작업을 수행하라.

- 구조체 배열이 가진 필드의 이름을 확인하고 이를 화면에 표시한다.
- 구조체 배열에 저장된 행성 이름을 화면에 표시한다.

- 구조체 배열에 저장된 데이터를 표로 만들어 화면에 표시한다. 이때 표시되는 데이터 항목의 제목으로 필드 이름이 표시되도록 한다.
- 평균 궤도속도의 평균값을 계산해 화면에 표시한다.
- 가장 큰 행성을 찾아 이름과 크기를 화면에 표시한다.
- 목성의 공전주기 데이터를 찾아 화면에 표시한다.

1. 문제를 명확히 나타낸다.
   앞에서 나열한 여섯 가지 작업을 수행하는 프로그램을 작성한다.

2. 입력과 출력을 표시한다.
   입력 컴퓨터에 저장되어 있는 *planetary_information.mat* 파일
   출력 명령창에 출력해야 하는 내용들

3. 손이나 계산기로 문제를 미리 풀어본다.
   배열편집기에서 구조체 배열 planetary에 저장된 정보의 내용을 찾아보면 문제에서 요구하는 과제를 대부분 해결할 수 있다.

4. 매트랩으로 문제를 푼다.

```
%% 예제 11.3
  clear, clc
  load planetary_information
%% 구조체 배열이 가진 필드의 이름을 확인한다.
% 이름이 planetary인 구조체 배열의 내용을 화면에 표시한다.
  planetary
%% 구조체 배열에 저장된 여러 행성의 이름을 화면에 표시한다.
  planetary.name
  fprintf('\n')    % 출력에서 빈 줄을 생성한다.
%% fprint와 loop를 사용해서 형식화된 출력을 생성한다.
disp("      행성 이름      질량      공전주기      평균 궤도속도");
for k=1:length(planetary)
fprintf(" %10s \t %8.4f  %8.4f  %8.4f \n ",planetary(k).
name,planetary(k).mass,planetary(k).year, planetary(k).
velocity)
end
%% 행성의 평균 궤도속도의 평균값 구하기
MOV = mean([planetary.velocity]);
fprintf("행성의 평균 궤도속도의 평균값은 %8.2f km/sec\n",MOV)
%% 질량이 최대인 행성을 찾아 이름과 크기를 화면에 표시하기
max_mass = max([planetary.mass]);
fprintf('질량이 가장 큰 행성은 %s이며 지구의 %8.2f배이다.''s
\n',max_mass)
%% 목성은 5번째 행성임
% 목성의 공전주기를 구한다.
planet_name = planetary(5).name;
planet_year = planetary(5).year;
fprintf(' %s의 공전주기는 %6.2f년이다.''s \n',planet_name,planet_
year)
```

이 프로그램은 대부분 형식을 잡아주는 명령으로 이루어져 있다. 각 명령을 분석하기 전에 일단 프로그램을 실행시킨 다음 화면에 출력되는 결과를 살펴보기 바란다.

5. 풀이를 검사한다.

구조체 배열에서 뽑아낸 데이터를 사용해 프로그램에서 출력한 정보가 맞는지 배열편집기 상의 데이터와 비교해본다. 구조체 배열 planetary에 저장된 데이터가 많아질수록 배열 편집기로 이를 확인하는 것이 더욱 힘들어진다. 구조체 배열에서는 필요할 때마다 쉽게 필드를 새로 만들고 정보를 추가할 수 있다. 예를 들어 각 행성이 가진 달(위성)의 수에 관한 정보를 구조체 배열 planetary에 추가하고 싶으면

```
%% 위성의 수를 새로운 필드로 추가하기
planetary(1).moons = 0;
planetary(2).moons = 0;
planetary(3).moons = 1;
planetary(4).moons = 2;
planetary(5).moons = 60;
planetary(6).moons = 31;
planetary(7).moons = 27;
planetary(8).moons = 13;
planetary(9).moons = 1;
```

을 차례로 입력하면 된다. 이렇게 하면 구조체 배열에 moons라는 필드가 추가된다. 각 행성이 가진 달의 수를 명령창에 출력하고 싶으면 다음 명령을 입력하면 된다.

```
disp("각 행성을 공전하는 위성 수")
disp([planetary.moons]')
```

11.11 테이블 배열

테이블 배열은 매트랩 R2013b 버전에 도입되었으며, 그 이후로 꾸준히 확장되고 개선되었다. 앞선 장에서 테이블을 사용해서 정보를 표시하는 방법을 살펴보았지만, 테이블은 그 이상으로 많은 기능을 가지고 있다. 테이블은 다른 데이터형으로 그룹화된 정보를 저장할 수 있으며, 특히 스프레드시트에 저장된 것과 같은 테이블 형식의 데이터를 다루는 데 매우 유용하다.

11.11.1 작업공간창의 변수로부터 테이블 만들기

매트랩에는 기존 배열 또는 데이터 파일로부터 테이블을 생성하는 방법을 보여주기 위해 사용할 수 있는 샘플 데이터가 포함되어 있다. 먼저 작업공간을 지우고, *patients.mat* 파일에서 데이터를 불러와 작업공간에 변수를 생성하자.

```
clear, clc
load patients
```

그림 11.17에서 볼 수 있듯이 다양한 변수가 생성되었으며, 모두 100개의 행을 가진 열벡터이다. 이 배열들이 생성될 때, 텍스트는 문자 배열로 구성된 셀 배열에 저장되도록 선택되었다. 하지만 대부분의 경우 문자열 배열이 더 나은 선택이다. 예를 들어 LastName 배열을 셀 배열로 저장하는 데에는 11616바이트가 필요하다. 다음과 같이 이를 문자열 배열로 변

Workspace

Name	Value	Size	Bytes	Class
Age	100x1 double	100x1	800	double
Diasto...	100x1 double	100x1	800	double
Gender	100x1 cell	100x1	11412	cell
Height	100x1 double	100x1	800	double
LastNa...	100x1 cell	100x1	11616	cell
Locati...	100x1 cell	100x1	14208	cell
SelfAs...	100x1 cell	100x1	11540	cell
Smoker	100x1 logical	100x1	100	logical
Systolic	100x1 double	100x1	800	double
Weight	100x1 double	100x1	800	double

그림 11.17
테이블 배열은 **patients.mat** 파일과 같은 샘플 데이터를 이용해서 작업공간 변수로부터 생성될 수 있다. 매트랩 기본 설치를 하면 샘플 데이터 파일도 함께 설치된다.

환하면

```
LastName = string(LastName);
```

저장용량이 5784바이트로 줄어든다.

`Location` 배열은 데이터가 수집된 장소의 목록이다. 이 배열은 셀 배열보다는 범주형 배열(categorical array)로 저장하는 것이 더 적합하다.

```
Location=categorical(Location);
```

저장된 변수로부터 테이블 배열을 생성하려면 `table` 함수를 사용하면 된다. 예를 들어 `LastName`, `Location`, `Smoker`, `Gender` 정보를 포함하는 `T`라는 테이블을 생성하려면 다음과 같이 입력하면 된다.

```
T=table(LastName,Location,Smoker,Gender);
```

테이블에서 인덱싱을 할 때에는 숫자 배열에서 사용하는 것과 동일한 방법을 사용하면 된다. 즉 행과 열 번호를 지정하면 된다. 예를 들어 두 번째 행의 환자가 흡연자인지 확인하려면, 이는 2행 3열에 해당된다. 매트랩에서는 다음과 같이 작성할 수 있다.

```
T(2,3)
```

이는 다음 결과물을 출력한다.

```
ans = 1×1 table
```

	Smoker
1	0

Smoker 변수는 논리 배열이므로 결과가 0이면 '거짓'을 의미한다.

테이블은 라이브편집기(live editor)에서 약간 다르게 출력되며, 여기에서 보여지는 형식과 명령창에서의 표시형식이 다를 수 있다. 하지만 형식이 다르더라도 정보는 동일하다.

특정 행이나 열의 모든 정보를 보려면 콜론 연산자(:)를 사용한다. 예를 들어 두 번째 행에 대한 환자의 모든 정보를 보려면 다음과 같이 입력한다.

```
T(2,:)
```

그러면 다음 결과가 출력된다.

```
ans = 1×4 table
```

	LastName	Location	Smoker	Gender
1	"Johnson"	VA Hospital	0	'Male'

열은 작업공간의 변수 이름을 사용해서 자동으로 이름이 지정되지만, table 함수의 VariableNames 속성을 사용해 다른 이름으로 정의할 수도 있다. 예를 들어 두 번째 열의 변수 이름을 Hospital로 변경하려면 다음 코드를 사용하면 된다.

```
names=["LastName","Hospital","Smoker","Gender"];
T=table(LastName,Location,Smoker,Gender,'VariableNames',names);
```

table 함수에 입력으로 사용되는 names 배열은 셀 배열 또는 문자열 배열일 수 있다. 그러나 VariableNames 속성은 반드시 작은따옴표로 묶어야 한다. 즉 문자 배열이어야 한다. 이는 함수가 문자열이나 문자 배열 중 어느 것을 받아들이지 않는 몇 안 되는 경우의 예 중 하나이며, 반드시 문자 배열이어야 한다.

테이블 배열의 행에도 이름을 지정할 수 있다. 만약 변수 이름이 작업공간에 존재한다면 다음과 같이 직접 사용할 수 있다.

```
T.Properties.RowNames=LastName;
```

테이블의 변수를 참조하려면 점 표기법을 사용한다. 예를 들어 다음과 같다.

```
T.Properties.RowNames=T.LastName;
```

행 이름이 할당된 후에는 행 이름과 콜론 연산자를 사용해서 행을 추출할 수 있다.

```
T("Johnson",:)
ans = 1×4 table
```

	LastName	Location	Smoker	Gender
1	"Johnson"	VA Hospital	0	'Male'

혹은

```
T(["Martinez","Bryant"],:)
ans = 2×4 table
```

	LastName	Hospital	Smoker	Gender
1 Martinez	"Martinez"	Count General Hospital	0	'Male'
2 Bryant	"Bryant"	County General Hospital	0	'Female'

비슷하게 행 이름과 열 이름을 기반으로 테이블의 일부를 추출할 수도 있다. 예를 들어 Johnson과 Garcia 환자가 어떤 병원에서 진료를 받았는지 확인하려면 다음과 같이 입력한다.

```
    T(["Johnson","Garcia"],["Hospital"])
ans = 2×1 table
```

	Hospital
1 Johnson	VA Hospital
2 Garcia	VA Hospital

11.11.2 데이터 파일로부터 테이블 배열 만들기

매트랩은 엑셀과 같은 스프레드시트, .csv 파일, .txt 파일, .dat 파일과 같은 다양한 유형의 데이터 파일에서 테이블 형식의 데이터를 테이블 배열로 가져오는 함수를 제공한다. 주요 요구사항은 데이터가 직사각형 형식이어야 한다는 것이다. 이러한 함수는 헤더 정보를 무시하고 각 열에 저장된 데이터형을 평가해서 적절한 데이터 형식을 결정해버린다. 예를 들어 숫자는 배정밀도 부동소수점 수로 저장되고, 텍스트는 문자열이나 문자 배열의 셀 배열로 저장된다. *patients.dat* 파일은 `uiimport` 함수를 사용해서 대화형으로 불러오거나 `readtable` 함수를 사용해서 자동으로 불러올 수 있다. 두 방법 모두 장단점이 있다.

readtable 함수 사용하기

먼저 `readtable` 함수를 사용해서 데이터를 자동으로 가져오는 방법을 배워보자. 작업공간을 지우고, `readtable` 함수를 사용해서 *patients.dat* 파일을 불러낸 후, 테이블 배열에 `T2`라는 이름을 할당하자.

```
clear, clc
T2=readtable("patients.dat");
```

작업공간은 테이블 배열의 요약된 설명을 보여주지만, summary 함수를 사용하면 더 자세한 정보를 얻을 수 있다. 이 함수는 각 열의 이름, 데이터형, 통계 정보를 포함한다. 사실 이는 개별 배열을 다운로드했을 때 작업공간창에 표시된 정보와 동일한 정보이다. 또한 작업공간창에서 변수 이름을 더블클릭하면 변수편집기창(그림 11.18)이 자동으로 열리며, 여기에서 배열의 정보를 편집할 수 있다.

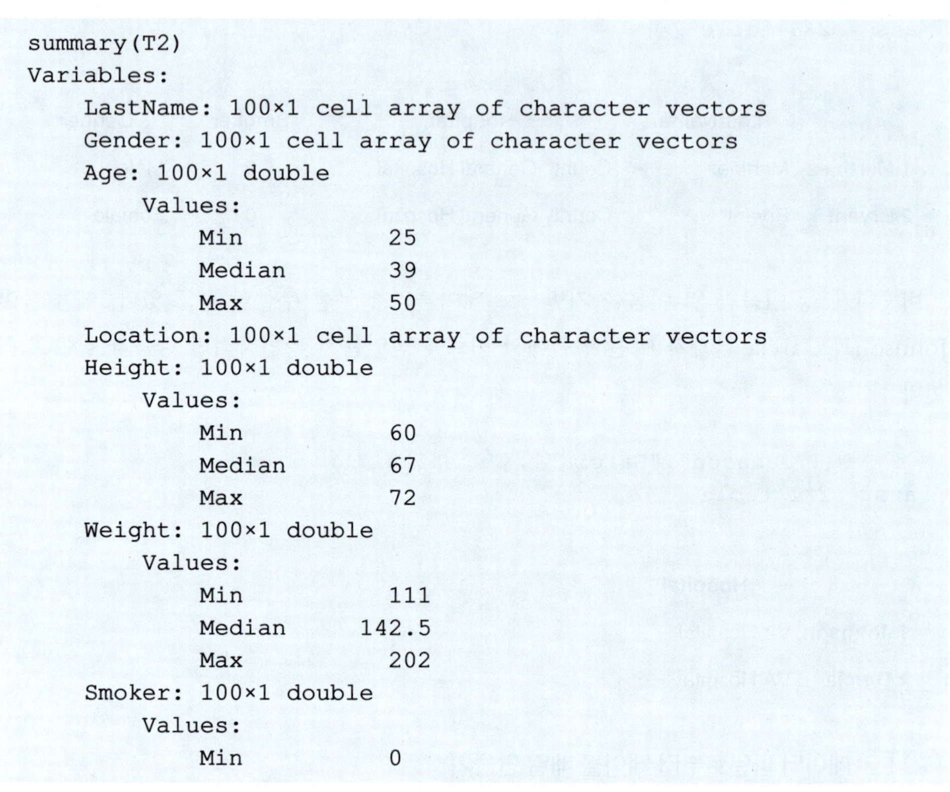

```
summary(T2)
Variables:
   LastName: 100×1 cell array of character vectors
   Gender: 100×1 cell array of character vectors
   Age: 100×1 double
      Values:
          Min          25
          Median       39
          Max          50
   Location: 100×1 cell array of character vectors
   Height: 100×1 double
      Values:
          Min          60
          Median       67
          Max          72
   Weight: 100×1 double
      Values:
          Min         111
          Median    142.5
          Max         202
   Smoker: 100×1 double
      Values:
          Min           0
```

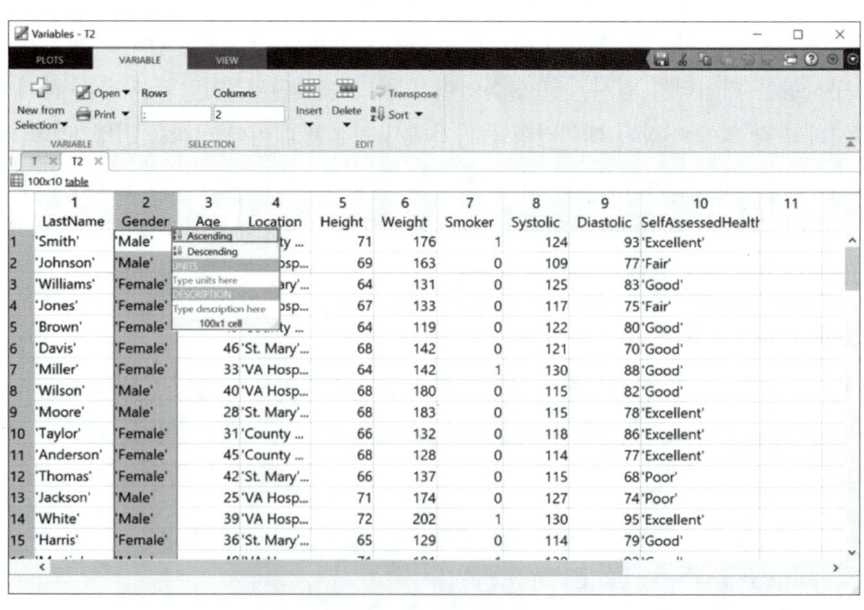

그림 11.18
변수편집기는 테이블 배열의 내용을 보여준다. 열 헤더에 있는 드롭다운(drop-down) 화살표를 통해 사용자는 해당 열의 데이터형의 정보에 접근할 수 있으며, 데이터를 정렬할 수도 있다.

```
        Median        0
        Max           1
  Systolic: 100×1 double
      Values:
        Min         109
        Median      122
        Max         138
  Diastolic: 100×1 double
      Values:
        Min           68
        Median      81.5
        Max           99
   SelfAssessedHealthStatus: 100×1 cell array of character
vectors
```

앞서 언급한 것처럼 데이터형의 배열로 저장한 일부 정보는 변경이 필요할 수도 있다. 이 경우 이미 T2 배열에 있기 때문에 점 표기법(dot syntax)을 사용해 열에 접근해서 데이터형을 변경할 수 있다.

```
T2.LastName=string(T2.LastName);
T2.Gender=categorical(T2.Gender);
T2.Location=categorical(T2.Location);
T2.Smoker=logical(T2.Smoker);
T2.SelfAssessedHealthStatus=categorical(T2.SelfAssessedHealth-
Status);
```

uiimport 함수 사용하기

uiimport 함수는 데이터를 가져올 때 더 많은 융통성을 제공한다. 테이블 배열이 생성되기 전에 사용자 스스로 데이터형을 지정할 수 있기 때문에 다양한 데이터를 가져올 때 적합하다. 여러분이 수행하는 연구 프로젝트에서 여러 데이터 세트를 가져와야 하는 상황을 상상해보자. 이 경우에는 uiimport를 사용해서 데이터를 어떻게 저장할지 결정한 후, 이러한 설정을 적용하는 함수를 생성해 향후 파일에 재사용할 수 있다.

작업공간을 지우고, uiimport 함수를 사용해서 *patients.dat* 파일을 불러낸 후, 테이블 배열에 T3이라는 이름을 할당하자.

```
clear, clc
T3=uiimport("patients.dat")
```

그러면 그림 11.19와 같이 가져오기 마법사가 열린다.

가져오기 마법사 화면을 살펴보면 열 헤더에 드롭다운 메뉴가 있다. 이를 통해 각 열에 대한 데이터형을 선택할 수 있다. 이 경우 텍스트 열에는 문자 배열 대신 문자열이 선택되었고, Location, Gender, SelfAssessedHealthStatus에는 범주형 배열이 선택되었다. 신기하게도 가져오기 마법사에서 논리형 배열은 선택사항이 아니기 때문에 Smoker 배열의 데이터형을 논리형으로 변경할 수는 없지만 범주형으로 변경할 수 있다. Location 배

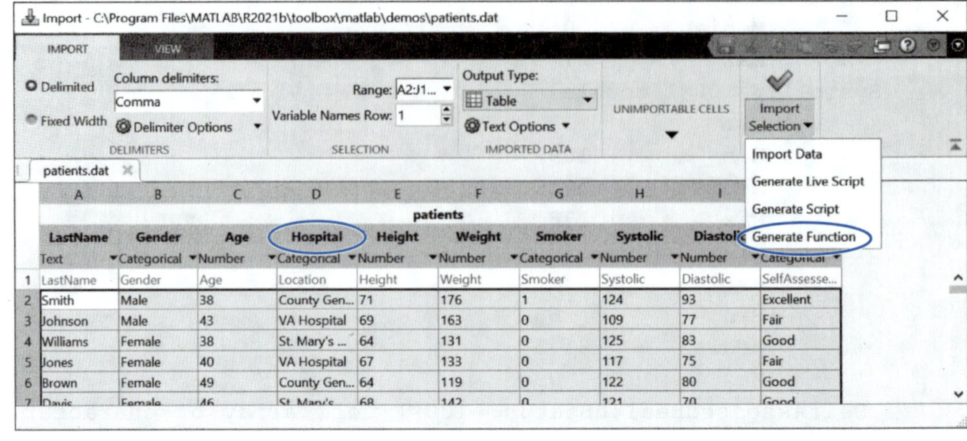

그림 11.19
가져오기 마법사(Import Wizard)는 사용자가 파일을 테이블로 가져오는 방식을 제어할 수 있게 해준다. '선택 항목 가져오기'를 선택하면, 향후 선택사항을 가져오는 데 사용할 수 있는 함수를 생성할 수 있다.

열의 이름을 Hospital로, SelfAssessedHealthStatus를 SAHS로 변경해보자. 모든 변경을 마친 후 열 제목 없이 데이터를 선택하고(행 2부터 선택), '선택 항목 가져오기' 확인란을 선택해서 데이터를 가져오자. 파일 이름이 *patients.dat*로 되어 있기 때문에 데이터는 patients라는 배열로 작업공간에 나타난다.

만들어진 배열이 여러분의 필요에 맞게 잘 만들어졌는지 확인하자. 수정이 필요하면 가져오기 마법사로 돌아가서 '선택 항목 가져오기' 버튼의 드롭다운 메뉴를 선택하면 된다. 'Generate function' 옵션은 사용자가 선택한 가져오기 선택사항을 함수로 생성한다. 이 예에서 선택사항을 반영해서 만들어진 함수를 살펴보자. 모든 함수와 마찬가지로 파일 이름은 함수 이름과 동일한 이름으로 저장되어야 한다.

```
function patients = importfile(filename, dataLines)
% IMPORTFILE1: 텍스트 파일에서 데이터 가져오기
% PATIENTS = IMPORTFILE1(FILENAME): 텍스트 파일(FILENAME)에서
% 데이터 읽어 오기
% 기본 선정으로 데이터를 테이블 형태로 반환한다.
%% PATIENTS = IMPORTFILE1(FILE, DATALINES):
% 텍스트 파일(FILENAME)에서 지정된 행 범위 데이터를 읽어온다.
% DATALINES를 양의 스칼라 정수 또는 비연속적인 행 구간을 지정하기 위해서는
% N-by-2 배열로 된 양의 스칼라 정수로 지정하라.
%% 예시:
% patients = importfile("C:\Program Files\MATLAB\R2021b\
% toolbox\matlab\demos\patients.dat", [2, Inf]);
%% READTABLE 함수도 참고하라.
%% MATLAB이 2021년 7월 23일 10:52:27에 자동 생성함.
%% 입력 처리
% dataLines가 지정되지 않은 경우 기본값을 사용한다.
if nargin < 2
    dataLines = [2, Inf];
end
%% 가져오기 옵션 설정 및 데이터 가져오기
opts = delimitedTextImportOptions("NumVariables", 10);
%  범위와 구분자를 지정한다.
```

```
opts.DataLines = dataLines;
opts.Delimiter = ",";
% 열 이름과 유형을 지정한다.
opts.VariableNames = ["LastName", "Gender", "Age", "Hospital",
... "Height", "Weight", "Smoker", "Systolic", "Diastolic",
"SAHS"];
opts.VariableTypes = ["string", "categorical", "double", ...
"categorical", "double", "double", "categorical", "double", ...
"double", "categorical"];
% 파일 레벨의 속성을 지정한다.
opts.ExtraColumnsRule = "ignore";
opts.EmptyLineRule = "read";
% 변수 속성을 지정한다.
opts = setvaropts(opts, "LastName", "WhitespaceRule", ... "pre-
serve");
opts = setvaropts(opts, ["LastName", "Gender", "Hospital", ...
"Smoker", "SAHS"], "EmptyFieldRule", "auto");
% 데이터 가져오기
patients = readtable(filename, opts);
end
```

다음은 함수 사용 방법을 보여주는 예제이다. 파일 경로를 전체적으로 지정할 수도 있지만, 파일이 현재 디렉터리나 매트랩 검색 경로에 있는 경우 파일 이름만 지정하면 된다. 이 경우 *patients.dat* 파일은 매트랩 검색 경로에 있으므로 다음 코드를 사용해서 *patients.dat* 파일을 불러낼 수 있다.

```
T3=importfile("patients.dat");
```

따라서 유사한 정보를 가진 새로운 데이터 파일을 매번 수정할 필요 없이 업로드하고 분석할 수 있다. 또한 함수생성기(function generator)가 제안하는 함수 파일 이름을 그대로 사용하지 않고 프로젝트에 더 의미 있는 이름으로 변경할 수 있다.

11.11.3 테이블 정보로 작업하기

테이블은 정보를 저장하고 정리하는 데 매우 유용하며, 특히 다양한 데이터형을 활용할 때 더욱 그렇다. 예를 들어 범주형 정보를 사용해서 변수편집기에서 테이블을 사용자에게 맞게 정렬하거나, 논리 인덱싱을 통해 특정 정보를 추출할 수도 있다. 모든 여성 환자 중 건강 상태가 '양호'이고 VA 병원에서 진료받은 환자를 추출하려면, 먼저 기준에 따라 논리 인덱스 배열을 생성해야 한다. 이를 통해 1과 0(즉 '참'과 '거짓' 판별)의 배열을 생성하며, 이를 사용해서 테이블에서 인덱싱을 수행한다.

```
k=(T3.SAHS=="Fair"&
T3.Gender=="Female"&T3.Hospital=="VA Hospital");
T3(k,:)
ans = 5×10 table
```

	LastName	Gender	Age	Hospital	Height	Weight	Smoker	Systolic	Diastolic	SAHS
1	"Jones"	Female	40	VA Hospital	67	133	0	117	75	Fair
2	"Garcia"	Female	27	VA Hospital	69	131	1	123	79	Fair
3	"Rodriguez"	Female	39	VA Hospital	64	117	0	123	79	Fair
4	"Lewis"	Female	41	VA Hospital	62	137	0	114	88	Fair
5	"Watson"	Female	40	VA Hospital	64	127	1	122	91	Fair

테이블의 데이터를 사용해서 계산을 수행하고 그 결과를 배열에 추가할 수도 있다. 예를 들어 맥압(pulse pressure)은 수축기 혈압과 이완기 혈압의 차이로 심장이 수축할 때 발생하는 힘을 나타낸다. 새로운 변수 PulsePressure를 계산하려면 데이터 세트의 Systolic(수축기 혈압)과 Diastolic(이완기 혈압) 변수를 사용해서 다음과 같이 계산한다.

```
T3.PulsePressure = T3.Systolic - T3.Diastolic;
```

작업공간을 확인하면 테이블이 이제 100 × 11 배열로 확장된 것을 볼 수 있다.

테이블에서 데이터를 쉽게 추출할 수 있기 때문에 테이블 데이터를 이용해서 매트랩의 일반적인 연산을 수행할 수 있다. 예를 들어 다음과 같이 Height(키)와 Weight(몸무게) 데이터를 사용해서 그래프를 그릴 수 있다.

```
plot(T3.Weight,T3.Height,'o')
title("Relationship Between Height and Weight")
xlabel("Height,inches"), ylabel("Weight, lbm")
```

그림 11.20(a)에 그려진 결과를 보면, 데이터가 2개의 그룹으로 명확하게 나눠졌기 때문에 성별에 따른 관계가 있을 수 있다고 생각할 수 있다. 범주형 데이터를 사용해서 결과를 시각화하면 그림 11.20(b)와 같은 그래프를 얻을 수 있다(주석은 일반적인 방법으로 추가했다).

```
k=T3.Gender=="Male";
j=T3.Gender~="Male";
plot(T3.Weight,T3.Height,'o')
plot(T3.Weight(k),T3.Height(k),'o',MarkerFaceColor='blue')
hold on
plot(T3.Weight(j),T3.Height(j),'o',MarkerFaceColor='red')
hold off
```

그래프에 색상을 추가하고 두 그룹의 데이터를 분리하면 관계가 명확해진다. 이 데이터는 설명 목적으로 만들어졌을 것이다.

테이블의 또 다른 장점은 열 제목에 단위를 추가할 수 있다는 것이다. 이러한 단위는 다음 장에서 설명할 기호수학 도구상자를 이용한 계산에 사용할 수 있다. 그림 11.18과 같이 단위는 변수편집기에서 드롭다운 메뉴를 선택해서 추가하거나 프로그래밍 방식으로 추가할 수 있다. 예를 들어 PulsePressure를 계산하는 데 사용된 수식이나 혈압 측정 기준을 설

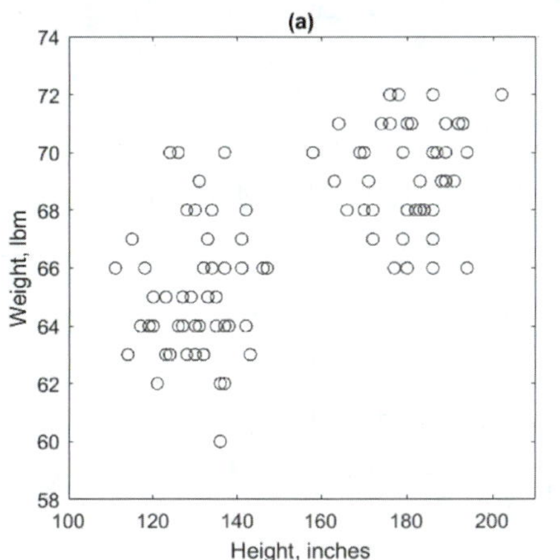

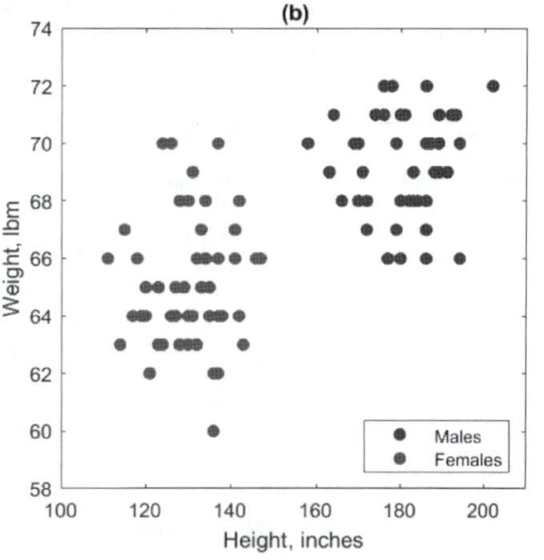

그림 11.20
테이블에 저장된 데이터는 그래프를 생성하거나 데이터를 평가하는 데 쉽게 사용된다.

명한 정의처럼 문서화 목적으로 변수편집기에서 변수의 설명을 추가할 수 있다.

또한 변수의 단위를 프로그래밍 방식으로 모든 변수에 한 번에 추가하거나 각 열에 개별적으로 Properties를 사용해 추가할 수 있다. 각 테이블의 속성은 매트랩 테이블 형식의 상징 객체(tabular symbolic object)로 저장되며, 이를 확인하려면 〈배열 이름〉.Properties를 입력하면 된다.

```
<array name>. Properties, as in
T3.Properties
ans =
  TableProperties with properties:
             Description: ''
                UserData: []
          DimensionNames: {'Row'  'Variables'}
            VariableNames: {'LastName'  'Gender'  'Age'  'Hos-
pital'  'Height'  'Weight'  'Smoker'  'Systolic'  'Diastolic'
'SAHS'  'PulsePressure'}
    VariableDescriptions: {}
           VariableUnits: {}
      VariableContinuity: []
                RowNames: {}
        CustomProperties: No custom properties are set.
      Use addprop and rmprop to modify CustomProperties.
```

DimensionNames만 확인하기 위해서는 점 표기법이 사용된다.

```
T3.Properties.DimensionNames
ans = 1×2 cell
'Row' 'Variables'
```

Properties 변수에 있는 모든 값은 할당문을 사용해서 수정할 수 있다. 입력으로는 문자열 배열이나 문자 셀 배열을 모두 허용한다.

```
T3.Properties.VariableUnits=["","","yrs","","in","lb","","mm
Hg","mm Hg","","mm Hg"];
```

Properties 변수에 있는 개별 속성 값(property)을 변경하려면 먼저 속성 이름이 어떻게 저장되어 있는지 확인해야 한다. 검색한 목록에서 속성 이름이 문자 셀 배열로 저장되어 있음을 알 수 있으므로 구문은 다음과 같다.

```
T3.Properties.VariableUnits{'Height'} = 'inch'
```

단위를 변경한 후 결과를 확인하면 단위를 문자 셀 배열로 입력하든 문자열 배열로 입력하든 결과는 셀 배열로 저장된다(이는 2021년 기준이며 향후 변경될 수 있다). 다른 속성도 같은 방식으로 변경할 수 있다.

이 단위는 이제 계산에서 차원 일치를 확인하는 데 사용되거나, 그래프나 차트의 레이블 입력으로 사용되거나, 실제 기호 계산에서도 사용될 수 있다. 아마도 이 단위의 가장 중요한 용도는 간단한 문서화 작업에 사용되는 것이다.

매트랩 문서를 보면 테이블 작업에 대한 다양한 정보가 수록되어 있다. 데이터 파일을 생성하고 사용하기 시작하면 정보 처리가 필요한데, 이때 테이블은 훌륭한 선택지이다.

11.12 타임테이블 배열

매트랩에는 시간이 표기된 데이터를 처리하기 위해 설계된 특별한 유형의 배열인 **타임테이블**(timetable)이 있다. 일반 테이블의 모든 기능이 타임테이블에서도 작동하지만, 데이터를 처리할 수 있는 추가적인 함수가 있다.

매트랩에 포함된 2개의 데이터 세트인 indoors, outdoors를 고려해보자. indoors 데이터는 .csv 파일로 저장되어 있으므로 이를 작업공간에 timetable 형식으로 불러오기 위해서 다음과 같이 명령어를 입력하면 된다.

```
indoors = readtimetable('indoors.csv');
```

outdoor 데이터는 .mat 파일로 저장되어 있으므로 불러오기 위해서 다음 명령어를 입력하면 된다.

```
load outdoors;
```

두 명령 모두 작업공간창에 timetable 배열을 생성한다. 변수편집기에서 결과 배열을 확인하려면 summary 함수를 사용해서 내용의 요약을 볼 수 있다. 사용 방법은 다음과 같다.

```
summary(indoors)
RowTimes:
    Time: 60×1 datetime
        Values:
```

```
            Min          2015-11-15 00:00:24
            Median       2015-11-16 11:59:45
            Max          2015-11-17 23:59:07
Variables:
    Humidity: 60×1 double
        Values:
            Min            35
            Median         37
            Max            37
    AirQuality: 60×1 double
        Values:
            Min            77
            Median         80
            Max            85
```

그리고

```
summary(outdoors)
RowTimes:
    Time: 51×1 datetime
        Values:
            Min          2015-11-15 00:00:24
            Median       2015-11-16 13:30:24
            Max          2015-11-18 01:30:24
Variables:
    Humidity: 51×1 double
        Values:
            Min          47.3
            Median       48.5
            Max          49.5
    TemperatureF: 51×1 double
        Values:
            Min          50.7
            Median       51.5
            Max          51.8
    PressureHg: 51×1 double
        Values:
            Min          29.6
            Median      29.61
            Max         29.62
```

두 배열은 대략 동일한 시간 범위를 포함하고 있지만, 행의 수는 같지 않다. 또한 데이터가 정확히 같은 시간에 수집된 것도 아니다. 각 데이터 세트의 그래프를 개별적으로 생성할 수 있으며(그림 11.21 참조), 데이터를 겹쳐서 단일 그래프로 만들 수도 있다. 그렇지만 두 데이터 세트를 병합해 동등한 시간에서 데이터 값을 표시하는 것이 더 유용한 방법이다.

11.12.1 타임테이블 동기화하기

2개의 데이터 세트를 하나의 파일로 만들기 위해서는 synchronize 함수를 사용하면 된다.

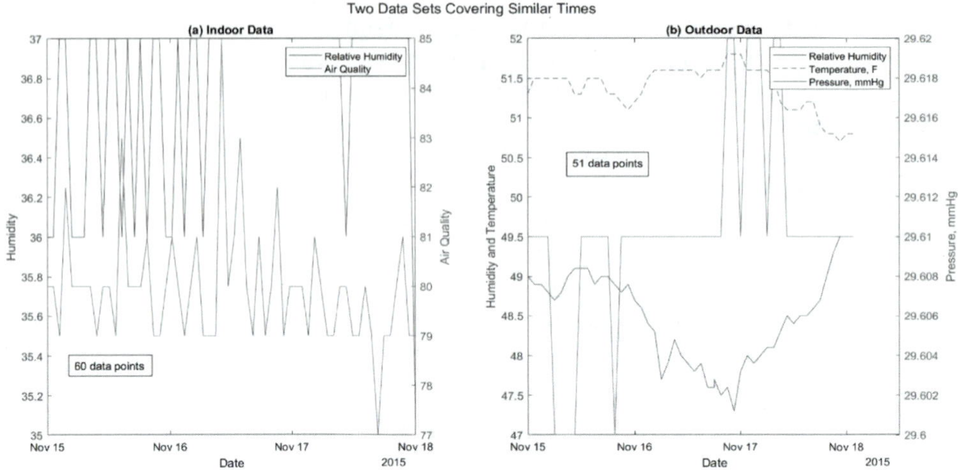

그림 11.21 2개의 날짜시간(datetime) 배열은 동일한 시간 범위를 포함할 수 있지만 데이터 점의 수는 다를 수 있다. 매트랩에는 날짜시간 배열을 병합하고 정보를 결합하는 함수가 포함되어 있다.

```
combined_data=synchronize(indoors,outdoors)
```

각 배열에서 동일한 시간이 없었기 때문에 결과는 110 × 5 타임테이블로 생성되었다. 다음 결과의 일부에서 확인할 수 있듯이 누락된 값에는 NaN(숫자가 아님)이 추가되었다.

```
combined_data = 110×5 timetable
```

	Time	Humidity_indoors	AirQuality	Humidity_outdoors	TemperatureF	PressureHg
1	2015-11-15 00:00:24	36	80	49	51.3	29.61
2	2015-11-15 01:13:35	36	80	NaN	NaN	NaN
3	2015-11-15 01:30:24	NaN	NaN	48.9	51.5	29.61

size 함수는 결과 배열의 차원을 확인하는 데 사용되며, summary 함수는 두 배열이 어떻게 결합되었는지 파악하는 데 사용된다. 예를 들어 Humidity_indoors라는 열에는 50개의 누락된 값이 있다는 것을 알 수 있다. 각 배열을 결합할 때 각 배열에 동일한 이름의 열이 있으면 매트랩은 두 데이터 세트를 모두 보존하기 위해 열의 이름을 변경한다.

```
size(combined_data)
ans = 1×2
   110     5
summary(combined_data)
RowTimes:
    Time: 110×1 datetime
        Values:
            Min          2015-11-15 00:00:24
            Median       2015-11-16 13:03:22
```

```
        Max          2015-11-18 01:30:24
Variables:
    Humidity_indoors: 110×1 double
        Values:
            Min              35
            Median           37
            Max              37
            NumMissing       50
    AirQuality: 110×1 double
        Values:
            Min              77
            Median           80
            Max              85
            NumMissing       50
    Humidity_outdoors: 110×1 double
        Values:
            Min             47.3
            Median          48.5
            Max             49.5
            NumMissing      59
        TemperatureF: 110×1 double
            Values:
            Min             50.7
            Median          51.5
            Max             51.8
            NumMissing      59
    PressureHg: 110×1 double
        Values:
            Min             29.6
            Median          29.61
            Max             29.62
            NumMissing      59
```

이러한 형태의 결합은 사용자가 원하는 방식이 아닐 수도 있다. 데이터를 결합할 때 누락된 정보를 선형보간법으로 채우는 것이 더 유리할 수도 있다. 이러한 경우 다음 명령어를 사용하면 된다.

```
combined_data_linear =
synchronize(indoors,outdoors,'union','linear');
```

이 역시 110 × 5 배열을 생성한다. 변수편집기에서 결과를 살펴보면(그림 11.22 참조) 누락된 데이터 점이 선형보간법으로 대체된 것을 확인할 수 있다. 하지만 시간 간격이 매우 불규칙하다. 일부 시간은 몇 분 간격인 반면 다른 시간은 최대 1시간 30분 간격으로 떨어져 있다. 데이터의 간격을 일정하게 만들기 위해 원하는 시간 값으로 날짜시간 배열을 정의하거나, 표준 옵션 중에서 선택할 수 있다. 두 가지 방법 모두 retime 함수를 사용한다. 예를 들어 시간별로 값을 생성하고, 3차 스플라인(cubic spline) 보간법을 사용해서 값을 계산하려면 다음과 같이 입력하면 된다.

```
regular_spacing=retime(combined_data_linear,'hourly','spline');
```

size 함수를 사용해서 확인하면 결과 배열은 일정한 간격을 가진 75개의 값으로 줄어든다.

```
size(regular_spacing)
ans = 1×2
    75      5
```

그림 11.22
변수편집기는 테이블이나 타임테이블 배열의 내용을 확인할 수 있는 방법 중 하나이다. 이 타임테이블의 내용은 선형보간법을 사용해서 누락된 값을 추정해 수정되었다.

Variables - combined_data_linear

PLOTS | VARIABLE | VIEW

New from Selection ▾ | Open ▾ | Print ▾ | Rows | Columns | Insert | Delete | Transpose | Sort ▾

VARIABLE | SELECTION | EDIT

indoors | outdoors | combined_data | combined_data_linear

110x5 timetable

	Time	1 Humidity_indoors	2 AirQuality	3 Humidity_outdoors	4 TemperatureF	5 PressureHg	6	7
1	2015-11-15 00:00:24	36	80	49	51.3000	29.6100		
2	2015-11-15 01:13:35	36	80	48.9187	51.4626	29.6100		
3	2015-11-15 01:30:24	36.2297	79.7703	48.9000	51.5000	29.6100		
4	2015-11-15 02:26:47	37	79	48.9000	51.5000	29.6100		
5	2015-11-15 03:00:24	37	80.3777	48.9000	51.5000	29.6100		
6	2015-11-15 03:39:59	37	82	48.8560	51.5000	29.6100		
7	2015-11-15 04:30:24	36.3112	80.6225	48.8000	51.5000	29.6100		
8	2015-11-15 04:53:11	36	80	48.7747	51.5000	29.6075		
9	2015-11-15 06:00:24	36	80	48.7000	51.5000	29.6000		
10	2015-11-15 06:06:23	36	80	48.7066	51.5000	29.6000		
11	2015-11-15 07:19:35	36	80	48.7880	51.5000	29.6000		

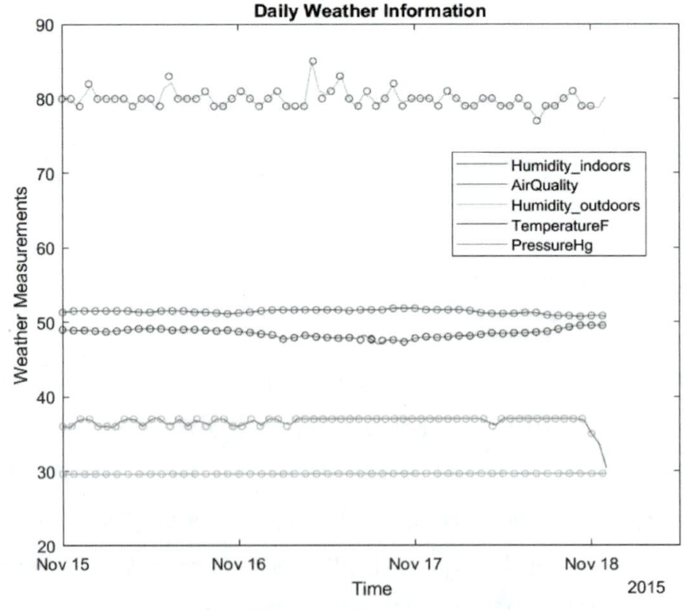

그림 11.23
indoors와 outdoors 타임테이블 배열에 있는 날씨 정보가 병합되었고, 누락된 값은 보간법으로 추정되었다. 결과 배열은 3차 스플라인 회귀 기법을 사용해서 일정한 간격으로 부드럽게 변환되었다. 결과는 원본 데이터(원형 마커)와 비교를 위해서 같이 그려졌다.

retime 함수의 다른 옵션에 대한 자세한 내용은 매트랩 문서에서 세부 정보를 참고하길 바란다. 그림 11.23에서는 원본 데이터와 수정된 데이터를 비교하기 위해서 두 데이터를 겹쳐서 그렸다.

요약

매트랩의 기본 데이터 구조는 배열이다. 사용자는 배열에 다양한 유형의 데이터를 저장할 수 있다. 매트랩에서 숫자 데이터형은 별도로 지정하지 않는 한 배정밀도 부동소수점 수로 설정되며, 흔히 줄여서 배정밀도라고 한다. 또한 매트랩은 숫자 데이터형으로 단일정밀도 부동소수점 수와 여덟 가지의 다른 형태의 정수도 지원한다. 문자 정보 또한 배열로 저장되며, 문자 배열에 개별 문자를 저장하거나 문자열 배열에 문자열로 저장한다. 숫자 및 문자 데이터 외에도 매트랩은 기호, 날짜시간, 논리형, 범주형 배열을 포함한 다양한 데이터형을 제공한다.

이 모든 종류의 데이터는 2차원 배열로 저장될 수 있다. 스칼라 및 벡터 데이터는 실제로 2차원 배열로 저장되며, 단지 하나의 행 또는 열만 가질 뿐이다. 또한 매트랩은 사용자가 다차원 배열에 데이터를 저장할 수 있도록 하며, 3차원 또는 그 이상의 배열을 구성하고 있는 2차원 배열을 페이지라고 부른다.

일반적으로 매트랩 배열에 저장된 모든 데이터는 동일한 유형이어야 한다. 문자 데이터와 숫자 데이터가 배열에 혼합된 경우, 숫자 데이터는 아스키코드(ASCII)에 해당하는 10진수 값에 따라 문자 데이터로 변환된다. 문자 데이터와 숫자 데이터가 혼합된 계산을 하면, 문자 데이터는 아스키코드 10진수로 변환된다.

매트랩은 동시에 여러 유형의 데이터를 저장할 수 있는 세 가지 배열 유형을 제공하는데, 이는 테이블, 셀, 구조체 배열이다. 셀 배열은 중괄호 { }를 배열 생성자로 사용하며, 구조체 배열은 여러 필드로 구성된다. 테이블 배열은 특히 스프레드시트에 저장된 것과 같은 테이블 형식의 데이터에 유용하다. 타임테이블은 시간이 표기된 배열을 다룰 때 사용하는 테이블의 특별한 유형이다. 매트랩에서 여러 유형의 데이터를 저장하는 데 테이블 배열의 사용도가 점점 부각되고 있다.

매트랩 요약

다음 표는 이 장에서 살펴본 특수문자, 명령어와 함수를 정리한 것이다.

특수문자	
{ }	셀 배열 생성자
' '	문자 정보
" "	문자열 정보
abc	문자 배열
▭	문자열 배열

특수문자 (계속)

⊞	숫자 배열
	기호 배열
☑	논리 배열
	희소 배열
	지속시간 배열
31	날짜시간 배열
	범주 배열
{ }	셀 배열
	구조체 배열
	테이블 배열

명령어와 함수

cell2table	셀 배열을 테이블 배열로 변환한다.
celldisp	셀 배열의 내용을 표시한다.
char	문자 배열을 만든다.
cumsum	배열 원소의 누적합계를 계산한다.
categories	범주 배열에 들어 있는 범주들을 구한다.
categorical	범주 배열을 만든다.
datetime	날짜시간 배열을 만든다.
double	배열의 데이터형을 배정밀도로 바꾼다.
duration	지속시간 배열을 만든다.
eye	단위행렬을 만든다.
format rat	숫자의 표시형식을 유리수(분수)로 바꾼다.
int16	16비트 부호 있는 정수형
int32	32비트 부호 있는 정수형
int64	64비트 부호 있는 정수형
int8	8비트 부호 있는 정수형
intmax	매트랩이 저장할 수 있는 가장 큰 정수를 구한다.
intmin	매트랩이 저장할 수 있는 가장 작은 정수를 구한다.
num2str	숫자 배열을 문자 배열로 바꾼다.
Properties	구조체 변수 이름에 추가하면 사용할 수 있는 속성을 나열한다. 예를 들어 name Properties와 같이 사용한다.
realmax	매트랩이 표시할 수 있는 가장 큰 실수를 구한다.
realmin	매트랩이 표시할 수 있는 가장 작은 실수를 구한다.
readtable	다양한 형식의 직사각형 데이터 파일의 내용을 가져온다.
readtimetable	데이터 파일의 내용을 타임테이블 형태로 가져온다.
retime	타임테이블의 시간 간격을 일정하게 만든다.
single	배열의 데이터형을 단일정밀도로 바꾼다.
summary	테이블 배열의 변수와 그 내용에 대한 요약을 나열한다.
sparse	일반형식의 행렬을 희소행렬 형식으로 바꾼다.
squeeze	다차원 배열에서 원소가 1개인 차원을 제거해 차원을 축소한다.
str2num	문자 배열을 숫자 배열로 바꾼다.
string	문자열 배열을 만든다.
struct2table	구조체 배열을 테이블 배열로 변환한다.
synchronize	타임테이블을 하나의 배열로 결합한다.

명령어와 함수 (계속)

`table`	테이블 배열을 만든다.
`table2cell`	테이블 배열을 셀 배열로 변환한다.
`table2struct`	테이블 배열을 구조체 배열로 변환한다.
`uiimport`	파일 가져오기 마법사를 연다.
`uint16`	16비트 부호 없는 정수형
`uint32`	32비트 부호 없는 정수형
`uint64`	64비트 부호 없는 정수형
`uint8`	8비트 부호 없는 정수형

핵심 용어

구조체(structure)
국제전기전자기술자협회(IEEE)
기호 데이터(symbolic data)
논리 데이터(logical data)
단일정밀도(single-precision)
데이터형(data type)
레거시 코드(legacy code)
문자(character)
문자열(string)
배정밀도(double-precision)
복소수(complex number)
부동소수점 수(floating-point number)
서랍(drawers)
셀(cell)
아스키(ASCII)
엡시딕(EBCDIC)
유리수(rational number)
정수(integer)
클래스(class)
타임테이블(time table)
테이블(table)
페이지(page)
2진법(binary)
2진수(base 2)

연습문제

11.1 다음 조화급수에서 첫 항부터 천만 번째 항까지의 합을 배정밀도 수와 단일정밀도 수의 두 가지로 구하고 두 결과를 비교하라. 또 두 가지 결과가 다르게 나오는 까닭을 설명하라.

$$\frac{1}{1}+\frac{1}{2}+\frac{1}{3}+\frac{1}{4}+\frac{1}{5}+\frac{1}{6}+\cdots+\frac{1}{n}+\cdots$$

11.2 1부터 시작하는 정수 10개를 `int8` 형으로 해서 배열로 만들라. 이 배열을 사용해 조화급수의 처음 10개 항의 합을 계산하라.

11.3 매트랩은 디폴트(기본설정)로 배정밀도 부동소수점 수로 지정된다. 이것이 공학과 관련된 계산을 할 때 단일정밀도 수나 정수형으로 지정되는 것보다 더 좋은 까닭을 설명하라.

11.4 매트랩에서는 계산 결과가 복소수로 나오면 자동적으로 그 복소수가 만들어진다. 실수와 허수를 직접 입력하고 이를 더해 복소수를 만들 수도 있는데, 이 복소수를 저장할 때에는 어떤 데이터형으로도 지정할 수 있다. 다음과 같은 명령에 의해 복소수 5 + 3i는 변수 `doublea`와 `singlea`에 각각 배정밀도 복소수와 단일정밀도 복소수형으로 지정된다.

doublea = 5 + 3i

singlea = single(5 + 3*i*)

두 변수를 100제곱하라. 두 결과에 차이가 있으면 이를 설명하라.

문자 데이터와 문자열 데이터

11.5 인터넷 검색엔진을 사용해 2진수 문자코드에 대응하는 아스키(ASCII)와 엡시딕(EBCDIC) 코드가 무엇인지 보여주는 자료목록을 찾아보라. 그다음 두 코딩방식의 차이점을 간단히 설명하라.

11.6 숫자는 숫자형은 물론 문자형으로도 나타낼 수 있다. 그래서 이를 종종 혼동하기도 한다. 매트랩을 사용해 숫자 85를 문자형 배열로 만들라.

(a) 배열을 구성하는 원소의 수는 몇 개인가?

(b) 문자 8은 숫자로 몇인가?

(c) 문자 5는 숫자로 몇인가?

11.7 (a) 서로 다른 영어 이름 5개를 정한 다음, 이를 문자 배열로 만들라.

(b) 각 이름을 가진 사람의 생일을 저장하고 있는 2차원 배열을 만들고 그 이름을 birthdays로 하라. 이 배열은 다음과 같은 형식으로 만들도록 한다.

```
birthdays=
     6    11    1983
     3    11    1985
     6    29    1986
    12    12    1984
    12    11    1987
```

(c) num2str 함수를 사용해 birthdays를 문자배열로 변환하라.

(d) disp 함수를 사용해 이름과 생일을 화면에 출력하라.

(e) 생일을 나타내기 위해 날짜시간 배열을 생성하라.

11.8 문자 배열에 빈칸을 채우는 방법 대신 문자열 배열을 사용해 연습문제 11.7을 다시 풀라.

(a) 서로 다른 영어 이름 5개를 정한 다음 이를 문자열 배열로 만들라.

(b) 각 이름을 가진 사람의 생일을 저장하고 있는 2차원 배열을 만들고 그 이름을 birthdays로 하라. 이 배열은 다음과 같은 형식으로 만들도록 한다.

```
birthdays=
     6    11    1983
     3    11    1985
     6    29    1986
    12    12    1984
    12    11    1987
```

(c) fprintf 함수를 사용해 이름과 생일을 화면에 출력하라(이름 배열과 생일 배열을 결합할 필요는 없다).

11.9 다음과 같이 운송용 상자의 치수가 저장된 문자 배열이 있다.

```
box_dimensions =
box1    1   3   5
box2    2   4   6
box3    6   7   3
box4    1   4   3
```

운송부에 포장된 '땅콩'을 얼마나 주문할 것인지 계산하려면 운송 상자의 치수를 알아야 한다. 배열 box_dimensions는 크기가 4 × 12인 문자 배열이므로 숫자 정보(즉 치수)를 나타내는 문자형 데이터는 6~12번째 열에 저장된다. str2num 함수를 사용해서 정보를 숫자 배열로 변환한 다음, 형식이 바뀐 데이터를 이용해 각 상자의 부피를 계산하라. (맨 처음에 box_dimensions 배열을 만들 때 char 함수에 문자 데이터를 입력하면 된다.)

11.10 *thermocouple.dat* 파일에 표 P11.10과 같이 데이터가 저장되어 있다.

(a) 다음 프로그램을 작성하라.

- *thermocouple.dat* 파일에 저장된 데이터를 매트랩으로 불러온다.
- 불러온 데이터의 크기(행 수×열 수)를 구한다.
- 각 열전쌍의 데이터를 별도의 파일로 저장한다. 파일 이름은 각각 *thermocouple1.dat*, *thermocouple2.dat*, *thermocouple3.dat*로 한다.

(b) 프로그램은 어떤 크기의 2차원 파일도 받아들일 수 있어야 한다. 열이 3개뿐이라고 가정하지 말고, 프로그램이 배열 크기를 결정하도록 하고 적절한 파일 이름을 할당하라.

표 P11.10 열전쌍 데이터

열전쌍 1	열전쌍 2	열전쌍 3
84.3	90.0	86.7
86.4	89.5	87.6
85.2	88.6	88.3
87.1	88.9	85.3
83.5	88.9	80.3
84.8	90.4	82.4
85.0	89.3	83.4
85.3	89.5	85.4
85.3	88.9	86.3
85.2	89.1	85.3
82.3	89.5	89.0
84.7	89.4	87.3
83.6	89.8	87.2

11.11 사용자가 입력한 문서를 암호화하는 프로그램을 작성하라. 암호화하는 방식은 입력한 문자에 해당하는 10진수에 10을 더해 다른 문자로 바뀌도록 하는 것이다.

11.12 연습문제 11.11에서 각 문자에 해당하는 10진수 값에서 10을 빼서 암호화된 문서를 복원하는 프로그램을 작성하라.

날짜시간 배열

11.13 표 P11.13의 데이터는 NOAA에서 수집한 2015년 덴버 국제공항의 기온 정보로 NOAA의 국립환경정보센터에서 온라인으로 입수할 수 있다. 이 데이터는 이름이 *Denver_Climate_Data_2015*인 엑셀 스프레드시트 파일에 저장되어 있다. 이 파일을 내려받아 열벡터로 만들라.

표 P11.13 2015년 덴버 국제공항의 기온 데이터

DATE	EMXP	TPCP	TSNW	EMXT	EMNT	MMXT	MMNT	MNTM
20150101	0.12	0.37	7.2	75	−9.8	46.8	21.2	34
20150201	0.37	1.25	22.4	73.9	−5.8	46.6	21.2	34
20150301	0.34	0.79	2.9	81	2.1	58.8	31.3	45.1
20150401	1.22	2.65	5.3	79	27.1	62.1	35.4	48.7
20150501	1.08	3.76	4	84.9	27.1	63.3	42.8	53.1
20150601	0.99	2.54	0	93.9	51.1	82.9	56.1	69.4
20150701	0.33	1.07	0	97	52	87.6	57.9	72.7
20150801	0.68	1.18	0	98.1	43	89.8	58.3	74.1
20150901	0.07	0.11	0	91.9	44.1	85.3	53.6	69.4
20151001	0.79	1.76	0	87.1	28.2	70.2	42.8	56.5
20151101	0.5	2.13	11.2	75	3.2	51.3	25.7	38.5
20151201	0.32	0.71	11.3	69.1	0.1	41	18.1	29.5

(a) 표의 열 중에서 DATE 열을 날짜시간 배열로 만들라. 또 TPCP 열을 숫자 배열로 만들라. DATE 열의 정보를 날짜시간 배열로 만들 때 datetime 함수에서 ConvertFrom 특성을 사용하도록 한다.

(b) DATE에 따른 TPCP의 변화를 나타내는 막대그래프를 그려라. 또한 그래프에 제목, 축 이름 등과 같이 그래프의 이해에 도움을 주는 정보를 적절하게 추가하라.

(c) DATE에 따른 EMXT, EMNT, MNTM의 변화를 나타내는 *x*–*y* 그래프를 그려라. 또한 그래프에 제목, 축 이름, 범례 등과 같이 그래프의 이해에 도움을 주는 정보를 적절하게 추가하라.

EMXP	일간 최대 강수량(extreme maximum daily precipitation), 단위: 인치(inch)
TPCP	총 월간 강수량(total precipitation for the month), 단위: 인치(inch)
TSNW	총 월간 강설량(total snowfall for the month), 단위: 인치(inch)
EMXT	최고기온(extreme maximum temperature), 단위: °F
EMNT	최저기온(extreme minimum temperature), 단위: °F
MMXT	월간 평균 최고기온(monthly mean maximum temperature), 단위: °F
MMNT	월간 평균 최저기온(monthly mean minimum temperature), 단위: °F
MNTM	월간 평균기온(monthly mean temperature), 단위: °F

11.14 덴버 이외에도 미국의 다른 주요 도시에 대해서 연습문제 11.13과 같은 기온 데이터를 입수할 수 있다. 되도록 가장 최근의 기온 데이터를 다운로드하라.

(a) 표의 열 중에서 DATE 열을 날짜시간 배열로 만들라. 또 TPCP 열을 숫자 배열로 만들라. DATE 열의 정보를 날짜시간 배열로 만들 때 datetime 함수에서 ConvertFrom 특성을 사용하도록 한다.

(b) DATE에 따른 TPCP의 변화를 나타내는 막대그래프를 그려라. 또한 그래프에 제목, 축 이름 등과 같이 그래프의 이해에 도움을 주는 정보를 적절하게 추가하라.

(c) DATE에 따른 EMXT, EMNT, MNTM의 변화를 나타내는 x–y 그래프를 그려라. 또한 그래프에 제목, 축 이름, 범례 등과 같이 그래프의 이해에 도움을 주는 정보를 적절하게 추가하라.

다차원 배열

11.15 다음 행렬을 만들라.

$$A = \begin{bmatrix} 1 & 2 \\ 3 & 4 \end{bmatrix} \quad B = \begin{bmatrix} 10 & 20 \\ 30 & 40 \end{bmatrix} \quad C = \begin{bmatrix} 3 & 16 \\ 9 & 12 \end{bmatrix}$$

(a) 이 세 행렬을 결합해 크기가 $2 \times 2 \times 3$인 다차원 배열을 만들라. 이때 배열의 이름을 ABC로 하라.

(b) 세 행렬에서 각각 첫 번째 열을 뽑아내어 크기가 2×3인 배열 Column_A1B1C1을 만들라.

(c) 세 행렬에서 각각 두 번째 행을 뽑아내어 크기가 3×2인 배열 Row_ A2B2C2를 만들라.

(d) ABC의 1행, 2열, 3페이지의 값을 뽑아내라.

11.16 어떤 대학 교수가 연도별로 학생들의 성적을 비교해보려고 한다. 그는 해마다 성적 데이터를 2차원 배열에 저장하고 있다. 첫 해와 두 번째 해의 데이터는 다음 표와 같다.

1차 년도	문제 1	문제 2	문제 3	문제 4
학생 1	3	6	4	10
학생 2	5	8	6	10
학생 3	4	9	5	10
학생 4	6	4	7	9
학생 5	3	5	8	10

2차 년도	문제 1	문제 2	문제 3	문제 4
학생 1	2	7	3	10
학생 2	3	7	5	10
학생 3	4	5	5	10
학생 4	3	3	8	10
학생 5	3	5	2	10

(a) 1차 년도 성적 데이터를 2차원 배열로 만들라. 이때 배열의 이름을 year1로 하라. 또 2차 년도 성적 데이터를 2차원 배열로 만들고 이 배열의 이름을 year2로 하라.

(b) (a)에서 만든 두 2차원 배열을 하나로 묶어서 두 페이지로 이루어진 3차원 배열로 만들고 이 배열의 이름을 testdata로 하라.

(c) (b)에서 만든 3차원 배열을 사용해서 다음 계산을 수행하라.

- 각 연도의 문제당 평균 점수를 계산해서 그 결과를 2차원 배열로 저장하라. (이때 결과를 저장하는 배열의 크기는 2×4나 4×2가 되어야 한다.)
- 두 연도의 데이터를 함께 사용해서 문제당 평균 점수를 계산하라.
- 두 연도에서 문제 3의 데이터를 뽑아내어 다음 형식으로 배열을 만들라.

	1차 년도 문제 3	2차 년도 문제 3
학생 1		
학생 2		
…		

11.17 연습문제 11.16의 성적 데이터가 시험 1(test1)의 결과라고 하자. 이 교수가 시험 2와 시험 3의 결과도 배열에 포함시키려고 하면 이 배열은 4차원 배열이 되어야 한다(네 번째 차원을 서랍이라고 하기도 한다). 모든 데이터를 저장하는 파일의 이름은 *test_result.mat*로 한다. 이 파일은 6개의 2차원 배열로 구성되어 있는데, 각 배열은 연습문제 11.8에서 사용하는 2차원 배열과 같은 형식이다. 각 배열의 이름은 다음과 같다.

```
test1year1
test2year1
test3year1
test1year2
test2year2
test3year2
```

이 데이터들을 다음과 같은 구조로 된 4차원 배열로 만들어라.

차원 1(dimension1)	행(row)	학생
차원 2(dimension2)	열(column)	문제
차원 3(dimension3)	페이지(page)	연도
차원 4(dimension4)	서랍(drawer)	시험

(a) 시험 3에 대해 1차 년도에 학생 1의 문제 2 성적을 추출하라.

(b) 모든 연도에 대해 첫 번째 학생의 시험 2, 문제 1 성적을 나타내는 1차원 배열을 생성하라.

(c) 2차 년도에 대해 모든 질문에 대한 두 번째 학생의 시험 1 성적을 나타내는 1차원 배열을 생성하라.

(d) 모든 년도에 대해 시험 2의 문제 3에 대한 모든 학생의 성적을 나타내는 2차원 배열을 생성하라.

셀 배열

11.18 다음과 같이 서로 다른 배열을 셀 배열로 저장하라. 셀 배열의 이름은 `sample_cell`로 한다.

$$A = \begin{bmatrix} 1 & 3 & 5 \\ 3 & 9 & 2 \\ 11 & 8 & 2 \end{bmatrix} \text{ (배정밀도 부동소수점 배열)}$$

$$B = \begin{bmatrix} fred & ralph \\ ken & susan \end{bmatrix} \text{ (문자 배열)}$$

$$C = \begin{bmatrix} 4 \\ 6 \\ 3 \\ 1 \end{bmatrix} \text{ (int8 정수 배열)}$$

(a) `sample_cell`로부터 배열 A를 뽑아내라.

(b) `sample_cell`로부터 배열 C의 세 번째 행의 원소를 뽑아내라.

(c) `sample_cell`로부터 fred라는 이름을 뽑아내라. 여기에서 'fred'는 단일원소가 아니라 크기가 1×4인 배열이라는 것에 주의한다.

11.19 셀 배열을 사용하면 문자 정보를 저장할 때 문자 배열에서처럼 모든 문자열의 수를 같게 하지 않아도 된다. 다음 각 문자열을 별도의 문자 배열로 만든 다음 하나의 셀 배열에 저장하라.

aluminum
copper
iron
molybdenum
cobalt

11.20 여러 금속의 정보가 수록되어 있는 다음 표를 보고 물음에 답하라.

금속 (metal)	기호 (symbol)	원자 번호 (atomic number)	원자량 (atomic weight)(g/mol)	밀도 (density)(g/cm³)	결정구조 (crystal structure)
Aluminum	Al	13	26.98	2.71	FCC
Copper	Cu	29	63.55	8.94	FCC
Iron	Fe	26	55.85	7.87	BCC
Molybdenum	Mo	42	95.94	10.22	BCC
Cobalt	Co	27	58.93	8.9	HCP
Vanadium	V	23	50.94	6.0	BCC

(a) 다음 배열을 만들라.
- 각 금속을 별도의 문자 배열로 만든 다음, 모든 문자 배열을 하나의 셀 배열에 저장하라.
- 모든 금속의 기호를 하나의 문자 배열에 저장하라.
- 원자번호를 `int8`형 정수 배열에 저장하라.
- 원자량을 배정밀도 숫자 배열에 저장하라.
- 밀도를 단일정밀도 숫자 배열에 저장하라.
- 결정구조를 하나의 범주 배열에 저장하라.

(b) (a)에서 생성한 배열을 하나의 셀 배열로 그룹화하라.

(c) (b)에서 만든 셀 배열에서 다음 정보를 뽑아내라.
- 표에서 네 번째 있는 원소의 이름, 원자량, 구조
- 배열에 저장되어 있는 모든 원소의 이름
- 표에 수록된 모든 원소의 평균 원자량(이것을 계산하려면 먼저 셀 배열에서 정보를 뽑아내야 한다.)

구조체 배열

11.21 연습문제 11.20의 정보를 구조체 배열에 저장하라. 이 구조체 배열로부터 밀도가 최대인 원소를 알아내라.

11.22 연습문제 11.21에서 만든 구조체 배열에 사용자가 다른 금속의 정보를 추가로 입력할 것을 요청하는 프로그램을 작성하라. 작성된 프로그램을 이용해 다음 데이터를 구조체 배열에 추가하라.

금속 (metal)	기호 (symbol)	원자 번호 (atomic number)	원자량 (atomic weight)(g/mol)	밀도 (density)(g/cm³)	결정구조 (crystal structure)
Lithium	Li	3	6.94	0.534	BCC
Germanium	Ge	32	72.59	5.32	Diamond cubic
Gold	Au	79	196.97	19.32	FCC

11.23 연습문제 11.22에서 만든 구조체 배열로부터 원자량이 최대인 원소를 알아내라.

테이블 배열

11.24 연습문제 11.20~11.22에서 사용한 표 P11.24의 정보를 표 배열로 만들라.

- 금속 열을 문자열로 저장하라.
- 기호 열을 문자 배열로 저장하라.
- 원자 번호 열을 정수 배열로 저장하라.
- 원자량을 배정밀도 숫자 배열에 저장하라.
- 밀도를 배정밀도 숫자 배열에 저장하라.
- 결정구조를 범주 배열로 저장하라.

(a) find 함수를 사용해 결정구조가 BCC인 금속원소를 구하라. `fprintf` 함수를 사용해 그 결과를 화면에 출력하라.

(b) x축이 원자번호, y축이 원자량인 x–y 그래프를 그려라.

11.25 연습문제 11.13의 덴버 기온 데이터를 가져와 테이블 배열로 만들라. 각 열에 적절한 데이터형을 할당하라. 주의: DATE 열은 날짜시간 배열로 변환해야 한다.

(a) DATE에 따른 총 월간 강설량(TSNW)의 변화를 나타내는 막대그래프를 그려라. 또한 그래프에 제목, 축 이름 등과 같이 그래프의 이해에 도움을 주는 정보를 적절하게 추가하라.

(b) DATE에 따른 MMXT, MMNT, MNTM의 변화를 나타내는 x–y 그래프를 그려라. 또한 그래프에 제목, 축 이름, 범례 등과 같이 그래프의 이해에 도움을 주는 정보를 적절하게 추가하라.

(c) 셀 배열을 사용해 그래프에 적절한 제목을 추가하라. 제목은 두 줄의 문자열로 되어 있어야 한다.

표 P11.24 금속 원소 데이터

금속 (metal)	기호 (symbol)	원자 번호 (atomic number)	원자량 (atomic weight)(g/mol)	밀도 (density)(g/cm³)	결정구조 (crystal structure)
Aluminum	Al	13	26.98	2.71	FCC
Copper	Cu	29	63.55	8.94	FCC
Iron	Fe	26	55.85	7.87	BCC
Molybdenum	Mo	42	95.94	10.22	BCC
Cobalt	Co	27	58.93	8.9	HCP
Vanadium	V	23	50.94	6.0	BCC
Lithium	Li	3	6.94	0.534	BCC
Germanium	Ge	32	72.59	5.32	Diamond cubic
Gold	Au	79	196.97	19.32	FCC

12 기호수학

학습목표

- 기호변수를 만들고 사용한다.
- 기호로 된 수식을 인수분해하고 간단히 한다.
- 기호로 된 방정식을 푼다.
- 기호로 된 연립방정식을 푼다.
- 기호로 된 함수를 만들고 사용한다.
- 기호로 된 수식을 미분한다.
- 기호로 된 수식을 적분한다.
- 기호로 된 미분방정식을 푼다.

서론

매트랩의 기호수학 도구상자(symbolic toolbox)는 사용자가 **기호**(symbolic) 배열을 만들어 기호수식의 연산, 간단한 정리, 풀이, 기호수식에 숫자를 대입해 값을 계산할 수 있도록 한다. 또한 기호수학 도구상자를 사용하면 수식의 **미분**(derivative), **적분**(integrate)을 할 수 있으며 **선형**(linear) 대수 연산도 수행할 수 있고, 라플라스 변환(Laplace transform), 푸리에 변환(Fourier transform), 변수 정밀도 연산(variable-precision arithmetic)과 같은 고급 기능도 수행할 수 있다. 기호수학 도구상자는 전문가용 버전에서는 옵션이지만, 학생용 버전에서는 기본으로 포함된다.

12.1 기호 연산

수학, 공학, 과학 수업시간에 기호를 사용해서 수학적인 계산을 하는 일은 늘 있는 일이다. 이 경우 기호로 된 수식의 **변수**(variable)에 어떤 값을 대입해 계산하기 전에 수식을 간단히 정리하는 것이 좋다. 예를 들어 다음 수식을 살펴보자.

핵심 개념
기호수학 도구상자는 전문가용 버전에서는 옵션이지만, 학생용 버전에는 기본으로 포함되어 있다.

$$y = \frac{2(x + 3)^2}{x^2 + 6x + 9}$$

처음에는 y가 아주 복잡한 x의 함수인 것처럼 보인다. 그러나 $(x+3)^2$을 전개하면 이 수식은 다음과 같이 간단해진다.

$$y = \frac{2*(x+3)^2}{x^2+6x+9} = \frac{2*(x^2+6x+9)}{(x^2+6x+9)} = 2$$

그러나 수식을 간단히 하는 과정에서 원래 수식이 가진 정보를 일부 잃을 수도 있으므로 주의해야 한다. 예를 들어 $x = -3$인 경우 분자와 분모가 모두 0이 되기 때문에 y는 부정(undefined)이 된다. 따라서 다음과 같다.

$$y = \frac{2(-3+3)^2}{9-18+9} = 2\frac{0}{0} = \text{부정}$$

매트랩의 기호 연산 기능은 이처럼 기호로 된 수식을 간단히 할 수 있는 기능을 가지고 있다. 또는 분자와 분모를 따로따로 처리할 수도 있다.

답을 구하기 쉽지 않은 형태의 수식도 가끔은 보게 된다. 예를 들어 다음 수식을 살펴보자.

$$k = k_0 e^{-Q/(RT)}$$

핵심 개념
매트랩을 사용하면 기호로 이루어진 방정식을 쉽게 풀 수 있다.

이 식에서 k_0, Q, R, T 값을 알면 k 값을 쉽게 구할 수 있다. 그런데 k, k_0, Q, R 값을 알 때에는 T 값을 구하기가 쉽지 않다. T 값을 구하기 위해 수식을 T에 대해 정리하려면 약간의 연산 과정이 필요하다.

$$\ln(k) = \ln(k_0) - \frac{Q}{RT}$$

$$\ln\left(\frac{k}{k_0}\right) = -\frac{Q}{RT}$$

$$\ln\left(\frac{k_0}{k}\right) = \frac{Q}{RT}$$

$$T = \frac{Q}{R\ln(k_0/k)}$$

이렇게 수식을 T에 대해 손으로 정리하는 것은 힘들지만, 매트랩의 기호 연산 기능을 사용하면 아주 쉽게 할 수 있다. 이 장에서는 기호수학 도구상자의 다양한 기능을 탐구할 것이며, 이를 통해 기호수학을 이용한 다양한 연산, 기호수학의 결과 값을 **숫자**(numeric) 형태로 변환하는 것과 같이 다양한 작업을 수행할 수 있다.

12.1.1 기호객체 만들기

방정식을 풀기 전에 반드시 기호 **객체**(object)를 만들어야 한다. 매트랩에는 변수(variable), **수식**(expression), **함수**(function, 수식의 한 종류), **방정식**(equation) 등과 같이 여러 종류의 기호객체가 있다. 기호객체에 가장 기본이 되는 것은 변수이다. 기호변수는 두 가지 방법으로 만들 수 있다. 예를 들어 기호변수 x를 만들기 위해 다음 두 방법 중 하나를 타이핑하면 된다.

```
x = sym('x')
```

또는

```
syms x
```

두 방법 모두 문자 'x'를 기호변수 x로 설정한다. 첫 번째 방법은 sym 명령어를 사용해서 문자 'x'에 기호 데이터 유형을 할당한 다음, 할당 **연산자**(operator, =)를 사용해서 이를 x라는 컴퓨터 메모리 위치에 할당하는 것을 의미한다. 두 번째 방법은 첫 번째 방법에서 설명한 두 작업을 한 문장으로 완료한다. 그래서 대부분의 프로그래머에게는 두 번째 방법이 훨씬 간단하다. 전체 수식을 나타내는 기호객체는 기존에 만들어진 기호변수를 결합함으로써 만들 수 있다.

```
y = 2*(x + 3)^2/(x^2 + 6*x + 9)
```

기호함수는 비슷한 방식으로 생성될 수 있다. 먼저 syms 명령어를 사용해서 함수 이름과 입력을 정의한다.

```
syms fun(x,z)
```

그 결과 기호함수 fun이 생성되었을 뿐만 아니라 함수 입력으로 지정된 기호변수 x, z도 동시에 생성되었다. 두 번째 단계는 함수 자체를 정의하는 것이다. 예를 들어 함수를 다음과 같이 정의하고

핵심 개념
변수, 수식, 함수, 방정식과 같이 매트랩에는 다양한 종류의 기호객체가 있다.

```
fun(x,z)=2*x^2+4*z
```

함수에 입력값을 대입하면

```
fun(3,4)
```

다음 결과 값을 출력한다.

```
ans =
34
```

작업공간에 있는 숫자형 변수를 사용해서 함수를 생성할 수도 있다. 숫자형 변수 a, b가 다음과 같이 지정된 경우

```
a = 2; b=2;
```

숫자형 변수는 함수 정의에 사용될 수 있다.

```
fun(x,z)=a*x^2+4*z
```

앞에서와 같은 값을 입력하면 같은 결과가 나오는 것을 확인할 수 있다.

```
fun(3,4)
```

따라서 다음 결과 값이 출력된다.

```
ans =
34
```

나중에 a, b의 값을 바꾸더라도 함수 정의에는 영향을 미치지 않는다.

> **HINT** 함수에 사용할 기호변수가 이미 정의되어 있는 경우 syms 명령어를 사용해서 기호변수를 정의하는 단계를 건너뛰고 함수만 정의할 수 있다. 예를 들어 x가 이미 기호변수인 경우
>
> ```
> f(x) = x^2 + 2
> ```
>
> 기호함수 f를 한 단계 만에 생성할 수 있다.

핵심 개념
수식(expression)은 방정식(equation)과 다르다.

작업공간창에서(그림 12.1 참조) x, y, z가 기호변수로 나열되어 있고, fun은 기호함수로 나열되어 있다. 그리고 각각의 배열 크기는 모두 1 × 1인 것을 확인할 수 있다. x, y, z, fun 모두 기호객체이다. 또한 a, b는 숫자형 배열(double)로 나열되어 있다는 점도 유의해야 한다.

또한 syms 명령어는 동시에 여러 개의 기호변수를 생성할 수 있다.

```
syms Q R T k0
```

이러한 변수는 수학적으로 결합되어 다음과 같이 또 다른 기호변수 k를 생성할 수 있다.

```
k = k0*exp(-Q/(R*T))
```

지금까지 살펴본 예에서 알 수 있듯이 기호 연산에서 배열 연산자인 .*와 .^ 대신 표준 연산자인 *와 .^가 사용되었다는 점에 유의해야 한다. 배열 연산자는 배열에서 같은 위치에 있는 원소끼리 연산을 수행할 때 사용하므로 원소가 하나뿐인 기호변수의 계산에는 해당되지 않는다.

앞서 살펴본 예에서는 수식 k0 * exp(−Q (R * T))를 변수 이름 k에 할당했다. 이와 비슷한 방식으로 어떤 **방정식**을 만들고 그 식 전체에 이름을 지정할 수 있다. 이상기체 방정식을 예로 들면 먼저 이상기체 방정식에 사용되는 기호변수를 정의한 다음 이 기호변수를 결합해 이상기체 방정식을 정의할 수 있다.

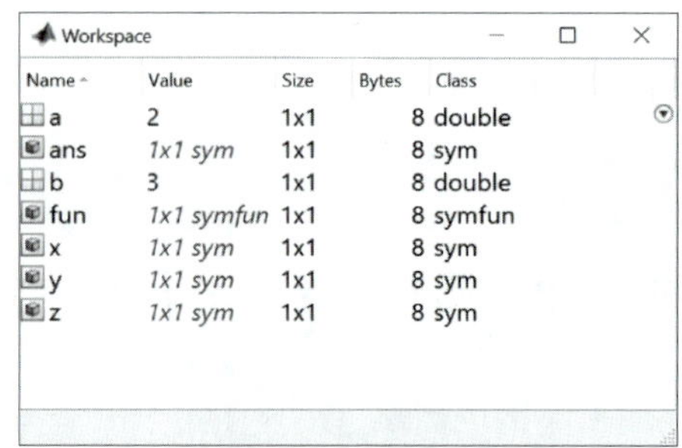

그림 12.1
기호객체는 작업공간창에서 '상자' 아이콘으로 식별된다.

```
syms P V n R Temp
ideal_gas_law = P*V == R*Temp*n
```

핵심 개념
기호수학 도구상자는 표준 연산자를 사용한다.

주의할 점은 방정식을 만들 때에는 할당 연산자(=)가 아닌 등호 연산자(==)를 사용해야 한다는 점이다.

이 절에서는 기호객체를 사용해서 전체 수식을 만드는 세 가지 접근 방식에 대해 논의했다. 첫 번째 방식은 수식에 이름을 할당하는 것이다. 예를 들어 다음과 같다.

```
k = k0*exp(-Q/(R*T))
```

두 번째 방식은 정의된 전체 방정식에 이름을 할당하는 것이다. 예를 들어 다음과 같다.

```
ideal_gas_law = P*V == R*Temp*n
```

방정식의 각 변은 등호 연산자 ==로 연결된 별도의 수식이다.

기호객체를 정의하기 위한 세 번째 방식은 다음과 같이 독립변수에 값을 대입할 수 있는 함수를 만드는 것이다.

```
fun(x,z)=2*x^2+4*z
```

함수는 수식의 한 유형이다. 앞에서 소개한 기호객체 정의를 위한 세 가지 접근 방식 모두 고유한 용도가 있다. 일반적으로 대수 처리에 관심이 있다면 간단한 수식과 방정식 방식이 가장 좋다. 수식에 값을 대입하거나 지정된 독립변수 범위에 대해 계산을 수행하는 데 관심이 있는 경우에는 함수 방식이 가장 적합하다.

HINT 기호수학 도구상자의 한 가지 특이점은 일반적으로 널리 사용하는 변수 이름 중에서 많은 것이 이미 예약되어 있다는 것이다. 이렇게 예약된 이름을 사용자가 변수로 사용할 수는 있지만, 수식이나 방정식 안에서 이 변수를 사용하면 문제가 생길 수 있다. 따라서 다음 변수 이름은 사용자 변수로 사용하지 않도록 하자.

```
D, E, I, O, beta, zeta, theta, psi, gamma, Ci, Si, Ei
```

HINT 매트랩에서는 숫자 데이터를 화면에 출력할 때 들여쓰기를 하는데, 기호변수에 대해서는 들여쓰기를 하지 않은 채로 결과를 출력한다. 이 사실을 알면 작업공간창을 살펴보지 않고도 변수의 데이터형을 파악할 수 있다.

실습문제 12.1

정답은 피어슨 출판사의 웹사이트 https://www.pearsonhighered.com/moore에서 확인할 수 있다.

1. syms 명령어를 사용해서 다음 기호변수를 만들라.

```
x, a, b, c, d
```

2. 실습문제 1에서 만든 변수가 기호변수로 작업공간창에 나열되어 있는지 확인하라. 그다음 이 기호변수를 활용해 다음 기호수식을 만들라.

```
ex1 = x^2-1
ex2 = (x+1)^2
ex3 = a*x^2-1
ex4 = a*x^2 + b*x + c
ex5 = a*x^3 + b*x^2 + c*x + d
ex6 = sin(x)
```

3. 다음 기호함수를 만들라. 이미 기호변수를 만들었기 때문에 기호함수를 만들기 전에 기호함수 이름을 정의할 필요가 없다.

```
fex1(x)  = x^2-1
fex2(x)  = (x+1)^2
fex3(x)  = a*x^2-1
fex4(x)  = a*x^2 + b*x + c
fex5(x)  = a*x^3 + b*x^2 + c*x + d
fex6(x)  = sin(x)
```

4. 다음 기호방정식을 만들라.

```
eq1 = x^2==1
eq2 = (x+1)^2==0
eq3 = a*x^2==1
eq4 = a*x^2 + b*x + c==0
eq5 = a*x^3 + b*x^2 + c*x + d==0
eq6 = sin(x)==0
```

이 실습문제에서 만든 기호변수, 기호수식, 기호함수, 기호방정식을 저장해서 뒤에 나오는 실습문제에 이용해보자.

12.1.2 기호수식과 기호방정식 처리

먼저 수식(expression)과 방정식(equation)의 차이점에 대해 상기해보자. 방정식이란 어떤 두 수식을 서로 같다고 놓은 것을 말한다. 이러한 형태가 아닌 것이 수식(함수도 포함해서)이다. 앞에서 기호변수 ideal_gas_law는 방정식으로 설정되었다. 다음을 매트랩에서 타이핑하면

```
ideal_gas_law
```

매트랩은 다음을 화면에 출력한다.

```
ideal_gas_law =
P*V == R*Temp*n
```

다음을 타이핑하면

```
k
```

다음과 같은 결과가 출력된다.

```
k =
k0*exp(-Q/(R*T))
```

이번에는 다음을 타이핑하면

```
y
```

다음이 화면에 출력된다.

```
y =
2*(x+3)^2/(x^2+6*x+9)
```

여기에서 변수 k, y는 수식이고 변수 ideal_gas_law는 방정식이다. 여러분은 대체로 기호로 된 수식을 많이 다룰 것이다. 이전에 말했듯이 함수는 등호 연산자(==)로 설정되지 않기 때문에 수식의 한 유형이다. 다음을 타이핑하면

```
fun
```

다음이 출력된다.

```
fun(x, z) =
2*x^2 + 4*z.
```

수식을 입력으로 받아들이는 대부분의 매트랩 함수는 입력된 수식을 간단한 수식 형태 또는 함수 형태로 받아들인다.

매트랩에는 기호변수를 처리하는 데 사용할 수 있는 여러 가지 함수가 있다. 이 함수들을 사용하면 수식을 전개하거나 인수분해할 수 있으며 혹은 수식을 간단하게 만들 수 있다.

수식 간단히 하기

방정식을 '간단하게' 만들 수 있는지는 명확하게 알 수 없다. simplify 함수는 매트랩에 내장되어 있는 단순화 규칙을 이용해 수식이나 방정식의 각 부분을 간단히 한다. 예를 들어 z를 다음과 같이 정의하자.

핵심 개념
x를 사용할 때마다 기호변수로 다시 정의할 필요가 없다.

```
syms a
z = a+2*a+(a-3)^2-(a^2+2*a+1)
```

매트랩은 자동으로 항을 정리해 다음 결과를 내보낸다.

```
z =
a+(a-3)^2-a^2-1
```

다음 명령

```
simplify (z)
```

를 입력하면 다음 결과가 출력된다.

```
ans =
8-5*a
```

유사하게 함수 f2가 다음과 같이 정의된 경우

```
syms f2(x)
f2(x) = (x-2)*(x+2)
```

그리고 다음 명령어를 입력하면

```
simplify(f2(x))
```

다음 결과가 출력된다.

```
ans(x) =
x^2-4
```

simplify 함수는 방정식의 단순화에도 적용될 수 있다. 방정식 w가 다음과 같이 정의된 경우

핵심 개념
매트랩에서는 가장 짧은 수식을 가장 간단한 수식으로 정의한다.

```
syms x
w = x^3-1 == (x-3)*(x+3)
```

그리고 다음 명령어를 입력하면

```
simplify(w)
```

다음 결과가 출력된다.

핵심 개념
기호 연산에 사용되는 대부분의 함수는 수식과 방정식과 함수 모두에 적용되지만 그렇지 않은 함수도 있다.

```
ans =
x^3+8==x^2
```

simplify 함수는 여러 가지 단순화 방법 중에서 가장 일반적인 방법이다. 다른 단순화 방법과 그 방법에 사용되는 함수에 대해서는 표 12.1에 수록했다.

HINT poly2sym 함수를 사용하면 기호 다항식(symbolic polynomial)을 손쉽게 만들 수 있다. 이 함수는 다항식 $a_{1x}{}^{n-1} + a_{2x}{}^{n-2} + \cdots + a_n$을 만들기 위해 벡터 a를 입력으로 하는데, 이때 벡터 a의 원소가 차례대로 다항식을 구성하는 각 항의 계수가 된다.

```
a = [1,3,2];
b = poly2sym(a)
b =
x^2+3*x+2
```

이와 반대로 sym2poly 함수는 다항식을 계수 값으로 이루어진 벡터로 바꾸어준다.

```
c = sym2poly(b)
c =
   1   3   2
```

표 12.1 기호수식과 방정식을 처리하는 데 사용되는 함수

expand(S)	수식이나 방정식을 전개한다.	syms x expand ((x-5) * (x+5)) ans = x^2-25
factor(S)	수식이나 방정식을 인수분해한다. 결과는 인자들을 배열로 표현한다.	syms x factor (x^3-1) ans = x-1,x^2+x+1
collect(S)	같은 종류의 항끼리 모은다.	syms x s = 2*(x+3)^2+x^2+6*x+9 collect(S) ans = 3*x^2+18*x+27
simplify(S)	매트랩의 단순화 규칙에 따라 수식이나 방정식을 간단하게 만든다.	syms x simplify(exp(log(x))) ans = a
numden(S)	수식에서 분자를 뽑아낸다. 방정식에는 사용할 수 없다.	syms x numden((x-5/(x+5)) ans = x-5
[num,den]=numden(s)	수식에서 분자와 분모를 따로 따로 뽑아낸다. 방정식에는 사용할 수 없다.	syms x [num,den] = numden((x-5)/(x+5)) num = x-5 den = x+5

실습문제 12.2

실습문제 12.1에서 만든 변수와 수식을 이용해 다음 문제를 풀라. 정답은 피어슨 출판사의 웹사이트 https://www.pearsonhighered.com/moore에서 확인할 수 있다.

1. ex1에 ex2를 곱하고 계산 결과를 변수 y1로 하라.
2. ex1을 ex2로 나누고 계산 결과를 변수 y2로 하라.
3. y1, y2에 numden 함수를 사용해서 분자와 분모를 따로 뽑아내라.
4. y1, y2에 factor, expand, collect, simplify 함수를 사용하라.
5. 실습문제 12.1에서 만든 기호함수(fex1, fex2)를 이용해서 실습문제 1~4를 다시 풀라.

12.2 수식과 방정식 풀기

기호수학 도구상자에 들어 있는 여러 함수 가운데 가장 유용한 함수가 solve이다. 이 함수를 사용하면 수식의 **해**(root, 근)를 구할 수 있다. 따라서 어떤 수식에 변수(미지수)가 하나만 들어 있으면 숫자로 답을 구할 수 있으며, 미지수에 대해 기호로 정리된 답을 구할 수도 있다. 또한 solve 함수를 사용해 선형 연립방정식과 **비선형**(nonlinear) 연립방정식도 풀 수 있다. 수식의 변수에 값을 대입할 때 사용하는 subs 함수를 solve 함수와 함께 사용하면 다양한 문제의 해석적인 해를 구할 수 있다.

12.2.1 solve 함수

solve 함수를 수식에 사용하면 그 수식을 0으로 만드는 수식의 해를 구한다. 예를 들어 먼저 x를 기호변수로 만든 후 다음 수식을 만들고,

```
E1 = x-3
```

다음 명령어를 입력하면

```
solve(E1)
```

매트랩은 다음 결과를 출력한다.

```
ans =
3
```

위에서는 수식을 변수로 만든 다음 solve 함수의 입력으로 사용했는데, 다음과 같이 곧바로 수식을 solve 함수의 입력으로 사용할 수도 있다.

```
solve(x^2-9)
```

그러면 다음 결과가 출력된다.

```
ans =
-3
3
```

여기에서 ans 변수는 2 × 1 기호 배열인 것에 주의하자. 변수가 여러 개인 기호수식도 풀 수 있다. 2차 방정식 $ax^2 + bx + c$를 예로 들어 살펴보자.

```
syms x a b c
solve(a*x^2+b*x+c)
```

를 입력하면 다음과 같이 2차 방정식의 해가 출력된다.

```
ans =
-(b+(b^2-4*a*c)^(1/2))/(2*a)
-(b-(b^2-4*a*c)^(1/2))/(2*a)
```

핵심 개념
매트랩은 우선적으로 변수 x에 대한 해를 구한다.

어떤 수식에 solve 명령을 내리면 그 수식의 변수(들) 중에서 가장 먼저 변수 x에 대한 해를 구한다. 수식에 x가 없으면 매트랩은 x에 가장 가까운 변수를 찾는다. solve 함수에 두 번째 필드에 특정 변수를 지정해서 입력하면, 그 변수에 대해 수식의 해를 계산한다. 예를 들어 $ax^2 + bx + c$에 대해 다음과 같이 입력하면

```
solve(a*x^2+b*x+c, a)
```

다음과 같이 이 수식을 0으로 만드는 변수 a의 값이 출력된다.

```
ans =
-(c+b*x)/x^2
```

수식을 0이 아닌 다른 수가 되도록 하는 값을 구하고 싶을 때에는 다음 두 가지 방법 중 하나를 사용하면 된다. 먼저 방정식이 간단한 경우에는 방정식의 우변을 좌변으로 옮겨서 우변이 0이 되도록 한다. 예를 들어

핵심 개념
solve 함수로 계산한 결과가 숫자로 표시되어도 그 숫자는 기호변수로 저장된다.

$$5x^2 + 6x + 3 = 10$$

은 다음과 같이 방정식을 변형한 후 매트랩을 사용하면 x 값을 구할 수 있다.

$$5x^2 + 6x - 7 = 0$$

```
solve(5*x^2+6*x-7)
ans =
-(2*11^(1/2))/5-3/5
(2*11^(1/2))/5-3/5
```

또 다른 방법으로는 방정식을 직접 solve에 입력하거나, 방정식에 이름을 지정해서 solve의 입력으로 사용할 수 있다. 매트랩에서 방정식을 정의할 때 비교 연산자(==)가 사용되었다는 사실에 주의하자. 예를 들어 다음과 같이 명령어를 매트랩에 타이핑하면

```
e2 = 5*x^2+6*x+3 == 10
solve(e2)
```

다음 결과가 출력된다.

```
ans =
-(2*11^(1/2))/5-3/5
(2*11^(1/2))/5-3/5
```

지금까지 살펴본 두 방법에서 결과 값은 분수(즉 유리수)를 사용해 간단한 형태로 화면에 출력되었다. 작업공간창을 보면 ans는 2 × 1 기호 배열로 되어 있다. double 함수를 사용하면 기호 데이터를 배정밀도 부동소수점 수로 바꿀수 있으므로 다음과 같이 결과 값을 더욱 간단히 알아볼 수 있다.

```
double(ans)
ans =
0.7266
-1.9266
```

solve 함수는 다음과 같이 변수가 여러 개 들어 있는 수식에 특히 유용하다.

```
syms P P0 r t
e3 = P==P0*exp(r*t)
```

```
solve(e3,t)
ans =
log(P/P0)/r
```

(로그함수는 자연로그라는 점을 기억하자.)

경우에 따라서는 다음과 같이 방정식의 풀이 결과를 변수(예를 들어 t)에 저장해놓는 것이 좋다.

```
t = solve(e3,t)
t =
log(P/P0)/r
```

실습문제 12.3

실습문제 12.1에서 만든 변수와 수식을 이용해 다음 문제를 풀라. 정답은 피어슨 출판사의 웹사이트 https://www.pearsonhighered.com/moore에서 확인할 수 있다.

1. solve 함수를 사용해 수식 ex1, 함수 fex1의 해를 구하라. 또한 방정식 eq1의 해를 x에 대해서 구하라.
2. solve 함수를 사용해 수식 ex2, 함수 fex2의 해를 구하라. 또한 방정식 eq2의 해를 x에 대해서 구하라.
3. solve 함수를 사용해 ex3, fex3, eq3을 x, a에 대해 풀라.
4. solve 함수를 사용해 ex4, fex4, eq4를 x, a에 대해 풀라.
5. ex4, eq4는 2차 방정식(2차 다항식)을 나타낸다. 이 문제에서 ex5, eq5는 3차 다항식의 일반형으로 이들의 해는 상당히 복잡하다. 단순히 solve 함수를 사용해 ex5, eq5를 풀면 결과가 유익하지 않다(시도해보자). 이때 다음과 같이 solve 함수에 다항식의 차수를 지정해주자. solve(ex5, 'MaxDegree', 3)
6. solve 함수를 사용해 ex6, fex6, eq6을 풀라. 이 결과를 삼각함수를 사용해 설명하라.

예제 12.1

기호수학 응용문제

매트랩의 기호 연산 기능을 이용하면 컴퓨터로 수학문제를 풀 수 있다. 매트랩으로 다음 확산방정식을 Q에 대해 풀라.

$$k = k_0 \exp\left(\frac{-Q}{RT}\right)$$

1. 문제를 명확히 나타낸다.
   확산방정식을 Q에 대해 푼다.
2. 입력과 출력을 표시한다.
   입력 확산방정식 k
   출력 확산방정식의 해 Q

3. 손이나 계산기로 문제를 미리 풀어본다.

$$
\begin{aligned}
k &= k_0 \exp\left(\frac{-Q}{RT}\right) \\
\frac{k}{k_0} &= \exp\left(\frac{-Q}{RT}\right) \\
\ln\left(\frac{k}{k_0}\right) &= \frac{-Q}{RT} \\
\mathrm{Q} &= RT \ln\left(\frac{k_0}{k}\right)
\end{aligned}
$$

여기에서 Q 앞의 $-$부호로 인해서 자연로그 안에 있는 항이 역수가 된 것에 주의하라.

4. 매트랩으로 문제를 푼다.

먼저 기호방정식을 만들고 나서 이 식에 x라는 이름을 붙인다.

```
syms k k0 Q R T
X = k == k0*exp(-Q/(R*T))
X =
k == k0/exp(Q/(R*T))
```

이제 매트랩으로 이 방정식을 풀어보는데 방정식을 Q에 대해 풀도록 지정해주면 된다.

```
solve(X,Q)
ans =
-R*T*log(k/k0)
```

결과를 ans(기본 변수 이름)로 출력하는 것보다는 결과에 더 의미 있는 이름인 Q로 지정하는 것이 더 좋다.

```
Q = solve(X,Q)
Q =
-R*T*log(k/k0)
```

5. 풀이를 검사한다.

매트랩으로 푼 결과를 손으로 푼 것과 비교한다. 매트랩 결과를 보면 자연로그 안에 있는 항 k/k_0를 역수로 만드는 대신에 $-$부호를 앞에 붙여주었다. 즉 같은 결과인 것을 확인할 수 있다. 매트랩을 포함해 대부분의 컴퓨터 프로그램에서 log는 자연로그(ln)를 나타낸다(상용로그 $\log_{10}$은 log10으로 나타낸다).

HINT symvar 명령을 사용하면 기호수식이나 방정식에 들어 있는 기호변수의 이름을 간편하게 확인할 수 있다. 앞의 예에서 변수 x를

```
X = k == k0*exp(-Q/(R*T))
```

와 같이 정의했는데, symvar 함수를 이용하면 다음과 같이 방정식 x에 들어 있는 모든 기호변수를 찾아서 배열로 묶어 표시한다.

```
symvar(X)
ans =
[ Q, R, T, k, k0]
```

핵심 개념
solve 함수로 선형 연립방정식은 물론 비선형 연립방정식도 풀 수 있다.

12.2.2 연립방정식 풀기

solve 함수는 1개의 수식이나 방정식을 그 식에 들어 있는 어떤 변수에 대해 풀 수 있을 뿐만 아니라 연립방정식의 풀이에도 사용할 수 있다. 다음 3개의 방정식을 예로 들어 살펴보자.

```
syms x y z
one = 3*x + 2*y - z == 10;
two = -x + 3*y + 2*z == 5;
three = x - y - z == -1;
```

solve 함수에 세 방정식의 이름을 차례로 적기만 하면 이 연립방정식의 해를 x, y, z에 대해 모두 구할 수 있다.

```
answer = solve(one,two,three)
answer =
struct with fields:
 x: -2
 y: 5
 z: -6
```

핵심 개념
solve 함수로 연립방정식을 풀면 알파벳 순서로 결과가 출력된다.

이 결과를 보면 당황스러울 것이다. 3개의 답 x, y, z는 작업공간창에서도 숫자가 아닌 1×1 기호변수로 나열되어 있다. 또 작업공간창에서 answer를 살펴보면 1×1 구조체 배열로 되어 있다. 구조체 배열은 11장에서 다루었다. answer에 들어 있는 값을 확인하려면 다음과 같이 구조체 배열에 관련된 법칙을 사용하면 된다.

```
answer.x
ans =
-2
answer.y
ans =
5
answer.z
ans =
-6
```

결과가 구조체 배열 형태로 표시되지 않도록 하려면 결과를 저장할 변수 이름을 지정해주어야 한다.

```
[x,y,z] = solve(one,two,three)
x =
-2
y =
5
z =
-6
```

연립방정식을 푼 결과는 알파벳 순서로 할당된다. 예를 들어 앞의 세 방정식에서 x, y, z 자리에 q, x, p를 넣고 solve 함수를 실행하면 결과는 p, q, x 순서로 출력된다. 따라서 결과를 저장할 변수로 어떤 이름을 가진 변수를 사용하든 p, q, x의 순서로 할당된다.

이 예에서 변수 x, y, z의 내용은 모두 숫자로 표시되었지만 이들 변수가 모두 기호변수라는 사실에 주목하자. solve 함수를 실행해 나온 결과가 ans 변수에 저장되든 혹은 사용자가 만든 또 다른 변수 이름에 저장되든 모두 기호변수이다. 만일 이 결과를 배정밀도 부동소수점 수를 필요로 하는 수식에 써야 하는 경우에는 double 함수를 사용해 변수의 데이터형을 바꾸어줄 수 있다. 예를 들어 다음 명령

표 12.2 solve 함수 사용법

solve(S)	변수가 1개인 수식의 해를 구한다.	syms x solve(x-5) ans= 5
solve(S)	변수가 1개인 방정식의 해를 구한다.	syms x solve(x^2= =-5) ans= 7^(1/2) -7^(1/2)
solve(S)	복소수 해를 가진 방정식을 푼다.	syms x solve(x^2= =-5) ans = i*5^(1/2) -1*5^(1/2)
solve(S)	변수가 2개 이상인 방정식을 x에 대해 푼다(x가 없는 경우 x에 가장 가까운 변수에 대해 푼다).	syms x y solve(y= =x^2+2) ans = (y-2)^(1/2) -(y-2)^(1/2)
solve(S,y)	변수가 2개 이상인 방정식을 특정 변수에 대해 푼다.	syms x y solve(y+6*x,x) ans = -y/6

solve(S1,S2,S3)	방정식 3개로 이루어진 연립방정식을 풀고 그 해를 구조체 배열에 할당한다.	syms x y z
		one=3*x+2*y-z= =10;
		two=-x+3*y+2*z= =5;
		three=x-y-z= =-1;
		solve(one,two,three)
		ans =
		x: [1x1 sym]
		y: [1x1 sym]
		z: [1x1 sym]

[A,B,C]= solve (S1,S2,S3)	방정식 3개로 이루어진 연립방정식을 풀고 그 해를 사용자가 지정한 변수에 할당한다. 알파벳 순서대로 결과가 출력된다.	one=3*x+2*y-z= =10;
		two= -x+3*y+2*z= =5;
		three= x-y-z= =-1;
		[x,y,z]=solve(one,two,three)
		x= -2
		y= 5
		z= -6

```
double(x)
```

에 의해 기호변수 x에 저장된 기호 데이터는 배정밀도 숫자 변수로 변환된다.

HINT 연립방정식을 푸는 데 solve 함수를 사용하는 방법은 선형대수 기법을 사용하는 방법에 비해 장점과 단점을 함께 가지고 있다. 일반적으로 행렬로 풀 수 있는 문제라면 행렬 방식으로 푸는 것이 컴퓨터가 계산하는 데 걸리는 시간이 짧다. 그러나 행렬을 이용하는 선형대수 기법은 1차 방정식에만 적용할 수 있다. solve 함수를 사용해서 풀면 컴퓨터가 계산하는 데 걸리는 시간은 더 길지만 비선형 문제를 풀 수 있고 기호변수로 이루어진 문제도 풀 수 있다. 표 12.2에 solve 함수의 몇 가지 사용법을 수록했다.

실습문제 12.4

정답은 피어슨 출판사의 웹사이트 https://www.pearsonhighered.com/moore에서 확인할 수 있다. 다음 선형 연립방정식에 대해 실습문제 12.1~12.4를 풀라.

$$\begin{aligned} 5x + 6y - 3z &= 10 \\ 3x - 3y + 2z &= 14 \\ 2x - 4y - 12z &= 24 \end{aligned}$$

1. 10장에서 살펴본 선형대수 기법을 사용해 이 연립방정식을 구하라.
2. 이 연립방정식을 기호방정식으로 만들라. solve 함수를 사용해 기호방정식을 x, y, z에 대해 구하라.
3. solve 함수로 실습문제 2에서 만든 방정식을 풀어 결과를 구조체 배열에 할당하고, 구조체 관련 법칙을 사용해 결과가 화면에 표시되도록 하라.
4. solve 함수로 실습문제 2에서 만든 방정식을 풀어 결과를 여러분이 정한 변수에 할당하고, 화면에 표시되도록 하라.
5. 다음 비선형 연립방정식을 solve 함수를 사용해 풀라. 그리고 double 함수를 사용해 풀이 결과를 간단하게 하라.

$$\begin{aligned} x^2 + 5y - 3z^3 &= 15 \\ 4x + y^2 - z &= 10 \\ x + y + z &= 15 \end{aligned}$$

핵심 개념
어떤 변수를 작업공간창에서 기호변수로 만들어놓으면 이후 기호 연산에 계속해서 사용할 수 있다.

12.2.3 기호수식에 값 대입하기와 기호함수

공학이나 과학 분야에서는 기호로 된 수식에 값을 대입해야 하는 경우가 많이 있다. 다음 2차 방정식을 다시 살펴보자.

```
syms x a b c
e4 = a*x^2+b*x+c
```

필요에 따라 이 식에 여러 값을 대입할 수 있다. 예를 들어 이 식의 변수 x를 y로 바꾸고 싶으면 subs 함수는 다음과 같이 3개 입력이 필요하다. 첫 번째 입력은 수식, 두 번째 입력은 원래 변수, 세 번째는 원래 변수에 대입할 새 변수이다. 수식 e4에 들어 있는 모든 x에 y를 대입하기 위한 명령어는 다음과 같다.

```
syms y
subs(e4,x,y)
```

그러면 다음 결과가 출력된다.

```
ans =
a*y^2 + b*y + c
```

이 명령을 수행한 결과는 변수 ans에 저장되므로 기호변수 e4의 내용은 바뀌지 않는다. 이 결과를 새로운 변수 e5에 저장하고 싶으면 다음과 같이 한다.

```
e5 = subs(e4,x,y)
e5 =
a*y^2 + b*y + c
```

e4의 내용을 확인해보면 여전히 변함이 없음을 확인할 수 있다.

```
e4
e4 =
a*x^2+b*x+c
```

수식에 숫자를 대입할 때에도 같은 방식을 사용하면 된다.

```
subs(e4,x,3)
ans =
9*a + 3*b + c
```

여러 개의 변수에 값을 대입하고 싶으면 이 변수들과 값들을 배열로 만들어 나열하면 된다.

```
subs(e4,[a,b,c,x],[1,2,3,4])
ans =
    27
```

숫자 배열도 수식에 대입할 수 있다. 다음 예를 살펴보면서 이에 대해 알아보자. 먼저 다음 명령에 의해 변수가 x 하나뿐인 수식을 만들면

```
e6 = subs(e4,[a,b,c],[1,2,3])
```

다음 화면이 출력된다.

```
e6 =
x^2+2*x+3
```

이제 숫자로 된 배열을 만들어 이를 e6에 있는 x에 대입한다.

```
numbers = 1:5;
subs(e6,x,numbers)
ans =
      [6    11    18    27    38]
```

그런데 이 두 단계의 명령을 한 단계의 명령으로 줄여서 한꺼번에 처리할 수는 없다. 왜냐하면 subs 함수가 제대로 동작하기 위해서는 배열의 각 원소의 크기가 모두 같아야 하기 때문이다.

변수에 값을 대입하는 또 다른 방법은 symfun 함수를 사용하는 것이다. x는 이미 기호로 정의되어 있으므로 다음 f(x) 함수를 symfun 함수를 이용해서 정의해보자.

```
f(x) = x^2+2*x+3
```

symfun 함수는 코드를 다시 입력하지 않고도 변수로 저장된 기존 수식을 기호함수로 변환할 수 있다. symfun 함수는 2개의 입력을 필요로 한다. 하나는 기호수식, 나머지 하나는 변수 이름으로 구성된 배열이다.

```
f = symfun(e6,x)
```

위 명령어를 타이핑하면 다음 기호함수를 결과물로 출력한다.

```
f(x)
x^2+2*x+3
```

이번에는 2개의 기호변수를 가진 기호수식을 symfun 함수의 입력으로 고려해보자.

```
g = symfun(x^2+y^2,[x,y])
```

를 타이핑하면 다음 결과가 출력된다.

```
g(x, y) =
x^2 + y^2
```

이렇게 만든 기호함수를 사용해서 특정 x, y 값에 대한 함수의 값을 구할 수 있다.

```
g(1,3)
ans =
10
```

실습문제 12.5

정답은 피어슨 출판사의 웹사이트 https://www.pearsonhighered.com/moore에서 확인할 수 있다.

1. subs 함수를 사용해 실습문제 12.1에서 만든 각 수식과 방정식의 x에 4를 대입하라.
2. 다음 수식을 symfun 함수를 사용해서 기호함수로 만들라. 함수의 이름은 g로 한다.

```
x^2+sin(x)*x
```

그리고 g(a), g(3), g([1:5])를 각각 구하라.

예제 12.2

기호수학으로 포탄의 궤도 문제 풀기

그림 12.2에는 대포에서 발사된 포탄이 그리는 궤적을 나타내는 선이 그려져 있는데, 이처럼 발사체가 움직이는 경로를 나타내는 방정식을 공부하는 데 매트랩의 기호 연산 기능을 이용할 수 있다.

기초물리학 이론에 따르면 발사체가 수평 방향으로 움직인 거리는 다음 식으로 표현된다.

$$d_x = v_0 t \cos(\theta)$$

또 움직이는 발사체의 수직위치는 다음 식으로 표현된다.

$$d_y = v_0 t \sin(\theta) - \frac{1}{2} g t^2$$

여기에서

v_0 = 발사속도

t = 시간

θ = 발사각도

g = 중력가속도

이 방정식과 매트랩의 기호수학을 이용해 발사된 포탄이 땅에 부딪힐 때까지 날아간 수평거리(즉 대포의 사정거리)를 계산하는 방정식을 매트랩의 기호 연산 기능을 이용해 유도하라.

1. 문제를 명확히 나타낸다.
   포탄의 사정거리를 계산하는 방정식을 유도한다.

2. 입력과 출력을 표시한다.
   입력 포탄의 수평위치와 수직위치를 나타내는 방정식
   출력 포탄의 사정거리 방정식

3. 손이나 계산기로 문제를 미리 풀어본다.
   포탄이 땅에 부딪히는 순간에 포탄의 수직위치 d_y는 0이 되므로

$$d_y = v_0 t \sin(\theta) - \frac{1}{2} g t^2 = 0$$

   이 식을 정리하면 다음과 같다.

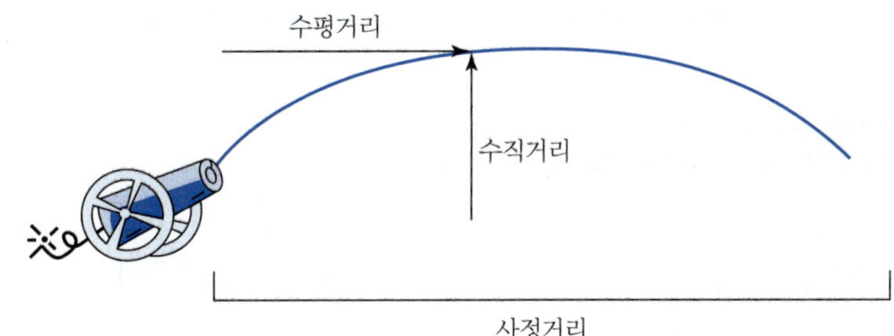

그림 12.2
포탄이 날아가는 거리는 발사속도와 발사각도에 따라 달라진다.

$$v_0 t\sin(\theta) = \frac{1}{2}gt^2$$

이 식을 t에 대해 정리하면 다음과 같다.

$$t = \frac{2v_0\sin(\theta)}{g}$$

시간 t가 이 값과 같을 때 포탄이 땅에 부딪히므로 이 t 값을 포탄의 수평이동거리 d_x 식에 대입하면 포탄의 사정거리를 나타내는 식을 유도할 수 있다.

$$\begin{aligned} d_x &= v_0 t\cos(\theta) \\ \text{사정거리} &= v_0\left(\frac{2v_0\sin(\theta)}{g}\right)\cos(\theta) \end{aligned}$$

삼각함수 법칙에 따르면 $2\sin\theta\cos\theta = \sin(2\theta)$이므로 이 관계식을 이용하면 포탄의 사정거리 식을 더욱 간단히 쓸 수 있다.

4. 매트랩으로 문제를 푼다.
   먼저 기호변수를 만든다.

```
syms v0 t theta g
```

다음으로 포탄의 수직위치를 나타내는 기호수식을 정의한다.

```
Distancey = v0 * t *sin(theta) - 1/2*g*t^2;
```

이제 포탄의 수평이동거리를 나타내는 기호수식을 정의한다.

```
Distancex = v0 * t *cos(theta);
```

포탄이 땅에 부딪히는 순간에 포탄의 수직위치 = 0이므로 이 충돌시간(impact time)을 구하기 위해 다음과 같이 solve 함수를 사용하면

```
impact_time = solve(Distancey,t)
```

다음과 같이 2개의 답을 얻는다.

```
impact_time =
[              0]
[2*v0*sin(theta)/g]
```

여기에서 0이란 답이 하나 더 나온 것은 포탄이 처음 발사된 순간에 포탄의 수직위치가 0이기 때문이다. 이제 충돌시간인 impact_time을 포탄의 수평이동거리 식 Distancex에 대입하면 된다. 두 가지 답 중에서 필요한 것은 두 번째 답이므로 impact_time(2)를 사용한다.

```
impact_distance = subs(Distancex,t,impact_time(2))
```

포탄이 땅에 부딪힐 때까지 포탄이 날아간 거리를 나타내는 식에 impact_time(2)를 대입한 결과는 다음과 같이 출력된다.

```
impact_distance =
(2*v0^2*cos(theta)*sin(theta))/g
```

5. 풀이를 검사한다.
   매트랩으로 푼 결과와 손으로 푼 결과를 비교한다. 두 방법 모두 결과가 일치함을 확인할 수 있다.

매트랩으로 푼 결과 식은 이미 간단한 형태이지만 simplify 명령을 사용해서 수식을 더 간단히 해보자.

```
simplify(impact_distance)
```

이 명령을 수행하면 다음 결과가 출력된다.

```
ans =
 (v0^2*sin(2*theta))/g
```

12.3 기호수식 그래프 그리기

기호수학 도구상자에는 기호수식이나 기호함수를 그래프로 그리는 데 사용되는 많은 함수가 내장되어 있다. 가장 기본이 되는 함수가 이전 장에서 소개한 fplot이다. fplot은 **오버로드된 함수**(overloaded function)의 예이며, 이는 동일한 함수 이름이 여러 애플리케이션에 사용된다는 것을 의미한다. 오버로드된 함수가 사용된 경우 매트랩은 입력에 따라서 어떤 애플리케이션에 적합한지 결정하게 된다. 기호수학 정보가 입력되면 매트랩은 기호수식 그래프 그리기 도구를 사용한다.

12.3.1 fplot 함수

다음과 같이 x를 변수로 가진 기호함수 y를 만들어보자.

```
syms x
y = x^2-2
```

기호변수 y는 fplot의 입력으로 사용되기 위해 다음과 같이 기호함수로 저장될 필요는 없다.

```
f(x) = x^2-2
```

지금까지 봐왔던 모든 기호함수와 마찬가지로 기호변수와 기호함수는 모두 같은 방식으로 동작한다.

이 함수를 그래프로 그리기 위해 다음 명령을 입력하면

```
fplot(y)
```

그림 12.3의 그래프가 그림창에 나타난다. fplot 함수를 사용할 때 x의 범위를 별도로 정해주지 않으면 −5~+5가 기본으로 설정된다. 매트랩은 이 범위에서 x 값을 선택하고 이 값에 대응하는 y 값을 계산해 부드러운 곡선을 그려준다.

x의 범위를 기본설정인 −5~+5로 하고 싶지 않으면 다음과 같이 fplot 함수의 두 번째 필드에 원하는 x 범위의 최솟값과 최댓값을 지정하면 된다.

```
fplot(y,[-10,10])
```

그림 12.3
fplot 함수를 사용하면 기호수식을 그래프로 그릴 수 있다. 그래프와 관련된 매트랩 함수를 사용해서 제목, 축 이름, 수평축 범위 등을 그래프에 추가할 수 있다.

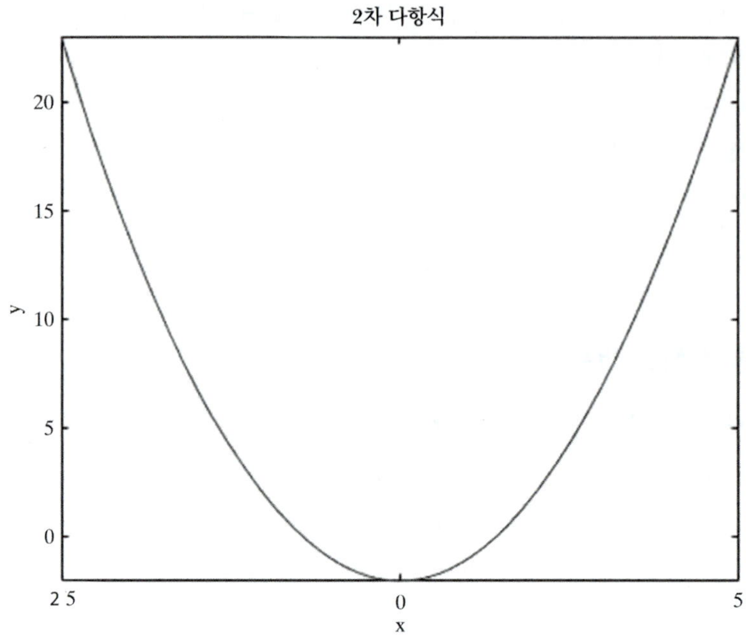

x의 범위를 지정할 때에는 대괄호를 사용해 최솟값과 최댓값을 원소로 하는 배열이 되도록 한다. 또한 앞에서 배운 일반 그래프 그리기 함수와 같은 방식으로 fplot 함수에서도 제목(title), x, y 축의 이름(label), 주석(annotation)에 원하는 내용이 들어가도록 지정할 수 있다. 예를 들어 그래프에 제목을 붙이고 x, y 축에도 이름을 붙이고 싶으면 다음과 같이 명령을 내린다.

```
title("Second-Order Polynomial")
xlabel("x"), ylabel("y")
```

fimplicit 함수를 사용하면 변수 x, y로 이루어진 음함수(implicit function)의 그래프를 그릴 수 있다. 다음 음함수를 예로 들어 살펴보자.

$$x^2 + y^2 = 1$$

핵심 개념
위치와 같은 종속변수는 시간과 같은 독립변수로 정의되기 때문에 물리적 시스템을 매개변수 방정식으로 정의하는 것이 더 쉬운 경우가 많다.

이것은 반지름이 1인 원(circle)을 나타내는 방정식이다. 이 방정식을 그래프로 그리려면 보통은 이 함수를 y에 대해 풀어야 하지만 fimplicit 함수를 사용하면 그럴 필요가 없다. 다음 세 가지 방식의 명령 가운데 어느 명령을 사용해도 그림 12.4의 왼쪽에 있는 원의 그래프를 얻을 수 있다.

```
syms x y
fimplicit(x^2 + y^2 == 1,[-1.5,1.5])
fimplicit(x^2 + y^2 -1,[-1.5,1.5])
```

그리고

```
z = x^2 + y^2 -1
fimplicit(z,[-1.5,1.5])
```

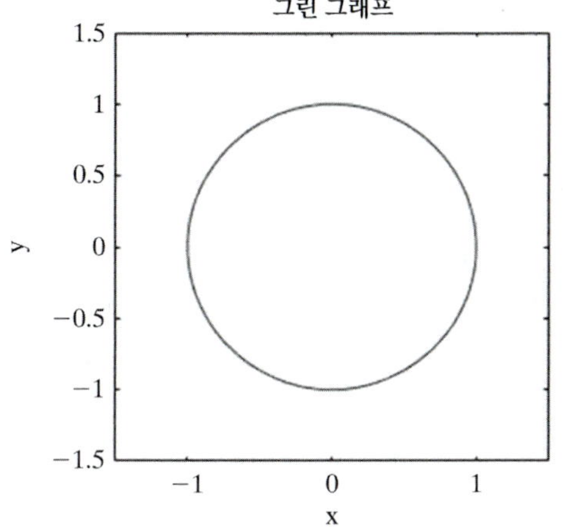

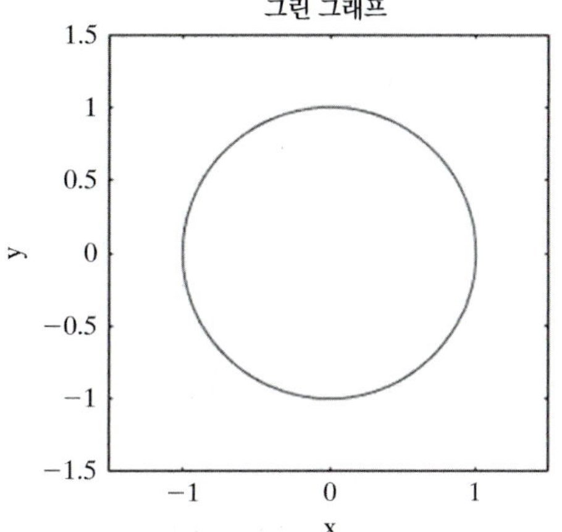

그림 12.4
매트랩의 그래프 함수를 사용해서 일반적인 형태의 함수는 물론 음함수와 매개함수의 그래프도 그릴 수 있다. (a) fimplicit 함수를 사용해서 음함수를 그래프로 그릴 수 있다. (b) fplot 함수를 사용해서 매개함수를 그래프로 그릴 수 있다.

두 변수 x, y로 이루어진 수식을 **매개변수**(parameter)를 써서 정의할 수도 있다. 이 방식은 매개변수라는 또 다른 변수를 사용해서 x, y를 매개변수만의 수식으로 각각 나타낸다. 매개변수 t를 쓰면 원의 방정식은 다음과 같이 정의된다.

$$x = \sin(t)$$
$$y = \cos(t)$$

이렇게 매개함수로 표시된 원의 방정식을 fplot 함수로 그리려면 다음과 같이 먼저 기호변수 t를 정의한 다음 x의 수식과 y의 수식을 차례로 적어주면 된다.

```
syms t
fplot(sin(t),cos(t),[0,2*pi])
axis([-1.5,1.5,-1.5,1.5])
axis square
```

이 명령을 실행시키면 매트랩의 그림창에 그림 12.4의 오른쪽에 있는 그래프가 나타난다.

기호함수 그래프에 제목과 축 이름을 붙이는 방식은 일반함수 그래프의 경우와 똑같다. 마찬가지로 한 그림창에 여러 개의 그래프를 함께 나타내고 싶으면 hold on 명령을 사용하면 된다. 선 색, 선 종류, 마커 종류를 변경하고 싶으면 그림창에 있는 메뉴에서 이와 관련된 도구(tool)를 선택해 사용하면 된다. 이제 $\sin(x)$, $\sin(2x)$, $\sin(3x)$의 그래프를 한 그림창에 그려보자. 이를 위해 먼저 이들 함수를 기호수식으로 만든다.

핵심 개념
hold off 명령어를 내리기 전에 hold on 명령어를 내지 않는다.

```
syms x
y1 = sin(x)
y2 = sin(2*x)
y3 = sin(3*x)
```

그러고 나서 다음 명령을 차례로 입력해 각 기호수식을 그래프로 그린다.

```
fplot(y1,"-r")
hold on
```

그림 12.5
fplot 함수를 사용해서 한 그림창에 여러 그래프를 함께 그릴 수 있다. 일반함수 그래프의 방법과 마찬가지 방법으로 기호함수 그래프의 선 색상, 선 종류, 마커 종류를 바꿀 수 있다.

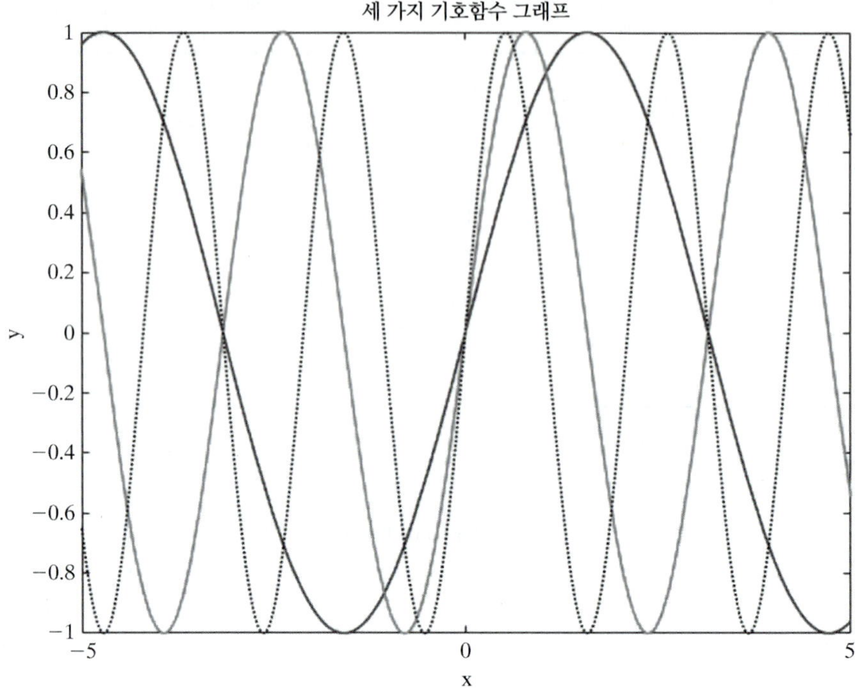


```
fplot(y2,"-g")
fplot(y3,":b")
title("Multiple Symbolic Plots")
xlabel("x"), ylabel("y")
```

이 명령을 수행하면 그림 12.5와 같은 그래프가 그림창에 나타난다. 그래프 그리기를 모두 끝마친 다음에 다시

```
hold off
```

와 같은 명령을 내리는 것을 잊지 않도록 한다.

HINT 대부분의 기호함수는 함수로 표현되는 기호변수, 함수 자체 또는 함수 핸들(예: f)을 입력으로 허용한다. 단 함수 핸들은 기호함수 f(x)가 정의되어야 한다.

```
syms x
y = x^2-1
fplot(y)
```

는 다음 명령과 마찬가지이다.

```
fplot(x^2-1)
```

실습문제 12.6

다음 명령을 수행해 실습문제 12.1에서 정의한 수식이나 문제에서 제시한 함수의 그래프를 그려라. 이때 그래프에 제목과 두 축의 이름을 반드시 써넣으라. 정답은 피어슨 출판사의 웹사이트

https://www.pearsonhighered.com/moore에서 확인할 수 있다.

1. fplot 명령을 사용해 $-2\pi \sim +2\pi$ 구간에서 ex1의 그래프를 그려라.
2. fplot 명령을 사용해 $-10 \sim +10$ 구간에서 ex2의 그래프를 그려라.
3. fplot 명령을 사용해 $-2\pi \sim +2\pi$ 구간에서 ex6의 그래프를 그려라.
4. 기호함수인 fex1, fex2, fex6에 대해 실습문제 1~3을 다시 풀라.
5. fplot 명령을 사용해 $-2\pi \sim +2\pi$ 구간에서 $\cos(x)$의 그래프를 그려라. 이때 $\cos(x)$를 다른 기호변수로 만들지 말고 다음과 같이 fplot 함수에 직접 입력하라.

```
fplot(@(x) cos(x), [-2*pi, 2*pi])
```

6. fimplicit 명령을 사용해 함수 x^2−y^4=5의 그래프를 그려라.
7. fplot 명령을 사용해 $\sin(x)$, $\cos(x)$의 그래프를 한 그림창에 함께 그려라. 이때 메뉴표시줄의 도구와 마우스를 사용해 $\sin(x)$ 그래프의 색깔을 바꾸어라.
8. fplot 명령을 사용해 매개함수 $x = \sin(t)$, $y = 3\cos(t)$의 그래프를 그려라.

12.3.2 여러 가지 기호 그래프 명령

일반수식용 그래프 함수에 대응하는 기호수식용 그래프 함수를 표 12.3에 수록했다.

3차원 그래프 함수인 fmesh, fsurf의 기능을 살펴보기 위해 다음과 같이 peask 함수를 기호수식으로 정의하자.

```
syms x y
z1 = 3*(1-x)^2*exp(-(x^2)-(y+1)^2)
z2 = -10*(x/5-x^3-y^5)*exp(-x^2-y^2)
z3 = -1/3*exp(-(x+1)^2-y^2)
z = z1+z2+z3
```

입력하기 쉽게 하기 위해 이 함수는 세 부분으로 나눠졌다. 모두 기호수식이므로 '점(.)'이 없는 표준 연산자가 사용되었다는 점에 유의하자. fmesh, fsurf는 이에 대응하는 일반수식용 그래프 함수 mesh, surf와 같은 기능을 가지고 있으며, 수식이나 기호함수를 입력값으로 받아들인다.

```
t=tiledlayout(1,2);
nexttile
fmesh(z)
title("(a) fmesh")
nexttile
fsurf(z)
title("(b) fsurf")
```

이 명령어로 생성된 그래프 결과가 그림 12.6과 같다. 매트랩에서 일반수식용 그래프 함수를 사용해 같은 그래프를 생성하기 위해서는 *x*와 *y* 배열을 정의하고, 이를 함께 메시(mesh)하고, 2차원 배열을 기반으로 *z*의 값을 계산해야 했다.

기호수학 도구상자에 포함된 기호수학 그래프 기능은 이러한 그래프를 훨씬 더 쉽게 만들게 한다.

일반 그래프와 관련된 매트랩 함수를 사용해서 제목, 축 이름, 텍스트(text) 등을 그래프에 추가할 수 있다.

핵심 개념
매트랩은 일반수식용 그래프 함수에 대응하는 기호수식용 그래프 함수를 가지고 있다.

```
title(t,["The Peaks Function";"Rendered with Symbolic Plotting
Tools"])
```

표 12.3 기호수식용 그래프 함수

fplot	일반 그래프용	fplot(z), z는 x의 함수
fplot3	3차원 매개변수 그래프용	fplot3(x, y, z), x, y, z는 매개변수 t의 함수
fmesh	메시(그물망) 그래프용	fmesh(z), z는 x, y의 함수
fsurf	면 그래프용	fsurf(z), z는 x, y의 함수
fimplicit	음함수 그래프용	fimplicit(z), z는 x, y의 함수
fimplicit3	3차원 음함수 그래프용	fimplicit3(w), w는 x, y, z의 함수
fcontour	등치선 그래프용	fcountour(z), z는 x, y의 함수
ezpolar	극좌표 그래프용	ezplot(z), z는 x의 함수

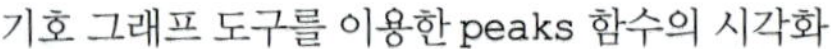

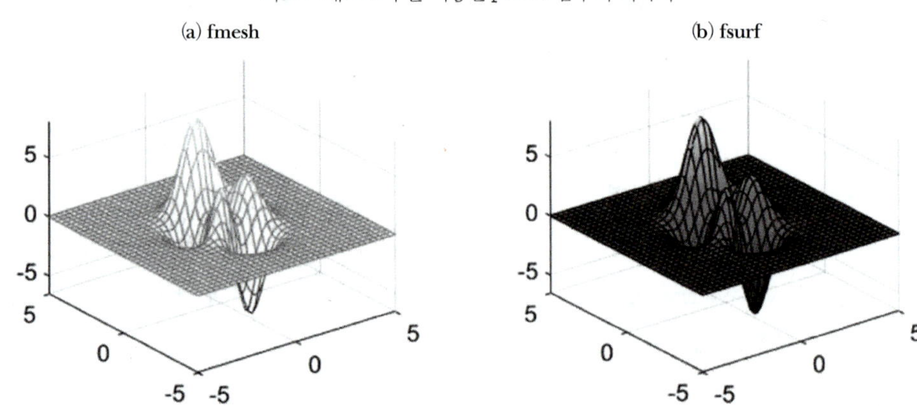

그림 12.6
기호수식용 그래프함수로 그린 3차원 면 그래프의 예. (a) fmesh로 그린 peaks 함수 그래프, (b) fsurf로 그린 peaks 함수 그래프

2차원 그래프와 등치선 그래프(contour plot)의 경우에도 3차원 그래프와 마찬가지로 일반수식용에 대응하는 기호수식용 그래프 함수가 존재한다. 예를 들어 다음 명령을 실행하면 그림 12.7(a)와 같은 등치선 그래프를 얻을 수 있는데, 이는 3차원 peaks 함수를 2차원으로 표현한 것으로 하나로 이어진 선은 함수의 값이 같은 점들의 집합이다.

```
t=tiledlayout(1,2);
nexttile
fcontour(z)
title ("(a) fcontour")
```

지금까지 살펴본 모든 기호수식용 함수(fmesh, fsurf, fcontour)는 매개함수도 그래프로 그릴 수 있다(즉 x, y, z 각각에 대해 하나의 함수를 정의한다). 예를 들어 다음과 같이 매개함수를 fsurf 함수를 사용해 그래프로 그리면 그림 12.7(b)와 같은 고리 모양이 나타난다.

```
nexttile
syms u v
x=4+(3+cos(v))*sin(u)
y=4 + (3 + cos(v))*cos(u)
z=4+sin(v)
fsurf(x,y,z)
```

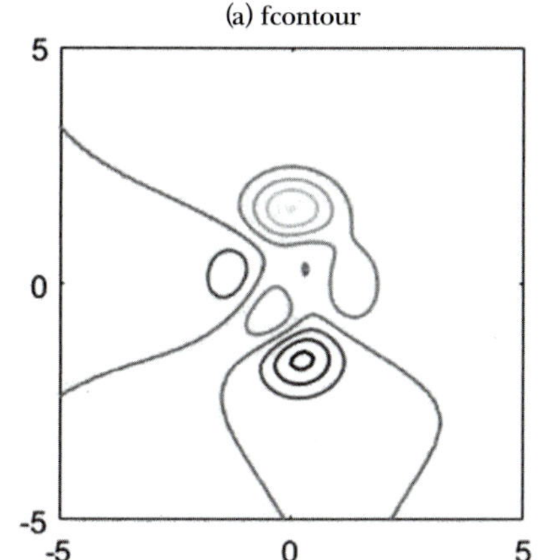

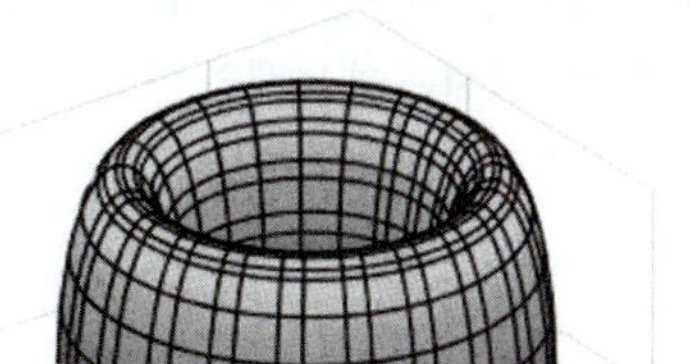

그림 12.7
기호수식용 그래프함수로 그린 여러 종류의 그래프. (a) fcontour로 그린 peaks 함수의 등치선 그래프, (b) fsurf로 그린 3차원 매개함수 그래프

```
title("(b) A Parameterized fsurf Plot")
title(t,["Symbolic Plots"])
```

실습문제 12.7

정답은 피어슨 출판사의 웹사이트 https://www.pearsonhighered.com/moore에서 확인할 수 있다.

함수 $Z = \sin\left(\sqrt{X^2 + Y^2}\right)$을 기호수식으로 만들고 다음 명령을 수행하라.

1. fmesh 명령을 사용해서 Z를 메시 그래프로 그려라. 이때 그래프의 제목과 축 이름도 함께 써넣으라.
2. fsurf 명령을 사용해서 Z의 그래프를 그려라. 이때 그래프의 제목과 축 이름도 함께 써넣으라.
3. fcontour 명령을 사용해서 Z를 등치선 그래프로 그려라. 이때 그래프의 제목과 축 이름도 함께 써넣으라.
4. fplot3 명령을 사용하려면 3개의 변수를 각각 매개변수의 함수로 나타내야 한다. 이를 위해 먼저 매개변수 t를 기호변수로 정하고 나서 3개의 변수를 다음과 같이 정의하라.

$$
\begin{aligned}
x &= t \\
y &= \sin(t) \\
z &= \cos(t)
\end{aligned}
$$

   그다음 t의 범위를 0~30으로 하고, fplot3 명령으로 이 매개함수의 그래프를 그려라.

5. 구(sphere)는 3개의 변수를 각각 다음과 같은 매개함수로 정의해 나타낼 수 있다.

$$
\begin{aligned}
x &= \cos(phi) \times \cos(theta) \\
y &= \cos(phi) \times \sin(theta) \\
z &= \sin(phi)
\end{aligned}
$$

   매개변수 *theta*와 *phi*의 범위를 $-\pi \sim +\pi$로 하고, fsurf 명령으로 이 매개함수의 그래프를 그려라.

예제 12.3

기호 그래프를 이용한 포탄 사정거리 분석

예제 12.2에서는 매트랩의 기호 연산 기능을 사용해 포탄과 같은 발사체가 땅에 부딪힐 때까지 날아간 거리를 구하는 수식을 유도했다. 발사체가 수평 방향으로 움직인 거리를 나타내는 식은

$$d_x = v_0 t \cos(\theta)$$

이고 발사체의 수직위치를 나타내는 식은 다음과 같다.

$$d_y = v_0 t \sin(\theta) - \frac{1}{2} g t^2$$

여기에서

v_0 = 발사속도
t = 시간
θ = 발사각도
g = 중력가속도

이 두 식을 잘 결합하면 발사체가 땅에 부딪힐 때까지 날아간 수평거리인 사정거리(range)를 나타내는 식이 다음으로 유도된다.

$$\text{포탄 사정거리} = v_0 \left(\frac{2 v_0 \sin(\theta)}{g} \right) \cos(\theta)$$

이제 매트랩의 기호 그래프 기능을 이용해 포탄의 발사각도 θ에 따라 포탄의 사정거리가 어떻게 달라지는지 알아보라. 이때 발사각도 θ의 범위를 0~π/2로 하고 발사속도 v_0는 100 m/s, 중력가속도 g는 9.8 m/s^{2}으로 한다.

1. 문제를 명확히 나타낸다.
   포탄의 발사각도와 사정거리 사이의 관계를 나타내는 그래프를 그린다.

2. 입력과 출력을 표시한다.
   입력 포탄 사정거리 수식
   발사속도 $v_0 = 100$ m/s
   중력가속도 $g = 9.8$ m/s^2
   출력 발사각도에 대한 사정거리 그래프

3. 손이나 계산기로 문제를 미리 풀어본다.

$$\text{포탄 사정거리} = v_0 \left(\frac{2 v_0 \sin(\theta)}{g} \right) \cos(\theta)$$

위 식에서 $2 \sin\theta \cos\theta = \sin(2\theta)$의 관계를 이용해 포탄 사정거리 식을 더욱 간단히 나타내면

$$\text{포탄 사정거리} = \frac{v_0^2}{g} \sin(2\theta)$$

가 된다. 이 식의 θ에 각도를 몇 개 골라 대입해 사정거리를 계산해보면 다음과 같다.

발사각도(rad)	사정거리(m)
0	0
π/6	884
π/4	1020
π/3	884
π/2	0

0 rad에서 시작해서 발사각도가 커지면 사정거리는 0 m부터 늘어나다가 다시 줄어들어 발사각도가 π/2 rad가 되면 다시 0 m가 되는데, 발사각도가 π/2 rad이면 대포는 수직 방향을 향하기 때문이다.

4. 매트랩으로 문제를 푼다.
예제 12.2에서는 발사속도와 중력가속도를 포함하고 있는 방정식을 다음과 같이 구했다.

```
impact_distance =
2*v0^2*sin(theta)/g*cos(theta)
```

subs 함수를 사용해 이 방정식에 발사속도와 중력가속도의 값을 숫자로 대입한다.

```
impact_100 = subs(impact_distance,[v0,g],[100, 9.8])
```

그러면 다음 결과가 출력된다.

```
impact_100 =
100000/49*sin(theta)*cos(theta)
```

끝으로 이 결과식을 그래프로 그리고 여기에 제목과 축 이름을 써넣는다.

```
fplot(impact_100,[0, pi/2])
title("각도에 따른 사정거리의 변화")
xlabel("각도, radians")
ylabel("사정거리, m")
```

이 명령을 차례대로 수행하면 그림 12.8의 그래프가 나타난다.

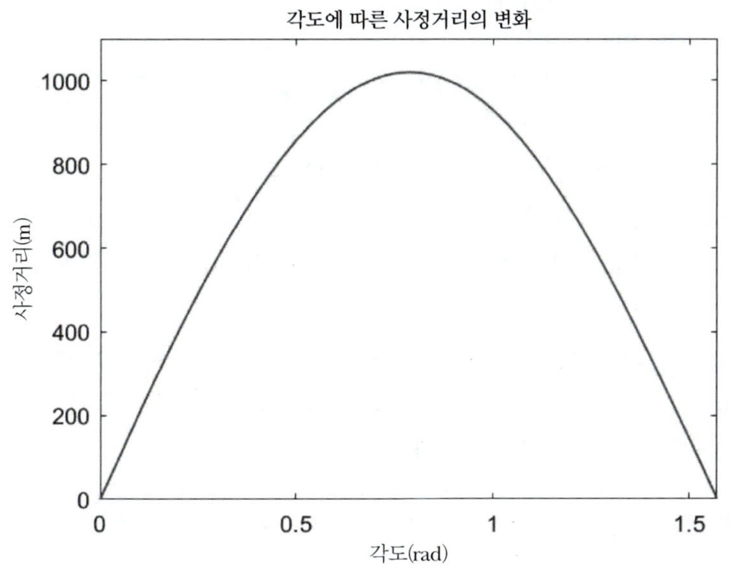

그림 12.8
발사각도와 사정거리의 관계를 나타내는 그래프

5. 풀이를 검사한다.
   매트랩으로 푼 결과와 손으로 푼 결과가 서로 같다. 대포가 정확히 수직 방향($\theta = \pi/2$ rad)을 향하고 있으면 사정거리는 0 m이다. 또한 대포가 정확히 수평 방향을 향하고 있어도($\theta = 0$ rad) 사정거리는 0 m이다. 발사각도가 약 $\theta = 0.8$ rad, 다시 말해 45°일 때 포탄의 사정거리는 최대가 되는 것을 볼 수 있다.

12.4 측정 단위

공학자가 계산을 수행할 때 가장 중요한 일 중 하나는 측정 단위를 계속 파악하는 것이다. 불행하게도 컴퓨터로 계산을 수행하는 경우 측정 단위를 계속 파악하기가 쉽지 않다. 기호 도구상자는 기호변수에 단위를 연결시킬 수 있도록 한다. 이러면 측정 단위는 다른 대수 매개변수처럼 작동하기 때문에 사용자가 단위의 일관성을 확인할 수 있으며, 단위 변환을 수행할 수 있으며, 중요한 물리적 상수도 직접 입력하지 않더라도 포함시킬 수 있다.

계산에 단위를 추가하기 위한 첫 번째 단계는 작업공간에 symunit을 추가하는 것이다.

```
u=symunit
```

위와 같이 입력하면 다음 내용이 출력된다.

```
u =
  symbolicUnitsCollection with units:

         ampere: [A]
         kelvin: [K]
       kilogram: [kg]
          meter: [m]
           mole: [mol]
         second: [s]
        candela: [cd]
 Show all units.
```

위에 표시된 일곱 가지 단위 범주는 시스템 측정을 정의하는 데 기본이 되는 단위로 SI 시스템(System Internationale)으로 나타낸 것이다. 이 외에도 생각할 수 있는 거의 모든 측정 단위가 매트랩 SymbolicUnitsCollection에 내장되어 있다. 명령창에서 '모든 단위를 표시'를 클릭하면 모든 단위 목록을 탐색할 수 있다.

구조체 배열에 사용되는 점 명명법을 사용해서 단위를 지정한다. symunit 함수를 사용해서 변수 u에 기호 단위를 할당했고, 이제 distance1이라는 변수에 미터 단위와 값 5를 할당하고자 한다면 다음을 입력하면 된다.

```
distance1 = 5*u.m
```

그러면 다음이 출력된다.

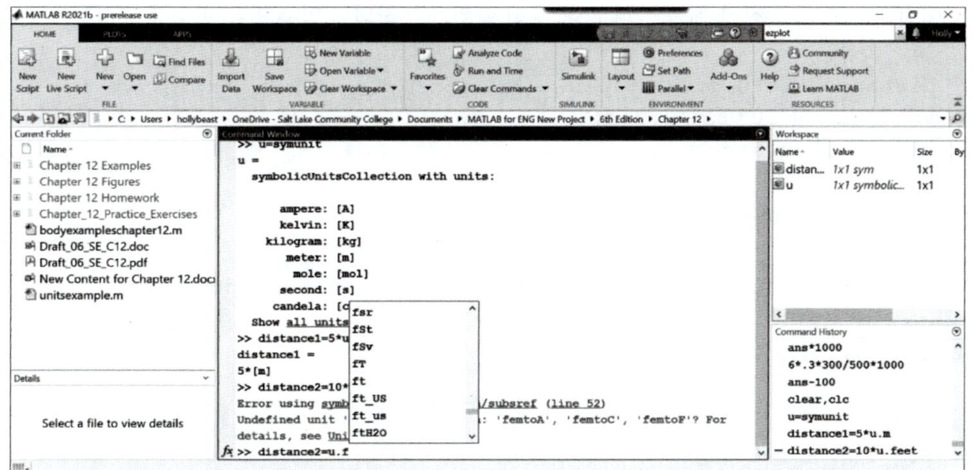

그림 12.9
매트랩 기호 도구상자를 사용하면 사용자가 기호변수에 단위를 추가할 수 있으며, 탭 확장을 통해서 symbolicUnitsCollection에서 가능한 기호 단위를 검색할 수 있다.

```
distance1 =
5*[m]
```

정확한 단위 이름을 모르는 경우 탭 확장을 사용해 목록을 검토할 수 있다. 예를 들어 피트(feet) 단위를 다음과 같이 입력한 경우

```
distance2= 10*u.feet
```

에러 메시지가 발생한다. 이번에는 그림 12.9처럼 'u.'까지 타이핑한 뒤에 탭을 눌러보자. 입력 가능한 확장된 목록이 알파벳 순서대로 나타난다. 목록이 나타나면 명령어를 추측해서 입력하면 된다. 팝업에서 피트 단위의 가장 그럴듯한 명령어는 foot, ft이다. 매트랩은 둘 다 피트 단위의 입력으로 받아들인다.

```
distance2=10*u.ft
```

수학 연산을 수행할 때 단위는 자동으로 단순화되지 않는다. 예를 들어 다음 나누기 문제를 수행하면 두 길이 단위가 혼합된다.

```
ratio = distance1/distance2
ratio =
(1/2)*([m]/[ft])
```

simplify 함수를 사용하면 다음 결과가 출력된다.

```
ratio = simplify(ratio)
ratio =
625/381
```

결과는 여전히 기호 데이터로 표시되며, 원한다면 double 함수를 사용해서 배정밀도 부동소수점 수로 변환 가능하다.

이번에는 좀 더 복잡한 예를 살펴보자. 우선 단위가 부착되어 있는 많은 변수를 고려해보자.

```
distance3=15*u.m;
velocity = 10*u.m/u.sec;
time = 15*u.sec;
```

그리고 이 변수를 다음과 같이 결합하면

```
total = velocity*time + distance1 + distance3 + distance2
```

다음 결과가 출력된다.

```
total =
10*[ft] + 170*[m]
```

자동으로 단위가 결합되고 상쇄된 것을 확인할 수 있다. 여기에 simplify 함수를 사용하면 다음과 같이 된다.

```
total = simplify(total)
total =
(216310/381)*[ft]
```

simplify 함수는 가장 단순화시킬 수 있는 단위를 선택한다. 결과를 원하는 단위로 변환하고자 한다면 unitConvert 함수를 사용하면 된다.

```
total = unitConvert(total,u.m)
total =
(21631/125)*[m]
```

계산된 변수에서 단위를 분리시키고자 한다면 separateUnits 함수를 사용하면 된다. 그리고 double 함수를 사용하면 배정밀도 부동소수점 수로 변환되어 다른 계산에 쓸 수 있다.

```
[total_value,total_unit]= separateUnits(total)
total_value =
21631/125
total_unit =
[m]
total_value = double(total_value)
total_value =
      173.05
```

핵심 개념
기호 도구상자를 이용하면 계산에 단위를 추가할 수 있다.

unitConvert 기능은 매우 유용하지만 온도와 함께 사용할 때에는 약간의 주의가 필요하다. 입력된 모든 온도 값은 실제 온도 값이 아니라 온도 차이를 의미한다. 다음 계산을 통해서 이것을 살펴보자.

```
    delta_T_C = 5*u.Celsius;
 delta_T_K = unitConvert(delta_T_C,u.K)
```

이는 다음 결과를 출력한다.

```
    delta_T_K =
5*[K]
```

원하는 계산이 실제 측정된 온도를 한 온도 단위에서 다른 온도 단위로 변경하는 것이라면 다음과 같이 함수 입력에서 절댓값으로 지정해야 한다.

```
    T_C=5*u.Celsius;
T_K=unitConvert(T_C,u.K,"Temperature","Absolute")
```

그러면 다음과 같은 결과가 출력된다.

```
T_K =
(5563/20)*[K]
```

예제 12.4

이상기체 법칙 문제에 기호 단위 사용하기

대부분의 대학교 1학년 화학 수업에서 이상기체 법칙이 소개된다. 방정식과 방정식 자체에 대한 개념은 비교적 이해하기 쉽다. 하지만 단위 변환 문제로 인해 많은 계산 오류가 발생한다.

기계공학에서 사용되는 이상기체 법칙은 다음과 같다.

$$PV = mRT$$

여기에서

P = 기체의 절대압력

V = 기체의 부피

m = 질량

T = 절대온도

R = 이상기체상수로 기체상수를 기체의 몰값으로 나눈 것($\frac{R_u}{M}$)으로 정의되며, 공기 중에서 0.2870 $kJ/kg \cdot K$ 값을 가진다.

다음 문제를 고려해보자. 500 L의 단단한 탱크에 26°C의 6 kg 공기가 들어 있다. 대기압이 98 kPa일 때 탱크의 게이지 압력은 얼마인가? 이 문제를 매트랩을 이용해서 풀고, 변수에는 단위를 연결하라.

1. 문제를 명확히 나타낸다.
   탱크의 게이지 압력을 구한다.
   게이지 압력은 절대압력과 대기압의 차이이다.

$$P_{gage} = P_{absolute} - P_{atm}$$

2. 입력과 출력을 표시한다.
   입력 $V = 500$ L
   $m = 6$ kg
   $T = 26$°C
   $R = 0.2870$ kJ/kg·K

출력 P_{gage}

3. 손이나 계산기로 문제를 미리 풀어본다.

$$P_{absolute} = \frac{mRT}{V}$$
$$P_{gage} = P_{absolute} - P_{atm}$$

숫자를 반올림해서 대략적인 정답을 구하면 다음과 같다.

$$P_{absolute} = \frac{6\text{kg} * 0.3\text{kJ/kgK} * 300\text{K}}{0.5\text{m}^3} = 1080\text{kPa}$$
$$P_{gage} = 1080\text{kPa} - 100 = 980\text{kPa}$$

4. 매트랩으로 문제를 푼다.
먼저 symunit을 추가한 다음 각 변수에 단위를 연결한다.

```
u=symunit;
V=500*u.liter;
m=6*u.kg;
T=26*u.Celsius;
Patm=98*u.kPa;
Rair=0.2870*u.kJ/u.kg/u.K
```

그런 다음 온도 변수 T를 절댓값으로 변환한다.

```
T= unitConvert(T,u.K,"Temperature","absolute")
```

절대압력은 다음과 같이 계산된다.

```
P=m*Rair*T/V
```

결과 값은 다음과 같이 출력된다.

```
P =
(5151363/5000000)*([kJ]/[l])
```

출력된 결과는 그다지 유용하지 않은 단위인 kJ/리터이다. 따라서 단위 변환 함수를 사용해 kPa로 결과를 변환할 수 있다.

```
P = unitConvert(P,u.kPa)
P =(5151363/5000)*[kPa]
```

이제 게이지 압력을 계산할 수 있으며, 결과에서 단위를 분리한 후 double 함수를 사용해 배정밀도 부동소수점 수로 변환한다.

```
Pgage = P-Patm;
[P_value,P_units]=separateUnits(Pgage);
P_value=double(P_value)
```

최종 정답은 다음과 같다.

```
P_value =
932.27
```

5. 풀이를 검사한다.
매트랩을 이용해서 구한 정답은 손으로 계산한 추정값과 잘 일치한다. 게다가 계산 결과의 단위는 예상대로 압력 단위(kPa)이다.

12.5 미분과 적분

매트랩의 기호수학 도구상자(symbolic toolbox)를 이용하면 기호로 된 수식을 미분하고 적분할 수 있다. 따라서 이 기능을 이용하면 미분, 적분 문제를 풀 때 수치적으로 근삿값을 구하는 대신 정확한 값을 나타내는 해석적인 해(analytical solution)를 구할 수 있다.

12.5.1 미분

대학교 첫 학기에 배우는 미적분학 과목에서는 미분을 광범위하게 다룬다. 어떤 함수를 미분한다는 것은 그 함수의 변화율을 알아보는 것, 다시 말해 함수의 기울기를 구하는 것으로 생각할 수 있다. 경주용 자동차를 예로 들어보자. 자동차의 위치 변화량을 시간 변화량으로 나누면 속도를 구할 수 있다. 자동차 경주에서 자동차는 출발선을 지날 때에는 속력이 느리지만 결승선은 최대 속도로 통과하게 된다. 물론 결승선을 지나고 나서는 관중석으로 돌진하는 일이 생기지 않도록 속도를 줄여야 한다. 그림 12.10은 이러한 자동차의 움직임(즉 시간에 따라 움직인 거리의 변화)을 사인함수로 나타낸 그래프이다. 관련된 방정식은 다음과 같다.

$$d = 20 + 20 \sin\left(\frac{\pi(t - 10)}{20}\right)$$

그림 12.10은 자동차의 이동거리를 기호수학과 fplot을 이용해서 그린 것이다. 우선 기호 변수 t와 자동차의 움직임을 나타내는 수식을 정의하자.

```
syms t
dist = 20+20*sin(pi*(t-10)/20)
```

수식이 정의가 되면 fplot 함수에 수식을 입력해서 그래프를 그릴 수 있다.

```
p=tiledlayout(1,3);
nexttile
fplot(dist,[0,20])
```

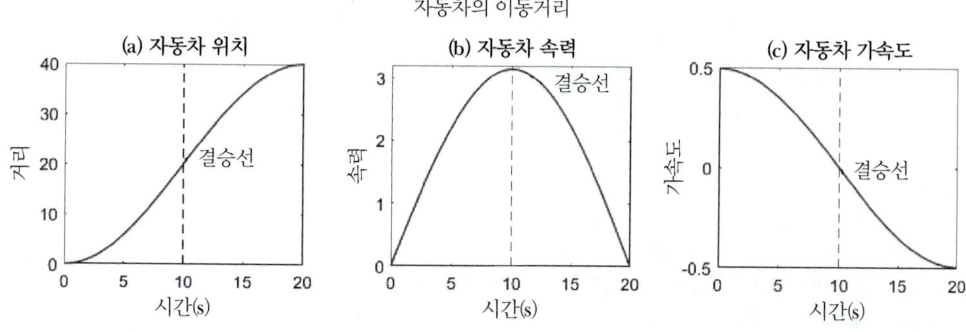

그림 12.10

경주용 자동차는 출발해서 결승선까지는 계속해서 속도를 높이고 결승선에 도착하면 속도를 줄여 멈추는 것이 가장 바람직하다(점선은 결승선을 나타내는 것으로 그래프를 그린 다음 추가로 그려 넣었다). (a) 자동차의 위치는 결승선을 지난 다음에도 계속 증가하고 있다. (b) 자동차의 속도는 결승선을 지나는 순간에 최대가 된다. (c) 자동차는 출발해서 결승선에 도달할 때까지는 가속을 한다(+값). 결승선을 지나는 순간 가속도는 0이고 결승선을 지나면 감속을 한다(−값).

```
title("(a) Car Position")
xlabel("Time"), ylabel("Distance")
text(10,20,"Finish Line")
```

속도는 위치의 도함수이므로 diff 함수를 사용하면 자동차의 속도를 구할 수 있다. 다음과 같이 타이핑하면

```
velocity = diff(dist)
```

자동차의 속도를 구할 수 있다.

```
velocity =
pi*cos((pi*(t-10))/20)
```

이제 속도를 fplot 함수를 사용해서 그래프로 그려보자.

```
nexttile
fplot(velocity,[0,20])
title("(b) Car Velocity")
xlabel('Time'), ylabel('Velocity')
text(10,3,"Finish Line")
```

이 명령들을 실행하면 그림 12.10(b)와 같은 그래프가 나타난다.

경주용 자동차의 가속도는 자동차 속도의 변화량을 시간의 변화량으로 나눈 값이다. 따라서 속도를 미분하면 가속도를 구할 수 있다. 다음과 같이 diff 명령어를 사용하면,

```
acceleration = diff(velocity)
```

자동차의 가속도를 구할 수 있다.

```
acceleration =
-(pi^2*sin((pi*(t-10))/20))/20
```

fplot 함수를 사용하면 가속도 그래프도 생성할 수 있다[그림 12.10(c) 참조]. 3개의 그래프를 모두 같은 그림에 넣기 위해 subplot 명령어가 사용되었으며, 주석도 추가되었고, 제목도 전체 그림의 맨 위에 추가했다.

```
nexttile
fplot(acceleration,[0,20])
title("(c) Car Acceleration")
xlabel('Time'), ylabel('Acceleration')
text(10,0,'Finish Line')
hold on
plot([10,10],[-0.5,+0.5],"--k")
hold off
title(p,"Race Car Dynamics")
```

표 12.4 기호수식용 미분 함수

`diff(f)`	수식 `f`를 변수 `x`(없으면 다른 독립변수)에 대해 미분한다.	`syms x z`
		`y=x^3+z^2`
		`diff(y)`
		`ans =`
		`3*x^2`

`diff(f,t)`	수식 `f`를 변수 `t`에 대해 미분한다.	`syms x z`
		`y=x^3+z^2`
		`diff(y, z)`
		`ans =`
		`2*z`

`diff(f,n)`	수식 `f`를 변수 `x`에 대해 `n`번 미분한다.	`syms x z`
		`y=x^3+z^2`
		`diff(y,2)`
		`ans =`
		`6*x`

`diff(f,t,n)`	수식 `f`를 변수 `t`에 대해 `n`번 미분한다.	`syms x z`
		`y=x^3+z^2`
		`diff(y, z, 2)`
		`ans =`
		`2`

가속도는 속력의 1계 도함수이고, 위치의 2계 도함수이다. 표 12.4에서 볼 수 있듯이 매트랩에서는 1계부터 n계 도함수까지 필요한 도함수를 여러 가지 방식으로 구할 수 있다.

핵심 개념
기호수학 도구상자를 이용하면 미분과 적분을 쉽게 할 수 있다.

다음과 같이 여러 개의 변수가 들어 있는 복잡한 수식의 경우에도

```
syms x z t
y = x^2+t-3*z^3
```

매트랩은 기본으로 설정되어 있는 변수 x에 대해서 미분을 한다.

```
diff(y)
ans =
2*x
```

여기에서 구한 결과는 변수 x에 대한 y의 변화율로, 이것을 계산하는 과정에서 x 이외의 다른 변수는 모두 상수로 취급된다. 이렇게 y에 들어 있는 변수가 여러 개일 때 x에 대해서만 구한 도함수를 편도함수(partial derivative)라고 하고 기호로는 $\partial y/\partial x$로 표시한다. x 이외에 다른 변수(예를 들어 `t`)에 대해 y가 어떻게 변하는지 알고 싶으면 다음과 같이 `diff` 함수의 두 번째 필드에 그 변수 이름을 지정해주면 된다(이때 그 변수는 미리 기호변수로 정의되어 있어야 함은 이미 여러 번 설명했다).

```
diff(y,t)
ans =
1
```

마찬가지로 다른 변수는 상수로 취급하고 z에 대해 y가 어떻게 변하는지 알고 싶으면 다

음과 같이 하면 된다.

```
diff(y,z)
ans =
-9*z^2
```

고계 도함수를 구하고 싶으면 diff 함수를 거듭해서 겹쳐 사용하거나 diff 함수에 몇 계 도함수를 구할 것인지 지정해주면 된다. 예를 들어 y의 2계 도함수를

```
diff(y,2)
```

로 하거나

```
diff(diff(y))
```

로 하면 다음 결과를 얻을 수 있다.

```
ans =
2
```

이 결과에 나타난 2는 숫자처럼 보이지만 실제는 기호변수이다. 이 결과를 다른 숫자 계산에 사용하려면 double 함수를 사용해서 배정밀도 부동소수점 수로 변환해야 한다.

y의 고계 도함수를 x가 아닌 다른 변수에 대해 구하고 싶으면 diff 함수에 그 변수의 이름과 계의 수를 지정해주어야 한다. 예를 들어 z에 대한 y의 2계 도함수를 구하려면 다음과 같이 한다.

```
diff(y,z,2)
ans =
-18*z
```

실습문제 12.8

정답은 피어슨 출판사의 웹사이트 https://www.pearsonhighered.com/moore에서 확인할 수 있다.

1. 다음 식의 x에 대한 1계 도함수를 구하라.
   $x^2 + x + 1$
   $\sin(x)$
   $\tan(x)$
   $\ln(x)$
2. 다음 식의 x에 대한 1계 편도함수를 구하라.
   $ax^2 + bx + c$
   $x^{0.5} - 3y$
   $\tan(x + y)$
   $3x + 4y - 3xy$

3. 실습문제 1, 2의 식의 x에 대한 2계 도함수를 구하라.
4. 다음 식의 y에 대한 1계 도함수를 구하라.
   $y^2 - 1$
   $2y + 3x^2$
   $ay + bx + cz$
5. 실습문제 4의 식의 y에 대한 2계 도함수를 구하라.

예제 12.5

기호수학을 이용한 최적 발사각도 분석

예제 12.3에서는 예제 12.2에서 유도한 사정거리 식과 매트랩의 기호 그래프 기능을 사용해 발사각도와 사정거리 사이의 관계를 나타내는 그래프를 그려보았다. 사정거리 수식을 다시 한번 써보면 다음과 같다.

$$\text{포탄 사정거리} = v_0\left(\frac{2v_0\sin(\theta)}{g}\right)\cos(\theta)$$

여기에서

v_0 = 발사속도 100 m/s
θ = 발사각도
g = 중력가속도 9.8 m/s^2

이제 매트랩의 기호 연산 기능을 이용해 사정거리가 최대가 되게 하는 포탄의 발사각도와 그 각도에서의 최대 사정거리를 함께 구하라.

1. 문제를 명확히 나타낸다.
   포탄의 사정거리를 최대가 되게 하는 발사각도를 구한다.
   포탄의 최대 사정거리를 구한다.

2. 입력과 출력을 표시한다.
   입력 포탄 사정거리 수식
   발사속도 v_0 = 100 m/s
   중력가속도 g = 9.8 m/s^2
   출력 포탄의 사정거리가 최대가 되게 하는 발사각도

3. 손이나 계산기로 문제를 미리 풀어본다.
   그림 12.11의 그래프를 보면 발사각도가 0.7~0.8 rad 사이일 때 사정거리가 최대임을 알 수 있다. 또 그 각도에서 최대 사정거리는 약 1000 m이다.

4. 매트랩으로 문제를 푼다.
   예제 12.3에서 발사속도 v_0 = 100 m/s, 중력가속도 g = 9.8 m/s^{2}일 때 구한 사정거리를 나타내는 기호수식 impact_100은 다음과 같이 유도되었다.

```
impact_100 =
100000/49*sin(theta)*cos(theta)
```

   그림 12.11에 그린 impact_100의 그래프를 보면 곡선의 기울기가 0일 때 사정거리가 최대가 됨을 알 수 있다. 그래프의 기울기는 impact_100의 도함수이므로 impact_100을

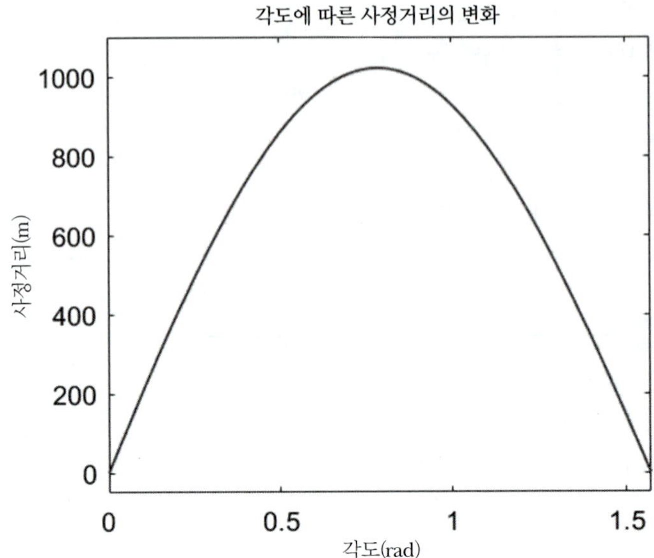

그림 12.11
발사각도에 따른 사정거리의 변화

미분해 0이 되는 각도 θ를 찾으면 된다. solve 함수를 사용하면 수식이 0이 되는 해를 찾아주므로

```
max_angle = solve(diff(impact_100))
```

을 입력하면 다음과 같이 사정거리를 최대로 만드는 각도를 얻을 수 있다.

```
max_angle =
pi/4
```

이 각도를 사정거리 수식에 대입하면 최대 사정거리를 다음과 같이 구할 수 있다.

```
max_distance = subs(impact_100,theta,max_angle)
```

결과를 배정밀도 수로 변환해보면 다음과 같다.

```
double(max_distance)
ans =
1.0204e+003
```

12.5.2 적분

핵심 개념
적분은 미분의 과정을 거꾸로 하는 것이다.

도함수를 구하는 미분(differentiation)의 과정을 거꾸로 하는 것이 적분(integration)이다. 그래서 적분의 결과를 **역도함수**(antiderivative)라고 말하기도 한다. 적분은 그래프에서 곡선 아래 부분의 면적을 구하는 데 이용된다. 예를 들어 그림 12.12(a)와 같은 피스톤 실린더 장치가 위, 아래로 움직이면서 하는 일(work) W는 압력(pressure) P를 부피(volume) V에 대해 적분해서 계산할 수 있다. 이것을 식으로 쓰면 다음과 같다.

$$W = \int_1^2 PdV$$

이 적분을 계산하려면 P가 V에 대해 어떻게 변화하는지 알아야 한다. P가 일정한 상수인 경우, 이를 그래프로 그려보면 그림 12.12(b)와 같이 수평선으로 표시된다.

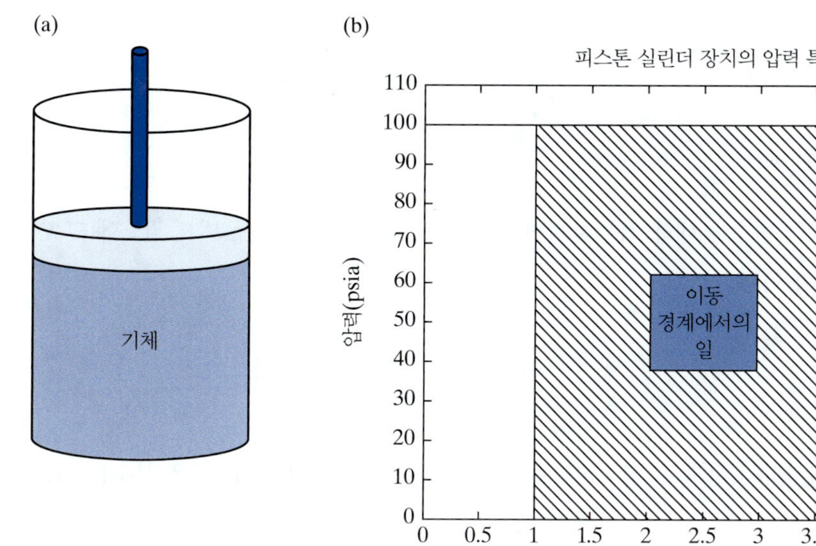

그림 12.12
(a) 피스톤 실린더 장치, (b) 피스톤 실린더 장치에서 발생한 일은 압력-부피 곡선 아래의 면적이다. 이 예에서는 압력이 일정하다.

피스톤의 움직임에 의해 소비되거나 발생되는 일의 양은 초기 부피와 최종 부피 사이의 곡선(또는 직선) 아래쪽의 면적이다. 예를 들어 피스톤이 $V_1 = 1\ \text{cm}^3$에서 $V_2 = 4\ \text{cm}^3$로 움직일 때, 소비한 일의 양은 그림 12.12(b)에서 빗금 친 부분의 면적과 같다.

이 면적을 적분으로 구해보면 다음과 같다.

$$W = \int_1^2 P\mathrm{d}V = P\int_1^2 \mathrm{d}V = PV|_1^2 = PV_2 - PV_1 = P\,\Delta V$$

압력 $P = 100$ psia, $\Delta V = V_2 - V_1 = 3\text{cm}^3$인 경우에는 다음과 같이 된다.

$$W = 3\ \text{cm}^3 \times 100\ \text{psia}$$

기호수학 도구상자를 사용하면 아주 복잡한 함수의 적분도 쉽게 할 수 있다. 어떤 함수의 부정적분(indefinite integral, 구간이 정해지지 않은 적분)을 구하고 싶으면 int 함수를 사용하면 된다. 예를 들어 살펴보자. 먼저 다음과 같은 함수를 만든다.

```
syms x
y = x^3 + sin(x)
```

이 함수의 부정적분을 구하려면 다음 명령을 타이핑하면 된다.

```
int(y)
ans =
x^4/4-cos(x)
```

int 함수는 기본적으로 변수 x에 대해 적분하는 것으로 설정되어 있다. 다음과 같이 변수가 2개인 함수를 int 함수에 입력하면 int 함수는 x에 대해 적분하고, 만일 x가 없으면 x에 가장 가까운 변수에 대해 적분한다.

```
syms x t
y = x^3 +sin(t)
int(y)
ans =
x^4/4+sin(t)*x
```

이 함수를 특정한 변수에 대해 적분하려면 다음과 같이 int 함수의 두 번째 필드에 그 변수를 지정해주어야 한다.

```
int(y,t)
ans =
t*x^3-cos(t)
```

정적분(definite integral)을 구할 때에는 적분구간을 지정해주면 된다. 다음 함수를 예로 들어 살펴보자.

```
y = x^2
```

적분구간을 지정하지 않고 적분을 하게 되면 다음과 같이 된다.

```
int(y)
ans =
x^3/3
```

적분구간이 $x = 2$에서 $x = 3$까지일 때 정적분을 계산하기 위해 subs 함수를 사용하면 다음과 같다.

```
yy = int(y)
yy =
x^3/3
subs(yy,3) - subs(yy,2)
ans =
  19/3
```

subs 함수로 구한 결과는 기호 데이터이므로 부동소수점 수로 나타내려면 다음과 같이 double 함수를 사용해야 한다.

```
double(ans)
ans =
  6.3333
```

또 다른 방식은 함수 구문을 사용하고 y를 기호함수로 정의하는 것이다.

```
y(x) = x^2
```

int 함수는 간단한 기호수식을 처리하는 것과 같은 방식으로 기호함수를 처리한다.

```
yy = int(y)
```

예상대로 결과는 다음과 같다.

```
yy(x) =
x^3/3
```

적분구간이 x = 2에서 x = 3까지일 때 yy를 계산하면

```
yy(3)-yy(2)
```

결과는 다음과 같이 출력된다.

```
ans =
19/3
```

int 함수에서 적분구간을 입력 값으로 지정하면 정적분을 더욱 간단히 계산할 수 있다.

```
int(y,2,3)
ans =
19/3
```

다음과 같이 적분변수와 적분구간을 int 함수의 입력으로 함께 지정할 수도 있다.

```
syms x z
y = sin(x)+cos(z)
int(y,z,2,3)
ans =
sin(3)-sin(2)+sin(x)
```

다음과 같이 적분구간으로 숫자 대신 기호변수를 쓸 수도 있다.

```
syms b c
int(y,z,b,c)
ans =
sin(c) - sin(b) - sin(x)*(b-c)
```

표 12.5에 적분과 관련된 함수를 수록했다. 입력 수식 y는 간단한 기호수식이나 기호함수가 될 수 있다.

표 12.5 기호수식용 적분함수

`int(f)`	수식 f를 기본으로 설정된 독립변수(x)에 대해 적분한다.	`syms x z`
		`y = x^3+z^2`
		`int(y)`
		`ans =`
		`1/4*x^4+z^2*x`

`int(f,t)`	수식 f를 변수 t에 대해 적분한다.	`syms x z`
		`y = x^3+z^2`
		`int(y,z)`
		`ans =`
		`x^3*z+1/3*z^3`

`int(f,a,b)`	수식 f를 적분구간 a, b에서 기본으로 설정된 독립변수(x)에 대해 적분한다.	`syms x z`
		`y = x^3+z^2`
		`int(y,2,3)`
		`ans =`
		`65/4+z^2`

`int(f,t,a,b)`	수식 f를 적분구간 a, b에서 변수 t에 대해 적분한다(a, b는 숫자형 데이터).	`syms x z`
		`y = x^3+z^2`
		`int(y,z,2,3)`
		`ans =`
		`x^3+19/3`

`int(f,t,a,b)`	수식 f를 적분구간 a, b에서 변수 t에 대해 적분한다(a, b는 기호형 데이터).	`syms x z a b`
		`y = x^3+z^2`
		`int(y,z,a,b)`
		`ans =`
		`-a^3/3-a*x^3+b^3/3+b*x^3`

실습문제 12.9

정답은 피어슨 출판사의 웹사이트 https://www.pearsonhighered.com/moore에서 확인할 수 있다.

1. 다음 식을 x에 대해 적분하라.

   $x^2 + x + 1$

   $\sin(x)$

   $\tan(x)$

   $\ln(x)$

2. 다음 식을 x에 대해 적분하라.

   $ax^2 + bx + c$

   $x^{0.5} - 3y$

   $\tan(x + y)$

   $3x + 4y - 3xy$

3. 실습문제 1, 2의 식을 x에 대해 두 번씩 적분하라.
4. 다음 식을 y에 대해 적분하라.

   $y^2 - 1$

   $2y + 3x^2$

   $ay + bx + cz$

5. 실습문제 4의 식을 y에 대해 두 번 적분하라.
6. 실습문제 1의 식을 구간 0~5에서 x에 대해 적분하라.

예제 12.6

기호수학을 이용한 피스톤 실린더 장치에서 발생하는 일의 양 분석

피스톤 실린더 장치는 다양한 과학기기와 공학 설비에 널리 사용되고 있다. 이 중에서도 실린더가 가장 많이 사용되는 장치가 그림 12.13과 같은 내연기관인데 여기에는 보통 4~8개의 실린더가 장착되어 있다.

그림 12.13
내연기관(Photostar72/Shutterstock)

피스톤 실린더 장치에서 발생하는 일(W)의 양은 실린더 안의 압력(P)과 피스톤이 움직이면서 생기는 실린더 내부 부피(V)의 변화에 따라 달라진다. 이를 수식으로 쓰면 다음과 같다.

$$W = \int P\mathrm{d}V$$

이 적분 식을 계산하려면 부피에 따라 압력의 크기가 어떤 식으로 변화하는지 알아야 한다. 대부분의 연료용 기체를 공기로 모델링해 분석할 수 있는데, 여기에서는 이 기체들이 다음 이상기체 법칙(ideal-gas law)을 따르는 것으로 가정한다.

$$PV = nRT$$

여기에서

P = 압력(단위: kPa),
V = 부피(단위: m^3),
n = 몰 수(단위: kmol),
R = 기체상수로 8.314 kPa m^3/kmol K
T = 절대온도(단위: K)

실린더 안에 1몰(mole)의 기체가 들어 있고 실린더 안의 온도는 300 K인데 피스톤이 움직이는 동안 변하지 않는 것으로 가정한다. 피스톤에 의해 기체의 부피가 팽창하고 수축할 때 기체에 의해 발생하는 일의 양을 이상기체 방정식을 사용해 계산하라.

1. 문제를 명확히 나타낸다.
   온도가 일정하게 유지되는 피스톤 실린더 장치에서 기체의 부피가 팽창하고 수축할 때 기체에 의해 발생하는 단위 몰당 일의 양을 계산한다.

2. 입력과 출력을 표시한다.
   입력 절대온도 $T = 300$ K
   기체상수 $R = 8.314$ kPa m^3/kmol K $= 8.314$ kJ/kmol K
   수축 시 기체부피 $= 1\ m^3$
   팽창 시 기체부피 $= 5\ m^3$
   출력 피스톤 실린더 장치에서 발생하는 일의 양(단위: W kJ)

3. 손이나 계산기로 문제를 미리 풀어본다.
   먼저 이상기체 방정식을 P에 대해 정리한다.

$$PV = nRT$$
$$P = nRT/V$$

피스톤이 운동하는 동안 n, R, T의 값은 변하지 않는다는 사실을 이용하면 다음과 같이 적분을 계산할 수 있다.

$$W = \int \frac{nRT}{V}\, \mathrm{d}V = nRT \int \frac{\mathrm{d}V}{V} = nRT \ln\left(\frac{V_2}{V_1}\right)$$

이 식에 n, R, T 값을 대입하면

$$W = 1\ \mathrm{kmol} \times 8.314\ \ \mathrm{kJ/kmol\ K} \times 300\ \mathrm{K} \times \ln\left(\frac{V_2}{V_1}\right)$$

여기에 수축 시 부피 $V_1 = 1\ \mathrm{m}^3$와 팽창 시 부피 $V_2 = 5\ \mathrm{m}^3$를 대입하면

$$W = 4014\ \mathrm{kJ}$$

이 된다. 일이 양수이기 때문에 이것은 피스톤 실린더 장치에서 발생하는 일이다.

4. 매트랩으로 문제를 푼다.

먼저 이상기체 방정식을 만들고 이를 P에 대해 정리한다.

```
syms P V n R T V1 V2                     % 기호변수를 정의한다.
ideal_gas_law = P*V == n*R*T             % 이상기체 방정식을 정의한다.
P = solve(ideal_gas_law,P)               % 방정식을 P에 대해 푼다.
```

위와 같이 입력하면 다음 결과가 출력된다.

```
P =
n*R*T/V
```

이제 P를 변수 V에 대해 V1~V2 구간에서 적분해야 한다. 이를 위해 다음 명령

```
W = int(P,V,V1,V2)          % P를 변수 V에 대해
                            % V1~V2 구간에서 적분
```

를 입력하면 다음 결과를 얻는다.

```
W =
piecewise([V1 <= 0 and 0 <= V2, R*T*n*int(1/V, V == V1..,
V2)],
 [0 < V1 or V2 < 0, -R*T*n*(log(V1) - log(V2))])
```

답이 이상한 형태로 나온 것은 0이나 음수에 대해서는 로그값이 정의되지 않기 때문이다.

마지막 단계로 이 식에 값을 대입하면

```
work=subs(W,[n,R,V1,V2,T],[1,8.314,1,5,300.0])
```

다음과 같이 일의 양을 구할 수 있다.

```
work =(12471*log(5))/5
```

이 결과를 부동소수점 수로 나타내기 위해 double 함수를 사용하면 다음과 같다.

```
work = double(work)
work =
4.0143e+03
```

5. 풀이를 검사한다.

가장 확실한 검사법은 매트랩으로 푼 결과와 손으로 푼 결과를 서로 비교하는 것이다. 그

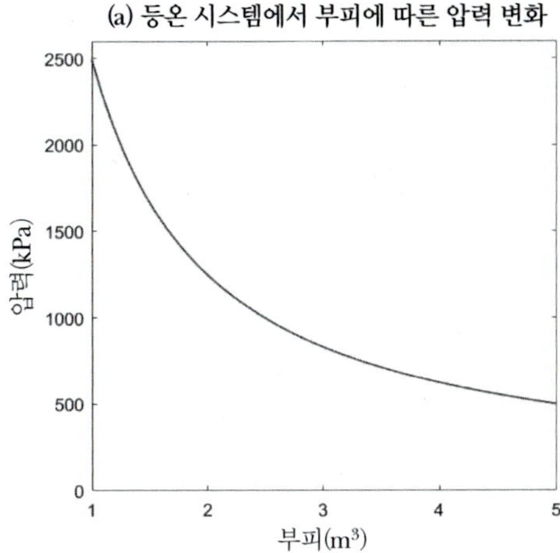

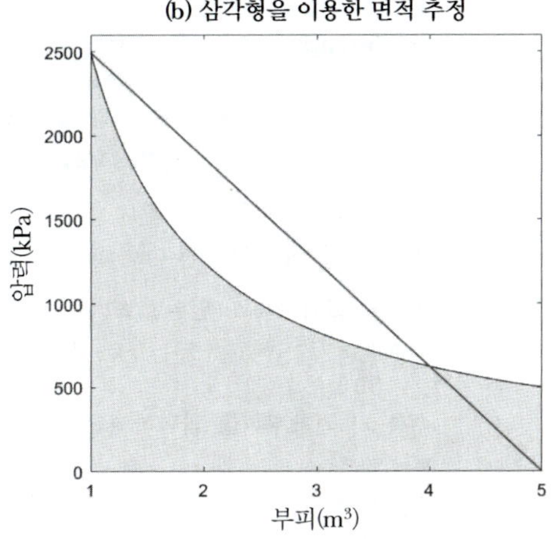

그림 12.14

(a) 온도가 일정하게 유지되는 장치에서 부피가 증가하면 압력이 감소한다. (b) 그래프에서 곡선 아래의 면적을 삼각형의 면적으로 어림잡을 수 있다.

러나 두 답이 같다는 것이 단지 같은 과정을 밟아가며 계산을 했다는 의미밖에 가지지 못할 수도 있으며 답이 맞음을 확실하게 증명하지는 못한다. 따라서 여기서는 이 답이 제대로 된 것인지 알아보는 방법으로 *PV* 그래프를 그린 다음 그래프에서 곡선 아래와 수평축이 만드는 면적을 계산해본다.

그래프를 그리기 위해 앞에서 *P*에 대해 정리한 수식에 *n*, *R*, *T* 값을 대입하면

```
p=subs(P,[n,R,T],[1,8.314,300])
```

다음과 같이 압력에 대한 식을 얻을 수 있다.

```
p =
12471/5/V
```

이제 fplot을 사용해 부피와 압력 사이의 관계를 그래프로 그려본다.

```
fplot(p,[1,5])  % 부피 - 대 - 압력 그래프를 그린다. V
title("(a) 일정한 온도에서 부피에 따른 압력의 변화")
xlabel("부피, m^3"), ylabel("압력, kPa")
axis([1,5,0,2600])
```

일의 양을 구하려면 그림 12.14(a)의 그래프에서 곡선 아래 부분의 면적을 계산해야 하는데 이를 직접 계산하는 대신 그림 12.14(b)의 그래프에 그은 직선이 만드는 삼각형의 면적을 구해 이 곡선의 면적을 어림잡아 본다. 삼각형의 면적은

$$\text{면적} = \frac{1}{2} \times \text{밑변} \times \text{높이}$$

$$\text{면적} = 0.5 * (5 - 1) * 2400 = 4800$$

이므로 일의 양은 4800 kJ이다. 이 값은 매트랩과 손으로 구한 결과인 4014 kJ과 대충 맞아떨어진다.

이제 매트랩의 계산 과정이 맞다고 볼 수 있으므로 기체의 팽창 시 부피와 수축 시 부피와 기체의 온도를 사용자가 스스로 정해 입력할 수 있도록 스크립트 M-파일을 만들어보자.

```
clear, clc
syms P V n R T V1 V2                % 변수를 정의한다.
ideal_gas_law = P*V == n*R*T        % 이상기체 방정식을 만든다.
P = solve(ideal_gas_law,P)          % P에 대한 식을 만든다.
W = int(P,V,V1,V2)                  % P를 적분해 일의 양을 계산한다.
```

```
% 사용자에게 데이터를 입력하게 한다.
temp=input("온도를 입력하세요[단위: K]: ")
v1=input("수축 시 기체부피를 입력하세요[단위: cm^3]: ")
v2=input("팽창 시 기체부피를 입력하세요[단위: cm^3]: ")
work=subs(W,[n,R,V1,V2,T],[1,8.314,v1,v2,temp])
double(work)
```

이 프로그램을 실행시키면 다음과 같은 과정으로 일의 양을 계산할 수 있다.

```
온도를 입력하세요[단위: K]: 300
temp =
   300
수축 시 기체부피를 입력하세요[단위: cm^3]: 1
v1 =
   1
팽창 시 기체부피를 입력하세요[단위: cm^3]: 5
v2 =
   5
work =
   4.0143e+003
```

핵심 개념
매트랩의 미분방정식에서는 기본적으로 t가 독립변수로 설정되어 있다.

12.6 미분방정식

미분방정식(differential equation)은 종속변수와 독립변수에 대한 종속변수의 도함수가 포함되어 있는 식을 말한다. 예를 들어

$$\frac{dy}{dt} = y$$

는 미분방정식이다. 여기에서 y는 종속변수, t는 독립변수이다.

모든 문자가 종속변수나 독립변수로 사용될 수 있지만 매트랩에서는 기본적으로 t가 독립변수로 설정되어 있다(수학에서는 미분방정식을 표기할 때 이처럼 t를 독립변수로 하는 것이 보통이다). 다음의 간단한 방정식을 살펴보자.

$$y = e^t$$

y를 t에 대해 미분하면 다음과 같다.

$$\frac{dy}{dt} = e^t$$

$y = e^t$이므로 앞의 두 식을 결합해 다음 미분방정식으로 나타낼 수 있다.

$$\frac{dy}{dt} = y$$

미분방정식의 해 y는 t의 함수 형태[$y(t)$]로 표현된다. 미분방정식은 여러 개의 해를 가진 것이 일반적이다. 예를 들어 임의의 값 C_1을 가진 다음 함수도 같은 미분방정식 dy/dt = y의 해이다.

$$y = C_1 e^t$$

그런데 초기조건(initial condition)을 지정하면 여러 해 중에서 특정한 해만 답이 된다. 예를 들어 초기조건이

$$y(0) = 1$$

이라면 C_1은 다음과 같이 구해진다.

$$C_1 = 1$$

이번에는 조금 더 복잡한 미분방정식을 살펴보자.

$$y = t^2$$

y를 t에 대해서 미분하면 다음과 같다.

$$\frac{\mathrm{d}y}{\mathrm{d}t} = 2t$$

이 식을 잘 정리하면 다음과 같은 미분방정식을 만들 수 있다.

$$\frac{\mathrm{d}y}{\mathrm{d}t} = \frac{2t^2}{t} = \frac{2y}{t}$$

이 방정식에는 미분변수($\mathrm{d}y/\mathrm{d}t$)와 종속변수(y)가 모두 포함되어 있으므로 미분방정식이다. 미분방정식을 푼다는 것은 독립변수(t)를 기준으로 종속변수(y)를 푸는 것을 의미한다.

매트랩에서 기호수학 도구상자의 dsolve 함수를 사용하면 미분방정식을 풀 수 있다(즉 y를 t에 대해서 푼다).

12.6.1 1계 미분방정식

dsolve 함수는 기호함수로 만들어진 미분방정식을 입력으로 요구한다. 종속변수를 y, 독립변수를 t라고 명명하면 미분방정식의 해 y는 t의 함수로 구해진다. dsolve 함수의 입력을 만들기 위한 첫 번째 단계는 y 함수를 기호변수로 정의하는 것이다.

```
syms y(t)
```

그다음 미분방정식을 정의한다. 예를 들어 미분방정식을 다음과 같이 정의하면

$$\frac{\mathrm{d}y}{\mathrm{d}t} = \frac{2y}{t}$$

eqn이라는 변수 이름에 미분방정식을 할당하고, $y(t)$의 미분을 구하기 위해 diff 함수를 사용한다.

```
eqn = diff(y(t),t)==y(t)/t
```

또는 대체구문으로 다음과 같이 써도 된다.

```
eqn = diff(y,t)==y/t
```

y가 기호함수로 정의되었으면 방정식을 정의할 때 y(t)나 함수 핸들 y를 사용할 수 있다. 둘 다 같은 결과를 의미한다.

```
eqn(t) =
diff(y(t), t) == (2* y(t))/t
```

dsolve 함수는 eqn 변수를 입력으로 받아들이고 미분방정식의 해를 구한다.

```
dsolve(eqn)
 ans =
C1*t^2
```

또한 dsolve에 직접 함수를 입력해도 동일한 결과를 얻게 된다.

```
dsolve(diff(y,t)==2*y/t)
 ans =
C1*t^2
```

경계조건이 지정되지 않는 한 미분방정식에는 2개 이상의 해가 존재한다. 즉 상수 C1은 무한개의 값을 가진다. 경계조건을 dsolve 함수의 두 번째 필드에 입력으로 사용할 수 있다. 경계조건은 이름을 지정해서 별도의 방정식으로 정의하거나 dsolve 함수에서 직접 정의할 수 있다. 예를 들어 t가 −1일 때 y가 1이 되도록 경계조건을 설정하려면 두 번째 입력 필드에 y(−1)==1을 입력하면 된다.

```
dsolve(eqn,y(-1)==1)
ans =
t^2
```

따라서 이러한 경계조건에서는 $C_1 = 1$이라는 값을 가진다. 경계조건이 달라지면 C의 값이 달라지며, 모든 경계조건에서 미분방정식의 해가 존재하는 것은 아니다.

12.6.2 고계 미분방정식

매트랩에서 고계 미분방정식도 1계 미분방정식과 유사한 방법으로 풀 수 있다. 다음 예를 살펴보자.

$$100\frac{d^2x}{dt^2} + 4\frac{dx}{dt} + 20x = 0$$

이 예제에서 경계조건은 $x(0) = 1$, $dx(0) = 1$이다. 기호함수 x를 지정하는 것 외에도 기호함수 dx(여기에서는 Dx로 표기)도 경계치 문제에서는 필요하다. Dx는 diff 명령어를 x에 적용하면 자동으로 생성된다.

```
syms x(t)
Dx=diff(x)
```

방정식의 정의는 1계 미분방정식보다 길지만 동일한 규칙을 따른다. 2계 미분방정식이기 때문에 dsolve로 풀기 위해서는 2개의 경계조건이 필요하다. 우선 미분방정식을 정의하자.

```
eqn=100*diff(x,t,2)+4*diff(x,t)+20*x==0
```

위와 같이 타이핑하면 다음이 출력된다.

```
eqn(t)  =20*x(t)  + 200*diff(x(t),t)  + 20*diff(x(t),t,t)  == 0
```

이제 dsolve 명령어를 사용해서 문제를 풀어보자.

```
dsolve(eqn,x(0)==1,Dx(0)==1)

ans =(6^(1/2)*exp(t*(2*6^(1/2)  - 5))*(6^(1/2)  + 3))/12 ...
 - exp(-t*(2*6^(1/2)  + 5))*(6^(1/2)/4  - 1/2)
```

12.6.3 연립 미분방정식

다음과 같은 연립 미분방정식을 풀기 위해

$$
\begin{aligned}
\frac{dx}{dt} &= y \\
\frac{dy}{dt} &= x
\end{aligned}
$$

우선 기호함수를 정의하자.

```
syms x(t) y(t)
```

그리고 dsolve 명령어에 연립 미분방정식을 입력해서 풀어보자.

```
a=dsolve(diff(x)==y,diff(y)==x)
a =
  struct with fields:
    y: [1×1 sym]
    x: [1×1 sym]
```

연립 미분방정식의 해는 구조체 배열 형태로 표시된다. 필요에 따라 경계조건을 추가할 수 있다. 선형연립 미분방정식에서는 하나의 변수에 하나의 경계조건이 필요하다. 만약 고계 미분방정식이 포함되었다면 추가적인 경계조건이 필요하다. 개별 해는 다음과 같이 전형적인 구조체 배열 구문을 사용해서 볼 수 있다.

```
a.y
ans =
C1*exp(t)  + C2*exp(-t)
a.x
ans =
C1*exp(t)  - C2*exp(-t)
```

핵심 개념
모든 미분방정식을 해석적으로 풀 수 있는 것은 아니다.

매트랩의 기호 연산 기능을 이용해서 모든 미분방정식을 풀 수 있는 것은 아니다. 아무리 뛰어난 프로그램을 사용하더라도 해석적인 해를 구할 수 없는 많은 미분방정식이 존재한다. 이러한 경우에는 수치해석 기법을 사용해서 해를 구해야 한다.

12.7 기호수식을 익명함수로 표현하기

전통적인 매트랩 함수의 결과를 사용하기보다 기호수학을 이용해서 구한 기호수식에 값을 대입하는 게 더 유용한 경우도 있다. matlabFunction 함수는 기호수학으로 구한 수식을 익명함수로 바꿔주어 이것을 가능하게 해준다. 다음의 간단한 예를 살펴보자.

```
syms x
y=cos(x)
dy=diff(y)
```

이렇게 하면 다음과 같이 $\cos(x)$의 도함수가 출력된다.

```
dy =
-sin(x)
```

다음과 같이 matlabFunction 명령어를 사용하면 기호변수 dy를 익명함수로 변환할 수 있다.

```
f=matlabFunction(dy)
```

익명함수 f는 다음과 같이 출력된다.

```
f =
       @x -sin(x)
```

이제 익명함수 f는 $-\sin(x)$를 계산하는 데 사용될 수 있다. 예를 들어 $x=2$일 때 $-\sin(x)$ 값은 다음과 같이 계산할 수 있다.

```
f(2)
ans =
      -0.9093
```

이번에는 좀 더 복잡한 예를 살펴보자. 여기에서도 기호수학을 이용해서 도함수를 구했다. 이번에는 함수 표기법을 사용했는데, 이는 앞과는 완전히 같은 방식이다.

```
syms x
y(x)=(exp(-x)-1)/x
dy=diff(y)
g=matlabFunction(dy)
```

새로운 익명함수인 g가 생성되었다.

```
g=
  @(x)-exp(-x)./x-1.0./x.^2.*(exp(-x)-1.0)
```

익명함수는 다른 매트랩 함수처럼 사용할 수 있다.

요약

기호수학 도구상자는 매트랩 전문가용 버전에서는 옵션이지만, 매트랩 학생용 버전에는 기본으로 포함되어 있다.

매트랩에서 기호변수를 만들 때에는 다음과 같이 syms 명령을 사용한다.

```
syms x
```

syms 명령을 사용하면 여러 개의 기호변수를 한 번에 만들 수 있다는 장점이 있다.

```
syms a b c
```

변수를 기호변수로 정의해놓으면 더욱 복잡한 수식을 만드는 데 사용할 수 있다. x, a, b, c를 기호변수로 만들었으므로 이들을 사용해 다음과 같이 2차 방정식을 기호방정식으로 만들 수 있다.

```
EX = a*x^2 + b*x + c
```

매트랩 프로그램은 기호수식, 기호함수(수식의 한 종류), 기호방정식을 처리할 수 있다. 등호가 있는 식을 방정식, 없는 식을 수식이라고 한다. 따라서 앞에서 예로 들은 식은 기호수식이고, 다음 명령으로 만든 식은

```
EQ = n == m/MW
```

기호방정식이다.

매트랩의 기호수학 도구상자에 들어 있는 함수를 사용하면 기호수식과 기호방정식을 다룰 수 있다. numden 함수는 수식에서 분모와 분자를 따로 뽑아낼 수 있다. 단 방정식에 대해서는 이 기능을 수행하지 못한다. expand, factor, collector 함수는 수식이나 방정식을 전개하고 인수분해를 하는 데 사용된다. simplify 함수는 매트랩의 기호수식 도구상자의 규칙에 따라서 수식이나 방정식을 간단히 만든다.

매트랩의 여러 가지 기호함수 중에서 가장 유용한 것으로 solve 함수가 있다. 이 함수는 기호방정식을 풀어 해를 구한다. solve 함수의 입력으로 수식을 넣어주면 매트랩은 이 수식을 0으로 만드는 답을 구해준다. solve 함수를 사용하면 지정한 변수에 대해 1개의 방정식을 풀 수 있는 것은 물론, 여러 개의 방정식으로 이루어진 연립방정식도 풀 수 있다. 행렬 연산에서 연립방정식을 푸는 데 사용되는 여러 방법이 방정식이 선형일 경우에만 적용되는 것과는 달리 solve 함수는 선형이 아닌 방정식이 입력되는 경우에도 이를 풀 수 있다.

subs 함수를 사용하면 어떤 변수에 숫자나 다른 변수를 대입할 수 있다. 예를 들어 y를 다음과 같이 정의한 다음

```
syms m n p
y = m +2*n + p
```

여러 변수에 한꺼번에 값을 대입하면

```
subs(y,[m,n,p], [1,2,3])
```

다음과 같은 결과가 출력된다.

```
ans =
    8
```

subs 명령으로 변수에 숫자뿐만 아니라 다른 기호변수도 대입할 수 있다.

또 다른 방법은 함수 표기법을 사용해서 표현식을 정의하는 것이다. 이 방법을 사용하면 수식에 값을 쉽게 대입할 수 있다. 함수는 syms 명령어를 사용해서 바로 생성될 수 있다.

```
syms f(x,y)
```

혹은 symfun 함수를 사용하면 이전에 만든 수식을 함수로 변환시킬 수 있다.

symunits 명령어를 사용하면 매트랩 작업공간에 단위를 표시할 수 있다. 이 함수를 사용하면 기호변수에 단위를 추가하고, 단위로 계산을 수행하고, 단위를 변환할 수 있다.

매트랩에서 기호수식을 그래프로 그리는 기능은 일반수식을 그래프로 그리는 것과 비슷하다. 공학과 과학 분야에서 가장 유용한 함수는 x-y 그래프를 그려주는 fplot이다. 이 함수에 기호수식을 입력하면 $-2\sim+2\pi$ 범위에서 그래프를 그려준다. 그래프가 출력되는 x 범위를 사용자가 다르게 지정할 수도 있다. 기호 그래프에서도 일반 그래프의 경우와 마찬가지 방식으로 제목, 축 이름, 주석 등을 원하는 대로 지정할 수 있다.

기호수학 도구상자에는 미분과 적분에 관련된 많은 함수가 들어 있다. 이 가운데 가장 기본적인 함수가 diff(미분)와 int(적분)이다. diff 함수를 사용하면 어떤 변수에 대한 미분을 구할 수 있다. 이때 미분변수를 사용자가 원하는 변수로 지정할 수 있다. 별도로 지정하지 않으면 x가 미분변수가 되며, x가 없으면 x에 가장 가까운 변수가 미분변수가 된다. diff 함수를 이용하면 고계 미분도 계산할 수 있다. int 함수를 사용하면 어떤 변수에 대한 적분을 구할 수 있다. 적분변수도 사용자가 원하는 변수로 지정할 수 있고 별도로 지정하지 않으면 x나 x에 가장 가까운 변수가 적분변수가 된다. 정적분, 부정적분 모두 int 함수로 계산할 수 있다. 이 장에서 다룬 미·적분 함수 외에도 이와 관련된 많은 함수가 있다. help 함수를 사용해서 이 함수들에 대한 정보를 살펴보기 바란다.

미분방정식은 dsolve 함수를 사용해서 풀 수 있다.

미분방정식을 풀기 전에 기호수식을 만들어서 처리한 후에 매트랩 함수를 사용하는 것이 종종 유용하다. 또한 matlabFunction 함수는 사용자가 기호수식을 익명함수로 변환해서

수식의 값을 계산하기 쉽게 만들어준다.

매트랩 요약

다음 표는 이 장에서 살펴본 특수문자, 명령어와 함수를 정리한 것이다.

명령어와 함수	
collect	차수가 같은 동류항을 묶는다.
diff	기호수식의 미분을 구한다.
double	기호변수를 배정밀도 부동소수점 수로 변환한다.
dsolve	미분방정식을 풀어 해를 구한다.
expand	수식이나 방정식을 전개한다.
ezpolar	극좌표 그래프를 그린다.
fcontour	등치선 그래프를 그린다.
fimplicit	음함수 형식으로 된 방정식을 2차원 그래프로 그린다.
fimplicit3	음함수 형식으로 된 방정식을 3차원 그래프로 그린다.
fmesh	기호수식을 메시(그물망) 그래프로 그린다.
fplot	기호수식을 2차원 그래프($x-y$ 축)로 그린다.
fplot3	기호수식을 3차원 그래프($x-y$ 축)로 그린다.
fsurf	기호수식을 면 그래프로 그린다.
factor	수식이나 방정식을 인수분해한다.
int	기호수식의 적분을 구한다.
matlabFunction	기호수식을 매트랩 익명함수로 변환한다.
numden	수식에서 분자와 분모를 따로 뽑아낸다.
poly2ym	다항식을 나타내는 배열을 기호로 변환한다.
separateUnits	변수를 단위와 값 구성요소로 분리한다.
simplify	매트랩의 규칙에 따라서 수식을 간단히 한다.
solve	기호수식이나 방정식을 풀어 답을 구한다.
subs	기호수식이나 방정식에 값을 대입한다.
sym	기호변수, 수식, 방정식을 만든다(1개 생성).
sym2poly	기호 다항식을 배열로 변환한다.
symfun	기호함수를 생성한다.
syms	기호변수, 수식, 방정식을 만든다(동시에 여러 개 생성).
symunit	작업공간에 물리적 측정 단위를 추가한다.
symvar	수식에서 기호변수가 무엇인지 식별하고, x에 가장 가까운 알파벳 순서대로 값을 나열한다.
unitConvert	단위를 변환한다.

핵심 용어

객체(object)
기호(symbolic)
매개변수 방정식(parametric equations)
미분(derivative)
방정식(equation)
변수(variable)
비선형(nonlinear)
선형(linear)
수식(expression)
숫자(numeric)
역도함수(antiderivative)
연산자(operator)
오버로드된 함수(overloaded function)
적분(integration)
함수(function)
해(root)

연습문제

기호 연산

12.1 다음 변수를 기호변수로 만든 다음 이들을 사용해 아래의 기호수식을 만들라.

```
pascal (3)
```

(a) se1=x^3-3*x^2+x

(b) se2=sin(x)+tan(x)

(c) se3=(2*x^2-3*x -2)/(x^2-5*x)

(d) se4=(x^2-9)/(x+3)

12.2 연습문제 12.1에서 만든 기호변수와 수식을 사용해 다음 연산을 수행하라.

(a) se1을 se2로 나누라.

(b) se3에 se4를 곱하라.

(c) se1을 x로 나누라.

(d) se1을 se3에 더하라.

12.3 다음 기호변수를 만들라.

```
a b c d x
```

그리고 기호변수를 사용해서 다음 기호함수를 만들라.

(a) fse1(x)=x^3-3*x^2+x

(b) fse2(x)=sin(x)+tan(x)

(c) fse3(x) = (2*x^2-3*x-2)/(x^2-5*x)

(d) fse4(x) = (x^2-9)/(x+3)

12.4 연습문제 12.3에서 만든 기호함수를 사용해서 다음 연산을 수행하라.

(a) fse1을 fse2로 나누라.

(b) fse3에 fse4를 곱하라.

(c) fse1을 x로 나누라.

(d) fse1을 fse3에 더하라.

12.5 다음 기호방정식을 만들라.

(a) sq1=x^2+y^2 == 4

(b) sq2=5*x^5 - 4*x^4+3*x^3+2*x^2 - x == 24

(c) sq3=sin(a)+cos(b)-x*c == d

(d) sq4= (x^3 -3*x)/(x-3) == 14

12.6 numden 함수를 사용해 se4, fse4, sq4에서 각각 분자와 분모를 따로 뽑아내라. 기호수식과 기호방정식 모두에 이 함수를 사용할 수 있는가? 두 결과가 어떻게 다른지 설명하라.

12.7 연습문제 12.6에서 만든 기호수식 se1~se4, fse1~fse4, sq1~sq4에 expand, factor, collect, simplify 함수를 사용하라. 사용 결과를 보고 이 함수들이 수식과 방정식에 어떤 기능을 가지고 있는지 설명하라. (함수는 수식의 한 종류인 것을 기억하자.)

기호수식 및 방정식 풀기와 subs 명령

12.8 연습문제 12.1에서 만든 기호수식을 변수 x에 대해 풀라.

12.9 연습문제 12.3에서 만든 기호함수를 변수 x에 대해 풀라.

12.10 연습문제 12.5에서 만든 방정식을 변수 x에 대해 풀라.

12.11 연습문제 12.5에서 만든 방정식 sq3을 변수 a에 대해 풀라.

12.12 그림 P12.12와 같이 강체(rigid object)인 진자가 마찰이 없는 회전축에 매달려 있다. 진자가 어떤 관성을 가지고 왼쪽 오른쪽으로 왔다 갔다 할 때, 이 진자의 주파수(진동수)를 다음 방정식으로 구할 수 있다.

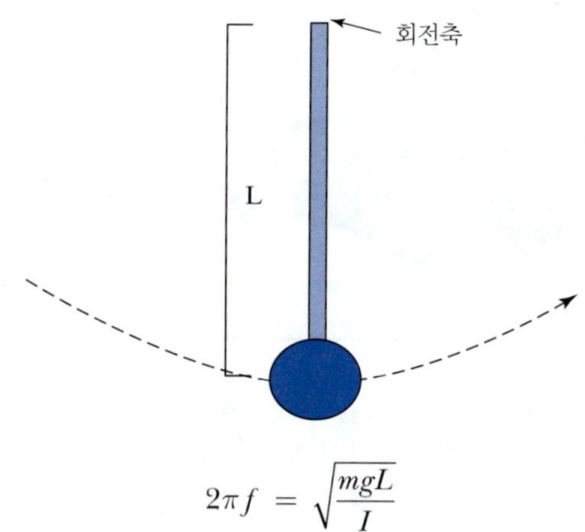

그림 P12.12
좌우로 진동하는 진자

$$2\pi f = \sqrt{\frac{mgL}{I}}$$

여기에서

f = 주파수(진동수)
m = 진자의 질량
g = 중력가속도
L = 회전축과 진자의 무게중심 사이의 거리
I = 관성

매트랩의 기호 연산 기능을 사용해 이 방정식을 길이 L에 대해 풀라.

12.13 연습문제 12.12에서 진자의 질량, 관성, 진동수가 다음과 같다.

$$m = 10 \text{ kg}$$
$$f = 0.2 \text{ s}^{-1}$$
$$I = 60 \text{ kg m/s}$$

진자가 지구 위에 있을 때($g = 9.8 \text{ m/s}^2$), 회전축과 진자의 무게중심 사이의 거리를 구하라. (subs 함수를 사용하라.)

12.14 운동에너지는 다음 식으로 표현된다.

$$\text{KE} = \frac{1}{2}mV^2$$

여기에서

KE = 운동에너지(단위: J)

m = 질량(단위: kg)

V = 속도(단위: m/s)

운동에너지 식을 기호방정식으로 만든 다음 이 방정식을 속도 V에 대해 풀라.

12.15 그림 P12.15와 같이 질량이 2000 lbm인 자동차가 60 mph의 속도로 움직이고 있을 때, 운동에너지를 lbm mile²/hr² 단위로 구하라. 그러고 나서 다음 단위 사이의 관계를 이용해 계산한 운동에너지를 영국 열량 단위(Btu, British thermal unit)로 변환하라.

$$\begin{aligned} 1\ \text{lbf} &= 32.174\ \text{lbm} \cdot \text{ft/s}^2 \\ 1\ \text{h} &= 3600\ \text{s} \\ 1\ \text{mile} &= 5280\ \text{ft} \\ 1\ \text{Btu} &= 778.169\ \text{ft} \cdot \text{lbf} \end{aligned}$$

그림 P12.15
연습문제 12.15의 자동차

12.16 `symunits` 함수를 사용해서 계산에 단위를 첨부해 연습문제 12.15를 다시 풀라. 이번에는 내장된 변환 함수인 `unitConvert`를 사용해 Btu로 변환하라.

12.17 기체의 열용량을 다음 식으로 모델링할 수 있는데, 이 식에는 온도 T(단위: K)와 실험에 의해 얻은 상수 a, b, c, d가 들어 있다.

$$C_p = a + bT + cT^2 + dT^3$$

상수 a, b, c, d는 실험 데이터에 잘 들어맞도록 정한 값으로 이 상수들에는 특별한 물리적 의미가 들어 있지 않다. 이 방정식을 기호수식으로 만든 다음 T에 대해 풀라.

12.18 연습문제 12.17의 식에서 기체가 273~1800 K의 온도 범위에 안에 있는 질소인 경우에는 a, b, c, d 값이 다음과 같다. 이 네 상수를 식에 대입한 다음, 나온 결과식을 다른 이름으로 놓으라.

$$\begin{aligned} a &= 28.90 \\ b &= -0.1571 \times 10^{-2} \\ c &= 0.8081 \times 10^{-5} \\ d &= -2.873 \times 10^{-9} \end{aligned}$$

그러고 나서 이를 이용해 열용량 C_p = 29.15 kJ/(kmol K)이 되는 온도 T를 구하라.

12.19 다음과 같이 나타낸 앙투안 방정식(Antoine equation)은 기체의 증기압을 모델링하는 식으로 여기에는 실험을 통해 얻은 상수가 들어 있다.

$$\log_{10}(P) = A - \frac{B}{C + T}$$

여기에서

P = 압력(단위: mmHg)

A = 상수

B = 상수

C = 상수

T = 온도(단위: °C)

액체의 끓는점이란 액체에서 증발한 기체의 증기압(P)이 대기의 압력인 760 mmHg와 같아지는 온도이다. 매트랩의 기호 연산 기능을 사용해 벤젠의 끓는점을 구하라. 벤젠의 경우에는 A, B, C 값이 다음과 같다.

$$\begin{aligned} A &= 6.89272 \\ B &= 1203.531 \\ C &= 219.888 \end{aligned}$$

12.20 2명의 배고픈 대학생이 카페테리아에 가서 점심을 사 먹었다. 다음 날엔 전날 쓴 돈의 2배를 지출했다. 셋째 날엔 둘째 날 쓴 돈보다 $1 적게 지출했다. 3일 동안 쓴 돈은 모두 $70였다. 첫째 날, 둘째 날, 셋째 날에 쓴 돈이 각각 얼마인지 구하라. 매트랩의 기호 연산 기능을 사용해 이 문제를 풀라.

연립방정식 풀기

12.21 다음과 같이 7개의 방정식이 있다.

$$\begin{aligned}
3x_1 + 4x_2 + 2x_3 - x_4 + x_5 + 7x_6 + x_7 &= 42 \\
2x_1 - 2x_2 + 3x_3 - 4x_4 + 5x_5 + 2x_6 + 8x_7 &= 32 \\
x_1 + 2x_2 + 3x_3 + x_4 + 2x_5 + 4x_6 + 6x_7 &= 12 \\
5x_1 + 10x_2 + 4x_3 + 3x_4 + 9x_5 - 2x_6 + x_7 &= -15 \\
3x_1 + 2x_2 - 2x_3 - 4x_4 - 5x_5 - 6x_6 + 7x_7 &= 10 \\
-2x_1 + 9x_2 + x_3 + 3x_4 - 3x_5 + 5x_6 + x_7 &= 18 \\
x_1 - 2x_2 - 8x_3 + 4x_4 + 2x_5 + 4x_6 + 5x_7 &= 17
\end{aligned}$$

각 방정식의 미지수를 기호변수로 정의한 다음, 매트랩의 기호 연산 기능을 사용해 미지수를 구하라.

12.22 연습문제 12.21을 두 가지 방법(행렬 왼쪽 나눗셈과 기호수학)으로 풀 때 걸리는 시간을 다음과 같은 방식으로 tic, toc 함수를 사용해 비교하라.

```
tic
:
연립방정식을 푸는 명령어들
:
toc
```

12.23 매트랩의 기호 연산 기능을 이용해 다음 문제를 풀라. 그림 P12.23과 같이 물, 에탄올, 메탄올의 3성분으로 구성된 액체가 분리공정을 수행하는 장치로 함께 유입되고 있다. 그리고 이 장치의 위쪽과 아래쪽에서 이 3성분이 들어 있는 액체가 유출되고 있다.

이 분리공정 장치로 유입되는 질량 흐름률(mass flow rate)과 이 장치의 위와 아래에서 유출되는 질량 흐름률을 다음 순서로 각각 구하라.

(a) 먼저 액체를 이루고 있는 세 가지 성분에 대해 균형방정식(balance equation)을 각각

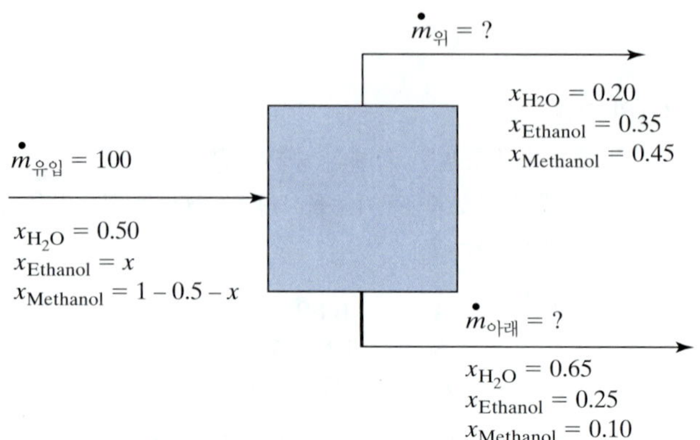

그림 P12.23
물, 에탄올, 메탄올의 3성분으로 구성된 액체의 분리공정

세워본다.

물: $0.5(100) = 0.2\dot{m}_{위} + 0.65m_{아래}$

$50 = 0.2\dot{m}_{위} + 0.65\dot{m}_{아래}$

에탄올: $100x = 0.35\dot{m}_{위} + 0.25\dot{m}_{아래}$

$0 = -100x + 0.35\dot{m}_{위} + 0.25\dot{m}_{아래}$

메탄올: $100(1 - 0.5 - x) = 0.45\dot{m}_{위} + 0.1\dot{m}_{아래}$

$50 = 100x + 0.45 \times \dot{m}_{위} + 0.1 \times \dot{m}_{아래}$

(b) 세 성분에 대한 물질수지 방정식을 기호방정식으로 만들라.

(c) (b)에서 만든 3개의 방정식으로 구성된 연립방정식을 solve 함수를 사용해 풀어서 3개의 미지수를 구하라.

12.24 다음과 같이 2개의 방정식으로 이루어진 연립방정식이 있다.

$$x^2 + y^2 = 42$$
$$x + 3y + 2y^2 = 6$$

각 방정식을 기호방정식으로 만든 다음 매트랩의 기호 연산 기능을 사용해 이 연립방정식을 풀라. (계산 결과를 숫자 형태로 보기 위해서는 double 함수를 사용해야 한다.) 행렬을 이용해서 이 연립방정식을 풀 수 있는가?

기호수식 그래프 그리기

12.25 다음 함수 y를 기호함수로 만든 다음 $0 \le x \le 10$의 범위에서 그래프로 그려라.

(a) $y = e^x$

(b) $y = \sin(x)$

(c) $y = ax^2 + bx + c(a = 5,\ b = 2,\ c = 4)$

(d) $y = \sqrt{x}$

각 그래프에 제목, x축 이름, y축 이름, 격자도 추가하라.

12.26 fplot 함수를 사용해 $-2\pi \le x \le 2\pi$ 범위에서 다음 세 함수를 한 그래프에 함께 그려라. 이렇게 하려면 hold on 명령을 사용해야 한다.

$$y_1 = \sin(x)$$
$$y_2 = \sin(2x)$$
$$y_3 = \sin(3x)$$

대화형 그래프 도구를 사용해 각 그래프의 선 색상과 선 종류를 다르게 지정하라.

12.27 `fimplicit` 함수를 사용해 다음 음함수 방정식의 그래프를 그려라.

(a) $x^2 + y^3 = 0$

(b) $x + x^2 - y = 0$

(c) $x^2 + 3y^2 = 3$

(d) $x \cdot y = 4$

12.28 `fplot` 함수를 사용해 다음 매개함수의 그래프를 그려라.

(a) $f_1(t) = x = \sin(t)$
$f_2(t) = y = \cos(t)$

(b) $f_1(t) = x = \sin(t)$
$f_2(t) = y = 3\cos(t)$

(c) $f_1(t) = x = \sin(t)$
$f_2(t) = y = \cos(3t)$

(d) $f_1(t) = x = 10\sin(t) \qquad 0 \le t \le 30$
$f_2(t) = y = t\cos(t)$

(e) $f_1(t) = x = t\sin(t) \qquad 0 \le t \le 30$
$f_2(t) = y = t\cos(t)$

12.29 그림 P12.29와 같이 대포에서 각도 θ로 발사된 포탄이 날아간 거리는 시간 t의 함수이다. 이 거리는 수평거리와 수직거리로 나눌 수 있는데, 수식으로 나타내면 다음과 같다.

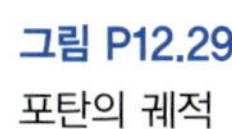
그림 P12.29
포탄의 궤적

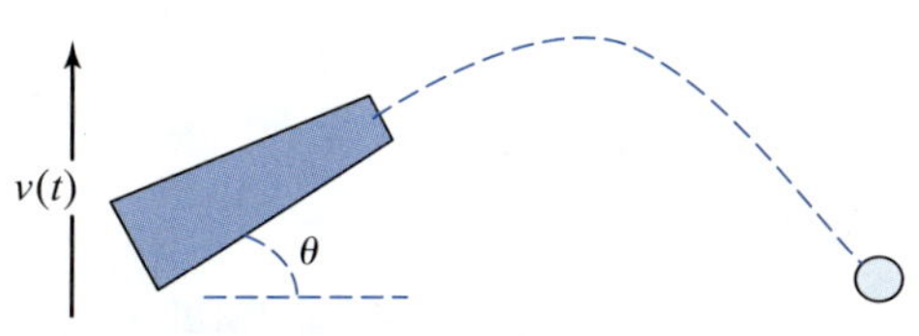

$$수평거리\ (t) = tV_0\ \cos(\theta)$$

$$수직거리\ (t) = tV_0\ \sin(\theta) - \frac{1}{2}gt^2$$

여기에서

수평거리 = 수평 방향(x)으로 날아간 거리(단위: m)

수직거리 = 수직 방향(y)으로 날아간 거리(단위: m)

V_0 = 포탄의 발사속도(초기속도)(단위: m/s)

g = 중력가속도 9.8 m/s^2

t = 시간(단위: s)

포탄의 발사속도 $V_0 = 100$ m/s, 발사각도 $\theta = \pi/4$ radian = 45°일 때, `fplot` 함수를 사용해 $0 \le t \le 20$ s 범위에서 포탄이 날아간 수평거리를 x축, 수직거리를 y축으로 해서 그래프로 그려라.

12.30 다음 4개의 수식을 `ezpolar` 함수를 사용해 그래프로 그려라. 이때 `tiledlayout` 함수를 사용해 4개의 그래프를 하나의 그림창에 그려라. 적절한 구문을 결정하려면 도움말 기능을 참조하라.

(a) $\sin^2(\theta) + \cos^2(\theta)$

(b) $\sin(\theta)$

(c) $e^{\theta/5}(0 \le \theta \le 20)$

(d) $\sinh(\theta)(0 \le \theta \le 20)$

12.31 fplot3 함수를 사용해 다음 함수를 3차원 그래프로 그려라.

$$f_1(t) = x = t\sin(t)$$
$$f_2(t) = y = t\cos(t)$$
$$f_3(t) = z = t$$

12.32 다음 방정식을 기호함수 Z로 만들고 물음에 답하라.

$$Z = \frac{\sin\left(\sqrt{X^2 + Y^2}\right)}{\sqrt{X^2 + Y^2}}$$

(a) fmesh 함수를 사용해 함수 Z를 3차원 그래프로 그려라.

(b) fsurf 함수를 사용해 함수 Z를 3차원 그래프로 그려라.

(c) fcontour 함수를 사용해 함수 Z를 등치선 그래프로 그려라.

이때 subplot을 사용해 3개의 그래프를 하나의 그림창에 그려라. 그리고 전체 그래프의 제목도 추가하라.

미분과 적분

12.33 매트랩의 기호 연산 기능을 사용해 다음 함수의 1계 도함수와 2계 도함수를 각각 구하라.

(a) $f_1(x) = y = x^3 - 4x^2 + 3x + 8$

(b) $f_2(x) = y = (x^2 - 2x + 1)(x - 1)$

(c) $f_3(x) = y = \cos(2x)\sin(x)$

(d) $f_4(x) = y = 3xe^{4x^2}$

12.34 매트랩의 기호 연산 기능을 사용해 다음 적분을 계산하라.

(a) $\int (x^2 + x)\,dx$

(b) $\int_{0.3}^{1.3} (x^2 + x)\,dx$

(c) $\int (x^2 + y^2)\,dx$

(d) $\int_{3.5}^{24} (ax^2 + bx + c)\,dx$

12.35 다음 다항식은 지상을 떠난 기상관측기구의 고도(단위: m)가 처음 48시간 동안 어떻게 변했는지 나타낸 다항식이다.

$$h(t) = -0.12t^4 + 12t^3 - 380t^2 + 4100t + 220$$

여기에서 t의 단위는 시간(hour)이다.

(a) 매트랩으로 고도 방정식을 미분해 기구의 속도를 구하라.

(b) 매트랩으로 고도 방정식을 두 번 미분해 기구의 가속도를 구하라.

(c) 매트랩으로 기구가 땅에 닿는 시간을 구하라. 고도 방정식의 최고 차수가 4차이므로 답이 4개 나오게 되는데, 이 중에서 물리적으로 맞는 답은 오직 하나이다.

(d) 매트랩으로 기구의 고도, 속도와 가속도를 그래프로 그려라. 이때 시간은 0에서 기구가 땅에 닿는 시간[(c)에서 구한 시간]까지로 하라.

(e) 기구의 최고 고도를 구하라.

기구가 최고 고도에 이르면 기구의 속도가 0이 된다는 것을 이용하라.

12.36 그림 P12.36과 같이 빈 탱크에 펌프로 물을 채우고 있다. t인 순간에 탱크로 흘러 들어오는 초당 물의 양이 $50 - t$(liter/s)이다. x초 동안 탱크로 흘러 들어온 전체 물의 양 Q는 $(50 - t)$를 시간 t에 대해 0초에서 x초까지 적분한 것이 된다.*

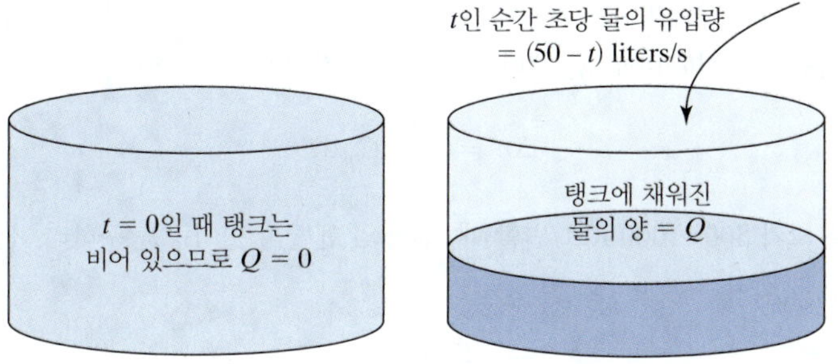

그림 P12.36
탱크 채우기 문제

(a) x초 후에 탱크 안에 채워진 물의 양을 나타내는 기호방정식을 구하라.

(b) 30초 후에 탱크 안에 채워진 물의 양을 구하라.

(c) 10~15초 사이에 탱크 안으로 흘러 들어온 물의 양을 구하라.

12.37 그림 P12.37과 같이 왼쪽 끝이 고정되어 있고 오른쪽 끝은 수평 방향(x축)으로 자유롭게 움직일 수 있는 스프링이 있다. 스프링에 아무런 힘을 가하지 않을 때 스프링의 오른쪽 끝의 위치를 원점($x = 0$)으로 잡는다. 스프링을 잡아당기면 스프링의 오른쪽 끝은 새로운 위치 x가 된다($x > 0$). 스프링을 누르면 스프링의 오른쪽 끝의 위치는 0보다 작은 x 값으로 된다. 스프링의 원래 길이는 1 ft이고, 이 스프링을 10 lbf의 힘으로 누르면 스프링의 길이가 0.5 ft로 줄어든다고 하자. 그러면 스프링을 원래 길이에서 n ft로 늘리기 위해 해주어야 할 일(단위: ft lbf)의 양은 $20x$를 x에 대해 $0 \sim n - 1$ ft에 걸쳐 적분한 결과와 같다.

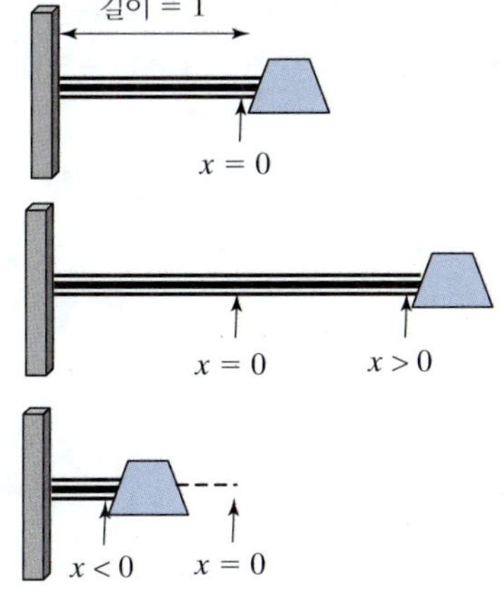

그림 P12.37
연습문제 12.37에 설명하는 스프링

* 출처: Etter, Kuncicky, and Moore *Introduction to MATLAB 7* (Upper Saddle River, NJ: Pearson Prentice Hall, 2005).

(a) 매트랩을 사용해 스프링을 잡아당겨 전체 길이가 n ft가 되게 하는 데 필요한 일을 나타내는 기호수식을 구하라.

(b) 스프링의 길이를 늘려 2 ft가 되게 하는 데 필요한 힘을 계산하라.

(c) 스프링을 25 ft lbf의 힘으로 잡아당길 때 스프링의 길이를 구하라.

12.38 기체의 열용량(C_p)을 다음 식으로 모델링할 수 있는데, 이 식에는 온도 T(단위: K)와 실험에 의해 얻은 상수 a, b, c, d가 들어 있다.

$$C_p = a + bT + cT^2 + dT^3$$

기체를 가열해서 기체의 온도가 T_1에서 T_2로 변할 때, 다음 식과 같이 이 방정식을 T에 대해 적분하면 엔탈피(enthalpy, 에너지의 차원을 가진 양)의 변화량을 구할 수 있다.

$$\Delta h = \int_{T_1}^{T_2} C_p \, \mathrm{d}T$$

산소의 온도가 300~1000 K로 변할 때, 산소의 엔탈피 변화량을 구하라. 산소의 a, b, c, d 값은 다음과 같다.

$$\begin{aligned} a &= 25.48 \\ b &= 1.520 \times 10^{-2} \\ c &= -0.7155 \times 10^{-5} \\ d &= 1.312 \times 10^{-9} \end{aligned}$$

기호수식을 익명함수로 만들기

12.39 1차 다항식은 다음과 같이 쓸 수 있다.

$$ax + b = 0$$

(a) 매트랩의 기호 연산 기능을 사용해 이 방정식을 x에 대해 풀라.

(b) `matlabFunction` 함수를 사용해 (a)에서 푼 결과를 익명함수로 변환하라.

(c) (b)에서 만든 익명함수를 사용해 $a = 4$, $b = 3$일 때 x 값을 구하라.

12.40 삼각함수 tan(x)에 대해 다음 물음에 답하라.

(a) 매트랩의 기호 연산 기능을 사용해 이 삼각함수를 적분하라.

(b) `matlabFunction` 함수를 사용해 (a)에서 푼 결과를 익명함수로 변환하라.

(c) `fplot` 함수를 사용해 (b)에서 만든 기호함수를 $-5 \le x \le +5$ 범위에서 그래프로 그려라.

13 수치해석 기법

학습목표

- 선형 혹은 3차 스플라인 내삽법을 이용해 주어진 데이터를 보간한다.
- 주어진 데이터를 다항함수로 모델링한다.
- 데이터 분석을 위한 기본적인 맞춤 도구를 사용한다.
- 곡선맞춤도구상자를 이용해 데이터를 모델링한다.
- 수치미분을 수행한다.
- 수치적분을 수행한다.
- 미분방정식을 수치적으로 푼다.

13.1 내삽법

어떤 대상을 측정할 때 측정할 수 있는 모든 데이터를 전부 수집하지는 않는다. 어떤 실험에서 수집한 여러 쌍의 x–y 데이터가 있다고 하자. **내삽법**(interpolation, 보간법이라고도 한다)을 사용하면 측정하지 않은 x 값에 대한 y의 값을 추정할 수 있다. 이러한 경우를 그림 13.1a에 수록했다. 다양한 내삽법 중 **선형내삽법**(linear interpolation)과 **3차 스플라인**(cubic spline) 내삽법이 가장 많이 사용되고 있으며, 모두 매트랩이 지원하고 있다.

13.1.1 선형내삽법

핵심 개념
알려진 두 점 사이에 있는 점의 데이터를 추정하기 위해 가장 널리 사용되는 방법이 선형내삽법이다.

두 데이터 값을 알 때 그들 사이에 있는 데이터 값을 추정하는 데 가장 널리 사용되는 방법이 **선형내삽법**이다. 이 방법에서는 그림 13.1(a)와 같이 주어진 두 점을 나타내는 함수로 그 두 점을 지나는 직선을 택한다. 알고 있는 두 점으로 정의되는 직선의 방정식을 구하면 그 두 점 사이에 있는 x에 대해서 그에 대응하는 y의 값을 알아낼 수 있다는 원리이다. 두 점이 서로 가까이 있을수록 그 사이에 있는 점에 대응하는 값을 더욱 정확하게 **근사**(approximation)할 수 있다.

매트랩에서는 `interp1` 함수로 선형내삽을 수행할 수 있다. `interp1` 함수의 기능을 살펴보기 위해 먼저 순서쌍 데이터를 몇 개 만들어보자. 이 순서쌍 데이터를 그래프로 그린 것이 그림 13.1(b)와 같다.

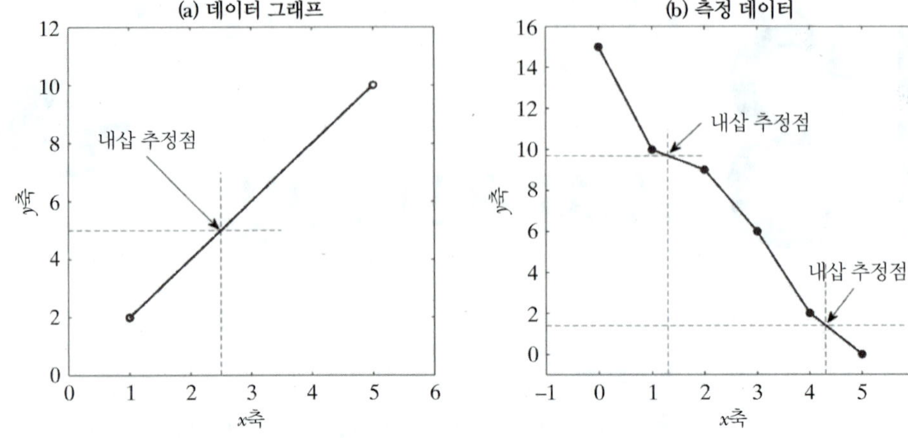

그림 13.1
(a) 선형내삽법은 종속변수(y)가 독립변수(x)에 대해 선형적으로 변화한다고 가정하고 중간값을 추정한다. 이는 알려진 두 데이터 점을 연결하는 직선을 찾는 문제와 같다. (b) 만약 종속변수가 독립변수에 대해 실제로 선형적인 관계를 가지지 않는다면, 두 점 간의 거리가 가까운 더 많은 데이터 점을 취해 더 좋은 추정 결과를 얻을 수 있다.

HINT 수집한 데이터의 영역 안쪽이 아니라 바깥에 위치한 데이터 값을 추정하는 방법인 외삽법(extrapolation)도 있다. 그런데 이 방법을 사용할 때에는 신중해야 한다. 이 방법에서는 영역 밖의 데이터가 영역 안쪽의 데이터와 같은 경향을 따르는 것을 전제로 하고 있는데 실제로 그렇지 않은 경우 큰 오차가 생기게 된다.

HINT 함수 이름 interp1의 맨 마지막 글자는 알파벳 '엘(l)'이 아니라 숫자 1이다. 폰트의 종류에 따라서는 구별이 어려우니 주의해야 한다.

```
x = 0:5;
y = [15, 10, 9, 6, 2, 0];
```

내삽법을 이용해 어떤 한 점의 데이터를 추정해보자. interp1 함수에 알려진 x 데이터와 y 데이터를 쉼표로 구분해 입력하고, 이어서 (쉼표로 구분해) 내삽법을 통해 추정하고 싶은 x 값을 입력으로 정의해주면 해당 x 값에서의 y 값을 추정할 수 있다. 예를 들어 x = 3.5에서 y 값을 추정하고 싶으면 다음과 같이 한다.

```
interp1(x,y,3.5)
ans =
    4
```

여러 x 값에 대한 y 값을 추정하고 싶으면 그 x 값들을 벡터로 만들어 interp1의 세 번째 필드에 입력하면 된다. 예를 들어 0~5 범위에서 간격이 0.2인 모든 x 값에 대해 y 값을 추정하고 싶으면 다음과 같은 명령을 사용한다.

```
new_x = 0:0.2:5;
new_y = interp1(x,y,new_x)
```

결과는 다음과 같다.

```
new_y =
  Columns 1 through 5
  15.0000 14.0000 13.0000 12.0000 11.0000
…
  Column 26
       0
```

이와 같이 추정한 데이터의 그래프(동그라미)와 원래 측정 데이터의 그래프(실선)를 다음 명령을 실행해 함께 그려보면 그림 13.2(a)와 같다(그래프의 제목과 축 이름을 써넣는 명령은 생략했다).

핵심 개념
매트랩 함수는 문자(character) 배열 혹은 문자열(string) 배열을 입력으로 사용하는 경우가 많으며, 이때 작은따옴표(') 혹은 큰따옴표(")를 사용하면 된다.

```
plot(x,y,new_x,new_y,'o')
```

interp1 함수로 값을 추정할 때, 별도로 지정해주지 않으면 이 함수는 기본적으로 선형내삽법을 사용하도록 설정되어 있다. 하지만 다음 절에서 살펴보는 것처럼 다른 방법도 사용할 수 있다. 예를 들어 선형내삽법을 사용하고자 할 경우 네 번째 필드에 linear를 입력한다.

```
interp1(x,y,3.5, "linear")
ans =
  4
```

13.1.2 3차 스플라인 내삽법

두 점 사이에 있는 어떤 점의 값을 예측할 때 그 두 점을 지나는 직선을 사용하는 것이 가장 간단한 방법이긴 해도 가장 좋은 방법이 아닌 것만은 분명하다. interp1 함수에 3차 스플라인 내삽법(cubic spline interpolation)을 사용하면 부드러운 곡선으로 값을 추정할 수 있다. 이 방법에서는 데이터의 값을 추정하는 데 3차 다항식이 사용되고 이를 위해 최소 4개의 데이터가 필요하다. interp1에 3차 스플라인 방법을 적용하기 위해서는 다음과 같이

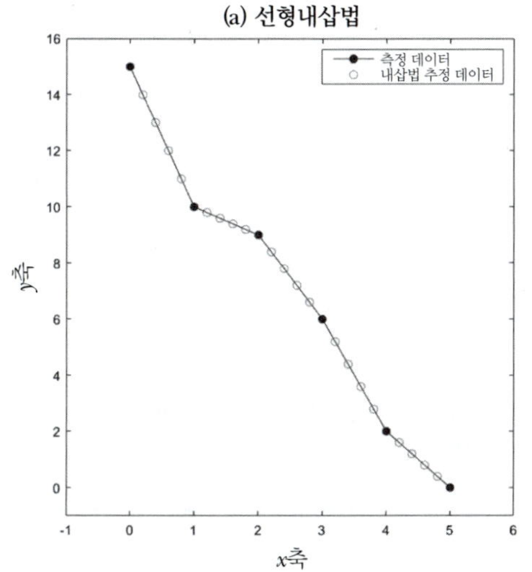

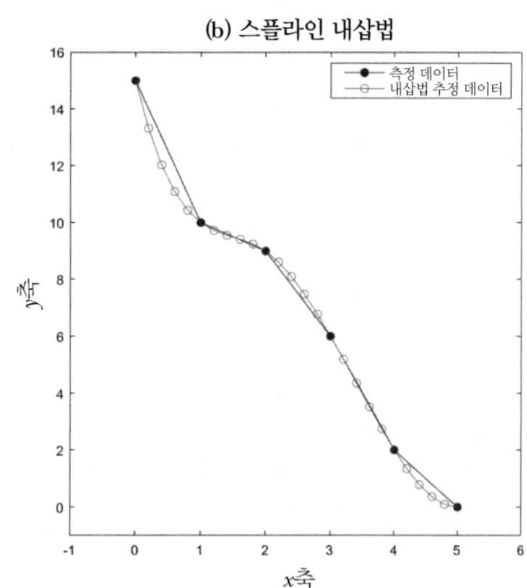

그림 13.2
측정 데이터와 내삽법으로 추정한 데이터를 한 그래프에 함께 나타내었다. (a) 선형내삽법의 경우 추정 데이터가 이웃하는 측정 데이터 사이의 직선상에 위치한다. (b) 스플라인 내삽법의 경우 추정 데이터가 곡선상에 위치한다. 측정 데이터도 역시 곡선상에 위치한다는 것을 주목하라.

네 번째 필드에 이를 지정해주어야 한다.

```
interp1(x,y,3.5,"spline")
```

이렇게 하면 다음과 같이 x = 3.5에서 더욱 좋은 추정값을 얻을 수 있다.

```
ans =
  3.9417
```

앞서와 마찬가지로 여러 *x*점에 대한 *y*의 추정값을 배열로 얻을 수도 있다.

```
new_y_spline =
interp1(x,y,new_x,"spline");
```

이렇게 추정한 데이터의 그래프를 다음 명령으로 원래 데이터의 그래프와 함께 나타내면 그림 13.2(b)와 같다.

```
plot(x,y,new_x,new_y_spline,'-o')
```

그림 13.2(b)의 그래프에서 2개의 선을 볼 수 있다.

내삽법으로 추정한 데이터를 연결한 선은 전체적으로 부드러운 곡선으로 나타나고, 원래 데이터를 연결하는 선은 여러 개의 직선 부분으로 이루어져 있다.

내삽법의 여러 종류 가운데 가장 널리 사용되는 것이 선형내삽법과 스플라인 내삽법인데, 표 13.1에 수록한 것처럼 매트랩에서는 이 방법 외에도 다른 여러 가지 방법을 지원하고 있다.

표 13.1 interp1 **함수에서 사용할 수 있는 내삽법의 종류**

linear	선형내삽법, 기본설정 값	interp1(x,y,3.5,"linear") ans = 4
nearest	최근접이웃 내삽법(nearest-neighbor interpolation), 가장 근접한 데이터를 보간된 값으로 사용	interp1(x,y,3.5,"nearest") ans = 2
spline	구간 3차 스플라인 내삽법(piecewise cubic spline interpolation)	interp1(x,y,3.5,"spline") ans = 3.9417
pchip	형태 보존 조각별 3차 보간법(shape-preserving piecewise cubic interpolation)	interp1(x,y,3.5,"pchip") ans = 3.9048
cubic	'pchip'과 같음	interp1(x,y,3.5,"cubic") ans = 3.9048
v5cubic	MATLAB 5의 3차 내삽법으로 x의 간격이 일정하지 않은 경우에는 외삽을 하지 않고 'spline' 방법을 사용	interp1(x,y,3.5,"v5cubic") ans = 3.9375

예제 13.1

수증기 측정 데이터로 열역학적 상태 분석하기

열역학(thermodynamics)에서는 표를 이용해 열역학적 상태를 분석하는 경우가 많다. 간단한 방정식으로 열역학적 상태를 나타낼 수 있는 경우가 많이 있지만 상태방정식이 매우 복잡하거나 현상이나 열역학적 상태를 방정식으로 완전히 기술하지 못하는 경우도 많다. 이런 경우 표로 만들어진 데이터를 이용하는 것이 훨씬 수월하다. 그림 13.3과 같은 수증기(steam)의 내부에너지를 0.1 MPa(약 1기압) 상태에서 측정해 얻은 표 13.2의 데이터를 고려하자.

표 13.2 기압 0.1 MPa에서 온도에 따른 과열 수증기의 내부에너지 변화

온도(℃)	내부에너지 *u*(kJ/kg)
100	2506.7
150	2582.8
200	2658.1
250	2733.7
300	2810.4
400	2967.9
500	3131.6

출처: Joseph H. Keenan, Frederick G. Keyes, Philip G. Hill, and Joan G. Moore, *Steam Tables, SI units* (New York: John Wiley & Sons, 1978).

그림 13.3 간헐천(geyser)은 고온, 고압의 물과 수증기를 뿜어낸다(Johnmoorefour/Shutterstock).

선형내삽법을 사용해 215°C 수증기의 내부에너지를 구하고, 선형내삽법을 사용해 수증기의 내부에너지가 2600 kJ/kg일 때 수증기의 온도를 구하라.

1. 문제를 명확히 나타낸다.
   선형내삽법으로 수증기의 내부에너지를 구한다.
   선형내삽법으로 수증기의 온도를 구한다.

2. 입력과 출력을 표시한다.

   입력 수증기의 온도 T에 따른 내부에너지 u의 측정 데이터(표)
   미지수 u
   미지수 T

   출력 수증기의 내부에너지 u
   수증기의 온도 T

3. 손이나 계산기로 문제를 미리 풀어본다.
   215°C에서 수증기의 내부에너지를 구해보자. 표 13.2에는 온도가 200°C, 250°C일 때 내부에너지가 주어져 있다. 먼저 200~250°C의 범위를 전체, 즉 1로 볼 때 215°C가 놓인 위치를 비율로 구해보면 다음과 같다.

$$\frac{215 - 200}{250 - 200} = 0.30$$

   온도와 내부에너지 사이의 관계를 선형으로 가정하는 경우에는 다음과 같이 215°C일 때의 내부에너지 u는 200°C에서 내부에너지에 대해 200~250°C 사이의 내부에너지 변화의 30%만큼 증가해야 한다.

$$0.30 = \frac{u - 2658.1}{2733.7 - 2658.1}$$

   이 식을 u에 대해서 풀면 다음과 같다.

$$u = 2680.78 \text{ kJ/kg}$$

4. 매트랩으로 문제를 푼다.
   다음과 같이 이 예제를 풀기 위한 스크립트(M-파일)를 작성해 명령창에서 실행해보자.

```
%% 예제 13.1
% 열역학 문제
clear, clc, format shortg
T = [100, 150, 200, 250, 300, 400, 500];
u = [2506.7, 2582.8, 2658.1, 2733.7, 2810.4, 2967.9, 3131.6];
newu = interp1(T,u,215,"linear")
newu = interp1(T,u,215,"spline")
newT = interp1(u,T,2600,"linear")
newT = interp1(u,T,2600,"spline")
```

   그러면 다음을 얻을 수 있다.

```
newu =
   2680.78
newT =
   161.42
```

5. 풀이를 검사한다.
   매트랩으로 푼 결과가 손으로 푼 결과와 일치한다. 똑같은 방법으로 표에 없는 다른 데이터 값도 추정할 수 있다. 열역학 분야에는 표 13.2와 비슷한 JANAF 표라는 이름의 열역학적 상태 표(thermodynamic property table)가 있는데, 미국 국립표준기술원(National Institute of Standards and Technology)에서 이 표를 작성해 배포하고 있다.

예제 13.2

수증기 측정 데이터로 열역학적 상태 분석하기

예제 13.1에서 살펴본 것처럼 열역학에서는 표를 이용해 열역학적 상태를 분석하는 경우가 많다. 일반적으로 대기압하에서 측정된 실험 데이터를 이용하는 일이 많으며, 표 13.3에 그림 13.4와 같은 수증기에 대한 데이터의 일부가 수록되어 있다.

표 13.3 기압 0.1 MPa(약 1기압)에서 과열수증기의 특성

온도(°C)	비체적 v(m³/kg)	내부에너지 u(kJ/kg)	엔탈피 h(kJ/kg)
100	1.6958	2506.7	2676.2
150	1.9364	2582.8	2776.4
200	2.172	2658.1	2875.3
250	2.406	2733.7	2974.3
300	2.639	2810.4	3074.3
400	3.103	2967.9	3278.2
500	3.565	3131.6	3488.1

출처: Joseph H. Keenan, Frederick G. Keyes, Philip G. Hill, and Joan G. Moore, *Steam Tables, SI units* (New York: John Wiley & Sons, 1978).

그림 13.4
발전소에서는 증기를 '작동유체(working fluid)'로 사용한다(Lee Kline/Stock Connection Blue/Alamy Stock Photo).

표를 잘 살펴보면 온도 간격이 처음에는 50°C이지만 나중에는 100°C이다. 여러분이 어떤 프로젝트를 수행하고 있는데 그 과정에서 이 표를 이용해야 한다고 가정하자. 이 표의 데이터에 선형내삽법을 적용해 온도 간격이 25°C인 표를 만들라.

1. 문제를 명확히 나타낸다.
   100~500°C 구간에서 25°C마다 비체적(specific volume), 내부에너지(internal energy), 엔탈피(enthalpy)를 선형내삽법으로 구한다.

2. 입력과 출력을 표시한다.
   입력 수증기의 온도 T에 따른 비체적, 내부에너지, 엔탈피 측정 데이터(표)
   새로운 온도 간격 25°C
   출력 25°C 간격의 데이터(표)

3. 손이나 계산기로 문제를 미리 풀어본다.
   예제 13.1에서는 215°C에서 수증기의 내부에너지를 구했다. 여기에서는 215°C에 대해서는 구할 필요가 없고, 225°C일 때의 내부에너지를 구하면 다음과 같다.

$$\frac{225 - 200}{250 - 200} = 0.50$$

   이때 내부에너지 u는

$$0.50 = \frac{u - 2658.1}{2733.7 - 2658.1}$$

   이 되므로 이 식을 u에 대해서 풀면

$$u = 2695.9 \text{ kJ/kg}$$

   이 된다. 이 계산 결과를 나중에 매트랩으로 푼 결과와 비교해본다.

4. 매트랩으로 문제를 푼다.
   다음과 같이 이 예제를 풀기 위한 스크립트(M-파일)를 작성해 명령창에서 실행해보자.

```
%% 예제 13.2
% 열역학 문제
clear, clc
T = [100, 150, 200, 250, 300, 400, 500]';
v = [1.6958, 1.9364, 2.172, 2.406, 2.639, 3.103, 3.565]';
```

```
u = [2506.7, 2582.8, 2658.1, 2733.7, 2810.4, 2967.9, 3131.6]';
h = [2676.2, 2776.4, 2875.3, 2974.3, 3074.3, 3278.2, 3488.1]';
props = [v,u,h];
newT = [100:25:500]';
newprop = interp1(T,props,newT);
disp("0.1MPa(1기압)에서 수증기의 열역학적 상태량")
disp("온도 비체적 내부에너지 엔탈피")
disp("C  m^3/kg  kJ/kg  kJ/kg")
fprintf("%6.0f %10.4f  %8.1f  %8.1f \n",[newT,newprop]')
```

그러면 다음 데이터를 얻을 수 있다.

```
0.1MPa(1기압)에서 수증기의 열역학적 상태량
온도         비체적        내부에너지       엔탈피
C            m^3/kg        kJ/kg           kJ/kg
100          1.6958        2506.7          2676.2
125          1.8161        2544.8          2726.3
…
500          3.5650        3131.6          3488.1
```

5. 풀이를 검사한다.

   매트랩으로 푼 결과가 손으로 푼 것과 일치한다. 이 프로그램이 제대로 동작하는 것을 확인했으므로 이제 벡터 변수 newT를

   ```
   newT = [100:25:500]';
   ```

   에서 다음과 같이 바꾸면 온도 간격이 1°C인 더욱 상세한 데이터 표를 만들 수 있다.

   ```
   newT = [100:1:500]';
   ```

실습문제 13.1

정답은 피어슨 출판사의 웹사이트 https://www.pearsonhighered.com/moore에서 확인할 수 있다.

다음 표의 데이터를 매트랩에서 벡터변수 x, y로 각각 만든 후 다음 문제를 풀라.

x	y
10	23
20	45
30	60
40	82
50	111
60	140
70	167
80	198
90	200
100	220

1. 변수 x, y의 데이터를 x–y 그래프로 그려라.
2. 선형내삽법을 사용해 $x = 15$일 때 y 값을 추정하라.
3. 3차 스플라인 내삽법을 사용해 $x = 15$일 때 y 값을 추정하라.

4. 선형내삽법을 사용해 $y = 80$일 때 x 값을 추정하라.
5. 3차 스플라인 내삽법을 사용해 $y = 80$일 때 x 값을 추정하라.
6. 3차 스플라인 내삽법을 사용해 10~100 범위에서 간격이 2인 모든 x 점에 대해 y 값을 추정하라.
7. 원래의 x, y 데이터를 x–y 그래프로 그려라(점들을 선으로 연결하지는 말라). 이 그래프에 실습문제 6에서 계산한 x, y 데이터를 함께 그려라.

13.1.3 외삽법

비록 좋은 방법은 아니지만 interp1 함수에 2개의 필드를 추가로 입력하면 데이터를 **외삽법**(extrapolation)으로 추정할 수 있다. 앞서 사용한 x, y 데이터를 그대로 사용하자.

```
x = 0:5;
y = [15, 10, 9, 6, 2, 0];
```

$x = 5$를 벗어난 점, 예를 들어 $x = 6$에서의 y 값을 추정해보자. 이를 위해서는 다음과 같이 interp1 함수에 보간 방법으로 선형 또는 스플라인 중에서 하나를 지정해주고 이어서 외삽법을 사용할 것을 지시해주어야 한다.

핵심 개념
주어진 데이터 영역 밖의 정보를 외삽법을 통해 추정하는 것은 일반적으로 좋은 방법은 아니다.

```
y_new = interp1(x,y, 6, 'linear','extrap')
ans =
                    -2
```

선형 대신 스플라인 방법으로 모델링을 하면 다음과 같이 전혀 다른 값이 나올 수 있다.

```
y_new=interp1(x,y,6,'spline','extrap')
ans =
                    3.0667
```

13.1.4 다차원 내삽법

변수 x, y의 값에 데이터 z 값이 대응되는 경우를 생각해보자. 다음 표를 예로 들어 살펴보자.

	x = 1	x = 2	x = 3	x = 4
y = 2	7	15	22	30
y = 4	54	109	164	218
y = 6	403	807	1,210	1,614

이 데이터로부터 $y = 3$, $x = 1.5$일 때의 z 값을 추정하려면 내삽법을 두 번 사용해야 한다. 먼저 $y = 3$일 때 모든 x 값(x = 1, 2 ,3, 4)에 대해 interp1 함수를 사용해 z 값을 추정한다. 그다음 이렇게 추정된 z 값으로부터 $x = 1.5$일 때의 z 값을 다시 한번 interp1 함수를 사용해 추정한다. 이 과정을 매트랩으로 수행해보자. 먼저 x, y, z 데이터를 만든다.

```
y = 2:2:6;
x = 1:4;
```

```
z = [ 7     15     22     30
      54    109    164    218
      403   807    1210   1614];
```

이제 interp1 함수를 사용해 모든 x 값(x = 1, 2, 3, 4)에 대해 y = 3일 때의 z 값을 추정한다.

```
new_z = interp1(y,z,3)
new_z =
    30.50    62.00    93.00    124.00
```

이제 y = 3일 때의 z 값을 얻었으므로 이 값을 사용해 y = 3이면서 x = 1.5일 때의 z 값을 다시 한번 interp1 함수로 추정해본다.

```
new_z2 = interp1(x,new_z,1.5)
new_z2 =
     46.25
```

이렇게 두 단계의 방법으로 데이터 값을 추정하는 것은 아무래도 불편하다. 매트랩에 있는 2차원 내삽함수 interp2를 사용하면 한 번에 이 문제를 풀 수 있다.

```
interp2(x,y,z,1.5,3)
ans =
   46.2500
```

interp2 함수의 첫 번째 필드에는 표의 행 데이터가 저장된 배열변수(여기에서는 x)를, 두 번째 필드에는 열 데이터가 저장된 배열변수(여기에서는 y)를 입력한다. 세 번째 필드에 입력하는 배열변수(여기에서는 z)의 열의 개수는 배열 x의 원소 개수와 같아야 하고, 배열 z의 행의 개수는 배열 y의 원소 개수와 같아야 한다. 네 번째 필드와 다섯 번째 필드에는 새로운 z 값을 추정하고자 하는 해당 x, y 값을 차례로 넣어주면 된다.

매트랩에는 interp3 함수도 있어서 3차원 내삽을 수행할 수 있다. help 명령을 수행해 이 함수의 자세한 사용법을 살펴보기 바란다. 또한 n차원 내삽을 수행하는 interpn 함수에 대해서도 마찬가지로 자세한 사용법을 알아보기 바란다. 매트랩의 모든 내삽함수는 선형내삽법을 기본적으로 사용하는데, 별도로 지정해주면 표 13.1에 수록된 다른 방법도 모두 사용할 수 있다.

실습문제 13.2

정답은 피어슨 출판사의 웹사이트 https://www.pearsonhighered.com/moore에서 확인할 수 있다.

다음 표의 데이터를 참고해 각 x 값에 대응하는 배열 y, z를 만들고 다음 문제를 풀라.

1. x = 15, x = 30에 대해 y–z 데이터 쌍을 각각 그래프로 그려라. 어느 그래프가 어떤 x 값에 대한 것인지 구별할 수 있도록 그래프에 범례(legend)를 함께 표시하라.

	x = 15	x = 30
y = 10	x = 23	33
20	45	55
30	60	70
40	82	92
50	111	121
60	140	150
70	167	177
80	198	208
90	200	210
100	220	230

2. 2차원 선형내삽법을 사용해 $x = 20$, $y = 15$일 때 z 값을 추정하라.
3. 2차원 3차 스플라인 내삽법을 사용해 $x = 20$, $y = 15$일 때 z 값을 추정하라.
4. 선형내삽법을 사용해 $x = 20$, $x = 25$일 때 모든 y 값에 대해 z 값을 추정해 표로 만들라.

13.2 곡선맞춤

핵심 개념
곡선맞춤은 데이터를 방정식으로 모델링하는 방법이다.

실험을 통해 측정한 데이터 점(x–y 쌍)이 여러 개 있을 때 이들 데이터 점 사이에 있는 어떤 x 값에 대응하는 y 값을 추정하는 데 내삽법을 사용했다. 그런데 이 실험 데이터를 $y = f(x)$라는 수식으로 나타낼 수 있으면 더욱 편리할 것이다. 이렇게만 할 수 있으면 어떤 y 값이라도 이 수식에 x 값을 대입해 계산하는 것이 가능하다. 만약 x, y 사이에 존재하는 관계를 알고 있다면 이를 바탕으로 이러한 수식을 구할 수 있다. 예를 들어 이상기체 방정식은 다음 두 가지 가정을 전제로 하고 있다.

- 기체를 구성하는 분자는 탄성충돌을 한다.
- 기체 전체가 차지하고 있는 부피 중에서 기체를 구성하는 분자가 차지하는 부피는 무시할 수 있을 만큼 작다.

그런데 실제 상황에서는 이 두 가정이 완벽하게 성립하지 않는다. 따라서 이상기체 방정식은 이 가정이 어느 정도 잘 들어맞는 경우에만 적용할 수 있는데, 실제로 이러한 경우가 많으며 활용성이 크다. 그러나 이 가정이 잘 맞지 않는 기체에 대해서는 그 기체의 상태를 어떻게 모델링할 것인가라는 문제에 맞닥뜨리게 된다. 이때 선택할 수 있는 방법으로 기체의 물리적 특성을 파악해 거기에 맞게 방정식을 수정하는 방법이 있다. 다른 방법으로는 그 기체에 관한 데이터를 측정해 실험적으로 분석하는 방법이 있다. 이렇게 하면 실험식(empirical equation)을 만들 수 있는데 이 식은 그 기체가 작용하는 원리를 이론적으로 설명해주지는 못하지만 기체와 관련된 어떤 한 파라미터에 대해 다른 파라미터가 어떤 식으로 변하는지 예측하는 데에는 훌륭한 역할을 할 수 있다.

매트랩은 데이터를 실험식으로 만들어주는 곡선맞춤용 함수(curve-fitting function)를 지원하고 있다. 하지만 수집한 데이터로 만든 실험식은 그 데이터가 존재(분포)하는 범위 내에서만 유효하다는 것을 명심해야 한다. 다시 말해 어떤 파라미터 x에 따라 다른 파라미터 y가 어떤 원리로 변하는지 이론적으로 알고 있지 않다면 수집한 데이터가 존재하는 범위를 벗어난 영역에서는 실험식을 사용해 예측할 수 없다.

13.2.1 선형회귀

데이터를 직선으로 나타내는 것이 데이터 간의 관계를 나타내는 수식을 구하는 데 적용할 수 있는 가장 간단한 방법이다. 13.1.1절에서 다룬 다음 예제를 다시 살펴보자.

```
x = 0:5;
y = [15, 10, 9, 6, 2, 0];
```

이 데이터 점들을 직선으로 근사해 나타내기 위해 그림 13.5와 같이 데이터 점을 그래프에 표시한 다음, 이 점들을 지나는 직선을 그림과 같이 그릴 수 있다. 우선 이 직선은 미리 계산을 해서 긋는 것이 아니라 데이터 점에 대충 들어맞게 '눈대중(eyeballing)'으로 그려본다.

이 그래프를 보면 데이터 점 가운데 몇 개는 정확히 직선 위에 놓여 있지만 나머지 점은 직선과 얼마만큼의 차이로 떨어져 있다. 이 직선이 데이터 점과 얼마나 잘 들어맞는지 판단할 수 있도록 실제 데이터 값과 직선상의 값인 근삿값(즉 추정값) 사이의 차이를 구한다. 데이터 값과 추정값 사이의 이러한 오차를 **잔여오차**(residual)라 한다.

핵심 개념
선형회귀법은 가장 좋은 직선 맞춤 모델을 얻기 위한 방법이다.

그림 13.5의 그래프에 그린 직선은 $x = 0$, $y = 15$인 점과 $x = 5$, $y = 0$인 점을 지난다. 이를 이용해 이 직선의 방정식을 구해보자. 먼저 직선의 기울기는 다음과 같다.

$$\text{기울기} = \frac{\Delta y}{\Delta x} = \frac{y_2 - y_1}{x_2 - x_1} = \frac{0 - 15}{5 - 0} = -3$$

또 이 직선은 y축과 15에서 만나므로 직선의 방정식을 다음과 같이 나타낼 수 있다.

$$y = -3x + 15$$

실제 데이터 점의 값과 이 직선의 방정식으로 계산한 추정값 사이의 차이를 표 13.4에 수록했다.

선형회귀(linear regression)법에서는 **최소제곱**(least square)을 사용해 어떤 수식이 실제 데이터 값을 얼마나 잘 근사해서 나타내고 있는지 비교한다. 이 방법에서는 모든 데이터 값에 대한 잔여오차를 각각 제곱한 다음 모두 더한다. 제곱을 하는 이유는 그냥 더하게 되면 잔여오차의 부호에 의해 오차의 합이 상쇄될 수 있기 때문이다. 이때 잔여오차의 제곱의 합이 가장 작은 모델이 실제 데이터와 가장 잘 들어맞는 모델이다. 이제 매트랩을 사용해 실제 데이터와 수식으로 계산한 추정값 사이의 차를 제곱한 다음 모두 더해보자.

```
y_calc = -3*x +15;
sum_of_the_squares = sum((y-y_calc).^2)
```

그러면 다음 계산 결과를 얻을 수 있다.

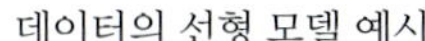

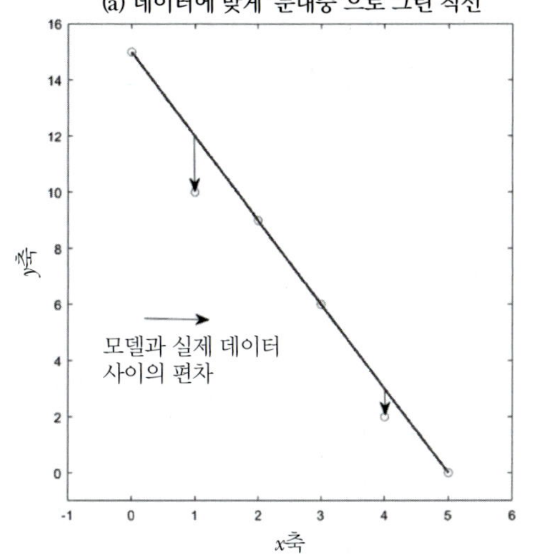

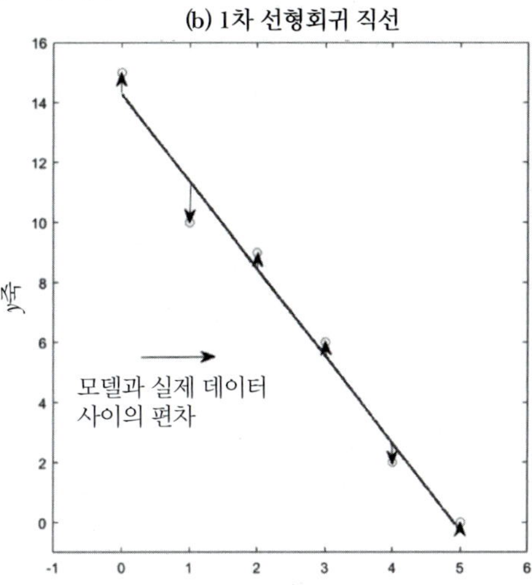

그림 13.5
직선으로 모델링된 데이터. (a) 가장 간단한 방법은 데이터 점에 대충 잘 들어맞게 '눈대중'으로 직선을 긋는 것이다. 이 그림에서는 모델(직선)과 실제 데이터 간의 차이가 모두 같은 방향(부호)이라는 것에 주목하라. (b) 선형회귀법은 최소제곱법을 이용해 최적의 직선 모델을 찾는다. 이때 모델과 실제 데이터 간의 차이는 측정 위치에 따라 양수이거나 음수일 수 있다.

표 13.4 실제 데이터 값과 추정값 사이의 차이

x	y(실제 값)	y_calc(추정값)	차이 $= y - y\_calc$
0	15	15	0
1	10	12	–2
2	9	9	0
3	6	6	0
4	2	3	–1
5	0	0	0

```
sum_of_the_squares =
  5
```

선형회귀법에서는 어떤 데이터 집합을 근사하는 여러 모델 중에서 잔여오차의 제곱의 합이 가장 작은 모델을 선택한다. 이 방법에 대한 더 자세한 내용은 이 책에서 다루는 범위를 넘어서므로 여기에서 줄이기로 한다. 매트랩에서는 polyfit 함수로 선형회귀를 수행할 수 있다. polyfit 함수의 첫 번째와 두 번째 필드에는 실제 데이터 점의 x 값이 저장된 벡터변수와 y 값이 저장된 벡터변수를 차례로 입력하고, 세 번째 필드에는 이 데이터에 잘 맞는 다항식의 차수를 정수로 입력한다. 직선은 1차 다항식이므로 polyfit 함수의 세 번째 필드에 1을 입력하면 된다. 여기에서 예로 든 데이터 점에 대해서 매트랩으로 선형회귀법을 수행하면 다음과 같다.

```
polyfit(x,y,1)
ans =
  -2.9143 14.2857
```

계산 결과에 나타난 두 수는 다항식의 계수로 이 데이터 집합에 가장 잘 맞는 직선의 방정식은 다음과 같다.

$$y = -2.9143x + 14.2857$$

그렇다면 매트랩을 이용해 구한 회귀 직선이 앞에서 그래프에 그은 직선보다 실제 데이터 점과 더 잘 맞는지 알아보자. 이를 위해 위에서 얻은 회귀 직선에 대해 잔여오차의 제곱의 합을 구해보면 다음과 같다.

```
best_y = -2.9143*x+14.2857;
new_sum = sum((y-best_y).^2)
new_sum =
  3.3714
```

매트랩 polyfit을 이용해 얻은 회귀 직선이 앞에서 구한 직선보다 잔여오차 제곱의 합이 작으므로 전자가 실제 데이터에 더 적합한 모델이라는 결론을 내릴 수 있다. 다음 명령어를 이용해 실제 데이터 점과 매트랩 polyfit을 이용해 얻은 회귀 직선을 그래프로 함께 그려보면 그림 13.5(b)와 같다. 이 그래프를 통해 회귀 직선과 실제 데이터가 얼마나 잘 맞는지 확인해보자.

```
plot(x,y,'o',x,best_y)
```

13.2.2 원점을 지나는 선형회귀

시스템 중에는 해당 모델이 반드시 원점을 지나는 것이 있다. 예를 들어 바람이 불어 연에 힘이 작용하고 있는 경우를 생각해보면 바람의 속력이 0일 때 연에 작용하는 힘은 0이다. polyfit 함수에는 곡선맞춤을 하는 과정에서 반드시 원점을 지나도록 지정하는 기능이 없으므로 원점을 지나는 모델에 적용하려면 특별한 방법이 필요하다.

10장에서 왼쪽 나눗셈 연산자(\)를 다루었다. 이 연산자는 가우스 소거법을 사용해 선형 연립방정식의 해를 구한다. 어떤 연립방정식이 미지수보다 방정식의 개수가 많은 과잉 연립 방정식인 경우 왼쪽 나눗셈 연산자는 polyfit 함수에서 사용하는 방식과 비슷한 최소제곱 맞춤 방법을 사용한다. 다음 표의 데이터를 살펴보자. 이 표에서 독립변수 x는 바람의 속력이고 종속변수 y는 바람이 연에 가하는 힘을 나타낸다.

바람의 속도 x	바람이 연에 가하는 힘 y
0	0
10	24
20	38
30	64
40	82
50	90

polyfit 함수를 사용해 이 데이터에 들어맞는 모델을 구해보자.

```
a = polyfit(x,y,1)
a =
   1.8571  3.2381
```

이 모델을 나타내는 직선의 방정식은

$$y = a(1)^*x + \mathrm{a}(2)$$
$$y = 1.8571^*x + 3.2381$$

이므로 원점을 지나지 않는다. 이 경우에는 다음과 같이 왼쪽 나눗셈을 사용하면 원점을 지나는 모델을 구할 수 있다.

핵심 개념
왼쪽 나눗셈을 이용해 원점을 지나는 선형회귀 모델을 찾을 수 있다.

```
a = x'\y'
a =
    1.9455
```

이 모델을 나타내는 직선의 방정식은 다음과 같다.

$$y = a(1)^*x \text{ 또는}$$
$$y = 1.9455^*x$$

두 모델을 나타내는 직선의 방정식을 그래프로 그린 것이 그림 13.6이다. (이때 x, y는 열벡터로 정의되어야 한다.) 최소제곱법을 사용하는 polyfit으로 만든 선형 모델만큼 원점을 지나는 모델의 정확성이 '좋지는' 않지만 실제 시스템의 특성에 더 잘 들어맞는 것은 원점을 지나는 모델일 수 있다.

왼쪽 나눗셈 연산자는 강력한 계산도구로 다양한 선형 시스템을 모델링하는 데 사용할 수 있다. 이에 대한 더욱 자세한 내용은 도움말 기능을 이용해 살펴보기 바란다.

13.2.3 다항식 회귀

회귀 분석에 직선의 방정식만 사용할 수 있는 것은 아니다. 데이터를 표현하는 수식으로 다음과 같은 테일러급수가 많이 사용된다.

$$y = a_1x^n + a_2x^{n-1} + a_3x^{n-2} + \cdots + a_nx + a_{n+1}$$

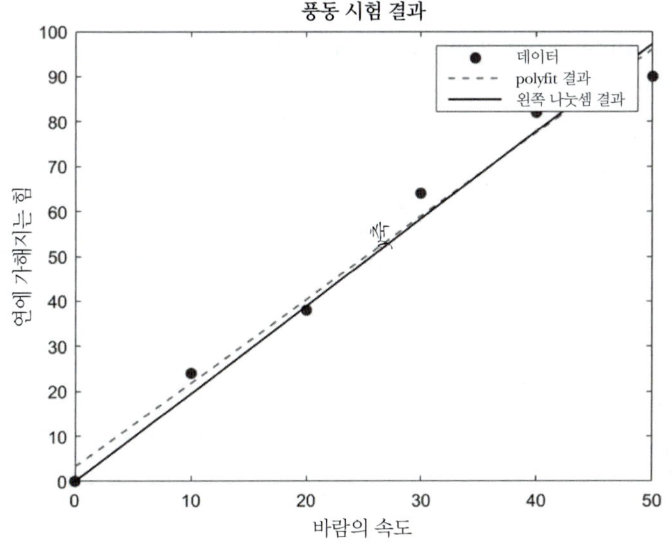

그림 13.6
왼쪽 나눗셈을 사용해 원점을 지나는 1차 다항식 모델을 얻을 수 있다.

다항식회귀법(polynomial regression)에서는 수많은 다항식 중에서 실제 데이터 값과 다항식으로 계산한 근삿값(추정값)의 차이를 제곱한 것의 합이 최소가 되는 다항식을 선택한다. 매트랩의 polyfit 함수로 간단하게 이 방법을 사용할 수 있다. 13.1.1절에서 다룬 x, y 데이터를 다시 고려하자.

```
x = 0:5;
y = [15, 10, 9, 6, 2, 0];
```

위 데이터에 맞는 2차 다항식은

```
a = polyfit(x,y,2)
a =
  0.0536    -3.1821    14.4643
```

과 같이 구할 수 있고 3차 다항식은

```
a = polyfit(x,y,3)
a =
  -0.0648    0.5397    -4.0701    14.6587
```

과 같이 구할 수 있다. 이 두 결과로부터 앞의 데이터 집합에 가장 잘 맞는 2차 다항식과 3차 다항식을 다음과 같이 쓸 수 있다.

$$
\begin{aligned}
y_2 &= 0.0536x^2 - 3.1821x + 14.4643 \\
y_3 &= -0.0648x^3 + 0.5397x^2 - 4.0701x + 14.6587
\end{aligned}
$$

이 수식과 실제 데이터에 대해 잔여오차의 제곱의 합을 구해 어느 수식이 더 실제 데이터와 잘 일치하는지 알아보자.

```
y2 = 0.0536*x.^2-3.182*x + 14.4643;
sum((y2-y).^2)
ans =
  3.2643
y3 = -0.0648*x.^3+0.5398*x.^2-4.0701*x + 14.6587;
sum((y3-y).^2)
ans =
 2.9921
```

이 결과를 보면 다항식의 항이 많을수록 데이터와 '더 잘' 맞게 된다는 것을 알 수 있다. 다시 말해 항이 많을수록 실제 측정 데이터 값과 수식으로 예측한 값 사이의 차이가 줄어든다.

이제 이 두 다항식을 그래프로 그려보자. 매트랩에서는 그래프를 그릴 때 인접한 점들끼리 직선으로 연결해 곡선이나 직선을 표현하므로 그래프에 사용되는 점이 많을수록 곡선이 부드러운 형태가 된다. 따라서 실제 데이터의 수는 6개이지만 두 다항식을 부드러운 곡선으로 나타내기 위해 다음 명령으로 데이터의 개수를 늘려 그래프를 그려본다.

```
smooth_x = 0:0.2:5;
smooth_y2 = 0.0536*smooth_x.^2-3.182*smooth_x + 14.4643;
t = tiledlayout(1,2);
nexttile
plot(x,y,'o',smooth_x,smooth_y2)
xlabel("x축"),ylabel("y축")
title("(a) 2차 모델")
smooth_y3 = -0.0648*smooth_x.^3+0.5398*smooth_x.^2-...
4.0701*smooth_x + 14.6587;
nexttile
plot(x,y,'o',smooth_x,smooth_y3)
xlabel("x축"),ylabel("y축")
title("(b) 3차 모델")
title(t,"고차 다항식 모델")
```

위 명령을 실행하면 그림 13.7의 그래프를 얻는다. 그래프를 보면 두 경우 모두에서 약간 구부러진 곡선을 볼 수 있다. 선형회귀법으로 구한 직선과 비교할 때 이 두 다항식은 수학적으로는 데이터와 더 잘 맞지만 그래프에서 보듯이 여전히 실제 데이터와 차이가 있다. 엔지니어와 과학자는 어떤 시스템을 모델링(modeling)한 다음에는 이를 평가해보아야 한다. 이때 모델링하는 대상의 특성에 대해 얼마나 알고 있는지, 측정의 정확성은 어느 정도나 되며 측정의 재현성은 어떠한지 등을 고려해야 한다.

핵심 개념
데이터를 모델링할 때에는 실제 수집한 데이터는 물론 모델링하는 대상의 특성에 대해서도 잘 알고 있어야 한다.

13.2.4 polyval 함수

polyfit 함수를 사용하면 주어진 회귀법의 조건 아래에서 데이터와 가장 잘 들어맞는 다항식의 계수를 구할 수 있다. 앞 절에서는 매트랩에 이 계수 값을 직접 타이핑해 이 값을 계수로 하는 다항식을 수식으로 만들어 새로운 y 값을 계산했다. 그런데 polyval 함수를 사용하면 계수 값을 다시 타이핑해 넣지 않고도 같은 일을 수행할 수 있다.

polyval 함수에 넣어주는 입력은 2개이다. 첫 번째 필드에는 polyfit 함수로 구한 계수가 저장된 배열을, 두 번째 필드에는 새로운 y 값(추정값)을 계산하고자 하는 x 값이 저장된 배열을 입력한다. 앞에서 선형회귀법으로 추정값 y를 구한 과정을 다음과 같이 간단한 방법

고차 다항식 모델

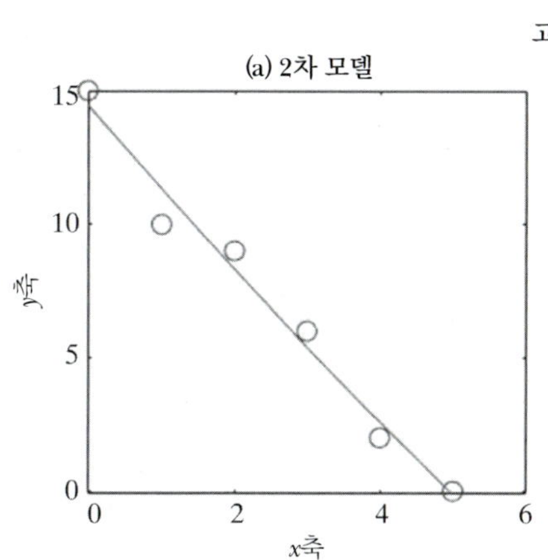

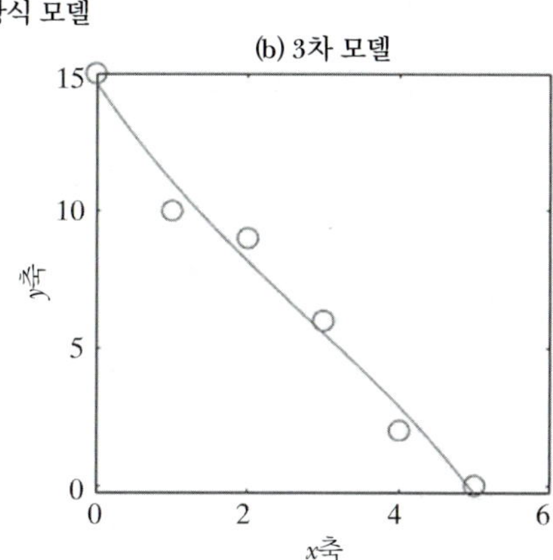

그림 13.7
2차 및 3차 다항식 모델을 이용한 회귀 곡선

으로 똑같이 수행할 수 있다.

```
coef = polyfit(x,y,1)
y_first_order_fit = polyval(coef,x)
```

이 두 줄의 명령을 줄여서 다음과 같이 한 줄로 간단히 쓸 수 있다.

```
y_first_order_fit = polyval(polyfit(x,y,1),x)
```

이제 polyfit, polyval 함수의 사용법을 알았으므로 이들을 사용해 13.1.1절의 데이터와 잘 들어맞는 4차 다항식과 5차 다항식을 구하고 이를 그래프로 그려보자.

```
y4 = polyval(polyfit(x,y,4),smooth_x);
y5 = polyval(polyfit(x,y,5),smooth_x);
nexttile
plot(x,y,'o',smooth_x,y4)
axis([0,6,-5,15])
xlabel("x축"),ylabel("y축")
title("(a) 4차 모델")
nexttile
plot(x,y,'o',smooth_x,y5)
axis([0,6,-5,15])
xlabel("x축"),ylabel("y축")
title("(b) 5차 모델")
title(t,"고차 다항식 모델")
```

이 프로그램을 수행하면 그림 13.8의 그래프를 얻을 수 있다.

예상대로 방정식의 차수가 높을수록 실제 데이터와 잘 일치하게 된다. 실제 데이터 점의 수가 6개이므로 여기에서 구한 5차 다항식 모델은 이 데이터 집합과 정확하게 일치한다.

HINT 다음과 같이 tiles 함수(이전엔 subplot 함수라고 불림)와 sprintf 함수를 for 루프 속에 넣고 프로그램을 작성하면 그림 13.7, 13.8에 있는 4개의 그래프를 모두 그릴 수 있다.

고차 다항식 모델

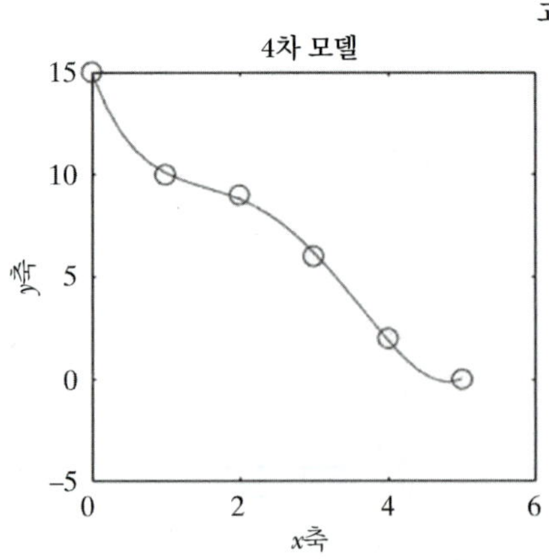

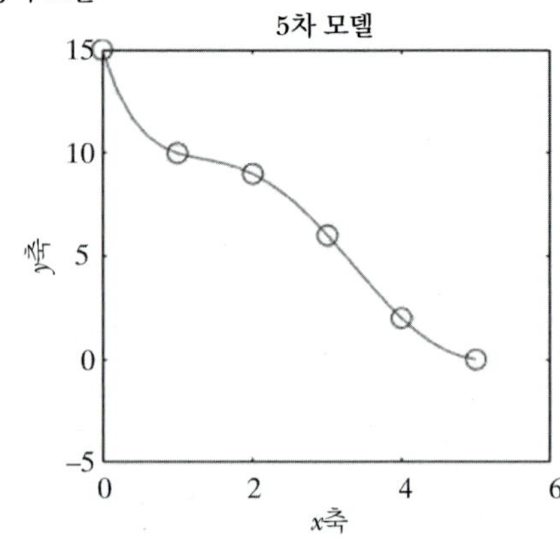

그림 13.8
6개의 데이터 점의 곡선맞춤을 위한 4차 다항식과 5차 다항식 모델. 5차 다항식 모델은 주어진 6개의 데이터를 모두 포함한다.

```
x = 0:5;
y = [15, 10, 9, 6, 2, 0];
smooth_x = 0:0.2:5;
t=tiledlayout(2,2);
for k = 1:4
nexttile
plot(x,y,'o',smooth_x,polyval(polyfit(x,y,k+1),smooth_x))
axis([0,6,-5,15])
a = sprintf('%1.0f차 다항식 모델 \n',k+1);
title(a)
xlabel("x축"),ylabel("y축")
end
title(t,"고차 다항식 모델")
```

실습문제 13.3

정답은 피어슨 출판사의 웹사이트 https://www.pearsonhighered.com/moore에서 확인할 수 있다.

다음 표의 데이터를 사용해 x, y를 각각 벡터변수로 만든 후 다음 문제를 풀라.

$z = 15$		$z = 30$	
x	y	x	y
10	23	10	33
20	45	20	55
30	60	30	70
40	82	40	92
50	111	50	121
60	140	60	150
70	167	70	177
80	198	80	208
90	200	90	210
100	220	100	230

1. polyfit 함수를 사용해 $z = 15$인 x, y 데이터 집합과 잘 일치하는 1차 다항식을 구하라.
2. 10~100 범위에서 간격이 2인 새로운 벡터변수 new_x를 만들라. 이 변수와 실습문제 1에서 구한 계수 값을 polyval 함수에 입력해 새로운 y값을 구하고 이를 new_y라는 벡터변수로 만들라.
3. 원래 데이터를 선으로 연결해 그리는 대신 원형 마커를 이용해 도시하고, 계산으로 추정한 데이터를 실선으로 그려 하나의 그래프에 함께 나타내라. 1차 다항식 모델은 데이터와 잘 들어맞는가?
4. $z = 30$인 x, y 데이터 집합에 대해 실습문제 1~3을 다시 풀라.

예제 13.3

배수로의 유량

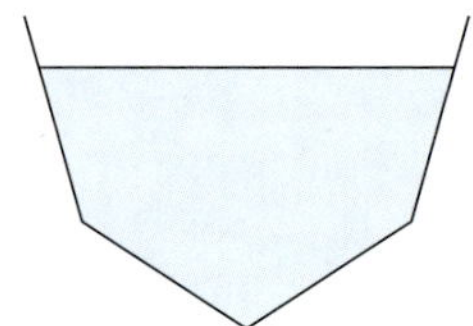

그림 13.9
단순하지 않은 배수관 단면의 예시

배수로에 흐르는 물의 양을 구하는 것은 겉보기에는 쉬워 보이지만 실제는 그렇지 않다. 그림 13.9와 같이 배수관의 형태가 단순하지 않을 수도 있고 방해물이 물의 흐름에 영향을 줄 수도 있고 마찰이 심한 경우도 있다. 수치해석 기법을 사용하면 이 모든 문제를 고려해 실제 물의 흐름을 나타내는 모델을 만들 수 있다. 다음 표에는 실제 배수로에서 측정한 데이터가 수록되어 있다.

수위(ft)	유량(ft^3/s)
0	0
1.7	2.6
1.95	3.6
2.60	4.03
2.92	6.45
4.04	11.22
5.24	30.61

이 배수로 유량 데이터와 잘 들어맞는 1차 방정식, **2차 방정식**(quadratic equation), **3차 방정식**(cubic equation)을 모두 구하고 이들을 한 그래프에 함께 그려라. 또 어떤 방정식 모델이 유량 데이터와 가장 잘 일치하는지 살펴보라. 그리고 원점을 지나는 선형 모델도 함께 구하라.

1. 문제를 명확히 나타낸다.
   다항식회귀법을 적용해 초당 배수로의 유량 데이터의 1차, 2차, 3차 방정식 모델을 구해 그래프로 나타내고, 이 중에서 데이터와 가장 잘 일치하는 모델을 알아낸다.

2. 입력과 출력을 표시한다.
   입력 배수로의 수위(height) 및 유량(flow rate) 데이터
   출력 1차, 2차, 3차 다항식 모델 및 그래프

3. 손이나 계산기로 문제를 미리 풀어본다.
   그림 13.10과 같이 초당 배수로 유량 데이터를 그래프에 나타낸 후 손으로 이 데이터 점들

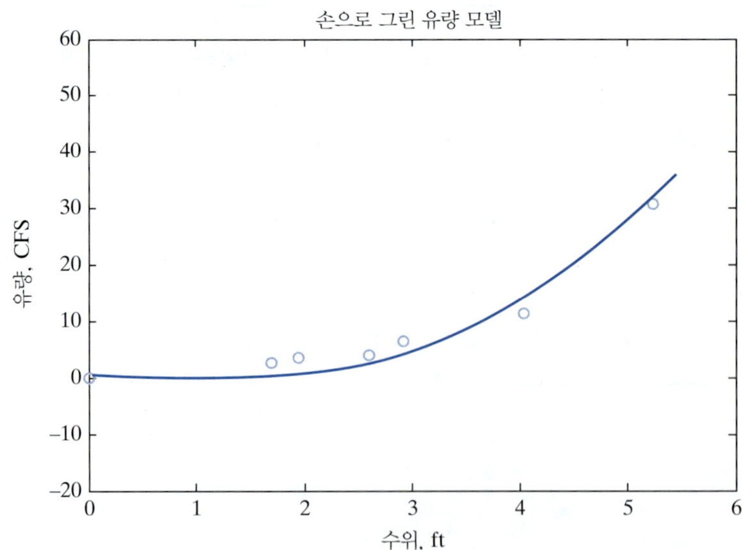

그림 13.10
손으로 개략적으로 스케치해 그린 유량 곡선

을 지나는 곡선을 대충 그린다. 배수로의 수위가 0일 때에는 물이 흐르지 않으므로 원점인 (0, 0)점에서 시작해서 그리도록 한다.

4. 매트랩으로 문제를 푼다.
다음과 같이 이 예제를 풀기 위한 프로그램을 M-파일로 만들어 명령창에서 실행해보자.

```
%% 13.3 예제 - 배수로의 유량
height = [0, 1.7, 1.95, 2.6, 2.92, 4.04, 5.24];
flow = [0, 2.6, 3.6, 4.03, 6.45, 11.22, 30.61];
new_height=0:0.5:6;
newf0=height'\flow'*new_height;
newf1=polyval(polyfit(height,flow,1),new_height);
newf2=polyval(polyfit(height,flow,2),new_height);
newf3=polyval(polyfit(height,flow,3),new_height);
plot(height,flow,'o',new_height,newf0,new_height,newf1, ...
new_height,newf2,new_height,newf3)
title("배수로 유량 모델")
xlabel("수위, ft")
ylabel("유량, CFS")
legend("측정 데이터","원점 1차 모델","'1차 모델", ...
"2차 모델","3차 모델")
```

이제 그림 13.11의 그래프를 얻을 수 있다.

5. 풀이를 검사한다.
어느 모델의 그래프가 데이터를 더 잘 표현하고 있는지 판단하는 것은 쉽지 않다. 데이터를 근사하는 다항식의 차수가 높을수록 데이터 점과 더 잘 맞기는 하지만 그렇다고 해서 반드시 실제 상황을 더 잘 나타내고 있다고 말할 수는 없다.

그래프에서 1차 방정식 모델의 예측 결과를 살펴보면 수위가 0일 때 수량이 약 -5 ft^3/s 인데, 이것은 실제 상황과는 맞지 않는다. 한편 원점을 지나는 선형 모델은 데이터의 경향

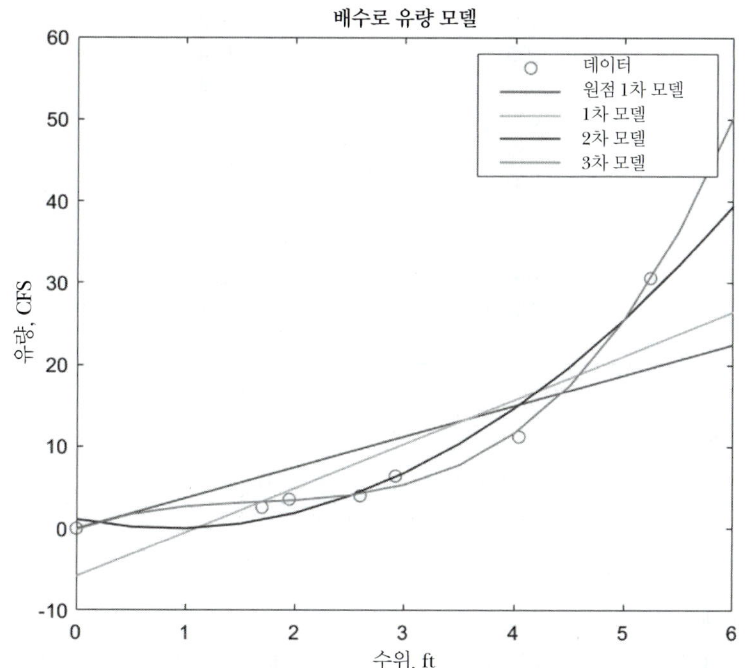

그림 13.11
여러 가지 곡선맞춤 방법으로 얻은 그래프

을 잘 반영하지 못해 부적합하다. 2차 방정식 모델을 보면 수위가 0 ft일 때가 아니라 약 1.5 ft일 때 수량이 최소가 되는데 이것 역시 실제 상황에서는 있을 수 없다. 3차 방정식 모델을 보면 측정 데이터와 잘 일치하므로 이 모델이 실제 상황에 가장 잘 맞는다고 할 수 있다. 그림 13.10에서 손으로 그린 곡선과 비교해보면 3차 모델이 가장 비슷한 것을 알 수 있다.

예제 13.4

기체의 열용량

기체를 가열해 온도를 1°C 올리는 데 필요한 에너지를 그 기체의 **열용량**(heat capacity)이라고 한다. 기체의 열용량은 기체의 종류는 물론 기체의 온도에 따라서도 달라진다. 다항식을 사용해 이러한 관계를 모델링할 수 있다. 표 13.5에는 이산화탄소의 열용량 데이터가 수록되어 있다.

매트랩을 사용해 이 데이터와 잘 들어맞는 다항식을 구하라. 그리고 그 결과를 다음 모델과 비교하라. 이 모델은 《Chemical and Process Thermodynamics》(B.G. Kyle, Upper Saddle River, NJ: Prentice Hall PTR, 1999)에 수록되어 있다.

$$C_p = 1.698 \times 10^{-10}T^3 - 7.957 \times 10^{-7}T^2 + 1.359 \times 10^{-3}T + 5.059 \times 10^{-1}$$

1. 문제를 명확히 나타낸다.
   온도에 따른 열용량의 변화를 나타내는 실험식을 구하고 이를 문헌에 수록된 모델과 비교한다.

표 13.5 이산화탄소의 열용량

온도 T(K)	열용량 C_p(kJ/kg K)
250	0.791
300	0.846
350	0.895
400	0.939
450	0.978
500	1.014
550	1.046
600	1.075
650	1.102
700	1.126
750	1.148
800	1.169
900	1.204
1,000	1.234
1,500	1.328

출처: *Tables of Thermal Properties of Gases*, NBS Circular 564, 1955.

2. 입력과 출력을 표시한다.
   입력 이산화탄소의 온도에 따른 열용량 데이터
   출력 데이터를 잘 나타내는 다항식 모델
   다항식의 그래프

3. 손이나 계산기로 문제를 미리 풀어본다.
   그림 13.12와 같이 표의 데이터를 그래프상에 나타내 보면 1차 다항식인 직선으로는 이 데

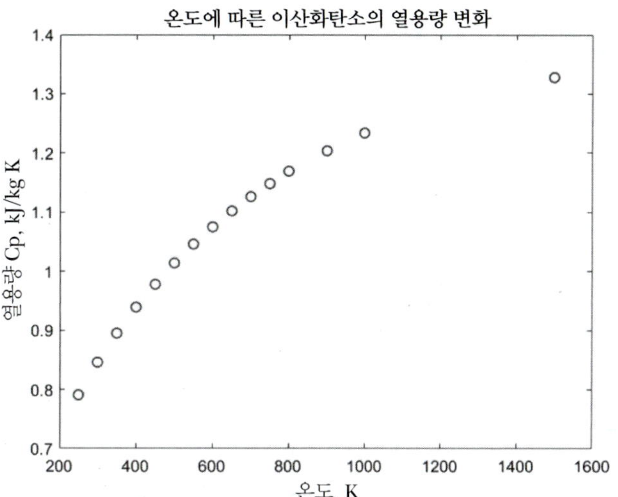

그림 13.12
온도에 따른 이산화탄소의 열용량 변화

이터를 근사하기 어렵다는 것을 알 수 있다. 여기에서는 1~4차 다항식을 사용하는 모델을 구한다.

4. 매트랩으로 문제를 푼다.

다음과 같이 이 예제를 풀기 위한 프로그램을 M-파일로 만들어 명령창에서 실행해보자.

```
%% 예제 13.4 기체의 열용량
clear, clc
% 이산화탄소 측정 데이터를 만든다.
T=[250:50:800,900,1000,1500];
Cp=[0.791, 0.846, 0.895, 0.939, 0.978, 1.014, 1.046, 1.075,
    1.102,...
1.126, 1.148, 1.169, 1.204, 1.234, 1.328];
% 온도를 더 세밀하게 나눈다.
new_T=250:10:1500;
% 네 가지 다항식 모델을 이용해 새로 만든 온도에서 열용량을 계산한다.
Cp1=polyval(polyfit(T,Cp,1),new_T);
Cp2=polyval(polyfit(T,Cp,2),new_T);
Cp3=polyval(polyfit(T,Cp,3),new_T);
Cp4=polyval(polyfit(T,Cp,4),new_T);
% 네 가지 모델의 그래프를 그린다.
t=tiledlayout(2,2);
nexttile
plot(T,Cp,'o',new_T,Cp1)
ylabel("열용량, kJ/kg K")
axis([0,1700,0.6,1.6])
title("1차 모델")
nexttile
plot(T,Cp,'o',new_T,Cp2)
axis([0,1700,0.6,1.6])
title("2차 모델")
nexttile
plot(T,Cp,'o',new_T,Cp3)
xlabel("온도, K"), ylabel("열용량, kJ/kg K")
```

```
axis([0,1700,0.6,1.6])
title("3차 모델")
nexttile
plot(T,Cp,'o',new_T,Cp4)
xlabel("온도, K")
axis([0,1700,0.6,1.6])
title("4차 모델")
title(t,"이산화탄소의 열용량")
```

이 프로그램을 실행해 얻은 그림 13.13의 그래프를 보면 2차 또는 3차 모델이 모두 이 온도 범위에서 이산화탄소의 특성을 적절히 나타내고 있음을 알 수 있다. 이 모델 중에서 3차 다항식 모델을 선택해 다음과 같이 polyfit 함수로 다항식의 계수를 구한다.

```
polyfit(T,Cp,3)
ans =
2.7372e-010 -1.0631e-006 1.5521e-003 4.6837e-001
```

이 결과로부터 데이터를 나타내는 3차 다항식은 다음과 같다.

$$C_p = 2.7372 \times 10^{-10}T^3 - 1.0631 \times 10^{-6}T^2 + 1.5521 \times 10^{-3}T + 4.6837 \times 10^{-1}$$

5. 풀이를 검사한다.
매트랩으로 구한 결과를 문헌에 수록된 모델과 비교해보자.

$$C_p = 2.737 \times 10^{-10}T^3 - 10.63 \times 10^{-7}T^2 + 1.552 \times 10^{-3}T + 4.683 \times 10^{-1}$$

(매트랩으로 구한 결과)

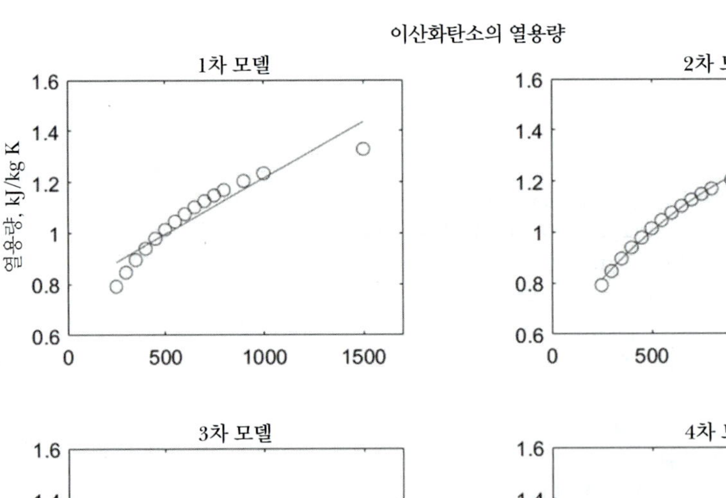

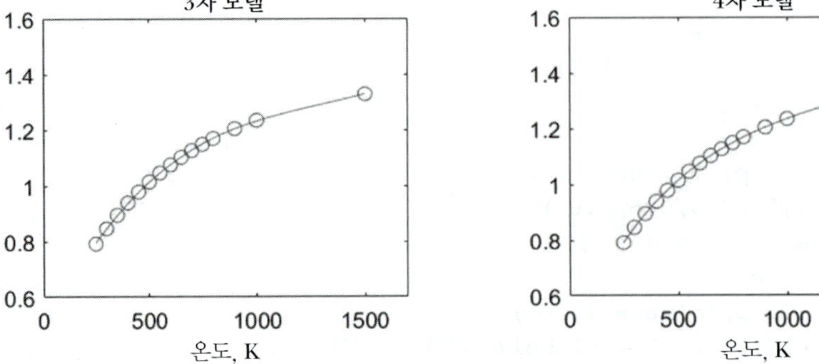

그림 13.13
이산화탄소의 열용량 데이터를 나타내는 여러 가지 다항식 모델의 비교

$$C_p = 1.698 \times 10^{-10}T^3 - 7.957 \times 10^{-7}T^2 + 1.359 \times 10^{-3}T + 5.059 \times 10^{-1}$$
(문헌)

두 수식은 비슷하긴 하지만 완전히 똑같지는 않다. 이 예제에서 몇 개 안 되는 데이터로 다항식 곡선맞춤 모델을 찾았고, 문헌에 수록된 모델은 정확도를 높이기 위해 더 많은 데이터를 사용해 계산된 것이기 때문에 이러한 결과는 당연하다.

13.3 대화형 곡선맞춤도구

매트랩에는 대화형 그래프 도구가 새롭게 추가되어 명령창에서 명령을 입력하지 않아도 그래프에 여러 가지 정보를 표시할 수 있다. 아울러 기본 곡선맞춤도구, 복잡한 곡선맞춤도구, 통계도구도 함께 포함되어 있다.

13.3.1 기본 곡선맞춤도구

먼저 다음 명령을 차례로 실행시켜 보자.

```
x = 0:5;
y = [0,20,60,68,77,110]
plot(x,y,'o')
axis([-1,7,-20,120])
```

그러면 그림 13.14와 같이 몇 개의 샘플 데이터가 표시된 그래프가 만들어진다.

그림창의 메뉴표시줄에서 'Tools → Basic Fitting'을 차례로 선택하면 기본 곡선맞춤창(basic fitting window)이 열린다. 그림 13.16과 같이 이 창에서 'Linear, Cubic, Equation' 옆에 놓인 작은 네모를 체크하면 그림 13.15(a)와 같은 그래프를 얻을 수 있다.

그림 13.16과 같이 'Error Estimation(Residuals)'를 선택한다. 이어서 'Plot Style'에 'Bar'를 선택하고 'Plot Location'에 'Subplot'을 선택하면 그림 13.15(b)와 같이 아래쪽에 그래프가 하나 더 그려지는데, 이 그래프를 보면 계산된 추정 곡선이 실제 데이터 점과 얼마나

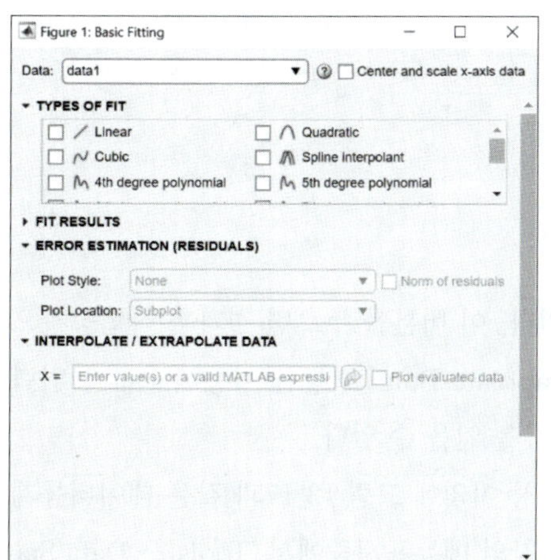

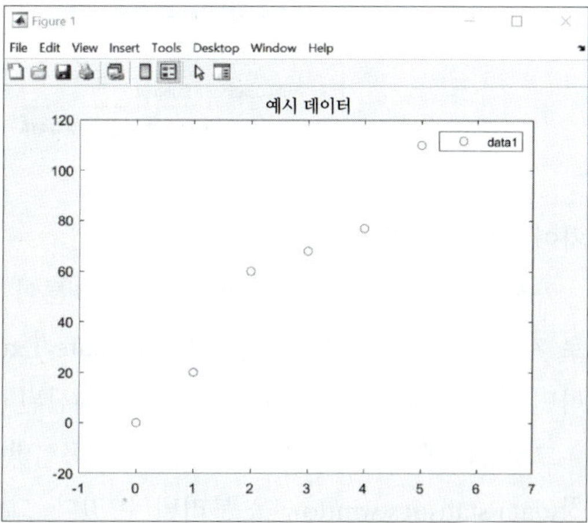

그림 13.14
대화형 기본 곡선맞춤창. (a) 그림창의 메뉴표시줄에서 'Tools'를 선택해 기본 곡선맞춤창을 열 수 있다. (b) 그림창에는 그래프의 모양을 수정하고, 곡선맞춤을 포함해 그래프에 사용된 데이터에 대한 통계적 계산을 수행하는 도구가 포함되어 있다.

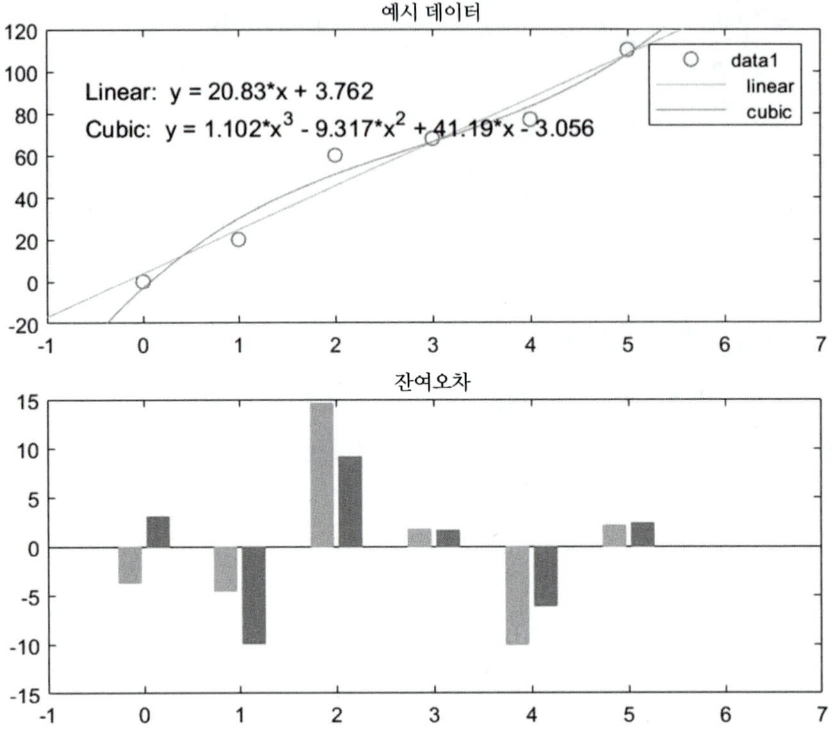

그림 13.15
곡선맞춤도구를 이용하면 다양한 정보를 함께 나타낼 수 있다. (a) 위 그림에는 맞춤 곡선의 모델을 표현하는 수식이 포함되어 있다. (b) 아래 그림은 실제 데이터와 추정 데이터의 차이인 **잔여오차**(residual)를 보여주고 있다.

Figure 1: Basic Fitting
Data: data1 ▼ Center and scale x-axis data
▾ TYPES OF FIT
☑ Linear ☐ Quadratic
☑ Cubic ☐ Spline interpolant
☐ 4th degree polynomial ☐ 5th degree polynomial
▾ FIT RESULTS
Significant digits: 4 ▼
Linear Cubic
☑ Equation $y = 1.102x^3 - 9.317x^2 + 41.19x - 3.056$
☐ R^2 0.9702
☐ Norm of residuals 15.39
▾ ERROR ESTIMATION (RESIDUALS)
Plot Style: Bar ▼ ☐ Norm of residuals
Plot Location: Subplot ▼
▸ INTERPOLATE / EXTRAPOLATE DATA

그림 13.16
기본 곡선맞춤도구를 사용하면 사용자는 여러 맞춤 방법을 선택하고, 결과를 그래프에 표시할 수 있다. 또한 데이터의 내삽 및 외삽을 수행할 수 있고 정보를 작업공간으로 내보낼 수 있다.

차이가 나는지 알 수 있다.

곡선맞춤창의 오른쪽 아래에는 화살표 버튼이 있다. 이 버튼을 누르면 결과를 작업공간으로 저장할 수 있다. 마지막으로 'Interpolate/Extrapolate Data' 기능을 이용해 x 값을 입력하면 가운데 패널에 표시된 수식에 따라 계산된 y 값을 얻을 수 있다.

그림창의 메뉴표시줄을 이용하면 기본 곡선맞춤창 이외에 그림 13.17과 같은 데이터통계창(data statistics window)을 불러낼 수 있다. 그림창의 메뉴표시줄에서 'Tools → Data Sta-

Figure 1: Data Statistics

Data Statistics for: data1

Select statistics to display on the figure:

	X	Y
min	0	0
max	5	110
mean	2.5	55.83
median	2.5	64
mode	0	0
std	1.871	39.87
range	5	110

Help　Save to Workspace...

그림 13.17
데이터통계창

tistics'를 차례로 선택하면 데이터통계창이 열린다. 이 창을 이용하면 그래프로 그린 데이터의 평균, 표준편차 등을 계산할 수 있으며 이 결과를 작업공간에 저장할 수도 있다.

13.3.2 곡선맞춤도구상자

매트랩에서는 기본 곡선맞춤도구 이외에 별도의 도구상자(toolbox, 툴박스)를 이용해 특수한 통계 연산과 곡선맞춤 연산을 수행할 수 있다. 특히 곡선맞춤도구상자(curve-fitting toolbox)에 들어 있는 대화형 도구를 사용하면 다항식 이외에도 여러 방식으로 데이터를 모델링할 수 있다. 곡선맞춤도구상자는 별도로 구매해야 하지만 학생용 버전의 경우 기본적으로 포함되어 있으며 널리 사용된다.

13.4 차분과 수치미분

13.4.1 `diff` 함수

함수 $y = f(x)$의 **도함수**(derivative)를 구하면 x에 따라 y가 어떤 식으로 변하는지 알 수 있다. x와 y의 관계를 나타내는 수식이 있으면 기호수학 도구상자(symbolic toolbox)에서 제공하는 함수를 사용해서 이 수식을 미분해 도함수를 구할 수 있다. 그러나 x, y에 대해 수식이 아니라 데이터(수치)만 있는 경우에는 다음과 같이 y 데이터의 변화량을 x 데이터의 변화량으로 나누어 도함수를 근사적으로 추정할 수 있다.

$$\frac{dy}{dx} \approx \frac{\Delta y}{\Delta x} \approx \frac{y_2 - y_1}{x_2 - x_1}$$

13.1절에서 설명할 때 예로 든 다음 데이터

```
x = 0:5;
y = [15, 10, 9, 6, 2, 0];
```

의 도함수를 근사적으로 구하면 그 결과는 그림 13.18과 같이 인접한 데이터 점들을 서로 연결하는 각 직선 부분의 기울기가 된다.

핵심 개념
`diff` 함수는 숫자로 이루어진 배열과 기호로 된 수식을 미분하는 데 모두 사용된다.

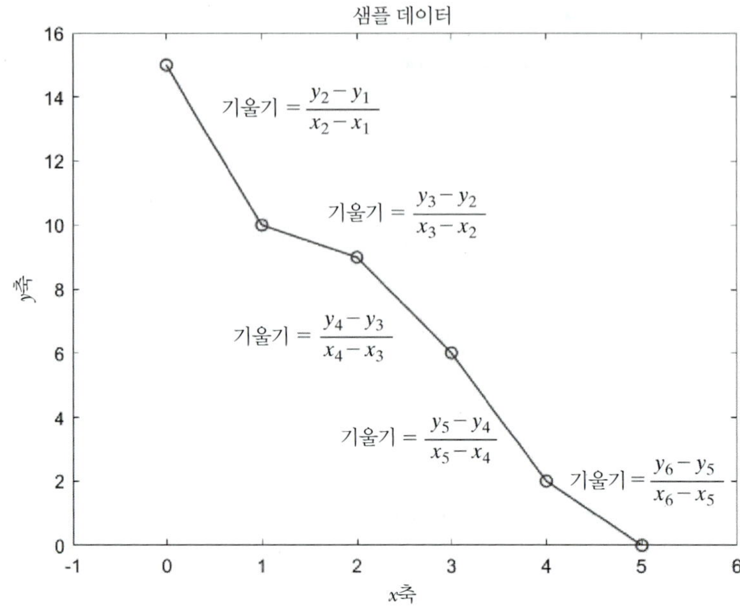

그림 13.18
어떤 데이터 집합의 미분은 그 집합을 이루고 있는 인접한 데이터 점들을 서로 연결하는 각 직선 부분의 기울기로 근사할 수 있다.

핵심 개념
`diff` 함수는 두 가지 별도의 정의가 있는 함수(오버로드된 함수)로, 매트랩은 입력 인수에 따라 사용할 함수 버전을 결정한다.

예를 들어 이들 데이터가 일정 시각마다 측정한 반응기의 온도라고 가정하면 이 데이터의 기울기는 각 시간 간격 동안 반응기의 냉각률(냉각속도, cooling rate)을 나타내는 것이 된다. 매트랩에 내장되어 있는 `diff` 함수를 사용하면 어떤 벡터에서 연속하는 두 원소 값의 차이[이를 차분(difference)이라고 함]를 구할 수 있다. 따라서 순서쌍으로 된 데이터의 기울기를 계산하는 데 `diff` 함수가 이용된다. 하나의 이름으로 여러 가지 기능을 수행하는 함수를 오버로드된 함수(overloaded function)라고 하는데, `diff` 함수가 여기에 속한다. 매트랩에서는 기호미분 연산에 사용되는 함수가 `diff`인데 이산 데이터 점들(discrete data points)의 차이를 계산하는 함수도 `diff`이다. 매트랩은 사용자가 `diff`에 무엇을 입력하느냐에 따라 어떤 기능을 수행할지 결정한다.

예를 들어 13.1.1절에서 다룬 벡터변수 `x`의 변화량을 구하고 싶으면

```
delta_x = diff(x)
```

를 타이핑한다. `x`에서 원소의 값이 1씩 차례대로 증가하므로 다음 결과가 출력된다.

```
delta_x =
    1    1    1    1    1
```

같은 방법으로 `y`의 변화량을 구해보면 다음과 같다.

```
delta_y = diff(y)
delta_y =
    -5 -1 -3 -4 -2
```

기울기를 구하기 위해 `delta_y`를 `delta_x`로 나누면

```
slope = delta_y./delta_x
slope =
    -5 -1 -3 -4 -2
```

이 된다. 물론 다음과 같이 바로 구할 수도 있다.

```
slope = diff(y)./diff(x)
slope =
    -5 -1 -3 -4 -2
```

어떤 벡터를 diff 함수에 입력하면 diff 함수는 벡터에서 인접한 두 원소의 차이를 계산하므로 원래 벡터보다 원소 수가 하나 적은 벡터를 답으로 출력한다. diff 함수로 계산한 기울기는 어떤 특정 x 값일 때의 기울기라기보다는 두 x 값 사이의 기울기라고 하는 것이 더 정확하다. diff 함수를 사용해 구한 x에 대한 기울기를 그래프로 그릴 때에는 기울기 값이 연속적이지 않으므로 막대그래프를 이용하는 편이 좋다. 막대그래프를 그릴 때 x 값은 기울기를 구하는 구간의 중간값으로 맞춘다. 다음 명령을 수행하면

```
x = x(:,1:5)+diff(x)/2;
bar(x,slope)
```

그림 13.19와 같은 그래프를 얻을 수 있다.

x, y의 관계가 수식으로 표현되어 있는 함수를 수치적으로 미분해 도함수를 근사적으로 구할 때에도 diff 함수를 사용할 수 있다. 다음 함수를 예로 들어 살펴보자.

$$y = x^2$$

이 함수를 통해 x 값에 따라 순서쌍 (x, y)가 만들어진다. x, y 값의 개수가 많을수록 이 함수의 그래프는 부드러운 곡선이 된다. 다음과 같이 x, y 벡터를 만들어 이 함수의 그래프를 그려보면 그림 13.20(a)와 같이 된다.

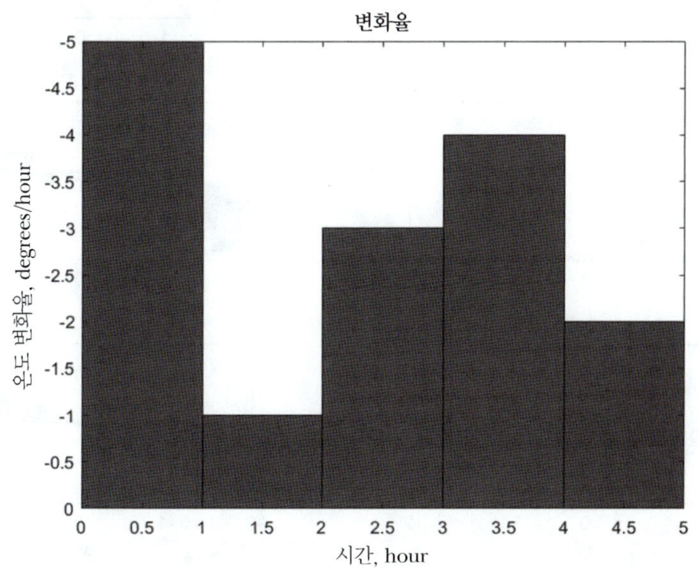

그림 13.19
데이터로부터 기울기를 계산하면 그래프가 불연속 모양으로 나타난다. 이 그래프는 대화형 그래프 도구로 조정한 것이다.

```
x = -2:2
y = x.^2;
big_x = -2:0.1:2;
big_y = big_x.^2;
plot(big_x,big_y,x,y,'-o')
```

그림 13.20(a)의 두 그래프는 인접한 점끼리 직선으로 연결되어 만들어진 것이다. 그런데 big_x, big_y 벡터에서 인접한 두 점은 아주 가까이 놓여 있으므로 부드러운 곡선으로 보이는 것이다. 이 그래프의 기울기를 diff 함수로 계산하고 이를 그래프로 그리면 그림 13.20(b)와 같이 된다.

```
slope5 = diff(y)./diff(x);
x5 = x(:,1:4)+diff(x)./2;
% 이 값은 전체를 5개의 데이터 점으로 나누어 구한 것이다.
bar(x5,slope5)
```

이때 대화형 그래프 도구를 이용하면 그림 13.20(b)와 같이 나타나도록 조정할 수 있다. 데이터 점의 수를 5개에서 9개로 늘려보면 그래프의 곡선이 조금 더 부드럽게(하지만 여전히 불연속적이다) 나타나도록 조정할 수 있다.

```
x = -2:0.5:2;
y = x.^2;
plot(big_x,big_y,x,y,'-o')
```

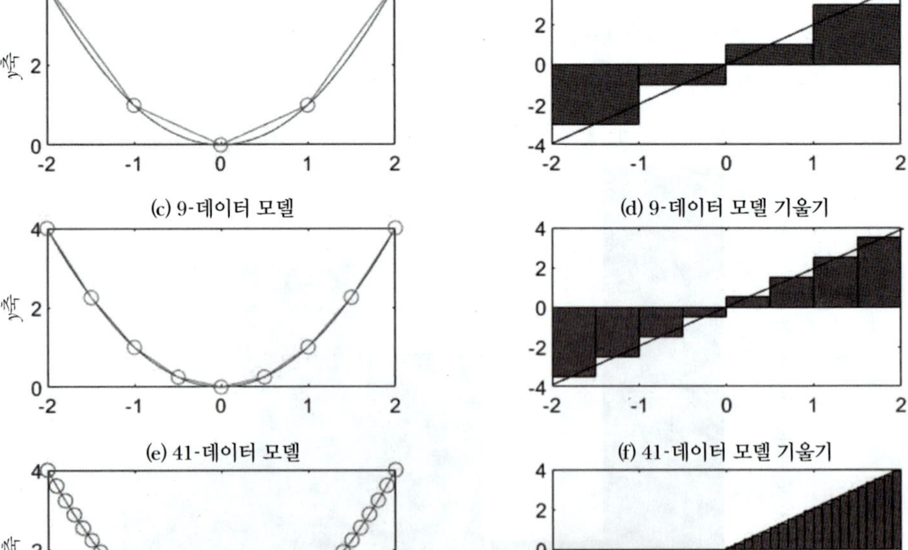

그림 13.20
함수를 모델링할 때 사용하는 점이 많을수록 함수의 기울기가 더욱 정확하다.

```
slope9 = diff(y)./diff(x);
x9 = x(:,1:8)+diff(x)./2;
% 이 값은 전체를 9개의 데이터 점으로 나누어 구한 것이다.
bar(x9,slope9)
```

그러면 그림 13.20(c, d)와 같은 그래프가 나타난다. 이번에는 데이터 점의 수를 41개로 훨씬 많아지게 하면

```
plot(big_x,big_y,'-o')
slope41 = diff(big_y)./diff(big_x);
x41 = big_x(:,1:40)+diff(big_x)./2;    % 41개의 데이터 점
bar(x41,slope41)
```

그림 13.20(e, f)와 같이 거의 부드러운 그래프를 얻을 수 있다.

13.4.2 전방차분법, 후방차분법, 중앙차분법

앞 절에서는 특정 구간(범위)에 대해 도함수를 근사적으로 구해보았는데, 여기에서는 특정한 점(point)에서의 도함수를 구하는 방법에 대해 살펴보자. 이를 위해 어떤 한 점 x_i에서 함수 y의 도함수를 다음과 같이 두 점 (x_i, y_i)와 (x_{i+1}, y_{i+1}) 사이의 기울기로 정의할 수 있다.

$$\left(\frac{dy}{dx}\right)_i = \frac{y_{i+1} - y_i}{x_{i+1} - x_i}$$

이 식은 diff 함수를 사용해 다음과 같이 쓸 수 있다.

```
fd = diff(y)./diff(x)
```

이렇게 계산한 결과를 두 점 중 먼저 나오는 점인 x_i점에서의 도함수로 정한다. 어떤 점의 도함수를 이렇게 구하는 방법을 **전방차분**(forward difference)법이라고 한다. 이런 이름이 붙은 까닭은 배열에서 i번째 값의 도함수를 그 다음(전방)에 있는 $i+1$번째 값을 이용해 근사적으로 구하기 때문이다.

사인 함수를 예로 들어 설명해보자. 사인 함수의 도함수는 코사인 함수이다. 이제 전방차분법을 사용해 $\sin(x)$의 도함수를 근사적으로 구하고 이를 해석적인 해(analytical solution), 다시 말해 정확한 도함수인 $\cos(x)$와 비교해보자. 먼저 독립변수인 x 벡터를 만들고 종속변수 y 벡터를 계산한다.

```
x = linspace(0,pi/2,10)
y = sin(x)
```

$\sin(x)$를 미분하면 $\cos(x)$가 되므로 $y = \sin(x)$의 도함수를 다음과 같이 쓸 수 있다.

$$\frac{dy}{dx} = \cos(x)$$

다음 명령을 실행하면 정확한 도함수 값을 계산할 수 있다.

```
dydx=cos(x)
```

x 벡터에 들어 있는 10개의 값 중에서 앞에서부터 9개의 값에 대해 도함수 값을 근사적으로 구하기 위해 다음 명령을 실행한다.

```
fd=diff(y)./diff(x)
```

x 벡터에서 10번째 마지막 값에 대해서는 전방차분법으로 미분을 근사적으로 구할 수 없다. 따라서 도함수 근삿값이 저장되는 변수의 마지막 자리에는 NaN(not a number)을 집어넣어 자리 표시만 해두기로 한다. 이를 위해 length 함수를 사용해 다음과 같이 명령을 내린다. length(x)는 10이므로 fd의 마지막 10번째 자리에는 NaN이 들어간다.

```
fd(length(x))=NaN;
```

이렇게 구한 근삿값과 참값 사이의 백분율 오차는 다음 식으로 계산할 수 있다.

$$\% \text{ 오차} = \frac{\text{참값} - \text{근삿값}}{\text{참값}} \times 100$$

이를 매트랩 명령으로 쓰면 다음과 같다.

```
error_percentage=(dydx-fd)./dydx*100
```

지금까지의 계산 결과를 표로 출력하기 위해 다음 명령을 실행해보자.

```
a=["X","cos(x)","전방차분 근삿값","% 오차"];
table(x',dydx',fd',error_percentage','VariableNames',a)
```

명령창에 출력된 표를 살펴보자. 해석적 결과(참값)와 전방차분법으로 구한 근삿값 사이의 백분율 오차는 큰 편이다(특히 x 값이 $\pi/2$에 가까울수록). 그렇지만 절대오차는 아주 작다.

x 벡터의 마지막 값에 대해서는 근삿값이 없으므로 NaN이 들어가 있다. x 벡터의 값을 20개로 늘려 위의 방법을 되풀이해서 도함수의 근삿값을 구한 다음 10개일 때의 결과와 비교

전방차분법으로 계산한 sin(x)의 도함수(미분)

x	dy/dx cos(x)	dy/dx 전방차분 근삿값	%오차 (참값−근삿값)/참값*100
0.0000	1.0000	0.9949	0.5069
0.1745	0.9848	0.9647	2.0418
0.3491	0.9397	0.9052	3.6751
0.5236	0.8660	0.8181	5.5325
0.6981	0.7660	0.7062	7.8109
0.8727	0.6428	0.5728	10.8806
1.0472	0.5000	0.4221	15.5836
1.2217	0.3420	0.2585	24.4224
1.3963	0.1736	0.0870	49.8727
1.5708	0.0000	NaN	NaN

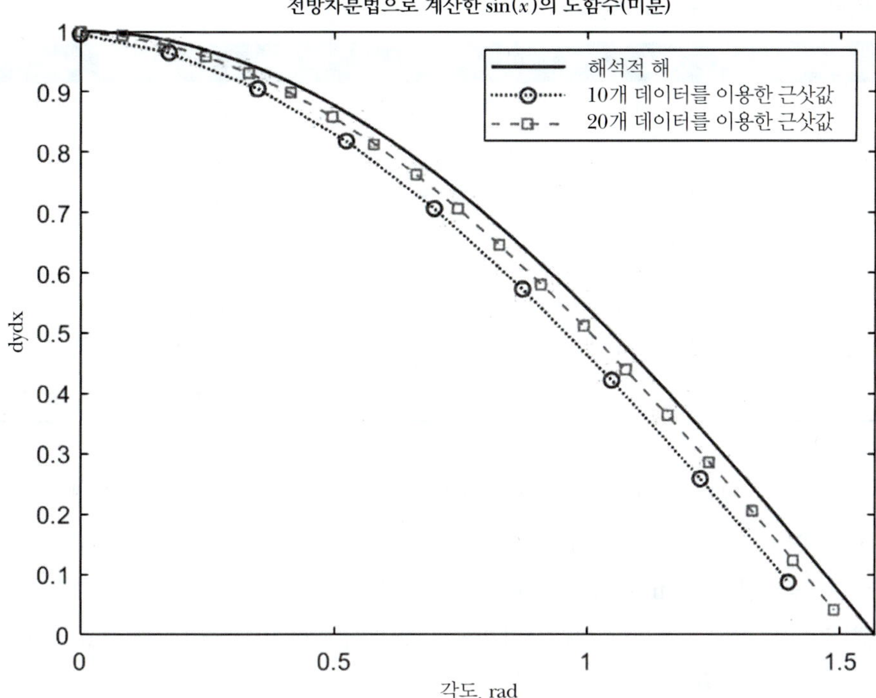

그림 13.21
미분 계산에 사용한 점의 개수에 따른 sin(x)의 도함수 변화

해 그래프로 나타낸 것이 그림 13.21이다.

그래프에서 알 수 있듯이 x 값의 개수가 많을수록 도함수를 더욱 정확하게 계산할 수 있다.

전방차분법과 비슷한 방법으로 **후방차분**(backward difference)법이 있다. 이 방법에서는 한 점 x_i에서 함수 y의 도함수를 두 점 (x_{i-1}, y_{i-1})과 (x_i, y_i) 사이의 기울기로 정의하는데, 이렇게 계산한 결과를 두 점 중 나중에 나오는 점인 x_i점에서의 도함수로 정한다[즉 배열에서 i번째 값의 도함수를 그 전(후방)에 있는 $i-1$번째 값을 이용해 근사적으로 구한다].

$$\left(\frac{dy}{dx}\right)_i = \frac{y_i - y_{i-1}}{x_i - x_{i-1}}$$

역시 diff 함수를 사용해 계산할 수 있다. 이번에도 변수 bd에 NaN을 집어넣어야 하는데, 여기에서는 맨 뒷자리가 아니라 맨 앞자리에 넣는다. 다음 명령을 실행해 sin(x)의 도함수를 후방차분법으로 근사적으로 구해보자.

```
%% 후방차분법
x=linspace(0,pi/2,10);
y=sin(x);
dydx=cos(x);
bd=diff(y)./diff(x);
bd=[NaN,bd];
error_percentageb = (dydx-bd)./dydx*100;
b=["X","cos(x)","후방차분법 근삿값","% 오차"];
table(x',dydx',bd',error_percentageb','VariableNames',a)
```

그러면 다음과 같은 표가 명령창에 출력된다.

후방차분법으로 계산한 sin(x)의 도함수(미분)

x	dy/dx	dy/dx	%오차
	cos(x)	후방차분 근삿값	(참값-근삿값)/참값*100
0.0000	1.0000	NaN	NaN
0.1745	0.9848	0.9949	-1.0279
0.3491	0.9397	0.9647	-2.6613
0.5236	0.8660	0.9052	-4.5186
0.6981	0.7660	0.8181	-6.7970
0.8727	0.6428	0.7062	-9.8667
1.0472	0.5000	0.5728	-14.5697
1.2217	0.3420	0.4221	-23.4085
1.3963	0.1736	0.2585	-48.8588
1.5708	0.0000	0.0870	-142155539756746180.0000

표를 살펴보면 후방차분법으로 구한 도함수의 오차가 전방차분법의 오차와 매우 비슷하다[표에서 맨 마지막 칸의 오차가 크게 나온 것은 오차를 계산할 때 0(참값)으로 나누었기 때문이다]. **중앙차분**(central difference)법을 사용하면 오차를 줄일 수 있다. 중앙차분법은 i번째 값의 도함수를 그 후방에 있는 $i-1$번째 값과 그 전방에 있는 $i+1$번째 값을 이용해 근사적으로 구하는 방법으로 다음과 같이 쓸 수 있다.

$$\left(\frac{dy}{dx}\right)_i = \frac{y_{i+1} - y_{i-1}}{x_{i+1} - x_{i-1}}$$

이 방법의 단점은 배열에 들어 있는 값 중에서 맨 처음과 맨 마지막 값에 대해서는 이 방법을 적용할 수 없다는 것이다.

매트랩의 함수 중에서 gradient 함수는 배열의 첫 번째 원소(값)에 대해서는 전방차분법, 맨 마지막 값에 대해서는 후방차분법, 나머지 값에 대해서는 중앙차분법을 사용해 도함수를 근사적으로 계산한다. gradient 함수에는 다음과 같이 2개의 배열 x, y를 입력으로 넣어준다.

```
g = gradient(y,x)
```

x 배열을 입력하지 않으면 gradient 함수는 도함수를 구하는 점의 간격을 1로 가정해 도함수를 계산한다. 그림 13.22에 세 가지 차분 방법과 해석적인 해로 계산한 결과를 그래프에 함께 나타냈다.

gradient 함수는 2차원 배열에 대해 편미분을 근사적으로 구하는 데에도 사용할 수 있다. 이를 설명하기 위해 다음과 같이 3차원 배열을 만들어보자.

```
X = -2:.1:2;
Y = -2:.1:2;
[x,y]=meshgrid(X,Y);
z = 3*(1-x).^2.*exp(-(x.^2) - (y+1).^2) ...
- 10*(x/5 - x.^3 - y.^5).*exp(-x.^2-y.^2) ...
- 1/3*exp(-(x+1).^2 - y.^2);
```

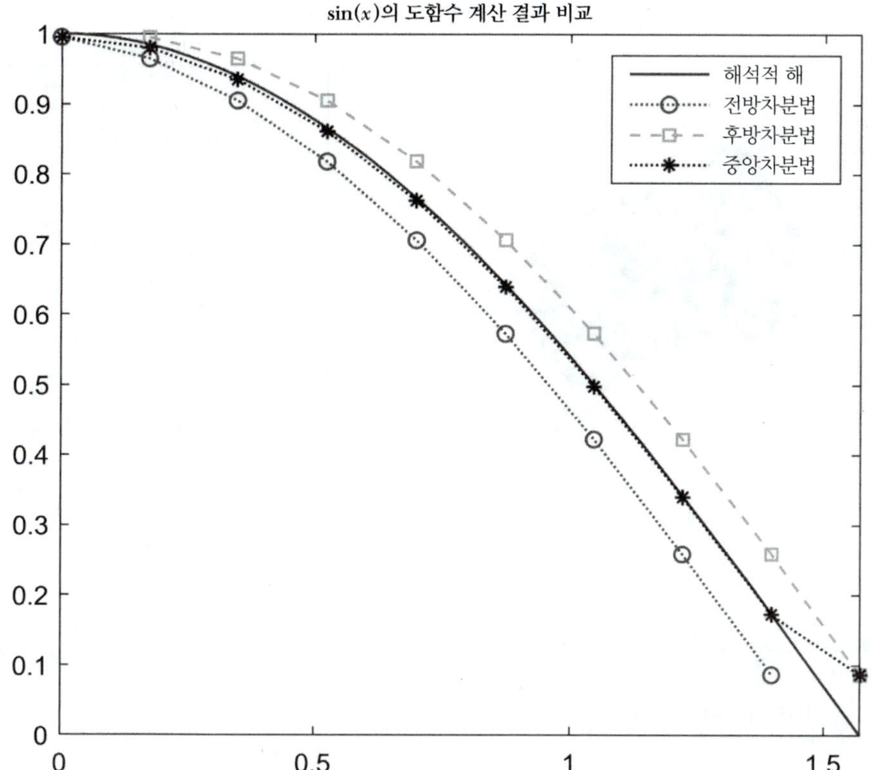

그림 13.22
세 가지 차분 방법과 해석적 방법으로 구한 도함수 그래프의 비교. 중앙차분법(gradient 함수 사용)으로 구한 결과가 가장 정확하다.

매트랩의 내장함수인 peaks 함수가 바로 이 방정식으로 구성되어 있는데, peaks 함수는 기능을 설명할 때 데모용 함수로 사용된다. 다음 명령으로 이 함수를 면 그래프로 그려보면 그림 13.23(a)와 같이 함수의 형태를 눈으로 확인할 수 있다.

```
surf(x,y,z)
```

함수 z의 x에 대한 편미분 $\partial z/\partial x$는 x 방향에 대한 함수 z의 기울기이다. 마찬가지로 함수 z의 y에 대한 편미분인 $\partial z/\partial y$는 y 방향에 대한 함수 z의 기울기이다. gradient 함수를 사용하면 이들 편미분을 계산할 수 있다.

```
[dzdx, dzdy] = gradient(z,X,Y)
```

이 경우에는 gradient 함수에 3개를 입력해야 하는데, 첫 번째 필드에는 2차원 배열, 두 번째 필드에는 x 값을 나타내는 1차원 배열, 세 번째 필드에는 y 값을 나타내는 1차원 배열을 입력한다. x, y 벡터를 구성하는 x, y 값의 간격이 일정한 경우에는 다음과 같이 간격만 지정해도 된다.

```
[dzdx, dzdy] = gradient(z,0.1,0.1)
```

등치선 그래프와 화살표 그래프를 그려주는 contour, quiver 함수를 함께 사용하면 그림 13.23(b)와 같은 그래프를 얻을 수 있다.

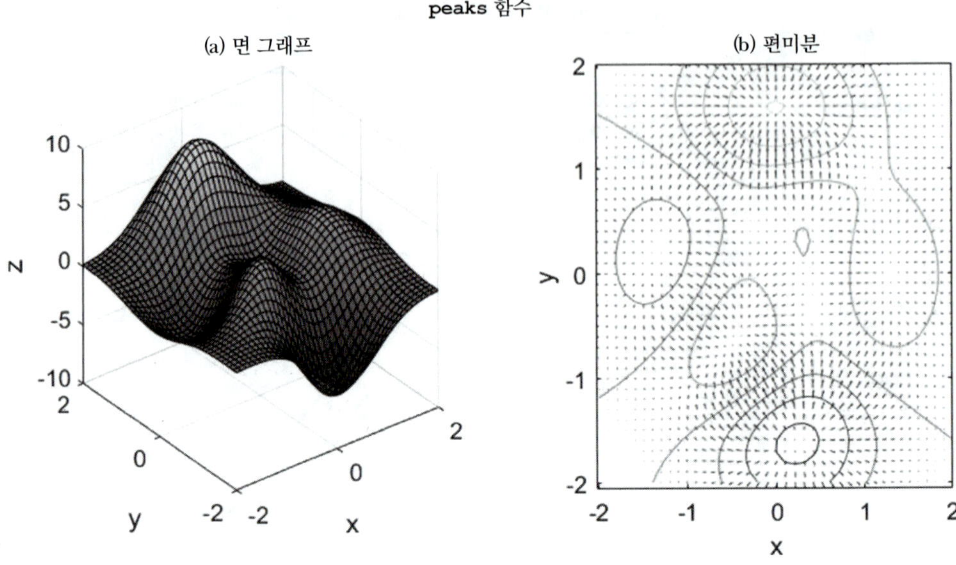

그림 13.23
(a) 면 그래프를 사용하면 3차원 데이터를 손쉽게 시각화할 수 있다.
(b) contour, quiver 함수를 함께 사용해 편미분의 시각화가 가능하다.

```
contour(x,y,z)
hold on
quiver(x,y,dzdx,dzdy)
hold off
```

실습문제 13.4

정답은 피어슨 출판사의 웹사이트 https://www.pearsonhighered.com/moore에서 확인할 수 있다.

1. 다음과 같은 함수가 있다.

$$y = x^3 + 2x^2 - x + 3$$

   −5~+5 범위의 값을 가진 벡터변수 x를 만들라. 그다음 diff 함수로 수치미분을 수행해 x에 대한 y의 도함수를 근사적으로 구하라. 함수를 해석적으로 미분해 도함수를 정확하게 구하면 다음과 같다.

$$\frac{dy}{dx} = y' = 3x^2 + 4x - 1$$

   앞에서 만든 벡터변수 x의 값에 대해 수치미분 결과와 정확한 미분 결과를 비교하라.
2. 다음 함수와 도함수에 대해 실습문제 1을 다시 풀라.

함수	도함수
$y = \sin(x)$	$\frac{dy}{dx} = \cos(x)$
$y = x^5 - 1$	$\frac{dy}{dx} = 5x^4$
$y = 5xe^x$	$\frac{dy}{dx} = 5e^x + 5xe^x$

3. gradient 함수를 사용해 실습문제 1, 2의 도함수의 값을 구하라.
4. 두 가지 방법으로 근사적으로 구한 결과를 그래프로 그리고 서로 비교하라. 전방차분법으로 계산한 결과는 x 배열의 원소 개수보다 하나가 적으므로 결과가 저장되는 배열의 맨 마지막 원소로 NaN을 집어넣어야 그래프를 어렵지 않게 그릴 수 있다.

13.5 수치적분

적분은 곡선 아래 부분의 면적을 구하는 방법[**구적법**(quadrature)이라고도 한다]이라고 할 수 있다. 13.1.1절에서 예로 든 데이터를 다시 사용해 그래프로 그린 것이 그림 13.24이다. 곡선 아래와 *x*축이 만드는 면적을 구하려면 전체를 여러 개의 작은 직사각형으로 나누어 면적을 각각 구한 다음 이들을 모두 더하면 된다. 이를 수식으로 나타내면 다음과 같다.

$$A = \sum_{i=1}^{i=n-1} (x_{i+1} - x_i)(y_{i+1} + y_i)/2$$

매트랩으로는 이 면적을 다음 명령으로 구할 수 있다.

```
avg_y = y(1:5)+diff(y)/2;
sum(diff(x).*avg_y)
```

여기에서 면적을 구할 때 사용한 식을 **사다리꼴 공식**(trapezoidal rule)이라고 한다. 그림 13.24(b)와 같이 사다리꼴의 면적을 직사각형으로 변형해 구할 수 있다. 매트랩의 내장함수인 trapz 함수를 이용하면 더욱 간편하게 같은 결과를 얻을 수 있다.

```
trapz(x,y)
```

지금까지는 *x*-*y* 순서쌍 형식의 데이터로 된 그래프의 면적을 구했는데 *x*, *y* 관계가 수식으로 정의되는 곡선의 면적도 근사적으로 구할 수 있다. 이 경우에는 *x*, *y* 벡터의 원소 수가 많을수록 실제 면적에 더욱 가까워진다. 예를 들어 다음 식으로 정의되는 함수의 면적을 0~1의 *x* 구간에서 구해보자.

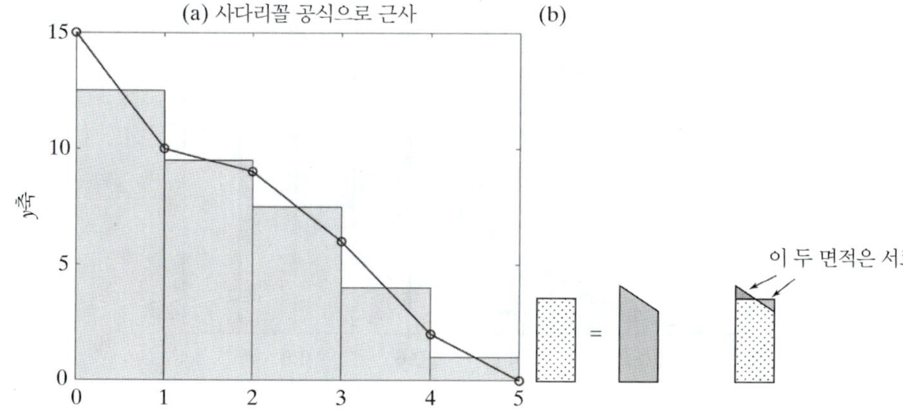

그림 13.24
(a) 곡선 아래 부분의 면적을 사다리꼴 공식으로 어림잡아 구할 수 있다. (b) 사다리꼴의 면적을 직사각형으로 변형해 구할 수 있다.

$$y = f(x) = x^2$$

이를 위해 다음과 같이 x 벡터를 만들고 이 값에 대응하는 y 벡터 값을 계산한다.

```
x = 0:0.1:1;
y = x.^2;
```

이를 그래프로 그려보면 그림 13.25와 같다. 이 그래프에서 곡선의 아래 영역과 x축의 0~1 구간이 만드는 부분의 면적을 다음을 이용해 구해보면

```
trapz(x,y)
```

다음의 결과를 얻을 수 있다.

```
ans =
  0.3350
```

위 값은 다음의 정확한 적분값을 근사적으로 추정한 값이다.

$$\int_0^1 x^2 \ dx$$

핵심 개념

순서쌍 형식의 데이터의 적분에는 trapz 함수를 사용한다. 함수의 적분에는 integral 함수를 사용한다.

매트랩에 들어 있는 내장함수인 integral을 사용하면 함수의 적분값을 계산할 수 있다. 이 함수를 사용하는 경우에는 그림 13.25에 표시되어 있는 직사각형을 어떤 식으로 나누라고 지정해주지 않아도 된다. intergal 함수의 첫 번째 필드에는 적분할 함수를 익명함수(anonymous function)로 만들어 이름(함수 핸들)을 입력해야 한다. 두 번째, 세 번째 필드에는 적분할 구간을 차례로 입력한다.

예를 들어보자. 먼저 3차 다항식을 익명함수로 정의한다.

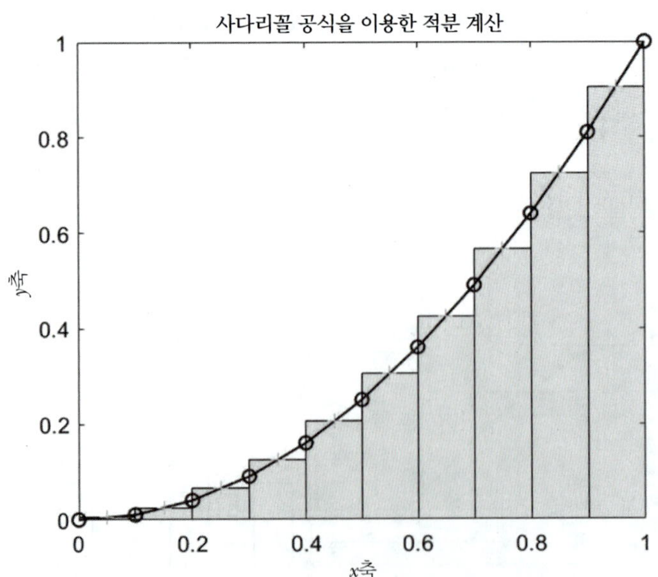

그림 13.25

사다리꼴 공식을 이용해 함수의 적분을 근사적으로 계산할 수 있다.

```
fun_handle = @(x) -x.^3 + 20*x.^2 -5
```

이제 이 함수의 형태를 눈으로 확인할 수 있도록 그래프로 그려본다. 다음과 같이 fplot 함수에 함수 핸들을 입력하면 아주 쉽게 그래프를 그릴 수 있다.

```
fplot(fun_handle,[-5,25])
```

그러면 그림 13.26(a)와 같은 그래프가 나타난다. 이 함수의 적분

$$\int_{-5}^{25} - x^3 + 20x^2 - 5$$

는 그림 13.26(b)와 같이 이 곡선과 x축으로 둘러싸인 부분의 면적이다.

이제 integral 함수에 함수 핸들을 입력하면 적분을 계산할 수 있다.

```
integral(fun_handle,-5,25)
ans =
  6.3854e+003
```

핵심 개념

수치적분 기법은 곡선 아래 부분의 면적을 구하기 위해 다양한 방식의 구적법을 사용한다.

이전 버전 매트랩에서는 수치적분을 수행하는 함수로 integral 함수 대신 quad, quadl 함수가 사용되었다. 이러한 함수들은 예전 코드에서 찾아볼 수 있지만 결국 더 이상 사용되지 않을 것이다.

integral2, integral3 함수도 있는데, 이들 함수는 각각 이중적분과 삼중적분을 푸는 데 사용된다. 지금까지 설명한 수치해석 기법에 대한 자세한 내용은 John. H. Mathews와 Kurtis D. Fink가 함께 쓴 《Numerical Methods Using MATLAB(4th ed)》(Upper Saddle River, NJ: Pearson, 2004)를 비롯한 수치해석 책을 찾아보라.

3차 다항식

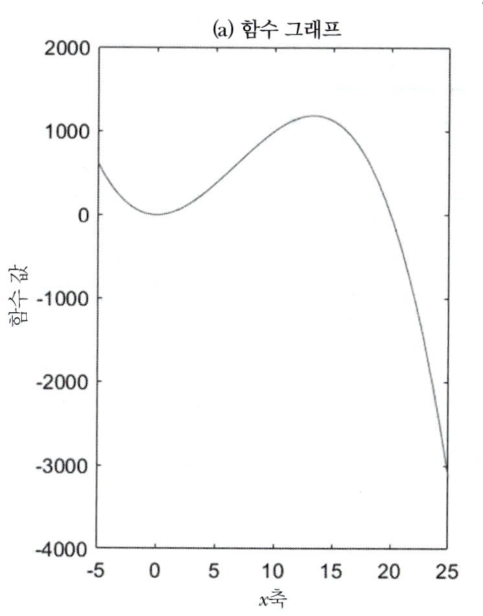

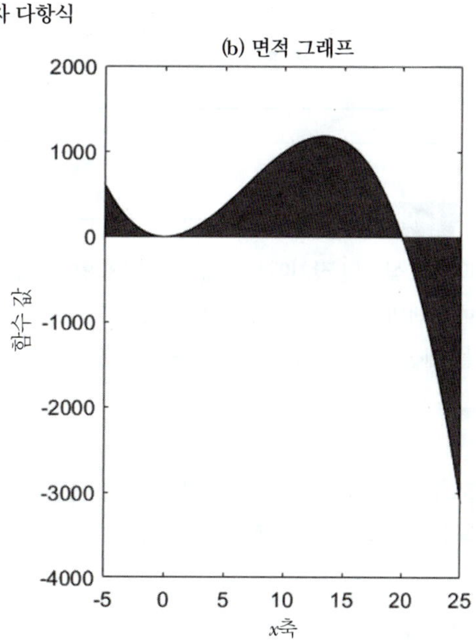

그림 13.26

주어진 구간에서 함수의 적분은 그 함수를 나타내는 곡선과 x축으로 둘러싸인 부분의 면적으로 생각할 수 있다. (a) 이 그래프는 3차 다항식을 나타내는 곡선으로 다항식을 나타내는 함수 핸들을 이용해 fplot 함수로 그린 것이다. (b) 이 그래프는 area 함수를 사용해 그린 것이다. 그래프의 음영 부분은 구간 −5~+25에서 주어진 함수의 적분을 나타낸다.

실습문제 13.5

정답은 피어슨 출판사의 웹사이트 https://www.pearsonhighered.com/moore에서 확인할 수 있다.

1. 다음과 같은 함수가 있다.

$$y = x^3 + 2x^2 - x + 3$$

(a) trapz 함수를 사용해 구간 $-1\sim1$의 x에 대해 함수 y를 수치적분하라. 이때 x의 값으로 11개를 사용하고 이 값들에 대해 y를 계산한 다음 x, y 값을 trapz 함수에 입력해 적분을 계산하라.

(b) integral 함수를 사용해 구간 $-1\sim1$의 x에 대해 함수 y를 수치적분하라.

(c) 수치적분 결과를 기호수학 도구상자의 int 함수로 적분한 결과와 다음 적분 풀이식으로 계산한 결과와 각각 비교하라(integral 함수에 함수를 입력할 때에는 .*와 .^와 같이 콤마를 사용해야 하지만 int에 함수를 입력할 때에는 그럴 필요가 없다).

$$\int_a^b (x^3 + 2x^2 - x + 3)\ dx =$$
$$\left(\frac{x^4}{4} + \frac{2x^3}{3} - \frac{x^2}{2} + 3x\right)\Big|_a^b =$$
$$\frac{1}{4}(b^4 - a^4) + \frac{2}{3}(b^3 - a^3) - \frac{1}{2}(b^2 - a^2) + 3(b - a)$$

2. 다음 함수에 대해 실습문제 1을 다시 풀라.

함수	함수의 적분
$y = \sin(x)$	$\int_a^b \sin(x)\,dx = \cos(x)\|_a^b = \cos(b) - \cos(a)$
$y = x^5 - 1$	$\int_a^b (x^5 - 1)\,dx = \left(\frac{x^6}{6} - x\right)\Big\|_a^b = \left(\frac{b^6 - a^6}{6} - (b - a)\right)$
$y = 5x{*}e^x$	$\int_a^b (5e^x)\,dx = (-5e^x + 5xe^x)\|_a^b =$ $(-5(e^b - e^a) + 5(be^b - ae^a))$

예제 13.5

피스톤 실린더 장치에서 발생하는 일의 양

매트랩의 수치적분 기법(integral 함수)을 사용해 피스톤 실린더 장치에서 발생하는 일의 양을 계산하라. 여기에 사용되는 수식은

$$W = \int P dV$$

로 W는 일, P는 압력, V는 부피이다. 실린더 안에 들어 있는 기체는 다음의 이상기체 법칙을 따르는 것으로 가정한다.

$$PV = nRT$$

여기에서

P = 압력(단위: kPa)

V = 부피(단위: m^3)

n = 몰 수(단위: kmol)

R = 기체상수 8.314 kPa m^3/kmol K

T = 절대온도(단위: K)이다.

실린더 안에 (1) 1 kmol의 기체가 들어 있고 실린더 안의 온도는 300 K이며, (2) 피스톤이 움직이는 동안 변하지 않는 것으로 가정한다.

1. 문제를 명확히 나타낸다.
   그림 13.27의 피스톤 실린더 장치에서 발생하는 일의 양을 계산한다.

2. 입력과 출력을 표시한다.
   입력

   절대온도 $T = 300$ K
   기체 몰수 $n = 1$ kmol
   수축 시 기체부피 $V_1 = 1\ m^3$
   팽창 시 기체부피 $V_2 = 5\ m^3$ } 적분 구간

   출력 피스톤 실린더 장치에서 발생하는 일의 양 W(단위: kJ)

3. 손이나 계산기로 문제를 미리 풀어본다.
   먼저 이상기체 방정식

$$PV = nRT$$

를 P에 대해 정리하면

$$P = nRT/V$$

가 된다. 이것을 적분식에 대입한 다음 적분을 계산하면 다음과 같다.

$$W = \int \frac{nRT}{V}\, dV = nRT \int \frac{dV}{V} = nRT \ln\left(\frac{V_2}{V_1}\right)$$

이 식에 n, R, T 값을 대입하면 다음과 같다.

$$W = 1 \text{ kmol} \times 8.314 \text{ kJ/kmol K} \times 300 \text{ K} \times \ln\left(\frac{V_2}{V_1}\right)$$

여기에 수축 시 부피 $V_1 = 1\ m^3$, 팽창 시 부피 $V_2 = 5\ m^3$를 대입하면 다음과 같다.

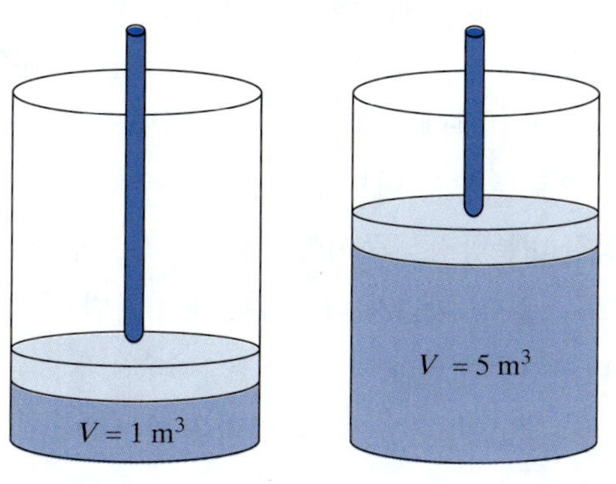

그림 13.27
피스톤 실린더 장치

$$W = 4014 \text{ kJ}$$

일 W가 양수이므로 피스톤 실린더 장치가 외부로 일을 발생한다.

4. 매트랩으로 문제를 푼다.

```
%% 예제 13.5
% 매트랩의 적분함수를 사용해 피스톤의 일을 계산한다.
clear, clc
% 상수를 정의한다.
n=1;
R=8.314;
T=300;
% P를 익명함수로 만든다.
P=@(V) n*R*T./V;
%% integral 함수를 사용해 적분을 계산한다.
integral(P,1,5)
```

이 프로그램을 실행시키면 다음 결과가 명령창에 출력된다.

```
ans =
  4.0143e+003
```

여기에서는 P를 익명함수로 정의하고 integral에 입력하기 위한 함수 핸들로 사용했다.

5. 풀이를 검사한다.
매트랩으로 푼 결과가 손으로 계산한 값과 같다. 수치적분 외에도 기호수학 도구상자의 기호 연산 기능을 사용해 적분 값을 계산하는 것이 도움이 될 수 있다. 매트랩에서 두 가지 방법으로 적분을 계산하는 까닭은 어떤 함수는 기호 연산으로는 적분이 되지 않는 경우가 있거나, 또 어떤 함수(특이점이 있는 함수)는 수치해석 기법이 잘 적용되지 않는 경우가 있기 때문이다.

13.6 미분방정식의 수치 해법

매트랩에는 다음과 같은 상미분방정식(ordinary differential equation, ODE)의 해를 수치해석 기법으로 구해주는 많은 함수가 내장되어 있다.

$$\frac{dy}{dt} = f(t, y)$$

고계 미분방정식이나 연립 미분방정식을 풀기 위해서는 이를 여러 개의 1계 미분방정식으로 다시 써주어야 한다. 이 절에서는 미분방정식의 수치 해를 구해주는 함수의 주요 특징을 간단히 살펴보자. 더욱 자세한 내용에 대해서는 help 명령으로 알아보기 바란다.

핵심 개념
매트랩에는 다양한 미분방정식 풀이함수가 내장되어 있다.

한 가지 수치해석 기법으로는 모든 미분방정식을 풀 수 없으므로 매트랩에는 표 13.6에 수록된 것처럼 아주 다양한 미분방정식 풀이함수(solver)가 내장되어 있다. 풀이함수의 종류는 많지만 사용 형식은 모두 같다. 따라서 다른 수치해석 기법으로 미분방정식을 풀고 싶으면 간단히 함수 이름만 바꾸어주면 된다.

미분방정식 풀이함수에는 최소한 다음 3개의 입력을 넣어주어야 한다.

표 13.6 매트랩에서 사용되는 여러 가지 미분방정식 풀이함수

함수 종류	풀 수 있는 미분방정식 유형	사용 수치해석 기법	비고
ode45	비경직성(nonstiff) 미분방정식	Runge-Kutta	함수에 대해서 잘 모를 때에는 맨 처음에 이 함수를 사용하는 것이 가장 좋다. Dormand-Prince pair라고 하는 Runge-Kutta(4,5) 식을 사용한다.
ode23	비경직성 미분방정식	Runge-Kutta	이 방법은 Bogacki-Shampine pair라고 하는 Runge-Kutta(2,3) 식을 사용한다. 미분방정식이 '반경직성'인 경우에는 이 함수를 사용하는 것이 ode45 함수를 사용하는 것보다 좋다.
ode78	비경직성 미분방정식	7차 및 8차 Runge-Kutta	정확도 요구사항이 높은 매끄러운 해를 가진 문제에서는 ode45보다 더 효율적일 수 있다.
ode89	비경직성 미분방정식	8차 및 9차 Runge-Kutta	긴 시간 구간에 대해 적분을 수행하거나 허용오차를 특히 엄격하게 할 때에는 매우 매끄러운 문제에서 ode78보다 더 효율적일 수 있다.
ode113	비경직성 미분방정식	Adams	ode45, ode23은 단일 스텝(single-step) 풀이함수인 반면 이 함수는 다중 스텝(multistep) 풀이함수이다.
ode15s	경직성(stiff) 미분방정식과 대수 미분방정식	NDFs (BDFs)	NDF(numerical differentiation formula) 혹은 BDF(backward differential formula)를 사용한다. 경직성 미분방정식을 푸는 데 어느 방법이 가장 적합한지 예측하기는 어렵다.
ode23s	경직성 미분방정식	Rosenbrock	수정된 2차 Rosenbrock 공식
ode23t	반경직성(moderately stiff) 미분방정식과 대수 미분방정식	사다리꼴 공식	수치 감쇠(numerical damping)가 없는 해가 필요한 경우에 유용하다.
ode23tb	경직성 미분방정식	TR–BDF2	이 풀이함수는 Runge-Kutta, 사다리꼴 공식(TR), BDF2를 함께 사용한다.
ode15i	완전음함수(fully implicit) 미분방정식	BDF	이 풀이함수는 $f(y, y', t) = 0$과 같은 음함수 형태의 미분방정식을 푸는 데 BDF를 사용한다.

- 변수 t, y로 이루어진 1계 미분방정식이나 연립 미분방정식을 나타내는 함수 핸들
- 해를 구하는 변수 t의 범위. 예: tspan = [t0,tf]
- 미분방정식의 초기조건. 예: i_cond=[y1(1),y2(1),y3(1)...]

  미분방정식 풀이함수는 배열 t와 y를 계산해 출력해준다.

```
[t,y]=odesolver(fun,tspan,icond)
```

만약 [t, y]와 같은 식으로 출력변수를 지정하지 않으면 풀이 결과는 그래프로 출력된다.

13.6.1 함수 핸들 입력

어떤 함수의 함수 핸들이란 그 함수의 '별명(이름)'을 말한다. 함수 핸들을 사용해 M-파일 혹은 MLX-파일로 저장된 함수이든 익명함수이든 관계없이 어떤 함수라도 가리킬 수 있다. 앞에서 말했듯이 여기에서 살펴볼 미분방정식의 형태는

$$\frac{\mathrm{d}y}{\mathrm{d}t} = f(t, y)$$

이므로 함수 핸들이 $\mathrm{d}y/\mathrm{d}t$와 같다고 할 수 있다.

미분방정식 $dy/dt = 2t$를 이름이 dydt인 익명함수로 만들어보자.

```
dydt = @(t,y) 2*t
```

이 익명함수(= $2t$)는 결과를 계산하는 데 변수 y의 값을 사용하지 않지만 ode 풀이함수에 사용하기 위해 y를 입력변수로 써주어야 한다.

연립 미분방정식을 함수로 만들 때에는 M-파일 혹은 MLX-파일로 만드는 편이 쉽다. 혹은 프로그램 마지막 부분에 지역함수로 정의할 수도 있다. 이때 함수의 출력은 다음과 같이 1계 도함수를 원소로 가진 열벡터여야 한다.

```
function dy=twofuns(t,y)
dy(1) = y(2);
dy(2) = -y(1);
dy=[dy(1); dy(2)];
end;
```

이 함수는 다음 연립방정식을 나타내고 있다.

$$\frac{dy}{dt} = x$$
$$\frac{dx}{dt} = -y$$

다른 표기법을 사용하면 이 방정식은 다음과 같이 더욱 간단한 형태가 된다.

$$y_1' = y_2$$
$$y_2' = -y_1$$

여기에서 y_1, y_2는 시간 t의 함수이고 y'_1, y'_2는 시간 t에 대한 도함수이다. 이 표기법을 채택하면 다음과 같이 2계 도함수는 y'', 3계 도함수는 y'''으로 쓸 수 있다.

$$y' = \frac{dy}{dt}, \quad y'' = \frac{d^2y}{dt^2}, \quad y''' = \frac{d^3y}{dt^3}$$

13.6.2 미분방정식 풀이

앞에서 설명한 대로 미분방정식 풀이함수의 입력에는 함수 핸들, 해를 구하는 시간 구간(범위), 초기조건을 차례로 넣어주어야 한다. 다음 미분방정식을 예로 들어 해를 구하는 방법을 살펴보자.

$$\frac{dy}{dt} = 2t$$

앞 절에서는 이 미분방정식을 이름이 dydt인 익명함수로 만들었다. $t = -1$에서 y의 초기조건이 다음과 같을 때,

$$y(-1) = 1$$

t 값이 -1~1인 범위에서 이 미분방정식의 해 y를 구해보자. 미분방정식의 유형을 잘 모르

때에는 다음과 같이 풀이함수로 ode45를 사용한다.

```
[t,y] = ode45(dydt,[-1,1],1)
```

그러면 출력변수 t에는 -1~1 범위의 값이, y에는 이 t 값에 대한 해의 값이 ode45 함수에서 반환되어 저장된다. 다음과 같이 출력변수를 지정하지 않으면 ode45 함수는 이 t, y 값으로 그래프를 그려 출력한다.

```
ode45(dydt,[-1,1],1)
```

ode45 함수가 출력한 해의 그래프가 그림 13.28과 같다. 수치해석 기법으로 얻은 이 미분방정식의 수치 해(numerical solution)는 이 미분방정식의 해석적인 해(analytical solution)인 다음 식과 일치한다.

$$y = t^2$$

이 식에서 y를 t에 대해 미분하면 $2t$이고 $t = -1$일 때 $y = 1$이 되므로 $y = t^2$이 미분방정식과 초기조건을 만족한다는 것을 쉽게 확인할 수 있다.

미분방정식을 익명함수가 아니라 M-파일이나 MLX-파일로 만들었다면 그 함수를 ode45 함수에 입력하는 방법이 약간 달라진다. M-파일 함수에 대한 함수 핸들은 @file_name과 같이 함수 이름 앞에 @를 붙인 것이다. 앞에서 정의한 twofuns 함수의 경우 다음과 같은 명령어를 사용할 수 있다.

```
ode45(@twofuns,[-1,1],[1,1])
```

또는 다음과 같이 M-파일 함수 핸들을 다른 이름으로 지정하고

```
some_fun = @twofuns
```

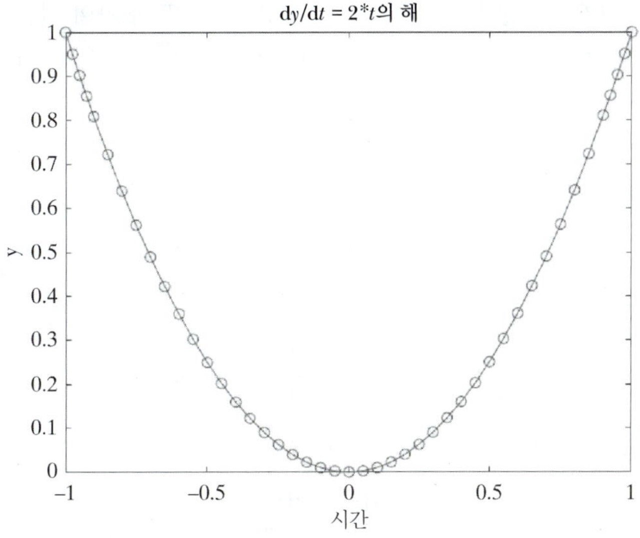

그림 13.28
ode45 함수가 출력한 해 그래프(출력변수를 따로 지정하지 않음). 그래프의 제목과 축 이름은 통상적인 방법으로 추가했다.

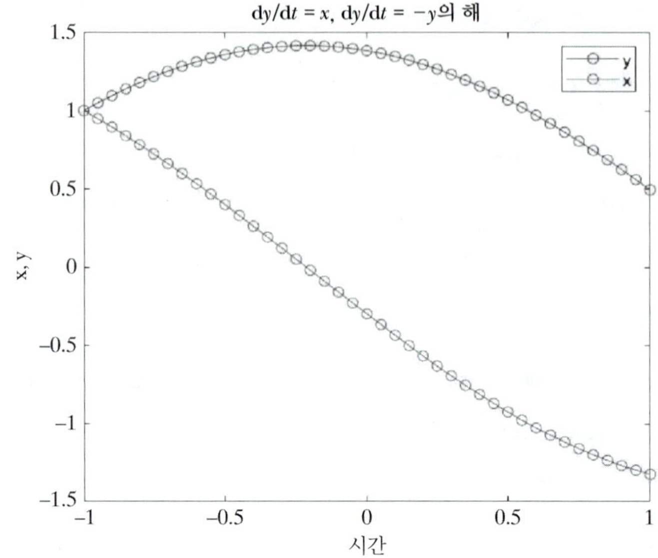

그림 13.29
ode45 함수로 구한 연립 미분방정식의 해 그래프. 그래프의 제목, 축 이름, 범례 등은 통상적인 방법으로 추가했다.

이를 미분방정식 풀이함수의 입력에 넣어주어도 된다.

```
ode45(some_fun,[-1,1],[1,1])
```

함수가 프로그램 파일의 마지막에 지역함수로 저장되는 경우에도 동일한 구문을 사용하면 된다.

여기에서 해를 구하는 t의 구간은 −1~1이며 $t = -1$일 때 연립 미분방정식을 구성하는 두 미분방정식의 초기조건은 모두 1이다. 위의 명령을 실행하면 이 연립방정식의 해의 그래프가 그림 13.29와 같이 나타난다.

13.6.3 고계 미분방정식 풀이

ode 계열의 함수(ode45 또는 ode23)는 1개의 1계 미분방정식이나 연립 미분방정식을 푸는 데 사용된다. 고계 미분방정식을 풀어야 할 경우에는 어떻게 해야 하는가? 다행히 고계 미분방정식은 간단한 치환에 의해 몇 개의 방정식으로 나눠 쓸 수 있다. 다음 2계 미분방정식을 살펴보자.

$$\frac{d^2y}{dt^2} + \frac{dy}{dt} = y + t$$

이 미분방정식을 1계 방정식으로 이루어진 연립방정식으로 만들기 위해 다음과 같이 새로운 변수 z를 도입하자.

$$z = \frac{dy}{dt}$$

이 식의 양변을 t에 대해 미분하면 다음과 같다.

$$\frac{dz}{dt} = \frac{d^2y}{dt^2}$$

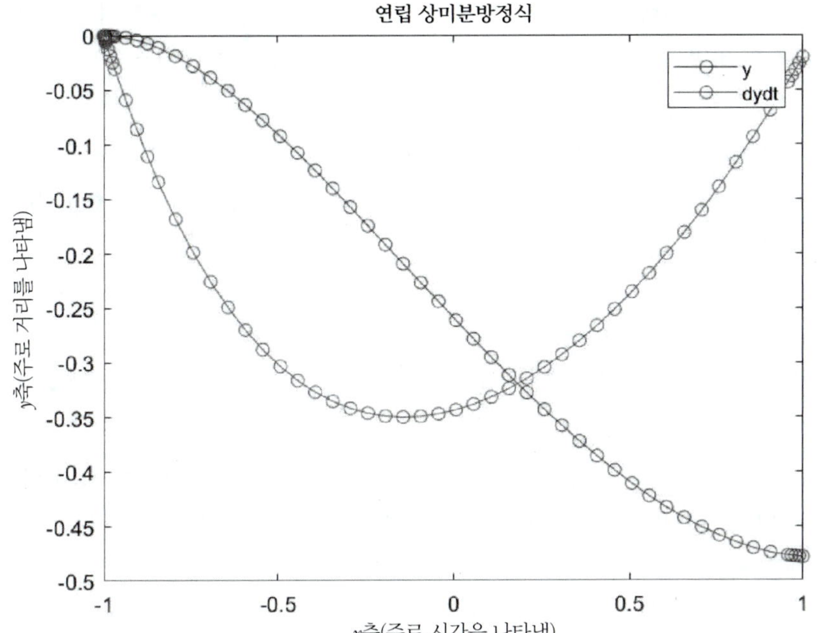

그림 13.30
고계 미분방정식을 계의 수가 낮은 연립 미분방정식으로 바꾸어 풀 수 있다. 하나의 2계 미분방정식은 2개의 연립방정식으로 나눠지므로 ode 함수로 연립방정식을 풀면 2개의 곡선이 그래프에 그려지는데, 한 곡선은 *y*, 다른 곡선은 d*y*/d*t*를 나타낸다.

이 식을 원래의 미분방정식에 대입하면

$$\frac{\mathrm{d}z}{\mathrm{d}t} + \frac{\mathrm{d}y}{\mathrm{d}t} = y + t$$

와 같이 1계 미분방정식 형태가 된다. 따라서 원래의 2계 미분방정식

$$\frac{\mathrm{d}^2y}{\mathrm{d}t^2} + \frac{\mathrm{d}y}{\mathrm{d}t} = y + t$$

를 다르게 나타내면 다음과 같이 종속변수가 y와 z인 1계 미분방정식

$$\frac{\mathrm{d}y}{\mathrm{d}t} = z$$

와 다음과 같은 식으로 이루어진 연립방정식이 된다.

$$\frac{\mathrm{d}z}{\mathrm{d}t} = y + t - \frac{\mathrm{d}y}{\mathrm{d}t}$$

이제 ode 계열 함수를 사용해 다음과 같이 연립방정식을 M-파일 함수로 만들어보자. 함수는 2개의 입력(t, y)을 가져야 한다. t는 독립변수, y는 종속변수로 이루어진 배열이다. 이 함수 M-파일에서 y(1)은 수식에서 미분방정식의 종속변수 y에 해당하고, y(2)는 종속변수 z에 해당한다. M-파일로 작성한 함수는 다음과 같아야 한다.

```
function dydt = twoeq(t,y)
dydt(1) = y(2);
dydt(2) = y(1) + t - dydt(1);
dydt = dydt';
end;
```

여기에서 함수의 실행 결과를 ode 함수에 입력해 사용할 수 있도록 출력을 열벡터로 한 것에 주의하기 바란다. 함수의 이름은 무엇이든 상관없는데, 여기에서는 2개의 연립방정식으로 이루어진 함수라는 의미에서 twoeq라고 했다.

연립방정식을 함수로 정의하면 이 함수의 출력을 ode 함수의 입력으로 사용할 수 있다. 예를 들어 t의 범위가 $-1\sim+1$이고, $t = -1$일 때의 초기조건이 $y = 0$, $z = 0$(즉 $dy/dt = 0$)인 경우 다음과 같이 명령창에 입력하면

```
ode45(@twoeq,[-1,1],[0,0])
```

그림 13.30과 같은 그래프를 얻을 수 있다. 이와 같이 시작값(초기조건)이 주어진 문제를 **초깃값 문제**(initial value problem)라고 한다.

이 예에서 보인 연립 미분방정식을 정의하기 위해 사용한 twoeq 함수는 별도의 M-파일로 저장하거나 프로그램 파일 마지막에 지역함수로 추가할 수 있다. 어느 경우에도 동일한 구문을 사용하면 된다.

13.6.4 경곗값 문제

초깃값 문제는 **경곗값 문제**(boundary value problem)라는 범주에 속해 있는 특수한 경우라고 할 수 있다. 초깃값 문제에서는 시작점에서 종속변수의 값(초깃값)이 주어진다. 초깃값 문제보다 일반적인 경우인 경곗값 문제에서는 주어지는 값이 꼭 시작점에서의 값이 아니어도 된다. 앞 절에서 살펴본 2개의 미분방정식으로 구성된 연립방정식을 나타내는 함수에서 y, dy/dt 값이 시작점($t = -1$)이 아니라 구간의 양쪽 경계인 $t = -1$, $t = 1$에서 주어진다고 하자. 이 문제는 ode 계열의 함수로는 풀 수 없다. 이 경우에는 bvp4c 함수를 사용해야 한다. bvp4c 함수에는 다음 3개의 입력을 넣어주어야 한다.

- 풀어야 할 1계 미분방정식이나 연립 미분방정식을 나타내는 함수 핸들
- 주어진 경계조건과 계산값 사이의 오차를 구하는 경계조건 함수를 가리키는 함수 핸들
- 미분방정식의 초기 추정값

첫 번째로 입력하는 함수 핸들은 앞에서 ode 함수에 대해 사용했던 것과 똑같다. 따라서 함수 핸들이 가리키는 함수 M-파일에는 풀어야 할 연립 미분방정식이 정의되어 있어야 하며 해당 함수의 출력은 열벡터가 되어야 한다.

문제를 풀기 위해 먼저 모든 종속변수의 초깃값을 추정한다. bvp4c 함수 프로그램은 이 추정값을 사용해 문제를 푸는 과정에서 경곗값을 계산하고 이 값을 실제 값(주어진 경계조건)과 비교하면서 풀이가 제대로 되고 있는지 검사한다. 예를 들어 주어진 경계조건이

$$t = -1\text{에서 } y = 0$$

$$t = 1\text{에서 } y = 3$$

이면 bvp4c 함수 프로그램은 y, dy/dt의 초기 추정값에 근거해 연립방정식을 풀고 나서 그 결과가 $t = -1$, $t = +1$일 때의 경곗값인 $y = 0$, $y = 3$과 얼마나 차이가 있는지 검사한다.

이 검사 과정은 경계조건 함수에 의해 수행되는데, 이 함수는 계산된 경곗값이 주어진 경계조건과 일치하면 함수 값이 0이 되도록 작성한다. 이 예에서 사용하는 경계조건 함수는 다음과 같다.

```
function residual=bc(y_initial, y_final)
residual(1) = y_initial(1) + 0;
residual(2) = y_final(1) - 3;
residual = residual';
end;
```

경계조건 함수 bc의 입력은 2개의 행렬 y_initial, y_final이다. y_initial, y_final은 각각 문제에서 사용된 종속변수(보통 y, dydt) 로 구성된다. 따라서 y_initial(1)은 y의 초깃값, y_initial(2)는 dydt의 초깃값이다. 이 함수를 y_initial(1) = 0, y_final(1) = 3으로 해 실행한 경우, 결과는 모든 열의 값이 0인 열벡터가 된다. 0 벡터가 아닌 다른 결과가 나오면 프로그램이 y_initial 값과 y_final 값으로 틀린 값을 계산했다는 것을 뜻한다. 따라서 이 경우에는 함수의 알고리즘[유한차분법(finite difference method)]에 따라 초기 추정값이 다른 값으로 바뀌어야 한다.

bvp4c 함수에 넣어주는 마지막 입력은 경계점을 포함한 여러 점[이를 메시(mesh)라고 함]에서의 초기 추정값으로, bvp4c 함수는 이 값을 시작점으로 해 미분방정식 문제를 푼다. 매트랩에는 bvpinit라는 함수가 있어서 이 메시를 만드는 것을 도와준다. 이 메시는 구조체 배열로 저장된다. bvpinit 함수에는 2개의 입력을 넣어주어야 한다. 하나는 독립변수(이 경우에는 t)에 해당하는 값이 저장된 배열이고 다른 하나는 ode 연립방정식에서 만든 각 변수의 초기 추정값이다. 이 경우는 방정식이 2개이므로 y, dy/dt에 대한 추정값이 필요하다. 메시를 특별히 조밀하게 할 필요는 없으며 초기 추정값을 반드시 정확하게 넣어주어야 하는 것은 아니다. 예를 들어

```
initial_guess = bvpinit(-1:.5:1, [0, -1])
```

은 t의 값으로 -1~1 사이의 5개의 값(-1, -0.5, 0, 0.5, 1)을 만들고 이 t 값에 대한 초기 추정값으로 $y = 0$, $dy/dt = -1$로 지정하는 명령이다(즉 5개 t의 초기 추정값이 모두 같다).

이제 연립 미분방정식을 나타내는 함수와 오차를 정의하는 함수 그리고 bvpinit에 의한 초기 추정값을 모두 만들었으면 이들을 다음과 같이 bvp4c 함수에 입력해 문제를 푼다.

핵심 개념
미분방정식 풀이함수(ode-solvers) 및 bvp4c에 대한 입력으로 사용되는 함수는 별도의 파일에 저장하거나 프로그램 마지막에 지역함수로 지정하거나 익명함수로 지정할 수 있다.

```
bvp4c(@twoeq, @bc, initial_guess)
```

그러면 다음 결과가 출력된다.

```
ans =
         x: [1x9 double]
         y: [2x9 double]
        yp: [2x9 double]
    solver: 'bvp4c'
```

이 결과는 구조체 배열이다. 여기에서 배열 x는 독립변수의 값(이 예제에서는 t)이고, 배열 y는 연립방정식의 해(이 예제에서는 y, dy/dt)이다. bvp4c 함수에서는 독립변수의 이름이 x로 설정되어 있는데, 이 예제에서와 같이 실제 독립변수의 이름이 t인 경우에도 이를 x로 생각해서 사용하면 된다. 독립변수가 기본적으로 x로 설정되어 있는 것은 경곗값 문제에서는 값이 일반적으로 시간이 아니라 위치에 따라 변하기 때문이다.

x 배열의 값을 확인하려면 구조체 배열의 문법을 써서 ans.x와 같이 하면 된다. 명령창의 기본 변수 이름인 ans 대신 다른 이름, 예를 들어 solution을 출력변수로 사용했다면 x 배열의 값은 solution.x에 저장된다. 우리가 구하고 싶은 값은 y 배열에 저장되는데, 이 값을 확인하려면 solution.y를 타이핑하면 된다. 결과를 ode 함수를 사용해 구했던 것과 같은 방식의 그래프로 확인하려면 다음 명령을 실행하면 된다.

```
plot(ans.x,ans.y, '-o')
```

출력변수로 ans 대신 solution을 사용한 경우에는 다음과 같이 입력한다.

```
plot(solution.x, solution.y, '-o'),
```

그러면 그림 13.31과 같은 그래프를 얻을 수 있다. 그래프의 제목, 범례, 축 이름을 그림과 같이 입력해보기 바란다.

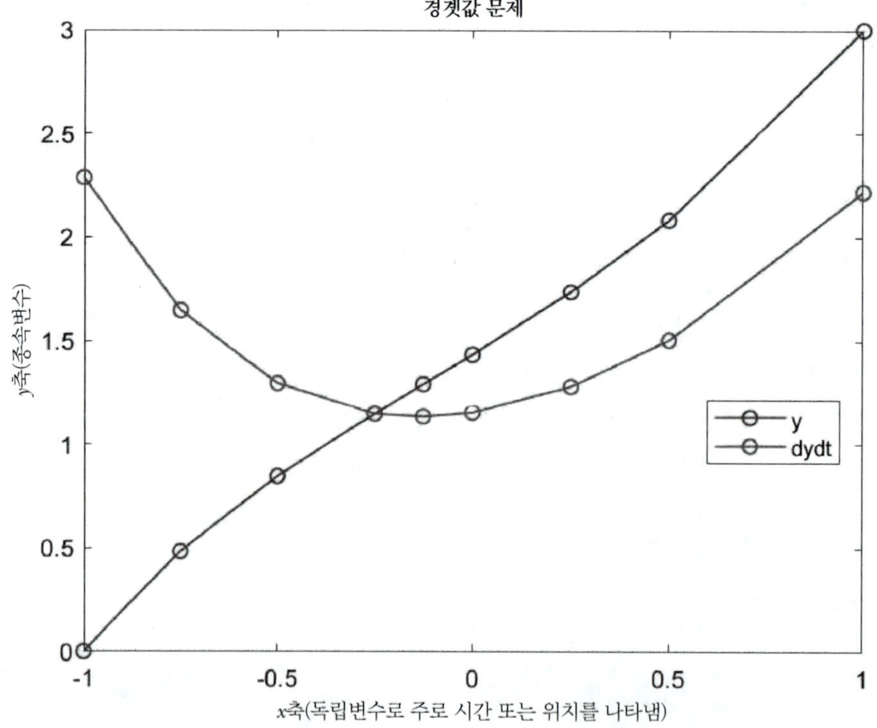

그림 13.31
bvp4c 함수를 사용해 경곗값 문제를 푼 결과

13.6.5 편미분방정식

매트랩에는 편미분방정식을 푸는 데 사용하는 함수인 pdepe가 있다. help 함수 또는 다음과 같은 도움말 기능을 사용해 이 함수의 자세한 내용에 대해 살펴보기 바란다.

```
doc pdepe
```

요약

데이터를 표로 만드는 것은 기술정보를 정리하는 데 유용한 방법이다. 그런데 이 표에 들어있지 않은 데이터 값이 필요하다면 그 값을 어림잡아 추정해야 하는데, 이때 여러 가지 내삽법이 사용된다. 매트랩에는 내삽법을 사용해 값을 추정하는 함수로 interp1이 있다. 이 함수에는 3개의 입력을 넣어주어야 한다. 먼저 이미 알고 있는 *x*, *y* 값(들)을 입력하고 이어서 새로운 *x* 값(들)을 입력하면 바로 그 *x* 점(들)에서의 *y* 값(들)을 추정할 수 있다. 이 함수는 특정 방법을 지정하지 않으면 기본적으로 선형내삽법을 사용한다. 이 방법에서는 새로운 *y* 값을 추정할 때 다음과 같이 직선을 나타내는 *x*의 선형함수를 사용한다.

$$y = f(x) = ax + b$$

이 방법에서는 데이터를 구성하고 있는 각 쌍의 *x*, *y* 점 간의 직선의 방정식을 구하고, 새로운 *x*에 대응하는 *y* 값은 이 직선을 지나는 것으로 추정한다.

interp1 함수를 이용하면 1차(직선)보다 높은 차수를 사용해 데이터를 모델링할 수 있는데, 이 중 가장 널리 사용되는 것이 3차 스플라인 내삽법이다. 다음 예에서 보듯이 interp1 함수의 네 번째 입력 필드에 사용할 내삽법을 문자열로 지정하면 된다. 별도로 지정하지 않으면 기본적으로 선형내삽법을 사용한다.

```
new_y = interp1(tabulated_x, tabulated_y, new_x, 'spline')
```

매트랩에는 2차원 내삽법을 수행하는 interp2 함수, 3차원 내삽법을 수행하는 interp3 함수, *n*차원 내삽법을 수행하는 interpn 함수도 포함되어 있다.

곡선맞춤은 내삽법과 비슷하다. 그렇지만 곡선맞춤은 데이터 점을 추정하는 대신에 그 데이터와 가장 잘 들어맞는 수식을 찾는다는 것이 다르다. 일단 수식을 찾아내면 이를 이용해 *y* 값을 계산할 수 있다. 곡선맞춤으로 찾아낸 수식은 기존의 데이터 점을 지나지 않을 수도 있다. polyfit은 매트랩의 곡선맞춤 함수로서 최소제곱 회귀법(least-squares regression technique)을 적용해 데이터를 다항식으로 모델링한다. 이 함수에 데이터를 입력하면 다음과 같은 형태로 표시되는 다항식의 계수를 구해 출력한다.

$$y = a_1x^n + a_2x^{n-1} + a_3x^{n-2} + \cdots + a_nx + a_{n+1}$$

이 계수를 사용해 매트랩으로 다항식 모델을 만들거나 이들을 polyval 함수에 입력해 임의의 *x* 값에 대응하는 *y* 값을 계산할 수 있다. 예를 들어보자. 다음 두 명령으로 *x*–*y* 입력 데이터와 잘 들어맞는 2차 다항식을 구한 다음, 이 다항식을 사용해 새로운 y 값을 계산할 수 있다.

```
coef = polyfit(x,y,2)
y_first_order_fit = polyval(coef,x)
```

이 두 명령을 하나로 줄이면 다음과 같다.

```
y_first_order_fit = polyval(polyfit(x,y,1),x)
```

데이터를 원점을 통과하는 직선으로 모델링할 때에는 왼쪽 나눗셈을 사용해 모델의 계수를 계산할 수 있다. 즉 데이터를 $y = a^*x$로 나타낼 때 계수 a는 다음과 같이 구한다.

```
a = x'\y'
```

이때 x와 y는 열벡터로 정의되어야 한다.

매트랩에는 대화형 곡선맞춤도구가 있는데, 이를 이용해 다항식은 물론 더욱 복잡한 수학함수를 사용해 데이터를 모델링할 수 있다. 그림창의 'Tools' 메뉴에서 여러 기본 곡선맞춤도구를 선택해 이용할 수 있다. 곡선맞춤도구상자에는 더욱 다양한 도구가 포함되어 있다.

수치해석 기법은 공학에서 미분과 적분을 근사적으로 수행하는 데 널리 사용된다. 기호로 된 수식의 미분과 적분을 수행하는 데 사용되는 함수는 기호수학 도구상자에 포함되어 있다.

diff 함수는 어떤 벡터에서 연속하는 두 원소 값의 차이를 구한다. 다음과 같이 x, y 벡터에 diff 함수를 사용하면 미분(도함수)을 근사적으로 계산할 수 있다.

```
slope = diff(y)./diff(x)
```

x, y 벡터에서 원소 사이의 간격이 작을수록 실제 미분 값에 가까워진다.

gradient 함수는 배열의 첫 번째 원소(값)에 대해서는 전방차분법, 맨 마지막 값에 대해서는 후방차분법, 나머지 값에 대해서는 중앙차분법을 사용해 도함수를 근사적으로 계산한다. 일반적으로 중앙차분법이 전방차분법이나 후방차분법보다 도함수를 더욱 정확하게 계산한다.

매트랩에서는 사다리꼴 공식을 사용하는 trapz 함수를 써서 x, y 순서쌍 형식의 데이터를 적분할 수 있다. 또한 어떤 범위의 x 값에 대해 수식(함수관계)에 따라 이에 대응하는 y를 구한 다음, 사다리꼴 공식(trapz 함수)을 사용해 적분(즉 면적)을 계산할 수 있다.

매트랩에서는 integral 함수로 함수의 적분을 수행한다. 이 함수에는 피적분 함수와 적분 구간을 차례로 입력하면 된다. 피적분 함수를 입력할 때에는 익명함수로 정의하거나 M-파일로 함수를 정의한 다음 입력해야 한다. integral 함수는 오차 1×10^{-6} 이내의 정확도로 적분을 계산한다.

매트랩에는 1계 상미분방정식과 연립 미분방정식을 수치해석 기법으로 구해주는 ode 계열의 함수가 여러 개 있다. 어떤 함수이든 사용 방법은 다음과 같은 형식으로 되어 있다.

```
[t,y] = ode solver(function_handle,[initial_time,
        final_time], [initial_cond_array])
```

여기에서 function_handle은 함수 핸들, initial_time은 t의 시작점, final_time은 t의 끝점, initial_cond_array는 초기조건이다.

여러 미분방정식 풀이함수 가운데 처음에는 ode45를 사용해보는 것이 좋다. 이 함수는 수치해석법 가운데 룽게-쿠타(Runge-Kutta) 방법을 사용한다. 다른 풀이함수들은 경직성(stiff) 미분방정식과 음함수 형태의 미분방정식에 사용된다.

ode 계열 함수에는 초기조건을 넣어주어야 한다. 초기조건 대신 경계조건을 넣어주어야 하는 경우에는 bvp4c 함수를 사용해야 한다.

매트랩 요약

다음 표는 이 장에서 살펴본 특수문자, 명령어와 함수를 정리한 것이다.

명령어와 함수	
bvp4c	상미분방정식 경곗값 문제 풀이함수
diff	입력이 배열인 경우에는 그 배열에서 연속하는 두 원소 값의 차이를 구한다. 입력이 기호수식인 경우에는 기호미분을 구한다.
gradient	전방차분법, 후방차분법, 중앙차분법을 사용해 도함수(미분)를 수치적으로 구한다.
int	기호적분을 구한다.
integral	함수의 적분을 계산한다.
interp1	선형내삽법이나 지정한 고차 내삽법을 사용해 값을 추정하는 내삽함수
interp2	2차원 내삽함수
interp3	3차원 내삽함수
internpn	n차원 내삽함수
ode45	상미분방정식 풀이함수
ode23	상미분방정식 풀이함수
ode78	상미분방정식 풀이함수
ode89	상미분방정식 풀이함수
ode113	상미분방정식 풀이함수
ode15s	상미분방정식 풀이함수
ode23s	상미분방정식 풀이함수
ode23t	상미분방정식 풀이함수
ode23tb	상미분방정식 풀이함수
ode15i	상미분방정식 풀이함수
polyfit	최소제곱 다항식의 계수를 계산한다.
polyval	지정한 x 값에서 다항식의 값을 계산한다.
trapz	순서쌍 데이터를 사용해 적분을 계산한다.

핵심 용어

경곗값 문제(boundary value problem)
구적법(quadrature)
근사(approximation)
내삽법(interpolation)
도함수(derivative)
사다리꼴 공식(trapezoidal rule)

선형내삽법(linear interpolation)
선형회귀(linear regression)
외삽법(extrapolation)
잔여오차(residual)
전방차분(forward difference)
중앙차분(central difference)
초깃값 문제(initial value problem)
최소제곱(least square)
후방차분(backward difference)
2차 방정식(quadratic equation)
3차 방정식(cubic equation)
3차 스플라인(cubic spline)

연습문제

내삽법

13.1 온도가 일정하게 유지되고 있는 피스톤 실린더 장치 안에 기체가 들어 있다. 이 장치 내부의 부피를 변화시키면서 압력을 측정했다. 다음 표는 부피에 따른 압력 변화를 측정한 데이터이다.

부피(m^3)	압력(kPa)(T = 300K일 때)
1	2494
2	1247
3	831
4	623
5	499
6	416

(a) 선형내삽법을 이용해 부피가 3.8 m^3일 때 압력을 추정하라.
(b) 3차 스플라인 내삽법을 이용해 부피가 3.8 m^3일 때 압력을 추정하라.
(c) 선형내삽법을 이용해 압력이 1000 kPa일 때 부피를 추정하라.
(d) 3차 스플라인 내삽법을 이용해 압력이 1000 kPa일 때 부피를 추정하라.

13.2 연습문제 13.1의 데이터에 선형내삽법을 적용해 부피의 간격이 0.2 m^3인 좀 더 자세한 부피-압력 표를 만들라. 원래 측정 데이터를 그래프에 표시한 다음, 같은 그래프에 선형내삽법으로 새로 계산한 값을 그려라. 이때 측정 데이터는 실선 대신 원으로 표시하고 계산한 데이터는 실선으로 그리도록 한다.

13.3 연습문제 13.2를 3차 스플라인 내삽법으로 다시 풀라.

13.4 실린더 장치의 온도를 더 높게 한 다음 연습문제 13.1의 실험을 되풀이했다. 측정 데이터는 다음 표와 같다.

부피(m^3)	압력(kPa)(T = 300K일 때)	압력(kPa)(T = 5000K일 때)
1	2494	4157
2	1247	2078
3	831	1386
4	623	1039
5	499	831
6	416	693

이 데이터를 사용해 다음 문제를 풀라.

(a) 두 온도(300 K, 500 K)에서 부피가 5.2 m^3일 때 압력을 추정하라(*힌트*: 두 온도에서의 압력 데이터를 하나의 배열로 만들고, 부피도 배열로 만들라. 그러면 부피 배열의 크기는 6×1, 압력 배열의 크기는 6×2가 될 것이다). 여기에서 추정값을 계산할 때에는 선형내삽법을 사용하라.

(b) 이번에는 3차 스플라인 내삽법을 사용해 압력 추정값을 계산하라.

13.5 연습문제 13.4의 데이터를 사용해 다음 문제를 풀라.

(a) 선형내삽법을 사용해 $T = 400$ K일 때, 각 부피에서의 압력 데이터를 계산하라.

(b) $T = 300$ K, $T = 400$ K, $T = 500$ K일 때, 선형내삽법을 적용해 부피의 간격이 0.2 m^3인 자세한 부피–압력 표를 만들라.

13.6 연습문제 13.4의 데이터와 `interp2` 함수를 사용해 부피 5.2 m^3, 온도 425 K일 때의 압력값을 추정하라.

곡선맞춤

13.7 `polyfit` 함수를 사용해 연습문제 13.1의 데이터와 잘 일치하는 1~4차 다항식을 각각 구하라.

- 4개의 다항식을 한 그래프에 모두 그려라.
- 원래 데이터는 실선 대신 원으로 표시하라.
- 다항식 회귀법으로 0.2 m^3 간격의 부피마다 압력 값을 계산하라.
- 위에서 계산한 결과를 앞에서 만든 그래프에 추가해 그려라. 이때 그래프를 그리는 선은 실선으로 하라.
- 어느 방법이 원래 데이터와 가장 잘 일치하는가?

13.8 압력과 부피 사이의 관계는 다항식으로 모델링하지 않고 다음의 이상기체 방정식으로 나타낸다.

$$P = \frac{nRT}{V}$$

그래프의 x축을 $1/V$, y축을 P로 해 이 방정식을 그려보면 직선이 된다. 이 직선의 기울기는 nRT이다. 다음 명령과 같이 `polyfit` 함수의 입력으로 $1/V$과 P를 넣으면 이 기울기를 구할 수 있다.

```
polyfit(1./V, P, 1)
```

(a) n 값이 1 mol, R 값이 8.314 kJ/kmol K일 때, 이 실험이 수행된 온도가 300 K임을 밝혀라.

(b) x축을 $1/V$, y축을 P로 해 그래프를 그려라.

(c) 원점을 지나는 선형회귀를 사용해 (a), (b)를 다시 풀라.

13.9 회로에서 저항과 전류는 다음 식과 같이 서로 반비례한다.

$$I = \frac{V}{R}$$

다음 표는 그림 P13.9와 같이 어떤 전기회로에 직류전압을 연결한 다음 측정한 데이터이다.

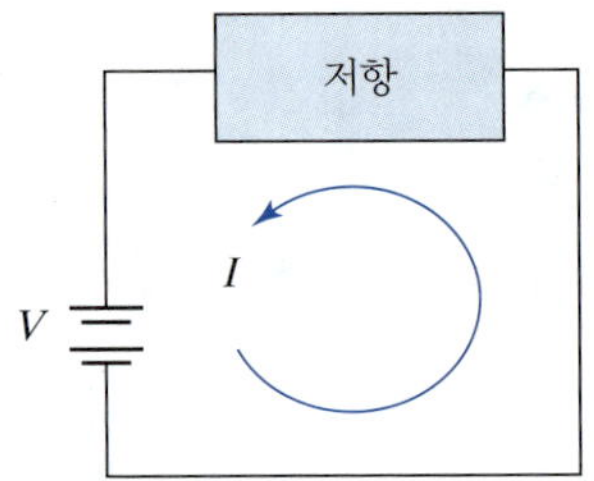

그림 P13.9
전기회로

저항(ohms)	전류 측정값(amps)
10	11.11
15	8.04
25	6.03
40	2.77
65	1.97
100	1.51

(a) 저항 R을 x축, 전류 측정값 I를 y축으로 해 그래프를 그려라.

(b) $1/R$을 x축, I를 y축으로 해 그래프를 그려라.

(c) `polyfit` 함수를 사용해 (b)에서 그린 직선의 계수(즉 기울기)를 구하라. 이 기울기 값이 회로에 연결한 직류전압의 크기이다.

(d) `polyval` 함수를 사용해 저항의 값에 대응하는 전류의 값 I를 계산하라. 계산한 결과와 측정한 결과를 하나의 그래프에 그려라.

(e) 왼쪽 나눗셈을 사용해 (c)에서 인가전압을 구하고, 이 결과를 `polyfit` 함수를 사용해 구한 결과와 비교하라. 두 방법 중 어느 것이 더 나은가?

13.10 자연에서 일어나는 많은 현상은 지수함수를 포함하는 방정식으로 모델링해 나타낼 수 있다. 예를 들어 화학반응의 속도는 다음 식과 같이 반응속도 정수에 따라 달라지는데, 이 정수의 값은 온도 T와 활성화 에너지(activation energy) Q의 크기에 따라 정해진다.

$$k = k_0 e^{-Q/RT}$$

여기에서

R = 일반기체상수(universal gas constant)로 8.314 kJ/kmol K

Q = 활성화 에너지(단위: kJ/kmol)

T = 온도(단위: K)

k_0 = 상수, 화학반응의 특성에 따라 단위가 결정됨. 여기에서는 s^{-1}

실험에서 측정한 k, T의 데이터가 있을 때 $1/T$을 x축, $\ln(k)$를 y축으로 해 그래프를 그리면 k_0, Q 값을 구할 수 있다. 이 내용을 살펴보기 위해 위의 방정식을 다시 쓰면 기울기 $-Q/R$, y 절편 $\ln(k_0)$을 가진 직선이 되며 이는 다음과 같다.

$$\ln(k) = \ln(k_0) - \frac{Q}{R}\left(\frac{1}{T}\right)$$

이 방정식을 직선의 방정식

$$y = ax + b$$

와 비교해보면 $y = \ln(k)$, $x = 1/T$, $a = -Q/R$, $b = \ln(k)$임을 알 수 있다.
이제 다음 실험 데이터를 이용해 문제를 풀라.

T(K)	k(s^{-1})
200	1.46×10^{-7}
400	0.0012
600	0.0244
800	0.1099
1000	0.2710

(a) $1/T$을 x축, $\ln(k)$를 y축으로 해 그래프를 그려라.

(b) polyfit 함수를 사용해 이 그래프의 기울기 $-Q/R$, y 절편 $\ln(k_0)$을 구하라.

(c) Q 값을 계산하라.

(d) k_0 값을 계산하라.

13.11 전기회로에서는 전력을 다음 식으로 나타낼 수 있다.

$$P = I^2R$$

여기에서

P = 전력(단위: W)

I = 전류(단위: A)

R = 저항(단위: Ω)

(a) polyfit 함수로 다음 표의 데이터를 2차 다항식으로 모델링해 회로의 저항 값을 구하라.

전력(W)	전류(A)
50,000	100
200,000	200
450,000	300
800,000	400
1,250,000	500

(b) 데이터를 그래프로 그려라. 그림창에 있는 곡선맞춤도구로 데이터를 2차 다항식으로 모델링해 R 값을 구하라.

13.12 어떤 함수를 다항식으로 모델링하는 것이 유용하기는 하지만 이 식으로 데이터의 범위 밖에 있는 값을 추정하는 것은 항상 위험이 따른다. 사인 함수를 3차 다항식으로 모델링해 이 내용을 확인하라.

(a) `x = -1:0.1:1`을 입력하라.

(b) `y = sin(x)`를 계산하라.

(c) polyfit 함수를 사용해 이 데이터를 모델링하는 3차 방정식의 계수를 구하라.

(d) polyval 함수를 사용해 벡터 x의 값에 대해 위에서 구한 3차 방정식으로 계산된 새로운 y 값(modeled_y)을 구하라.

(e) 앞에서 구한 두 y 값을 하나의 그래프에 함께 그려라. 두 그래프가 잘 일치하는가?

(f) 다음 새로운 x 벡터를 만들라. `new_x = -4:0.1:4`

(g) 다음 새로운 y 값을 계산하라. `new_y = sin(new_x)`

(h) (c)에서 -1~1 범위에서 구한 3차 다항식의 계수와 new_y 값을 사용해서 외삽법을 통해 새로운 y 값(new_modeled_y)을 구하라. 이때 polyfit을 사용하라.

(i) 앞에서 구한 새로운 두 y 값(new_y, new_modeled_y)을 하나의 그래프에 함께 그려라. -1~1을 벗어난 x의 범위에서도 두 그래프가 잘 일치하는가?

수치미분

13.13 다음 방정식에 대해 물음에 답하라.

$$y = 12x^3 - 5x^2 + 3$$

(a) x 벡터를 −5~+5 범위로 만들라. 이 x 벡터와 diff 함수를 사용해 y를 x에 대해 미분하라.

(b) 이 방정식을 실제로 x에 대해 미분하면 다음과 같다.

$$\frac{dy}{dx} = y' = 36x^2 - 10x$$

이 식의 값을 (a)에서 만든 x 벡터에 대해 계산한 다음, (a)에서 미분한 결과와 비교하라.

13.14 미분을 가장 많이 사용하는 경우가 속도를 구할 때이다. 다음 표는 유타주 솔트레이크시에서 콜로라도주 덴버까지 자동차로 가는 동안 측정한 데이터이다.

시간(h)	거리(mi)
0	0
1	60
2	110
3	170
4	220
5	270
6	330
7	390
8	460

(a) 각 구간마다 평균 속도(mph)를 계산하라.

(b) (a)에서 구한 속도를 막대그래프로 그려라. 각 막대그래프의 폭이 각 거리 구간을 완전히 채우도록 그래프를 조정하라.

13.15 다음 표는 솔트레이크시에서 로스앤젤레스까지 자동차로 가는 동안 측정한 데이터이다.

시간(h)	거리(mi)
0	0
1.0	75
2.2	145
2.9	225
4.0	300
5.2	380
6.0	430
6.9	510
8.0	580
8.7	635
9.7	700
10	720

(a) 각 구간마다 평균 속도(mph)를 계산하라.

(b) (a)에서 구한 속도를 그래프로 그려라. 이때 각 구간의 출발시간을 x축, 각 구간의 평균 속도를 y축으로 하라.

(c) find 명령을 사용해 제한속도 75 mph을 넘는 구간을 구하라.

(d) 전 구간의 평균 속도가 제한속도를 초과하는가?

13.16 다음은 3단 로켓이 발사되는 동안 측정한 데이터이다.

시간(s)	고도(m)
0	0
1.00	107.37
2.00	210.00
3.00	307.63
4.00	400.00
5.00	484.60
6.00	550.00
7.00	583.97
8.00	580.00
9.00	549.53
10.00	570.00
11.00	699.18
12.00	850.00
13.00	927.51
14.00	950.00
15.00	954.51
16.00	940.00
17.00	910.68
18.00	930.00
19.00	1041.52
20.00	1150.00
21.00	1158.24
22.00	1100.00
23.00	1041.76
24.00	1050.00

(a) 비행시간을 x축, 고도를 y축으로 해 그래프를 그려라.

(b) `diff` 함수를 사용해 각 시간 구간마다 평균 속도를 계산하고 이를 그래프로 그려라. 이때 각 구간의 출발시간을 x축, 각 구간의 평균 속도를 y축으로 하라.

(c) `diff` 함수를 사용해 각 시간 구간마다 가속도를 계산하고 이를 그래프로 그려라. 이때 각 구간의 출발시간을 x축, 각 구간의 가속도를 y축으로 하라.

(d) 위에서 그린 그래프를 살펴보고 각 로켓의 발사시각을 추정하라(즉 3단으로 구성된 로켓에서 연료를 다 쓴 로켓은 떨어져 나가고 다음 단 로켓이 점화되는 시각).

수치적분

13.17 다음과 같은 방정식이 있다.

$$y = 5x^3 - 2x^2 + 3$$

`integral` 함수를 사용해 이 방정식을 -1~1의 구간에서 x에 대해 적분하라. 이 계산 결과를 기호수학 도구상자에 들어 있는 함수인 `int` 함수로 구한 결과와 비교하고, 다음의 해석적인 풀이 결과와 비교하라.

$$\int_a^b (5x^3 - 2x^2 + 3)\,dx =$$

$$\left(\frac{5x^4}{4} - \frac{2x^3}{3} + 3x\right)\Big|_a^b =$$

$$\frac{5}{4}(b^4 - a^4) + \frac{2}{3}(b^3 - a^3) + 3(b - a)$$

13.18 다음 식은 실험에서 얻은 방정식으로 열용량 C_P와 온도 T의 관계를 나타내고 있다.

$$C_P = a + bT + cT^2 + dT^3$$

기체의 온도가 T_1에서 T_2까지 변할 때, 다음 식과 같이 이 방정식을 T에 대해 적분하면 엔탈피(에너지의 차원을 가진 양)의 변화량을 구할 수 있다.

$$\Delta h = \int_{T_1}^{T_2} C_P\,dT$$

산소의 온도가 300 K에서 1000 K로 변한 경우, 매트랩의 적분함수를 사용해 산소의 엔탈피 변화량을 구하라. 산소의 a, b, c, d 값은 다음과 같다.

$$a = 25.48$$
$$b = 1.520 \times 10^{-2}$$
$$c = -0.7155 \times 10^{-5}$$
$$d = 1.312 \times 10^{-9}$$

13.19 이 장에서는 피스톤 실린더 장치에서 피스톤이 움직일 때 발생하는 일을 나타내는 방정식을 알아보고 이를 이용해 문제를 풀어보았다. 그림 P13.19와 같이 펌프, 터빈, 컴프레서(압축기)를 통해 기체나 액체가 흐를 때 발생하는 일도 비슷한 방정식으로 표시된다.

이 경우에는 움직이는 피스톤은 없지만 축(shaft)이 돌면서 일을 하는데, 일의 양은 다음 식으로 표시된다.

$$\dot{W}_{\text{발생}} = -\int_{\text{흡입}}^{\text{배출}} \dot{V}\,\mathrm{d}P$$

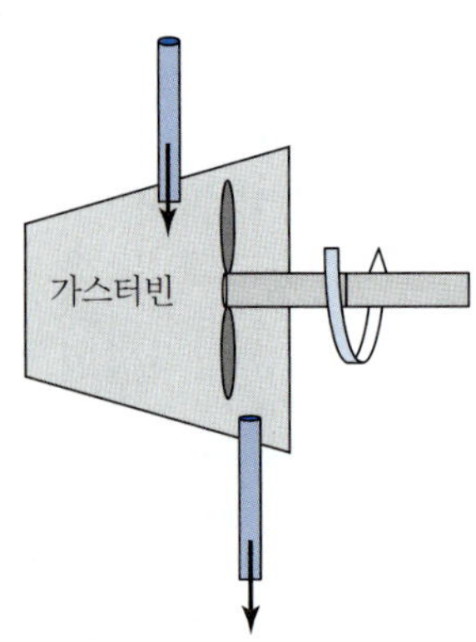

그림 P13.19
일률을 발생시키는 가스터빈

이 식에서 $\dot{V}$와 P 사이의 관계식을 알면 적분을 할 수 있다. 이상기체의 경우 이 둘 사이의 관계는 다음과 같다.

$$\dot{V} = \frac{\dot{n}RT}{P}$$

온도가 일정하게 유지되는 등온과정이라면 방정식을 다음과 같이 쓸 수 있다.

$$\dot{W} = -\dot{n}RT\int_{\text{흡입}}^{\text{배출}} \frac{\mathrm{d}P}{P}$$

여기에서

$\dot{n}$ = 기체의 몰 흐름률(단위: kmol/s)
R = 일반기체상수로 8.314 kJ/kmol K
T = 온도(단위: K)
P = 압력(단위: kPa)
$\dot{W}$ = 일률(power)(단위: kW)

다음과 같은 경우에 가스터빈에서 발생하는 일률을 구하라. 가스터빈의 온도는 일정하게 유지되고 있다.

$\dot{n} = 0.1$ kmol/sec

$R = 8.314$ kJ/kmol K

$T = 400$ K

$P_{흡입} = 500$ kPa

$P_{배출} = 100$ kPa

미분방정식

13.20 t 값의 범위가 0~4일 때, 다음 미분방정식에 대해 물음에 답하라. 초기조건은 $t = 0$일 때 $y = 1$이다.

$$\frac{dy}{dt} + \sin(t) = 1$$

(a) 매트랩의 기호 연산 기능을 이용해 미분방정식을 풀라. 또 손으로 푼 결과와 비교하라.

(b) ode45 함수를 사용해 미분방정식을 풀라.

(c) (a), (b)의 결과를 그래프로 그리고 비교하라.

13.21 t 값의 범위가 0~1일 때, 다음 미분방정식을 풀라. 초기조건은 $t = 0$일 때 $y = 0$이다.

$$\frac{dy}{dt} = t^2 + y$$

13.22 1908년에 블라시우스(Blasius)는 평판(flat plate)상에 형성되는 층류 경계층(laminar boundary layer, 유체가 흐트러지지 않고 규칙적으로 흐르고 있는 경계층) 안에 흐르는 비압축성 유체의 움직임을 다음 3계 비선형 상미분방정식을 풀어 구할 수 있음을 증명했다.

$$2\frac{d^3f}{d\eta^3} + f\frac{d^2f}{d\eta^2} = 0$$

다음과 같은 함수 f와 그 도함수의 치환을 이용해 위의 미분방정식을 3개의 1계 미분방정식으로 이루어진 연립방정식으로 다시 쓰라.

$$h_1(\eta) = f$$

$$h_2(\eta) = \frac{df}{d\eta}$$

$$h_3(\eta) = \frac{d^2f}{d\eta^2}$$

초기조건을 다음과 같이 가정할 때, ode45 함수를 사용해 연립 미분방정식을 풀라.

$$h_1(0) = 0$$

$$h_2(0) = 0$$

$$h_3(0) = 0.332$$

14 고급 그래픽 기능

학습목표

- 여러 유형의 이미지 파일을 처리하는 방식을 이해한다.
- 그래프에 핸들을 지정하고 그래프의 속성을 원하는 대로 조정한다.
- 두 가지 방법으로 애니메이션을 만든다.
- 그래프에서 조명 파라미터, 카메라 위치, 투명도를 필요에 따라 조정한다.
- 스칼라 데이터와 벡터 데이터를 3차원상에 시각화한다.

서론

공학 분야에서 주로 사용하는 그래프의 종류로는 *x–y* 그래프(*x–y* plot), 극좌표 그래프(polar plot), 면 그래프(surface plot) 등이 있다. 일반적인 회사 업무에서 많이 사용하고 있는 파이차트(pie chart), 막대그래프(bar graph), 히스토그램(histogram) 등도 공학 분야에서 많이 사용한다. 매트랩을 이용하면 이들 그래프의 표시 형태를 다양하게 제어할 수 있고 디지털 이미지를 조작할 수 있으며 측정 데이터와 실제 현상의 모델을 3차원 그래프와 면 그래프 등으로 나타낼 수 있다.

14.1 이미지

이 절에서는 매트랩의 고급 그래픽 기능에 대해 살펴본다. 먼저 `image` 함수와 `imagesc` 함수를 알아보자. 매트랩은 배열을 기본 데이터 구조로 하는 프로그램이므로 이미지(image)를 먼저 배열 데이터로 저장해야 한다.

다음 명령을 타이핑하면 `peaks` 함수를 3차원 면 그래프로 그릴 수 있다.

```
surf(peaks)
```

명령을 실행하면 그림 14.1(a)와 같은 그래프가 그림창에 나타나는데, 대화형 그래프 조정도구를 사용하면 그림 14.1(b)와 같이 이 함수를 위에서 내려다본 형태로 그래프를 조정할 수 있다.

다음과 같이 `pseudo color plot` 명령을 사용하면 더 간단하게 마찬가지의 효과를 볼

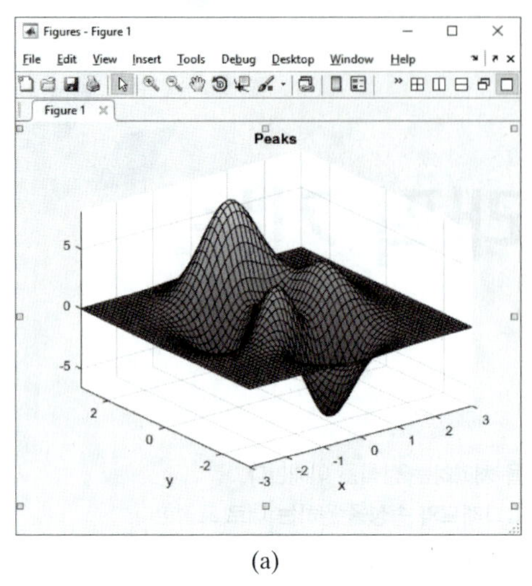

(a)

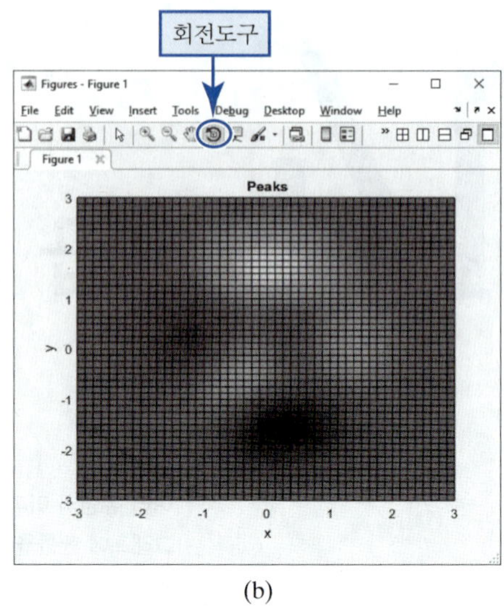

(b)

그림 14.1
peaks 함수를 이용해 매트랩의 여러 가지 그래프 기능을 살펴볼 수 있다 (Mathworks, Inc.의 허가하에 게시함). (b) peaks 함수의 면 그래프를 위(*z*축)에서 아래로 내려다본 모습이다.

수 있다.

```
pcolor(peaks)
```

다음과 같이 명암 설정(shading option)를 정의해 자동으로 생성되는 격자선을 제거할 수 있다.

```
shading flat
```

그림 14.1~14.3의 그래프에서는 z 값(함수 값)의 크기에 따라 그래프 면이나 선의 색이 달라진다. z 값이 + 쪽으로 커질수록 노란색이 되고 − 쪽으로 커질수록 파란색이 된다. z 배열의 첫 번째 원소 $z(1, 1)$의 위치는 그림 14.2(b)의 왼쪽 맨 아래이다. 그림 14.2(b)에 z 배열의 각 원소의 위치를 나타내었다.

좌표계에 그래프를 그릴 때 일반적으로 시작점의 위치가 왼쪽 맨 아래이므로 데이터를 이

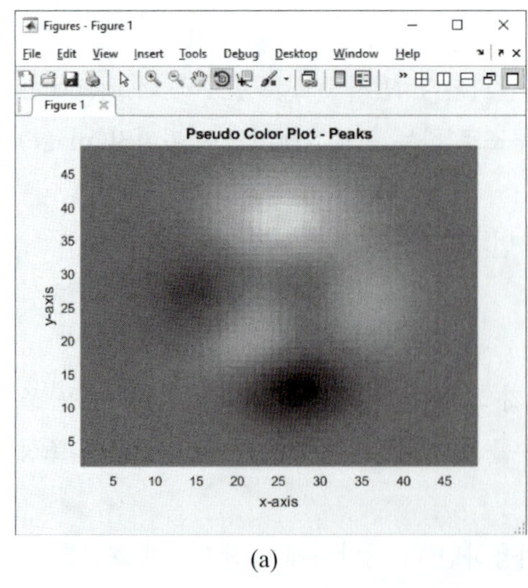

(a)

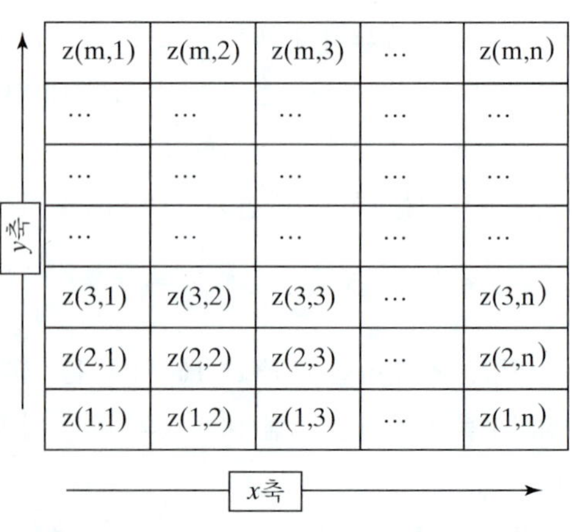

(b)

그림 14.2
(a) 이 의사 컬러 그래프는 peaks 함수의 면 그래프를 위에서 내려다본 모습과 같다. (b) 의사 컬러 그래프에서는 그래프의 왼쪽 맨 아래를 시작점(0, 0)으로 해서 오른쪽으로 가로지르며 차례로 올라가는 방식으로 데이터를 구성한다.

러한 방식으로 나타내는 것이 이치에 맞는다고 할 수 있지만 사진과 같은 이미지를 나타낼 때에는 그렇지 않을 수 있다. 이미지를 배열로 저장할 때에는 그림 14.3(a)와 같이 왼쪽 맨 꼭대기에서 시작해서 오른쪽으로 가로지르며 맨 아래쪽까지 차례대로 내려가는 방식을 취한다. 매트랩에서는 image, imagesc라는 함수로 이미지를 화면에 표시할 때 모두 이 방식을 따른다. imagesc 함수는 image와 기능은 같지만 컬러맵(colormap)에 있는 전체 색을 모두 사용해 데이터를 나타낼 수 있도록 입력된 데이터 값의 크기를 조절한다는 점이 다르다. 의사 컬러 그래프(pseudo color plot) 함수인 pcolor도 같은 방식으로 데이터를 나타낸다. 따라서 다음 명령을 입력하면

```
imagesc(peaks)
```

그림 14.3(b)의 그래프를 얻을 수 있다.

그런데 imagesc로 나타낸 그래프를 pcolor로 그린 그래프와 자세히 비교해보면 위아래가 뒤집힌 형태임을 알 수 있다. 물론 어떤 방식으로 이미지가 화면에 표시되는지 잘 알고 있으면 이미지가 뒤집히든 아니든 상관은 없다. 하지만 사진의 경우 위아래가 바뀌면 문제가 될 수도 있다.

14.1.1 이미지 유형

핵심 개념
image, imagesc 함수를 사용하면 이미지를 화면에 나타낼 수 있다.

매트랩은 이미지를 저장하고 표시할 때 다음 세 가지 방법을 사용한다.

강도 이미지(intensity image) 또는 회색조 이미지(gray scale image)

인덱스 이미지(indexed image)

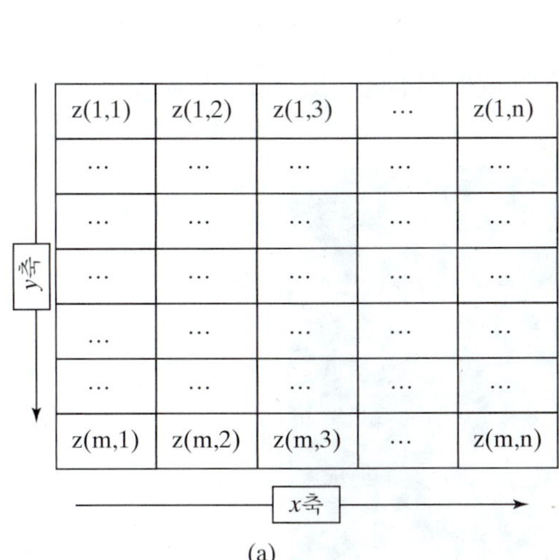

(a)

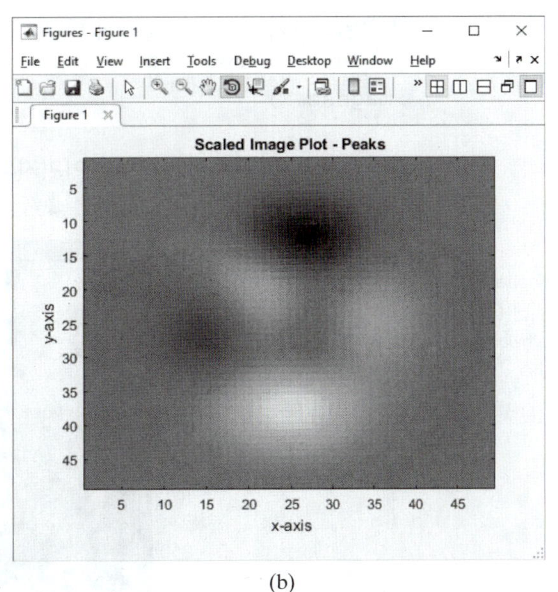

(b)

그림 14.3
imagesc 함수로 그린 peaks 함수의 그래프. (a) 책을 읽을 때처럼 그래프의 왼쪽 맨 위에서 시작해서 오른쪽으로 가로지르며 차례로 내려가는 방식으로 이미지를 나타낸다. (b) pcolor와 imagesc 함수로 그린 그래프는 수평축에 대해 서로 대칭인 형태로 나타난다.

RGB 이미지 또는 트루컬러 이미지(true color image), 이미지 그래프(image plot)라고도 함

강도 이미지

앞에서 imagesc 함수로 peaks 함수를 그림 14.3과 같은 그래프로 나타낼 때 사용한 것이 강도 이미지이다. 이 방법에서는 컬러맵으로 이미지의 색을 결정한다. 이미지 배열에 저장된 값의 크기를 적절하게 조절한 다음 이 값의 크기에 따라 지정된 컬러맵 내의 색을 대응시킨다[기본으로 설정(default)되는 컬러맵은 parula colormap이다]. 이 방법은 화면에 표시할 데이터의 색이 실제 색과 상관이 없는 경우에 효과가 있다. 예를 들어 peaks 함수의 모양은 산과 계곡 지형과 비슷한데, 이때 고도 몇 m를 노란색으로 할 것인지는 미적 감각이나 취향에 따른 선택의 문제이다. 이미지에서 관심 있는 부분을 강조하는 데에도 컬러맵이 사용된다.

다음 예를 생각해보자. 그동안 X선 이미지는 사진필름을 방출되는 X선(X-ray)에 노출시켜 만들었다. 그러나 요즘에는 X선이 디지털 이미지로 처리되어 데이터 파일로 저장되는 것이 대부분이므로 필름은 거의 사용되지 않는다. 방출되는 X선의 세기는 어떤 색에도 해당되지 않으므로 X선 이미지 파일의 색상을 어떤 식으로 조작해도 문제가 되지 않는다.

매트랩은 척추(spine) 영상이 담긴 디지털 X선 사진의 샘플 파일을 포함하고 있다(*spine.mat*).이 파일은 imagesc 함수로 표시하기에 적합하다. 먼저 파일을 불러오자.

```
load spine
```

그러면 배열 몇 개가 생기는데 이 가운데 X 배열이 강도(intensity) 배열이다(작업공간창에서 확인해보기 바란다). 따라서 다음 명령을 입력하면

```
imagesc(X)
```

화면에 이미지가 나타나는데, 이 이미지의 색은 현재 설정되어 있는 colormap에 의해 정

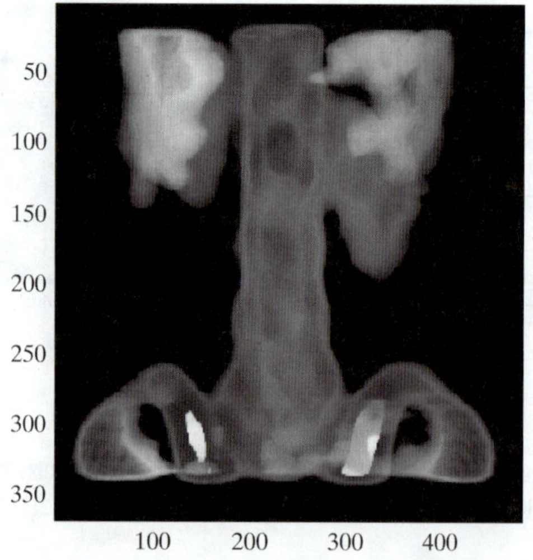

그림 14.4
imagesc 함수와 bone 컬러맵을 사용해 나타낸 디지털 X선 이미지(Mathworks, Inc.의 허가하에 게시함)

해진다(기본설정은 parula colormap이다). 다음 명령으로 컬러맵을 bone 컬러맵으로 바꾸면

```
colormap(bone)
```

그림 14.4와 같이 전통적인 색상의 X선 이미지로 바뀐다.

척추 영상 파일(*spine.mat*)은 map이라는 이름의 컬러맵을 포함하고 있는데, 이것은 마침 bone 컬러맵과 동일하다. 강도 이미지를 표시하는 데 사용자 정의 컬러맵이 반드시 필요한 것은 아니다. 따라서

```
colormap(map)
```

을 실행시키면 colormap(bone)과 동일한 이미지가 생성된다.

매트랩에서는 이미지 데이터도 하나의 배열이다. 그런데 표준 그래픽 형식에서는 이미지가 꼭 배열 형식으로 저장되는 것은 아니다. 매트랩의 imfinfo 함수는 표준 그래픽 파일을 읽어서 파일에 저장된 데이터가 어떤 유형인지 알려준다. 인터넷으로 미국 항공우주국 NASA의 웹사이트(http://saturn.jpl.nasa.gov)에 접속해 토성의 위성인 미마스(Mimas)의 사진을 찾아 *mimas.jpg*라는 이름으로 내려받기를 하라. 그러고 나서 다음 명령을 입력하면

```
imfinfo("mimas.jpg")
```

핵심 개념
이미지의 색상 표현 방식은 컬러맵으로 조정한다.

다음과 같이 이 이미지 파일의 정보가 출력된다. 파일 이름을 표현하기 위해 문자열 앞뒤를 작은따옴표나 큰따옴표로 묶는다. 또한 강도 이미지의 다른 이름인 회색조를 뜻하는 'grayscale'이 표시되어 있는 것을 잘 살펴보기 바란다.

```
ans =
  struct with fields:
           Filename: 'C:\Users\Holly\Documents\Gen…'
        FileModDate: '25-May-2013 11:42:23'
           FileSize: 5971
             Format: 'jpg'
      FormatVersion: ''
              Width: 200
             Height: 210
           BitDepth: 8
          ColorType: 'grayscale'
    FormatSignature: ''
    NumberOfSamples: 1
       CodingMethod: 'Huffman'
      CodingProcess: 'Sequential'
            Comment: {'Created with The GIMP'}
```

imread 함수를 사용하면 이 파일을 매트랩의 배열로 만들 수 있다. 이제 이 파일을 읽어 들여 X라는 변수로 만들어보자.

```
X = imread("mimas.jpg");
```

이제 imagesc 함수와 gray 컬러맵을 사용해 이 이미지를 화면에 표시해보자.

```
imagesc(X)
colormap(gray)
```

그러면 그림 14.5(a)의 이미지가 화면에 나타난다.

인덱스 이미지

색이 중요한 경우에는 인덱스 이미지라는 방법으로 이미지를 만든다. 이 방법에서는 이미지를 나타내는 배열에 강도 값이 들어가는 것이 아니라 색상 정보가 들어간다. 배열의 각 원소는 숫자로 이루어져 있으며 숫자 하나마다 색이 하나씩 할당된다. 색은 colormap이라고 하는 별도의 배열에 수록되어 있다. n개의 색을 정의하고 있는 colormap 배열의 크기는 $n \times 3$으로 색 하나마다 자신을 구성하고 있는 빨간색(red) 성분, 초록색(green) 성분, 파란색(blue) 성분의 값을 원소로 가지고 있다. 이미지에 대해서 매트랩에 내장된 컬러맵을 사용할 수 있으며 특별히 만든 컬러맵을 사용할 수도 있다.

매트랩에 들어 있는 맨드릴원숭이 사진이 담긴 샘플 파일 *mandrill.mat*을 불러오자.

```
load mandrill
```

그러면 이름이 X인 인덱스 배열과 이름이 map인 컬러맵이 생긴다(작업공간창에서 이들이 만들어졌는지 확인하라. 이 두 이름은 매트랩에서 저장된 이미지에 주로 사용된다). 인덱스 이미지를 화면에 표시할 때에는 image 함수를 사용한다.

```
image(X)
colormap(map)
```

이미지 표시 방법 비교

(a) 강도 이미지

(b) 인덱스 이미지

그림 14.5
토성의 위성인 미마스의 사진. (a) 강도 이미지 함수 imagesc와 gray 컬러맵을 사용, (b) 인덱스 이미지 함수 image와 gray 컬러맵을 사용(NASA)

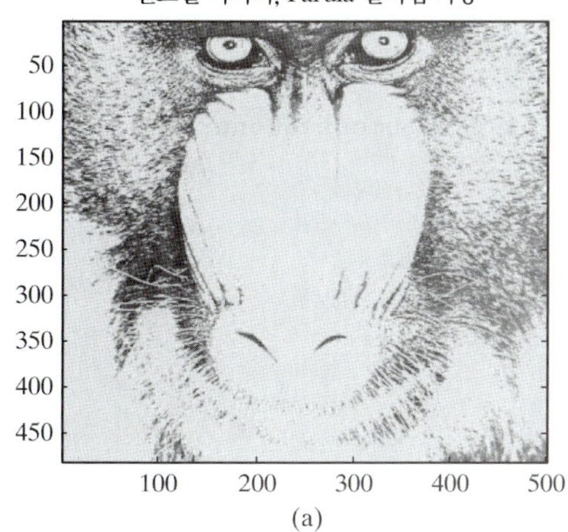

(a)

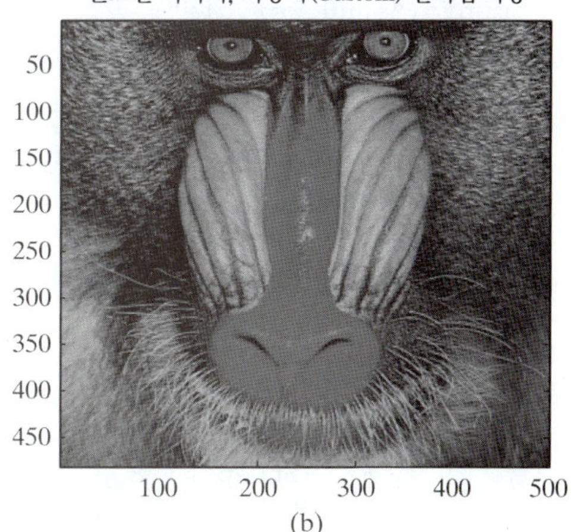

(b)

그림 14.6
(a) 별도로 만든 컬러맵을 사용하지 않은 이미지, (b) 별도로 만든 컬러맵을 사용한 이미지 (Toni Angermayer/Science Source)

매트랩 이미지는 그림창의 크기에 맞게 조절되므로 가로세로비가 원본과 달라져 이미지가 왜곡될 수 있다. 원래 이미지 크기 그대로 표시되게 하려면 axis 명령을 사용하면 된다.

```
axis image
```

그러면 그림 14.6과 같은 이미지를 얻을 수 있다.

image, imagesc 함수는 비슷하지만 아주 다른 결과를 나오게 할 수도 있다. 그림 14.5(b)에 있는 토성의 위성인 미마스의 이미지는 image 함수에 의해 만들어진 것으로 이러한 이미지에 대해서는 imagesc 함수가 더 적합하다는 것을 알 수 있다. gray 컬러맵은 강도 이미지에 저장된 색과는 관련이 없으므로 명암 대비가 뚜렷하지 않은 이미지가 되어버린다. 화면에 표시하고 싶은 파일이 어떤 종류의 이미지인지 아는 것이 중요한데, 그래야 그 이미지에 가장 적합한 방법을 선택할 수 있기 때문이다.

GIF 그래픽 형식의 파일은 주로 인덱스 이미지로 저장된다. 그런데 imfinfo 명령을 사용해 GIF 파일의 파라미터를 살펴봐도 어떤 형식인지 알 수 없는 경우도 있다. 예를 들어 그림 14.7의 이미지는 인터넷에 찾을 수 있는 여러 gif 형식 이미지 중 하나이다. 인터넷에서 이 이미지를 찾아 내려받고 파일이름을 *sunflower.gif*로 한 다음 매트랩의 현재 디렉터리로 복사하라. 이제 imfinfo 함수로 이 파일의 유형을 알아보자.

그림 14.7
GIF 형식으로 저장된 이미지 파일(Sawang Petvises/EyeEm/Getty Images)

```
imfinfo("sunflower.gif")
ans =
  struct with fields:
           Filename: 'C:\Users\Holly\Documents\General
        FileModDate: '24-Aug-2016 12:33:17'
           FileSize: 342287
             Format: 'GIF'
      FormatVersion: '89a'
               Left: 1
                Top: 1
              Width: 1024
             Height: 768
           BitDepth: 8
          ColorType: 'indexed'
    FormatSignature: 'GIF89a'
    BackgroundColor: 1
        AspectRatio: 0
         ColorTable: [256×3 double]
         Interlaced: 'no'
          DelayTime: 0
   TransparentColor: 253
     DisposalMethod:                            'DoNotspecify'
```

이 결과를 살펴봐도 이 이미지에 대해 알 수 있는 정보가 거의 없다. 그런데 현재 디렉터리에서 이 이미지 파일을 더블클릭하면 그림 14.8과 같은 가져오기 마법사(Import Wizard)가 나타나 cdata와 colormap이라는 두 배열을 만들 것을 권유한다. 여기에서 cdata 배열은 인덱스 이미지 배열이고, colormap 배열은 cdata 배열이 참조하는 colormap이다. 매트랩의 가져오기 마법사가 colormap이라는 이름을 제시하는 것은 이상하다고 할 수 있는데, 그 이름을 그대로 사용하면 colormap이라는 함수를 사용할 수 없게 되기 때문이

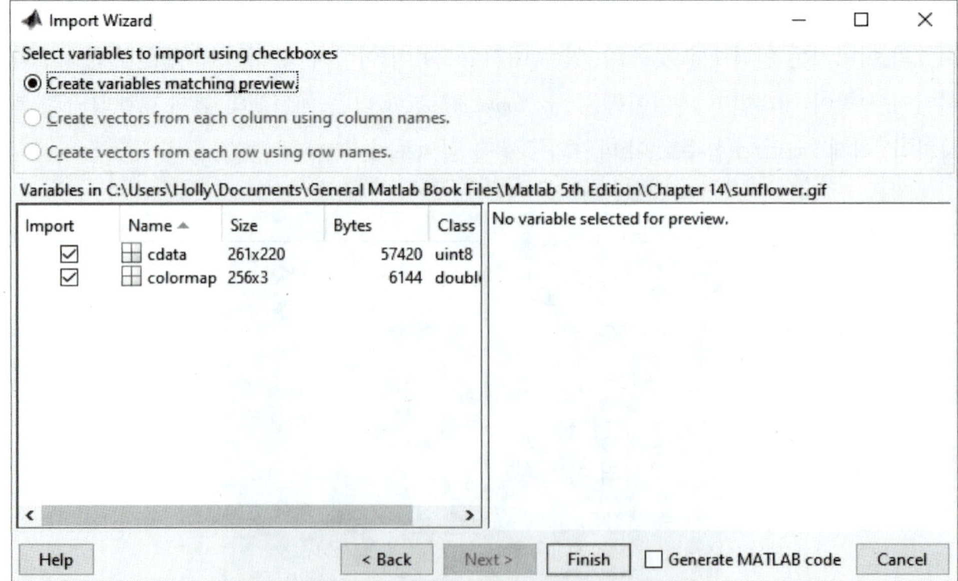

그림 14.8
가져오기 마법사를 사용해 GIF 파일로부터 인덱스 이미지 배열과 컬러맵을 만들 수 있다.

다. 그러므로 가져오기 과정을 완전히 끝마치기 전에 가져오기 마법사에서 배열변수의 이름 colormap을 더블클릭해 colormap이 아닌 다른 이름(여기에서는 map)을 사용한다. 가져오기가 완료되면 다음 명령을 실행한다.

```
axis image
axis off
```

HINT 매트랩에는 인덱스 이미지로 저장된 많은 샘플 이미지 파일이 들어 있다. 이 파일을 불러오려면 다음을 타이핑한다.

```
load <imagename>
```

우리가 이용할 수 있는 이미지 파일의 이름은 다음과 같다. 위 명령에서 <imagename>을 다음 이미지 파일 이름으로 변경하면 된다.

```
flujet
durer
detail
mandrill
clown
spine
cape
earth
gatlin
```

이미지 파일을 읽어 들이면 인덱스 값이 저장된 배열 X와 이 배열이 참조하는 컬러맵 배열 map이 만들어진다. 예를 들어 지구 사진을 표시하고 싶으면 다음 명령을 차례로 실행한다.

```
load earth
image(X)
colormap(map)
```

그림창에서 축이 표시되지 않게 하고 원래 이미지 크기를 그대로 유지하고 싶으면 다음 명령을 차례로 타이핑한다.

```
axis image
axis off
```

트루컬러(RGB) 이미지

핵심 개념
빛의 삼원색은 빨강, 초록, 파랑이다.

이미지를 저장하는 세 번째 방법은 크기가 $m \times n \times 3$인 배열을 사용하는 것이다. 앞에서 살펴보았듯이 3차원 배열은 행, 열, 페이지로 이루어져 있다. **트루컬러**(true color) 이미지는 그림 14.9처럼 3개의 페이지로 구성되는데 각각 빨강(red), 초록(green), 파랑(blue)에 해당하는 색 강도가 각 페이지에 할당된다. 이를 종종 **이미지 그래프**(image plot)라고 부른다.

여기에서는 *airplanes.jpg* 파일을 다루어보자. 여러분이 직접 그림 14.10과 비슷한 이미지가 담겨 있는 컬러 JPG 파일을 인터넷에서 찾아 *airplanes.jpg* 파일로 저장한 다음 현재 디렉터리로 복사해 이 파일로 트루컬러 이미지를 다루어보자. 먼저 imfinfo 함수를 사용해 이 파일에 이미지가 어떤 식으로 저장되었는지 알아보자.

```
imfinfo("airplanes.jpg")
ans =
  struct with fields:
Filename: 'airplanes.jpg'
FileModDate: '12-Sep-2005 17:51:48'
FileSize: 206397
Format: 'jpg'
FormatVersion: ''
Width: 1800
Height: 1200
BitDepth: 24
ColorType: 'truecolor'
FormatSignature: ''
NumberOfSamples: 3
CodingMethod: 'Huffman'
CodingProcess: 'Sequential'
Comment: {}
```

이 결과에서 컬러 유형(ColorType)이 'true color'라는 것과 페이지의 크기(NumberOfSamples)가 3이라는 것을 잘 보기 바란다. 3은 한 페이지마다 빨강, 초록, 파랑의 색 강도가 하나씩 저장되어 있음을 나타낸다.

imread 함수로 이 이미지를 불러들인 다음 image 함수로 화면에 표시할 수 있다.

```
X = imread("airplanes.jpg");
image(X)
axis image
axis off
```

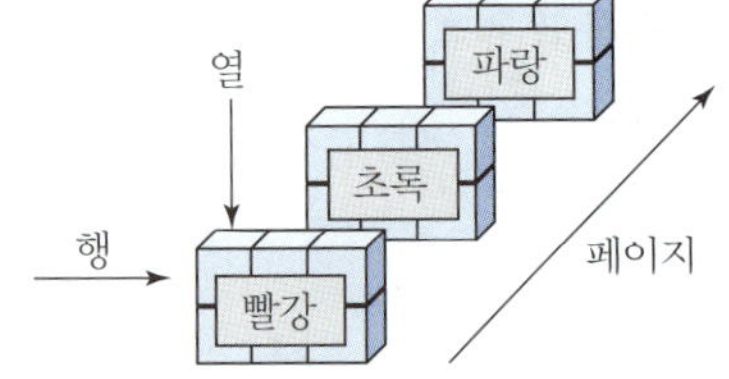

그림 14.9
트루컬러 이미지는 다차원 배열을 사용해 각 원소의 색을 나타낸다.

그림 14.10
비행기의 트루컬러 이미지. 모든 색 정보는 3차원 배열에 저장된다 (Dr. G. Jimmy Chen, Salt Lake Community College, Department of Computer Science).

작업공간창에서 확인해보면 배열 X의 크기는 1200 × 1800 × 3이다(각각의 색 정보가 저장된 한 페이지의 크기는 1200 × 1800이다). 이번에는 컬러맵 배열을 불러올 필요가 없는데, 이미 배열 X에 색의 강도 정보가 포함되어 있기 때문이다(그림 14.10 참조).

예제 14.1

망델브로 집합과 줄리아 집합

요즘 프랙털 기하학이 많은 관심을 모으고 있는 데에는 망델브로(Benoit Mandelbrot)의 역할이 컸다. 그는 프랑스 수학자 줄리아(Gaston Julia)가 1919년에 〈Mémoire sur l'iteration des fonctions rationelles〉라는 논문에서 처음으로 소개한 개념을 바탕으로 연구를 수행했다. 컴퓨터의 개발, 특히 컴퓨터 그래픽이 개발되면서 줄리아의 개념은 더욱 발전을 이루기 시작했다. 1970년대 당시 IBM에 몸담고 있었던 망델브로로는 줄리아의 연구 결과를 다시 활용해 더욱 확장시켰다. 그 결과 역사상 최초로 복잡하면서도 아름다운 프랙털 패턴을 컴퓨터 그래픽 프로그램으로 만들었는데 오늘날 이 프랙털 패턴에는 그의 이름이 붙어 있다. 최근 미국의 가수 조너선 콜턴(Jonathan Coulton)이 망델브로의 업적에 관한 노래를 직접 만들었다. http://www.jonathancoulton.com/store/downloads/에 접속하거나 유튜브에서 뮤직비디오를 검색하면 이 노래를 들을 수 있다.

망델브로 이미지는 $x + yi$로 표시되는 복소평면 위에 위치하는 점으로 만들어진다. $z(0) = x + yi$로 놓고 다음과 같은 규칙에 따라 계산을 되풀이하라.

$$
\begin{aligned}
z(0) &= x + yi \\
z(1) &= z(0)^2 + z(0) \\
z(2) &= z(1)^2 + z(0) \\
z(3) &= z(2)^2 + z(0) \\
z(n) &= z(n-1)^2 + z(0)
\end{aligned}
$$

이 급수는 수렴할 수도 있고 무한대로 발산할 수도 있다. 수렴하는 점들로 이루어진 것이 망델브로 집합(Mandelbrot set)이다. 아름다운 이 집합의 그림은 z 값이 어떤 한계 값(보통 $\sqrt{5}$)을 넘을 때까지 반복한 계산횟수를 사용해 만든 것이다. 여기에서 증명하지는 않지만 그 한계 값에 도달하면 급수는 계속해서 커져 무한대로 발산하는 것으로 가정한다.

1. 문제를 명확히 나타낸다.
   화면에 망델브로 집합을 이미지로 표시하는 매트랩 프로그램을 작성한다.

2. 입력과 출력을 표시한다.
   입력　　복소평면 위에서 망델브로 집합을 구성하는 x, y의 범위는 다음과 같다.

$$
\begin{aligned}
-1.5 \le x \le 1.0 \\
-1.5 \le y \le 1.5
\end{aligned}
$$

   복소평면 위의 각 점은 다음과 같이 표시된다.

$$z = x + yi$$

3. 손이나 계산기로 문제를 미리 풀어본다.
   수렴할 가능성이 있는 점인 $x = -0.5$, $y = 0$에 대해 다음과 같이 반복계산을 수행한다.

$$z(0) = -0.5 + 0i$$
$$z(1) = z(0)^2 + z(0) = (-0.5)^2 - 0.5 = 0.25 - 0.5 = -0.25$$
$$z(2) = z(1)^2 + z(0) = (-0.25)^2 - 0.5 = 0.0625 - 0.5 = -0.4375$$
$$z(3) = z(2)^2 + z(0) = (-0.4375)^2 - 0.5 = 0.1914 - 0.5 = -0.3086$$
$$z(4) = z(3)^2 + z(0) = (-0.3086)^2 - 0.5 = 0.0952 - 0.5 = -0.4048$$

지금까지 계산한 결과를 잘 살펴보면 이 계산을 계속 되풀이할 때 약 −0.4에 수렴할 가능성이 있다고 예상할 수 있다(연습 삼아 이 계산을 20번 되풀이하고, 각 계산 결과를 그래프로 그리는 매트랩 프로그램을 만들어서 확인해보기 바란다).

4. 매트랩으로 문제를 푼다.

```
%% 예제 14.1 망델브로 집합
clear, clc, clf
iterations = 80;
grid_size = 500;
x=linspace(-1.5,1.0,grid_size);
y=linspace(-1.5,1.5,grid_size);
[x,y]=meshgrid(x,y);
c = x+i*y;
z = zeros(size(x));                % 배열의 모든 원소 값을 0으로 만든다.
map = zeros(size(x));              % 모든 점의 컬러맵을 0으로 만든다.
%% For 루프
for k = 1:iterations
z = z.^2 +c;
a = find(abs(z)>sqrt(5));          % 값이 sqrt(5)보다 큰 원소를 찾아낸다.
map(a) = k;
end
figure(1)
image(map)                         % 망델브로 집합의 이미지를 화면에 표시한다.
colormap(jet)
```

이 프로그램을 실행시키면 그림 14.11과 같은 이미지를 얻을 수 있다.

5. 풀이를 검사한다.

컴퓨터 화면에 나타난 이미지에서 가운데에 짙은 파란색 영역을 이루고 있는 모든 점은 한계 값인 $\sqrt{5}$보다 값이 작은 원소들이다. 이 프로그램에서는 어떤 한 점의 색을 표현할 때 반복계산 값이 한계 값 $\sqrt{5}$를 넘는 점에 대해서만 그때까지 반복한 계산횟수를 사용해 색을 정했는데, 그 점의 값 자체로 색을 정해 이미지를 나타낼 수도 있다. 다만 이 경우에는 이미지에서 색의 변화가 분명히 나타날 수 있도록 각 점의 값에 모두 100을 곱해준다. (이렇게 곱해주지 않으면 점 사이에 값의 차이가 별로 나지 않아 모든 점의 색이 거의 비슷해진다.) 이 방법을 매트랩 명령으로 작성하면 다음과 같다.

```
multiplier = 100;
map = abs(z)*multiplier;
image(map)
colormap(jet)
```

그러면 그림 14.12와 같은 이미지를 얻을 수 있다.

지금까지 망델브로 집합의 이미지를 만들어보았는데, 재미 삼아 이미지의 경계선 부분 몇 군데를 조금 더 자세히 살펴보자. 다음 프로그램을 앞에서 작성한 프로그램 뒤에 덧붙이

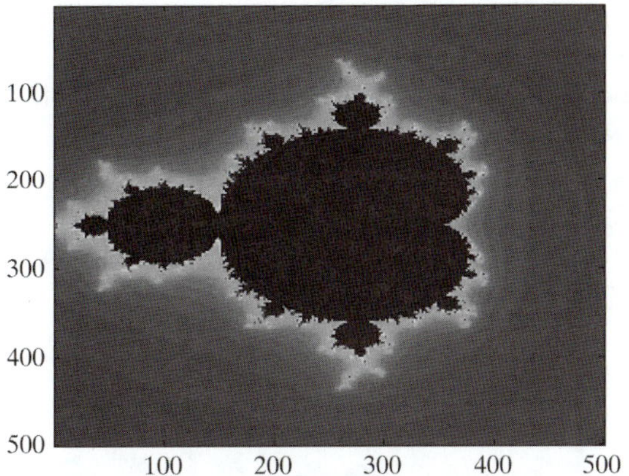

그림 14.11
망델브로 이미지. 이 그림은 원소를 계산한 값이 $\sqrt{5}$를 넘을 때까지 반복한 계산횟수를 구해 그린 것이다.

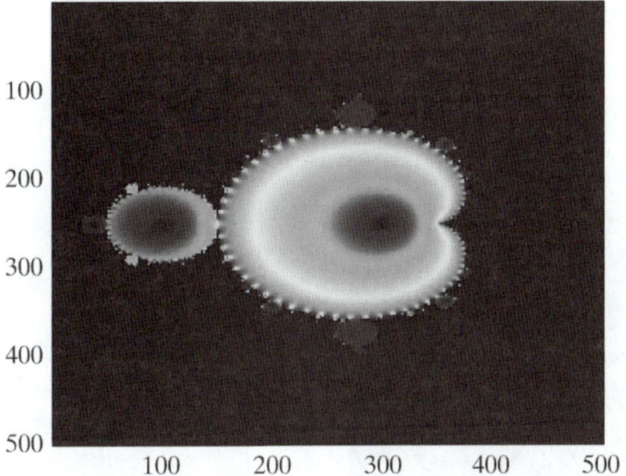

그림 14.12
망델브로 집합의 원소들이 어떻게 다른지 보여주는 이미지. 이미지의 경계 부분은 아주 재미있는 구조를 이루고 있다.

면 전체 이미지의 특정 부분을 계속해서 확대할 수 있다.

```
while(cont==1)
figure(1)
disp('이제 이미지를 확대합니다.')
disp('확대하고 싶은 영역의 왼쪽 위 모서리를 커서로 클릭하세요.')
[y1,x1]=ginput(1);
disp('확대하고 싶은 영역의 오른쪽 아래 모서리로 커서를 이동하세요.')
[y2, x2] = ginput(1);
xx1 = x(round(x1),round(y1));
yy1 = y(round(x1),round(y1));
xx2 = x(round(x2),round(y2));
yy2 = y(round(x2),round(y2));
%%
[x, y] = meshgrid(linspace(xx1,xx2,grid_size),...
    linspace(yy1, yy2,grid_size));
c = x+i*y;
z = zeros(size(x));
map = zeros(size(x));
for k=1:iterations
    z=z.^2 +c;
    a=find(abs(z)>sqrt(5) & map==0);
    map(a)=k;
end
```

```
image(map)
colormap(jet)
again = menu('이미지를 계속 확대할까요? ','예','아니요');
switch again
   case 1
     cont=1;
   case 2
     cont=0;
end
end
```

전체 이미지의 특정 부분을 계속해서 확대할 때 그 부분이 다시 계산되면서 만들어진 이미지가 그림 14.13이다.

image 함수 자리에 imagesc 함수를 사용해 두 그림이 어떻게 다른지 실험해보라. 또 다른 컬러맵도 사용해보면서 이미지의 변화를 살펴보라.

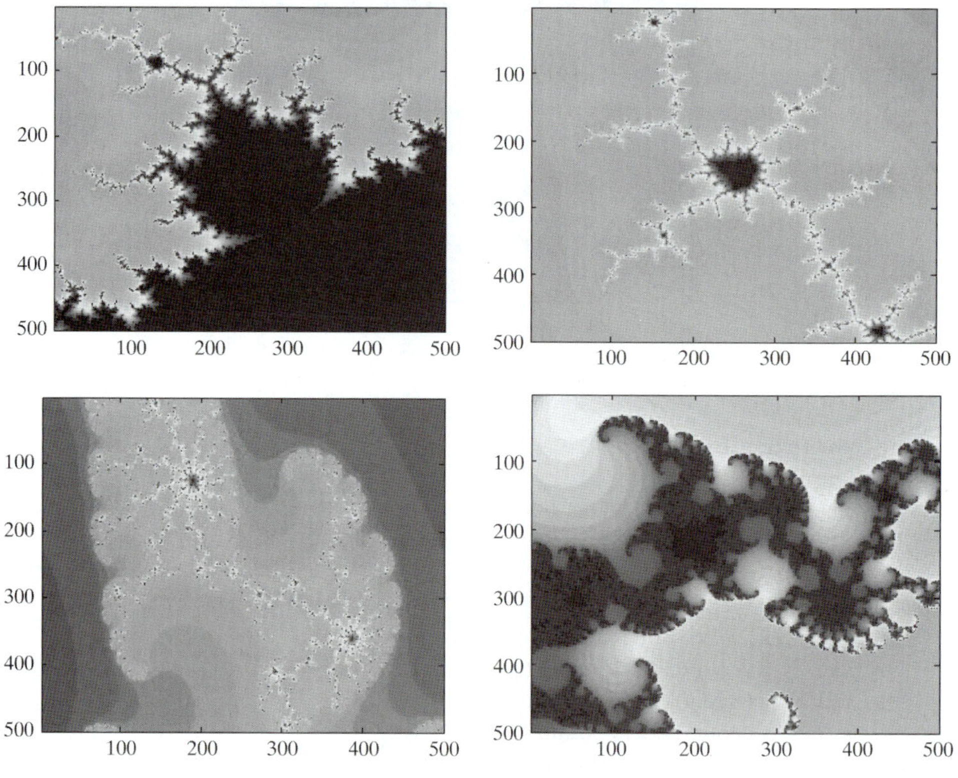

그림 14.13
매트랩으로 망델브로 집합의 특정 부분을 확대한 이미지

14.1.2 이미지 파일 읽기와 쓰기

앞에서 이미지 정보를 저장하는 세 가지 방법을 살펴보는 동안 이미지를 불러오는 읽기함수에 대해서도 함께 알아보았다. 매트랩에는 사용자가 제작한 이미지를 다양한 형식으로 만들 수 있는 쓰기함수도 들어 있다. 이 절에서는 읽기함수와 쓰기함수에 대해 더욱 자세히 살펴보자.

이미지 정보 읽기

이미지 정보를 매트랩으로 읽어 들이는 가장 쉬운 방법은 대화형 가져오기 마법사(Import

Wizard) 기능을 이용하는 것이다. 현재폴더창에서 가져오고 싶은 이미지 파일의 이름을 더블클릭하기만 하면 된다. 그러면 매트랩은 그림 14.8과 같은 창에서 적당한 파일 이름을 제시하고 배열의 내용을 미리 볼 수 있게 해준다.

대화형 가져오기 마법사로 데이터를 가져오는 방식의 문제점은 매트랩 프로그램 안에서 명령어(함수)로 이 기능을 부를 수 없다는 것이다. 따라서 데이터를 가져오는 함수를 사용해야 한다. jpg나 tif와 같은 표준 이미지 형식을 매트랩으로 불러올 때에는 앞 절에서 배운 imread 함수를 사용하는 것이 적절하다. 확장자가 .mat나 .dat인 파일을 불러올 때에는 다음과 같이 load 함수를 사용하는 것이 가장 쉬운 방법이다.

```
load <filename>
```

파일의 확장자가 .mat일 때에는 확장자는 빼고 파일 이름만 써주어도 되지만, 확장자가 .dat일 때에는 다음과 같이 이름과 확장자를 모두 써주어야 한다.

```
load <filename.dat>
```

앞에서 매트랩에 내장된 이미지 파일을 불러올 때 사용한 것이 바로 이 방법이다. 예를 들어

```
load cape
```

를 실행하면 이미지 배열과 컬러맵을 매트랩으로 가져온다. 그러고 나서 다음 명령을 입력하면

```
image(X)
colormap(map)
axis image
axis off
```

그림 14.14의 사진을 얻을 수 있다.

이미지 정보 저장하기

매트랩으로 만든 이미지를 저장할 때에는 다른 그림을 저장할 때와 마찬가지 방법을 사용하면 된다. 다음과 같이 그림창의 도구표시줄에서

```
File → Save As ...
```

를 차례로 누른 다음, 저장할 파일 유형과 저장할 위치를 차례로 지정한다. 예를 들어 예제 14.1에서 만든 그림 14.11의 망델브로 집합 이미지를 저장할 때 이름을 'Figure14_13'으로 하고, 유형을 .jpg 형식으로 하려면 그림 14.15의 창에 나와 있는 것처럼 한다.

이 과정을 imwrite 함수를 사용해 할 수도 있다. 이 함수에 입력하는 내용은 저장하려는 데이터의 유형에 따라 달라진다.

예를 들어 강도 배열(회색조)이나 트루컬러(RGB) 배열로 된 데이터를 저장하고 싶으면 다음과 같은 형태로 imwrite 함수에 입력을 넣어준다.

그림 14.14
매트랩에 내장된 샘플 파일의 이미지(NASA)

```
imwrite(arrayname,"filename.format")
```

여기에서

배열 이름(arrayname)은 매트랩에서 만든 배열의 이름으로, 배열은 저장하고자 하는 데이터를 가지고 있다.

파일 이름(filename)은 데이터를 가지고 있는 배열을 저장하는 데 사용할 파일의 이름이다.

형식(format)은 .jpg나 .tif와 같은 파일의 확장자이다.

예를 들어 이미지 배열 X에 저장된 RGB 데이터를 'flowers'라는 이름의 .jpg 파일로 저장하고 싶으면 다음과 같이 명령을 내리면 된다.

```
imwrite(X,"flowers.jpg")
```

(help imwrite라고 타이핑해 매트랩이 지원하는 그래픽 형식의 종류를 알아보라.)

이미지 데이터가 인덱스 이미지(즉 해당 이미지에 맞춘 컬러맵을 가진 이미지)이면 다음과 같이 이미지 배열과 컬러맵을 함께 저장할 필요가 있다.

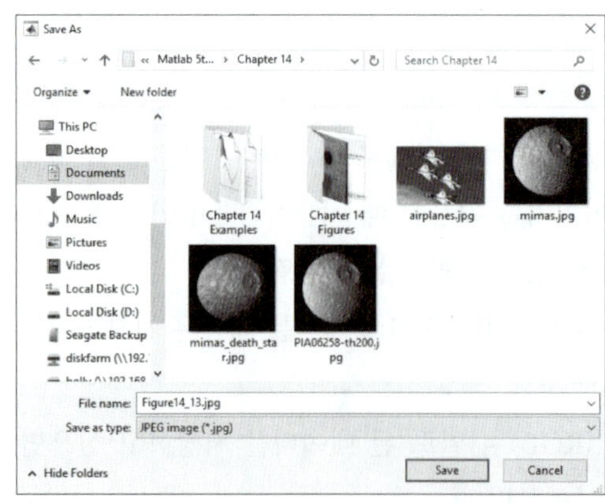

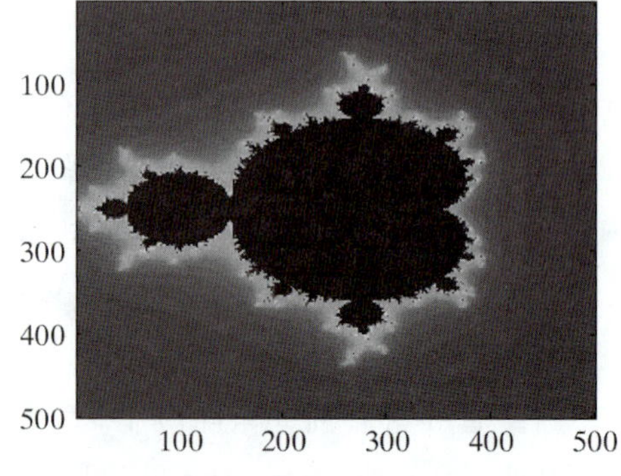

그림 14.15
망델브로 집합의 이미지를 .jpg 파일 형식으로 저장하는 방법

```
imwrite(arrayname, colormap_name,"filename.format")
```

망델브로 집합의 이미지 배열과 이미지의 색을 지정하는 데 사용되는 컬러맵을 *my_mandelbrot.jpg*라는 파일에 함께 저장하기 위해 다음 명령을 사용할 수 있다.

```
imwrite(map,jet,"my_mandelbrot.jpg")
```

14.2 그래픽 개체

핸들(handle)이란 매트랩의 **객체**(object)를 부를 때 사용하는 별명이라고 할 수 있다. 매트랩에서 사용되는 그래픽 체계를 자세히 설명하는 것은 이 책에서 다루는 범위를 넘어서므로 이에 대한 내용을 더욱 자세히 알고 싶으면 매트랩 도움말 튜토리얼을 참조하라. 대신 여기에서는 그래픽에 핸들을 부여하는 방법에 대해 간단히 소개하고 몇 가지 사용법에 대해 설명할 것이다.

핵심 개념
핸들은 매트랩에서 객체를 부를 때 사용하는 별명이다.

매트랩은 그림 14.16과 같은 계층구조를 사용해 그래프를 만든다. 여기에서 가장 기본이 되는 그래프 객체는 'figure'이다. figure 객체는 다시 'axes'라는 객체를 비롯한 여러 개의 객체로 구성되어 있다. axes를 figure라는 그림창 속의 하나의 층으로 생각할 수 있다. axes 역시 'plot'이라는 객체를 비롯한 여러 개의 객체로 구성된다. plot도 axes 속의 하나의 층으로 생각할 수 있다. 그림 14.17에 'figure → axis → plot'의 관계가 잘 나타나 있다.

명령창이나 M-파일 프로그램에서 `plot` 함수를 사용하면 매트랩은 자동적으로 figure를 만들고 여기에 적절한 axes를 만들고 그래프(plot 객체)를 그린다. 매트랩은 기본설정 값(default value)을 사용해 그래프를 구성하는 객체의 표시 형태를 결정한다. 예를 들어 사용자가 별도로 지정하지 않은 경우 그래프에서 처음으로 그리는 선의 색은 언제나 파랑이 된다.

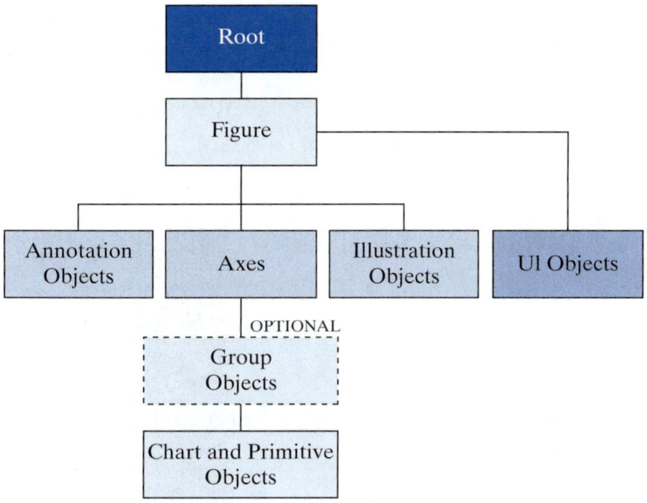

그림 14.16
매트랩 그래프(plot)의 정보를 담고 있는 객체의 계층구조(매트랩 도움말을 참조함)

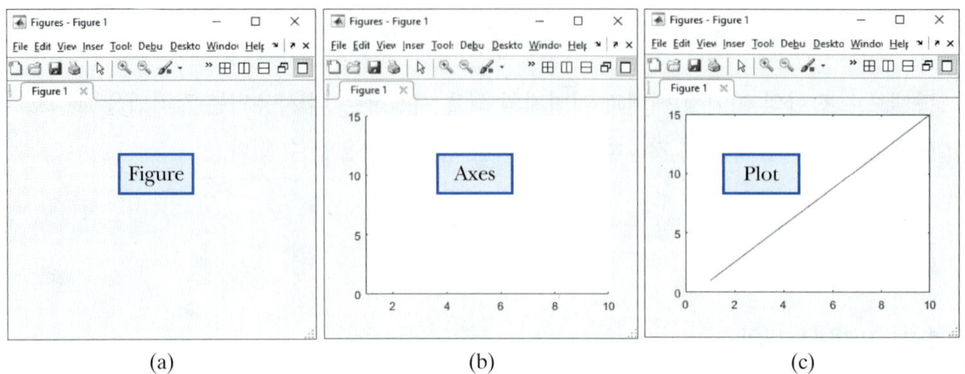

그림 14.17
그래프를 구성하는 객체의 분석. (a) 그림창은 그래픽 사용자 인터페이스(graphical user interface)와 그래프(plot) 등 여러 객체로 구성되어 있다. 먼저 그래프를 그리기 위해서는 그림창이 필요하다. (b) 그림창에 그래프를 그리기 전에 축(axis)을 그려야 한다. (c) 축의 위치와 특성(눈금 간격 등)이 정의되면 그래프를 그릴 수 있다.

14.2.1 plot 핸들

plot에 이름을 붙여주면(즉 핸들 값을 저장하는 변수를 지정하면) 그래프를 그리는 데 사용된 여러 가지 plot 객체의 속성을 쉽게 알아볼 수 있다. 예를 들어 그림 14.18(a)에 있는 간단한 그래프를 만들어보고 plot 객체의 핸들 값을 h라는 변수에 저장해보자.

```
clear, clc, clf
x=linspace(-10,10);
y=cos(x);
h=plot(x,y)
```

핵심 개념
title, xlabel 등과 같은 매트랩 함수는 문자(character) 배열 또는 문자열(string) 배열을 입력으로 허용한다.

이어서 다음과 같이 통상적인 방법으로 그래프의 제목과 축 이름을 붙인다.

```
title("삼각함수 그래프")
xlabel("각도, radians"), ylabel("cos(x)")
```

이렇게 하면 변수 h는 plot 핸들이 된다(물론 변수 이름을 h가 아닌 다른 이름으로 해도 된다). 작업공간창을 보면 핸들이 matlab.graphics.chart.primitive.Line으로 수록되어 있는데 여기에는 모든 선(line)의 속성이 저장되어 있다. 세미콜론으로 화면에 출력되는 것을 막지 않았으므로 명령어가 실행되면 plot 속성 목록이 화면에 표시된다. R2014b 이전의 매트랩 버전에서는 plot의 속성을 화면에 표시하려면 다음과 같이 get 함수를 사용해야 한다.

```
get(h)
```

그러면 축에 그려지는 선을 표시하는 데 사용되는 여러 속성의 목록이 출력된다.

```
(h)
    AlignVertexCenters: off
            Annotation: [1×1 matlab.graphics.eventdata.
```

```
Annotation]
         BeingDeleted: off
           BusyAction: 'queue'
        ButtonDownFcn: ''
             Children: [0×0 GraphicsPlaceholder]
             Clipping: on
                Color: [0 0.447 0.741]
            ColorMode: 'auto'
          ContextMenu: [0×0 GraphicsPlaceholder]
            CreateFcn: ''
      DataTipTemplate: [1×1 matlab.graphics.datatip.
DataTipTemplate]
            DeleteFcn: ''
          DisplayName: ''
     HandleVisibility: 'on'
              HitTest: on
        Interruptible: on
             LineJoin: 'round'
            LineStyle: '-'
        LineStyleMode: 'auto'
            LineWidth: 0.5
               Marker: 'none'
      MarkerEdgeColor: 'auto'
      MarkerFaceColor: 'none'
        MarkerIndices: [1 2 3 4 5 6 7 8 9 10 11 12 13 14 15 16
17 18 19 20 21 22 23 … ]
           MarkerMode: 'auto'
           MarkerSize: 6
               Parent: [1×1 Axes]
        PickableParts: 'visible'
             Selected: off
   SelectionHighlight: on
          SeriesIndex: 1
                  Tag: ''
                 Type: 'line'
             UserData: []
              Visible: on
                XData: [-10 -9.798 -9.596 -9.3939 -9.1919
-8.9899 -8.7879 -8.5859 ... ]
            XDataMode: 'manual'
          XDataSource: ''
                YData: [-0.83907 -0.93116 -0.98538 -0.99952
-0.97301 -0.90692 … ]
          YDataSource: ''
                ZData: [1×0 double]
          ZDataSource: ''
```

plot 핸들 h는 축에 그려지는 그래프의 직선이나 곡선과 관련이 있는 것으로 그래프의 축이나 그림창과는 별개이다. 그래프 객체의 속성, 예를 들어 선의 색상을 바꾸려면 다음과 같이 점 표기법이나 2014b 이전의 매트랩 버전의 경우에는 set 함수를 사용하면 된다. 다음

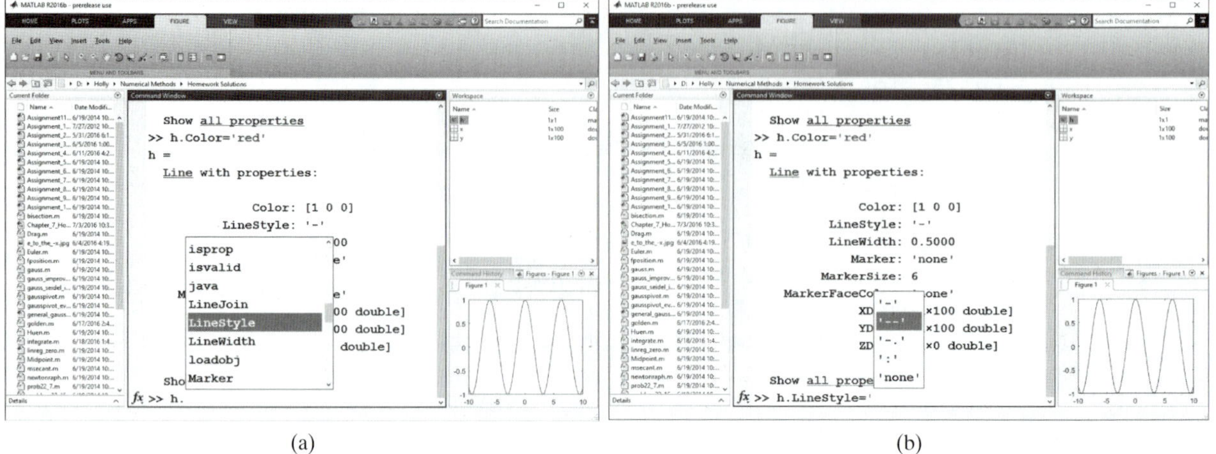

(a) (b)

그림 14.18

그래프 객체에 핸들을 할당해 plot, figure, axis 속성을 조정할 수 있다. 점 표기법을 사용하면 탭 키를 사용해 편리하게 객체 속성을 변경할 수 있다. (a) 선택 가능한 속성 이름 목록, (b) 선택 가능한 속성 값 목록

중 하나의 구문을 사용하면 plot 핸들 h에 대한 선 색상을 빨간색으로 변경할 수 있다.

```
set(h, 'Color', 'red'),
set(h,Color='red')   또는
h.Color='red'
```

점 표기법을 사용하면 탭(Tab) 키를 사용해 편리하게 작업을 수행할 수 있다는 장점이 있다. 예를 들어 plot 핸들 h를 만든 다음 다음을 타이핑하고

```
h.
```

이어서 탭 키를 누르면 그림 14.18(a)와 같이 선택할 수 있는 속성 목록이 나타난다. 이 중에서 원하는 것을 더블클릭해 `h.` 다음에 속성을 추가하고, 이어서 그림 14.18(b)와 같이 선택할 수 있는 속성 값 중에서 원하는 것을 선택해 명령을 완성할 수 있다.

> **HINT** plot 핸들 다음에 어떤 문자를 타이핑하면 선택 가능한 속성 이름 중에서 그 문자로 시작하는 속성 이름만을 목록에 제시해준다. 예를 들어 plot 핸들이 h일 때, 다음과 같이 타이핑하고
>
> ```
> h.l
> ```
>
> 탭 키를 누르면 'l'로 시작하는 속성 이름만 목록에 표시된다.
>
> 이러한 기능은 스크립트와 라이브 스크립트에서 약간 다르게 동작하니 직접 시도해보기 바란다.

14.2.2 figure 핸들

그림창에도 핸들 이름을 지정할 수 있다. 앞서 그래프를 Figure 1이라는 그림창에 그렸으므로 이 그림창의 핸들로 f_handle이라는 이름의 변수를 사용하려면 다음과 같이 명령을 내

린다.

```
f_handle = figure(1)
```

작업공간창을 보면 핸들이 matlab.ui.Figure로 수록되어 있다. get 명령을 사용하면 비슷한 결과를 출력할 수 있다. 오래된 매트랩 버전을 사용하고 있는 경우라면 다음과 같이 get 함수를 사용해야 figure 객체의 속성을 확인할 수 있다.

```
get(f_handle)
f_handle =
  Figure (1) with properties:

      Number: 1
        Name: ''
       Color: [0.9400 0.9400 0.9400]
    Position: [1 1 390 402]
       Units: 'pixels'
```

내용을 살펴보면 속성이 plot 객체와는 다른 것을 알 수 있다. 특히 그림창의 배경색을 결정하는 색이 [0.9400 0.9400 0.9400]인데 각각은 빨강, 초록, 파랑의 강도 값을 나타내는 것으로 이 값에 의해 그림창의 배경(테두리 영역)이 옅은 회색이 된 것이다. 배경색을 바꾸려면 점 표기법을 사용하거나

```
f_handle.Color=[0.4,0.4,0.4] 또는
set(f_handle,'Color',[0.4,0.4,0.4]) 또는
set(f_handle,Color=[0.4,0.4,0.4])
```

를 사용하면 배경이 짙은 회색이 된다.

또한 그림창의 이름을 바꾸려면 다음 명령을 실행하면 된다.

```
f_handle.Name = "My Graph"
```

또는

```
set(f_handle,Name="My Graph")
```

핸들 이름을 지정하지 않은 경우에는 gcf(get current figure)라는 함수로 현재그림창의 핸들 값을 구한 다음, 다음과 같이 get 함수로 정보를 요청해 속성 목록이 출력되도록 할 수 있다.

```
get(gcf)
```

따라서 위의 방법 대신 다음과 같이 gcf, set 명령을 사용해도 배경색을 짙은 회색으로 바꿀 수 있다.

```
set(gcf,'Color',[0.94,0.94,0.94])
```

14.2.3 axes 핸들

앞에서 그래프를 구성하는 figure, plot에 핸들 이름을 지정한 것처럼 axes에도 핸들 이름을 지정할 수 있다. gca(get current axis) 함수를 사용해 현재 그래프를 구성하는 축에 객체이름(즉 핸들) h_axes를 지정할 수 있다.

```
h_axes = gca
```

이 명령을 실행하면 축 속성이 화면에 출력된다. 또 다른 방법으로 다음과 같이 핸들 이름(h_axes)과 get 함수를 사용해 축의 속성을 결정하는 항목의 내용을 출력할 수 있다.

```
get(h_axes)
                      ALim: [0 1]
                  ALimMode: 'auto'
  ActivePositionProperty: 'outerposition'
       AmbientLightColor: [1 1 1]
            BeingDeleted: 'off'
                     Box: 'on'
                BoxStyle: 'back'
              BusyAction: 'queue'
          ButtonDownFcn: ''
                    CLim: [0 1]
                CLimMode: 'auto'
          CameraPosition: [5 7.5000 17.3205]
      CameraPositionMode: 'auto'
                  CameraTarget: [5 7.5000 0]
```

plot, figure 핸들과 마찬가지로 axis 핸들을 사용해 속성을 바꿀 수 있다. axis 핸들은 특히 축의 눈금을 바꾸는 데 유용하다. 그림 14.18을 예로 들어 살펴보자. x축은 라디안 단위의 각도로 되어 있는데 pi의 정수배로 나타내는 것이 더 바람직한 경우도 있다. 다음 명령과 같이 axis 핸들 이름(h_axes)을 이용해 XTick 속성과 YTick 속성을 지정하면 축의 눈금 위치와 값을 원하는 대로 바꿀 수 있다. 여기에서 역슬래시(\)는 pi를 문자 π로 변환하기 위해 사용한 것이다.

```
h_axes.XTick = [-3*pi, -2*pi, -pi, 0, pi, 2*pi, 3*pi]
h_axes.YTick = [-1, -0.5, 0, 0.5, 1]
h_axes.XTickLabel = ["-3\pi","-2\pi","-\pi","0","\pi",...
    "2\pi","3\pi"];
h_axes.YTickLabel = ["min = -1","-0.5","0","0.5","max = 1"];
```

이전 판에서는 축 이름 지정을 위해 문자(character)로 이루어진 셀(cell) 배열을 사용했으나 여기에서는 문자열을 사용했다.

좀 더 보기 좋게 하기 위해 축의 눈금 값을 회전시키려면 다음과 같이 한다.

```
h_axes.XTickLabelRotation = 45;
h_axes.YTickLabelRotation = 45;
```

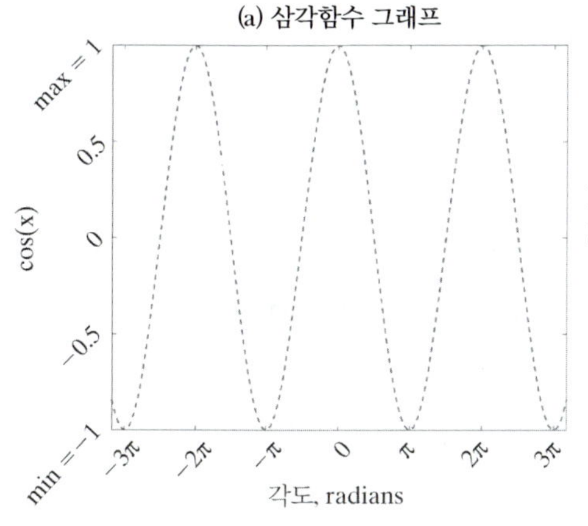

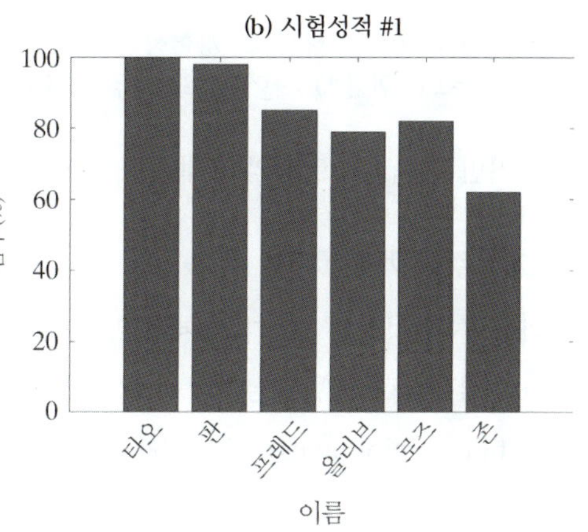

그림 14.19
(a) 객체 이름(핸들)을 사용하면 그래프의 모양을 조정할 수 있다. (b) axis 객체 이름과 점 표기법을 사용하면 막대그래프에 이름을 추가할 수 있다.

plot, figure 핸들과 마찬가지로 axis 핸들의 경우에도 점 표기법을 사용해 축 속성을 바꿀 수 있다. 물론 set 함수를 사용해도 된다.

지금까지 축의 속성을 변경한 결과를 그림 14.19(a)에 표시했다. (그래프의 제목과 축 이름은 통상적인 방법으로 추가한 것이다.) 여기에서 든 예는 매트랩의 도움말(help) 문서에 들어 있는 것으로 이 밖에도 여러 기법이 소개되어 있으므로 여러분이 그린 그래프를 개선하는 데 잘 활용하기 바란다.

또 다른 예를 들어보자. 학생들의 시험성적을 막대그래프로 그리려고 하는데, 이때 *x*축 눈금으로 학생의 번호 대신 이름을 붙이고 싶다. 그러려면 먼저 다음과 같이 학생의 이름과 시험성적을 배열로 만든다.

```
names = ["타오","판","프레드","올리브","로즈","존"];
scores =[100;98;85;79;82;62];
```

그러고 나서 bar 함수를 사용해 그래프를 그린다. 이어서 gca 함수를 사용해 axes 객체에 핸들 이름을 부여한다.

```
bar(scores)
ax = gca;
```

이제 axes 핸들을 사용해 *x*축에 이름을 붙이고 읽기 쉽게 이름을 기울여보자.

```
ax.XTickLabel=names;
ax.XTickLabelRotation=45;
```

폰트 사이즈와 굵기도 비슷한 방법으로 조정할 수 있다.

```
ax.FontSize=14;
ax.FontWeight="bold";
```

끝으로 통상적인 방법으로 그래프의 제목과 축 이름을 붙인다.

```
title("(b) 학생들의 시험성적 #1")
xlabel("이름"), ylabel("점수(%)")
```

그러면 그림 14.19(b)의 그래프를 완성할 수 있다.

14.2.4 주석 객체

그래프를 구성하는 또 다른 계층으로 주석 객체(annotation object)가 있다. 주석은 선(line), 범례(legend), 글상자(text box) 등을 figure에 추가할 때 사용된다. 주석과 관련된 속성도 figure, plot, axes 속성과 유사한 방법으로 핸들을 지정해 조정할 수 있다.

14.2.5 속성편집기

그림창의 메뉴표시줄에서 'View'를 선택하고 이어서 '속성편집기(Property Editor)'를 선택하면 대화 방식으로 같은 작업을 수행할 수 있다[그림 14.20(a) 참조].

```
View → Property Editor
```

그림 14.20(b)와 같이 속성편집기 팝업창에서 'Property Inspector'를 선택하면 모든 속성 항목의 내용을 알아내고 조정할 수 있다. Property Inspector 창에 있는 항목을 하나하나 살펴보는 것은 그래프를 이루고 있는 각 객체가 어떤 속성항목으로 구성되어 있는지 이해하는 아주 좋은 방법이다.

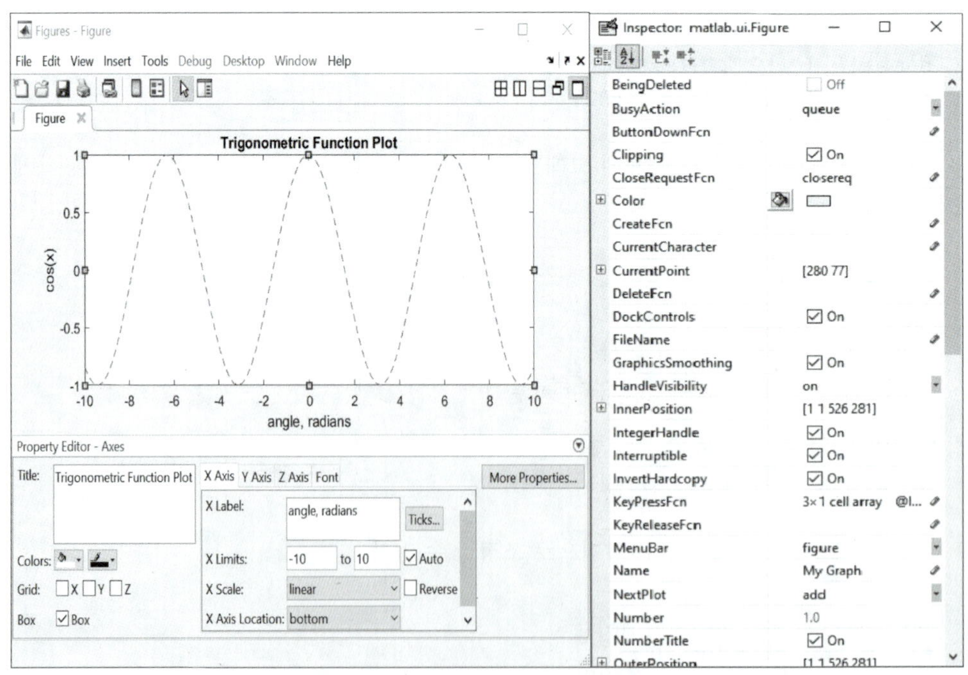

그림 14.20
대화형 속성편집기창. (a) 그림창에서 'View → Property Editor'를 선택해 그래프를 조정할 수 있다. (b) More Properties를 클릭하면 보다 상세한 조정이 가능한 Property Inspector 창이 열린다.

14.3 애니메이션

매트랩에서는 다음 두 가지 방법으로 애니메이션을 만들 수 있다.

- 그리고 지우는 방법
- 동영상(movie)을 만드는 방법

두 경우 모두 애니메이션을 만들기 위해 객체 이름(핸들)을 지정해 사용한다.

14.3.1 그리고 지우는 방법

'그리고 지우는 방법'으로 애니메이션을 만들 때에는 먼저 그래프를 그리고 나서 루프를 한 번 돌 때마다 그래프의 속성만을 조정하는 방법을 사용한다. 다음 예제를 살펴보자. 다음 식은 포물선의 방정식이다.

$$y = kx^2 - 2$$

이 식의 k 값에 따라 포물선의 모양이 변한다. 이러한 상황을 3차원 그래프로 나타낼 수도 있지만 여기에서는 애니메이션을 만들어보자. 즉 k 값이 바뀌면서 포물선의 모양이 달라지는 것을 차례로 나타내 보자. 이 애니메이션을 만드는 프로그램은 다음과 같다.

```
clear, clc, clf
x = -10:0.01:10;        % x 값을 정의한다.
k = -1;                 % k의 초깃값을 설정한다.
y = k*x.^2-2;           % 함수 y 값을 계산한다.
h = plot(x,y);          % 그래프를 그리고 핸들 값을 h라는 이름에 저장한다.
grid on
axis([-10,10,-100,100])             % 축의 범위를 지정한다.
while k<1                           % 루프를 시작한다.
    k = k + 0.01;                   % k 값을 증가시킨다.
    y = k*x.^2-2;                   % 함수 y 값을 새로 계산한다.
    h.YData = y;                   % 그래프의 y에 새로 계산한 값을 지정한다.
    drawnow                     % 프로그램이 끝날 때까지 그래프를 새로 그린다.
end
```

이 예제에서는 핸들 그래픽을 사용해 루프를 한 번 돌 때마다 그림창을 새로 만드는 대신 그래프만 다시 그린다. 또한 plot 객체 중에서 YData 객체를 사용해 새로 그리려는 y 값을 할당한다(x 값은 변하지 않는다). 점 표기법을 사용해(set 함수를 사용할 수도 있다) 새로운 y 값을 이 객체의 값으로 할당하고 drawnow 함수를 호출하면 그때마다 새로운 그래프가 그려진다. 애니메이션을 위해 프로그램이 실행되면서 만드는 여러 프레임(frame)을 그림 14.21에서 볼 수 있다.

이번에는 좀 더 복잡한 애니메이션을 만들어보는데, 그림에서 한 개체(물체)만 움직이고 나머지는 모두 정지해 있는 경우이다. 언덕을 따라 올라갔다가 굴러 내려오는 공을 생각해 보자. 언덕은 사인 함수의 일부를 이용해 만들자. 먼저 사인 함수 그래프를 만든다. 이 그래프는 애니메이션이 수행되는 동안 변하지 않고 그대로 있게 된다.

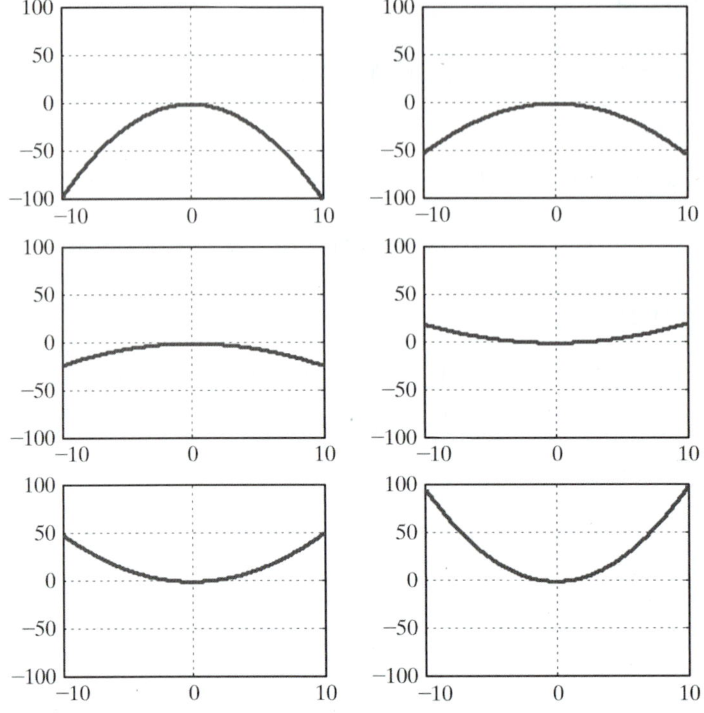

그림 14.21
그래프를 여러 번 새로 그려서 만든 애니메이션

```
clear, clc
theta = linspace(-pi/2,pi/2,1000);   % '언덕'을 만들기 위한 파라미터
x=linspace(0,20,1000);
y=20*cos(theta);
plot(x,y)                          % 사인 모양으로 언덕 만들기
axis([-1,21,-1,21])  % 축 범위 지정
title("언덕 위의 공")
hold  on
```

다음으로 동그라미 개체(공)를 만드는데, 이 동그라미는 애니메이션이 수행되는 동안 움직이게 된다. 동그라미는 patch 함수를 사용해 만든다. 작업공간창에서 t가 matlab.graphics.primitive.Patch로 수록되어 있음을 잘 살펴보기 바란다.

```
theta2 = linspace(-pi,pi);   % 동그라미를 만들기 위한 파라미터를 정의한다.
xc = cos(theta2);
yc = -sin(theta2);
t=patch(xc,yc,'red');    % 동그라미 개체를 만든다.
hold  off
```

마지막 단계로 루프를 만든다. 루프가 한 번 수행될 때마다 동그라미가 다시 그려진다.

```
%%
for j = 1:length(theta)
    xnew = xc + x(j);  % 동그라미의 새로운 위치를 정의한다.
```

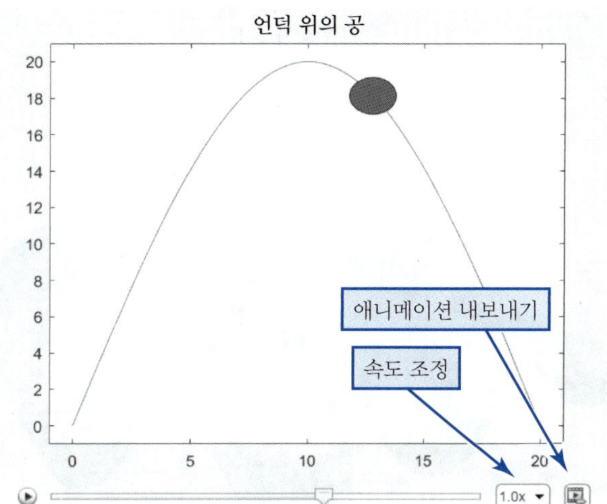

그림 14.22
매트랩을 사용해 정지해 있는 배경에 대해 특정 그래프 개체가 움직이는 애니메이션을 만들 수 있다. 라이브 스크립트에서 애니메이션을 만들면 재생 컨트롤이 생성되고 애니메이션을 다양한 일반 비디오 형식으로 내보내는 것이 가능하다.

```
    ynew = yc + y(j);
    t.XData = xnew; % 데이터 업데이트
    t.YData = ynew;
    drawnow  % 그래프 업데이트
end
```

이 명령을 차례로 실행하면 그림 14.22와 같이 빨간 동그라미가 사인 모양의 '언덕'을 따라 올라갔다가 굴러 내려오는 애니메이션이 수행된다. 라이브 스크립트를 사용할 경우 재생속도를 변화시키면서 리플레이가 가능하고, mp4 및 avi를 포함한 다양한 일반 비디오 형식으로 애니메이션을 내보낼 수 있는 재생 컨트롤을 사용할 수 있다.

14.3.2 동영상

선의 움직임을 애니메이션으로 나타내는 데에는 그렇게 많은 계산이 필요하지 않으므로 보기 좋고 부드러운 움직임을 얻을 수 있다. 이번에는 다음 프로그램을 작성해 훨씬 복잡한 면 그래프 애니메이션을 만들어보자.

```
clear, clc
x = 0:pi/100:4*pi;
y = x;
[X, Y] = meshgrid(x,y);
z = 3*sin(X)+ cos(Y);
h = surf(x,y,z);
title("연못의 물결")
axis([0,4*pi,0,4*pi,-3,3])
shading interp
colormap(jet)
for k = 0:pi/100:2*pi
  z = (sin(X) + cos(Y)).*sin(k);
  h.Zdata = z;
  drawnow
end
```

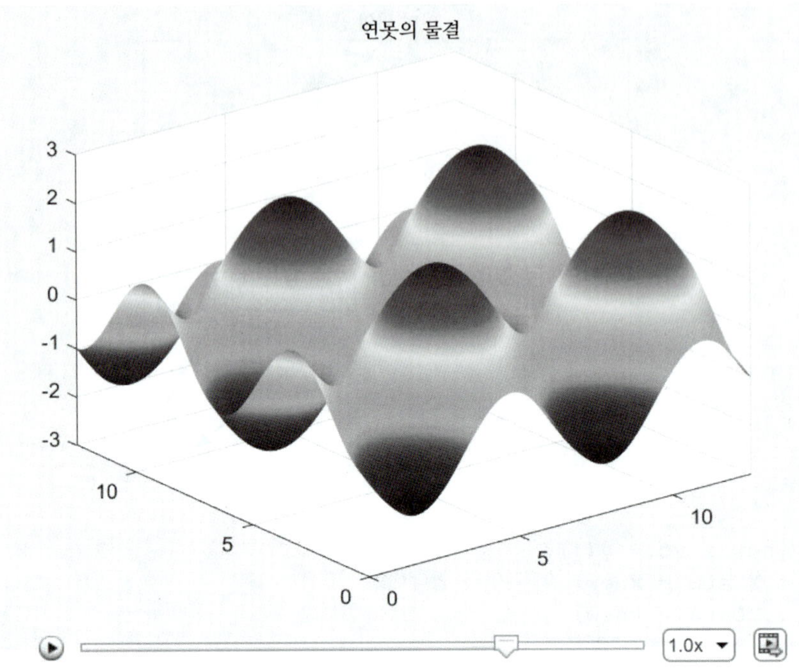

그림 14.23
연못에 생긴 물결처럼 위 아래로 출렁거리는 애니메이션

애니메이션을 위해 프로그램이 실행되면서 만드는 여러 프레임 중 하나를 그림 14.23에서 볼 수 있다.

여러분이 속도가 빠른 컴퓨터를 사용하고 있으면 부드러운 애니메이션을 볼 수 있겠지만 속도가 느린 컴퓨터로는 애니메이션의 움직임이 중간중간에 끊기는 것을 보게 될 것이다. 이러한 문제를 해결하려면 각 프레임을 캡처해 저장한 다음, 모든 계산이 완료되면 영화처럼 캡처된 '프레임'을 차례로 재생하도록 프로그램을 작성하면 된다.

```
clear, clc
x = 0:pi/100:4*pi;
y = x;
[X, Y] = meshgrid(x,y);
z = 3*sin(X)+ cos(Y);
h = surf(x,y,z);
axis([0,4*pi,0,4*pi,-3,3])
shading interp
colormap(jet)
m = 1;
for k = 0:pi/100:2*pi
z = (sin(X) + cos(Y)).*sin(k);
h.ZData = z;
M(m) = getframe; % 애니메이션을 구성하는 프레임을 만들어 저장한다.
m = m+1;
end
movie(M,2) % 애니메이션을 두 번 재생한다.
```

핵심 개념
movie 함수를 사용하면 애니메이션을 저장해 나중에 필요할 때 다시 재생할 수 있다.

이 프로그램을 실행시키면 영화를 모두 세 번 보게 될 것이다. 맨 처음 한 번은 영화가 만들어지는 동안 보게 되며, 나머지 두 번은 movie 함수에 지정된 재생 횟수에 따라 보는 것

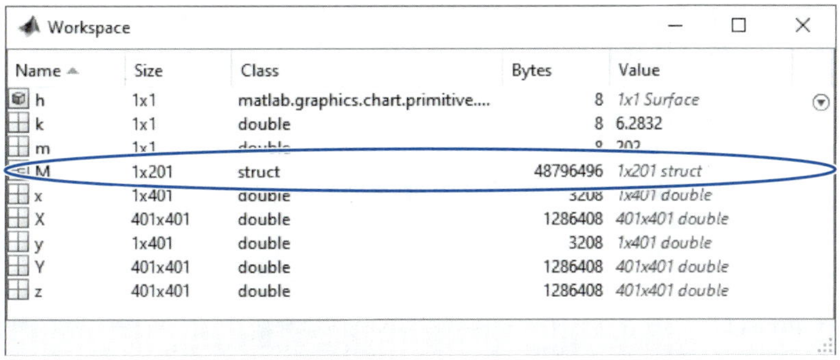

Workspace

Name	Size	Class	Bytes	Value
h	1x1	matlab.graphics.chart.primitive....	8	1x1 Surface
k	1x1	double	8	6.2832
m	1x1	double	8	202
M	1x201	struct	48796496	1x201 struct
x	1x401	double	3208	1x401 double
X	401x401	double	1286408	401x401 double
y	1x401	double	3208	1x401 double
Y	401x401	double	1286408	401x401 double
z	401x401	double	1286408	401x401 double

그림 14.24
영화는 구조체 배열로 저장된다. 이 그림에서는 이 배열의 이름이 M이다.

이다[이전 버전의 매트랩에서는 애니메이션이 영화 플레이어(movie player)로 로드되면서 추가로 한 번 더 재생된다]. 이 방법의 장점은 모든 프레임이 배열 M에 저장되어 있으므로 프로그램을 다시 실행하지 않고도 애니메이션을 추가로 재생할 수 있다는 것이다. 그림 14.24의 작업공간창을 보면 배열 M이 상당히 큰 저장공간(약 49 MB)을 차지하고 있는 구조체 배열임을 알 수 있다.

예제 14.2

망델브로 애니메이션

망델브로 이미지를 만드는 계산을 하려면 상당한 컴퓨터 자원이 필요하고 몇 분의 시간이 소요된다. 망델브로 이미지의 특정 부분을 확대하기 위해 순차적으로 보여질 부분의 이미지를 애니메이션으로 만드는 방법을 생각할 수 있다. 예제 14.1의 매트랩 프로그램을 바탕으로 100개의 프레임으로 구성된 애니메이션으로 만들라.

1. 문제를 명확히 나타낸다.
   망델브로 집합을 확대하는 애니메이션을 만든다.

2. 입력과 출력을 표시한다.
   입력 예제 14.1에서 만든 전체 망델브로 이미지
   출력 100개의 프레임으로 구성된 애니메이션

3. 손이나 계산기로 문제를 미리 풀어본다.
   두말할 나위 없이 이 문제는 손이나 계산기로 풀 수 없다. 그래서 여기에서는 프로그램의 수행 결과를 간편하게 검사할 수 있도록 반복계산 횟수가 적고 계산하는 점의 개수도 적은 프로그램을 작성한다. 그리고 나중에 이 프로그램을 이용해 더욱 많은 계산을 필요로 하는 상세 프로그램을 작성한다. 첫 번째 프로그램은 다음과 같다.

```
%% 예제 14.2 망델브로 이미지
% 이 프로그램의 앞부분은 예제 14.1에서 작성한 것과 같다.
clear, clc, clf
iterations=20; % 처음에는 반복계산 횟수를 줄인다.
grid_size = 50; % 프로그램이 빨리 수행되도록 계산 점의 수도 줄인다.
X=linspace(-1.5,1.0,grid_size);
Y=linspace(-1.5,1.5,grid_size);
[x,y]=meshgrid(X,Y);
c = x+i*y;
```

```
z=zeros(size(x));
map=zeros(size(x));
%%
for k=1:iterations
    z=z.^2 +c;
    a=find(abs(z)>sqrt(5)& map==0);
    map(a)=k;
end
%%
figure(1)
h=imagesc(map)

%% 여기에서부터는 새롭게 추가된 프로그램이다.

N(1)=getframe; % 애니메이션의 첫 프레임을 저장한다.
disp("이제 이미지를 확대합니다.")
disp("확대하고 싶은 점을 커서로 클릭하세요.")
[y1,x1]=ginput(1) % 확대할 점의 좌표를 선택한다.

xx1=x(round(x1),round(y1))
yy1=y(round(fx1),round(y1))
%%
for k=2:60 % 새 이미지를 계산해서 화면에 표시한다.
     k % 반복 횟수를 명령창에 표시한다.
[x,y]=meshgrid(linspace(xx1-1/1.1^k,xx1+1/1.1^k,...
    grid_size),linspace(yy1-1/1.1^k,yy1+1/1.1^k,grid_size));
c = x+i*y;
z=zeros(size(x));
map=zeros(size(x));
for j=1:iterations
    z=z.^2 +c;
    a=find(abs(z)>sqrt(5) & map==0);
    map(a)=j;
end
%%
h.CData = map;% 변수 map의 값을 이미지 데이터로 지정한다.
colormap(jet)
N(k)=getframe; % 현재 프레임을 캡처한다.
end
movie(N,2) % 애니메이션을 두 번 재생한다.
```

여기에서 만든 프로그램은 제대로 동작하는지 확인하기 위한 것으로 실행시간이 빠르기는 하지만 그림 14.25와 같이 해상도가 낮은 이미지를 만들어낸다.

4. 매트랩으로 문제를 푼다.
앞에서 만든 프로그램에서 두 명령 줄의 값을 다음과 같이 변경해 최종 프로그램을 만든다.

```
iterations = 80;      % 반복계산 횟수를 늘린다.
grid_size = 500;      % 해상도를 높이기 위해 계산 점의 개수를 늘린다.
```

그런 다음 이 프로그램을 램(RAM) 2.0 GB, 3.0 GHz AMD 듀얼코어 프로세서가 장착된 컴퓨터로 실행시키면 결과를 얻는 데 40초 정도가 걸린다. 실행 과정에서 만들어진 100개의 프레임 중 몇 개를 그림 14.26에 수록했다. 물론 프로그램을 실행하는 데 걸리는 시간은

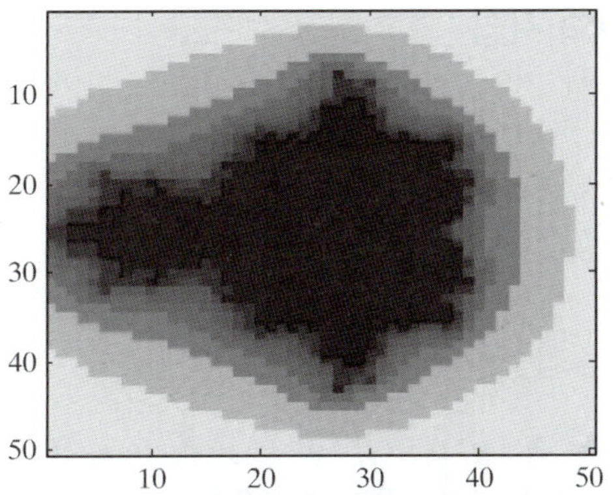

그림 14.25
애니메이션 프로그램 테스트를 위한 낮은 해상도의 망델브로 이미지

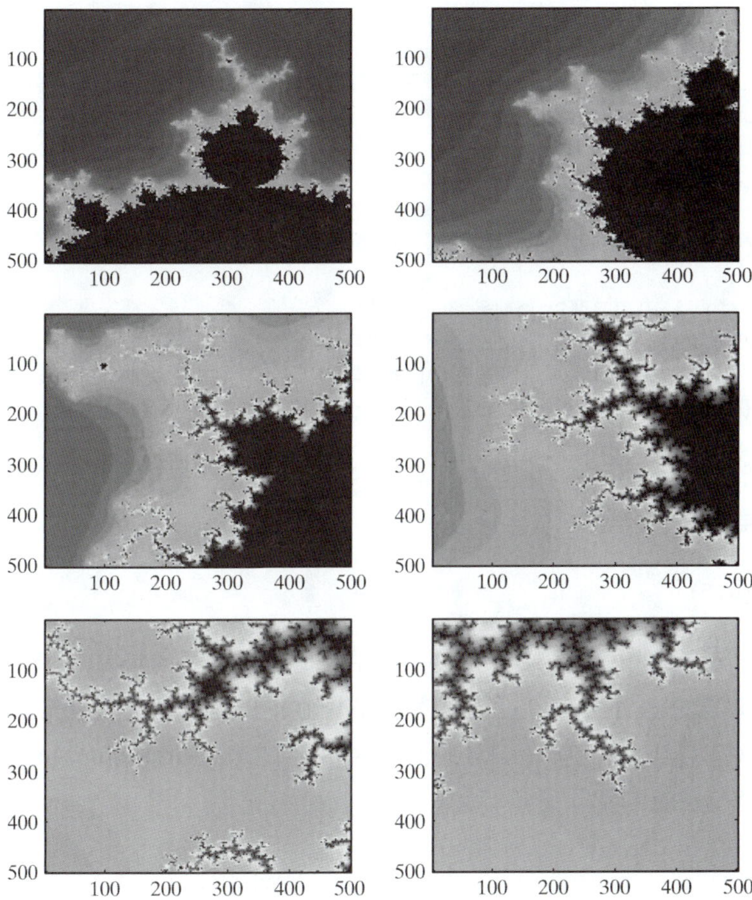

그림 14.26
이 망델브로 이미지는 이 예제에서 프로그램을 실행해 만든 프레임 중 일부이다. 이미지상의 서로 다른 부분을 확대해 나타낸 것이다.

여러분이 사용하는 컴퓨터의 성능에 따라 다소 차이가 있다. 프로그램으로 만든 애니메이션을 재생하는 데 걸리는 시간은 약 10초이다.

5. 풀이를 검사한다.
   프로그램을 여러 번 실행해 망델브로 이미지에서 여러 부분을 선택해 확대되는 이미지를 관찰해보라. 반복계산 횟수도 증가시켜 보고 컬러맵도 바꾸어가면서 변화를 살펴보라.

14.4 여러 가지 시각화 기법

14.4.1 투명도 조정

매트랩에서 면 그래프로 만들어지는 그래프의 표면은 색으로 채워져 안이 들여다보이지 않는 불투명 방식이다. 이 방식에서는 눈에 보이는 쪽의 표면은 괜찮지만 가려진 쪽의 표면은 어떤 모양인지 분명히 알 수 없다. 다음 프로그램을 수행하면 공(sphere)이 2개 생기는데, 공 하나가 다른 공 속에 들어가 있는 구조이다.

```
clear, clc, clf % 변수를 제거하고 명령창과 그림창을 초기화한다.
n = 20; % 구면좌표계에서 계산 점의 수를 정의한다.
Theta = linspace(-pi,pi,n);
Phi = linspace(-pi/2,pi/2,n);
[theta,phi] = meshgrid(Theta,Phi);
X = cos(phi).*cos(theta); % 구면좌표계를 직각좌표계(xyz)로 변환한다.
Y = cos(phi).*sin(theta);
Z = sin(phi);
surf(X,Y,Z) % 면 그래프로 반지름이 1인 공을 그린다.
axis square
axis([-2,2,-2,2,-2,2]) % 축을 정의한다.
hold on
pause (2) % 프로그램의 수행을 잠시 멈춘다.
surf(2*X,2*Y,2*Z) % 면 그래프로 반지름이 2인 공을 그린다.
pause (2) % 프로그램의 수행을 잠시 멈춘다.
alpha(0.5) % 투명도를 설정한다.
```

프로그램을 실행하면 처음에는 안쪽에 위치하는 공이 바깥쪽 공에 가려져 보이지 않는다. 그런데 프로그램의 뒷부분에 있는 다음 명령

```
alpha(0.5)
```

가 실행되면 안쪽 공을 볼 수 있다. 이 명령은 투명도(transparency level)를 조정하는 명령이다. alpha 함수 속의 숫자 1은 완전히 불투명한 상태, 숫자 0은 완전히 투명한 상태를 나타낸다. 프로그램의 실행 결과는 그림 14.27과 같다. 투명도는 surface, image, patch 객체에 대해 적용할 수 있다.

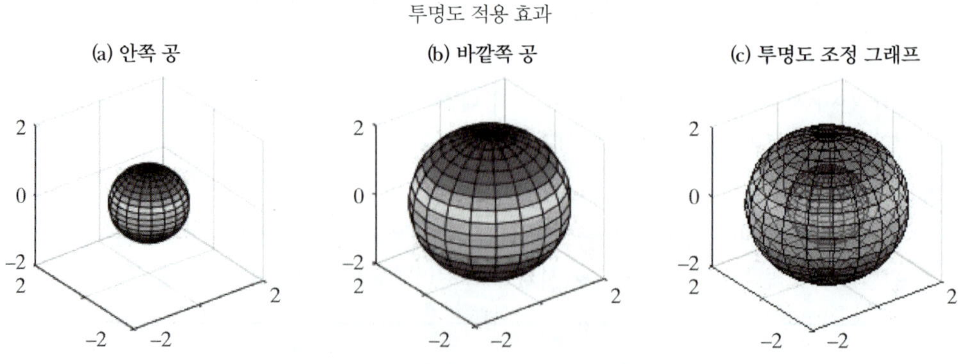

그림 14.27 면 그래프에서 투명도를 조정하면 가려진 부분을 살펴볼 수 있다.

alpha(0.5) 명령은 공을 구성하는 모든 객체의 투명도를 0.5로 설정한다. 핸들 그래픽을 사용하면 특정한 그래프 객체의 투명도를 지정할 수 있다. 예를 들어보자. 먼저 다음 명령으로 그림창의 그림을 지운다.

```
clf
```

그다음 면 그래프(2개의 공)에 각각 핸들을 할당한다.

```
h1 = surf(X,Y,Z);
hold on
h2=surf(2*X, 2*Y,2*Z);
```

바깥에 위치한 공의 투명도만 바꿀 때에는 다음 명령을 실행한다.

```
h2.FaceAlpha=0.3
```

14.4.2 숨은선 조정

메시 그래프(mesh plot)로 그래프를 만들 때에는 눈에 보이지 않는 표면은 그리지 않는다. 보통은 이렇게 하는 편이 그래프를 이해하기에 쉽다. 그림 14.28의 두 공은 앞 절에서 계산한 X, Y, Z 좌표를 사용해 만든 것이다. 이것을 그리기 위한 매트랩 명령은 다음과 같다.

```
figure(3)
tiledlayout(1,2)
nexttile
mesh(X,Y,Z)
title("(a) 메시 그래프(숨은선 숨김)")
axis square
nexttile
mesh(X,Y,Z)
axis square
hidden off
title("(b) 메시 그래프(숨은선 표시)")
```

hidden 명령의 초기 설정값은 on이기 때문에 그림 14.28(a)와 같이 눈에 보이지 않는 숨은

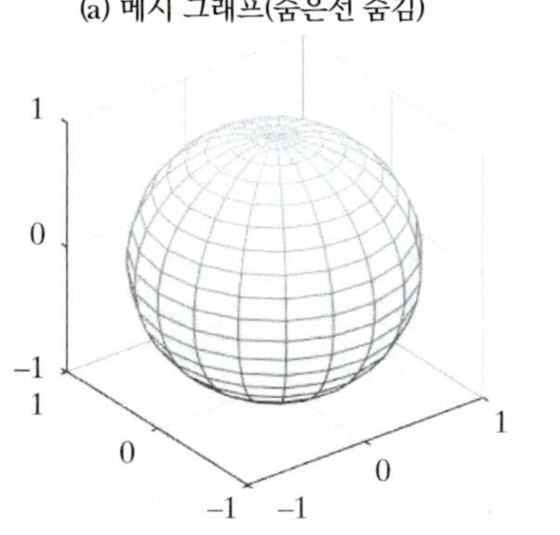

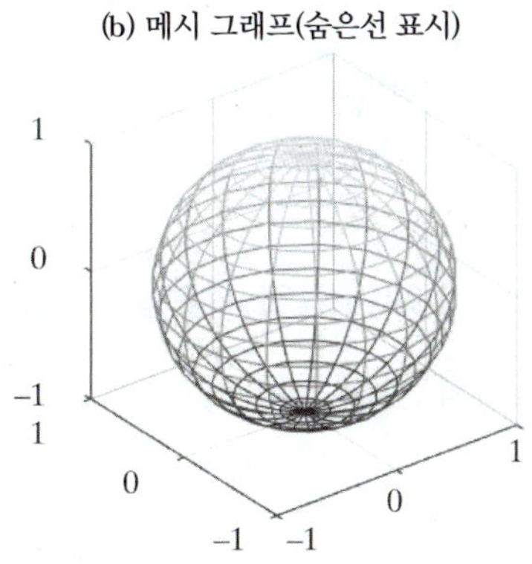

그림 14.28
(a) 메시 그래프에서는 가려진 부분이 나타나지 않는다. (b) hidden off 명령을 내리면 가려진 부분을 나타낸다.

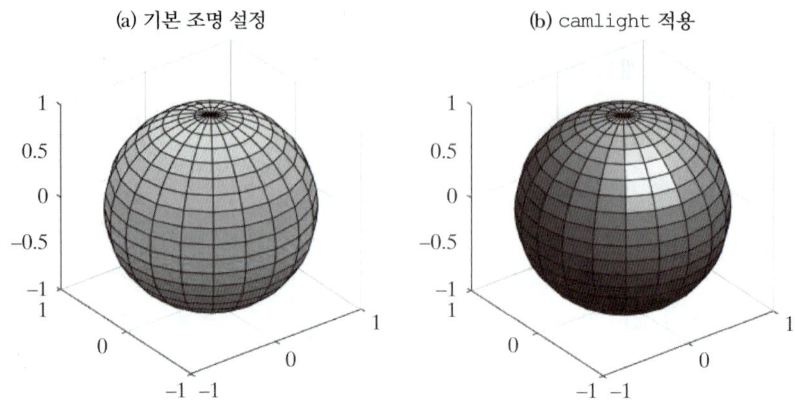

그림 14.29
(a) 별도로 지정하지 않으면 조명은 꺼진(off) 상태이다. (b) camlight 명령을 내리면 지정된 위치에 조명이 켜진 효과를 줄 수 있다.

선(hidden line)은 자동으로 가려진다(즉 그리지 않는다). hidden off 명령을 내리면 그림 14.28(b)와 같은 결과를 얻을 수 있다.

14.4.3 조명

핵심 개념
camlight 명령을 사용해 그림의 조명을 조정할 수 있다.

매트랩에는 **면 그래프**(surface plot)로 그린 그래프의 표면을 보기 좋게 표현하는 데 사용할 수 있는 여러 가지 조명(lighting) 조정 방법이 있다. 일례로 조명의 위치 조정이 가능한데 이는 애니메이션이 실행되는 도중에도 가능하다. 그림창의 메뉴표시줄에 있는 아이콘을 사용하면 대화 방식으로 조명을 조정해 원하는 효과를 얻을 수 있다. 그런데 대부분의 경우에는 조명의 on, off를 조정하기만 해도 충분한 효과를 볼 수 있다. 이런 경우에는 camlight 명령을 사용하면 된다. 다음 명령을 입력하면 그림 14.29(a)와 같은 그래프가 그려지는데, 이때 조명은 off 상태이다. 여기에서 다음과 같이 camlight를 입력하면 그림 14.29(b)와 같이 공에 조명이 켜진 효과를 줄 수 있다.

```
sphere
camlight
```

camlight 명령에서 조명의 위치는 '오른쪽 위'로 기본적으로 설정되어 있다. camlight 명령에서 선택할 수 있는 조명의 위치는 다음과 같다.

`camlight right`	조명의 위치를 오른쪽 위로 설정(x축과 수직 방향, 기본설정)
`camlight left`	조명의 위치를 왼쪽 위로 설정(y축과 수직 방향)
`camlight headlight`	조명의 위치를 앞쪽으로 설정(x축과 y축의 중간 방향)
`camlight(방위각, 고도)`	조명의 위치를 입력된 방위각, 고도 값으로 설정
`camlight('infinite')`	조명의 위치를 태양처럼 무한대로 간주할 수 있는 거리로 설정

14.5 3차원 데이터의 시각화 기법

우리가 생활하고 있는 공간의 각 위치에서 바람의 속력을 측정했다면 이 측정값은 3차원 공간에서 수집한 데이터이다. 매트랩에는 이러한 데이터를 분석할 수 있는 여러 가지 방법이 들어 있다. 이 방법을 이용하면 $k = f(x, y, z)$와 같이 3개의 변수로 정의되는 3차원 데이터 k

에 대해 계산을 수행해 그 결과를 그래프로 그릴 수 있다. 이렇게 3차원 데이터를 시각화하는 방법에는 두 가지가 있다.

- 3차원 공간에 분포하는 **스칼라 데이터**(scalar data)(예: 공간의 각 위치에서의 온도)의 3차원 시각화(volume visualization) 방법
- 3차원 공간에 분포하는 **벡터 데이터**(vector data)[예: 공간의 각 위치에서의 **속도**(velocity)]의 시각화 방법

14.5.1 3차원 스칼라 데이터의 시각화

3차원 스칼라 데이터를 그래프로 나타내려면 다음과 같이 모두 4개의 3차원 배열이 필요하다.

- 3차원 공간의 *x* 좌표를 원소로 하는 3차원 배열 X
- 3차원 공간의 *y* 좌표를 원소로 하는 3차원 배열 Y
- 3차원 공간의 *z* 좌표를 원소로 하는 3차원 배열 Z
- 3차원 공간의 *x*, *y*, *z* 좌표에서의 스칼라 값을 원소로 하는 3차원 배열. 예를 들어 온도 또는 압력

배열 X, Y, Z는 meshgrid 함수를 사용해 만든다. 예를 들어 다음 명령

```
x = 1:3;
y = [2,4,6,8];
z = [10, 20];
[X,Y,Z] = meshgrid(x,y,z);
```

를 차례로 실행하면 크기가 모두 4 × 3 × 2인 3개의 배열 X, Y, Z가 만들어진다. 이 세 배열에 의해 3차원 공간의 각 점의 위치가 정의된다. 네 번째 배열은 세 배열에 의해 정의된 각 점에서 측정되거나 계산되는 값으로 구성되며, 크기는 4 × 3 × 2로 다른 배열과 같다. 예를 들어 네 번째 배열에는 공간상의 각 위치에서 측정된 온도나 속도의 크기 등이 포함될 수 있다.

등치면

매트랩에는 앞에서 언급한 유형의 데이터가 저장된 파일을 몇 개 내장하고 있다. 먼저 flow라는 파일을 호출해 다음 명령을 실행하면

```
[x,y,z,v]=flow;
```

작업공간창에 크기가 모두 25 × 50 × 25인 4개의 배열이 생성된다. 이때 *x*, *y*, *z* 배열은 위치를 나타내고, *v* 배열은 탱크 속 유체의 3차원 유속 프로필이다. 배열편집기에서 배열과 관련된 정보를 확인해보자. max, min 함수를 사용하면 유속의 범위를 알 수 있으며 이를 시각화할 수 있으면 더 유용할 것이다.

```
max(v(:))
ans =        2.4832
min(v(:))
ans =       -11.542
```

이러한 유속 데이터를 시각화하는 한 가지 방법은 등고선(contour)과 개념이 유사한 **등치면**(isosurface)을 사용하는 것이다. 등치면은 값이 같은 점이 이루는 면으로 등치면상의 모든 위치에서 데이터가 동일한 값을 가진다. isosurface 함수를 사용하는 여러 가지 방법이 있지만 가장 간단한 방법은 isosurface에 x, y, z 배열과 시각화를 원하는 스칼라 값을 원소로 가진 배열 그리고 isosurface상에서 나타내고자 하는 단일 데이터의 값을 입력하는 것이다. 예를 들어 유속이 −3인 값에 대한 isosurface를 생성하고자 할 때 다음과 같이 입력하면

```
isosurface(x,y,z,v,-3);
```

그림 14.30(a)를 얻을 수 있다. 여기에 조명 효과를 더해주고 바라보는 방향을 회전하면

```
view(30,-15)
camlight left
```

그림 14.30(b)와 같은 결과를 얻을 수 있다.

매트랩 도움말 문서에 isosurface를 사용해 스칼라 데이터를 시각화하는 방법에 대한 다양한 예제가 포함되어 있다.

등고선 분할

등치면과 유사한 방법으로 등고선 분할(contour slice)이 있다. 등고선 분할을 이용하면 3차원 데이터를 여러 개의 등고선으로 분할해 표현할 수 있다. 그림 14.31의 CT 스캔 이미지가 대표적인 예이며, 이와 같이 3차원 데이터를 분할하면 2차원 데이터로 표현이 가능하고 여

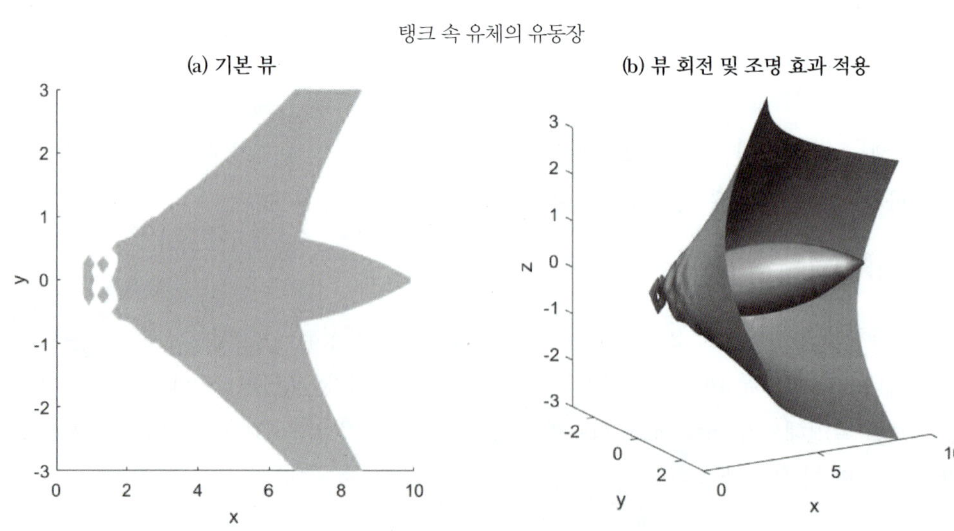

그림 14.30
매트랩에 포함된 flow라는 파일을 사용해 생성한 탱크 속 유체 유속의 등치면 그래프. (a) 유속이 −3인 값에 대한 isosurface, (b) camlight를 이용해 조명 효과를 더해주고 바라보는 방향을 조정

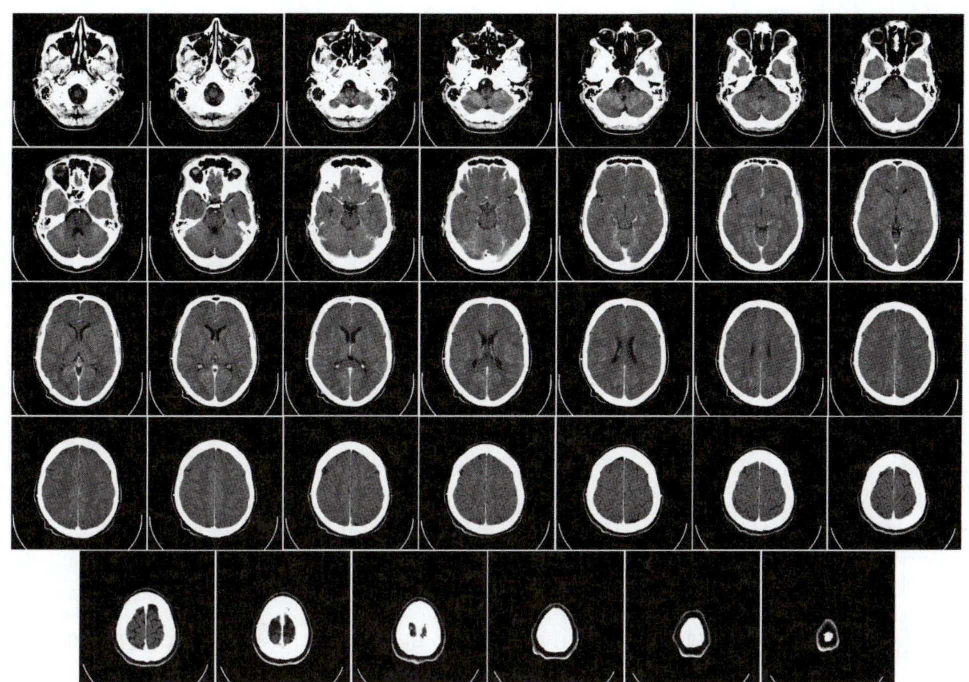

그림 14.31
두개골 아래부터 상단까지의 컴퓨터 단층촬영(computed tomography, CT) 이미지. 정맥 조영제를 사용해 촬영했다(Department of Radiology, Uppsala University Hospital. Uploaded by Mikael Häggström).

러모로 다루기가 편해진다.

탱크 속 유체의 유속 데이터를 다시 고려해 $z = 0$인 평면에 등고선을 그려보자.

```
[x,y,z,v]=flow;
zslice = 0;
contourslice(x,y,z,v,[],[],zslice)
```

마지막에 입력한 zslice로 지정한 변수는 등고선이 그려지는 평면을 지정한다. x, y 값을 따로 지정하지 않았기 때문에 등고선 평면은 z축과 직교(직각)하고 결과는 그림 14.32(a)와 같다. 서로 평행한 여러 개의 등고선을 한 번에 나타내려는 경우 다음과 같이 입력변수 zslice를 벡터로 지정하면 된다.

```
zslice = [0,1,2];
contourslice(x,y,z,v, [],[],zslice);
view(3)
```

결과는 그림 14.32(b)와 같으며, 3차원 공간에서 가시성을 높이기 위해 view(3)을 사용하고, 그래프에 colorbar를 추가했다. 매트랩 도움말 문서에 등고선 분할과 관련된 다양한 예제가 포함되어 있다.

14.5.2 3차원 벡터 데이터의 시각화

3차원 벡터 데이터를 그래프로 나타내려면 다음과 같이 모두 6개의 3차원 배열이 필요하다.

- 3차원 공간의 x, y, z 좌표를 원소로 하는 3차원 배열 3개

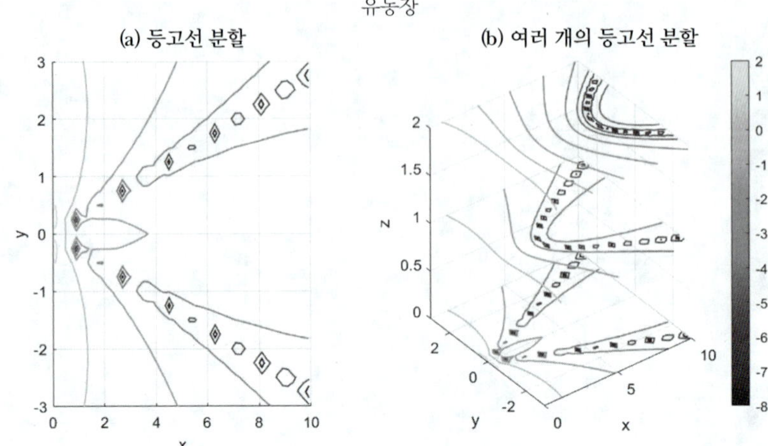

그림 14.32
(a) 등고선 분할을 이용한 탱크 속 유체 유동장의 가시화(z축에 수직인 방향), (b) 3차원 공간에 여러 개의 분할된 등고선을 동시에 가시화

- 3차원 공간의 *x*, *y*, *z* 좌표에서 각 좌표 방향의 벡터 데이터 *u*, *v*, *w*를 원소로 하는 3차원 배열 3개

이러한 벡터 데이터의 예로서 유동장에서 유동의 방향 정보를 포함하는 속도 데이터를 들 수 있다.

매트랩에는 3차원 벡터 데이터가 저장된 샘플 파일 *wind.mat*가 포함되어 있다. 다음 명령

```
load wind
```

를 실행하면 *x*, *y*, *z*, *u*, *v*, *w*라는 6개의 3차원 배열이 생긴다. 이 데이터를 다음과 같은 방법으로 그래프로 그려 시각화할 수 있다.

- 원뿔 그래프(cone plot)
- 유선(streamline)
- 회전 그래프(curl plot)

또한 이 벡터 데이터를 조작해 스칼라 데이터 형태로 바꾼 다음 앞 절에서 사용한 방법을 사용해 시각화할 수도 있다. 예를 들어보자. 속력(speed)은 스칼라 데이터이고 속도(velocity)는 속력에 방향(direction) 정보가 추가된 벡터 데이터이다. 따라서 속도 데이터는 *x*, *y*, *z* 방향의 성분인 *u*, *v*, *w*를 가진다. 벡터인 속도 데이터를 스칼라인 속력 데이터로 바꾸려면 다음 식을 이용하면 된다.

```
speed = sqrt(u.^2 + v.^2 + w.^2)
```

그러면 속력 데이터를 등고선 분할 혹은 등치면 등을 사용해 시각화할 수 있다. 그림 14.33(a)는 고도가 8(*z*의 좌표가 8)인 곳에서 구한 속력의 등고선 분할 그래프이다. 다음 명령을 실행하면 이 그래프를 그릴 수 있다.

```
contourslice(x,y,z,speed,[ ],[ ], 8)
```

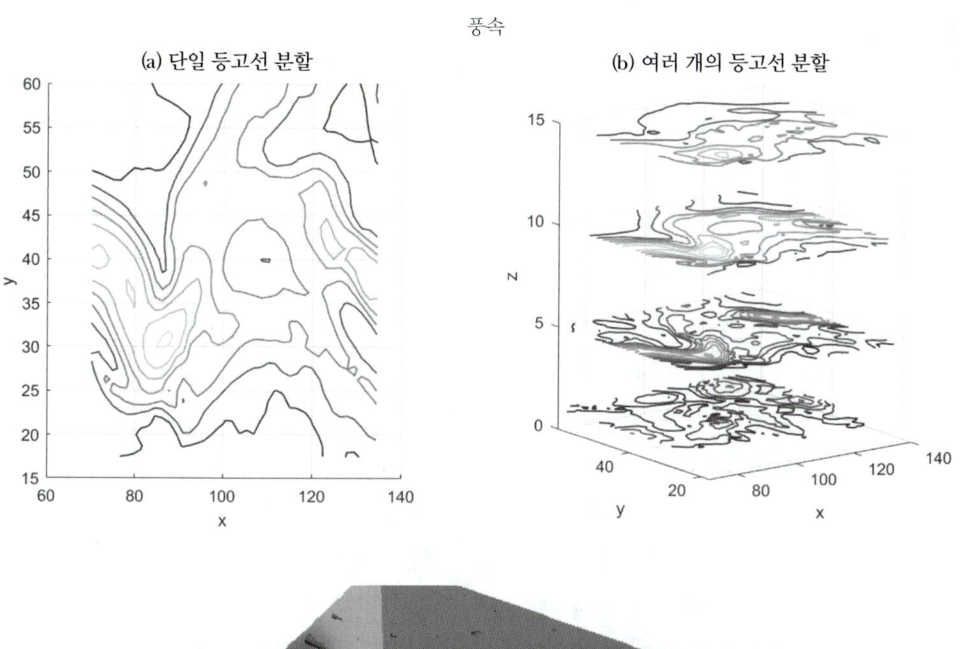

그림 14.33
매트랩의 샘플 데이터를 사용해 생성한 바람 속력의 등고선 분할 그래프

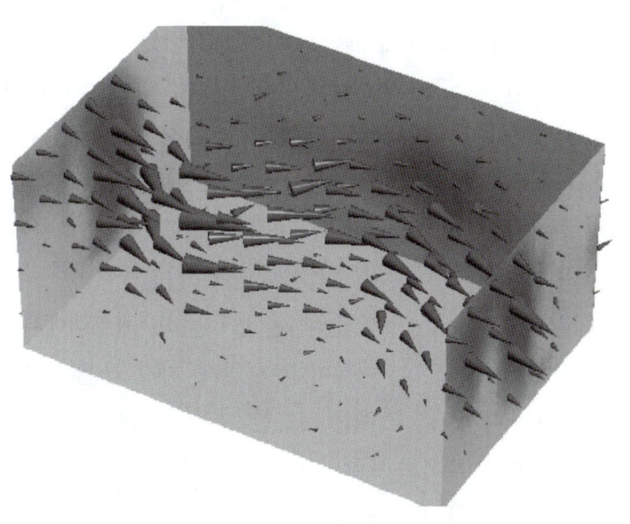

그림 14.34
매트랩의 샘플 데이터를 사용해 생성한 바람 속도의 원뿔 그래프

그림 14.33(b)는 $z = 1, 5, 10, 15$인 네 군데 위치에서 등고선을 한 번에 나타낸 것으로 4개의 분할된 등고선을 확인할 수 있다. 다음 명령

```
contourslice(x,y,z,speed,[ ],[ ],[1, 5, 10, 15])
```

를 실행하면 이 그래프가 그려지는데, 그림창의 'Tools' 메뉴에서 'Rotate 3D' 기능을 선택하면 4개의 분할된 등고선이 그림과 같은 형태로 나타나도록 조정할 수 있다.

속도 데이터를 원뿔 그래프로 그려보면 데이터를 좀 더 명확히 이해할 수 있다. help 명령으로 coneplot 함수의 설명과 사용법을 확인하고 제시된 예제 프로그램을 그대로 따라 입력하면 그림 14.34와 같은 원뿔 그래프를 그려볼 수 있다.

요약

매트랩은 이미지를 저장하고 표시할 때 다음 세 가지 방법을 사용한다.

강도 이미지 또는 회색조 이미지
인덱스 이미지
트루컬러 이미지 또는 RGB 이미지

강도 이미지를 화면에 나타낼 때에는 imagesc 함수를 사용한다. 인덱스 이미지를 나타낼 때에는 image 함수를 사용하는데, 이미지에 적합한 색상을 지정해주는 컬러맵을 필요로 한다. 이미지의 종류에 따라 그에 맞는 컬러맵을 만들어 사용하거나 내장된 컬러맵을 사용할 수 있다. 트루컬러(RGB) 이미지를 화면에 표시할 때에도 image 함수를 사용하지만, 색상 정보가 이미지 파일에 함께 들어 있으므로 컬러맵을 별도로 사용할 필요가 없다.

다루려고 하는 이미지 데이터가 저장된 파일 유형을 잘 모를 때에는 imfinfo 함수를 사용하면 이를 분석할 수 있다. 이미지 파일이 어떤 유형인지 파악한 다음에는 imread 함수를 사용해 이 파일을 매트랩으로 읽어 들여 배열로 만들 수 있다. 이미지를 읽어 들일 때 대화형 도구를 사용할 수도 있다. 확장자가 .dat이나 .mat인 파일은 load 명령으로 불러올 수 있다. 매트랩에서 이미지를 표준 이미지 형식으로 저장할 때에는 imwrite 함수나 대화형 도구를 사용하면 된다. save 명령을 사용하면 이미지 데이터를 확장자가 .dat이나 .mat인 파일로 저장할 수 있다.

핸들은 매트랩에서 객체를 부를 때 사용하는 별명이다. 매트랩에서 표시하는 그림은 몇 가지 객체로 구성되며, 각 객체에는 이름이 붙어 있다. 가장 기본이 되는 그래프 객체는 figure이다. figure 객체는 다시 axis 객체를 비롯한 여러 객체로 구성되며 axis 객체 역시 plot이라는 객체를 비롯한 여러 객체로 구성된다. 이들 각 객체의 속성은 get 함수로 알 수 있으며 set 함수로 객체의 속성을 바꿀 수 있다. 또는 객체 이름과 속성에 대한 점 표기법을 사용해서 설정이 가능하다. 객체의 핸들 이름을 모르는 경우에는 gcf(get current figure) 함수를 사용하면 현재 figure 객체의 핸들 값을 알 수 있으며, gca(get current axis) 함수를 사용하면 현재 axes 객체의 핸들 값을 알 수 있다. set 함수를 사용하면 매트랩 객체의 속성을 변경할 수 있다. 예를 들어 핸들 이름이 h인 plot 객체에서 그래프에 그린 선의 색을 빨강으로 변경하려면 다음 명령을 실행하거나

```
set(h,Color="red")
```

또는 다음 명령을 실행한다.

```
h.Color = 'red'
```

매트랩에서는 두 가지 방법으로 애니메이션을 만들 수 있다. 하나는 '그리고 지우는 방법'이고 다른 방법은 '동영상을 만드는 방법'이다. 보통 그리고 지우는 방법은 빠르게 계산할 수 있고 그림으로 나타내기에 복잡하지 않은 데이터를 애니메이션으로 만드는 경우에 더욱

적합하다. 계산하는 데 상당히 많은 리소스가 필요한 경우에는 각 프레임을 캡처한 다음 여러 프레임을 한데 묶어 동영상으로 만들고 나중에 돌려보는 편이 적합하다.

표면이 복잡한 면 그래프의 경우에는 어떤 면이 다른 면에 가리게 될 수 있으므로 그 모양을 제대로 알기가 어려운 일이 흔히 있다. 이때 면의 투명도를 조정하면 가려진 부분을 자세하게 볼 수 있다. 여기에서 투명도를 조정하는 명령이 alpha이다. alpha 함수의 입력으로 0~1 사이의 숫자를 입력하게 되는데, 숫자 1은 완전히 불투명한 상태, 숫자 0은 완전히 투명한 상태를 나타낸다.

면을 알아보기 쉽게 하기 위해 매트랩에서는 눈에 보이지 않는 숨은선(hidden line)은 그리지 않도록 기본설정이 되어 있다. hidden off 명령을 입력하면 매트랩은 숨은선을 그린다.

매트랩은 그래프의 표면을 보기 좋게 표현하는 데 사용할 수 있는 여러 가지 조명 조정 기능을 가지고 있다. 그런데 대부분의 경우에서는 조명함수를 on, off하는 것만으로도 충분한 효과를 볼 수 있다. camlight 명령을 사용하면 조명 효과를 조정할 수 있다.

3차원 데이터를 그래프로 나타내는 시각화 방법에는 여러 가지가 있다. 이때 사용할 수 있는 데이터의 종류에는 스칼라와 벡터의 두 가지가 있다. 스칼라 데이터의 예로는 온도나 압력 등이 있고, 벡터 데이터의 예로 속도나 힘을 생각할 수 있다. 매트랩의 help 함수를 이용하면 다양한 3차원 시각화 방법의 예를 살펴볼 수 있다.

매트랩 요약

다음 표는 이 장에서 살펴본 특수문자, 명령어와 함수를 정리한 것이다.

명령어와 함수	
alpha	현재 그래프에서 plot 객체의 투명도를 조정한다.
axis	현재 그래프에서 축의 특성을 조정한다.
bone	이미지를 X선 영상처럼 보이도록 하는 컬러맵
cape	곶(cape) 지형의 영상이 담긴 매트랩의 샘플 이미지 파일
camlight	조명(camera light)을 on
clown	어릿광대의 영상이 담긴 매트랩의 샘플 이미지 파일
colormap	이미지를 화면에 나타내는 함수가 사용할 컬러맵을 정의한다.
coneplot	뾰족한 원뿔(cone) 모양으로 입력 벡터의 방향을 나타내는 그래프를 그린다.
contourslice	3차원 데이터의 단면에서 얻은 등치선 그래프를 그린다.
detail	뒤러(Dürer) 목각작품의 일부분의 영상이 담긴 매트랩의 샘플 이미지 파일
drawnow	매트랩에 그래프를 새로 그리게 한다.
durer	뒤러(Dürer) 목각작품의 영상이 담긴 매트랩의 샘플 이미지 파일
earth	지구의 영상이 담긴 매트랩의 샘플 이미지 파일
flow	시각화 관련 예제 수행을 위한 데이터가 포함된 프로그램
flujet	유체의 움직임을 보여주는 영상이 담긴 매트랩의 샘플 이미지 파일
gatlin	인물들의 사진영상이 담긴 매트랩의 샘플 이미지 파일
gca	현재 그래프에서 axis 핸들의 값을 구한다.
gcf	현재 그래프에서 figure 핸들의 값을 구한다.
get	특정 객체를 지정해 그 객체를 구성하는 여러 특성의 상태를 구한다.
getframe	현재 그림을 구조체 배열의 동영상 프레임으로 저장한다.

명령어와 함수 (계속)

`gray`	회색조(gray scale) 이미지에 사용되는 컬러맵
`hidden off`	그래프에서 가려진 숨은선을 그려서 나타낸다.
`image`	2차원 이미지를 화면에 표시
`imagesc`	이미지 데이터 값의 크기를 조절해 2차원 이미지를 화면에 표시한다.
`imfinfo`	표준 형식의 그래픽 파일을 읽어 저장된 데이터의 유형을 구한다.
`imread`	그래픽 파일을 읽는다.
`imwrite`	그래픽 파일을 만든다.
`isosurface`	등치면(값이 같은 점으로 이루어진 면) 그래프를 그린다.
`mandrill`	맨드릴의 영상이 담긴 매트랩의 샘플 이미지 파일
`movie`	구조체 배열에 저장된 동영상을 재생한다.
`patch`	다각형을 만든다.
`pcolor`	의사 컬러 그래프(등치선 그래프와 비슷함)
`peaks`	샘플 그래프를 그린다.
`set`	특정 객체를 지정해 그 객체를 구성하는 특성의 상태를 설정한다.
`shading`	면 그래프와 의사 컬러 그래프에 사용되는 명암(shading)을 설정한다.
`spine`	척추의 X선 영상이 담긴 매트랩의 샘플 이미지 파일
`wind`	바람의 속도 정보가 담긴 매트랩의 샘플 데이터 파일

핵심 용어

강도 이미지(intensity image)
객체(object)
등치면(isosurface)
면 그래프(surface plot)
벡터 데이터(vector data)
속도(velocity)
스칼라 데이터(scalar data)
이미지 그래프(image plot)
인덱스 이미지(indexed image)
핸들(handle)
RGB(트루컬러)
3차원 시각화(volume visualization)

연습문제

14.1 인터넷에서 강도 이미지, 인덱스 이미지, 트루컬러(RGB) 이미지를 찾아 이를 매트랩으로 가져와서 그림창에 나타내라.

14.2 2차 줄리아 집합(Julia set)은 다음 수식으로 표현된다.

$$z(n+1) = z(n)^2 + c$$

$c = -0.123 + 0.745i$인 경우를 두아디의 래빗 프랙털(Douady's rabbit fractal)이라고 한다. 예제 14.1을 참고해 이 래빗 프랙털 이미지를 화면에 그려라. 망델브로 이미지의 경우 맨 처음 모든 z 값을 0으로 했다. 여기에서는 $z = x + yi$이고, x와 y의 범위는 $-1.5 \sim 1.5$이다.

14.3 다음 2차 줄리아 집합

$$z(n+1) + z(n)^2 + c$$

에서 $c = -0.391 - 0.587i$인 경우를 시겔 디스크 프랙털(Siegel disk fractal)이라고 한다. 예제 14.1을 참고해 이 디스크 프랙털 이미지를 화면에 그려라. 망델브로 이미지의 경우 맨 처음 모든 z 값을 0으로 했다. 여기에서는 $z = x + yi$이고, x와 y의 범위는 -1.5~1.5이다.

14.4 다음 2차 줄리아 집합

$$z(n + 1) = z(n)^2 + c$$

에서 $c = -0.75$인 경우를 산마르코 프랙털(San Marco fractal)이라고 한다. 예제 14.1을 참고해 이 프랙털 이미지를 화면에 그려라. 망델브로 이미지의 경우 맨 처음 모든 z 값을 0으로 했다. 여기에서는 $z = x + yi$이고, x와 y의 범위는 -1.5~1.5이다.

14.5 다음 함수를 그래프로 그려라.

$$y = \sin(x) \quad (-2\pi \le x \le 2\pi)$$

그래프의 plot 객체에 핸들(객체 이름)을 지정하고 `set` 함수를 사용해 다음과 같이 그래프의 속성을 바꾸라(속성을 지정하는 객체의 이름을 잘 모르는 경우에는 `get` 함수를 사용하면 객체 이름의 목록이 화면에 출력되므로 이를 알 수 있다).

(a) 선 색을 파랑에서 초록으로 바꾸라.

(b) 선 종류를 쇄선으로 바꾸라.

(c) 선 폭을 2로 바꾸라.

14.6 연습문제 14.5에서 그린 그래프의 figure 객체에 핸들을 지정하고 `set` 함수를 사용해 다음과 같이 그래프의 속성을 바꾸라(속성을 지정하는 객체의 이름을 잘 모르는 경우에는 `get` 함수를 사용하면 객체 이름의 목록이 화면에 출력되므로 이를 알 수 있다).

(a) 그림의 배경색을 빨강으로 바꾸라.

(b) 그림의 이름을 '사인 함수'로 바꾸라.

14.7 연습문제 14.5에서 그린 그래프의 axes 객체에 핸들을 지정하고 `set` 함수를 사용해 다음과 같이 그래프의 속성을 바꾸라(속성을 지정하는 객체의 이름을 잘 모르는 경우에는 `get` 함수를 사용하면 객체 이름의 목록이 화면에 출력되므로 이를 알 수 있다).

(a) 배경색을 파랑으로 바꾸라.

(b) x축의 눈금을 로그로 바꾸라.

14.8 연습문제 14.5~14.7을 대화형 속성 조정도구를 사용해 그래프의 속성을 바꾸라. 문제에서 요구하는 것 말고도 다른 특성들도 바꾸면서 그래프에 어떤 변화가 일어나는지 살펴보라.

14.9 오른쪽 표에 있는 물품의 재고 데이터를 사용해 선 그래프를 그려라. 이때 그래프에는 한 해에 하나씩 모두 2개의 선을 그리도록 한다. 또한 축에 핸들을 할당하고, x축 눈금에는 각 달을 나타내는 이름을 붙이고, 읽기 쉽도록 45°만큼 이름을 기울이라. 끝으로 그래프에 적합한 제목과 범례를 추가하라.

	연도 1	연도 2
1월	2345	2343
2월	4363	5766
3월	3212	4534
4월	4565	4719
5월	8776	3422
6월	7679	2200
7월	6532	3454
8월	2376	7865
9월	2238	6543
10월	4509	4508
11월	5643	2312
12월	1137	4566

14.10 연습문제 14.9에서 선 그래프를 막대그래프로 바꾸어 문제를 다시 풀라.

14.11 다음 함수의 애니메이션을 만들라.

$$-2\pi \le x \le 2\pi$$
$$y = \sin(x - a) \ (0 \le a \le 8\pi)$$

- 부드러운 곡선이 그려질 수 있도록 변수 x의 간격(step size)을 적절히 설정하라.
- 애니메이션은 a를 변수로 해 실행한다(즉 a 값을 변화시키면서 그래프를 새로 그린다).
- 애니메이션이 부드럽게 실행될 수 있도록 변수 a의 간격을 적절히 설정한다. 간격을 작게 잡을수록 애니메이션이 천천히 움직이는 것처럼 보인다.

14.12 연습문제 14.11에서 설명한 함수를 동영상으로 만들라.

14.13 다음에서 설명하는 애니메이션을 만들라.

$-2\pi \le x \le 2\pi$

$y = \sin(x)$

$z = \sin(x - a)\cos(y - a)$

애니메이션 변수 a

mesh 함수를 사용해 변수 x, y를 2차원 배열로 만든 다음 이들을 사용해 z를 구하는 과정을 밟도록 한다.

14.14 연습문제 14.13에서 설명한 함수를 동영상으로 만들라.

14.15 연습문제 14.2에서 설명한 '래빗 프랙털' 이미지의 특정 부분을 확대하는 프로그램을 작성하고, 이 프로그램을 실행한 결과를 동영상으로 만들라(예제 14.2의 방법 참조).

14.16 peak 함수의 그래프를 면 그래프로 그려라. 그다음 hold on 명령을 입력하고 나서 구(sphere)의 그래프를 그려라. 이때 구의 크기는 앞에서 그린 그래프 전체가 안에 들어갈 수 있게 정한다. 또한 그래프의 투명도를 조정해 구의 속을 자세히 들여다볼 수 있게 하라.

14.17 peak 함수의 그래프를 면 그래프로 그린 다음 camlight 명령을 입력하라. camlight의 위치를 바꾸어가면서 그래프에 어떤 효과가 나타나는지 관찰하라.

14.18 다음 명령을 이용해 작업공간에 wind 데이터를 불러온다.

```
load wind
```

다음을 이용해 바람 속력(스칼라)을 구하라. 여기에서 u, v, w는 속도 벡터의 x, y, z 방향 성분이다.

```
speed = sqrt(u.^2 + v.^2 + w.^2);
```

isosurface 함수를 이용해 바람 속력이 10, 20,30, 40, 50, 60, 70 mph일 때의 등치면을 그려라. 다음 명령어와 for 루프를 사용하라.

```
tiledlayout("flow")
```

이처럼 등치면으로 가시화하는 것이 주어진 데이터를 표현하기 위한 좋은 방법이라고 생각하는가?

14.19 연습문제 14.18의 데이터를 사용해 균일한 간격의 *x* 값 4개에 대해 분할된 등고선을 *x*축에 직교하는 방향으로 그려라.

14.20 `load` 명령을 이용해 작업공간에 *fluidtemp.mat* 파일을 불러오라. 이 파일은 위치 및 온도 데이터를 포함하고 있다. `min` 및 `max` 함수를 사용해 등치면을 생성할 적절한 온도 범위를 구하고, `tiledlayout`을 사용해 서로 다른 온도에서 최소 5개의 서로 다른 등치면을 생성하라. 이렇게 유동을 시각화하는 것이 좋은 방법이라고 생각하는가?

14.21 `fluidtemp` 데이터로부터 여러 개의 분할된 등고선을 *x*축에 직교하는 방향으로 그려라.

15 시뮬링크®: 간략한 소개

학습목표

- 시뮬링크에서 블록을 사용해 수학적 처리 과정을 나타내는 방법을 이해한다.
- 간단한 시뮬링크 모델을 만들고 실행한다.
- 시뮬링크를 이용해 미분방정식의 해를 구한다.
- 시뮬링크의 결과를 매트랩으로 불러들인다.

서론

시뮬링크(Simulink®)는 내장된 다양한 '**블록**(block)'을 사용해 **모델**(model)을 만들어 문제를 해결하는 그래픽 기반의 대화형 프로그램이다. 시뮬링크는 매트랩 통합 소프트웨어에 속해 있는 프로그램의 하나로 이를 실행하기 위해서는 매트랩(MATLAB®) 프로그램이 필요하다. 시뮬링크는 학생용 버전 매트랩 소프트웨어에는 기본으로 포함되어 있지만 전문가용 버전에는 포함되어 있지 않다. 따라서 여러분이 현재 사용하고 있는 매트랩 소프트웨어에는 시뮬링크 프로그램이 포함되어 있지 않을 수도 있다.

15.1 시뮬링크 응용분야

시뮬링크를 이용하면 시간에 따라 변하는 시스템인 **동적 시스템**(dynamic system)을 간편하게 해석할 수 있다. 특히 신호처리 분야에서는 오래전부터 시뮬링크를 사용하고 있는데 시뮬링크의 사용 방법을 보면 마치 아날로그 컴퓨터로 하는 프로그래밍 작업을 연상시킨다. 실제로 시뮬링크를 가상의 **아날로그 컴퓨터**(analog computer)로 생각하는 것도 시뮬링크를 이해하는 한 방법이라 할 수 있다. 아날로그 컴퓨터에서는 사용자가 덧셈기, 곱셈기, 적분기 등의 전기적 구성요소를 실제로 연결한 다음 컴퓨터의 출력을 오실로스코프로 관측한다. 이러한 아날로그 컴퓨터의 개념과 사용 방법이 시뮬링크에서 사용하는 블록의 이름과 다양한 동작을 하는 아이콘의 이름에 그대로 반영되어 있다.

시뮬링크의 적용범위는 전기적 시스템(electrical system)을 해석하는 데 국한되지 않는다. 동적 기계 시스템(dynamic mechanical system), 반응성 화학 시스템(reactive chemical system), 동적 유체 시스템(dynamic fluid system) 등의 동작과 작용을 나타내는 수학적 표

핵심 개념
시뮬링크는 특히 동적 시스템을 모델링하는 데 강점이 있다.

현이 전기적 시스템과 유사하기 때문이다. 전기회로에서 전류의 원리와 동작을 학생들이 잘 이해할 수 있도록 파이프 속을 흐르는 유체의 흐름에 비유하는 방식이 실제 흔히 사용되고 있다.

시뮬링크는 특히 동적 시스템을 모델링(해석)하는 데 강점이 있다. 동적 시스템은 수학적으로는 **미분방정식**(differential equation)으로 모델링할 수 있다. 보통 동적 시스템은 시간에 따라 시스템의 응답이 변하지만 위치에 따라서도 시스템 응답이 달라질 수 있다. 미분방정식은 룽게-쿠타(Runge-Kutta)라는 수치해석 기법이 적용된 ode45 함수 등을 사용해 수치적으로 풀 수 있다. 미분방정식은 기호연산 도구상자(symbolic algebra toolbox)를 사용해 해석적으로 풀 수도 있다. 시뮬링크에서 사용하는 방식도 이와 유사하지만 사용 방법은 더 쉽다. 방정식을 직접 프로그래밍하는 대신 GUI를 사용해 적합한 시뮬링크 블록을 불러내서 이들을 서로 연결하는 방식으로 방정식의 시각적 모델을 만든다.

15.2 시뮬링크 시작하기

시뮬링크를 시작하려면 매트랩을 실행한 후 명령창에

```
Simulink
```

라고 입력한다. 다른 방법으로 그림 15.1과 같이 매트랩 데스크톱 화면 위쪽에 있는 도구표시줄에서 'Start Simulink' 아이콘을 선택해도 시뮬링크를 시작할 수 있다.

그림 15.2와 같이 시뮬링크 시작 페이지(Simulink Start Page) 창이 열리면 사용자가 사용할 수 있는 예제 모델과 템플릿과 빈 파일이 나타난다. 새로운 모델을 만들기 위해 시작 페이지 창에서 'Blank Model'을 선택하면 그림 15.3과 같은 빈 모델창이 나타난다. 모델창(model window)은 시뮬링크 모델을 만들고 이를 실행하는 작업공간이다.

모델을 만들기 위해서는 그림 15.3과 같은 모델창에서 '라이브러리 브라우저(Library Browser)' 아이콘을 선택해야 한다. 그러면 그림 15.4와 같은 라이브러리 브라우저창이 열리면서 시뮬링크 모델을 만드는 데 사용되는 다양한 함수 블록이 나타난다. 이 브라우저창

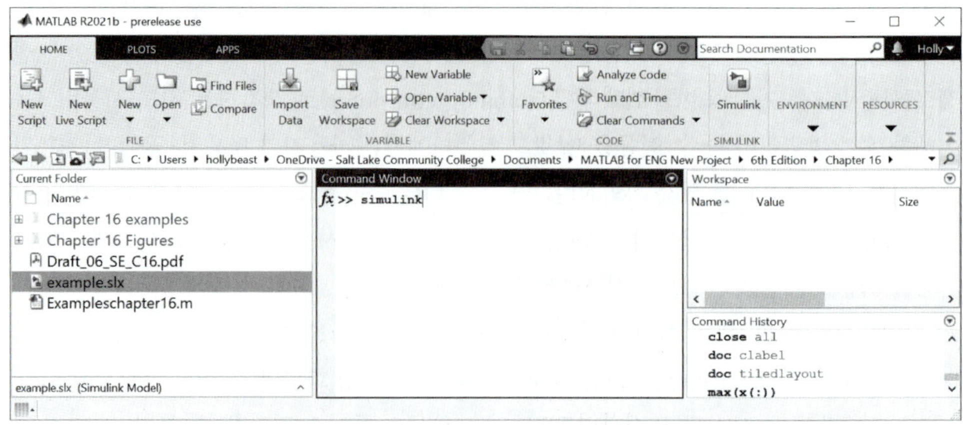

그림 15.1
시뮬링크는 명령창에 simulink 명령어를 입력하거나 도구표시줄에 있는 'Start Simulink' 아이콘을 마우스로 선택해 실행할 수 있다.

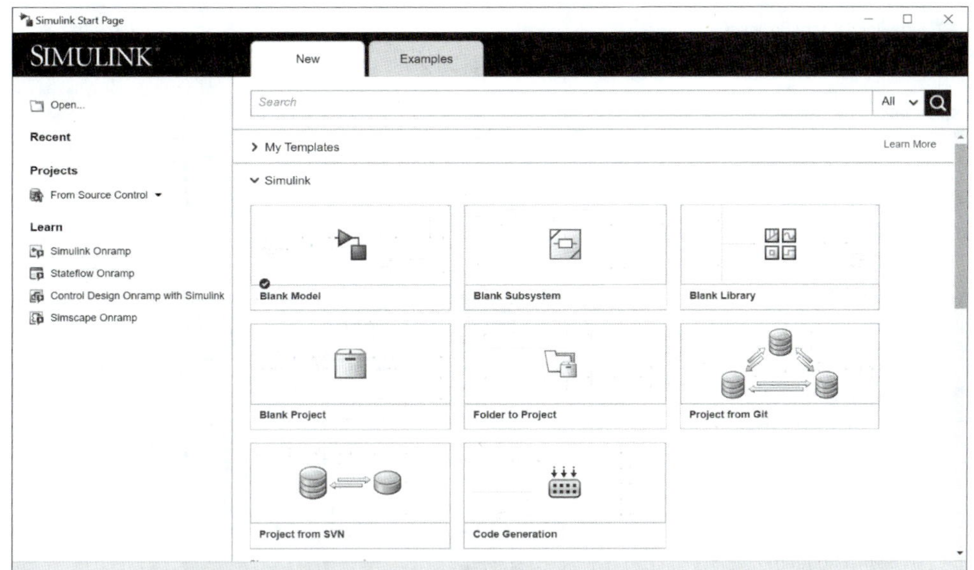

그림 15.2
시뮬링크 시작 페이지 창에는 시뮬링크 모델을 만드는 데 사용되는 템플릿과 빈 파일, 다양한 예제가 들어 있다.

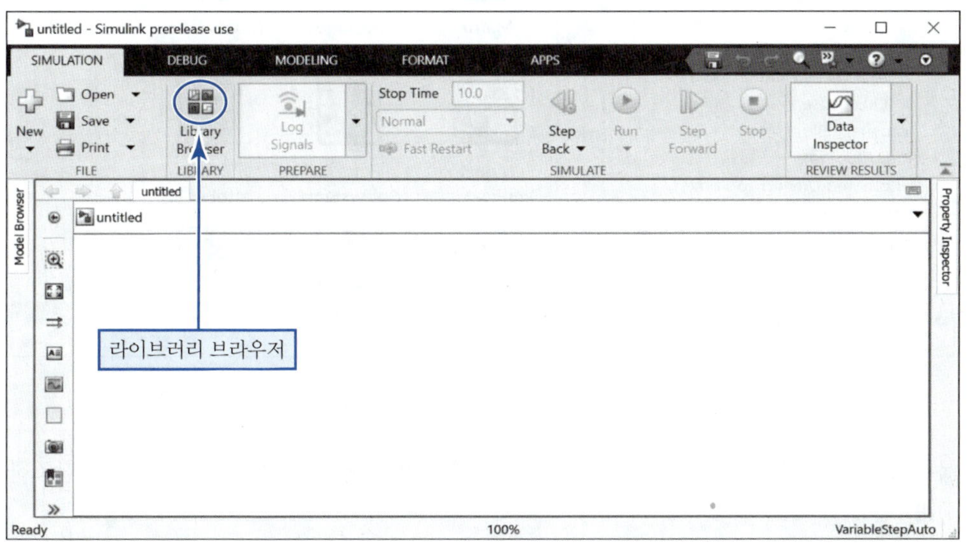

그림 15.3
모델창은 시뮬링크 모델을 만들고 실행하는 작업공간이다. '**라이브러리 브라우저**' 아이콘을 선택하면 모델을 만드는 데 사용되는 블록이 들어 있는 라이브러리를 불러낼 수 있다.

에서 블록을 선택해 작업공간인 빈 모델창에 끌어다 놓으면 된다. 지금부터 브라우저창에 있는 것을 하나하나 살펴보자. 각 라이브러리에서 제공하는 블록을 보려면 왼쪽 창에 있는 라이브러리 목록을 마우스로 선택하면 된다. 또는 왼쪽 창에서 시뮬링크가 선택되어 있을 때에는 오른쪽 창에 있는 아이콘을 마우스로 더블클릭하는 방법도 있다. 여러 라이브러리 중에서 'Commonly Used Blocks' 라이브러리, 'Sources' 라이브러리, 'Sinks' 라이브러리, 'Math Operations' 라이브러리는 특히 중요하므로 잘 살펴보기 바란다.

핵심 개념
시뮬링크에서 모델링할 수 있는 모든 시스템은 매트랩을 이용해서도 모델링이 가능하다.

시뮬링크의 강점은 복잡한 동적 시스템을 해석하는 데 있지만 여기에서는 시뮬링크로 문제를 푸는 방법을 좀 더 쉽게 이해할 수 있도록 복잡한 시스템 대신 아주 간단한 정적 시스템에 대한 해석 모델을 다룰 것이다. 라이브러리 브라우저창과 모델창을 함께 볼 수 있도록 각각의 창의 크기와 위치를 조정하면 앞으로 작업을 하는 데 좀 더 편리하다. 매트랩 데스크

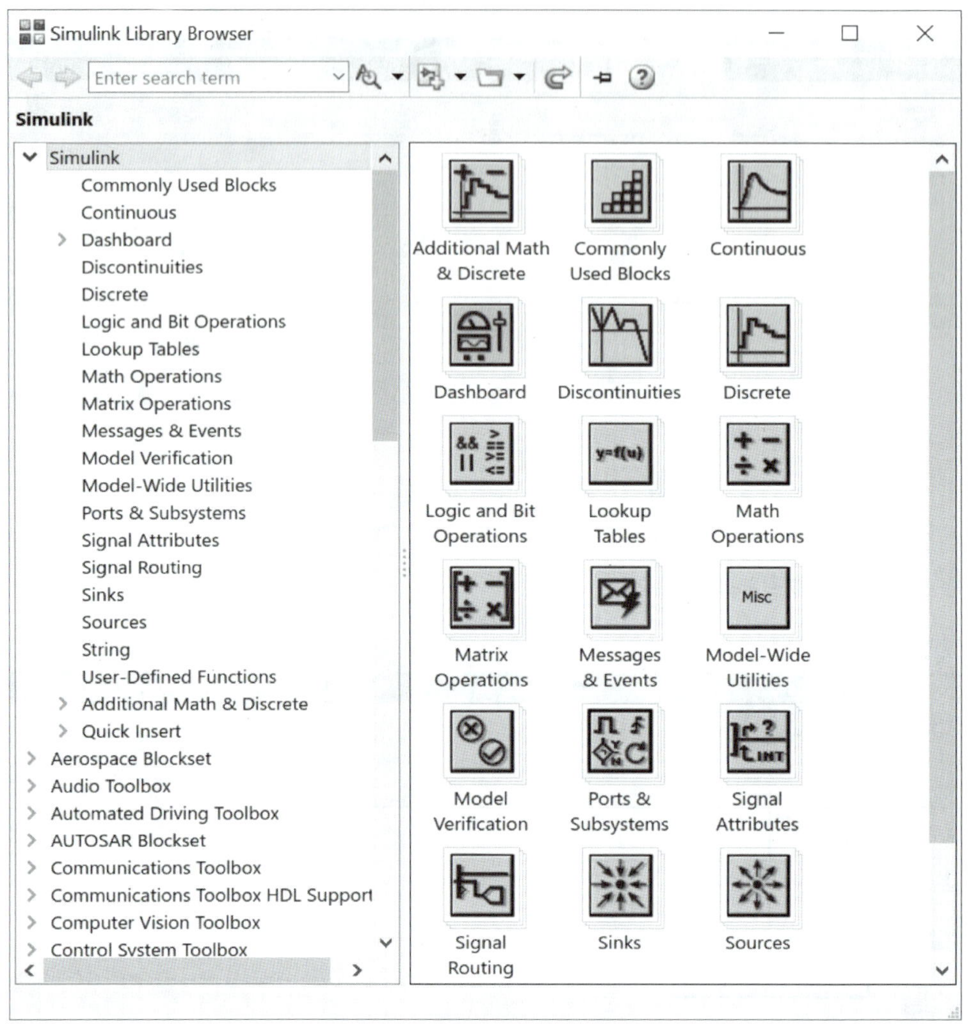

그림 15.4
시뮬링크 라이브러리 브라우저에는 시뮬링크 모델을 만드는 데 사용되는 다양한 블록이 들어 있다.

톱창도 이들 창과 겹치지 않도록 크기를 조정하는 편이 좋은데 그림 15.5의 배치를 참조하기 바란다.

지금부터 시뮬링크를 사용해 두 수를 더하는 모델을 만들어보자. Sources 라이브러리 또는 Commonly Used Blocks 라이브러리에서 'Constant' 블록을 선택해 모델창으로 끌어온다. 이 과정을 한 번 더 되풀이해서 그림 15.6(a)와 같이 모델창에 Constant 블록 2개를 배치한다.

이제 Commonly Used Blocks 라이브러리나 Math Operations 라이브러리에서 'Sum' 블록을 찾아 모델창에 끌어다 놓는다. 그러고 나서 Constant '블록의 포트(〉 모양)'로 마우스를 가져가는데 커서의 모양이 십자선(+) 모양으로 변하면 마우스를 누른 상태로 마우스를 움직여 Sum 블록의 포트까지 이동한 다음 마우스에서 손을 뗀다. 그러면 포트와 포트가 서로 연결된다[그림 15.6(b) 참조]. 지금까지 만든 모델은 1+1을 계산하는 것으로 계산 결과는 아직 표시되지 않는다. 이제 Constant 블록의 값을 1이 아닌 다른 값으로 지정해보자. 이를 위해 위쪽의 Constant 블록을 더블클릭한 다음 'Constant value' 필드에 1 대신 5를 써

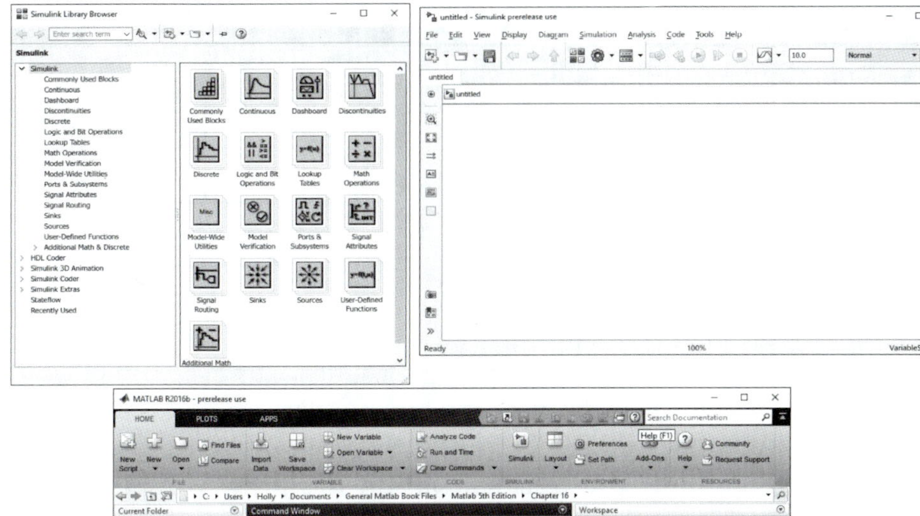

그림 15.5
시뮬링크로 작업을 할 때에는 여러 개의 창을 사용한다. 따라서 시뮬링크 라이브러리 브라우저창에서 모델창으로 블록을 쉽게 끌어올 수 있도록 창을 잘 배치해야 한다.

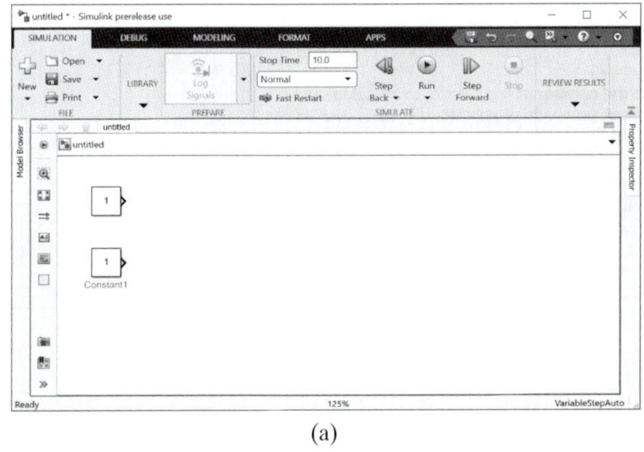

(a)

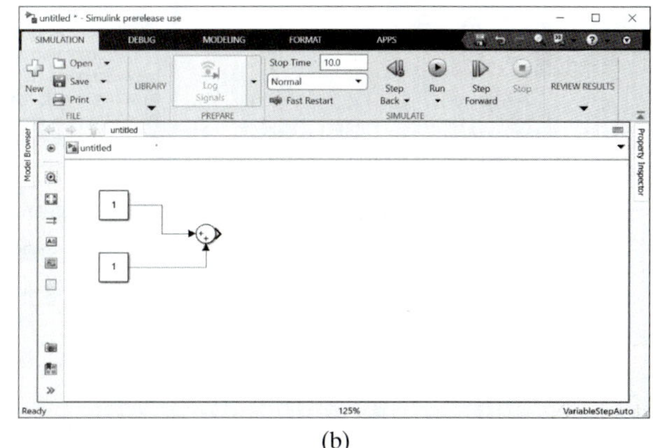

(b)

그림 15.6
(a) 모델창에 배치한 Constant 블록 2개, (b) Constant 블록 2개와 Sum 블록의 연결. Constant 블록을 더블클릭한 다음 'Constant value' 필드를 수정해 값을 바꿀 수 있다.

넣는다. 마찬가지 방법으로 아래쪽 블록은 6으로 변경한다.

계산 결과를 화면에 표시하기 위해 Sinks 라이브러리를 찾아보자. 여기에서는 'Display' 블록이 필요하므로 모델창으로 이 블록을 끌어온다. 그런 다음 Sum 블록의 출력 포트에 연결한다. 끝으로 지금까지 작업한 모델을 실행하기 전에 꼭 해주어야 할 것이 하나 남아 있다. 바로 **시뮬레이션**(simulation) 시간을 조정하는 것인데 그림 15.7과 같이 모델창의 메뉴표시줄에서 값을 설정할 수 있다. 현재 만들고 있는 모델에서는 계산 결과가 시간에 따라 바뀌지 않으므로 이 값을 0으로 변경한다. 그런 다음 도구표시줄에 있는 실행 버튼(파랑 바탕의 검정 삼각형)을 선택해 시뮬레이션을 실행한다. 이렇게 하는 대신 메뉴표시줄에서 'Simulation → Run'을 차례로 선택해도 된다.

작업한 모델을 저장하는 방법은 일반적으로 사용하는 방법과 마찬가지로 'File → Save'를

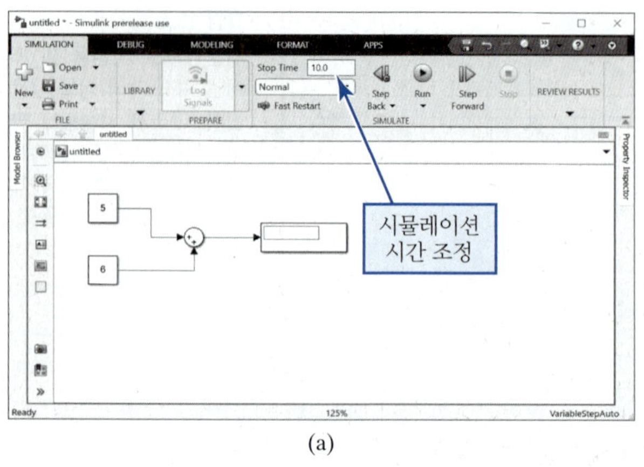

(a)

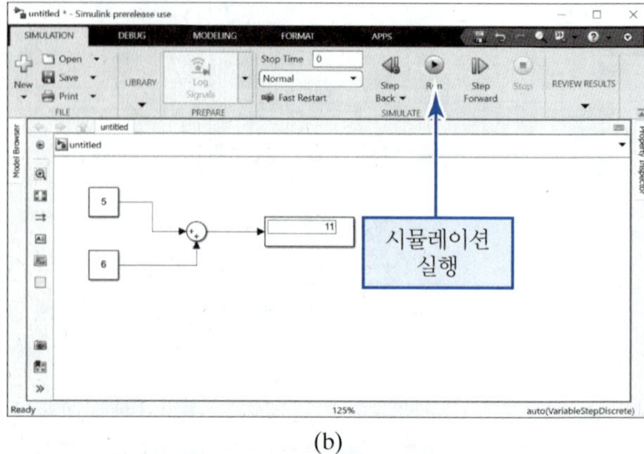

(b)

그림 15.7

(a) 계산 결과가 시간에 따라 바뀌지 않으므로 Stop Time을 0으로 변경한다. (b) '시뮬레이션 실행' 아이콘을 선택하면 모델의 계산 결과가 Display 블록에 표시된다.

그림 15.8

Sum 블록을 사용해 3개 이상의 수를 더할 수 있으며 뺄셈도 할 수 있다.

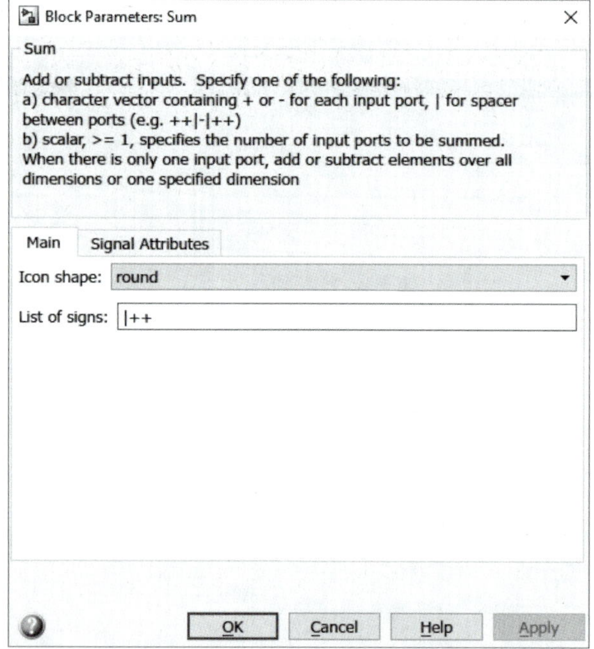

선택한 다음 적당한 이름을 붙여주면 된다. 이때 저장된 파일의 확장자는 .slx가 된다(이전 버전의 시뮬링크에서는 파일 확장자가 .mdl이었다).

Sum 블록은 덧셈은 물론 뺄셈도 수행할 수 있으므로 앞에서 만든 모델을 그대로 사용해 뺄셈을 수행해보자. 모델에서 Sum 블록을 더블클릭하면 그림 15.8과 같이 블록 파라미터 창이 열린다.

블록 파라미터창의 윗부분에는 이 블록의 기능과 블록을 사용하는 방법이 설명되어 있다. 이 설명을 읽어보면 덧셈 대신 뺄셈을 하려고 할 때 'List of Signs' 상자의 입력을 |++에서 |+−로 바꾸면 된다는 것을 알 수 있다. 또한 이 상자에 입력하는 부호의 개수를 2개에서 3개로 늘리면 입력의 개수가 3개가 된다. 모델을 조금씩 바꿔가면서 Sum 블록의 사용 방법

을 살펴보기 바란다.

HINT 시뮬링크에는 뺄셈을 하는 'Subtraction' 블록이 별도로 들어 있다. 그런데 Subtraction 블록을 더블클릭해 블록창을 열어보면 블록 제목이 Sum 블록과 똑같이 'Sum'으로 표시되어 있다.

앞에서는 아주 간단한 모델을 다루었다. 지금부터는 시간에 따라서 결과가 변하는 약간 복잡한 모델을 예제 15.1에서 살펴보자.

예제 15.1

난수

예제 3.5에서는 난수(random number)를 사용해 라디오에서 들리는 잡음(noise)을 모델링했다. 예제 3.5에서 사용한 매트랩 대신 시뮬링크를 사용해 잡음을 모델링하라. 여기에서는 음원으로 음악파일 대신 사인파 입력을 사용해 다음과 같이 이 사인파 입력에 잡음을 더하기로 한다.

$$y = 5^{*}\sin(2t) + \text{잡음}$$

잡음은 균일분포형 난수를 사용해 0과 1 사이의 숫자가 균일한 분포로 발생하도록 한다.

1. 문제를 명확히 나타낸다.
   다음 수식을 나타내는 시뮬링크 모델을 만든다.

   $$y = 5^{*}\sin(2t) + \text{잡음}$$

   여기에서 잡음은 난수를 사용해 만든다.

2. 입력과 출력을 표시한다.
   입력 시뮬링크에 내장된 사인파 발생기로 만든 사인파 신호
   시뮬링크에 내장된 난수 발생기로 만든 잡음
   출력 시뮬링크에 내장된 스코프 블록으로 관측한 결과 그래프

3. 손이나 계산기로 미리 문제를 풀어본다.
   이제 여러분은 매트랩을 능숙하게 사용할 수 있으므로 여기에서는 손이나 계산기로 문제를 풀어보는 대신 매트랩 명령창에 다음 명령을 직접 입력해 미리 문제를 풀어보자.

   ```
   t = 0:0.1:10;
   noise = rand(size(t));
   y = 5*sin(2*t)+noise;
   plot(t,y)
   title("잡음이 섞인 사인파")
   xlabel("시간,s"), ylabel ("크기")
   ```

   그러면 그림 15.9와 같은 그래프를 얻는다.

4. 시뮬링크로 문제를 푼다.
   시뮬링크에는 사인파를 발생하는 Sine Wave 블록과 균일분포형 난수를 발생하는 Uniform Random Number 블록이 들어 있다. (시뮬링크에는 Gaussian Random Number 블록도 포함되어 있으니 혼동하지 말자.) 이 두 블록은 Sources 라이브러리에서 찾을 수 있

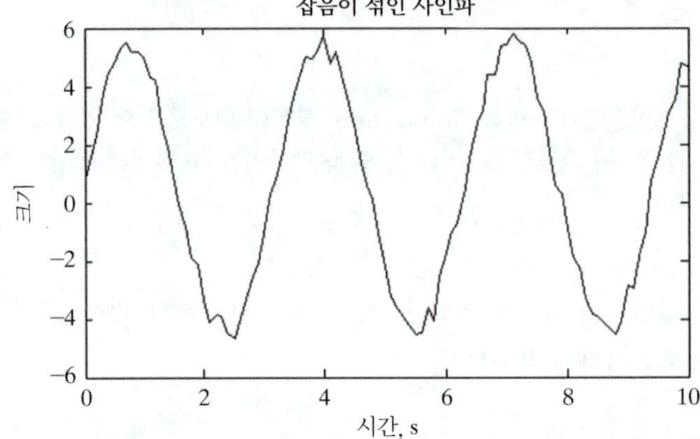

그림 15.9
매트랩과 시뮬링크를 이용해 잡음이 섞인 사인파를 시뮬레이션할 수 있다.

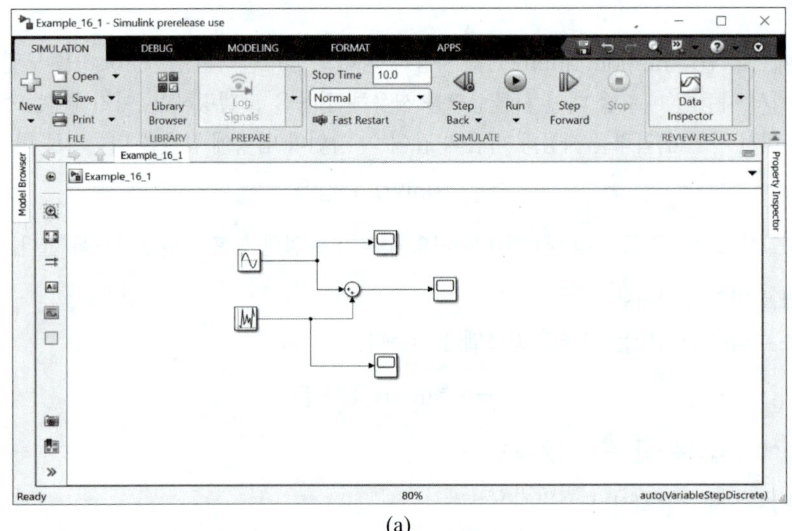

(a)

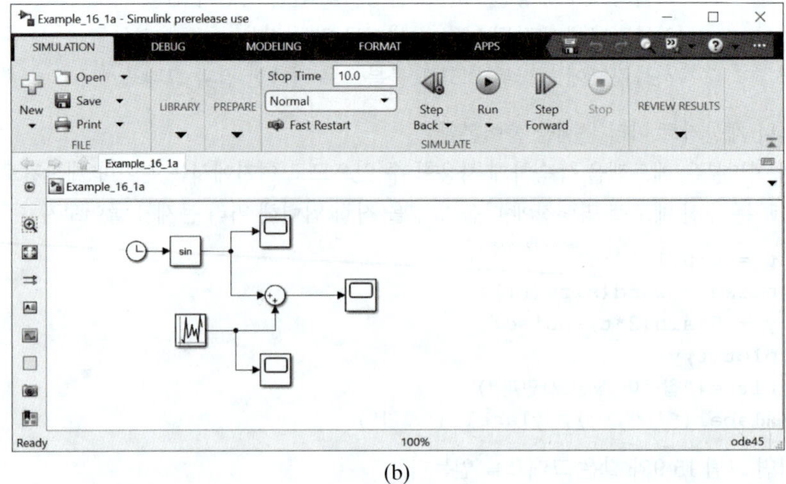

(b)

그림 15.10
사인파에 잡음을 더하는 시뮬링크 모델. (a) Sources 라이브러리에 있는 Sine Wave 블록을 사용해 곧바로 사인파를 발생시킬 수 있다. (b) 시간발생기(Clock 블록)와 Math Operations 라이브러리에 있는 Trigonometric Function 블록으로 사인파를 발생시킬 수 있다.

다. 사인파와 난수를 더하려면 덧셈을 하는 Sum 블록도 필요하다(Math 라이브러리 혹은 Commonly Used Blocks에서 찾을 수 있다). 마지막으로 더한 결과를 그림으로 나타내기 위해 Scope 블록(Sinks 라이브러리에 들어 있다. Scope는 'oscilloscope'에서 따왔다)이 추가로 필요하다. 이 네 종류의 블록을 사용해 그림 15.10과 같이 모델을 만든다. 사인파를 발생시키는 방법으로는 그림 15.10(a)와 같이 Sources 라이브러리에 있는 Sine Wave 블록을 사용하거나 그림 15.10(b)와 같이 시간을 지정하는 시계 모양의 Clock 블록과 Sine 블록을 함께 사용하는 방법이 있다. Sine 블록은 Math Operations 라이브러리에 있는 Trigonometric Function(삼각함수) 블록으로 지정할 수 있다. 그림 15.10에서 모델창의 오른쪽 위에 있는 상자에는 10을 입력해 시뮬레이션 시간을 10초로 설정한다. 모델에는 모두 3개의 스코프를 사용해 사인파 발생기의 파형, 난수 발생기의 파형, 사인파와 난수가 더해진 파형을 모두 관측할 수 있게 했다.

수식 5*sin(2*t*)로 표현되는 사인파를 발생해야 하므로 Sine Wave 블록을 더블클릭해 Source Block Parameter 창을 연다. 그림 15.11에서 보듯이 이 창에서는 사인파의 진폭(amplitude), 주파수(frequency)를 비롯한 사인파와 관련된 파라미터를 원하는 값으로 설정한다. 여기에서는 5*sin(2*t*)를 만들기 위해 진폭을 5, 주파수를 2로 변경한다.

같은 방법으로 난수 발생기의 파라미터창을 열어서 최솟값을 0, 최댓값을 1로 지정한다. 지금까지 작업한 모델을 실행하기 위해 시뮬레이션 시작 아이콘(파랑 바탕의 검정 삼각형)을 누른다. 이렇게 하는 대신 메뉴표시줄에서 'Simulation → Run'을 선택해도 된다. 실행 결과는 각 Scope 블록을 더블클릭하면 볼 수 있다. 그림 15.12에 각 스코프에서 측정한 그래프를 나타내었다. 스코프 그림창에서 Autoscale 아이콘을 누르면 그래프의 크기에 맞게 눈금(치수)이 자동으로 조정된다. 또 확대경 아이콘으로 그래프의 크기를 확대, 축소할 수 있다.

5. 풀이를 검사한다.

시뮬링크로 푼 결과를 보면 앞에서 매트랩으로 얻은 결과와 거의 같다. 이제 그림 15.13과 같이 시뮬링크로 만든 모델을 변경해 사인파와 난수를 더한 결과를 Scope 블록이 아닌 To Workspace (simout) 블록으로 출력한다. To Workspace 블록은 Sinks 라이브러리에 들어 있다. To Workspace 블록은 수정할 수 있는 다양한 옵션을 제공하지만 기본값을 그대로 적용해 시뮬링크 모델을 실행하면 `out`이라는 이름을 가진 기호객체(symbolic object)가 매트랩 작업공간에 생성된다(그림 15.13). 이를 이용해 그래프를 그리거나 다른 계산을 하는 데 사용할 수 있다.

다음을 명령창에 입력하면

```
plot(out)
```

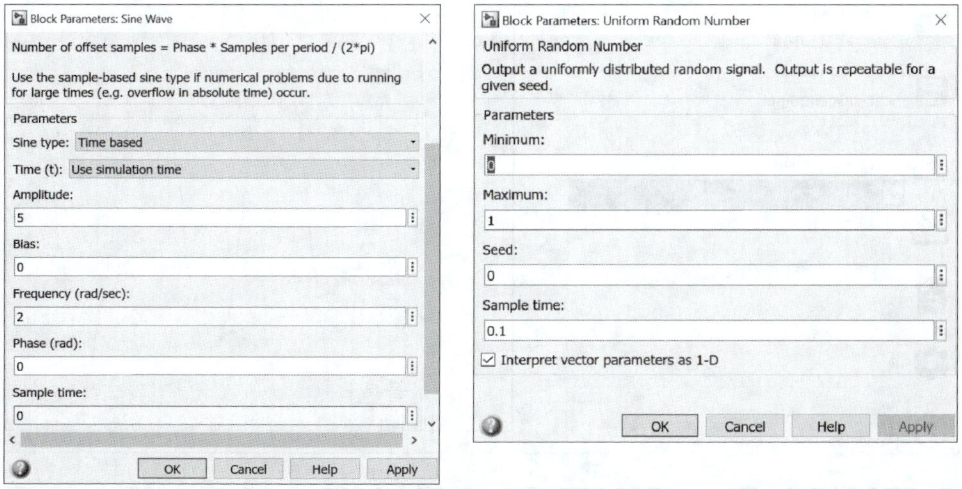

Block Parameters: Sine Wave

Number of offset samples = Phase * Samples per period / (2*pi)

Use the sample-based sine type if numerical problems due to running for large times (e.g. overflow in absolute time) occur.

Parameters

Sine type: Time based

Time (t): Use simulation time

Amplitude: 5

Bias: 0

Frequency (rad/sec): 2

Phase (rad): 0

Sample time: 0

OK Cancel Help Apply

Block Parameters: Uniform Random Number

Uniform Random Number

Output a uniformly distributed random signal. Output is repeatable for a given seed.

Parameters

Minimum: 0

Maximum: 1

Seed: 0

Sample time: 0.1

☑ Interpret vector parameters as 1-D

OK Cancel Help Apply

그림 15.11
(a) Sine Wave 블록 파라미터창, (b) Uniform Random Number 블록 파라미터창. 시뮬링크의 모델창에서 블록을 더블클릭하면 블록 파라미터창이 열린다. 블록 파라미터창에서 각 블록의 입력 파라미터 값을 변경할 수 있다.

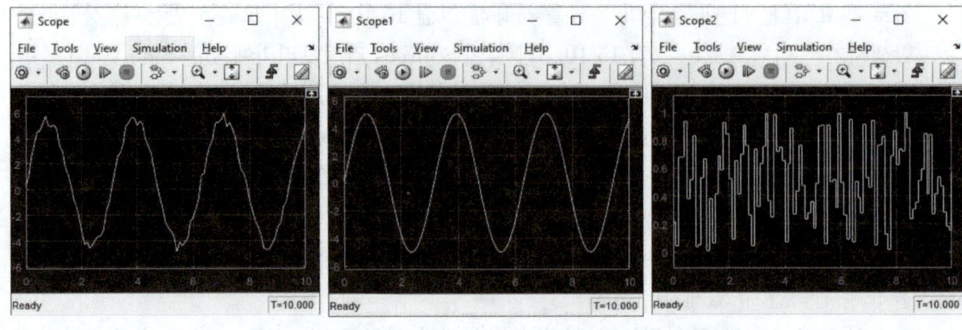

그림 15.12
시뮬링크 모델에 배치한 3개의 스코프에 나타난 출력 파형

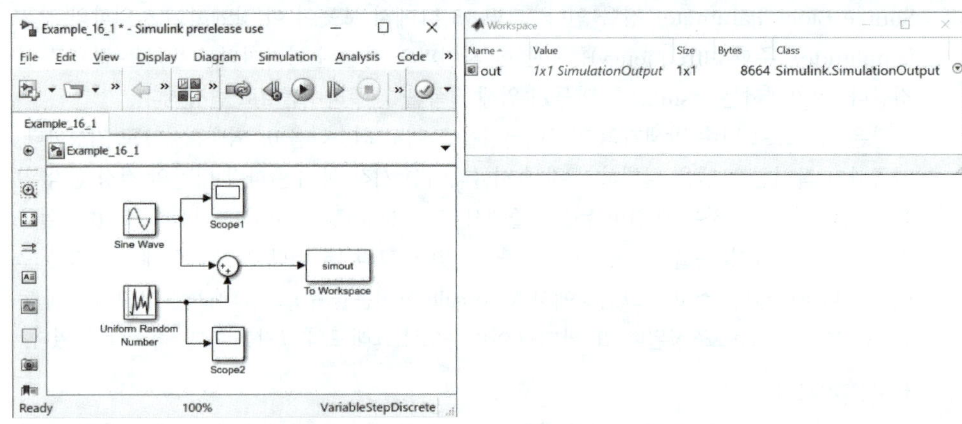

그림 15.13
To Workspace 블록을 사용하면 시뮬레이션 결과를 매트랩 작업공간으로 내보낼 수 있다. 작업공간으로 내보내진 결과들은 매트랩에서 다른 계산을 하는 데 사용할 수 있다.

그림 15.14와 같은 결과를 얻을 수 있다. 이때 Simulation Data Inspector도 활성화되는데 이를 살펴보면 out 변수 내부에 추가 변수가 저장되어 있음을 알 수 있다. 변수편집기를 사용하거나 점 구문을 사용해 이들 변수를 추출할 수 있다.

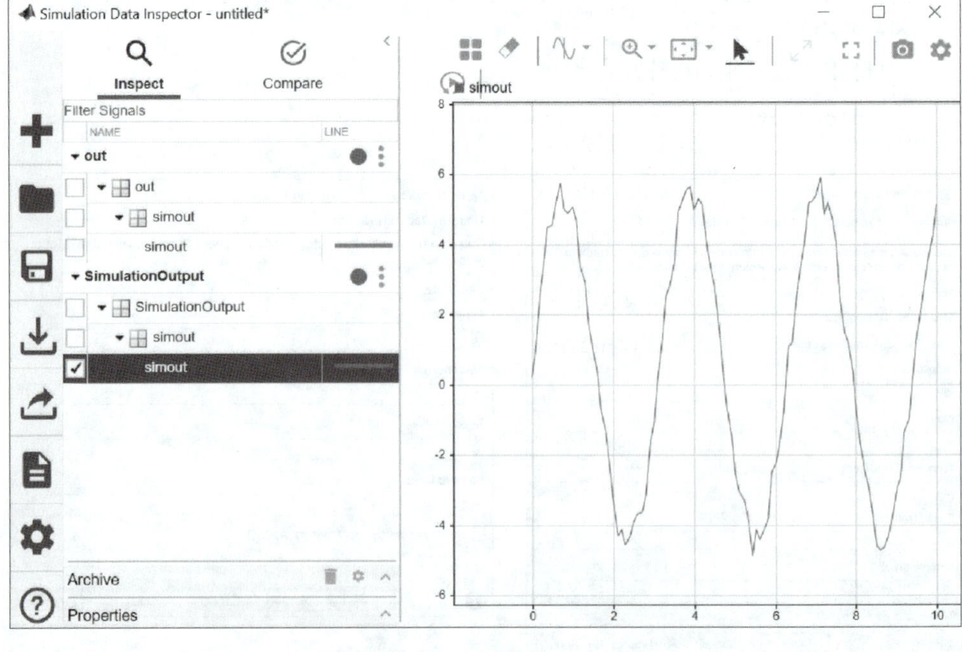

그림 15.14
To Workspace 블록을 사용할 때 Simulation Data Inspector가 활성화된다. 이를 통해 사용자는 매트랩 작업공간에서 출력 데이터를 살펴보거나 분석할 수 있다.

15.3 시뮬링크로 미분방정식 풀기

지금까지 시뮬링크로 모델을 만들어 풀어본 문제들은 매트랩으로도 쉽게 해결할 수 있는 문제였다. 하지만 미분방정식을 푸는 데에는 시뮬링크가 매트랩보다 편리하고 유용할 수 있다. 일반적으로 미분방정식은 종속변수, 독립변수, 독립변수에 대한 종속변수의 도함수(미분)로 구성되어 있다. 예를 들어 다음 미분방정식을 살펴보자.

$$\frac{\mathrm{d}y}{\mathrm{d}t} = t^2 + y$$

여기에서 y는 종속변수이고 t는 독립변수, $\mathrm{d}y/\mathrm{d}t$는 t에 대한 y의 미분(도함수)이다. 미분방정식을 일반적인 형태로 쓰면 다음과 같다.

$$\frac{\mathrm{d}y}{\mathrm{d}t} = f(t, y)$$

여기에서 y를 구하기 위해 양변에 적분을 취한다.

핵심 개념
시뮬링크는 미분방정식으로 표현되는 시스템을 쉽게 시각화할 수 있다.

$$y = \int \frac{\mathrm{d}y}{\mathrm{d}t}\mathrm{d}t = \int f(t, y)\mathrm{d}t$$

이 방정식에서 y의 초깃값이 주어지지 않으면 이 방정식에는 무수히 많은 해가 존재한다. 여기에서는 초깃값을 $y(0) = 0$으로 지정한다.

시뮬링크에서 미분방정식을 풀기 위해서는 모델창에 적절한 블록을 끌어다 놓고 이들을 서로 연결해 모델을 만들면 되는데, 그림 15.15에 위에서 예로 든 미분방정식을 풀기 위한 모델을 수록했으니 그림을 참고해 이 모델을 구성하고 블록들을 살펴보자.

각 블록은 다음과 같다.

- Clock 블록: 시간을 발생한다. Sources 라이브러리에 들어 있다.
- Math Function 블록: 블록의 입력을 제곱한다. Math Operations 라이브러리에 들어 있다.
- Sum 블록: Commonly Used Blocks 라이브러리에 들어 있다.
- Integrator 블록: Continuous 라이브러리에 들어 있다.
- Scope 블록: Sink 라이브러리에 들어 있다.

Integrator 블록의 파라미터창에서 초깃값을 0으로 조정한다. 모델을 실행하면 스코프 출력이 그림 15.16과 같이 나타난다(스코프창에서 그래프를 꽉 차게 보려면 'Autoscale' 아이콘을 클릭한다).

이번에는 같은 미분방정식을 앞에서 배운 매트랩의 기호 연산 기능을 이용해 풀어보자. 간단한 미분방정식이므로 dsolve 함수를 사용한다. 명령창에 다음 명령을 입력하면

```
syms y(t)
y=dsolve(diff(y,t)==t^2+y,y(0)==0)
```

명령창에는 다음과 같이 해석적인 해가 나타난다.

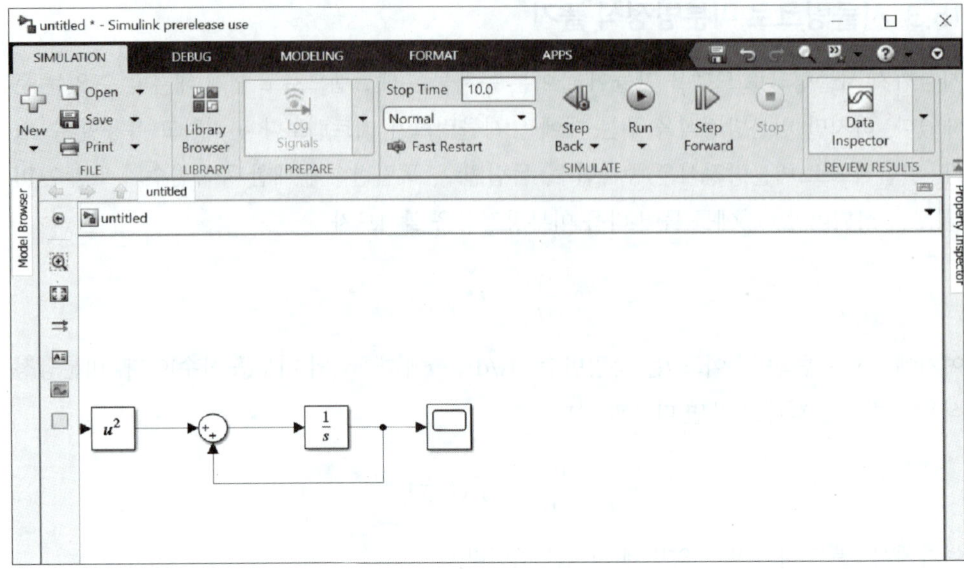

그림 15.15
미분방정식 $\frac{dy}{dt} = t^2 + y$를 풀기 위한 시뮬링크 모델

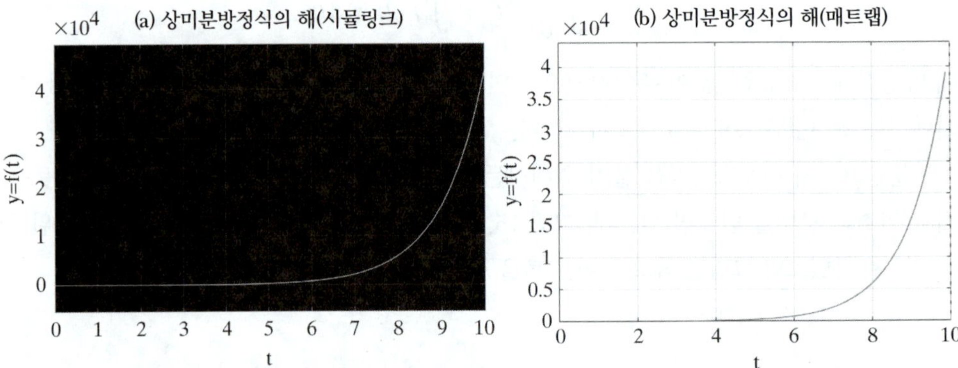

그림 15.16
초깃값 $y(0) = 0$인 상미분방정식 $dy/dt = t^2 + y$의 해를 나타내는 파형. (a) 시뮬링크로 푼 결과, (b) 매트랩의 기호 연산 기능을 사용해 푼 결과

```
y =
2*exp(t) - 2*t - t^2 - 2
```

fplot 함수를 사용해 기호 연산 결과를 그래프로 나타낼 수 있으며, 그 결과가 그림 15.16(b)와 같다.

예제 15.2

낙하하는 물체의 속도

어떤 물체가 땅으로 떨어지고 있다. 공기 중에서 낙하하는 물체의 속도 v는 일반적으로 다음과 같은 미분방정식으로 표현된다.

$$\frac{dv}{dt} = g - \frac{c}{m} v^2$$

여기에서

g = 중력가속도
v = 속도

m = 질량

c = 2차 공기저항계수

이 물체가 낙하를 시작하고 나서 처음 15초 동안 시간에 따라 물체의 속도가 어떻게 변하는지 구하라.

1. 문제를 명확히 나타낸다.
   시뮬링크를 사용해 낙하하는 물체의 속도를 시간의 함수로 구한다.

2. 입력과 출력을 표시한다.
   입력 $g = 9.81 \text{ m/s}^2$
   $m = 70 \text{ kg}$
   $c = 0.3 \text{ kg/m}$
   $v(0) = 0 \text{ m/s}$
   출력 0~15초 범위에서 시간에 따른 속도의 변화를 그래프로 그린다.

3. 손이나 계산기로 미리 문제를 풀어본다.
   초기속도를 0으로 가정하자. 처음에는 물체의 속도가 급격히 증가하지만 공기의 저항에 의해 속도의 증가율이 점점 감소해 결국에는 그림 15.17과 같이 종단속도(terminal velocity)에 도달한다.

4. 시뮬링크로 문제를 푼다.
   그림 15.18에 이 문제를 풀기 위한 시뮬링크 모델을 수록했다. 이 모델은 다음과 같은 블록으로 구성되어 있다.

   • Constant 블록 3개

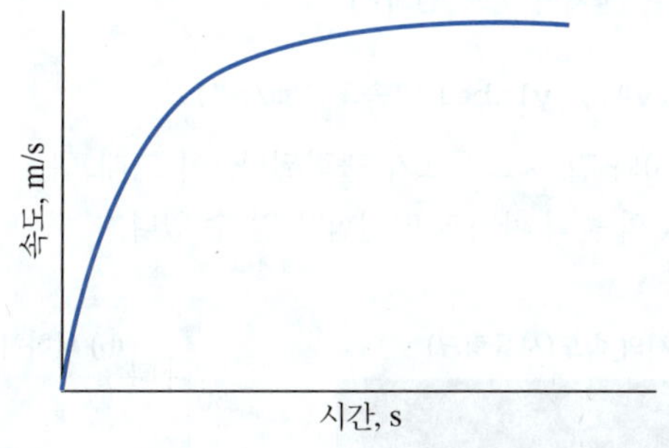

그림 15.17 낙하하는 물체의 시간에 따른 속도의 변화

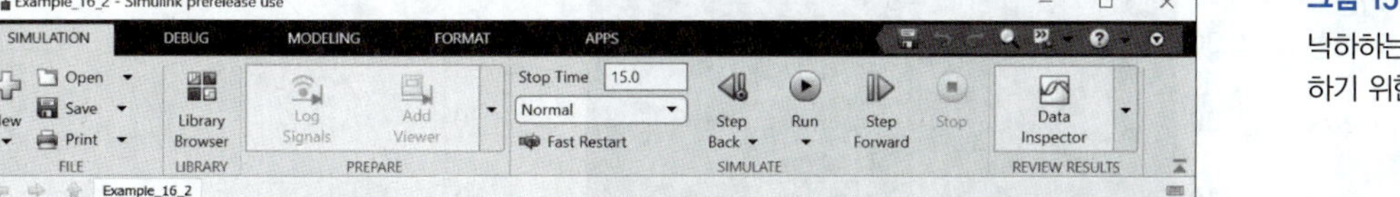

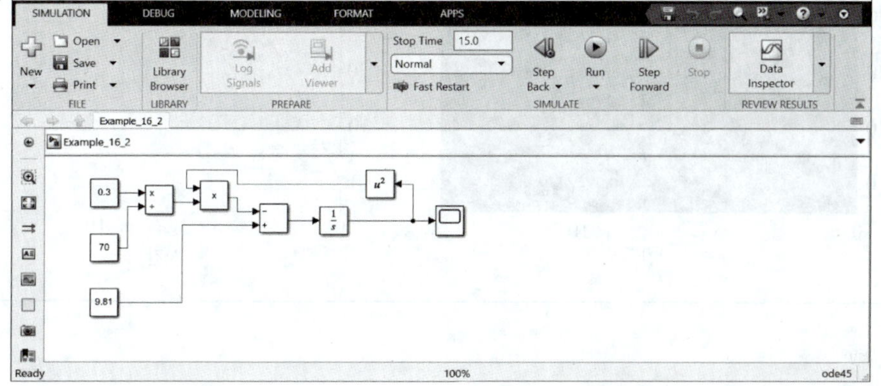

그림 15.18 낙하하는 물체의 속도를 구하기 위한 시뮬링크 모델

- Divide 블록, Product 블록
- Sum 블록 혹은 Add 블록
- Integrator 블록
- Math Function 블록: Integrator 블록의 출력을 제곱하는 데 사용

그림 15.18을 참고해 블록을 배치하고 서로 연결하다 보면 Math Function 블록은 왼쪽 포트와 오른쪽 포트의 위치를 서로 바꾸어야 할 필요가 생긴다. 이렇게 하려면 해당 블록 위에 마우스를 놓고 오른쪽 버튼을 클릭한 다음 나타나는 드롭다운 메뉴 중에서 Format을 선택한다. 그러면 블록의 회전 방향을 지정하는 몇 개의 메뉴가 주어지는데 여기에서 Flip Block을 선택한다. 그림 15.18을 보면 Integrator 블록에서 출력된 데이터가 Math Function 블록을 거쳐 Product 블록으로 되돌아갈 수 있도록 Math Function 블록의 모습이 원래 상태에서 좌우가 뒤바뀌어 있다. 그림 15.18의 오른쪽 윗부분에서 보듯이 시뮬레이션 시간은 15초로 설정했다.

Scope 블록 대신 To Workspace 블록을 사용하면 출력 데이터를 매트랩으로 보낼 수 있다. 이렇게 하면 이 데이터를 그래프로 그리거나 다른 프로그램에서 계산을 하는 데 사용할 수 있다.

5. 풀이를 검사한다.

여기에서는 매트랩의 기호 연산 기능을 사용해 문제를 푼 다음 시뮬링크로 구한 결과와 비교해보자. 다음 명령을 명령창에 입력한다.

```
clear, clc
syms v(t)
g=9.81; c=0.3; m=70;
y=dsolve(diff(v,t)==g-c/m*v^2,v(0)==0)
fplot(y,[0,15])
title("낙하하는 물체의 속도 변화")
grid on
xlabel("시간,s"), ylabel("속도, m/s")
```

그러면 그림 15.19(b)와 같은 그래프가 출력된다. 이 그래프는 그림 15.19(a)의 시뮬링크 모델에서 구한 Scope의 출력 파형과 일치함을 알 수 있다.

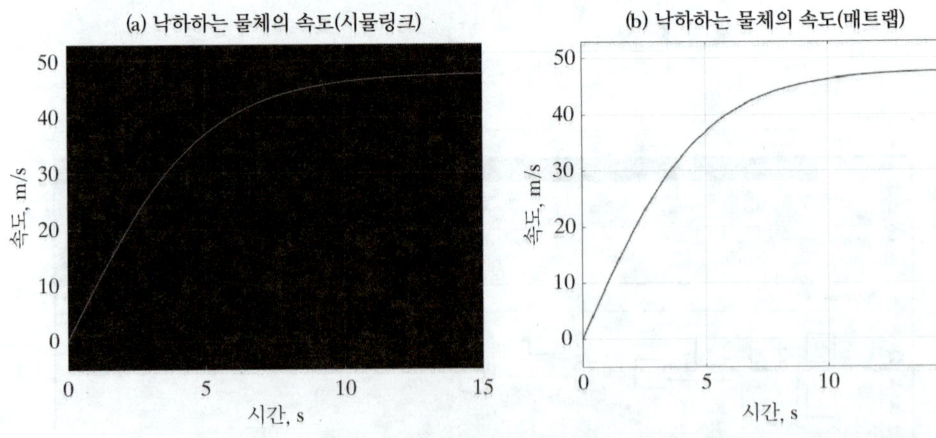

그림 15.19
낙하하는 물체의 시간에 따른 속도 변화. (a) 시뮬링크로 구한 파형, (b) 매트랩의 기호 연산 기능을 사용해 구한 파형. 두 파형 모두 약 47 m/s에서 일정한 속도(종단속도)에 수렴하고 있다.

예제 15.3

낙하하는 물체의 위치

예제 15.2에서는 낙하하는 물체의 시간에 따른 속도 변화를 구하기 위해 다음 미분방정식을 풀었다.

$$\frac{\mathrm{d}v}{\mathrm{d}t} = g - \frac{c}{m}\ v^2$$

속도는 다음과 같이 시간에 따른 위치의 변화율, 즉 시간에 대한 위치의 도함수(미분)로도 나타낼 수 있다.

$$v = \frac{\mathrm{d}x}{\mathrm{d}t}$$

이 식을 앞의 미분방정식에 대입하면 다음과 같이 물체의 위치에 대해 미분방정식을 다시 세울 수 있다.

$$\frac{\mathrm{d}^2x}{\mathrm{d}t^2} = g - \frac{c}{m}\left(\frac{\mathrm{d}x}{\mathrm{d}t}\right)^2$$

시뮬링크를 사용해 이 미분방정식을 풀고 시간에 따른 낙하 물체의 위치 변화를 그래프로 그려라.

1. 문제를 명확히 나타낸다.
   다음 2계 미분방정식을 풀어 시간 t에 대한 물체의 위치 x의 변화를 구한다.

$$\frac{\mathrm{d}^2x}{\mathrm{d}t^2} = g - \frac{c}{m}\left(\frac{\mathrm{d}x}{\mathrm{d}t}\right)^2$$

2. 입력과 출력을 표시한다.

   입력
   $g = 9.81\ \mathrm{m/s^2}$
   $m = 70\ \mathrm{kg}$
   $c = 0.3\ \mathrm{kg/m}$
   $v(0) = 0$
   $x(0) = 0$
   $t = 0\sim15\ \mathrm{s}$

   출력 시뮬링크의 Scope 블록을 사용해 시간 t에 따라 x 값이 어떻게 변하는지 그래프로 나타낸다. 또 계산한 결과를 매트랩으로 전달한다.

3. 손이나 계산기로 미리 문제를 풀어본다.
   예제 15.2에서 살펴본 것처럼 낙하하는 물체는 최종적으로 종단속도에 도달하게 된다. 물체가 종단속도에 도달하는 시점부터 물체의 위치 x는 일정한 속도로 증가하게 된다. 그림 15.20에 시간에 따른 물체의 위치(낙하거리) 변화를 나타내는 그래프를 개략적으로 나타내었다.

4. 시뮬링크로 문제를 푼다.
   예제 15.2에서 만든 모델에 Integrator 블록을 하나 추가하고, 출력을 Scope 블록과 To Workspace 블록 두 군데로 내보낸다(그림 15.21 참조). To Workspace 블록에서 데이터가 배열로 출력되도록 설정해야 한다.
   그림 15.21의 모델을 실행하면 스코프에서 그림 15.22(a)와 같은 파형이 표시된다.

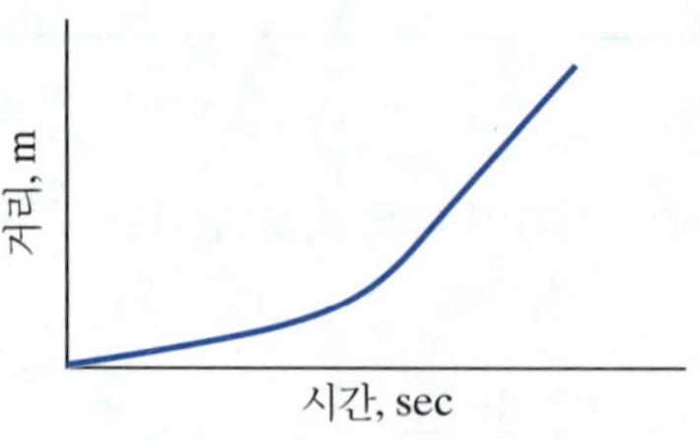

그림 15.20
낙하하는 물체의 시간에 따른 위치 변화 그래프의 개형

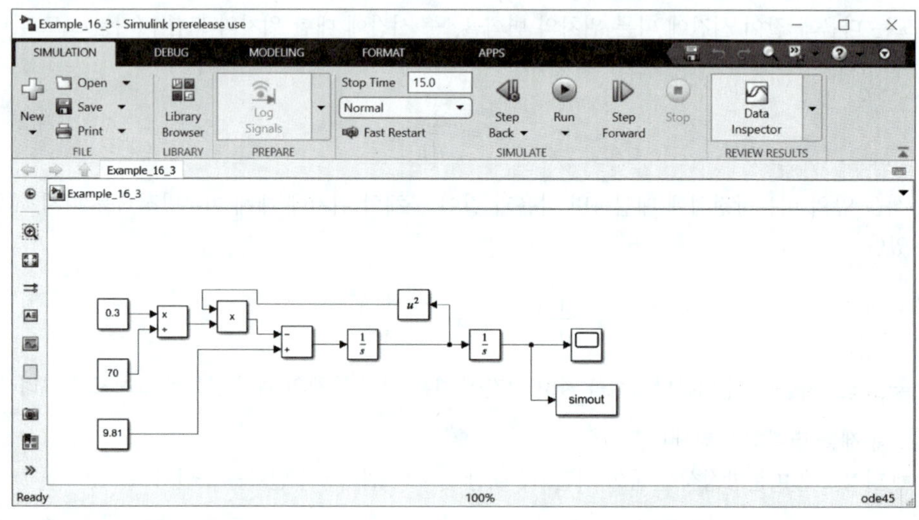

그림 15.21
2계 미분방정식 $\frac{d^2x}{dt^2} = g - \frac{c}{m}\left(\frac{dx}{dt}\right)^2$을 풀기 위한 시뮬링크 모델

5. 풀이를 검사한다.

이번에도 기호 연산 기능을 사용해 이 2계 미분방정식을 풀어보자. 다음 명령을 명령창에 입력한다.

```
syms x(t)
syms g c m
Dx(t)=diff(x,t)
x=dsolve(diff(x,t,2)==g-c/m*Dx^2,x(0)==0, Dx(0)==0)
x = subs(x,[g,c,m],[9.81,0.30,70])
fplot(x(1),[0,15])
title(["(b) 낙하하는 물체의 위치 변화"])
xlabel("시간,s"), ylabel("속도, m")
```

핵심 개념
시뮬링크가 매트랩보다 장점이 있는 경우가 있고 또 어떤 경우에는 매트랩이 더 장점을 가진 경우가 있기 때문에 문제를 풀 때 다양한 풀이도구를 적절히 활용할 수 있는 것이 중요하다.

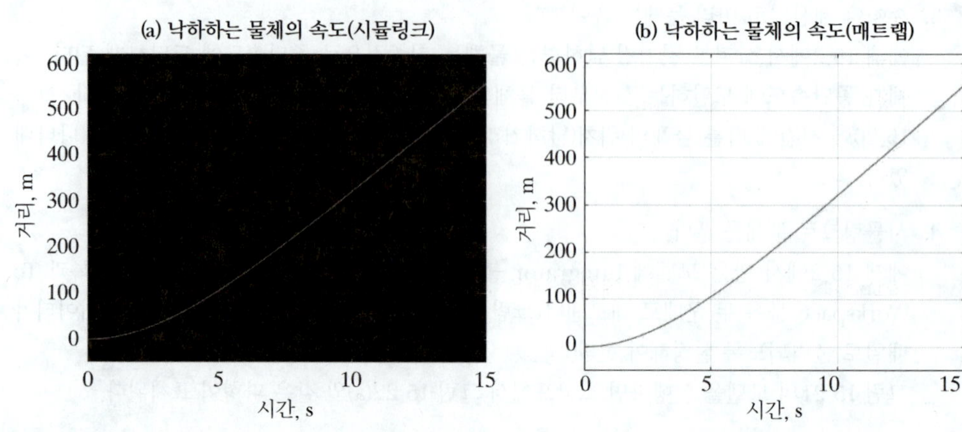

그림 15.22
낙하하는 물체의 위치 변화. (a) 시뮬링크로 구한 결과 파형, (b) 기호 연산 기능을 사용해 매트랩으로 구한 결과 파형

그러면 그림 15.22(b)와 같은 그래프가 출력되는데, 이는 시뮬링크의 Scope 출력 파형과 일치하므로 시뮬링크의 해석 결과가 정확하다는 사실을 확인할 수 있다.

시뮬링크와 기호수학을 이용한 방법을 함께 사용하고 결과를 비교해 시뮬링크 풀이 방법의 정확성을 확인했다. 기호 연산 기능을 사용해 풀 수 없는 문제도 있으므로 시뮬링크 방법과 기호수학 방법을 모두 알아두는 것이 중요하다. 특히 실제로 관심 있는 미분방정식 중에서 대다수는 해석적인 방법으로는 풀 수 없다는 점을 기억해두기 바란다.

요약

시뮬링크는 매트랩 통합 소프트웨어에 속해 있는 프로그램의 하나이다. 이 프로그램은 그래픽 사용자 인터페이스(GUI) 환경을 제공하므로 이를 이용하면 실제 시스템을 나타내는 모델을 손쉽게 개발할 수 있다. 시뮬링크는 특히 동적 시스템을 모델링(해석)하는 데 강점이 있다. 동적 시스템은 수학적으로는 미분방정식으로 모델링된다.

시뮬링크는 많은 라이브러리를 제공하고 있는데, 라이브러리에 들어 있는 블록을 서로 연결해 다양한 분야의 문제를 풀 수 있다. 시뮬링크를 사용하면 앞에서 다룬 수치해석 기법을 사용해 작성한 M-파일을 적절한 블록들이 서로 결합된 형태의 시각적 모델로 만들어 다룰 수 있다. 그렇지만 시뮬링크로 만든 모델이 실행될 때 사용되는 풀이 방법은 M-파일을 실행할 때 사용하는 방법(예를 들어 ode45)과 동일하다.

매트랩의 도움말에는 시뮬링크 사용 방법에 대한 안내 자료와 더불어 많은 예제가 포함되어 있다.

매트랩 요약

명령어와 함수	
simulink	시뮬링크 라이브러리 브라우저를 여는 명령

핵심 용어

동적 시스템(dynamic system)
모델(model)
미분방정식(differential equation)
블록(block)
시뮬레이션(simulation)
아날로그 컴퓨터(analog computer)

연습문제

15.1 sinc 함수는 전기공학 분야에서 자주 사용되는 함수로 다음과 같이 정의한다.

$$\mathrm{sinc}(x) = \frac{\sin(x)}{x}$$

시뮬링크를 사용해 $-20 \le x \le 20$ 범위에서 sinc 함수가 변하는 모습을 구하라. 구한 결과는 시뮬링크의 Scope 블록을 사용해 나타내도록 한다. 시뮬레이션 시간은 모델창의 메뉴표시줄에서 'Simulation → Configuration Parameters'를 차례로 선택해 조정할 수 있다.

15.2 타원의 방정식은 매개변수 t를 사용해 다음과 같이 표시할 수 있다.

$$x = \sin(t)$$
$$y = \cos(t)$$

여기에서 $0 \le t \le 2*\text{pi}$이다. 시뮬링크의 Sinks 라이브러리에 들어 있는 XY Graph 블록을 사용해 타원의 그래프를 그리는 모델을 만들라. 코사인(cosine) 함수를 모델링할 때에는 Sine Wave 블록을 수정해서 사용하면 된다.

15.3 멀티플렉서(Multiplexer) 블록(Mux)을 사용하면 Scope 하나에 여러 개의 입력 파형을 그릴 수 있다. 2개의 Sine Wave 블록을 사용해 $\sin(t)$, $\cos(t)$ 신호를 만들라. 또 Commonly Used Blocks 라이브러리에 들어 있는 Mux 블록을 사용해 이 2개의 신호를 결합한 다음 0~20초 구간에서 그 결과 파형을 Scope 블록을 사용해 나타내라.

15.4 Derivative 블록을 사용하면 블록에 입력되는 신호의 미분(변화율)을 구할 수 있다. 다음 함수의 미분을 구하는 시뮬링크 모델을 만들라.

$$y = \frac{1}{t}$$

또 Scope 블록을 사용해 0~10초 구간에서 y와 dy/dt의 파형을 나타내라. 이를 위해서는 Scope 블록 외에 Clock 블록(Time 블록), Math Function 블록, Derivative 블록, Mux 블록을 사용해야 할 것이다.

시뮬링크 응용문제

15.5 주어진 온도 범위에 대해 이상기체의 내부에너지 변화율(단위: kJ/kmol)은 다음 수식으로 표현할 수 있다.

$$\Delta u = \int_{T_1}^{T_2} (a - R + bT + cT^2 + dT^3)\, dT$$

여기에서 T는 절대온도이다.

질소의 경우 위 식에 들어 있는 상수들의 값은 다음과 같다.

$a = 28.90$

$b = -0.1571 \times 10^{-2}$

$c = 0.8081 \times 10^{-5}$

$d = -2.873 \times 10^{-9}$

$R = 8.31447$ kJ/kmol K

시뮬링크를 사용해 절대온도 0~1000 K 구간에서 질소의 내부에너지의 변화율 Δu의 값을 그래프로 그려라. 여기에서 T의 값을 나타내는 데에는 Clock 블록(Time 블록)을 사용하라(데이터 출처: B.G. Kyle, *Chemical and Process Thermodynamics*, Englewood Cliffs, NJ: Prentice Hall 1984).

15.6 뉴턴의 냉각법칙에 따르면 어떤 물체의 온도 변화율은 그 물체의 온도와 그 주변 온도 사

이의 차이에 비례한다(그림 P15.6 참조). 이를 식으로 나타내면 다음과 같다.

$$\frac{dT}{dt} = k\left(T - T_{\text{surroundings}}\right)$$

여기에서 k는 비례상수이다. 뜨거운 커피가 담긴 컵이 있고 그 주변 온도가 70°F라고 하자. 비례상수는 0.5 min^{-1}이고 커피의 초기온도는 110°F이다. 처음 10분 동안 시간에 따른 커피의 온도 변화를 나타내는 그래프를 그려라.

그림 P15.6
컵에 담긴 뜨거운 커피는 뉴턴의 냉각법칙에 따라 식는다.

15.7 화학반응 속도는 반응물질의 농도에 따라 달라진다. 예를 들어 1차 반응에서는 반응물질의 변화율과 반응물질의 농도 사이에 다음과 같은 관계가 성립한다.

$$\frac{d[A]}{dt} = -k^*[A]$$

좀 더 복잡한 반응인 2차 반응에서는 반응물질의 변화율이 반응물질의 농도의 제곱에 비례한다.

$$\frac{d[A]}{dt} = -k^*[A]^2$$

1차 반응과 2차 반응에 대해 시간에 따른 농도 [A]의 변화를 시뮬링크를 사용해 각각 모델링하라. 1차 반응에서는 $k = 0.1\ \text{min}^{-1}$, 2차 반응에서는 $k = 0.11/\text{mol min}$으로 가정한다. 초기농도 [A]는 5 mol/l이다. 모델링한 결과를 시뮬링크의 Scope 블록을 사용해 나타내라. (이때 시뮬레이션 시간을 바꿔가면서 실행해 결과 파형의 변화를 살펴보고, 최종적으로는 결과가 가장 잘 표시되도록 시뮬레이션 시간을 설정하라.)

15.8 1908년에 블라시우스(Blasius)는 평판(flat plate)상에 형성되는 층류 경계층(laminar boundary layer, 유체가 흐트러지지 않고 규칙적으로 흐르고 있는 경계층) 안에 흐르는 비압축성 유체의 움직임을 다음 3계 비선형 상미분방정식을 풀어 구할 수 있음을 증명했다.

$$2\frac{d^3 f}{d\eta^3} + f\frac{d^2 f}{d\eta^2} = 0$$

이 미분방정식을 f에 대해 풀기 위해서는 다음 3계 미분방정식의 해를 구해야 한다.

$$\frac{d^3 f}{d\eta^3} = -0.5f\ \frac{d^2 f}{d\eta^2}$$

시뮬링크로 이 미분방정식의 해석 모델을 만들라. 이를 위해 Integration 블록 3개, Multiplier 블록 1개와 Gain 블록 1개(상수를 곱하는 데 사용), Scope 블록 1개(출력을 관측하는 데 사용)를 사용하라. 여기에서 초기조건은 다음과 같다.

$$\frac{d^2 f(0)}{dt^2} = 0.332$$

$$\frac{df(0)}{dt} = 0$$

$$f(0) = 0$$

15.9 총알이나 로켓과 같은 발사체가 수직으로 발사되었을 때 발사체에 작용하는 힘은 중력이 유일하다. 이 경우 힘의 평형조건으로부터 다음 방정식을 얻을 수 있다.

$$\frac{d^2 x}{dt^2} = -g\left(\frac{R^2}{(R + x)^2}\right)$$

여기에서

x = 지표면으로부터 측정한 수직거리(단위: m)

R = 지구의 반지름 6.4×10^6 m

g = 중력가속도 9.81 m/s²

시뮬링크로 이 방정식을 모델링해 시간 t에 따른 발사체의 높이 x의 변화를 나타내는 그래프를 그려라. 초기높이는 0, 초기속도는 100 m/s로 가정한다($t = 0$일 때 $dx/dt = 100$).

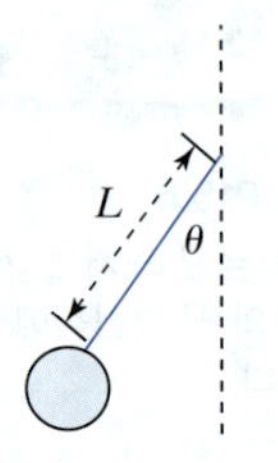

그림 P15.10
2계 미분방정식으로 표시되는 진자의 운동

15.10 그림 P15.10과 같은 진자 운동은 다음 2계 상미분방정식으로 나타낼 수 있다.

$$\frac{d^2\theta}{dt^2} = -\frac{g}{L}\sin(\theta)$$

여기에서

θ = 수직각도

g = = 중력가속도 9.81 m/s²

L = 진자 길이 2 m

시뮬링크로 진자의 움직임을 모델링해 시간 t에 따른 진자의 각도 θ의 변화를 나타내는 그래프를 그려라. 초기각도 θ는 30°(= π/6 rad)이고 초기 각속도는 0($d\theta/dt = 0$)이다.

15.11 그림 P15.11은 간단한 RC 직렬회로이다. 시간 $t = 0$에서 스위치가 닫히면 전류가 흐르기 시작한다. 회로의 인가전압 V가 일정한 경우, 회로의 응답은 다음 미분방정식으로 나타낼 수 있다.

$$R\frac{di}{dt} + \frac{i}{C} = 0$$

이 식을 다시 정리하면 다음과 같다.

$$\frac{di}{dt} = -\frac{1}{R * C} * i$$

시뮬링크로 RC 직렬회로의 응답을 모델링하라. R = 100,000 Ω, $C = 1 \times 10^{-6}$ F이고, 인가전압 V = 5 V이다. 또한 전류의 초깃값은 다음과 같은 옴의 법칙을 이용해 계산하면 된다.

$$V = iR$$

그림 P15.11
RC 직렬회로

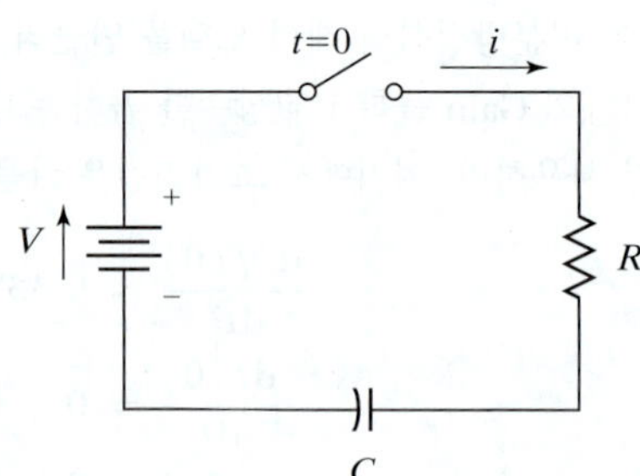

15.12 그림 P15.12와 같은 RLC 직렬회로에서 회로에 흐르는 전류 i는 다음 2계 미분방정식으로 나타낼 수 있다.

$$L\frac{d^2i}{dt^2} + R\frac{di}{dt} + \frac{1}{C}i = 0$$

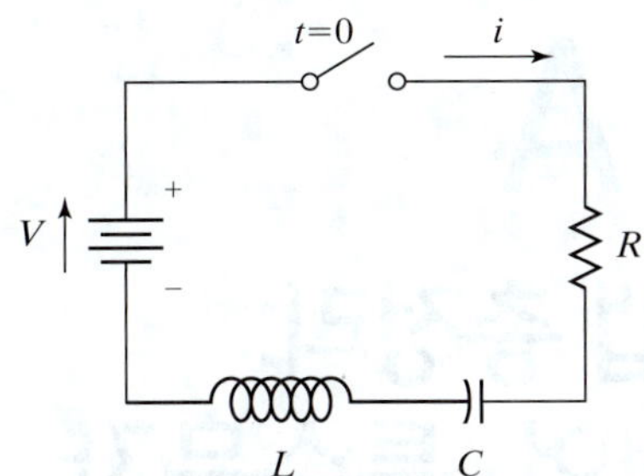

그림 P15.12
RLC 직렬회로는 2계 미분 방정식으로 나타낼 수 있다.

이 식을 다시 정리하면 다음과 같다.

$$\frac{d^2 i}{dt^2} = -\frac{R}{L}\frac{di}{dt} - \frac{1}{L * C}\, i$$

이 회로의 응답특성은 L, C, R(인덕턴스, 커패시턴스, 저항)의 상대적인 값에 따라 다음과 같이 달라진다.

$R^2 > \frac{4L}{C}$ 일 때 회로는 '과감쇠(over-damping)'

$R^2 < \frac{4L}{C}$ 일 때 회로는 '부족 감쇠(under-damping)'

$R^2 = \frac{4L}{C}$ 일 때 '임계 감쇠(critical damping)'

시뮬링크로 RLC 직렬회로의 응답특성을 모델링하라. $R = 100{,}000\ \Omega$, $C = 1 \times 10^{-6}$ F 이고, 인가전압 $V = 5$ V이다. L 값으로는 위의 세 가지 감쇠조건을 각각 만족하는 값(모두 3개)을 선택하라. 전류의 초깃값은 다음과 같은 옴의 법칙을 이용해 계산하면 된다.

$$V = iR$$

A

매트랩 총정리: 함수, 명령어, 특수문자

여기에 실린 표는 책에서 다루는 매트랩의 특수문자와 명령어와 함수를 용도에 따라 구분해 정리한 것이다.

배열을 만드는 데 사용되는 특수문자

특수문자	기능	본문 설명
[ ]	배열을 만드는 데 사용한다.	2장
( )	수식에서 연산식을 묶는 데 사용한다. 배열 안에 들어 있는 특정 원소를 지정하는 데 사용한다(배열 이름과 함께 사용).	2장
,	배열의 원소를 서로 분리하는 데 사용한다.	2장
;	배열을 만들 때 행을 구분하는 데 사용한다. 명령을 실행한 후 나오는 출력이 화면에 표시되지 않도록 한다.	2장
:	배열을 만드는 데 사용한다. 모든 행과 모든 열을 가리키는 데 사용한다.	2장
( )	셀 배열을 만드는 데 사용한다.	11장

스칼라 계산과 배열 계산에 사용되는 특수문자(연산자)

특수문자	기능	본문 설명
=	지정된 메모리 위치에 특정 값을 할당하는 할당 연산자. 등호가 아님에 주의	2장
%	프로그램에서 설명문임을 나타내는 기호	2장
%%	섹션분할기. 코드를 구조화하는 데 사용한다.	2장
+	스칼라와 배열의 덧셈 연산자	2장
-	스칼라와 배열의 뺄셈 연산자	2장
*	스칼라 곱셈과 행렬 곱셈 연산자	2장
.*	배열 곱셈 연산자[도트(점) 곱셈이라고도 한다.]	2장
/	스칼라 나눗셈과 행렬 나눗셈 연산자	2장

특수문자	기능	본문 설명
./	배열 나눗셈 연산자[도트(점) 나눗셈이라고도 한다.]	2장
^	스칼라의 거듭제곱과 행렬 거듭제곱 연산자	2장
.^	배열 거듭제곱 연산자(도트 거듭제곱이라고도 한다.)	2장
...	생략부호. 다음 줄에 명령문이 계속 이어지는 것을 나타낸다.	4장
[ ]	빈 배열	4장
\	왼쪽 나눗셈. 가우스 소거법으로 행렬 사이의 나눗셈을 수행해 문제를 푸는 데 사용한다.	10장

숫자 표시형식을 지정하는 명령어

명령어	기능	본문 설명
format +	표시형식을 +, −만으로 표시하는 방식으로 설정한다.	2장
format compact	표시형식을 compact 형식으로 설정한다.	2장
format long	표시형식을 소수 15자리를 사용하는 방식으로 설정한다.	2장
format long e	표시형식을 소수 15자리를 사용하는 과학 표기법으로 설정한다.	2장
format long eng	표시형식을 소수 15자리를 사용하는 공학 표기법으로 설정한다.	2장
format long g	매트랩이 최적의 표시형식을 자동으로 선택한다(소수 15자리 사용, 고정소수점 또는 부동소수점으로).	2장
format loose	표시형식을 기본설정인 noncompact으로 한다.	2장
format short	표시형식을 기본설정인 소수 4자리를 사용하는 방식으로 한다.	2장
format short e	표시형식을 소수 4자리를 사용하는 과학 표기법으로 설정한다.	2장
format short eng	표시형식을 소수 4자리를 사용하는 공학 표기법으로 설정한다.	2장
format short g	매트랩이 최적의 표시형식을 자동으로 선택한다(소수 4자리 사용, 고정소수점 또는 부동소수점으로).	2장
format rat	표시형식을 유리수(분수)로 설정한다.	2장

작업공간과 관련된 명령어

명령어	기능	본문 설명
ans	매트랩에서 계산된 결과가 저장되는 변수의 이름(디폴트로 지정되는 이름임)	2장
clc	명령창을 지운다.	2장
clear	작업공간창을 지운다.	2장
exit	매트랩에서 빠져나간다.	2장
help	도움말 기능을 불러낸다.	2장
load	파일에 저장되어 있는 배열을 작업공간으로 불러온다.	2장
quit	매트랩을 종료한다.	2장
save	변수 값을 파일에 저장한다.	2장
who	메모리 내에 있는 변수의 이름을 알려준다.	2장
whos	작업공간에 있는 변수의 이름과 크기를 함께 알려준다.	2장
help	도움말 기능을 불러온다.	3장
helpwin	창 형태의 화면으로 도움말 기능을 사용한다.	3장
clock	시간을 출력한다.	3장
date	날짜를 출력한다.	3장
intmax	매트랩에서 사용 가능한 가장 큰 정수 값을 알려준다.	3장

명령어	기능	본문 설명
intmin	매트랩에서 사용 가능한 가장 작은 정수 값을 알려준다.	3장
realmax	매트랩에서 사용 가능한 가장 큰 부동소수점 수를 알려준다.	3장
realmin	매트랩에서 사용 가능한 가장 작은 부동소수점 수를 알려준다.	3장
ascii	데이터를 표준 아스키(ASCII) 형식으로 저장하라는 것을 표시한다.	2장
pause	아무 키나 누를 때까지 프로그램의 실행을 멈춘다.	5장

특별한 값을 나타내는 특수함수

특수함수	기능	본문 설명
pi	원주율을 나타내는 π의 근삿값	2장
eps	매트랩이 구별할 수 있는 가장 작은 차이	3장
i	허수	3장
Inf	무한대	3장
j	허수	3장
NaN	수가 아님(not a number)	3장
clockj	현재 시각을 출력한다.	3장
date	현재 날짜를 출력한다.	3장

기본 수학 관련 함수

함수	기능	본문 설명
abs	실수에 대해서는 절댓값을 계산하고 복소수에 대해서는 크기를 계산한다.	3장
erf	에러함수(error function) 값을 계산한다.	3장
exp	e^x 값을 계산한다.	3장
factor	소인수를 구한다.	3장
factorial	차례곱(factorial)을 계산한다.	3장
gcd	최대공약수를 구한다.	3장
isprime	어떤 수가 소수(prime number)인지 아닌지 알려준다.	3장
isreal	어떤 수가 실수인지 아닌지 알려준다.	3장
lcn	최소공배수를 구한다.	3장
log	자연로그(밑수가 e인 로그, $\log_e$) 값을 계산한다.	3장
log10	상용로그(밑수가 10인 로그, $\log_{10}$) 값을 계산한다.	3장
log2	밑수가 2인 로그 값($\log_2$)을 계산한다.	3장
nthroot	입력 배열의 n제곱근을 구한다.	3장
primes	입력값보다 작은 수 중에서 소수를 구한다.	3장
prod	배열 안에 있는 모든 원소의 곱을 구한다.	3장
rats	입력값을 유리수(분수) 형식으로 표시한다.	3장
rem	나눗셈에서 나머지를 구한다.	3장
sign	값의 부호가 (+)인지 (−)인지 알려준다.	3장
sqrt	제곱근을 계산한다.	3장
sum	배열 안에 있는 모든 원소의 합을 구한다.	3장

삼각함수 관련 함수

함수	기능	본문 설명
asin	아크사인(arcsine) 값을 계산한다.	3장
asind	아크사인 값을 계산하고 그 결과를 도(degree) 단위로 표시한다.	3장
cos	코사인 값을 계산한다.	3장
sin	라디안(radian) 단위의 각도에 대해 사인값을 계산한다.	3장
sind	도(degree) 단위의 각도에 대해 사인값을 계산한다.	3장
sinh	쌍곡선 사인 함수(hyperbolic sine) 값을 계산한다.	3장
tan	라디안(radian) 단위의 각도에 대해 탄젠트 값을 계산한다.	3장
deg2rad	도(degree) 단위의 각도를 라디안(radian) 단위로 변환한다.	3장
rad2deg	라디안(radian) 단위의 각도를 도(degree) 단위로 변환한다.	3장

※ 이 책에서 사용하는 삼각함수만을 여기에 수록했다. 이 함수 외에도 매트랩에는 수학에서 사용되는 모든 종류의 삼각함수가 들어 있다.

복소수 관련 함수

함수	기능	본문 설명
abs	실수에 대해서는 절댓값을 계산하고 복소수에 대해서는 크기를 계산한다.	3장
angle	복소수를 극좌표로 표시하는 경우 각도를 계산한다.	3장
complex	복소수를 만든다.	3장
conj	복소수의 켤레복소수를 만들어낸다.	3장
imag	복소수의 허수 성분을 구한다.	3장
isreal	어떤 수가 실수인지 아닌지 알려준다.	3장
real	복소수의 실수 성분을 구한다.	3장

근삿값 관련 함수

함수	기능	본문 설명
ceil	+ 무한대 방향으로 가장 가까운 정수로 근삿값을 구한다(즉 올림 방식으로 근삿값을 구한다).	3장
fix	0 방향으로 가장 가까운 정수로 근삿값을 구한다(즉 버림 방식으로 근삿값을 구한다).	3장
floor	− 무한대 방향으로 가장 가까운 정수로 근삿값을 구한다(즉 내림 방식으로 근삿값을 구한다).	3장
round	입력값에 가장 가까운 정수로 근삿값을 구한다(즉 반올림 방식으로 근삿값을 구한다).	3장

데이터 분석 관련 함수

함수	기능	본문 설명
cumprod	배열에 있는 원소들의 누적곱을 계산한다.	3장
cumsum	배열에 있는 원소들의 누적합을 계산한다.	3장
length	배열에서 행의 수와 열의 수 중 큰 값을 알려준다.	3장
max	배열의 원소 중에서 최댓값과 그 값의 위치를 구한다.	3장
mean	배열에서 모든 원소의 평균값을 구한다.	3장
median	배열의 원소 중에서 중앙값을 구한다.	3장
min	배열의 원소 중에서 최솟값과 그 값의 위치를 구한다.	3장

함수	기능	본문 설명
mode	배열의 원소 중에서 가장 많이 나타나는 값(최빈값)을 구한다.	3장
nchoosek	크기가 *n*개인 그룹에서 크기가 *k*인 하위그룹의 가짓수를 구한다.	3장
numel	배열의 총 원소 수를 구한다.	3장
size	배열의 행과 열의 수를 알려준다.	3장
sort	벡터의 원소들을 정렬한다.	3장
sortrows	벡터의 행 전체를 첫 번째 열을 기준으로 해 오름차순으로 정렬한다.	3장
prod	배열 내의 모든 원소의 곱을 구한다.	3장
sum	배열의 모든 원소의 합을 구한다.	3장
std	표준편차를 계산한다.	3장
var	분산을 계산한다.	3장

난수 관련 함수

함수	기능	본문 설명
rand	균일분포형 난수를 만든다.	3장
randn	정규분포(가우스분포)로 된 난수를 만든다.	3장
randi	정규분포(가우스분포)로 된 정수(integer)형 난수를 만든다.	3장

배열을 만들고 조작하고 분석하는 데 사용되는 함수

함수	기능	본문 설명
meshgrid	벡터를 2차원 배열로 만든다.	4장, 5장
diag	배열의 대각선 값을 뽑아낸다.	4장
fliplr	배열을 왼쪽에서 오른쪽으로(즉 수평 방향으로) 뒤집는다.	4장
flipud	배열을 위에서 아래로(즉 수직 방향으로) 뒤집는다.	4장
linspace	간격이 일정한 원소로 이루어진 벡터를 만들어주는 함수	2장
logspace	간격이 로그 값으로 일정한 원소로 이루어진 벡터를 만들어주는 함수	2장
cross	가위곱(cross product)을 계산한다.	10장
det	행렬의 행렬식(determinant)을 계산한다.	10장
dot	점곱(dot product)을 계산한다.	10장
inv	역행렬을 계산한다.	10장
rref	감축행 사다리꼴 행렬(reduced row echelon matrix)을 이용해 선형 연립방정식의 해를 계산한다.	10장

2차원 그래프를 그리는 함수

함수	기능	본문 설명
bar	막대그래프를 그린다.	5장
barh	수평 막대그래프를 그린다.	5장
contour	3차원 면 그래프의 등치선을 그린다.	5장
contourf	3차원 면 그래프의 등치선을 색을 칠한 등치선으로 그린다.	5장
comet	*x*–*y* 그래프를 그려 애니메이션으로 보여준다.	5장
fplot	함수 수식을 *x*–*y* 그래프로 그린다.	5장
histogram	히스토그램을 그린다.	5장

함수	기능	본문 설명
histcounts	히스토그램의 각 구간에 속하는 데이터의 개수를 헤아린다.	5장
loglog	2개의 축이 모두 로그눈금인 *x*–*y* 그래프를 그린다.	5장
pcolor	등치선 그래프와 비슷한 의사 컬러 그래프를 그린다.	5장
pie	파이 차트를 그린다.	5장
plot	*x*–*y* 그래프를 그린다.	5장
polarplot	극좌표 그래프를 그린다.	5장
semilogx	*x*축이 로그눈금인 *x*–*y* 그래프를 그린다.	5장
semilogy	*y*축이 로그눈금인 *x*–*y* 그래프를 그린다.	5장

3차원 그래프를 그리는 함수

함수	기능	본문 설명
bar3	3차원 막대그래프를 그린다.	5장
bar3h	3차원 수평 막대그래프를 그린다.	5장
comet3	3차원 선 그래프를 그려 애니메이션으로 보여준다.	5장
mesh	면 그래프를 메시 그래프로 그린다.	5장
peaks	그래프를 그리는 함수의 기능과 사용법을 보여줄 때 사용할 수 있는 샘플 3차원 배열	5장
pie3	3차원 파이 차트를 그린다.	5장
plot3	3차원 선 그래프를 그린다.	5장
sphere	그래프 기능을 보여주기 위해 사용하는 샘플 함수	5장
surf	면 그래프를 그린다.	5장
surfc	면 그래프와 등치선 그래프를 함께 그린다.	5장

그래프에서 선의 표시형식을 제어하는 특수문자

특수문자	기능	본문 설명
지시기호	**선 종류**	
-	실선	5장
:	점선	5장
-.	일점쇄선	5장
--	쇄선	5장
지시기호	**점 종류**	
.	점	5장
o	원	5장
x	x 기호	5장
+	+ 기호	5장
*	별표	5장
s	사각형	5장
d	다이아몬드	5장
v	아래 삼각형	5장
^	위 삼각형	5장
<	왼쪽 삼각형	5장
>	오른쪽 삼각형	5장

특수문자	기능	본문 설명
p	오각형	5장
h	육각형	5장
지시기호	**색상 종류**	
b	파란색	5장
g	초록색	5장
r	빨간색	5장
c	청록색(cyan)	5장
m	자주색(magenta)	5장
y	노란색	5장
k	검은색	5장
w	하얀색	5장

그래프의 모양을 제어하고 설명을 달아주는 함수

함수	기능	본문 설명
axis	다음 그래프를 그리기 전에 축의 눈금을 고정시킨다. 축의 범위를 지정할 때에도 사용한다.	5장
axis equal	모든 축의 눈금의 크기를 같게 한다.	5장
colormap	면 그래프에 사용되는 색 구성 방식을 지정한다.	5장
figure	그림창을 새로 만든다.	5장
gtext	text 명령과 유사하다. 사용자가 그림창에서 마우스로 클릭한 위치에 글상자를 추가한다.	5장
grid	현재 그래프에 눈금을 추가한다.	5장
grid off	그래프에서 눈금을 없앤다.	5장
grid on	현재 그래프와 앞으로 그릴 그래프에 눈금을 붙인다.	5장
hold off	그림을 새로 그리면 이전의 그림이 지워지도록 설정한다.	5장
hold on	그림을 새로 그려도 이전의 그림이 지워지지 않도록 설정한다.	5장
legend	그래프에 범례를 추가한다.	5장
nexttile	1개의 그림창에 여러 개의 그래프를 그릴 수 있도록 다음에 그릴 그래프를 타일 형식 레이아웃에서 다음 빈 타일 위치에 배치한다.	5장
shading flat	면 그래프에서 각각의 작은 면을 같은 색으로 채운다.	5장
shading interp	면 그래프에서 각각의 작은 면을 여러 색으로 채워 부드럽게 나타나게 한다.	5장
tiledlayout	1개의 그림창에 여러 개의 그래프를 그릴 수 있도록 그림창을 타일 형식 레이아웃을 사용해 여러 부분으로 나눈다.	5장
text	그래프에 글상자를 추가한다.	5장
title	그래프에 제목을 추가한다.	5장
xlabel	x축에 축 이름을 붙인다.	5장
ylabel	y축에 축 이름을 붙인다.	5장
zlabel	z축에 축 이름을 붙인다.	5장

면 그래프의 색 구성 방식(colormap)을 지정하는 함수

함수	기능	본문 설명
autumn	면 그래프를 그릴 때 선택하는 색 구성 방식의 한 가지	5장
bone	면 그래프를 그릴 때 선택하는 색 구성 방식의 한 가지	5장
colorcube	면 그래프를 그릴 때 선택하는 색 구성 방식의 한 가지	5장
cool	면 그래프를 그릴 때 선택하는 색 구성 방식의 한 가지	5장
copper	면 그래프를 그릴 때 선택하는 색 구성 방식의 한 가지	5장
flag	면 그래프를 그릴 때 선택하는 색 구성 방식의 한 가지	5장
hot	면 그래프를 그릴 때 선택하는 색 구성 방식의 한 가지	5장
hsv	면 그래프를 그릴 때 선택하는 색 구성 방식의 한 가지	5장
jet	면 그래프를 그릴 때 선택하는 색 구성 방식의 한 가지	5장
parula	면 그래프를 그릴 때 기본으로 설정된 색 구성 방식	5장
pink	면 그래프를 그릴 때 선택하는 색 구성 방식의 한 가지	5장
prism	면 그래프를 그릴 때 선택하는 색 구성 방식의 한 가지	5장
spring	면 그래프를 그릴 때 선택하는 색 구성 방식의 한 가지	5장
summer	면 그래프를 그릴 때 선택하는 색 구성 방식의 한 가지	5장
white	면 그래프를 그릴 때 선택하는 색 구성 방식의 한 가지	5장
winter	면 그래프를 그릴 때 선택하는 색 구성 방식의 한 가지	5장

함수를 새로 만들거나 함수를 사용할 때 이용되는 함수와 특수문자

함수 또는 특수문자	기능	본문 설명
addpath	어떤 디렉터리를 매트랩 검색경로에 추가한다.	6장
function	M-파일을 함수로 선언한다.	6장
nargin	어떤 함수가 가진 입력 인수의 개수를 구한다.	6장
nargout	어떤 함수가 가진 출력 인수의 개수를 구한다.	6장
pathtool	대화형 경로 도구창을 연다.	6장
varargin	어떤 함수가 가진 입력 인수의 개수가 고정되어 있지 않음을 나타낸다.	6장
@	익명함수에서 함수 핸들을 선언한다.	6장
%	설명문	6장
matlabFunction	기호수식을 매트랩 함수로 변환한다.	13장

화면에 출력되는 결과의 표시형식을 제어하는 특수문자

특수문자	기능	본문 설명
'	문자열의 시작과 끝에 붙인다.	7장
%	fprintf 명령에 사용하는 자리표(placeholder)	7장
%f	고정소수점, 10진수 표기법	7장
%d	부호 있는 정수 형식 표기법	7장
%e	지수표기법	7장
%g	고정소수점과 지수표기법 중 더 간단한 것	7장
%s	문자열 표기법	7장
%%	셀 분할기	7장
\n	라인피드(linefeed)	7장
\r	캐리지 리턴(carriage return, 라인피드와 비슷함)	7장

특수문자	기능	본문 설명
\t	탭(tab)	7장
\b	백스페이스(backspace)	7장

입력과 출력을 제어하는 함수

함수	기능	본문 설명
disp	명령창에 문자열이나 배열을 표시한다.	7장
fprintf	명령창에 출력되는 결과의 표시형식을 제어한다.	7장
ginput	사용자가 그래프에서 값을 선택할 수 있도록 해준다.	7장
input	사용자가 값을 대화방식으로 입력할 수 있도록 해준다.	7장
pause	프로그램을 멈춘다.	7장
sprintf	fprintf 명령과 유사하다. 지정한 표시형식으로 출력을 만들어 이를 변수에 할당하고 명령창에 내보낸다.	7장
uiimport	가져오기 마법사(Import Wizard)를 시작한다.	7장
xlsimport	엑셀 데이터 파일을 가져온다.	7장
xlswrite	데이터를 엑셀 데이터 파일로 내보낸다.	7장
load	파일에서 배열을 불러온다.	2장
save	변수 값을 파일에 저장한다.	2장
celldisp	셀 배열의 내용을 표시한다.	11장
imfinfo	표준형식의 그래픽 파일을 읽어 저장된 데이터의 유형을 구한다.	14장
imread	그래픽 파일을 읽는다.	14장
imwrite	그래픽 파일을 만든다.	14장
readtable	표(table) 형식의 데이터를 가져온다.	7장
writetable	매트랩에 표 형식으로 저장된 데이터를 널리 사용되는 데이터 형식으로 내보낸다.	7장

비교 연산 관련 특수문자

특수문자	기능	본문 설명
<	…보다 작다(less than).	8장
<=	…보다 작거나 같다(less than or equal to).	8장
>	…보다 크다(greater than)	8장
>=	…보다 크거나 같다(greater than or equal to).	8장
==	…와 같다(equal to).	8장
~=	…와 같지 않다(not equal to).	8장

논리 연산 관련 특수문자

특수문자	기능	본문 설명
&	and	8장
|	or	8장
~	not	8장
xor	exclusive or	8장

프로그램의 흐름 제어와 관련된 함수

함수	기능	본문 설명
break	루프의 실행을 중단시키고 루프를 완전히 벗어나게 한다.	9장
case	사용자의 선택 항목을 분류한다.	8장
continue	이번 차례의 루프 실행만 중단시키고 바로 다음 차례의 루프 실행으로 넘어간다.	9장
else	if 문이 거짓일 때 실행되는 경로를 나타낸다.	8장
elseif	if 문이 거짓일 때 실행되는 경로를 나타내고 새로운 조건을 검사한다.	8장
end	제어구조의 끝을 알린다.	8장
for	루프구조의 시작을 알린다.	9장
if	참인지 거짓인지 알아내기 위해 조건을 검사한다.	8장
menu	사용자가 선택할 수 있도록 화면에 메뉴상자를 나타나게 한다.	8장
listdlg	사용자가 선택할 수 있도록 화면에 메뉴상자를 나타나게 한다.	8장
otherwise	선택구조에 사용되는 명령어	8장
switch	선택구조에 사용되는 명령어	8장
while	루프구조의 시작을 알린다.	9장

논리 함수

함수	기능	본문 설명
all	배열에서 모든 원소가 주어진 조건을 만족하는지 검사한다.	8장
any	배열에서 주어진 조건을 만족하는 원소가 적어도 하나는 있는지 검사한다.	8장
find	배열에서 주어진 조건을 만족하는 원소를 구한다.	8장
isprime	어떤 수가 소수(prime number)인지 아닌지 알려준다.	3장
isreal	어떤 수가 실수인지 아닌지 알려준다.	3장

타이밍 관련 함수

함수	기능	본문 설명
clock	현재 컴퓨터 시계의 시간을 불러온다.	9장
etime	경과한 시간을 구한다.	9장
tic	명령실행시간 측정을 위해 시간 재기를 시작한다.	9장
toc	명령실행시간 측정을 위해 시간 재기를 끝낸다.	9장
date	날짜를 출력한다.	3장
timeit	함수를 실행하는 데 필요한 시간을 구한다.	9장

특수 행렬 관련 함수

함수	기능	본문 설명
eye	단위행렬을 만든다.	10장
magic	'마방진 행렬(magic matrix)'을 만든다.	10장
ones	모든 원소가 1인 배열을 만든다.	10장
pascal	파스칼 행렬을 만든다.	10장
zeros	모든 원소가 0인 배열을 만든다.	10장
gallery	시험용 배열을 만든다.	10장

데이터 유형과 관련된 특수문자

함수	기능	본문 설명
{ }	셀 배열 생성자(constructor)	11장, 12장
"	문자열 데이터(문자정보)	11장, 12장
abc	문자 배열	11장
	숫자 배열	11장
	기호 배열	11장
	논리 배열	11장
	희소 배열	11장
{ }	셀 배열	11장
	구조체 배열	11장

데이터 유형을 지정하는 함수

함수	기능	본문 설명
celldisp	셀 배열의 내용을 표시한다.	11장
cell2table	셀 배열을 표 배열로 바꾼다.	11장
char	문자 배열을 만든다.	11장
double	배열의 데이터형을 배정밀도로 바꾼다.	11장
int16	16비트 부호 있는 정수형	11장
int32	32비트 부호 있는 정수형	11장
int64	64비트 부호 있는 정수형	11장
int8	8비트 부호 있는 정수형	11장
num2str	숫자 배열을 문자 배열로 바꾼다.	11장
single	배열의 데이터형을 단일정밀도로 바꾼다.	11장
sparse	일반형식의 행렬을 희소행렬 형식으로 바꾼다.	11장
string	문자열 배열을 만든다.	11장
str2num	문자 배열을 숫자 배열로 바꾼다.	11장
sym2poly	기호 다항식을 숫자 배열로 바꾼다.	11장
table	표 배열을 만든다.	4장, 11장
uint16	16비트 부호 없는 정수형	11장
uint32	32비트 부호 없는 정수형	11장
uint64	64비트 부호 없는 정수형	11장
uint8	8비트 부호 없는 정수형	11장
properties	구조체 변수의 사용 가능한 속성을 나열한다.	11장

기호수식용 함수

함수	기능	본문 설명
collect	차수가 같은 동류항을 묶는다.	12장
diff	기호수식의 미분을 구한다.	12장
dsolve	미분방정식을 풀어 해를 구한다.	12장
expand	수식이나 방정식을 전개한다.	12장
factor	수식이나 방정식을 인수분해한다.	12장
int	기호수식의 적분을 구한다.	12장
matlabFunction	기호수식을 매트랩 익명함수로 변환한다.	12장
numden	수식에서 분자와 분모를 따로 뽑아낸다.	12장
simplify	메이플 방식을 기반으로 하는 규칙에 따라 수식을 간단히 한다.	12장
solve	기호수식이나 방정식을 풀어 답을 구한다.	12장
subs	기호수식이나 방정식에 값을 대입한다.	12장
sym	기호변수, 수식, 방정식을 만든다.	12장
symfun	기호함수를 만든다.	12장
syms	기호변수를 만든다.	12장
symvar	함수에 들어 있는 기호변수를 구하고 이들을 알파벳 순서로 반환한다.	12장
symunit	작업공간에 물리적 측정 단위를 추가한다.	12장
unitConvert	측정 단위를 다른 측정 단위로 변환한다.	12장
separateUnits	변수에 들어 있는 값과 단위를 분리한다.	12장

기호수식용 그래프 함수

함수	기능	본문 설명
fcontour	등치선 그래프(contour plot)를 그린다.	12장
fcontourf	색을 칠한 등치선 그래프를 그린다.	12장
fimplicit	음함수를 2차원 그래프(x–y축)로 그린다.	12장
fimplicit3	음함수를 3차원 그래프(x–y–z축)로 그린다.	12장
fmesh	기호수식을 메시 그래프(mesh plot, 그물망 그래프)로 그린다.	12장
fplot	기호수식을 2차원 그래프(x–y축)로 그린다.	12장
fplot3	기호수식을 3차원 그래프(x–y–z축)로 그린다.	12장
ezpolar	극좌표 그래프를 그린다.	12장
fsurf	기호수식을 면 그래프(surface plot)로 그린다.	12장

수치해석 기법과 관련된 함수

함수	기능	본문 설명
bvp4c	상미분 방정식 경곗값 문제풀이 함수	13장
cftool	대화형 곡선맞춤 GUI 창을 연다.	13장
diff	입력이 배열인 경우에는 그 배열에서 연속하는 두 원소 값의 차이를 구한다. 입력이 기호수식인 경우에는 기호미분을 구한다.	13장
fminbnd	두 경곗값으로 정의되는 범위 내에서 함수 핸들 또는 함수의 최솟값을 구한다.	6장
fzero	지정한 값 근처에서 함수 핸들 또는 함수를 0으로 만드는 값을 구한다.	6장
gradient	전방차분법, 후방차분법, 중앙차분법을 사용해 도함수(미분)를 수치적으로 구한다.	13장

함수	기능	본문 설명
interp1	선형내삽법이나 지정한 고차내삽법을 사용해 값을 추정하는 내삽함수	13장
interp2	2차원 내삽함수	13장
interp3	3차원 내삽함수	13장
interpn	*n*차원 내삽함수	13장
ode45	상미분방정식 풀이함수	13장
ode23	상미분방정식 풀이함수	13장
ode78	상미분방정식 풀이함수	13장
ode89	상미분방정식 풀이함수	13장
ode113	상미분방정식 풀이함수	13장
ode15s	상미분방정식 풀이함수	13장
ode23s	상미분방정식 풀이함수	13장
ode23t	상미분방정식 풀이함수	13장
ode23tb	상미분방정식 풀이함수	13장
ode15i	상미분방정식 풀이함수	13장
polyfit	최소제곱 다항식의 계수를 계산한다.	13장
polyval	지정한 x 값에서 다항식의 값을 계산한다.	13장
intergral	곡선 아래의 적분을 계산한다.	13장

매트랩에 내장되어 있는 샘플 데이터 파일과 샘플 이미지 파일

함수	기능	본문 설명
cape	곶(cape) 지형의 영상이 담긴 샘플 이미지 파일	14장
clown	어릿광대의 영상이 담긴 샘플 이미지 파일	14장
detail	뒤러(Dürer)의 목각작품의 일부분의 영상이 담긴 샘플 이미지 파일	14장
durer	뒤러의 목각작품의 영상이 담긴 샘플 이미지 파일	14장
earth	지구의 영상이 담긴 샘플 이미지 파일	14장
flujet	유체의 움직임을 보여주는 영상이 담긴 샘플 이미지 파일	14장
gatlin	인물들의 사진영상이 담긴 샘플 이미지 파일	14장
mandrill	맨드릴(mandrill)의 영상이 담긴 샘플 이미지 파일	14장
mri	데이터가 저장된 샘플 파일	14장
peaks	샘플 그래프를 그려주는 함수	14장
seamount	해산(seamount)의 영상이 담긴 샘플 이미지 파일	5장
spine	척추의 X선 영상이 담긴 샘플 이미지 파일	14장
wind	바람의 속도정보가 담긴 샘플 데이터 파일	14장
sphere	그래프 기능을 보여주는 데 사용하는 샘플 함수	5장
census	수치해석 기법을 설명하는 데 사용하는 샘플 인구조사 데이터 파일	13장
handel	sound 함수를 설명하는 데 사용하는 샘플 음악 데이터 파일	3장

그래프와 데이터의 시각화에 관련된 특수함수

함수	기능	본문 설명
alpha	현재 그래프에서 plot 객체의 투명도를 조정한다.	14장
camlight	조명(camera light)을 on한다.	14장
coneplot	뾰족한 원뿔(cone) 모양으로 입력 벡터의 방향을 나타내는 그래프를 그린다.	14장
contourslice	3차원 데이터의 단면에서 얻은 등치선 그래프를 그린다.	14장
drawnow	매트랩에 그래프를 새로 그리게 한다.	14장
gca	현재 그래프에서 axis 핸들의 값을 구한다.	14장
gcf	현재 그래프에서 figure 핸들의 값을 구한다.	14장
get	특정 객체를 지정해 그 객체를 구성하는 여러 특성의 상태를 구한다.	14장
getframe	현재 그림을 구조체 배열의 동영상 프레임으로 저장한다.	14장
image	2차원 이미지를 화면에 표시한다.	14장
imagesc	이미지 데이터 값의 크기를 조절해 2차원 이미지를 화면에 표시한다.	14장
imfinfo	표준형식의 그래픽 파일을 읽어 저장된 데이터의 유형을 구한다.	14장
imread	그래픽 파일을 읽는다.	14장
imwrite	그래픽 파일을 만든다.	14장
isosurface	등치면(값이 같은 점으로 이루어진 면) 그래프를 그린다.	14장
movie	구조체 배열에 저장된 동영상을 상영한다.	14장
set	특정 객체를 지정해 그 객체를 구성하는 특성의 상태를 설정한다.	14장
shading	면 그래프와 의사 컬러 그래프에 사용되는 명암(shading)을 설정한다.	14장

B

그래프의 눈금 조정 기법

두 변수 x, y로 표현되는 데이터를 그래프로 그릴 때, 수평축(축)의 눈금을 적절히 선택하면 x 값에 따라 y 값이 어떻게 변하는지 더욱 잘 파악하는 데 도움이 된다. 지금부터 x, y 사이의 관계와 눈금의 종류에 따라 그래프의 형태가 어떻게 달라지는지 살펴보자.

선형 관계

x, y의 관계가 선형 관계(linear relationship)인 경우, 이를 수평축(x축)과 수직축(y축) 눈금의 크기가 각각 일정한 일반적인 x–y 그래프로 그리면 직선으로 나타난다. 따라서 다음과 같은 선형관계

$$y = ax + b$$

를 x–y 그래프로 그리면 기울기가 a, y 절편이 b인 직선이 된다.

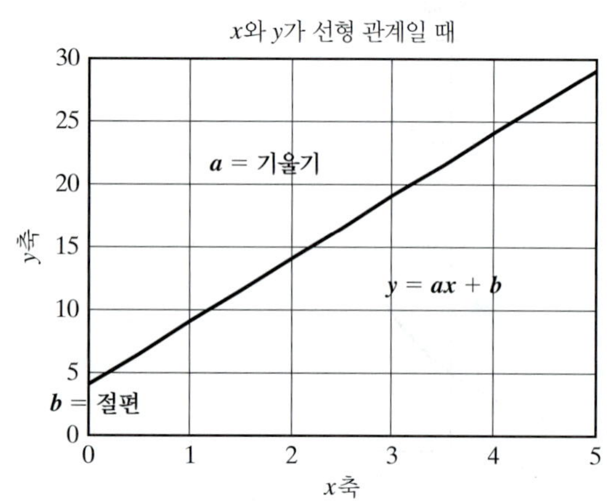

로그 관계

x, y의 관계가 다음 식과 같이

$$y = a\log_{10}(x) + b$$

로그함수로 표현되는 경우 수평축(x축)과 수직축(y축) 눈금의 크기가 각각 일정한 일반적인 x–y 그래프로 그리면 곡선으로 나타난다. 그렇지만 수직축(y축) 눈금을 일정한 간격으로 하고 수평축(x축) 눈금은 로그로 하면 기울기가 a인 직선으로 나타난다. 다만 $x = 0$일 때 $\log_{10}(0)$은 정의되지 않으므로 y 절편은 존재하지 않는다. 그러나 $x = 1$일 때 $\log_{10}(1)$이므로 $y = b$가 된다.

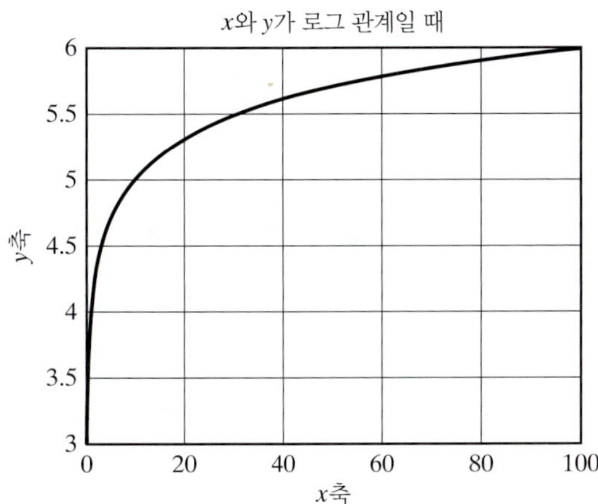

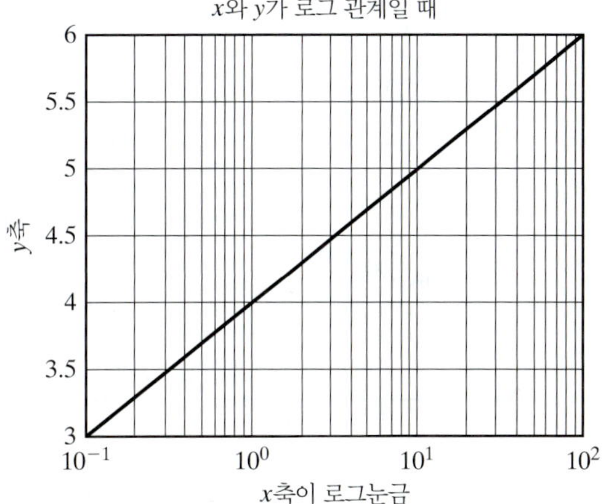

지수 관계

x, y의 관계가 다음 식과 같이

$$y = b * a^x$$

지수함수로 표현되는 경우 수평축(x축)과 수직축(y축) 눈금의 크기가 각각 일정한 일반적인

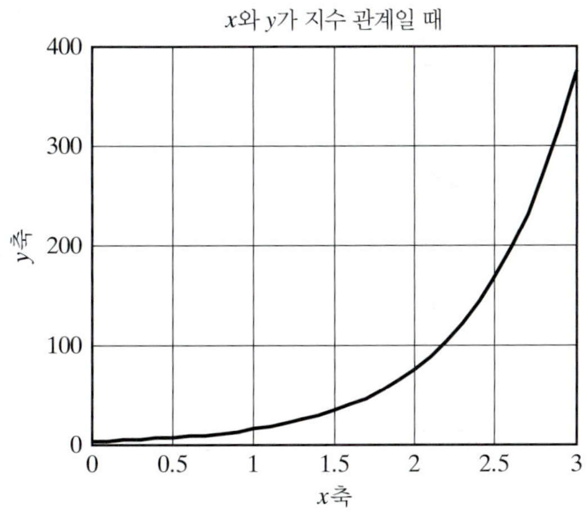

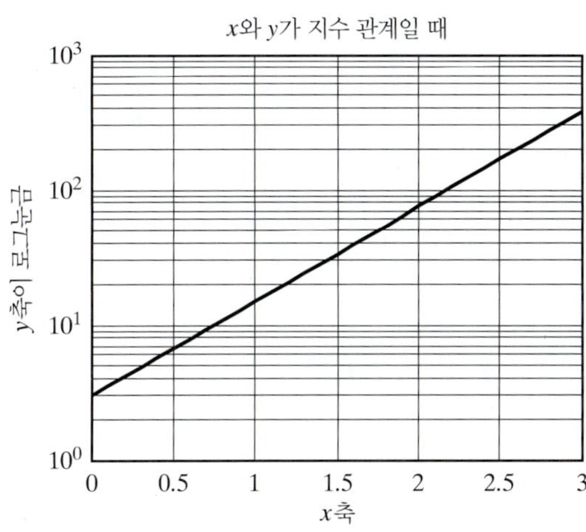

x–y 그래프로 그리면 곡선으로 나타난다. 그렇지만 수평축(x축) 눈금을 일정한 간격으로 하고 수직축(y축) 눈금은 로그로 하면

$$\log_{10}(y) = \log_{10}(a) * x + \log_{10}(b)$$

가 되므로 기울기가 $\log_{10}(a)$인 직선으로 나타난다.

거듭제곱 관계

x, y의 관계가 다음 식과 같이

$$y = bx^a$$

거듭제곱함수로 표현되는 경우 수평축(x축)과 수직축(y축) 눈금의 크기가 각각 일정한 일반적인 x–y 그래프로 그리면 곡선으로 나타난다. 그렇지만 수평축(x축)과 수직축(y축)을 모두 로그눈금으로 하면

$$\log_{10}(y) = a * \log_{10}(x) + \log_{10}(b)$$

가 되므로 기울기가 a인 직선으로 나타난다. $x = 1$일 때 $\log_{10}(1) = 0$이므로 $\log_{10}(y)$ 값은 $\log_{10}(b)$가 된다.

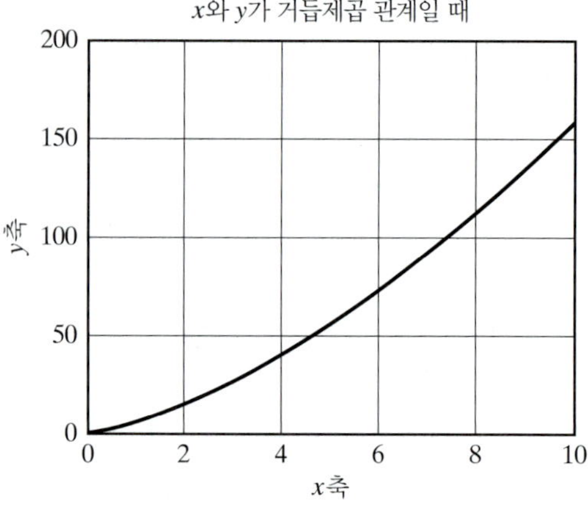

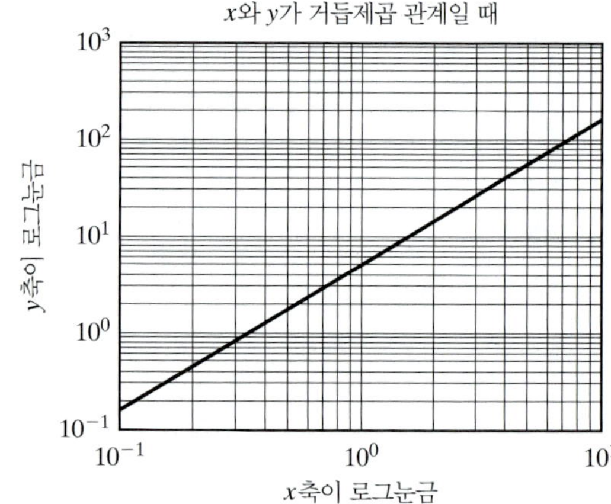

C

미국 기상청 연간 기후 데이터

표 C.1 노스캐롤라이나주 소재 애슈빌시(해발고도 2240 ft, 위도 35°36'N, 경도 82°32'W)의 연간 기후 데이터(출처: Annual Climatological Summary, Station: 310301/13872, Asheville, North Carolina, 1999)

Date	Temperature (°F)														Precipitation (inches)									
Elem->	MMXT	MMNT	MNTM	DPNT	HTDD	CLDD	EMXT		EMNP		DT90	DX32	DT32	DT00	TPCP	DPNP	EMXP		TSNW	MXSD		DP01	DP05	DP10
											Number of Days				Total	Depart. from Normal	Greatest Observed		Snow, Sleet			Number of Days		
1999 Month	Mean Max.	Mean Min.	Mean	Depart. from Normal	Heating Degree Days	Cooling Degree Days	Highest	High Date	Lowest	Low Date	Max >=90°	Max <=32°	Min <=32°	Min <=0°			Day	Date	Total Fall	Max Depth	Max Date	>=.10	>=.50	>=1.0
1	51.4	31.5	41.5	5.8	725	0	78	27	9	5	0	2	16	0	4.56	2.09	1.61	2	2.7	1	31	9	2	2
2	52.6	32.1	42.4	3.5	628	0	66	8	16	14	0	2	16	0	3.07	−0.18	0.79	17	1.2	0T	1	6	3	0
3	52.7	32.5	42.6	-4.8	687	0	76	17	22	8	0	0	19	0	2.47	−1.41	0.62	3	5.3	1	26	8	1	0
4	70.1	48.2	59.2	3.6	197	30	83	10	34	19	0	0	0	0	2.10	−1.02	0.48	27	0.0T	0T	2	6	0	0
5	75.0	51.5	63.3	-0.1	69	25	83	29	40	2	0	0	0	0	2.49	−1.12	0.93	7	0.0	0		5	2	0
6	80.2	60.9	70.6	0.3	4	181	90	8	50	18	1	0	0	0	2.59	−0.68	0.69	29	0.0	0		6	2	0
7	85.7	64.9	75.3	1.6	7	336	96	31	56	13	8	0	0	0	3.87	0.94	0.80	11	0.0	0		10	4	0
8	86.4	63.0	74.7	1.9	0	311	94	13	54	31	7	0	0	0	0.90	−2.86	0.29	8	0.0	0		4	0	0
9	79.1	54.6	66.9	0.2	43	106	91	2	39	23	3	0	0	0	1.72	−1.48	0.75	28	0.0	0		4	1	0
10	67.6	45.5	56.6	0.4	255	1	78	15	28	25	0	0	2	0	1.53	−1.24	0.59	4	0.0	0		3	2	0
11	62.2	40.7	51.5	4.0	397	0	76	9	26	30	0	0	8	0	3.48	0.56	1.71	25	0.3	0		5	3	1
12	53.6	30.5	42.1	2.7	706	0	69	4	15	25	0	0	20	0	1.07	−1.72	0.65	13	0.0T	0T	17	3	1	0
Annual	68.0	46.3	57.2	1.6	3718	990	96	Jul	9	Jan	19	4	81	0	29.85	−8.12	1.71	Nov	9.5	1	Mar	69	21	3

Notes

(blank) Not reported.

– Occurred on one or more previous dates during the month. The date in the Date field is the last day of occurrence. Used through December 1983 only.

A Accumulated amount. This value is a total that may include data from a previous month or months or year (for annual value).

B Adjusted total. Monthly value totals based on proportional available data across the entire month.

E An estimated monthly or annual total.

X Monthly means or totals based on incomplete time series. 1 to 9 days are missing. Annual means or totals include one or more months which had 1 to 9 days that were missing.

M Used to indicate data element missing.

T Trace of precipitation, snowfall, or snowdepth. The precipitation data value will = zero.

S Precipitation amount is continuing to be accumulated. Total will be included in a subsequent monthly or yearly value. *Example*: Days 1–20 had 1.35 inches of precipitation, then a period of accumulation began. The element TPCP would then be 00135S and the total accumulated amount value appears in a subsequent monthly value. If TPCP = "M", there was no precipitation measured during the month. Flag is set to "S" and the total accumulated amount appears in a subsequent monthly value.

National Oceanic and Atmospheric Administration (NOAA)

찾아보기